海关总署
商品归类决定汇编

2022年版

上册

《海关总署商品归类决定汇编》编委会 编

中国海关出版社有限公司
·北京·

图书在版编目（CIP）数据

海关总署商品归类决定汇编：2022年版/《海关总署商品归类决定汇编》编委会编．—北京：中国海关出版社有限公司，2022.12
ISBN 978－7－5175－0609－6

Ⅰ.①海… Ⅱ.①海… Ⅲ.①海关—商品—分类—汇编—中国—2022
Ⅳ.①F752.52

中国版本图书馆CIP数据核字（2022）第242128号

海关总署商品归类决定汇编（2022年版）

HAIGUAN ZONGSHU SHANGPIN GUILEI JUEDING HUIBIAN（2022 NIAN BAN）

编　　者：	《海关总署商品归类决定汇编》编委会
责任编辑：	叶　芳
出版发行：	中国海关出版社有限公司
社　　址：	北京市朝阳区东四环南路甲1号　　邮政编码：100023
编 辑 部：	01065194242－7531（电话）
发 行 部：	01065194221/4238/4246/4254/5127/7543（电话）
社办书店：	01065195616（电话）
	https：//weidian.com/？userid＝319526934（网址）
印　　刷：	北京盛通印刷股份有限公司　　经　销：新华书店
开　　本：	889mm×1194mm　1/16
印　　张：	117.75　　　　　　　　　　　　字　数：3006千字
版　　次：	2022年12月第1版
印　　次：	2022年12月第1次印刷
书　　号：	ISBN 978－7－5175－0609－6
定　　价：	400.00元（上、下册）

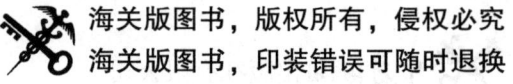

海关版图书，版权所有，侵权必究
海关版图书，印装错误可随时退换

编委会成员名单

崔 杰	王 琼	郭正民	宋彦魁	刘 枫	李 鹏
郑 琦	李旭辉	刘 川	沈 炜	丁林伟	刘红栋
陈雄杰	宋慧玲	陈静婉	刘莎莎	韩 洁	李 媛
赵龙刚	臧 华	王 倩	陈 卉	孙 蕾	黄 巍
黄蕙珍	陈 超	陈绮虹	李亚杰	杜 勇	

总 目 录

编制说明	1
归类决定目录	1
归类决定　第一部分（Z 字头）	1
归类决定　第二部分（W 字头）	919
归类决定　第三部分（J 字头）	1475
附录	1627
附录一　归类决定相关公告列表	1629
附录二　商品名称索引	1631
附录三　归类决定编号索引	1708

编制说明

【商品归类的定义】

根据《中华人民共和国海关进出口货物商品归类管理规定》（海关总署令第252号），商品归类是在《商品名称及编码协调制度的国际公约》商品分类目录体系下，以《中华人民共和国进出口税则》为基础，按照《进出口税则商品及品目注释》《中华人民共和国进出口税则本国子目注释》以及海关总署发布的关于商品归类的行政裁定、商品归类决定的规定，确定进出口货物商品编码（税则号列）的行为。

【商品归类决定的发布】

商品归类决定是海关商品归类执法的重要依据之一，由海关总署依据有关法律、行政法规规定作出，对进出口货物具有普遍约束力。商品归类决定以公告的形式对外发布，进出口相同货物应当适用相同的商品归类决定。商品归类决定所依据的法律、行政法规及其他相关规定发生变化，商品归类决定同时失效。商品归类决定失效的，由海关总署对外公布。

【商品归类决定的来源及调整】

商品归类决定的来源包括：

（一）海关总署需要通过公告形式发布的商品归类事项；

（二）世界海关组织协调制度委员会作出的商品归类决定；

（三）中国海关协调制度商品归类技术委员会作出的会议决议。

海关总署根据需要及时发布新的商品归类决定，同时根据有关情况对商品归类决定予以调整。调整的原因主要有：一是进出口商品变化以及海关税收征管执法需要；二是根据每年《中华人民共和国进出口税则》的调整情况修订商品归类决定；三是根据世界海关组织每5年对《商品名称及编码协调制度》（以下简称《协调制度》）的修订情况相应地调整我国海关商品归类决定。

【商品归类决定整理出版的情况】

为便于进出口货物收发货人或者其代理人正确确定进出口货物的商品归类，减少商品归类争议，本书编委会对已发布的商品归类决定相关公告（有关公告在本书附录中详细列出）进行了汇总整理，编辑出版《海关总署商品归类决定汇编（2022年版）》（上、下册）（以下简称《归类决定2022》）。

此次汇总整理工作中，本书编委会对近年来海关总署发布的商品归类决定的变化情况，以及《协调制度（2022年版）》实施等情况进行了全面梳理，收录在本书中。《协调制度（2022年版）》为截至2022年年底海关商品归类决定的最新版本。今后，本书编委会将适时地根据商品归类决定的变化情况，以及有关商品归类决定公告的发布及调整情况，编辑出版新的版本。

【《归类决定2022》的结构和使用】

《归类决定2022》共汇集现行有效的商品归类决定2 927项，按照归类决定来源不同，分为三个部分：

第一部分是海关总署需要通过公告形式发布的商品归类事项，共1 607项（编码为Z字头）；第二部分是世界海关组织协调制度委员会作出的商品归类决定，共1 092项（编码为W字头）；第三部分是中国海关协调制度商品归类技术委员会作出的会议决议，共228项（编码为J字头）。

上述三个部分商品归类决定分别按照税则号列的先后顺序排列。为方便读者查阅，正文后附有"商品名称索引"和"归类决定编号索引"，商品名称索引按首字拼音排序，归类决定编号索引按对外公布编号顺序排列。

归类决定是根据商品描述的具体内容及归类相关依据作出，而商品名称为申报进出口货物的名称，相同商品可能有多个名称，因此商品名称不能作为确定商品归类的唯一依据。商品归类决定以海关对外公布的内容为准。本书为便于读者理解，对相关表述内容略作调整，谨供读者参考。

《海关总署商品归类决定汇编》编委会
2022年12月

归类决定目录

上 册

归类决定 第一部分（Z字头）

序号	商品名称	商品税则号列	页码
1	冻鸡翅块	0207.1421	3
2	冻鲨鱼鳍	0303.9200	3
3	鲨鱼软骨粉	0305.1000	4
4	冻熟带头虾	03.06	4
5	浓缩乳清蛋白	0404.1000	5
6	乳清蛋白	0404.1000	5
7	乳清粉	0404.1000	6
8	乳钙	0404.1000	6
9	牛奶矿物粉	0404.1000	7
10	冻鳗鱼骨	0506.9090	7
11	干制蛤蚧	0510.0090	8
12	丰年虫卵	0511.9190	8
13	甲鱼受精卵	0511.9920	9
14	杨桐、柃木编结品	0604.2090	9
15	植物工艺花	0604.9090	10
16	冻熟黄桃	0811.9090	10
17	罐装盐水红毛丹	0812.9000	11
18	咖啡	0901.2 或 2101.1200	11
19	姜黄种苗	0910.3000	12
20	燕麦粒	10.04	12
21	泰国原料糯米	1006.3090	13
22	禽畜混合玉米饲料	1103.1300	13

序号	商品名称	商品税则号列	页码
23	裸燕麦粒	1104.2200	14
24	宠物食用的玉米棒	1104.2300	14
25	谷朊粉	1109.0000	15
26	"罗盖特"牌谷朊粉（食用级）	1109.0000	15
27	魔芋精粉	1212.9999	16
28	印楝素原粉	1302.1920	16
29	三棵针初提物	1302.1990	17
30	增稠剂	1302.3911	17
31	塔拉粉	1404.9010	18
32	坦皮克纤维	1404.9090	18
33	造纸用竹渣	1404.9090	19
34	棕纤维	1404.9090	19
35	精制牛油脂	1502.1000	20
36	棕榈硬脂	1511.9020	20
37	葵花籽油	1512.1100	21
38	月见草油胶囊	1515.9090	21
39	贝蒂喜DHA饮料	1517.9090	22
40	饲料级混合油渣	1518.0000	22
41	金脂肪100（饲料添加剂）	1518.0000	23
42	植物脂肪粉	1518.0000	23
43	油渣	1518.0000	24
44	回收混合油	1518.0000	24
45	巴巴苏棕榈果仁沉渣油	1522.0000	25
46	冻鱼及冻软体动物	第十六章	25
47	制作保藏罗非鱼片	1604.1920	26
48	制作保藏凤尾虾、虾仁、去头虾	16.05	26
49	制作保藏虾仁	16.05	27
50	蟹排	1605.1000	27
51	白砂糖预混粉	1701.9990	28
52	白砂糖预混粉	1702.9012	28
53	劲浪香口珠——超凉薄荷味	1704.1000	29
54	渔夫之宝特强味薄荷糖	1704.9000	29
55	瑞典葛丽素无腥味鱼肝油糖粒、瑞典葛丽素紫玫果提取物糖粒（富含维生素C）	1704.9000	30
56	果冻	1704.9000	30
57	德芙珍藏榛仁夹心巧克力	1806.3100	31

序号	商品名称	商品税则号列	页码
58	植脂淡奶	1901.9000	31
59	一级品挂面	1902.1900	32
60	品客薯片	1905.9000	32
61	调味滑子菇罐头	2001.9090	33
62	冷冻薯条	2004.1000	33
63	速冻土豆块	2004.1000	34
64	煮大豆干	2008.1999	34
65	综合蔬果干	2008.9700	35
66	甜玉米微波爆米花	2008.9990	35
67	干芋	2008.9990	36
68	香蕉泥	2008.9990	36
69	三合一速溶咖啡	2101.1200	37
70	红茶香料 B-4327-01	2101.2000	37
71	玄米绿茶	2101.2000	38
72	旺味	2103.9090	38
73	味优	2103.9090	39
74	四氢酒花浸膏	21.06	39
75	大豆浓缩蛋白（饲料添加剂）	2106.1000	40
76	浓缩蛋白质（从小麦中提取）	2106.1000	40
77	复合糖	2106.9062	41
78	欣乐即溶饮品	2106.9090	41
79	燕窝	2106.9090	42
80	营养米粒	2106.9090	42
81	微晶纤维素	2106.9090	43
82	安婴儿 A+无糖婴儿配方奶粉	2106.9090	43
83	MODUCARE 保健食品原料	2106.9090	44
84	渔夫之宝柠檬薄荷糖（不含糖分）	2106.9090	44
85	丹枫琼浆	2106.9090	45
86	植脂粉	2106.9090	45
87	碳酸钙（营养食品原料）	2106.9090	46
88	柑橘纤维	2106.9090	46
89	玉米油粉	2106.9090	47
90	口服液稳定剂	2106.9090	47
91	冰糖燕窝	2106.9090	48
92	微藻 DHA 粉剂	2106.9090	48
93	粗调味粉	2106.9090	49

序号	商品名称	商品税则号列	页码
94	胶原蛋白肽	2106.9090	49
95	pH值调整剂	2106.9090	50
96	维生素预混剂	2106.9090	50
97	红曲米提取物	2106.9090	51
98	胶基	2106.9090	51
99	红牛能量饮料	2202.1000	52
100	奔富特瓶白酒加度葡萄酒	2208.9090	52
101	肥料用鱼骨粉	2301.2090	53
102	干玉米酒糟配合饲料	2303.3000	53
103	脱脂豆渣粉	2304.0090	54
104	稻草	2308.0000	54
105	柠檬酸糟	2308.0000	55
106	棉籽壳	2308.0000	55
107	狗食（咀嚼物）	2309.1090	56
108	饲料添加剂效美素-100	2309.9010	57
109	泰农-40饲料添加剂	2309.9010	57
110	饲料添加剂（硫酸抗敌素）	2309.9010	58
111	玉米高蛋白饲料	2309.9010	58
112	饲料用活性小麦谷朊粉	2309.9090	59
113	饲料添加剂（普利康）	2309.9090	59
114	新奇康乳（康壮）舔块	2309.9090	60
115	普利康（饲料添加剂）	2309.9090	60
116	壮健极品	2309.9090	61
117	百安明饲料添加剂	2309.9090	61
118	饲用甜糟粉	2309.9090	62
119	白肋烟	2401.2090	62
120	避水通	第二十五章	63
121	机制砂	25.05	63
122	河砂	2505.9000	64
123	花园石头（木化石）	2506.2000/6815.9990	64
124	凹凸棒	2508.4000	65
125	脱色白土	2508.4000	65
126	有机磷肥	2510.2010	66
127	大理石荒料	2515.1200	66
128	菱镁矿和滑石混合矿物	2519.1000	67
129	锆英砂（D019号样品）	2530.9099	67

序号	商品名称	商品税则号列	页码
130	叶蜡石	2530.9099	68
131	球团铁矿	2601.1200	68
132	铁矿砂（未烧结）	2601.2000	69
133	钴富集物	2605.0000	69
134	铝矾土粉	2606.0000	70
135	低品位银矿粉	2616.1000	70
136	含贵金属的铅矿	2616.1000	71
137	铁屑	2619.0000	71
138	还原铁筛落物	2619.0000	72
139	锌矿砂（粉）	26.20	72
140	铜的氧化物及氢氧化物	2620.3000	73
141	氧化铜	2620.3000	73
142	矿渣	2620.4000	74
143	镍废碎料	2620.9990	74
144	粗制碳酸镍	2620.9990	75
145	钼矿砂	2620.9990	75
146	钼精矿	2620.9990	76
147	磁体下脚料	2620.9990	76
148	骨炭	2621.9000	77
149	漂珠	2621.9000	77
150	二氧化硅	2621.9000	78
151	冶金焦、人造石墨、石油焦	2704.0010/3801.1000/2713.12	78
152	杂酚油	2706.0000	79
153	混甲酚	2707.9910	79
154	苄基甲苯和苯基苯乙烷混合物	2707.9990	80
155	凝析油	2709.0000	80
156	重质类矿物油	2710.1919	81
157	迪拉克燃油添加剂	2710.1919	81
158	5~7号燃料油	2710.1922	82
159	BP润滑油（工业用液压油、导热油、导轨油）	2710.1991/2710.1999	82
160	烷烃溶剂	2710.1999	83
161	橡胶软化油	2710.1999	83
162	固体燃料粉	2713.9000	84
163	糠醛残渣油	2713.9000	84
164	初级硫酸铜	2833.2500	85

序号	商品名称	商品税则号列	页码
165	湿石粉	2833.2990	86
166	正磷酸氢钙（饲料级）	2835.2510	86
167	天然硼砂	2840.1900	87
168	纳米银液体	2843.1000	88
169	纳米银粉末	2843.1000	89
170	荧光体	2846.9019	90
171	碳酸稀土	2846.9048	90
172	抗氧剂BHT	2907.1990	91
173	回用双酚A	2907.2300	91
174	2,4-二氯-5-氟苯乙酮	2914.7900	92
175	2-乙基己酸	2915.9000	92
176	原甲酸三乙酯	2915.9000	93
177	3,5,7-三氟金刚烷甲酸（$C_{11}H_{13}O_2F_3$）	2916.2090	93
178	环氧树脂	2917.2090 和 3907.3000	94
179	洛索洛芬钠	2918.3000	95
180	L-孟基乙醛酸酯	2918.3000	96
181	乙基氯化物	2920.9000	96
182	异丙基苯基对苯二胺	2921.5190	97
183	仲丁威	2922.4999	97
184	依那普利氢化物	2922.4999	98
185	α-（N-甲基-N-苄基）-氨基-3-羟基苯乙酮盐酸盐	2922.5090	98
186	L-苏氨酸	2922.5090	99
187	橡胶促进剂	2922.5090	99
188	雷米普利中间体	2924.1990	100
189	艾丽美	2930.9090	100
190	防灰雾剂（4-甲基-硫代苯磺酸钾盐）	2930.9090	101
191	三丁基铝	2931.9000	101
192	三（三甲基硅烷）硼酸酯	2931.9000	102
193	L-丙交酯	2932.2090	102
194	青蒿素	2932.2090	103
195	呋喃酚	2932.9910	103
196	氨基葡萄糖硫酸盐	2932.9990	104
197	无水多西他赛	2932.9990	104
198	米格列醇	2933.3990	105
199	三乙烯二胺	2933.5990	105

序号	商品名称	商品税则号列	页码
200	N,N'-二亚硝基五亚甲基四胺	2933.6990	106
201	己内酰胺封闭的双-异氰酸酯	2933.7900	106
202	美罗培南双环母核	2933.7900	107
203	丙夫劳门	2933.9900	107
204	还原型辅酶试剂	2934.9990	108
205	双烯醇酮醋酸酯	2937.2900	108
206	三七总皂甙	2938.9090	109
207	三尖杉宁碱	2939.7990	109
208	抗坏血酸 2-葡糖苷	2940.0090	110
209	吗替麦考酚酯	2941.9090	110
210	泽它	30.03 或 30.04	111
211	海豹鞭	3001.9090	111
212	蛇毒	3001.9090	112
213	农菌	3002.4990	112
214	小球藻（活）	3002.4990	113
215	日达仙	3004.3900	114
216	达必佳	3004.3900	115
217	优乐沛凝胶	3004.5000	115
218	角鲨烯软胶囊	3004.5000	116
219	派立明滴眼液	3004.9010	116
220	强力痔根断	3004.9059	117
221	珍珠末	3004.9059	117
222	维库溴铵肌松药	3004.9090	118
223	硫酸钙骨颗粒	3004.9090	118
224	立芷雪针剂	3004.9090	119
225	脑蛋白水解物注射液（针剂）	3004.9090	119
226	奥沙利铂注射剂	3004.9090	120
227	辉力	3004.9090	120
228	刻免	3004.9090	121
229	达英-35	3006.6010	121
230	肥料（经化学处理的鸡粪）	3101.0090	122
231	复合肥	3105.5900	122
232	鸟粪（圆粒肥）	3105.9090	123
233	皮革用植物鞣料	3201.9090	123
234	鞣剂 SC-120	3202.1000	124
235	铬的硫酸盐（铬盐）	3202.9000	124

序号	商品名称	商品税则号列	页码
236	辣椒红浸膏	3203.0019	125
237	姜黄素	3203.0019	125
238	DVD-R 染料	3204.1990	126
239	环保型铜金粉	3206.4990	127
240	聚乙烯碳黑母	3206.4990	127
241	低熔焊料玻璃粉（低玻粉）	3207.4000	128
242	绝缘介质（用于微电路板的化合物）	32.08	128
243	鞋材黏合前处理剂	3208.2010	129
244	油皮处理剂、橡胶处理剂、硬化剂	3208.2010 和 3208.9010	129
245	硅油	3208.9090	130
246	离型剂（FREKOTE 牌）	3208.9090	130
247	油性不粘涂料	3208.9090	131
248	纺织印花整理剂	32.09	132
249	水性不粘涂料	3209.9020	133
250	防水涂料	3210.0000	133
251	防火涂料	3210.0000	134
252	黑胶	3214.1010	134
253	黑（彩）墨盒（内装墨水）	32.15	135
254	黑色油墨	3215.1100	135
255	啤酒花提取液	21.06 和 3301.2990	136
256	黄樟油	3301.2999	136
257	二氧化碳酒花浸膏	3301.2999	137
258	薄荷毛素油	33.02	137
259	乙酸酒花油	3302.1010	138
260	爱贝芙	3304.9900	138
261	氟保护剂、牙本质保护剂	3306.9090	139
262	金不换熏香油	3307.4900	139
263	檀香熏香油	3307.4900	140
264	"爱尔康"酵素洗净发泡锭	3307.9000	140
265	外出小包装湿纸巾	3307.9000	141
266	婴儿用湿纸巾	3401.1990	141
267	硬脂酸钠	3401.2000	142
268	混合脂肪钠	3401.2000	142
269	脂肪酸钠（混合）皇冠 8000	3401.2000	143
270	棕榈仁油二乙醇酰胺	3402.4200	143
271	浸水助剂	3402.9000	144

序号	商品名称	商品税则号列	页码
272	水性清洁剂	3402.9000	144
273	二硬脂基二甲基氯化铵	3402.9000	145
274	甘油脂肪酸酯	3402.9000	145
275	涂饰剂 EG	3402.9000	146
276	柔水通	3402.9000	146
277	阳离子型有机表面活性剂	3402.9000	147
278	季铵化三乙醇胺二酯	3402.9000	147
279	纺织助剂（抗皱剂）	3402.9000	148
280	水泥添加剂	3402.9000	148
281	合成脂	3403.9100	149
282	纺织助剂（DAKOLUB 牌）	3403.9100	149
283	润滑剂	3403.9900	150
284	汽油发动机润滑油	3403.9900	150
285	雾化硅油	3403.9900	151
286	混合脂肪酸酯	3404.9000	151
287	大米蛋白粉	3504.0090	152
288	糊精	3505.1000 和 3912.3100	152
289	有衬基双面粘胶带	35.06	153
290	无衬基双面粘胶带	35.06	153
291	木工用热熔胶粒	3506.9190	154
292	酵素三号	3507.9090	154
293	芬拿斯	3507.9090	155
294	艾克拿斯	3507.9090	155
295	醒力一号全天然植物酶	3507.9090	156
296	谷氨酰胺转氨酶	3507.9090	156
297	胆固醇酯酶试剂	3507.9090	157
298	肌氨酸氧化酶试剂	3507.9090	157
299	医用塑料胶片	第三十七章	158
300	感光显像材料	第三十七章	158
301	一次成像胶片	37.02	159
302	APR 版	37.05	159
303	医用 X 光片冲洗显影液、定影液	3707.9010	160
304	印刷铝板显影水	3707.9090	160
305	阳极碎	3801.1000	161
306	人造石墨块	3801.1000	161
307	标索吸油剂	3802.1090	162

序号	商品名称	商品税则号列	页码
308	滑石粉	3802.9000	162
309	农药果品套袋	38.08	163
310	仙亮402F水果涂层剂	3808.92	163
311	苹果套袋	3808.9210	164
312	乳糖基纳他霉素	3808.9290	164
313	百草枯原液（40%）	3808.9319	165
314	制革助剂	3808.9400	165
315	露宝康（饲料级）	3808.9400	166
316	涂料用抗菌剂	3808.9400	166
317	纺织印花糊料	3809.9100	167
318	纺织工业用上浆剂	3809.9100	167
319	皮革填充剂RR	3809.9300	168
320	皮革柔软助剂	3809.9300	168
321	皮革助剂	3809.9300	169
322	皮革用涂饰剂	3809.9300	169
323	硼酸三甲酯和甲醇的混合物	3810.9000	170
324	灭火器的装配药	3813.0010	170
325	氧化锌脱硫剂	3815.9000	171
326	耐火球	3816.0020	171
327	硅质热补泥	3816.0020	172
328	覆膜砂	3816.0020	172
329	聚烷基苯	3817.0000	173
330	脱臭培养基	3821.0000	173
331	中草药芯片	3822.1900	174
332	组织芯片	3822.1900	174
333	薄层板	3822.1900	175
334	定量检测试剂盒	3822.1900	175
335	黏土类金标准样	3822.9000	176
336	多乙烯多胺E-100	3824.9999	176
337	贴衣型怀炉	3824.9999	177
338	金蝠退热宝	3824.9999	177
339	人造石头	3824.9999	178
340	路用纤维	3824.9999	178
341	多磷酸钠（磷酸盐）	3824.9999	179
342	轻质碳酸钙	3824.9999	179
343	皮革柔软助剂	3824.9999	180

序号	商品名称	商品税则号列	页码
344	阻燃型改性树脂粒	3824.9999	180
345	异氰酸酯3032	3824.9999	181
346	健美纤体贴	3824.9999	181
347	不溶性硫磺	3824.9999	182
348	亲肤表层	3824.9999	182
349	冷却粉	3824.9999	183
350	加入有机溶剂的聚乙烯蜡	3824.9999	183
351	环保工程土	3824.9999	184
352	脱氧剂	3824.9999	184
353	冰盒	3824.9999	185
354	离子水活化剂	3824.9999	185
355	导电介质（用于微电路的化合物）	3824.9999	186
356	消光粉	3824.9999	186
357	导电胶膜	3824.9999	187
358	聚合氯化铝	3824.9999	187
359	锰锌粉末	3824.9999	188
360	高斯薄片	3824.9999	188
361	扩散纸	3824.9999	189
362	铬添加剂	3824.9999	189
363	混合金刚石粉末	3824.9999	190
364	含双环戊二烯的混合物	3824.9999	190
365	铝工业用锰添加剂	3824.9999	191
366	膨胀石墨	3824.9999	191
367	氰铜盐	3824.9999	192
368	含新癸酸钴的混合物	3824.9999	192
369	标准混凝土粒料	3824.9999	193
370	γ-氧化铝小球	3824.9999	193
371	塑磁材料	3824.9999	194
372	保护渣	3824.9999	194
373	含锂蒙脱石黏土的混合物	3824.9999	195
374	有机肥	3824.9999	195
375	含天然黏土的混合物	3824.9999	196
376	工业二-(2-氯乙基)缩甲醛	3824.9999	196
377	丙烯酸共聚树脂原料	3824.9999	197
378	L-缬氨酸	3824.9999	197
379	硅胶猫砂	3824.9999	198

序号	商品名称	商品税则号列	页码
380	莰烯	3824.9999	198
381	再生异丙醇、再生二氯甲烷	3825.4100 和 3825.4900	199
382	对苯二甲酸等外品水池料	3825.6100	199
383	碎硅片	3825.6900	200
384	己内酰胺及其低聚物的混合体	3825.9000	200
385	氟硅酸	3825.9000	201
386	己内酰胺回收晶体	3825.9000	201
387	杂环化合物（紫杉醇含量约0.46%）	3825.9000	202
388	粗硅油	3825.9000	202
389	回用双酚A	3825.9000	203
390	邻甲苯二胺	3825.9000	203
391	对苯二甲酸次级品	3825.9000	204
392	氧化铈（副牌）	3825.9000	204
393	纸机传送带用布	第三十九章 或 5910.0000	205
394	水溶性乙烯醋酸乙烯酯共聚物	39.01 或 39.05	205
395	改性聚丙烯	3902.1000	206
396	聚溴化苯乙烯	3903.9000	206
397	聚氯乙烯粉状混料	3904.2100	207
398	聚丙烯酰胺	3906.9010	207
399	皮革助剂	3906.9090	208
400	银石色粉体漆	3907.3000	208
401	尼龙6,6	3908.1011	209
402	聚氨酯预聚物	3909.5000	209
403	氰酸盐	3909.5000	210
404	改性粗MDI	3909.5000	210
405	异氰酸酯	3909.5000	211
406	TMP 与 TDI 加成物	3909.5000	211
407	PU 水性处理剂	3909.5000	212
408	皮革涂饰助剂	3909.5000	212
409	粉末状有机硅母粒	3910.0000	213
410	甲醛萘磺酸钠	3911.9000	213
411	聚葡萄糖	3911.9000	214
412	HDI 三聚体	3911.9000	214
413	木质粉	3912.9000	215
414	SW10 纤维素	3912.9000	215
415	结兰胶	3913.9000	216

序号	商品名称	商品税则号列	页码
416	透明质酸钠	3913.9000	216
417	普鲁兰多糖	3913.9000	217
418	纤维增强树脂复合棒	3916.9090	217
419	测井仪器用外壳	3917.2900	218
420	微喷带	3917.3200	218
421	饮水乳头、侧翼鞍座	39.17 和 8481.8090	219
422	PVC 地板（CENIT）	3918.1090	219
423	运动垫	3918.9090	220
424	双面胶带	3919.9090	220
425	3D 卡片	3919.9090	221
426	金属化聚酯薄膜	39.20	221
427	亚克力构件（维生系统配套用）	3920.5100	222
428	人造板材	3920.5100	222
429	聚碳酸酯板	3920.6100	223
430	手机天线贴片半制成品	3920.6100	223
431	电机用槽绝缘	3920.6200	224
432	滤光膜	3920.6200	224
433	增光膜	3920.6200	225
434	双面涂层聚酯织物	3921.1210	225
435	复合 PVC 面料	3921.1290	226
436	泡沫聚氨酯板	3921.1390	226
437	铝塑复合材料	3921.9090	227
438	载带	3923.9000	227
439	塑料储运桶	3923.9000	228
440	大楼伸缩缝填充系统	3925.9000	228
441	PVC 涤纶雨衣	3926.2090	229
442	研磨垫	3926.9010	229
443	打印机喷墨壳	3926.9090	230
444	缓冲垫	3926.9090	230
445	泡沫聚乙烯塑料板	3926.9090	231
446	塑料冲水件	3926.9090	232
447	聚碳酸酯透明圆片	3926.9090	232
448	前挡侧压条（半成品）	3926.9090	233
449	泡泡粒	3926.9090	234
450	聚氨酯制管（硬质管）	3926.9090	234
451	自粘性塑料挂钩	3926.9090	235

序号	商品名称	商品税则号列	页码
452	聚酯圆片滤膜（非泡沫，聚乙烯）	3926.9090	235
453	聚甲基丙烯酸甲酯晶坯	3926.9090	236
454	防尘罩、球垫	3926.9090 和 4016.9990	236
455	橡胶下脚料	40.01	237
456	合成橡胶	40.02	237
457	异丁烯-异戊二烯橡胶	4002.3190	238
458	混炼胶	4002.8000	238
459	热塑丁苯橡胶 SEPTON 4033	4002.9911	239
460	聚苯乙烯-乙烯/丁烯-苯乙烯橡胶	4002.9911	240
461	旧橡胶板	4004.0000	241
462	未硫化复合橡胶	4004.0000	241
463	未硫化绿轮胎	4004.0000	242
464	橡胶地板保护垫	4004.0000	242
465	复合橡胶	4005.1000	243
466	威而福牌硫化橡筋带	4007.0000	243
467	纺纱皮圈	4008.2100	244
468	摊铺机零件	40.09 和 8479.9090	244
469	供重型自卸车使用 E4 子午线轮胎	4011.2000	245
470	人字形胎面的充气橡胶轮胎	4011.2000	245
471	橡胶塞（铝电解电容器配件）	4016.9310	246
472	减震气囊	4016.9500	246
473	乙丙非共轭二烯橡胶	4016.9990	247
474	硫化橡胶药用胶塞	4016.9990	247
475	X 线	4016.9990 和 5606.0000	248
476	牛正面手套革	41.07	248
477	牛二层手套革	41.07	249
478	拉杆箱	4202.1290	249
479	塑料制隐形眼镜盒	4202.3200	250
480	棉面料制行李袋	4202.9200	250
481	羔羊皮残次	4302.1990	251
482	橡木片	4401.2200	251
483	烤肉架	4402.9000	252
484	桐木板方	4403.1200	252
485	杉木栏杆	44.07	253
486	木质盖屋板	44.07	253
487	红埋嘎地板条、水红花地板条	4409.2910	254

序号	商品名称	商品税则号列	页码
488	床用板条	44.12	254
489	实木隔音采暖地板	4412.3300	255
490	木门框板	44.18	255
491	木制脚踏板	4418.7900	256
492	木地板	4418.7900	256
493	重竹地板	4418.9100	257
494	铁杉板材	4418.9900	257
495	中式弧面尖头围栏板	4421.9990	258
496	法式尖头围栏板	4421.9990	258
497	中式尖头围栏柱	4421.9990	259
498	棉短绒纸浆	4706.1000	259
499	纤维状纤维素机械浆	4706.2000	260
500	木浆	4707.1000	260
501	废纸3号	4707.1000	261
502	白色号簿纸	4801.0010	261
503	水松原纸	4802.5400	262
504	无尘纸	4803.0000 或 48.18	262
505	牛皮纸	48.04	263
506	未漂白牛皮卡纸	4804.1100	264
507	牛皮纸	4804.1900	265
508	牛皮纸	4804.5100	266
509	绝缘纸	48.05	266
510	瓦楞原纸	4805.1900	267
511	牛皮挂面纸	4805.2500	267
512	木浆纸	4805.9190	268
513	涂布牛皮纸	48.10	268
514	单面涂布灰底白板纸及白底白板纸	4810.9200	269
515	白板纸	4810.9200	270
516	镀铝纸	4811.5991	270
517	离型纸	4811.5999	271
518	植绒转印纸	4811.9000	271
519	未涂布装饰原纸	4811.9000	272
520	未涂布装饰原纸	4811.9000	272
521	瓦楞纸	4813.2000	273
522	水松原纸	4813.9000	273
523	纸纤不织布	4818.9000	274

序号	商品名称	商品税则号列	页码
524	彩印烫金烟标	4819.2000	274
525	废纸10号	4901.9900	275
526	民用航空飞机维修资料	4901.9900	275
527	镭射印箔标签（芙蓉王）	4908.9000	276
528	转印薄膜	4908.9000	276
529	现代油画（非完全手工制）	49.11	277
530	打印样张	4911.1010	277
531	说明书	4911.1010	278
532	设计图纸	4911.9100	278
533	不孕籽	5201.0000	279
534	破籽棉	5201.0000	279
535	落棉	5202.9900	280
536	马尼拉麻	5305.0020	280
537	椰壳纤维	5305.0092	281
538	涤纶长丝（定向聚酯纱线）	5402.3310	281
539	聚酯变形纱线	5402.3310	282
540	护堤用水泥浆垫	54.07	283
541	二醋酸纤维丝束	5502.1010	283
542	工业用地毯废丝	5505.1000	284
543	废丝	5505.1000	284
544	废丝	5505.1000	285
545	棉花棒	5601.2100	285
546	双组分纤维	5601.3000	286
547	针刺毯过滤料坯料	5602.1000	286
548	土工复合物	5602.1000	287
549	聚酯防静电桶状滤料坯料	56.03	287
550	椰棕垫	56.03	288
551	PU人造革	56.03	289
552	聚酯短纤无纺布	5603.9390	289
553	PVC棕榄地毯	5705.0090	290
554	桌球台用台布	58.01或60.01	290
555	尼龙布（含硅树脂涂层）	5903.9090	291
556	合成纤维制滤网布	5911.4000	291
557	煤气储气密封装置	5911.9000	292
558	滤袋（除尘装置用）	5911.9000	292
559	泥状填料	5911.9000	293

序号	商品名称	商品税则号列	页码
560	纯棉针织男式夹克	6101.2000	293
561	棉制针织女童上衣	6104.3200 和 6110.2000	294
562	女式棉制针织粉红套装	6104.6200 和 6109.1000	294
563	女式棉制针织紫色套装	6104.6200 和 6109.1000	295
564	男式内衣、女式内衣	6107.9100 和 6108.9100	295
565	女式棉制针织背心、T恤	6108.9100	296
566	棉制女式长袍	6108.9100 和 6208.9100	296
567	针织女式浴袍	6108.9200	297
568	男针织无领T恤	6109.1000	297
569	带帽套头衫	61.10	298
570	棉制针织女式上衣	6110.2000	298
571	麻棉衫	6110.9090	299
572	棉制男童牛仔夹克	6203.3200	299
573	涤纶布婚纱	6204.4300	300
574	女式棉制印花套装	6208.2100	300
575	男式尼龙/PVC雨衣套装	6211.2090	301
576	沙发套	63.04	301
577	全棉墙饰	6304.9290	302
578	化纤刺绣台布	6304.9310	302
579	牵引车捆绑器	6307.9090	303
580	魔术贴	6307.9090	303
581	破损塑料编织袋	6310.1000	304
582	无纺布圆帽	6505.0099	304
583	木质手杖	6602.0000	305
584	铺路用现代花岗岩石制品	6801.0000	305
585	大理石与瓷砖复合板	6802.9190	306
586	马赛克	6802.9190	306
587	现代花岗岩石制品	6802.9390	307
588	现代花岗岩石制品	6802.9390	307
589	研磨料	6805.3000	308
590	消音器	6806.9000	308
591	防火板	6808.0000	309
592	硫酸钙地板	6809.9000	309
593	复合橱柜台面	6810.1910	310
594	棕榈石	6810.9990	310
595	衬垫	6812.9990	311

序号	商品名称	商品税则号列	页码
596	洗衣机刹车带	6813.8900	311
597	建筑用防水膨润土纺织毯	6815.9990	312
598	黏土砖	6902.2000	312
599	氧化铝素坯（瓷制）	6903.2000	313
600	手模	6909.1	313
601	丁腈橡胶手套生产线用手模座、链条及手模	69.09 和 73.15 和 8477.9000	314
602	智能马桶	6910.1000	315
603	瓷制陶瓷刀	6911.1021	315
604	陶瓷基片	6914.1000	316
605	烧结矾土	6914.9000	317
606	煅烧铝矾土	6914.9000	318
607	光学元件玻璃毛坯	7001.0000	318
608	原板玻璃	70.03	319
609	镀膜玻璃	7005.1000	319
610	耐温陶瓷板	7006.0000	320
611	显示管用玻壳	7011.2090	320
612	石英管内管、外管	7011.9090	321
613	金色火球	7013.9900	321
614	溶液抽取注射器	7017.9000	322
615	玻璃沙（200目）	7018.2000	323
616	玻璃纤维散装丝及玻璃纤维零段布	7019.1200 和 7019.5900	324
617	导电玻璃	7020.0011	324
618	导电玻璃	7020.0011	325
619	彩膜	7020.0011	326
620	塑料轴承用玻璃滚珠	7020.0019	327
621	光学元件	7020.0019	327
622	石英（D377号样品）	71.03	328
623	玛瑙矿	7103.1000	328
624	喷金粉	7108.1100	329
625	局部镀金微异型触点	7108.1300	329
626	金线	7108.1300	330
627	镀银空心玻璃微球	7115.9010	330
628	紫水晶原石	7116.2000	331
629	压纹用铁垫板	第七十二章	331
630	不锈钢板	第七十二章	332

序号	商品名称	商品税则号列	页码
631	载体	第七十二章	332
632	抛光机内衬板	第七十二章	333
633	硅镁铁	7202.2900	333
634	不锈钢碾磨粉	7202.4900	334
635	稀土永磁体	7202.9911	334
636	废钢材边料（切头或切尾料）	72.04	335
637	废前支架总成	7204.4900	335
638	钢砂	7205.1000	336
639	铁基粉末 EMS253-N	7205.2100	336
640	海绵铁粉	7205.2900	337
641	铜镀铁复合粉	7205.2900	338
642	锻造毛坯	72.07	339
643	钢铁锭	7207.1100	339
644	热轧平板	72.08	340
645	电镀锌板	7210.3000	341
646	渗铝钢板	7210.6900	341
647	矽钢片	7210.9000	342
648	钢面塑料合金板	7210.9000	342
649	热轧钢板	7211.1900	343
650	镀锡板	7212.1000	343
651	非合金镀铬铁板	7212.5000	344
652	非合金锻造圆钢	7214.1000	344
653	热轧方钢	7214.9900	345
654	扫街车线	7215.9000	345
655	槽钢	7216.3100	346
656	异型钢材	7216.3290	346
657	钢铁结构体	7216.9100	347
658	镀锌楼承钢板	7216.9100	347
659	钢结构件	7216.9100	348
660	铁立柱	7216.9100	348
661	铁构件	7216.9900	349
662	冷拉弹簧钢丝	7217.1000	349
663	合金钢丝	7217.9000	350
664	不锈钢圆棒	7218.9900	350
665	不锈钢半制成品	72.19	351
666	一级热轧不锈钢卷板	7219.1329	352

序号	商品名称	商品税则号列	页码
667	冷轧不锈钢方块板	7220.9000	353
668	三金属片	7220.9000	354
669	不锈钢滑轨	7222.4000	355
670	不锈钢丝	7223.0000	355
671	R73 车轮圆钢	7224.9090	356
672	废变压器芯	72.26	356
673	非晶合金带材	7226.9199	357
674	冷轧镍合金卷板	7226.9200	357
675	冷轧合金钢带	7226.9990	358
676	锻造车削圆钢	7228.4000	358
677	芯棒	7228.4000	359
678	圆棒弹簧钢	7228.5000	360
679	热轧合金钢钢条	7228.6000	361
680	气保焊丝	72.29	361
681	CO_2 气体保护焊丝（XH-506）	7229.2000	362
682	废钢轨	7302.1000	362
683	预制直埋保温管	73.04	363
684	冷凝管（制冷设备用零件）	7306.301	363
685	镀锌钢结构管件	7306.3090	364
686	直型及 U 型不锈钢管	7306.4000	364
687	冷拔无缝钢管	7306.9000	365
688	钢铁制管接头	7307.9900	365
689	机车油管用锻钢连接环首	7307.9900	366
690	接头毛坯	7307.9900	366
691	镀锌管	7307.9900	367
692	桥梁伸缩装置	7308.1000	367
693	锚杆及托盘	7308.4000	368
694	钢金属雕花聚氨酯泡沫复合板（B 级）	7308.9000	368
695	U 型夹	7308.9000	369
696	密封吊索	7312.1000	369
697	传动链	7315.1190	370
698	家禽饲养设备用输送螺旋	7320.2090	370
699	商用燃气炉 RSB-4PRD	7321.1100	371
700	商用燃气炉 RSB-7PRD	7321.1100	371
701	太阳墙板	7322.9000	372
702	燃气红外线辐射采暖设备成套散件	7322.9000	372

序号	商品名称	商品税则号列	页码
703	坩埚	73.25	373
704	电梯配重块	7325.1010	373
705	释放钩	73.26	374
706	锻制小球	7326.1910	374
707	钢丝保护层	7326.2010	375
708	刻痕钢丝	7326.2010	375
709	U型铁丝	7326.2090	376
710	预应力混凝土用钢棒	7326.2090	376
711	不锈钢纤维	7326.9090	377
712	集装箱挂衣杆	7326.9090	377
713	钢铁制托盘	7326.9090	378
714	冰铜	7401.0000	378
715	泡铜	7402.0000	379
716	废覆铜板边角料	7404.0000	379
717	M-5246银色铜	7406.2010	380
718	铜杆	7408.1100	380
719	滚筒	7409.2100	381
720	旧铜管	7411.21	382
721	接头箱	7412.2090	382
722	水表接头	7412.2090	383
723	铜制蹲式便器	7418.2000	383
724	铁镍软磁合金卷板	7506.2000	384
725	铝制带孔圆柱状体	7601.1090	384
726	铝制品	7601.2000	385
727	含铝灰色粉末	7602.0000	385
728	铝合金散热管	7604.2100	386
729	铝合金型材	7604.2990	386
730	铝合金门拉手	7604.2990	387
731	农业温室用遮阳材料	7607.1900	387
732	汽车遮阳板	7607.1900	388
733	空心铝管	7608.1000	388
734	钢铝复合接触轨道及连接附件	7610.9000	389
735	液氮罐	7611.0000	389
736	零件组合测量支架（柔性夹具）	7616.9910	390
737	卡扣	7616.9990	390
738	机动车配件（防滑板）	7616.9990	391

序号	商品名称	商品税则号列	页码
739	锡管	8001.1000	391
740	钛钨靶材	8101.9400	392
741	钨切头	8101.9990	392
742	触变注射成型用镁合金粒	8104.3000	393
743	金刚石绳锯	8202.9910	393
744	轴承听诊器	8205.5900	394
745	微孔板复制器	8205.5900	394
746	电缆穿线器	8205.5900	395
747	铸铁制模具毛坯	8207.3000	395
748	金属钻子	8207.3000	396
749	无线指纹锁	8301.4000	396
750	奥迪车发送单元用钥匙座	8301.7000	397
751	支架（输送机零件）	8302.2000	397
752	牵引车支撑器	8302.3000	398
753	液化天然气生产线	第八十四章	398
754	奔驰消防指挥车	第八十四章或第八十七章	399
755	废热锅炉	8402.1900	399
756	碱炉压力件	8402.9000	400
757	沼气锅炉	8403.10	400
758	自热水式柴气炉	8405.1000	401
759	粗合成气煤气化生产线	8405.1000	401
760	发动机零件	8407.3410	402
761	发电机组用发动机	8408.2010	402
762	柴油机气缸注油器	8409.9910	403
763	液压操作机构	8412.2100	403
764	离合器分泵	8412.2100	404
765	驱动机构	8412.2100	404
766	液压马达驱动系统	8412.2990	405
767	输送屏蔽电泵	84.13	406
768	动力站	84.13	407
769	移液器	8413.1900	408
770	冰箱式水质采样仪	8413.1900	409
771	一体化污泥抽取机	8413.1900	410
772	电动齿轮多重密封（计量）泵	8413.1900	411
773	塑料瓶泵	8413.2000	412
774	液压泵	8413.3030	413

序号	商品名称	商品税则号列	页码
775	液压往复式排液泵	8413.50	414
776	隔膜网气动泵	8413.5010	414
777	泵芯	8413.9100	415
778	真空泵	8414.1000	416
779	风扇	8414.5191	417
780	散热风扇	8414.5990	417
781	车载空气压缩机	8414.8049	418
782	联合压缩机组（含蒸汽透平机一台）	8414.8090	419
783	超净工作台	8414.8090	420
784	螺杆总成	8414.9090	420
785	日立水冷柜机机身	8415.82	421
786	空调室外机	8415.9010	421
787	吹面风道总成、小进风风门、风门拔杆、风门连杆、循环风门总成、中央风门总成、除霜风门总成	8415.9090	422
788	空调蒸发器及鼓风机总成	8415.9090	422
789	汽车空调脱水进风装置及冷凝器	8415.9090	423
790	空气调节器	8415.9090	423
791	多联体冷暖变频式空调室外机	8415.9090	424
792	烧嘴	8416.2011	424
793	高强力烧氨火嘴及配件	8416.2019 和 90.27	425
794	钼精矿焙烧炉	8417.1000	425
795	封闭式填埋气燃烧站	8417.8090	426
796	耐火砖及耐火材料	8417.8090	427
797	直冷式奶缸	84.18	428
798	通用牌电冰箱	8418.1020	428
799	冷藏专用柜及其设备	8418.5000	429
800	控制程序降温系统	8418.5000	429
801	程序控温仪	8418.5000	430
802	速冷机	8418.6190	430
803	啤酒冰晶机	8418.6190	431
804	冷冻机、加湿机、风机、湿度调节计	8418.6190	432
805	透平膨胀机	8418.69	433
806	智能化血浆速冻系统	8418.6990	433
807	薯条储柜、汉堡储柜、隧道式保温柜	8418.9100 或 8419.8100	434
808	冷风机	8418.9910	435

序号	商品名称	商品税则号列	页码
809	冰柜专用网篮	8418.9999	436
810	全自动清洗消毒柜	8419.2000	436
811	干燥器	8419.3390	437
812	干燥器系统	8419.3990	437
813	干燥机系统	8419.3990	438
814	喷雾干燥机	8419.3990	438
815	烘干炉（不包括外壳）	8419.3990	439
816	基尔特克1002蒸馏仪	8419.4090	439
817	燃油热交换器	8419.5000	440
818	空气分离装置	8419.6090	441
819	C2低温分离装置	8419.6090	442
820	咖啡机	8419.8100	443
821	自动给茶机	8419.8100	444
822	冰板式现调机	8419.8990	445
823	蓄冰设备	8419.8990	446
824	复合式纺丝用工艺系统	8419.8990	447
825	烤漆机	8419.8990	447
826	合成塔内件	8419.8990	448
827	燃油干燥器（申报品名）	8419.8990	449
828	PCR仪	8419.8990	450
829	干熄焦设备	8419.8990	451
830	恒温试管架	8419.8990	452
831	六功能校验炉	8419.8990	452
832	恒温热台	8419.8990	453
833	一体化冷却装置	8419.8990	453
834	IC厌氧反应器	8419.8990	454
835	热流道	8419.8990	455
836	低温培养箱	8419.8990	455
837	半导体制冷器	8419.8990	456
838	氯化镁脱水系统	8419.8990	457
839	液相色谱柱后衍生系统	8419.8990	458
840	汽车烤漆房	8419.8990	458
841	薄膜蒸发器	8419.8990	459
842	塔盘（氮洗塔零件）	8419.9090	460
843	热交换器用连接支撑管板	8419.9090	461
844	气液分配盘	8419.9090	461

序号	商品名称	商品税则号列	页码
845	赛鲁迪复合机	8420.1000	462
846	滚涂机	8420.1000	463
847	内面胶押出机	8420.1000	464
848	涂布辊、超级压光辊	8420.9900	465
849	离心干燥机	84.21	466
850	石膏旋流站	8421.1990	466
851	电解水机	8421.2110	467
852	肾脏透析器	8421.2990	468
853	输液器滤板	8421.2990	468
854	真空手套箱	8421.3990	469
855	玻璃钢制过滤罐	8421.9910	470
856	氧气发生器	8421.9910	470
857	中空纤维膜组件	8421.9990	471
858	全自动锭剂摆药机	8422.3030	471
859	包装检测机	8422.3030 和 8479.8999	472
860	全自动条形码制作粘贴采血管分配准备系统	8422.3090	472
861	高速包装机组	8422.4000	473
862	编带机	8422.4000	473
863	动物鉴定标识系统	8423.8290	474
864	燃烧法沥青含量测试仪	84.23 或 90.16	474
865	DCS控冷控轧机关键件	84.24	475
866	高压清洗机（冷、热水）	8424.3000	475
867	滴灌设备	8424.8100	476
868	加湿器	8424.8100	476
869	压力罐喷头	8424.8910 或 8424.8999	477
870	镁基脱硫设备	8424.8999	477
871	静电喷粉机	8424.8999	478
872	选择性涂敷设备	8424.8999	478
873	机舱水雾喷淋系统	8424.8999	479
874	热熔胶喷涂主机	8424.8999	479
875	旧自动清洗机	8424.8999	480
876	炮体	8424.8999	481
877	油雾发生器	8424.8999	481
878	洗地龙头	8424.8999	482
879	原料喷嘴	8424.8999	482

序号	商品名称	商品税则号列	页码
880	滴灌管线	8424.9090	483
881	滴头（滴灌设备用）	8424.9090	483
882	喷淋管	8424.9090	484
883	铝制轮轴放线架	8425.4210	485
884	电磁半龙门起重机	8426.1930	485
885	旧轮胎式起重机	8426.4110	486
886	集装箱正面吊	8426.4190	486
887	堆码起重机	8427.1010	487
888	激光自动引导无人搬运AGV小车	8427.1090	487
889	高压升降平台	8427.1090	488
890	轮胎式运梁车	8427.2090	489
891	机场跑道路面维护车、升降平台车	8427.2090	489
892	伸缩臂式加料机	8427.2090	490
893	移动式升降平台车	8427.2090	490
894	370t自行式液压平板车	8427.2090	491
895	铝电解专用出铝车	8427.2090	492
896	移动式高空作业平台（吉尼牌）	8427.9000	493
897	电梯关键件	8428.1010	493
898	载货液压电梯	8428.1090	494
899	单轨系统	8428.3	495
900	机场行李输送系统	8428.3300	496
901	冷却站	8428.39	497
902	深盘输送机	8428.3920	497
903	沥青搅拌料转运机	8428.3990	498
904	振料盘	8428.3990	498
905	气动升降桅杆	8428.9090	499
906	直立电气焊行走部件	8428.9090	499
907	IAI滑台（动力装置）	8428.9090	500
908	气垫传送装置	8428.9090	500
909	柴油地下铲运机	8429.3090	501
910	轮胎压路机	8429.4019	501
911	多功能矿用运输机	8429.5100	502
912	液压抓斗	8429.5212	503
913	隧道掘进机	8429.5900	503
914	扫雪车用铲	8430.2000	504
915	掘锚一体机	8430.3110	504

序号	商品名称	商品税则号列	页码
916	双滚筒采煤机	8430.3900	505
917	自走式车载钻机	8430.4119	506
918	凿地机	8430.5090	507
919	旋挖钻机 R416	8430.5090	507
920	手扶振动平板夯散件	8430.6100	508
921	拖式激光铲运机	8430.6920	508
922	石油钻机顶部驱动设备	8431.4310	509
923	挖掘机行走装置	8431.4999	509
924	挖掘机履带	8431.4999	510
925	回转减速机	8431.4999	510
926	玉米联合收割机	8433.5100	511
927	全自动饲料配置机	8436.1000	511
928	绞龙送料系统	8436.2900	512
929	履带式堆肥翻拌机	8436.8000	512
930	金枪鱼延绳钓装置	8436.8000	513
931	猪屠宰生产线	8438.5000	514
932	番茄酱生产加工设备（生产线）及零件	8438.6000	515
933	酿酒机器	8438.8000	516
934	饲料生产设备	8438.8000	517
935	多层定宽热压机	8439.2000	518
936	涂布台	8439.3000	519
937	分条机机器零件	8441.8090	520
938	冲压模型	8441.9090	520
939	凹印机印刷色组	8443.1700	521
940	热敏标签打印机	8443.3214	522
941	喷码机	8443.3221	523
942	生产型黑白高速数字打印设备	8443.3229	524
943	带芯片的墨盒	8443.9990	525
944	磁性滚轴	8443.9990	525
945	空气接头平台	8445.9090	526
946	剑杆织机（含多臂装置）	8446.3020	527
947	洗衣机用加热管	8450.90	528
948	熨烫机	8451.3000 或 8477.8000	529
949	单层布料电脑裁床	8451.5000	530
950	绣花机机针	8452.3000	530
951	顶枪	8454.9010	531

序号	商品名称	商品税则号列	页码
952	FFX成型机	84.55	531
953	加工中心用主机通用床体	8457.1020	532
954	机床机身	84.57或84.59	532
955	单轴纵切数控自动车床	8458.1100	533
956	旧数控车挤压车床	8458.1100	534
957	数控镗床零件	84.59	535
958	高柔性曲轴深孔钻床	8459.2100	535
959	深孔加工机	8459.2900	536
960	电路板刻制机	8459.6990	537
961	气缸体活塞孔精整加工机床	8460.4010	538
962	SISMA快速单双扣织链机	8463.3000	538
963	双面研磨抛光系统	8464.2090	539
964	高速数控优选机	8465.9100	540
965	CNC PBC成型机	8465.9200	541
966	液压短周期压贴生产线	8465.9400	541
967	滚动滑轨	84.66	542
968	磨床动平衡仪	8466.3000	542
969	回转工作台	8466.9390	543
970	立式车床用弧形齿盘	8466.9390	543
971	冲击夯LT600	8467.8900	544
972	铸焊机	8468.8000	544
973	ELITE 510型IC卡/磁卡双功能终端机	8470.5090	545
974	必能宝牌邮资机底座	8470.9000	545
975	苹果Ipod Touch手持设备	8471.3010	546
976	分散控制系统（DCS）	8471.4991	546
977	集散控制系统用数据采集接口设备	8471.50	547
978	远程数据单元	8471.5040	547
979	WEB缓存器CISCO CE560	8471.5040	548
980	三维坐标控制仪	8471.6072	548
981	罗技鼠标	8471.6072	549
982	指纹采集仪	8471.6090	549
983	DVD-ROM驱动器	8471.7030	550
984	磁盘阵列	8471.7090	550
985	监视器资料通信测试机	8471.8000	551
986	CD-188复制机	8471.9000	551
987	个人化设备	8471.9000	552

序号	商品名称	商品税则号列	页码
988	条形码扫描仪	8471.9000	552
989	MCU 开发测试工具	8471.9000	553
990	带条形码阅读器的微型机	8471.9000	553
991	散热片（铜制）	84.73	554
992	计算机用内存卡（条）	8473.30	554
993	模块化数据中心	8473.3010	555
994	计算机机箱	8473.3090	555
995	电脑主机板 CKD 件	8473.3090	556
996	主机板（无 CPU）	8473.3090	556
997	散热器（微机用）	8473.3090	557
998	硬盘支架、软驱支架	8473.3090	557
999	掌上电脑用触笔	8473.3090	558
1000	铝土矿浓密机	8474.1000	558
1001	气流分级机	8474.1000	559
1002	MMD500 型强力分级机	8474.2010	559
1003	水泥混凝土搅拌站	8474.3100	560
1004	混凝土搅拌器零件	8474.3100	560
1005	R250AF 混凝土空心砌块生产线	8474.8090	561
1006	旋转压实仪	8474.8090	562
1007	ELEMATIC 阿克太克墙板生产设备	8474.8090	562
1008	场致发射显示管的封装机	8475.1000	563
1009	MDS 水平拉制仪	8475.2919	564
1010	铂铑合金漏板	8475.9000	565
1011	双螺杆	84.77	565
1012	精密绝缘成型包层机	8477.2090	566
1013	15~45 度钢丝帘布裁断生产线	8477.8000	566
1014	道路铣刨机	8479.1090	567
1015	混凝土布料杆	8479.1090	567
1016	隧道自推进封水注浆设备	8479.1090	568
1017	路面铣刨机	8479.1090	568
1018	喷射机	8479.1090	569
1019	捻线机	8479.4000	569
1020	空气增湿器	8479.6000	570
1021	端子插入机	8479.8190	571
1022	全自动打端子机	8479.8190	571
1023	液压推瘤机	8479.8190	572

序号	商品名称	商品税则号列	页码
1024	干膜前处理机	8479.8190	572
1025	层绕机	8479.8190	573
1026	自动气瓶打标机	8479.8190	573
1027	组织细胞分离器	8479.8200	574
1028	氯化钾压实造粒设备	8479.8200	574
1029	干法均质机	8479.8200	575
1030	万向轴装配机床	8479.8999	576
1031	气压棒	8479.8999	577
1032	抛绳器	8479.8999	578
1033	动态斜面式船用收油机	8479.8999	578
1034	干式套管电容芯子整卷机	8479.8999	579
1035	覆铜板模压成型机	8479.8999	580
1036	振子	8479.8999	581
1037	磁芯置入机	8479.8999	582
1038	转向机器人	8479.8999	583
1039	镜头组自动点胶机	8479.8999	584
1040	手动点胶机	8479.8999	585
1041	玻璃蚀刻机设备	8479.8999	586
1042	智能毛囊采集系统（主机）	8479.8999	587
1043	氯化氢氧化反应器	8479.8999	588
1044	法兰轴承旋转弯曲共振实验机	8479.8999	588
1045	镀金前处理机	8479.8999	589
1046	蛋白纯化仪	8479.8999	590
1047	电线剥皮机	8479.8999	591
1048	旧数控雕刻机	8479.8999	591
1049	模具	8479.9090	592
1050	铁氧体永磁模具	8480.6000	592
1051	液化石油气置换机组	84.81	593
1052	加油机用油枪	84.81	593
1053	气门芯	84.81	594
1054	VIOTH 电液转换器	8481.2010	594
1055	油压阀（换向阀）	8481.2010	595
1056	气门嘴	8481.3000	595
1057	自动变速箱油压调整阀门体用内片阀体、中片阀体、外片阀体	8481.9010	596
1058	自动变速箱油压调整阀门体用转换阀	8481.9010	597

序号	商品名称	商品税则号列	页码
1059	水龙头出水口	8481.9090	598
1060	摩托车的曲轴传动机构	84.83	598
1061	最终轴等摩托车配件	84.83	599
1062	曲轴箱盖	84.83	599
1063	速度计导线	8483.1090	600
1064	平衡轴轴套	8483.3000	600
1065	回转支撑	8483.3000	601
1066	减速器（旧）	8483.4090	602
1067	变速箱	8483.4090	603
1068	滚轮组件	8483.5000	604
1069	连杆瓦、曲轴瓦	8483.9000	604
1070	皮带轮	8483.9000	605
1071	原油罐二次密封	8484.2000	606
1072	发电机零件（转子、定子等）	第八十五章	606
1073	机场货运站用的监控系统	第八十五章和8537.1011	607
1074	电线束	第八十五章和8544.2000	608
1075	吊扇机头	85.01	608
1076	电动执行器	85.01	609
1077	永磁励磁装置	85.01	609
1078	阀门执行机构	85.01	610
1079	机械执行器	85.01	610
1080	水平安定面配平作动筒	85.01	611
1081	手柄（不带机头和夹具）	8501.3100	612
1082	沼气发电机组	8502.2000	613
1083	燃气蒸汽联合循环发电机组	8502.3900	613
1084	槽楔	8503.0020	614
1085	电力变压器	8504.2312	614
1086	行输出变压器，行推动变压器	8504.3190	615
1087	返驰变压器	8504.3190	616
1088	回路电源	8504.4014	617
1089	打印机电源板	8504.4014	617
1090	交直流稳压电源	8504.4015	618
1091	化成电源	8504.4019	618
1092	可控硅	8504.4091	619
1093	交流斩波器	8504.4099	619
1094	充电器	8504.4099	620

序号	商品名称	商品税则号列	页码
1095	变频器模块	8504.4099	620
1096	组合开关电流互感器线圈	8504.5000	621
1097	胶芯	8504.90	621
1098	电导磁体铁金属	8504.9090	622
1099	废磁铁	8505.1190	622
1100	复合磁铁	8505.1900	623
1101	多功能车用应急电源	8507.1000	624
1102	电极单元	8507.2000	625
1103	三星手机电池下盖	8507.9090	625
1104	转轮除湿机	8509.8090	626
1105	发光二极体	8512.2090	626
1106	倒车辅助系统	8512.2090	627
1107	紫外光验钞笔	8513.1090	627
1108	电炉	8514.1090	628
1109	回流焊炉	8514.1090	629
1110	中温黑体炉	8514.1090	630
1111	微波消减系统	8514.2000	630
1112	固态高频焊接机组	8514.4000	631
1113	可控气氛热处理炉用氢气保护管	8514.9090	632
1114	可移动式焊接设备	85.15	632
1115	双波浪带滚带机	8515.1900	633
1116	家用炉灶带烤箱	8516.6090	633
1117	电脑马桶座	8516.7990	634
1118	蒸汽清洁机	8516.7990	634
1119	远红外线保健装置	8516.7990	635
1120	加热电阻器	8516.8000	635
1121	电热膜	8516.8000	636
1122	地板革（带电阻丝）	8516.8000	637
1123	加热电缆	8516.8000	638
1124	高温陶瓷板	8516.9090	638
1125	160/168信息服务交换机	8517.6219	639
1126	HFC网络光节点设备	8517.6221	639
1127	光纤交换机	8517.6229	640
1128	ADSL调制解调器	8517.6234	640
1129	主干异步传输（ATM）交换机	8517.6239	641

序号	商品名称	商品税则号列	页码
1130	数字语音信息综合处理机和 WINSET 适配器	8517.6239	641
1131	3600/3645 带宽管理系统	8517.6239	642
1132	HYPERCOM 牌网络控制器	8517.6239	643
1133	数字电视复用器	8517.6239	644
1134	负载均衡交换机	8517.6239	644
1135	自动数据处理设备部件	8517.6239	645
1136	机顶盒	8517.6239	645
1137	卫星路由接收机	8517.6239	646
1138	甚高频共用系统	8517.6299	646
1139	来电显示器	8517.6990	647
1140	可视门铃系统	8517.6990	647
1141	中央管理电话机、门铃、黑白视频监视器（申报品名）	8517.6990	648
1142	高智能麦克风（带视频输出）	8518.1000	649
1143	无线麦克风系统	8518.1000	650
1144	手机耳机半成品（音频控制器）	8518.1000	651
1145	扬声器	8518.2100	652
1146	扬声器	8518.2900	653
1147	胎教装置	8518.3000	653
1148	微机网络语音器	8518.3000	654
1149	数字音频处理器	8518.4000	654
1150	CD 播放机	8519.8121	655
1151	便携式 VCD 播放机	8521.9011	655
1152	3D 音乐系统	8521.9019	656
1153	数字监控机	8521.9090	657
1154	VCD 机用托盘机架连读码器	8522.9031	658
1155	VCD 读码器	8522.9031	658
1156	车载多功能播放机机芯	8522.9031	659
1157	DVD 换碟机，和汽车用 CD 播放机兼有收音功能连用	8522.9039	659
1158	存储功能卡	8523.5110	660
1159	摄像头	85.25	660
1160	高清演播室摄像机和高清便携摄像机	85.25	661
1161	监控摄像头组件	8525.8011	662
1162	医用摄像系统	8525.8011	662

序号	商品名称	商品税则号列	页码
1163	场面监视雷达系统	8526.1090	663
1164	空管控制系统	8526.1090	664
1165	汽车门锁遥控器	8526.9200	664
1166	YEPP 数码音频播放器	8527.1300	665
1167	收放机	8527.9100	665
1168	数字广播接收机	8527.9900	666
1169	厨房视听系统	85.27 或 85.28	666
1170	22" 液晶显示器	8528.5212	667
1171	液晶显示器（含 DP 接口）	8528.5212	667
1172	液晶显示器	8528.5212	668
1173	神奇眼镜	8528.5910	668
1174	DVB-T 模块	8528.7180	669
1175	背投影彩电	8528.7291	669
1176	雷达天线罩	8529.1010	670
1177	背光模组	8529.9020	670
1178	手机摄像头	8529.9042	671
1179	CD 换片机	8529.9060	671
1180	汽车音响零件（面板、旋钮）	8529.9060	672
1181	电路板	8529.908	672
1182	彩轮	8529.9081	673
1183	液晶片组件（含镜头）	8529.9090	674
1184	汽车遥控接收器用电路板	8529.9090	674
1185	信号机成套散件	8530.8000	675
1186	水上交通安全管理系统	8530.8000	675
1187	可燃气体泄漏检测仪	8531.1000	676
1188	贴片电容，圆柱电容	8532.2410 或 8532.2110	676
1189	热敏陶瓷电阻	8533.4000	677
1190	瓷片（电阻片）	8533.4000	677
1191	斑马纸	8534.0090	678
1192	密封接线柱	85.35 或 85.36	678
1193	110 千伏开关柜继电保护装置	85.36	679
1194	线路板组件	8536.3000	679
1195	放电管	8536.3000	680
1196	隔离式安全栅	8536.3000	680
1197	接触器（申报品名）	8536.4900	681
1198	自动转换开关	8536.5000	681

序号	商品名称	商品税则号列	页码
1199	感应开关	8536.5000	682
1200	压力开关	8536.5000	682
1201	雨刷开关	8536.5000	683
1202	IC测试座	8536.9090	684
1203	数控装置	8537.1019	684
1204	数控装置	8537.1019	685
1205	空调监控盘	8537.1090	685
1206	电梯门保护装置	8537.1090	686
1207	人机界面	8537.1090	686
1208	控制模块	8537.1090	687
1209	驾驶室音响、空调开关	8537.1090	687
1210	组合开关	8537.1090	688
1211	电梯轿厢操纵盘	8537.1090	689
1212	电源控制卡	8537.1090	689
1213	同步控制操纵装置	8537.1090	690
1214	台下机械控制系统（整套进口）	8537.1090	691
1215	数字式电机保护单元	8537.1090	692
1216	低压控制器	8537.2090	692
1217	电压序列控制系统	8537.2090	693
1218	真空泡（灭弧室）	8538.9000	694
1219	印刷平行电路板	8538.9000	694
1220	薄膜开关（申报商品名）	8538.9000	695
1221	阴极射线显像管	8540.1200	695
1222	单色投影管	8540.1200	696
1223	背投影彩电用单色投影管	8540.1200	696
1224	示波管	8540.6090	697
1225	彩色防爆钢带	8540.9110	697
1226	发光二极管	8541.4010	698
1227	声表面滤波器	8541.6000	699
1228	表面波滤波器	8541.6000	699
1229	基座簧片	8541.9000	700
1230	回旋加速器	8543.1000	700
1231	雷达测速仪检定装置	8543.2090	701
1232	血氧模拟仪	8543.2090	701
1233	射频/微波信号发生器	8543.2090	702
1234	电解水机	8543.3000	702

序号	商品名称	商品税则号列	页码
1235	电脑电视视频转换器	8543.7099	703
1236	光子美容仪	8543.7099	703
1237	Vista KVL-SUA/OV 切换器	8543.7099	704
1238	数字视频处理器机芯	8543.7099	704
1239	电穿孔仪	8543.7099	705
1240	红外线车辆分离扫描系统	8543.7099	706
1241	电子白板	8543.7099	707
1242	车载免提通话装置散件	8543.7099	708
1243	数模转换器	8543.7099	708
1244	紫外线干燥机	8543.7099	709
1245	学乐先	8543.7099	709
1246	数码相框	8543.7099	710
1247	搭载调试器（附PCI接口卡）	8543.7099	711
1248	离子发生器	8543.7099	711
1249	无线PC-TV伴侣	8543.7099	712
1250	避雷针核心部件（非放射原理）	8543.7099	712
1251	增量轴套型编码器	8543.7099	713
1252	电子眼膜	8543.7099	714
1253	液晶快门眼镜	8543.7099	714
1254	无线充电发射板	8543.7099	715
1255	铝合金制阳极导杆	8543.9090	715
1256	带电线的塑料插头	85.44	716
1257	带接头电线（12伏）	8544.3020	716
1258	微波导管	8544.4919	717
1259	无接头电线	8544.4919	717
1260	打印头连接线	8544.4919	718
1261	气体绝缘金属封闭母线	8544.6090	719
1262	光纤复合架空地线光缆	8544.7000	720
1263	电热膜	8545.9000	720
1264	碳棒	8545.9000	721
1265	输变电线路绝缘瓷套管	8546.2010	721
1266	输变电线路用长竿状绝缘瓷件	8546.2090	722
1267	绝缘陶瓷管	8547.1000	722
1268	台车	8606.9900	723
1269	栏杆、机箱自动栏杆机散件，自动栏杆机控制单元	8608.0090	723

序号	商品名称	商品税则号列	页码
1270	MT（S60）绝缘接头（套装）	8608.0090	724
1271	装货运输用的托盘箱	8609.0090	724
1272	机动环境监测车	第八十七章	725
1273	装甲防爆车	第八十七章	725
1274	治安用防暴特种车	第八十七章	726
1275	雪佛兰5967毫升机动医疗车	第八十七章	726
1276	雪佛兰5967毫升机动医疗车	第八十七章	727
1277	奔驰2295毫升医疗救护车	第八十七章	727
1278	沃尔沃12100cc电视转播车	第八十七章	728
1279	压雪机PB100	8701.3000	728
1280	大宇ISTANA面包车	87.02	729
1281	奔驰现场勘查车	87.02	729
1282	吉姆西赛威小型客车	87.02	730
1283	伏特牌封闭货车（E-350）	87.03	730
1284	奔驰机动医疗车	87.03	731
1285	水陆两用车	87.03	731
1286	旧割顶小轿车	87.03	732
1287	日产风度1998毫升小轿车（成套散件）	87.03	732
1288	沙滩车	8703.1011	733
1289	帕拉丁多功能乘用车（汽油四驱欧四型2400cc）	8703.2352	733
1290	福特F-150猛禽	8703.2419	734
1291	斯太尔卡车	87.04	734
1292	现代消防车底盘（带驾驶室）	87.04	735
1293	石油测井车	87.04	735
1294	地震排列车	87.04	736
1295	农友牌变型拖拉机	87.04	736
1296	农友牌变型拖拉机	87.04	737
1297	输砂车	8704.1090	737
1298	乌尼莫克沙漠专用车	8704.2	738
1299	起重机（旧）	8704.2	738
1300	"奔驰"牌7.49吨厢式货车	8704.2230	739
1301	地震勘探车	8704.2230	739
1302	大容量油井服务液运输罐车	8704.2240	740
1303	压裂车	8704.2300	740

序号	商品名称	商品税则号列	页码
1304	水罐车	8704.2300	741
1305	乘龙 LZ3260M 型自卸车	8704.2300	741
1306	福特运钞车	8704.3100	742
1307	全路面起重车 TG-500E	8705.1022	742
1308	全路面汽车起重机	8705.1023	743
1309	奔驰起重车	8705.1091	743
1310	汽车起重机	8705.1092	744
1311	移动钻井机	8705.2000	744
1312	高空曲臂云梯车	8705.3010	745
1313	"西格那"消防车 LF8/6	8705.3010	745
1314	消防车底盘	8705.3090	746
1315	消防车底盘	8705.3090	746
1316	山林超高压多功能消防车	8705.3090	747
1317	混凝土搅拌车	8705.4000	747
1318	三菱 11945 毫升混凝土搅拌车	8705.4000	748
1319	特种通信车	8705.9010	748
1320	特种通信车	8705.9010	749
1321	应急车载移动交换通信车	8705.9010	749
1322	应急移动通信车	8705.9010	750
1323	特种通信车	8705.9010	750
1324	医疗用 X 光检查车（旧）	8705.9020	751
1325	威力牌机动放射线 8100 毫升检查车	8705.9020	751
1326	机动环境监测车	8705.9030	752
1327	环境检测车	8705.9030	752
1328	环境检测车	8705.9030	753
1329	雪佛兰医疗车	8705.9040	753
1330	医疗车	8705.9040	754
1331	奔驰机动医疗车	8705.9040	754
1332	雪佛兰 5700 毫升医疗车	8705.9040	755
1333	危重监护医疗车	8705.9040	756
1334	多功能救护车	8705.9040	756
1335	奔驰 2295 毫升医疗救护车	8705.9040	757
1336	改装手术车	8705.9040	757
1337	雪佛兰机动医疗车	8705.9040	758
1338	飞机空调车	8705.9060	758
1339	测井绞车	8705.9080	759

序号	商品名称	商品税则号列	页码
1340	压裂车	8705.9080	759
1341	石油压裂车	8705.9080	760
1342	石油测井车	8705.9080	760
1343	石油压裂车	8705.9080	761
1344	石油测井车	8705.9080	761
1345	测井车	8705.9080	762
1346	石油测井车	8705.9080	762
1347	7000米单滚筒液压测井车	8705.9080	763
1348	石油测井车	8705.9080	763
1349	底盘平台模型	8706.0090	764
1350	汽车用石油液化气供气装置	87.08	764
1351	后桥左前弹性连接件	87.08	765
1352	小轿车车厢装饰板（塑料制）	8708.2990	765
1353	塑料内饰顶及附件	8708.2990	766
1354	仪表板	8708.2990	766
1355	暖风机	8708.2990	767
1356	前框	8708.2990	767
1357	汽车天窗用装饰胶条	8708.2990	768
1358	汽车内装用贴布	8708.2990	768
1359	汽车后视镜零件（左、右罩，固定板基等）	8708.2990	769
1360	刮条	8708.2990	769
1361	安全带预紧装置	8708.2990	770
1362	制动刹车片	8708.3010	770
1363	变速箱（ZF 8S180）	8708.4020	771
1364	变速箱	8708.4040	771
1365	压裂车底盘驱动桥用差速器和盆角齿	8708.5075	772
1366	汽车自动离合器	8708.9390	772
1367	S45C锻件毛坯——转向节毛坯	8708.94	773
1368	驾驶员气囊模块、乘员气囊模块	8708.9500	773
1369	汽车安全气囊气袋	8708.9500	774
1370	汽车空调压缩机支架	8708.99	774
1371	电子加速踏板模组	8708.99	775
1372	压缩机托架	8708.99	775
1373	汽车加强板（钣金件）	8708.99	776
1374	波纹管	8708.99	776

序号	商品名称	商品税则号列	页码
1375	前纵梁总成（左、右）	8708.9991	777
1376	排气管托架	8708.9999	777
1377	TERBERG YT200 牵引车	8709.1910	778
1378	农牧动力搬运车（W-16G 型）	8709.1990	778
1379	三轮电动游戏车	8711.9010 和 8716.4000	779
1380	瘦身车	8712.0090	779
1381	残疾人爬楼车	87.13	780
1382	饲料搅拌车	8716.3990	780
1383	舞台车	8716.4000	781
1384	修理车	8716.8000	781
1385	35 吨半挂车用液压升降鹅颈	8716.9000	782
1386	废钢船	8905.9090	782
1387	55 英尺房船	8905.9090	783
1388	生化分析仪所带电脑	第九十章	783
1389	滤波片	90.01	784
1390	彩色液晶投影机投射镜头	9002.1190	784
1391	透镜组件	9002.1990	785
1392	F-θ 扫描镜	9002.9090	785
1393	振镜	9002.9090	786
1394	环摄全景扫描照相机	9006.5990	787
1395	手机闪光灯（组件）	9006.6100	788
1396	数字电影放映机	9007.2010	788
1397	柔性板材制版系统	9010.5022	789
1398	冲版机	9010.5022	789
1399	晒版机	9010.5022	790
1400	全自动曝光机	9010.5022	790
1401	曝光反转机	9010.5029	791
1402	全自动晶形检测仪	9011.2000	792
1403	生物显微镜系统	9011.2000	793
1404	莱卡智能型生物显微镜（型号 DM 3000B）	9011.2000	793
1405	数字显微镜	9011.8000	794
1406	CCD 检测系统	9011.8000	794
1407	日立牌绳索断层分析用扫描电镜	9012.1000	795
1408	单筒望远镜	9013.1000	795
1409	激光二极管（货主申报名称）	9013.2000	796

序号	商品名称	商品税则号列	页码
1410	光纤倒像器	9013.8090	796
1411	液芯光导管	9013.8090	797
1412	铷泡	9013.9010	797
1413	勘探用折射仪	9015.8000	798
1414	全站仪	9015.8000	799
1415	声学多普勒流速剖面仪	9015.8000	799
1416	声学多普勒流速剖面仪	9015.8000	800
1417	井下矿藏探测器	9015.8000	800
1418	B/M型超声波扫描仪	9018.12	801
1419	电路板	9018.1291	801
1420	电子超声内窥镜	9018.1291	802
1421	运动心电测试系统	9018.1990	802
1422	导事件相关电位系统	9018.1990	803
1423	脑电系统	9018.1990	803
1424	输液泵	9018.3900	804
1425	毛血管采血管	9018.3900	804
1426	肝素帽	9018.3900	805
1427	活检针	9018.3900	805
1428	手柄（带机头和夹具）	9018.4990	806
1429	立体显微镜	9018.5000	807
1430	医用胶囊内镜图像诊断系统	9018.9030	808
1431	腹腔镜系统	9018.9030	809
1432	含铜宫内节育器	9018.9091	809
1433	按摩浴缸	9019.1010	810
1434	眼动仪	9019.1090	810
1435	药用喷雾治疗器零件	9019.2000	811
1436	直线加速器	90.22	811
1437	X射线应用设备配件	9022.1400	812
1438	神经外科手术床	9022.1400	812
1439	心血管介入治疗诊断仪	9022.1400	813
1440	直接数字成像系统	9022.1400	814
1441	核通模拟定位机	9022.1400	814
1442	液位检测机	9022.1990	815
1443	血液辐照仪	9022.2100	815
1444	X光机配件	9022.9090	816
1445	探头	9022.9090	816

序号	商品名称	商品税则号列	页码
1446	X射线管用石墨基靶盘	9022.9090	817
1447	摆锤冲击仪	9024.8000	817
1448	无转子流变仪	9024.8000	818
1449	圆盘振荡流变仪	9024.8000	818
1450	沥青混合料多功能试验系统	9024.8000	819
1451	红外线测温仪	9025.1910	819
1452	F值测定仪	9025.8000	820
1453	流量计	9026.1000	820
1454	液位计	9026.1000	821
1455	液晶显示板组件	9026.9000	821
1456	孔板流量计零件	9026.9000	822
1457	摩托车排放测试系统	9027.1000	822
1458	RM200A全自动吸烟机	9027.1000	823
1459	烟草在线红外水分仪	9027.5000	824
1460	全自动细菌鉴定及药敏分析仪	9027.5000	825
1461	Alpha凝胶成像分析系统	9027.5000	825
1462	全自动生化分析仪	9027.5000	826
1463	天然气硫分析仪	9027.5000	826
1464	气体检漏仪	9027.5000/9027.8019	827
1465	嗅觉检测器	9027.8990	828
1466	血糖测试电极片	9027.9000	828
1467	橇装计量系统	9028.2090	829
1468	数纸机	9029.1090	830
1469	对话式自动数据处理器	9029.1090	830
1470	数粒仪	9029.1090	831
1471	飞针检测机	9030.3390	831
1472	耐压测试仪	9030.3390	832
1473	冷阴极灯管量测系统	9030.3390	833
1474	微波功率计和微波功率探头	9030.3900	834
1475	网络建设与维护分析仪	9030.4090	834
1476	SDH分析仪	9030.4090	835
1477	UMTS频段的三阶互调测试系统	9030.4090	835
1478	WT3000高精度功率分析仪	9030.8490	836
1479	阻抗分析仪	9030.8990	836
1480	测试针床	9030.9000	837
1481	导通检查台	9030.9000	837

序号	商品名称	商品税则号列	页码
1482	混合集成电路（录波器用）	9030.9000	838
1483	装有集成电路的智能卡（用于录波器）	9030.9000	839
1484	轮胎动平衡实验机	9031.1000	840
1485	飞机发动机测试台	9031.2000	841
1486	活套扫描仪	9031.4990	842
1487	镜筒解像力检测仪	9031.4990	843
1488	带钢测宽仪	9031.4990	844
1489	纸币识别器	9031.4990	845
1490	LVS9500 条码质量检测系统	9031.4990	845
1491	TSI 立体粒子图像测速仪	9031.4990	846
1492	针位检出器	9031.4990	847
1493	淋复质量监控装置	9031.4990	847
1494	粒子像分析仪	9031.4990	848
1495	地表植被光谱仪	9031.4990	848
1496	扫描测量水泥窑体温度用红外线扫描仪	9031.4990	849
1497	全自动异物侦检机	9031.4990	849
1498	对刀仪	9031.4990	850
1499	Agilent 8614xb 通信光谱仪	9031.8010	850
1500	坐标测量仪	9031.8020	851
1501	CT 机、核磁机体模	9031.8090	851
1502	电脑记忆鞋楦模扫描机	9031.8090	852
1503	微波流量计	9031.8090	852
1504	网络流量监测器	9031.8090	853
1505	声发射系统	9031.8090	853
1506	完整性测试仪	9031.8090	854
1507	地下管线视频探测仪	9031.8090	855
1508	发动机下线检测设备	9031.8090	856
1509	电围栏系统	9031.8090	856
1510	身体成分分析仪	9031.8090	857
1511	接触式测厚仪	9031.8090	858
1512	铝轮毂专用全自动氦气气密试验机	9031.8090	859
1513	少子寿命测试仪	9031.8090	860
1514	运动肺功能测试仪	9031.8090	860
1515	半导体晶片测试仪	9031.8090	861
1516	肌肉嫩度分析仪	9031.8090	862
1517	人体脂肪测量仪	9031.8090	862

序号	商品名称	商品税则号列	页码
1518	热敏铜螺丝	9032.1000	863
1519	阀门控制器	9032.2000	863
1520	压力校准仪	9032.8100	864
1521	原始频率标准仪器	9105.9190	864
1522	仿真枪	9304.0000	865
1523	塑料BB弹	9306.3090	865
1524	牙科椅驱动总成	9402.1090	866
1525	手术室机械吊臂	9402.9000	866
1526	婴儿保暖台	9402.9000	867
1527	落地式吊床	9403.2000	867
1528	带遮阳棚的落地式吊床	9403.2000	868
1529	带遮阳棚的落地式吊床	9403.2000	868
1530	摩托车头盔架	9403.8990	869
1531	节日灯	94.05	869
1532	建木屋用梁柱、墙体等	9406.1000	870
1533	绒毛装饰物	9503.0021	870
1534	塑料装饰品——摩托车	9503.0089	871
1535	硬币识别找零器	9504.3090	872
1536	保龄球道计分系统悬挂荧幕	9504.9090	873
1537	玻璃钢滑水盆、钢结构架	9506.2900	874
1538	钛合金高尔夫球头精铸毛坯	9506.3900	874
1539	乒乓发球机	9506.4090	875
1540	运动步枪/手枪报靶系统	9506.9990	875
1541	游乐场游戏组件	9506.9990	876
1542	带手柄的可撕式胶粘滚筒	9603.9090	876
1543	印壳	9611.0000	877
1544	热转移色带	9612.1000	877
1545	点烟器	9613.8000	878
1546	喷头	9616.1000	878
1547	发电机断路器及附件	分别归类	879
1548	14寸、15寸彩色显示管零部件	分别归类	880
1549	地板铣形及包装生产线	分别归类	880
1550	铁矿石取制样设备	分别归类	881
1551	工程维修车、水质监测车	分别归类	881
1552	机动环境监测车	分别归类	882
1553	静脉输液配制过滤净化装置	分别归类	882

序号	商品名称	商品税则号列	页码
1554	多功能管理机	分别归类	883
1555	计算机网络设备	分别归类	883
1556	稀土大磁致伸缩材料	分别归类	884
1557	DC 300 数码摄像测量仪	分别归类	885
1558	大型转播集联制作系统	分别归类	886
1559	车辆及测试设备	分别归类	887
1560	梅赛德斯—奔驰 2686 毫升小货车	分别归类	887
1561	全自动金属板材柔性加工生产线	分别归类	888
1562	乳品加工设备	分别归类	888
1563	双工位六角型胎圈缠绕系统	分别归类	889
1564	圆筒钢板仓	分别归类	889
1565	整车排放试验低温仓系统	分别归类	890
1566	抢险救援车	分别归类	890
1567	商用冷冻柜	分别归类	891
1568	菌场自动化生产设备	分别归类	892
1569	2200 型面筋数量和质量测定系统	分别归类	893
1570	电镀废水处理系统改良设备	分别归类	893
1571	接触网	分别归类	894
1572	按摩气囊、气泵、气阀	分别归类	895
1573	堆肥存储设施	分别归类	896
1574	奥迪特 462 型中央对讲系统	分别归类	896
1575	照排机（申报品名）	分别归类	897
1576	絮凝剂制备添加系统	分别归类	897
1577	伺服卡、I/O 卡	分别归类	898
1578	大排量空气压缩机（旧）	分别归类	898
1579	汽车支架	分别归类	899
1580	自动采样系统	分别归类	899
1581	汽轮机零部件（300MW）	分别归类	900
1582	凌特 2295cc 机动医疗车	分别归类	900
1583	牙科技师专用台	分别归类	901
1584	汽车锁	分别归类	901
1585	快速红外成像系统	分别归类	902
1586	胶印制版生产线	分别归类	902
1587	2.4GHz 无线 AV 发送 & 接收模块	分别归类	903
1588	粗纤维检测系统	分别归类	904
1589	管线数据采集及监控系统	分别归类	905

序号	商品名称	商品税则号列	页码
1590	液晶显示器组件	分别归类	906
1591	服务器升级设备	分别归类	907
1592	500千伏交直流两用交联聚乙烯绝缘电缆立式生产线	分别归类	908
1593	凉亭	分别归类	909
1594	单点系泊系统用系泊链	分别归类	909
1595	龙骨	分别归类	910
1596	汤玛斯牌马铃薯全粉生产线及备件	分别归类	911
1597	低温甲醇洗及精馏装置内件	分别归类	912
1598	卸板机	分别归类	913
1599	全废铜FRHC火法精炼高导电合金铜杆生产线	分别归类	914
1600	非端部接合的白橡木厚板材	分别归类	914
1601	铝制门窗框	分别归类	915
1602	思科网真网络电话系统	分别归类	915
1603	自动称料混料系统	分别归类	916
1604	干燥聚合渗透装置	分别归类	916
1605	五菱V1观光车	分别归类	917
1606	耳鼻喉检查台	分别归类	917
1607	苗圃	分别归类	918

下 册

归类决定 第二部分（W 字头）

序号	商品名称	商品税则号列	页码
1	风干火腿	0210.11	921
2	带全部或部分骨头的风干火腿	0210.19	921
3	分割鸡肉	0210.99	922
4	圆鳍鱼鱼卵	0305.20	922
5	经过漂烫的绿唇贻贝（Perna canaliculus）	0307.32	923
6	冻干墨鱼（乌贼属）（Sepia officinalis）	0307.99	923
7	添加糖的浓缩乳	0402.99	924
8	产犊后24小时内采集的牛初乳	0404.90	924
9	油包水型可涂抹乳脂混合物	0405.20	925
10	油包水型可涂抹乳脂混合物	0405.20	925
11	油包水型可涂抹乳脂混合物	0405.20	926
12	含有少量草本植物和大蒜的黄油	0405.90	926
13	新鲜奶酪	0406.10	927
14	涂抹乳酪	0406.30	927
15	加工乳酪	0406.30	928
16	卡门培尔乳酪套装产品	0406.90	928
17	花环	0604.90	929
18	鲜牛蒡根	07.06	929
19	冷冻的甜玉米笋	0710.40	930
20	冷冻的玉米笋（甜玉米笋除外）	0710.80	930
21	临时保藏的牛蒡根	07.11	931
22	荸荠、马蹄的可食块茎	07.14	931
23	碎的干椰子	0801.11	932
24	类似坚果的可食菱属（Trapa natans）水果	08.02	932
25	苦酸橙	0805.50	933
26	李干	0813.20	933
27	干茶花	0902.20	934
28	红茶	0902.30	934

序号	商品名称	商品税则号列	页码
29	昆诺阿藜（藜麦）	1008.50	935
30	经预煮的碾碎干小麦	11.03 或 11.04	935
31	经加热处理的大豆	1201.90	936
32	干燥脱皮花生	1202.42	936
33	播种用种子	1209.91	937
34	牛蒡籽	12.11	937
35	干牛蒡根	12.11	938
36	魔芋冻粉	12.12	938
37	南瓜子（西葫芦 南瓜属）	1212.99	939
38	棕榈油	15.11	939
39	棕榈仁油	15.13	940
40	含有90%再酯化甘油三酯的产品	1516.10	940
41	通过不同的蔬菜油相互酯化获得的可食用混合物	15.17	941
42	混合油脂	1517.90	941
43	含低芥子酸菜籽油的制品	1517.90	942
44	含有维生素E及乳脂的月见草油	1517.90	942
45	火腿罐头	1602.41 至 1602.49	943
46	带有松脆土豆条的三明治	1602.50	943
47	配辣椒的炖肉制品	1602.50	944
48	粉状甘蔗糖汁	17.01	944
49	甘蔗糖	17.01	945
50	方糖	1701.91	945
51	微生物培养介质	1702.90	946
52	糖食	1704.90	946
53	润喉止咳糖	1704.90	947
54	华夫饼	1704.90	947
55	糖食	1704.90	948
56	糖食（糖果）	1704.90	948
57	糖食（糖果）	1704.90	949
58	糖食（糖果）	1704.90	949
59	糖食（糖果）	1704.90	950
60	人参糖片	1704.90	950
61	含蜂蜜的芝麻糖	1704.90	951
62	止咳喉片	1704.90	951
63	止咳片	1704.90	952

序号	商品名称	商品税则号列	页码
64	巧克力条	1806.31	952
65	巧克力条	1806.31	953
66	巧克力条	1806.31	953
67	糖食	1806.31 或 1806.32	954
68	以巧克力为基料的食品	1806.32	954
69	外裹巧克力产品	1806.90	955
70	圆形薄华夫饼	1806.90	955
71	填充花生和腰果碎块的产品	1806.90	956
72	包含可可馅料的产品	1806.90	956
73	以巧克力为基料的组合产品	1806.90	957
74	巧克力糖食（带糖衣的牛奶巧克力）	1806.90	957
75	巧克力糖食	1806.90	958
76	含有可可粉的牛奶配制品	19.01	958
77	婴幼儿二段配方奶粉	1901.10	959
78	幼儿配方奶粉	1901.10	959
79	未焙烤的冷冻面团	1901.20	960
80	未焙烤比萨饼	1901.20	960
81	未烤制的比萨饼	1901.20	961
82	配制品	1901.90	961
83	经过搅打的奶油	1901.90	962
84	作为乳酪替代品消费的配制品	1901.90	962
85	配制品	1902.20	963
86	成套食品	1902.20	963
87	速冻盘装菜"Tortiglioni"	1902.30	964
88	配制品	1902.30	964
89	"Müsli"早餐谷物食品	1904.20	965
90	预煮熟的碾碎干小麦	1904.30	965
91	Nasi Nua（印度尼西亚速冻米饭）	1904.90	966
92	Chow Ju Fan（中国速冻米饭）	1904.90	966
93	Risotto（意大利速冻米饭）	1904.90	967
94	Biryani（印度速冻米饭）	1904.90	967
95	预加工食品	1904.90	968
96	包裹巧克力的华夫产品	1905.32	968
97	焙烤制品（华夫饼）	1905.32	969
98	冷冻鲜乳酪饼	1905.90	969
99	咸味松脆小吃	1905.90	970

序号	商品名称	商品税则号列	页码
100	松脆开胃食品	1905.90	970
101	速冻盘装蔬菜"Wienerpfanne"	2004.90	971
102	甜玉米粉	2005.80	971
103	用奶酪填充的红、绿辣椒段	2005.99	972
104	菠萝干	2008.20	972
105	改良杏干	2008.50	973
106	浸泡在酒中的水果	2008.60	973
107	水果片	2008.97	974
108	浸泡在酒中的水果	2008.99	974
109	苹果干馅料	2008.99	975
110	番木瓜干	2008.99	975
111	烤紫菜	2008.99	976
112	调味紫菜	2008.99	976
113	椰子水（椰子汁）	2009.89	977
114	含有调味品（姜）的未发酵混合果汁	2009.90	977
115	可溶的咖啡（又称"速溶咖啡"）	2101.11	978
116	以咖啡精为基本成分的制品	2101.12	978
117	咖啡添加品	2101.30	979
118	供人食用的片剂	2102.20	979
119	薄荷调味汁	2103.90	980
120	酸甜调味汁	2103.90	980
121	一种包含精选的香料、种子、香草、水果、盐和调料的组合物	2103.90	981
122	某种东方菜肴用调味品	2103.90	981
123	复合调味香料	2103.90	982
124	制品（"蟹味粉"）	2103.90	982
125	草本植物浸泡剂	21.06	983
126	饮料基料："可乐复合物"	21.06	983
127	冷冻浓缩橙汁	21.06	984
128	脱脂大豆粉蛋白浓缩物	2106.10	984
129	配制品	2106.10	985
130	一种被称为"低脂黄油"的制品	2106.90	985
131	配制品	2106.90	986
132	配制品	2106.90	986
133	配制品	2106.90	987
134	配制品	2106.90	987

序号	商品名称	商品税则号列	页码
135	配制品	2106.90	988
136	配制品	2106.90	988
137	配制品	2106.90	989
138	配制品	2106.90	989
139	配制品	2106.90	990
140	配制品	2106.90	990
141	液状乳酪制品	2106.90	991
142	饮料冲剂	2106.90	991
143	含有氯化钾的改性食盐［氯化钠与氯化钾及少量碳酸镁（抗结块剂）的混合物］	2106.90	992
144	草本植物"茶"	2106.90	992
145	呈微黄色面团状的乳脂混合物	2106.90	993
146	芦荟片剂	2106.90	993
147	粉状食品添加剂	2106.90	994
148	运动饮料	2106.90	994
149	维生素制剂	2106.90	995
150	不含乳脂的乳脂代用品	2106.90	995
151	咳嗽糖浆	2106.90	996
152	减肥食品	2106.90	996
153	谷物粉添加剂	2106.90	997
154	面包房用添加剂	2106.90	997
155	需用牛奶冲调的饮料粉	2106.90	998
156	即时食品	2106.90	998
157	食品添加剂	2106.90	999
158	人参胶囊	2106.90	999
159	复合乳化稳定剂	2106.90	1000
160	稳定剂	2106.90	1000
161	乳化剂（淀粉络合剂）	2106.90	1001
162	被称为"椰奶"的制品	2106.90	1001
163	焙烤食品用添加剂	2106.90	1002
164	焙烤食品用添加剂	2106.90	1002
165	配制品	2106.90	1003
166	片剂	2106.90	1003
167	玫瑰果果汁	2106.90	1004
168	干粉状酒精	2106.90	1004
169	黑桑叶	2106.90	1005

序号	商品名称	商品税则号列	页码
170	黑桑叶	2106.90	1005
171	非乳奶油	2106.90	1006
172	粉状制剂	2106.90	1006
173	颗粒状制剂	2106.90	1007
174	运动饮料	22.02	1007
175	加甜物质或香料的矿物水（天然或人造的）	2202.10	1008
176	诸如柠檬水、橘子水、可乐的饮料	2202.10	1008
177	高热量饮品（巧克力味）	2202.99	1009
178	芦荟纯饮剂	2202.99	1009
179	电解质水溶液	2202.99	1010
180	无酒精饮料（肠痛水）	2202.99	1010
181	人参酒	2205.10	1011
182	马萨拉葡萄酒饮料	2205.10 或 2205.90	1011
183	饮料基料	22.08	1012
184	通过蒸馏葡萄酒制得的被称为"皮斯科白兰地酒（pisco）"和"辛加尼酒（singani）"的烈性酒	2208.20	1012
185	麦芽威士忌酒和粮食威士忌酒	2208.30	1013
186	蒸馏酒"Cachaca"	2208.40	1013
187	酒精水溶液	2208.90	1014
188	含有几种植物浸出液的制品	2208.90	1014
189	即饮含酒精饮料	2208.90	1015
190	含酒精饮料	2208.90	1015
191	中性酒精基料	2208.90	1016
192	中性酒精基料	2208.90	1016
193	中性酒精基料	2208.90	1017
194	含有添加成分的精选植物油、醋、油醋混合物组合套件	2209.00	1017
195	脱脂大豆粉	23.04	1018
196	脱脂椰子粉	2306.50	1018
197	木薯根废料	2308.00	1019
198	清洗菜籽的残渣	2308.00	1019
199	含有抗生素的预混料	23.09	1020
200	饲料添加剂	2309.90	1020
201	含有胆碱氯化物的粉状制品	2309.90	1021
202	用于动物饲养的制品	2309.90	1021

序号	商品名称	商品税则号列	页码
203	动物用面包粉	2309.90	1022
204	补充饲料	2309.90	1022
205	制动物饲料用产品	2309.90	1023
206	粉状制剂	2309.90	1023
207	混合烟草	2401.20	1024
208	烟草混合物	2401.20	1024
209	"Beedies"印度的线扎手卷小烟卷	2402.20	1025
210	烟弹	2404.11	1025
211	可吸入含烟草产品	2404.11	1026
212	戒烟口香糖	2404.91	1026
213	黏聚成块的盐	2501.00	1027
214	粘聚成块的盐	2501.00	1027
215	石英	2506.10	1028
216	水凝水泥	2523.90	1028
217	砖或混凝土的碎块	25.30	1029
218	磨石、抛光石的废碎料	2530.90	1029
219	散粒状白色粉末	2530.90	1030
220	高品级钛铁矿	26.14	1030
221	钛铁矿	2614.00	1031
222	饱和无环烃单独异构体	第二十七章	1031
223	饱和无环烃异构体的混合物	第二十七章	1032
224	单烯或多烯无环烃的单独异构体	第二十七章	1032
225	单烯或多烯无环烃异构体（立体异构体除外）的混合物	第二十七章	1033
226	单烯或多烯无环烃立体异构体混合物	第二十七章	1033
227	天然气浓缩液	27.09	1034
228	一次性的塑料容器	27.10	1034
229	拔顶原油	27.10	1035
230	掺入石油的无水酒精	27.10	1035
231	石墨油	2710.12 或 2710.19	1036
232	液状混合物	2710.19	1036
233	微晶石蜡（石油蜡）	2712.90	1037
234	分散于水的脱水粉化天然沥青	2714.90	1037
235	微硅粉	2811.22	1038
236	高比例五氧化二矾产品	2825.30	1038
237	乙醛次硫酸钠	2831.10	1039

序号	商品名称	商品税则号列	页码
238	散粒状白色粉末	2833.11	1039
239	二氧化锂钴	2841.90	1040
240	合成硅铝酸钠	2842.10	1040
241	合成硅铝酸钠	2842.10	1041
242	合成硅铝酸钠	2842.10	1041
243	饱和无环烃单独异构体	2901.10	1042
244	饱和无环烃异构体的混合物	2901.10	1042
245	单烯或多烯无环烃的单独异构体	2901.23 至 2901.29	1043
246	单烯或多烯无环烃立体异构体的混合物	2901.23 至 2901.29	1043
247	单烯或多烯无环烃其他异构体的混合物	2901.23 至 2901.29	1044
248	钛酸丁酯	29.05	1044
249	甘油酯	2905.49	1045
250	锑二（磺基邻苯二酚钠）	2908.99	1045
251	12-羟基硬脂酸	2918.19	1046
252	N-甲基氨基乙磺酸钠盐	2921.19	1046
253	舍曲林	2921.49	1047
254	甲氯芬酯、2-二甲胺基乙基对氯苯氧基乙酸酯	2922.19	1047
255	那莫西瑞	2922.19	1048
256	硝酸氨基乙基酯	2922.19	1048
257	阿斯巴甜、天（门）冬氨酰苯丙氨酸甲酯	29.24	1049
258	二甲脲水溶液	2924.19	1049
259	二氟苯祖隆、N-（4-氯苯氨基羰基）-2,6-二氟苯甲酰胺	2924.29	1050
260	那福塔洛佛	2929.90	1050
261	地虫磷	2930.90	1051
262	紫杉醇	2932.99	1051
263	拉罗他赛/拉欧紫杉醇	2932.99	1052
264	溴西泮	2933.39	1052
265	伊米帕锰	2933.39	1053
266	卜透凡诺	2933.49	1053
267	恩诺沙星	2933.59	1054
268	阿格列汀	2933.59	1054
269	三甲基醇三聚氰胺水溶液	2933.69	1055
270	左匹克隆	2933.79	1055

序号	商品名称	商品税则号列	页码
271	麦络西坎	2934.10	1056
272	伊普塞匹隆	2934.20	1056
273	前阿德福韦	2934.99	1057
274	α绒促卵泡素	2934.99	1057
275	非格司亭	2934.99	1058
276	司莫紫杉醇	2934.99	1058
277	培米诺近	2934.99	1059
278	韦利莫根	2934.99	1059
279	西地那非	29.35	1060
280	含维生素A制剂	2936.21	1060
281	粉状制剂	2936.23	1061
282	含维生素E制剂	2936.28	1061
283	粉状制剂	2936.28	1062
284	粉状制剂	2936.28	1062
285	艾地骨化醇	2936.29	1063
286	粉状制剂	2936.29	1063
287	两种维生素衍生物的混合物	2936.90	1064
288	普拉睾酮	2937.29	1064
289	替勃龙	2937.29	1065
290	洛那立生	2937.29	1065
291	乙基麻黄碱、伊塔菲汀	2939.49	1066
292	米达茶碱	2939.59	1066
293	可司替康	2939.79	1067
294	格利凡诺（三苄糖醚）	29.40	1067
295	氯醛糖	29.40	1068
296	克洛本诺塞德	29.40	1068
297	乳糖醇	29.40	1069
298	应用静脉补铁药物	2940.00	1069
299	坦螺旋霉素	2941.90	1070
300	阿螺旋霉素	2941.90	1070
301	胸腺刺激素	3001.20	1071
302	血份	3002.12	1071
303	动物饲料用制剂	3003.20	1072
304	商品硼葡萄糖酸钙	3003.90 或 3004.90	1072
305	痱子粉	30.04	1073
306	骨移植替代品	3004.20	1073

序号	商品名称	商品税则号列	页码
307	皮肤施药制品	3004.39	1074
308	液体药剂	3004.50	1074
309	皮肤施药制品	3004.90	1075
310	药剂	3004.90	1075
311	药品	3004.90	1076
312	骨移植替代品	3004.90	1076
313	白色碳酸氢钠粉末	3004.90	1077
314	复方磺胺甲噁唑	3004.90	1077
315	医用凝胶制剂，由丙二醇、羟乙基纤维素、对氧基安息香酸酯及水构成	3006.70	1078
316	医用凝胶制剂	3006.70	1078
317	氮肥	3102.40	1079
318	食品的着色制品	3203.00	1079
319	葡萄酒及其他饮料用色料	3203.00	1080
320	海胆酮	3203.00	1080
321	圆红酵母素	3203.00	1081
322	锐钛型二氧化钛	3206.11	1081
323	用于喷墨设备的陶瓷墨水	3207.10	1082
324	银金属精细分散剂构成的制剂	3207.30	1082
325	清晰的（透明的）溶液	32.08	1083
326	改性醇酸树脂溶液	3208.10	1083
327	共聚树脂的乙醇溶液	3208.20	1084
328	单组分湿法聚氨基甲酸乙酯树脂	3208.90	1084
329	浆糊	32.14	1085
330	用于金属罐密封的制剂	3214.10	1085
331	聚氨酯发泡胶（填充泡沫）	3214.10	1086
332	水泥漆	3214.90	1086
333	含色素的合成蜡制剂	3215.11 或 3215.19	1087
334	饮料基料	33.02	1087
335	饮料基料	33.02	1088
336	香料制品	3302.10	1088
337	以酒精溶液中的芳香物质为基本成分的制品	3302.90	1089
338	痱子粉	33.04	1089
339	痱子粉	33.04	1090
340	唇膏制剂	3304.10	1090

序号	商品名称	商品税则号列	页码
341	洗剂	3304.99	1091
342	零售包装的纯净凡士林	3304.99	1091
343	可注射皮内凝胶	3304.99	1092
344	护肤用天然矿泉水	3304.99	1092
345	香波	3305.10	1093
346	香波	3305.10	1093
347	药性洗发液	3305.10	1094
348	制剂	3306.10	1094
349	制剂	3306.10	1095
350	作为"牙线"报验的纱线	3306.20	1095
351	作为"牙线"报验的纱线	3306.20	1096
352	作为"牙线"报验的纱线	3306.20	1096
353	作为"牙线"报验的纱线	3306.20	1097
354	作为"牙线"报验的纱线	3306.20	1097
355	防腐液	3306.90	1098
356	抗牙斑制剂	3306.90	1098
357	不含防腐剂的无菌氯化钠水溶液	3307.90	1099
358	生理的、无菌的海水微分散溶液	3307.90	1099
359	含精油的香味剂样本集锦	3307.90	1100
360	块状或条状的产品	3401.11	1100
361	块状或条状的产品	3401.11	1101
362	不含肥皂的有机表面活性剂制品,但有时称为"液体肥皂"	3401.30	1101
363	液体肥皂	3401.30	1102
364	一种白色乳液	3401.30	1102
365	一种透明棕色啫喱	3401.30	1103
366	含有次氯酸钠的液体形态制品	34.02	1103
367	含有次氯酸钠的液体形态制品	3402.50	1104
368	表面活性制剂	3402.90	1104
369	含5%聚二甲基硅氧烷的产品	34.03	1105
370	氢化及经组织改良处理的加州希蒙得木种子油	3404.90	1105
371	淀粉相关的产品	3505.10	1106
372	两性玉米淀粉	3505.10	1106
373	阳离子玉米淀粉	3505.10	1107
374	经化学改性的玉米淀粉	3505.10	1107

序号	商品名称	商品税则号列	页码
375	经化学改性的马铃薯淀粉	3505.10	1108
376	经化学改性的玉米淀粉	3505.10	1108
377	改性阳离子马铃薯淀粉	3505.10	1109
378	螺纹锁固剂	3506.10	1109
379	配制炸药	3602.00	1110
380	配制炸药	3602.00	1110
381	未曝光感光铜箔制的平板	3701.30 或 3701.99	1111
382	加酸黏土制品	3802.90	1111
383	"纸浆胶料 VS70",一种纸浆的施胶剂	3806.90	1112
384	抗寄生虫洗剂	3808.91	1112
385	抗寄生虫洗剂	3808.91	1113
386	抗菌剂	3808.92	1113
387	除草剂的中间产物	3808.93	1114
388	瓶装柔顺剂	3809.91	1114
389	二羟甲基脲水溶液	3809.91	1115
390	三甲基醇三聚氰胺水溶液	3809.91	1115
391	低分子量加合物的混合物	3809.91	1116
392	两种重氮盐的混合物	3809.91	1116
393	Fischer-Tropsch 合成产生的副产品溶剂	3814.00	1117
394	有机溶剂	3814.00	1117
395	澄清透明液体	3814.00	1118
396	浓缩防冻液	3820.00	1118
397	某些物质或材料,制成确定形式以适用于特定用途而非一般用途	38.22	1119
398	溶血洗净液	38.22	1119
399	12-羟基硬脂酸	3823.19	1120
400	三羟基乙酸的混合物	3823.19	1120
401	猫砂产品	38.24	1121
402	某些物质或材料,制成确定形态以适用于特定用途而非一般用途	38.24	1121
403	混合物	3824.99	1122
404	化学品	3824.99	1122
405	液态糖浆混合物	3824.99	1123
406	粗制棕榈油酸	3824.99	1123
407	牙科氧化锆块	3824.99	1124
408	牙科氧化锆块	3824.99	1124

序号	商品名称	商品税则号列	页码
409	一次性手脚取暖包	3824.99	1125
410	两种无机氧化物的混合物	3824.99	1125
411	修正带（双轴式）	3824.99	1126
412	植物营养液	3824.99	1126
413	白色颗粒	3901.40	1127
414	润滑制品	39.04	1127
415	润滑制品	39.04	1128
416	浅黄色颗粒，主要含乙烯-乙烯醇共聚物（以重量计约40%）及作为填料的预胶化淀粉（以重量计约45%）	3905.91	1128
417	淀粉相关的产品	3906.90	1129
418	改性丙烯酸酯与丙烯酰胺的共聚物	3906.90	1129
419	聚谷氨酸紫杉醇	3908.90	1130
420	腰果坚果壳液聚合物	3911.90	1130
421	由腰果坚果壳液聚合物构成的摩擦颗粒	3911.90	1131
422	溴阿佐姆	3911.90	1131
423	白色微晶纤维素粉末	3912.90	1132
424	离析支链淀粉	39.13	1132
425	多聚糖	3913.90	1133
426	聚氯乙烯管状型材	3916.20	1133
427	塑料制多孔管	3917.21	1134
428	自粘的扁条	3919.10	1134
429	胶黏反射板	3919.10 或 3919.90	1135
430	双向拉伸聚丙烯膜	3920.20	1135
431	人造大理石	3920.51	1136
432	矩形硬化酪蛋白片	3920.99	1136
433	纺织材料的白色机织物	39.21	1137
434	纺织材料的白色机织物	39.21	1137
435	由聚乙烯扁条组成的织物	3921.90	1138
436	用大量密胺树脂浸渍的纸板	3921.90	1138
437	纺织物与塑料制成的层压产品	3921.90	1139
438	三层薄片	3921.90	1139
439	传动带或输送带	3921.90 或 3926.90	1140
440	塑料制厨房洗涤槽	3922.10	1140
441	聚苯乙烯制的容器	3923.10	1141
442	展示盒	3923.10	1141

序号	商品名称	商品税则号列	页码
443	食盒	3923.10	1142
444	鸡蛋盒	3923.10	1142
445	一次性塑料制化妆品容器	3923.10	1143
446	塑料瓶坯	3923.30	1143
447	未装磁带的录像、录音带盒	3923.40	1144
448	管状带盖容器	3923.90	1144
449	托盘	3923.90	1145
450	托盘	3923.90	1145
451	塑料物品	3924.90	1146
452	塑料制奶嘴和护指套	3924.90	1146
453	塑料水瓶	3924.90	1147
454	塑料水瓶	3924.90	1147
455	塑料容器	3924.90	1148
456	废物收集桶	3924.90	1148
457	淋浴套件	3924.90	1149
458	移动塑料垃圾箱	3924.90	1150
459	各种物品的组合	3926.10	1150
460	保护罩	3926.20	1151
461	保护罩	3926.20	1151
462	带环的夹子	3926.90	1152
463	非自粘的扁条	3926.90	1152
464	电缆固定件	3926.90	1153
465	柔性增强格网	3926.90	1153
466	一本相册	3926.90	1154
467	一本相册	3926.90	1154
468	带有刻度的已消毒排尿袋	3926.90	1155
469	有刻度的已消毒排尿计	3926.90	1155
470	挤压成型的塑料网	3926.90	1156
471	反光板用三角形标志板	3926.90	1156
472	塑料制旋钮	3926.90	1157
473	保护罩	3926.90	1157
474	塑料制人造指甲	3926.90	1158
475	皮划艇和桨板冲浪（SUP）两用桨	3926.90	1158
476	垃圾桶	3926.90	1159
477	橡胶带	4005.10 或 4005.91	1159
478	胶基混合物	4005.99	1160

序号	商品名称	商品税则号列	页码
479	制垫片用材料	4008.21	*1160*
480	胎面	4012.90	*1161*
481	定量滴管	4014.90	*1161*
482	成品垫片	4016.93	*1162*
483	机动车刹车系统皮碗	4016.93	*1162*
484	振动缓冲座	4016.99	*1163*
485	便携式塑料公文包	4202.12	*1163*
486	便携式公文包	4202.12	*1164*
487	手提包	4202.21	*1164*
488	专为特定型号手机设计的塑料制外壳	4202.32	*1165*
489	腰包	4202.91	*1165*
490	便携式野餐冷藏袋	4202.92	*1166*
491	便携式工具箱	4202.99	*1166*
492	便携式工具箱	4202.99	*1167*
493	整张灰熊毛皮制成的地毯	4303.90	*1167*
494	用油漆、着色剂或清漆处理的木	第四十四章	*1168*
495	刨切层压木获得的薄板	44.08	*1168*
496	薄木板（牛皮纸饰面板）	44.08	*1169*
497	层压板	4410.11	*1169*
498	木纤维板（MDF，中密度纤维板）	4411.12	*1170*
499	铺地板	44.12	*1170*
500	由胶合板构成的板条	44.12	*1171*
501	矩形层压木板	4412.94 或 4412.99	*1171*
502	木手柄	44.17	*1172*
503	装有砂纸的打磨工具	4417.00	*1172*
504	拼花地板	4418.79	*1173*
505	桌面画架	4420.90	*1173*
506	木手柄	44.21	*1174*
507	精磨漂白亚硫酸盐纤维素浆	4704.21 或 4704.29	*1174*
508	未涂布的纸及纸板	48.02	*1175*
509	未涂布的纸及纸板	48.02	*1175*
510	用于书写及其他用途的涂布纸及纸板	48.10	*1176*
511	一层用高岭土涂布的布里斯托尔双层纸板	4810.29	*1176*
512	一层用高岭土涂布的布里斯托尔三层纸板	4810.29	*1177*
513	隔湿材料	4811.10	*1177*
514	瓦楞屋顶板	4811.10	*1178*

序号	商品名称	商品税则号列	页码
515	石蜡纸及纸板	4811.60	*1178*
516	石蜡纸条	4811.60	*1179*
517	传真纸	4811.90	*1179*
518	日本丝绸纸	4811.90	*1180*
519	纸板	4811.90	*1180*
520	涂布有机热敏材料的纸	4811.90	*1181*
521	成卷纸巾	4818.90	*1181*
522	魔术记事板	4820.90	*1182*
523	复活节彩蛋	4823.70	*1182*
524	隔热材料	4823.90	*1183*
525	学生课本	49.01	*1183*
526	电话用户簿	4901.99	*1184*
527	没有插图的小册子	4901.99	*1184*
528	教学用书	4903.00	*1185*
529	教学用书	4903.00	*1185*
530	会发声的动物书	4903.00	*1186*
531	彩票	49.11	*1186*
532	单独印刷的有文字图画的纸页	4911.10 或 4911.91 或 4911.99	*1187*
533	滑稽贴、窗贴等类似品	4911.99	*1187*
534	旅行用机票、火车票、汽车票等	4911.99	*1188*
535	标签	4911.99	*1188*
536	平纹棉织物	5208.51	*1189*
537	纯棉印花机织物	52.08 或 52.09	*1189*
538	剑麻纤维垫	5305.00	*1190*
539	聚酯高强力纱	5402.20	*1190*
540	纺织纱线	5402.61 至 5402.69 或 5403.41 至 5403.49	*1191*
541	管状机织物	5407.20	*1191*
542	两股红纱线	5509.32	*1192*
543	制香烟滤嘴的丝束棒	5601.22	*1192*
544	切断尼龙纱线	5601.30	*1193*
545	非织造布	5603.12 或 5603.13	*1193*
546	绒头纱线	5606.00	*1194*
547	绒头纱线	5606.00	*1194*
548	管状编带	5607.49 或 5607.50	*1195*
549	管状编带	5607.50	*1195*

序号	商品名称	商品税则号列	页码
550	车辆用拖绳	56.09	*1196*
551	机织垫子	5702.50 至 5702.99	*1196*
552	编带	5808.10	*1197*
553	编带	5808.10	*1197*
554	机织物刺绣布料	5810.91 至 5810.99	*1198*
555	刺绣品	5810.91 至 5810.99	*1198*
556	相互层叠的平行聚酯长丝纱线织物	5903.10	*1199*
557	涂铝纺织物	5907.00	*1199*
558	涂铝纺织物	5907.00	*1200*
559	层压带	5910.00	*1200*
560	平纹经纱起绒带	5911.10	*1201*
561	层压带	5911.10	*1201*
562	无纺织物制席垫	5911.40	*1202*
563	过滤材料	5911.90	*1202*
564	两件服装构成的套件	6104.62 和 6110.20	*1203*
565	女式长裤	6104.63	*1204*
566	无领无袖针织衫	6106.20	*1204*
567	躯干紧身服	61.08	*1205*
568	躯干紧身服	61.08	*1205*
569	女式针织短袖T恤衫	6109.10	*1206*
570	女式无领无袖针织衫	6109.90	*1206*
571	女式长袖T恤	6109.90	*1207*
572	圆领无袖服装	6110.20	*1207*
573	针织马甲	6110.20	*1208*
574	针织足球守门员运动衫	6110.30	*1208*
575	女式短袖针织衫	6110.30	*1209*
576	男式长袖针织衫	6110.30	*1209*
577	女式针织长袖套头衫	6110.30	*1210*
578	躯干紧身服	61.14	*1210*
579	躯干紧身服	61.14	*1211*
580	薄质针织女式服装	6114.20	*1211*
581	女士薄质针织无带服装	6114.30	*1212*
582	女式短袖针织衫	6114.30	*1212*
583	针织头带	6117.80	*1213*
584	长袖服	6202.40	*1213*
585	类似带风帽的防寒短上衣的服装	6202.40	*1214*

序号	商品名称	商品税则号列	页码
586	由两件服装构成的成套物品	62.03	1214
587	女式裤子（纱丽）	6204.62	1215
588	女式束腰外衣（克米兹）	6206.30	1215
589	一种"运动服"	62.11	1216
590	一种"运动服"	62.11	1216
591	彩弹球裤（长裤）	6211.33	1217
592	女士薄质针织服装	6212.10	1217
593	腰部支撑带	6212.90	1218
594	游泳衣用乳罩	6212.90	1218
595	刺绣机织物制围巾	6214.10 至 6214.90	1219
596	围巾	6214.90	1219
597	座椅保护套	6304.91	1220
598	棉织物制夹层枕套	6304.92	1220
599	散装货物储运软袋	63.05	1221
600	临时凉亭	6306.22	1221
601	机织物制服装面料	6307.90	1222
602	织物制服装面料	6307.90	1222
603	机织物制服装面料	6307.90	1223
604	粘在胸部上的无纺织物制品	6307.90	1223
605	折叠路标	6307.90	1224
606	纺织装饰品	6307.90	1224
607	护罩	6307.90	1225
608	（1）儿童背带包；（2）婴儿背带	6307.90	1225
609	橡胶靴底	64.01	1226
610	雪地靴	6402.91 或 6403.91 及 6404.19	1226
611	手术后用鞋	6402.99	1227
612	轻型鞋	6402.99	1227
613	塑料鞋	6402.99	1228
614	女鞋	6404.19	1228
615	女鞋	6404.19	1229
616	纺织材料鞋面橡胶制外底的鞋	6405.20	1229
617	轻型拖鞋	6405.90	1230
618	一束花	6702.90	1230
619	小花环	6702.90	1231
620	滑石（皂石）制的盒子	6802.99	1231
621	热膨胀矿物材料垫	6806.90	1232

序号	商品名称	商品税则号列	页码
622	屋顶板	6807.90	1232
623	屋顶板	6807.90	1233
624	绝缘镶板	6808.00	1233
625	镶板	6809.19	1234
626	镁碳砖	6815.91	1234
627	长度可伸缩的铁氧体	6815.99	1235
628	化学法生产的陶瓷氧化纤维	6903.20	1235
629	化学法生产的陶瓷氧化锆纤维	6903.90	1236
630	陶瓷插件	69.09	1236
631	非装饰用烟灰缸	6911.90	1237
632	陶瓷杯子和杯碟	6912.00	1237
633	洗衣球	6912.00	1238
634	陶制容器	6913.90	1238
635	标准铅玻璃管	7002.39	1239
636	抬头显示器（HUD）用汽车玻璃	7007.21	1239
637	带热反射涂层汽车玻璃	7007.21	1240
638	镶框玻璃装饰镜	70.13	1240
639	空气净化过滤器	7019.90	1241
640	70.20税目注释第三项所列物品	7020.00	1241
641	石英反应管及支架	7020.00	1242
642	含一个或多个养殖珍珠非供人食用的牡蛎	7101.21	1242
643	合成钻石	7105.10	1243
644	设计家首饰	71.13 或 71.17	1243
645	金币	7114.19	1244
646	空心微球	7115.90	1244
647	吊坠（片、球等）	7116.20	1245
648	别针（徽章别针）	7117.19	1245
649	铜手镯	7117.19	1246
650	硬币	7118.10	1246
651	银币	7118.10	1247
652	钥匙扣	第十五类	1247
653	非合金钢热轧钢板	7208.52	1248
654	圆形、六边形或八边形扁盘	7208.90	1248
655	层压钢产品	7210.70	1249
656	电梯用装有机械装置的自动钢铁滑门	7308.30	1249

序号	商品名称	商品税则号列	页码
657	住宅用钢铁制安全门	7308.30	1250
658	长方形镀锌钢制房顶瓦	7308.90	1250
659	八角形钢灯柱	7308.90	1251
660	预制建筑物构件	7308.90	1251
661	铁制格栅	7308.90	1252
662	钢缆绳	7312.10	1252
663	输送带带料	7314.49	1253
664	非电热家用烤肉架	7321.19	1253
665	烟囱式木炭点燃器	7321.89	1254
666	非电热不锈钢保温容器	7323.93	1254
667	镀锌钢制移动垃圾桶	7323.99	1255
668	钥匙环	73.26	1255
669	便携式固定工作台	7326.90	1256
670	钥匙环	7326.90	1256
671	接地棒	7326.90	1257
672	连接环	7326.90	1257
673	层压产品	7506.10	1258
674	包覆氧化铝的铝晶粒构成的非烧结粉	7603.10	1258
675	层压铝产品	76.06	1259
676	一次性铝箔容器	7615.10	1259
677	园林砍刀	8201.40	1260
678	小型多用途工具	8203.20	1260
679	果蔬刮皮器	8205.51	1261
680	果蔬刮皮器	8205.51	1261
681	U型钉手钳	8205.59	1262
682	保险柜	8303.00	1262
683	保险柜	8303.00	1263
684	佛教用品：铃	83.06	1263
685	佛教用品：花瓶	83.06	1264
686	佛教用香台及香炉	8306.29	1264
687	佛教用火柴罐	8306.29	1265
688	手工绘制微型铜饰品	8306.29	1265
689	铝制罐盖	8309.90	1266
690	搅拌器的搅拌附件	第十六类	1266
691	装于第十六类一种设备的门上的垫片	第十六类	1267
692	集中供暖用电热水锅炉	8403.10	1267

序号	商品名称	商品税则号列	页码
693	游泳池用泵和过滤装置	84.13 和 84.21	1268
694	层流柜橱	8414.60 或 8414.80	1268
695	水平式层流"洁净台"	8414.80	1269
696	顶置分体空调机	8415.10	1269
697	压缩式分体空调室内机	8415.90	1270
698	单冷型压缩式分体空调机室外制冷单元	8415.90	1270
699	冷暖两用型可逆压缩式分体空调机室外制冷单元	8415.90	1271
700	卧式冷冻箱	8418.30	1271
701	食品派分设备：冰激凌机	8418.61	1272
702	食品派分设备：冷饮机	8418.61	1272
703	冷却器	8418.61 或 8418.69	1273
704	热电偶组	8418.69	1273
705	带空调的室外机柜	8418.69	1274
706	装于冰箱门上的垫片	8418.99	1274
707	低温消毒机	8419.20	1275
708	旋转式真空蒸发器	8419.40	1275
709	半自动售货机	8419.81	1276
710	表面加热装置	8419.89	1276
711	加热套	8419.89	1277
712	溶解实验单元	8419.89	1277
713	钢板件	8419.90	1278
714	水处理组合机	8421.21	1278
715	快速煮沸及冷却过滤饮用水系统	8421.21	1279
716	血液过滤装置	8421.29	1279
717	一次性透析器	8421.29	1280
718	喷漆隔间	8421.39	1280
719	可替换滤油芯	8421.99	1281
720	包装胶囊/片剂的设备	8422.40	1281
721	喷砂机	8424.30	1282
722	清洁机	8424.30	1282
723	喷射装置，由装有带喷嘴压力按钮（喷射盖）的阀门构成	8424.89	1283
724	泵	8424.89	1283
725	自动涂层生产线	8424.89	1284
726	喷泉	8424.89	1284

序号	商品名称	商品税则号列	页码
727	提升卷扬装置	8425.31	1285
728	集装箱正面吊	8426.41	1285
729	自推进起重车	8426.41	1286
730	工件车	8427.10	1286
731	自推动集装箱堆垛机	8427.20	1287
732	分配器	8428.90	1287
733	海运装料臂	8428.90	1288
734	自推进装卸机	8429.51	1288
735	履带连接部件	8431.49	1289
736	铝制散热器	8431.49	1289
737	4-4刀片（2+2）及旱地圆盘犁片（土壤耕作机具）	8432.29	1290
738	联合收割机用鼓壳	8433.90	1290
739	离心榨汁机	8435.10	1291
740	用土覆盖土豆或其他蔬菜堆的机器	8436.80	1291
741	蔬菜加工机器	8438.60	1292
742	切菜机	8438.60	1292
743	切菜机	8438.60	1293
744	混合器	8438.80	1293
745	一次性复写纸涂布机	8439.30	1294
746	照相排字机	8442.30	1294
747	标签打印机	84.43	1295
748	数字喷墨打印机	8443.32	1295
749	用于标签打印机上的色带盒	8443.99	1296
750	调色剂筒，装有或未装有调色剂	8443.99	1296
751	调色剂筒，装有或未装有调色剂	8443.99	1297
752	织机用经轴	8448.49	1297
753	用于专业熨烫操作的熨烫机	8451.30	1298
754	蒸汽电熨斗及半自动蒸汽发生器	8451.30	1298
755	原地清洁地毯的机器	8451.80	1299
756	原地清洁地毯的机器	8451.80	1299
757	矩形熨烫台	8451.90	1300
758	手持电动（电池供电）缝纫机	8452.10	1300
759	焊管轧压设备	8462.21 或 8462.29	1301
760	多功能设备	8465.91	1301
761	磨削机器	8465.99	1302

序号	商品名称	商品税则号列	页码
762	静电夹（ESC）	8466.20	1302
763	气动剪	8467.19	1303
764	手提式剪枝器	8467.89	1303
765	用于结算卡或信用卡支付的终端	8470.50	1304
766	平板电脑	8471.30	1304
767	平板电脑	8471.30	1305
768	个人计算机	8471.49	1305
769	自动数据处理设备	8471.49	1306
770	绘图板/数字化仪	8471.60	1306
771	电子白板	8471.60	1307
772	只读光盘驱动器	8471.70	1307
773	数据存储装置	8471.70	1308
774	专用于自动数据处理设备的DVD驱动器	8471.70	1308
775	密码处理器	8471.80	1309
776	视频卡	8471.80	1309
777	声卡	8471.80	1310
778	条形码阅读机	8471.90	1310
779	光盘归档系统	8471.90	1311
780	平板桌面扫描仪	8471.90	1311
781	无键盘的打字设备	8472.90	1312
782	自动找零机	8472.90	1312
783	微处理器	8473.30	1313
784	微机用内置式只读盒式存储器	8473.30	1313
785	单列直插式存储模块（SIMMs）	84.73或按照机器的零件归类或85.48	1314
786	双列直插式存储模块（DIMMs）	84.73或按照机器的零件归类或85.48	1314
787	音频CD生产系统	8477.10	1315
788	震动马达	84.79	1315
789	清雪用盐沙散布机	8479.10	1316
790	蒸发式空气冷却器	8479.60	1316
791	便携式空气冷却器	8479.60	1317
792	蒸发式空气冷却器	8479.60	1317
793	登机桥	8479.71	1318
794	港口乘客桥（乘客舷梯）	8479.79	1318
795	润滑中心	8479.89	1319
796	熏蒸消毒室	8479.89	1319
797	用于清扫工厂的自推进机器	8479.89	1320

序号	商品名称	商品税则号列	页码
798	压缩空气控制的汽笛	8479.89	1320
799	加油装置	8479.89	1321
800	给船加油移动机械装置	8479.89	1321
801	装有隔膜的金属密封膨胀盒	8479.89	1322
802	手持式机器	8479.89	1322
803	平底筒仓	8479.89	1323
804	锥底筒仓	8479.89	1323
805	制造 LCD 模组用的自动贴胶机（TAB 压合机）	8479.89	1324
806	未装压力按钮的阀门	8481.80	1324
807	轮胎充气阀	8481.80	1325
808	油位恒定控制阀	8481.80	1325
809	气动调节阀	8481.80	1326
810	织机用脚踏滚轮	8482.10	1326
811	滚针和保持架组件	8482.40	1327
812	滚针和保持架组件	8482.40	1327
813	直线运动用十字滚子链	8482.50	1328
814	法兰锥形滚子轴承内圈制成品	8482.99	1328
815	封闭模制曲柄轴锻件	8483.10	1329
816	滚珠或滚子轴承的旋转环	8483.40	1329
817	发动机皮带轮	8483.50	1330
818	湿式洗涤站/沾湿台	84.86	1330
819	半导体薄片上喷镀金属的模块系统	8486.20	1331
820	活节带	8487.90	1331
821	滚珠轴承控制缆	8487.90	1332
822	搅拌器或混合器用搅拌附件	8487.90	1332
823	履带组件	8487.90	1333
824	吸收振动固定件	8487.90	1333
825	发电机组	8502.39	1334
826	不间断电源设备	8504.40	1334
827	频率转换器	8504.40	1335
828	功率模块	8504.40	1335
829	功率模块	8504.40	1336
830	功率模块	8504.40	1336
831	功率模块	8504.40	1337
832	封装绝缘栅双极晶体管模块	8504.40	1337

序号	商品名称	商品税则号列	页码
833	电感器	8504.50	1338
834	磁棒	8505.19	1338
835	镍镉充电电池	8507.30	1339
836	镍氢充电电池	8507.50	1339
837	干湿真空清洁机	8508.11 或 8508.19	1340
838	干湿吸尘器	8508.19	1340
839	家用加湿器	85.09	1341
840	手持式机器	8509.80	1341
841	机动车用信号器	8512.30	1342
842	挡风玻璃雨刮片	8512.90	1342
843	便携灯	8513.10	1343
844	工业用微波炉	8514.20	1343
845	商用微波炉	8514.20	1344
846	浸入式加热器	8516.10	1344
847	液体加热恒温装置	8516.10	1345
848	组合式气—电供暖设备	8516.29	1345
849	家用炊具	8516.60	1346
850	家用面包机	8516.60	1346
851	不锈钢餐炉	8516.79	1347
852	家庭桑拿设备	8516.79	1347
853	加热表面	8516.80	1348
854	蜂窝电话	85.17	1348
855	捆绑零售基站单元	8517.11	1349
856	控制适配器	8517.62	1349
857	多模光纤中继器	8517.62	1350
858	单模光纤中继器	8517.62	1350
859	基站单元	8517.62	1351
860	无线电通信设备（发送器/接收器）	8517.62	1351
861	数字编码器	8517.62	1352
862	数字多路复用器	8517.62	1352
863	再复接器	8517.62	1353
864	调制器	8517.62	1353
865	调制器	8517.62	1354
866	调制器	8517.62	1354
867	通信控制器或路由器（包括网桥）	8517.62	1355

序号	商品名称	商品税则号列	页码
868	同步网络结构集群控制器（包括远程控制单元）	8517.62	1355
869	多站访问单元	8517.62	1356
870	光纤转换器	8517.62	1356
871	语音处理系统	8517.62	1357
872	ADP 机与电话线连接装置	8517.62	1357
873	ADP 机与电话线连接装置	8517.62	1358
874	ADP 插卡	8517.62	1358
875	无线耳机	8517.62	1359
876	寻呼警报装置	8517.69	1359
877	寻呼警报装置	8517.69	1360
878	无线麦克风套件	8518.10	1360
879	音响设备	8518.22	1361
880	胎儿的监听成套装置	8518.30	1361
881	免提无线电话装置	8518.50	1362
882	训练聋人讲话的设备	8518.50	1362
883	光盘型 MP3 机	8519.81	1363
884	MP3 机	8519.81	1363
885	音乐录放机	8519.81	1364
886	MP3 机	8519.81	1364
887	便携装置（电池供电）MP3 机	8519.81	1365
888	组合装置	8519.81	1365
889	声音重放设备和书的套装	8519.81	1366
890	DVD 播放机	8521.90	1366
891	独立的 DVD 播放机	8521.90	1367
892	机械组件	8522.90	1367
893	光盘	85.23	1368
894	固态非易失数据存储装置	8523.51	1368
895	固态非易失数据存储装置	8523.51	1369
896	固态非易变数据存储装置	8523.51	1369
897	迷你 SD 卡（数字安全卡）	8523.51	1370
898	微 SD 卡	8523.51	1370
899	只读光盘存储器（特殊软件）	85.24	1371
900	距离测量设备	8526.91	1371
901	MP3 机	8527.13	1372
902	多用途便携式装置	8527.19	1372

序号	商品名称	商品税则号列	页码
903	彩色监视器	8528.52	*1373*
904	彩色监视器	8528.52	*1374*
905	卫星电视接收系统	8528.71	*1375*
906	卫星电视广播接收器	8528.71	*1375*
907	电缆接收卫星广播图像多媒体终端	8528.71	*1376*
908	抛物面天线反射器	8529.10	*1376*
909	反射碟控制旋转器	8529.10	*1377*
910	抛物面天线	8529.10	*1377*
911	极化器	8529.10	*1378*
912	喇叭形馈电器（波导）	8529.10	*1378*
913	单片陶瓷电容	8532.24	*1379*
914	片式电阻、柱状或 MELF 电阻器	85.33	*1379*
915	聚合的正温系数热敏电阻电路保护器	8533.29	*1380*
916	与电缆或连接线焊接的接地棒	8535.90	*1380*
917	电源轨道装置	8535.90 或 8536.90	*1381*
918	电导线管用预制件	8535.90 或 8536.90	*1381*
919	交换设备	8536.50	*1382*
920	电源分配单元	8536.69	*1382*
921	印刷电路卡（80毫米×110毫米×7毫米）构成的通信电缆连接标准装置	8536.90	*1383*
922	接插板（50端口语音）	8536.90	*1383*
923	两个多位置电气开关装置的组件	8537.10	*1384*
924	以未组装模组形式报验的配电柜	8538.10	*1384*
925	以未组装模组形式报验的配电柜	8538.10	*1385*
926	以未组装模组形式报验的配电柜	8538.10	*1385*
927	管状接触管脚	8538.90	*1386*
928	热阴极强力电子式正离子源	8540.89	*1386*
929	IGBT 模块	8541.29	*1387*
930	薄膜太阳能电池模组	8541.43	*1387*
931	电子香烟	8543.40	*1388*
932	电发光装置	8543.70	*1388*
933	低噪音降频转换器	8543.70	*1389*
934	遥控器	8543.70	*1389*
935	超辐射发光二极管模块	8543.70	*1390*
936	99件装路边急救套装	8544.42	*1390*
937	滚珠轴承控制缆	第十七类	*1391*

序号	商品名称	商品税则号列	页码
938	三节未挂接的铁路客车车厢	8603.10	1391
939	管束集装箱	8609.00	1392
940	自驱动手扶行驶装置（手扶拖拉机）	8701.10	1393
941	牵引车	8701.20 和其他	1394
942	扫雪用的履带式交通工具	8701.30	1394
943	摩托雪车及雪橇	8701.30	1395
944	"基础"牵引车	8701.30	1395
945	厢型客货机动车	87.02	1396
946	10座或12座机动车	8702.10	1396
947	10座位机动车	8702.10	1397
948	越野机动车	87.02 或 87.03	1397
949	不完整的机动车	87.03	1398
950	不完整的机动车	87.03	1398
951	不完整的机动车	87.03	1399
952	不完整的机动车	87.03	1399
953	厢型机动车	87.03	1400
954	厢型机动车	87.03	1400
955	厢型机动车	87.03	1401
956	三个或四个轮子的车	8703.10	1402
957	四轮（两驱）全路面车辆	8703.21	1403
958	四轮驱动全路面汽车	8703.21	1403
959	公路或非公路机动车	8703.23	1404
960	两轮驱动机动车	8703.23	1404
961	同时报验的未组装的机动车零部件	8703.23	1405
962	厢型客货机动车	8703.32	1405
963	厢型客货机动车	8703.32	1406
964	公路或非公路机动车	8703.33	1406
965	由货车改造的房车	8703.33	1407
966	厢式运输车	87.04	1408
967	厢式运输车	87.04	1408
968	皮卡吉普车	8704.21	1409
969	四轮驱动机动车	8704.21	1409
970	三轮汽车	8704.21	1410
971	自动倾卸翻斗卡车	8704.23	1410
972	两轮驱动机动车	8704.31	1411
973	四轮驱动机动车	8704.31	1411

序号	商品名称	商品税则号列	页码
974	多用途四轮机动车	8704.31	1412
975	三轮汽车	8704.31	1412
976	三轮汽车	8704.31	1413
977	多用途四轮机动车	8704.90	1413
978	机动车辆	8705.90	1414
979	经涂层的汽车加热玻璃	8708.22	1414
980	经印刷的汽车加热玻璃	8708.22	1415
981	引擎盖开启缆及燃料帽覆盖缆	8708.29	1415
982	手制动缆	8708.30	1416
983	内圈旋转型法兰锥形滚子轮毂轴承单元	8708.50	1417
984	外圈旋转型轮毂轴承单元	8708.50	1418
985	法兰锥形滚子轮毂轴承的外圈制成品	8708.50	1418
986	锻造的法兰锥形滚子轮毂轴承的外圈未制成品	8708.50	1419
987	离合器缆	8708.93	1419
988	旧机动车辆的前部	8708.99	1420
989	履带组件	8708.99	1420
990	加速器缆	8708.99	1421
991	车顶行李箱	8708.99	1421
992	可折叠车顶行李箱	8708.99	1422
993	履带组件	8710.00	1422
994	同时申报的未组装的摩托车零部件	8711.20	1423
995	两轮电动运输工具	8711.60	1423
996	两轮电动平衡车	8711.60	1424
997	脚踏式踏板车	8712.00	1424
998	自行车组件一同报验但未装配	8712.00	1425
999	自行车组件一同报验但未装配	8712.00	1425
1000	自行车组件一同报验但未装配（W2018-65）	8712.00	1426
1001	铝制散热器	8714.10	1426
1002	牵引车和半挂车的组合车辆	8716.39和其他	1427
1003	两轮高尔夫球手推车	8716.80	1427
1004	脚蹬雪橇	8716.80	1428
1005	三轮踏板车	8716.80	1428
1006	公路拖车用反射器	8716.90	1429
1007	超轻型机动水上飞机	8802.20	1429

序号	商品名称	商品税则号列	页码
1008	滑翔伞	88.04	1430
1009	集成在四旋翼遥控无人机上的数码相机	8806.22	1430
1010	起重钻探平台	8905.20	1431
1011	浮动结构体	8907.90	1431
1012	浮动结构体	8907.90	1432
1013	照相机	9006.30	1432
1014	影像定位器	9006.59	1433
1015	激光感光绘图仪	9006.59	1433
1016	激光感光绘图仪	9006.59	1434
1017	已曝光胶片或其他媒体的自动显影机	9010.50	1434
1018	复式光学显微镜（特殊用途显微镜除外）	9011.80	1435
1019	激光示位器	9013.20	1435
1020	工业制图仪器的控制系统	9017.10	1436
1021	外科用针坯料	9018.32	1436
1022	收集和运输血液的抽空管（带有化学添加物）	9018.39	1437
1023	收集和运输血液的抽空管（无化学添加物）	9018.39	1437
1024	一次性毯	9018.90	1438
1025	全身低温治疗仓	9018.90	1439
1026	"AQUASPA"水流按摩装置	9019.10	1440
1027	悬浮颗粒手持喷射器	9019.20	1440
1028	称为"rollator"的助行器	9021.10	1441
1029	外伤手术用螺丝	9021.10	1441
1030	外伤手术用螺丝	9021.10	1442
1031	薄膜晶体管和光电二极管（TFT-PD）阵列面板	9022.90	1442
1032	原子吸收光谱仪	9027.30	1443
1033	原子吸收光谱仪	9027.30	1443
1034	基于实时聚合酶链式反应（PCR）技术的全自动分子诊断系统	9027.89	1444
1035	自动定量血液分析仪和白细胞差异计数器	9027.89	1444
1036	正离子加速聚焦管	9027.90	1445
1037	用于频闪观测检查点火时间的闪光装置（点火时间灯）	9029.20	1445

序号	商品名称	商品税则号列	页码
1038	车辆仪表板的主板	9029.90	1446
1039	网络分析仪	9030.40	1447
1040	网络分析仪	9030.40	1447
1041	几种光学设备和器具	90.31	1448
1042	（造纸过程）控制及监视系统	9032.89	1448
1043	滚珠轴承控制缆	9033.00	1449
1044	安装在木板上的长椅	9401.20	1449
1045	座椅	9401.61	1450
1046	汽车安全座椅	9401.80	1450
1047	汽车座椅包面	9401.99	1451
1048	金属档案柜	9403.10	1451
1049	薄钢板制商店或超级市场等用的展示单元	9403.20	1452
1050	钢制机柜	9403.20	1452
1051	一套餐桌椅	9403.60	1453
1052	A型画架	9403.60	1453
1053	婴儿学步车	9403.70	1454
1054	带滑动装置的抽屉侧板	9403.99	1454
1055	安全或应急灯	94.05	1455
1056	佛教用品	94.05	1455
1057	照明用乳白散射体	9405.99	1456
1058	塑料玩具及彩泥套装	95.03	1456
1059	塑料玩具及彩泥套装	95.03	1457
1060	两轮蹬地踏板车	9503.00	1457
1061	两轮蹬地踏板车	9503.00	1458
1062	玩具帐篷	9503.00	1458
1063	内装两个玩具戒指和密封包装糖果的蛋形塑料物品	9503.00	1459
1064	装有糖果的手柄玩具风扇	9503.00	1459
1065	袖珍车	9503.00	1460
1066	复式光学显微镜（特殊用途的显微镜除外）	9503.00	1460
1067	玩具风扇	9503.00	1461
1068	聚氨酯抗压球	9503.00	1461
1069	视频游戏机控制用虚拟现实套装	9504.50	1462
1070	双面印刷的圆形银色金属币	9504.90	1462

序号	商品名称	商品税则号列	页码
1071	桨板冲浪板（SUP）	9506.29	1463
1072	滚轮鞋	9506.70	1463
1073	连体软拉手塑料跳球	9506.91	1464
1074	跳绳	9506.91	1464
1075	冰球裤	9506.99	1465
1076	镀银梨形蜡制品	96.02	1465
1077	梭子用绒束	9603.90	1466
1078	成套卫生用品	96.05	1466
1079	成套卫生用品	96.05	1467
1080	手动贴标签装置	9611.00	1467
1081	手工操作的压浮雕装置	9611.00	1468
1082	钢铁制无线自拍杆	9620.00	1468
1083	闭路电视系统	分别归类	1469
1084	多种装置构成的系统	分别归类	1469
1085	供空中乘客使用的成套卫生清洁用品	分别归类	1470
1086	由两件服装构成的成套物品	分别归类	1471
1087	餐厅桌椅	分别归类	1471
1088	基座（与无线手机组成电话）	分别归类	1472
1089	类似帐篷的隧道（未组装）	分别归类	1472
1090	顺势疗法制剂	其他	1473
1091	装框的画及相片	其他	1473
1092	宠物玩具	其他	1474

归类决定　第三部分（J字头）

序号	商品名称	商品税则号列	页码
1	猛犸象牙	05.07	1477
2	欧当归香料	09.10	1477
3	扁桃仁粉	1106.3000	1478
4	罗汉果	1211.9039	1479
5	发酵虫草菌粉	1212.9999	1479
6	辣椒红色素半成品	1302.1990	1480
7	鱼油	15.04	1480
8	冻煮蚕蛹	1602.9090	1481
9	冻煮稻蝗	1602.9090	1481
10	干海参	16.05	1482

序号	商品名称	商品税则号列	页码
11	特殊形状巧克力	1806.90	1482
12	有机苹果香蕉梨混合果泥	2007.1000	1483
13	味精	第二十一章或第二十九章	1483
14	酒花产品	21.06	1484
15	豆腐乳	2106.9090	1485
16	酒味冰激凌	22.08	1485
17	橡籽仁	23.08	1486
18	矿盐盐砖	2501.0019	1486
19	矿盐舔砖	2501.0019	1487
20	锆刚玉碎料	25.30	1487
21	铅砷冰铜	2620.3000	1488
22	棕刚玉渣	2620.9990	1488
23	混合烃类气	2711.1400	1489
24	饲料添加剂"球净"	第三十章	1489
25	诺和力	3004.3900	1490
26	拜复乐	3004.9090	1491
27	车用尿素溶液	3102.1000	1492
28	纤维装饰墙衣	3214.9000	1492
29	紫外光固型阻焊油墨	32.15	1493
30	带浮标墨盒	3215.9020	1494
31	眼线液原料	第三十三章	1495
32	3-庚烯-2-酮（申报品名）	3302.9000	1495
33	人造石墨为基本成分的产品	3801.9090	1496
34	三元催化剂	38.15	1496
35	有机催化剂（固定化细胞催化剂）	38.15	1497
36	正丙醇	3823.7000	1497
37	电阻浆料、有机导电材料	38.24	1498
38	膏状导热胶	38.24	1498
39	铁氧体材料	3824.9999	1499
40	导热胶片	3824.9999	1499
41	蓝宝石衬底晶片（镀膜）	3825.6900	1500
42	石塑纸	第三十九章	1500
43	黄原胶	第三十九章	1501
44	塑木复合材料商品	第三十九章	1502
45	隔热保温复合材料	第三十九章、第七十章和73.08	1503
46	热敏打印纸套装	39.20	1503

序号	商品名称	商品税则号列	页码
47	热敏性胶片	39.20	1504
48	磁带布	39.20	1504
49	聚甲基丙烯酸甲酯板（PMMA）	39.20	1505
50	涂覆导电材料的聚对苯二甲酸乙二酯（PET）膜	3920.6200	1506
51	聚乙烯醇缩丁醛制胶片	3920.9100	1506
52	垫子	3921.1290	1507
53	塑料杯	3923.9000	1508
54	一次性使用喂食袋	39.26	1509
55	自动闭门器外壳	3926.9090	1510
56	墨袋	3926.9090	1510
57	塑料脚轮	3926.9090	1511
58	塑料密封堵	3926.9090	1511
59	三元乙丙橡胶	4005.1000	1512
60	蓄能器用带接头皮囊	40.16	1512
61	活塞	4016.9310	1513
62	链轨用硫化橡胶制密封圈	4016.9390	1513
63	中光或哑光牛二层皮	41.07	1514
64	纺织材料制筷子包、小手袋及牙签包	4202.9200	1514
65	塑木粒	44.05	1515
66	重组装饰材	44.08	1516
67	装饰角线	44.09	1517
68	竹展平地板	4412.1019	1518
69	樟松指接拼板	44.21	1519
70	木神牌	4421.9990	1520
71	装饰用纸（覆膜）	第四十八章	1520
72	纤维素化学浆	第四十八章	1521
73	装饰用纸（未覆膜）	4810.9900	1521
74	已感光相纸	48.11	1522
75	空白海运提单	4820.4000	1522
76	神州行储值卡（未印密码）	49.11	1523
77	动感装饰画	49.11	1523
78	说明书	4911.1010	1524
79	桶线DIY套件	第五十五章	1525
80	预氧纤维布	第五十五章或第六十章	1526
81	聚乙烯-聚酯短纤维	5503.2000	1527

序号	商品名称	商品税则号列	页码
82	微波炉加热暖包	63.07	1528
83	针织手指套	6307.9090	1528
84	护腰带	6307.9090	1529
85	带呼吸装置和热像仪的消防员头盔	65.06	1530
86	防火板	68.08	1531
87	仿重石	68.10	1531
88	膨润土止水带	68.15	1532
89	膨润土填充防水材料	68.15	1532
90	挖孔的矿盐产品	6815.9990	1533
91	柜式组合盥洗面盆	6910.1000	1534
92	陶粒支撑剂（石油填充砂、压裂支撑剂）	6914.9000	1535
93	液晶玻璃基板	7006.0000	1536
94	木制镜框（含镜）	70.09	1536
95	玻璃纤维纱	7019.1900	1537
96	珍珠粉	71.01	1537
97	未裁切复合材料密封垫	第七十二章	1538
98	切断型钢纤维	第七十二章或第七十三章	1538
99	包裹纸的成卷捆扎铁丝	72.17	1539
100	游泳池甲板	73.08	1539
101	仓储货架	7308.9000	1540
102	链轨	7315.1200	1541
103	螺纹拖钩固定连接件	7318.1900	1542
104	胶头螺钉	7318.1900	1543
105	电焊护面罩	73.26	1543
106	钢铁制棺材	73.26	1544
107	包裹纸的成捆定长捆扎铁丝	73.26	1544
108	直条型截断丝	7326.2090	1545
109	铁铬铝纤维（纱线）	7326.9011	1546
110	库板	7326.9019	1547
111	射孔器	7326.9019	1548
112	易熔塞	7419.8091	1549
113	抛光铜盘	7419.8091	1550
114	镍圆饼	75.02	1550
115	镍圆片（Chips™）	75.08	1551
116	铝塑复合板	76.07	1551

序号	商品名称	商品税则号列	页码
117	浇铸铝管	7608.1000	1552
118	遮阳棚	7610.9000	1552
119	无铅焊锡条	8001.2021	1553
120	圆锯片用金刚石刀头	8202.3990	1554
121	硬质合金棒料	82.09	1555
122	工业复合片	82.09	1556
123	飞龙挂饰	83.06	1556
124	锌铝蝎子	83.06	1557
125	铝塑组合盖	8309.9000	1557
126	微型计算机主板	第八十四章	1558
127	飞机辅助动力装置	8411.8100	1559
128	破碎锤主体	8412.2100	1560
129	断路器用电动弹簧操作器	8412.8000	1561
130	带风扇的铝合金窗	84.14	1562
131	机动车辆上供人使用的空调器	84.15	1563
132	热风枪	84.19	1563
133	地暖用太阳能热水器	84.19	1564
134	玻璃钢制过滤罐	8421.9910	1564
135	空气净化器用过滤网	8421.9910	1565
136	芯片测试编带机	8422.4000	1565
137	除氧器喷嘴	8424.8999	1566
138	抽油机	84.30 或 84.31	1567
139	油热转印机（TJ-502）	84.43	1567
140	行式针式打印机	8443.3211	1568
141	带专用接口卡的微机	84.71	1568
142	袖珍硬盘	84.71	1569
143	笔记本电脑机壳组件	8471.8000	1569
144	个人坠落制动器	84.79	1570
145	加硬机	84.79	1570
146	除铁机	8479.8999	1571
147	剪切式大型碎纸机	8479.8999	1572
148	电动操作机构	85.01	1573
149	半导体模块	85.04	1573
150	阀门配件（线圈）	8505.9090	1574
151	带备用电源的LED工作灯	8507.1000 或 8507.2000	1574
152	铅晶蓄电池	8507.2000	1575

序号	商品名称	商品税则号列	页码
153	电动睫毛刷	8509.8090	*1575*
154	小型高低温温度冲击试验箱	8514.1090	*1576*
155	网真 1000 型视频会议系统	8517.6233 和 8528.5910	*1577*
156	网真 3000 型视频会议系统	8517.6233 和 8528.5910	*1578*
157	蓝牙腕带	8517.6299	*1579*
158	苹果手表	8517.6299	*1580*
159	智能复合腕表	8517.6299	*1581*
160	手机用显示屏盖	8517.7930	*1582*
161	扬声器	8518.2900	*1583*
162	Sony A800 MP4	85.21	*1583*
163	闪存卡	8523.51	*1584*
164	电子标签	8523.52	*1584*
165	数码相机套件	8525.8923	*1585*
166	车载 GPS 导航仪	85.26	*1586*
167	DLP 背投影显示器	85.28	*1587*
168	机顶盒	85.28	*1587*
169	巴可显示系统 OV-815	8528.5910	*1588*
170	自动对焦机构	8529.9049	*1589*
171	CPU 插座、数据线用接口等	85.36	*1590*
172	开关熔断器组	8536.5000	*1590*
173	接近开关	8536.5000	*1591*
174	中控台控制屏	8537.1090	*1591*
175	LED 灯	8539.5210	*1592*
176	LED 单芯片发光器件	85.41	*1592*
177	LED 多芯片发光器件	85.41	*1593*
178	太阳能模块铝合金框条	85.41	*1594*
179	图形化蓝宝石衬底外延片	8541.4010	*1595*
180	红外外延片	8541.4010	*1595*
181	压电陶瓷片	8541.6000	*1596*
182	半导体塑封引线框架	8542.9000	*1597*
183	翰林牌电子阅读器	8543.7099	*1597*
184	Pepper 情感机器人	8543.7099	*1598*
185	电子烟雾化器	8543.9090	*1599*
186	铜制绕线组	8544.4911	*1600*
187	电磁干扰滤波器	85.48	*1600*
188	特种集装箱	86.09	*1601*

序号	商品名称	商品税则号列	页码
189	消防车车身	8707.9090	1601
190	行李箱盖开关和倒车摄像头	8708.2990	1602
191	大客车用轮边	8708.9929	1602
192	脚轮	87.16	1603
193	激光二极管	9013.2000	1604
194	风力发电专用测风设备	9015.8000	1604
195	弹簧栓塞	90.18	1605
196	带振动器的健慰器	9019.1010	1605
197	压力感应器	9026.2010	1606
198	流变仪	9027.8990	1607
199	乐器合成器	92.07	1608
200	镀锡钢琴丝	92.09	1608
201	工艺日本刀	9307.0090	1609
202	弓形刀	9307.0090	1609
203	汽车座椅骨架	9401.20	1610
204	液压提升机	9402.1010	1610
205	货架	9403.2000	1611
206	浴室柜	9403.6099	1612
207	绗缝被	94.04	1612
208	展架	94.05	1613
209	管道式日光照明系统	94.05	1614
210	电子蜡烛灯	94.05	1615
211	汽车环境风洞阳光模拟系统	9405.4990	1616
212	灯具配珠	9405.9100	1617
213	篷房	9406.9000	1617
214	玻璃淋浴房	9406.9000	1618
215	玻璃淋浴房	9406.9000	1618
216	玻璃淋浴房	9406.9000	1619
217	腰袋礼品套装	95.03	1619
218	挖掘机模型	95.03	1620
219	腰袋礼品套装	95.03	1620
220	小园丁——无土栽培系列	9503.0089	1621
221	扭扭棒	9503.0089	1621
222	荧光类商品	9503.0089	1622
223	摄像头	9504.5011	1623
224	中性笔	9608.1000	1624

序号	商品名称	商品税则号列	页码
225	废旧汽车	视进口状态归类	1624
226	三维动画运动捕捉系统（不带计算机的分析测量仪器）	分别归类	1625
227	自动旋转门	按材质归类	1625
228	手机、电脑用平板玻璃	按手机、平板电脑的零件归类	1626

归类决定
第一部分（Z字头）

序号	1	归类决定编号	Z2006-0001	公告编号	2006 年第 69 号
商品税则号列		0207.1421		公告实施日期	2006 年 11 月 22 日
商品名称		冻鸡翅块			
英文名称		Jumbo chicken miscut wing portions			
其他名称					
商品描述		冻鸡翅块是在对整翅进行切割加工成翅根、翅中、翅尖的过程中，由于切割的部位和角度的差异，产生的一些不合切割规格产品。			
归类决定		该商品不是统一规格的切割后的鸡翅，当中混有一些翅尖等，但不论切割后的产品是否整齐、是否符合设定的商品要求，均不影响商品的基本特征，其仍属于以切割过的鸡翅为主要特征的商品。 根据归类总规则一，冻鸡翅块应归入税则号列 0207.1421。			

序号	2	归类决定编号	Z2022-0001	公告编号	2022 年第 78 号
商品税则号列		0303.9200		公告实施日期	2022 年 9 月 1 日
商品名称		冻鲨鱼鳍			
英文名称		Frozen sharks fins			
其他名称					
商品描述		鱼鳍由薄膜、柔软分节的鳍条和坚硬不分节的鳍棘组成。鲨鱼鳍一般用于加工鱼翅及鲨鱼骨。状态：冷冻。			
归类决定		根据《进出口税则商品及品目注释》（以下简称《税则注释》）品目 03.03 包括鱼的可食用杂碎。根据归类总规则一及六，冻鲨鱼鳍应归入税则号列 0303.9200。			

序号	3	归类决定编号	Z2007-0001	公告编号	2007 年第 71 号
商品税则号列		0305.1000		公告实施日期	2007 年 12 月 5 日
商品名称	鲨鱼软骨粉				
英文名称					
其他名称					
商品描述	鲨鱼软骨粉为白色粉末，主要成分为鲨鱼软骨粉，是选用普通鲨鱼骨，经冷冻、干燥、灭菌及粉碎等工艺简单加工而成。该商品进口后与维生素 D、碳酸钙、微晶纤维素等混合、制粒、压制成片，制成"复合钙片"销售，其中鲨鱼软骨粉占钙片成分的 16.7%。				
归类决定	根据归类总规则一及《税则注释》品目 03.05 解释，鲨鱼软骨粉应归入税则号列 0305.1000。				

序号	4	归类决定编号	Z2008-0001	公告编号	2008 年第 76 号
商品税则号列		03.06		公告实施日期	2008 年 10 月 28 日
商品名称	冻熟带头虾				
英文名称					
其他名称					
商品描述	冻熟带头虾的加工工艺：冲洗、次氯酸钠溶液浸泡消毒（第一次）→粗分→冲洗、次氯酸钠溶液浸泡消毒（第二次）→蒸煮→冷却→分级→冲洗、次氯酸钠溶液浸泡消毒（第三次）→排盘→急冻→脱盘、称重、包装。该商品需经过次氯酸钠溶液浸泡，以起到抑制微生物活动、防止食品腐败变质的作用，加工工艺中包含"蒸煮"工艺。				
归类决定	根据《税则注释》品目 16.05 的条文注释"品目 03.06 所列蒸过或用水煮过（不论是否加有少量临时性化学防腐剂）的带壳甲壳动物除外"，该产品不属于品目 16.05 项下的商品。根据归类总规则一，冻熟带头虾应归入《中华人民共和国进出口税则》（以下简称《税则》）税目 03.06 项下。				

序号	5	归类决定编号	Z2006-0005	公告编号	2006 年第 69 号
商品税则号列		0404.1000		公告实施日期	2006 年 11 月 22 日
商品名称	浓缩乳清蛋白				
英文名称					
其他名称					
商品描述	浓缩乳清蛋白为淡黄色粉末，成分含量：乳清蛋白 34%、乳糖 50%、脂肪 3%、灰分 6.5%、水分 4.0%、其他 2.5%。该商品是乳清经高温短时杀菌后超滤分离，将未透过的保留物脱水、干燥而得。				
归类决定	该商品是去除乳清中部分乳糖等物质的制品，符合《税则》第四章子目注释一对"改性乳清"的定义。 根据归类总规则一，浓缩乳清蛋白应归入税则号列 0404.1000。				

序号	6	归类决定编号	Z2006-0006	公告编号	2006 年第 69 号
商品税则号列		0404.1000		公告实施日期	2006 年 11 月 22 日
商品名称	乳清蛋白				
英文名称					
其他名称					
商品描述	该商品含蛋白质 71.8%、脂肪 10%、水分 4%、灰分 4.5%、乳糖 7%。				
归类决定	乳清蛋白为淡黄色粉末。根据海关化验鉴定结果，蛋白质含量为 71.8%。该商品是乳清经过超滤除去乳糖和矿物盐后，喷雾干燥而得。 乳清经过澄清、超滤、干燥等过程后就得到了浓缩乳清蛋白。过滤程度的不同可以得到蛋白浓度 34%~80% 不等的产品。该商品是去除乳清中部分乳糖等物质的制品，符合《税则》第四章子目注释一对"改性乳清"的定义。 根据归类总规则一，乳清蛋白应归入税则号列 0404.1000。				

序号	7	归类决定编号	Z2006-0007	公告编号	2006年第69号
商品税则号列		0404.1000		公告实施日期	2006年11月22日
商品名称	乳清粉				
英文名称					
其他名称					
商品描述	根据海关化验鉴定结果，该商品灰分含量8.35%、粗蛋白含量12.7%、脂肪含量5.5%、蔗糖含量1.4%、乳糖含量71%，不符合乳清粉溶解特性。它是用鲜奶提炼奶酪后余下的副料经浓缩干燥制成的，为淡黄色粉末，有奶香味。				
归类决定	根据《税则注释》对品目04.04的解释，该品目包括乳清（例如，去除乳脂及酪朊后留下的天然乳成分）及改性乳清，还可含有添加的糖或其他甜物质。根据产品来源及加工工艺，该商品符合品目04.04的商品范围。 根据归类总规则一，乳清粉应归入税则号列0404.1000。				

序号	8	归类决定编号	Z2006-0008	公告编号	2006年第69号
商品税则号列		0404.1000		公告实施日期	2006年11月22日
商品名称	乳钙				
英文名称					
其他名称					
商品描述	该乳钙型号为Capolac MM-0525，是将乳清分离出蛋白和乳糖后，经浓缩、喷雾干燥而得。该商品中含磷酸盐74%，其中磷酸钙的含量超过60%，钠、镁、氯、钾、锌等化学元素的磷酸盐含量约为14%；其他成分含量为乳糖10%、水分6%、蛋白6%、脂肪1%。该商品可用于饲料及食品中作为微量元素补充剂。				
归类决定	根据《税则》第四章子目注释一，"改性乳清"是指由乳清成分构成的制品，即全部或部分去除乳糖、蛋白或矿物质的乳清，加入天然乳清成分的乳清及由混入天然乳清成分制成的商品。该商品是去除乳清中的蛋白质、乳糖后而得，符合"改性乳清"的定义，属于税目04.04的商品范围。 根据归类总规则一，乳钙应归入税则号列0404.1000。				

序号	9	归类决定编号	Z2006-0009	公告编号	2006年第69号
商品税则号列		0404.1000		公告实施日期	2006年11月22日
商品名称		牛奶矿物粉			
英文名称		Milk minerals milled			
其他名称					
商品描述		牛奶矿物粉的成分含量：蛋白质1.7%、乳糖9.8%、水分5.4%、灰分69.5%、其他杂质13.6%。该产品是将鲜牛奶经过超滤、脱脂、沉淀分离等工艺去除乳糖、酪蛋白、乳清蛋白，经浓缩、喷雾干燥后制得。			
归类决定		根据《税则》第四章子目注释一，"改性乳清"是指由乳清成分构成的制品，即全部或部分去除乳糖、蛋白或矿物质的乳清，加入天然乳清成分的乳清及由混入天然乳清成分制成的产品。该商品是在脱脂奶的基础上去除乳糖、酪蛋白、乳清蛋白后而得，符合"改性乳清"的定义，属于税目04.04的商品范围。 根据归类总规则一，牛奶矿物粉应归入税则号列0404.1000。			

序号	10	归类决定编号	Z2006-0010	公告编号	2006年第69号
商品税则号列		0506.9090		公告实施日期	2006年11月22日
商品名称		冻鳗鱼骨			
英文名称		Frozen eel bone			
其他名称					
商品描述		该商品系鳗鱼去头、去内脏、去自然附着肉，经冲洗、冷冻等初步加工而成，出口用作鱼饲料。			
归类决定		该商品非废料，故应按鱼骨（fish bone）归入税则号列0506.9090。			

序号	11	归类决定编号	Z2006-0011	公告编号	2006年第69号
商品税则号列		0510.0090		公告实施日期	2006年11月22日
商品名称	干制蛤蚧				
英文名称	Dried gecko				
其他名称					
商品描述	干制蛤蚧是壁虎科动物蛤蚧（属于爬行动物）的干燥体。该商品呈扁片状，有小号（10厘米以下）、中号（11~12厘米）、大号（13厘米以上）3种规格。其加工方法：捕捉到蛤蚧→破腹除去内脏→用竹片撑开使之四肢顺直→低温炭火烤干→捆扎成对的干制蛤蚧。该商品主要用于泡酒或煲汤，能补肺益肾，是冬日的滋补良品。				
归类决定	根据《税则注释》第二章的总注释，该章包括适合供人食用的肉及杂碎等。该商品属药品，已收录在《中华人民共和国药典》中，具有补肺益肾、纳气平喘、助阳益精的功能，多入丸散和酒剂，不应作为适合供人食用的肉归入第二章。 该商品可作药用，根据归类总规则一，干制蛤蚧应归入税则号列0510.0090。				

序号	12	归类决定编号	Z2007-0002	公告编号	2007年第71号
商品税则号列		0511.9190		公告实施日期	2007年12月5日
商品名称	丰年虫卵				
英文名称					
其他名称					
商品描述	丰年虫卵是丰年虫产的休眠卵。丰年虫也称盐水丰年虫，属于节肢动物门，甲壳动物亚门，鳃足纲，无甲目，丰年虫科，丰年虫属。丰年虫是一种广温耐高盐生物，广泛分布于海岸盐田和内陆盐湖中。丰年虫含60%以上（干重）的蛋白质，还含有丰富的胡萝卜素、核黄素、血球蛋白、长链不饱和脂肪酸，以及一些激素类物质，是鱼、虾、蟹等仔体良好的开口活饲料。				
归类决定	丰年虫属甲壳动物。根据归类总规则一，丰年虫卵应归入税则号列0511.9190。				

序号	13	归类决定编号	Z2022-0002	公告编号	2022 年第 78 号
商品税则号列		0511.9920		公告实施日期	2022 年 9 月 1 日
商品名称	甲鱼受精卵				
英文名称					
其他名称					
商品描述	甲鱼受精卵，为受精的甲鱼蛋，圆球形，直径约 1 厘米，外壳呈白色，每粒重量约为 3~4 克。商品用于甲鱼养殖，非直接食用。				
归类决定	根据归类总规则一及六，应归入税则号列 0511.9920。				

序号	14	归类决定编号	Z2022-0003	公告编号	2022 年第 78 号
商品税则号列		0604.2090		公告实施日期	2022 年 9 月 1 日
商品名称	杨桐、柃木编结品				
英文名称					
其他名称					
商品描述	杨桐、柃木编结品是将杨桐、柃木、松枝等新鲜树枝、树叶，经清理、挑选、分类、造型，编织成宝塔形，捆绕、清洁、包装而得的产品，采用冷藏箱运输，用途为工艺品摆件。				
归类决定	该商品为杨桐、柃木编结工艺品摆件，根据归类总规则一及六，应归入税则号列 0604.2090。				

序号	15	归类决定编号	Z2022-0004	公告编号	2022年第78号
商品税则号列		0604.9090		公告实施日期	2022年9月1日
商品名称		植物工艺花			
英文名称					
其他名称					
商品描述		植物工艺花，原料为棉桃壳、芝麻壳、玉米皮等，以及铁丝、纸、化工产品（如亚氯酸钠、双氧水、海波等）。			
归类决定		该商品主要是由棉桃的外壳等植物材料制成，根据归类总规则一（《税则》第六章注释二）及六，应归入税则号列0604.9090。			

序号	16	归类决定编号	Z2006-0014	公告编号	2006年第69号
商品税则号列		0811.9090		公告实施日期	2006年11月22日
商品名称		冻熟黄桃			
英文名称					
其他名称					
商品描述		该冻熟黄桃经过原料挑选、切半、除核、脱皮、水洗、煮熟（0.3%柠檬酸溶液）、冷却水洗、挑选修整、清洗、单体速冻、包装等生产工序；内包装为普通塑料袋，每袋3.75千克；外包装为纸箱，每箱4袋。			
归类决定		根据《税则注释》的解释，第八章的水果可以是切片、去核和去皮的，冻的水果则不论是否事先蒸煮过。 根据归类总规则一，该商品应归入税则号列0811.9090。			

序号	17	归类决定编号	Z2006-0015	公告编号	2006年第69号
商品税则号列			0812.9000	公告实施日期	2006年11月22日
商品名称		罐装盐水红毛丹			
英文名称					
其他名称					
商品描述		罐装盐水红毛丹是红毛丹水果经过削皮、挖核、漂洗、装罐、加盐水（含盐15%、柠檬酸13%以及保鲜剂）、杀菌、封口而成，铁罐装，每罐重3千克。该商品进口后需经长时间浸泡等工序彻底清除果肉中的盐和保鲜剂，再经装罐→加糖水→排气→封口→杀菌→冷却等工序后成为成品。			
归类决定		该商品不适合直接食用，属于用盐水暂时保藏的水果，符合《税则注释》对品目08.12的描述。 根据归类总规则一，罐装盐水红毛丹应归入税则号列0812.9000。			

序号	18	归类决定编号	Z2006-0016	公告编号	2006年第69号
商品税则号列			0901.2 或 2101.1200	公告实施日期	2006年11月22日
商品名称		咖啡			
英文名称		Coffee			
其他名称					
商品描述		咖啡有两类：一类为"纯咖啡"，是一种以纯咖啡豆为原料的咖啡；另一类为"调味咖啡"，是一种以纯咖啡豆为原料，另加入3%食用香料的咖啡。以上两类咖啡均经过粉碎碾磨烘焙而成。饮用时，需加热煮沸过滤掉咖啡渣方可饮用。			
归类决定		根据《税则注释》对品目09.01的解释，本品目包括已焙炒的咖啡，不论是否磨碎。"纯咖啡"符合品目09.01的商品范畴，因此，应归入子目0901.2项下。"调味咖啡"由于加入了食用香料，其加工程度已超出了品目09.01的商品范畴。因此，根据归类总规则一，应按以咖啡为基本成分的制品归入税则号列2101.1200。			

序号	19	归类决定编号	Z2007-0003	公告编号	2007年第71号
商品税则号列		0910.3000		公告实施日期	2007年12月5日
商品名称	姜黄种苗				
英文名称	*Curcuma longa*				
其他名称					
商品描述	姜黄种苗为肉质根茎。该商品进口后用于种植,种植时间是每年5月,到第二年的1月收获,收获后烘干切片出口。种植时,把进口的姜黄种苗切成块茎状,每个小块茎留下一个芽眼作为种块。				
归类决定	根据归类总规则一,姜黄种苗应归入税则号列0910.3000。				

序号	20	归类决定编号	Z2006-0018	公告编号	2006年第69号
商品税则号列		10.04		公告实施日期	2006年11月22日
商品名称	燕麦粒				
英文名称					
其他名称					
商品描述	根据海关化验鉴定结果,该燕麦粒为浅黄色麦粒,无壳,成分为燕麦。				
归类决定	该商品采用"Bandicoot Naked Oats"谷物为原料,未经剥壳工艺而得。"Bandicoot Naked Oats"属于裸燕麦,即内、外颖与护颖同为薄膜状,脱离时同时脱落使籽粒成裸粒。属于未经脱粒或扬簸以外其他加工的无壳的燕麦,符合《税则注释》对品目10.04的描述。 根据归类总规则一,燕麦粒应根据其用途归入税目10.04项下。				

序号	21	归类决定编号	Z2013-0001	公告编号	2013年第26号
商品税则号列		1006.3090		公告实施日期	2013年6月1日
商品名称	泰国原料糯米				
英文名称					
其他名称					
商品描述	该商品的最大水分含量14%，50千克/包，破碎率10%。外形呈细长形，白色不透明。生产工艺：去杂、烘干、投放磁选、分离分级、碾、抛光、分级、电脑色选机、磁选、金属检测，包装打包。				
归类决定	根据国家标准GB 1354—2009，大米分为籼米（用籼型非糯性稻谷制成）、粳米（用粳型非糯性稻谷制成）和糯米3种。糯米又分为籼糯米和粳糯米。根据归类总规则一及六，该商品应归入税则号列1006.3090。				

序号	22	归类决定编号	Z2022-0005	公告编号	2022年第78号
商品税则号列		1103.1300		公告实施日期	2022年9月1日
商品名称	禽畜混合玉米饲料				
英文名称					
其他名称					
商品描述	禽畜混合玉米饲料，成分含量：玉米94.5%、转基因豆粕4%、预混料1.5%。预混料包括矿物质（方解石、石英石等）、香味剂、微量元素等。经检测，灰分含量2.5%，添加的矿物质含量1%，淀粉含量61.4%，500微米过筛率50.8%，2毫米过筛率99.7%。 加工工艺：将玉米进行粉碎加工，加入辅料（豆粕、预混料）经混合机搅拌均匀，高温杀菌处理，最后加工成粉料成品。 用途：可直接用于饲喂鸡、鸭、猪等禽畜，也可制作配合饲料。				
归类决定	根据《税则》第十一章注释二和三的规定，商品的淀粉含量、灰分含量（不含添加的矿物质）、过筛率都符合玉米粗粉（粗粒）的范围。根据归类总规则一及六，该商品应归入税则号列1103.1300。				

序号	23	归类决定编号	Z2006-1163	公告编号	2007年第70号
商品税则号列		1104.2200		公告实施日期	2007年12月5日
商品名称	裸燕麦粒				
英文名称					
其他名称					
商品描述	裸燕麦粒为不带壳的黄色粒状燕麦,含水量≤8%,未经加工。澳大利亚原产国检疫证书上该商品名称为"Groat Oats",植物学拉丁文名为"$Avena\ sativa$"。				
归类决定	从该商品的植物名称看,实为去壳的普通燕麦($Avena\ sativa$)。根据归类总规则一,裸燕麦粒应归入税则号列1104.2200。				

序号	24	归类决定编号	Z2009-0088	公告编号	2009年第32号
商品税则号列		1104.2300		公告实施日期	2009年6月12日
商品名称	宠物食用的玉米棒				
英文名称	Comcobs for pets				
其他名称					
商品描述	宠物食用的玉米棒是一种将玉米干燥高温灭菌后,在玉米芯内钻孔插入带有塑料挂钩圆木棒的玉米棒,悬挂于兔笼内,供兔子啃食。外用丝网包装,每袋2支。				
归类决定	该商品经高温灭菌,且在玉米芯内插入圆木棒,其加工程度已超出《税则》第十章的商品范畴,因此,不能归入税则号列1005.9000。根据《税则》第二十三章章注规定"税目23.09的配制动物饲料是由动、植物原料加工而成的,并且已改变了原料的基本特性",由于该商品未改变玉米原料的基本特征,因此不属于配制动物饲料的商品范畴,也不能归入税目23.09项下。该商品属于第十章的谷物经进一步加工的产品,根据归类总规则一及税目11.04条文注释,应按经其他加工的谷物归入税则号列1104.2300。				

序号	25	归类决定编号	Z2006-0019	公告编号	2006 年第 69 号
商品税则号列		1109.0000		公告实施日期	2006 年 11 月 22 日
商品名称	谷朊粉				
英文名称	Wheat gluten				
其他名称					
商品描述	该商品为浅黄色粉末。进口后,用于添加到面包、方便面等食品中,也可作为饲料添加剂。根据海关化验鉴定结果,蛋白质含量为 80.5%,拌水成富黏弹性胶团状,符合谷朊粉特征,属面筋类物质,非蛋白胨类物质。				
归类决定	该商品的成分与生产工艺符合《税则注释》对品目 11.09 的解释说明。因此,该商品应归入税则号列 1109.0000。 又见 Z2006-0020 号归类决定。				

序号	26	归类决定编号	Z2006-0020	公告编号	2006 年第 69 号
商品税则号列		1109.0000		公告实施日期	2006 年 11 月 22 日
商品名称	"罗盖特"牌谷朊粉(食用级)				
英文名称	Wheat gluten				
其他名称					
商品描述	"罗盖特"牌谷朊粉(食用级)为黄色粉末,英文名"Wheat gluten",含蛋白质 83%。规格:纸袋装,25 千克/袋。				
归类决定	"Wheat gluten"为小麦面筋,是小麦粉水洗提取淀粉后的副产品,充分洗去水溶性蛋白后真空干燥而成。 根据归类总规则一,"罗盖特"牌谷朊粉(食用级)应归入税则号列 1109.0000。 又见 Z2006-0019 号归类决定。				

序号	27	归类决定编号	Z2006-1164	公告编号	2007年第70号
商品税则号列		1212.9999		公告实施日期	2007年12月5日
商品名称	魔芋精粉				
英文名称	Konjac powder				
其他名称	葡甘露聚糖				
商品描述	魔芋精粉的规格为3ASF-180,成分含量为葡甘露聚糖90%、灰分1.1%、水分8.8%。其生产工艺:由天南星科植物魔芋地下块茎部分经洗净→去皮→切片→烘干→粉碎、旋风分离后,进行初次提取→研磨分离去杂,第二次提取→食用酒精洗涤、离心脱液、烘干,第三次提取→研磨至客户所需粒度→杀菌→包装而成。该产品具有良好的高膨胀性和增稠性,能构成热可逆和黏合凝胶,可用作医药保健品和食品添加剂。				
归类决定	该产品经简单加工而成,胶黏性质是可逆的,根据归类总规则一,魔芋精粉应归入税则号列1212.9999。				

序号	28	归类决定编号	Z2006-0021	公告编号	2006年第69号
商品税则号列		1302.1920		公告实施日期	2006年11月22日
商品名称	印楝素原粉				
英文名称	Azadirachtin powder				
其他名称					
商品描述	印楝素原粉是一种从楝科乔木印楝树的种仁榨油后的油饼中,提取分离得到的天然产物。其生产工艺:以不需脱壳和干燥的印楝种子为原料,经破碎→压榨→分离→油饼加溶剂粗萃→粗萃液经分离器分离→印楝粉(浅黄色粉状)。进口后需将该商品用溶剂溶解,与乳化剂(主要成分为聚氧乙烯醚类)混合→过滤→包装而制成具有无公害杀虫及杀菌作用的0.3%印楝素乳油。				
归类决定	从该商品的萃取工艺流程来看,"印楝素原粉"是用溶剂提取的植物产品(印楝素含量40%~45%),符合《税则注释》对品目13.02的条文注释,因此应归入品目13.02。根据《税则注释》对品目13.02的描述,商品不符合从植物产品中制得的胶液及增稠剂的特性,因此不能归入税则号列1302.3900。 根据归类总规则一,该商品应归入税则号列1302.1920。				

序号	29	归类决定编号	Z2006-1165	公告编号	2007年第70号
商品税则号列		1302.1990		公告实施日期	2007年12月5日
商品名称	三棵针初提物				
英文名称					
其他名称	黄连素初粉				
商品描述	三棵针初提物是将植物药材三棵针切片，用稀硫酸溶液进行浸泡、过滤，再加入氯化钠搅拌、过滤，再加石灰乳调pH值后趁热过滤，将滤液调pH值后结晶，抽干结晶得到的初提物——盐酸小檗碱（含量为35%~55%）。				
归类决定	该产品是通过溶剂提取的植物产品，符合《税则注释》对品目13.02的条文注释。根据归类总规则一，三棵针初提物应归入税则号列1302.1990。				

序号	30	归类决定编号	Z2022-0006	公告编号	2022年第78号
商品税则号列		1302.3911		公告实施日期	2022年9月1日
商品名称	增稠剂				
英文名称	Food additive				
其他名称					
商品描述	增稠剂，成分及含量：卡拉胶70%、糊精20%、钾盐及柠檬酸10%。呈白色或浅黄色，无臭或微臭，溶于约80℃水能形成黏性、透明或轻微乳白色易流动液体，用于牙膏、空气清新剂和食品制造等。其中"卡拉胶"是从红藻类植物经碱处理提取的胶质物质，主要成分为多聚半乳糖的硫酸酯，具有凝胶及增稠性；产品中加入的钾盐有助于形成凝胶，而糊精起稀释作用改善凝胶结构。				
归类决定	由于该商品所加入的糊精、钾盐及柠檬酸，并没有改变其作为增稠剂的用途及基本特征，因此该商品仍属于从植物产品制得的增稠剂。根据归类总规则一及六，该商品应归入税则号列1302.3911。				

序号	31	归类决定编号	Z2010-0002	公告编号	2010年第15号
商品税则号列		1404.9010		公告实施日期	2010年2月28日
商品名称	塔拉粉				
英文名称	Tara powder				
其他名称					
商品描述	塔拉粉是云石科云石属植物塔拉的豆壳经晾干、碾碎后制得的粉。该产品经加工提取塔拉丹宁酸（植物鞣质），可广泛应用于医药、皮革、食品等工业。例如，用于各种高档皮革（汽车革、服装革等）的复鞣，用作染色固着剂，可以与铬及其他植物单宁混合使用等。				
归类决定	塔拉粉通常作为供染料、鞣料用的植物原料，根据归类总规则一及六，应归入税则号列1404.9010。				

序号	32	归类决定编号	Z2006-0023	公告编号	2006年第69号
商品税则号列		1404.9090		公告实施日期	2006年11月22日
商品名称	坦皮克纤维				
英文名称	Tampico fiber				
其他名称					
商品描述	该商品外观为黄色纤维，经化验为植物纤维。在国外的加工工序：收割→沤制→去皮→梳理→毛切→成卷→切断→包装。 进口后对其所进行的加工工序：整理→分把→编织→缝纫成布→8片布片叠加→制成抛光轮。 该商品在国外经过下列加工工序：原料预处理→成卷→分把→加捻→粗纱。 处理后可制成下列商品： 1. 编制成不同工艺品［例如，坦皮克袋（Tampico bag）］； 2. 织造成布，做成门垫或底布［例如，坦皮克织物（Tampico fibric）］。				
归类决定	进口状态为纤维丝状，纸箱包装，进口后用于制作抛光轮。 该商品为经过梳理清洁的生麻，其梳理过程不符合《税则注释》中品目53.04纺前梳理的范畴。纺前梳理是指成纱前的梳理工艺，经过该工序后，一般为条干均匀、光洁的由单根纤维状态制成的纤维条，可以直接用于纺纱，具有明显用于纺织用途的特征。且该商品非做纺织用途，而是用于抛光轮。根据《税则注释》对品目14.04和品目53.04的解释，该商品不应归入品目53.04。 根据归类总规则一，坦皮克纤维应归入税则号列1404.9090。				

序号	33	归类决定编号	Z2022-0007	公告编号	2022 年第 78 号
商品税则号列		1404.9090		公告实施日期	2022 年 9 月 1 日
商品名称		造纸用竹渣			
英文名称		Raw paper powder			
其他名称					
商品描述		造纸用竹渣由杂竹、竹枝经切片、机械榨碎，再用石灰水泡制而得，无蒸煮过程，为粗条、块状、絮状不等，含水量40%以上。			
归类决定		造纸用竹渣是由杂竹、竹片经机械榨碎、用石灰水浸泡制得，属纸浆的中间产品，还需经过进一步的机械加工和化学加工才能制成纸浆。根据归类总规则一及六，该商品应归入税则号列 1404.9090。			

序号	34	归类决定编号	Z2022-0008	公告编号	2022 年第 78 号
商品税则号列		1404.9090		公告实施日期	2022 年 9 月 1 日
商品名称		棕纤维			
英文名称		Palm fiber			
其他名称					
商品描述		棕纤维来源于棕榈树果球，是果球经棕榈油提炼后再进行高温蒸煮、粉碎后的棕榈树果壳纤维。未经任何纺前加工，用于制作榻榻米等棕垫。			
归类决定		棕纤维（棕榈树果壳纤维）不属于主要用于纺织的植物纤维，不属于《税则》第五十三章的商品范围。根据归类总规则一及六，该商品应归入税则号列 1404.9090。			

序号	35	归类决定编号	Z2022-0009	公告编号	2022 年第 78 号
商品税则号列		1502.1000		公告实施日期	2022 年 9 月 1 日
商品名称		精制牛油脂			
英文名称		Tallow			
其他名称					
商品描述		精制牛油脂为乳白色糊状物。成分及含量：牛脂肪 99.95%、丙二醇（保湿剂、溶剂）0.035%、五倍子酸丙酯（抗氧化剂）0.01%、柠檬酸（抗氧化增效剂）0.005%。 加工工艺：牛腰部板油→机器研磨分解→澄清器和离心器分离得到粗制牛油→碱法净化和离心分离→脱色、湿润和过滤→精制牛油脂。该商品主要用于餐厅油炸食品（薯条）。			
归类决定		该商品经过了碱法净化、脱色、过滤等处理，未经过分提，符合《税则注释》品目 15.02 的商品范围。根据归类总规则一及六，该商品应归入税则号列 1502.1000。			

序号	36	归类决定编号	Z2006-0027	公告编号	2006 年第 69 号
商品税则号列		1511.9020		公告实施日期	2006 年 11 月 22 日
商品名称		棕榈硬脂			
英文名称					
其他名称					
商品描述		棕榈硬脂为淡黄色糊状物，是将天然的棕榈油经预处理、脱酸除臭、分馏等工艺制得。根据海关化验鉴定结果，成分为棕榈硬脂，熔点为 43.0℃（开口）、44.0℃（闭口）。			
归类决定		国家标准 GB/T 5536—1985 中所规定植物油脂的熔点测定采用闭口测定法。该商品闭口熔点为 44.0℃。根据《本国子目注释》对"棕榈硬脂"的解释，该商品属于"棕榈硬脂"的范围。 根据归类总规则一，棕榈硬脂应归入税则号列 1511.9020。			

序号	37	归类决定编号	Z2007-0004	公告编号	2007年第71号
商品税则号列		1512.1100		公告实施日期	2007年12月5日
商品名称		葵花籽油			
英文名称		Crude sunflower seed oil in bulk			
其他名称					
商品描述		葵花籽油为黄色液体，经海关化验鉴定，脂肪酸分布符合国家标准中葵花籽油的脂肪酸分布特征；酸度为1.8%（以油酸计），酸价为3.5mgKOH/g；水分及挥发物含量为0.07%。该商品是葵花籽经过浸水、破碎（压片）、升温、压榨而得的油与溶剂浸出油饼中的油分混合而得。进口后再经脱酸、脱色、脱臭等工艺精炼。			
归类决定		葵花籽油为进口后需通过脱酸、脱色、脱臭等工艺精炼加工的初榨油脂，根据归类总规则一，应归入税则号列1512.1100。			

序号	38	归类决定编号	Z2010-0004	公告编号	2010年第15号
商品税则号列		1515.9090		公告实施日期	2010年2月28日
商品名称		月见草油胶囊			
英文名称					
其他名称					
商品描述		月见草油胶囊规格为95.97克（70粒）/瓶。主要成分为月见草油，由明胶胶囊包裹。食用方法为每次1~2粒，每天3次，适宜成年女性服用。			
归类决定		明胶是用来制作胶囊的，仅起方便服用和便于保存作用，月见草油是单一成分植物油。根据归类总规则一及六，月见草油胶囊应归入税则号列1515.9090。			

序号	39	归类决定编号	Z2022-0010	公告编号	2022 年第 78 号
商品税则号列			1517.9090	公告实施日期	2022 年 9 月 1 日
商品名称		贝蒂喜 DHA 饮料			
英文名称					
其他名称					
商品描述		贝蒂喜 DHA 饮料，成分及含量：葵花油 82.5%、DHA 藻油 10%、柠檬汁 4%、橙汁 3%、小麦胚芽油 0.5%。其中 DHA 是多不饱和脂肪酸，小麦胚芽油是以小麦为原料制取的谷物胚芽油，葵花籽油作为产品基底油，加入少量柠檬汁和橙汁以调节产品风味。适用于儿童及成人。产品为玻璃瓶装，含量 60 毫升，包装盒内含滴管，每日饮用 1~2 毫升，可直接饮用，也可用水或果汁稀释后饮用。				
归类决定		商品主要成分中油脂类（葵花油、DHA 藻油、小麦胚芽油）含量为 93%，添加调味用的果汁（柠檬汁、橙汁）7%，所添加少量的调味汁未改变商品油脂类的基本特征。该商品是可直接饮用的油脂类食品，根据归类总规则一及六，应按混合制成的油脂制品归入税则号列 1517.9090。				

序号	40	归类决定编号	Z2006-0030	公告编号	2006 年第 69 号
商品税则号列			1518.0000	公告实施日期	2006 年 11 月 22 日
商品名称		饲料级混合油渣			
英文名称		Feed grade mixed grease			
其他名称					
商品描述		外部特征为黄色液体，底层有沉积。主要是餐厅回收油脂和少量的二氧化硅、维生素和乙氧基喹啉构成，主要用作动物饲料。				
归类决定		上述商品虽然含有少量的其他物质，但其主要成分是餐厅回收油脂，符合《税则注释》对品目 15.18 的解释，因此根据归类总规则三（二），归入税则号列 1518.0000。				

序号	41	归类决定编号	Z2006-0031	公告编号	2006 年第 69 号
商品税则号列		1518.0000		公告实施日期	2006 年 11 月 22 日
商品名称	金脂肪100（饲料添加剂）				
英文名称					
其他名称					
商品描述	"金脂肪100（饲料添加剂）"为米黄色粉末。根据海关化验鉴定结果，商品成分为棕榈酸、混合植物油脂、乳化剂等。商品由半精炼的棕榈硬脂（含较多食品级不允许的脂肪酸和未皂化物）加乳化剂、色素，经冷喷加工成粉状。该商品可直接与其他饲料成分混合，可用于饲养乳猪、肉鸭、肉种鸡等。				
归类决定	该商品符合《税则》税目15.18的规定，且添加少量的卵磷脂并不影响其归类。根据归类总规则一，该商品应归入税则号列1518.0000。				

序号	42	归类决定编号	Z2006-0032	公告编号	2006 年第 69 号
商品税则号列		1518.0000		公告实施日期	2006 年 11 月 22 日
商品名称	植物脂肪粉				
英文名称	Bergafat HTL-306				
其他名称					
商品描述	植物脂肪粉是采用物理方法从棕榈油渣中提取生产出的混合油脂，包装规格为25千克/袋，主要脂肪酸分布为棕榈酸约75%、油酸12%、硬脂酸5%，其中还添加少量磷脂，商品可作为饲料直接饲喂，也可以与其他饲料原料混合使用，主要用以补充饲料的饱和脂肪含量，以改善动物体脂的品质。				
归类决定	该商品是以棕榈油渣为原料提取的油脂产品，应归入《税则》第十五章。而其中添加的磷脂属于抗氧化剂和乳化剂，添加磷脂并未超出第十五章加工的范围或改变了商品的基本特性。 根据归类总规则一，应将该商品归入税则号列1518.0000。				

序号	43	归类决定编号	Z2006-1167	公告编号	2007年第70号
商品税则号列		1518.0000		公告实施日期	2007年12月5日
商品名称	油渣				
英文名称					
其他名称					
商品描述	该油渣的品质指标如下：脂肪酸凝固点（TITRE）为38.5℃；游离脂肪酸含量（FFA）为12.6%，水分、杂质及不皂化物（MIU）为1.09%；色泽（FAC）为39%。用途：油渣经蒸汽加热化油、过滤，由管道接入饲料配比混合罐，通过喷嘴喷洒到饲料原料中。各种饲料原料的配比、混合、加工及灌装等全部都由计算机控制，油渣的添加比例大约在4%以下，主要是增加饲料中的脂肪含量。油渣是专门收集快餐店和食品店使用过的煎炸油并经过简单处理而制得。				
归类决定	根据归类总规则一，该产品属于使用过的煎炸油，应归入税则号列1518.0000。				

序号	44	归类决定编号	Z2006-1168	公告编号	2007年第70号
商品税则号列		1518.0000		公告实施日期	2007年12月5日
商品名称	回收混合油				
英文名称					
其他名称	工业用混合油（申报名称）				
商品描述	商品"回收混合油"为棕黄色油状液体，主要包括煎炸废油（快餐店煎炸食品后的废弃油脂）、餐饮废油（饭店、餐馆等餐饮废油）、地沟油、食用油精炼厂的油脚油、植物油精炼过程中的脂肪酸馏出物、从植物油精炼油脚中提取的酸化油、废动物油、废植物油等。该产品经海关化验鉴定，鉴定结果为非食用油脂。该混合油脂主要来源于回收油，进口后经过前期的除杂、脱胶、脱色和干燥工艺，进入生物柴油生产的甲酯化工段，在催化剂的催化作用下，完成甲酯化反应，得到生物柴油的粗品。生物柴油粗品经过过滤、脱色、干燥和精馏工序得到生物柴油的成品。				
归类决定	根据归类总规则一及《税则注释》品目15.18的条文注释，该商品应归入税则号列1518.0000。				

序号	45	归类决定编号	Z2009-0089	公告编号	2009年第32号
商品税则号列			1522.0000	公告实施日期	2009年6月12日
商品名称		巴巴苏棕榈果仁沉渣油			
英文名称					
其他名称					
商品描述		巴巴苏棕榈果仁沉渣油为褐色黏稠糊状物，主要成分为脂肪酸和脂肪酸酯混合物，酸价为78.7mgKOH/g，用于提炼生物柴油。生产工艺：巴巴苏棕榈果在150℃高温中蒸煮2小时，果实剥落后得到的果仁经压榨分离得到毛棕榈仁油。毛棕榈仁油存在储藏池中，浮于上部的棕榈仁油经由上部出口流出，是可食用的；沉于底部的、不能食用的，即为巴巴苏棕榈果仁沉渣油。			
归类决定		该商品为初榨棕榈果仁后得到的残渣，符合《税则注释》对品目15.22的解释，根据归类总规则一，应归入税则号列1522.0000。			

序号	46	归类决定编号	Z2007-0005	公告编号	2007年第71号
商品税则号列			第十六章	公告实施日期	2007年12月5日
商品名称		冻鱼及冻软体动物			
英文名称					
其他名称					
商品描述		冻鱼及冻软体动物采用鱼及软体动物为原料，生产流程：原料验收→清洁→软化、杀菌（在添加食用添加剂的水溶液中浸泡2~3小时）→分级→沥水→称重→排盘→速冻→脱盘→镀冰衣→包装→保藏。其中，食用添加剂主要为两种：1.CAFODOS C（增白保鲜剂），含柠檬酸钠、柠檬酸、活性氧等，主要用于增白、防腐保鲜、防止肉质变红、保持水产品原有品质；2.DMP（水产品保鲜剂），含有柠檬酸钠、碳酸钾等，主要用于保鲜、去腥、除污、护色、消毒、杀菌、持水、增白。			
归类决定		该商品经过活性氧等的消毒和杀菌处理，超出《税则》第三章所列的加工范围，根据归类总规则一，应归入第十六章相应税则号列。			

序号	47	归类决定编号	Z2006-1169	公告编号	2007年第70号
商品税则号列		1604.1920		公告实施日期	2007年12月5日
商品名称		制作保藏罗非鱼片			
英文名称		Frozen tilapia fillets			
其他名称					
商品描述		该制作保藏罗非鱼片采用鲜活罗非鱼为原料,其制作工艺:暂养→放血→取片→去皮→磨皮→修整→复查→清洗→排盘→发色→分级→清洗杀菌(0.3毫克/千克臭氧水消毒杀菌约3分钟)→装袋冻结→金属探测仪检查→称重→装箱→入库冷藏,然后装柜发送。			
归类决定		根据归类总规则一,制作保藏罗非鱼片应归入税则号列1604.1920。			

序号	48	归类决定编号	Z2006-0033	公告编号	2006年第69号
商品税则号列		16.05		公告实施日期	2006年11月22日
商品名称		制作保藏凤尾虾、虾仁、去头虾			
英文名称					
其他名称					
商品描述		该类商品属半生不熟一类的产品,其制作方法:去头、挑级、去壳、去肠、加盐、泡添加剂、摆盘、经以70℃高温水烫16秒至四成熟(或熟度按客户不同要求加工)、摆盘、经单冻机生产线、称重量、包装、入库(该商品加沙律即可食用或搭配料芥末食用)。			
归类决定		该商品为水煮过的去壳甲壳动物,不符合《税则注释》对品目03.06的解释。根据归类总规则一,"制作保藏凤尾虾、虾仁、去头虾"应根据其种类归入税目16.05项下。			

序号	49	归类决定编号	Z2006-1170	公告编号	2007 年第 70 号
商品税则号列		16.05		公告实施日期	2007 年 12 月 5 日
商品名称	制作保藏虾仁				
英文名称					
其他名称					
商品描述	该制作保藏虾仁是一种以虾为原料，经去壳加工而制得的产品。制作过程：原料进厂验收→去头去壳→开背去肠→分级→泡浸次氯酸钠（浸泡 1~2 小时，控制微生物细菌数量符合食品要求）→浸泡三聚磷酸钠（食品添加剂，浸泡 1 小时，保持虾的水分及新鲜度）→泡盐水→称重摆盘→经速冻机急冻（温度为-35℃）→过金属探测仪检测→包装→成品入库（冷库温度保持在-18℃）。该产品直接供超市出售，不需再加工。				
归类决定	根据归类总规则一，该制作保藏虾仁应根据具体虾的种类归入《税则》税目 16.05 项下。				

序号	50	归类决定编号	Z2006-1171	公告编号	2007 年第 70 号
商品税则号列		1605.1000		公告实施日期	2007 年 12 月 5 日
商品名称	蟹排				
英文名称					
其他名称					
商品描述	该蟹排是一种经去背壳、去鳃的生的冷冻蟹，包装：1 000 克/袋。其制作工艺：原料挑选→经去背壳、去鳃→刷膏（刷去多余的红膏）→按要求切片或不切片→修剪多余的蟹壳→简单流水、次氯酸钠溶液消毒清洗→盐水浸 45 分钟→称重排盘→急冻（-35℃以下急速冻结）→过金属探测仪检测→包装→成品入库（-18℃以下保存）。				
归类决定	根据归类总规则一，该蟹排应归入税则号列 1605.1000。				

序号	51	归类决定编号	Z2022-0011	公告编号	2022 年第 78 号
商品税则号列		1701.9990		公告实施日期	2022 年 9 月 1 日
商品名称	白砂糖预混粉				
英文名称					
其他名称					
商品描述	白砂糖预混粉，粉末状，成分含量（以干燥产品的重量计）：白砂糖 90%、葡萄糖 10%。 加工方法：将甘蔗制白砂糖（蔗糖）和葡萄糖粉末按配比混合搅拌制成。商品用于食品生产。				
归类决定	该商品为蔗糖与其他糖的粉末状混合物，按重量计干燥状态的蔗糖含量不低于 90%，用于食品生产。该商品添加的葡萄糖未改变蔗糖的基本特征，根据归类总规则一及六，该商品应归入税则号列 1701.9990。				

序号	52	归类决定编号	Z2022-0012	公告编号	2022 年第 78 号
商品税则号列		1702.9012		公告实施日期	2022 年 9 月 1 日
商品名称	白砂糖预混粉				
英文名称					
其他名称					
商品描述	白砂糖预混粉，粉末状，成分含量（以干燥产品的重量计）：白砂糖 88%、葡萄糖 12%。 加工方法：将甘蔗制白砂糖（蔗糖）和葡萄糖按配比混合搅拌制成。商品用于食品生产。				
归类决定	该商品为蔗糖与税目 17.02 所包括糖的简单固体混合物，粉末状，按重量计干燥状态的蔗糖含量高于 50% 且低于 90%，蔗糖与其他糖含量合计不低于 90%，用于食品生产。该商品添加的葡萄糖改变了蔗糖的基本特征，根据归类总规则一及六，该商品应归入税则号列 1702.9012。				

序号	53	归类决定编号	Z2006-0034	公告编号	2006 年第 69 号
商品税则号列		1704.1000		公告实施日期	2006 年 11 月 22 日
商品名称		劲浪香口珠——超凉薄荷味			
英文名称					
其他名称					
商品描述		"劲浪香口珠——超凉薄荷味"为浅绿色长方形固体，主要成分：白砂糖 64%~70%、胶姆基 12%~18%、葡萄糖 7%~10.5%、香料 1%~2.3%、甘油 0.1%~0.5%、氧化淀粉 1.0%~1.8%、甜味素 0.1%~0.5%、安赛蜜 0.05%~0.2%、巴西棕榈蜡 0.02%~0.05%、二氧化钛 0.02%~0.06%。其中甜味素及安赛蜜起调节口感的作用。			
归类决定		该商品中含有非营养型合成甜味剂（甜味素和安赛蜜）约 0.15%~0.7%，远远少于所含有的营养型天然甜味剂（白砂糖和葡萄糖约 71%~80.5%）。根据归类总规则一，"劲浪香口珠——超凉薄荷味"应归入税则号列 1704.1000。			

序号	54	归类决定编号	Z2006-0035	公告编号	2006 年第 69 号
商品税则号列		1704.9000		公告实施日期	2006 年 11 月 22 日
商品名称		渔夫之宝特强味薄荷糖			
英文名称		Fishermans friend super mint			
其他名称					
商品描述		"渔夫之宝特强味薄荷糖"为润喉食品。 该商品主要配料：白砂糖 87.04%、葡萄糖 6.89%、食用胶 4.1%、薄荷脑 0.98%、黄薯胶 0.58%、叶绿素 0.01%、水 0.4%。零售包装规格为纸皮和铁盒。			
归类决定		该商品不具备特定的药效，没有明确的治病防病功能，故不能归入《税则》第三十章。根据《税则注释》对品目 17.04 的解释，该品目包括"喉片或止咳糖，主要含糖（不论是否加有明胶、淀粉或细粉等其他食物）及香料（包括具有药性的物质。例如，薄荷、苯甲基醇、桉树脑及吐鲁香脂）"，因此该商品应归入税则号列 1704.9000。			

序号	55	归类决定编号	Z2006-0036	公告编号	2006年第69号
商品税则号列		1704.9000		公告实施日期	2006年11月22日
商品名称	瑞典葛丽素无腥味鱼肝油糖粒、瑞典葛丽素紫玫果提取物糖粒（富含维生素C）					
英文名称						
其他名称						
商品描述	1. 瑞典葛丽素无腥味鱼肝油糖粒为紫色扁圆粒，每粒重1.5克，配方：糖59.46%、糖淀粉25.95%、果冻7.75%、水4.92%、鱼肝油1.08%、柠檬酸0.54%、维生素A 0.22%、维生素D 30.09%。零售标志的建议食量为13岁以下儿童每日1粒，13岁以上儿童及成人每日2粒； 2. 瑞典葛丽素紫玫果提取物糖粒（富含维生素C）为黄色扁圆粒，每粒重1.5克，配方：糖60.11%、糖淀粉26.23%、果冻7.83%、水4.74%、柠檬酸0.55%、维生素C 0.55%。零售标志的建议食量为13岁以下儿童每日2粒，13岁以上儿童及成人每日4粒。 上述两种糖粒进口时每2.5千克装于白色塑料密封盒，进口后在国内封装为180克的零售包装。					
归类决定	根据归类总规则一和《税则注释》对品目17.04的解释，上述两种商品应作为可供直接食用的糖食归入税则号列1704.9000。					

序号	56	归类决定编号	Z2006-1172	公告编号	2007年第70号
商品税则号列		1704.9000		公告实施日期	2007年12月5日
商品名称	果冻					
英文名称						
其他名称						
商品描述	果冻的主要原料：水、砂糖、果糖、椰果、蒟蒻粉、海藻抽出物、柠檬酸、香料等。其生产工艺为按比例将上述原料搅拌、加热、溶化后充填于塑料容器中并封膜密封，而后经高温杀菌、冷却凝固、包装。该产品采用小杯状塑料容器盛装，口部为塑料封膜，数个或数十个果冻装于一个塑料袋中作为一个包装。该产品为糖食类食品，供直接食用。					
归类决定	根据《税则注释》品目20.07的条文注释，该品目所包括的果冻是指用糖和水果汁（压榨生果或烹煮水果而得）煮沸后冷凝而成，呈冻状、透明、无果肉碎块。从该产品的生产原料和生产工艺来看，不符合该条文注释，不属于品目20.07的范围。 该产品作为糖食供直接食用，不同于餐用果冻（例如，用于早餐时涂面包）。根据归类总规则一，果冻应归入税则号列1704.9000。					

序号	57	归类决定编号	Z2006-1173	公告编号	2007年第70号
商品税则号列		1806.3100		公告实施日期	2007年12月5日
商品名称		德芙珍藏榛仁夹心巧克力			
英文名称					
其他名称					
商品描述		该德芙珍藏榛仁夹心巧克力为条状,分为3层,最外层为巧克力,中间层为香酥威化中空卷,内层包裹榛仁巧克力酱,配料:牛奶巧克力(白砂糖、可可脂、可可液块、脱脂乳粉、乳脂肪、乳清粉、乳糖、大豆磷脂、食用香料)、食用氢化植物油、小麦粉、榛子仁、可可粉、食用盐等。可可脂含量不低于8%。			
归类决定		根据归类总规则一,该德芙珍藏榛仁夹心巧克力应归入税则号列1806.3100。			

序号	58	归类决定编号	Z2006-0038	公告编号	2006年第69号
商品税则号列		1901.9000		公告实施日期	2006年11月22日
商品名称		植脂淡奶			
英文名称					
其他名称					
商品描述		植脂淡奶是一种以奶粉20%、水74.08%、植物油脂5.8%、增稠剂0.02%、磷酸氢二钠0.1%为原料,经混合→溶解→加热→过滤→真空脱气→均质→灌装等工艺加工制成的食品。零售铁罐包装,包装净重400克/罐。主要用以混调咖啡、奶茶及其他饮料。			
归类决定		从该商品的成分中奶粉和水的含量看,该商品属于含有乳成分的乳制品。根据《税则注释》第四章总注释的规定,植脂淡奶应以乳成分为主要组分的制品归入税则号列1901.9000。			

序号	59	归类决定编号	Z2009-0001	公告编号	2009 年第 5 号
商品税则号列		1902.1900		公告实施日期	2009 年 1 月 20 日
商品名称		一级品挂面			
英文名称					
其他名称					
商品描述		一级品挂面成分：小麦粉、水、碘盐、食用碱。加工流程：调粉（和面机和面）→熟化（醒面过程）→压延（压成厚度不小于 4 毫米的面片）→切条→干燥（分四区干燥，最高温度 85℃）→截断→称量→包装→入库。 　　食用方法：在开水中煮 3~5 分钟后即可食用。			
归类决定		根据加工工艺，该商品为生的面食，根据归类总规则一及六，应归入税则号列 1902.1900。			

序号	60	归类决定编号	Z2006-0039	公告编号	2006 年第 69 号
商品税则号列		1905.9000		公告实施日期	2006 年 11 月 22 日
商品名称		品客薯片			
英文名称		Pringles			
其他名称					
商品描述		商品"品客薯片"，是一种由马铃薯粉（42%±8%）、植物油（33%±12%）、玉米粉（6%±2%）、小麦淀粉（4%±1%）、糊精（3%±1%）、乳化剂（2%±1.5%）、食用盐（1%±1%）、葡萄糖（1%±1%）、香辣味调味粉（5.5%±2%）等配制而成的经油炸后可即食的薄片，其加工流程：生马铃薯→用清水洗净→加热煮熟→将马铃薯加工成粉末→加入淀粉、玉米粉、糊精、调料、葡萄糖→制成团状→将面团压制成片状→切割成薯片→将薯片在食用植物油中烹炸→将薯片撒上盐和调味料→将薯片装入罐中→装箱。			
归类决定		品客薯片符合《税则注释》关于品目 19.05 产品成分及制作工艺的规定，因此，根据归类总规则一，品客薯片应归入税则号列 1905.9000。			

序号	61	归类决定编号	Z2008-0116	公告编号	2008年第83号
商品税则号列		2001.9090		公告实施日期	2008年11月24日
商品名称	调味滑子菇罐头				
英文名称					
其他名称					
商品描述	调味滑子菇罐头为玻璃瓶装的即食罐头，含有蘑菇、醋、水、盐、糖、辣椒、大蒜及其他辅料。其加工工艺：原料（滑子菇）→预煮冷却→剔除杂质→漂水→装罐→注入配汤→封口→杀菌→冷却。				
归类决定	该商品属于《税则》税目20.01"用醋或醋酸制作或保藏的蔬菜罐头"的商品范围，根据归类总规则一及六，应归入税则号列2001.9090。				

序号	62	归类决定编号	Z2006-0040	公告编号	2006年第69号
商品税则号列		2004.1000		公告实施日期	2006年11月22日
商品名称	冷冻薯条				
英文名称					
其他名称					
商品描述	该薯条为横截面1厘米×1厘米，长为5~11厘米长条形，每袋5千克，纸质包装，进口时为冷冻状态。本商品专供快餐店用，食用前用起酥油油炸即可，冷冻前经过预炸或喷油处理。				
归类决定	根据《税则注释》第七章总注释的规定，第七章仅包括鲜、冷、冻（未烹煮、蒸过或水煮）、干（包括脱水、蒸干或冻干）或经临时保藏处理的蔬菜，而该冷冻薯条的加工程度已经超过第七章所允许的范围，应归入税则号列2004.1000。				

序号	63	归类决定编号	Z2006-0041	公告编号	2006年第69号
商品税则号列		2004.1000		公告实施日期	2006年11月22日
商品名称	速冻土豆块				
英文名称					
其他名称					
商品描述	速冻土豆块是土豆经过清洗、蒸煮、冷却、速冻等工艺加工而成的。蒸煮过程中加入一定浓度的焦磷酸钠和食盐溶液，解冻后可直接食用。焦磷酸钠可以增加产品的松软程度、增强口感和淀粉活性，也可以防止土豆蒸煮过程中的变色。				
归类决定	根据《税则注释》对品目07.10的解释，该品目包括冻前加有盐或糖的蔬菜和冻前蒸过或用水煮过的蔬菜，但不包括以其他方法烹煮过的蔬菜。该商品在水煮的过程中添加了焦磷酸钠，对商品的品质有所改良，已超出品目07.10的范围。 根据归类总规则一，速冻土豆块应归入税则号列2004.1000。				

序号	64	归类决定编号	Z2006-0042	公告编号	2006年第69号
商品税则号列		2008.1999		公告实施日期	2006年11月22日
商品名称	煮大豆干				
英文名称					
其他名称					
商品描述	外观：土黄色干粒状。 加工过程：大豆→精选、洗涤、浸泡→蒸煮→冷却→晒干、烘干→煮大豆干。 方法：用柴火将其在大锅里煮。这是一种民间土方法，这样就能保持固有的色彩和香味，不存在别的异味。 用途：这样加工出来的煮大豆干就可以拌咸菜吃（多种）。 内包装：聚乙烯；外包装：编织袋。 重量：50千克。 保存方法及流通期限：存放在干燥通风处，从制造日期起6个月以内。				
归类决定	"煮大豆干"是由精选的大豆经过浸泡、蒸煮、晒干、烘干等加工程序制成，加工过程中未添加任何其他物质，加工后可直接食用。 上述加工过程是从原料到成品的加工，超出了《税则注释》中第十二章规定的仅仅是为了便于储存、去苦味及使用而进行简单热处理的加工范围，因此，根据归类总规则一，该商品应归入品目20.08。 大豆是一种含油子仁，所以"煮大豆干"应归入税则号列2008.1999。				

序号	65	归类决定编号	Z2022-0013	公告编号	2022 年第 78 号
商品税则号列			2008.9700	公告实施日期	2022 年 9 月 1 日
商品名称		综合蔬果干			
英文名称					
其他名称					
商品描述		该商品主要配料：芭蕉 30%、甘薯 30%、凤梨 20%、芋头 10%、菠萝蜜 10%。生产工艺：原料→分类→急冻（-35℃）10 小时→在真空环境下入低温油（70℃~80℃）→脱油烘干→分类包装。规格：每包净含量 250 克。				
归类决定		该商品是利用真空油炸技术制作的蔬菜、水果产品，其加工程度已超出《税则》第七章及第八章的范围。该商品以芭蕉、凤梨和菠萝蜜等水果为主要原料。根据归类总规则三（二）及六，该商品应归入税则号列 2008.9700。				

序号	66	归类决定编号	Z2006-0043	公告编号	2006 年第 69 号
商品税则号列			2008.9990	公告实施日期	2006 年 11 月 22 日
商品名称		甜玉米微波爆米花			
英文名称		Microwave popcorn			
其他名称		美国艾可堤微波玉米花			
商品描述		该商品配料为玉米粒、蔬菜油、砂糖、调味料和蔗糖精，99 克纸袋密封包装，外封玻璃纸。食用时先从玻璃纸中取出纸袋，再将纸袋置于微波炉中烹制 1~5 分钟，取出撕开纸袋即可享用爆米花。				
归类决定		玉米按照籽粒形状、胚乳性质和有无稃壳可分为 8 种类型，"甜玉米微波爆米花"是由其中的爆裂型玉米粒（是一种专用于制作爆玉米花食用的特种玉米，其籽粒小，坚硬光亮，胚乳全部由角质淀粉组成，遇热即爆裂膨胀）加蔬菜油、砂糖、调味料和蔗糖精后的混合制品，其内包装为多层复合包装袋，外包装为塑料袋，在微波炉中加热 1~5 分钟即成爆米花；而甜玉米，是其中的甜质型玉米，其籽粒含糖分较多，含淀粉较少，成熟后外形呈褶皱或凹陷状，一般在乳熟期采摘，作为嫩玉米食用，它的用途和食用方法类似于蔬菜，故又被称为"蔬菜玉米"，因此，"甜玉米微波爆米花"不能作为甜玉米归类。 由于该商品中的玉米粒没有经过膨化或烘炒处理，也不符合《税则》19.04 税目条文对其商品范围的限定，所以该商品不能归入税目 19.04。根据归类总规则一，"甜玉米微波爆米花"应归入税则号列 2008.9990。				

序号	67	归类决定编号	Z2006-0045	公告编号	2006年第69号
商品税则号列		2008.9990		公告实施日期	2006年11月22日
商品名称	干芋				
英文名称					
其他名称					
商品描述	干芋又名甘薯脯，是以甘薯为原料，经过糖化、去皮、糖液中浸泡、清洗、蒸熟、切片（条）、烘干、回潮、速冻杀菌、计量、装袋（零售包装）等工艺制成。由于该商品在低温下不仅表面白霜上得较慢，而且保持非常好的味道，故成品在低温的环境下保存和运输。				
归类决定	根据《税则注释》第七章总注释及品目07.14条文，甘薯属于食用的块茎及块根，不属于该章所称的蔬菜范围。从该商品的加工工艺来看，该商品在速冻前经过糖液浸泡、蒸熟后烘干、回潮等工艺，已超出《税则》税目07.14允许的加工范围，不应归入税目07.14。 根据《税则》第二十章章注三，甘薯不属于蔬菜范围，不应归入税目20.04及20.05项下。根据归类总规则一，干芋应归入税则号列2008.9990。				

序号	68	归类决定编号	Z2006-1175	公告编号	2007年第70号
商品税则号列		2008.9990		公告实施日期	2007年12月5日
商品名称	香蕉泥				
英文名称					
其他名称					
商品描述	该香蕉泥是以新鲜香蕉为原料，生产工艺：原料接收→清洗拣选→装箱→运至熟化间→运至去皮工段→清洗及拣选→去皮→碾碎→过滤→成品→均质→脱气→缓冲罐→磁阀→过滤→泵输送→热处理→过滤→金属探测→灌装→储存→发运。其中，均质指不添加任何物质通过机械压力确保半成品处理成小颗粒，不产生明显分离。热处理指将香蕉泥经过管状系统设定香蕉泥的流速和温度，达到巴氏杀菌（低于100℃的热力杀灭微生物）的目的。该商品主要用作食品添加剂，可用于糖果、面包、冰激凌和饮料等。				
归类决定	根据归类总规则一，该香蕉泥应归入税则号列2008.9990。				

序号	69	归类决定编号	Z2008-0004	公告编号	2008 年第 76 号
商品税则号列		2101.1200		公告实施日期	2008 年 10 月 28 日
商品名称	三合一速溶咖啡					
英文名称						
其他名称						
商品描述	三合一速溶咖啡为咖啡色粉状固体，主要成分：白砂糖 41.3%、葡萄糖浆 30.7%、植物油 19.2%、速溶咖啡 7%，还添加少量的稳定剂、乳化剂、抗结剂、色素等。零售包装，18 克/包，主要用于咖啡厅或家庭冲饮。					
归类决定	该商品是以咖啡浓缩物为基本成分的制品，添加的白砂糖、葡萄糖浆及植物油等主要用来调节咖啡口感，根据归类总规则一，应归入税则号列 2101.1200。					

序号	70	归类决定编号	Z2006-0046	公告编号	2006 年第 69 号
商品税则号列		2101.2000		公告实施日期	2006 年 11 月 22 日
商品名称	红茶香料 B-4327-01					
英文名称	Black tea flavor					
其他名称						
商品描述	该商品成分：天竺葵油（Geranium Oil）0.05%、香叶醇（Geraniol）0.20%、芳樟醇（Linalool）0.60%、香茅醇（Citronellol）0.10%、氧化芳樟醇（Linalool Oxide）0.30%、异戊醇（Isoamyl Alcohol）0.05%、乙酸橙花酯（Neryl Acetate）0.10%、香草精（Vanillin）0.80%、红茶提取物（Black Tea Extract）14.00%、水（Water）42.00%、丙二醇（PG）41.80%，桶装，液状。 用途：用于生产冰红茶。将该红茶香料与柠檬香料红茶粉、白砂糖、纯净水、柠檬酸、焦糖色素、柠檬酸钠、精盐和维生素 C 进行配料经数道工序制成冰红茶饮料。					
归类决定	根据该商品的成分及含量，所含有的微量芳香成分不构成产品的基本成分，不符合《税则注释》对品目 33.02"本品目还包括生产饮料用的以香料为基本成分的其他制品。这些制品可以是……它们必须以一种或多种本章章注二所述的香料作为基本成分"的规定，不能归入税则号列 3302.1010。 该商品应属于以红茶抽取物为基本成分的制品。根据归类总规则一，该商品应归入税则号列 2101.2000。					

序号	71	归类决定编号	Z2006-1176	公告编号	2007年第70号
商品税则号列		2101.2000		公告实施日期	2007年12月5日
商品名称	玄米绿茶				
英文名称					
其他名称					
商品描述	玄米绿茶的成分：玄米48%、绿茶52%，为普通绿茶与玄米简单混合制成，玄米经180℃~200℃下烘烤。 用法：把一小袋产品投入到杯子里，加温水80毫升，过1~2分钟后饮用，可以重复以上程序多次饮用。				
归类决定	该商品属于以茶为基本成分的制品。根据归类总规则一，该商品应归入税则号列2101.2000。				

序号	72	归类决定编号	Z2006-1177	公告编号	2007年第70号
商品税则号列		2103.9090		公告实施日期	2007年12月5日
商品名称	旺味				
英文名称					
其他名称					
商品描述	旺味是由谷氨酸钠50%、甘氨酸30%、丙氨酸10%、肌甙酸钠2.5%、次黄甙酸钠2.5%、柠檬酸钠3%、丁二酸钠2%等组成的白色粉末，外包装为纸箱，内包装为塑料袋，25千克/袋，用作食品制造或加工的调味料。				
归类决定	该商品属于混合调味料。根据归类总规则一，"旺味"应归入税则号列2103.9090。				

序号	73	归类决定编号	Z2006-1178	公告编号	2007 年第 70 号
商品税则号列			2103.9090	公告实施日期	2007 年 12 月 5 日
商品名称		味优			
英文名称					
其他名称					
商品描述		味优是由 L-谷氨酸钠 55%、甙酸钠 44%、肌甙酸钠 0.5% 及次黄甙酸钠 0.5% 等组成的白色粉末，外包装为纸箱，内包装为塑料袋，25 千克/袋，用作食品制造或加工的调味料。			
归类决定		该商品属于混合调味料。根据归类总规则一，"味优"应归入税则号列 2103.9090。			

序号	74	归类决定编号	Z2006-0047	公告编号	2006 年第 69 号
商品税则号列			21.06	公告实施日期	2006 年 11 月 22 日
商品名称		四氢酒花浸膏			
英文名称		Tetra iso-extract 10%			
其他名称					
商品描述		四氢酒花浸膏是一种从酒花中以二氧化碳提取的酒花浸膏为原料，再经提取而得的钾盐水溶液。红色液体状，有刺激性气味，主要用于啤酒工业。根据海关化验鉴定结果，其成分：四氢异构 α 酸钾盐和水。			
归类决定		根据《税则注释》，品目 13.02 的植物浸膏一般是指直接从植物中通过溶剂提取的植物产品。从四氢酒花浸膏的提取原料来看，该商品是以二氧化碳提取的酒花浸膏为原料，进一步提取制作，并且在制备四氢酒花浸膏时，在接触剂的作用下，加入了氢，避免了在日光侵袭下断裂而产生日光嗅的物质。因此，该商品的加工工艺已超出品目 13.02 的规定，不能归入税则号列 1302.1300。 根据归类总规则一，四氢酒花浸膏应归入税目 21.06 项下。			

序号	75	归类决定编号	Z2006-0048	公告编号	2006 年第 69 号
商品税则号列		2106.1000		公告实施日期	2006 年 11 月 22 日
商品名称	大豆浓缩蛋白（饲料添加剂）				
英文名称					
其他名称					
商品描述	大豆浓缩蛋白（饲料添加剂）为淡黄色粉末，根据海关化验鉴定结果，蛋白质含量为 65.2%。加工工艺：大豆进行清洗、去皮、粉碎、脱脂后得到脱脂大豆蛋白片，再对脱脂大豆蛋白片去除糖分和抗营养因子后，经加热干燥、研磨等工艺得到。可用作动物饲料中的蛋白原料。				
归类决定	根据《税则》第二十三章章注，税目 23.09 包括其他品目未列名的配制动物饲料。该章注明确了如果可作为动物饲料或饲料添加剂的产品在其他品目已列名，则不归入税目 23.09。根据《税则注释》对品目 21.06 的注释，该品目包括通过去除脱脂豆粉的某些成分而制得的浓缩蛋白质，该商品符合品目 21.06 的注释。 根据归类总规则一，大豆浓缩蛋白（饲料添加剂）应归入税则号列 2106.1000。				

序号	76	归类决定编号	Z2006-0049	公告编号	2006 年第 69 号
商品税则号列		2106.1000		公告实施日期	2006 年 11 月 22 日
商品名称	浓缩蛋白质（从小麦中提取）				
英文名称					
其他名称					
商品描述	浓缩蛋白质（从小麦中提取）外观为固体片状，成分为小麦浓缩蛋白 65%~75%、淀粉 15%~25%、水分 7%~10%、脂肪<5%。主要在食品、素食制品中用作添加剂。其生产原料为小麦浓缩蛋白、小麦原面粉、磷酸盐和抗氧化剂，由小麦蛋白加面粉加水经挤压膨化使小麦蛋白组织化而得。				
归类决定	该商品属于由浓缩蛋白质制成的组织化蛋白物质。根据归类总规则一，浓缩蛋白质（从小麦中提取）应归入税则号列 2106.1000。				

序号	77	归类决定编号	Z2022-0014	公告编号	2022年第78号
商品税则号列		2106.9062		公告实施日期	2022年9月1日
商品名称	复合糖				
英文名称					
其他名称					
商品描述	蔗糖复合糖，粉末状，成分及含量（以干燥产品的重量计）：蔗糖85%、淀粉13%、盐2%。包装规格：25千克/袋。该产品是将甘蔗制白砂糖（蔗糖）、淀粉及盐经混合、搅拌、干燥后筛选而成。商品主要用于淀粉的生产，起到增加淀粉糖度的作用。				
归类决定	该商品为蔗糖、淀粉和盐的简单固体混合物，粉末状，按重量计干燥状态的蔗糖含量高于50%且低于90%。商品添加了淀粉及盐未与其他糖混合，用于食品生产。根据归类总规则一及六，该商品应归入税则号列2106.9062。				

序号	78	归类决定编号	Z2008-0006	公告编号	2008年第76号
商品税则号列		2106.9090		公告实施日期	2008年10月28日
商品名称	欣乐即溶饮品				
英文名称					
其他名称					
商品描述	欣乐即溶饮品包括两种商品：1. 褐色粉末，主要成分为菊花33.3%、柠檬25%、茶叶提取物25%和少量白茅根等；2. 褐色粉末，主要成分为菊花33.3%、美国蜜桃25%、山茶精25%和少量白茅根等。食用时将产品溶于水中即可，适宜血脂偏高的人群饮用。				
归类决定	这两种商品均是以菊花、茶叶提取物、柠檬等多种天然草本植物为原料制成的保健食品，根据归类总规则一，应归入税则号列2106.9090。				

序号	79	归类决定编号	Z2008-0007	公告编号	2008 年第 76 号
商品税则号列		2106.9090		公告实施日期	2008 年 10 月 28 日
商品名称	燕窝				
英文名称					
其他名称					
商品描述	该商品为荣和堂牌金丝红燕，250 克/瓶，无糖，可冷饮或加热后食用。加工过程：将燕窝去杂、清洗、炖煮 40~90 分钟后罐装。产品为金黄色丝条状，与无色透明液体融合。经海关化验鉴定，主要成分：蛋白质、水分等，水分含量 93.4%。				
归类决定	该商品是以燕窝为原料，经炖煮等加工制得的即食食品，其加工程度已超出《税则》第四章的范围，根据归类总规则一，应归入税则号列 2106.9090。				

序号	80	归类决定编号	Z2009-0090	公告编号	2009 年第 32 号
商品税则号列		2106.9090		公告实施日期	2009 年 6 月 12 日
商品名称	营养米粒				
英文名称	Vitamin enriched rice				
其他名称					
商品描述	营养米粒的成分：大米 93%、营养强化剂预混料 7%，营养素源为硝酸硫胺素、烟酸、焦磷酸铁。营养素含量为维生素 B1 不少于 0.14%，烟酸不少于 1.4%，铁不少于 0.7%。 加工工艺：将大米或碎米粉碎，加入营养预混料后充分混合，挤压干燥成米粒状。食用方法为与普通大米按比例混合食用。				
归类决定	该商品与普通大米按比例混合食用是为增加普通大米的营养成分，根据归类总规则一及六，应归入税则号列 2106.9090。				

序号	81	归类决定编号	Z2010-0005	公告编号	2010 年第 15 号
商品税则号列		2106.9090		公告实施日期	2010 年 2 月 28 日
商品名称	微晶纤维素				
英文名称					
其他名称					
商品描述	微晶纤维素的具体成分：微晶纤维素 60%~80%、羧甲基纤维素钠 5%~20%、卡拉胶 2%~10%、葡萄糖 2%~10%。该商品主要添加在花生牛奶和谷物类饮料中，起抗结剂作用，其添加量为 0.12%。				
归类决定	该商品是一种调配好的添加剂，并且添加的葡萄糖属于《税则》第三十八章章注一（二）的"食物或其他营养物质"，根据归类总规则一、六及第三十八章一（二）的规定，应归入税则号列 2106.9090。				

序号	82	归类决定编号	Z2013-0003	公告编号	2013 年第 26 号
商品税则号列		2106.9090		公告实施日期	2013 年 6 月 1 日
商品名称	安婴儿 A+无糖婴儿配方奶粉				
英文名称					
其他名称					
商品描述	该商品的主要成分：玉米糖浆固体 53.62%、精炼植物油 27.81%、牛奶分离蛋白 13.16%、矿物质 3.88%，以及维生素等。其中，牛奶分离蛋白是经物理过滤去除脱脂鲜奶中的乳糖后，经高温灭菌、高压固化及喷雾干燥而获得，主要成分为天然牛奶蛋白（含酪蛋白和乳清蛋白）等。				
归类决定	该商品中的牛奶分离蛋白不属于税目 04.01 至 04.04 所列的商品，因此该商品不能归入税目 19.01 项下。根据归类总规则一及六，该商品应归入税则号列 2106.9090。				

序号	83	归类决定编号	Z2022-0015	公告编号	2022 年第 78 号
商品税则号列		2106.9090		公告实施日期	2022 年 9 月 1 日
商品名称	MODUCARE 保健食品原料				
英文名称					
其他名称					
商品描述	该商品为油状液体,有效成分是从大豆中萃取的 β-谷甾醇（5%）和从松树油中萃取的 β-谷甾醇糖苷（0.05%），其他成分包括约 92% 的橄榄油和 2.95% 的其他辅料。原料进口后分装成软胶囊颗粒。				
归类决定	该商品属于其他品目未列名的食品，根据归类总规则一及六，应归入税则号列 2106.9090。				

序号	84	归类决定编号	Z2022-0016	公告编号	2022 年第 78 号
商品税则号列		2106.9090		公告实施日期	2022 年 9 月 1 日
商品名称	渔夫之宝柠檬薄荷糖（不含糖分）				
英文名称	Fisher-man's friend lemen mint（Sugar free）				
其他名称					
商品描述	渔夫之宝柠檬薄荷糖,成分含量:山梨糖醇 94.32%、天然柠檬香味剂 2%、镁硬脂酸盐 1.33%、柠檬酸 1%、维生素 C 0.5%、薄荷脑 0.4%、香草素 0.2%、姜黄素 0.1%、甜味素 0.1%、安赛蜜 0.05%。主要功能为润喉。零售包装。				
归类决定	该商品不具备药品的特征，是含有替代糖的食品。根据归类总规则一及六，该商品应归入税则号列 2106.9090。				

序号	85	归类决定编号	Z2022-0017	公告编号	2022年第78号
商品税则号列		2106.9090		公告实施日期	2022年9月1日
商品名称	丹枫琼浆				
英文名称	Natural tree syrup				
其他名称					
商品描述	丹枫琼浆为褐色液体，加水稀释后即可饮用。成分含量：槭树汁65%、棕榈树汁35%。包装为听装，容积1.5升。				
归类决定	该商品属于配制饮料用的浓缩液，根据归类总规则一及六，应归入税则号列2106.9090。				

序号	86	归类决定编号	Z2022-0018	公告编号	2022年第78号
商品税则号列		2106.9090		公告实施日期	2022年9月1日
商品名称	植脂粉				
英文名称	Vegetable oil powder				
其他名称					
商品描述	植脂粉为白色粉末，成分含量：乳清粉45%、精炼植物油50%、乳化剂和抗氧化剂5%。 该商品是将乳清粉、精炼植物油等原料加水混合后，经高温杀菌、喷雾干燥制得。主要用于奶粉等食品。				
归类决定	该商品不属于品目19.01范围，根据归类总规则一及六，应归入税则号列2106.9090。				

序号	87	归类决定编号	Z2022-0019	公告编号	2022年第78号
商品税则号列			2106.9090	公告实施日期	2022年9月1日
商品名称		碳酸钙（营养食品原料）			
英文名称					
其他名称					
商品描述		碳酸钙，白色小颗粒状，成分含量：天然碳酸钙约95%、食用胶约2.5%、麦芽糊精约2.5%。食用胶与麦芽糊精的作用是便于造粒，使粉末状的天然碳酸钙凝结成小颗粒，以便与其他原料混合、压片。该商品用作保健食品的钙源。			
归类决定		该商品作为保健食品的钙源，用于配制食品。根据归类总规则一及六，该商品应归入税则号列2106.9090。			

序号	88	归类决定编号	Z2022-0020	公告编号	2022年第78号
商品税则号列			2106.9090	公告实施日期	2022年9月1日
商品名称		柑橘纤维			
英文名称					
其他名称					
商品描述		柑橘纤维，呈淡黄色粉末，是柑橘皮经粉碎，用水提取的纤维素和半纤维素物质，再经过干燥、磨粉、过滤、包装而成，其中总纤维含量88%~93%。此商品用作食品添加剂，能提供丰富的膳食纤维，具有保水性和保留脂肪的能力，提高黏度，控制湿度，降低产品的脂肪含量及热量。			
归类决定		该商品由柑橘皮提取加工而成，未对纤维素进行提纯，用于食品添加剂。根据归类总规则一及六，该商品应归入税则号列2106.9090。			

序号	89	归类决定编号	Z2022-0021	公告编号	2022年第78号
商品税则号列		2106.9090		公告实施日期	2022年9月1日
商品名称	玉米油粉				
英文名称					
其他名称					
商品描述	玉米油粉为淡黄色粉末状，有乳香味，易溶于水，成分：玉米改性淀粉、蛋白质、植物油脂、香料、水分等，可添加于饮料、烘焙食品、糖果、酸奶、巧克力糖心及香味酱中。				
归类决定	该商品为食品添加剂，根据归类总规则一及六，应归入税则号列2106.9090。				

序号	90	归类决定编号	Z2022-0022	公告编号	2022年第78号
商品税则号列		2106.9090		公告实施日期	2022年9月1日
商品名称	口服液稳定剂				
英文名称	Additive for life retaining liquid				
其他名称					
商品描述	口服液稳定剂，为无色透明液体，成分含有蛋白质和氨基酸，固形物的含量为0.54%，其余成分为电解纯净水。商品用作保健食品的添加剂。				
归类决定	该商品为食品添加剂，根据归类总规则一及六，应归入税则号列2106.9090。				

序号	91	归类决定编号	Z2022-0023	公告编号	2022 年第 78 号
商品税则号列		2106.9090		公告实施日期	2022 年 9 月 1 日
商品名称	冰糖燕窝				
英文名称					
其他名称					
商品描述	冰糖燕窝，成分含量：燕窝固形物 25.35%、冰糖 15%、水 59.65%。 加工工艺：燕窝除杂、清洗，加入冰糖炖煮后罐装。				
归类决定	该商品的加工工艺不在《税则》第四章的商品范围内，根据归类总规则一及六，应归入税则号列 2106.9090。				

序号	92	归类决定编号	Z2022-0024	公告编号	2022 年第 78 号
商品税则号列		2106.9090		公告实施日期	2022 年 9 月 1 日
商品名称	微藻 DHA 粉剂				
英文名称					
其他名称					
商品描述	微藻 DHA 粉剂，呈白色或米黄色粉末。成分含量：DHA 油脂 25%、糊精 28%、淀粉 32%、酪蛋白酸钠 5%、乳清粉 10%。 生产工艺：DHA 油脂乳化→涂层预混→均质→喷雾干燥→流化床干燥→真空包装。该商品是采用改性淀粉、麦芽糊精及其他稳定材料对 DHA 微藻油脂（二十二碳六烯酸油脂）进行包裹后得到的粉剂。该商品用作婴幼儿配方奶粉和保健食品的添加剂。				
归类决定	该商品为食品添加剂，根据归类总规则一及六，应归入税则号列 2106.9090。				

序号	93	归类决定编号	Z2022-0025	公告编号	2022年第78号
商品税则号列		2106.9090		公告实施日期	2022年9月1日
商品名称	粗调味粉				
英文名称					
其他名称					
商品描述	粗调味粉，以食用糖、盐、谷氨酸钠、小麦粉及改性淀粉为原料，经轧碎、过筛、除杂质、混合、品质检验而制得。进口后与其他配料混合及蒸煮后用于生产蚝油。				
归类决定	该商品为制作调味料的配制原料，根据归类总规则一及六，应归入税则号列2106.9090。				

序号	94	归类决定编号	Z2022-0026	公告编号	2022年第78号
商品税则号列		2106.9090		公告实施日期	2022年9月1日
商品名称	胶原蛋白肽				
英文名称					
其他名称					
商品描述	胶原蛋白肽，水溶性白色或淡黄褐色粉末，成分含量：胶原蛋白肽100%。制作工艺：以从猪皮或鱼鳞提炼出的胶原蛋白为原料，加酶水解为胶原蛋白肽后（平均相对分子质量低于1 000），经过滤、离子交换、浓缩、干燥等工艺制得。此品可直接冲水饮用，或与饮料混合饮用。				
归类决定	该商品是胶原蛋白经酶水解后制得的胶原蛋白肽，其平均相对分子质量低于1 000，属于蛋白质的深度水解产物"低聚肽"，与《税则》税目35.04的商品范围不符，是未列名的食品。根据归类总规则一及六，该商品应归入税则号列2106.9090。				

序号	95	归类决定编号	Z2022-0027	公告编号	2022 年第 78 号
商品税则号列		2106.9090		公告实施日期	2022 年 9 月 1 日
商品名称	pH 值调整剂				
英文名称					
其他名称					
商品描述	pH 值调整剂，呈白色或淡黄色粉末。成分含量：醋酸钠 32%、偏磷酸钠 32%、柠檬酸三钠 10%、富马酸一钠 4.5%、高级脂肪酸 2.9%、脂肪酸甘油酯 1.1%、酸性焦磷酸钠 0.1%、香料 0.2%、糊精及淀粉 17.2%。该商品为食品添加剂，可调整肉制品的酸碱度，抑制细菌的生长。				
归类决定	该商品为食品添加剂，根据归类总规则一及六，应归入税则号列 2106.9090。				

序号	96	归类决定编号	Z2022-0028	公告编号	2022 年第 78 号
商品税则号列		2106.9090		公告实施日期	2022 年 9 月 1 日
商品名称	维生素预混剂				
英文名称					
其他名称					
商品描述	维生素预混剂，呈粉末状，成分含量：维生素 A、B1、B2、B6、B12、C、D、E 等 52.86%，牛磺酸 17.8%，烟酸 2.40%，泛酸钙 1.18%，碘化钾 0.04%，叶酸 0.03%，麦芽糖糊精 25.69%。该商品用作食品添加剂。				
归类决定	该商品维生素含量超过 50%，但所含的牛磺酸、碘化钾等成分超出品目 29.36 的商品范围。该产品为食品添加剂，根据归类总规则一及六，应归入税则号列 2106.9090。				

序号	97	归类决定编号	Z2022-0029	公告编号	2022年第78号
商品税则号列		2106.9090		公告实施日期	2022年9月1日
商品名称	红曲米提取物				
英文名称	Red yeast rice				
其他名称					
商品描述	红曲米提取物，呈红色粉末。生产工艺：由大米经加水浸泡，洗净蒸熟后接种发酵，再经提取、过滤、浓缩、喷雾干燥等工艺制得。该商品的有效成分主要为洛伐他汀、角固醇、氨基丁酸及天然植物激素，用作药品及食品原料。				
归类决定	该商品是用于药品或食品生产的大米发酵后产品，根据归类总规则一及六，应归入税则号列2106.9090。				

序号	98	归类决定编号	Z2009-0147	公告编号	2009年第57号
商品税则号列		2106.9090		公告实施日期	2009年8月31日
商品名称	胶基				
英文名称					
其他名称					
商品描述	胶基用于生产口香糖，成分含量：食品级丁苯橡胶（SBR）10%，食品级聚醋酸乙烯酯10%，食品级松香甘油酯40%，食品级乳化剂、卵磷脂10%，食品级填充剂30%。 生产工艺：搅拌机→预热→一次搅拌→加入丁苯橡胶、松香甘油酯、填充剂→二次搅拌→加入松香甘油酯、聚醋酸乙烯酯→三次搅拌→加入乳化剂、卵磷脂→过滤→注盘→冷却成型→检验→包装。				
归类决定	根据《税则》第三十八章章注一（二）"化学品与食品或其他营养物质的混合物，配制食品用的（一般归入品目21.06）"，以及《税则注释》第三十八章总注释中对本章章注一（二）所称的"食品或其他营养物质"的规定，该商品属于配制食品用的化学品与食品或其他营养物质的混合物，不属于税目38.24的商品范围，根据归类总规则一，应归入税则号列2106.9090。				

序号	99	归类决定编号	Z2016-008	公告编号	2016 年第 22 号
商品税则号列		2202.1000		公告实施日期	2016 年 5 月 1 日
商品名称		红牛能量饮料			
英文名称					
其他名称					
商品描述		红牛能量饮料的主要成分：碳酸水约 90%、蔗糖及葡萄糖 9.5%。其他成分（每 100 毫升）包括牛磺酸 400 毫克、咖啡因 20 毫克、肌醇 20 毫克、维生素 B2 6.4 毫克、烟酰胺 4 毫克、泛酸 2.4 毫克、维生素 B6 0.4 毫克、维生素 B12 0.4 微克，装于 250 毫升马口铁罐。			
归类决定		该商品除了碳酸水、蔗糖及葡萄糖（约 99.5%）以外，其他成分含量极低，不具有典型功能型饮料的特征，未超出子目 2202.10 "加味、加糖或甜物质的水，包括矿泉水及汽水"的范围，根据归类总规则一和六，该商品应归入税则号列 2202.1000 项下。			

序号	100	归类决定编号	Z2022-0030	公告编号	2022 年第 78 号
商品税则号列		2208.9090		公告实施日期	2022 年 9 月 1 日
商品名称		奔富特瓶白酒加度葡萄酒			
英文名称					
其他名称					
商品描述		奔富特瓶白酒加度葡萄酒（Lot.518/618），包装规格为 750 毫升/瓶。生产工艺：破碎葡萄→添加酒石酸→发酵葡萄汁→倒灌、压榨、回混→强化（添加白兰地或葡萄蒸馏酒）→添加二氧化硫→分拣→混合→熟成→过滤→添加中国白酒（粮食酒）→装瓶。Lot.518 原料配比（体积占比）为葡萄酒 87%、白兰地 7%、中国白酒 6%、酒精度 21.5%；Lot.618 原料配比为葡萄酒 93%、葡萄蒸馏酒 3%、中国白酒 4%、酒精度 17.5%。添加中国白酒改变口感、风味和提高酒精度。			
归类决定		该商品是利口葡萄酒（添加白兰地或葡萄蒸馏酒进行强化的葡萄酒）和中国白酒（粮食酒）的调配酒，不符合我国葡萄酒相关标准，超出了品目 22.04 的商品范围。根据归类总规则一及六，该商品应按其他酒精饮料归入税则号列 2208.9090。			

序号	101	归类决定编号	Z2006-1188	公告编号	2007 年第 70 号
商品税则号列		2301.2090		公告实施日期	2007 年 12 月 5 日
商品名称	肥料用鱼骨粉					
英文名称						
其他名称						
商品描述	肥料用鱼骨粉是由杂鱼（包括死鱼、小鱼、鱼头、鱼肉、鱼骨等）经过硫化罐高温高压蒸煮，然后经过烘干机烘干或晒干，最后用粉碎机粉碎包装而成的成品，用作肥料。					
归类决定	根据归类总规则一及《税则注释》对品目 23.01 的解释，该商品应归入税则号列 2301.2090。					

序号	102	归类决定编号	Z2022-0031	公告编号	2022 年第 78 号
商品税则号列		2303.3000		公告实施日期	2022 年 9 月 1 日
商品名称	干玉米酒糟配合饲料					
英文名称						
其他名称						
商品描述	干玉米酒糟配合饲料，呈粉状或粒状，成分含量（以干燥产品的重量计）：转基因干玉米酒糟 90%、转基因玉米 9.5%、预混饲料（含微量元素、维生素、抗氧化剂、防霉剂、香味剂、甜味剂、膨润土等）0.5%。商品用于配制动物饲料。					
归类决定	该商品为干玉米酒糟和玉米的粉状或粒状混合物，按重量计干玉米酒糟含量不低于 90%，用于配制动物饲料。根据归类总规则一及六，该商品应归入税则号列 2303.3000。					

序号	103	归类决定编号	Z2006-0064	公告编号	2006 年第 69 号
商品税则号列		2304.0090		公告实施日期	2006 年 11 月 22 日
商品名称	脱脂豆渣粉				
英文名称					
其他名称					
商品描述	脱脂豆渣粉为黄色粉末，有天然豆腥味，手感较蛋白略粗糙。成分为蛋白质 51.54%、水分≤6.0%、脂肪≤6.0%。生产工艺：大豆→过滤清洗→干燥→碾碎→去壳→调湿（中和）→制饼（豆粕）→萃取去脂→干燥烘烤→脱脂豆渣饼→粉碎→脱脂豆渣粉。主要用于生产普通火腿肠中，作为一种填充料，起吸水、吸油及稳定剂的作用。				
归类决定	从该商品的生产工艺流程来看，该商品已超出税目 12.08 经碾磨后所制得的产品的限定范围，因此不能归入税目 12.08。所谓大豆蛋白的组织化是指将大豆蛋白经过挤压法、纺丝法等处理而得到稳定有序的组织结构，形成能满足一定口感要求的工艺方法。通过组织化处理使蛋白分子排列整齐，成为具有同方向性的组织结构形式，同时凝固起来，成为丁度纤维蛋白质，咀嚼感与肉类相似。从工艺及说明看，该商品没有通过组织化的工艺方法处理，为非组织化产品。因此不符合税目 21.06 改善了组织结构的大豆粉的限定范围，不能归入税目 21.06。根据归类总规则一，脱脂豆渣粉应归入税则号列 2304.0090。				

序号	104	归类决定编号	Z2006-0065	公告编号	2006 年第 69 号
商品税则号列		2308.0000		公告实施日期	2006 年 11 月 22 日
商品名称	稻草				
英文名称					
其他名称					
商品描述	稻草为植物性饲料，是将稻草的茎、秆，经切割、挤压、捆绑等复杂的机械加工成包状，并在真空负压状态下进行高温饱和蒸汽处理、消毒灭菌软化其纤维、改变其物理性状增加食口性的一种特殊产品。				
归类决定	根据《税则注释》品目 12.14 的排他条款，该品目不包括谷类植物的草、秆及壳。根据《税则注释》品目 12.13 的规定，该商品的加工工艺已超出品目 12.13 的范围，该商品属于动物饲料用的其他品目为列名的植物原料，符合品目 23.08 的范围。根据归类总规则一，稻草应归入税则号列 2308.0000。				

序号	105	归类决定编号	Z2009-0091	公告编号	2009 年第 32 号
商品税则号列		2308.0000		公告实施日期	2009 年 6 月 12 日
商品名称	柠檬酸糟				
英文名称	Corn starch meal				
其他名称					
商品描述	柠檬酸糟呈淡黄色粉状，主要指标为水分≤13.0%，粗脂肪≥10.0%，粗蛋白质≥24.0%，粗纤维≤13.0%，粗灰分≤6.5%，粗淀粉≥25.0%。其是生产柠檬酸过程中两个工段分别产出的两种残渣的混合物。具体工艺：第一工段，原料玉米经过粉碎机粉碎，加入热水调浆后，再加入淀粉酶，经玉米液化器 125℃ 蒸汽高温喷射液化后，成为流动性较强的淀粉液化液（固液混合物），取 80% 的该淀粉液化液经过板框过滤机过滤，将滤出的残渣烘干；第二工段，第一工段过滤后的滤液与先前未经板框过滤的 20% 的淀粉液化液一同输入发酵罐，经发酵后，产生发酵醪（固液混合物），发酵醪经板框过滤机过滤后，滤出柠檬酸清液，输入下一步柠檬酸的提取流程。第二工段过滤后的残渣与第一工段过滤后的残渣按约 1：4 的比例进行混合烘干得到柠檬酸糟。出口后添加鱼粉、骨粉等就成为动物饲料。				
归类决定	根据《税则注释》，生产柠檬酸过程不能视为酿造过程，且产品由不同工序的残渣混合。根据归类总规则一及六，柠檬酸糟应归入税则号列 2308.0000。				

序号	106	归类决定编号	Z2013-0006	公告编号	2013 年第 26 号
商品税则号列		2308.0000		公告实施日期	2013 年 6 月 1 日
商品名称	棉籽壳				
英文名称					
其他名称	棉皮				
商品描述	该商品是棉花籽（又称"棉籽"）的外壳。生产流程：棉花采摘后将棉籽与棉花剥离，再使用剥离机将棉籽的棉仁和棉籽壳剥离。该商品没有经过任何化学处理，是纯天然的，可用于制作动物饲料、种植食用菌等。				
归类决定	《税则注释》品目 23.08 注释条文规定，植物产品如果可作为动物饲料，而且在其他品目中又没有具体列名，则应归入该品目。根据归类总规则一，该商品应归入税则号列 2308.0000。				

序号	107	归类决定编号	Z2008-0118	公告编号	2008年第83号
商品税则号列		2309.1090		公告实施日期	2008年11月24日
商品名称		狗食（咀嚼物）				
英文名称		Dog chew				
其他名称		狗咬胶				
商品描述		狗食（咀嚼物）又称为狗咬胶，包括皮结骨、夹鸡肉结骨、粒压骨等品种，已制成零售包装。主要功能为既可供犬类磨牙健齿，清洁口腔，又可供犬类食用。原料为生皮（生牛皮或生猪皮）或生牛皮下脚料；辅料为米粉、香精、色素、鸡肉等。（视不同产品添加）。加工工艺：1. 手工削除皮毛和脂肪，用开皮机对皮张进行分层。2. 进行工艺处理。先用氢氧化钠（烧碱）进行脱脂，接着用碳酸氢铵或氯化铵软化，净化中和，用过氧化氢（双氧水）校色和消毒，再用水清洗干净，使原料的pH值达到要求，使之保持高蛋白营养成分，成为食用皮，最后对处理完毕的湿胶皮进行晒干或烘干，制成干胶皮。3. 在完成上述2的工艺处理后，制成不同品种的狗咬胶：（1）皮结骨。把干胶皮用机械设备裁切成胶片状后，用清水浸泡5~8分钟，使其水分达到20%~30%之间，然后通过人工与机械的操作，制成不同形状，加味加色。（2）夹鸡肉结骨。在制作中夹入鸡肉等辅料，或加味，或加色成型。（3）粒压骨。对加工成的食用皮用粉碎机进行粉碎，成为粉碎料，用10%的糯米粉黏合，通过压制或挤出成粒料产品。4. 将制成的半成品进烘房，在45℃~65℃温度中烘干，然后升温至70℃~80℃进行10小时以上的灭菌处理，出烘房，冷却，检测，包装。					
归类决定		根据归类总规则一及六，狗食（咀嚼物）已经进一步加工，属于用动物原料加工成的动物饲料，应归入税则号列2309.1090。				

序号	108	归类决定编号	Z2006-0067	公告编号	2006年第69号
商品税则号列		2309.9010		公告实施日期	2006年11月22日
商品名称	饲料添加剂效美素-100				
英文名称	Maxus				
其他名称	阿维拉霉素				
商品描述	外观：土黄色粉末。 成分：阿美拉霉素102克/千克。 包装：25千克/袋。 用途：调节肠道细菌对营养物质的代谢作用，提高增重率，改进饲料利用率。				
归类决定	"饲料添加剂效美素-100"是由10%阿美拉霉素（Avilamycin）、88%大豆粉和2%防尘油混合而成。该商品主要用于添加在猪、鸡的饲料中以提高饲料的利用率，没有明确的疾病控制作用，一般不作为药物使用，应按制成的饲料添加剂归入税则号列2309.9010。				

序号	109	归类决定编号	Z2006-0068	公告编号	2006年第69号
商品税则号列		2309.9010		公告实施日期	2006年11月22日
商品名称	泰农-40饲料添加剂				
英文名称	Tylan 40 premix				
其他名称					
商品描述	饲料添加剂"泰农-40"，褐色粉末，50磅/包，每千克含泰农8.8%、米糠88.2%和植物油3%。根据海关化验鉴定结果为以纤维素物质作为载体、含有泰乐菌素的产品，用于促进生长，改善饲料效率，减少疾病。				
归类决定	根据《税则注释》对品目23.09的解释，该类制品可以含有"保障其身体健康的物质，例如抗菌素"。贸易上一般称作"预配料（Premix）"。 　　因此，该商品应归入税则号列2309.9010。				

序号	110	归类决定编号	Z2006-0069	公告编号	2006 年第 69 号
商品税则号列		2309.9010		公告实施日期	2006 年 11 月 22 日
商品名称	饲料添加剂（硫酸抗敌素）				
英文名称	Colistin-100				
其他名称					
商品描述	饲料添加剂（硫酸抗敌素）是一种由硫酸粘杆菌素与小麦粉、脱脂米糠、玉米淀粉、乳糖等配制而成，呈淡黄褐色或黄褐色的小片粉末，特臭，含粘杆菌素为标示量的 85.0%~125.0%，硫酸粘杆菌素含量为 10%，主要用于添加到畜禽饲料中，促进畜禽生长，防治动物疾病发生。添加量：2~20 毫克/千克。包装：25 千克/袋。				
归类决定	硫酸粘杆菌素与小麦粉、脱脂米糠、玉米淀粉、乳糖分别属于动物饲料中的"功能"型与"能量"型营养物质。由于饲料生产所需硫酸粘杆菌素用量很少，将硫酸粘杆菌素直接与饲料的其他成分均匀混合难度大，故必须将硫酸粘杆菌素按一定的比例与其他载体进行预混合先制成预混剂，方可直接使用。该商品具有抗菌、促生产、改善饲料效率的作用，没有明确的疾病控制作用，符合《税则注释》对品目 23.09 的解释，"饲料添加剂（硫酸抗敌素）"应归入税则号列 2309.9010。 　　又见 Z2006-0067 和 Z2006-0068 号归类决定。				

序号	111	归类决定编号	Z2008-0009	公告编号	2008 年第 76 号
商品税则号列		2309.9010		公告实施日期	2008 年 10 月 28 日
商品名称	玉米高蛋白饲料				
英文名称	Corn gluten meal				
其他名称					
商品描述	玉米高蛋白饲料为黄褐色颗粒，是生产淀粉的副产品。加工工艺：在以玉米为原料生产淀粉过程中产生的麸质中添加 2%碳酸钙（增加消化吸收、骨质钙合成）、1%胡萝卜素（具有营养和着色作用，能增强动物机体免疫力）、1.5%赖氨酸（用于增进食欲促进生长和发育）后，经过滤、浓缩、脱水、干燥、筛分等工艺制成。玉米高蛋白饲料可用于鱼、鸡、猪、牛等饲料中，添加量一般在 5%~8%。				
归类决定	该产品符合《本国子目注释》对税则号列 2309.9010 "制成的饲料添加剂"的解释，根据归类总规则一，应归入税则号列 2309.9010。				

序号	112	归类决定编号	Z2006-0071	公告编号	2006年第69号
商品税则号列		2309.9090		公告实施日期	2006年11月22日
商品名称	饲料用活性小麦谷朊粉				
英文名称	Vital wheat protein				
其他名称					
商品描述	淡黄色粉末，经海关化验鉴定，结果为蛋白质含量82.2%，饲料用。				
归类决定	"饲料用活性小麦谷朊粉"实为从生产小麦淀粉的残渣中提取的富含蛋白质的组分与酵母及多种矿物质混合而成，应归入税则号列2309.9090。				

序号	113	归类决定编号	Z2006-0072	公告编号	2006年第69号
商品税则号列		2309.9090		公告实施日期	2006年11月22日
商品名称	饲料添加剂（普利康）				
英文名称					
其他名称					
商品描述	饲料添加剂（普利康）为黄色粉末状，根据海关化验鉴定结果，主要成分为多糖类物质，含蛋白质35.94%、水分8%、灰分6%。该商品由大豆蛋白、奶酪渣粉配制而成，为幼畜（禽）在生长早期提供高质量的蛋白质，使用时添加于配合饲料中。用于仔猪的配合饲料时，添加比例5%~30%；用于雏鸡、雏鸭饲料，添加比例5%左右。				
归类决定	根据《本国子目注释》对2309.9010"制成饲料添加剂"的解释，该商品不符合饲料添加剂的规定范围，不能归入税则号列2309.9010。根据归类总规则一，该商品应归入税则号列2309.9090。 又见Z2006-0074号归类决定。				

序号	114	归类决定编号	Z2006-0073	公告编号	2006年第69号
商品税则号列		2309.9090		公告实施日期	2006年11月22日
商品名称	新奇康乳（康壮）舔块				
英文名称					
其他名称					
商品描述	新奇康乳（康壮）舔块为砖红色块状固体。以 NaCl 为主要成分，并含有部分 Ca、P 及少量 Mg 元素。主要供人工饲养的牛、羊舔食，从而加速其生长发育，并能有效地提高母畜的产奶量、繁殖力和免疫力。				
归类决定	根据《本国子目注释》，"制成的饲料添加剂"是指专用于生产动物配制饲料的混合制品。该商品不符合此范围。在饲料行业，该商品属于精料补充料，用于补充基础饲料中所缺少的矿物元素。 根据归类总规则一，新奇康乳（康壮）舔块应归入税则号列 2309.9090。				

序号	115	归类决定编号	Z2006-0074	公告编号	2006年第69号
商品税则号列		2309.9090		公告实施日期	2006年11月22日
商品名称	普利康（饲料添加剂）				
英文名称	Prelac feed				
其他名称					
商品描述	普利康（饲料添加剂）的主要成分：蛋白质 36% 以上、碳水化合物 42% 以上、粗纤维 4% 以下、水分 8% 以下。根据所提供的资料，该商品所富含的高质量蛋白质，来源于乳清蛋白质与大豆浓缩蛋白质，易于消化，更能满足仔猪的需求。一般添加在仔猪饲料中，也可撒在普通饲料表层，直接饲喂。对于出生后 28 天断奶的仔猪的建议添加量：开口料或教槽料（7~28 天），添加量为 15%~30%；断奶料（28~42 天），添加量为 10%~20%；小猪料，添加量为 5%~10%。				
归类决定	根据《本国子目注释》对 2309.9010"制成的饲料添加剂"的解释，因该商品可直接食用，故不符合饲料添加剂的规定，不能归入税则号列 2309.9010。根据归类总规则一，该商品应归入税则号列 2309.9090。 又见 Z2006-0072 号归类决定。				

序号	116	归类决定编号	Z2006-1189	公告编号	2007年第70号
商品税则号列		2309.9090		公告实施日期	2007年12月5日
商品名称		壮健极品			
英文名称		Niowonderfuo			
其他名称					
商品描述		该壮健极品是将经过物理压榨提取液后的松、杉、桧、车前草等残渣混合，经过粉碎、过筛40目，杀菌消毒，将混合原料置入发酵容器加热处理发酵，将发酵完成后的原料采用巴氏灭菌法、常压干燥后制得。其用作家畜、家禽的饲料添加物，能够抑制饲料脂肪的酸化、微菌等的发生，还具有保持饲料鲜度的效果。在营养方面，家畜、家禽等通过摄取本饲料都能增强体力，提高抗病力、抗应激反应力。而且，它还能够使粪便脱臭、抑制害虫的发生等，是有助于净化环境具有特殊功效的"天然饲料添加物"产品。			
归类决定		该商品已经过粉碎、发酵等工艺，属于配制的动物饲料。根据归类总规则一，该商品应归入税则号列2309.9090。			

序号	117	归类决定编号	Z2008-0119	公告编号	2008年第83号
商品税则号列		2309.9090		公告实施日期	2008年11月24日
商品名称		百安明饲料添加剂			
英文名称		MYCOFIX Adsorbs Mycotoxins			
其他名称					
商品描述		该商品含硅藻土80%、沸石粉18.8%、乳化剂1.2%。其中，硅藻土仅经过热处理形成特殊孔径，无添加化学成分；沸石粉来自天然沸石，只经过粉碎。添加到动物饲料中，促进动物肠胃消化功能。每吨饲料添加量为1千克。外包装为25千克/纸桶。			
归类决定		该商品不属于"制成的饲料添加剂"，且其中的硅藻土及沸石粉均不属于品目38.02的活性天然矿产品，根据归类总规则一及六，应归入税则号列2309.9090。			

序号	118	归类决定编号	Z2022-0032	公告编号	2022 年第 78 号
商品税则号列		2309.9090		公告实施日期	2022 年 9 月 1 日
商品名称	饲用甜糕粉				
英文名称					
其他名称					
商品描述	饲用甜糕粉，乳白色粉末，成分含量（以干燥产品的重量计）：蔗糖 88%，膨化碎米粉 11.5%、预混饲料（主要成分为抗氧化剂、防霉剂、香味剂、甜味剂、微量元素、维生素营养包等）0.5%。 功能：改善畜禽味觉、提高饲料的适口性和促进饲料的消化吸收和利用，适用于如猪、鸡、鸭、牛、羊等各种畜禽以及水产养殖。商品用于配制动物饲料。				
归类决定	该商品为蔗糖、膨化碎米粉和预混饲料（主要成分为抗氧化剂、防霉剂、香味剂、甜味剂、微量元素、维生素营养包等）的混合物，粉末状，按重量计干燥状态的蔗糖含量低于 90%，未与其他糖混合。该商品用于配制动物饲料，提高饲料的适口性和促进饲料的消化吸收。根据归类总规则一及六，该商品应归入税则号列 2309.9090。				

序号	119	归类决定编号	Z2006-1190	公告编号	2007 年第 70 号
商品税则号列		2401.2090		公告实施日期	2007 年 12 月 5 日
商品名称	白肋烟				
英文名称					
其他名称					
商品描述	白肋烟经过收购前晾制，而后进行打叶、去梗、复烤等加工工艺，报验时均为纸箱包装片烟。				
归类决定	白肋烟为晾烟的一种，属于非烤烟，根据归类总规则一，白肋烟应归入税则号列 2401.2090。				

序号	120	归类决定编号	Z2006-0075	公告编号	2006年第69号
商品税则号列		第二十五章		公告实施日期	2006年11月22日
商品名称		避水通			
英文名称		Bestone			
其他名称					
商品描述		避水通是由天然矿石选材加工后粉碎制成，主要成分：氧化硅约75%、氧化铝约10%、氧化钾约5%、氧化钙1%。它在和水泥、水的化学反应中吸收氢氧化钙反应生成硅酸钙胶体，填塞了水与空气占有的空隙部分，增加了混凝土的密实度效果，达到防水的目的。			
归类决定		该商品所经选矿、粉碎、干燥等加工过程符合《税则》第二十五章章注一"原产状态的矿产品，或只经过洗涤、破碎、磨碎、研粉、淘洗、筛分以及用浮选、磁选和其他机械物理方法精选过的货品，但不得经过焙烧、煅烧、混合或超过税目所列的加工范围"的规定。因此，应将该商品归入第二十五章。			

序号	121	归类决定编号	Z2008-0011	公告编号	2008年第76号
商品税则号列		25.05		公告实施日期	2008年10月28日
商品名称		机制砂			
英文名称					
其他名称					
商品描述		机制砂是以闽江河砂为主要原料，通过对不同粒度的河砂进行检测、调配、混合、筛分，再经破碎而得。			
归类决定		根据《税则》第二十五章章注一"除条文及注释四另有规定的以外，本章各税目只包括原产状态的矿产品，或只经过洗涤破碎、磨碎、研粉、淘洗、筛分以及用浮选、磁选和其他机械物理方法精选过的货品"的规定，该商品的加工程度没有超出税目25.05允许的范围，根据归类总规则一，应归入税目25.05项下，具体子目根据实际成分确定。			

序号	122	归类决定编号	Z2006-0076	公告编号	2006 年第 69 号
商品税则号列			2505.9000	公告实施日期	2006 年 11 月 22 日
商品名称	河砂				
英文名称					
其他名称					
商品描述	该商品具体名称为"闽江石英砂",根据海关化验鉴定结果,所含成分为二氧化硅 83.2%、氧化钾 6.6%、氧化铝 4.9%,为天然砂子。				
归类决定	根据《税则注释》对品目 25.05 的解释,该品目包括硅砂及石英砂、土质砂（包括高岭土砂）、长石砂。石英砂是由 95%以上的石英颗粒组成的砂,含少量杂质,二氧化硅含量在 90%及以上。 该河砂中的二氧化硅含量偏低,应归入税则号列 2505.9000。				

序号	123	归类决定编号	Z2006-1579	公告编号	2007 年第 70 号
商品税则号列			2506.2000/6815.9990	公告实施日期	2007 年 12 月 5 日
商品名称	花园石头（木化石）				
英文名称					
其他名称					
商品描述	该花园石头（木化石）分两种：第一种为未经加工的粗制木化石,主要用于公园内装饰,作观赏用途；第二种为由大的木化石经切割、磨石打磨而制成的小木化石,其中部分带底座,部分不带底座,主要作为工艺品供观赏用,也可供教学参照用。木化石是由于亿年前地壳运动将树木埋藏地下,经过特殊的地球运动而形成的木化石。				
归类决定	上述第一种商品的加工工艺未超出《税则》第二十五章章注一规定的加工范围,因其主要成分为二氧化硅,根据归类总规则一,应归入税则号列 2506.2000；第二种商品的加工工艺已超出《税则》第二十五章章注一规定的加工范围,根据归类总规则一,应归入税则号列 6815.9990。				

序号	124	归类决定编号	Z2006-0077	公告编号	2006 年第 69 号
商品税则号列		2508.4000		公告实施日期	2006 年 11 月 22 日
商品名称	凹凸棒				
英文名称	Attapulgite				
其他名称					
商品描述	该商品外观为灰白色片状物。 根据海关化验鉴定结果,该商品含 SiO_2 61.8%、Al_2O_3 13.3%、MgO 6.4%、Fe_2O_3 8.4%,以及其他无机氧化物,成分与凹凸棒石黏土基本一致,且经 X 衍射测定含石英和凹凸棒土晶型,鉴定结论为属于凹凸棒石黏土。该商品出口后用作矿物质饲料添加剂(载体)。				
归类决定	该商品在成分上与凹凸棒石黏土(镁、铝的硅酸盐)相符,但未检测出钠、钙元素,因而不符合膨润土的成分,据此应归入税则号列 2508.4000。				

序号	125	归类决定编号	Z2007-0008	公告编号	2007 年第 71 号
商品税则号列		2508.4000		公告实施日期	2007 年 12 月 5 日
商品名称	脱色白土				
英文名称	Fuller earth				
其他名称					
商品描述	脱色白土为白色结块固体。经海关化验鉴定,按氧化物归一计,该商品含氧化硅 56%、氧化铝 13%、氧化镁 5%、氧化铁 17%、氧化钾 2%、氧化钛 2%。该商品的生产工艺:矿山采矿→晾晒→破碎→热处理(加热温度为 200℃左右)→包装。该商品用于水质净化处理及污水处理。				
归类决定	根据《税则注释》对品目 25.08 的解释,其包括各种由硅酸铝为基本成分的沉积土或沉积岩组成的天然黏土物质,这些黏土物质即使经加热以去除所含的某些或大部分水分或完全煅烧,仍归入品目 25.08。脱色白土的成分和生产工艺符合上述规定,根据归类总规则一,应归入税则号列 2508.4000。				

序号	126	归类决定编号	Z2006-0078	公告编号	2006 年第 69 号
商品税则号列		2510.2010		公告实施日期	2006 年 11 月 22 日
商品名称	有机磷肥				
英文名称	Madura guano				
其他名称	Organic phosphatic fertilizer				
商品描述	该商品是由经过几千年堆积于 Madura 岛上的珊瑚礁、海鸟排泄物及海鸟尸体、原先沉积的鱼类海草等形成的富含磷、钙的岩层，经去除土壤杂质、精炼萃取其中磷/钙岩层而成。				
归类决定	根据海关化验鉴定结果，该商品的主要成分为磷灰石，还含有少量碳酸钙和二氧化硅，是一种高质优效磷肥。由于该商品已经是鸟粪、鸟尸等与珊瑚礁经过长期转化，发生化学作用而产生的矿石质产品，已非动植物肥的原状态，因此不能归入《税则》税目 31.01 项下。根据《税则注释》对品目 31.03 的解释，"未列出的含磷产品，即使作为肥料使用，也不归入本税号"，该商品虽然经过 150℃ 干燥，但并没有超过第二十五章允许的加工范围。 因此，按照税目 25.10 的条文，考虑到该商品的主要成分为磷灰石，已经经过研磨，故应归入税则号列 2510.2010。				

序号	127	归类决定编号	Z2007-0009	公告编号	2007 年第 71 号
商品税则号列		2515.1200		公告实施日期	2007 年 12 月 5 日
商品名称	大理石荒料				
英文名称					
其他名称					
商品描述	大理石荒料，晚寿红，C 级，其修整面伴有少数凹凸不平的情况，有的还残留有开采时的钻痕。该商品通过电钻打孔并用机械撬开的方式开采，开采后表面太过突出的部分被修整掉，并锯成矩形。				
归类决定	该商品符合《税则注释》对子目 2515.12 的解释，根据归类总规则一，应归入税则号列 2515.1200。				

序号	128	归类决定编号	Z2006-1191	公告编号	2007 年第 70 号
商品税则号列		2519.1000		公告实施日期	2007 年 12 月 5 日
商品名称	菱镁矿和滑石混合矿物					
英文名称						
其他名称	绿泥石粉（申报品名）					
商品描述	该菱镁矿和滑石混合矿物的主要生产工艺：天然矿开采→筛选→研磨→包装等。经海关化验鉴定，其样品为菱镁矿、滑石的混合粉末。其中菱镁矿的含量大于 50%。					
归类决定	该商品是由天然矿经简单物理加工而得的，其加工工艺并未超出《税则》第二十五章章注一的规定，因此应归入第二十五章。又因该商品是菱镁矿、滑石的混合粉末，其中菱镁矿含量大于 50%，根据归类总规则三（二），该商品应归入税则号列 2519.1000。					

序号	129	归类决定编号	Z2006-0079	公告编号	2006 年第 69 号
商品税则号列		2530.9099		公告实施日期	2006 年 11 月 22 日
商品名称	锆英砂（D019 号样品）					
英文名称	Zircobit					
其他名称						
商品描述	锆英砂以原锆砂为原料，经超细研磨制得，颗粒范围小于 0.008 毫米，专用于生产陶瓷釉面料。					
归类决定	因其不属于《税则》第二十六章章注二所述"以冶金工业正常加工方法处理的各种矿物"，且税目 28.39 不包括锆石，据此，将该商品归入税则号列 2530.9099。					

序号	130	归类决定编号	Z2006-0080	公告编号	2006 年第 69 号
商品税则号列		2530.9099		公告实施日期	2006 年 11 月 22 日
商品名称	叶蜡石				
英文名称					
其他名称					
商品描述	商品"叶蜡石",外观为灰白色小颗粒,以氧化物计含二氧化硅 75.21%、氧化铝 22.44%,主要用于生产耐火材料。				
归类决定	叶蜡石是以硅酸铝为基本成分的火山岩矿物,和水后不具有可塑性,因此不符合《税则注释》对品目 25.08 的注释,即"本税号包括各种由硅酸铝为基本成分的沉积土或沉积岩组成的天然黏土物质,这些物质具有可塑等特性"。另据《实用耐火原料手册》,叶蜡石属硅质耐火原料,而耐火黏土属黏土质耐火原料,二者在行业中也并非一类。 据此,该商品应归入税则号列 2530.9099。				

序号	131	归类决定编号	Z2006-0081	公告编号	2006 年第 69 号
商品税则号列		2601.1200		公告实施日期	2006 年 11 月 22 日
商品名称	球团铁矿				
英文名称					
其他名称					
商品描述	该商品为棕褐色小圆球。该商品含有铁、锰、硅等元素,其中铁含量为 64.96%。产品工艺:采矿→碎石→精选→研磨→均化过滤→添加膨润土(1%左右)→成球焙烧制成。				
归类决定	根据《税则注释》第二十六章总注释,通过烧结或挤压等制成粒、球、砖、块状,不论是否加入少量黏合剂的加工工艺是第二十六章所允许的加工范围。 根据归类总规则一,该商品应归入税则号列 2601.1200。				

序号	132	归类决定编号	Z2006-0082	公告编号	2006 年第 69 号
商品税则号列		2601.2000		公告实施日期	2006 年 11 月 22 日
商品名称	铁矿砂（未烧结）				
英文名称	Low grade iron ore fine				
其他名称					
商品描述	该商品外观为灰黑色粉末，是以黄铁矿为原料加工而得。加工工艺有开采、粉碎、研磨、高温焙烧。				
归类决定	按此工艺，该商品应为焙烧黄铁矿。根据归类总规则一，该商品应归入税则号列 2601.2000。				

序号	133	归类决定编号	Z2006-0083	公告编号	2006 年第 69 号
商品税则号列		2605.0000		公告实施日期	2006 年 11 月 22 日
商品名称	钴富集物				
英文名称					
其他名称					
商品描述	根据海关化验鉴定结果，该商品成分：氧化钴、三氧化硫、少量的氧化铁、氧化磷等，钴含量 16.3%，水分含量 60.2%。 该商品的加工工艺：含有钴、铁、镍、铜等元素的伴生矿经粉碎、磁选、浮选等方法除去铁和氧化硅、氧化钙等杂质，同时富集出钴精矿。				
归类决定	根据《税则注释》第二十六章总注释的解释，矿砂及精矿可经过物理或物理—化学加工，包括破碎、磁选、浮选等，因此该商品应归入税则号列 2605.0000。				

序号	134	归类决定编号	Z2006-0084	公告编号	2006 年第 69 号[①]
商品税则号列		2606.0000		公告实施日期	2006 年 11 月 22 日
商品名称	铝矾土粉				
英文名称	Bauxite（powder）				
其他名称					
商品描述	该商品为乳白色粉末状。根据海关化验鉴定结果，成分和含量为 TiO_2 4.1%、Al_2O_3 76.5%、SiO_2 5.0%、Fe_2O_3 1.2%，未检测到氧化钒。该商品以铝矾土原矿（主要成分 Al_2O_3）为原料，经研磨加工制得。				
归类决定	根据《税则注释》对品目 25.08 的注释中"本税号包括各种由硅酸铝为基本成分的沉积土或沉积岩组成的天然黏土物质"的规定，该商品不能归入税目 25.08。根据《税则》税目 26.06 的条文和《税则注释》对品目 26.06 的注释，应将此商品归入税则号列 2606.0000。				

序号	135	归类决定编号	Z2008-0012	公告编号	2008 年第 76 号
商品税则号列		2616.1000		公告实施日期	2008 年 10 月 28 日
商品名称	低品位银矿粉				
英文名称					
其他名称					
商品描述	低品位银矿粉外观呈灰褐色黏稠状，其中含锌量 11.4%，含银量 234 克/吨。该商品经海关化验鉴定，成分（干基以元素氧化物计，锌、银元素除外）：氧化镁 1.83%、氧化铝 3.80%、二氧化硅 17.01%、三氧化硫 19.97%、氧化钙 14.06%、氧化铁 21.25%、氧化铅 5.16%。该商品是开采出的原矿经筛选后剩余的含量比较低的产品。筛选过程只经过水洗，未经冶炼、酸洗等化学处理。该商品的用途为与铜矿混合冶炼冰铜后再提炼银。				
归类决定	硫化锌矿石的工业品位为锌 1.0%~2.0%，银矿石的工业品位为银 100~200 克/吨。根据归类总规则三（三），低品位银矿粉应归入税则号列 2616.1000。				

[①] 海关总署公告 2014 年第 46 号（2014 年 6 月 25 日发布）对此商品归类决定作了修订。

序号	136	归类决定编号	Z2020-001	公告编号	2020 年第 108 号
商品税则号列		2616.1000		公告实施日期	2020 年 10 月 1 日
商品名称	含贵金属的铅矿				
英文名称					
其他名称					
商品描述	该商品为土灰色粉末和颗粒混合物，由矿田开采并经简单破碎筛选加工制得。其铅含量32.5%，锌含量14.94%，金含量2.49克/吨，银含量966克/吨。该商品进口后用于提炼粗铅。				
归类决定	该商品中的铅、锌、金、银等含量均未达到相关标准中相应的精矿品位，其中铅、锌、银含量达到相应的工业品位，根据归类总规则三（三）及六，该商品应归入税则号列 2616.1000 项下。				

序号	137	归类决定编号	Z2006-0085	公告编号	2006 年第 69 号
商品税则号列		2619.0000		公告实施日期	2006 年 11 月 22 日
商品名称	铁屑				
英文名称	Rolling mill scale				
其他名称					
商品描述	铁屑为黑色粉末，其化学成分：铁72.54%、三氧化二铝0.91%、氧化钙0.4%、二氧化硅0.62%、氧化镁0.04%、水分5.22%，其中铁主要以三氧化二铁和氧化亚铁的形式存在。商品来源为对连铸后得到的方坯进行表面处理（利用高压水枪冲洗和刮刀刮除）去除其表面的氧化皮，得到的去除物质（氧化皮、少量铁粉、残留钢渣）由于不规则无法直接用于生产，所以对其进行焙烧碾磨筛粉，使产品成为粉末状，便于进口后作为原料与铁矿砂混合，用于炼铁生产。				
归类决定	该商品为去除方坯表面氧化皮后经焙烧碾磨筛粉所得产品，其后续筛粉工艺主要是为了规则其形状以便用于生产，没有改变其主要为冶炼钢铁所得氧化皮产品的性质。根据归类总规则一及《税则注释》对品目26.19和品目72.04的注释，商品"铁屑"应归入税则号列 2619.0000。				

序号	138	归类决定编号	Z2006-0086	公告编号	2006年第69号
商品税则号列		2619.0000		公告实施日期	2006年11月22日
商品名称	还原铁筛落物				
英文名称	Iron oxide fines				
其他名称					
商品描述	商品"还原铁筛落物"是将球团矿或高品位铁矿还原提高品位后过筛所得的筛落物。筛上物直接用于炼钢,而筛落物(刚筛落时品位、成分与筛上物相同,经长期堆放,日晒雨淋,品位逐渐降低)由于粒度太细不能满足炼钢工艺的要求。				
归类决定	根据生产工艺,该商品为一种冶炼钢铁的副产品。根据归类总规则一及《税则注释》对品目26.19的注释,该商品应归入税则号列2619.0000。				

序号	139	归类决定编号	Z2007-0010	公告编号	2007年第71号
商品税则号列		26.20		公告实施日期	2007年12月5日
商品名称	锌矿砂(粉)				
英文名称	Zinc ore in sand form				
其他名称					
商品描述	该锌矿砂为两种商品:一种为灰褐色粉末,ZnO含量为28.52%,Fe_2O_3含量为38.28%,CaO含量为7.70%,SiO_2含量为5.32%,MnO含量为3.34%;另一种为灰褐色颗粒,ZnO含量为38.42%,Fe_2O_3含量为28.35%,CaO含量为5.88%,SiO_2含量为4.47%,MnO含量为3.38%。该商品来源于锌矿砂冶炼过程,主要为原矿锌矿砂与添加剂(煤炭)混合后,送进回转窑中冶炼,冶炼燃烧需要鼓风给氧,由于窑自身较长,需要大功率鼓风机,鼓风过程会将小目数的细锌矿粉吹走,于是在窑尾安装回收装置进行回收。为了减少回收过程中粉尘飞扬,故喷水雾,接触到水的便成为颗粒,没有接触到水的部分仍然是粉状。该商品经过回转窑内的高温过程,发生了部分反应,其中的锌含量比原始锌矿砂有所降低。进口后用于提取氧化锌。				
归类决定	《税则注释》对品目26.20的规定如下:品目26.20包括含有金属或其化合物,以及用于提取或生产金属及其化合物的矿渣、矿灰及残渣。这些矿渣、矿灰及残渣是处理矿砂或冶金中间产品时所得或从不属于机械加工金属的电解、化学或其他工序所得,在工业上,它们用于提取金属或作为生产金属化合物的基本原料。该商品的来源及用途符合《税则注释》对品目26.20的规定,根据归类总规则一,应归入税目26.20项下。				

序号	140	归类决定编号	Z2006-0087	公告编号	2006 年第 69 号
商品税则号列		2620.3000		公告实施日期	2006 年 11 月 22 日
商品名称	铜的氧化物及氢氧化物				
英文名称					
其他名称					
商品描述	铜的氧化物及氢氧化物为绿色泥状，根据海关化验鉴定结果，成分为 CuO 64.7%、Cl 33.9%。其基本成分：$Cu(OH)_2$、CuO、$Cu(OH)Cl$、NH_4Cl 和水分。该商品来源于在蚀刻印刷线路板过程中的回收物，进口后用于生产硫酸铜等产品。 　　氯化铜溶液和铜氨络合物溶液分别在酸和碱性工艺下蚀刻印刷电路板形成氧化亚铜和一价铜氨络离子，再经双氧水或空气中氧的作用还原成氯化铜溶液和铜氨络合物溶液，部分溶液用于循环蚀刻过程，富余部分相互中和处理后形成该商品。				
归类决定	由于该商品属蚀刻印刷线路板过程中的回收物，因此不能归入《税则》税目 38.24。 　　该商品进口后用于生产氯化亚铜、硫酸铜、醋酸铜、碳酸铜等产品，根据归类总规则一、六及《税则注释》对品目 38.25 和品目 26.20 的注释，铜的氧化物及氢氧化物应归入税则号列 2620.3000。				

序号	141	归类决定编号	Z2006-0088	公告编号	2006 年第 69 号
商品税则号列		2620.3000		公告实施日期	2006 年 11 月 22 日
商品名称	氧化铜				
英文名称	Copper oxides				
其他名称					
商品描述	该商品外观为红褐色粉末，根据海关化验鉴定结果，成分中含氧化铜 28%、氧化铁 28.8%、氧化硫 16%、氧化锡 3.7%、氧化硅 7.1%、氧化铝 2.2%、氧化钠 3.1%、氧化钙 3%、氧化锌 2.2%，为多组分化工品。 　　来源：用柔性砂轮打磨电路基板表面产生铜碎末，再用硫化亚铁溶液清洗汇集成含水铜碎末，经特制炉高温分阶段控制温度，将低于铜熔化温度的杂物去掉，形成半干状氧化铜。该商品用于提炼粗铜。				
归类决定	该商品在来源、用途上均符合《税则注释》对品目 26.20 的注释，因此应归入税则号列 2620.3000。				

序号	142	归类决定编号	Z2006-0089	公告编号	2006 年第 69 号
商品税则号列		2620.4000		公告实施日期	2006 年 11 月 22 日
商品名称	矿渣				
英文名称					
其他名称					
商品描述	该商品外观为棕褐色粉状，根据海关化验鉴定结果，主要成分为含氧化铝76.36%、二氧化硅11.33%、二氧化钛5.08%、氧化铁3.62%、氧化钙1.41%等，是以氧化铝为基本成分的混合物。该商品是在用电炉生产棕刚玉时，由于炉膛边（离电极较远）附近不能达到要求温度，原料没有形成熔融状态而产生的残渣经简单筛选后细破而成。上述棕刚玉的加工工艺：先将铝土矿在1 100℃左右焙烧，加入一定量煤炭（焦粉）和铁屑后放入电炉中，电极产生2 150℃高温，使其熔化为液态，杂质沉降后冷却结晶产生棕刚玉，加入煤炭（焦粉）和铁屑的作用是去除杂质。					
归类决定	该商品符合《税则注释》对品目26.20的解释。根据归类总规则一，该商品应归入税则号列2620.4000。					

序号	143	归类决定编号	Z2006-0090	公告编号	2006 年第 69 号
商品税则号列		2620.9990		公告实施日期	2006 年 11 月 22 日
商品名称	镍废碎料				
英文名称					
其他名称					
商品描述	该商品为灰黑色碎粉渣粒、棒状及块状物体，根据海关化验鉴定结果为 Ni 30%、Co 20%、Cr 18.7%、Al 11.5%、Fe 4.4%等，为含有铬铁铝钴镍等合金废料。 该镍废碎料为两类含镍产品，一类是镍钴产品高温加工过程中产生的镍废粉渣粒，是镍残渣；另一类是棒状及块状物体，是镍合金的边角料。					
归类决定	根据《税则注释》对品目75.03的解释，镍残渣应归入税则号列2620.9990；棒状及块状物体应归入税则号列7503.0000。因该批商品为镍残渣与镍合金边角料的混合物，其中以镍残渣为主。所以，根据归类总规则三（二）的规定，所报商品应一并归入税则号列2620.9990。					

序号	144	归类决定编号	Z2006-0091	公告编号	2006年第69号
商品税则号列		2620.9990		公告实施日期	2006年11月22日
商品名称		粗制碳酸镍			
英文名称		Crude nickel carbonate			
其他名称					
商品描述		该商品外观为黑色湿泥。镍主要以碳酸镍的形式存在。商品中镍含量约6%~9%，干质成分（以氧化物计）氧化钠47.34%、三氧化硫1.55%、氧化镍24.86%、氧化铜24.28%。 工艺：镍铜混合矿经浮选成为镍铜精矿，将精矿冶炼成为镍铜阳极板，阳极板在电解过程中成为硫酸镍、硫酸铜电解液。在电解过程中，阳极板所含的铅、锌等杂质元素在电解液中逐渐积累，当杂质含量达到一定浓度时，即需更换新的电解液。该商品即为在更换下的电解液中加入碳酸钠，碳酸钠与电解液中的硫酸镍、硫酸铜反应，生成碳酸镍（含碳酸铜）沉淀，而铅、锌等杂质元素不易与碳酸根结合，仍以硫酸铅、硫酸锌的状态存在于溶液中（此部分溶液将被丢弃）。碳酸镍（含碳酸铜）的沉淀物经清洗，沉淀过滤、挤压等过程而成为粗制碳酸镍（含碳酸铜）。			
归类决定		该商品属于制取金属后电解液中沉淀出来的泥渣，根据归类总规则一及《税则注释》对品目26.20的注释，粗制碳酸镍应归入税则号列2620.9990。			

序号	145	归类决定编号	Z2006-0092	公告编号	2006年第69号
商品税则号列		2620.9990		公告实施日期	2006年11月22日
商品名称		钼矿砂			
英文名称		Molybdenum concetrate			
其他名称					
商品描述		根据海关化验鉴定结果，产品成分：MoO_3 48.3%、CoO 16.4%、WO_2 12.5%、Fe_2O_3 8%、SiO_2 4.5%、Bi_2O_3 7.6%。外观呈黑色小圆柱颗粒和小圆粒。为回收金属用的废催化剂。			
归类决定		根据《税则注释》品目26.20的注释中的规定，"本品目包括仅适合于提取金属或生产化工品的废催化剂"，该商品符合此规定，因此应归入税则号列2620.9990。			

序号	146	归类决定编号	Z2006-0093	公告编号	2006年第69号
商品税则号列		2620.9990		公告实施日期	2006年11月22日
商品名称	钼精矿				
英文名称					
其他名称					
商品描述	该商品外观为黑色粉沙状。商品为铜矿冶炼公司和镍矿冶炼公司提炼铜和镍产品后的剩余尾渣以及钼制品生产厂家剩余的含钼较高的矿渣经过粉碎、浮选、烘干、焙烧而得。该商品用于生产钼酸铵和钼酸钠。根据海关化验鉴定结果，成分为三氧化二铝50.24%、三氧化钼18.39%、二氧化硅6.01%、氧化镍4.29%、三氧化二铁2.01%、五氧化二钒0.56%等。				
归类决定	根据《税则注释》，品目26.20包括用于提取或生产金属及其化合物的矿灰及残渣，这些矿灰、残渣是处理矿砂或冶金中间产品时所得或从不属机械加工金属的电解、化学或其他工序所得，在工业上，它们用于提取金属或作为生产金属化合物的基本原料。据此，该商品应归入税则号列2620.9990。				

序号	147	归类决定编号	Z2006-1193	公告编号	2007年第70号
商品税则号列		2620.9990		公告实施日期	2007年12月5日
商品名称	磁体下脚料				
英文名称					
其他名称	稀土铁合金粉（申报品名）				
商品描述	该磁体下脚料用于生产钴化合物和稀土化合物，是由加工生产稀土永磁体过程中各种下脚料经部分脱水后，于颚式破碎机破碎而得到。其外观为褐色潮湿粉末状固体，经海关化验中心化验，其成分：硫酸盐、多种金属的氧化物、氯化物等，以氧化物计含三氧化硫19.7%、氧化铁19.3%、氧化镍17.2%、二氧化硅14.1%、氧化钠10.9%、氧化铝5.77%、三氧化二铋3.32%、氧化钴1.74%、五氧化二磷1.71%、氧化铜1.21%、三氧化二钕0.56%、氧化镁0.46%、氯2.56%等。 注：完整的稀土永磁体的生产工艺为稀土金属（钕、镝、铽、钐）加纯铁、硼铁、钴等真空中频炉熔炼→制粉→磁场取向压制→真空烧结→机加工（为防氧化起火，需不断加水喷淋）→表面处理→成品稀土永磁体。				
归类决定	该商品的成分为硫酸盐、多种金属的氧化物、氯化物等，不应归入《税则》第七十二章。根据《税则注释》品目26.20的注释"该品目包括含有砷、金属或其化合物，以及用于提取或生产砷或金属及其化合物的矿灰及残渣。这些矿灰、残渣是处理矿砂或冶金中间产品时所得或从不属于机械加工金属的电解、化学或其他工序所得"，该商品的来源与用途符合品目26.20的规定，根据归类总规则一，该商品应归入税则号列2620.9990。				

序号	148	归类决定编号	Z2006-0094	公告编号	2006 年第 69 号
商品税则号列		2621.9000		公告实施日期	2006 年 11 月 22 日
商品名称	骨炭				
英文名称					
其他名称					
商品描述	该骨炭是 4~8 毫米和 10~40 毫米的颗粒状动物骨炭，大多呈白色，是生产骨胶过程中牛骨经破碎、热水脱脂、漂白脱色、蒸汽提胶、干燥高温煅烧分选产生的副产品。主要成分是磷酸钙，磷含量 13% 以上，钙含量 25% 以上，还含有少量的蛋白质（5%~10%），其主要用途是用于饲料和生产骨瓷。				
归类决定	该商品经高温煅烧加工，已经超过了税则第五章的加工范围。根据《税则注释》品目 38.02 中的"动物炭黑"是在密闭容器中煅烧制得，燃烧不充分，所得为黑色产品，用作脱色剂，也用于制糖工业和作黑色颜料，废骨炭黑用作肥料，该商品达不到上述要求。由于煅烧炉结构简单，不能构成严格的密闭容器，效果类似于露天煅烧。根据归类总规则一，该商品应归入税则号列 2621.9000。				

序号	149	归类决定编号	Z2006-1194	公告编号	2007 年第 70 号
商品税则号列		2621.9000		公告实施日期	2007 年 12 月 5 日
商品名称	漂珠				
英文名称					
其他名称	粉煤灰空心玻璃微珠、浮珠				
商品描述	该漂珠经海关化验鉴定，其成分：二氧化硅 55%~60%、三氧化二铝 32%~36%、三氧化二铁 2%~3%，其他为氧化镁、氧化钙、氧化钾等。其来源及加工工艺为从漂浮于燃煤电厂冲灰场水面的粉煤灰当中，把单个球形的漂灰分选出来之后即为粉煤灰漂珠。其形成原理为煤粉燃烧时产生的气体进入烟道，迅速冷却硬化后形成高真空的玻璃态空心微珠。其用途：用于制造轻质水泥、浮力材料、隔音材料、耐火材料等。				
归类决定	该商品实际上是从煤粉燃烧而得的粉煤灰中筛选出来的、具有某种特殊形态的物质。其加工工艺（漂洗、筛选等）并未使其脱离粉煤灰的本质特征。根据归类总规则一，该商品应归入税则号列 2621.9000。				

序号	150	归类决定编号	Z2009-0002	公告编号	2009 年第 5 号
商品税则号列		2621.9000		公告实施日期	2009 年 1 月 20 日
商品名称	二氧化硅				
英文名称	Biogenous silica				
其他名称	稻壳灰				
商品描述	该商品外观为黑色粉末，二氧化硅含量为 95%。由稻壳炭化（主要工艺为分段控制煅烧）制成。				
归类决定	根据《税则注释》规定，品目 26.21 包括几乎完全由二氧化硅组成的稻壳灰。根据归类总规则一及六，该商品应归入税则号列 2621.9000。				

序号	151	归类决定编号	Z2006-0095	公告编号	2006 年第 69 号
商品税则号列		2704.0010/3801.1000/2713.12		公告实施日期	2006 年 11 月 22 日
商品名称	冶金焦、人造石墨、石油焦				
英文名称					
其他名称					
商品描述	1. 冶金焦形状：200 目粉末成分，85%以上为碳，其余为杂质，如氧化硅等。 2. 人造石墨形状：40~300 目粉末成分，85%以上为碳。 3. 石油焦形状：200 目粉末成分，85%以上为碳。 用途：以上三种产品的用途均是用于制造干电池的碳棒。其加工过程为原料进厂→破碎→烘干→球磨机磨粉→分级机分级粒度→收集→包装。				
归类决定	冶金焦是由煤在温度达 1 400K 时炭化生成的高强度大孔炭材料经烘干、粉碎、分级后得到。商品含碳量大于 85%，为 200 目黑色粉末。根据干馏温度、煤种和用途的不同，焦炭可分为几种，冶金焦是其中的一种。该商品符合《税则注释》对品目 27.04 的解释，根据归类总规则一，该冶金焦应归入税则号列 2704.0010。 人造石墨是用石油焦、沥青焦和煤沥青等原料混合成型后，经 1 200℃焙烧后，再经 2 000℃以上石墨化过程形成，然后经分筛或粉碎、分级后而得。产品含碳量大于 85%，为 40~200 目黑色粉末。该商品符合《税则注释》对品目 38.01 中"人造石墨"的定义，根据归类总规则一，该人造石墨应归入税则号列 3801.1000 项下。 石油焦是由石油提炼后的重质油渣经加热分解聚合而得的固体碳质材料经烘干、粉碎、分级后得到。商品含碳量大于 85%，为 200 目黑色粉末，用于制造干电池碳棒。该商品符合《税则注释》对品目 27.13 的解释。根据归类总规则一，该石油焦应归入税则子目 2713.12 项下。				

序号	152	归类决定编号	Z2009-0003	公告编号	2009年第5号
商品税则号列		2706.0000		公告实施日期	2009年1月20日
商品名称		杂酚油			
英文名称		Creosote oil			
其他名称		炭黑油			
商品描述		杂酚油为黑色黏稠液体，由煤焦油深加工而得，主要成分为蒽油、煤焦沥青等。由蒽油、煤焦沥青等按比例混配后搅拌而成。主要用于生产炭黑。主要技术指标：比重（20℃）不小于1.06、甲苯不溶物不高于9%、硫含量不高于0.8%、水分不高于0.5%、闪点不低于70℃、黏度（E100℃）不高于2.5。			
归类决定		该商品为沥青与蒽油等（焦油馏分）混合调配所得的再造焦油，不属于《税则》税目27.07所列的杂酚油，根据归类总规则一及六，应归入税则号列2706.0000。			

序号	153	归类决定编号	Z2006-1195	公告编号	2007年第70号
商品税则号列		2707.9910		公告实施日期	2007年12月5日
商品名称		混甲酚			
英文名称		Cresol（mixed）			
其他名称					
商品描述		混甲酚是从煤焦油中提炼制成，主要成分为：间甲酚46%、对甲酚42.7%、邻甲酚<0.1%、乙基苯酚和二甲酚10.5%、苯酚<1.0%。密度为（1.035±0.01）克/立方厘米；初馏点200℃，干（终馏）点204℃。			
归类决定		混甲酚是邻、间、对甲酚三种异构体的混合物。根据国家标准GB/T 2599—1997，其相对密度应在1.03~1.05克/立方厘米（20℃），间甲酚含量（二级品）≥34%、（一级品）≥41%，中性油含量≤1.0%，190℃馏出量（V/V）≤5%，210℃馏出量（V/V）≥95%。该商品的成分、含量、密度及馏程指标，符合工业甲酚的国家标准。 根据归类总规则一，混甲酚应归入税则号列2707.9910。			

序号	154	归类决定编号	Z2010-0006	公告编号	2010 年第 15 号
商品税则号列		2707.9990		公告实施日期	2010 年 2 月 28 日
商品名称	苄基甲苯和苯基苯乙烷混合物				
英文名称					
其他名称	电容器用绝缘介质				
商品描述	苄基甲苯和苯基苯乙烷混合物是一种无色透明液体，有芳香气味，型号 FARAD-OL 810，主要成分为 1,1-苯基苯乙烷 60%~80%、苄基甲苯 15%~40%、1,2-苯基苯乙烷<5%、二苯基甲烷<5%、环氧化物<5%。				
归类决定	根据海关化验鉴定结果，该商品成分为多芳烃混合物，是一种电容器用绝缘油。根据归类总规则一、六及《税则注释》对品目 27.07 的解释，苄基甲苯和苯基苯乙烷混合物应归入税则号列 2707.9990。				

序号	155	归类决定编号	Z2006-0097	公告编号	2006 年第 69 号
商品税则号列		2709.0000		公告实施日期	2006 年 11 月 22 日
商品名称	凝析油				
英文名称	Condensed oid				
其他名称	天然气沉降物				
商品描述	凝析油是开采天然气时随天然气出来的经气油分离后得到的一种沉降液体，是一种由多烃组成的化合物，属易燃液体。该商品组分为非芳烃成分 90.03%、芳烃成分 9.4%，初馏点 39℃，终馏点 285℃。进口后通过精细化工装置进行加热和物理分离生产出环保性溶剂油。				
归类决定	《税则注释》对品目 27.09 的解释：该品目还包括凝析油，即天然气提取稳定过程中所得的原油。这一操作包括主要通过冷却和降压从含大量石油气的天然气中制得可凝析烃（C4 至大约 C20）。 根据归类总规则一及《税则注释》对品目 27.09 的注释，凝析油应归入税则号列 2709.0000。				

序号	156	归类决定编号	Z2006-0101	公告编号	2006 年第 69 号
商品税则号列		2710.1919		公告实施日期	2006 年 11 月 22 日
商品名称	重质类矿物油				
英文名称					
其他名称					
商品描述	该商品成分构成为石蜡烃 65.5%、环烷烃 29%、芳香烃 5.5%。 该商品以煤油馏分为原料，经氢化和精密分馏后，适当地加入芳香烃以降低苯胺点，使其具有较强的溶解力，适用于作油墨溶剂。				
归类决定	根据介绍，重质类矿物油的商品成分：石蜡烃（烷烃）65.5%、环烷烃 29%、芳香烃 5.5%。生产工艺：用煤油馏分原料经过高压加氢和精密分馏后加入重芳烃类原料进行调和得到产品，调和的目的是降低苯胺点，增强其溶解力，产品用作油墨溶剂。 商品加入芳香烃仅是为了提高溶解力，以适合作油墨溶剂的专门用途，且其加入的芳香烃也是由煤油中经催化、抽提后得到，该商品仍属从石油及沥青矿物提取的油类。根据《税则注释》对品目 27.10 的解释，其加工过程及成分没有超出品目 27.10 的注释范围，不应归入品目 38.14 项下。 根据归类总规则一，重质类矿物油应归入税则号列 2710.1919。				

序号	157	归类决定编号	Z2006-0102	公告编号	2006 年第 69 号
商品税则号列		2710.1919		公告实施日期	2006 年 11 月 22 日
商品名称	迪拉克燃油添加剂				
英文名称					
其他名称					
商品描述	规格为 22 升/塑料桶；成分含量为煤油馏分 99.96%。 用途：本品为油品质量提高剂，可提高所有石油产品的质量，如流动性能、燃烧性能、清洁性能等。适用于作发动机、锅炉及取暖设备的燃料添加剂，适当添加该商品可使燃料更加充分完全燃烧，从而实现节约能源、降低污染和增加动力的功效。 作用机理：纯煤油经特殊物理技术处理后，本身获得了反重力能（负能），添加至燃油中扩散时，能与燃油分子共振，使分子间凝聚力降低，结果燃油黏度和表面张力下降，易于蒸发和气化，使燃油与空气混合质量提高，从而提高完全燃烧系数。				
归类决定	《税则注释》关于品目 27.10 的条文注释：本品目包括加有不同物质以适合某些专门用途的油，只要其含有按重量计在 70% 及以上，且《协调制度》的其他品目也未明确将其包括在内。迪拉克燃油添加剂符合品目 27.10 的商品范畴。因此，根据归类总规则一，迪拉克燃油添加剂应归入税则号列 2710.1919。				

序号	158	归类决定编号	Z2008-0120	公告编号	2008年第83号
商品税则号列		2710.1922		公告实施日期	2008年11月24日
商品名称	5~7号燃料油				
英文名称					
其他名称					
商品描述	5~7号燃料油质量指标，采用ASTM试验方法，检测结果：100℃运动黏度为46.28CST、闭口闪点56℃、水分0.48%、沉淀物0.01%、灰分0.06%；采用国家标准试验方法，检测结果：100℃运动黏度为45.56CST、闭口闪点61℃、水分0.50%、沉淀物0.01%、灰分0.06%。				
归类决定	根据《税则》及《本国子目注释》的规定，税则号列2710.1922的商品应符合燃料油行业标准SH/T 0356—1996中5至7号燃料油所列指标（各指标的检测按行业标准SH/T 0356—1996规定的方法进行）。根据归类总规则一及六，5~7号燃料油应归入税则号列2710.1922。				

序号	159	归类决定编号	Z2006-0103	公告编号	2006年第69号
商品税则号列		2710.1991/2710.1999		公告实施日期	2006年11月22日
商品名称	BP润滑油（工业用液压油、导热油、导轨油）				
英文名称	Industrial hyd oil32；Transcal N；Maccurat D68				
其他名称					
商品描述	货主申报进口"BP润滑油"，据资料及商标，实为： 1. 工业用液压油，英文名称：Industrial hyd oil32；规格：185千克/桶；成分：精炼的矿物基础油和含锌添加剂；用途：主要应用于加工机器的液压系统上动力传递，有润滑作用，可抗磨、抗氧化、抗腐蚀、抗泡。 2. 导热油，英文名称：Transcal N；成分：99%的矿物基础油和1%添加剂组成；用途：具有良好的耐热性能，用于平均液体温度在-10℃~320℃的导热系统。 3. 导轨油，英文名称：Maccurat D68；成分：99%的矿物基础油和1%添加剂组成；用途：用于机床的导轨润滑，可抗磨、抗氧化、抗腐蚀、抗爬行。				
归类决定	三种商品工业用液压油、导热油、导轨油，其成分都含大于70%的矿物油和少量添加剂。其中导轨油属于润滑油类，应归入税则号列2710.1991，液压油和导热油因其适用于某些特定用途，故应按照重油制品归入税则号列2710.1999。				

序号	160	归类决定编号	Z2006-0104	公告编号	2006 年第 69 号
商品税则号列		2710.1999		公告实施日期	2006 年 11 月 22 日
商品名称	烷烃溶剂				
英文名称					
其他名称					
商品描述	烷烃溶剂型号为 EXXSOL D130，主要成分为碳 16 至 18 饱和碳氢化合物，馏程为 275℃~318℃。该商品是石油催化重整所得的中油再经过加氢饱和化，然后蒸馏切割而得。				
归类决定	4 号以上燃料油属重质馏分燃料油，可见税则子目 2710.192 并不排除重油馏分的存在，馏程与税则子目 2710.199 有部分重叠，具体归类应根据馏程和用途等综合考虑。该商品为一种特定溶剂产品，作为工业原料，可用于金属加工、日化用品、农化产品和精细化工等领域，并非作燃料油使用。因此，根据归类总规则一，烷烃溶剂应按其他重油归入税则号列 2710.1999。				

序号	161	归类决定编号	Z2009-0005	公告编号	2009 年第 5 号
商品税则号列		2710.1999		公告实施日期	2009 年 1 月 20 日
商品名称	橡胶软化油				
英文名称					
其他名称					
商品描述	橡胶软化油为无色黏稠状液体，主要成分为混合矿物油，其中大部分为烷烃（石蜡族），含少量芳烃和多环芳烃。密度为 0.86，40℃ 运动黏度为 24CST，闪点为 214℃。该商品的包装方式为铁桶平均装，上印有"P200"字样。该商品能改善高聚物加工性能，提高其柔软性或拉伸性能、降低硬度，增加高聚物黏性，防止焦烧、黏模，同时也能减少分子间的作用力，并产生润滑作用，使分子链之间易滑动，从而增加胶料的塑性，特别适用于橡胶加工。制造工艺：原油经提炼汽油、煤油等油品后的塔底油，进真空塔进一步蒸馏加工精炼，再经正己烷萃取脱蜡而得。				
归类决定	该商品属于重质油品，根据归类总规则一及六，应归入税则号列 2710.1999。				

序号	162	归类决定编号	Z2006-0105	公告编号	2006 年第 69 号
商品税则号列			2713.9000	公告实施日期	2006 年 11 月 22 日
商品名称	固体燃料粉				
英文名称	Fuel solid body powder				
其他名称					
商品描述	固体燃料粉是将 70% 的石油类残渣添加 20% 的活性炭和 10% 的活性白土，经过技术处理去掉各种有害物质，经专用设备混合均匀后再经高压设备处理，最后加工成为一种不含有任何放射性物质的燃料粉。根据海关化验鉴定结果，该样品含有石油类组分，含无机固体至少 17%，无机物组分以硫酸钙、氧化镁等为主。鉴定结论：样品为石油成分，并以硫酸钙等无机物为载体的固体粉末。				
归类决定	根据归类总规则一及《税则注释》对品目 27.13 的解释，固体燃料粉应归入税则号列 2713.9000。				

序号	163	归类决定编号	Z2006-0106	公告编号	2006 年第 69 号
商品税则号列			2713.9000	公告实施日期	2006 年 11 月 22 日
商品名称	糠醛残渣油				
英文名称	Residue furfural extract oil				
其他名称					
商品描述	该商品系经过丙烷脱沥青的工序后，生产润滑油基础油的过程中，由糠醛精制环节产生的副产油品，主要用于生产橡胶填充油和道路沥青。				
归类决定	糠醛残渣油是在生产润滑油基础油的过程中，由经过丙烷脱沥青的油品再经过溶剂（糠醛）精制后得到的糠醛抽出油。主要用于生产橡胶填充油和道路沥青。 润滑油基础油的生产必须经过溶剂精制，利用某些溶剂（如糠醛等）的选择性溶解能力，脱除油料中有害的及非理想物质如胶质、短侧链的中芳烃及重芳烃、环烷酸类等。 根据《税则注释》对品目 27.13 的解释，该油品为用糠醛溶剂处理润滑油基础油所得的提出物，属于其他从石油提取的油类的残渣。根据归类总规则一，糠醛残渣油应归入税则号列 2713.9000。				

序号	164	归类决定编号	Z2006-0107	公告编号	2006年第69号
商品税则号列		2833.2500		公告实施日期	2006年11月22日
商品名称	初级硫酸铜				
英文名称					
其他名称					
商品描述	商品采用从廉价铜原料（铜矿或杂铜）先生成氧化铜作为原料，加入浓硫酸，由于浓硫酸与水混合而自然产生热量，达到90℃~100℃，所有氧化铜转变为硫酸铜，其外观为蓝色结晶状。其申报的硫酸铜含量为92%。 该商品经海关化验鉴定为主要含硫酸铜，并可检测出氨基硫酸铜和氨基氯化铜的晶体，为化肥级硫酸铜。				
归类决定	初级硫酸铜是一种以廉价铜（铜矿或杂铜）为原料→生成氧化铜→加入浓硫酸（溶解反应温度90℃~100℃）→冷却结晶→离心机脱水而制得五水硫酸铜。产品外观为蓝色结晶状，硫酸铜含量约93%、水含量约2%~4%。经海关化验鉴定为主要含硫酸铜，并可检测出氨基硫酸铜和氨基氯化铜的晶体，为化肥级硫酸铜。 该商品的生产工艺为生产硫酸铜的工艺，产品的主要成分为硫酸铜，其所含有的氨盐仅是其制造过程中直接产生的物质，而非为使产品改变一般用途而专门加入的某些物质，因此不视为混合物，不能归入税则号列3824.9090。由于所含杂质符合《税则注释》第二十八章总注释中关于"已有化学定义的元素及化合物"中杂质的解释，因此，"初级硫酸铜"应归入税则号列2833.2500。 所谓"符合单独已有化学定义的化合物"是指化学上所定义的纯净的化合物。即： 1. 符合"化学计量比"的化合物。每一种该类化合物都有固定不变的组成，对于无机化合物可用相应的分子式来表示，对于有机化合物可用相应的结构式来表示。 2. 晶格间有间隙或插入物的固体化合物（称为"似化学计量化合物"）。根据其理论公式几乎（但不完全）符合化学计量比。				

序号	165	归类决定编号	Z2006-0108	公告编号	2006 年第 69 号
商品税则号列		2833.2990		公告实施日期	2006 年 11 月 22 日
商品名称	湿石粉				
英文名称					
其他名称					
商品描述	湿石粉是发电厂为解决发电机组燃烧煤炭排放的烟气中 SO_2 对环境的污染，采用 325 目石灰石粉（$CaCO_3$）为吸收剂，通过烟气脱硫装置，吸收发电机组燃烧煤炭后产生的二氧化硫，经吸硫后的石灰石粉转化而成。其主要成分为 $CaSO_4 \cdot 2H_2O$，用于制作水泥。经海关化验，样品为生石膏。				
归类决定	所报"湿石粉"经海关化验鉴定为生石膏，其来源为石灰石粉（$CaCO_3$）吸收发电机组产生的二氧化硫而得。主要成分为 $CaSO_4 \cdot 2H_2O$，用于制作水泥。此种来源的石膏实为通过工业方法得到，而不是通过天然矿物得到。品目 28.33 在《税则注释》中的排他条款中规定，"本品目不包括天然硫酸钙（25.20）"。根据此条款，该商品应归入税则号列 2833.2990。				

序号	166	归类决定编号	Z2009-0092	公告编号	2009 年第 32 号
商品税则号列		2835.2510		公告实施日期	2009 年 6 月 12 日
商品名称	正磷酸氢钙（饲料级）				
英文名称					
其他名称					
商品描述	正磷酸氢钙（饲料级）为白色粉末，用作饲料添加剂，主要成分为磷酸氢钙 98%、镁的磷酸盐 1%、氟 0.16%。生产过程：用硫酸和磷矿反应制得湿法磷酸，之后通过净化处理去除湿法磷酸中的氟化物、磷酸盐等杂质，净化后的磷酸与由石灰经化灰、过筛除渣、蒸煮、过筛除渣、配浆后得到的石灰乳反应生成磷酸氢钙，经结晶沉淀、过滤、干燥后得到该商品。				
归类决定	正磷酸氢钙（饲料级）为含氟少于 0.2% 的正磷酸氢钙，属于《税则注释》中品目 28.35 的产品范围，根据归类总规则一及六，应归入税则号列 2835.2510。				

序号	167	归类决定编号	Z2006-0109	公告编号	2006年第69号
商品税则号列		2840.1900		公告实施日期	2006年11月22日
商品名称	天然硼砂				
英文名称	Borax（refined）				
其他名称					
商品描述	该商品为白色沙粒状，用25千克纸袋包装，品名型号：NEOBOR BX 5 MOL TECH GRN（REFINED）。 海关化验鉴定结果：货物为五水四硼酸钠，属精制硼砂。货主称其所进口的含5个结晶水的硼砂系由天然十水硼砂经选矿、洗矿、煅烧后得到的是天然硼砂。				
归类决定	该天然硼砂为白色沙粒状，型号为NEOBOR BX 5 MOL TECH GRN（REFINED），经海关化验鉴定结果为五水四硼酸钠，属精制硼砂。根据介绍，其生产加工流程：天然硼砂原矿经破碎→用水与溶剂的混合蒸汽进行洗涤（溶剂萃取杂质，冷凝水供随后选矿用）→将溶剂分离→用液力选矿并按不同的粒径段排出悬浮料液→晶体分离器（冷却后负压渗析去水以分离出天然硼砂晶体）→喷雾洗涤器（用水与溶剂进行洗涤）→脱水器→低温加热→制取十水硼砂→催化中温加热→制取五水硼砂。 从该商品的整个加工过程来看，其中蒸汽洗涤和在晶体分离器中冷却渗析去水分离出硼砂结晶，就有一个溶解再结晶过程，属于溶液结晶法的过程，这种加工方法已超出《税则》第二十五章章注一所允许的加工范围。 根据归类总规则一及第二十五章章注一的规定，该天然硼砂应归入税则号列2840.1900。				

序号	168	归类决定编号	Z2006-0110	公告编号	2006 年第 69 号
商品税则号列		2843.1000		公告实施日期	2006 年 11 月 22 日
商品名称	纳米银液体				
英文名称					
其他名称					
商品描述	纳米银液体的外观为无色透明液体，有醇的气味，经海关化验，样品成分：水、银、乙二醇等，银含量 2%。送检样品鉴定为多种成分的混合物。该纳米银液体具有抗菌、杀菌、防霉、防臭、消毒等功能，可添加于涂料中。 1. 纳米银技术是一种利用银的纳米技术。若把银裁断为 10 亿分之一米的大小，则会出现银原来所不具有的抗菌、杀菌、除去细菌性气味、防止静电、屏蔽电子波等新特性。 2. 纳米银液体主要成分是纳米银离子，当微量的银离子到达微生物细胞膜时，因后者带负电荷，依靠库伦引力，使两者牢固吸附，银离子穿透细胞壁进入细胞内，并与巯基（-SH）反应，使蛋白质凝固，破坏细胞合成酶的活性，细胞丧失分裂增殖能力而死亡。银离子还能破坏微生物电子传输系统、呼吸系统和物质传输系统。当菌体失去活性后，银离子又会从菌体中游离出来，重复进行杀菌活动，因此该行为是无机抗菌，完全不同于有机杀菌。 3. 纳米银以离子状态存在时，是不能单独存在的。当它从 Ag_2O 被还原为 Ag^+ 离子时，需要载体将它包裹住。而纳米银液体中的 EG（乙二醇）就是包裹的载体。当纳米银应用到产品时，通过搅拌和溶解，载体就失去了意义。 4. 该纳米银液体具有抗菌、除臭作用，还具有抗静电、释放远红外线的特性，可应用于涂料、塑料、纺织、服装、建材和保健品等行业。				
归类决定	根据上述资料及海关化验鉴定结果，"纳米银液体"外观为无色透明液体，成分为水、银、乙二醇等，银含量 2%，其中的 EG（乙二醇）是包裹的载体。该纳米银胶质通过化学还原法制成，粒径约 4~7 纳米，具有抗菌、杀菌、防霉、防臭、消毒等功能，可添加于涂料中。 经查找相关资料，胶态金属包括金属溶胶，其特点是粒径小、比表面积大，金属溶胶可以通过在溶液中将金属盐还原制得。从其生产方法看，该商品属于胶态银。根据归类总规则一，纳米银液体应归入税则号列 2843.1000。				

序号	169	归类决定编号	Z2006-0111	公告编号	2006年第69号	
商品税则号列		2843.1000		公告实施日期	2006年11月22日	
商品名称	纳米银粉末					
英文名称						
其他名称						

商品描述

　　纳米银粉末的外观为白色粉末，经海关化验鉴定样品成分：二氧化硅、氧化锌、银、氧化银、含钠及磷的化合物等，银含量大于5%、小于10%。送检样品鉴定为多种成分的混合物，可添加于涂料中。

　　1. 纳米银技术是一种利用银的纳米技术。若把银裁断为10亿分之一米的大小，则会出现银原来所不具有的抗菌、杀菌、除去细菌性气味、防止静电、屏蔽电子波等新特性。

　　2. 纳米银粉末的主要成分是纳米银离子，当微量的银离子到达微生物细胞膜时，因后者带负电荷，依靠库伦引力，使两者牢固吸附，银离子穿透细胞壁进入细胞内，并与巯基（-SH）反应，使蛋白质凝固，破坏细胞合成酶的活性，细胞丧失分裂增殖能力而死亡。银离子还能破坏微生物电子传输系统、呼吸系统和物质传输系统。当菌体失去活性后，银离子又会从菌体中游离出来，重复进行杀菌活动，因此该行为是无机抗菌，完全不同于有机杀菌。

　　3. 纳米银以离子状态存在时，是不能单独存在的。当它从Ag_2O被还原为Ag^+离子时，需要载体将它包裹住。而纳米银粉末中的ZnO、SiO_2等是包裹的载体。当纳米银应用到产品时，通过搅拌和溶解，载体就失去了意义。

　　进口的纳米银粉末具有抗菌的特性，可添加于涂料中。

归类决定

　　根据上述资料及海关化验鉴定结果，纳米银粉末的外观为白色粉末，成分为二氧化硅、氧化锌、银、氧化银、含钠及磷的化合物等，银含量大于5%、小于10%，其中二氧化硅、氧化锌等是包裹载体。该纳米银胶质通过化学还原法制成，粒径约4~7纳米，具有抗菌、除臭作用，还具有抗静电、释放远红外线的特性，可应用于涂料、塑料、纺织、服装、建材和保健品等行业。

　　经查找相关资料，纳米抗菌材料通常与载体（沸石、活性炭、不溶性磷酸盐类、硅胶及树脂类等）配合，目的是使抗菌金属离子均匀分布、稳定保留在产品上，并且缓慢释放以延长抗菌效果。从其生产方法看，该商品形成了胶态贵金属粉末。根据归类总规则一，纳米银粉末应归入税则号列2843.1000。

序号	170	归类决定编号	Z2010-0007	公告编号	2010年第15号
商品税则号列		2846.9019		公告实施日期	2010年2月28日
商品名称	荧光体				
英文名称	Lamp phosphor				
其他名称					
商品描述	荧光体为白色粉末，由氧化钇与氧化铕经过混合、烧成等工艺后制得的具有发光性能的产品，用作灯的发光材料。				
归类决定	该商品由氧化钇与氧化铕组成，属于稀土金属氧化物的混合物，根据归类总规则一、六及《税则注释》第六类类注、品目32.06的排他条款，应归入税则号列2846.9019。				

序号	171	归类决定编号	Z2006-0112	公告编号	2006年第69号
商品税则号列		2846.9048		公告实施日期	2006年11月22日
商品名称	碳酸稀土				
英文名称	Re Carbonate				
其他名称					
商品描述	碳酸稀土是一种由稀土永磁体（毛坯）经机械加工所得的金属屑经磨粉、焙烧、酸浸、碳铵沉淀等工艺制得，为潮湿的白色固体粉末。成分含量：碳酸稀土64.47%、铁<0.01%、钴0.03%、钠0.67%、氯0.53%，其余为结晶水。主要用于生产制造永磁材料用的稀土金属。				
归类决定	该商品属于稀土金属的无机化合物，符合《税则注释》品目28.46中规定的商品范畴。根据归类总规则一，碳酸稀土应归入税则号列2846.9048。				

序号	172	归类决定编号	Z2006-0117	公告编号	2006 年第 69 号
商品税则号列		2907.1990		公告实施日期	2006 年 11 月 22 日
商品名称	抗氧剂 BHT				
英文名称					
其他名称	防老剂				
商品描述	抗氧化剂 BHT，化学名称为 2,6-二叔丁基对甲苯酚，外观为白色晶体，熔点为 69℃~70℃，经一系列处理而得。				
归类决定	根据《税则》第二十九章章注一（一）及第三十八章章注一（一），将此商品归入税则号列 2907.1990。				

序号	173	归类决定编号	Z2006-1196	公告编号	2007 年第 70 号
商品税则号列		2907.2300		公告实施日期	2007 年 12 月 5 日
商品名称	回用双酚 A				
英文名称					
其他名称					
商品描述	回用双酚 A 是在生产聚碳酸酯（塑料粒子）的过程中未反应的双酚 A 粉末，被进行了充分的冲洗、筛分及沉淀分离，所得产品中聚碳酸酯的含量小于 1%，去除水分后的双酚 A 含量可达 99% 以上，经海关化验鉴定，其结果为双酚 A，可在生产低级建筑用胶时掺和使用。				
归类决定	根据归类总规则一，该商品应归入税则号列 2907.2300。				

序号	174	归类决定编号	Z2022-0033	公告编号	2022 年第 78 号
商品税则号列			2914.7900	公告实施日期	2022 年 9 月 1 日
商品名称		2,4-二氯-5-氟苯乙酮			
英文名称					
其他名称					
商品描述		2,4-二氯-5-氟苯乙酮为白色结晶体,分子量为 207.03,CAS 号:704-10-9。以 2,4-二氯氟苯和乙酰氯等为原料合成而得。可用于合成环丙沙星。			
归类决定		该商品为芳香酮的卤化衍生物,根据归类总规则一及六,应归入税则号列 2914.7900。			

序号	175	归类决定编号	Z2006-0118	公告编号	2006 年第 69 号
商品税则号列			2915.9000	公告实施日期	2006 年 11 月 22 日
商品名称		2-乙基己酸			
英文名称		2-Ethylhexanoic acid			
其他名称		异辛酸			
商品描述		性状:无色液体,微有气味,能溶于醚和热水,微溶于醇。 用途:有机合成熔剂。			
归类决定		根据归类总规则一,2-乙基己酸属于饱和一元羧酸,应归入税则号列 2915.9000。			

序号	176	归类决定编号	Z2010-0008	公告编号	2010 年第 15 号
商品税则号列		2915.9000		公告实施日期	2010 年 2 月 28 日
商品名称	原甲酸三乙酯				
英文名称	Triethoxymethane				
其他名称	三乙氧基甲烷				
商品描述	原甲酸三乙酯（又名三乙氧基甲烷），为无色透明液体，有刺激气味，CAS 号为 122-51-0；与乙醇、乙醚混溶，微溶于水，遇水会分解；主要用作医药中间体。其结构式：$CH(OCH_2CH_3)_3$。				
归类决定	根据《税则》第二十九章章注五（一）的规定及参照第二十九章第七分章总注释，原甲酸三乙酯应归入税则号列 2915.9000。				

序号	177	归类决定编号	Z2013-0010	公告编号	2013 年第 26 号
商品税则号列		2916.2090		公告实施日期	2013 年 6 月 1 日
商品名称	3,5,7-三氟金刚烷甲酸（$C_{11}H_{13}O_2F_3$）				
英文名称	3,5,7-trifluoroadamantane-1-carboxylic acid				
其他名称					
商品描述	该商品外观为白色粉末，CAS 号为 214557-89-8。分子式为 $C_{11}H_{13}O_2F_3$；分子量为 234。化学成分为 3,5,7-三氟金刚烷甲酸含量 98% 以上，用途为抗肿瘤新药中间体。				
归类决定	该商品属于含有氟取代基的金刚烷甲酸，结构式上有甲酸基团，根据归类总规则一及六，应归入税则号列 2916.2090。				

序号	178	归类决定编号	Z2006-1580	公告编号	2007年第70号
商品税则号列		2917.2090 和 3907.3000		公告实施日期	2007年12月5日
商品名称		环氧树脂			
英文名称		Epoxy mold compound for opto device			
其他名称					
商品描述		环氧树脂分为PART-A组分和PART-B组分。PART-A组分成分为双酚A环氧树脂，溴含量低于18%；PART-B组分成分为甲基六氢化邻苯二甲酸酐。包装规格均为5千克/桶。该商品进口后用于半导体芯片的封装，起到绝缘、隔热、防撞击、可穿透性等作用，使用时将PART-A和PART-B组分以100：80的比例相配比，涂在芯片上，并烘干。			
归类决定		从该产品两种组分的包装规格及使用比例来看，不符合《税则》第六类类注三（三）的规定，不应按混合后的产品归类，两种组分应分别归类。根据归类总规则一，该环氧树脂中的PART-A组分应归入税则号列3907.3000；PART-B组分应归入税则号列2917.2090。			

序号	179	归类决定编号	Z2006-0119	公告编号	2006 年第 69 号
商品税则号列			2918.3000	公告实施日期	2006 年 11 月 22 日
商品名称	洛索洛芬钠				
英文名称	Loxoprofen sodium				
其他名称					
商品描述	洛索洛芬钠又称环氧洛芬钠，化学名为二水合 2-［4-（2-羧基环戊烷亚甲基）苯丙酸］钠，是一种芳基丙酸类抗炎药，属于非甾类抗炎药，其抗炎作用机制是通过抑制环氧化酶来阻止前列腺素的合成。根据《药物化学》所述，前列腺素是公认为产生炎症的介质，而前列腺素可经环氧化酶作用生成花生四烯酸，多数解热镇痛药（如阿司匹林）及非甾类抗炎药的作用机制均是通过抑制环氧化酶来阻断前列腺素的生成。				
归类决定	参考《化工百科全书》，前列腺素（以下简称 PG）通常是花生四烯酸（以下简称 AA）为生物合成前体、经酶或非酶转化生成的、以前列腺烷酸为骨架的内源性生理活性物质。由 AA 转化为 PG 的必要步骤是在不饱和脂链上加氧，其加氧途径可分为脂加氧酶和环加氧酶两大类。PG 从多方面参与机体的炎症反应，抑制 PG 合成能达到抗炎、镇痛的效果。PG 环加氧酶抑制剂有酚类化合物（如麝香草酚）、非甾类抗炎药（如阿司匹林）以及 PG 类似物等。税目 29.37 包括释放激素或刺激激素的因子、激素抑制剂及激素抗体等激素类物质。例如，下丘脑前部某些神经元能产生调节激素以促进或抑制垂体相应激素的释放，它们的结构如已确定者称释放激素或抑放激素，化学结构尚待确定者称释放因子或抑放因子，如生长激素释放激素、催乳激素抑放因子等。该"洛索洛芬钠"与多数解热镇痛药（如阿司匹林）及非甾类抗炎药的作用机制均是通过抑制环氧化酶来阻断前列腺素的生成。非甾类抗炎药并不属于《税则》税目 29.37 中所指的范围［例如，阿司匹林（邻乙酰水杨酸）归入税则号列 2918.2200］，且从现有的资料中并无证据显示产品属于激素类物质。根据归类总规则一，洛索洛芬钠应归入税则号列 2918.3000。				

序号	180	归类决定编号	Z2009-0006	公告编号	2009年第5号
商品税则号列		2918.3000		公告实施日期	2009年1月20日
商品名称	L-孟基乙醛酸酯				
英文名称	L-menthyl glyoxylate hydrate, 95pct min				
其他名称					
商品描述	L-孟基乙醛酸酯是薄荷脑与乙醛酸发生酯化反应的产物,为白色或类白色粉末,纯度≥95%,分子式为$C_{12}H_{22}O_4$,分子量230,是一种新一代核苷类抗病毒药品拉米呋定的化学中间体。				
归类决定	根据归类总规则一、六及《税则》第二十九章章注五(一),L-孟基乙醛酸酯应归入税则号列2918.3000。				

序号	181	归类决定编号	Z2022-0034	公告编号	2022年第78号
商品税则号列		2920.9000		公告实施日期	2022年9月1日
商品名称	乙基氯化物				
英文名称					
其他名称					
商品描述	乙基氯化物的化学名称为O,O-二乙基硫代磷酰氯。纯品为无色透明液体,有特殊的酯气味,比重1.191,沸点71.5℃~72℃(7毫米汞柱),折射率1.4684(25℃),熔点低于-75℃,工业品微带黄色。不溶于水,易溶于苯、乙醚、脂肪等多数有机溶剂。该商品用作有机磷农药和医药中间体,在三甲胺催化下与对硝基酚钠可以合成对硫磷。				
归类决定	根据归类总规则一及六,该商品应归入税则号列2920.9000。				

序号	182	归类决定编号	Z2013-0011	公告编号	2013 年第 26 号
商品税则号列			2921.5190	公告实施日期	2013 年 6 月 1 日
商品名称	异丙基苯基对苯二胺				
英文名称					
其他名称					
商品描述	该商品分子式为 $C_{15}H_{18}N_2$，分子量为 226.3，CAS 号为 101-72-4。N-异丙基-N'-苯基对苯二胺含量≥95%，杂质成分为 5%。生产工艺：4-氨基-二苯胺与丙酮缩合、加氢后精制而得。主要作为橡胶添加剂，能改善橡胶的性能，对橡胶有优良的防护作用，延长橡胶的使用年限。				
归类决定	该商品为对苯二胺的氨基的氢原子被烃基取代的衍生物，根据归类总规则一及六，应归入税则号列 2921.5190。				

序号	183	归类决定编号	Z2006-0120	公告编号	2006 年第 69 号
商品税则号列			2922.4999	公告实施日期	2006 年 11 月 22 日
商品名称	仲丁威				
英文名称					
其他名称					
商品描述	该商品通用名称为仲丁威，化学名称为 2-仲丁基苯基-N-甲基氨基甲酸酯。仲丁威具有强烈的触杀作用，还有一定的胃毒、熏蒸和杀卵作用。可防治水稻、茶叶、甘蔗、小麦、南瓜、紫茄的叶蝉、飞虱、蚜虫及象鼻虫等害虫，还可防治棉花的棉铃虫和棉蚜虫以及蚊蝇等卫生害虫。可制成乳剂、微颗粒剂等。该商品以 100 千克铁桶装状态出口，仲丁威含量大于（或等于）97%，其余为水分、游离酚、甲基异氰酸酯、二乙胺和溶剂苯等，可加水作喷雾使用或拌沙土作杀虫剂使用。				
归类决定	商品为 2-仲丁基苯基-N-甲基氨基甲酸酯，所含少量杂质为生产时未转化的原料，并非使商品适于某特殊用途而故意添加或残留，为单独的已有化学定义的产品，该商品以 100 千克铁桶装状态出口，为非零售包装，根据《税则注释》第三十八章章注一（一）2 的规定，该产品不应归入《税则》税目 38.08 项下。 根据归类总规则一，商品"仲丁威"应归入税则号列 2922.4999。				

序号	184	归类决定编号	Z2013-0012	公告编号	2013年第26号
商品税则号列		2922.4999		公告实施日期	2013年6月1日
商品名称	依那普利氢化物				
英文名称					
其他名称	N-［1-（S）-乙氧羰基-3-苯丙基］-L-丙氨酸				
商品描述	该商品化学名称：N-［1-（S）-乙氧羰基-3-苯丙基］-L-丙氨酸；分子式：$C_{15}H_{21}NO_4$；理化性质：为白色粉末，稍有气味；成分含量：大于98%。主要用于合成抗高血压药马来酸依那普利。包装为25千克纸板桶，常温阴凉处保存。				
归类决定	该商品为氨基酸的酯，根据归类总规则一及六，应归入税则号列2922.4999。				

序号	185	归类决定编号	Z2013-0013	公告编号	2013年第26号
商品税则号列		2922.5090		公告实施日期	2013年6月1日
商品名称	α-（N-甲基-N-苄基）-氨基-3-羟基苯乙酮盐酸盐				
英文名称	BAH				
其他名称					
商品描述	该商品为白色或类白色粉末，含量99%以上，用作医药中间体。结构式：				
归类决定	根据归类总规则一及六，该商品应归入税则号列2922.5090。				

序号	186	归类决定编号	Z2013-0014	公告编号	2013 年第 26 号
商品税则号列		2922.5090		公告实施日期	2013 年 6 月 1 日
商品名称	L-苏氨酸				
英文名称					
其他名称					
商品描述	该商品为白色结晶或结晶性粉末，无臭，味稍甜，L-苏氨酸含量为 99% 以上，分子式 $C_4H_9NO_3$。苏氨酸是维持机体生长发育的必需氨基酸，在机体内能促进磷脂合成和脂肪酸氧化，具有抗脂肪肝的作用，主要用于医药、化学试剂、食品强化剂、饲料添加剂等方面。				
归类决定	从该商品的结构式分析，其含有羟基和羧基两个含氧基及一个氨基，根据归类总规则一及六，应归入税则号列 2922.5090。				

序号	187	归类决定编号	Z2022-0035	公告编号	2022 年第 78 号
商品税则号列		2922.5090		公告实施日期	2022 年 9 月 1 日
商品名称	橡胶促进剂				
英文名称					
其他名称					
商品描述	橡胶促进剂为浅黄色透明黏稠液体，经海关化验鉴定，其成分为四缩水甘油基二氨基二苯基甲烷。产品用于加速固化剂和环氧树脂化学反应的速度。				
归类决定	根据其化学结构式，该商品是含氧基氨基化合物，根据归类总规则一及六，应归入税则号列 2922.5090。				

序号	188	归类决定编号	Z2013-0015	公告编号	2013年第26号
商品税则号列		2924.1990		公告实施日期	2013年6月1日
商品名称	雷米普利中间体				
英文名称					
其他名称	N-乙酰基-3-氯丙氨酸甲酯				
商品描述	该商品化学名称：N-乙酰基-3-氯丙氨酸甲酯，分子式：$C_6H_{10}ClNO_3$，其含量>98%。外观为白色结晶性粉末，包装为25千克纸板桶。主要用于合成抗高血压药雷米普利。				
归类决定	该商品为无环酰胺的衍生物，根据归类总规则一及六，应归入税则号列2924.1990。				

序号	189	归类决定编号	Z2006-0121	公告编号	2006年第69号
商品税则号列		2930.9090		公告实施日期	2006年11月22日
商品名称	艾丽美				
英文名称					
其他名称					
商品描述	该商品为酱色液体，250千克/桶，作饲料添加剂用。 该商品经海关化验鉴定为羟基蛋氨酸的水溶液，成分为羟基蛋氨酸、水分（含量14%）。经查询有关资料，羟基蛋氨酸是深褐色黏液，含水量12%。羟基蛋氨酸是以单体、二聚体和三聚体组成的平衡混合物，其含量分别为65%、20%和3%，主要是以羟基和羧基间的酯化作用而聚合。				
归类决定	根据介绍，"艾丽美"为羟基蛋氨酸的水溶液。 该商品为羟基蛋氨酸的平衡混合物，根据《税则注释》第二十九章章注一（四），含水分不影响其归类，应按单一成分归入税则号列2930.9090。				

序号	190	归类决定编号	Z2013-0016	公告编号	2013 年第 26 号
商品税则号列		2930.9090		公告实施日期	2013 年 6 月 1 日
商品名称		防灰雾剂（4-甲基-硫代苯磺酸钾盐）			
英文名称		Tss antifoggantstabilizer			
其他名称					
商品描述		该商品为白色固体，成分为 100% 的 4-甲基-硫代苯磺酸钾盐，用作彩色数码相纸生产的照相补加剂。			
归类决定		从该商品的结构式分析，其苯环上磺酸基的一个氧被硫取代，不属于《税则》税目 29.04 的磺化或复合衍生物。根据归类总规则一及六，该商品应按有机硫化合物归入税则号列 2930.9090。			

序号	191	归类决定编号	Z2022-0036	公告编号	2022 年第 78 号
商品税则号列		2931.9000		公告实施日期	2022 年 9 月 1 日
商品名称		三丁基铝			
英文名称					
其他名称					
商品描述		三丁基铝一般为无色液体，与空气接触则迅速氧化至自燃，与水发生强烈反应，生成氢氧化铝和丁烷。			
归类决定		该商品属于有机铝化合物，根据归类总规则一及六，应归入税则号列 2931.9000。			

序号	192	归类决定编号	Z2022-0037	公告编号	2022 年第 78 号
商品税则号列		2931.9000		公告实施日期	2022 年 9 月 1 日
商品名称		三（三甲基硅烷）硼酸酯			
英文名称					
其他名称					
商品描述		三（三甲基硅烷）硼酸酯中各成分含量：三（三甲基硅烷）硼酸酯 99.9%、杂质硼酸 0.09%、杂质硼酸酯 0.01%。该商品为由六甲基二硅氮烷和硼酸通过加热反应脱除氨气制成，用作锂电池电解液添加剂。			
归类决定		该商品化学结构含有硅原子与有机基碳原子直接相连的碳硅键，符合第二十九章章注六的规定，根据归类总规则一及六，应按其他有机—无机化合物归入税则号列 2931.9000。			

序号	193	归类决定编号	Z2013-0018	公告编号	2013 年第 26 号
商品税则号列		2932.2090		公告实施日期	2013 年 6 月 1 日
商品名称		L-丙交酯			
英文名称		L-lactide			
其他名称					
商品描述		该商品为白色晶体，分子式：$C_6H_8O_4$，L-丙交酯含量 99.9% 以上，其他为水等杂质。其由 L-乳酸脱水制得。			
归类决定		该商品为由两分子羟基酸脱水而成的双内酯，根据归类总规则一及六，应归入税则号列 2932.2090。			

序号	194	归类决定编号	Z2013-0019	公告编号	2013 年第 26 号
商品税则号列		2932.2090		公告实施日期	2013 年 6 月 1 日
商品名称	青蒿素				
英文名称	Artemisinin				
其他名称					
商品描述	该商品为白色粉末，味苦，青蒿素含量99%以上，25千克/桶。其从中药黄花蒿提取有效成分并精制而得，为抗疟药，可直接使用，也可转化成青蒿琥酯等。				
归类决定	该商品为抗疟原料药，根据归类总规则一及六，应按仅含氧杂原子的杂环化合物（内酯）归入税则号列2932.2090。				

序号	195	归类决定编号	Z2006-0123	公告编号	2006 年第 69 号
商品税则号列		2932.9910		公告实施日期	2006 年 11 月 22 日
商品名称	呋喃酚				
英文名称	7-Hydroxy				
其他名称	2,3-dihydro-2,2-dimeethyl-7-hydroxybenzofuran				
商品描述	外观：浅黄色液体。 重量：245千克/桶。 含量：7-HYDROXY 98.7%。 成分：经海关化验鉴定为2,3-二氢-2,2-二甲基-7羟基-苯并呋喃。				
归类决定	呋喃酚即2,3-二氢-2,2-二甲基-7羟基-苯并呋喃、7羟基-苯并呋喃是其不规范的简化名称。根据《税则》税目2932.9910的条文，将其归入税则号列2932.9910。				

序号	196	归类决定编号	Z2006-0124	公告编号	2006 年第 69 号
商品税则号列		2932.9990		公告实施日期	2006 年 11 月 22 日
商品名称	氨基葡萄糖硫酸盐				
英文名称	Glucosamine sulphaet·2KCL				
其他名称					
商品描述	经海关化验鉴定，该商品的主要成分为氨基葡萄糖盐类物质，存在硫酸根和氯化物。				
归类决定	氨基葡萄糖硫酸盐为白色粉末，海关化验鉴定该商品为氨基葡萄糖的盐类，随附文字资料说明该商品为氨基葡萄糖的硫酸复盐，与海关化验鉴定吻合。因此，可确定该商品为"D-氨基葡萄糖硫酸盐（钾型）（D-Glucosamine Sulphate·2KCl）"。 根据《税则注释》第二十九章章注五（三）1 的规定，"有机化合物的无机盐……应归入相应的有机化合物的税号"，因此该氨基葡萄糖的硫酸盐应按氨基葡萄糖归入税则号列 2932.9990。				

序号	197	归类决定编号	Z2008-0013	公告编号	2008 年第 76 号
商品税则号列		2932.9990		公告实施日期	2008 年 10 月 28 日
商品名称	无水多西他赛				
英文名称	Docetaxel Anhydrous				
其他名称					
商品描述	无水多西他赛为抗肿瘤原料药，分子式为 $C_{43}H_{53}NO_{14}$，纯度>98%。				
归类决定	从结构式看，该商品属于仅含氧杂原子的杂环化合物，但不是紫杉醇。根据归类总规则一，该商品应归入税则号列 2932.9990。				

序号	198	归类决定编号	Z2013-0020	公告编号	2013年第26号
商品税则号列		2933.3990		公告实施日期	2013年6月1日
商品名称		米格列醇			
英文名称		Miglitol			
其他名称					
商品描述		该商品为白色粉末，化学名称为2R-（2α，3β，4α，5β）-1-（2-羟乙基）-2-羟甲基-3,4,5-哌啶三醇，含量99%以上。结构式：			
归类决定		该商品结构中含有哌啶三醇（氢化吡啶环），根据归类总规则一及六，应归入税则号列2933.3990。			

序号	199	归类决定编号	Z2009-0149	公告编号	2009年第57号
商品税则号列		2933.5990		公告实施日期	2009年8月31日
商品名称		三乙烯二胺			
英文名称		Triethylene diamine			
其他名称					
商品描述		三乙烯二胺是一种白色粉末状结晶，熔点158℃，主要用作聚氨酯泡沫硬化剂、环氧树脂固化剂、丙烯腈聚合催化剂、乙烯聚合催化剂、环氧化物催化剂等。			
归类决定		从化学结构式分析，该商品属于仅含哌嗪环的杂环化合物，根据归类总规则一及六，应归入税则号列2933.5990。			

序号	200	归类决定编号	Z2006-0125	公告编号	2006年第69号
商品税则号列		2933.6990		公告实施日期	2006年11月22日
商品名称		N,N'-二亚硝基五亚甲基四胺			
英文名称		3,7dinitroso-1,3,5,7-tetraazobicyio-nonane			
其他名称					
商品描述		主要成分：纯品。 外观与性状：浅黄色粉末，无臭味。 主要用途：用于橡胶、聚氯乙烯等塑料发生微孔，制造微孔塑料。			
归类决定		根据介绍，"N.N-二亚硝基五亚甲基四胺"为纯品，外观为浅黄色粉末，别称"发泡剂H"，分子式为$C_5H_{10}N_6O_2$，无臭味。主要用作发泡剂，用于橡胶、聚氯乙烯等塑料。 从该商品的结构式来看，其中的两个氮原子之间是以单键键合，不符合《税则注释》关于品目29.27"两个氮原子之间以双键键合"的规定。根据归类总规则一，"N.N-二亚硝基五亚甲基四胺"应归入税则号列2933.6990。			

序号	201	归类决定编号	Z2006-1197	公告编号	2007年第70号
商品税则号列		2933.7900		公告实施日期	2007年12月5日
商品名称		己内酰胺封闭的双-异氰酸酯			
英文名称					
其他名称		黏合剂（申报品名）			
商品描述		品牌为EMS；型号为IL-6；含己内酰胺封闭的双-异氰酸酯50%、水50%。该商品进口后加热到约150℃，可进一步和水、烃基化合物反应成聚氨酯树脂，以作为黏合剂使用。			
归类决定		根据归类总规则一，该商品应归入税则号列2933.7900。			

序号	202	归类决定编号	Z2013-0021	公告编号	2013年第26号
商品税则号列		2933.7900		公告实施日期	2013年6月1日
商品名称	美罗培南双环母核				
英文名称					
其他名称					
商品描述	该商品为白色或类白色粉末，化学性质稳定，无毒无害。美罗培南双环母核是一种不具备抗生素活性的抗生素医药中间体，商品的主要成分美罗培南双环母核为≥98%；水分为≤2%。分子式为 $C_{29}H_{27}N_2O_{10}P$。结构式：				
归类决定	该商品属于没有抗生素活性的中间体，依据《税则注释》品目29.41的排他条款，该商品不属于品目29.41的商品范畴。根据归类总规则一及六，该商品应按内酰胺类杂环化合物归入税则号列2933.7900。				

序号	203	归类决定编号	Z2006-0126	公告编号	2006年第69号
商品税则号列		2933.9900		公告实施日期	2006年11月22日
商品名称	丙夫劳门				
英文名称	Buflomedil				
其他名称	化学名称：2,4,6-三甲氧基-1-丁酮盐酸盐				
商品描述	该商品为用于生产心脑血管药物的中间体（粗品）。分子式：$C_{17}H_{25}NO_4 \cdot HCl$。				
归类决定	根据提供的资料，丙夫劳门的分子式为 $C_{17}H_{25}NO_4 \cdot HCl$，化学名称为4-（1-吡咯基）-1-（2,4,6-三甲氧基苯基）-1-丁酮，该商品是用于生产心脑血管药物的中间体。 根据归类总规则一，丙夫劳门应归入税则号列2933.9900。				

序号	204	归类决定编号	Z2013-0022	公告编号	2013年第26号
商品税则号列		2934.9990		公告实施日期	2013年6月1日
商品名称	还原型辅酶试剂				
英文名称					
其他名称					
商品描述	该商品规格：100克/瓶；成分为β-烟酰胺腺嘌呤二核苷酸99%、水分1%；白色粉末。生产流程为酵母经沸水提取，醋酸铅酸化沉淀制得粗品，经甲酸型阳离子交换树脂处理精制而得。用途为兑成水剂后作为天门冬氨酸氨基转移酶试剂盒、丙氨酸氨基转移酶试剂盒、尿素检测试剂盒和乳酸脱氢酶试剂盒的组成试剂，分别用于人体血清中天门冬氨酸氨基转移酶、丙氨酸氨基转移酶、尿素和乳酸脱氢酶的检测。				
归类决定	该商品为β-烟酰胺腺嘌呤二核苷酸，用于配制检测试剂，根据归类总规则一及六，应归入税则号列2934.9990。				

序号	205	归类决定编号	Z2006-0128	公告编号	2006年第69号
商品税则号列		2937.2900		公告实施日期	2006年11月22日
商品名称	双烯醇酮醋酸酯				
英文名称	16-Dehydropregnenolone acetate				
其他名称	5,16-双烯-3-β-乙酰氧基-20-酮-醋酸酯				
商品描述	熔点：165℃（按照《中华人民共和国药典》附录熔点测定法）。 用途：制造众多雌性、雄性、孕激素等甾类激素的中间体，可制成可的松、黄体酮、睾丸素等。 原料：皂素。 成分：$C_{23}H_{32}O_3$。 加工方法：植物黄浆经过水解、提取、结晶制成皂素，再经离解开环、氧化水解、结晶、提取、晶制、烘干制成双烯醇酮醋酸酯。 出口货物状态：白色（或类似白色）的结晶粉末，内包装为塑料袋，25千克/袋，外包装为纤维桶。				
归类决定	根据介绍及结构式分析，双烯醇酮醋酸酯是一种由植物黄浆经过水解、提取、结晶制成皂素，再经离解开环、氧化水解、结晶、提取、精制、烘干而得的外观为白色（或类似白色）的结晶粉末。主要用在制造雌性、雄性、孕激素等甾类激素时可作为中间体，制成可的松、黄体酮、睾丸素等，纤维桶装，25千克/桶。从结构看，该商品具有甾体结构，此商品主要用作激素中间体的甾族化合物。 根据归类总规则一及第二十九章章注八的规定，双烯醇酮醋酸酯应归入税则号列2937.2900。				

序号	206	归类决定编号	Z2022-0038	公告编号	2022年第78号
商品税则号列		2938.9090		公告实施日期	2022年9月1日
商品名称	三七总皂甙				
英文名称					
其他名称					
商品描述	三七总皂甙为淡黄色无定形粉末，味苦，微甘。成分含量为人参皂甙Rb1 45%、人参皂甙Rg1 40%、三七皂甙R1 15%。规格为10千克/箱。该商品是三七原料粗粉经多次乙醇回流提取、层析，再经多次水溶液提取后，经过滤、浓缩等工艺制得。该商品为原料药，主治功能为活血祛瘀、通脉活络，具有抑制血小板聚集和增加心脑血流量的作用，用于治疗心脑血管疾病。				
归类决定	该商品属于各种苷的天然混合物，根据归类总规则一及六，应归入税则号列2938.9090。				

序号	207	归类决定编号	Z2022-0039	公告编号	2022年第78号
商品税则号列		2939.7990		公告实施日期	2022年9月1日
商品名称	三尖杉宁碱				
英文名称					
其他名称					
商品描述	三尖杉宁碱为白色粉末，CAS号71610-00-9，分子式$C_{45}H_{53}NO_{14}$。其是在短叶紫杉树和其他紫杉物种的枝叶和树皮中发现的与其他紫杉烷类化合物共生的天然产物，可用于抗肿瘤。				
归类决定	该商品属于萜类生物碱，根据归类总规则一及六，应归入税则号列2939.7990。				

序号	208	归类决定编号	Z2022-0040	公告编号	2022 年第 78 号
商品税则号列		2940.0090		公告实施日期	2022 年 9 月 1 日
商品名称	抗坏血酸 2-葡糖苷				
英文名称					
其他名称					
商品描述	抗坏血酸 2-葡糖苷为无味的白色或米色结晶粉末。CAS 号 129499-78-1，分子量为 338.27，由液态淀粉浆液与维生素 C 混合后经酶反应精制结晶而得。抗坏血酸 2-葡糖苷抗氧化性好，不易变色，通常用作护肤品的原料。				
归类决定	该商品属于糖缩醛（糖苷），根据归类总规则一及六，应归入税则号列 2940.0090。				

序号	209	归类决定编号	Z2007-0013	公告编号	2007 年第 71 号
商品税则号列		2941.9090		公告实施日期	2007 年 12 月 5 日
商品名称	吗替麦考酚酯				
英文名称	Mycophenolate Mofetil, MMF				
其他名称	骁悉				
商品描述	吗替麦考酚酯是霉酚酸（Mycophenolic Acid，MPA）的 2-乙基酯类衍生物，是由几种青霉素发酵而得的产品。作为一种免疫抑制剂，该商品用于预防同种肾移植患者排斥反应及治疗难治性排斥反应，其药理作用是在体内经脱酯形成 MPA。MPA 是次黄嘌呤单核苷酸脱氢酶（IMPDH）抑制剂，可抑制鸟嘌呤核苷酸的起始合成途径，使鸟嘌呤核苷酸耗竭，进而阻断 DNA 的合成。				
归类决定	霉酚酸及吗替麦考酚酯具有抗菌性能，根据归类总规则一，应作为抗菌素归入税则号列 2941.9090。				

序号	210	归类决定编号	Z2006-0139	公告编号	2006 年第 69 号
商品税则号列		30.03 或 30.04		公告实施日期	2006 年 11 月 22 日
商品名称	泽它				
英文名称	Zetar lotion				
其他名称	煤焦油洗剂				
商品描述	该商品药品名称为煤焦油洗剂，已作为药品在国内药品主管部门注册。主要活性成分为具有杀菌作用的 1%纯煤焦油，非活性成分包括表面活性剂、透皮吸收剂、纯水、香料等。商品为棕色液体，药物气味，具有杀菌、止痒、消炎作用，治疗头部银屑病、溢脂性皮炎、头皮屑，还可修复受伤头发，改善发质，使头发光泽易梳理。				
归类决定	商品"泽它"为一种煤焦油制剂。其配比具有特定用途，即杀菌、止痒、治疗皮肤病等。具有该配比的商品"泽它"在国家食品药品监督管理总局进行过注册，其临床试验效果经过认定，药理毒理反应通过鉴定。因此，商品"泽它"应归入《税则》税目 30.03 或 30.04 项下相应税则号列。				

序号	211	归类决定编号	Z2006-1199	公告编号	2007 年第 70 号
商品税则号列		3001.9090		公告实施日期	2007 年 12 月 5 日
商品名称	海豹鞭				
英文名称					
其他名称					
商品描述	海豹鞭是海豹肉的一部分，经风干处理，未加任何添加剂，可供食用或药用。				
归类决定	根据归类总规则一，海豹鞭应归入税则号列 3001.9090。				

序号	212	归类决定编号	Z2008-0123	公告编号	2008 年第 83 号
商品税则号列		3001.9090		公告实施日期	2008 年 11 月 24 日
商品名称		蛇毒			
英文名称		Bothrop Atrox			
其他名称					
商品描述		蛇毒呈黄色干粉状，塑料瓶密封包装。加工方法：毒液经采集后，将新鲜蛇毒液离心，去掉其中的细胞碎片，得到清澈的淡黄色液体后进行干燥。			
归类决定		该商品经真空干燥处理，其加工程度已超出品目 05.10 的加工范围，根据归类总规则一及六，应归入税则号列 3001.9090。			

序号	213	归类决定编号	Z2022-0041	公告编号	2022 年第 78 号
商品税则号列		3002.4990		公告实施日期	2022 年 9 月 1 日
商品名称		农菌			
英文名称		AgroBac			
其他名称					
商品描述		农菌，呈粉状颗粒，分为根瘤菌、固氮菌、磷细菌、硅酸盐细菌及复合微生物等种类，溶于水后直接浸种、喷到作物上或施入土壤中。该商品中的农菌等培养微生物含量在 85% 以上，其他成分是维持农菌等培养微生物活力的物质。加工方法为发酵、分离、纯化、低温冷冻干燥。主要功能为促进植物生长，改善土壤微生物生态，有利于植物获得更多养分。			
归类决定		该商品属于培养微生物，不能增加土壤肥力，不应作为肥料归类。根据归类总规则一及六，该商品应归入税则号列 3002.4990。			

序号	214	归类决定编号	Z2022-0042	公告编号	2022年第78号
商品税则号列		3002.4990		公告实施日期	2022年9月1日
商品名称	小球藻（活）				
英文名称	Chlorella				
其他名称	浓缩液体淡水小球藻				
商品描述	小球藻，鲜、活状态，为一种单细胞绿藻，直径2~10微米。包装为塑料罐装，以水作溶剂，每毫升含250亿以上细胞藻体。 生产工艺：发酵罐消毒处理→加入超纯水→接种纯种小球藻→加入葡萄糖等营养素→供氧、保持和调整温度达到最佳的培养环境→培养好的小球藻离心浓缩→罐装。 用途：培养轮虫的饵料。				
归类决定	该商品为通过营养素培养的单细胞绿藻，属于培养微生物。根据归类总规则一及六，该商品应归入税则号列3002.4990。				

序号	215	归类决定编号	Z2006-0140	公告编号	2006 年第 69 号
商品税则号列		3004.3900		公告实施日期	2006 年 11 月 22 日
商品名称	日达仙				
英文名称	Zadaxin				
其他名称	胸腺肽 α1 针剂				
商品描述	"日达仙"针剂的有效成分为胸腺肽 α1，胸腺肽是胸腺分泌的一种多肽类激素，而胸腺肽 α1 是氨基端乙酰化的 28 个氨基酸组成的多肽，其结构已完全阐明，可人工合成。据文献记载，胸腺肽类有效成分一般可用于免疫调节剂（如用于肝炎治疗等）、恶性肿瘤在放/化疗后所致的内分泌紊乱、术后抗感染等。				
归类决定	根据介绍，"日达仙"为有效成分是胸腺肽 α1 的针剂。胸腺肽是动物胸腺分泌的一种多肽类物质，胸腺肽 α1 是氨基端乙酰化的 28 个氨基酸组成的多肽，其结构已完全阐明，可人工合成。据文献记载，胸腺肽类有效成分一般可用于免疫调节剂（如用于肝炎治疗等）、恶性肿瘤在放/化疗后所致的内分泌紊乱、术后抗感染等。其药理：促使外周血 T 淋巴细胞成熟，使 T 淋巴细胞在被各种抗原或致有丝分裂原激活后产生的各种淋巴因子（如 α、γ 干扰素，白介素-2 和白介素-3 增多），提高 T 淋巴细胞上的淋巴因子受体的水平。 从该商品的有效成分胸腺肽的来源及机理来看，它由胸腺分泌，是一种结构类似多肽激素的生物活性物质，其调节免疫系统的作用机理与激素相似，符合《税则》税目 29.37 "包括激素的衍生物及结构类似物，具有与激素相似的作用机理"的规定。 根据归类总规则一及税目 30.04 的条文规定，"日达仙"应归入税则号列 3004.3900。				

序号	216	归类决定编号	Z2010-0010	公告编号	2010 年第 15 号
商品税则号列		3004.3900		公告实施日期	2010 年 2 月 28 日
商品名称	达必佳				
英文名称					
其他名称	醋酸曲普瑞林注射液				
商品描述	达必佳也称醋酸曲普瑞林注射液，主要成分为醋酸曲普瑞林，辅料为氯化钠、注射用水、冰醋酸，注射剂型，零售包装（7 支/盒），适用于不育症治疗所需的垂体降调节、配子输卵管内移植和无辅助治疗方法的促卵泡成熟等。				
归类决定	该商品属于激素及影响内分泌的药物，根据归类总规则一及六的规定，应按含激素类药品归入税则号列 3004.3900。				

序号	217	归类决定编号	Z2006-0141	公告编号	2006 年第 69 号
商品税则号列		3004.5000		公告实施日期	2006 年 11 月 22 日
商品名称	优乐沛凝胶				
英文名称	Hypo tears gel				
其他名称	无菌眼用凝胶				
商品描述	活性成分：维生素 A 棕榈酸酯 10 毫克/克（1 000IU）。 聚丙烯酸（Carbomer 980）3.5 毫克/克。 保存剂：盐溴棕三甲铵 0.1 毫克/克。 用途：用于治疗包括角膜炎干燥症及泪膜不稳定或角膜缺乏润湿所产生的干眼症。				
归类决定	该商品由人工配制而成，其组成不符合《税则》第二十九章章注一（一）的规定，不能归入第二十九章；因其已配定剂量，具有明确的适应症，所以，应按药品归入第三十章。其主要活性成分"维生素 A 棕榈酸酯"属于税目 29.36 的商品范围，所以此种商品应归入税则号列 3004.5000。				

序号	218	归类决定编号	Z2013-0023	公告编号	2013年第26号
商品税则号列		3004.5000		公告实施日期	2013年6月1日
商品名称		角鲨烯软胶囊			
英文名称		Squalene softcapsule			
其他名称					
商品描述		该商品以每粒角鲨烯499.5毫克、维生素E 0.5毫克、明胶118.9毫克、甘油47.6毫克、纯化水13.5毫克为原料，经溶胶、配料、压丸、干燥、包装等工艺制成软胶囊。本品脂肪含量为76.4克/100克，用法：0.5克/次，2次/天，早晚空腹服用。 包装规格：500粒/瓶、48瓶/箱，用于高胆固醇血症和放、化疗引起的白细胞减少症，也用于改善心脑血管病的缺氧状态等（国药准字号H20046462）。				
归类决定		该商品已注明用法、用量及适应症，并具有治病防病的功能，应属于药品。参照《税则注释》中品目30.04的注释，根据归类总规则一及六，该商品应归入税则号列3004.5000。				

序号	219	归类决定编号	Z2008-0124	公告编号	2008年第83号
商品税则号列		3004.9010		公告实施日期	2008年11月24日
商品名称		派立明滴眼液			
英文名称					
其他名称					
商品描述		该商品为白色或类白色的均匀混悬液，每支5毫升，主要成分为布林佐胺，化学名为R)-(+)-4-乙胺基-2-（3-甲氧丙基）-3,4-二氢-2H-噻吩并［3,2-e］-1,2-噻嗪-6-氢磺酰基-1,1-二氧化物，分子式$C_{12}H_{21}N_3O_5S_3$，分子量383.5，其他成分有苯扎氯胺、甘露醇糖、卡波美974P、四丁酚醛、依地二钠、氯化钠、盐酸/氢氧化钠（调节pH值）和纯水。该商品适用于降低因高眼压症、开角型青光眼而导致的高眼压，也可以作为对β阻滞剂无效或者有使用禁忌症的患者单独的治疗药物，或者作为β阻滞剂的协同治疗药物。				
归类决定		该商品所含的布林佐胺是一种磺胺类碳酸酐酶抑制剂，根据归类总规则一及六，应归入税则号列3004.9010。				

序号	220	归类决定编号	Z2006-1201	公告编号	2007年第70号
商品税则号列		3004.9059		公告实施日期	2007年12月5日
商品名称	强力痔根断				
英文名称	Circanetten new				
其他名称					
商品描述	强力痔根断是新型口服痔漏特效药，主要成分为胶原蛋白200毫克、芦丁30毫克、狭叶番泻果实干浸膏7.5毫克。包装规格：40片/盒，430毫克/片。其主要用于治疗瘙痒、灼痛，对血管循环疾病及静脉曲张（如内痔、外痔）有疗效。				
归类决定	中式成药是一种以中药材为原料，依靠相应的加工方法，根据病情的需要制备成随时可以应用的剂型。对于中式成药的认定，目前国内主要由国家食品药品监督管理总局负责。 从该产品的组分来看，该产品是一种由属于中药材范畴的"芦丁""番泻叶"及非中药材范畴的"胶原蛋白"配制而成的中西结合的成药，参照国家食品药品监督管理总局对该药的认定，属于中式成药范畴。根据归类总规则一，强力痔根断应归入税则号列3004.9059。				

序号	221	归类决定编号	Z2006-1202	公告编号	2007年第70号
商品税则号列		3004.9059		公告实施日期	2007年12月5日
商品名称	珍珠末				
英文名称					
其他名称					
商品描述	珍珠末是由珍珠经水洗净，加水磨成粉末后干燥而得。功能与主要作用：安神定惊，明目消翳，解毒生肌；用于惊悸失眠，惊风癫痫，目生云翳，疮疡不敛。可口服（一次1~2瓶，一日1~2次），也可外用。规格为0.3克/瓶。其符合国家中药标准，有药字号批准文号。				
归类决定	根据归类总规则一，珍珠末应归入税则号列3004.9059。				

序号	222	归类决定编号	Z2006-0146	公告编号	2006 年第 69 号
商品税则号列		3004.9090		公告实施日期	2006 年 11 月 22 日
商品名称	维库溴铵肌松药					
英文名称	Vecuronium broinide					
其他名称	万可松					
商品描述	维库溴铵（又名万可松），是一种肌松药，它是由维库溴铵、枸橼酸、磷酸二甲甘露醇复方配制的一种粉针，作为全身麻醉的辅助药，以帮助支气管内插管及提供手术时的骨骼肌松弛状态。该商品为混合物且为粉针制剂。					
归类决定	经核，维库溴铵肌松药的主要成分不属于生物碱的范围，也不符合《税则注释》中有关生物碱衍生物的规定，故将此商品归入税则号列 3004.9090。					

序号	223	归类决定编号	Z2006-0147	公告编号	2006 年第 69 号
商品税则号列		3004.9090		公告实施日期	2006 年 11 月 22 日
商品名称	硫酸钙骨颗粒					
英文名称	Stimulan					
其他名称						
商品描述	商品为灰色圆柱状灰色颗粒，零售无菌包装，由医用二水合硫酸钙和硬脂酸构成。该商品适用于与骨骼结构稳定性无关的骨空腔或骨缺损、裂缝，填充在骨骼系统中的骨空腔或缺损部位之内，在痊愈过程中会被溶解吸收，并被新生骨替代。其主要适应症为外科手术、囊肿、肿瘤等造成的骨空腔或缺损。					
归类决定	根据介绍，"硫酸钙骨颗粒"为圆柱状灰色颗粒，零售无菌包装，由医用二水合硫酸钙和硬脂酸构成，适用于与骨骼结构稳定性无关的骨空腔或骨缺损、裂缝，填充在骨骼系统中的骨空腔或缺损部位之内。该商品为植骨提供了代用品，它在痊愈过程中会被溶解与吸收，同时被新生骨所取代。其主要适应症为外科手术、囊肿、肿瘤、骨髓炎或其他的外伤等造成的骨空腔或缺损。 该商品有明确的适应症，且制成零售包装，明显专供治疗疾病使用，属于《税则》第三十章的商品范围。 根据归类总规则一，硫酸钙骨颗粒应归入税则号列 3004.9090。					

序号	224	归类决定编号	Z2006-0148	公告编号	2006 年第 69 号
商品税则号列		3004.9090		公告实施日期	2006 年 11 月 22 日
商品名称	立芷雪针剂				
英文名称					
其他名称	注射用血凝酶、巴曲酶				
商品描述	该商品为白色疏松的冻干粉末，无嗅，易溶于水。规格：粉针剂 1KU×5 瓶/盒、每盒配 2 毫升/支×5 支注射用水。主要由巴西矛头蝮蛇（brothrops atrox）的蛇毒中分离提纯的血凝酶制成；每瓶含一个克氏单位（KU）的血凝酶（一个克氏单位是指在体外 37℃下，使 1 毫升标准人血浆在 60±20 秒内凝固的血凝酶活性量），用于需减少流血或止血的各种医疗情况下，如外科、内科、妇产科、眼科、耳鼻喉科、口腔科等临床科室的出血及出血性疾病。该商品主要为手术前用药，可减少出血倾向，避免或减少手术后出血。				
归类决定	据介绍，立芷雪针剂也称注射用血凝酶、巴曲酶，是一种由巴西矛头蝮蛇（brothrops atrox）的蛇毒中分离提纯的酶类药品。 根据《税则注释》关于品目 30.01 的条文注释：制成干粉的蛇毒液或者由这类毒液形成的非微生物隐毒素，已配定剂量或制成零售形式或包装作药用的这些商品，应归入品目 30.04。商品属于从蛇毒中分离提纯的酶类止血药，已制成零售包装，并制成一定的剂量。因此，根据归类总规则一，立芷雪针剂应归入税则号列 3004.9090。				

序号	225	归类决定编号	Z2008-0125	公告编号	2008 年第 83 号
商品税则号列		3004.9090		公告实施日期	2008 年 11 月 24 日
商品名称	脑蛋白水解物注射液（针剂）				
英文名称	Cerebrotein Hydrolysate Injection				
其他名称	脑多肽、脑活素、施普善				
商品描述	脑蛋白水解物注射液（针剂）是用猪脑蛋白经酶水解所制造的多肽制剂，不含蛋白、脂肪及其他抗原性物质，每毫升本品中含有 215.2 毫克猪脑蛋白水解物。根据药品检验报告，本品含有 L-门冬氨酸、L-谷氨酸、L-丝氨酸、L-组氨酸、甘氨酸、L-苏氨酸、L-丙氨酸、L-精氨酸、L-缬氨酸、L-蛋氨酸、L-色氨酸、L-异亮氨酸、L-苯丙氨酸、L-亮氨酸、L-赖氨酸、L-脯氨酸共 16 种氨基酸，总氮为 6.27%，肽为 26%。适应症：原发性痴呆、血管性痴呆、混合性痴呆及颅脑损伤后脑功能障碍的改善。				
归类决定	脑蛋白水解物注射液（针剂）是氨基酸混合物的水溶液，根据归类总规则一及六，应归入税则号列 3004.9090。				

序号	226	归类决定编号	Z2009-0094	公告编号	2009年第32号
商品税则号列		3004.9090		公告实施日期	2009年6月12日
商品名称	奥沙利铂注射剂				
英文名称	Oxaliplatine（DCI）				
其他名称	乐沙定				
商品描述	奥沙利铂注射剂为白色或类白色冻干疏松块状或粉末，规格50毫克/瓶，由奥沙利铂和赋形剂水合乳糖组成，奥沙利铂和赋形剂水合乳糖按质量比为1∶9。其中，水合乳糖的作用是确保奥沙利铂晶体在人体内快速溶解。生产工艺为在无菌环境下将药液冷冻成固态，抽真空将水分升华干燥而成。报验状态为密封，已配定剂量，零售瓶装，在国内仅贴中文标签，装入小盒和说明书。				
归类决定	该商品为药用成分奥沙利铂和赋形剂水合乳糖组成的混合产品，用于治疗转移性结肠癌，已制成零售包装，根据归类总规则一及六，应归入税则号列3004.9090。				

序号	227	归类决定编号	Z2009-0095	公告编号	2009年第32号
商品税则号列		3004.9090		公告实施日期	2009年6月12日
商品名称	辉力				
英文名称	Sodium phosphates rectal solution				
其他名称	磷酸钠盐灌肠液				
商品描述	辉力，通用名为"磷酸钠盐灌肠液"，其组分为磷酸二氢钠和磷酸氢二钠，无色无味的澄清液体，规格133毫升/瓶，用于解除偶然性便秘，直肠检查前灌肠清洁肠道，12岁以下儿童禁用。该商品已获进口药品注册证。				
归类决定	辉力为复方制剂类药品，已获进口药品注册证，根据归类总规则一及六，应归入税则号列3004.9090。				

序号	228	归类决定编号	Z2010-0011	公告编号	2010 年第 15 号
商品税则号列		3004.9090		公告实施日期	2010 年 2 月 28 日
商品名称		刻免			
英文名称		Triprolidine hydrochloride capsules			
其他名称		盐酸曲普利啶胶囊			
商品描述		刻免，通用名称为"盐酸曲普利啶胶囊"，规格 2.5 毫克×20 粒/盒，抗过敏药，每粒的主要成分为盐酸曲普利啶（2.5 毫克），辅料为微粉硅胶、淀粉、羧甲基淀粉钠、乳糖及硬脂酸镁。药理作用：通过阻断组胺的受体来阻断组胺作用，从而对抗组织胺引起的毛细血管扩张及通透性增强，使过敏症状减轻，达到治疗各种过敏性疾患的作用。主要用于过敏性鼻炎、皮肤瘙痒等的治疗。			
归类决定		曲普利啶属于烷基胺类抗组胺药物，不属于皮质甾类激素和生物碱，不应归入税则号列 3004.3200。根据归类总规则一和六，该商品应归入税则号列 3004.9090。			

序号	229	归类决定编号	Z2006-0149	公告编号	2006 年第 69 号
商品税则号列		3006.6010		公告实施日期	2006 年 11 月 22 日
商品名称		达英-35			
英文名称		Diane 35			
其他名称					
商品描述		"达英-35"即复方醋酸环丙孕酮片，是一种用于治疗女性雄激素过多症状的药剂。产品规格为每盒 100 板，每板 21 粒。有效组分为醋酸环丙孕酮（雄性激素拮抗剂）2 毫克/片、炔雌醇（雌激素）0.035 毫克/片。其药理：由于醋酸环丙孕酮具有抑制男性激素产生的作用，故该商品可用于治疗女性的男性激素依赖性疾病如痤疮，或伴有脂溢、炎症或结节形成（丘脓疱型痤疮，结节囊肿型痤疮），以及脱发和轻型多毛症。单独使用醋酸环丙孕酮可导致月经周期紊乱，所以该商品中还含有炔雌醇，服用该商品期间不会排卵，因此也具有避孕效果。			
归类决定		该商品具有避孕药的疗效和特征，符合《税则》第三十章章注四（八）及税目条文中对税目 30.06 的排他性规定，应按照章注规定的优先性，"这些物品只能归入税目 30.06 而不得归入'本目录'其他税目"，如归入税目 30.04 项下的相应子目。因此，"达英-35"（复方醋酸环丙孕酮片）应归入税则号列 3006.6010。			

序号	230	归类决定编号	Z2006-0150	公告编号	2006 年第 69 号
商品税则号列		3101.0090		公告实施日期	2006 年 11 月 22 日
商品名称		肥料（经化学处理的鸡粪）			
英文名称		Manure（chicken droppings）			
其他名称					
商品描述		该肥料以肉鸡粪为原料，在 70℃ 以上温度经过微生物发酵约 15 天，然后再经过 400℃ 以上高温干燥制得。			
归类决定		根据海关化验鉴定结果，"肥料（经化学处理的鸡粪）"的外观为棕色颗粒，属于有机肥。该商品是以肉鸡粪为原料，在 70℃ 以上温度经过微生物发酵约 15 天，然后再经过 400℃ 以上高温干燥制得。 从其生产工艺看，"肥料（经化学处理的鸡粪）"经过微生物发酵处理（生化处理），应归入税则号列 3101.0090。			

序号	231	归类决定编号	Z2013-0024	公告编号	2013 年第 26 号
商品税则号列		3105.5900		公告实施日期	2013 年 6 月 1 日
商品名称		复合肥			
英文名称					
其他名称					
商品描述		该商品是由 38% 的氯化铵、10% 的硫酸铵、42% 的磷酸一铵、7% 的碳酸氢铵、3% 的石粉加进粉碎机粉碎后，再进入蒸汽加温搅拌，滚筒造粒，冷却灌包而成的。用途为直接施于田地。经海关化验鉴定，含量为全氮（N）16.49%，有效磷（P_2O_5）20.26%，全钾（K_2O）0.94%，硫（S）1.04%，有机质 2.39%。			
归类决定		在该商品的生产过程中没有专门添加含钾元素的原料，其中所含的微量钾仅作为杂质存在。该商品属于二元复合肥，根据归类总规则一及六，应归入税则号列 3105.5900。			

序号	232	归类决定编号	Z2022-0043	公告编号	2022年第78号
商品税则号列		3105.9090		公告实施日期	2022年9月1日
商品名称	鸟粪（圆粒肥）				
英文名称					
其他名称					
商品描述	鸟粪（圆粒肥）是一种以海鸟、蝙蝠等的粪便、尸体及残骸经长时间堆积在土壤及岩层上形成的风化物质为原料，经粉碎、干燥、再粉碎（为达到100目左右而加入3%淀粉黏合）、造粒等步骤加工而成。该商品为圆形褐色颗粒，用于有机作物的栽培，20千克/包，经海关化验鉴定为含有羟磷灰石、石英和碳酸钙的成分。				
归类决定	该商品是采用天然矿物肥料与淀粉混合造粒而成的，其加工程度已超出了《税则》第二十五章的商品范围，且其已具有肥料的特定用途，因此，不属于第二十五章和税目68.15的商品范围。因其成分为天然矿物肥料与淀粉，根据《税则》第三十一章章注三和《税则注释》品目31.03注释，该商品也不属于税目31.03的商品范围。根据归类总规则一及六，鸟粪（圆粒肥）应按其他肥料归入税则号列3105.9090。				

序号	233	归类决定编号	Z2006-0152	公告编号	2006年第69号
商品税则号列		3201.9090		公告实施日期	2006年11月22日
商品名称	皮革用植物鞣料				
英文名称					
其他名称					
商品描述	经海关化验，皮革用植物鞣料的主要成分为木质素磺酸盐类，并含其他组分。该商品是一种植物性改性鞣料，用于皮革工业植物再鞣革阶段。该商品可以渗透入皮革与皮革纤维结合，具有良好的分散性、渗透性。				
归类决定	根据海关化验鉴定结论，皮革用植物鞣料的主要成分为木质素磺酸盐类，含有其他组分，外观为浅棕色粉末，用于皮革工业中的再鞣革阶段。 商品为由荆树皮萃取经过磺化工艺获得的水溶性植物鞣料，在其生产中未添加其他化合物和原料，符合《税则注释》品目32.01中植物鞣料的范畴。 根据归类总规则一，皮革用植物鞣料应归入税则号列3201.9090。				

序号	234	归类决定编号	Z2006-0153	公告编号	2006 年第 69 号
商品税则号列		3202.1000		公告实施日期	2006 年 11 月 22 日
商品名称	鞣剂 SC-120				
英文名称					
其他名称					
商品描述	鞣剂 SC-120 为丙烯酰胺与丙烯酸铵盐共聚体的水溶液，外观为淡黄色黏稠液体，有效成分含量为（35±2%），pH 值为 6.2±0.1，主要用于皮革胶黏剂。在皮革的复鞣阶段中，起填充皮革、减少皮革松面、增加柔软性的效果。				
归类决定	参照《税则注释》中品目 35.06 的条文解释，归入该品目的制品所起的主要作用是胶黏性，因此该商品不能归入 35.06 项下。该商品属于丙烯酸类合成鞣剂。根据归类总规则一，鞣剂 SC-120 应归入税则号列 3202.1000。				

序号	235	归类决定编号	Z2006-0154	公告编号	2006 年第 69 号
商品税则号列		3202.9000		公告实施日期	2006 年 11 月 22 日
商品名称	铬的硫酸盐（铬盐）				
英文名称					
其他名称					
商品描述	根据海关化验鉴定结果，铬的硫酸盐（铬盐）为碱式硫酸铬和硫酸钠的混合物。外观为绿色粉末，纸袋包装，每袋 25 千克。该商品用作皮革鞣剂，由重铬酸钠和硫酸、葡萄糖反应制取而得。产品中的葡萄糖的部分氧化产物（少量有机酸）可起到蒙囿作用，硫酸钠可使革的充实性得到提高。不同牌号的该类商品的盐基度从 33%～42%不等。				
归类决定	税目 28.33 所包括的碱性硫酸铬仅为有化学定义的相当不稳定的碱性硫酸铬溶液。经查找相关资料，商品碱性硫酸铬中均含有不同量的硫酸钠，且可以根据需要制成碱度不同的产品。 该商品属于非单一有化学定义的无机合成鞣剂。根据归类总规则一，铬的硫酸盐（铬盐）应归入税则号列 3202.9000。				

序号	236	归类决定编号	Z2006-0155	公告编号	2006年第69号
商品税则号列		3203.0019		公告实施日期	2006年11月22日
商品名称		辣椒红浸膏			
英文名称		Oleoresin paprika（pure）			
其他名称		辣椒红色素			
商品描述		该商品为深红色黏稠液体，生产工艺：干辣椒→辣椒粉→正己烷萃取→过滤→沉淀→浓缩→脱残（正己烷）→脱辣→灭菌→成品，用途为药品或食品用天然着色剂。 根据海关化验鉴定结果，"辣椒油树脂"英文名为"Oleoresin paprika（Pure）"，为深红色黏稠液体，主要成分为辣椒红素和辣椒玉红素，辣椒素含量仅为0.07%。			
归类决定		该商品主要为着色成分，并已用乙醇去掉辣椒素，不具备《税则》税目33.01的商品特征。根据《税则注释》中品目33.01的排他条款及品目32.03的规定，辣椒油树脂应归入税则号列3203.0019。			

序号	237	归类决定编号	Z2013-0025	公告编号	2013年第26号
商品税则号列		3203.0019		公告实施日期	2013年6月1日
商品名称		姜黄素			
英文名称					
其他名称		姜黄提取物			
商品描述		该商品为黄色粉末，姜黄素含量85%~95%，加工工艺：以姜黄为原料经磨粉，乙醇二次提取、浓缩、萃取结晶、真空干燥、粉碎、过筛、包装制得。用作食品着色剂和保健品原料。			
归类决定		根据归类总规则一及六，该商品应归入税则号列3203.0019。			

序号	238	归类决定编号	Z2006-0156	公告编号	2006 年第 69 号
商品税则号列		3204.1990		公告实施日期	2006 年 11 月 22 日
商品名称	DVD-R 染料				
英文名称	Dye				
其他名称					
商品描述	DVD-R 光盘生产用染料为褐色粉末状。生产时将该染料按一定配比溶解于有机溶剂中，在旋转涂布机中均匀涂布于光盘上，形成 DVD-R 光盘的数据记录层（染料层），每张 DVD-R 光盘耗用染料 0.004 64 克。 DVD-R 光盘在刻录过程中，记录层因吸收了激光并进行热转化后色素分解而膨胀、变形，因此激光在该点上的折射率将会发生变化，反射回来的光线会产生相位差而成为凹陷点，即光盘存储的信息。因此，DVD-R 染料肩负着记录数据的重要职责。				
归类决定	根据介绍，DVD-R 染料呈褐色粉末状，用于光盘生产。生产时将该染料按一定配比溶解于有机溶剂中，在旋转涂布机中均匀涂布在聚碳酸酯盘基上，经紫外光烘干后形成 DVD-R 光盘的数据记录层（染料层）。DVD-R 可录光盘中的染料是用作盘片存储层的材料，在记录过程中通过光热效应达到记录的目的，即记录光束的光能转化为热能对记录介质起作用，形成记录信息符。 根据应用领域，染料可分为纺织用品染料、非纺织品用染料及功能染料（色素）三大类。该商品属于功能染料（色素）中的信息记录用染料（色素），属于《税则注释》品目 32.04 的商品范围。 根据归类总规则一，DVD-R 染料应归入税则号列 3204.1990。				

序号	239	归类决定编号	Z2022-0044	公告编号	2022 年第 78 号
商品税则号列		3206.4990		公告实施日期	2022 年 9 月 1 日
商品名称	环保型铜金粉				
英文名称					
其他名称					
商品描述	环保型铜金粉为金黄色条状金属，有异味。根据海关化验鉴定结果，该产品成分为铜锌合金粉、聚醛树脂等，为以片状铜锌合金为基本成分的色料。铜金粉是以铜、锌为主要合金元素的鳞片状金黄色合金粉末。采用熔炼、球磨、分级、上光等多道工序制成，商品含 5% 的连接料（企业提供资料为脲醛树脂）。该商品广泛用于印刷行业，免除使用粉状铜金粉的不便，使油墨生产环境更加洁净。商品使用方法为溶解于酯或甲苯溶剂中，再加入调金油，搅拌均匀成油墨。				
归类决定	根据《税则注释》中品目 74.06 的排他条款，该品目不包括制成色料、油漆或类似品的粉末或粉片。该商品为金属粉末与黏合剂混合制成，且作为色料使用，不属于品目 74.06 的商品范围。根据《税则注释》品目 32.06 注释，该品目包括金属粉片或粉末与有机黏合剂混合的混合物，该商品符合品目 32.06 的商品范围。根据归类总规则一及六，环保型铜金粉应归入税则号列 3206.4990。				

序号	240	归类决定编号	Z2022-0045	公告编号	2022 年第 78 号
商品税则号列		3206.4990		公告实施日期	2022 年 9 月 1 日
商品名称	聚乙烯碳黑母				
英文名称					
其他名称					
商品描述	聚乙烯碳黑母为黑色颗粒状，主要成分为碳黑和聚乙烯，有 BKE-2501、BKE-2501-C5、LL6156 3 种型号。 型号 BKE-2501 的成分：碳黑 50%、低密度聚乙烯（LDPE）10%、PE 蜡（PE-520）11.7%、滑剂蜡（H-50S）4.7%、老防剂（1076）0.4%、线性低密度聚乙烯（LLDPE）23.2%。 型号 BKE-2501-C5 的成分：碳黑 50%、低密度聚乙烯（LDPE）14%、PE 蜡（PE-520）11.6%、滑剂蜡（H-50S）4.7%、老防剂（1076）0.5%、线性低密度聚乙烯（LLDPE）19.2%。 型号 LL6156 的成分：碳黑 40%、线性低密度聚乙烯（LLDPE）55.7%、老防剂（1010）3.5%、老防剂（168）0.8%。该产品主要用于塑料的注塑及挤出成型，起提高黑度、亮度及遮蔽紫外线的作用。				
归类决定	聚乙烯碳黑母的 3 种型号均为聚乙烯及碳黑组成的黑色颗粒，其中碳黑含量 40%～50%。此类商品为无机着色料（碳黑）分散在塑料中的浓缩分散体，属于《税则》税目 32.06 的商品范围，根据归类总规则一及六，应归入税则号列 3206.4990。				

序号	241	归类决定编号	Z2006-0159	公告编号	2006 年第 69 号
商品税则号列		3207.4000		公告实施日期	2006 年 11 月 22 日
商品名称	低熔焊料玻璃粉（低玻粉）				
英文名称	Frit glass				
其他名称					
商品描述	此商品主要为一种含有多量铅成分的细微粉末，在彩色显像管的玻壳封接中使用。这种低熔点焊料玻璃粉末在 400℃～500℃ 的温度范围内可以封结。此时的低熔点焊料玻璃变成强的半结晶状态的不透明玻璃。这种粉末不允许有异物混入，颜色呈赤橙色。此商品通常主要成分：PbO 75%、ZnO 12%、B_2O_3 8.5%、SiO_2 2.0%、BaO 2.0%、$ZrSiO_4$ 0.5%。				
归类决定	根据《税则》税目 32.07 的列名，粉状、粒状及粉片状的玻璃粉应归入该税目项下，"玻璃"不仅包括硅酸盐玻璃，还应包括铅晶质玻璃等。 因此，该商品应归入税则号列 3207.4000。				

序号	242	归类决定编号	Z2006-0160	公告编号	2006 年第 69 号
商品税则号列		32.08		公告实施日期	2006 年 11 月 22 日
商品名称	绝缘介质（用于微电路板的化合物）				
英文名称					
其他名称					
商品描述	该商品主要涂布于白色陶瓷基板上，经高温烘烤后在微电路之间起绝缘作用，经化验，主要成分有聚合物、无机颜（填）料、有机溶剂等，其中聚合物占 47%，无机颜（填）料占 35%，有机溶剂占 18%，不含贵金属。				
归类决定	绝缘介质（用于微电路板的化合物）外观为蓝色黏稠浆状物，经化验主要成分为聚合物（聚甲基硅氧烷、聚邻苯二甲酸酯等）、无机颜（填）料（铜盐、碳酸钙、钛白粉等）、有机溶剂（醋酸 2-丁氧基乙酯等），其中聚合物占 47%，无机颜（填）料占 35%，有机溶剂占 18%，不含贵金属。主要涂布于白色陶瓷基板上，经高温烘烤后在微电路之间起绝缘作用。 从其组分及使用方法（涂布后烘烤）来看，该商品属于由树脂、颜料及溶剂组成的绝缘漆。根据归类总规则一，绝缘介质（用于微电路板的化合物）应根据其所含的主要聚合物归入税目 32.08 项下。				

序号	243	归类决定编号	Z2006-1205	公告编号	2007 年第 70 号
商品税则号列		3208.2010		公告实施日期	2007 年 12 月 5 日
商品名称	鞋材黏合前处理剂				
英文名称					
其他名称	处理剂/甲乙酮、乙酸乙酯等混合物（申报名称）				
商品描述	该商品为淡蓝色液体，有刺激性气味，主要成分为环己烷、丁酮、少量丙烯酸聚合物等，挥发性有机溶剂含量为 99.3%，其中的溶剂起润湿及渗透的作用。该产品用作 EVA（乙烯-醋酸乙烯共聚物）鞋材黏合前的处理剂，经 UV（紫外光）能量机的照射，产生光聚合作用及架桥作用并改变 EVA 材质的极性，使其获得良好的接触效果。经该产品处理后的鞋材需再加黏合剂黏合。				
归类决定	该产品起主要作用的是其中的少量丙烯酸聚合物，且溶剂含量大于 50%，根据归类总规则一及第三十二章章注四的规定，该商品应归入税则号列 3208.2010。				

序号	244	归类决定编号	Z2006-0161	公告编号	2006 年第 69 号
商品税则号列		3208.2010 和 3208.9010		公告实施日期	2006 年 11 月 22 日
商品名称	油皮处理剂、橡胶处理剂、硬化剂				
英文名称					
其他名称					
商品描述	油皮处理剂：化学主成分为聚酯型聚氨酯树脂和溶剂丁酮、丙酮及乙酸乙酯，其中聚酯型聚氨酯树脂含量约 25%、丁酮含量约 52%、丙酮含量约 16%、乙酸乙酯含量约 7%。用于处理布及皮料表面，破坏布及皮料表面，使胶水与材料粘力更强。 橡胶处理剂：化学主成分为聚甲基丙烯酸甲酯和溶剂甲苯、丁酮，其中聚甲基丙烯酸甲酯约 8%、甲苯含量约 70%、丁酮含量约 22%。用于处理橡胶表面，使胶水与材料粘力更强。 硬化剂：化学主成分为含 13%聚氨酯树脂和 87%二氯甲烷溶剂。用于加快胶水的固化时间，使胶水内部形成网状结构，增加粘力。				
归类决定	根据《税则》第三十二章章注四的规定，这三种商品的挥发性有机溶剂含量均超过溶液重量的 50%，因此应按照《税则》具体列名税目归入税目 32.08 项下。根据化学成分不同，油皮处理剂及硬化剂应归入税则号列 3208.9010，橡胶处理剂应归入税则号列 3208.2010。				

序号	245	归类决定编号	Z2006-0162	公告编号	2006 年第 69 号
商品税则号列		3208.9090		公告实施日期	2006 年 11 月 22 日
商品名称	硅油				
英文名称					
其他名称					
商品描述	该商品有 KS-847T 和 KS-3755 两种型号，均为无色液体，不溶于水，可溶于甲苯，涂于纸或膜的表面，用作离型剂。根据海关化验鉴定结果，"硅油"为含有聚硅氧烷及 70% 左右的挥发性有机溶剂的混合物。				
归类决定	该商品含挥发性有机溶剂大于 50%，符合《税则》第三十二章章注四的规定，根据《税则注释》关于品目 32.08 的规定，硅油应归入税则号列 3208.9090。				

序号	246	归类决定编号	Z2006-0163	公告编号	2006 年第 69 号
商品税则号列		3208.9090		公告实施日期	2006 年 11 月 22 日
商品名称	离型剂（FREKOTE 牌）				
英文名称	Mold release agent				
其他名称					
商品描述	根据介绍及海关化验鉴定结果，离型剂（FREKOTE 牌）为无色液体、不溶于水，型号为 HSC-4。成分包括聚硅氧烷和有机溶剂。其挥发份为 98.5%。使用方法：将稀释过的离型剂刷到模具表面，在热压机台上加热，打开模具将环氧树脂和碳纤维的混合物放入模具，然后合上模具在热压机台上加热固化，溶剂和保护剂挥发，在热和空气湿气的作用下，离型剂树脂本身之间发生交连形成保护膜，由于有离型剂隔绝在模具表面，所以复合材料不会粘在模具上取不下来。				
归类决定	该商品不同于《税则注释》中品目 27.10 所述的"脱模油"，它的主要作用是树脂交连形成保护膜，而溶剂和保护剂挥发。该商品中有机溶剂含量大于 50%，根据《税则》第三十二章章注四，离型剂（FREKOTE 牌）应归入税则号列 3208.9090。				

序号	247	归类决定编号	Z2006-1206	公告编号	2007年第70号
商品税则号列		3208.9090		公告实施日期	2007年12月5日
商品名称	油性不粘涂料				
英文名称					
其他名称					
商品描述	该油性不粘涂料的主要成分为聚硅氧烷树脂55%、颜料7%、酯类溶剂30%、芳香族溶剂5%、环氧树脂1%、树脂促进剂2%。该涂料直接供厨房烹调器皿及电器产品等铝材上使用。				
归类决定	根据归类总规则一，该油性不粘涂料应归入税则号列3208.9090。				

序号	248	归类决定编号	Z2006-0164	公告编号	2006年第69号
商品税则号列		32.09		公告实施日期	2006年11月22日
商品名称	纺织印花整理剂				
英文名称					
其他名称					
商品描述	申报为纺织印花整理剂共有10种型号，中国台湾地区生产。该批纺织印花整理剂加入不同色料可在不同布料的衣服上印制不同的图案、文字。 该批纺织印花整理剂的型号、成分如下： 1. 型号P-210，成分为聚丙烯酸树酯（乳液型）43.6%、水54.35%、消泡剂0.38%、增稠剂1.92%、氨水0.29%。 2. 型号R-111，成分为乳液型聚丙烯酸树酯38.23%、水46.65%、消泡剂0.34%、钛白粉11.89%、防黏剂0.68%、增稠剂1.87%、氨水0.34%。 3. 型号T-102，成分为聚乙烯-醋酸乙烯乳液树酯34.73%、界面活性剂6.36%、水42.45%、增稠剂1.8%、防黏剂2.5%、聚丙烯酸树酯12.16%。 4. 型号P-023，成分为聚乙烯-醋酸乙烯树酯9%、水43.7%、界面活性剂1.5%、增黏剂0.8%、钛白粉16%、聚丙烯酸树酯29%。 5. 型号E-026，成分为聚乙烯-醋酸乙烯乳液树酯37%、水42.4%、聚丙烯酸树酯（乳液型）12%、防黏剂6.3%、增稠剂2.3%。 6. 型号R-101，成分为聚乙烯-醋酸乙烯乳液树酯28%、水32.4%、聚丙烯酸树酯（乳液型）10.5%、钛白粉22.5%、防黏剂3.5%、增稠剂2.4%、分散剂0.7%。 7. 型号E-032，成分为聚乙烯-醋酸乙烯乳液树酯30%、水39.9%、三氧化二锑6.5%、防火剂6.5%、增稠剂1.1%、防黏剂5.5%、聚丙烯酸树酯10.50%。 8. 型号E-001，成分为聚乙烯-醋酸乙烯乳液树酯48%、水38.7%、界面活性剂1.5%、溶剂8.7%、增稠剂3.1%。 9. 型号E-225，成分为聚氨酯乳液树酯9.70%、水56.5%、热熔胶粉32.5%、增稠剂1.3%。 10. 型号P-084，成分为聚乙烯-醋酸乙烯乳液树酯22.50%、水49%、聚丙烯酸树酯（乳液型）13.50%、界面活性剂2.60%、防黏剂1.55%、增稠剂3.5%、氨水0.85%、发泡剂6.50%。				
归类决定	"纺织印花整理剂"共10个型号，其中P-210、T-102、E-026、E-032属于透明胶浆，使用时需加入色料再印到衣服上；R-111、P-023、R-101属于白胶浆，可直接印白色图案、印深色布时用于遮盖底色。E-001使用时先印到成衣上，再用金、银箔覆盖形成烫金效果。E-225使用时先印到成衣上，再用植绒毛纸覆盖形成植绒效果。P-084使用时先加入色料印到成衣上，再加热形成发泡效果。 从用途及成分看，该类商品属于纺织印花涂料，不属于《税则》税目38.09的"用于纱线、织物……处理或整理的本《协调制度》其他品目未列名的一系列产品"。该类产品以聚合物为黏合剂，添加有部分增黏剂、表面活性剂、钛白粉等，用以装饰物体表面，符合税目32.09的商品范围。根据归类总规则一，纺织印花整理剂应归入税目32.09项下。				

序号	249	归类决定编号	Z2006-1207	公告编号	2007年第70号
商品税则号列			3209.9020	公告实施日期	2007年12月5日
商品名称	水性不粘涂料				
英文名称					
其他名称					
商品描述	该水性不粘涂料的主要成分为氟树脂52%、颜料5%、添加剂4%、溶剂39%（其中水29.5%、呋喃甲基醇1%、乙二醇4.5%、甲苯4%），属水性涂料，直接用于厨房烹调器皿及电器产品上。				
归类决定	根据归类总规则一，该水性不粘涂料应归入税则号列3209.9020。				

序号	250	归类决定编号	Z2006-0165	公告编号	2006年第69号
商品税则号列			3210.0000	公告实施日期	2006年11月22日
商品名称	防水涂料				
英文名称	Heavy duty roof coating				
其他名称					
商品描述	货主提供说明，该商品用于屋面防水，主要组成成分为"德州之心"沥青、高强纤维、矿粉、抗老化剂ZHD-7、海藻化石Die-seal。施工工艺：清扫基面→用国产浮化沥青涂刷地油→用括板涂括→再用括板涂括本产品。				
归类决定	据随附产品说明书的内容，此产品的成分和使用方法与税目32.10的清漆相符，并参考《税则注释》中品目27.15的排他条款（五），将此商品归入税则号列3210.0000。				

序号	251	归类决定编号	Z2006-0166	公告编号	2006年第69号
商品税则号列		3210.0000		公告实施日期	2006年11月22日
商品名称	防火涂料					
英文名称						
其他名称						
商品描述	该商品型号为TN-LB-2,是钢结构膨胀防火涂料,为水溶性有机与无机相结合的乳胶膨胀防火涂料。主要成分为聚磷酸铵25%、三聚氰胺12%、季戊四醇15%、钛白粉15%、二丁酯3%、水30%。 主要用途:适合于建筑物中裸露的钢结构的防火保护。 原理:涂在钢结构的表面,涂层遇火迅速膨胀,形成防火隔热层。					
归类决定	该防火涂料型号为TN-LB-2,为水溶性有机与无机相结合的乳胶膨胀防火涂料。用作钢结构膨胀防火涂料,适合于建筑物中裸露的钢结构的防火保护。将该商品涂在钢结构的表面,涂层遇火迅速膨胀,形成防火隔热层。 《税则注释》中品目38.16包括的产品是以陶渣及第纳斯土、金刚砂等耐火材料为基本成分的耐火制剂,而该商品并非以耐火材料为基本成分,因此不能归入品目38.16项下。根据归类总规则一,防火涂料应归入税则号列3210.0000。					

序号	252	归类决定编号	Z2010-0012	公告编号	2010年第15号
商品税则号列		3214.1010		公告实施日期	2010年2月28日
商品名称	黑胶					
英文名称	Molding compound					
其他名称						
商品描述	该商品为黑色颗粒。经海关化验鉴定,其含有酚醛树脂。热重分析样品中含高分子有机物25.79%、无机物74.21%,其中无机物主要为二氧化硅和约1.49%的氧化锑。申报产品成分为二氧化硅60%~80%、环氧树脂10%~20%、酚醛树脂5%~10%、碳黑0.1%~5%、其他0.1%~5%。该商品是半导体器件外包装填充封装用料,起赋形和保护作用。产品通常先经熔化,再将电子器件包裹其中,然后模制成形。其生产过程:将树脂、填充料、硬化剂、添加剂等混合加热混炼,然后冷却、粉碎后混合而成。					
归类决定	该商品的主要作用是包覆、填充,其用途和成分符合《税则注释》中品目32.14第一款(三)和(九)的解释,所加的硬化剂使之更为具体地归入品目32.14,因此该商品不应归入《税则》第三十九章。根据归类总规则一及六,黑胶应归入税则号列3214.1010。					

序号	253	归类决定编号	Z2006-0168	公告编号	2006年第69号
商品税则号列		32.15		公告实施日期	2006年11月22日
商品名称	黑（彩）墨盒（内装墨水）					
英文名称						
其他名称						
商品描述	该墨盒供 EPSON 喷墨打印机使用，装在打印机内，是一次性使用可更换商品。					
归类决定	对商品的归类是根据商品进口时的状态而不是进口后的最终状态进行归类。因此分批进口的整机成套散件，若根据归类总规则二（一）未构成整机的基本特征，则应按零部件归类。 所报黑（彩）墨盒是一次性使用可更换商品，属于打印机专用的消耗品，无论是否与整机或（成套散件）一起进口，均应按印刷油墨归入税目 32.15 项下。					

序号	254	归类决定编号	Z2006-0169	公告编号	2006年第69号
商品税则号列		3215.1100		公告实施日期	2006年11月22日
商品名称	黑色油墨					
英文名称						
其他名称						
商品描述	黑色油墨由颗粒精细的黑色颜料、聚合物、少量的添加剂（主要是导电质）和有机溶剂丁酮构成，具体含量：黑色颜料6%、聚合物7%、添加剂1.4%、有机溶剂85.6%。该商品用于小字喷墨印刷机。					
归类决定	黑色油墨的成分符合《税则注释》品目 32.15 对印刷油墨成分的解释。因此，根据归类总规则一，该商品应归入税则号列 3215.1100。					

序号	255	归类决定编号	Z2006-0171	公告编号	2006年第69号
商品税则号列		21.06 和 3301.2999		公告实施日期	2006年11月22日
商品名称	啤酒花提取液				
英文名称					
其他名称					
商品描述	啤酒花提取液包含3种产品：1. 型号46~11，为棕色浆状物，有特殊气味。其主要成分为香叶烯、蒎烯、石竹烯、草烯、桉叶烯、西柏烯、蛇麻酮（β-酸）等。2. 型号46~09，为棕色水溶液，有刺激性气味。其主要成分为水、还原异构α-酸钾盐等。3. 型号46~12，为棕色水溶液，有刺激性气味。其主要成分为水、四氢异构α-酸钾盐等。				
归类决定	根据海关化验报告，第一种产品是以酒花为原料用液态二氧化碳萃取而得的酒花提取物，主要含香叶烯、蒎烯、蛇麻酮（β-酸）等组分，所含其他植物物质很少，符合《税则注释》中品目33.01的条文注释。因此，该商品应归入税则号列3301.2999。 第二、三种产品是在液态二氧化碳提取物的基础上进行加工制成的产品，由于这两种商品已经过脱香、成盐以及异构化等处理，超出了第三十三章的定义范围。两种商品的用途为加入啤酒中增加啤酒的苦味，属于专用于啤酒工业的制品，符合《税则》税目21.06注释的有关规定，故应归入税目21.06项下。				

序号	256	归类决定编号	Z2022-0046	公告编号	2022年第78号
商品税则号列		3301.2999		公告实施日期	2022年9月1日
商品名称	黄樟油				
英文名称					
其他名称					
商品描述	黄樟油外观为黄色油状液体，根据海关化验鉴定结果，含黄樟脑90%及其他复杂组分。 加工工艺：由树根经洗净切片晒干打包后储存，再经粉碎、浸泡、中和、稀释、煮沸、蒸馏、保温、冷却后分取上层液体，再经保温、减压、脱水得黄樟原油，再经重蒸馏制得纯度为90%的黄樟油。				
归类决定	根据《税则注释》对品目33.01的注释，从天然植物材料中以通常方法（如：蒸馏、萃取等）提取制得的精油等属于该品目项下的产品。该商品属于黄樟油（精油），可以用于分离制得纯黄樟素及合成香料等，而不是《税则》第二十九章章注一规定的"单独的已有化学定义的有机化合物"。根据归类总规则一及六，该商品应归入税则号列3301.2999。				

序号	257	归类决定编号	Z2006-1208	公告编号	2007年第70号
商品税则号列		3301.2999		公告实施日期	2007年12月5日
商品名称		二氧化碳酒花浸膏			
英文名称		CO_2 hop extract			
其他名称					
商品描述		二氧化碳酒花浸膏为金黄色或琥珀色，呈半流动糖浆或厚重黏稠状，用于生产啤酒。经海关化验鉴定，该产品为啤酒花的二氧化碳萃取物，成分为蛇麻酮、葎草酮、萜烯化合物等。			
归类决定		该产品的加工工艺已超出《税则注释》品目13.02的规定，根据归类总规则一，二氧化碳酒花浸膏应归入税则号列3301.2999。			

序号	258	归类决定编号	Z2006-0172	公告编号	2006年第69号
商品税则号列		33.02		公告实施日期	2006年11月22日
商品名称		薄荷毛素油			
英文名称		Peppermint oil without terpene			
其他名称					
商品描述		根据海关化验鉴定结果，薄荷毛素油为含薄荷酮的多组分产品。主要成分为薄荷酮24%、异薄荷酮6.5%~10.5%、胡薄荷酮2%、薄荷醇35%、新脑7%、乙酸薄荷酯2%~3.5%。外观为淡黄色透明液体，该商品是由薄荷油经冷冻分离出薄荷醇后，再经分馏除去萜烯而得到。			
归类决定		天然薄荷精油中通常含薄荷醇65%~85%、薄荷酮6%~15%，薄荷醇（俗称薄荷脑）的含量比薄荷酮的含量高很多，由原油经脱去部分薄荷醇后（也称脱脑）得到的油即薄荷素油。该商品已经过分离薄荷醇，主要组分薄荷醇含量较通常含量下降了约50%，与原精油产品明显不同，且得到的产品符合《亚洲薄荷素油》（GB/T 12652—2002）的要求。参照《税则注释》关于品目33.02的解释，根据归类总规则一，薄荷毛素油应按其用途归入税目33.02项下。			

序号	259	归类决定编号	Z2006-0173	公告编号	2006年第69号
商品税则号列		3302.1010		公告实施日期	2006年11月22日
商品名称	乙酸酒花油				
英文名称	Beta hop oil				
其他名称					
商品描述	乙酸酒花油为棕色浆状物，有特殊气味，包装规格为3千克/桶，用于生产啤酒。该商品是用二氧化碳酒花浸膏制备异构酒花浸膏后分流出来，再经萃取制得。海关化验鉴定结果，主要成分为蛇麻酮（即：β-酸）、香叶烯、石竹烯、草烯、榄香烯、杜松烯等，鉴定结论为β-酸酒花油。其作用是调节啤酒中的酒花味道。				
归类决定	根据《税则注释》关于品目33.01的条文解释，进行分馏或其他改性以致所得产品的组分与初始产品明显不同的精油、香膏及提取的油树脂，不归入本品目（通常归入品目33.02）。该商品组分与初始产品二氧化碳酒花浸膏不同，已分离制备出异α-酸浸膏，该商品不属于《税则》税目33.01的商品范围。 根据归类总规则一，乙酸酒花油应归入税则号列3302.1010。				

序号	260	归类决定编号	Z2013-0028	公告编号	2013年第26号
商品税则号列		3304.9900		公告实施日期	2013年6月1日
商品名称	爱贝芙				
英文名称	Atrtcecoll				
其他名称					
商品描述	该商品为一种可注射的植入整形材料，进口规格为0.5毫升/支。该产品成分：20%聚甲基丙烯酸甲酯（PMMA，直径在32~40微米之间的小微球），80%胶原蛋白（包裹着小微球）。在使用时，通过注射技术被注入真皮底层之后，注入的胶原蛋白会慢慢被人体吸收并被人体纤维组织替代，而PMMA小微球则不会被吸收，可永久性地存在于人体内，不断地刺激皮下胶原蛋白及其他皮下组织的生长，PMMA微球被结缔组织分别单独包裹，结缔组织的数量通常和注射的胶原蛋白数量相呼应。微球光滑稳定的表面，使得结缔组织在几周内形成完毕，通过这种方法，皮下缺损被自体的结缔组织所填充。主要用于脸部的皱纹、皮下的缺损、嘴唇增厚、乳头充盈、痤疮结疤等。				
归类决定	该商品通过注射对皱纹和其他软组织缺陷起到长久的修正作用，符合《税则注释》对品目33.04的解释。根据归类总规则一，应归入税则号列3304.9900。				

序号	261	归类决定编号	Z2022-0047	公告编号	2022年第78号
商品税则号列		3306.9090		公告实施日期	2022年9月1日
商品名称	氟保护剂、牙本质保护剂				
英文名称					
其他名称					
商品描述	氟保护剂是一种含氟0.1%的牙釉质保护剂，适合任意年龄组的人群，同时可作脱敏剂。作用为治疗牙颈过敏，增强牙釉质的抵抗力，长期防龋。包装为零售瓶装。使用方法：彻底清洁牙面后吹干，将氟保护剂均匀涂在牙面上，吹干。牙本质保护剂与氟保护剂属同类产品。主要用作对龋洞的覆盖保护和牙本质封闭剂。还可作为脱敏剂。可用一次性小毛刷涂布在垫底材料上，吹成薄层。通常每六个月应用一次，每瓶可用于2~3副牙齿。				
归类决定	该类商品用途为牙齿保护，不属于漱口剂，根据归类总规则一及六，应归入税则号列3306.9090。				

序号	262	归类决定编号	Z2006-1209	公告编号	2007年第70号
商品税则号列		3307.4900		公告实施日期	2007年12月5日
商品名称	金不换熏香油				
英文名称					
其他名称	室内熏香剂				
商品描述	金不换熏香油为散发香味液体，经海关化验鉴定，其主要成分为异丙醇，含有多种芳香物质。该产品主要用作室内熏香，适合客厅、书房、办公室等场所。使用方法为将熏香油装入熏香瓶，装好燃芯头后点燃气化蕊头，十多秒后温度达200℃左右，灭掉明火。气化蕊头将保持在60℃~200℃，熏香油由棉心蕊吸上，经气化蕊头在无火状态下气化散香。				
归类决定	该产品属于室内用散发香气用制品，根据归类总规则一及《税则注释》对品目33.07的解释，金不换熏香油应归入税则号列3307.4900。				

序号	263	归类决定编号	Z2006-1210	公告编号	2007年第70号
商品税则号列		3307.4900		公告实施日期	2007年12月5日
商品名称	檀香熏香油				
英文名称					
其他名称	室内熏香剂				
商品描述	檀香熏香油为散发香味液体，经海关化验鉴定，其主要成分为异丙醇，含有多种芳香物质。该产品主要用作室内熏香，适合佛堂、办公室、店面等场所。使用方法：将熏香油装入熏香瓶，装好燃芯头后点燃气化蕊头，十多秒后温度达200℃左右，灭掉明火。气化蕊头将保持在60℃~200℃，熏香油由棉心蕊吸上，经气化蕊头在无火状态下气化散香。				
归类决定	该产品属于室内用散发香气用制品，根据归类总规则一及《税则注释》对品目33.07的解释，檀香熏香油应归入税则号列3307.4900。				

序号	264	归类决定编号	Z2006-0176	公告编号	2006年第69号
商品税则号列		3307.9000		公告实施日期	2006年11月22日
商品名称	"爱尔康"酵素洗净发泡锭				
英文名称					
其他名称					
商品描述	使用隐形眼镜一段时间后常会因眼泪中的蛋白质或其他物质沉积在镜片表面而污染镜片，"爱尔康"酵素洗净发泡锭的主要成分为酵素，可分解蛋白质或其他沉积物而清洁镜片。 根据海关化验鉴定结果，该商品是以蔗糖为载体的含有蛋白酶、脂肪酶等的清洁片（隐形眼镜用）。				
归类决定	该商品专用于隐形眼镜的清洗，已经具备了清洗药液的所有成分，使用时只需加入生理盐水溶解即可。根据《税则》第三十三章章注四和《税则注释》对品目33.07的注释，并根据归类总规则二（一），将此商品归入税则号列3307.9000。				

序号	265	归类决定编号	Z2013-0029	公告编号	2013 年第 26 号
商品税则号列		3307.9000		公告实施日期	2013 年 6 月 1 日
商品名称	外出小包装湿纸巾				
英文名称					
其他名称					
商品描述	该商品为零售包装，主要组成为无纺布（占商品重量约 26.3%）、原液（占商品重量约 73.7%）。原液的成分为纯水 95.45%、食用酒精 3%、新洁尔灭 0.15%、卡松 0.1%、丙二醇 1%、芦荟提取液 0.3%。使用方法：撕开包装袋上的标签，从中抽取无纺布湿巾直接擦拭使用，抽出无纺布湿巾后再把标签重新粘贴闭合。用途为清洁手或其他人体皮肤。				
归类决定	该商品为多组分混合物浸渍的无纺布，用于清洁皮肤。根据归类总规则一及六，应归入税则号列 3307.9000。				

序号	266	归类决定编号	Z2006-1211	公告编号	2007 年第 70 号
商品税则号列		3401.1990		公告实施日期	2007 年 12 月 5 日
商品名称	婴儿用湿纸巾				
英文名称					
其他名称					
商品描述	婴儿用湿纸巾是一种含有丙二醇、苯氧乙醇、乳酸钠、对羟基苯甲酸甲酯、聚氧乙烯氢化蓖麻油、羟基亚乙基二膦酸、羟基亚乙基二膦酸四钠、天然霍霍巴醇、十六烷基聚氧丙烯聚氧乙烯聚醚等的片状无纺布。其加工生产工艺：首先将原料无纺布折叠成型，切割成小块，再注入各种配料，然后进行灭菌处理，最后进行包装。其主要用途是清洁婴儿的肌肤，也可擦拭婴儿的手和脸，可以让宝宝幼嫩的肌肤保持水分的平衡。				
归类决定	该产品属于用洗涤剂浸渍的无纺织物，根据归类总规则一，婴儿用湿纸巾应归入税则号列 3401.1990。				

序号	267	归类决定编号	Z2006-0177	公告编号	2006年第69号
商品税则号列		3401.2000		公告实施日期	2006年11月22日
商品名称	硬脂酸钠				
英文名称					
其他名称					
商品描述	1. 成分：十二碳饱和酸钠7.9%、十四碳饱和酸钠5.2%、棕榈酸钠37.9%、硬脂酸钠45.1%、其他3.9%。 2. 外观特征：白色颗粒。				
归类决定	根据《税则注释》对品目34.01中"肥皂"的解释，该商品符合条文描述，其外观为"颗粒状"，应归入税则号列3401.2000。				

序号	268	归类决定编号	Z2006-1212	公告编号	2007年第70号
商品税则号列		3401.2000		公告实施日期	2007年12月5日
商品名称	混合脂肪钠				
英文名称					
其他名称					
商品描述	该商品经海关化验鉴定为混合脂肪钠（十六酸与十八酸钠盐的混合物），纯度在80%左右，主要作制皂原料。				
归类决定	根据归类总规则一，该商品应归入税则号列3401.2000。				

序号	269	归类决定编号	Z2006-1213	公告编号	2007 年第 70 号
商品税则号列		3401.2000		公告实施日期	2007 年 12 月 5 日
商品名称		脂肪酸钠（混合）皇冠 8000			
英文名称					
其他名称					
商品描述		脂肪酸钠（混合）皇冠 8000 外观为白色粒状固体，经海关化验鉴定其主要成分为十六酸钠、十八烯酸钠、十二酸钠等的皂粒，其结构式为 R-COONa（R 代表烃链），用于进一步加工制皂。			
归类决定		该产品符合《税则注释》品目 34.01 对"肥皂"的解释。根据归类总规则一，脂肪酸钠（混合）皇冠 8000 应归入税则号列 3401.2000。			

序号	270	归类决定编号	Z2022-0048	公告编号	2022 年第 78 号
商品税则号列		3402.4200		公告实施日期	2022 年 9 月 1 日
商品名称		棕榈仁油二乙醇酰胺			
英文名称					
其他名称					
商品描述		棕榈仁油二乙醇酰胺是用精炼棕榈仁油与二乙醇胺一步法反应制得的非离子表面活性剂，主要用于香波及液体洗涤剂的制造。经海关化验鉴定，其主要成分为脂肪酸二乙醇酰胺、甘油等，按《税则》第三十四章章注三的方法测得样品表面张力小于 45 达因/厘米。			
归类决定		该商品的主要成分为脂肪酸二乙醇酰胺，所含甘油是棕榈仁油与二乙醇胺采用一步法反应时高温下产生的副产物，在成品中残留 5%~10%，并非作为表面活性剂的有效成分，根据归类总规则一及六，应归入税则号列 3402.4200。			

序号	271	归类决定编号	Z2006-0180	公告编号	2006 年第 69 号
商品税则号列		3402.9000		公告实施日期	2006 年 11 月 22 日
商品名称	浸水助剂					
英文名称					
其他名称	ACTOL K2				
商品描述	外观：浅黄色液体。 电荷：阴离子。 溶解性：易溶于水。 稳定性：在酸碱盐中使用非常稳定。 性质：1. ACTOL K2 有良好的回湿能力，可加速浸水效果，使生皮迅速回鲜；2. 处理盐皮及干皮时加强皮面清洁，表皮下的毛根更容易出去；3. ACTOL K2 在使用上不受 pH 值的限制；4. ACTOL K2 在预浸水和主浸水中都可使用。 用途：该商品主要由阴离子表面活性剂构成，通过其良好的回湿、分解及乳化作用加速生皮浸水工序，并带有少量的可生物降解的杀菌剂产品，有抑制细菌生长的辅助作用。				
归类决定	浸水助剂 ACTOL K2 为多组分化工品，主要成分为苯磺酸盐和水，含有少量的杀菌剂，属于以有机阴离子表面活性剂为主要成分的制品。 根据《税则注释》对品目 34.02 中关于皮革浸渍剂的解释，并考虑到该商品以非零售包装形式进口，因此应归入税则号列 3402.9000。				

序号	272	归类决定编号	Z2006-0181	公告编号	2006 年第 69 号
商品税则号列		3402.9000		公告实施日期	2006 年 11 月 22 日
商品名称	水性清洁剂				
英文名称					
其他名称					
商品描述	水性清洁剂为铁桶装无色透明具刺激性气味的液体，主要成分为硫酸铵和盐酸的水溶液，含少量铝盐、钾盐，固含量约为 24%。可用作清洗显示器玻璃壳的清洁剂。				
归类决定	根据《税则注释》，品目 38.10 的金属表面酸洗剂通常指以稀酸（盐酸、硫酸等）作为基料，用于除去金属表面氧化物等的制剂。从该商品的用途看，其不符合品目 38.10 的解释。因此不能作为金属表面酸洗剂归类。 根据《税则注释》对品目 34.02 的注释，该商品属于"不以肥皂或其他有机表面活性剂为基料的清洁剂"，水性清洁剂应归入税则号列 3402.9000。				

序号	273	归类决定编号	Z2006-0182	公告编号	2006年第69号
商品税则号列		3402.9000		公告实施日期	2006年11月22日
商品名称	二硬脂基二甲基氯化铵				
英文名称					
其他名称					
商品描述	样品外观为白色块状，有强烈的醇的气味。成分：二硬脂基二甲基氯化铵、异丙醇、水。				
归类决定	二硬脂基二甲基氯化铵易溶于极性溶剂，异丙醇在产品中起助溶作用，该商品属于以表面活性剂为基本成分的混合物。根据《税则注释》对品目34.02的解释及归类总规则一，二硬脂基二甲基氯化铵应按有机表面活性剂制品归入税则号列3402.9000。				

序号	274	归类决定编号	Z2006-0183	公告编号	2006年第69号
商品税则号列		3402.9000		公告实施日期	2006年11月22日
商品名称	甘油脂肪酸酯				
英文名称	Snnsopt NO.362				
其他名称					
商品描述	根据海关化验鉴定结果，甘油脂肪酸酯表面张力属性符合《税则》第三十四章章注三的规定。其成分为聚甘油硬脂酸酯74%、硬脂酸甘油酯13%、琥珀酸硬脂酸甘油酯13%。生产工艺：将甘油经部分聚合后再与硬脂酸和琥珀酸一同反应、精制、去杂质制成。主要用在食品中作乳化剂。				
归类决定	该商品中聚甘油脂肪酸酯和硬脂酸甘油酯为非离子表面活性剂，而琥珀酸硬脂酸甘油酯为阴离子表面活性剂，属于非离子表面活性剂与阴离子表面活性剂的混合物。 该商品在生产过程中特意一起加入硬脂酸和琥珀酸，生成不同组分的产物，并在最终产品中有意留存，构成非离子表面活性剂与阴离子表面活性剂的混合物。根据《税则注释》对品目34.02的规定，甘油脂肪酸酯属于以不同表面活性剂为基本成分的混合物，应归入税则号列3402.9000。				

序号	275	归类决定编号	Z2006-0184	公告编号	2006 年第 69 号
商品税则号列		3402.9000		公告实施日期	2006 年 11 月 22 日
商品名称	涂饰剂 EG				
英文名称					
其他名称					
商品描述	涂饰剂 EG 为黄色透明液体，有刺激性气味。根据海关化验鉴定结果，主要成分为聚硅氧烷、有机溶剂。按《税则》第三十四章章注三的规定，测得样品表面张力小于 45 达因/厘米。鉴定结论为溶于有机溶剂的聚硅氧烷，属表面活性剂制品。该商品主要用于成品革顶层的涂盖，能使皮革表面产生平滑、光泽似丝及柔软的手感，也可增加耐摩擦牢度。该商品可用醇、酯、酮等溶剂稀释后使用，也可与其他手感剂混合使用。				
归类决定	根据《税则注释》对品目 34.02 项下表面活性剂制品的解释及归类总规则一，涂饰剂 EG 应归入税则号列 3402.9000。				

序号	276	归类决定编号	Z2006-0185	公告编号	2006 年第 69 号
商品税则号列		3402.9000		公告实施日期	2006 年 11 月 22 日
商品名称	柔水通				
英文名称	Biosoft				
其他名称					
商品描述	柔水通为紫红色黏稠液体，成分为磷酸 24%、表面活性剂 12%、水。经海关化验，表面张力为 32.3 达因/厘米。该商品用作农药添加剂，增加农药效力。其通过磷酸调节水的 pH 值，利于农药活性成分的稳定，节约农药用量，通过表面活性剂降低表面张力，增加农药在水质中的亲和性和扩张性能，使农药更好地附着于农作物、植物的叶面上，提高农药的效力。				
归类决定	该商品具有两种功能，其最终目的是为使农药更好地附着于农作物、植物的叶面上，表面活性剂起主要功能之一并非仅起辅助作用。因此该商品属于表面活性剂制品。根据归类总规则一，柔水通应归入税则号列 3402.9000。				

序号	277	归类决定编号	Z2006-0186	公告编号	2006 年第 69 号
商品税则号列		3402.9000		公告实施日期	2006 年 11 月 22 日
商品名称	阳离子型有机表面活性剂					
英文名称	Adogen 442					
其他名称						
商品描述	阳离子型有机表面活性剂（Adogen 442）为白色膏体，成分为水、异丙醇、表面活性剂和脂肪胺等。按《税则》第三十四章章注三的方法测得表面张力小于 45 达因/厘米。表面活性剂为双（C16~18 烷基）二甲基氯化铵。					
归类决定	双（C16~18 烷基）二甲基氯化铵易溶于极性溶剂，异丙醇作为一种溶剂，使商品具有流动性，该商品属于以表面活性剂为基本成分的混合物。根据《税则注释》对品目 34.02 的解释及归类总规则一，阳离子型有机表面活性剂应按有机表面活性剂制品归入税则号列 3402.9000。					

序号	278	归类决定编号	Z2006-1214	公告编号	2007 年第 70 号
商品税则号列		3402.9000		公告实施日期	2007 年 12 月 5 日
商品名称	季铵化三乙醇胺二酯					
英文名称	Quaternized triethanolamine diester					
其他名称						
商品描述	季铵化三乙醇胺二酯是由阳离子季铵盐 90%、异丙醇 10% 组成的一种乳黄色、有轻微异丙醇气味的膏状物，其水溶性为 0.5%，表面张力为 40 达因/厘米。异丙醇加入其中起促溶作用，使该阳离子季铵盐更易溶解。加入异丙醇后的季铵化三乙醇胺二酯仍起表面活性剂的作用，用于配制衣物柔顺剂。					
归类决定	此种混合物属于有机表面活性剂制品。根据归类总规则一，季铵化三乙醇胺二酯应归入税则号列 3402.9000。					

序号	279	归类决定编号	Z2006-1215	公告编号	2007 年第 70 号
商品税则号列		3402.9000		公告实施日期	2007 年 12 月 5 日
商品名称	纺织助剂（抗皱剂）				
英文名称	Depsolube ACA				
其他名称	多保灵 ACA				
商品描述	纺织助剂（抗皱剂）(Depsolube ACA) 为 UNIQEMA 牌，成分为水、聚氧乙烯醚脂肪酸酯、有机磷酸酯、多元醇等，为多种成分组成的混合物。该抗皱剂是一种兼抗折皱、润滑、乳化、分散等多功能的助剂，用于溢流染色机及喷射染色机湿处理过程中，以避免织物产生绳索痕、折皱及擦伤痕以及乳化分散杂质等。				
归类决定	该产品属表面活性剂制品，根据归类总规则一及《税则注释》关于品目 38.09 排他条款（四）的规定，纺织助剂（抗皱剂）应归入税则号列 3402.9000。				

序号	280	归类决定编号	Z2008-0126	公告编号	2008 年第 83 号
商品税则号列		3402.9000		公告实施日期	2008 年 11 月 24 日
商品名称	水泥添加剂				
英文名称					
其他名称					
商品描述	水泥添加剂是混凝土用减水剂，型号 TGC-QS60，为微黄色透明液体。经海关化验鉴定，其主要成分为水、聚醚、羧酸类聚合物，按《税则》第三十四章章注三规定，测得样品表面张力小于 45 达因/厘米。用于混凝土中，起减少用水、提高混凝土强度等作用。				
归类决定	混凝土减水剂主要是通过表面活性剂在水泥—水体系中发挥润湿、分散、吸附、起泡等作用，实现增加预筑构建结构物硬度和耐久度等目的。根据归类总规则一及六，水泥添加剂应归入税则号列 3402.9000。				

序号	281	归类决定编号	Z2006-0187	公告编号	2006 年第 69 号
商品税则号列		3403.9100		公告实施日期	2006 年 11 月 22 日
商品名称	合成脂				
英文名称	Neopristol EWK				
其他名称					
商品描述	该商品的成分为 2-甲基戊烯-2,4 二醇、9-十八（碳）烯酸、羟基-1,2 乙二醇硫醇聚合物、磷酸、C12-15 烷基酯、1,2 乙二醇硫醇聚合物-羟基、羟基单（烷基化不饱和 C8-18、C18）磷酸醚等。该商品由合成脂肪酸加脂剂、表面活性剂等成分组成，用在皮革加工过程中的中和加脂阶段，可单独使用或同其他阴离子型或非离子型加脂剂配合使用。该商品能够分散皮内天然油脂的分布，使其分布更均匀，与其他类型加脂剂搭配使用，能加强加脂效果，使皮革手感更丰满。				
归类决定	该商品配方中虽然不含矿物油或其他脂肪物质，但从其成分看，属于一种阴离子型合成加脂剂。根据归类总规则一，合成脂应归入税则号列 3403.9100。				

序号	282	归类决定编号	Z2006-0188	公告编号	2006 年第 69 号
商品税则号列		3403.9100		公告实施日期	2006 年 11 月 22 日
商品名称	纺织助剂（DAKOLUB 牌）				
英文名称					
其他名称					
商品描述	纺织助剂为 DAKOLUB 牌，型号为 L1838DD。该纺织助剂是以阴离子抗静电剂和乳化剂为基础的酯油，用途为改善浸润性能、抗静电保护、降低 F/M 动摩擦系数等，经上油后的丝不容易断、不起毛。根据海关化验鉴定结果，为脂肪酸酯、聚氧乙烯脂肪醇脂肪酸酯等多种成分组成的混合物，可用于纺织工业。				
归类决定	该商品属于以油脂为主的纺织用润滑剂。根据归类总规则一，纺织助剂（DAKOLUB 牌）应归入税则号列 3403.9100。				

序号	283	归类决定编号	Z2006-1216	公告编号	2007 年第 70 号
商品税则号列		3403.9900		公告实施日期	2007 年 12 月 5 日
商品名称	润滑剂				
英文名称	Lubricant				
其他名称					
商品描述	润滑剂为一种硬脂酸钙乳化液，主要成分为硬脂酸钙 50%、石灰 2%、水 48%。该产品用作造纸工业的润滑剂，适用于各种类型的涂料系统，具有润滑湿涂料的功能，减低涂料内各成分在操作时相互间因移动而产生的摩擦力，促进涂料的流动性，以改善涂布操作，提高涂布纸的品质，消除涂布纸在超压光机处理时所引起的脱粉现象，以及减少涂布纸在折叠时所引起的剥皮等缺点。				
归类决定	根据归类总规则一，润滑剂应归入税则号列 3403.9900。				

序号	284	归类决定编号	Z2008-0017	公告编号	2008 年第 76 号
商品税则号列		3403.9900		公告实施日期	2008 年 10 月 28 日
商品名称	汽油发动机润滑油				
英文名称					
其他名称					
商品描述	汽油发动机润滑油含烃类基础油（PAO）77.3%，增黏剂、降凝剂等添加剂 22.7%。适用于各类型客车。				
归类决定	该商品所用的 PAO 基础油初馏点均在 330℃ 以上。PAO 基础油是一种合成烃类基础油，其化学名称为"聚 α 烯烃"。该商品属于合成润滑油制品，其所含 PAO 基础油属于《税则》第三十九章章注三规定的液体合成聚烯烃。根据归类总规则一，汽油发动机润滑油应归入税则号列 3403.9900。				

序号	285	归类决定编号	Z2009-0098	公告编号	2009 年第 32 号
商品税则号列		3403.9900		公告实施日期	2009 年 6 月 12 日
商品名称	雾化硅油				
英文名称	Silicone spray				
其他名称					
商品描述	雾化硅油成分为 70%~80% 的聚硅氧烷，其余为钝化丁烷，申报重量为 240 克/罐。雾化硅油俗称"脱模（膜）剂（离型剂）"，主要用于金属表面脱模隔离和润滑，可在化纤生产、塑料制品生产中使用，主要是用其脱模的特点，保证金属表面光洁。钝化丁烷作为雾化推进剂，喷出后直接气化，不改变主要成分的原有特性。该产品进口状态为小型金属罐装，带喷嘴及塑料盖，可直接使用，罐外部已有品牌等具体标识。				
归类决定	该商品为可直接使用的有明确用途的零售包装制品，根据归类总规则一和六，应归入税则号列 3403.9900。				

序号	286	归类决定编号	Z2006-0189	公告编号	2006 年第 69 号
商品税则号列		3404.9000		公告实施日期	2006 年 11 月 22 日
商品名称	混合脂肪酸酯				
英文名称					
其他名称					
商品描述	该商品为微黄色蜡状固体，用途为生产生物柴油（作为添加剂）。该商品为长链混合脂肪酸酯，该样碳数分布如下：C18：0 为 36.11%，C20：0 为 21.57%，C14：0 为 11.89%，C16：0 为 7.41%，C18：1 为 4.02%。该商品的主要成分为硬脂酸甘油酯、硬脂酸山梨醇酯、棕榈酸甘油酯合计含量超过总物质的 90%，上述 3 种物质各占总量的 25%~35%。该商品滴点为 56℃。				
归类决定	商品为脂肪酸与丙三醇和山梨醇制得的混合脂肪酸酯，其产品特征及相关指标符合《税则注释》对品目 34.04 中"蜡"的描述，根据归类总规则一，商品应归入税则号列 3404.9000。				

序号	287	归类决定编号	Z2009-0009	公告编号	2009 年第 5 号
商品税则号列		3504.0090		公告实施日期	2009 年 1 月 20 日
商品名称	大米蛋白粉					
英文名称						
其他名称						
商品描述	大米蛋白粉是一种由碎米经过浸泡、磨浆，加入淀粉酶，从蛋白质分解出低聚糖，再经过滤脱渣而制得的产品。淡黄色细粉状，含蛋白质 60%~80%，水分小于 10%，灰分小于 4.5%，赖基酸大于 2.78%，蛋氨酸大于 1.89%，并含有多种微量元素和维生素。主要用于促进乳猪、幼禽的生长，并能增强乳猪、幼禽的抗病害能力。				
归类决定	该商品为谷类蛋白质，属于《税则注释》品目 35.04 的商品范围，根据归类总规则一及六，应归入税则号列 3504.0090。				

序号	288	归类决定编号	Z2006-1581	公告编号	2007 年第 70 号
商品税则号列		3505.1000 和 3912.3100		公告实施日期	2007 年 12 月 5 日
商品名称	糊精					
英文名称						
其他名称						
商品描述	该糊精由两部分组成：一部分为型号 5A，成分为羧甲基纤维素钠的白色固体粉末；另一部分为型号 APA，成分为糊精的土黄色固体粉末。该商品与其他原料一起用于生产具有一定粒度分布的炼钢保护渣，APA 的投入比例为 1.6%（相对保护渣所用原料），5A 的投入比例为 0.16%（相对保护渣所用原料，但不含稀释所用水量）。具体方法：APA 与保护渣所用其他原料（水泥、硅灰石、硅藻土、锂灰岩、碳酸钠等）按一定比例加入搅拌机中→搅拌一段时间→5A 按 1：50（水）配比后加入搅拌机中→充分搅拌形成颗粒→干燥机干燥。				
归类决定	根据归类总规则一及第六类类注三的规定，该糊精不能按混合后产品归入税则号列 3505.2000，而应按照原料分别归类：型号 5A（羧甲基纤维素钠）应归入税则号列 3912.3100，型号 APA（糊精）应归入税则号列 3505.1000。				

序号	289	归类决定编号	Z2006-1217	公告编号	2007 年第 70 号
商品税则号列		35.06		公告实施日期	2007 年 12 月 5 日
商品名称	有衬基双面粘胶带				
英文名称					
其他名称					
商品描述	该双面粘胶带衬基材料为无纺布，衬基两面均涂有丙烯酸类黏合剂，由离型纸隔离，呈卷状。				
归类决定	由于其衬基材料仅起增强作用，主要起作用的是黏合剂，根据归类总规则三，该双面粘胶带应归入税目 35.06 项下。				

序号	290	归类决定编号	Z2006-1218	公告编号	2007 年第 70 号
商品税则号列		35.06		公告实施日期	2007 年 12 月 5 日
商品名称	无衬基双面粘胶带				
英文名称					
其他名称					
商品描述	无衬基双面粘胶带由离型纸隔离成卷，两层离型纸间加一层薄膜状丙烯酸类黏合剂（不会固化）。				
归类决定	根据归类总规则一，该商品应归入税目 35.06 项下。				

序号	291	归类决定编号	Z2007-0014	公告编号	2007年第71号
商品税则号列		3506.9190		公告实施日期	2007年12月5日
商品名称	木工用热熔胶粒					
英文名称	Jowatherm282.30					
其他名称	乙烯乙酸乙烯酯塑料粒282.30					
商品描述	木工用热熔胶粒为黄色颗粒，型号为Jowatherm282.30，纸袋包装，每包25千克，加热易熔。该商品基础材料为乙烯-乙酸乙烯酯共聚物，并添加萜烯树脂（增强胶合力、增大初黏性）、松香（调节黏度）、石蜡（改善流平性、提高黏合速度、改善胶条刚韧性）、色精（调节胶线颜色）及白碳黑（增加填充性）。用途为木工用热熔胶。					
归类决定	根据归类总规则一，该商品应归入税则号列3506.9190。					

序号	292	归类决定编号	Z2006-0191	公告编号	2006年第69号
商品税则号列		3507.9090		公告实施日期	2006年11月22日
商品名称	酵素三号					
英文名称	Korea enzyme type three					
其他名称						
商品描述	酵素三号是一种含有米糠、麦麸子、淀粉酶、蛋白酶、脂肪酶等的棕黄色粉末，其有效单位为3 000unit。主要用于分解畜粪、农副产品等有机物，是制造优质堆肥的环保产品。					
归类决定	该商品是以枯草菌和曲菌等主菌所生产的淀粉酶、蛋白酶、脂肪酶为主要有效成分，属于以酶为主要成分的酶制品。根据《税则注释》中品目30.02的排他规定"不包括酶，即使是微生物酶"及品目35.07中关于酶制品的解释，酵素三号应归入税则号列3507.9090。					

序号	293	归类决定编号	Z2006-0192	公告编号	2006 年第 69 号
商品税则号列		3507.9090		公告实施日期	2006 年 11 月 22 日
商品名称	芬拿斯				
英文名称	Finase Pc				
其他名称					
商品描述	芬拿斯为淡褐色粉末，主要成分为植酸酶、酸性磷酸酶、木聚糖酶、β-葡萄糖酶、纤维素酶，载体为麦制面粉。该商品为饲料级酶制剂，可用于动物饲料，有助于植物性饲料的消化。				
归类决定	该商品是以多种酶为主要有效成分，属于以酶为主要成分的酶制品。根据归类总规则三（一），芬拿斯应归入税则号列 3507.9090。				

序号	294	归类决定编号	Z2006-0193	公告编号	2006 年第 69 号
商品税则号列		3507.9090		公告实施日期	2006 年 11 月 22 日
商品名称	艾克拿斯				
英文名称	Econase HCP 4000				
其他名称					
商品描述	艾克拿斯为黄褐色粉末，主要成分为木聚糖酶、β-葡萄糖酶、纤维素酶、麦制面粉（载体）。规格：15 千克/袋。该商品为饲料级酶制剂，可用于动物饲料。				
归类决定	该商品是以多种酶为主要有效成分，属于以酶为主要成分的酶制品。根据归类总规则三（一），艾克拿斯应归入税则号列 3507.9090。				

序号	295	归类决定编号	Z2006-0194	公告编号	2006 年第 69 号
商品税则号列		3507.9090		公告实施日期	2006 年 11 月 22 日
商品名称		醒力一号全天然植物酶			
英文名称		XINGLI NO.1 100%natural plant enzym			
其他名称					
商品描述		根据海关化验鉴定结果，醒力一号全天然植物酶的成分为碳水化合物、蛋白质、氨基酸、维生素等组分。呈黄褐色，粉状。该商品是由糙米、黄豆、米糠为基材，添加菠萝酵素，经发酵而得的酶制品。该商品用作醒力一号胶囊的原料。醒力一号胶囊为解酒产品，主要具有醒酒和保肝的作用。			
归类决定		该商品为通过添加菠萝酵素，经发酵获得的含有淀粉酶、蛋白酶、水解酶等物质的酶制剂。该商品通过菠萝酵素起到分解酒精的主要功效。根据《税则》第二十一章章注一（七），该商品不应归入税则号列 2106.9090。 根据归类总规则一，醒力一号全天然植物酶应归入税则号列 3507.9090。			

序号	296	归类决定编号	Z2006-1219	公告编号	2007 年第 70 号
商品税则号列		3507.9090		公告实施日期	2007 年 12 月 5 日
商品名称		谷氨酰胺转氨酶			
英文名称		TG-S（food additives）			
其他名称					
商品描述		该谷氨酰胺转氨酶的主要成分为谷氨酰胺转氨酶 1.0%、聚磷酸钠 5.0%、焦磷酸钠 5.0%、抗坏血酸钠 0.5%、乳糖 80.0%、糊精 8.5%。粉状，包装规格为 1 000 克/袋，主要用于提高火腿或香肠的弹性，避免产品的干裂，保持产品的真实口味和风味。其中的谷氨酰胺转氨酶能够促进蛋白质分子之间或之内的交联反应，使蛋白质分子形成一种更加牢靠的网状结构，改善食品的质地、口感等；乳糖、糊精等起载体和填充作用。			
归类决定		根据归类总规则及《税则注释》品目 35.07 的规定，该谷氨酰胺转氨酶应归入税则号列 3507.9090。			

序号	297	归类决定编号	Z2013-0030	公告编号	2013 年第 26 号
商品税则号列		3507.9090		公告实施日期	2013 年 6 月 1 日
商品名称	胆固醇酯酶试剂					
英文名称						
其他名称						
商品描述	该商品规格为 38.4 克/瓶，品牌为 AMANO。成分为胆固醇氧化酶蛋白 98%，水分 2%，白色粉末。生产流程为培养假单胞菌，从其分泌物中提取胆固醇酯酶，经过滤、浓缩、蒸馏提纯而成。用途为兑成水剂后作为高密度脂蛋白胆固醇试剂盒、低密度脂蛋白胆固醇试剂盒的组成试剂，用于人体血清中高密度脂蛋白胆固醇与低密度脂蛋白胆固醇检测。				
归类决定	该商品为胆固醇酯酶，用于配制检测试剂。根据归类总规则一及六，应归入税则号列 3507.9090。				

序号	298	归类决定编号	Z2013-0031	公告编号	2013 年第 26 号
商品税则号列		3507.9090		公告实施日期	2013 年 6 月 1 日
商品名称	肌氨酸氧化酶试剂					
英文名称						
其他名称						
商品描述	该商品规格为 3.16 克/瓶或 15.8 克/瓶，成分为肌氨酸氧化酶蛋白 99%、水分 1%，白色粉末。生产流程为培养棒状杆菌，从其分泌物中提取肌氨酸氧化酶，经过滤、浓缩、蒸馏提纯而成。用途为兑成水剂后作为肌酐检测试剂盒（酶法）的组成试剂，用于人体血清中肌酐的检测。				
归类决定	该商品为肌氨酸氧化酶，用于配制检测试剂，根据归类总规则一及六，应归入税则号列 3507.9090。				

序号	299	归类决定编号	Z2006-0195	公告编号	2006年第69号
商品税则号列		第三十七章		公告实施日期	2006年11月22日
商品名称	医用塑料胶片					
英文名称	Kodak film of DVB					
其他名称						
商品描述	该商品为一种干式激光胶片，是通过干式激光影机直接打印成像，其成像全过程免除了传统的化学套药冲洗。主要用于CT机和核磁共振仪器上。胶片尺寸：35厘米×43厘米。					
归类决定	直接成像胶片用于柯达Dry Veiw干式成像系统，采用光学系统，非接触式地通过红外激光使含有卤化银的直接成像胶片感光而形成潜影，然后再通过加热系统使之在胶片上直接成像。直接成像胶片是含卤化银涂层的感光胶片，它的成像原理完全不同于热敏像，取代了传统胶片曝光后的定影、显影和冲洗等过程。无须暗房操作，无须化学药液及湿性洗片机。产品是用于诊断的医疗影像胶片。 该商品需经红外激光照射，符合《税则》第三十七章章注二"摄影"的定义。该商品形成潜影后需加热成像，不符合第三十七章中关于"一次成像感光胶片"的规定，因此不能作为一次成像感光胶片归类。 根据归类总规则一，直接成像胶片应根据其规格尺寸归入第三十七章相应税号。					

序号	300	归类决定编号	Z2006-1220	公告编号	2007年第70号
商品税则号列		第三十七章		公告实施日期	2007年12月5日
商品名称	感光显像材料					
英文名称	Riston photosensitive emulsion					
其他名称	感光乳剂（申报名称）					
商品描述	该商品由3层构成，上下两层分别为聚乙烯和聚酯薄膜，中间层为感光乳剂。中间层的主要成分为聚合连接体50%~70%、丙烯酸单体20%~40%、光引发剂1%~10%、染料0%~5%。产品通过两端封口将上下包装压在一起，以防感光乳剂流出。产品在使用时，先将聚乙烯薄膜撕去，热压在生产基材上，然后进行感光过程，图像形成后再将聚酯盖膜撕去。该产品可用于玻璃、金属、晶圆等各种表面，起到图形转移的作用。此类产品目前主要用于印刷电路板的制造过程当中。					
归类决定	该商品属光致抗蚀干膜，根据归类总规则一，应按其规格归入第三十七章。					

序号	301	归类决定编号	Z2006-0196	公告编号	2006 年第 69 号
商品税则号列		37.02		公告实施日期	2006 年 11 月 22 日
商品名称	一次成像胶片				
英文名称	Film				
其他名称					
商品描述	一次成像胶片为蓝色卷状未感光无齿孔胶片，其成像过程：将未感光胶片切割成与需复制图像的菲林片的尺寸相同，然后与已有图像的菲林片相叠，放在感光机上，在一定压力和时间下用紫外线灯光进行感光，所需复制的图像便模糊印在此胶片上，再取出胶片并用热水清洗，图像便在此胶片上明显显现出来。				
归类决定	根据《税则注释》对一次成像卷片的定义及根据该胶片的上述成像原理，该胶片不属于一次成像卷片的定义。因此，应按照该胶片的规格尺寸等条件归入《税则》税目 37.02 项下的相应子目。				

序号	302	归类决定编号	Z2006-0198	公告编号	2006 年第 69 号
商品税则号列		37.05		公告实施日期	2006 年 11 月 22 日
商品名称	APR 版				
英文名称					
其他名称	凸版、软版				
商品描述	APR 版又称凸版、软版，共有 3 层，中间为感光树脂，上下两层为支撑用聚酯薄膜，经曝光后，可用溶剂选择性地洗去未曝光的部分，以造成 APR 版表面凸起的图形。该商品为已曝光冲洗过的、表面有图形的 APR 版。该版用于液晶行业配向液的滚筒涂胶设备上，其使用方法：将 APR 版安装在滚筒上，当玻璃基板通过时，APR 版上的 PI 定向剂会涂到玻璃基板上，由于玻璃基板上的图形与 APR 版的图形相对应，因此只在玻璃基板需要的部分涂上 PI 定向剂。				
归类决定	该版虽用感光材料经曝光冲洗后制得，但用于生产液晶装置，而不是《税则》税目 84.42 所述的印刷用版，因此不属于《税则注释》关于品目 37.05 的排他条款中所述及的商品，故应归入税目 37.05。				

序号	303	归类决定编号	Z2006-0199	公告编号	2006 年第 69 号
商品税则号列			3707.9010	公告实施日期	2006 年 11 月 22 日
商品名称		医用 X 光片冲洗显影液、定影液			
英文名称					
其他名称					
商品描述		医用 X 光片的冲洗用系列制剂。			
归类决定		根据税则号列 3707.9010 的税目条文"冲洗照相胶卷及照片用",只要符合《税则注释》第三十七章总注释中"冲洗(即用化学方法使像显现出来)"的规定,不论其用途(医用或其他用)如何,均应归入税则号列 3707.9010。 显影液是使曝光后的潜影成为可见影像的试剂;定影液的作用是溶解未曝光感光药剂,使图像稳定。两者都是冲洗过程中的重要试剂。据此,医用 X 光显影液、定影液应归入税则号列 3707.9010。			

序号	304	归类决定编号	Z2006-0200	公告编号	2006 年第 69 号
商品税则号列			3707.9090	公告实施日期	2006 年 11 月 22 日
商品名称		印刷铝板显影水			
英文名称					
其他名称					
商品描述		该印刷铝板显影水为专用于印刷 PS 板的显影剂。 1. 型号:富士牌 LP-D3; 2. 包装:15 千克/箱; 3. 主要构成成分:硅酸钠、氢氧化钾、水等; 4. 使用方法:将 PS 铝板在稀释后的显影水拖过,此铝板即可在印刷机上使用,主要用于印刷报纸。			
归类决定		印刷 PS 铝板并不属于照相胶卷及相片。根据归类总规则一,印刷铝板显影水应归入税则号列 3707.9090。			

序号	305	归类决定编号	Z2006-1223	公告编号	2007 年第 70 号
商品税则号列		3801.1000		公告实施日期	2007 年 12 月 5 日
商品名称	阳极碎				
英文名称	Anode butts				
其他名称	阳极残极				
商品描述	该阳极碎又称阳极残极，为铝电解槽阳极炭块使用之后的残留部分，厚度约 13～18 厘米，主要成分为人造石墨 99%～99.5%，其他为硫、铝、钠、钾、镁、氟等元素。其用途：经过破碎、筛分，分成不同的粒度，在阳极炭块或阳极糊生产配料时，作为一种骨料加入。				
归类决定	该产品是使用过的电解槽阳极，不能再作原用途使用，但经破碎等加工后可作为生产碳阳极的一种骨料。根据《税则注释》对品目 38.01 的条文注释，该品目也包括仅适用于作回收人造石墨用的废碎品及磨损物品，故该产品属于品目 38.01 的商品范围。根据归类总规则一，阳极碎应归入税则号列 3801.1000。				

序号	306	归类决定编号	Z2010-0013	公告编号	2010 年第 15 号
商品税则号列		3801.1000		公告实施日期	2010 年 2 月 28 日
商品名称	人造石墨块				
英文名称					
其他名称					
商品描述	人造石墨块的成分为 40% 人造石墨、40% 天然石墨，其余为碳黑、煤沥青。外观为方块状、圆柱状及圆环状。加工工艺：人造石墨、天然石墨、碳黑混合粉碎→加入煤沥青（黏合剂）→再粉碎→混捏→粉筛→静压成型（磨具压铸）→烘烧→3 000℃ 石墨化（根据不同品质要求决定是否浸渍）→材料检验→包装出厂。进口后需进行切割、车削抛光等加工，制成石墨电极制品。				
归类决定	从生产原料及工艺看，该商品属于人造石墨，符合税目 38.01 关于人造石墨的商品范畴，根据归类总规则一及六，应归入税则号列 3801.1000。				

序号	307	归类决定编号	Z2022-0049	公告编号	2022 年第 78 号
商品税则号列		3802.1090		公告实施日期	2022 年 9 月 1 日
商品名称		标索吸油剂			
英文名称					
其他名称					
商品描述		标索吸油剂是由精选原材料（炭化苔藓）经过堆填及通风处理，再经特别热处理（锅炉温度约800℃）等多项步骤制得。该商品防水、无毒、未磨碎，其天然的细胞结构对碳烃化合物等油剂物质具吸引和封藏作用，能较强地发挥对陆地、水污染等的清洁功能。			
归类决定		该商品内含毛细管提供虹吸作用，以起到吸收清洁的作用，其原材料在加工过程中，内部细胞架发生变化，因而具有了抗水性和吸收碳氢化合物的能力。因此，该商品已经超出了《税则》税目 27.03 允许的加工程度，不能归入《税则》第二十七章；根据《税则》税目 38.02 的条文及《税则注释》中"碳及矿物质为使其适应某些用途而经适当处理，使其表面结构改变后，即称为活性产品"的注释，根据归类总规则一及六，该商品应归入税则号列 3802.1090。			

序号	308	归类决定编号	Z2006-1224	公告编号	2007 年第 70 号
商品税则号列		3802.9000		公告实施日期	2007 年 12 月 5 日
商品名称		滑石粉			
英文名称		PS TALC			
其他名称					
商品描述		该滑石粉为白色粉末，用于覆铜板生产的填料，在冲孔中起到缓冲作用。经海关化验鉴定，此为有机硅油包覆的滑石粉。			
归类决定		根据《税则注释》品目 38.02 的规定，碳及矿物质为使其适应于某些用途（例如，脱色、吸气或吸湿、催化、离子交换或过滤）而经适当处理（用热、化学品等进行处理），使其表面结构改变后，即称为活性产品。该产品用有机硅油进行表面处理，符合活性产品的定义。 根据归类总规则一，滑石粉应按活性天然矿产品归入税则号列 3802.9000。			

序号	309	归类决定编号	Z2006-0203	公告编号	2006 年第 69 号
商品税则号列		38.08		公告实施日期	2006 年 11 月 22 日
商品名称		农药果品套袋			
英文名称		Pesticide apple-bags with double-deck paper			
其他名称					
商品描述		农药果品套袋为由经着色、浸蜡和用杀菌剂处理的内袋与外袋组合而成。内袋的主要作用是杀菌、防水，在外袋拨开后对果品进行着色；外袋的主要作用是遮光、支撑（保护）内袋。			
归类决定		该商品是由外袋和内袋组合而成的组合物品，从其价值及在使用过程中的作用来看，内袋起主要作用。根据归类总规则三（二）的规定，按经过用杀菌剂处理的纸制品归入《税则》税目 38.08 项下相应子目。			

序号	310	归类决定编号	Z2006-1226	公告编号	2007 年第 70 号
商品税则号列		3808.92		公告实施日期	2007 年 12 月 5 日
商品名称		仙亮 402F 水果涂层剂			
英文名称		CITRUS LUSTR 402F			
其他名称					
商品描述		该商品为新鲜水果的采后可食性涂层剂，是一种含杀菌剂戴挫霉的可溶性碱性树脂和其他食品添加剂的溶液，用于水果蔬菜采后处理，能减少水果干耗，改善外观，抑制呼吸，延长水果货架寿命；同时，能起到防腐保鲜的功效。			
归类决定		该商品已经在我国登记为农药，有明确的防治对象和作用。根据归类总规则一，该商品应归入税目 3808.92 项下。			

序号	311	归类决定编号	Z2006-1227	公告编号	2007年第70号
商品税则号列		3808.9210		公告实施日期	2007年12月5日
商品名称	苹果套袋				
英文名称	Paper bags brand "stone" (for apple)				
其他名称					
商品描述	该产品为内外两层纸袋，外袋为土黄色，内袋为黑色。其中内袋的制作方法：将农药（百菌清）加入防水剂中，将纸在防水剂中渗泡烘干，然后机械加工成袋。其成分为农药纸93%、油墨2%、胶水1%、铁丝1%、防水剂2%、包装1%。用途为调节苹果颜色，防止病虫及农药污染。				
归类决定	该商品为杀菌剂成品，根据归类总规则一，应归入税则号列3808.9210。				

序号	312	归类决定编号	Z2013-0032	公告编号	2013年第26号
商品税则号列		3808.9290		公告实施日期	2013年6月1日
商品名称	乳糖基纳他霉素				
英文名称					
其他名称					
商品描述	该商品为白色至奶油黄色结晶性粉末，由50%左右的纳他霉素和50%左右的乳糖配制而成。包装规格为10千克/袋。包装上没有消费使用说明。该商品具有阻止霉菌生长的功效，主要用于食品中作为防腐剂使用。				
归类决定	该商品是由纳他霉素和乳糖制成的抗菌配制品，根据归类总规则一及六，应归入税则号列3808.9290。				

序号	313	归类决定编号	Z2022-0050	公告编号	2022 年第 78 号
商品税则号列		3808.9319		公告实施日期	2022 年 9 月 1 日
商品名称		百草枯原液（40%）			
英文名称					
其他名称					
商品描述		百草枯化学名称为 1,1′-二甲基-4,4′-联吡啶阳离子。百草枯原液（40%）为墨绿色液体，含百草枯、催吐剂、腐蚀抑制剂和水，不易燃烧、不爆炸。用于配制"克无踪"20%水剂。			
归类决定		该商品除含有原药成分外，还含有腐蚀抑制剂等配制成药所需的物质，不符合《税则》第二十九章章注一（一）（四）~（七）的规定，不能归入第二十九章。该商品已经具备了成药的特征，根据归类总规则一及六，该商品按成药归入税则号列 3808.9319。			

序号	314	归类决定编号	Z2006-1225	公告编号	2007 年第 70 号
商品税则号列		3808.9400		公告实施日期	2007 年 12 月 5 日
商品名称		制革助剂			
英文名称		MIRECIDE SR/50、MIRECIDE TC/61			
其他名称					
商品描述		该批制革助剂有两种型号。经海关化验鉴定，型号 MIRECIDE SR/50 为淡黄色透明液体，主要成分为二甲基二硫代氨基甲酸钠、二硫化碳、2-甲基-1-丙醇、苯等；用于皮革工业，有抑制微生物滋生、预防生皮腐烂、减少臭味等作用，用量为原料皮总重量的 0.01%~0.10%。型号 MIRECIDE TC/61 为黄啡色液体，主要成分为巯基苯并噻唑、多种烷基苯、聚氧乙烯醚类混合物等；属于皮革防霉剂，能在毛皮硝制和原料生皮鞣制过程中有效控制细菌和霉菌的滋生，具有极强的防霉性和杀菌性，用量为原料皮总重量的 0.02%~0.30%。			
归类决定		根据《税则注释》，上述两种制革助剂属于消毒剂的商品范围，应归入税则号列 3808.9400。			

序号	315	归类决定编号	Z2006-1228	公告编号	2007 年第 70 号
商品税则号列		3808.9400		公告实施日期	2007 年 12 月 5 日
商品名称	露宝康（饲料级）				
英文名称					
其他名称					
商品描述	露宝康（饲料级）是一种含丙酸 92%±2%、丙酸铵 4%±1%、丙二醇 4%±1%，外观为浅黄色的透明液体，主要用于各种水分不超过 30%的谷物饲料的防霉保鲜，其挥发性比纯丙酸低 60%。使用方法：用喷雾器将 5 千克露宝康均匀地喷洒在每吨湿玉米颗粒表面，随后立即入仓储存。				
归类决定	该产品含有丙酸、丙酸铵和丙二醇，不符合化学定义，因此不能归入《税则》第二十九章。该产品适用于水分在 30%以下的饲料用玉米粒的贮存保鲜，在动物饲料生产上用于抑制不良微生物（霉菌等）的生长。根据归类总规则一，露宝康（饲料级）应归入税则号列 3808.9400。				

序号	316	归类决定编号	Z2006-1229	公告编号	2007 年第 70 号
商品税则号列		3808.9400		公告实施日期	2007 年 12 月 5 日
商品名称	涂料用抗菌剂				
英文名称					
其他名称					
商品描述	涂料用抗菌剂共有 6 个型号，经海关化验鉴定，成分如下： 1. 型号 AA146：白色黏稠液体，主要成分为水、二氯苯二甲基脲、二甲氧基喹啉二甲氧基苯胺等； 2. 型号 AA091ULF：无色透明液体，主要成分为水、氯甲基异噻唑酮、甲基戊烷等； 3. 型号 AA168：白色黏稠液体，主要成分为水、联苯二酮、丙二醇、含锌化合物、含铝化合物等； 4. 型号 BIOX ABZ：白色黏稠液体，主要成分为水、羟基嘧啶硫酮、氧化锌等； 5. 型号 M715：白色黏稠液体，主要成分为水、苯甲酸酯、多种烷烃等； 6. 型号 AA248：白色黏稠液体，主要成分为水、苯甲酸酯、含硅化合物等。 鉴定结论均为防腐防霉抗菌剂。该类产品用于涂料生产中，主要起防腐防霉抗菌作用。				
归类决定	《税则注释》规定，杀菌剂是指防止真菌生长的产品或用以消灭已有真菌的物质，而消毒剂是破坏或不可逆地灭活无生命体上的不良细菌、病毒或其他微生物的制剂。该类产品用于涂料生产中，起到防腐防霉抗菌的作用，属于消毒剂的商品范围。根据归类总规则一，以上各型号的涂料用抗菌剂均应归入税则号列 3808.9400。				

序号	317	归类决定编号	Z2006-0204	公告编号	2006 年第 69 号
商品税则号列		3809.9100		公告实施日期	2006 年 11 月 22 日
商品名称		纺织印花糊料			
英文名称					
其他名称					
商品描述		该商品为用于纺织印染的印花糊料。其成分为 Hitex Cmt-8，由 69%降解种子胶、12%磷酸三钠及 19%其他成分组成；Hitex Ps-8，由 68.5%降解种子胶、15%氯化钠及 16.5%其他成分组成。			
归类决定		该商品的各组成成分都在印花工艺中起到不同的辅助作用，属于纺织工业助剂。因此该商品应归入税则号列 3809.9100。			

序号	318	归类决定编号	Z2006-0205	公告编号	2006 年第 69 号
商品税则号列		3809.9100		公告实施日期	2006 年 11 月 22 日
商品名称		纺织工业用上浆剂			
英文名称					
其他名称					
商品描述		该商品为白色透明颗粒状。 主要成分：聚乙烯醇类物质。 主要用途：纺织工业的上浆整理（丝条通过上浆成为丝束，增加在织机上的可纺性）。			
归类决定		该商品为改性的聚乙烯醇基并含有铁螯合剂和塑化剂的复合化合物，用作纺织工业用的上浆剂，符合《税则注释》对品目 38.09 的解释。 根据归类总规则一，纺织工业用上浆剂应归入税则号列 3809.9100。			

序号	319	归类决定编号	Z2006-0206	公告编号	2006年第69号
商品税则号列		3809.9300		公告实施日期	2006年11月22日
商品名称	皮革填充剂RR				
英文名称	Resilen RR				
其他名称					
商品描述	皮革填充剂RR主要由水、聚丙烯酸盐、硫酸钠及碳酸盐等多种成分组成的混合物，外观为半清澈稠状液体，固含量为32%~34%。在皮革加工过程中，使用皮革填充剂RR，能提高皮革的丰满度，增加柔软度和粒面紧实度，并可获得细致平滑的粒面。该皮革填充剂RR是一种皮革加工过程中使用的助剂。				
归类决定	根据归类总规则一，该皮革填充剂RR应归入税则号列3809.9300。				

序号	320	归类决定编号	Z2006-1230	公告编号	2007年第70号
商品税则号列		3809.9300		公告实施日期	2007年12月5日
商品名称	皮革柔软助剂				
英文名称	Leather auxiliary				
其他名称					
商品描述	皮革柔软助剂（美丽欧蜡178）是主要由矿物蜡、水、酪蛋白、水分等物质组成的白色液体，固含量为20%，pH值约为8.5，是一种高效防黏剂，并具有填充性，用于皮革工业中作防黏剂，可改善熨平、压花及皮革堆放时的防黏性能。				
归类决定	根据归类总规则一，皮革柔软助剂应归入税则号列3809.9300。				

序号	321	归类决定编号	Z2006-1231	公告编号	2007 年第 70 号
商品税则号列		3809.9300		公告实施日期	2007 年 12 月 5 日
商品名称	皮革助剂				
英文名称	Catalix GS				
其他名称					
商品描述	皮革助剂（Catalix GS）经海关化验鉴定，主要成分为水、聚醚类物质、脂肪酸酰胺类物质（有蜡质特性）等。鉴定结论为多种成分组成的混合物，可用于纺织品和皮革的整理和染色。该产品用于皮革工业，可使鞣制更快速，可以改进手感及光亮度等。				
归类决定	根据归类总规则一，皮革助剂应归入税则号列 3809.9300。				

序号	322	归类决定编号	Z2010-0014	公告编号	2010 年第 15 号
商品税则号列		3809.9300		公告实施日期	2010 年 2 月 28 日
商品名称	皮革用涂饰剂				
英文名称					
其他名称					
商品描述	皮革用涂饰剂为水溶性液状化合物，型号 ECOFILM 2689。成分为丙烯酸聚合体 22%、油脂 1%、合成蜡 1%、二氧化硅 1%、水 75%。用于皮革表面涂饰中的底涂，具有很好的遮盖性和填充性，可使皮革具有很好的柔软性和弹性，可提高皮革柔软度，增加光泽度，改善手感，使涂膜外观自然、美观。可直接使用，也可与其他树脂调配使用。				
归类决定	根据归类总规则一及六，该商品应归入税则号列 3809.9300。				

序号	323	归类决定编号	Z2013-0033	公告编号	2013 年第 26 号
商品税则号列		3810.9000		公告实施日期	2013 年 6 月 1 日
商品名称		硼酸三甲酯和甲醇的混合物			
英文名称					
其他名称					
商品描述		该商品主要成分为硼酸三甲酯和甲醇。硼酸三甲酯含量为 65%±1%、72%±1%、74%±1%等多种。该商品以硼酸和甲醇为原料进行酯化反应，经过分馏，得到硼酸三甲酯与甲醇的混合物，通过控制蒸馏塔塔顶温度制得不同含量的产品。该商品用作助焊剂，硼酸三甲酯含量低的产品用于母材为紫铜、黄铜的焊接，硼酸三甲酯含量高的产品用于碳钢的焊接。			
归类决定		该商品为硼酸三甲酯和甲醇的混合物，用作助焊剂，不同硼酸三甲酯含量的产品适用于不同母材的焊接。根据归类总规则一及六，该商品应归入税则号列 3810.9000。			

序号	324	归类决定编号	Z2006-1232	公告编号	2007 年第 70 号
商品税则号列		3813.0010		公告实施日期	2007 年 12 月 5 日
商品名称		灭火器的装配药			
英文名称		Amphoteric fluorinated surfactant			
其他名称		两性含氟表面活性剂（FORAFAC 1202）（申报名称）			
商品描述		该商品是由丁基二甘醇 30%、全氟烷基甜菜碱 27%及水等组成的棕褐色液体，53 千克/桶。该产品按一定比例（例如以 6：94）与水混合可直接用于灭火，也可与烃类辅助表面活性配在一起增加灭火效果。其灭火性能好、无毒、腐蚀性低，属于水成膜泡沫灭火剂，用作灭火器的装配药。			
归类决定		根据归类总规则一，该商品应归入税则号列 3813.0010。			

序号	325	归类决定编号	Z2006-1233	公告编号	2007年第70号
商品税则号列		3815.9000		公告实施日期	2007年12月5日
商品名称	氧化锌脱硫剂				
英文名称					
其他名称	催化剂				
商品描述	氧化锌脱硫剂是直径约为4毫米，长度约为6~20毫米的白色条状固体，是一种化学吸收型催化剂。产品的主要成分为ZnO，另含少量的SiO_2、Na、Mg、S等。该商品采用高纯度的活性氧化锌，加入造孔剂和微量元素，挤压成型后，经高温煅烧制成氧化锌脱硫剂，可吸收从天然气到石脑油等各种烃类中的硫化氢、硫氧化碳及部分易反应的有机硫化合物，可用于烃类蒸汽转化装置的原料脱硫，也可作为低温变换催化剂的保护剂。该产品中的钠组分系碱性组分，能促进脱硫反应的加速进行，镁组分系抗耐热组分，能从微观上改善催化剂的晶格结构。				
归类决定	该商品是以活性物质为基料的混合物构成，根据归类总规则一，应归入税则号列3815.9000。				

序号	326	归类决定编号	Z2022-0051	公告编号	2022年第78号
商品税则号列		3816.0020		公告实施日期	2022年9月1日
商品名称	耐火球				
英文名称					
其他名称					
商品描述	耐火球为黑色圆形固体，其成分为碳化硅（36.6%）、二氧化硅、硅酸钠等，是将焙烧石墨电极过程中所用过的焙烧料（含石英砂及在焙烧石墨电极过程中产生的碳化硅）经破碎、筛选后，添加硅酸钠作为结合剂，同时加入少量碳黑搅拌均匀后经机械高压压制成型，并经高温（800℃~1 000℃）烘干后制得。主要用于在炼制特种钢材时，垫于炉底防止沾炉及便于清渣。				
归类决定	根据《税则注释》对品目38.16的注释，该品目所指的耐火混合制品包括以耐火材料为基本成分并含有添加黏合剂（例如硅酸钠）的制剂（例如炉衬制剂）。根据其原料、生产工艺及用途，该商品是一种耐火混合制品，符合品目38.16的商品范围，根据归类总规则一及六，应归入税则号列3816.0020。				

序号	327	归类决定编号	Z2022-0052	公告编号	2022 年第 78 号
商品税则号列		3816.0020		公告实施日期	2022 年 9 月 1 日
商品名称	硅质热补泥				
英文名称					
其他名称					
商品描述	该商品包装为袋装，外观为灰色粉状物体。主要由含硅的粒状原材料混合而成，也含有非常少量的非硅原材料，其目的是改善流动性，促进凝固。主要用途是与胶质硅黏合剂按照一定比例混合使用，用于玻璃熔炉顶部的维修。经海关化验鉴定，粉末含二氧化硅 99.0%、氧化铝 1.0% 等；颗粒含二氧化硅 88.0%、氧化钠 4.8%、氧化硫 2.1%、氧化钙 1.1%、氧化铁 0.5% 等。该商品为以二氧化硅为基本成分的混合物。				
归类决定	该商品属于以硅石为基料的耐火混合产品，根据归类总规则一及六，应归入税则号列 3816.0020。				

序号	328	归类决定编号	Z2022-0053	公告编号	2022 年第 78 号
商品税则号列		3816.0020		公告实施日期	2022 年 9 月 1 日
商品名称	覆膜砂				
英文名称					
其他名称					
商品描述	覆膜砂的成分为硅砂 85%、硬脂酸钙 1.6%、酚醛树脂 3.8%、氧化铁 8%、乌洛托品 1.6%。覆膜砂主要起塑型的作用，即将覆膜砂做成一定的形状，用于制造挖掘机斗齿的模具。在制作铸钢产品的过程中，覆膜砂模具主要起耐火保温的作用。				
归类决定	该产品是以耐火材料硅砂为基本成分，并含有黏合剂的制剂，符合《税则注释》品目 38.16 的商品范围。根据归类总规则一及六，覆膜砂应归入税则号列 3816.0020。				

序号	329	归类决定编号	Z2006-0209	公告编号	2006 年第 69 号
商品税则号列		3817.0000		公告实施日期	2006 年 11 月 22 日
商品名称	聚烷基苯				
英文名称	Poly alkl benzene				
其他名称					
商品描述	聚烷基苯的分子式为 RC_6H_4R（R 为 C12-C14），平均分子量为 420，是由 C12-C14 线性 α 烯烃对苯进行烷基化反应制得。该商品外观为浅黄到棕色黏稠油状液体，用作工业企业工艺系统的填充物，作为热能传导介质用。				
归类决定	归入《税则》第二十九章的单一有化学定义的产品有确定的分子量和分子式，该商品属于混合烷基苯，根据《税则注释》对品目 29.02 及品目 38.17 的规定，聚烷基苯应归入税则号列 3817.0000。				

序号	330	归类决定编号	Z2006-1235	公告编号	2007 年第 70 号
商品税则号列		3821.0000		公告实施日期	2007 年 12 月 5 日
商品名称	脱臭培养基				
英文名称	New biology controller				
其他名称					
商品描述	脱臭培养基为红色液体，有浓香，其主要成分为天然表面活性剂、缩氨酸、酵素群（促进发酵的酶类）、天然植物精油、纯水。其中缩氨酸为主要的微生物营养物质，能快速被微生物吸收，促进好氧性细菌的生长繁殖，起到初步培养除臭微生物的作用。该商品主要用于各类垃圾场的脱臭处理，使用时根据具体情况用纯水稀释 15~10 000 倍，不再添加其他物质，喷洒于物体表面。				
归类决定	该商品起主要作用的成分是缩氨酸和酵素群，为广谱的好氧性微生物培养基，主要为促进有效好氧性细菌的生长，协助微生物在恶臭源上建立一个高效的催化氧化系统。根据归类总规则一，脱臭培养基应归入税则号列 3821.0000。				

序号	331	归类决定编号	Z2022-0054	公告编号	2022 年第 78 号
商品税则号列		3822.1900		公告实施日期	2022 年 9 月 1 日
商品名称	中草药芯片				
英文名称					
其他名称					
商品描述	中草药芯片是用中草药经过捣碎、提取、分离、微列阵等多道生产工序，使中草药中的有效化学成分附着在空白塑料芯片表面，从而制成的产品。该技术可广泛应用于药物筛选、中药物种鉴定、农作物的优育优选、质控等许多领域。				
归类决定	根据其工艺流程及用途，该商品已超出《税则》第十二章的范围。该商品属于附于衬背上的实验用的试剂，根据归类总规则一及六，应归入税则号列 3822.1900。				

序号	332	归类决定编号	Z2022-0055	公告编号	2022 年第 78 号
商品税则号列		3822.1900		公告实施日期	2022 年 9 月 1 日
商品名称	组织芯片				
英文名称					
其他名称					
商品描述	组织芯片是将实验动物及临床组织经过固定、脱水、浸蜡、包埋、点阵、切片等工序，使组织附着在载玻片上，从而制成的产品。用途：利用免疫组织化学和生物资讯技术，将含有未知抗体的试剂滴在芯片上，观察该抗体和各种组织、各种疾病的阴阳性反应情况，借此了解该抗体与各种疾病的相互关系，为疾病的诊断、预防、治疗及药物筛选提供依据，并可用于医学院校的教学。				
归类决定	该商品是通过观察各种组织和各种疾病对含有未知抗体试剂的反应情况，了解抗体与各种疾病的相互关系，为疾病的诊断、预防、治疗及药物筛选提供依据，不同于动植物标本，不属于税目 97.05 的商品范围。该商品属于附于衬背上的实验用的试剂，根据归类总规则一及六，应归入税则号列 3822.1900。				

序号	333	归类决定编号	Z2022-0056	公告编号	2022 年第 78 号
商品税则号列		3822.1900		公告实施日期	2022 年 9 月 1 日
商品名称	薄层板				
英文名称					
其他名称					
商品描述	薄层板有两种：1. 由铝片及一层硅胶涂敷材料构成，涂层厚约0.20~0.25毫米，铝片厚度为0.35毫米。2. 由玻璃片及一层硅胶涂敷材料构成，涂层厚约0.20~0.25毫米，玻璃片厚度为1.55毫米。 　　定量检测试剂盒包括3种商品：1. 胃蛋白酶原Ⅰ定量检测试剂盒，含有HRP标记的抗人胃蛋白酶原Ⅰ单克隆抗体复合物，用于检测人血浆或血清中的胃蛋白酶原Ⅰ；2. 胃蛋白酶原Ⅱ定量检测试剂盒，含有HRP标记的抗人胃蛋白酶原Ⅱ单克隆抗体复合物，用于检测人血浆或血清中的胃蛋白酶原Ⅱ；3. 胃泌素-17定量检测试剂盒，含有抗人胃泌素-17的多克隆抗体，用于检测人血浆或血清中的胃泌素-17。上述3种商品均用酶联免疫法进行测定，用于人体外诊断。				
归类决定	该商品为制成品，专用于薄层色谱扫描仪，已改变了硅胶的一般用途而适合于特殊用途，因此不能归入《税则》第二十八章。薄层板属于附于衬背上的实验室用试剂，根据归类总规则一及六，应归入税则号列3822.1900。				

序号	334	归类决定编号	Z2022-0057	公告编号	2022 年第 78 号
商品税则号列		3822.1900		公告实施日期	2022 年 9 月 1 日
商品名称	定量检测试剂盒				
英文名称					
其他名称					
商品描述	定量检测试剂盒包括3种商品：1. 胃蛋白酶原Ⅰ定量检测试剂盒，含有HRP标记的抗人胃蛋白酶原Ⅰ单克隆抗体复合物，用于检测人血浆或血清中的胃蛋白酶原Ⅰ；2. 胃蛋白酶原Ⅱ定量检测试剂盒，含有HRP标记的抗人胃蛋白酶原Ⅱ单克隆抗体复合物，用于检测人血浆或血清中的胃蛋白酶原Ⅱ；3. 胃泌素-17定量检测试剂盒，含有抗人胃泌素-17的多克隆抗体，用于检测人血浆或血清中的胃泌素-17。上述3种商品均用酶联免疫法进行测定，用于人体外诊断。				
归类决定	根据归类总规则一及六，该商品应归入税则号列3822.1900。				

序号	335	归类决定编号	Z2022-0058	公告编号	2022 年第 78 号
商品税则号列		3822.9000		公告实施日期	2022 年 9 月 1 日
商品名称		黏土类金标准样			
英文名称					
其他名称					
商品描述		黏土类金标准样的成分组成： 1. 样品 SL20 的成分含量：二氧化硅 63.02%、三氧化二铝 18.5%、氧化钠 10.03%、氧化钾 0.29%、氧化钙 0.43%、氧化镁 0.16%、二氧化钛 0.06%、氧化锰 0.01%、五氧化二磷 0.13%、铁 3.7%、硫 3.3%、金浓缩值 5.911 克/吨（误差±0.073 克/吨）； 2. 样品 SE19：金浓缩值 0.583 克/吨（误差±0.011 克/吨），其余成分含量同 SL20 相比稍有变化； 3. 样品 SJ22：金浓缩值 2.604 克/吨（误差±0.019 克/吨），其余成分含量同 SL20 相比稍有变化。 该产品来源于新西兰 ROCKLAB 国际认证标准试验室，产品作为标准样用于对实验室的检测结果的准确性进行质量控制。				
归类决定		黏土类金标准样为控制实验室检测水平的比对标准样，其附有相关的分析证书，根据归类总规则一及六，应归入税则号列 3822.9000。			

序号	336	归类决定编号	Z2022-0059	公告编号	2022 年第 78 号
商品税则号列		3824.9999		公告实施日期	2022 年 9 月 1 日
商品名称		多乙烯多胺 E-100			
英文名称					
其他名称					
商品描述		多乙烯多胺 E-100 由四乙烯五胺、五乙烯六胺、六乙烯七胺等多胺混合物组成。用途为环氧树脂的固化剂或破乳剂。			
归类决定		该商品不属于《税则》税目 38.12 所列商品范围。根据归类总规则一及六，应归入税则号列 3824.9999。			

序号	337	归类决定编号	Z2022-0060	公告编号	2022 年第 78 号
商品税则号列		3824.9999		公告实施日期	2022 年 9 月 1 日
商品名称	贴衣型怀炉				
英文名称					
其他名称					
商品描述	贴衣型怀炉为 13 厘米×9.5 厘米贴膏，用塑料密封包装，主要成分为铁粉、水、活性炭、硅藻土、盐类、丙烯酸系高分子。使用该商品时，打开外包装，贴在内衣上，因其成分与空气成分发生化学反应，放出热量，最高温度可达 63℃，可持续保持 40℃以上 12 小时。				
归类决定	该商品含有多种成分，属于其他税目未列名的化工品，根据归类总规则一及六，应归入税则号列 3824.9999。				

序号	338	归类决定编号	Z2022-0061	公告编号	2022 年第 78 号
商品税则号列		3824.9999		公告实施日期	2022 年 9 月 1 日
商品名称	金蝠退热宝				
英文名称					
其他名称					
商品描述	金蝠退热宝的主要成分：水、甘油溶液、右旋山梨糖醇、聚丙烯酸钠等。进口状态是制成零售包装的胶贴，盒装，每盒 4 片。主要功能为适用于成人及小孩在发热时作紧急退热用，对运动后产生的肌肉劳损、拉伤起冻疗作用。使用方法为撕开透明胶膜，将冷却的胶面紧贴在要冷却的部位。商品特点为可立即使用，不必冷冻。				
归类决定	该商品利用吸收热量的原理，对发热等症状起辅助缓解作用，可用于多种类似情况，并没有治疗和预防疾病的作用，不能按药品进行归类。根据归类总规则一及六，该商品应归入税则号列 3824.9999。				

序号	339	归类决定编号	Z2022-0062	公告编号	2022 年第 78 号
商品税则号列		3824.9999		公告实施日期	2022 年 9 月 1 日
商品名称	人造石头					
英文名称						
其他名称						
商品描述	该人造石头由两种石头混合而成，一种为天然火山砾石经筛选而成，色白，是火山喷发物之一，经自然冷却胶结后成为由棱角状碎屑组成的石粒状产品，另一种是用黏土制成丸状，1 150℃高温烘焙而成，色红。该商品用于培植兰花，混合比为火山砾石：人造黏土丸＝2∶1。					
归类决定	该商品为砾石和烘焙黏土的混合物，超出了《税则》第二十五章的商品范围，并且符合《税则注释》对品目 38.24 的注释，属于"用作植物生长介质的混合物"，根据归类总规则一及六，应归入税则号列 3824.9999。					

序号	340	归类决定编号	Z2022-0063	公告编号	2022 年第 78 号
商品税则号列		3824.9999		公告实施日期	2022 年 9 月 1 日
商品名称	路用纤维					
英文名称						
其他名称						
商品描述	该路用纤维的主要成分：沥青含量约 22%，回收纸浆（木浆纤维）含量约 78%。状态为颗粒状，其生产工艺是：每一根木质纤维外裹附一层乳化沥青，沥青起支撑和协助颗粒成型的作用。该路用纤维的用途是在制造铺路沥青时添加到沥青混料中，从而可保持沥青混料的稳定性，并增加铺路沥青的一些特性。					
归类决定	由于纸浆已经进一步加工（与沥青混合），且加工后商品具有特定用途，因此该商品的加工程度超出了《税则》税目 47.06 条文所述商品范围，不能归入税目 47.06 项下；该商品不是用来直接铺设路面的，沥青成分的作用是分散纸浆纤维，沥青并不构成商品的基本特征，因此，该商品也不符合《税则》税目 27.15 条文和《税则注释》的有关规定，不能归入税目 27.15 项下。根据归类总规则一及六，该商品应归入税则号列 3824.9999。					

序号	341	归类决定编号	Z2022-0064	公告编号	2022 年第 78 号
商品税则号列		3824.9999		公告实施日期	2022 年 9 月 1 日
商品名称		多磷酸钠（磷酸盐）			
英文名称					
其他名称					
商品描述		多磷酸钠（磷酸盐）主要成分：多磷酸钠、多磷酸钾，多磷酸钠的含量大于多磷酸钾的含量。 外观：白色粉末。 主要用途：肉制品添加剂（属于食品级）。			
归类决定		该商品为多磷酸钠盐和多磷酸钾盐的混合物，不符合《税则》第二十八章章注一（一）规定："本章各税目只适用于：……单独的已有化学定义的化合物"，根据归类总规则一及六，应归入税则号列 3824.9999。			

序号	342	归类决定编号	Z2022-0065	公告编号	2022 年第 78 号
商品税则号列		3824.9999		公告实施日期	2022 年 9 月 1 日
商品名称		轻质碳酸钙			
英文名称					
其他名称					
商品描述		轻质碳酸钙化学成分：碳酸钙、脂肪酸。碳酸钙所占该商品的比例为 99.8%。 规格型号：HAKMENKA-CC。 用途：用于制作密封胶的填充剂。 经海关化验鉴定，该商品为有机物包裹的碳酸钙粉末。			
归类决定		该商品为有机物包裹的碳酸钙粉末，不符合《税则》第二十八章章注一（一）规定："本章各品目只适用于：……单独的已有化学定义的化合物"，根据归类总规则一及六，应归入税则号列 3824.9999。			

序号	343	归类决定编号	Z2022-0066	公告编号	2022 年第 78 号
商品税则号列		3824.9999		公告实施日期	2022 年 9 月 1 日
商品名称	皮革柔软助剂				
英文名称					
其他名称					
商品描述	皮革柔软助剂主要由油脂、水、聚合物等多种成分组成的白色乳化液，固含量为 45%，pH 值为 6。该助剂与其他化合物（如美丽欧蜡 178 等）按一定的配方配制使用对皮革加工，主要作用有：良好的填充效果、同其他材料组合使用封闭皮革表面、保持粒面的粒纹、降低皮革表面的不均匀吸收性、使皮革获得光滑舒适的手感、减低树脂涂饰剂的黏性、抛光涂饰、在树脂性涂饰及预封底中作为皮革的填充剂及防黏剂等。				
归类决定	该商品是与其他化合物按一定的配方配制使用的，并不是单独用作皮革抛光涂饰剂或整理剂，应属于皮革加工过程中使用的其他税号未列名的化学制品，根据归类总规则一及六，应归入税则号列 3824.9999。				

序号	344	归类决定编号	Z2022-0067	公告编号	2022 年第 78 号
商品税则号列		3824.9999		公告实施日期	2022 年 9 月 1 日
商品名称	阻燃型改性树脂粒				
英文名称					
其他名称					
商品描述	阻燃型改性树脂粒成分为树脂（如 PE、PP、EVA、PVC 等）15%~20%、三氧化二锑 70%~80%、阻燃助剂（如八溴联苯）2%、流变分散剂 2%、铝酸质偶联剂 1%、其他助剂 1%，外观为白色或米黄色粒状。该商品生产工艺是：按相应的配方将一定数量的三氧化二锑、树脂基料和各种助剂加入高速混料机中混合均匀，然后将混好的物料均匀送到双螺杆造粒机中进行造粒，物料在 140℃ 以上的高温下在造粒机中进行交联偶合，形成完全均相的熔体，经模具挤出进行风冷切粒，成品经检验合格后包装入库。该商品主要在塑料、橡胶、电缆等高分子合成材料中起阻燃作用，能直接与其他塑料原料混合熔融，注塑成型（如家电外壳、汽车饰件等）。				
归类决定	该商品是由三氧化二锑与树脂、助剂等成分经加工后制得的混合产品，因此不能作为单一有化学定义的无机化合物归入品目 28.25。根据《税则注释》规定，品目 38.09 项下的商品是专用于纺织、造纸、制革及类似工业的产品，而该商品广泛用作塑料及聚合物的阻燃成分，因此也不能归入品目 38.09。根据归类总规则一及六，该商品应归入税则号列 3824.9999。				

序号	345	归类决定编号	Z2022-0068	公告编号	2022 年第 78 号
商品税则号列		3824.9999		公告实施日期	2022 年 9 月 1 日
商品名称	异氰酸酯 3032				
英文名称					
其他名称					
商品描述	异氰酸酯 3032 的成分：MDI 等异氰酸酯化合物单体共 75.6%、三异氰酸酯 5.9%、多异氰酸酯 7.8%、聚醚多元醇和异氰酸酯的反应物 10.7%。其生产工艺：由纯 MDI、粗 MDI（包括二苯基甲烷二异氰酸酯、三异氰酸酯、多异氰酸酯）和聚醚多元醇反应得到聚合物，再将该聚合物与粗 MDI、纯 MDI 及 TDI 按比例物理混合得到，属掺合型 MDI。用于制造高弹性的聚氨酯模塑泡沫，用于家具和汽车坐垫行业。				
归类决定	该商品属于多种组分的混合物，根据归类总规则一及六，应归入税则号列 3824.9999。				

序号	346	归类决定编号	Z2022-0069	公告编号	2022 年第 78 号
商品税则号列		3824.9999		公告实施日期	2022 年 9 月 1 日
商品名称	健美纤体贴				
英文名称					
其他名称					
商品描述	健美纤体贴是一种外用减肥保健品，由纯中药精制而成，贴于肚脐上（神关穴），利用人体体温，通过对穴位刺激，可达到健脾祛湿，活血排毒，促进新陈代谢，分解脂肪等作用。成分为决明子、当归、山楂、陈皮。 用法与用量：早上起床使用，每贴可使用 15 小时，隔日用一贴。用少量防敏护肤膏轻抹脐内部位，撕去防敏贴布护纸、精华产品护盖，将精华产品贴封于肚脐内，其尖端需触及肚脐深处。				
归类决定	该商品为减肥保健品，无明确的治疗或预防疾病的作用，不能按药品归类，根据归类总规则一及六，应归入税则号列 3824.9999。				

序号	347	归类决定编号	Z2022-0070	公告编号	2022 年第 78 号
商品税则号列		3824.9999		公告实施日期	2022 年 9 月 1 日
商品名称	不溶性硫磺				
英文名称					
其他名称					

商品描述：不溶性硫磺为黄色粉末，是硫磺和处理油（20%芳烃油）的混合物，用于不饱和弹性体的不喷霜硫化剂。其中充有的芳烃油不溶于弹性体，可以延迟胶料的停放焦烧时间，防止硫磺迁徙以及保证胶料表面自粘性，降低粉尘飞扬。该商品是将硫磺粉碎、萃取，最后充油、包装为成品。经海关化验鉴定，其是含硫磺和处理油的混合物，用作橡胶硫化剂。

归类决定：根据《税则》第二十五章章注一，该章的产品不得经过混合，虽可含有添加的抗尘剂，但所加剂料并不使原产品改变其一般用途而适合于某些特殊用途。该商品为硫磺和芳烃油的混合物，所添加的芳烃油不仅具有抗尘作用，还具有可以延迟胶料的停放焦烧时间等作用，且芳烃油的添加已改变硫磺的一般用途，使该商品已具有特定的用途，不属于第二十五章的商品范围。根据归类总规则一及六，该商品应归入税则号列 3824.9999。

序号	348	归类决定编号	Z2022-0071	公告编号	2022 年第 78 号
商品税则号列		3824.9999		公告实施日期	2022 年 9 月 1 日
商品名称	亲肤表层				
英文名称					
其他名称					

商品描述：该亲肤表层为白色固体，用白胶桶装。经海关化验鉴定，其主要成分为凡士林（73%）、长链醇（26%）及芦荟油（1%）。该商品加热后变为液体，用于喷在纸尿片表层上面，使婴儿的皮肤得到滋润，防止过敏。

归类决定：根据其成分，该商品不含有护肤品通常含有的表面活性剂、防腐剂、香料和色料等。根据其使用方法，该商品加热后变为液体，喷在纸尿片表层上面，不同于护肤品通常以涂擦、喷洒等方法散布于人体表面。根据归类总规则一及六，该商品应归入税则号列 3824.9999。

序号	349	归类决定编号	Z2022-0072	公告编号	2022 年第 78 号
商品税则号列			3824.9999	公告实施日期	2022 年 9 月 1 日
商品名称	冷却粉				
英文名称					
其他名称					
商品描述	该冷却粉的成分为羧基苯甲酸酯、多糖、氯化钠、硫酸铝。用途为雪糕机制冷用。具体制作过程：取适量冷却粉加一定比例的盐和水，通过搅拌成糊状，再装入雪糕机冰桶夹层。在使用前将冰桶放入冰柜冷藏 20 小时以上，使冰桶夹层内的糊状液体充分得到冷却，使用时冰桶便具有制冷功能。				
归类决定	该商品并不具备防冻、解冻功能，不属于《税则》税目 38.20 的商品范围，根据归类总规则一及六，应归入税则号列 3824.9999。				

序号	350	归类决定编号	Z2022-0073	公告编号	2022 年第 78 号
商品税则号列			3824.9999	公告实施日期	2022 年 9 月 1 日
商品名称	加入有机溶剂的聚乙烯蜡				
英文名称					
其他名称					
商品描述	该商品主要成分为聚乙烯蜡、甲苯、乙酸乙酯等，用作生产油墨的助剂，主要起到抗刮伤、耐磨作用，无润滑作用。				
归类决定	根据归类总规则一及六，该商品应归入税则号列 3824.9999。				

序号	351	归类决定编号	Z2022-0074	公告编号	2022 年第 78 号
商品税则号列		3824.9999		公告实施日期	2022 年 9 月 1 日
商品名称	环保工程土				
英文名称					
其他名称					
商品描述	环保工程土为球形微细粒子和颗粒状的混合物，该商品是在粉煤灰为原料的再生物质中加入石灰石混合搅拌制成。其中"粉煤灰为原料的再生物质"是由将 80% 粉煤灰混合 20% 人造沸石，经过特殊处理后而得。产品特性：1. 保持了粉煤灰的通气性、透水性及保水性等诸多有益特性。且具有强力吸着有害物质及分离重金属成分的功能，使产品保留了粉煤灰原有的物理、化学有益成分，并排除了其中的有害成分；2. 对施工材料中的碱性物质反应有强力的抑制作用。该商品用于人工港岛的填埋和堤防内层的填充。				
归类决定	该商品是将粉煤灰和人造沸石混合处理后，再加入石灰石粉混合搅拌制得，已超出品目 26.21 的商品范围，根据归类总规则一及六，应归入税则号列 3824.9999。				

序号	352	归类决定编号	Z2022-0075	公告编号	2022 年第 78 号
商品税则号列		3824.9999		公告实施日期	2022 年 9 月 1 日
商品名称	脱氧剂				
英文名称					
其他名称					
商品描述	脱氧剂为灰色粉末，经海关化验鉴定，含三氧化二铝 67.6%、二氧化硅 9.3%、氧化钙 3.5%、氧化钾 2.2%、三氧化二铁 4%。该产品以生产硅铝合金时所得残渣为原料，于综合反应炉中加入氯盐等活性元素及一定量的金属铝，然后以燃油进行加热，通氩气经化学反应后冷却、破碎、分级、筛分而得。它可作为炼钢、炼铁工业的脱氧、脱硫剂。				
归类决定	该商品属工业用的化学制成品。根据归类总规则一及六，应归入税则号列 3824.9999。				

序号	353	归类决定编号	Z2022-0076	公告编号	2022 年第 78 号
商品税则号列		3824.9999		公告实施日期	2022 年 9 月 1 日
商品名称	冰盒				
英文名称					
其他名称					
商品描述	冰盒是由密封塑料盒内装约 400 克纯水制成，将此水盒放入冰箱内冷冻后取出即为冰盒。产品可用于药品运输过程中降温和保温，并可重复使用。				
归类决定	该商品中的水（冰）起降温和保温作用，由塑料盒密封包装，属于特殊形式包装的有特定用途的制品，根据归类总规则一及六，应归入税则号列 3824.9999。				

序号	354	归类决定编号	Z2022-0077	公告编号	2022 年第 78 号
商品税则号列		3824.9999		公告实施日期	2022 年 9 月 1 日
商品名称	离子水活化剂				
英文名称					
其他名称					
商品描述	离子水活化剂是一种含硫 3.5%、铜 0.0079%、铁 1.424%、锰 0.0164%、五氧化二磷 0.0046%、氧化钾 0.00042%、锌 0.035% 的无色透明液体。生产流程：硫铁矿→焙烧→氧化硫→三氧化硫+水→加入各种微量无机元素→离子水活化剂。该产品用于废水处理等环保产业，可促使废水中的有机物分解。				
归类决定	该商品是一种用于废水处理的混合物，根据归类总规则一及六，应归入税则号列 3824.9999。				

序号	355	归类决定编号	Z2022-0078	公告编号	2022 年第 78 号
商品税则号列		3824.9999		公告实施日期	2022 年 9 月 1 日
商品名称	导电介质（用于微电路的化合物）				
英文名称					
其他名称					
商品描述	导电介质（用于微电路的化合物）外观为灰色黏稠膏状物，主要成分为含银、钯、铜的金属粉（82%），另含少量有机溶剂和酯类粘接料（18%），银、钯、铜以合金状态存在，其中银：钯为 21：1，银：铜为 100：1。该产品主要涂在陶瓷基板上以高温烘烤后形成导电线路。				
归类决定	根据归类总规则一及六，该商品应归入税则号列 3824.9999。				

序号	356	归类决定编号	Z2022-0079	公告编号	2022 年第 78 号
商品税则号列		3824.9999		公告实施日期	2022 年 9 月 1 日
商品名称	消光粉				
英文名称					
其他名称					
商品描述	消光粉为白色轻质粉末，成分为二氧化硅和烷烃类化合物，属于经表面处理的二氧化硅。该商品含二氧化硅 80%、蜡 15%、水 5%，用于涂料中作消光剂，其中用蜡进行表面处理可以避免产生沉淀或结块。				
归类决定	该商品中所添加的蜡已改变了二氧化硅的一般用途而使其专用作涂料消光剂，根据归类总规则一及六，应归入税则号列 3824.9999。				

序号	357	归类决定编号	Z2022-0080	公告编号	2022 年第 78 号
商品税则号列		3824.9999		公告实施日期	2022 年 9 月 1 日
商品名称	导电胶膜				
英文名称					
其他名称					
商品描述	导电胶膜包括两种产品： 1. 型号 3MTM9703，是一种加填料的丙烯酸胶，在胶黏剂中分布着导电粒子（镀银的镍颗粒），具有导电能力，可用于 EMI/RFI 屏蔽层或银浆导线/聚酯柔性线路的连接。 2. 型号 3MTM7303，是一种能够导电且热固性胶黏薄膜，用来将柔性线路连接到印制线路板或其他柔性线路上。其成分为丙烯酸酯和环氧树脂混合物，在胶黏剂中分布着镀银玻璃珠。				
归类决定	根据归类总规则一及六，该商品应归入税则号列 3824.9999。				

序号	358	归类决定编号	Z2022-0081	公告编号	2022 年第 78 号
商品税则号列		3824.9999		公告实施日期	2022 年 9 月 1 日
商品名称	聚合氯化铝				
英文名称					
其他名称					
商品描述	聚合氯化铝是一种以活性铝矾土与盐酸为原料，用少量的铝酸钙在一定温度下进行聚合而制成的产品。其属于通过羟基架桥聚合而成的无机高分子化合物，化学通式为 $[Al_2(OH)_nCl_{6-n} \cdot xH_2O]_m$（式中：$n=1\sim 5$，$m \leqslant 10$），主要用途为各类水质净化。				
归类决定	该聚合氯化铝的化学通式 $[Al_2(OH)_nCl_{6-n} \cdot xH_2O]_m$（式中：$n=1\sim 5$，$m \leqslant 10$）中 m、n 均不确定。根据归类总规则一及六，该商品应归入税则号列 3824.9999。				

序号	359	归类决定编号	Z2022-0082	公告编号	2022年第78号
商品税则号列		3824.9999		公告实施日期	2022年9月1日
商品名称	锰锌粉末				
英文名称					
其他名称					
商品描述	该锰锌粉末呈黑色粉末状，主要成分：三氧化二铁占52.1%~55.2%、四氧化三锰占24.8%~38.2%、氧化锌占7.8%~22.9%。该产品是通过将原料按比例混合后经球磨、喷雾干燥、预烧、粉碎、喷雾造粒等工艺制得，用于制造成铁芯。该铁芯用于制造变压器、各式消磁线圈、传感器、家电产品、电脑、通信器材以及各种高科技产品。				
归类决定	根据归类总规则一及六，该商品应归入税则号列3824.9999。				

序号	360	归类决定编号	Z2022-0083	公告编号	2022年第78号
商品税则号列		3824.9999		公告实施日期	2022年9月1日
商品名称	高斯薄片				
英文名称					
其他名称					
商品描述	高斯薄片为白色薄片，含水5%、甲基纤维素44.91%、薄荷脑15.11%、玉米淀粉13.82%、芥子油9.07%、二氧化钛3.45%、聚山梨醇酯1.73%、丙二醇6.91%，通过将材料制浆、烘干、切片而制成。用于添加到牙膏中，增加牙膏的口感。				
归类决定	根据归类总规则一及六，该商品应归入税则号列3824.9999。				

序号	361	归类决定编号	Z2022-0084	公告编号	2022 年第 78 号
商品税则号列		3824.9999		公告实施日期	2022 年 9 月 1 日
商品名称		扩散纸			
英文名称					
其他名称					
商品描述		扩散纸的外观为白色圆形纸片,附着有微量的五氧化二磷和极微量的三氧化二硼。该商品在半导体器件生产中用作扩散源。实际生产中将其与硅片叠放在一起推入扩散炉中经高温燃烧后,纸源燃尽,在硅片表面只存留微量的五氧化二磷,使硅片形成 PN 结。该商品以纸基为载体、以化学物质为基本特征,纸源载体在加工过程中完全燃烧,不对后续加工产品产生影响。			
归类决定		根据归类总规则一、三(二)及六,该商品应归入税则号列 3824.9999。			

序号	362	归类决定编号	Z2022-0085	公告编号	2022 年第 78 号
商品税则号列		3824.9999		公告实施日期	2022 年 9 月 1 日
商品名称		铬添加剂			
英文名称					
其他名称					
商品描述		铬添加剂由 80%的铬粉(铬元素 99%)与 20%的助熔剂(成分:氟铝酸钾、氟硅酸钾、氟钛酸钾、铝粉)混合搅拌而成,每 1 千克为一单位,通过压力机压制成直径 68 毫米、高 120 毫米的圆柱体。用于铝合金冶炼过程中调整铝合金中金属铬的含量,减少铝液的损耗和能源消耗。			
归类决定		铬添加剂为金属铬粉和多种化合物经定量混合配制而得的一种产品,根据归类总规则一及六,应归入税则号列 3824.9999。			

序号	363	归类决定编号	Z2022-0086	公告编号	2022 年第 78 号
商品税则号列		3824.9999		公告实施日期	2022 年 9 月 1 日
商品名称	混合金刚石粉末				
英文名称					
其他名称					
商品描述	混合金刚石粉末为颗粒状，平均直径为 0.8 毫米，未经烧结。主要成分为钴 97%~98%、金刚石 2% 左右，其表面附有极少量的石蜡。该商品生产采用滚动造粒工艺，将钴粉末和金刚石细颗粒加入黏结剂石蜡与一定量溶剂，放入造粒剂里，混合后形成微核；团聚的微核经过多次滚动，最后成为一定大小的球形颗粒；然后将整批的颗粒放入干燥机进行烘干，再经过筛选，形成最终进口商品。该商品进口后与辛诺醇按一定比例充分混合、调配、烘干后进行预压成型，其中附着的石蜡会随着温度升高而融化，使粉末更易于黏结；之后放入氢气炉预烧结，再使用金属模具组模后，置于烧结机中在大约 900℃ 的高温下进行烧结，烧制过程中，因钴的特性与金刚石更易于均匀结合，可以很好地支撑金刚石；经过 5~6 小时的烧结后，最终形成坚硬的可供焊接使用的金属刀头。				
归类决定	根据归类总规则一及六，该商品应归入税则号列 3824.9999。				

序号	364	归类决定编号	Z2022-0087	公告编号	2022 年第 78 号
商品税则号列		3824.9999		公告实施日期	2022 年 9 月 1 日
商品名称	含双环戊二烯的混合物				
英文名称					
其他名称					
商品描述	该商品为淡黄色透明液体，成分为双环戊二烯（78%~86%），C9、C10 烃基降冰片烯（12%~15%），苯、甲苯和环戊二烯等。该商品以乙烯裂解后的 C5 为生产原料，蒸馏出环戊二烯后经聚合反应生成双环戊二烯粗制品，然后再经减压蒸馏分离生成双环戊二烯成品。该商品为聚酯级双环戊二烯，其中双环戊二烯及烃基降冰片烯均为参与下一步化学反应的有效成分，用于合成聚酯。				
归类决定	一般的工业粗双环戊二烯中双环戊二烯含量为 85%~95%，高纯度双环戊二烯中双环戊二烯含量达 99%。该商品中的烃基降冰片烯是作为参与下一步化学反应的有效成分，不符合《税则注释》第二十九章总注释一关于"允许含有的杂质"的规定。该商品属于混合物，并非单独已有化学定义的化合物，根据归类总规则一及六，应归入税则号列 3824.9999。				

序号	365	归类决定编号	Z2022-0088	公告编号	2022 年第 78 号
商品税则号列		3824.9999		公告实施日期	2022 年 9 月 1 日
商品名称	铝工业用锰添加剂					
英文名称						
其他名称						
商品描述	铝工业用锰添加剂为灰色圆饼状，构成成分为纯金属锰粉、助熔剂（铝无机盐与纯铝粉的混合物或纯铝粉）、表面活性剂（油脂类碳氢化合物）。成分为锰 85%±2%，表面活性剂 0.5%~2%，余量为助熔剂、铁、硅等杂质（含量<1%）。该商品的生产工艺：将纯锰粉、助熔剂和表面活性剂按一定的粒度和配比，加入高速搅拌机中混匀后出料，用高压液压机压成圆饼状。该添加剂主要用于铝合金熔铸生产中调节锰的含量，其中锰粉的作用是增加铝合金中锰元素的含量，助熔剂的作用是降低熔点，表面活性剂的作用是促进锰的高效熔化，并稳定其熔化性能。				
归类决定	该添加剂中各组分需要配合使用，均属于商品的重要组成部分。根据归类总规则一及六，该商品应归入税则号列 3824.9999。				

序号	366	归类决定编号	Z2022-0089	公告编号	2022 年第 78 号
商品税则号列		3824.9999		公告实施日期	2022 年 9 月 1 日
商品名称	膨胀石墨					
英文名称						
其他名称						
商品描述	膨胀石墨为黑色粉末。生产工艺：将鳞片石墨投入反应釜中，加入 65% 硫酸搅拌，再加入膨化剂高锰酸钾搅拌，进行化学反应，经多次水洗烘干等工艺得到膨胀石墨。				
归类决定	该商品是以鳞片石墨为原料经化学处理得到的石墨层间化合物，不在《税则》税目 38.01 的商品范围内，根据归类总规则一及六，应归入税则号列 3824.9999。				

序号	367	归类决定编号	Z2022-0090	公告编号	2022 年第 78 号
商品税则号列		3824.9999		公告实施日期	2022 年 9 月 1 日
商品名称	氰铜盐				
英文名称					
其他名称					
商品描述	氰铜盐含氰化铜钠 65%、氰化锌钠 18%、碳酸钠 17%。主要用于电镀工业上的镀铜和镀金中的调色工艺。生产工艺：将氰化铜钠、氰化锌钠和碳酸钠通过混合机混合，然后包装。				
归类决定	该商品不符合《税则》第二十八章章注一的规定，根据归类总规则一及六，应归入税则号列 3824.9999。				

序号	368	归类决定编号	Z2022-0091	公告编号	2022 年第 78 号
商品税则号列		3824.9999		公告实施日期	2022 年 9 月 1 日
商品名称	含新癸酸钴的混合物				
英文名称					
其他名称					
商品描述	新癸酸钴盐的成分为新癸酸钴约 88%、丙酸钴约 12%。该产品应用在轮胎配方中，以改善橡胶与镀黄铜钢丝帘线之间的黏合度，用于提高钢丝帘线、纤维帘线等骨架材料与橡胶的接合力，从而提高橡胶制品的机械强度。				
归类决定	该商品是新癸酸钴与丙酸钴组成的混合物，根据归类总规则一及六，应归入税则号列 3824.9999。				

序号	369	归类决定编号	Z2022-0092	公告编号	2022 年第 78 号
商品税则号列		3824.9999		公告实施日期	2022 年 9 月 1 日
商品名称	标准混凝土粒料				
英文名称					
其他名称					
商品描述	该标准混凝土粒料由 80%～90% 的天然河砂（粒径 4.75 毫米以下的岩石颗粒）和 10%～20% 的凝灰熔岩碎石（卵石或碎石，粒径 4.75 毫米以上）混合破碎加工而制成，并在破碎过程中添加了抗氧化剂溶液（浓度为 3% 的亚硝酸钙溶液）。				
归类决定	该商品的加工工艺超出了《税则》第二十五章注释一的规定，根据归类总规则一及六，应归入税则号列 3824.9999。				

序号	370	归类决定编号	Z2022-0093	公告编号	2022 年第 78 号
商品税则号列		3824.9999		公告实施日期	2022 年 9 月 1 日
商品名称	γ-氧化铝小球				
英文名称					
其他名称					
商品描述	该 γ-氧化铝小球外观是直径为 1.61 毫米的小球。主要成分为氧化铝 97%、锡 0.3%、氯 0.3%、水 2.4%。其中氯是杂质，锡的用途是分散催化剂中的铂原子，改变铂的电子状态，提高催化剂的活性、选择性。用途为用作催化剂的载体。加工工艺：采用油氨柱成型技术将氧化铝粉末、锡化合物等制成高纯氧化铝小球。				
归类决定	该商品所含的锡不符合《税则》第二十八章总注释关于"杂质"的定义，根据归类总规则一及六，应归入税则号列 3824.9999。				

序号	371	归类决定编号	Z2022-0094	公告编号	2022 年第 78 号
商品税则号列		3824.9999		公告实施日期	2022 年 9 月 1 日
商品名称	塑磁材料				
英文名称					
其他名称					
商品描述	该塑磁材料为黑色颗粒，无磁性。成分：铁红粉（氧化铁）≥80%、聚酰胺-12 约 8%、安定剂 1%、其他聚酰胺 1%等。进口后经注塑成型、着磁后，制成马达转子。				
归类决定	该商品还需进一步成型、着磁等加工，根据归类总规则一及六，应归入税则号列 3824.9999。				

序号	372	归类决定编号	Z2022-0095	公告编号	2022 年第 78 号
商品税则号列		3824.9999		公告实施日期	2022 年 9 月 1 日
商品名称	保护渣				
英文名称					
其他名称					
商品描述	保护渣的外观呈圆颗粒状。主要成分：二氧化硅 33.5%、氧化钙 32.5%、氧化镁 0.52%、氧化铝 2.86%、氧化钠 11.8%、氧化钾 0.44%、氧化钛 0.04%、氧化亚锰 0.05%、三氧化二铁 0.69%、总碳量 6.18%、氟 7.6%、水 0.80%。熔点为 1 120℃。该商品主要是在钢水浇注形成钢坯时与钢水一起加入生产设备结晶器铜板中，起润滑作用（防止钢坯壳与结晶器铜板发生黏结），同时防止钢水氧化，确保钢水连续浇注成坯。				
归类决定	该商品不属于耐火混合制品，根据归类总规则一及六，应归入税则号列 3824.9999。				

序号	373	归类决定编号	Z2022-0096	公告编号	2022 年第 78 号
商品税则号列		3824.9999		公告实施日期	2022 年 9 月 1 日
商品名称	含锂蒙脱石黏土的混合物				
英文名称					
其他名称					
商品描述	锂蒙脱石黏土为乳白色的精细粉末。成分为天然矿产锂蒙脱石黏土 60%、纤维素醚 40%。加工工艺：将锂蒙脱石黏土和水性纤维素醚经雷蒙分散机加工后包装而得，其中添加的纤维素醚用于改善流动性。该商品用作水性环保型涂料、黏结剂、陶瓷等的增稠剂。				
归类决定	该商品是天然黏土与纤维素醚的物理混合物，未改变表面结构，根据归类总规则一及六，应归入税则号列 3824.9999。				

序号	374	归类决定编号	Z2022-0097	公告编号	2022 年第 78 号
商品税则号列		3824.9999		公告实施日期	2022 年 9 月 1 日
商品名称	有机肥				
英文名称					
其他名称					
商品描述	有机肥的成分为肥料用泥煤 70%、菜籽饼（油菜籽经榨取油后的饼）30%。每包净重 15 千克。加工工艺：原料粉碎→配合→颗粒机制成颗粒→过筛→烘干→过筛→冷却→称重→包装等，用作蔬菜、庄稼、果树肥料。使用方法为地面撒施。				
归类决定	该商品是由泥煤及菜籽饼混配而成，根据《税则注释》第三十一章总注释及品目 31.01 的排他条款，不属于第三十一章的商品范围。根据归类总规则一及六，该商品应归入税则号列 3824.9999。				

序号	375	归类决定编号	Z2022-0098	公告编号	2022 年第 78 号
商品税则号列		3824.9999		公告实施日期	2022 年 9 月 1 日
商品名称	含天然黏土的混合物				
英文名称					
其他名称					
商品描述	天然黏土的加工工艺：以山上开采的矿石（麦饭石）为原料，经粉碎机碎成粉末→放入搅拌机内加入 0.2%的水和 0.1%的聚乙烯醇进行搅拌→用喷射器将粉末喷进烘干桶内使其干燥→将已成干粉状的成品包装起来。主要用于生产结构陶瓷、电器及电子用耐高温的特种陶瓷制品。				
归类决定	该商品由天然麦饭石经粉碎后加入起增黏作用的聚乙烯醇混合而成，方便进一步的冲压成型加工，其加工工艺已超出《税则》第二十五章商品的加工范围。根据归类总规则一及六，该商品应归入税则号列 3824.9999。				

序号	376	归类决定编号	Z2022-0099	公告编号	2022 年第 78 号
商品税则号列		3824.9999		公告实施日期	2022 年 9 月 1 日
商品名称	工业二-（2-氯乙基）缩甲醛				
英文名称					
其他名称					
商品描述	工业二-（2-氯乙基）缩甲醛，规格型号为 Novamal，外观为浅黄色液体。主要成分为二-（2-氯乙基）缩甲醛 79.05%、1-氯-2-［2-（2-氯乙氧基）-乙氧甲氧基］-乙烷 14.44%。生产工艺：氯乙醇与甲醛反应生成二-（2-氯乙基）缩甲醛和水，由于原料氯乙醇未经精馏［含有氯乙醇（89.3%）、氯乙氧基乙醇（7.8%）、氯代三甘醇（2.1%）、氯代四甘醇（0.6%）等多种成分］，原料中的其他成分等也参与反应生成 1-氯-2-［2-（2-氯乙氧基）-乙氧甲氧基］-乙烷等产物，以上产物与二-（2-氯乙基）缩甲醛均能参与后续使用。用途为生产聚硫橡胶的原料。				
归类决定	该商品为主要含二-（2-氯乙基）缩甲醛的混合物，不属于《税则》中"已有化学定义的有机化合物"的商品范围，根据归类总规则一及六，应归入税则号列 3824.9999。				

序号	377	归类决定编号	Z2022-0100	公告编号	2022 年第 78 号
商品税则号列		3824.9999		公告实施日期	2022 年 9 月 1 日
商品名称	丙烯酸共聚树脂原料				
英文名称					
其他名称					
商品描述	丙烯酸共聚树脂原料主要成分：三羟甲基丙烷缩甲醛丙烯酸酯（≥78%）、三羟甲基丙烷三丙烯酸酯（TMPTA，<7.5%）、三羟甲基丙烷等。作为光固化光油（清漆）的一个反应组分，用于生产聚合物。				
归类决定	该商品的主要成分为三羟甲基丙烷缩甲醛丙烯酸酯，不具有结构单元的重复特征，不能视为预聚物，并由于其与 TMPTA 可一同参与下一步反应，因此 TMPTA 等不能视为反应过程中允许存在的杂质。该商品属于化工产品的混合物，根据归类总规则一及六，应归入税则号列 3824.9999。				

序号	378	归类决定编号	Z2022-0101	公告编号	2022 年第 78 号
商品税则号列		3824.9999		公告实施日期	2022 年 9 月 1 日
商品名称	L-缬氨酸				
英文名称					
其他名称					
商品描述	L-缬氨酸呈浅黄色、粉状及块状固体，有刺激性气味。为 L-缬氨酸的粗品，以干物质计缬氨酸含量约为 90%，其他氨基酸及蛋白质等其他杂质约占 10%。生产工艺：微生物、葡萄糖和淀粉等经一级种培养、二级种培养、发酵、过滤、离交、脱色、过滤、超滤、结晶、离心、干燥等加工而成。进口后用于提纯含量大于 99% 的 L-缬氨酸。				
归类决定	根据其加工工艺及进口后的用途，该商品所含杂质并不符合第二十九章"杂质"的规定，属于《税则》未列名的化学工业产品，根据归类总规则一及六，应归入税则号列 3824.9999。				

序号	379	归类决定编号	Z2022-0102	公告编号	2022 年第 78 号
商品税则号列		3824.9999		公告实施日期	2022 年 9 月 1 日
商品名称	硅胶猫砂				
英文名称					
其他名称					
商品描述	该硅胶猫砂由加有着色物质的蓝色硅胶颗粒（二氧化硅）和白色（天然颜色）硅胶颗粒组成，用于吸收宠物的尿液、粪便中的液体和特殊气味。				
归类决定	该产品加入着色物质不是以便于识别或安全为目的，而是使产品适用于某些特殊用途，因此，根据《税则》第二十八章注释一（五），该商品不能归入品目 28.11。根据归类总规则一及六，该商品应归入税则号列 3824.9999。				

序号	380	归类决定编号	Z2017-003	公告编号	2017 年第 42 号
商品税则号列		3824.9999		公告实施日期	2017 年 10 月 1 日
商品名称	莰烯				
英文名称					
其他名称					
商品描述	该商品为无色固体，有强烈气味。由松节油经分馏得到蒎烯再经异构化反应得到，经海关化验，其中莰烯约含 83%，三环烯约含 14% 等。				
归类决定	所含莰烯和三环烯不属于同一有机化合物的两种异构体，不符合第二十九章章注一（二）条款，根据归类总规则一，应归入税则号列 3824.9999。				

序号	381	归类决定编号	Z2006-0240	公告编号	2006年第69号
商品税则号列		3825.4100 和 3825.4900		公告实施日期	2006年11月22日
商品名称		再生异丙醇、再生二氯甲烷			
英文名称					
其他名称					
商品描述		根据海关化验鉴定结果，商品一"再生异丙醇"的主要成分为异丙醇、水。商品二"再生二氯甲烷"的主要成分为二氯甲烷、乙酸乙酯、甲苯等，为多种有机溶剂的混合物。两种商品为境外制药厂在萃取西药过程中用于吸收水分后所得产品，未经任何加工直接回收所得，进口后需要再加工后方可使用。			
归类决定		两种商品，均为药品制作过程中，在萃取西药工艺后所得的吸收了水分等杂质的处理液。根据归类总规则一，再生异丙醇应归入税则号列3825.4900，再生二氯甲烷应归入税则号列3825.4100。			

序号	382	归类决定编号	Z2007-0019	公告编号	2007年第71号
商品税则号列		3825.6100		公告实施日期	2007年12月5日
商品名称		对苯二甲酸等外品水池料			
英文名称					
其他名称					
商品描述		对苯二甲酸等外品水池料为灰白色、浅黄色粉末或黑色泥状物质，气味浓烈刺鼻。中国环境科学研究院固体废物污染控制技术研究所出具的《进口废物特性鉴别报告》结论：该商品是对苯二甲酸生产过程中产生的固体废物。			
归类决定		根据归类总规则一，对苯二甲酸等外品水池料应归入税则号列3825.6100。			

序号	383	归类决定编号	Z2009-0017	公告编号	2009 年第 5 号
商品税则号列		3825.6900		公告实施日期	2009 年 1 月 20 日
商品名称	碎硅片				
英文名称	Silicon wafer				
其他名称					
商品描述	碎硅片为 6 英寸、8 英寸光刻片（有激光蚀刻带线路）、抛光片（包括涂层片、扩散片）、金属片（包括表面含有铝涂层片、铜涂层片、金涂层片）碾碎而成。规格分两种：一种为铁桶装，呈不规则的碎片（粒）状，厚度约 1 毫米，大小 2~8 毫米，色杂，光线照射下有彩色反光；另一种为纸箱装，呈片状及碎片状，厚度小于 1 毫米，一面有涂层，呈水灰色，另一面呈亮蓝色镜面状，嵌有多条平行排列的银色金属丝，另有两条平行排列的银色金属丝与其垂直相交。使用时需经酸洗、超声清洗后回炉。				
归类决定	该商品是经过涂层、扩散等表面处理的碎硅片，不属于税目 28.04 的商品范围，根据归类总规则一及六，应归入税则号列 3825.6900。				

序号	384	归类决定编号	Z2006-0241	公告编号	2006 年第 69 号
商品税则号列		3825.9000		公告实施日期	2006 年 11 月 22 日
商品名称	己内酰胺及其低聚物的混合体				
英文名称					
其他名称					
商品描述	己内酰胺及其低聚物的混合体是一种含己内酰胺 45%~50%、低聚物 21%~60%、水分 1%，外观为橙色碎片状的混合体。主要从己内酰胺生产人造纤维过程中所得的未完全转化物，经二次蒸馏、结晶制得。进口后用于生产工业耐磨塑料。其外包装为纸袋或聚丙烯袋，附聚乙烯内衬。				
归类决定	聚酰胺 6 的生产过程中，未转化完全的己内酰胺及其低聚物经回收、解聚后用于聚酰胺 6 的生产。工业上，聚合工艺及其下游产品纤维和塑料的质量要求己内酰胺的纯度较高，一般为 99.9%~99.94%。该商品己内酰胺含量低（45%~50%），低聚物含量较高（21%~60%），仅经二次蒸馏、结晶，尚未进行低聚物的解聚，属于粗制品，因此不能归入税目 29.33。 根据归类总规则一及《税则注释》对品目 38.25 的解释，己内酰胺及其低聚物的混合体属于《税则》未列名的化学工业副产品，应归入税则号列 3825.9000。				

序号	385	归类决定编号	Z2006-0242	公告编号	2006 年第 69 号
商品税则号列		3825.9000		公告实施日期	2006 年 11 月 22 日
商品名称	氟硅酸				
英文名称	Silico fluoride acid				
其他名称					
商品描述	氟硅酸的成分含量为氟硅酸 25%~40%、氟化氢 1%~10%。该商品的生产过程：用氢氟酸刻蚀石英玻璃或磷肥生产中用硅胶液吸收氟石产生的氟化氢气体而得到。				
归类决定	参考氟硅酸产品的相关资料，氟硅酸含量约在 28%~40%，氟化氢含量不超过 1%。而该商品杂质含量高，商品来源说明也显示其属于刻蚀玻璃和化肥生产的副产物，因此不能作为化学工业及相关工业的化学产品及配制品归类。 根据归类总规则一，氟硅酸应按其他品目未列名的化学工业及相关工业的副产品，应归入税则号列 3825.9000。				

序号	386	归类决定编号	Z2006-0243	公告编号	2006 年第 69 号
商品税则号列		3825.9000		公告实施日期	2006 年 11 月 22 日
商品名称	己内酰胺回收晶体				
英文名称					
其他名称					
商品描述	己内酰胺回收晶体为不规则白色或黄色固体碎片，结晶温度为 60℃，己内酰胺单体含量为 65%~90%，属化学工业副产品。该商品是以成品己内酰胺经聚合釜聚合、喷丝、铸带、生产聚酰胺切片过程中，其铸带槽冷却循环水（含有 3%~4% 的己内酰胺）为原料。工艺流程：首先将铸带槽冷却循环水经过蒸发除去 90% 以上的水分，再用蒸馏釜蒸馏、在负压和高温下蒸发、结晶、烘干后得到的产物，变成含量为 74.5% 己内酰胺单晶回收体。用途为用于生产聚酰胺切片。				
归类决定	在聚酰胺 6 的生产过程中，未转化完全的己内酰胺及其低聚物经回收、解聚后可用于聚酰胺 6 的生产。工业上，聚合工艺及其下游产品纤维和塑料的质量要求己内酰胺的纯度较高，一般为 99.9%~99.94%。而该商品己内酰胺含量低，仅经二次蒸馏、结晶，尚未进行低聚物的解聚，属于粗制品，因此不能归入税目 29.33。 根据归类总规则一及《税则注释》对品目 38.25 的解释，己内酰胺回收晶体属于《税则》未列名的化学工业副产品，应归入税则号列 3825.9000。				

序号	387	归类决定编号	Z2006-0244	公告编号	2006 年第 69 号
商品税则号列		3825.9000		公告实施日期	2006 年 11 月 22 日
商品名称	杂环化合物（紫杉醇含量约 0.46%）				
英文名称					
其他名称					
商品描述	杂环化合物是以曼地亚红豆杉浸膏为原料，经乳化离心脱脂、硅胶层析、析晶、溶解、过滤、浓缩干燥等物理方法提取曼地亚红豆杉浸膏中的二萜生物碱（含量 0.9%）后所得的剩余物，外观为深褐色颗粒，主要有效成分为紫杉醇，含量约 0.46%，另含巴卡亭Ⅲ、1-羟基巴卡亭、9-二氢 13-乙酰巴卡亭Ⅲ、七木糖基紫杉醇、10 去乙酰紫杉醇，用于提取紫杉醇。				
归类决定	该商品为曼地亚红豆杉浸膏经加工提取二萜生物碱的副产品，属于其他品目未列名的化学工业及相关工业的副产品。根据归类总规则一及《税则注释》对品目 38.25 的注释，杂环化合物应归入税则号列 3825.9000。				

序号	388	归类决定编号	Z2006-0245	公告编号	2006 年第 69 号
商品税则号列		3825.9000		公告实施日期	2006 年 11 月 22 日
商品名称	粗硅油				
英文名称					
其他名称					
商品描述	粗硅油的成分为二甲基硅氧烷（DMC）50%、水及二氧化硅 50%。其工艺流程：硅矿石（主要成分为二氧化硅）与碳加热进行还原反应，生成硅和副产物（一氧化碳、二氧化碳）；再将一氯甲烷加入硅中，以铜作催化剂进行催化反应，生成二氯二甲基硅；然后加入水进行水解，生成二羟基二甲基硅和副产物盐酸；二羟基二甲基硅进行脱水，生成不同黏度的二甲基硅氧烷，黏度较高的二甲基硅氧烷（DMC）直接经过硫酸和盐酸的混合酸催化后形成高聚二甲基硅氧烷（如硅油和硅橡胶等产品），黏度较低的二甲基硅氧烷（DMC）与反应中残余水分和二氧化硅的混合物即为粗硅油，进口后用于提取硅油。				
归类决定	由于该粗硅油是生产过程中产生的副产品，不符合《税则注释》对品目 38.24 的规定，不能归入税则号列 3824.9090。根据归类总规则一并参考品目 38.25 的注释，粗硅油应按化学工业的副产品，归入税则号列 3825.9000。				

序号	389	归类决定编号	Z2006-0246	公告编号	2006 年第 69 号
商品税则号列		3825.9000		公告实施日期	2006 年 11 月 22 日
商品名称	回用双酚 A				
英文名称	Bisphenol-A				
其他名称					
商品描述	回用双酚 A 为聚碳酸酯成品筛出后留剩的粉状物，主要成分为生产聚碳酸酯过程中未反应的双酚 A、水分和造成外观颜色的杂质，其中双酚 A 的含量在 60% 以上，聚碳酸酯微粒 10% 左右，水分 30% 以上。其色泽因含有的聚碳酸酯微粒的颜色不同而不同。进口后使用时需进行烘干等多道处理。可用于生产低级建筑用胶时掺和使用。				
归类决定	该商品是生产聚碳酸酯时回收的副产品，含有 10% 左右的聚碳酸酯微粒，且未经过提纯等工艺，不属于《税则》第二十九章的商品范围。 根据归类总规则一，回用双酚 A 属于《税则》未列名的化学工业副产品，应归入税则号列 3825.9000。				

序号	390	归类决定编号	Z2007-0020	公告编号	2007 年第 71 号
商品税则号列		3825.9000		公告实施日期	2007 年 12 月 5 日
商品名称	邻甲苯二胺				
英文名称	Ortho toluenediamine				
其他名称					
商品描述	邻甲苯二胺的外观为红色固体，是在制备甲苯二异氰酸酯（TDI）工艺过程中分离出来的。该商品需再经加工将其中的邻甲苯二胺提纯到 99% 以上才能使用。用途为制造甲基苯并三氮唑（汽车机油、不动液、工业水处理添加剂）和橡胶促进剂的原料。				
归类决定	该商品属于化学工业副产品，需再经提纯后使用，根据归类总规则一，应归入税则号列 3825.9000。				

序号	391	归类决定编号	Z2008-0133	公告编号	2008年第83号
商品税则号列		3825.9000		公告实施日期	2008年11月24日
商品名称	对苯二甲酸次级品				
英文名称					
其他名称					
商品描述	对苯二甲酸次级品中的对羧基苯甲醛（4CBA）为200毫克/千克、对甲基苯甲酸（PT酸）为200毫克/千克、水分≤3%，是在精对苯二甲酸（PTA）生产过程中产生的。PTA生产分三步：第一步氧化反应，第二步氢化精制，第三步PTA经研磨、脱水、烘干、包装成为成品。该商品主要是在第二步氢化反应时未精制完全的副料，以及第三步生产过程中产生的水分及灰分超标料，经回收后而得。进口后可作为生产聚酯树脂的原料。				
归类决定	根据归类总规则一及六，对苯二甲酸次级品属于化学工业副产品，应归入税则号列3825.9000。				

序号	392	归类决定编号	Z2009-0101	公告编号	2009年第32号
商品税则号列		3825.9000		公告实施日期	2009年6月12日
商品名称	氧化铈（副牌）				
英文名称					
其他名称					
商品描述	氧化铈（副牌）是一种以铈矿土为原料，通过加入氨水和碳酸氢铵合成反应，再水洗分级，从正品分离环节中剔除出来的杂质和不合格料。申报成分：氧化铈72.58%、氧化镧16.11%、水10%。查验取样为红褐色膏状物。主要用于玻璃的磨边倒角和抛光。				
归类决定	该产品属于氧化铈生产过程中产生的相关副产品，符合《税则注释》品目38.25的商品范围，根据归类总规则一及六，应归入税则号列3825.9000。				

序号	393	归类决定编号	Z2006-0247	公告编号	2006年第69号
商品税则号列		第三十九章或5910.0000		公告实施日期	2006年11月22日
商品名称		纸机传送带用布			
英文名称		Trans belt			
其他名称					
商品描述		纸机传送带用布的中间层为基网，两面分别为黑色塑料层和被面针刺层，规格为21.2米×6.90米，厚度3~4毫米。基网成分为100%聚酰亚胺，塑料层成分为100%聚亚胺脂，针刺层为聚酰胺。该商品两侧安装有金属制的吊环，用作纸机传送带，无须加工可直接安装到机器的压榨部位，该传送带的功能是增强纸机的脱水效率。			
归类决定		从外观来看，该商品属于塑料与纺织材料的复合制品，其中黑色塑料层部分厚达1毫米。根据《税则注释》第三十九章总注释，若纺织材料占总重量的50%及以下，纸机传送带用布应归入第三十九章，否则应按纺织材料传送带归入税则号列5910.0000。			

序号	394	归类决定编号	Z2006-0248	公告编号	2006年第69号
商品税则号列		39.01或39.05		公告实施日期	2006年11月22日
商品名称		水溶性乙烯醋酸乙烯酯共聚物			
英文名称					
其他名称					
商品描述		水溶性乙烯醋酸乙烯酯共聚物为白色乳液，有黏性。有两种型号，其中ADCOTE 37R345含水（55±1）%、乙烯-乙酸乙烯酸共聚物（39.9±1）%、钾盐5.1%；ADCOTE 37R987含水（55±1）%、乙烯-乙酸乙烯酸共聚物（42.3±1）%、钾盐2.7%，钾盐是乳化剂起稳定作用。该商品用于涂布纸张，形成透气良好的热封层。			
归类决定		该商品中钾盐为乳化剂起稳定作用，该商品为聚合物在水中的分散体。根据《税则注释》第三十九章中"初级形状"及"共聚物"的规定，商品"水溶性乙烯醋酸乙烯酯共聚物"应根据其中乙烯和醋酸乙烯单体的含量高低分别归入税目39.01或39.05项下。			

序号	395	归类决定编号	Z2013-0035	公告编号	2013 年第 26 号
商品税则号列			3902.1000	公告实施日期	2013 年 6 月 1 日
商品名称	改性聚丙烯				
英文名称					
其他名称					
商品描述	该商品为黑色颗粒，具体成分：聚丙烯 80%（丙烯单体 100%）、滑石粉 19.5%、碳黑 0.5%。商品通过物理方法提高刚性，改善其耐热性和提高光泽度，并添加了碳黑调色。				
归类决定	该商品的滑石粉和聚丙烯仅是物理混合，不属于化学改性聚合物的商品范畴，根据归类总规则一、六及第三十九章的子目注释一，该商品应归入税则号列 3902.1000。				

序号	396	归类决定编号	Z2006-0251	公告编号	2006 年第 69 号
商品税则号列			3903.9000	公告实施日期	2006 年 11 月 22 日
商品名称	聚溴化苯乙烯				
英文名称					
其他名称					
商品描述	聚溴化苯乙烯型号为 PBS-64HW，为琥珀色片剂，纯度>99%，是先聚合苯乙烯再溴化制得，溴取代基在苯环上，用作聚酰胺树脂和热塑性聚酯树脂的阻燃剂。				
归类决定	根据归类总规则一，聚溴化苯乙烯应归入税则号列 3903.9000。				

序号	397	归类决定编号	Z2006-0252	公告编号	2006 年第 69 号
商品税则号列		3904.2100		公告实施日期	2006 年 11 月 22 日
商品名称		聚氯乙烯粉状混料			
英文名称					
其他名称					
商品描述		聚氯乙烯粉状混料的成分含量（按重量配比）：第一种配比为 PVC 树脂 100、热稳定剂 2.5、硬脂酸钙（热稳定剂）0.5、硬脂酸（内部润滑剂）0.1、轻质碳酸钙（填充剂）24、氯化聚乙烯（抗冲击改性剂）4、聚乙烯蜡（外部润滑剂）0.4、钛白粉（着色剂）2。第二种配比为 PVC 树脂 100、热稳定剂 2.6、二辛酯（增塑剂）4、硬脂酸（内部润滑剂）0.3、重质碳酸钙（填充剂）45、轻质碳酸钙（填充剂）45、氯化聚乙烯（抗冲击改性剂）6、聚乙烯蜡（外部润滑剂）0.5、钛白粉（着色剂）2、精制石蜡（外部润滑剂）0.6。该商品直接用于生产排水管。				
归类决定		该商品已在聚氯乙烯中添加了增塑剂、热稳定剂、填料及着色剂等添加剂，使商品具有某种所需特性，超出聚氯乙烯纯粉的范围。 根据归类总规则一，聚氯乙烯粉状混料应归入税则号列 3904.2100。			

序号	398	归类决定编号	Z2006-0254	公告编号	2006 年第 69 号
商品税则号列		3906.9010		公告实施日期	2006 年 11 月 22 日
商品名称		聚丙烯酰胺			
英文名称		Flosoft 200			
其他名称					
商品描述		聚丙烯酰胺为乳白色黏稠液体，含聚甲基丙烯酰胺 60%、矿物油（溶剂）30%、乙氧基脂肪醇（表面活性剂）5%、水 5%。表面活性剂的作用是使聚丙烯酰胺在溶剂中形成稳定的分散体系。用于柔顺剂生产，起增稠作用。			
归类决定		根据《税则注释》第三十九章总注释，如果加入了某种物质，所得产品更为具体地列入《协调制度》其他品目的，这些产品则不归入第三十九章。该商品属于聚合物在溶剂中的分散体，并无其他成分表明其具有专用用途。根据归类总规则一，聚丙烯酰胺应归入税则号列 3906.9010。			

序号	399	归类决定编号	Z2007-0021	公告编号	2007 年第 71 号
商品税则号列		3906.9090		公告实施日期	2007 年 12 月 5 日
商品名称	皮革助剂				
英文名称	Curious ip				
其他名称					
商品描述	皮革助剂型号为 Curious ip，经海关化验鉴定，主要成分为水、丙烯酸聚合物和表面活性剂，可用作皮革涂饰剂。该商品需与其他制剂调制成底涂浆料后，才能用于皮革的底涂工序。				
归类决定	根据归类总规则一，皮革助剂应归入税则号列 3906.9090。				

序号	400	归类决定编号	Z2013-0036	公告编号	2013 年第 26 号
商品税则号列		3907.3000		公告实施日期	2013 年 6 月 1 日
商品名称	银石色粉体漆				
英文名称					
其他名称					
商品描述	该商品成分为树脂（缩水甘油封端双酚 A 环氧氯丙烷共聚物）50%~60%、颜料（铝粉 1%~5% 和色素 1%~5%）2%~10%、碳酸钙 15%~25% 及添加剂 3%~6%。规格型号为 81972B30K。加工工艺：将树脂、颜料、添加剂和填充剂混合后充分研磨至颗粒达到 10~15 微米细度，按客户要求包装出厂。该漆用于喷涂投影仪支架。				
归类决定	该商品属于粉状油漆，参照《税则注释》品目 32.10 注释条文排他条款（三），根据归类总规则一及六，应归入税则号列 3907.3000。				

序号	401	归类决定编号	Z2006-0255	公告编号	2006 年第 69 号
商品税则号列		3908.1011		公告实施日期	2006 年 11 月 22 日
商品名称	尼龙 6,6				
英文名称					
其他名称					
商品描述	尼龙 6,6 的外观为颗粒状，两端呈切面。				
归类决定	切片是行业上对切粒产品的习惯称谓，即为塑料粒子，是因从切粒机切割下后，形状呈扁状而得名。聚酰胺聚合物与各种添加剂混合后，送入挤出机中熔化，并进一步混合均匀。通过多孔口模，形成多根条料，再用切粒机切断成粒料。切断有热切粒和冷切粒之分。前者条料离口模后，一边用空气或水冷却，一边立即用旋转刀切断，此时的粒料的周边无明显的切刀的痕迹，大多呈圆粒状；后者是将条料全部冷却后，再送入切粒机切粒，此时粒料的两边可见有切刀的痕迹，大多呈扁平或扁椭圆状。无论何种加工方法，只要经过了切片工序的产品均属于"切片"。 从该商品的外观上看，颗粒的两端都有切刀的痕迹，属于"切片"。根据归类总规则一，尼龙 6,6 应归入税则号列 3908.1011。				

序号	402	归类决定编号	Z2006-0256	公告编号	2006 年第 69 号
商品税则号列		3909.5000		公告实施日期	2006 年 11 月 22 日
商品名称	聚氨酯预聚物				
英文名称					
其他名称	异氰酸酯架桥剂、固化剂				
商品描述	该商品为无色或淡黄色透明液体，由异氰酸酯与多元醇加成反应而得，添加乙酸乙酯作为溶剂。用于配制双组成的 PU 涂料，涂布木器、金属、合成皮革表面。经送化验检测认定其主要成分为聚氨酯预聚物。因该商品易与空气中的水分反应而进一步聚合，样品的聚合度较难准确测定，根据厂商提供的资料，其聚合度为 1~3。				
归类决定	聚氨酯预聚物为无色或淡黄色透明液体、有特殊气味，由甲苯二异氰酸酯（TDI）与三羟甲基丙烷（TMP）以 3∶1 加成反应而得，聚合度在 1~3 之间，添加乙酸乙酯作为溶剂，固含量为 75%±1%。该商品主要用作涂料或胶黏剂的架桥剂（固化剂），涂布木器、金属、合成皮革表面。 聚氨酯，全名聚氨基甲酸酯，是由有机二异氰酸酯或多异氰酸酯与二羟基或多羟基化合物加聚而得。该商品为聚氨酯预聚物，符合《税则注释》中品目 39.09 关于聚亚氨酯的解释。根据归类总规则一及第三十九章章注三（五），聚氨酯预聚物应归入税则号列 3909.5000。 第三十九章章注三下的五项为并列关系，有关预聚物的归类，应视其单体单元分别归入税目 39.01 至 39.11。				

序号	403	归类决定编号	Z2006-0257	公告编号	2006 年第 69 号
商品税则号列		3909.5000		公告实施日期	2006 年 11 月 22 日
商品名称	氰酸盐					
英文名称						
其他名称						
商品描述	该商品与申报为多元醇的商品按一定比例配合使用，搅拌后加温成为聚氨酯后注入鞋模形成鞋底。其中，多元醇化验后为聚酯多元醇，氰酸盐化验结果如下：成分为异氰酸酯和多元醇的加成预聚物与过量异氰酸酯的混合物，结论为含过量异氰酸酯的聚氨酯的预聚物。				
归类决定	氰酸盐经海关化验鉴定为异氰酸酯和多元醇的加成预聚物与过量异氰酸酯的混合物，结论为含过量异氰酸酯的聚氨酯的预聚物。该商品与聚酯多元醇按一定比例配合使用，搅拌后加温成为聚氨酯后注入鞋模形成鞋底。 该商品与聚酯多元醇一同进口，但均为大桶包装，无任何包装说明这两种商品已按比例配好，因此应分别归类，其中氰酸盐属于聚氨酯预聚物，根据《税则》第三十九章章注三（五），归入税则号列 3909.5000。				

序号	404	归类决定编号	Z2006-0258	公告编号	2006 年第 69 号
商品税则号列		3909.5000		公告实施日期	2006 年 11 月 22 日
商品名称	改性粗 MDI				
英文名称	Diphenylmethane diisocyanate				
其他名称						
商品描述	该商品所含成分：4,4-二苯基甲烷二异氰酸酯 52%、2,4-二苯基甲烷二异氰酸酯 1%、改性异氰酸酯 47%，其中改性异氰酸酯是由一个分子的丁二醇和两个分子的 MDI 反应而成。				
归类决定	根据介绍，改性粗 MDI 所含成分：4,4-二苯基甲烷二异氰酸酯 52%、2,4-二苯基甲烷二异氰酸酯 1%、改性异氰酸酯 47%，其中改性异氰酸酯是由一个分子的丁二醇和两个分子的 MDI 反应而成。使用时与聚酯多元醇或聚醚多元醇经低压浇注机混合后注入模具成型，制成聚氨酯软质泡沫和弹性体。 参考《聚氨酯手册》等资料，异氰酸酯预聚体是由二或多羟基化合物与摩尔比过量的二或多异氰酸酯反应而得的均匀混合物，其中仍有相当百分含量的单体异氰酸酯。 该商品中已有部分 MDI 与丁二醇反应，且其中的活泼异氰酸酯基仍要继续与羟基反应，符合注释关于"预聚物"的定义，根据归类总规则一，改性粗 MDI 应归入税则号列 3909.5000。				

序号	405	归类决定编号	Z2006-0259	公告编号	2006 年第 69 号
商品税则号列		3909.5000		公告实施日期	2006 年 11 月 22 日
商品名称	异氰酸酯				
英文名称	VORALAST GL619ISOYANATE				
其他名称					
商品描述	该异氰酸酯为浅黄色透明黏稠液体，混有白色沉淀。经海关化验，液体的成分为经氨酯化改性的二苯甲烷二异氰酸酯，白色沉淀成分为二苯甲烷二异氰酸酯。该商品进口后再进一步与多元醇反应生产聚氨酯，以生产塑料制品。				
归类决定	根据海关化验鉴定的结果，异氰酸酯为浅黄色透明黏稠液体，混有白色沉淀物。其中液体成分为二苯甲烷二异氰酸酯与多元醇反应的异氰酸酯预聚物，白色沉淀物成分为二苯甲烷二异氰酸酯。该商品进口后再进一步与多元醇反应生成聚氨酯，以生产塑料制品。 该商品属预聚物，需进一步与多元醇反应生成聚氨酯。根据归类总规则一，异氰酸酯应归入税则号列 3909.5000。				

序号	406	归类决定编号	Z2006-1253	公告编号	2007 年第 70 号
商品税则号列		3909.5000		公告实施日期	2007 年 12 月 5 日
商品名称	TMP 与 TDI 加成物				
英文名称	Coronate				
其他名称	异氰酸酯（申报名称）				
商品描述	型号为 C-LS，产品成分中 75% 为三羟甲基丙烷（TMP）与甲苯二异氰酸酯（TDI）以 1:3 比例得到的加成产物，其余 25% 为醋酸乙酯，用作涂料中的固化剂。				
归类决定	TMP 与 TDI 加成物的聚合度在 1~3 之间，并非单一有化学定义的化合物，其存在活泼的异氰酸酯基，可以再与羟基继续反应，一旦储存温度升高就会黏度增高而自行固化。从其结构来看，其存在单体单元（TDI）的重复，符合《税则注释》关于"预聚物"的定义。根据归类总规则一，该商品应归入税则号列 3909.5000。				

序号	407	归类决定编号	Z2008-0134	公告编号	2008 年第 83 号
商品税则号列		3909.5000		公告实施日期	2008 年 11 月 24 日
商品名称		PU 水性处理剂			
英文名称					
其他名称					
商品描述		PU 水性处理剂为白色乳液，主要成分为聚氨基甲酸酯 30%、二氧化硅 10.7%、硅烷基聚合物 7.7%，其余为水。3 种成分均以微粒状悬浮在水溶液中。使用方法：将生产成型后的手套蘸入该处理剂，使其在手套表面成膜，起到干爽、润滑作用。			
归类决定		根据归类总规则一及六，PU 水性处理剂属于聚合物水性溶液，应归入税则号列 3909.5000。			

序号	408	归类决定编号	Z2009-0018	公告编号	2009 年第 5 号
商品税则号列		3909.5000		公告实施日期	2009 年 1 月 20 日
商品名称		皮革涂饰助剂			
英文名称		Astacin ground UH TF			
其他名称		阿斯塔新底涂剂			
商品描述		皮革涂饰助剂的外观为白色透明液体，成分为芳香族聚氨酯的水性分散体，固体含量为 20%。该商品用于提高皮革与涂层之间的接着性，可作为接着剂或底涂单独使用，或与其他底涂材料一起用于喷涂。			
归类决定		该商品为聚合物的水分散体，根据归类总规则一及六，应归入税则号列 3909.5000。			

序号	409	归类决定编号	Z2006-0260	公告编号	2006年第69号
商品税则号列		3910.0000		公告实施日期	2006年11月22日
商品名称	粉末状有机硅母粒					
英文名称	MB50-313 MASTERBATCH					
其他名称						
商品描述	MB50-313是道康宁公司的产品，成分为50%的聚硅氧烷与50%的聚乙烯，是用于添加至聚乙烯中的助剂，以改善聚乙烯的加工性能和表面性能，在该商品当中，聚硅氧烷为有效成分，聚乙烯作为分散剂及载体。 此外，道康宁公司还有其他类似的系列产品，例如，MB50-011是50%聚硅氧烷分散在50%聚酰胺中，专门添加至聚酰胺塑料中的助剂；MB25-381是25%聚硅氧烷分散在75%聚丙烯中，专门添加至聚丙烯塑料中的助剂。					
归类决定	粉末状有机硅母粒MB50-313是一种由50%超高分子量的聚硅氧烷与50%的聚乙烯组成的聚合物的混合物。主要用于添加至聚乙烯中，以改善聚乙烯的加工性和表面性能。 该商品中，聚硅氧烷为有效成分，聚乙烯为分散剂及载体，产品表现出的特性优于标准聚二甲基硅氧烷，在聚烯烃加工中表现出了良好的润滑性，用作聚乙烯的助剂。从成分及结构看，该商品为两种聚合物所组成的混合体。根据第三十九章章注四的规定，聚合物的混合体应归入第三十九章。 由于该商品没有任何一种聚合物单体重量最大，因此根据归类总规则一及第三十九章章注四的规定，粉末状有机硅母粒应归入税则号列3910.0000。					

序号	410	归类决定编号	Z2006-0261	公告编号	2006年第69号
商品税则号列		3911.9000		公告实施日期	2006年11月22日
商品名称	甲醛萘磺酸钠					
英文名称	Sodium salt of naphthalenesulfonate					
其他名称						
商品描述	该商品为黄色粉末，用于添加到混凝土中，经海关化验，为甲醛萘磺酸钠缩聚物，按《税则》第三十四章章注三的方法，测得样品表面张力大于45.0达因/厘米。分子量为10 000~12 000。					
归类决定	根据介绍，甲醛萘磺酸钠的分子量为10 000~12 000（聚合度大于5），表观形状为黄色粉末，用于混凝土添加，经海关化验中心化验，鉴定为初级形状的甲醛萘磺酸钠缩聚物。 该商品是聚合度大于5的缩聚物，因此，不能归入税则号列3824.4000。根据归类总规则一的规定，该甲醛萘磺酸钠应归入税则号列3911.9000。					

序号	411	归类决定编号	Z2006-0262	公告编号	2006年第69号
商品税则号列		3911.9000		公告实施日期	2006年11月22日
商品名称	聚葡萄糖				
英文名称	Polydextrose				
其他名称					
商品描述	化学结构：聚葡萄糖由 D-葡萄糖在山梨醇和磷酸的环境中无规则聚合而成，以 1,6-糖苷键结合为主。平均分子量1 500，平均聚合度9~10。 性状：为白色粉末，易溶于水，溶解度大于80%，无特殊味道。 项目指标：聚糖含量≥90.0%、水分≤4.0%、葡萄糖和山梨醇≤6%。 用途：用于豆皮等食品的生产，可增加甜味，是新兴的一种低卡路里的健康产品，可以用作食品中的替代糖。				
归类决定	根据介绍，聚葡萄糖由 D-葡萄糖在山梨醇和磷酸的环境中无规则聚合而成，分子式为（$C_6H_{10}O_5$）n，以1,6-糖苷键结合为主，平均分子量1 500，平均聚合度9~10。外观为白色粉末，易溶于水，聚糖含量≥90.0%、水分≤4.0%、葡萄糖和山梨醇≤6%。用于豆皮等食品的生产，可增加甜味，是新兴的一种低卡路里的健康产品，可以用作食品中的替代糖。 从其结构式看，该商品符合第三十九章章注三（三）"平均至少有五个单体单元的合成聚合物"的规定，根据归类总规则一，聚葡萄糖应归入税则号列3911.9000。				

序号	412	归类决定编号	Z2006-1254	公告编号	2007年第70号
商品税则号列		3911.9000		公告实施日期	2007年12月5日
商品名称	HDI 三聚体				
英文名称	Coronate				
其他名称	异氰酸酯（申报名称）				
商品描述	型号为 C-HXR90B，产品的成分为90%的 HDI（六亚甲基二异氰酸酯）三聚体、10%的醋酸丁酯（作溶剂）。用作涂料中的固化剂。				
归类决定	HDI 三聚体是 HDI 在催化剂作用下自聚而成的多异氰酸酯固化剂，理论官能度为3，但由于催化剂的选择性及反应条件的局限，通常得到的三聚产物是多个组分的混合物，实际聚合度大于3。HDI 三聚体可以和活性中间体进一步反应。HDI 三聚体符合《税则注释》关于"预聚物"的定义。根据归类总规则一，该商品应归入税则号列3911.9000。				

序号	413	归类决定编号	Z2006-0263	公告编号	2006 年第 69 号
商品税则号列		3912.9000		公告实施日期	2006 年 11 月 22 日
商品名称	木质粉				
英文名称	wood cellulose				
其他名称					

商品描述：

原料：回收的废纸、废报纸、废木纤维与植物纤维等木纤维浆料。

工艺：木浆→打浆→浸渍→压滤→粉碎→老化→连续溶解→过滤→熟成→干燥→成品。

性状：白色粉末状，经海关化验室鉴定为纤维素。

用途：用于食品、医药等行业，可作为填充料，用于皮革行业可用作浸渍与刮涂，形成纤维网状骨架结构，提高浆料的分散均匀性。

归类决定：

根据介绍，该商品为从废纸等材料中提取的纤维素。

该商品不符合税目 47.06 条文中"纤维状纤维"的描述。根据《税则注释》的解释，品目 39.12 包括初级形状的纤维素。因此，该商品应归入税则号列 3912.9000。

序号	414	归类决定编号	Z2006-0264	公告编号	2006 年第 69 号
商品税则号列		3912.9000		公告实施日期	2006 年 11 月 22 日
商品名称	SW10 纤维素				
英文名称					
其他名称					

商品描述：

该商品俗称纸浆粉，平均纤维长度为 300 微米，由于其纤维较长，在过滤过程中可以起到搭桥作用。该商品使用的木浆原料由各占 1/3 的纤维素、半纤维素和木质素组成，通过化学精加工除去木质素、糖分、半木质素和其他可溶物，生产出纯净 α-纤维素，再通过粉碎的方法将其制作成不同滤速的产品。SW10 纤维素中，α-纤维素含量最低为 89%，半纤维素含量最高为 10%，木质素含量最高为 1%。

归类决定：

根据介绍，SW10 纤维素为 α-纤维素，俗称纸浆粉，平均纤维长度为 300 微米，是木浆原料通过化学精加工除去木质素、糖分、半木质素和其他可溶物而得。

根据海关化验鉴定结果，该商品外观为白色粉末状固体，成分为初级形状的纤维素。且其生产工艺不同于一般的纸浆，根据归类总规则一，SW10 纤维素应归入税则号列 3912.9000。

序号	415	归类决定编号	Z2006-0265	公告编号	2006 年第 69 号
商品税则号列		3913.9000		公告实施日期	2006 年 11 月 22 日
商品名称	结兰胶				
英文名称	Gellan gum				
其他名称					
商品描述	实货为白色粉末，是一种聚合物多糖物质，用于增稠剂、胶凝剂、稳定剂。				
归类决定	结兰胶是一种聚合多糖物质。在碳水化合物中接种伊乐藻假单胞菌，进行纯种培养发酵后，用异丙醇净化提纯后干燥、粉碎而得。外观为白色非结晶性易流动粉末，可用作增稠剂、稳定剂、胶凝剂、黏结剂等。主要用于各种凝胶食品。 该商品并非由植物产品制得，不应归入税目 13.02 项下。该商品是由碳水化合物经生化作用（非化学合成）而得的，由一个鼠李糖、一个葡萄糖酸和两个葡萄糖结合成四糖的重复聚合体，属于天然高分子化合物。 根据归类总规则一，该结兰胶应归入税则号列 3913.9000。				

序号	416	归类决定编号	Z2008-0022	公告编号	2008 年第 76 号
商品税则号列		3913.9000		公告实施日期	2008 年 10 月 28 日
商品名称	透明质酸钠				
英文名称	Sodium hyaluronate				
其他名称	玻璃酸钠				
商品描述	透明质酸钠是由葡糖醛酸和 N-乙酰氨基葡糖为重复单位组成的直链高分子多糖。该产品通过发酵法制取，生产工艺如下：取斜面菌种，接种于装有灭菌培养液的锥形瓶中，在 37℃ 下培养 12~16 小时，接种于种子罐中。培养液中氮源为蛋白胨、酵母粉，碳源为葡萄糖。在 37℃ 下搅拌培养 12~16 小时，接种于发酵罐中，维持搅拌转速 120 转/分，再在 37℃ 下发酵 40~46 小时，并将 pH 值调至 6.5~7.0，葡萄糖浓度降至 0.5% 以下，pH 值下降很慢或不再下降时，完成发酵过程。发酵结束，用三氯乙酸调 pH 值至 4.0~4.5，板框过滤除菌体，滤液调 pH 值至 6.0~6.5，加 3 倍体积 95% 乙醇，沉淀出透明质酸。沉淀用氯化钠水溶液溶解，过滤，滤液加乙醇沉淀、脱水、真空干燥后，制得透明质酸钠。包装规格有两种，分别是 1 000 克/袋和 100 克/瓶。				
归类决定	该商品所用的原料及生产工艺不符合《税则注释》对品目 30.01 的规定，不能归入税则号列 3001.2000。根据归类总规则一，该商品是由葡糖醛酸和 N-乙酰氨基葡糖为重复单位组成的直链高分子多糖，应归入税则号列 3913.9000。				

序号	417	归类决定编号	Z2008-0023	公告编号	2008 年第 76 号
商品税则号列		3913.9000		公告实施日期	2008 年 10 月 28 日
商品名称	普鲁兰多糖				
英文名称	Pullualn				
其他名称					
商品描述	普鲁兰多糖的外观为白色粉末，是一种以淀粉或糖类为原料，经微生物发酵产生的细胞外纯天然高分子多糖。由出芽短梗酶发酵生产，类似葡聚糖、黄原胶的水溶性微生物多糖。该多糖为 α-1,4-糖苷键连接的麦芽三糖重复单元经 α-1,6-糖苷键聚合而成的直链状多糖，分子量一般在 $4.8×10^4 \sim 2.2×10^6$ 之间（普鲁兰糖平均分子量 $2×10^5$，大约由 480 个麦芽三糖组成）。易溶于水，安全无毒、无味，可塑性、成膜性好，可食用，低热值。具有良好的成膜、成纤维等特性，已广泛应用于医药、食品、轻工、化工和石油等领域。				
归类决定	根据归类总规则一，普鲁兰多糖属于天然高分子聚合物，应归入税则号列 3913.9000。				

序号	418	归类决定编号	Z2010-0015	公告编号	2010 年第 15 号
商品税则号列		3916.9090		公告实施日期	2010 年 2 月 28 日
商品名称	纤维增强树脂复合棒				
英文名称	GROSBEAK Accc core material				
其他名称	树脂基纤维增强塑料型材				
商品描述	纤维增强树脂复合棒，成分重量比为环氧树脂 15%、玻璃纤维 57%、碳纤维或玄武岩 28%。10 000 米/捆，用作生产新型 JRLX/T 复合芯软铝导线。加工工艺：对预拉伸的玻璃纤维和碳纤维在浸胶槽中由高性能的热固树脂予以浸渍，然后通过加热模具迅速固化成形，环氧树脂完全包覆内层的玻璃纤维和碳纤维。碳纤维和玻璃纤维在复合棒中主要起增强抗拉强度、降低热膨胀系数的作用，外层环氧树脂主要起绝缘作用。				
归类决定	该商品的玻璃纤维已经固化成形，具有硬挺的特征，根据归类总规则一、六及《税则注释》品目 70.19 注释的排他条款，应归入税则号列 3916.9090。				

序号	419	归类决定编号	Z2008-0135	公告编号	2008 年第 83 号
商品税则号列		3917.2900		公告实施日期	2008 年 11 月 24 日
商品名称	测井仪器用外壳					
英文名称	Oil well logging equipment					
其他名称						
商品描述	该商品成分玻璃纤维布含量占 65%~70%、环氧树脂含量占 25%~30%。具有防腐、耐高温、高压，保证绝缘，硬度高等特点。使用时将测井用仪器芯棒装入此外壳管中，用专用钢丝电缆从油井套管中下到深井，测试井下的油气情况。其制作工艺：1. 将玻璃纤维布分层缠绕在铁制的特定尺寸的芯棒上；2. 将上述芯棒放入充满环氧树脂的容器中加压，使环氧树脂渗透到玻璃纤维布的每一层中；3. 在环氧树脂溶液中保持几天；4. 将环氧树脂浸泡的毛坯放入工业用加温炉中加温，并取出中间的芯棒；5. 对毛坯管子外层进行机械加工，使之达到客户要求的尺寸；6. 对管子进行检验，包括渗透试验、内外径和长度测量。					
归类决定	该商品是由多层玻璃纤维缠绕后用塑料浸渍而成的制品，具有结实坚硬的特征，根据归类总规则一及六，应归入税则号列 3917.2900。					

序号	420	归类决定编号	Z2006-0266	公告编号	2006 年第 69 号
商品税则号列		3917.3200		公告实施日期	2006 年 11 月 22 日
商品名称	微喷带					
英文名称						
其他名称						
商品描述	该商品外观为黑色呈盘卷状的带有间隔小孔的塑料扁管，由特殊聚乙烯材料制成，每卷为 100 米，为灌溉系统滴水喷雾用，使用时插入专用接口，用螺栓固定即可。					
归类决定	该商品呈黑色盘卷状的带有间隔小孔的聚乙烯材料制塑料扁管，用于节水灌溉系统上。根据《税则》第三十九章章注八对"管子"的定义，即"39.17 所称管子，是指通常用于输送或供给气体或液体的空心制品或半制品（例如：多孔管），还包括香肠用肠衣及其他扁平管"，该商品应归入税则号列 3917.3200。					

序号	421	归类决定编号	Z2006-1374	公告编号	2007年第70号
商品税则号列		39.17 和 8481.8090		公告实施日期	2007年12月5日
商品名称		饮水乳头、侧翼鞍座			
英文名称					
其他名称					
商品描述		饮水乳头由插头、O形环、流量销、SS球、SS座、壳体组成,侧翼鞍座专用于饮水乳头与水管的连接,与饮水乳头共同组成肉鸡饮水装置。该饮水装置的工作原理:管道内的水经侧翼鞍座从乳头插头的内孔和流量销之间进入乳头腔内。由于SS球和SS座的尺寸非常精密,正常情况下,只要鸡不触动触销,在SS球和SS座的密封作用下,下部触销是不会出水的;当鸡去触动触销时(饮水),触销会将密封的SS球顶开,水即从SS座内经触销流入鸡口中。			
归类决定		塑料制侧翼鞍座在水管和饮水乳头之间起连接作用,符合《税则》税目39.17的描述,根据归类总规则一及六,应按管子附件归入税目39.17项下;饮水乳头应按用于管道的龙头、旋塞、阀门的类似装置归入税则号列8481.8090。			

序号	422	归类决定编号	Z2006-1255	公告编号	2007年第70号
商品税则号列		3918.1090		公告实施日期	2007年12月5日
商品名称		PVC地板(CENIT)			
英文名称		Armstrong cenit			
其他名称					
商品描述		PVC地板(CENIT)的成分:聚氯乙烯34%、增塑剂15%、热稳定剂0.5%~1%、填充物(石灰石和大理石粉)49%、色料<1%。成卷,宽1.8~2米,厚2毫米。质地柔韧,用作地板材料。			
归类决定		该商品外观呈现柔软状态可任意弯曲,不具备石料特征。该商品中的石灰石和大理石粉起填充物的作用,主要特征仍为塑料制品,根据归类总规则一,PVC地板(CENIT)应归入税则号列3918.1090。			

序号	423	归类决定编号	Z2010-0016	公告编号	2010年第15号
商品税则号列		3918.9090		公告实施日期	2010年2月28日
商品名称	运动垫				
英文名称					
其他名称					
商品描述	运动垫是由EVA粒经过高温发泡制成，规格：60厘米×60厘米×1.2厘米。商品外观为正方形带齿形状塑料制品，表面经过压纹处理，有弹性，无毒无味。4片一套，加塑料膜包装，8套一箱，由纸箱包装。用于体育场馆供运动、健身等垫地用。				
归类决定	该商品虽然用于体育场馆供运动、健身等垫地用，但并不属于品目95.06的"体育用品及设备"，而属于塑料铺地制品，根据归类总规则一、六，应归入税则号列3918.9090。				

序号	424	归类决定编号	Z2008-0136	公告编号	2008年第83号
商品税则号列		3919.9090		公告实施日期	2008年11月24日
商品名称	双面胶带				
英文名称					
其他名称					
商品描述	该商品由四层物质组成，由上而下分别是离型纸层、胶黏剂层、聚丙烯酸酯泡绵基材层、胶黏剂层。其中，中间的泡绵基材具有吸收耗散能量，缓冲、分散纵向剪切力，降低黏结接头的长期应力等作用。其主要用作胶黏电子元件、汽车密封部件等。				
归类决定	根据归类总规则一及六，双面胶带应归入税则号列3919.9090。				

序号	425	归类决定编号	Z2009-0102	公告编号	2009 年第 32 号
商品税则号列		3919.9090		公告实施日期	2009 年 6 月 12 日
商品名称	3D 卡片				
英文名称					
其他名称					
商品描述	3D 卡片的规格：12 厘米×12 厘米，分 3 层，面层为塑料制的光栅膜，中间层为塑料薄膜，底层为防粘纸，使用时撕下防粘纸直接黏合即可。制作工艺：采用电脑高精度错位和移位制版及数码成像技术对图案进行编辑处理，制版完成后，将已编辑处理、制版的图案印在塑料薄膜上，再用聚氨酯胶将已印制图案的塑料薄膜与光栅膜用覆膜机粘贴而得，该卡片利用光栅膜上的聚光及塑料薄膜上的图案网点交叉和移位结合功能，体现出三维图案的立体效果。				
归类决定	该商品属于印有图案的自粘塑料卡片，根据归类总规则一及六，应归入税则号列 3919.9090。				

序号	426	归类决定编号	Z2006-0267	公告编号	2006 年第 69 号
商品税则号列		39.20		公告实施日期	2006 年 11 月 22 日
商品名称	金属化聚酯薄膜				
英文名称					
其他名称					
商品描述	所进口的聚酯薄膜用于生产聚酯薄膜电容器。型号为 AL、MPET，厚 4.3 微米。它是在真空状态下 4.3 微米厚的聚酯薄膜上蒸镀一层仅为 0.002 微米厚的铝膜。				
归类决定	此种商品中聚酯薄膜和铝膜是电容器不可缺少的两种材料，从其厚度可以看出，聚酯膜构成其主要成分，根据归类总规则三（二），将其归入税目 39.20，其子目号由其材料确定。				

序号	427	归类决定编号	Z2006-0268	公告编号	2006 年第 69 号
商品税则号列		3920.5100		公告实施日期	2006 年 11 月 22 日
商品名称	亚克力构件（维生系统配套用）				
英文名称	Acrylic aquarium walls				
其他名称					
商品描述	成分：聚甲基丙烯酸甲酯（有机玻璃）。 规格为 6.84 米×7.80 米×0.425 米。 用途：用作海洋动物馆内的水体幕墙。				
归类决定	亚克力构件是聚甲基丙烯酸甲酯（有机玻璃）板，规格：6.84 米×7.80 米×0.425 米。该商品用作海洋动物馆内的水体幕墙，进口后经拼装、胶粘形成许多个密闭的容器，内部注满海水供驯养动物用，游客可在外面观赏。 尽管该商品体积巨大，能与外部设备共同组成"维生系统"，但并不影响其材料的属性，故仍应按聚甲基丙烯酸甲酯（有机玻璃）板归入税则号列 3920.5100。				

序号	428	归类决定编号	Z2006-1256	公告编号	2007 年第 70 号
商品税则号列		3920.5100		公告实施日期	2007 年 12 月 5 日
商品名称	人造板材				
英文名称	Corian				
其他名称	杜邦可丽耐固体表面材料				
商品描述	人造板材的组成成分：聚甲基丙烯酸甲酯（PMMA）>30%、三水合氧化铝<70%、染料 5%。尺寸为 13 毫米×760 毫米×3 680 毫米，色彩多样，可广泛应用于橱柜台面、浴室台面、窗台、墙身等。该产品由原料按比例混合后经高温、压制、冷却、切割而成。				
归类决定	该产品中的三水合氧化铝起到填充、阻燃的作用，根据归类总规则一，人造板材应归入税则号列 3920.5100。				

序号	429	归类决定编号	Z2006-0269	公告编号	2006 年第 69 号
商品税则号列		3920.6100		公告实施日期	2006 年 11 月 22 日
商品名称	聚碳酸酯板				
英文名称					
其他名称					
商品描述	该商品为矩形聚碳酸酯塑料制平板，中空（内有加强筋），透明，规格为 10 毫米×2 100 毫米×3 575 毫米（最小）、10 毫米×2 100 毫米×7 685 毫米（最大）等，用作温室天花板。				
归类决定	《税则注释》第三十九章章注十规定，39.20 及 39.21 包括"未切割或仅切割成矩形，但未经进一步加工的板、片、膜、箔、扁条"。该商品为从模具中一次挤出成型，仅经简单切割，符合该章注的要求，应视为板材。 因此该聚碳酸酯塑料制双层板应归入税则号列 3920.6100。				

序号	430	归类决定编号	Z2007-0022	公告编号	2007 年第 71 号
商品税则号列		3920.6100		公告实施日期	2007 年 12 月 5 日
商品名称	手机天线贴片半制成品				
英文名称					
其他名称	聚碳酸酯薄膜				
商品描述	手机天线贴片半制成品为卷状聚碳酸酯塑料薄膜，印有拟裁剪的图案或手机型号标识，进口后需经涂背胶、冲切后，制成手机天线贴片。粘贴在手机主板支架的天线位置上，起保护手机片状天线的作用。				
归类决定	该商品为成卷塑料膜，尚需进一步加工制成成品，不构成零件特征，根据归类总规则一，应归入税则号列 3920.6100。				

序号	431	归类决定编号	Z2006-0270	公告编号	2006 年第 69 号
商品税则号列		3920.6200		公告实施日期	2006 年 11 月 22 日
商品名称	电机用槽绝缘				
英文名称					
其他名称					
商品描述	该商品是用从韩国进口的原料聚对苯二甲酸乙二醇酯树脂加工的成品绝缘膜，用于电机上抗一定的击穿强度，有绝缘作用。成品宽 90 厘米，长几百米不等。 根据样品，电机用槽绝缘为用聚对苯二甲酸乙二醇酯制成的塑料膜。样品规格：1. 型号 6021 规格为 0.25 毫米；2. 型号 6022 规格为 0.1 毫米；3. 型号 6020 规格为 0.18 毫米×885 毫米，成品为宽 90 厘米，长几百米不等，用于制造电机绝缘膜。				
归类决定	该商品为聚对苯二甲酸乙二醇酯制成的塑料膜，膜面不具有自粘性，符合《税则注释》品目 39.20 中的商品范围。 根据归类总规则一，商品电机用槽绝缘应归入税则号列 3920.6200。				

序号	432	归类决定编号	Z2009-0019	公告编号	2009 年第 5 号
商品税则号列		3920.6200		公告实施日期	2009 年 1 月 20 日
商品名称	滤光膜				
英文名称	Clearas				
其他名称					
商品描述	滤光膜灰色透明，宽度 600 毫米，长度 96~199 米不等，纸箱包装，内以塑料薄膜裹成卷状。该商品的制造工艺：1. 在 PET（聚对苯二甲酸乙二酯）薄膜表面用化学方式精密涂布上丙烯系树脂，通过精密控制涂膜表面形状，实现防反射功能；2. 在 PET 薄膜背面精密涂布含有丙烯树脂的近红外线吸收色素，防止近红外线对遥控器的干扰；3. 利用精密化学液体涂布技术，把丙烯系粘着剂均匀涂布在薄膜上，使其有效阻止橘黄光的透过。该商品用于贴在等离子电视玻璃基材上，其功能为过滤近红外线、消除橘黄光、减少反射光。				
归类决定	根据归类总规则一及六，滤光膜应归入税则号列 3920.6200。				

序号	433	归类决定编号	Z2009-0103	公告编号	2009年第32号
商品税则号列		3920.6200		公告实施日期	2009年6月12日
商品名称	增光膜				
英文名称	Prism sheet				
其他名称					
商品描述	增光膜，形态为卷状，宽度235毫米，厚度约180微米，型号M168，是在聚对苯二甲酸乙二酯上涂覆丙烯酸树脂形成的。聚对苯二甲酸乙二酯层单面涂层后表面经模具滚压并由紫外线光照射固定，形成单面为锯齿形的棱镜面，锯齿间距约50微米，涂层厚度约50微米。该产品经切割、冲压工程、检查后制成增光片，增光片是用于液晶显示屏背光组的光学元件，为防划伤及防尘，在材料的正反两面均覆有一层保护膜，用户组装背光模组时撕去保护膜。				
归类决定	该商品为聚对在苯二甲酸乙二酯上运用涂覆丙烯酸树脂工艺制得，且其保护膜在组装使用时需撕去，根据归类总规则一及六，应归入税则号列3920.6200。				

序号	434	归类决定编号	Z2006-0271	公告编号	2006年第69号
商品税则号列		3921.1210		公告实施日期	2006年11月22日
商品名称	双面涂层聚酯织物				
英文名称	Lsolating textile with PVC coating				
其他名称					
商品描述	该商品的中间层是纤维织布，双面由聚氯乙烯（PVC）及阻燃剂的混合物加热压层而成，用来制作火车车厢之间连接风挡篷，其中纤维织布起到连接、拉伸、折弯作用，PVC涂层起到防雨淋、阻燃、增强其气密性的作用。				
归类决定	根据《税则》第十一类类注一（八），并参照《税则注释》第三十九章总注释中有关"塑料与纺织品的复合制品"的有关规定，该商品属于"完全嵌入塑料的或两面均完全涂以塑料的纺织物"。因此，该商品应作为人造革归入税则号列3921.1210。				

序号	435	归类决定编号	Z2006-0272	公告编号	2006 年第 69 号
商品税则号列		3921.1290		公告实施日期	2006 年 11 月 22 日
商品名称	复合 PVC 面料					
英文名称					
其他名称					
商品描述	复合 PVC 面料从外观无法判定其是否为人造革,海关化验鉴定结果:送检样品外层主要成分为 PVC;内层(海绵层)主要成分为聚氨酯;PVC 含量大于 60%。归类参考意见为 39211210.90。				
归类决定	复合 PVC 面料外观为灰色面料,是由一层厚约 0.5 毫米的泡沫聚氯乙烯片与一层厚约 2 毫米海绵泡沫(主要成分为聚氨酯)复合而成的,其中 PVC 含量大于 60%。该商品由泡沫塑料制成,因此不能按非泡沫塑料制品归入税目 39.20 项下。参考《化工百科全书》《中国大百科全书(轻工卷)》等资料以及有关人造革国家标准(GB/T 8948—1994、GB/T 6688—1994 等),"人造革"系以纤维织物作底基,以合成树脂为主要原料作面层,采用涂覆工艺所制成外观类似皮革的复合材料。而该商品本身仅含一层聚氯乙烯片与一层海绵泡沫,不符合"人造革及合成革"的定义,因此也不能按"人造革及合成革"归类。根据归类总规则一,复合 PVC 面料应归入税则号列 3921.1290。				

序号	436	归类决定编号	Z2013-0037	公告编号	2013 年第 26 号
商品税则号列		3921.1390		公告实施日期	2013 年 6 月 1 日
商品名称	泡沫聚氨酯板				
英文名称					
其他名称					
商品描述	该商品为塑料板状物,有 460 毫米×250 毫米×25 毫米、200 毫米×185 毫米×12 毫米两种规格,共 3 层:第一层是固化聚氨酯,第二层是泡沫聚氨酯(最厚),第三层黑色突起状的是尼龙丝。该商品为高温浇筑粘连并挤压成型,用于铺设在铁轨下减震。				
归类决定	根据归类总规则三(二),该商品应归入税则号列 3921.1390。				

序号	437	归类决定编号	Z2006-0273	公告编号	2006 年第 69 号
商品税则号列		3921.9090		公告实施日期	2006 年 11 月 22 日
商品名称	铝塑复合材料				
英文名称					
其他名称					
商品描述	该商品是由于制造牙膏管身，由两层聚乙烯薄膜夹一层铝箔构成，铝箔层的重量占总重量的 26%。				
归类决定	根据化验结果，该种复合材料的主要成分是聚乙烯，根据税目 39.21 的条文，上述复合材料可归入税则号列 3921.9090。				

序号	438	归类决定编号	Z2006-0274	公告编号	2006 年第 69 号
商品税则号列		3923.9000		公告实施日期	2006 年 11 月 22 日
商品名称	载带				
英文名称	Carrier				
其他名称					
商品描述	该商品为聚碳酸酯所制，成卷带状，带有凹槽，用于小件电子元件的包装，防止静电和其他因素的损害，包装方式一般是将电子元件置于凹槽中，然后贴一层塑料薄膜。				
归类决定	该商品已制成特定形状，专供装载电子元件用，以防止静电和其他因素对元件造成损坏，符合《税则注释》品目 39.23 中"本品目包括所有通常用于包装或运输各种货物的塑料制品……"，根据归类总规则一，商品载带应归入税则号列 3923.9000。				

序号	439	归类决定编号	Z2006-1257	公告编号	2007年第70号
商品税则号列		3923.9000		公告实施日期	2007年12月5日
商品名称		塑料储运桶			
英文名称		Plastic empty drum			
其他名称					
商品描述		该商品是用于化学液体产品的储存和运输的塑料包装桶，配有阀门、钢制框架及托盘。型号：MX1250、MX820、MX1000，根据型号不同，产品容积在820~1 250升之间。			
归类决定		该商品不属于"坛、瓶及类似品"的商品范畴，根据归类总规则一，应归入税则号列3923.9000。			

序号	440	归类决定编号	Z2006-0275	公告编号	2006年第69号
商品税则号列		3925.9000		公告实施日期	2006年11月22日
商品名称		大楼伸缩缝填充系统			
英文名称		Expanson joint cover systems			
其他名称					
商品描述		1. 型号：85LM SF-800和6LM SRF-800。 2. 主要组成材料：塑料占80%、不锈钢弹簧夹占9%、铝合金占11%。 3. 用途：该商品主要由4个部分组成，前部为塑胶产品，起装饰作用，且塑胶产品伸展性好，可以减震；后部为PVC材料，设计形状为V形，能较好地抗击振动；贴墙部分的两边为铝合金材料，并留有螺旋孔，以便固定在抗震缝中；产品的中部装有不锈钢弹簧夹，以增加弹性，起到加强抗震的作用。			
归类决定		该商品主要由塑料（PVC）构成，且用于建筑工程，按税目39.25的条文，将其归入税则号列3925.9000。			

序号	441	归类决定编号	Z2022-0103	公告编号	2022 年第 78 号
商品税则号列		3926.2090		公告实施日期	2022 年 9 月 1 日
商品名称	PVC 涤纶雨衣				
英文名称					
其他名称					
商品描述	该 PVC 涤纶雨衣实为 PVC 双面革雨衣，有 3 层，里外两面均为塑料包覆，中间为涤纶网布，塑料包裹层用肉眼可以辨别出来。				
归类决定	根据《税则注释》第三十九章总注释，第三十九章包括"完全嵌入塑料的或两面均完全涂以或覆以塑料的纺织物或无纺织物，但所涂覆的塑料须能够用肉眼分辨出来（涂覆引起的颜色变化可不计在内）"，该商品应归入第三十九章。根据归类总规则一及六，该商品应归入税则号列 3926.2090。				

序号	442	归类决定编号	Z2006-0277	公告编号	2006 年第 69 号
商品税则号列		3926.9010		公告实施日期	2006 年 11 月 22 日
商品名称	研磨垫				
英文名称					
其他名称					
商品描述	该商品由高分子聚合物发泡固化制成，具有类似海绵的多孔性结构。 生产工艺：将主要成分为聚氨酯的化学原料搅拌混合均匀，倒入反应容器内，并送入烤箱内予以烘烤固化。经过设定时间和加温后则形成多孔结构。再以切削方式一片片切削出客户需求之规格厚度，然后对垫子表面作沟槽处理，最后用面胶贴合成一张张研磨垫，形状为圆形，背面自粘可固定于机器上进行研磨。该研磨垫用于晶片生产的抛光研磨制程，其功效为去除前段制程所残存之缺陷（比如隙缝）及对晶片表面进行平坦化处理。				
归类决定	该商品为聚氨酯制成的作抛光研磨用的研磨垫，装于研磨机上使用，根据《税则》第十六类类注五，该商品应归入税则号列 3926.9010。				

序号	443	归类决定编号	Z2006-0278	公告编号	2006 年第 69 号
商品税则号列		3926.9090		公告实施日期	2006 年 11 月 22 日
商品名称	打印机喷墨壳				
英文名称					
其他名称					
商品描述	打印机喷墨壳是由塑料制成的外壳构成，内部装有海绵，未装有墨水，未做进一步加工。进口后配备其他部件，组装成打印机喷墨盒。				
归类决定	该打印机喷墨壳由塑料制成的外壳、内装海绵和出口处的毡组成，进口后配备其他部件，组装成打印机喷墨盒。根据其进口状态，该商品还不具备喷墨盒的成品特征，因此应按构成材料进行归类。 该商品的用途为盛装打印油墨，不符合税目 39.23 条文中"供运输或包装货物用"的规定，因此不能归入税目 39.23 项下；应按其他塑料制品归入税则号列 3926.9090。				

序号	444	归类决定编号	Z2006-0279	公告编号	2006 年第 69 号
商品税则号列		3926.9090		公告实施日期	2006 年 11 月 22 日
商品名称	缓冲垫				
英文名称					
其他名称					
商品描述	缓冲垫由聚氨酯塑料制成，用于汽车减震系统，产品表面有商标，进口后需飞边、扩中间孔、检验及包装等工序后才可使用。				
归类决定	缓冲垫由聚氨酯塑料制成，用于汽车减震系统，产品表面有商标，进口后需飞边、扩中间孔、检验及包装等工序后才可使用。 根据《税则》第十七类类注二（一）的排除条款的规定，该商品应按其构成材料归类。 因此该商品应按塑料制品归入税则号列 3926.9090。				

序号	445	归类决定编号	Z2006-0280	公告编号	2006 年第 69 号
商品税则号列		3926.9090		公告实施日期	2006 年 11 月 22 日
商品名称	泡沫聚乙烯塑料板				
英文名称	Fomed polyethylene plate				
其他名称	床材制品				
商品描述	该商品由 50%聚苯乙烯与 50%聚乙烯混合，经发泡 20 倍后，注入特制的模后得到的白色板块。商品上表面有规则的凸起，板中还间或有圆形的孔，下表面为凸起大方块与小方块交替的规则形状。规格为 950 毫米×1 500 毫米、950 毫米×1 350 毫米、950 毫米×950 毫米。进口后，在其上平铺羊毛纤维、光电子棉、布、磁体等，做成功能性床垫。				
归类决定	根据介绍，泡沫聚乙烯塑料板是由 50%聚苯乙烯与 50%聚乙烯混合，经发泡 20 倍后注入特制的模后得到的白色板块。该板的上表面为有规则圆柱形凸起，板中间分布有圆形小孔，下表面为凸起的大方块与小方块交替的规则形状。规格为 950 毫米×1 500 毫米、950 毫米×1 350 毫米、950 毫米×950 毫米。进口后，将羊毛毡、光电子棉、负离子棉裁剪黏合打孔后平铺其上，经包覆后构成床垫芯材，然后将床垫芯材套入侧套内经包装成为床垫。 该商品并非品目 39.16 注释所指的"经一次加工成整条并具有相同横截面"的型材或异型材，因此不能归入品目 39.16。由于其上表面有圆柱形凸起，下表面为凸起的大、小方块，并分布有小孔，该形态已不符合品目 39.21 的板、片概念，因此也不能归入品目 39.21。 该商品已按一定的尺寸规格形状制成型，进口后可直接作为床垫芯用于进一步加工成功能性床垫使用，属塑料制品范畴。根据归类总规则一及《税则注释》中品目 39.26 的规定，泡沫聚乙烯塑料板应归入税则号列 3926.9090。				

序号	446	归类决定编号	Z2006-0281	公告编号	2006年第69号
商品税则号列		3926.9090		公告实施日期	2006年11月22日
商品名称	塑料冲水件				
英文名称					
其他名称					
商品描述	塑料冲水件为洁具水箱内配件的冲水阀组件，主要由塑料制成，由拍盖、冲水管组成，用于控制水箱出水，当按下水箱把手时同时拉动了拍盖，水由冲水管进入坐便器，水箱内水位下降至一定高度时，拍盖关闭，停止出水。				
归类决定	该商品由管件、塑料盖子构成，工作原理：将塑料盖子翻起则导通；将塑料盖子放下则封闭管道。根据《税则注释》品目84.81的注释十二款，手工堵塞的简单排废孔应按其构成材料归类，故该商品应归入税则号列3926.9090。				

序号	447	归类决定编号	Z2006-0283	公告编号	2006年第69号
商品税则号列		3926.9090		公告实施日期	2006年11月22日
商品名称	聚碳酸酯透明圆片				
英文名称					
其他名称					
商品描述	该聚碳酸酯透明圆片是通过模具模制而成的，直径为120毫米，厚度为0.6毫米，呈无色透明圆片状，是DVD盘片生产的半成品。半成品的0.6毫米透明盘片一般用于离线黏合，即生产线上只注塑生成0.6毫米具有信息面的盘片，另外的0.6毫米盘片由外部提供，这样能提高生产速度，成品DVD盘片厚度为1.2毫米。经海关化验鉴定（鉴定证书号：04062338），该商品成分为聚碳酸酯。鉴定结论为聚碳酸酯制的塑料制品。				
归类决定	聚碳酸酯透明圆片是通过模具模制而成的，直径为120毫米、厚度为0.6毫米的无色透明圆片，为DVD盘的半成品。进口后用于生产成品DVD盘。经海关化验鉴定，该商品为聚碳酸酯制的塑料制品。 该商品是一次模制而成，但由于其已具有塑料制品的基本特征（盘中有洞孔，塑料圆片表面有凹凸线纹）。因此，根据归类总规则一，聚碳酸酯透明圆片应归入税则号列3926.9090。				

序号	448	归类决定编号	Z2006-0284	公告编号	2006年第69号
商品税则号列		3926.9090		公告实施日期	2006年11月22日
商品名称	前挡侧压条（半成品）				
英文名称					
其他名称					
商品描述	该商品是由聚氯乙烯包覆SUS冷轧不锈钢带组成，长度为1.1米，直条状，冷轧不锈钢带起支撑作用。在国内需通过弯曲、冲切缺口、注塑等后续加工后成为前挡侧压条。其中弯曲是通过弯曲机和弯曲模加工为有弧度的弯曲素材，然后经过冲切安装缺口和凸台后，前端注塑将冲切后素材上注塑另一部分功能件，构成前挡侧压条，起密封作用。该商品的主要作用为满足钣金与前挡玻璃之间的装配密封链接，其中PVC的作用为增加产品与玻璃的密封性能，SUS430不锈钢的作用防止因气温变化引起产品收缩，起到支撑加强作用。				
归类决定	该商品为聚氯乙烯包覆SUS冷轧不锈钢带组成，具有固定的长度，需通过弯曲、冲切缺口和凸台、注塑等后续加工后成为前挡侧压条。因该商品的后续加工包括弯曲、冲切缺口和凸台两道工序，此加工工序已改变了商品形状，故商品在加工之前尚不具备机动车辆专用零件的特征，不符合归入税目87.08的两个条件，不可按机动车辆专用零件进行归类。 该商品是聚氯乙烯与SUS冷轧不锈钢带两种材料构成的组合物，主要作用是满足车身钣金与前挡玻璃之间的装配密封链接，其中PVC的作用为增加产品与玻璃的密封性能，SUS不锈钢起到支撑与加强的作用，上述商品的聚氯乙烯部分起密封作用，构成了商品的基本特征，且符合《税则》税目39.26及其子目条文的描述，根据归类总规则三（二），应将其按其他塑料制品归入税则号列3926.9090。				

序号	449	归类决定编号	Z2006-0285	公告编号	2006 年第 69 号
商品税则号列		3926.9090		公告实施日期	2006 年 11 月 22 日
商品名称	泡泡粒				
英文名称					
其他名称					
商品描述	该商品的主要成分为聚苯乙烯。该商品为用泡泡粒原粒（白色 M 型颗粒）经热蒸汽加热，原粒遇热膨胀，直至成为发泡的 M 型白色泡泡粒成品，利用其 M 型特殊形状用于填充货物四周空隙，在运输中起保护作用。				
归类决定	该商品为聚苯乙烯原粒经加工而成的发泡聚苯乙烯，其商品形状经特殊设计用于特定的抗震用途，属于发泡塑料制品。根据归类总规则一，泡泡粒应归入税则号列 3926.9090。				

序号	450	归类决定编号	Z2008-0024	公告编号	2008 年第 76 号
商品税则号列		3926.9090		公告实施日期	2008 年 10 月 28 日
商品名称	聚氨酯制管（硬质管）				
英文名称					
其他名称					
商品描述	聚氨酯制管（硬质管）的主要材质为聚氨酯，部分含有填充剂，其截面直径30~500 毫米，高度分为 100 毫米和 150 毫米两种。该商品进口后根据实际需要切割成圆形的液压设备用密封件。				
归类决定	"管"通常是指具有空心截面而长度远大于外径（或边长）的材料。从外观来看，该商品不属于管，且不能作为管子使用，根据归类总规则一，应归入税则号列 3926.9090。				

序号	451	归类决定编号	Z2008-0025	公告编号	2008 年第 76 号
商品税则号列		3926.9090		公告实施日期	2008 年 10 月 28 日
商品名称		自粘性塑料挂钩			
英文名称		Pet self adhesive hang table			
其他名称					
商品描述		自粘性塑料挂钩是由 PET 塑料自粘薄膜切割成各种挂钩形状的制成品。该产品是由自粘部分和非自粘的挂钩部分构成，两部分的厚度不同。挂钩部分用于悬挂轻质商品，自粘部分是为方便挂钩使用而设，可粘于相关物体（如货架）表面。			
归类决定		该商品为挂钩制品，不符合《税则》税目 39.19 的商品范围，根据归类总规则一及六，应归入税则号列 3926.9090。			

序号	452	归类决定编号	Z2009-0020	公告编号	2009 年第 5 号
商品税则号列		3926.9090		公告实施日期	2009 年 1 月 20 日
商品名称		聚酯圆片滤膜（非泡沫，聚乙烯）			
英文名称		Track-etched polyester lab DISC membranes			
其他名称					
商品描述		聚酯圆片滤膜（非泡沫，聚乙烯）是一种通过中子打孔技术制作而成的聚乙烯非泡沫圆片滤膜。规格 PET80/025，孔径 8 微米，直径 25 毫米。25 毫米直径范围内的膜上有 7 万个 8 微米的小孔，其厚度为 20 微米。可用于早期宫颈癌的检查。使用前还需对膜片表面做去蛋白吸附预处理、焊接、成型，以及对微孔滤膜的气体和液流进行完整性监测等加工处理，方可用于细胞学的监测。			
归类决定		该商品是通过中子打孔技术制作而成，其加工程度已超出《税则注释》品目 39.20 的商品范围，根据归类总规则一及六，应归入税则号列 3926.9090。			

序号	453	归类决定编号	Z2010-0017	公告编号	2010 年第 15 号
商品税则号列		3926.9090		公告实施日期	2010 年 2 月 28 日
商品名称	聚甲基丙烯酸甲酯晶坯				
英文名称					
其他名称					
商品描述	聚甲基丙烯酸甲酯晶坯是一种以聚甲基丙烯酸甲酯为原料，采用高温聚合的方法，将聚合至约 10% 转化率的黏稠浆液→浇模→分段升温聚合→在低温下进一步聚合→制得棒材→再通过激光切割工艺切割成片形的 PMMA 晶坯。主要用于制造人工晶状体，治疗白内障。规格为直径 15.88 毫米，厚度 3 毫米。外观为无色、透明、圆片型。				
归类决定	根据《税则注释》第三十九章章注十的规定，品目 39.20 所称"板、片、膜、箔、扁条"，只适用于未切割或仅切割成矩形（包括正方形），但未作进一步加工的板、片、膜、箔、扁条及正几何形块，不论是否经过印制或其他表面加工。该商品切割成圆片型，不属于税目 39.20 的商品范围，不能归入税则号列 3920.5900，根据归类总规则一及六，应归入税则号列 3926.9090。				

序号	454	归类决定编号	Z2006-0282	公告编号	2006 年第 69 号
商品税则号列		3926.9090 和 4016.9990		公告实施日期	2006 年 11 月 22 日
商品名称	防尘罩、球垫				
英文名称					
其他名称					
商品描述	上述商品为汽车前轮转方向拉杆上的初级零件，防尘罩为硫化橡胶制（黑色），主要功能是防尘；白色球垫与球形金属拉杆球面接触，起到支撑、衬垫、摩擦的副作用，附有深色外套，两者均为塑料制品。				
归类决定	上述商品为汽车前轮转方向拉杆上的初级零件，其中防尘罩为硫化橡胶制（黑色），在球关节总成中起密封和防尘的作用，塑料球坐垫为聚甲醛和聚酯合制，在球关节总成中球销和壳体间起到缓冲和补偿间隙的作用。 上述密封垫和衬垫并非由金属与其他材料合制或多层金属制成，同时也未成套装于包装内，根据《税则注释》对品目 84.84 排他条款的规定，均应按构成的材料归类，其中橡胶防尘罩归入税则号列 4016.9990，塑料球坐垫归入税则号列 3926.9090。				

序号	455	归类决定编号	Z2006-1258	公告编号	2007年第70号
商品税则号列		40.01		公告实施日期	2007年12月5日
商品名称	橡胶下脚料				
英文名称					
其他名称					
商品描述	该商品为不规则的块、团状，黄褐色，有腐臭味，杂质含量较多，有些明显可看出含有泥土、石块、木碎等，外包装为尼龙编织袋。其采集过程：割胶工人在割胶时，不用胶杯盛装，而是事先在胶树下挖好洞，让胶乳自然流入洞中，储存数天后才收集。这些橡胶干含胶量一般为31.78%~39.14%不等，属质量较差的一类乳胶，它们经浸泡、洗涤破碎、双辊除杂、造粒、绉片、造粒、干燥等工序即可生成20号熟胶，用于生产轮胎等产品。				
归类决定	该商品具有橡胶原料的基本特征，根据归类总规则一，应归入税目40.01项下。				

序号	456	归类决定编号	Z2018-005	公告编号	2018年第183号
商品税则号列		40.02		公告实施日期	2019年1月1日
商品名称	合成橡胶				
英文名称					
其他名称					
商品描述	该商品的外观形状为未经切割的规则的正几何形块，还有一些是经过切割的规则的正几何形块。有的是无色、均匀、半透明体，有的是发黄、不透明、团粒状结在一起的规则的正几何形块。合成橡胶的主要种类有异丁烯-异戊二烯橡胶和三元乙丙橡胶及卤代丁基胶、丁苯橡胶等。				
归类决定	根据实际进出口状态进行归类。规则的正几何形块的合成橡胶按板、片、带归类；不规则形状的合成橡胶，符合第四十章注释三规定的，按初级形状归类。				

序号	457	归类决定编号	Z2006-0286	公告编号	2006 年第 69 号
商品税则号列		4002.3190		公告实施日期	2006 年 11 月 22 日
商品名称	异丁烯-异戊二烯橡胶				
英文名称	Exxon bromobutyl				
其他名称					
商品描述	规格为 700 毫米×160 毫米×350 毫米的条块状乳白色"异丁烯-异戊二烯橡胶",拉伸性小,外观粗糙,是生产米其林轮胎用原料。				
归类决定	该商品进口状态为规则的长方块状,根据《税则》第四十章章注三(二)的描述,"初级形状"应为不规则形状;另据章注九"税目 40.01、40.02、40.03、40.05 及 40.08 所称'板''片''带',仅指未切割或只简单切割成矩形(包括正方形)的板、片、带及正几何形块,不论是否具有成品的特征,也不论是否经过印制或其他表面加工,但未切割成其他形状或进一步加工"的规定,认为此进口商品不属于"初级形状",应归入税则号列 4002.3190。				

序号	458	归类决定编号	Z2006-0287	公告编号	2006 年第 69 号
商品税则号列		4002.8000		公告实施日期	2006 年 11 月 22 日
商品名称	混炼胶				
英文名称	Compound rubber(RSS3#95%、BR5%)				
其他名称					
商品描述	该商品由天然橡胶及顺丁胶混炼而成。其中 RSS3#天然橡胶的含量为 95%,顺丁胶为 5%。用于制造轮胎外胎及其他橡胶制品。				
归类决定	该混炼胶由 95%的天然橡胶和 5%的顺丁橡胶混炼而成,根据《税则》40.02 的税目条文规定,这种混炼胶应按橡胶混合物归入税则号列 4002.8000。				

序号	459	归类决定编号	Z2008-0027	公告编号	2008年第76号
商品税则号列		4002.9911		公告实施日期	2008年10月28日
商品名称	热塑丁苯橡胶 SEPTON 4033				
英文名称					
其他名称					
商品描述	热塑丁苯橡胶 SEPTON 4033，呈粉状，由苯乙烯、异戊二烯和丁二烯共聚而得，氢化度大于97%，主要用于生产工艺品、玩具、涂料等。该产品经硫磺硫化后，在常温下可拉长至原长度的3倍而不致断裂，拉长到原长度的2倍时，在五分钟内能回复到不超过原长度的1.5倍。				
归类决定	该商品符合《税则》第四十章章注四（一）的规定，根据归类总规则一，应归入税则号列4002.9911。				

序号	460	归类决定编号	Z2016-012	公告编号	2016 年第 59 号
商品税则号列		4002.9911		公告实施日期	2016 年 11 月 1 日
商品名称	聚苯乙烯-乙烯/丁烯-苯乙烯橡胶				
英文名称	SEBS				
其他名称					
商品描述	外观为白色粉末状弹性体，为苯乙烯-乙烯/丁烯-苯乙烯嵌段共聚物（以下简称SEBS）。其成分含量为苯乙烯30%、乙烯>27%、丁烯40%、主链未饱和烃<3%。该产品用硫磺硫化能使其不可逆地变为非热塑物质，且能在温度18℃~29℃之间被拉长到其原长度的3倍而不断裂，拉长到原长度的2倍时，在5分钟内能恢复到不超过原长度的1.5倍。其工艺流程如下： 1. 阴离子聚合反应（Anionic Polymerization）。该反应需要在氮气环境下进行，忌水、氧气、二氧化碳，且原料必须纯化到100%。（1）加入溶剂环己烷；（2）加入反应触媒；（3）加入苯乙烯进行第一段聚合；（4）加入丁二烯进行第二段聚合；（5）加入苯乙烯进行第三段聚合。总反应时间2小时，形成转化率100%的中间体。经过该反应生成的半成品不具备丁苯橡胶（含热塑性丁苯橡胶SBS）成品特征，无法直接使用。 2. 氢化（Hydrogenation）。将聚合完成后的中间体溶液加入氢化触媒混合均匀后，加入氢气，进行反应，并伴随氢气消耗（须不断补入氢气）及温度上升（此类反应会放热，造成反应釜温度上升），可初步确认氢气已与聚合中间体的聚丁二烯嵌段产生化学反应，并形成乙烯丁烯结构。 3. 利用蒸汽将SEBS溶液中的溶剂去除，并经除水及干燥程序后，呈不规则的半成品。 4. 将半成品磨粉，并将粉末状成品SEBS用塑料袋（PE）装袋，标准为13千克/袋。 SEBS具有优异的耐老化性能和高弹性，广泛用于生产高档弹性体、汽车用品、电线电缆、透明软质玩具、医疗器材和软性护套、高级运动鞋底等。				
归类决定	"聚苯乙烯-乙烯/丁烯-苯乙烯橡胶"符合《税则》第四十章章注四（一）的规定，该商品在生产过程中经氢化后主链未饱和烃<3%，其结构与丁苯橡胶的结构明显不同。根据归类总规则一及六，该商品应归入税则号列4002.9911项下。				

序号	461	归类决定编号	Z2006-0288	公告编号	2006 年第 69 号
商品税则号列		4004.0000		公告实施日期	2006 年 11 月 22 日
商品名称	旧橡胶板				
英文名称					
其他名称					
商品描述	旧橡胶板的主要成分是天然橡胶（80%～90%），规格为（40～70）毫米×800毫米×800毫米，是由潜水艇的保护层拆下，边缘可见破损，进口后制作轮胎、传送带、自行车脚踏板等。				
归类决定	根据《税则注释》品目 40.04 的条文注释，该品目包括因划切、磨损或其他原因明显不可再作为原用途使用的橡胶货品。该商品原为潜水艇保护层设计，进口状态为使用过并经拆解，符合税目 40.04 的商品范围。 根据归类总规则一，旧橡胶板应归入税则号列 4004.0000。				

序号	462	归类决定编号	Z2007-0023	公告编号	2007 年第 71 号
商品税则号列		4004.0000		公告实施日期	2007 年 12 月 5 日
商品名称	未硫化复合橡胶				
英文名称					
其他名称					
商品描述	未硫化复合橡胶为橡胶的片、条、带，已混有碳黑，内部有加强的纤维线，主要成分为天然橡胶、碳黑、纤维线等。条带的宽幅不一，而且部分橡胶带的加强纤维层已经外露。进口后主要用于生产自行车外胎、人力车外胎、实心胎和小型输送带。进口后的生产加工流程为把原料用 70℃～80℃ 热水加热 30～40 分钟后展开，用压平机压平后待用；然后根据原料的长短、宽窄程度不同进行合理使用，按照产品对长短要求的不同，逐一进行增长或剪短的相应处理，并配以其他材料，经过一些工艺流程，生产出用户所需的合格产品。				
归类决定	根据归类总规则一，未硫化复合橡胶应归入税则号列 4004.0000。				

序号	463	归类决定编号	Z2007-0024	公告编号	2007 年第 71 号
商品税则号列		4004.0000		公告实施日期	2007 年 12 月 5 日
商品名称	未硫化绿轮胎				
英文名称	Unvulcanized green tires				
其他名称					
商品描述	未硫化绿轮胎是在轮胎生产过程中，帘布经过叠压成型后（硫化工序前）因存在瑕疵而未继续加工的半成品，其外形、规格、型号同市场销售的新轮胎一样，由天然胶、碳黑、钢丝（或尼龙）、配料等物质组成。该商品进口后，瑕疵能修补的，则通过修补进入下一步的轮胎生产；不能修补的，则将橡胶和钢丝（或尼龙线）分离，其中的橡胶部分用于生产传送带等橡胶制品。				
归类决定	根据归类总规则一，未硫化绿轮胎应归入税则号列 4004.0000。				

序号	464	归类决定编号	Z2009-0104	公告编号	2009 年第 32 号
商品税则号列		4004.0000		公告实施日期	2009 年 6 月 12 日
商品名称	橡胶地板保护垫				
英文名称					
其他名称					
商品描述	橡胶地板保护垫的规格为长约 3 米，宽约 1 米，厚约 20 毫米。其加工工艺：旧轮胎剔除无韧性部分切成宽约 20 毫米的条状，打孔后用铁丝连接成网格状。用于放置大型重物，以保护地面。				
归类决定	该商品源于旧轮胎，为加工程度不高的旧橡胶切条产品，根据归类总规则一及六，应归入税则号列 4004.0000。				

序号	465	归类决定编号	Z2006-0289	公告编号	2006年第69号
商品税则号列		4005.1000		公告实施日期	2006年11月22日
商品名称	复合橡胶				
英文名称	Lee carbon blended rubber				
其他名称					
商品描述	该商品是在天然橡胶的基础上加入一定比例的碳黑（96份胶比4份碳黑），混合加工后压成块状作为半成品。				
归类决定	根据《税则注释》第四十章章注五（一）的规定，品目40.01不包括与增强剂相混合的橡胶，参考有关资料，增强剂包括了碳黑、陶土等物质。根据《税则注释》品目40.01及40.05的解释，品目40.01项下的橡胶通常情况下不能含有添加的碳黑。因此，该商品不能归入品目40.01项下。 根据《税则注释》品目40.05的解释，该复合橡胶属于与碳黑混合的未硫化复合橡胶半制成品。因此，复合橡胶应归入税则号列4005.1000。				

序号	466	归类决定编号	Z2006-0290	公告编号	2006年第69号
商品税则号列		4007.0000		公告实施日期	2006年11月22日
商品名称	威而福牌硫化橡筋带				
英文名称					
其他名称					
商品描述	威而福牌硫化橡筋带的型号为37，其为宽度约2.2厘米的扁平带状物，由直径约为0.06厘米的橡胶丝并排黏合而成，之间连接松散，极易撕裂，可用于内裤松紧带。				
归类决定	该硫化橡筋带由直径约为0.06厘米的橡胶丝并排黏合而成，并排后为宽度约2.2厘米的扁平带状物，可用于内裤松紧带。 该商品是原料经过硫化后挤压成型，从该商品的进口状态看，该商品已作条状加工，具有橡胶丝完整品的特征。其所并排的带状只是为了运输方便，且橡筋带极易撕裂成橡胶丝并不构成带状特征。 根据归类总规则一，该硫化橡筋带应归入税则号列4007.0000。				

序号	467	归类决定编号	Z2009-0021	公告编号	2009 年第 5 号
商品税则号列		4008.2100		公告实施日期	2009 年 1 月 20 日
商品名称	纺纱皮圈				
英文名称	Apron				
其他名称					
商品描述	纺纱皮圈是硫化丁腈橡胶制品，开口、皮圈接口处使用自带胶（使用时需涂抹一些香蕉水方能黏合），未经过发泡处理，不属于硬质橡胶，也不属于海绵橡胶。规格为 74.3 毫米×30 毫米×1.1 毫米，呈板片状。具体生产工艺：配料→混炼→半成品挤出→半成品成形→硫化工序→磨砺→斜面人工切割等。该商品用于细纱机，皮圈粘成胶圈后装在机上的下罗拉上，与上罗拉配合，将牵伸后的棉纤维握持并输出，便于加捻、卷绕、成形。				
归类决定	根据归类总规则一及六，纺纱皮圈应归入税则号列 4008.2100。				

序号	468	归类决定编号	Z2006-0699	公告编号	2006 年第 69 号
商品税则号列		40.09 和 8479.9090		公告实施日期	2006 年 11 月 22 日
商品名称	摊铺机零件				
英文名称					
其他名称					
商品描述	该商品主要是一些不同材质和形状的管件，包括： 1. 合金钢制熨平板液压管件，已制成特定形状并装有接头，安装在摊铺机熨平板内，是通过管体内部高压液体的传导而达到动力传输的作用，从而保障熨平板在工作中顺利发挥其夯实、振捣和防止沥青离析的作用； 2. 熨平板加热管件，是完成高压气体传输和燃烧的部件，以保障熨平板在工作中不发生沥青沾粘，使得螺旋输料装置顺利展开，外表呈不规则状； 3. 橡胶软管，内衬合金丝网夹层，装有特制接头，耐高压，安装在摊铺机熨平板内，作用同熨平板液压管件。				
归类决定	该批管件为专用于摊铺机的零件，具备特定形状与专用性，根据《税则》第十六类类注一、第十六类类注二，商品 1、2 应按摊铺机专用零件归入税则号列 8479.9090；商品 3 应归入税目 40.09 项下。				

序号	469	归类决定编号	Z2006-0291	公告编号	2006 年第 69 号
商品税则号列		4011.2000		公告实施日期	2006 年 11 月 22 日
商品名称	供重型自卸车使用 E4 子午线轮胎				
英文名称	The E4 radial tyre for dump trucks				
其他名称					
商品描述	该商品为无内胎（非公路用）巨型工程轮胎，结构为子午线型，型号为 30.00RS1，胎面花纹为 XKD1 型，胎面宽度为 30 英寸，直径为 3.033 米。该进口轮胎用于露天煤矿生产。				
归类决定	根据《税则注释》商品分类，非公路自卸车属于货运机动车辆，故该重型自卸车用 E4 子午线轮胎应归入税则号列 4011.2000。				

序号	470	归类决定编号	Z2006-0292	公告编号	2006 年第 69 号
商品税则号列		4011.2000		公告实施日期	2006 年 11 月 22 日
商品名称	人字形胎面的充气橡胶轮胎				
英文名称					
其他名称					
商品描述	该商品是矿山开采中搬运矿物用车的轮胎。人字形胎面，子午线轮胎，辋圈直径 51 英寸。				
归类决定	人字形胎面的充气橡胶轮胎是人字形胎面、辋圈直径为 51 英寸、无内胎的矿山开采中搬运矿物的非公路自卸车用的子午线轮胎。 《税则》中税目 40.11 项下的子目是根据轮胎的用途划分的，参照《税则注释》40.11 的子目注释，子目 4011.62、4011.63、4011.93 及 4011.94 所称"建筑业或工业搬运机器"包括采矿用的车辆及机器，但不包括子目 4011.20 规定的货运机动车辆。 根据《税则注释》商品分类，非公路自卸车属于货运机动车辆。根据归类总规则一，该非公路用自卸车所用轮胎应归入税则号列 4011.2000。				

序号	471	归类决定编号	Z2009-0022	公告编号	2009 年第 5 号
商品税则号列		4016.9310		公告实施日期	2009 年 1 月 20 日
商品名称		橡胶塞（铝电解电容器配件）			
英文名称		Rubber seal			
其他名称		橡胶封口			
商品描述		橡胶塞是"橡胶封口"的专用橡胶产品，由三元乙丙胶与辅料（滑石粉、氢钙、碳黑等）以1∶1的比例一次性均匀配料，经炼胶、硫化、清洗等工序制成，呈黑色圆形固体状，直径4~25毫米。用在电解电容器中起封口和对封口部位进行绝缘的作用（防止正负极间或其中一极与铝壳接触形成短路）。			
归类决定		该商品为硫化橡胶的制品，根据《税则注释》第十六类类注一（一）"除硬质橡胶以外的硫化橡胶制的机器、机械器具、电气器具或其他专门技术用途的物品"的排他条款，应归入税则号列4016.9310。			

序号	472	归类决定编号	Z2014-0003	公告编号	2014 年第 46 号
商品税则号列		4016.9500		公告实施日期	2014 年 6 月 25 日
商品名称		减震气囊			
英文名称					
其他名称					
商品描述		该减震气囊材料为硫化橡胶，其工作原理是在车辆行驶时，阀门通过控制安装在前后桥上的气囊的进气和出气使车身保持水平，减少车辆的震动，提高乘坐的舒适性。			
归类决定		商品为用于车辆后桥的硫化橡胶制减震气囊，其工作原理是在车辆行驶时，阀门通过控制安装在前后桥上的气囊的进气和出气使车身保持水平，减少车辆的震动，提高乘坐的舒适性。根据《税则》第十七类类注二（一）的规定，"各种材料制的接头、垫圈或类似品（按其构成材料归类或归入税目84.84）或硫化橡胶（硬质橡胶除外）的其他制品（税目40.16）"，由硫化橡胶制成的减震气囊应按其橡胶属性归入税目40.16项下。根据归类总规则一及六，该商品应归入税则号列4016.9500。			

序号	473	归类决定编号	Z2006-0295	公告编号	2006 年第 69 号
商品税则号列		4016.9990		公告实施日期	2006 年 11 月 22 日
商品名称	乙丙非共轭二烯橡胶				
英文名称	Santoprene				
其他名称					
商品描述	乙丙非共轭二烯橡胶是一种采用动态硫化工艺，将三元乙丙橡胶硫化后分散在热塑性材料（如聚丙烯）构成的基质中，其微观结构为热塑性材料的连续相中分散着平均大小为 1 微米左右的橡胶颗粒，以橡胶部分为主体，含有 2%~3% 的碳黑着色剂。该商品利用橡胶部分和热塑性材料（如聚丙烯）部分的共同作用构成热塑弹性体。外观呈粒子状态，因具有热塑性，可采用注塑等方式进行加工。				
归类决定	该商品加有碳黑着色剂，不符合《税则》第四十章章注五（一）2 的规定，因此，不能按初级形状的合成橡胶归入税目 40.02。 该商品主要由硫化橡胶构成，为颗粒状。根据归类总规则一，乙丙非共轭二烯橡胶应归入税则号列 4016.9990。				

序号	474	归类决定编号	Z2006-1261	公告编号	2007 年第 70 号
商品税则号列		4016.9990		公告实施日期	2007 年 12 月 5 日
商品名称	硫化橡胶药用胶塞				
英文名称					
其他名称					
商品描述	硫化橡胶药用胶塞是以少量卤素取代的丁基橡胶为原料制得的胶塞。具有良好的气密性和规则性，以及无滤出物、无微粒物质、可直接消毒等特点，进口后可用作药剂瓶瓶塞。				
归类决定	根据归类总规则一，硫化橡胶药用胶塞应归入税则号列 4016.9990。				

序号	475	归类决定编号	Z2006-0366	公告编号	2006 年第 69 号
商品税则号列		4016.9990 和 5606.0000		公告实施日期	2006 年 11 月 22 日
商品名称	X 线				
英文名称	X Ray thread				
其他名称	硫酸钡线				
商品描述	该线的成分： 1. 60%硫酸钡，40%硫化天然橡胶； 2. 60%硫酸钡，40%化纤。 用途：该商品织成线状，织入或夹入纱布中。该商品对 X 光线具有不可穿透性，通过射线摄影，可及时发现在手术中遗失体内的纱布，避免事故的发生。				
归类决定	X 线有两种规格，60%硫酸钡/40%化纤和 60%硫酸钡/40%硫化天然橡胶。其中： 60%硫酸钡/40%化纤是由 60%硫酸钡填充的化学纤维长丝丝束（未拉伸）作芯，被另一长丝丝束（已拉伸）螺旋间隔绕裹，应按螺旋花线归入税则号列 5606.0000。 60%硫酸钡/40%天然橡胶线不是成品，还需要织入纱布中，因此不属于税目 30.06 的商品范围；根据《税则注释》品目 40.16 的解释，应将此商品归入税则号列 4016.9990。				

序号	476	归类决定编号	Z2006-0296	公告编号	2006 年第 69 号
商品税则号列		41.07		公告实施日期	2006 年 11 月 22 日
商品名称	牛正面手套革				
英文名称					
其他名称	制成牛皮/头层				
商品描述	牛正面手套革是由蓝湿牛皮经过削薄、搅打、软化、拉伸及去除不合格部分等工序制得，该商品经裁剪后即可生产手套。				
归类决定	根据《税则注释》第四十一章总注释，商品的加工工艺符合鞣制或鞣后干制后经进一步加工的皮革的范畴，所以不能按鞣制或鞣后干制但未经进一步加工的皮张归入品目 41.04 项下。 根据归类总规则一，牛正面手套革应视其规格（整张皮、非整张皮）、加工程度（剖层皮、未剖层皮）等归入税目 41.07 项下。				

序号	477	归类决定编号	Z2006-0297	公告编号	2006年第69号
商品税则号列		41.07		公告实施日期	2006年11月22日
商品名称		牛二层手套革			
英文名称					
其他名称		制成牛皮/二层			
商品描述		牛二层手套革是由蓝湿牛皮经过削薄、搅打、软化、拉伸及去除不合格部分等工序制得，该商品经裁剪后即可生产手套。			
归类决定		根据《税则注释》第四十一章总注释，商品的加工工艺符合鞣制或鞣后干制后经进一步加工的皮革的范畴，所以不能按鞣制或鞣后干制但未经进一步加工的皮张归入品目41.04项下。 根据归类总规则一，牛二层手套革应视其规格（整张皮、非整张皮）、加工程度（剖层皮、未剖层皮）等归入税目41.07项下。			

序号	478	归类决定编号	Z2013-0038	公告编号	2013年第26号
商品税则号列		4202.1290		公告实施日期	2013年6月1日
商品名称		拉杆箱			
英文名称					
其他名称					
商品描述		该商品品牌为FERRAGAMO，型号为F248717034＊＊DB00C9。外观尺寸：50厘米（长）×30厘米（宽）×75厘米（高），箱体面料为棉料。该拉杆箱底部带有滚轮。			
归类决定		根据归类总规则一及六，该商品应归入税则号列4202.1290。			

序号	479	归类决定编号	Z2006-1262	公告编号	2007 年第 70 号
商品税则号列			4202.3200	公告实施日期	2007 年 12 月 5 日
商品名称		塑料制隐形眼镜盒			
英文名称		Assy-lens case neutral			
其他名称						
商品描述		该商品为塑料制隐形眼镜盒，形状为八字形，两端的圆盒分别存放左眼和右眼的隐形眼镜片。使用方法是将隐形眼镜片分别放置于圆盒中，注入专门的隐形眼镜药水，然后将圆盖拧紧即可，这样浸在药水中的隐形眼镜片可以被消毒后继续使用。该商品通常放置在家中使用，也可于包中随身携带。			
归类决定		隐形眼镜盒属于眼镜盒的一种，根据归类总规则一，塑料制隐形眼镜盒应归入税则号列 4202.3200。			

序号	480	归类决定编号	Z2013-0039	公告编号	2013 年第 26 号
商品税则号列			4202.9200	公告实施日期	2013 年 6 月 1 日
商品名称		棉面料制行李袋			
英文名称		Travel bag			
其他名称						
商品描述		该商品品牌为 FERRAGAMO，外观尺寸为 50 厘米（长）×30 厘米（宽）×75 厘米（高）。采用棉面料制，无轮子、无肩带、有手柄，用于旅行时携带大量衣物等。			
归类决定		该商品的外观特征已超出手提包的范畴。因此，根据归类总规则一及六，该商品应归入税则号列 4202.9200。			

序号	481	归类决定编号	Z2006-0298	公告编号	2006 年第 69 号
商品税则号列		4302.1990		公告实施日期	2006 年 11 月 22 日
商品名称	羔羊皮残次				
英文名称					
其他名称					
商品描述	羔羊皮残次实为已鞣制的乌拉圭羔羊毛皮，外观看略有部分残损。规格为 3~7SQFT。毛长为 10~12 毫米。进口后需进行染色，再进一步加工为其他羊剪绒制品。				
归类决定	羔羊皮是指从流产或出生后 1~3 天羔羊皮身上剥取的毛皮。根据《税则》4302.1930 子目条文的规定，该子目包括下列羔羊皮："阿斯特拉罕、喀拉科尔、波斯羔羊或类似羔羊、印度、中国或蒙古羔羊"。阿斯特拉罕羔羊毛皮是原产于俄罗斯阿斯特拉地区的黑色卷毛小羊皮，喀拉科尔和波斯羔羊毛皮是原产于中亚地区的小羊皮，上述羔羊毛皮均有色泽光亮、油滑、毛路卷曲、花纹美丽的特征。而该产品原产于乌拉圭（属于乌拉圭羔羊毛皮），从所附样品看，毛皮色泽不光亮、不油滑，不具有上述羔羊毛皮的特征。 根据归类总规则一及六，羔羊皮残次应归入税则号列 4302.1990。				

序号	482	归类决定编号	Z2010-0018	公告编号	2010 年第 15 号
商品税则号列		4401.2200		公告实施日期	2010 年 2 月 28 日
商品名称	橡木片				
英文名称	French oak chips				
其他名称					
商品描述	该商品是橡木制成的小木片，扁平、粗制成方形，尺寸为 1 厘米×2 厘米左右。具体加工过程：橡木取其芯材，加工成板，自然风干 2~3 年后，劈开成木片，先经过清洗和消毒处理，再经 200℃~250℃ 高温烘烤，待冷却到 30℃~40℃ 时趁热装袋密封，保证木片无菌，并使其富含单宁、树脂和糖类等物质。其具体作用：在葡萄酒或白兰地的陈酿过程中，往橡木桶中加入橡木片来增加酒体和橡木的接触。来自橡木片的单宁能够稳定葡萄酒颜色，增加葡萄酒的结构感，使酒体更丰满；橡木片所含的树脂和糖类物质，能让酒的色泽更柔和、味道更加醇厚。				
归类决定	该商品不符合《税则注释》对品目 12.11 的描述，根据归类总规则一及六，应归入税则号列 4401.2200。				

序号	483	归类决定编号	Z2008-0139	公告编号	2008年第83号
商品税则号列		4402.9000		公告实施日期	2008年11月24日
商品名称		烤肉架			
英文名称					
其他名称					
商品描述		该商品为零售包装户外旅游用烤肉架。内壁为铝箔构成的炉体，内装一个铁丝网和一包机制炭。使用时将食物置于铁丝网上，下面用炭燃烧进行加热。			
归类决定		该商品为零售包装，在户外旅游时使用，内壁为铝箔构成的炉体，内装一个铁丝网和一包机制炭。其中机制炭是采用锯末稻壳等原料炭化，使用玉米黏合剂黏合而成。合成炭含量90%，黏合剂10%。使用时将食物置于铁丝网上，下面用炭燃烧进行加热。根据归类总规则三（二），该商品应归入税则号列4402.9000。			

序号	484	归类决定编号	Z2022-0104	公告编号	2022年第78号
商品税则号列		4403.1200		公告实施日期	2022年9月1日
商品名称		桐木板方			
英文名称		Tung lumber			
其他名称					
商品描述		桐木板方的规格尺寸为30厘米×30厘米×2 600厘米，该木材全部去皮，四面着锯，且经防腐处理。			
归类决定		该商品符合《税则注释》中品目44.03的描述，根据归类总规则一及六，应归入税则号列4403.1200。			

序号	485	归类决定编号	Z2006-0301	公告编号	2006年第69号
商品税则号列		44.07		公告实施日期	2006年11月22日
商品名称	杉木栏杆				
英文名称					
其他名称					
商品描述	杉木栏杆，其生产过程：材料取自南平生产的人工杉木林，杉原木→带锯锯成板材→经烘干房烘干→平刨刨直→四面刨、四面精刨→根据形状两端切断→砂去毛刺→结疤漏节补洞→分选A、B级→打包。规格为3种，板厚、宽、长分别为1.75厘米×8.9厘米×122厘米，1.75厘米×8.9厘米×244厘米，1.75厘米×14厘米×244厘米。用途为用作别墅、花园栏杆等，只需钉子钉上，无须任何加工。				
归类决定	该商品符合《税则注释》对品目44.07的描述，根据归类总规则一，应归入税目44.07项下。				

序号	486	归类决定编号	Z2006-0302	公告编号	2006年第69号
商品税则号列		44.07		公告实施日期	2006年11月22日
商品名称	木制盖屋板				
英文名称					
其他名称					
商品描述	木制盖屋板为9毫米×56毫米×1 340毫米的木板条。经纵锯后烘干，再用电锯进行直度和带皮边的修整，经刨平，用高精度四面刨一次性四面刨至精光，直接用于建造木制结构房屋墙体。				
归类决定	根据归类总规则一，该商品符合《税则注释》对品目44.07的描述，应归入税目44.07项下。				

序号	487	归类决定编号	Z2007-0026	公告编号	2007年第71号
商品税则号列		4409.2910		公告实施日期	2007年12月5日
商品名称	红埋嘎地板条、水红花地板条					
英文名称						
其他名称						
商品描述	该商品"毛番龙眼"（Pometia tomentosa），俗称红埋嘎、"千果榄仁"（Terminalia myriocarpa），俗称水红花，地板条毛板加工而成，其规格为长45~93厘米、宽10~13.5厘米、厚2厘米。其加工流程：锯解→烤干→断料→刨光→加工舌榫、槽榫→打包。该商品主要用于建筑物的地板装修、装饰。					
归类决定	根据归类总规则一，该商品应归入税则号列4409.2910。					

序号	488	归类决定编号	Z2008-0029	公告编号	2008年第76号
商品税则号列		4412		公告实施日期	2008年10月28日
商品名称	床用板条					
英文名称	Bed slat					
其他名称						
商品描述	床用板条的原材料为桦木，加工工艺：原木（桦木）经过旋切设备旋切成单板（面板和芯板），每层厚度不超过6毫米。将单板自然晾晒，然后对芯板进行热压精补。将验收合格的单板进行高温、高压消毒处理，并且通过高温和高压将单板压合成具有一定弯曲度的胶合板（温度为120℃，压力为30兆，压合时间为30分钟，胶合板层数为6~8层不等）。将胶合板经过多边锯进行开料，再经过磨边机对半成品进行磨边处理，然后用砂光机对产品两头进行抛光处理。产品经检验合格的，包装出库。该商品主要用作沙发及床上的部件。					
归类决定	该商品符合《税则注释》对品目44.12的解释，"本品目的产品不论是否已加工成品目44.09所列货品的形状，或经弯曲、穿孔、切割、制成瓦楞或正方形或矩形以外的其他形状，也不论其是否对表面、边缘或端头进行加工、涂层或包覆，或者进行其他加工，只要这些产品不具有其他品目所列货品的基本特征，仍应归入本品目"，根据归类总规则一，应归入税目44.12项下。					

序号	489	归类决定编号	Z2022-0105	公告编号	2022 年第 78 号
商品税则号列		4412.3300		公告实施日期	2022 年 9 月 1 日
商品名称	实木隔音采暖地板				
英文名称					
其他名称					
商品描述	实木隔音采暖地板，型号 VKGT45CD，为多层胶合板，第一层为橡木贴面，第二至六层为柳安混合胶合板，第七层为隔音泡沫垫。规格：142 毫米×895 毫米×13 毫米。				
归类决定	根据《税则注释》关于 4412.10、4412.31、4412.33、4412.34 及 4412.39 的子目注释，"胶合板即使经品目 44.12 注释倒数第三段所述的盖面或进一步加工仍归入这些子目"，以及商品进口状态（表面为橡木），根据归类总规则一及六，该商品应归入税则号列 4412.3300。				

序号	490	归类决定编号	Z2006-1264	公告编号	2007 年第 70 号
商品税则号列		44.18		公告实施日期	2007 年 12 月 5 日
商品名称	木门框板				
英文名称	Painted millwork and boards				
其他名称					
商品描述	该商品有两种规格：第一种为皇冠状线条，尺寸为 1.43 厘米×13.33 厘米×487.68 厘米，经过指接、拼板、成型、砂磨、封闭、再砂磨、涂装、喷漆后完成，形状是三面曲面，一面平面的长板，主要用于车库门、仓库等大型建筑；第二种是粗切砖状线条，尺寸为 1.71 厘米×4.11 厘米×213.36 厘米，经过指接、拼板、成型、砂磨、封闭、再砂磨、涂装、喷漆后完成，在成型过程时，在开槽机上同时完成开槽工序，所开凹槽用来套入橡胶减少开关门的冲击力。它是正面带凹槽的长方形上漆的木条，主要用在门框上起缓冲作用。				
归类决定	根据归类总规则一，该商品应归入税目 44.18 项下。				

序号	491	归类决定编号	Z2022-0106	公告编号	2022 年第 78 号
商品税则号列		4418.7900		公告实施日期	2022 年 9 月 1 日
商品名称	木制脚踏板				
英文名称					
其他名称					
商品描述	该脚踏板型号为 3A063767 和 3A063765，尺寸为 30 厘米×30 厘米，可裁制成长方形的木板条，组合镶嵌在可以相互连接的塑料面架上。该木板条是巨桉木，塑料面架是高低密度聚乙烯。主要用于户外花园草地或游泳池边路面通道上作步级踏板，其表面可以防滑，底面能排水，便于移动组合或分散使用。				
归类决定	该商品具备了已装拼地板的基本特征，根据归类总规则一及六，应归入税则号列 4418.7900。				

序号	492	归类决定编号	Z2022-0107	公告编号	2022 年第 78 号
商品税则号列		4418.7900		公告实施日期	2022 年 9 月 1 日
商品名称	木地板				
英文名称					
其他名称					
商品描述	该商品的加工工艺：将板材锯成面板和底条板→将面板刨条纹、底条板打洞眼→砂光→将面板和底条板进行装拼（打胶水/上螺丝）→将产品油漆→包装。该商品用作花园通道地板、浴室防滑地板等。				
归类决定	该商品具备了已装拼地板的基本特征，根据归类总规则一及六，应归入税则号列 4418.7900。				

序号	493	归类决定编号	Z2022-0108	公告编号	2022 年第 78 号
商品税则号列		4418.9100		公告实施日期	2022 年 9 月 1 日
商品名称	重竹地板				
英文名称					
其他名称					
商品描述	该商品规格为 1 830 毫米×96 毫米×14 毫米。经选片、干湿平衡、UV 涂装等将近 20 余道工序加工而成。加工工艺：选竹→原料定长锯料→竹筒剖条→竹条分片→竹片分丝→蒸煮漂白或碳化→干燥→浸胶/淋胶→预干→组坯、成型→固化、冷却、养生→齐头，定长→双面修直→锯片、养生。其厚度一般为 14～20 毫米，密度为 1.15 克/立方厘米，用在家居、酒店和写字楼等。				
归类决定	该商品的加工工艺超出了《税则注释》对品目 44.09 的规定，根据归类总规则一及六，应归入税则号列 4418.9100。				

序号	494	归类决定编号	Z2022-0109	公告编号	2022 年第 78 号
商品税则号列		4418.9900		公告实施日期	2022 年 9 月 1 日
商品名称	铁杉板材				
英文名称					
其他名称					
商品描述	该商品的加工工艺：将铁杉原木经纵切、烘干并刨光后截断成长度 200～700 毫米、厚度 24 毫米、宽度 72～140 毫米的小木条，将裁切好的木条经过端部开密齿，然后用黏合剂以端部接榫的方式将小木条结成长度 5 米、宽度 72～140 毫米的条状木，最后将上述 3 块木条黏合成厚度 720 毫米、宽度 72～140 毫米、长度 5 米的整块板材，用于生产木窗。				
归类决定	该商品的加工工艺已超出《税则注释》对品目 44.07、44.12 的规定，根据归类总规则一及六，应归入税则号列 4418.9900。				

序号	495	归类决定编号	Z2022-0110	公告编号	2022 年第 78 号
商品税则号列		4421.9990		公告实施日期	2022 年 9 月 1 日
商品名称	中式弧面尖头围栏板				
英文名称	Wood fencing				
其他名称					
商品描述	该商品采用速生杉木为原料。其加工工艺：1. 将杉木原木锯成规格板材；2. 将板材高温烘干、脱脂，并进行 3~5 天的养生处理；3. 对养生处理后的板材进行四边刨切并成型，然后将其中的一面抛成弧面状，进行砂光，并将顶部的两边揉铣成弧线形状。其成品规格是 14 毫米×73 毫米×1 830 毫米，形状为长方形，每片有一面加工成弧面形状，顶部的两边加工成等边弧线形状。该商品主要用作围栏以及公园或家庭花园的装饰栏。				
归类决定	该商品已构成围栏板，根据归类总规则一及六，应归入税则号列 4421.9990。				

序号	496	归类决定编号	Z2022-0111	公告编号	2022 年第 78 号
商品税则号列		4421.9990		公告实施日期	2022 年 9 月 1 日
商品名称	法式尖头围栏板				
英文名称	Wood fencing				
其他名称					
商品描述	该商品采用速生杉木为原料，其加工工艺：1. 将杉木原木锯成规格板材；2. 对板材进行高温烘干、脱脂，并进行养生处理；3. 对养生处理后的板材进行四边刨切成型；4. 把成型的木板头部刨切成尖形，颈部揉铣成两个半圆形。其成品规格是 14 毫米×88.9 毫米×1 067 毫米，形状为长方形，每片顶部切成尖头形状，并在颈部加工两个半圆弧，形状类似红缨枪。该商品主要用作公园及家庭花园的装饰栏、围栏。				
归类决定	该商品已构成围栏板，根据归类总规则一及六，应归入税则号列 4421.9990。				

序号	497	归类决定编号	Z2022-0112	公告编号	2022 年第 78 号
商品税则号列		4421.9990		公告实施日期	2022 年 9 月 1 日
商品名称	\multicolumn{5}{l}{中式尖头围栏柱}
英文名称	\multicolumn{5}{l}{Wood fencing}
其他名称					
商品描述	\multicolumn{5}{l}{该商品采用速生杉木为原料，其加工工艺：1. 将杉木原木锯成规格板材；2. 将板材高温烘干、脱脂，并进行养生处理；3. 对养生处理后的板材进行四面刨切，砂光成型；4. 把已成型的小方柱的顶部抛光成金字塔形状。其成品规格是 38 毫米×38 毫米×1 830 毫米，形状为小方柱，每根方柱顶部切成类似金字塔的尖头形状。该商品主要用作围栏及公园或家庭花园的装饰栏。}
归类决定	\multicolumn{5}{l}{该商品已构成围栏板，根据归类总规则一及六，应归入税则号列 4421.9990。}

序号	498	归类决定编号	Z2009-0106	公告编号	2009 年第 32 号
商品税则号列		4706.1000		公告实施日期	2009 年 6 月 12 日
商品名称	\multicolumn{5}{l}{棉短绒纸浆}
英文名称					
其他名称	\multicolumn{5}{l}{精制棉}
商品描述	\multicolumn{5}{l}{该商品为棉短绒纸浆，生产原材料为棉短绒。生产工艺为棉短绒经开棉破碎、水洗、蒸煮（加入松香、氢氧化钠）、降聚反应（初级纸浆形成）、酸化（加入盐酸）、第一步酸性漂白（加入次氯酸钠、硫酸）、第二步碱性漂白（加入次氯酸钠、氢氧化钠）、第三步酸性漂白（加入次氯酸钠、硫酸）、纸浆酸化（加入硫酸）形成棉短绒纸浆半成品，再经水洗、脱水、纸浆破碎、烘干打包形成棉短绒纸浆。用途：1. 制造硝化纤维，用于喷漆、赛璐珞等；2. 制造化学纤维，用于人造棉、人造丝及玻璃纸等；3. 用作石油、食品、药品及化妆品的添加剂等；4. 制造醋酸纤维，用作香烟滤嘴及电线与纸的表面涂膜等。}
归类决定	\multicolumn{5}{l}{该商品属于税则列名商品，依据归类总规则一，应归入税则号列 4706.1000。}

序号	499	归类决定编号	Z2006-0316	公告编号	2006 年第 69 号
商品税则号列		4706.2000		公告实施日期	2006 年 11 月 22 日
商品名称	纤维状纤维素机械浆				
英文名称	Topcel-1				
其他名称					
商品描述	该商品呈灰褐色颗粒状，经海关化验鉴定，以纤维素类物质为主要成分。其生产工艺：原料蒸煮、清洗、漂白、烘干、压成板状、研磨、二道研磨、精磨、筛分并制得最终产品。该商品用于道路铺设，与料件混合，起支撑稳定作用。				
归类决定	该商品由 5% 的天然木浆和 95% 的回收纸提取的纤维浆组成，按照《税则注释》对品目 47.06 的解释，该品目项下的产品，除了从回收（废碎）纸或纸板提取的以外，可以含有经机械法、化学法或机械化学法制得的浆。根据所用的原料和加工程度，它们会含有少量的油墨、黏土、淀粉、聚合物涂料或明胶等残余物质。 因此，该商品符合税目 47.06 条文的规定，应按照归类总规则一归入税则号列 4706.2000。				

序号	500	归类决定编号	Z2006-0317	公告编号	2006 年第 69 号
商品税则号列		4707.1000		公告实施日期	2006 年 11 月 22 日
商品名称	木浆				
英文名称					
其他名称					
商品描述	申报进口木浆（针叶木/未漂白/硫酸盐）一批，该商品样品为棕黄色卷筒纸状，宽约 165 厘米，未施胶，已经过抄造并网成形，表面有少量不规则孔眼。海关化验鉴定结果：定量，289 克/平方米；紧度，0.65 克/立方厘米；打浆度，12 度 SR；纤维湿重，22.3 克；吸水性，494 克/平方米；耐破度，948 千帕斯卡；耐破指数，3.28 千帕斯卡·平方米/克；纤维组成，本色硫酸盐针叶木浆 80%，本色化学机械针叶木浆 20%。				
归类决定	该商品的成分为混合浆，一般情况下，只有造纸时才根据纸张的需要把几种木浆调配在一起；该商品的形态、生产工艺都已属于纸，其强度也已达到了纸的指标。该商品的纤维状态目前并无行业机构能确定为浆、纸的区别。综上所述，该商品应视为纸进行归类。 如果对该商品所进行的破坏性打孔处理已使其无法按正品纸使用，则可按废纸归入税则号列 4707.1000，否则应归入税则号列 4804.1100。				

序号	501	归类决定编号	Z2007-0028	公告编号	2007 年第 71 号
商品税则号列		4707.1000		公告实施日期	2007 年 12 月 5 日
商品名称		废纸 3 号			
英文名称		Waste paper			
其他名称					
商品描述		该商品为塑料覆膜的牛皮纸，纸和塑料膜的比重各占 50%，塑料膜可手工剥离，塑料膜厚度占总厚度的 6%~16% 不等。该废牛皮纸未经漂白，进口后采取分解工艺将塑料膜去除，用于回收纸浆。进口状态：废碎料，压打成包。			
归类决定		该商品为压打成包的塑料覆膜的牛皮纸废碎料，纸和塑料膜的比重各占 50%，塑料膜可手工剥离，经化验中心对样品进行分析，塑料膜厚度占总厚度的 6%~16% 不等。根据《税则》第四十八章章注二（七）的规定，其原纸张应归入《税则》第四十八章，而该废纸归入《税则》第四十七章。该废牛皮纸未经漂白，故根据归类总规则一，应归入税则号列 4707.1000。			

序号	502	归类决定编号	Z2022-0113	公告编号	2022 年第 78 号
商品税则号列		4801.0010		公告实施日期	2022 年 9 月 1 日
商品名称		白色号簿纸			
英文名称					
其他名称					
商品描述		该商品为 CATALYST 牌白色号簿纸，成卷，卷宽 876 毫米。经海关化验鉴定，由 100% 的漂白磨木机械针叶木浆构成，每平方米重量为 40.3 克，灰分为 3.85%。印刷表面粗糙度：正面为 3.96 微米，反面为 4.49 微米。用于印刷电话号簿，如电话黄页等。			
归类决定		根据归类总规则一及六，该商品应归入税则号列 4801.0010。			

序号	503	归类决定编号	Z2006-0318	公告编号	2006 年第 69 号
商品税则号列		4802.5400		公告实施日期	2006 年 11 月 22 日
商品名称	水松原纸				
英文名称	M. G Paper（Yew base paper）				
其他名称					
商品描述	该水松原纸产地芬兰，规格 32 克/平方米，宽度 945 毫米，圆筒包装，每筒 370 千克。对于该商品的用途，货主解释为印刷后用于鲜花及礼品的出口包装。				
归类决定	该商品经中国制浆造纸工业研究院、华南理工大学制浆造纸工程国家重点实验室、国家纸张质量监督检验中心和海关化验鉴定，符合水松原纸的行业标准 QB 1019—1991，申报商品属性与相关检测指标相符合。 根据中国制浆造纸工业研究院的鉴定结果，确认该商品未经涂布，并依据海关化验关于克重、灰分的化验结果，将该商品按照其规格归入税则号列 4802.5400。				

序号	504	归类决定编号	Z2006-0319	公告编号	2006 年第 69 号
商品税则号列		4803.0000 或 48.18		公告实施日期	2006 年 11 月 22 日
商品名称	无尘纸				
英文名称	Airlaid				
其他名称					
商品描述	该商品为白色片状物，为生产卫生用品的原料，经海关化验该商品由 70% 化学木浆和 30% 化学纤维组成，含有黏合剂，90 克/平方米，鉴定结论为无尘纸。				
归类决定	无尘纸采用气流成网法，经加固而成网，其中合成纤维起热黏合作用。无尘纸的归类问题牵涉是以生产工艺流程还是成分含量作为区分纸与无纺织物的主要指标。 从生产工艺流程来看，现行的造纸行业除湿法造纸外，也有干法造纸，该方法也用作制不织布（造纸行业称为用造纸技术生产的布），因此从生产工艺流程是难以区分纸与无纺布的标准。从纤维成分来看，在造纸行业中，对于纸与无纺布的区别主要视成分含量而定：以纺织纤维为主要特征的视为不织布；以木浆纤维为主要特征的视为纸。 该无尘纸中化学木浆含量约为 70%，化学纤维含量为 30%。因此根据归类总规则三（二）及根据《税则注释》第四十八章总注释，并根据该纸张的尺寸，将该无尘纸归入税则号列 4803.0000 或税目 48.18 项下。				

序号	505	归类决定编号	Z2006-0320	公告编号	2006年第69号
商品税则号列		48.04		公告实施日期	2006年11月22日
商品名称	牛皮纸				
英文名称	Unbleached kraft linerboard				
其他名称					

商品描述

某公司以4804.3100、4804.4100和4804.5100税号进口了多批次牛皮纸，该公司进口的牛皮纸木纤维均在全部纤维重量的80%以上，规格型号及技术参数如下：

耐破度：550千帕斯卡，175克/平方米；
耐破度：635千帕斯卡，200克/平方米；
耐破度：663千帕斯卡，225克/平方米；
耐破度：710千帕斯卡，250克/平方米；
耐破度：775千帕斯卡，280克/平方米；
耐破度：800千帕斯卡，300克/平方米；
耐破度：845千帕斯卡，337克/平方米。

归类决定

在《税则注释》中已明确了重量（克/平方米）与最低缪伦耐破度（克/平方厘米）之间的换算关系。而"千帕斯卡"和"克/平方厘米"之间的换算公式应参照国际单位换算关系，即"1千克力/平方米＝9.80665帕"，经过转换以后约为1克/平方厘米＝0.098千帕斯卡。

举例：第一项商品的耐破度为550千帕斯卡，175克/平方米。

应用公式：175×30+500＝5750克/平方厘米。

最低缪伦耐破度为0.098×5750＝563.5千帕斯卡。

该商品的缪伦耐破度为550千帕斯卡，小于563.5千帕斯卡，不符合第四十八章子目注释中对于子目4804.11和4804.19的解释，依据其克重并根据归类总规则一，该商品应归入税则号列4804.4100。

以此类推，请根据该公式推算出最低缪伦耐破度，并依据归类总规则一确定商品的归类税号。

序号	506	归类决定编号	Z2006-0321	公告编号	2006 年第 69 号
商品税则号列		4804.1100		公告实施日期	2006 年 11 月 22 日
商品名称	未漂白牛皮卡纸					
英文名称						
其他名称						
商品描述	申报为 150 克，缪伦耐破度指数 4.8~5.3 千帕斯卡·平方米/克，而海关化验鉴定结果为化学法制得的木纤维超过 80%，克重 156 克/平方米，耐破度 617 千帕斯卡。					
归类决定	根据海关化验鉴定结果，该纸张中化学法制得的木纤维超过 80%，为克重 156 克/平方米，耐破度 617 千帕斯卡的未漂白牛皮衬纸。在行业中，牛皮衬纸即为牛皮挂面纸，该纸张的各项指标符合第四十八章子目注释一关于"牛皮挂面纸"的规定，故应归入税则号列 4804.1100。					

序号	507	归类决定编号	Z2006-0322	公告编号	2006年第69号
商品税则号列		4804.1900		公告实施日期	2006年11月22日
商品名称	牛皮纸				
英文名称					
其他名称					
商品描述	双面纸张，一面为白色，一面为棕色，无涂层。采用100%化学浆，成卷，克重为196~202克/平方米，耐破度为887千帕斯卡。				
归类决定	1. 子目4804.11和子目4804.19所称"牛皮挂面纸（Kraftliner）"（又称"牛皮衬纸"）应必须满足子目注释一的规定。 2. 牛皮衬纸或牛皮挂面纸在包装行业上属于箱纸板的一种，通常用作裱面纸板，即专门供与瓦楞芯纸裱合制成瓦楞纸箱，承装作长途运输产品之用的纸板，传统上是用100%未漂白硫酸盐长纤维木浆制成。 3. 所报商品如果符合第四十八章子目注释一的规定，且在通常用途上也是做箱纸板（即裱面纸板），则应归入税则号列4804.1900。				

序号	508	归类决定编号	Z2006-0323	公告编号	2006 年第 69 号
商品税则号列		4804.5100		公告实施日期	2006 年 11 月 22 日
商品名称		牛皮纸			
英文名称					
其他名称					
商品描述		该商品为土黄色纸张，表面粗糙，吸水力强。具体用途：利用其抗压、隔热及吸湿功能，减缓压机高速下压时冲力对线路板的直接损害，以免突然升温令板面变形，同时吸去线路板残留的化学药水。			
归类决定		该商品为 100% 硫酸盐木浆纤维组成的土黄色纸张，定量 216 克/平方米，未经漂白、涂布，耐破指数为 1.25 千帕斯卡·平方米/克，表面粗糙，吸水力强。根据《税则》第四十八章章注六、《税则注释》关于品目 48.04 的解释规定及税目 48.04 的条文规定，该商品应归入税则号列 4804.5100 项下。至于第四十八章章注六是否为牛皮纸归类的充分必要条件，可参照《税则注释》关于品目 48.04 的解释规定理解。			

序号	509	归类决定编号	Z2006-0324	公告编号	2006 年第 69 号
商品税则号列		48.05		公告实施日期	2006 年 11 月 22 日
商品名称		绝缘纸			
英文名称		Diamond dotted paper			
其他名称					
商品描述		所进口纸张用于变压器线圈的层间绝缘，表面经点状涂覆环氧树脂胶，在变压器线圈通电产生热效应后受热产生黏性，以保证线圈层间的紧密结合。该商品全部用硫酸盐木浆抄造。			
归类决定		根据样品，商品全部用硫酸盐木浆抄造，表面涂覆有菱形块状的环氧树脂胶，用于变压器线圈的层间绝缘。因该商品绝缘性不是经过浸渍树脂加工得到的，而表面的环氧树脂胶经了解不属于涂布加工，因此该商品应归入税目 48.05 项下；若为双层复合的，则归入税则号列 4807.0000。			

序号	510	归类决定编号	Z2007-0030	公告编号	2007 年第 71 号
商品税则号列		4805.1900		公告实施日期	2007 年 12 月 5 日
商品名称	瓦楞原纸				
英文名称	Corrugating medium				
其他名称					
商品描述	瓦楞原纸使用回收的废纸或纸板制成。其工艺流程：将回收的废纸及纸板投入水力碎浆机，通过机械的方法将其打碎，进入除渣系统进行净化除渣成浆，再通过流浆系统，利用带有齿轮的磨盘进行纤维帚化，将其打成纸浆，用喷浆上成型网进行脱水，利用压榨辊、干燥器进行压榨、干燥，最后卷取成筒状的瓦楞原纸（芯纸）。该商品主要用作包装纸箱衬里。				
归类决定	根据《税则注释》关于品目 47.05 的解释，通过机械和化学联合制浆法生产出来的木浆又称为半化学木浆，而上述瓦楞原纸的制浆工艺属《税则注释》关于品目 47.06 的解释中所述的机械法生产废纸纸浆工艺，因此，该商品不符合《税则》第四十八章子目注释三的规定，根据归类总规则一及六，应归入税则号列 4805.1900。				

序号	511	归类决定编号	Z2006-0325	公告编号	2006 年第 69 号
商品税则号列		4805.2500		公告实施日期	2006 年 11 月 22 日
商品名称	牛皮挂面纸				
英文名称					
其他名称					
商品描述	多层纸板，经中国制浆造纸研究院检测，克重为 179.2 克/平方米，缪伦耐破度为 635.7 千帕斯卡。其中，原生浆含量为 22%，再生浆含量为 78%。整体含量中，含 90%硫酸盐法针叶木浆，10%阔叶木化学机械浆。经机器压光，未漂白。				
归类决定	根据《税则》第四十八章章注六的规定，税则定义牛皮纸并未明确所含用硫酸盐或烧碱法制得的纤维必须是原生纸浆纤维，故在理解该定义时可不考虑纤维是否为原生纸浆纤维。根据第四十八章子目注释一的规定，子目 4804.1 项下牛皮挂面纸所称"木纤维"同样未明确该纤维必须是原生木纤维，但商品的实际进口状态为多层纸板，原生浆含量为 22%，再生浆含量为 78%，克重为 179.2 克/平方米，其进口状态符合第四十八章子目注释五的规定，因此，在考虑该商品归类时，根据税目条文及子目注释优先的原则应将其归入税则号列 4805.2500。				

序号	512	归类决定编号	Z2006-0326	公告编号	2006 年第 69 号
商品税则号列		4805.9190		公告实施日期	2006 年 11 月 22 日
商品名称	木浆纸				
英文名称	Blue hydro paper				
其他名称					
商品描述	木浆纸呈纸片状,是用于生产水刺复合无纺布的,其进口申报规格:"定量 38 克/平方米,卷宽 3.35 米,直径 1.1 米。"海关化验鉴定结果为"样品定量:40.4 克/平方米;纤维组成:漂白硫酸盐针叶木浆约 100%",鉴定结论为"未涂布的文化用纸,可作为印刷、广告、装饰、包装等用纸使用"。检验项目中,灰分 0.46%,着色后亮度 50.5%,耐破指数 3.19 千帕斯卡·平方米/克。				
归类决定	根据海关化验鉴定结果,该商品为未涂布的纸,指标如下: 样品定量为 40.4 克/平方米;纤维组成为漂白硫酸盐针叶木浆约 100%,灰分 0.46%,着色后亮度 50.5%,耐破指数 3.19 千帕斯卡·平方米/克。根据《税则》第四十八章章注五的规定,该商品不属于品目 48.02 项下的商品,而应归入税则号列 4805.9190。				

序号	513	归类决定编号	Z2006-0327	公告编号	2006 年第 69 号
商品税则号列		48.10		公告实施日期	2006 年 11 月 22 日
商品名称	涂布牛皮纸				
英文名称	Kraftliner board stocklot				
其他名称					
商品描述	规格:成卷,幅宽 1 600 毫米,牌号 280GMS。 生产工艺:稀释成一定浓度的未漂白浆和漂白浆,同时经上网,到达真空吸附辊复合后到达压榨部,再到达烘干部和压光部制成。表面涂布高岭土。 用途:用于彩印出口纸箱。				
归类决定	该商品符合税目 48.10 条文的规定,应归入税目 48.10 项下。但所附资料中没有机械方法制得纤维的数据,故无法进行进一步归类。 从商品的克重和加工方法可以确定其属于白板纸,可根据该商品的用途和机械方法制得纤维的数据,先对比一杠子目条文,然后再对比两杠子目的条文进行归类。				

序号	514	归类决定编号	Z2006-0328	公告编号	2006年第69号
商品税则号列		4810.9200		公告实施日期	2006年11月22日
商品名称		单面涂布灰底白板纸及白底白板纸			
英文名称					
其他名称					

商品描述

　　1. 单面涂布灰底白板纸为单面涂布瓷土，底面灰色，由废报纸、废办公用纸制成，底面平滑度高，浸湿后伸缩变形小，表面强度高。

　　2. 单面涂布白底白板纸为单面涂布瓷土，两面挂漂白木浆，中间灰色部分由废报纸、废办公用纸制成。纸质厚实，挺度高，两面平滑，耐破度高。

　　以上商品主要用于不同档次的彩色包装盒、商标及成条的香烟外包装。

归类决定

　　对于"多层纸及纸板"的定义，可参照《税则注释》中品目48.05的解释：多层纸及纸板，是以两层或多层湿纸浆压制而成，其中至少有一层纸浆在特征上与其他层有差别。这些差别可以是因所用纸浆的性质（例如，用回收废料制的浆）或生产方法（例如，机械法或化学法）不同所造成的，如果纸浆的性质及生产方法相同，也可因加工程度（例如，未漂白、漂白或着色）的不同而造成。

　　灰底白板纸是由几种质量不同的纸浆叠合而成，正面（或两表面）挂的浆多为上等的漂白硫酸盐木浆，底面（或中间层）主要采用低等的废纸浆、草浆，属于多层纸产品。灰底白板纸从加工程度上又分为未涂布灰底白板纸（应归入税目48.05）和涂布灰底白板纸（应归入税目48.10）。此类产品通常用于产品内包装（零售包装用）方面。

　　两商品（单面涂布灰底白板纸及单面涂布白底白板纸）均应作为已用无机物（瓷土）涂布的多层纸板归入税则号列4810.9200。

序号	515	归类决定编号	Z2006-0329	公告编号	2006 年第 69 号
商品税则号列		4810.9200		公告实施日期	2006 年 11 月 22 日
商品名称	白板纸				
英文名称	Oji white duplex board with gray back				
其他名称					
商品描述	该商品表面经涂布，用化学制浆法制成，底浆为木浆和回收浆。规格：270 克/平方米，640 毫米×955 毫米；1 180 毫米×955 毫米。使用前需在货物上印刷上图案、商品批号等内容，再将其粘贴在一层瓦楞纸上，最后用以制作外包装箱。本品表面涂布的是无机物。				
归类决定	该商品属涂布无机物的多层纸板，俗称涂布灰底白板纸，根据归类总规则一，应归入税则号列 4810.9200。				

序号	516	归类决定编号	Z2022-0114	公告编号	2022 年第 78 号
商品税则号列		4811.5991		公告实施日期	2022 年 9 月 1 日
商品名称	镀铝纸				
英文名称	Chinese metallized label paper				
其他名称					
商品描述	该镀铝纸（又名真空镀铝纸）每平方米的重量为 71~73 克，厚度为 0.062 毫米，状态为成张矩形包装。其生产工艺：原纸→底涂→真空镀铝→面涂→回潮→分切→包装。原纸是一种高湿强的标签纸；底涂、面涂用的材料均为水性丙烯酸树脂，对铝有较高的附着力；真空镀铝是在 1×10^{-4} 毫巴的真空度下，将铝丝送到用电加热到 1 700℃的蒸发舟上熔化变成气态铝，再蒸发到基材（原纸）上，形成一层很薄的纯铝层。为了防止铝层氧化和提高印刷适应性，纸张经真空镀铝后还要涂布一层水性丙烯酸树脂，经过两次涂布的烘干和一次真空干燥，纸张的水分只剩下 2%~3%，需要进行回潮使镀铝纸恢复到原来的水分，以确保纸张平整不卷曲。成品后的镀铝纸具有抗水性和不易卷曲性，还可回收再用，具有环保性。主要用于啤酒标签，食品包装、化妆品包装和香烟包装等。				
归类决定	该商品的功能、用途不符合《税则注释》品目 32.12 关于压印箔的规定，其生产工艺又不符合《税则注释》品目 76.07 关于铝箔的规定。该商品是在标签纸上既经过真空镀铝又经涂布丙烯酸树脂的商品，属涂布纸张范畴，符合《税则》第四十八章章注七的规定，根据归类总规则一及六，应归入税则号列 4811.5991。				

序号	517	归类决定编号	Z2022-0115	公告编号	2022年第78号
商品税则号列			4811.5999	公告实施日期	2022年9月1日
商品名称		离型纸			
英文名称		Casting papers			
其他名称					
商品描述		该离型纸又称压纹纸，是专业用于聚氨酯和聚氯乙烯类涂布型人造革的生产原料。它的结构有两层，即表面层是经塑料涂布压纹的很薄的塑料膜，材料是一般塑料PE（即聚丙烯），基层是纸浆。表面层不同的纹路形成了不同的人造革表面纹路。规格：1 524毫米×2 000米，1 070毫米×2 000米，1 650毫米×2 000米，1 710毫米×2 000米等。			
归类决定		该商品经塑料涂布，且已染色，根据归类总规则一及六，应归入税则号列4811.5999。			

序号	518	归类决定编号	Z2006-0337	公告编号	2006年第69号
商品税则号列			4811.9000	公告实施日期	2006年11月22日
商品名称		植绒转印纸			
英文名称		Flocky sheet			
其他名称		植绒纸			
商品描述		1. 人造棉（长度0.5毫米），通过静电方法种植在普通的底板纸上（纸张大小35厘米×55厘米），形成植绒转印纸。 2. 使用方法和用途：先在布上涂上胶水，然后将植绒纸盖在胶水上高温压烫，撕开植绒纸，有胶水的地方，绒被转移到布上，其余部分被撕掉。植绒纸上并无图案，转移到布上形成图案。			
归类决定		根据样品，商品为静电植绒纸，即通过静电方法将人造棉（长度0.5毫米）种植在普通的白板纸上制得，规格为35厘米×55厘米，用于在服装面料上印制植绒图案。静电植绒纸不属于《税则》第五十九章的纺织材料制品，而是《税则》第四十八章的纸制品。根据其规格及用途，该商品应归入税则号列4811.9000。			

序号	519	归类决定编号	Z2006-0338	公告编号	2006年第69号
商品税则号列		4811.9000		公告实施日期	2006年11月22日
商品名称	未涂布装饰原纸					
英文名称						
其他名称						
商品描述	根据化验鉴定书，所申报的商品为单面已饰面，未涂层，纸内填充无机物的装饰原纸。				
归类决定	根据样品，所报商品为表面印有木纹等图案的装饰原纸，经进一步印刷保护层和浸渍等深加工后高温高压到纤维板表面，制成饰面板。根据税目48.11的条文及《税则注释》相关解释，该商品应按表面印有图案的纸归入税则号列4811.9000。				

序号	520	归类决定编号	Z2006-0339	公告编号	2006年第69号
商品税则号列		4811.9000		公告实施日期	2006年11月22日
商品名称	未涂布装饰原纸					
英文名称						
其他名称						
商品描述	根据海关化验鉴定结果，所申报的商品为单面已染色，未涂层，纸内填充无机物的装饰原纸。				
归类决定	根据样品，所报商品为表面染色的装饰原纸，经进一步印刷保护层和浸渍等深加工后高温高压到纤维板表面，制成饰面板。根据税目48.11的条文及《税则注释》，该商品应按表面染色的纸归入税则号列4811.9000。				

序号	521	归类决定编号	Z2006-0340	公告编号	2006年第69号
商品税则号列		4813.2000		公告实施日期	2006年11月22日
商品名称	瓦楞纸				
英文名称					
其他名称					
商品描述	用于制作CPF嘴棒，其纸质本身在生产CPF嘴棒的过程中主要起到降低焦油含量的作用，该商品在嘴棒加工过程中直接包卷丝束，在丝束外，在成型纸内。纸宽23毫米，厚度185微米，克重80克/平方米，成卷。				
归类决定	根据样品，该商品外观为白色皱纹纸，根据《税则注释》中品目48.13的注释，该品目包括所有的卷烟纸（含滤嘴纸），不论其规格及形式如何，因此，该商品应归入税则号列4813.2000。若是未经剪切的同种纸，应归入税则号列4813.9000。				

序号	522	归类决定编号	Z2006-0341	公告编号	2006年第69号
商品税则号列		4813.9000		公告实施日期	2006年11月22日
商品名称	水松原纸				
英文名称	M. G. Paper（Yew base paper）				
其他名称					
商品描述	申报进口水松原纸，产地为芬兰，规格为32克/平方米，宽度为945毫米，圆筒包装，每筒370千克。对于该商品的用途，货主解释为经印刷后用于鲜花及礼品的出口包装。经海关化验，得出的检验结果为"定量：32.2克/平方米；灰分：17.3%；纤维组成：漂白亚硫酸盐针叶木浆约90%，漂白硫酸盐阔叶木浆约10%；样品单面涂布无机物"。				
归类决定	因该商品已经过无机物涂布加工，其定量也与水松原纸的质量指标不符，而符合水松纸的质量指标，故应属于涂布型水松纸。水松纸属特种工业用纸，专供卷烟厂用作过滤烟滤嘴外包装。根据《税则注释》中品目48.13的解释，该品目包括所有的卷烟纸，其中含滤嘴纸，不论其规格及形式如何。综上所述，该商品应归入税则号列4813.9000。				

序号	523	归类决定编号	Z2006-0344	公告编号	2006 年第 69 号
商品税则号列		4818.9000		公告实施日期	2006 年 11 月 22 日
商品名称	纸纤不织布				
英文名称	Airlaid nonwoven				
其他名称					
商品描述	成分：30%的聚丙烯、聚乙烯复合纤维（长度为 5 毫米），70%的针叶木浆纤维。 工艺：采用气流成网法（Airlaid），经成网加固而成，其中合成纤维起热黏合作用。 用途：用作卫生用品的中间吸收层。 规格：成卷，每平方米克重为 90 克，幅宽为 154 毫米和 170 毫米。				
归类决定	从生产工艺流程来看，现行的造纸行业除湿法造纸外，也有干法造纸，该方法也用作制不织布（造纸行业称为用造纸技术生产的布），因此，从生产工艺流程是难以区分纸与无纺布的标准。 从纤维成分来看，在造纸行业中，对于纸与无纺布的区别主要视成分含量而定：以纺织纤维为主要特征的视为不织布，以木浆纤维为主要特征的视为纸。行业的区分标准与《税则注释》所规定的相吻合。 由于纸纤不织布的针叶木浆纤维为 70%，针叶木浆纤维是该商品的主要特征。 因此，根据归类总规则三（二）及《税则注释》第四十八章总注释，纸纤不织布应归入税则号列 4818.9000。				

序号	524	归类决定编号	Z2010-0020	公告编号	2010 年第 15 号
商品税则号列		4819.2000		公告实施日期	2010 年 2 月 28 日
商品名称	彩印烫金烟标				
英文名称					
其他名称					
商品描述	该商品为经印刷的香烟盒包装和条包装，材质为 250 克白卡纸，经过下面 3 道加工工艺：1. 印刷为五色印刷、光变防伪、水性上光；2. 激光镭射烫金；3. 凹凸模切。				
归类决定	根据归类总规则一，该商品应按非瓦楞纸制的可折叠盒归入税则号列 4819.2000。				

序号	525	归类决定编号	Z2008-0032	公告编号	2008年第76号
商品税则号列		4901.9900		公告实施日期	2008年10月28日
商品名称	废纸10号					
英文名称						
其他名称						
商品描述	该商品为未使用过的书籍。商检报告认为，货物为发行量过剩且未销售使用过的刊物。客户称该批货物不用于国内销售，仅作原料回收。该书名为"THE BEATLES ANTHOLOGY"，可以翻译为BEATLES文选，书的内容是以文字和图片方式介绍BEATLES的事迹。				
归类决定	根据《税则注释》品目49.02对杂志及期刊的描述，"本品目的出版物具有一显著特点，即它以连续不断的系列形式定期用同一刊名予以出版，每期均印有日期，还通常印有编号"，该"文选"不属于期刊的范畴，应按未使用过的书籍归入税则号列4901.9900。另根据《税则注释》的解释，"品目47.07项下所列纸及纸板的废品包括削、切、剪、撕的废纸及纸板、旧报纸和旧杂志、校样、报废印刷品及类似废料"，如"书籍"经明显破坏（如削、切、剪、撕），不能按书籍使用，可按"废纸"进行归类。				

序号	526	归类决定编号	Z2008-0141	公告编号	2008年第83号
商品税则号列		4901.9900		公告实施日期	2008年11月24日
商品名称	民用航空飞机维修资料				
英文名称					
其他名称					
商品描述	该商品为有图画和说明的英文散页印刷品，每页纸左侧有多个供装订用的规则的圆孔，纸的右下端有连续的页码，其内容为707、727、787系列飞机标准绑页实用手册，主要是介绍702、727、787系列飞机终端连接系统、照明按钮开关等。				
归类决定	该商品状态符合《税则》第四十九章章注四（三）的规定，属供装订书籍或小册子用的散页，根据归类总规则一，应归入税则号列4901.9900。				

序号	527	归类决定编号	Z2006-0345	公告编号	2006 年第 69 号
商品税则号列		4908.9000		公告实施日期	2006 年 11 月 22 日
商品名称	镭射印箔标签（芙蓉王）				
英文名称					
其他名称	激光全息防伪标签				
商品描述	镭射印箔标签为激光全息烫印箔，上有"芙蓉王"商标的全息图案，是一种镀铝 PET 薄膜。激光全息烫印箔由聚酯薄膜片基和转印层构成，转印层又包括隔离层（又叫离型层）、全息图层、金属层（常见的为镀铝）、胶黏层。全息技术以激光摄影技术为基础，由激光束在载体面发生作用，形成记录物体全部信息的微小坑纹（又称光栅），以不同角度衍射反光，形成多维全息图。				
归类决定	该商品的制造工艺不符合《税则》第三十二章压印箔的解释，并且其所印的"芙蓉王"全息图案起到主要用途，依据第七类类注释二，该商品应归入第四十九章。依据《税则注释》对品目 49.08 "转印贴花纸"的解释，"图案或字母可以应用印刷或其他方法印在透明塑料薄片上，并将图案转移到一个永久性表面上"，并且依据归类总规则一，该商品应归入税则号列 4908.9000。				

序号	528	归类决定编号	Z2009-0107	公告编号	2009 年第 32 号
商品税则号列		4908.9000		公告实施日期	2009 年 6 月 12 日
商品名称	转印薄膜				
英文名称					
其他名称					
商品描述	该商品为成卷聚酯薄膜，通过凹版或丝网印刷，将电脑商标的图案、文字、颜色等附着其上。使用方法如下：在电脑塑胶外壳注塑过程中，通过薄膜输送机将薄膜输送给刚热塑成型的电脑外壳，通过机械加压，使转印薄膜与外壳附着在一起，形成带有图标、文字的电脑外壳。				
归类决定	该商品符合《税则注释》第四十九章品目 49.08 项下对于"转印贴花纸"的描述，依据归类总规则一，应归入税则号列 4908.9000。				

序号	529	归类决定编号	Z2013-0040	公告编号	2013年第26号
商品税则号列			49.11	公告实施日期	2013年6月1日
商品名称		现代油画（非完全手工制）			
英文名称					
其他名称					
商品描述		该商品的主要制作流程：电脑制作油画的丝网版→人工通过丝网在油画布上刷蓝色颜料（即打底稿）→根据产品要求手工上色→画师第二次绘画→晾干，上保护油，封装。			
归类决定		该商品为通过电脑制作丝网版而后在此印制的轮廓上进行手工描绘制成的油画，不符合品目97.01"必须完全用手工绘制"的规定，不应归入税目97.01。该商品为非完全手工绘制的油画，属于其他印刷品，根据归类总规则一，应归入税目49.11项下。			

序号	530	归类决定编号	Z2006-0346	公告编号	2006年第69号
商品税则号列			4911.1010	公告实施日期	2006年11月22日
商品名称		打印样张			
英文名称					
其他名称					
商品描述		在EPSON照片纸上打印的彩色照片（100毫米×150毫米）。 照片上方有"EPSON STYLUS PHOTO 790字样"。 下方有以"1 440dpi分辨率在EPSON照片纸上进行四周无边距打印"等字样。			
归类决定		打印样张是在EPSON照片纸上打印的彩色照片图样，在其上方注明了"EPSON STYLUS PHOTO 790"的字样，下方有"以1 440dpi分辨率在EPSON照片纸上进行四周无边距打印"等字样，用于向打印机经销商提供标准打印效果的样张，根据其自身特征和用途判定，该商品属无商业价值的广告宣传品，应归入税则号列4911.1010。无商业价值的印刷品，是指进口商不以营利为目的，进口后主要用作介绍、宣传、推广（销）商品并免费发送，不在市场销售的印刷品。			

序号	531	归类决定编号	Z2007-0031	公告编号	2007年第71号
商品税则号列		4911.1010		公告实施日期	2007年12月5日
商品名称	说明书				
英文名称					
其他名称					
商品描述	该商品为单独进口的纸质成册印刷品，内容为叉车技术参数及使用保养说明。叉车生产企业进口后，用于叉车生产、安装和使用。				
归类决定	该商品为单独进口的纸质成册印刷品，内容为叉车技术参数及使用保养说明，叉车生产企业进口后，用于叉车生产、安装和使用，属商业广告、商品目录的类似印刷品，仅起商品介绍之用，不用于出售。根据《本国子目注释》关于子目4911.1010的解释规定，该商品应归入税则号列4911.1010。				

序号	532	归类决定编号	Z2006-0347	公告编号	2006年第69号
商品税则号列		4911.9100		公告实施日期	2006年11月22日
商品名称	设计图纸				
英文名称	Enginering drawings				
其他名称					
商品描述	该图纸为电脑设计图纸，非手工绘制。				
归类决定	根据《税则》第四十九章章注二的定义及《税则注释》品目49.06的排他条款（二），将此商品归入税则号列4911.9100。				

序号	533	归类决定编号	Z2006-0350	公告编号	2006年第69号
商品税则号列		5201.0000		公告实施日期	2006年11月22日
商品名称		不孕籽			
英文名称					
其他名称					
商品描述		不孕籽：没有发育成熟的籽棉，其表面附有部分棉纤维，但因是没有发育成熟的籽棉，其纤维的内在质量较差。 进口目的：经加工后获得棉纤维。 加工方法：不孕籽经过清杂、除尘，清除杂质和灰尘，然后送入清弹机。 用途：最好的不孕籽棉可以作为纺织7支以下的棉纱的原料，绝大部分用于棉絮。			
归类决定		不孕籽是没有发育成熟的籽棉，其表面附有部分棉纤维。该商品进口后需经过清除杂质和灰尘，送入清弹机进行加工获取棉纤维（不孕籽棉），绝大部分用于棉絮，最好的不孕籽棉可作为纺织7支以下棉纱的原料。 根据《税则注释》品目52.02的解释，本品目的废棉是棉花在纺前加工（指开清、梳理、并条等工序）、纺纱、机织、针织等生产过程中以及从拉松的棉货品中所得。"不孕籽"是刚采摘下来、未经任何加工的籽棉，因此不符合税目52.02废棉的定义范围，不能归入税则号列5202.9900。 根据归类总规则一和《税则注释》品目52.01的解释，不孕籽应归入税则号列5201.0000。			

序号	534	归类决定编号	Z2006-1268	公告编号	2007年第70号
商品税则号列		5201.0000		公告实施日期	2007年12月5日
商品名称		破籽棉			
英文名称					
其他名称		废棉（申报名称）			
商品描述		该商品主要有两种： 1. 不育棉，指从没有完全成熟爆开或发育不良的棉铃中采摘下的未梳棉纤维，棉纤维长度通常在1~2厘米之间，没有韧性，多数含有黑点。 2. 破壳棉，指对籽棉进行轧棉工序时，由于机器作用力调整不当而将籽棉中所含棉籽壳压碎后形成的棉花，棉纤维长度通常在1~5厘米之间，含有较大量的棉籽壳。			
归类决定		该商品属未梳的棉纤维，根据归类总规则一及《税则注释》对品目52.01的条文注释，应归入税则号列5201.0000。			

序号	535	归类决定编号	Z2006-1269	公告编号	2007年第70号
商品税则号列		5202.9900		公告实施日期	2007年12月5日
商品名称	落棉				
英文名称					
其他名称					
商品描述	该落棉是棉花加工成棉纱的过程中所产生的各种废棉（除回花）、回丝、地脚等。落棉主要包括再用棉和下脚两部分。其中，再用棉是经处理后仍可作原料混合使用的落棉，包括抄斩花、统破籽、车肚、风机花、落地花、精梳落棉等。下脚是不能再处理继续使用的落棉，包括破籽、回丝、滤尘等，也包括加工再用棉过程中产生的下脚。				
归类决定	根据归类总规则一，该商品应按"其他废棉"（非回收纤维）归入税则号列5202.9900。				

序号	536	归类决定编号	Z2006-1270	公告编号	2007年第70号
商品税则号列		5305.0020		公告实施日期	2007年12月5日
商品名称	马尼拉麻				
英文名称	Abaca fiber grade JK/Y				
其他名称					
商品描述	马尼拉麻也称麻蕉、芭蕉麻或芭蕉丝，是经采集、机扎、水洗、干燥、梳理、归类（按等级）、打包等工序加工的麻纤维，进口状态成绞、束状。进口后专用于生产电解电容器纸。				
归类决定	马尼拉麻用途较广，是纺织工业叶纤维生产资源的一种来源，用于制绳索、编织、造纸等。根据《税则》第十四章章注一的规定，本章不包括主要供纺织用的植物材料或植物纤维，不论其加工程度如何，该商品虽专用于生产电解电容器纸，但由于其属于主要供纺织用的植物材料，且税目53.05项下对马尼拉麻有具体列名。根据归类总规则一，应将其归入税则号列5305.0020。				

序号	537	归类决定编号	Z2006-1271	公告编号	2007 年第 70 号
商品税则号列		5305.0092		公告实施日期	2007 年 12 月 5 日
商品名称	椰壳纤维				
英文名称					
其他名称	天然椰丝				
商品描述	椰壳纤维进口状态为疏松绳状，进口后用作生产弹性椰棕垫。其加工工艺：用机器将国外进口的天然椰壳纤维梳理拧紧，弯曲盘成绳状（此为进口时状态）。进口后生产棕垫前，将绳状的椰壳纤维进行高温定型，使弯曲的椰壳纤维具有弹性，再经机器解散绳状椰丝，把弹性椰壳纤维均匀地铺在网状传送带上，在弹性椰壳纤维的上下表面进行喷胶，令弹性椰壳纤维黏结成单片状，经烘箱烘干定型并压平整，最后压合成型并裁切输出成品。				
归类决定	该商品的进口状态为未经纺纱加工，纤维仍呈粗糙性脆的原料特征，产品结构疏松、强力较低，不具备线、绳、索、缆的紧密结构特征，且该商品进口后用于制造棕垫，该商品为椰壳纤维原料产品。根据归类总规则一，该商品应归入税则号列 5305.0092。				

序号	538	归类决定编号	Z2006-0351	公告编号	2006 年第 69 号
商品税则号列		5402.3310		公告实施日期	2006 年 11 月 22 日
商品名称	涤纶长丝（定向聚酯纱线）				
英文名称	DTY				
其他名称					
商品描述	型号为 300D/72F、200D/72F、150D/36F 的 DTY 丝，加工方法是假捻法。				
归类决定	DTY（Drawn textured yarn）即拉伸变形丝，是变形纱的一种。变形纱线是指通过机械和物理方法对化学纤维进行后处理，以获得弹性或膨体性。 弹性可以通过假捻和热定型等方法获得。假捻法是多数弹力丝的加工方法，它是通过给纤维加捻的同时热定型，在热力情况下消除内应力将加捻变形固定下来，后退捻（所以称为假捻），捻度退除而原卷曲状态保存下来，使纱具有很强的弹性。 膨体性可以通过合成纤维二次加工时以玻璃化温度进行热拉伸，在紧张状态下迅速冷却使其成为高收缩纤维，而后将高收缩性纤维和没二次热抽伸的纤维混纺后进行热松弛处理，高收缩性纤维将为进行二次加工的低收缩性纤维挤到表面形成圈型，使纱膨松。 以获取弹性进行二次加工的变形纱归入税则号列 5402.3310，以获取膨体性进行加工的变形纱归入税则号列 5402.3390。 涤纶长丝型号为 300D/72F、200D/72F、150D/36F，加工方法为假捻法，属于弹力丝。 根据归类总规则一，涤纶长丝应归入税则号列 5402.3310。				

序号	539	归类决定编号	Z2006-0352	公告编号		2006 年第 69 号
商品税则号列		5402.3310		公告实施日期		2006 年 11 月 22 日
商品名称	聚酯变形纱线					
英文名称	DTY					
其他名称						
商品描述	聚酯变形纱线是规格为 75D/72F/2、150D/48F、100D/48F、100D/36 的 DTY 丝，以假捻法加工制成。					
归类决定	DTY 即拉伸变形丝，属变形纱线的一种。变形丝（纱）是指利用合成纤维热塑性，通过热的、机械的或物理方法将伸直状态长丝加工成波浪状、螺旋状或环圈状卷曲形态的长丝或纱。 变形纱线主要分弹力丝和膨体纱两大类。弹力丝的加工方法主要是假捻变形法；膨体纱的加工方法主要是组合纱法、喷气变形法或填塞箱法。弹力丝和膨体纱的特点是前者经变形加工后长丝纱沿长丝轴向有伸缩性，后者变形后仅有体积蓬松而无轴向弹性伸缩性。 弹力丝按其伸缩性大小分为高弹丝和低弹丝两种，高弹丝具有明显伸长回缩性能，其卷缩稳定性大于 95%，而低弹丝无明显伸长与回缩，卷缩稳定性为 80% 左右。纺织行业习惯上一般将聚酯预取向丝经双加热器拉伸假捻变形机制成的低弹丝称为拉伸变形丝（DTY）。因此，根据归类总规则一将该商品归入税则号列 5402.3310。 《税则》第十一类子目注释一（一）"弹性纱线"的解释已明确规定所指弹性纱线不包括变形丝（纱线）。"弹性纱线"与变形纱线类的弹力丝的区别，除子目注释规定的拉伸弹性标准外还在于：前者未经变形工序加工，且长丝纱线一般呈平直状态，其弹性往往是由自身内在结构决定的，如氨纶纱线；后者则是在经变形工序加工使平直长丝被赋予卷缩后所具有的弹性，其原平直状态下的丝（纱）远达不到注释对"弹性纱线"规定的拉伸弹性标准。					

序号	540	归类决定编号	Z2006-0354	公告编号	2006年第69号
商品税则号列		54.07		公告实施日期	2006年11月22日
商品名称	护堤用水泥浆垫				
英文名称	Mattress				
其他名称					
商品描述	护堤用水泥浆垫,主要成分为聚酯纤维,长97米,宽3.2米,主要是供构筑堤坝等使用。使用时,先将其缝合成为包装袋,放置于堤坝上,再往内灌入砂浆。砂浆凝固前,其可塑性高,能使浆垫与河床、堤面、海底淤泥有机地结合。待砂浆凝固后,浆垫即可稳固地黏合于堤坝上,对防渗、防冲刷、防止水土流失有重要作用。				
归类决定	该商品为聚酯纤维长丝机织品,在构筑堤坝时使用。不符合税目59.11所称"专门技术用途",根据《税则注释》对品目59.11的解释,"明显具有用于各种类型的机器、设备、装置及器具或作为工具或工具零件的特征"才能归入其项下。该护堤用水泥浆垫应归入税目54.07项下相应子目。				

序号	541	归类决定编号	Z2022-0116	公告编号	2022年第78号
商品税则号列		5502.1010		公告实施日期	2022年9月1日
商品名称	二醋酸纤维丝束				
英文名称					
其他名称					
商品描述	二醋酸纤维丝束是由10 000根细度为3.33分特的已拉伸的二醋酸长丝构成的丝束,用于烟草工业。				
归类决定	该商品符合《税则》第五十五章的规定,根据归类总规则一及六,应归入税则号列5502.1010。				

序号	542	归类决定编号	Z2006-0357	公告编号	2006年第69号
商品税则号列		5505.1000		公告实施日期	2006年11月22日
商品名称	工业用地毯废丝				
英文名称					
其他名称					
商品描述	实货为大小卷不一，颜色不同的丝线，该商品为废工业地毯纱，原料为涤纶、丙纶，混装，主要瑕疵有塌边、毛边、断纱、过度颜色、含油量不够、纤度不均等，进口用于拉断后生产针刺毡。				
归类决定	两种产品是在绕丝和加弹过程中形成的不能正常使用的废品，根据《税则注释》品目55.05的注释一"在长丝成型和加工过程中所得的相当长的废纤维"的说明，将此产品归入税则号列5505.1000。				

序号	543	归类决定编号	Z2006-0358	公告编号	2006年第69号
商品税则号列		5505.1000		公告实施日期	2006年11月22日
商品名称	废丝				
英文名称					
其他名称					
商品描述	已将呈饼状的长丝割断，用于回炉生产PP棉填充料。				
归类决定	废丝为已切断的涤纶预取向长丝，且不符合税目55.03的规定，应归入税则号列5505.1000。				

序号	544	归类决定编号	Z2006-0359	公告编号	2006 年第 69 号
商品税则号列		5505.1000		公告实施日期	2006 年 11 月 22 日
商品名称	废丝				
英文名称	Waste pet fiber				
其他名称					
商品描述	筒装涤纶丝，各筒颜色不一，粗细不均，截面直径约为 0.5~1 毫米，外观整齐，系生产加工过程中产生的筒脚纱，进口后经切割粉碎后，回炉再造丝。				
归类决定	废丝是生产加工过程中不能再作原用途使用的筒装涤纶单丝，应归入税则号列 5505.1000。				

序号	545	归类决定编号	Z2009-0028	公告编号	2009 年第 5 号
商品税则号列		5601.2100		公告实施日期	2009 年 1 月 20 日
商品名称	棉花棒				
英文名称					
其他名称					
商品描述	棉花棒有两种类型：1. 单头棉棒，棒头一端为棉絮，棒身为木杆。2. 双头棉棒，棒头两端为棉絮，棒身为纸制。主要用于产品擦拭洁净，属消耗品。				
归类决定	该商品为絮胎制的洁净用品，非医疗用，属于《税则注释》品目 56.01 的商品范围，根据归类总规则一，应归入税则号列 5601.2100。				

序号	546	归类决定编号	Z2006-0360	公告编号	2006 年第 69 号
商品税则号列		5601.3000		公告实施日期	2006 年 11 月 22 日
商品名称	双组分纤维				
英文名称	AL. ADhesion				
其他名称					
商品描述	该商品（双组分纤维）为白色聚乙烯与聚丙烯的共混聚合物，纤维为皮芯结构，聚乙烯构成纤维的皮层，含量为 65%，聚丙烯构成纤维的芯层，含量为 35%，纤维长度约 3 毫米。该纤维用于与绒毛纤维素浆混合供制造妇女卫生用品及纸尿布用的吸湿材料。				
归类决定	根据《税则注释》第五十五章总注释的排他条款（一）及品目 56.01 的解释，该品目包括从纺织丝束或纤维切割工序中获得的长度不超过 5 毫米的纺织纤维。 因此，根据归类总规则一及六和 56.01 税目条文的规定，该双组分纤维应归入税则号列 5601.3000。				

序号	547	归类决定编号	Z2006-0361	公告编号	2006 年第 69 号
商品税则号列		5602.1000		公告实施日期	2006 年 11 月 22 日
商品名称	针刺毯过滤料坯料				
英文名称	PPS Felt、Nomex felt				
其他名称					
商品描述	针刺毯过滤料坯料是一种化纤针刺毡呢。进口后需经进一步的复合加工（即表面贴合聚四氟乙烯薄膜），才能应用于垃圾焚化炉、金属冶炼、煤矿、化学、制药、沥青、土壤改良等。该坯料主要有四种类型：一是聚苯硫醚针刺毯，又称莱顿针刺毯，由聚苯硫醚纤维构成；二是"诺梅科斯"（Nomex，芳纶中的一种）针刺毯，由经 10% 以上的特夫龙 B 处理的聚酰胺短纤构成；三是聚酰亚胺针刺毯，由聚酰亚胺纤维构成；四是抗静电聚酯针刺毯，由聚酯纤维和 5% 抗静电碳化纤维构成。				
归类决定	上述坯料原材料虽均为耐高温、耐酸碱等特殊纤维，有别于各种民用纤维，但由于归入税目 59.11 的纺织品必须是具有用于各种类型的机器、设备、装置及器具或作为工具或工具零件的特征，而针刺毯过滤料坯料并非专用于机器，不符合《税则》第五十九章章注七（一）3 的滤布规定，因此不能按专门技术用途的纺织品进行归类。 考虑到上述坯料采用毡呢工艺制得，因此，根据归类总规则一，应归入税则号列 5602.1000。				

序号	548	归类决定编号	Z2006-0362	公告编号	2006 年第 69 号
商品税则号列		5602.1000		公告实施日期	2006 年 11 月 22 日
商品名称	土工复合物					
英文名称	GSE Fabri net geocomposite					
其他名称						
商品描述	该土工复合物规格为 70.1 米×4.42 米，分为 3 层，上、下两层为厚度 2 毫米的聚丙烯针刺无纺布（200 克/平方米），中间一层为厚度 5 毫米的高密度聚乙烯网格（1 000 克/平方米），三层通过热粘固定。 该商品用于垃圾填埋场防漏层的铺设，利用中间层的聚乙烯网格的独特网状层叠结构达到导流和排放垃圾填埋场场底垃圾渗透液的目的。					
归类决定	产品两面均用无纺织物盖面，根据《税则注释》中第三十九章总注释关于塑料与纺织品的复合制品的规定，该商品不属于第三十九章的产品范畴，不应归入税则号列 3926.9090。 根据《税则注释》对品目 59.11 的解释，该商品为用于垃圾填埋场防漏层铺设的土工布，不属于《税则注释》中作专门技术用途的纺织品范畴，因此不应归入税则号列 5911.1090。 从该商品的外观特征来看为针刺毡呢，根据归类总规则一，商品土工复合物应归入税则号列 5602.1000。					

序号	549	归类决定编号	Z2006-0363	公告编号	2006 年第 69 号
商品税则号列		56.03		公告实施日期	2006 年 11 月 22 日
商品名称	聚酯防静电桶状滤料坯料					
英文名称	Filtration media for cartridges					
其他名称						
商品描述	聚酯防静电桶状滤料坯料是一种由 95%聚酯纤维和 5%碳纤维经过电热熔合的无纺织物。进口后需经进一步的复合加工（即表面贴合聚四氟乙烯薄膜），再加工成桶状滤料，应用于空气过滤器。					
归类决定	无纺布是一种不经过纺，也不经过织，与传统纺织原理和工艺截然不同的新型布品。其纤维原料种类很多，包括传统纺织工艺难以使用的原料，如碳纤维、玻璃纤维、金属纤维等。其用途广泛，既可用于工业也可用于农业、生活与家用、土木工程等。由于归入税目 59.11 的纺织品必须是具有用于各种类型的机器、设备、装置及器具或作为工具或工具零件的特征，而聚酯防静电桶状滤料坯料并未明确说明专用于机器，因此不符合《税则》第五十九章章注七（一）3 所列举的滤布的基本特征，不能按专门技术用途的纺织品进行归类。 根据归类总规则一，聚酯防静电桶状滤料坯料应归入税目 56.03。					

序号	550	归类决定编号	Z2006-0364	公告编号	2006年第69号
商品税则号列		56.03		公告实施日期	2006年11月22日
商品名称	椰棕垫				
英文名称	Rubberized coir mattress				
其他名称					
商品描述	椰棕垫是一种以椰壳纤维为原料，通过机器将椰壳纤维均匀铺设、喷胶（使其固化）、硫化（使其具有一定的弹性）、切割而制成的床垫。规格：长188~198厘米；宽118~178厘米；厚1~5厘米或20厘米；密度90千克/平方米。				
归类决定	该商品是用椰壳纤维加工而成的椰壳纤维产品，其加工程度已超出品目53.05的加工范围，根据《税则注释》品目53.05的条文注释，该商品不能归入税则号列5305.1900。 根据《税则注释》对品目53.05的条文注释，从植物材料获得的未经任何加工或加工成某种形状的纤维应归入第十四章。然而由于品目14.02条文注释的排他条款已明确规定椰壳纤维除外，因此椰壳纤维及其加工的产品，都不能归入第十四章。 根据《税则注释》品目94.04的注释，本品目寝具及类似品包括装有弹簧或内部填充、衬垫任何材料，或以海绵橡胶或泡沫塑料制成的产品。由于其不符合品目94.04条文注释，因此该商品也不能作为床垫的半成品归入品目94.04。 从加工方法来看，该商品都是直接以纤维网为基础，再通过固结而成。与无纺织物相类似，且符合品目56.03的条文规定。根据归类总规则一，"椰棕垫"应归入品目56.03。另每平方米重量可用公式计算：织物重＝重量（克）÷［长（米）×宽（米）］。				

序号	551	归类决定编号	Z2009-0151	公告编号	2009年第57号
商品税则号列		56.03		公告实施日期	2009年8月31日
商品名称		PU人造革			
英文名称					
其他名称					
商品描述		PU人造革是一种底布为针刺无纺布，表面经树脂（聚氨基甲酸酯）和色浆等材料混合，经湿法生产线在无纺布表面涂层压制后磨皮处理而成。手感较软，具有绒感，可用于制鞋、制箱包等。据企业资料显示，该产品涂层材料不是泡沫塑料，涂层没有经过发泡处理。			
归类决定		根据《税则》第五十六章章注三的规定，税目56.03包括"用塑料或橡胶浸渍、涂布、包覆或层压的无纺织物"。该商品为经树脂涂层处理的复合无纺织物，因此，根据归类总规则一，应按涂布的针刺无纺织物归入税目56.03项下。			

序号	552	归类决定编号	Z2006-0365	公告编号	2006年第69号
商品税则号列		5603.9390		公告实施日期	2006年11月22日
商品名称		聚酯短纤无纺布			
英文名称		Nonwoven fabric for carpet use			
其他名称					
商品描述		根据海关化验鉴定结果，商品聚酯短纤无纺布为灰色无纺布，两面均未经涂层处理，主要成分为聚酯，每平方米克重为96克，进口状态：成卷，样品可清晰地撕开，分为两层。具体工艺为将聚酯纤维经叠铺后加温使部分纤维熔融，一次性热压成形。未添加黏合剂。			
归类决定		层压是一种材料复合的制作工艺，一般采用两层或更多层已制成材料，可选择运用胶黏剂黏结法或层叠加热、加压法等多种方式使多层材料复合成成品。商品采用纺粘法一次成形，其成品虽可清晰通过手撕分为两层，但其加工工艺中没有经过将两层或多层成形材料复合的工艺过程，属于未经过层压的无纺布产品。根据其进口状态，符合《税则注释》品目56.03的商品范畴。 根据归类总规则一，商品聚酯短纤无纺布应归入税则号列5603.9390。			

序号	553	归类决定编号	Z2006-0368	公告编号	2006 年第 69 号
商品税则号列		5705.0090		公告实施日期	2006 年 11 月 22 日
商品名称	PVC 棕榄地毯				
英文名称					
其他名称					
商品描述	PVC 棕榄地毯是一种由 PVC 和棕树果实外壳组成的地毯。规格为 16.25"X30" 和 23.5"X25" 两种。其生产工艺为将棕树果实外壳用机剪成大约 1.5 厘米长，然后将其插在 PVC 塑料上。用途为放于门口或亭园前，主要起擦掉鞋底泥土的作用。				
归类决定	该商品是以 PVC 为底基，并把棕壳纤维黏合固定于 PVC 底基而制成的地毯。不属于第四十六章编结品的商品范畴，因此，不能按编结品归入税目 46.01 项下。 根据归类总规则一及《税则注释》品目 57.05 的条文注释，PVC 棕榄地毯应归入税则号列 5705.0090。				

序号	554	归类决定编号	Z2006-0369	公告编号	2006 年第 69 号
商品税则号列		58.01 或 60.01		公告实施日期	2006 年 11 月 22 日
商品名称	桌球台用台布				
英文名称	Billiard cloth				
其他名称					
商品描述	桌球台用台布实为一种用于桌球台台面的绒布。其成分为 100%羊毛，规格为成匹状。进口后需作进一步剪裁后用于桌球台台面。				
归类决定	从该商品的进口状态来看，该商品只是桌球台用台布的原料，进口后需作进一步的加工才能用于桌球台台面，因此不具有台球用品及附件的特征，不能归入税则号列 9504.2000。 桌球台用台布属于一种起绒织物。根据归类总规则一，该商品应视其布料属性和织造工艺而归入税目 58.01 或税目 60.01 项下。				

序号	555	归类决定编号	Z2006-0370	公告编号	2006 年第 69 号
商品税则号列		5903.9090		公告实施日期	2006 年 11 月 22 日
商品名称	尼龙布（含硅树脂涂层）				
英文名称					
其他名称					
商品描述	该商品为尼龙长丝经纬交织机织物，单面涂布绿色硅树脂，幅宽 1.6 米，卷状，用于制作汽车安全气囊的囊袋。				
归类决定	该商品用于制作汽车安全气囊的囊袋，具有较高的技术含量，能够承受瞬间喷出的爆炸性气体的高强度压力，虽与一般纺织物有别，但不符合《税则》第五十九章章注七（一）对税目59.11所规定的专门技术用途的产品范围。根据《税则注释》品目59.11的规定，归入该品目的产品及制品必须明显具有用于各类型的机器、设备、装置及器具或作为工具或工具零件的特征。该商品进口状态为成匹纺织产品，并不直接用于机器、设备，而需经裁剪、缝制等工序制成纺织制品，进而再制成汽车安全气囊，故不能将其作为专门技术用途的纺织产品归入税目59.11。该商品涂层前为白色织物，经过单面涂布硅树脂，其物理机械性能和服用性能都得到了改变，特别是其撕裂强度增幅较大且透气性达到零。根据归类总规则一，将该商品作为用塑料涂布的纺织物归入税则号列5903.9090。				

序号	556	归类决定编号	Z2006-1272	公告编号	2007 年第 70 号
商品税则号列		5911.4000		公告实施日期	2007 年 12 月 5 日
商品名称	合成纤维制滤网布				
英文名称					
其他名称					
商品描述	该合成纤维过滤网为成卷的白色织物，幅宽218厘米，每卷长100～130米不等，材质为聚丙烯，经特殊研光处理，织物孔径25微米。进口后将滤布裁剪成片并缝制为成品，套在立式液滤机上进行过滤，用于铝行业中氧化铝的生产过滤。				
归类决定	该合成纤维过滤网为液滤机用滤布，其商品指标符合过滤工艺的要求，属于工业滤布。根据归类总规则一，应将其归入税则号列5911.4000。				

序号	557	归类决定编号	Z2006-0371	公告编号	2006 年第 69 号
商品税则号列		5911.9000		公告实施日期	2006 年 11 月 22 日
商品名称	煤气储气密封装置				
英文名称					
其他名称					
商品描述	煤气储气密封装置实为该装置内部的煤气储存容器。该容器主要由尼龙编织物、合成黏结胶（胶 A、胶 B）、加强材料（连接支撑板 30 毫米×100 毫米×2 毫米 A3 板材）、特殊防腐涂料构成。尼龙编织物每层呈 45 度角进行多层叠加，每层中间涂上合成黏结胶，经特定温度和特定压力，将容器压制成型，而后在其表面进行多层防腐涂附；加强材料主要起增强容器刚性的作用。				
归类决定	该储存容器是由多层织物叠加，经粘接等加工制成，是一种专门用来储存煤气的特殊纺织材料制品，符合《税则注释》品目 59.11 项下的解释，应按主要构成材料归入税则号列 5911.9000。				

序号	558	归类决定编号	Z2006-1273	公告编号	2007 年第 70 号
商品税则号列		5911.9000		公告实施日期	2007 年 12 月 5 日
商品名称	滤袋（除尘装置用）				
英文名称	Bag filter				
其他名称	滤袋（申报名称）				
商品描述	滤袋实为一种以聚苯硫醚（PPS）为滤料，表面采用聚四氟乙烯（PTFE）浸渍处理的纺织滤袋。规格为 580 克/平方米，φ130 毫米×8 000 毫米。进口后需安装于布袋除尘器上。用途：能使含有灰尘的气体通过袋状的滤布而得到净化。				
归类决定	该产品虽属布袋除尘器的关键部分，但从进口状态来看，其仅是已制成特定形状，明显具有用于除尘器特征的纺织制品，属于过滤装置用的滤袋，而非过滤装置。根据归类总规则一，该商品应按专门技术用途的纺织制品归入税则号列 5911.9000。				

序号	559	归类决定编号	Z2008-0142	公告编号	2008年第83号
商品税则号列		5911.9000		公告实施日期	2008年11月24日
商品名称		泥状填料			
英文名称					
其他名称					
商品描述		泥状填料是一种由高性能合成纤维（规格有UPAK400、UPAK600、UPAK40699等），经聚四氟乙烯（PTFE）悬浮液浸渍后，配以无污染润滑剂精制而成的，外观为固态松散的短纤混合物。工作于轴和填料箱之间，起密封作用。其工作原理：在轴的旋转过程中，泥状填料一部分"缠绕"在轴上，并随着轴同步旋转，形成一个旋转层，没有与轴"缠绕"在一起的部分填料，与填料室内部之间保持相对静止，从而形成一个"不动层"，因而起到密封效果，其作用是使轴的磨损降到最低，从而延长设备的寿命。			
归类决定		从成分及用途看，该商品仅起填充作用，而非黏合作用，因此，不属于品目32.14的商品范畴，不能归入税则号列3214.1000。依据《税则》第五十九章章注七（二）的规定和归类总规则一及六，泥状填料应归入税则号列5911.9000。			

序号	560	归类决定编号	Z2006-0372	公告编号	2006年第69号
商品税则号列		6101.2000		公告实施日期	2006年11月22日
商品名称		纯棉针织男式夹克			
英文名称					
其他名称					
商品描述		该服装为男式夹克，面料为纯棉针织的，带有衬里，并且是全开襟的，以拉链闭合的。此类衣服的款式有两类：A类是袖口和下摆都是以罗纹或扣子等形式收紧，拉链由下摆一直拉到领子的最顶端，领子也是收紧的；B类的袖口和下摆也都是以罗纹或扣子等形式收紧，拉链由下摆一直拉到胸前，领子是翻领，不闭合，不收紧。			
归类决定		根据《税则注释》品目61.03的解释，"上衣"应具有与本章章注三（一）及西服外套及短上衣相同的特征，但其面料除袖子、贴边或领子外，可由3片或3片以上布料（其中两片为前襟）纵向缝合而成。所谓"本章章注三（一）及西服外套及短上衣"，是指人体上半身穿着的，其前部全开襟，无扣或有扣（拉链除外），长度不超过大腿中部，不适于套在其他外套、上衣之上的服装。从上述服装款式看，该类服装采用拉链式全开襟款式，因此，不符合税目61.03对"上衣"的定义范畴，不能按男式上衣归入税则号列6103.3200。 该类服装有衬里，袖口和下摆收紧，已具有挡风御寒的基本特征。根据归类总规则一，纯棉针织男式夹克应归入税则号列6101.2000。			

序号	561	归类决定编号	Z2006-0380	公告编号	2006 年第 69 号
商品税则号列		6104.3200 和 6110.2000		公告实施日期	2006 年 11 月 22 日
商品名称		棉制针织女童上衣			
英文名称					
其他名称					
商品描述		棉制针织女童上衣为有领、长袖、袖口和下摆收紧、全开襟，由前襟两片和后襟一片面料组成的针织全棉女式上衣。共有两款：款式 A 上衣开襟处以拉链闭合，款式 B 上衣开襟处以扣子闭合。			
归类决定		根据税目 61.04 的注释，"上衣"应具有与本章章注三（一）的西服外套及短上衣相同的特征，但其面料除袖子、贴边或领子外，可由三片或三片以上布料（其中两片为前襟）纵向缝合而成。所谓"本章章注三（一）的西服外套或短上衣"，是指人体上半身穿着的，其前部全开襟，无扣或有扣（拉链除外），长度不超过大腿中部，不适于套在其他外套、上衣之上的服装。 从上述服装款式看： 款式 A 女童上衣采用拉链式全开襟款式，因此，不符合税目 61.04 对"上衣"的定义范畴，不能按上衣归入税则号列 6104.3200。根据归类总规则一，该款式 A 女童上衣应归入税则号列 6110.2000。 款式 B 女童上衣开襟处以扣子闭合，因此，符合税目 61.04 对"上衣"的定义范畴，根据归类总规则一，该款式 B 女童上衣应归入税则号列 6104.3200。			

序号	562	归类决定编号	Z2006-0377	公告编号	2006 年第 69 号
商品税则号列		6104.6200 和 6109.1000		公告实施日期	2006 年 11 月 22 日
商品名称		女式棉制针织粉红套装			
英文名称					
其他名称		女式针织便服套装			
商品描述		女式棉制针织粉红套装实为以 35% 涤纶和 65% 棉的针织物作面料（220 克/平方米针织棉毛），由一件无领、长袖的 T 恤衫和一条长裤组成的服装。其中上衣为圆领、前胸印花、衣长约 56 厘米；长裤裤腰有橡筋和原色布腰带。该服装上下装颜色一致，面料一致，尺寸一致，主要用于沙滩度假休闲穿着。			
归类决定		根据《税则》第六十一章章注三（二）的规定，"便服套装"是指面料相同并作零售包装的成套服装；包括一件人体上半身穿着的服装，但套衫及背心除外，以及一件或两件不同的人体下半身穿着的服装。从服装的款式看，该款的上装为套衫，因此，不符合"便服套装"的定义范畴，不能按便服套装归入税则号列 6104.2200。 根据第十一类类注十三的规定，该款套装应分别归类，套头 T 恤衫应归入税则号列 6109.1000，长裤应归入税则号列 6104.6200。			

序号	563	归类决定编号	Z2006-0378	公告编号	2006年第69号
商品税则号列		6104.6200 和 6109.1000		公告实施日期	2006年11月22日
商品名称	女式棉制针织紫色套装				
英文名称					
其他名称	女式针织便服套装				
商品描述	女式棉制针织紫色套装是一款由一件紫色棉针织长袖上衣和一条紫色（印花）棉针织长裤组成。其中：上衣为V字领套头衫，领边绣花，衣长65厘米左右；裤子为印花面料，底色同上衣，裤腰嵌装橡筋。主要用于休闲穿着。				
归类决定	根据《税则》第六十一章章注三（二）的规定，"便服套装"是指面料相同并作零售包装的成套服装：包括一件人体上半身穿着的服装，但套衫及背心除外；以及一件或两件不同的人体下半身穿着的服装。从服装的款式看，该款的上装为套衫，因此，不符合"便服套装"的定义范畴，不能按便服套装归入税则号列6104.2200。 根据《税则》第十一类类注十三的规定，该款套装应分别归类，套头T恤衫应归入税则号列6109.1000，长裤应归入税则号列6104.6200。				

序号	564	归类决定编号	Z2006-0373	公告编号	2006年第69号
商品税则号列		6107.9100 和 6108.9100		公告实施日期	2006年11月22日
商品名称	男式内衣、女式内衣				
英文名称					
其他名称					
商品描述	男式内衣、女式内衣有两种款式：第一款是一种以100%棉为面料的双面针织男式上衣，无领、长袖；第二款是一种以棉75%、涤25%为面料的双面针织女式上衣和裤子（其中：上衣为无领、长袖；裤子为长裤、裤腰嵌装橡筋）。主要用于秋冬季节穿着。				
归类决定	该服装主要用于秋冬季节穿着，较紧身，实为一种紧身的保暖内衣裤，属于品目61.07、61.08所指的室内穿着的类似品。根据归类总规则一，第一款男式内衣应归入税则号列6107.9100，第二款女式内衣裤应归入税则号列6108.9100。				

序号	565	归类决定编号	Z2008-0033	公告编号	2008 年第 76 号
商品税则号列		6108.9100		公告实施日期	2008 年 10 月 28 日
商品名称		女式棉制针织背心、T恤			
英文名称					
其他名称					
商品描述		女式棉制针织背心、T恤为以下两款服装：1. 女式无袖背心，是一件以针织全棉织物为面料，胸口印花，镶有珠片饰物的上衣；2. 女式短袖T恤，是一件以针织全棉织物为面料，无领、无扣、领口无门襟的上衣，主要当睡衣使用。			
归类决定		睡衣类服装是睡眠和家居休息时穿用的服装，一般具有结构简单、衣身宽松、穿着舒适的特征，即面料质地柔软舒适、剪裁宽松、不影响舒适性。从款式和用途看，上述服装质地轻薄，衣身宽松，主要是睡觉时或在家时穿着，且洗标上注明"SLEEPWEAR"的字样，具有睡衣类服装的特征。根据归类总规则一及六，女式棉制针织背心、T恤应按睡衣类服装归入税则号列 6108.9100。			

序号	566	归类决定编号	Z2006-0374	公告编号	2006 年第 69 号
商品税则号列		6108.9100 和 6208.9100		公告实施日期	2006 年 11 月 22 日
商品名称		棉制女式长袍			
英文名称					
其他名称		女式晨袍			
商品描述		该商品为单件宽松女式长袍，有 3 种款式：第一款是以棉 55% 和涤 45% 的梭织印花织物作面料，无领、无袖、前部采用 6 颗扣式全开襟，左右两个大口袋的服装。第二款是以全棉针织物作面料，无领、短袖、左胸绣花、前部采用 2 颗扣式半开襟的服装。第三款是以棉 80% 和涤 20% 的针织法兰绒印花织物作面料，有领、短袖、前部采用拉链式全开襟的服装。上述服装均主要用于做家务时穿着使用。			
归类决定		从上述服装的款式及用途看，由于上述服装主要用于做家务时穿着使用，没有明显用于睡觉时穿着的特征（例如，第三款服装采用拉链式全开襟）。因此，根据归类总规则一，第一款服装应归入税则号列 6208.9100，第二款和第三款服装应归入税则号列 6108.9100。			

序号	567	归类决定编号	Z2006-0375	公告编号	2006 年第 69 号
商品税则号列		6108.9200		公告实施日期	2006 年 11 月 22 日
商品名称	针织女式浴袍				
英文名称	Robe				
其他名称					
商品描述	针织女式浴袍是一件以 100%化纤针织起绒织物作面料和以 100%棉针织物作衬里的女式长袍,有领,前部全开襟,无纽扣,有束腰带,宽松长袖,左右各有一口袋。为沐浴后穿着使用。				
归类决定	浴衣是浴后直接穿在身上,以吸收人体表面大量水分的服装,一般选用柔软而富有弹性并能吸湿的毛圈机织物和针织物制成。该商品符合浴衣的特征,根据归类总规则一,针织女式浴袍应归入税则号列 6108.9200。				

序号	568	归类决定编号	Z2006-0376	公告编号	2006 年第 69 号
商品税则号列		6109.1000		公告实施日期	2006 年 11 月 22 日
商品名称	男针织无领 T 恤				
英文名称					
其他名称					
商品描述	男针织无领 T 恤,外穿式,品牌为 BURBERRY,成分为 100%棉。				
归类决定	根据《税则注释》品目 61.09 的规定,T 恤衫是指针织或钩编的内衣类轻质服装。从该商品的式样、材质看,符合品目 61.09 的商品范围。 根据归类总规则一,男针织无领 T 恤应归入税则号列 6109.1000。				

序号	569	归类决定编号	Z2006-0379	公告编号	2006 年第 69 号
商品税则号列		61.10		公告实施日期	2006 年 11 月 22 日
商品名称	带帽套头衫				
英文名称					
其他名称					
商品描述	带帽套头衫是一种以针织双面起绒织物作面料，无门襟，无衬里，袖口和下摆收紧的带帽子的套头衫。除袖子及帽子外为前后为两整片面料缝合而成，胸前正中缝有一块相同面料的口袋。在口袋上缝有装饰字样。从衣着面料厚度看，适合春秋季节穿着。				
归类决定	根据《税则注释》品目 61.01 的规定，本品目包括穿着在其他衣服外面用以挡风御寒等的针织或钩编男式服装。由于该服装为套头款式，不具有明显穿着于其他衣服外面的特征，因此，不能按带风帽的防寒短上衣归入品目 61.01 项下。 　　套头衫是一种用于人体上半身穿着的针织或钩编服装，无论是否有衣袖、翻领或口袋。通常下摆、袖口或袖孔以贴边、罗纹或其他方式收紧。《税则注释》对套头衫是否能带风帽并没有严格的限制。因此，根据归类总规则一，带帽套头衫应按套头衫归入税目 61.10。				

序号	570	归类决定编号	Z2006-1274	公告编号	2007 年第 70 号
商品税则号列		6110.2000		公告实施日期	2007 年 12 月 5 日
商品名称	棉制针织女式上衣				
英文名称					
其他名称					
商品描述	该棉制针织女式上衣，前部全开襟，拉链闭合，袖口、下摆以罗纹收紧，无衬里，带风帽。面料为棉制双面针织布，质地较为稀疏，可见透孔。				
归类决定	根据归类总规则一，棉制针织女式上衣应归入税则号列 6110.2000。				

序号	571	归类决定编号	Z2006-0381	公告编号	2006年第69号
商品税则号列		6110.9090		公告实施日期	2006年11月22日
商品名称	麻棉衫				
英文名称					
其他名称					
商品描述	麻棉衫是一种以55%麻及45%棉毛线，用针织工艺织造的毛线上衣。共有3种款式。第一种为松身、无领、领口半开襟并带有系绳、长袖、袖口及下摆不收紧，灰蓝色；第二种为松身、无领、领口半开襟并带拉链、长袖、袖口及下摆不收紧，粉红色；第三种为较紧身、无领、V形领口、无扣、短袖、袖口及下摆收紧，灰白色。				
归类决定	上述3种服装的款式均属于套头类服装。由于第一款及第二款为宽松形套头衫、开襟，因此不属于毛衫的范畴，应归入税则号列6110.9090；第三款为紧身形套头衫、不开襟，属于毛衫的范畴，应按毛衫归入税则号列6110.9090。				

序号	572	归类决定编号	Z2006-1275	公告编号	2007年第70号
商品税则号列		6203.3200		公告实施日期	2007年12月5日
商品名称	棉制男童牛仔夹克				
英文名称	Boy's denim jacket				
其他名称					
商品描述	棉制男童牛仔夹克是一款以棉70%和涤纶30%的混纺机织物为面料的上衣，有领、不带风帽、开襟、下摆收紧、无衬里。				
归类决定	从该上衣的款式来看，该商品采用单层面料，不带衬里，不具有"防寒短上衣"的带有风帽或带防寒衬里的特征，也不属于防风上衣的商品范畴。根据归类总规则一，棉制男童牛仔夹克应作为其他上衣归入税则号列6203.3200。				

序号	573	归类决定编号	Z2006-0382	公告编号	2006年第69号
商品税则号列		6204.4300		公告实施日期	2006年11月22日
商品名称	涤纶布婚纱				
英文名称	Ladide' 100% polyester woven weeding dress				
其他名称					
商品描述	涤纶布婚纱是国际上女性结婚时专用的一种正式礼服。其颜色以米、白色为主，在造型上采用连衣裙形式，加大裙长，使脚不能暴露，而且后身有长长的裙摆，也有短的裙摆，衣料主要是涤纶布，上面饰以喱士花或机绣或订珠。				
归类决定	涤纶布婚纱是结婚时专用的连衣裙形式的正式礼服，其布料为涤纶布，应作为合成纤维制连衣裙归入税则号列6204.4300。				

序号	574	归类决定编号	Z2006-0383	公告编号	2006年第69号
商品税则号列		6208.2100		公告实施日期	2006年11月22日
商品名称	女式棉制印花套装				
英文名称					
其他名称	女式便服套装				
商品描述	女式棉制印花套装实为以100%棉梭织印花布作面料，由一件长袖上衣和一条长裤组成。其中：长袖上衣为有领、全开襟（4颗扣）、左上幅有一口袋的服装；长裤裤腰嵌装橡筋。该服装上下装的颜色、面料、尺寸相匹配，衣领、胸前、袖口及裤脚均有红色包边，主要用于休闲穿着。				
归类决定	睡衣裤是一种睡眠和家居休息时穿用的服装，一般尺寸大小、剪裁、面料、颜色、饰品及整理程度完全相匹配，具有宽松的剪裁、穿着舒适以及成套穿着设计等特征。从服装的款式看，该服装符合睡衣裤的特征。因此，根据归类总规则一，女式棉制印花套装应按睡衣裤套装归入税则号列6208.2100。				

序号	575	归类决定编号	Z2006-1276	公告编号	2007年第70号
商品税则号列		6211.2090		公告实施日期	2007年12月5日
商品名称	男式尼龙/PVC雨衣套装				
英文名称	Snowmobile jacket/Snowmobile pant				
其他名称					
商品描述	男式尼龙/PVC雨衣套装，英文名为"Snowmobile jacket/snowmobile pant"。其面料为75%聚酯、25%聚氯乙烯的混纺纺织物（表面涂布PVC），里布内衬为尼龙，中间夹喷胶棉。其款式为用拉链扣合的带风帽的防风衣及一条过腰的厚长裤组成的套装。				
归类决定	从该产品的面料材质来看，虽然其为涂层织物，但由于肉眼难以辨别其涂层特征，因此根据《税则》第五十九章章注二（一）1及第六十二章章注六的规定，男式尼龙/PVC雨衣套装应作为化纤制滑雪服归入税则号列6211.2090。				

序号	576	归类决定编号	Z2006-0384	公告编号	2006年第69号
商品税则号列		63.04		公告实施日期	2006年11月22日
商品名称	沙发套				
英文名称					
其他名称					
商品描述	沙发面罩，特定成形，与沙发木框架及海绵衬垫等装配为成品沙发，是沙发的构成部件。				
归类决定	沙发套是一种以织物为原料，经过裁剪、车缝，并添加一些小配件，如拉链等而制成，为特定成形的沙发面罩，需与沙发木框架及海绵衬垫等装配为成品沙发。 根据《税则注释》第九十四章总注释规定，品目94.01包括不论是否坯件，但根据其形状或其他特征可确定为专用于或主要用于上述税号所列家具的零件。该商品虽已制成专用于沙发的特定形状，需与沙发框架及垫衬等组合成一体，但由于其可随意拆卸，因此，不能视为沙发不可分割的一部分，不能按坐具零件归入税则号列9401.9090。 该商品属于织物制的家具套，根据归类总规则一，沙发套应归入税目63.04项下。				

序号	577	归类决定编号	Z2006-0385	公告编号	2006 年第 69 号
商品税则号列		6304.9290		公告实施日期	2006 年 11 月 22 日
商品名称	全棉墙饰				
英文名称	100% Patchwork wall hangings				
其他名称					
商品描述	所报商品为两层面料与一层胎料组合制成的被褥状产品,尺寸规格为 86 英寸×86 英寸。其外层面料为小块全棉印花机织物拼接而成,内层面料为单色全棉机织物,中间胎料层(即填充层)为 100%聚酯纤维。三层材料经绗缝制成,并沿一边缝有三个固定产品用的织物制吊圈,可供挂于墙上装饰用。				
归类决定	从外观上看,该商品可作为床罩或床上装饰品或寝具使用,也可用于墙上装饰,但其一边缝有的三个供固定产品的织物制吊圈,表明其是供挂于墙上装饰用,故根据税目 63.04 条文应将其作为装饰用织物制品归入税则号列 6304.9290。				

序号	578	归类决定编号	Z2006-1277	公告编号	2007 年第 70 号
商品税则号列		6304.9310		公告实施日期	2007 年 12 月 5 日
商品名称	化纤刺绣台布				
英文名称					
其他名称					
商品描述	该化纤刺绣台布有正方形、长方形等多种规格,有绣花及剪裁和抽纱镂空后形成的花纹,为手工制刺绣装饰品,面料为 100%涤纶平纹布,米黄色。布四角经绣花,布幅中央经手工抽纱镂空形成矩形花纹,主要用于家庭装饰,具有观赏的功能。				
归类决定	根据归类总规则一,化纤刺绣台布应归入税则号列 6304.9310。				

序号	579	归类决定编号	Z2022-0117	公告编号	2022 年第 78 号
商品税则号列		6307.9090		公告实施日期	2022 年 9 月 1 日
商品名称	牵引车捆绑器				
英文名称	Ratchet tie down				
其他名称	牵引车牵引器				
商品描述	该商品主要由两只铁板冲制的钩子和一只绞紧器（钩子和绞紧器是高强度钢板冲制而成，经热处理将产品强度提高到10.5级）及8米的聚丙纶带组成的，此产品是用于货车及牵引车上捆绑货物用的。				
归类决定	该商品主要功能是捆绑货物，丙纶带在捆绑中起主要作用，绞紧器和钩子只起辅助作用，根据归类总规则三（二）及六，应归入税则号列 6307.9090。				

序号	580	归类决定编号	Z2022-0118	公告编号	2022 年第 78 号
商品税则号列		6307.9090		公告实施日期	2022 年 9 月 1 日
商品名称	魔术贴				
英文名称					
其他名称					
商品描述	该商品为带有魔术搭扣的侧腰贴，具体结构： 1. 白色的无纺布（永久端）； 2. 弹性体； 3. 白色聚丙烯离型胶带； 4. 超级魔术搭扣； 5. 带胶部分； 6. 白色剥离条（包括波浪边）； 7. 覆盖条。 魔术搭扣可与各种类型的圆毛（Loop）配合，提供更佳的剥离性能，其结构为纸尿裤主体提供粘结力。本产品为一次性使用产品，固定在纸尿裤上使用，固定后不再拆下，但可以多次粘贴，裁切后不需要再加工。				
归类决定	该商品中纺织物部分起主要作用，根据归类总规则三（二）及六，应归入税则号列 6307.9090。				

序号	581	归类决定编号	Z2006-0387	公告编号	2006 年第 69 号
商品税则号列		6310.1000		公告实施日期	2006 年 11 月 22 日
商品名称	破损塑料编织袋				
英文名称	Used pp woven bags				
其他名称					
商品描述	该商品为用过的破损塑料编织袋，塑料扁条最大宽度不超过 5 毫米。编织袋两侧用蓝色塑料线缝合，上下两端无封口，袋内有内衬塑料袋。进口后不能再作包装货物用，只能用于再造粒回收使用。				
归类决定	该塑料编织袋的塑料扁条最大宽度不超过 5 毫米。编织袋两侧用蓝色塑料线缝合，上下两端无封口，袋内有内衬塑料袋。 该商品是已使用过、部分破损、进口后不能再作包装货物用的废包装袋，符合《税则注释》中对品目 63.10 的解释，归入该品目的"这些产品必须是旧损、脏污、破碎或小片状的，它们一般只适用于回收其纤维，以及制造纸张或塑料、抛光材料或者作为工业生产用的揩布"。 因此该商品应按破旧织物归入税则号列 6310.1000。				

序号	582	归类决定编号	Z2022-0119	公告编号	2022 年第 78 号
商品税则号列		6505.0099		公告实施日期	2022 年 9 月 1 日
商品名称	无纺布圆帽				
英文名称					
其他名称					
商品描述	无纺布圆帽是以聚丙烯切片为原料，通过熔融、喷丝、牵伸、丝束分丝、成网、热轧加固而制成无纺布后，再通过裁剪、缝制、在边沿穿上橡筋而制成。外观为圆周形，不带花边或装饰物、不带衬里，为医院一次性用品。				
归类决定	根据归类总规则一及六，应归入税则号列 6505.0099。				

序号	583	归类决定编号	Z2009-0108	公告编号	2009 年第 32 号
商品税则号列		6602.0000		公告实施日期	2009 年 6 月 12 日
商品名称	木质手杖				
英文名称	Walking stick（wood）				
其他名称					
商品描述	木质手杖是一种以木质材料为杖杆，一端为手柄，另一端为嵌有金属材料的尖锐状利器，型号为 B6700，用于在户外行走登山时起辅助用途。				
归类决定	该商品不具备《税则》税目 93.07 的特征，根据归类总规则一，应归入税则号列 6602.0000。				

序号	584	归类决定编号	Z2013-0042	公告编号	2013 年第 26 号
商品税则号列		6801.0000		公告实施日期	2013 年 6 月 1 日
商品名称	铺路用现代花岗岩石制品				
英文名称					
其他名称					
商品描述	该商品是花园庭院专业路面用石，用花岗岩加工而成。加工工艺：底部机切、表面火烧或者表面机切经手工切削自然面，造型加工，石胶粘网等程序。包含多种形状，如正方形、长方形、扇形等。				
归类决定	该商品的加工程度已超出简单切削的加工范围，并且专用作铺路，根据归类总规则一，应归入税则号列 6801.0000。				

序号	585	归类决定编号	Z2006-1279	公告编号	2007 年第 70 号
商品税则号列		6802.9190		公告实施日期	2007 年 12 月 5 日
商品名称	大理石与瓷砖复合板					
英文名称						
其他名称						
商品描述	该大理石与瓷砖复合板的尺寸为 60 厘米×40 厘米×1.2 厘米，上面一层为西班牙米黄大理石（磨光），下面一层为瓷砖，经胶合。加工工艺流程：1. 根据客户要求的规格，将荒料用大切机切成厚度相符的板料；2. 将板料分级、烘干、上胶；3. 瓷砖经修边、定厚；4. 将大理石板料与瓷砖复合；再经过定厚、面胶固化、抛光、修边倒角等工序，最后制得商品，用于建筑地面和墙面。				
归类决定	根据归类总规则三（二），大理石与瓷砖复合板应归入税则号列 6802.9190。				

序号	586	归类决定编号	Z2009-0029	公告编号	2009 年第 5 号
商品税则号列		6802.9190		公告实施日期	2009 年 1 月 20 日
商品名称	马赛克					
英文名称						
其他名称						
商品描述	马赛克为大理石经过切割和表面处理加工而成，主要用于室内外地面及墙面的装饰。每件由若干颗小石块拼成整联，背面以网状织物衬垫，整联呈正方形或长方形，整联厚度在 0.4~1 厘米之间，边长在 24.6~32.8 厘米之间。而单颗小石块为正方形或长方形，厚度在 0.4~0.8 厘米之间，边长在 1~6.4 厘米之间。使用方法：先在地板上刷水泥，后将产品直接铺在地板上，一联一联连接好，最后在产品上面刷水泥以填补产品之间的缝隙。				
归类决定	根据《税则注释》品目 68.02 的条文注释，该商品边长在 24.6~32.8 厘米之间，属于品目 68.02 的商品范围，应归入税则号列 6802.9190。				

序号	587	归类决定编号	Z2006-1280	公告编号	2007 年第 70 号
商品税则号列		6802.9390		公告实施日期	2007 年 12 月 5 日
商品名称	现代花岗岩石制品				
英文名称					
其他名称					
商品描述	该现代花岗岩石制品有多种规格，如 60 厘米×60 厘米×1.5 厘米、120 厘米×60 厘米×1.5 厘米、10 厘米×10 厘米×1.5 厘米、50 厘米×50 厘米×1.5 厘米等，一面经火烧处理，一面为切开的平面，其余四边磨光，主要用于花园石桌面板。生产该商品的工艺流程：1. 根据客户要求的规格，将荒料用大切机切成厚度相符的板料；2. 将板料的一面用煤气进行火烧；3. 火烧后用手摇切边机切割成长、宽相符的半成品板；4. 半成品板放置 12~24 小时后使之降温；5. 将半成品板用氧气再次火烧，使之火烧面均匀；6. 将半成品板四边用手磨机磨光。				
归类决定	根据归类总规则一，该现代花岗岩石制品应归入税则号列 6802.9390。				

序号	588	归类决定编号	Z2013-0043	公告编号	2013 年第 26 号
商品税则号列		6802.9390		公告实施日期	2013 年 6 月 1 日
商品名称	现代花岗岩石制品				
英文名称					
其他名称					
商品描述	该商品以花岗岩荒料为原料，切割成石板材尺寸后，送磨光机研磨至表面光滑，再进行两端修边切平，另两端没有修边切平，主要应客户的需求而定。规格有 3 种：60 厘米×180 厘米×1.7 厘米、60 厘米×210 厘米×1.7 厘米、60 厘米×240 厘米×1.7 厘米。其为建筑用板材。				
归类决定	该商品已经磨光机研磨，其加工程度已超出简单切削的加工范围，根据归类总规则一，应归入税则号列 6802.9390。				

序号	589	归类决定编号	Z2006-1281	公告编号	2007年第70号
商品税则号列		6805.3000		公告实施日期	2007年12月5日
商品名称	研磨料				
英文名称	Abrasive filament				
其他名称					
商品描述	研磨料呈丝条状，采用碳化硅经黏结剂在高温高压下黏聚挤压成形，三股并合，外层经尼龙丝包束而成。其进口后经切断、固定成形，制成圆盘状刷轮，用于金属表面的研磨、清洗和抛光。规格型号为6-240-3的商品的直径为0.6毫米，研磨料颗粒目数240；型号为3-1000-7的商品的直径为0.9毫米，研磨料颗粒目数1 000。				
归类决定	该商品为黏合剂黏结碳化硅与合成纤维的磨料，碳化硅为其主要特征。根据《税则注释》品目68.05的注释规定，研磨料应归入税则号列6805.3000。				

序号	590	归类决定编号	Z2006-0388	公告编号	2006年第69号
商品税则号列		6806.9000		公告实施日期	2006年11月22日
商品名称	消音器				
英文名称					
其他名称					
商品描述	该消音器为标准设备，外部为镀锌钢板所制外罩，内含一定数量隔音板。隔音板主要材料为岩棉，四周用铁皮固定，两端有孔，使用过程中可通过管道或直接与生产设备连接，降低噪声。				
归类决定	消音器外部为镀锌钢板所制外罩，内含一定数量的隔音板。隔音板主要材料为岩棉，四周用铁皮固定，两端有孔，使用过程中可通过管道或直接与生产设备连接，以降低噪声。 该商品主要利用岩石棉的特性起到消音作用，其外罩和隔音板间的铁皮仅起到加固、连接作用。 根据《税则注释》品目68.06的解释和第八十四章章注一（一）的规定，该商品应归入税则号列6806.9000。				

序号	591	归类决定编号	Z2006-0389	公告编号	2006年第69号
商品税则号列		6808.0000		公告实施日期	2006年11月22日
商品名称	防火板				
英文名称					
其他名称					
商品描述	规格：2 440毫米×1 220毫米×6毫米。 密度：0.94克/立方厘米。 组成：该材料是以氧化镁、氯化镁和水三元体系，经配制和改性剂改性而制成的、性能稳定的镁质胶囊材料，以玻纤布为增强材料，以轻质材料（锯末）为填料复合而制成的复合阻燃平板。 用途：主要用于房屋内层板（装饰材料）。 生产工艺流程：氧化镁、氯化镁、轻质材料、胶水经反应和玻纤布（防火型）、无纺布（防火型）经流水线压成定型、加温、脱模、保养、水处理制成成品防火板。材料的黏合未使用有机胶和矿物胶，是靠层压而成。				
归类决定	该商品的材料是以氧化镁、氯化镁和水三元体系，经配制和改性剂改性而制成的、性能稳定的镁质胶囊材料，以玻纤布为增强材料，以轻质材料（锯末）为填料复合而制成的复合阻燃平板，规格为2 440毫米×1 220毫米×6毫米，密度为0.94克/立方厘米，由于该商品是复合材料制品，应按构成该板主要特征的矿物性材料归类，根据归类总规则一，归入税则号列6808.0000。				

序号	592	归类决定编号	Z2009-0031	公告编号	2009年第5号
商品税则号列		6809.9000		公告实施日期	2009年1月20日
商品名称	硫酸钙地板				
英文名称					
其他名称					
商品描述	硫酸钙地板为灰色块状，LINDNER牌，型号为NORTEC G 30 ST，规格600毫米×600毫米×33.9毫米，由3层结构构成：表层由氨基树脂贴面，起装饰面层的作用，可根据用户要求或应用的具体需要选择其他塑料；中层为硫酸钙板芯，是在石膏中添加纤维（增强基材强度）混合制成；底层为金属底板，起保护板芯、增加承重的作用。该商品可直接铺地使用。				
归类决定	硫酸钙地板的表层仅起装饰和导静电作用，底层起保护板芯和增加承重的作用，而板芯决定了商品的属性，根据归类总规则三（二），应归入税则号列6809.9000。				

序号	593	归类决定编号	Z2013-0044	公告编号	2013 年第 26 号
商品税则号列		6810.1910		公告实施日期	2013 年 6 月 1 日
商品名称	复合橱柜台面				
英文名称					
其他名称					
商品描述	该商品为厨房、卫生间橱柜台面装饰面板及色板，外观为板状，规格型号有 3 000 毫米×600 毫米×40 毫米、2 400 毫米×600 毫米×40 毫米、1 200 毫米×600 毫米×40 毫米等。其由人造石英石、聚丙烯（PP）蜂窝板材、聚氯乙烯（PVC）结皮板 3 层材料构成。人造石英石厚度 8 毫米，聚丙烯（PP）蜂窝板材厚度 27 毫米，聚氯乙烯（PVC）结皮板厚度 5 毫米。人造石英石层为表面层，起平面台板的作用。成分：85%左右的石英砂（粉），13%左右的不饱和树脂等。蜂窝板材为中间层，代替部分人造石英石板材，降低成本，减少重量，增加厚度，提高耐高温抗变形的性能，主要成分为聚丙烯（PP）。聚氯乙烯（PVC）结皮板为底层，起平面板的作用，增加美观性，主要成分为聚氯乙烯（PVC）、碳酸钙等。				
归类决定	该商品的人造石层为表面层，起平面台板的作用，为构成该商品基本特征的材料。根据归类总规则三（二），该商品应归入税则号列 6810.1910。				

序号	594	归类决定编号	Z2006-0390	公告编号	2006 年第 69 号
商品税则号列		6810.9990		公告实施日期	2006 年 11 月 22 日
商品名称	棕榈石				
英文名称	Palm rock				
其他名称					
商品描述	该棕榈石是由多孔混凝土和外面包裹的经过压制的约 10 毫米厚的椰丝垫组成的。 加工工艺： 1. 从提取完椰油的椰壳里分离出椰丝，除去短的纤维和杂质，进行编织，然后进行高温加压成形。 2. 在预制好的钢模里放好已经做好的椰丝垫和钢筋，放入冲压机，投入混凝土振动加压成形。 用途：主要用于河堤的护岸。混凝土提供足够的强度来保持河岸的稳定，椰丝上植草实现生态防护和生态恢复，不仅保障了河堤的稳定，还最大限度地实现了植被恢复，达到了工程与自然的和谐统一。				
归类决定	根据所提供的资料，商品棕榈石是由多孔混凝土和外面包裹的经过压制的约 10 毫米厚的椰丝垫组成的。商品进口状态为梯形体。 该商品为混凝土预制块和椰丝垫组成的复合产品，产品基本作用为河堤护岸的修筑材料。根据归类总规则三（二），商品棕榈石应归入税则号列 6810.9990。				

序号	595	归类决定编号	Z2022-0120	公告编号	2022 年第 78 号
商品税则号列		6812.9990		公告实施日期	2022 年 9 月 1 日
商品名称	衬垫				
英文名称					
其他名称					
商品描述	该衬垫呈卷状，每卷规格为 0.45 毫米（厚）×876 毫米（宽）×600 米（长），进口后经过冲压制成防液体渗漏密封垫。该商品是在冷轧的非合金钢板上黏结石棉、石墨的混合物制成的复合材料制品，总厚度为 0.45 毫米，其中，石棉石墨混合层的厚度为 0.2 毫米，金属片的厚度为 0.25 毫米。				
归类决定	该商品是钢铁片与石棉石墨混合层的复合材料制品，其中，金属层只是为加强密封垫的强度，石棉和石墨混合层起防渗漏的作用，构成密封垫的基本特征，且石棉在混合层中的比例超过 50%，符合《税则注释》品目 68.12 的规定。根据归类总规则一、三（二）及六，该商品应归入税则号列 6812.9990。				

序号	596	归类决定编号	Z2008-0034	公告编号	2008 年第 76 号
商品税则号列		6813.8900		公告实施日期	2008 年 10 月 28 日
商品名称	洗衣机刹车带				
英文名称					
其他名称					
商品描述	洗衣机刹车带为洗衣机制动摩擦层，主要构成成分：橡胶 15%、氢氧化钙 10%、焦炭 15%、石墨 15%、树脂 10%、尼龙纤维 15%、陶瓷纤维 5%、碳酸钙 10%等。经高温高压等工艺压制成型，规格为约 20 厘米见方的矩形，毛边未经切片修理。进口后根据客户要求进行裁剪，制成洗衣机刹车带。				
归类决定	该商品的成分、加工工艺及用途符合《税则》税目 68.13 的商品范围，根据归类总规则一及六，应归入税则号列 6813.8900。				

序号	597	归类决定编号	Z2013-0045	公告编号	2013 年第 26 号
商品税则号列		6815.9990		公告实施日期	2013 年 6 月 1 日
商品名称	建筑用防水膨润土纺织毯					
英文名称						
其他名称						
商品描述	该商品呈卷状，由土工编织布、人工钠化膨润土和无纺织物三层复合加工而成，主要用作建筑用土工合成防水毯。土工编织布、无纺织物为人工钠化膨润土的载体，起主要作用的是膨润土。无纺织物可以保护产品避免被硬物刺破，增强复合结构稳定性；土工编织布对土体和水面有防护和防冲作用，能有效阻止土壤颗粒通过，从而防止土粒的流失造成土体的破坏；人工钠化膨润土能遇水膨胀，起修补裂缝和漏洞的作用。				
归类决定	该商品为经织物固化的钠化膨润土制品，已超出第二十五章的商品加工范围。该商品中人工钠化膨润土为其基本特征，根据归类总规则三（二），应归入税则号列 6815.9990。				

序号	598	归类决定编号	Z2006-0393	公告编号	2006 年第 69 号
商品税则号列		6902.2000		公告实施日期	2006 年 11 月 22 日
商品名称	黏土砖				
英文名称					
其他名称					
商品描述	该黏土砖规格为 230 毫米×50 毫米×76 毫米，经海关化验，成分为二氧化硅和硅酸铝，含三氧化二铝 32.67%、二氧化硅 60.67%，样品耐火度为 1 670℃，为耐火砖。用于建筑墙体。				
归类决定	根据海关化验鉴定结果，"黏土砖"成分含三氧化二铝 32.67%、二氧化硅 60.67%，耐火度为 1 670℃。规格为 230 毫米×50 毫米×76 毫米，用作建筑墙体的耐火砖。该耐火砖也可用于其他需耐高温的工业建筑，如陶瓷厂的烘干车间等。该商品属于耐火材料制品，根据归类总规则一，黏土砖应归入税则号列 6902.2000。				

序号	599	归类决定编号	Z2006-0394	公告编号	2006 年第 69 号
商品税则号列		6903.2000		公告实施日期	2006 年 11 月 22 日
商品名称		氧化铝素坯（瓷制）			
英文名称		Translucent alumina tubes for high pressure sodium lamps			
其他名称					
商品描述		该商品为白色不透明的套管（经过 1 300℃ 左右的高温煅烧）。 主要成分：99.98% 的三氧化二铝。 主要用途：经过二次煅烧后（1 800℃ 以上高温），成为白色半透明的陶瓷管，用于做高压钠灯的发光管。			
归类决定		根据《税则注释》第六十九章（第一分章）总注释，归入品目 69.02 或 69.03 的耐火制品不但要能耐高温，而且还能在高温下工作。该商品（在钠灯中可承受 1 400℃ 以上高温，且具有在高温下工作特征）符合此规定。 根据归类总规则一，"氧化铝素坯（瓷制）"应按耐火陶瓷制品归入税则号列 6903.2000。			

序号	600	归类决定编号	Z2006-0396	公告编号	2006 年第 69 号
商品税则号列		6909.1		公告实施日期	2006 年 11 月 22 日
商品名称		手模			
英文名称					
其他名称					
商品描述		手模是由硅、铝、铁、钛、钙、镁、钾、钠等氧化物按一定比例配制加水融合后，经搅拌、制成手模并进行高温烘烤，再上釉烘烤。该商品用于生产乳胶手套、丁腈手套等，使用时将手模安装在生产线上，在配制好的手套混合原料槽中浸渍后取出经烘烤、脱模等环节制成手套成品。			
归类决定		该商品是成形后经烧制的陶瓷产品，用于手套的工业生产，符合税目 69.09 的商品范围。由于该商品用于工业生产，属于专门技术用途的陶瓷器，因此根据归类总规则一，手模应归入《税则》子目 6909.1 项下。			

序号	601	归类决定编号	Z2006-0660	公告编号	2006年第69号
商品税则号列		69.09 和 73.15 和 8477.9000		公告实施日期	2006年11月22日
商品名称		丁腈橡胶手套生产线用手模座、链条及手模			
英文名称					
其他名称					
商品描述		本商品用于丁腈手套生产线。完整生产线应包括料槽、链条、手模座、手模、烘干炉、氯处理系统。具体流程如下：手模座安装在链条上（均为钢铁制），手模座上面安装手模（陶瓷制）。料槽中装有液态橡胶原料，手模在链条带动下（由带有齿轮的电动机驱动）经过料槽沾胶后进入烘干炉烘干，经过两次沾胶烘干和卷边后进入水洗槽水洗。然后对手套表面进行氯处理。氯处理系统能产生氯气，利用氯气同水发生反应后对手套进行去味处理。最后经漂洗、烘干后手工脱模。 本次进口手模45 000只；手模座45 000只；链条4 800米；氯处理系统2套。用于4条丁腈手套生产线，是整条生产线的核心装置，决定着整条生产线运行的稳定性和手套制造的精确性。因烘干炉较为简单未进口，国内采购的料槽、不锈钢板材、方管和角铁等相当于生产线的支架，起辅助作用。			
归类决定		手模座、链条及手模均属于橡胶手套生产线的零件，参照《税则》第十六类类注二零件的归类原则、第八十四章章注一（二）的排除条款，以及根据第十六类类注一（七）的规定，"本品目不包括第十五类注释二规定的贱金属制通用零件……"又根据归类总规则一和六，链条应作为贱金属制的通用零件，归入税目73.15项下；手模座应按橡胶产品加工机器的零件，归入税则号列8477.9000；陶瓷制手模应按照其材质，归入税目69.09项下。			

序号	602	归类决定编号	Z2009-0032	公告编号	2009年第5号
商品税则号列		6910.1000		公告实施日期	2009年1月20日
商品名称	智能马桶				
英文名称					
其他名称					
商品描述	智能马桶是一种带洗净和舒适等功能的瓷制抽水马桶。其主要功能：1. 洗净功能，其中包括臀部洗净、女用洗净、洗净位置调节、洗净水压调节、移动洗净、按摩洗净；2. 舒适功能，其中包括温暖便座、温度调节、暖风烘干、自动除臭、自动感应、自动冲洗。使用方法：接通电源后，按开关键，再按功能键执行相关功能。				
归类决定	智能马桶的主要特征为瓷制抽水马桶，并附带清洗功能，根据归类总规则一及六，应归入税则号列6910.1000。				

序号	603	归类决定编号	Z2022-0121	公告编号	2022年第78号
商品税则号列		6911.1021		公告实施日期	2022年9月1日
商品名称	瓷制陶瓷刀				
英文名称					
其他名称					
商品描述	该瓷制陶瓷刀用于厨房加工食品，刀身主要成分为二氧化锆，刀柄主要为塑料，按刀片长度分为3~8寸刀。				
归类决定	该商品用于厨房加工食品，根据归类总规则一及六，应归入税则号列6911.1021。				

序号	604	归类决定编号	Z2006-0398	公告编号	2006年第69号
商品税则号列		6914.1000		公告实施日期	2006年11月22日
商品名称	陶瓷基片				
英文名称					
其他名称					
商品描述	该商品有两种型号：RUBALIT，基本成分为氧化铝；ALUNIT，基本成分为氮化铝。进口后，再经表面涂层、切割等，用于印刷电极等。 规格：1毫米×115毫米×115毫米。				
归类决定	陶瓷基片有RUBALIT和ALUNIT两种型号，规格都为1毫米×115毫米×115毫米。RUBALIT的基本成分为氧化铝，有高强度和高热导率；ALUNIT的基本成分为氮化铝，除具有接近RUBALIT的特性外，还具有优良的电绝缘性。该陶瓷基片未经特定的后续加工，没有特定的用途，应按材料归入税则号列6914.1000。				

序号	605	归类决定编号	Z2006-0399	公告编号	2006年第69号
商品税则号列		6914.9000		公告实施日期	2006年11月22日
商品名称	烧结矾土				
英文名称					
其他名称					

商品描述

该商品为黑色小圆柱颗粒，根据海关化验鉴定结果，样品中含氧化铝79.4%、氧化硅1.8%、氧化钛5.1%、氧化铁12.2%。样品经X衍射测定和刚玉谱图一致。企业提供的情况说明，该种烧结矾土是采用天然铝矾土作为原料（不需要添加其他化学成分），经过加工粉碎最终形成1.4微米左右大小的微粒，再经过挤压和切断成型工艺，将其加工为圆柱形状，然后经过高温（800℃~1200℃）煅烧处理而成。它是生产重负荷钢坯修磨的主要原料，经与树脂混合，装入模具内，在2000吨液压机内加热压制成型，经烘干、回转工序，生产出砂轮成品。由于烧结矾土的多晶结构和独特的柱体形状，使得该砂轮产品具有极高的修磨效率和极佳的表面效果。

归类决定

该商品为天然铝矾土经加工粉碎、挤压和切断成型后在800℃~1200℃下煅烧而得。所得产品成分组成及其生产原料与工艺不符合《税则注释》中子目2818.10项下"人造刚玉"的商品解释，不归入税则号列2818.1000。

该商品仅经过粉碎、挤压和切断成型后煅烧的加工工艺，进口后还需要经过后续加热压制成型等工艺方可加工成直接用于砂轮研磨的成品，不符合《税则注释》品目69.09项下"研磨机上的研磨器和研磨球"的解释，不应归入品目69.09项下。

该商品为天然铝矾土经过粉碎、挤压等工艺成型后，再在800℃~1200℃下煅烧所得的小圆柱颗粒状产品，属于成型后加以烧制所得产品。根据归类总规则一，该商品应归入税则号列6914.9000。

序号	606	归类决定编号	Z2008-0035	公告编号	2008 年第 76 号
商品税则号列		6914.9000		公告实施日期	2008 年 10 月 28 日
商品名称	煅烧铝矾土				
英文名称					
其他名称					
商品描述	煅烧铝矾土 SO200 为黑色小圆柱颗粒。成分：氧化铝 85.1%、二氧化钛 5.48%、氧化铁 6.03%、氧化钙 1.36%。该商品采用天然铝矾土作为原料（不需要添加其他化学成分），经过 1 000℃~1 200℃高温焙烧，然后将焙烧后的材料破碎、球磨，磨细至 3 微米以下，加水制成料浆，再经酸洗除杂，干燥，加入一定的黏结剂混料，挤压成型。成型后再经过干燥、破碎制成小磨粒，小磨粒经过筛分后成为生粒，生粒经过两次烧结，第一次先置于 700℃~1 000℃下预烧，除去黏结剂，然后再置于 1 470℃~1 570℃的高温下烧结。二次烧结后的磨粒再经过分筛成不同的粒度号。该商品用于生产抛磨不锈钢钢锭所用的砂轮，其小圆柱形结构能使制成的砂轮磨削效果更好。				
归类决定	该商品为天然铝矾土经过粉碎、挤压成型等工艺后，经二次烧结而成的小圆柱颗粒状产品，属于成型后加以烧制所得产品，根据归类总规则一，应归入税则号列 6914.9000。				

序号	607	归类决定编号	Z2009-0109	公告编号	2009 年第 32 号
商品税则号列		7001.0000		公告实施日期	2009 年 6 月 12 日
商品名称	光学元件玻璃毛坯				
英文名称	Glass				
其他名称					
商品描述	光学元件玻璃毛坯为经过高温连熔、退火冷却而成型的长方体连熔玻璃块，规格为 220 毫米×210 毫米×170 毫米，每块净重约 40 千克。该商品的制造工序：先将特殊配方及筛选的原料放入熔解炉中准备熔融；再加热、熔解，并将原料搅拌均匀；然后将熔解炉中的液态玻璃浇筑在模具内，待冷却后取出。该商品还需要经过切割、粗磨、精磨、研磨、抛光、镀膜等光学加工程序后，才能成为光学元件，如长方形镜片、正方形镜片、圆形镜片、透镜等。				
归类决定	光学元件玻璃毛坯进口时呈大块状，进口后需要经过切割和粗磨才能成为光学元件的毛坯，可加工成多种光学元件，根据归类总规则一，应归入税则号列 7001.0000。				

序号	608	归类决定编号	Z2008-0036	公告编号	2008 年第 76 号
商品税则号列		70.03		公告实施日期	2008 年 10 月 28 日
商品名称	原板玻璃				
英文名称	Flat glass (low specification) for training				
其他名称					
商品描述	原板玻璃是将以 SiO_2 为主要成分的几种玻璃原料投入到熔解炉中，以大约 1 500℃的高温进行熔解而生成熔解玻璃（液体）。熔解玻璃再通过溢流熔融法，经通道断续地流到筒状的成形体，然后从成形体的双侧溢出来，沿着成形体的双侧流下的熔融玻璃与下面的熔桌粘在一起，成为一张平板玻璃。经上述工艺而形成的板状玻璃由于重力从上向下流下去，在流下过程中利用工艺夹具等对其宽度、厚度和光滑度进行调整，同时调整温度和流下速度等，最后做成一定尺寸和质量的玻璃原板。专用于制造 LCD 玻璃基板。				
归类决定	从生产工艺看，该商品的加工方式与铸制、轧制玻璃板最相类似，根据归类总规则四，应归入税目 70.03 项下。				

序号	609	归类决定编号	Z2007-0033	公告编号	2007 年第 71 号
商品税则号列		7005.1000		公告实施日期	2007 年 12 月 5 日
商品名称	镀膜玻璃				
英文名称					
其他名称					
商品描述	镀膜玻璃是以透明浮法玻璃为原片，通过真空磁控溅射镀膜生产线离线生产而成的。其镀膜层是多层的金属或金属氧化物，主要用于生产阳光控制玻璃、低辐射玻璃等离线镀膜节能产品。				
归类决定	根据归类总规则一，镀膜玻璃应归入税则号列 7005.1000。				

序号	610	归类决定编号	Z2006-0400	公告编号	2006年第69号
商品税则号列		7006.0000		公告实施日期	2006年11月22日
商品名称	耐温陶瓷板				
英文名称	Neoceram n-11				
其他名称					
商品描述	该商品耐温陶瓷板（Neoceram n-11）的成分为二氧化硅67%、三氧化二铝23%、氧化锂4%、氧化锆3%、其他3%。该产品获得的生产工艺：混合原料（mixing raw materials）→在熔炉中熔制混合（melting furnace）→添加填料（feeder）→成型（forming）→热处理等→退火→结晶而后获得产品。货物进口后进行以下加工：切割面板、印刷图案、烘烤、粘在塑料件上、安装等。主要用作电磁炉的面板。				
归类决定	该商品为将原料混合、熔融后成型，经后续工艺制得的具有结晶化的玻璃产品，其符合《税则注释》第七十章总注释中关于"微晶玻璃材料"的解释，不应作为陶瓷制品归入税则号列6903.1000。 该商品进口状态为圆盘状，有凸起的边缘，表面光亮，可根据所需的规格进行切割及后续加工。根据归类总规则一，耐温陶瓷板应归入税则号列7006.0000。				

序号	611	归类决定编号	Z2006-0401	公告编号	2006年第69号
商品税则号列		7011.2090		公告实施日期	2006年11月22日
商品名称	显示管用玻壳				
英文名称					
其他名称					
商品描述	通常玻壳包括两部分：面盘、椎管，二者均为玻璃制品。面盘作用是在面盘上涂布荧光粉，电子束击在面盘荧光粉上产生图像；椎管作用是椎管安装电子枪等零部件后，产生电子束轰击面盘产生图像。				
归类决定	根据《税则》归类总规则一，显示管用玻壳及其零件（面盘、椎管）均应归入税则号列7011.2090。				

序号	612	**归类决定编号**	Z2006-0402	**公告编号**	2006 年第 69 号
商品税则号列		7011.9090		**公告实施日期**	2006 年 11 月 22 日
商品名称	石英管内管、外管				
英文名称					
其他名称					
商品描述	石英管内管、外管为以 99.9% 的石英作材质，制成特定尺寸规格，可直接装配于曝光装置中的，具有耐高温、可透光性的内管、外管。一般情况下，曝光装置的高压水银灯产生的温度高达 800℃ 以上，其高温对曝光机将造成损害，为了消除这种损害，在高压水银灯外部依次套上石英管内管、滤光管及石英管外管，且在石英管与滤光管、滤光管与石英管外管之间通过冷却水，对高压水银灯产生的高温起冷却降温作用。				
归类决定	根据《税则注释》品目 70.02 的条文解释，本品目包括未加工的玻璃管。由于该商品已制成特定尺寸规格，不需对玻璃管再作进一步的加工便可直接装配于曝光装置中，因此，不能作为仍需作进一步加工的玻璃管而归入税则号列 7002.3190。又由于该商品主要是对曝光装置中的水银灯所产生的高温起冷却降温作用，因此，也不属于电灯用玻璃零件，不能归入税则号列 7011.1000。 该商品属于曝光装置中的零件，根据归类总规则一，石英管内管、外管应归入税则号列 7011.9090。				

序号	613	**归类决定编号**	Z2006-0403	**公告编号**	2006 年第 69 号
商品税则号列		7013.9900		**公告实施日期**	2006 年 11 月 22 日
商品名称	金色火球				
英文名称	Golden sun				
其他名称					
商品描述	该商品由人工吹制成型，再进行抛光、上釉、切割、磨光而成，配有少量金属作支撑。每件作品按艺术家构思制作成型，用于装饰摆设。每项构思仅限一件。				
归类决定	金色火球由人工吹制成型后，进行抛光、上釉、切割、磨光而成，配有少量金属作支撑。该商品按艺术家构思制作成型，用于装饰摆设。 从加工工艺和用途来看，金色火球主要是配以金属作支撑，由玻璃吹制成型，固定在墙壁上作室内装饰。该商品不符合《税则注释》品目 97.03 的注释中关于雕塑品的定义，应是玻璃装饰制品，因此不能归入税则 97.03 项下。 根据归类总规则一及《税则注释》品目 70.13 的规定，金色火球应归入税则号列 7013.9900。				

序号	614	归类决定编号	Z2006-0404	公告编号	2006年第69号
商品税则号列		7017.9000		公告实施日期	2006年11月22日
商品名称	溶液抽取注射器				
英文名称					
其他名称					
商品描述	注射器有3种规格：10×1/5毫升；1×1/100毫升；5×1/5毫升。溶液抽取注射器由不锈钢空心圆柱形针嘴、带不锈钢针嘴连接头的钢化玻璃针筒及不锈钢限位器组成，用于抽取试验用的溶液。使用时先把限位器定好位置，就能很准确地抽取到所需要的一定量的溶液，抽取方法与医用注射器完全相同。				
归类决定	溶液抽取注射器是由不锈钢空心圆柱形针嘴、带不锈钢针嘴连接头的钢化玻璃针筒及不锈钢限位器组成，在测试乳液的黏度或密度时，抽取定量的溶液。该商品的主要部分为玻璃制品，故应作为实验室用的玻璃器归入税则号列7017.9000。				

序号	615	归类决定编号	Z2006-0405	公告编号	2006 年第 69 号
商品税则号列		7018.2000		公告实施日期	2006 年 11 月 22 日
商品名称	玻璃沙（200 目）				
英文名称					
其他名称					
商品描述	该商品为白色细颗粒，玻璃沙经厦门大学分析测试中心检验，主要成分为二氧化硅，在 80 倍显微镜下观察大多数为无色半透明直径约 0.07 毫米（合 70 微米）的玻璃球形体，属性定为玻璃微珠。该商品用于粘附在陶土工艺品的表面，起到闪光装饰的作用。				
归类决定	玻璃微珠是直径几到几十微米的实心或空心的玻璃珠，具有定向发射性、光洁度好和冲击强度高的特性。其加工工艺有： 1. 粉末法，将一定颗粒大小的玻璃粉末，送入高温炉，与上升的热气流相遇，使玻璃粉末迅速熔融，因表面张力而形成圆形的细珠。 2. 熔融法，将玻璃配合料熔化成玻璃液，用高速气流喷吹，玻璃液滴由于表面张力而形成圆珠。 3. 煅烧法，一定颗粒的玻璃粉与石墨碳粉等混合加热到玻璃粉熔融而成圆形细珠。参考上述加工工艺及化验鉴定书，该商品的微观结构已加工成细小规则圆球形玻璃粒（微球体），根据《税则注释》品目 32.07 的注释，该商品不应归入税则号列 3207.4000。 玻璃沙符合玻璃微珠的定义范围，根据归类总规则一及《税则注释》品目 70.18 的规定，应归入税则号列 7018.2000。				

序号	616	归类决定编号	Z2006-0406	公告编号	2006 年第 69 号
商品税则号列		7019.1200 和 7019.5900		公告实施日期	2006 年 11 月 22 日
商品名称		玻璃纤维散装丝及玻璃纤维零段布			
英文名称					
其他名称					
商品描述		海关化验鉴定结果，玻璃纤维散装丝为亮白色长丝，长度超过 380 毫米，成分为玻璃纤维，进口后需加工成 2~3 厘米长度，用于制作水泥瓦、石膏板等建材产品。玻璃纤维零段布为白色带光泽的平纹织物，宽度大于 30 厘米，每平方米重量超过 250 克，成分为玻璃纤维，进口后需通过整理、清除不成形的，加工成 25 厘米长，供应给保温行业用于管道包扎。			
归类决定		玻璃纤维散装丝，外观上基本未加捻且为长丝，其长度超过 380 毫米，以上特征不符合《税则注释》中子目 7019.19 的子目注释，根据归类总规则一，并且根据子目 7019.12 的子目注释，应归入税则号列 7019.1200。 玻璃纤维零段布为白色短纤维无捻纱制平纹机织物，织物宽度超过 30 厘米，每平方米重量超过 250 克。根据归类总规则一，该商品应归入税则号列 7019.5900。			

序号	617	归类决定编号	Z2006-0411	公告编号	2006 年第 69 号
商品税则号列		7020.0011		公告实施日期	2006 年 11 月 22 日
商品名称		导电玻璃			
英文名称		Glass base for front panel			
其他名称					
商品描述		导电玻璃是表面涂布导电膜，经磨边处理后用于生产等离子显示器的基板玻璃。该"导电玻璃"高应变点达到 650℃（普通玻璃是 500℃）；工艺上，在 90℃高温下进行五六次反复，表面需涂上一层导电膜并对四周进行磨边、打洞等加工。			
归类决定		根据归类总规则一及六的规定，该商品应归入税则号列 7020.0011。 玻璃具有良好的光学性能和较好的化学稳定性，其显著特点之一是：可以通过化学组成的调整并结合各种工艺方法（例如表面处理和热处理等）来大幅度调整玻璃的物理和化学性能，以适应范围很广的实用要求。导电玻璃的电阻率较低，具有导电能力，可分为体积导电玻璃和表面导电层玻璃两种。表面导电层的形成方法有在透明玻璃表面蒸镀一层金属薄膜（如金、铂等，厚度小于 10 微米）使其能导电并有较好的透光性，或在加热玻璃表面上喷涂金属氧化物导电薄膜（如锡、铟的氧化物等，厚度几微米时仍有较好的透光率）。导电玻璃是电子工业的基础材料，可应用生产液晶显示器（LCD）、等离子显示屏（PDP）、场致发光屏和真空荧光显示器件等平板显示器。			

序号	618	归类决定编号	Z2006-0412	公告编号	2006年第69号
商品税则号列		7020.0011		公告实施日期	2006年11月22日
商品名称	导电玻璃				
英文名称	Electric conducting glass				
其他名称	ITO 透明导电玻璃				
商品描述	平板玻璃，经连续镀膜处理，其镀膜过程：抽真空加热→镀氧化硅膜→在电场和变磁场的作用下，被加速的高能粒子轰击氧化铟锡（镀ITO膜）→冷却出片。 规格：厚度4毫米、3.2毫米的，3 300毫米×2 440毫米；厚度2.3毫米的，1 830毫米×2 130毫米。 其中厚度为4毫米的，电阻值为14欧姆/平方米，太阳光透射率为67%，热透射率0.15，具有隔热节能的效果。进口后经弯曲成型后，用于汽车驾驶室的挡风玻璃，具有防止结霜的效果。导电玻璃也可用于制造电热干燥设备。				
归类决定	导电玻璃也可用作飞机等风挡玻璃，通电加热时可防冰霜。产品镀上了金属氧化物导电薄膜，属于导电玻璃，根据归类总规则一，该商品应归入税则号列7020.0011。				

序号	619	归类决定编号	Z2006-0413	公告编号	2006年第69号
商品税则号列		7020.0011		公告实施日期	2006年11月22日
商品名称		彩膜			
英文名称		Color filter			
其他名称		彩色滤光片			
商品描述		彩膜（彩色滤光片 Color filter）是TFT LCD显示屏中使液晶屏产生色彩变化的部件。 　　LCD面板的显示原理：LCD透过驱动IC的电压改变，使液晶分子排排站立或呈扭转状，形成闸门来选择背光源光线穿透与否，因而产生画面。但此时的画面为黑白两色，因此还需透过彩色滤光片的红绿蓝三种彩色层提供色相，形成彩色画面。 　　彩色滤光片基板结构：无碱硼玻璃基板、黑色矩阵、彩色层、保护层和ITO导电膜层。制造方法为颜料分散法，红（R）绿（G）蓝（B）画素排列方式为直条式。 　　颜料分散法制造工艺流程包括黑色矩阵工程、RGB工程、后工程。黑色矩阵工程是先在无碱硼玻璃基板上以溅镀形成氧化铬/铬低反射二层膜，制成基板（Metal black），然后将基板（Metal black）侧之正型光阻施以旋转涂布（Spin coating），再对黑色矩阵的光罩图案照射紫外线并加以曝光、光阻显影后，将基板（Metal black）蚀刻，形成黑色矩阵（BM）图案。黑色矩阵图案形成之后，转至RGB工程，即将着色为R的彩色光阻（Color resist）以旋转涂装，经由R用图案光罩，照射紫外线并曝光，再使用碱性系显影剂将未曝光部分去除，形成R图案，再施以200℃以上高温后烤，使图案具有耐药性，重复上述工序形成G、B图案，各图案之间均有黑色矩阵加以隔开，用以增加显示时的对比度及避免杂色光产生。后工程是形成与TFT Array基板相对电极的ITO透明电极层，最终制成彩色滤光片。 　　进口状态为：大规格滤光板，每张滤光板上有12片15寸或17寸滤光片，进口后按既定尺寸进行裁制后即可用于加工液晶显示板。				
归类决定		彩色滤光片基板结构为无碱硼玻璃基板、黑色矩阵、彩色层、保护层和ITO（氧化铟锡）导电膜层。其进口状态为整张进口，不构成零件特征，应按其材质确定归类。由于该商品已按特定尺寸规格划分基板数量，进口后经裁制即可成形，故应视作玻璃制品归类。根据归类总规则一及六，应将其归入税则号列7020.0011。 　　又见Z2006-0411号归类决定。				

序号	620	归类决定编号	Z2006-0414	公告编号	2006 年第 69 号
商品税则号列		7020.0019		公告实施日期	2006 年 11 月 22 日
商品名称	塑料轴承用玻璃滚珠				
英文名称					
其他名称					
商品描述	该商品用于作塑料滚珠轴承的滚珠，外观为直径不一的玻璃珠，其表面加工程度较高，相同规格之玻璃珠的直径误差必须小于 0.3 毫米。				
归类决定	塑料轴承用的玻璃滚珠为实心玻璃球，直径从 11.1 毫米至 18 毫米多种规格，表面光滑，加工程度较高。虽然该玻璃滚珠可以作为轴承的零件，但根据《税则》第八十四章章注一（三）及《税则注释》第八十四章总注释的规定，该玻璃滚珠应按玻璃制机器零件归入税则号列 7020.0019。				

序号	621	归类决定编号	Z2006-0416	公告编号	2006 年第 69 号
商品税则号列		7020.0019		公告实施日期	2006 年 11 月 22 日
商品名称	光学元件				
英文名称					
其他名称					
商品描述	该光学元件是一种经过光学加工未做固定装配的玻璃制品，用于制造树脂镜片，其主要原理及工作过程是： 1. 每一件光学元件都有本身的度数和光学性能，以保证生产出的树脂镜片具有与之相符的度数和光学性能； 2. 将配制好的树脂镜片原料（低温）由电脑控制装入光学元件的凹面内，再人工将另一种光学元件放在原料上一起放入固化炉内固化一定的时间； 3. 最后固化成所需的具有不同度数和光学性能的树脂镜片。				
归类决定	光学元件经过光学加工的玻璃制圆形器件，用于制造树脂镜片。使用时，将配制好的树脂镜片原料装入其凹面内，将两片元件复合并放入固化炉内固化，以形成与元件相同度数和光学性能的树脂镜片。 根据《英汉辞海》的解释，光学元件指"光线入射到光学仪器时，与光作用的某些部件"，上述商品虽已经光学加工，但在使用中仅起型模定型的作用而并非利用其光学性能，故不属于第九十章光学元件的范畴。同时根据《税则注释》品目 84.80 的排他条款（四），玻璃制型模应归入品目 70.20 项下，上述商品应归入税则号列 7020.0019。				

序号	622	归类决定编号	Z2006-0417	公告编号	2006 年第 69 号
商品税则号列		71.03		公告实施日期	2006 年 11 月 22 日
商品名称	石英（D377 号样品）				
英文名称	Quartz				
其他名称					
商品描述	根据地质矿产部福建省中心实验室鉴定，该石英外观为无色透明块状物体，呈贝壳状断口，具较小裂隙，为单晶体碎片，系天然水晶，其透明、纯净、可作为半宝石原料或光学材料原料。				
归类决定	该石英品质可以作为半宝石原料，符合 71.03 税目条文的规定，故将此商品归入税目 71.03 项下。				

序号	623	归类决定编号	Z2009-0153	公告编号	2009 年第 57 号
商品税则号列		7103.1000		公告实施日期	2009 年 8 月 31 日
商品名称	玛瑙矿				
英文名称					
其他名称					
商品描述	玛瑙矿为天然开采的矿石，外观暗灰色，不通透。经海关化验鉴定，该商品为工业级玛瑙。化学名称为二氧化硅。用途：用于化工及日用化工，添加在洗浴用品、按摩膏、去角质膏等中做磨料。规格为 1~40 千克/块。				
归类决定	根据《税则注释》对品目 71.03 的条文注释，"包括由于其硬度或其他特性，还可用于制钟、表、刀具或作其他工业用途的红宝石、蓝宝石、玛瑙、压电石英"，该商品为工业级玛瑙，属于品目 71.03 的商品范畴，根据归类总规则一，应归入税则号列 7103.1000。				

序号	624	归类决定编号	Z2006-0419	公告编号	2006年第69号
商品税则号列		7108.1100		公告实施日期	2006年11月22日
商品名称	喷金粉				
英文名称	Gold spray				
其他名称					
商品描述	喷金粉是瓶装物品，用作食品添加剂。使用时将喷头下压，压缩气体带着金粉喷在食品上，压缩气体挥发，金粉留在食品表面，给食品添加华丽外观。其包装重为175克/瓶；成分含量为压缩气体（液化石油气体）180毫升、金粉0.15克（其中，纯金94.438%、纯银4.901%、纯铜0.661%）。				
归类决定	从该商品的成分来看，液化气体只是金粉的载体，无论从其用途还是价值来看，金粉是该商品的主要特征。因此，根据归类总规则三（二）及第七十一章章注五的规定，该喷金粉应归入税则号列7108.1100。				

序号	625	归类决定编号	Z2006-0420	公告编号	2006年第69号
商品税则号列		7108.1300		公告实施日期	2006年11月22日
商品名称	局部镀金微异型触点				
英文名称					
其他名称					
商品描述	异型触点为一种贵金属合金与另一种合金的复合产物（并在贵金属合金上镀有另一种贵金属合金），为一种合金丝状态，含金量为2.5%。该商品进口后用于生产微型继电器。				
归类决定	该商品为合金制异型截面丝状产品，需经进一步切割才能成为继电器的专用触点，虽然对其材料成分、界面形状等均有特定要求，但进口时仍是材料状态，而不是制成的零部件，故应按材料归类。该商品含金量为2.5%，根据《税则》第七十一章章注五（二），此合金属于金合金，应归入税则号列7108.1300。				

序号	626	归类决定编号	Z2006-0421	公告编号	2006年第69号
商品税则号列		7108.1300		公告实施日期	2006年11月22日
商品名称	金线				
英文名称					
其他名称					
商品描述	金线为一种半导体集成电路的连接材料。该商品由高纯度（黄金含量99.99%）的黄金通过拉线设备制成，具有高熔点、良好的导电性、高耐腐蚀性、低硬度等特性，常用线径为15~50微米，广泛运用于电脑、手机等电子产品中。				
归类决定	金线为高纯度（黄金含量99.99%）黄金线，进口状态为细线状，常用线径15~50微米，卷绕成轴状。加工工业为将较粗的黄金丝通过拉线设备拉细制得，利用金所具有的高熔点、良好导电性、高耐腐蚀性等特性广泛运用于电子产品中。 　　商品为金制线状产品，为用于半导体集成电路的连接材料，产品仅为将较粗金线经拉线设备拉细制得，进口状态仍是线状材料状态，不具有制成的零部件或制品特征，不归入税则号列7115.9010。 　　根据归类总规则一，商品金线应归入税则号列7108.1300。				

序号	627	归类决定编号	Z2015-0014	公告编号	2015年第49号
商品税则号列		7115.9010		公告实施日期	2015年10月19日
商品名称	镀银空心玻璃微球				
英文名称					
其他名称					
商品描述	直径小于50微米（0.05毫米）的灰色或灰白色微球，成分为银含量≥20%，其余成分为钠钙硼硅酸盐玻璃。用化学电镀的方法将银附于空心玻璃微球表面制得，用作导电填料用于生产"导电涂料"。				
归类决定	该商品属于含银20%的制品，符合第七十一章章注一的规定。根据归类总规则一及六，应该按照银制品归入税则号列7115.9010。				

序号	628	归类决定编号	Z2006-0422	公告编号	2006 年第 69 号
商品税则号列			7116.2000	公告实施日期	2006 年 11 月 22 日
商品名称		紫水晶原石			
英文名称		Amethyst			
其他名称					
商品描述		紫水晶原石呈大小、形状、重量不一的勺状，每个从几百克至过百千克不等。经中国进出口商品检验技术研究所广东分所鉴定，商品的主要构成部分为已经破开为勺状的紫水晶洞，水晶洞破开面平整，晶面光洁度高。洞壁外部覆盖有水泥状人工填充物，并涂有墨绿色涂料。整个水泥填充物在与正面垂直的方向上有一平面，形成"基底"，可令水晶洞平稳竖立。该水晶洞曾接受切割、抛光、外壳修补填充、制作水泥"基底"、背壳涂色等加工工艺。通常可作观赏工艺品或摆件用途。				
归类决定		根据《税则注释》品目 71.03 的规定，该品目的宝石"主要用于装嵌在首饰、金器、或银器上……""本品目不包括已成为制成品的宝石，例如，……装饰品，……"该商品已制成物品，且通常可作观赏工艺品或摆件用途，不属于品目 71.03 的范围。 根据归类总规则一，紫水晶原石应归入税则号列 7116.2000。				

序号	629	归类决定编号	Z2006-0423	公告编号	2006 年第 69 号
商品税则号列			第七十二章	公告实施日期	2006 年 11 月 22 日
商品名称		压纹用铁垫板			
英文名称					
其他名称					
商品描述		规格：137 厘米×73 厘米×1.5 厘米。根据商检部门鉴定，该商品为表面经过机加工的热轧钢板，可作压纹用垫板等。该商品为液压烫压机用垫板。				
归类决定		该压纹用铁垫板表面虽经过加工，但其加工程度未超过《税则》第七十二章商品所允许的加工程度，并且不具有其他税号所列制品或产品的特征，所以单独进口时应归入第七十二章的相应税号。				

序号	630	归类决定编号	Z2006-0424	公告编号	2006 年第 69 号
商品税则号列		第七十二章		公告实施日期	2006 年 11 月 22 日
商品名称		不锈钢板			
英文名称		Cold rolled stainless steel sheet			
其他名称					
商品描述		型号：JIS G4305　SUS430/No. 4 with SPH coating。 规格： 0.5 毫米×821 毫米×1 538 毫米； 0.5 毫米×805 毫米×304 毫米； 0.5 毫米×428 毫米×1 105 毫米。 用途：生产冷藏冷冻柜表面用。 不锈钢板冷轧后，进行了研磨处理，并经贴膜（塑料膜，可以揭下来，制作成品时，贴膜不去掉）处理。			
归类决定		根据《税则注释》中品目 72.09 的子目注释，贴膜处理仅是为保护不锈钢板表面而进行的一种包装，不应视为一种"加工或表面处理"，而研磨处理属于已经"进一步加工"。故该不锈钢板应作为已经进一步加工的冷轧板材归类，具体税号依其规格确定。			

序号	631	归类决定编号	Z2006-0425	公告编号	2006 年第 69 号
商品税则号列		第七十二章		公告实施日期	2006 年 11 月 22 日
商品名称		载体			
英文名称					
其他名称		俗称"铁粉"			
商品描述		柯尼卡 1015，每袋 600 克，成分为铁粉，用于复印机显影。			
归类决定		该载体（俗称"铁粉"）用于复印机显影。由于该商品在复印过程中，仅起输送碳粉的作用，与复印图像没有直接的关系，因此，不符合《税则》税目 37.07 条文中"摄影用化学制剂"和其注释中"直接用以显现摄影图像的产品"的规定，不能归入税目 37.07，应按照贱金属归入第七十二章。 由于所报资料中没有该商品的细度、纯度、成分的具体数据，故不能确定其具体税目，可根据第十五类类注释八（二）、第七十二章章注一（一）、（二）、（三）、（四）、（八）及税目 72.03、72.05 的条文和《税则注释》有关该品目的注释确定归类。			

序号	632	归类决定编号	Z2006-0426	公告编号	2006 年第 69 号
商品税则号列		第七十二章		公告实施日期	2006 年 11 月 22 日
商品名称		抛光机内衬板			
英文名称		Plate			
其他名称					
商品描述		该内衬板的表面经过抛光和涂层处理,并采用金属液进行发黑处理,回来后须在板上钻孔用螺丝固定到抛光机内。其共有三种规格:5 毫米×1 500 毫米×3 000 毫米,8 毫米×1 500 毫米×3 000 毫米,20 毫米×1 500 毫米×3 000 毫米。				
归类决定		所报抛光机内衬板是切割成一定规格的钢板,表面经过了抛光、涂层和发黑(也叫发蓝)工艺处理。虽然该商品进口后仅需钻孔即可安装使用,但其进口状态并不具有机器零件特征,且其加工工艺未超过第七十二章的范围,因此应按其工艺、规格等归入《税则》第七十二章相应税目。				

序号	633	归类决定编号	Z2009-0033	公告编号	2009 年第 5 号
商品税则号列		7202.2900		公告实施日期	2009 年 1 月 20 日
商品名称		硅镁铁			
英文名称					
其他名称		硅镁铁合金			
商品描述		该商品为 5~25 毫米的不规则银灰色金属块。成分为硅 46.8%、铝 0.39%、钙 2.10%、镁 5.08%、铼 2.0%,其余主要为铁。				
归类决定		根据《税则》第七十二章章注一(三)中"铁合金"的定义及子目注释二的规定,该商品中只有一种元素超出注释一(三)规定的最低百分比,所以应作为二元铁合金归入税则号列 7202.2900。				

序号	634	归类决定编号	Z2006-0428	公告编号	2006 年第 69 号
商品税则号列		7202.4900		公告实施日期	2006 年 11 月 22 日
商品名称	不锈钢碾磨粉				
英文名称	Stainless cold gringding powder				
其他名称					
商品描述	该商品外观为灰色潮湿固体颗粒粉末，由铁矿粉、铬矿粉、锰矿粉、镍矿粉按一定比例加入电炉中进行冶炼，再对冶炼得到的固体小块状物体进行去渣、碾磨成粉末，最后装袋，用于不锈钢生产添加剂，增加强度。 经海关化验鉴定，样品中含铁 68.04%、铬 17.5%、锰 5.7%、镍 4.7%（按元素归一计），样品主要成分为不锈钢的化工品。				
归类决定	该商品的元素构成、形状特征和最终用途符合《税则》第七十二章章注一（三）关于"铁合金"的定义，依据《税则》第七十二章子目注释二，该商品应按铬铁合金归入税则号列 7202.4900。				

序号	635	归类决定编号	Z2022-0122	公告编号	2022 年第 78 号
商品税则号列		7202.9911		公告实施日期	2022 年 9 月 1 日
商品名称	稀土永磁体				
英文名称					
其他名称					
商品描述	该稀土永磁体为高性能钕铁硼永磁材料，充磁后可用来制造永磁体，外观为不规则片状金属。经海关化验鉴定，该商品未充磁，主要成分为钕 26.22%、镨 5.01%、硼 1.00%，其他微量元素合计不超过 1%，其余为铁。因规格型号不同，各组分含量略有差异。加工工艺：将原料（稀土合金、铁、微量钴、铝等）在惰性气体中熔融，再将从炉体出来的钕铁硼液（1 400℃）置于以一定速度旋转的铜制冷却辊上，甩片制得片状合金，充磁以后即可制得永磁体。				
归类决定	该商品为高性能钕铁硼永磁材料，外观为不规则片状合金，不具有可锻性，其成分符合《税则》第七十二章章注一（三）对"铁合金"的定义，根据归类总规则一及六，应归入税则号列 7202.9911。				

序号	636	归类决定编号	Z2006-0434	公告编号	2006年第69号
商品税则号列		72.04		公告实施日期	2006年11月22日
商品名称	\multicolumn{5}{l}{废钢材边料（切头或切尾料）}
英文名称					
其他名称					
商品描述	\multicolumn{5}{l}{废钢材边料（切头或切尾料）进口时实际状况有卷状和平状，每卷的厚薄不一，每件厚边处明显有钢铁轧制（冷轧或热轧）过程留下的夹固压痕，每件中宽度均不等并有烂边，属于钢铁轧制过程中废弃的切头（或切尾）料。}
归类决定	\multicolumn{5}{l}{该商品如符合《税则》第十五类类注八（一）的规定和《税则注释》关于品目72.04的解释，则应归入税目72.04项下。\newline 海关总署公告2001年第3号所列举的不属于废钢铁的钢铁制品及使其成为废钢铁的处理方法是典型举例法，并不能概括所有不属于废钢铁的钢铁制品及处理方法。\newline 是否属于废钢铁的判定标准是该公告所引用的《税则》第十五类类注八（一）的规定和《税则注释》关于品目72.04的有关解释，即废钢铁"仅指那些用于熔融回收金属或制化学品的钢铁"。}

序号	637	归类决定编号	Z2009-0034	公告编号	2009年第5号
商品税则号列		7204.4900		公告实施日期	2009年1月20日
商品名称	\multicolumn{5}{l}{废前支架总成}
英文名称					
其他名称					
商品描述	\multicolumn{5}{l}{该商品为汽车生产安装过程中产生变形、表面破损、安装孔损坏、功能失效等的车架，经机械外力破坏、完全砸烂至弯曲变形（使用挖掘机和人工分拆），成为歪曲变形的不规则钢板焊接金属构件，以作熔炼用。}
归类决定	\multicolumn{5}{l}{该商品是汽车生产安装过程中产生的废钢铁，并非报废汽车的废钢铁产品。因此，不应按废汽车压件归类，根据归类总规则一，应按其他钢铁废碎料归入税则号列7204.4900。}

序号	638	归类决定编号	Z2006-0435	公告编号	2006 年第 69 号
商品税则号列		7205.1000		公告实施日期	2006 年 11 月 22 日
商品名称	钢砂				
英文名称					
其他名称					
商品描述	灰色不规则棱角粒。经海关化验，成分为铁 97.44%、铬 1.75%、锰 0.52% 等。鉴定结论：送检样品为合金钢颗粒。 该合金钢砂系采用轴承钢下脚料，经分选、淬火、破碎、筛分、低温回火、称量包装，作花岗岩砂锯切割、表面处理等方面的钢砂和钢丸。				
归类决定	根据《税则注释》品目 72.05 的注释规定，该品目钢铁颗粒包括小球粒和棱角粒。棱角粒可以是通过压碎小球粒或通过低温压碎硬化金属片等制得，该类小球粒及棱角粒用于金属清洁、喷丸处理、表面抛光、加工石料等。 该商品的生产工艺和用途与以上解释类似，因此，该钢砂符合《税则》第七十二章章注一（八）的规定，应归入税则号列 7205.1000。				

序号	639	归类决定编号	Z2006-0437	公告编号	2006 年第 69 号
商品税则号列		7205.2100		公告实施日期	2006 年 11 月 22 日
商品名称	铁基粉末 EMS253-N				
英文名称					
其他名称					
商品描述	型号：EMS253-N，灰黑色粉末。海关化验鉴定成分为硅 1.44%、铁 46.48%、铬 30.43%、镍 15.19%、锰 1.36%、钼 5.10%、碳 1.75% 等。鉴定结论为含铬镍铁的金属粉末。用于机械零件的工作面，加强工作面的耐磨、耐腐蚀和耐高温性能，提高机械零件寿命，并可对损坏的零件进行修补和修复。				
归类决定	从元素构成看，该商品既符合第七十二章章注一（三）"铁合金"及章注一（六）"其他合金钢"的定义，从提供的商品用途的情况看，该商品不符合铁合金的性能，更具有合金钢的特性，根据归类总规则三（三），该商品应按"其他合金钢"归类，因该商品状态为粉末状，应将其归入税则号列 7205.2100。				

序号	640	归类决定编号	Z2006-1289	公告编号	2007年第70号
商品税则号列		7205.2900		公告实施日期	2007年12月5日
商品名称	海绵铁粉				
英文名称	Sponge iron powders				
其他名称					
商品描述	该海绵铁粉原产于瑞典赫格纳斯集团（Hoganas）及德国巴斯夫集团（BASF），其生产工艺流程：采掘的铁矿石经一次还原为海绵铁，然后经破碎、筛分并对一次粉进行二次还原，再经粉饼破碎、筛分、合批等流程最终形成还原铁粉即海绵铁粉。粒度为100目。此后，该产品再通过调粉、试成型、成型、低温烘烤、滚磨、排版、喷漆、低温烘烤、分选等工艺流程，方可为电脑主机板、笔记本电脑、电源供应器、手机充电器、不间断电源等产品提供不同型号的、不同材质的环形、E形、棒形磁环。铁粉牌号为SC100.26。				
归类决定	《税则》税目72.03项下的海绵铁产品通常为块、团、团粒及类似形状，且一般用于炼钢。该海绵铁粉从加工工艺、外观状态和用途方面均已超出税目72.03项下产品的范围。根据《税则注释》中品目72.05关于钢铁粉末的解释规定，包括"生铁、镜铁及钢铁的粉末是适于压坯或黏聚用的原料，可通过……粉碎生铁、海绵铁或钢丝……方法制得"，"这些粉末（包括海绵铁粉末）可以烧结成各种物品，包括电话、磁电机等用的电磁线圈铁心"，该商品的生产工艺、用途完全符合上述规定，又因该铁粉粒度为100目，故符合《税则》第十五类类注八（二）关于"粉末"的定义，因此该海绵铁粉应归入税则号列7205.2900。				

序号	641	归类决定编号	Z2009-0035	公告编号	2009年第5号
商品税则号列		7205.2900		公告实施日期	2009年1月20日
商品名称	铜镀铁复合粉				
英文名称					
其他名称					
商品描述	该商品是一种在铁粉表面均匀镀上一层纯铜的复合粉，有80目、100目、120目、200目四种，含铜量20（±2）%，含铁量80（±2）%。可用来代替铜粉、青铜粉、黄铜粉，主要用于含油轴承、金刚石工具及摩擦材料等的生产，具有包覆完整、色泽亮丽、抗氧化性能优良等特点。主要用途：1.含油轴承专用铜镀铁复合粉。适合用于生产含油轴承，用铜镀铁复合粉生产出的含油轴承，其机械性能及耐磨性能明显优于同级含油轴承。2.金刚石工具专用铜镀铁复合粉。能够改善金刚石工具在烧结过程中各金属粉末的合金化程度，从而提高其机械性能和耐磨性能，使金刚石工具综合生产成本得以降低。3.摩擦材料专用铜镀铁复合粉。由于铁粉外层镀上致密的纯铜层，可以改善摩擦材料的传热通道，提高摩擦材料的热传导率，从而提高摩擦材料的导热性和温度传导性，同时在烧结过程中由于金属粉之间的合金化程度增加，使摩擦材料的机械性能提高。 生产工艺：1.将硫酸铜溶解，并将溶解的硫酸铜溶液的pH值调至0.5~4.8；2.加入硫酸铜总重量的0.0283%的2-巯基苯骈噻唑，在搅拌状态下，迅速加入还原铁粉，继续搅拌2~10分钟，使铜完全包覆在铁粉颗粒的表面，即形成铜包铁复合粉，硫酸铜与还原铁粉的重量比是4∶5；3.让铜镀铁复合粉（铜合金粉）沉降3~20分钟，去掉上清液，加清水洗涤至其无酸性为止；4.在经洗涤后的铜镀铁复合粉（铜合金粉）中加入5%的硬脂酸锌或5%的苯骈三氮唑，然后进行混粉，检验包装入库。该铜包铁复合粉的制造方法，不仅可以使铜均匀、紧密、牢固地包覆于铁粉颗粒上，而且还能提高其抗氧化能力。主要采用的是化学置换法，根据电化学原理，在常温条件下将还原铁粉放入pH值为0.5~4.8的硫酸铜溶液并加入稳定剂，使铁粉颗粒表面与硫酸铜溶液发生化学反应，从而使铁粉颗粒表面均匀紧密地包覆一层铜膜，再通过洗涤、干燥、还原得到浅玫瑰红色的不规则形状的包覆粉末。由于在反应过程中均进行了充分的搅拌，可以保证所有还原铁粉颗粒的表面反应充分，实现铜膜完全包覆于铁粉颗粒表面的目标。				
归类决定	铜镀铁复合粉是一种在铁粉表面均匀镀上一层纯铜的复合粉，有80目、100目、120目、200目四种，含铜量20（±2）%，含铁占80（±2）%。可用来代替铜粉、青铜粉、黄铜粉，主要用于含油轴承、金刚石工具、摩擦材料等的生产。根据《税则》第十五类类注七对"复合材料制品"的归类规则及类注八（一）关于"粉末"的定义，该商品应归入税则号列7205.2900。				

序号	642	归类决定编号	Z2006-0438	公告编号	2006 年第 69 号
商品税则号列		72.07		公告实施日期	2006 年 11 月 22 日
商品名称		锻造毛坯			
英文名称					
其他名称					
商品描述		该商品为 45#钢的锻造钢坯，用于加工齿轮。进口后需经钻孔、铣齿等加工，使之成为齿轮。
归类决定		锻造毛坯是由 45#钢锻造成的齿轮毛坯，进口后需经铣齿、剃齿等进一步深加工才能成为齿轮，属于齿轮的粗锻件，符合《税则注释》关于品目 72.07 粗锻件的解释。根据《税则注释》关于品目 73.26 商品范围的解释，具有制成品基本特征但还需进一步加工的未制成锻件不归入该税目，因此该齿轮毛坯应按半制成品归入税则号列 72.07 的相应子目。

序号	643	归类决定编号	Z2006-0440	公告编号	2006 年第 69 号
商品税则号列		7207.1100		公告实施日期	2006 年 11 月 22 日
商品名称		钢铁锭			
英文名称					
其他名称					
商品描述		规格：115 毫米×115 毫米×6 000 毫米。 成分：以元素计铁 97.31%、锰 0.810%、硅 0.545%。 生产工艺：将废铁熔化后经锻轧而成。
归类决定		根据天津市冶金工业总公司产品质量监督检查站的化验报告及《税则》第七十二章章注一（六）款对于其他合金钢的定义，所报三宗样品的成分均不满足一（六）款所列成分中的任一条，应属于非合金钢，且含碳量均小于 0.25%。《税则》第七十二章章注一（九）关于半制成品的解释如下：连续铸造的实心产品，不论是否初步热轧；其他实心产品，除经初步热轧或锻造粗制成形以外未经进一步加工，包括角材、型材及异型材的坯件。该商品为 115 毫米×115 毫米×6 000 毫米的连续铸造的实心产品，截面为正方形，故应归入税则号列 7207.1100。

序号	644	归类决定编号	Z2006-0441	公告编号	2006 年第 69 号
商品税则号列		72.08		公告实施日期	2006 年 11 月 22 日
商品名称	热轧平板				
英文名称					
其他名称					
商品描述	规格：(20~100) 毫米×(800~1 524) 毫米×(85 000~100 000) 毫米。 加工程度：此商品是在将钢坯进行进一步加工轧制成热轧钢材的过程中，由于机械故障等原因而产生的一种副产品，它已经不是严格意义上的钢坯，已经经过了热轧制的加工，但也没有达到热轧钢板的要求，只是加工过程中产生的副产品。 外形：产品厚度不一，绝大多数是横轧、斜轧的，货物边缘可见轧制等处理痕迹，无表面缺陷，不具备钢坯纵向粗轧，边缘圆形或多于四边形等特性。				
归类决定	该商品规格为 (20~100) 毫米×(800~1 524) 毫米×(85 000~100 000) 毫米，是在将钢坯轧制成热轧钢材时，由于机械故障等原因而产生的一种副产品，已经不是严格意义上的钢坯，经过了热轧制的加工，但没有达到热轧钢板的要求，产品厚度不一，绝大多数是横轧、斜轧的，货物边缘可见轧制等处理痕迹，无表面缺陷，不具备钢坯纵向粗轧，边缘圆形或多于四边形等特性。 此类钢材轧制过程一般分为除鳞、粗轧、精轧。除鳞是除去钢坯表面氧化铁皮，粗轧是将扁锭展宽到所需要的宽度和进行大压缩延伸，精轧是控制板型、厚度、性能和表面质量，另外，还需矫直。所报商品表面无缺陷，板型平直，说明其加工程度较高，厚度不一因钢材有各种规格，不影响其归类，故符合《税则》第七十二章章注一(十)关于平板轧材的定义，应根据其不同规格分别归入税则号列 7208.5110、7208.5120 及 7208.5190。				

序号	645	归类决定编号	Z2006-0442	公告编号	2006 年第 69 号
商品税则号列		7210.3000		公告实施日期	2006 年 11 月 22 日
商品名称	电镀锌板				
英文名称					
其他名称					
商品描述	进口的这种电镀锌板材（申报宽度在 600 毫米以上的卷材）是经耐指纹处理电镀锌的铁或非合金钢板轧材。钢铁电镀锌板材的生产过程在经过电镀槽电镀锌后，为提高锌层的耐腐蚀性及表面涂装加工性还必须进行表面处理（后处理），表面处理的方法有：涂油处理、磷化处理、钝化处理、耐指纹处理等，这些处理方法均不改变电镀锌板材外观，行业上还是称电镀锌板材。其中耐指纹处理是在电镀锌层上留下极少铬金属层及耐指纹树脂层，这两层物质还是透明的。				
归类决定	所报电镀锌板是经耐指纹处理的电镀锌的铁或非合金钢平板轧材。该种处理仅在电镀锌板表面涂敷了很薄的一层耐指纹溶液，未改变电镀锌板的基本特征，故不属于《税则》子目 7210.70 所述的涂漆或涂塑的商品，应归入税则号列 7210.3000。				

序号	646	归类决定编号	Z2006-1290	公告编号	2007 年第 70 号
商品税则号列		7210.6900		公告实施日期	2007 年 12 月 5 日
商品名称	渗铝钢板				
英文名称	Hot-dip aluminized coils				
其他名称					
商品描述	该渗铝钢板有两种规格，卷板宽约 1.26 米，非卷板的尺寸约 1.25 米×2.5 米，均经过镀或涂等加工，用于车身烘干通道。 其采用高温热浸镀加工工艺：加入熔融的铝，使钢（冷轧钢板）和铝特定组合，形成一种铁铝合金，经退火处理，同时熔融的铝立即与空气中的氧反应形成一层铝保护层，使钢板表面立即钝化，从而形成渗铝板。渗铝板含量 120 克/平方米，表面铝层厚度为 20 微米。				
归类决定	该商品为宽约 1.26 米的卷板和尺寸约 1.25 米×2.5 米的非卷板，系车身烘干通道用渗铝板，加工工艺为高温热浸镀，熔融的铝与空气中的氧反应形成一层铝保护层，使钢板表面钝化，从而形成渗铝板，表面铝层厚度为 20 微米，符合《税则注释》第七十二章总注释四（三）2（4）d 的规定。根据归类总规则一，应将其归入税则号列 7210.6900。				

序号	647	归类决定编号	Z2006-0444	公告编号	2006 年第 69 号
商品税则号列		7210.9000		公告实施日期	2006 年 11 月 22 日
商品名称		矽钢片			
英文名称		Magnetic coil			
其他名称		硅电钢			
商品描述		型号：CSC 50CS1300（50A1300），冷轧，无取向成分，其中 C 0.001% ~ 0.003%、Mn 0.33%~0.41%、P 0.085%~0.097%、S 0.004%~0.008%、Si 0.44%~0.50%。规格为 0.5 毫米×1 200 毫米，成卷，磁通密度约 1.76 特斯拉，铁损 W15/50 约 6 瓦/千克。用作变压器、电机等其中的磁性材料。据介绍，硅钢片进口时已经涂有绝缘涂层。			
归类决定		该硅钢片进口时已经涂有有机与无机物质混合绝缘涂层。根据《税则》第七十二章子目注释的规定，矽钢片不符合硅电钢的定义，同时，根据章注一（六）的规定，该矽钢片也不属于其他合金钢。因此，应依其规格按经涂层的铁或非合金钢平板轧材归入税则号列 7210.9000。			

序号	648	归类决定编号	Z2006-0445	公告编号	2006 年第 69 号
商品税则号列		7210.9000		公告实施日期	2006 年 11 月 22 日
商品名称		钢面塑料合金板			
英文名称					
其他名称					
商品描述		规格：8 毫米×（1 000~1 500）毫米×（2 000~2 900）毫米（板的四边根据需要开好螺丝位），主要用于制造箱式半挂车的侧板。该板材是一种三明治结构的塑料合金板材，从结构上看，总厚度为 8 毫米，中间层塑料板厚度为 7 毫米多，上下两层为彩涂钢板，每层彩涂钢板厚度为 0.476 毫米。按体积比例塑料芯板占 88.03%，彩涂钢板占 11.97%。按重量比例钢板占 64.25%，塑料芯板占 35.75%。该商品与相应的内外连接立柱与上下固定槽钢进行铆接后成为箱式半挂车的侧板。			
归类决定		该商品为一种三明治结构的塑料与金属合制的板材，从结构上看，该商品两长边已压槽、冲孔，压槽规格为宽 22 毫米、深 1.8 毫米，冲孔数量为 50 个/边，用于经安装作为箱式半挂车的侧板。其短边（上下两端）需在安装时压边与打孔定位。根据《税则注释》关于第七十二章总注释四（三）1、2（7）及品目 72.10 的子目注释的规定，该商品应归入税则号列 7210.9000。			

序号	649	归类决定编号	Z2006-0446	公告编号	2006年第69号
商品税则号列		7211.1900		公告实施日期	2006年11月22日
商品名称	热轧钢板				
英文名称					
其他名称					
商品描述	该商品规格：4.4毫米×387毫米×387毫米/4.4毫米×373毫米×373毫米。 用途：进口后再经多道加工程序后制成车轮。 热轧钢板是已裁成一定形状的用于制车轮钢圈的平板轧材，经海关化验鉴定为热轧非合金钢板。根据随附资料，该商品的加工流程：使用分条机将厚度为4.4毫米的热轧钢卷分成387毫米（或373毫米）宽的钢条，再用裁剪机，将钢条裁剪成长度387毫米（或373毫米）的四方形钢板，最后使用装有下料模的冲床，将四方形钢板冲剪成略带弧形的钢板（进口状态）。进口后仍需经抽裂、冲孔等进一步深加工。				
归类决定	根据归类总规则一和第七十二章章注一（十）对平板轧材的解释，该商品应归入税则号列7211.1900。				

序号	650	归类决定编号	Z2006-0447	公告编号	2006年第69号
商品税则号列		7212.1000		公告实施日期	2006年11月22日
商品名称	镀锡板				
英文名称					
其他名称					
商品描述	规格：0.22毫米×712毫米×512毫米。				
归类决定	按照数学概念，长方形较长的一边为长，较短的一边为宽，故认为该镀锡板的长为712毫米，宽为512毫米。由于宽度小于600毫米，故该镀锡板应归入税则号列7212.1000。				

序号	651	归类决定编号	Z2006-0448	公告编号	2006 年第 69 号
商品税则号列		7212.5000		公告实施日期	2006 年 11 月 22 日
商品名称		非合金镀铬铁板			
英文名称		Tin free sheet			
其他名称					
商品描述		非合金镀铬铁板的规格：0.25 毫米×712 毫米×508 毫米。			
归类决定		非合金镀铬铁板（712 毫米×508 毫米）是由宽度为 712 毫米的镀铬铁卷材切割而成。根据《税则注释》对品目 72.10 的明确说明，该品目所列的产品可经过一些加工或表面处理，其中包括切割。因此该镀铬铁板应以被切割后的最终形状确定归类，而不考虑未加工前的状态。故该商品应作为宽度在 600 毫米以下的镀铬板材归入税则号列 7212.5000。			

序号	652	归类决定编号	Z2008-0145	公告编号	2008 年第 83 号
商品税则号列		7214.1000		公告实施日期	2008 年 11 月 24 日
商品名称		非合金锻造圆钢			
英文名称		Steel round bar			
其他名称					
商品描述		商品为经过精密锻造的圆柱形钢材，型号为 S45C，含碳量 0.42%，非合金钢，直径为 31~40 厘米，长度为 2.5~3 米。其外观光滑规整，边角准确，两端锯切，截面平整，长度方向平直。加工工艺：将废钢和生铁浇筑成钢锭，加热锻打成圆钢，再经二头锯切成 3 米左右，经公差尺寸检验、表面检验后退火，再经两端上色、喷标后即可出厂。用途：经切削打磨后可制成轴承等。			
归类决定		该商品符合《税则注释》对品目 72.07 和 72.14 的相关规定，属于锻造的非合金钢条杆，根据归类总规则一，应归入税则号列 7214.1000。			

序号	653	归类决定编号	Z2007-0035	公告编号	2007年第71号
商品税则号列		7214.9900		公告实施日期	2007年12月5日
商品名称	热轧方钢				
英文名称	Hot rolled steel billet				
其他名称					
商品描述	外形为长条状，截面为正方形，规格为120毫米×120毫米×12 000毫米。按所含化学成分分为两种产品。产品一为碳0.18%~0.23%、硅0.15%~0.35%、锰0.6%~0.9%、磷小于0.03%、硫小于0.03%，其余为铁。产品二为碳0.42%~0.48%、硅0.15%~0.35%、锰0.6%~0.9%、磷小于0.03%、硫小于0.03%，其余为铁。两种产品均属非合金钢。生产工艺流程：钢坯→加热→轧制→锯切→边角修磨→成品入库（锯切是由于棒材的长度很长，需要分段在辊道用热锯锯断，便于运输；修磨是用砂轮对检验出的一些表面缺陷按棒材的标准修磨）。该产品主要用于机械部件制造、切削加工。				
归类决定	根据《税则》第七十二章章注一（十二）关于"其他条、杆"的定义，以及《税则注释》第七十二章章总注释和品目72.14的规定，上述两项产品应归入税则号列7214.9900。				

序号	654	归类决定编号	Z2009-0154	公告编号	2009年第57号
商品税则号列		7215.9000		公告实施日期	2009年8月31日
商品名称	扫街车线				
英文名称					
其他名称					
商品描述	该商品为非合金钢制，条杆状，长660毫米，横截面为0.8毫米×3毫米的矩形。生产工艺：盘元经过酸洗除锈、炖炉高温改变材质，由抽线机将粗线冷抽到细圆线，细圆线经过压延机压扁成扁线，用电器炉加热处理，使其改变材质坚硬的特点，由裁剪机按照客户的需求裁剪成一定长度，打包包装之后装运。用途为用作马路扫街车的扫盘所用的钢线。				
归类决定	该商品符合《税则》第七十二章章注一（十二）对"其他条、杆"的定义，根据归类总规则一，应归入税则号列7215.9000。				

序号	655	归类决定编号	Z2009-0155	公告编号	2009 年第 57 号
商品税则号列		7216.3100		公告实施日期	2009 年 8 月 31 日
商品名称	槽钢				
英文名称					
其他名称	集装箱内角柱				
商品描述	该槽钢材质为热轧非合金钢，规格为 12 毫米×40 毫米×113 毫米×2 657 毫米。加工工艺：原材料（集装箱专用槽钢）→尺寸初检→矫直→定尺锯切→两端面倒角打磨→精矫→成品检验→包装→标识→出厂。用作集装箱内角柱，该内角柱是构成集装箱端门框的一个构件。				
归类决定	该商品状态符合《税则》第七十二章章注一（十三）关于"型材"的定义，根据归类总规则一及六，应归入税则号列 7216.3100。				

序号	656	归类决定编号	Z2009-0156	公告编号	2009 年第 57 号
商品税则号列		7216.3290		公告实施日期	2009 年 8 月 31 日
商品名称	异型钢材				
英文名称	Special steel profiles				
其他名称					
商品描述	该商品为工字形，有两种规格：一种长为 223 厘米，截面为工字形，平行两面的外表面之间距离为 11.5 厘米，内表面之间距离为 8 厘米，两平行面的宽度均为 6.5 厘米；另一种长为 468 厘米，截面为工字形，平行两面的外表面之间距离为 11.6 厘米，内表面之间距离为 7.8 厘米，两平行面的宽度均为 6.3 厘米。两种规格产品均为非合金热轧钢，钢号为 18MnNb6，除热轧外，未经进一步加工，用作叉车专用门架滑轨。				
归类决定	上述两种商品的凸缘宽度均小于截面高度的 66%，符合《税则注释》关于品目 72.16 的规定，应按工字钢归入税则号列 7216.3290。				

序号	657	归类决定编号	Z2008-0146	公告编号	2008年第83号
商品税则号列		7216.9100		公告实施日期	2008年11月24日
商品名称	钢铁结构体				
英文名称					
其他名称					
商品描述	该商品共有4种规格：第一种H孔型，长3米，宽100毫米，厚0.45~0.55毫米，截面形状为U形；第二种H孔型，长3米，宽75毫米，厚0.45~0.55毫米，截面形状为U形；第三种天地型，长3米，宽75毫米，厚0.45~0.55毫米，截面形状为U形；第四种扎花型，长3米，宽60毫米，厚0.45~0.55毫米，截面形状为U形。材质为镀锌钢板。加工工艺为以镀锌板为原料经冷弯成型、切断、冲压、折弯、包装制成，用于承载装修用石膏板、铝塑板等装修板材。				
归类决定	该商品为经进一步加工的平板轧材冷成型产品，其状态符合《税则》第七十二章章注一（十三）关于"型材及异型材"的定义及《税则注释》的相关解释规定，根据归类总规则一，应归入税则号列7216.9100。				

序号	658	归类决定编号	Z2009-0036	公告编号	2009年第5号
商品税则号列		7216.9100		公告实施日期	2009年1月20日
商品名称	镀锌楼承钢板				
英文名称					
其他名称					
商品描述	该商品为镀锌异型材，长度为11 800毫米，有3种规格：1.0毫米厚，两侧开有槽口；1.2毫米厚，两侧开有槽口；1.2毫米厚，为镀锌平板经压力机简单压制成型，未有进一步加工痕迹。				
归类决定	该商品符合《税则》第七十二章章注一（十三）关于"型材、异型材"的定义，根据归类总规则一，应按异型材归入税则号列7216.9100。				

序号	659	归类决定编号	Z2009-0037	公告编号	2009年第5号
商品税则号列		7216.9100		公告实施日期	2009年1月20日
商品名称	钢结构件				
英文名称	Steel structure products				
其他名称					
商品描述	该商品为镀锌冷轧钢卷制异型材，材质为非合金钢，主要厚度有0.7毫米、0.8毫米、1.2毫米、1.5毫米、1.8毫米5种。其制作流程：将钢卷剪切、展开、折弯或压制成型。报验时的形态为截面C形、L形，长2~5米，属于未打孔、无弯曲的钢铁材料。使用时按需要尺寸切割、钻孔，以螺钉联结后用于建筑内外墙建设。				
归类决定	根据《税则》第七十二章章注一（十三）的定义和《税则注释》对品目72.16的解释，该商品应归入税则号列7216.9100。				

序号	660	归类决定编号	Z2009-0111	公告编号	2009年第32号
商品税则号列		7216.9100		公告实施日期	2009年6月12日
商品名称	铁立柱				
英文名称					
其他名称					
商品描述	该商品为金属异型材，经过钻孔、喷漆（部分没有喷漆）处理制得。生产工艺：SPCC冷板和SGCC镀锌钢板→切割→挤压成型→钻孔→后期整理→喷漆。产品用途为用作家具的层架支撑，消费者可根据自家的柜子高度剪裁组合使用。				
归类决定	该商品符合《税则》第七十二章章注一（十三）关于"角材、型材及异型材"的定义，根据归类总规则一，应按进一步加工的异型材归入税则号列7216.9100。				

序号	661	归类决定编号	Z2008-0147	公告编号	2008 年第 83 号
商品税则号列		7216.9900		公告实施日期	2008 年 11 月 24 日
商品名称	铁构件				
英文名称					
其他名称					
商品描述	该商品长度从 2.6 米到 8.2 米不等，宽 0.23 米，高 0.15 米，材料为工字钢。经过热浸镀锌、两端钻孔、剪裁等加工工艺制成。用于搭建人行桥。				
归类决定	该商品状态符合《税则注释》关于品目 72.16 的解释规定，其规格为长 2.6~8.2 米、宽 0.23 米、高 0.15 米，经过热浸镀锌、两端钻孔、剪裁等加工工艺制成。依据《税则注释》关于品目 72.16 的子目注释的解释，"宽 0.23 米"应为其截面高度，也可称总宽度，"高 0.15 米"应为凸缘宽度。该商品的凸缘宽度小于截面高度的 66%，不属于 H 型钢（《税则注释》关于品目 72.16 解释中称"宽边工字钢"），应按工字钢归类。由于经过热浸镀锌、两端钻孔等加工工艺，根据归类总规则一及六，该商品应归入税则号列 7216.9900。				

序号	662	归类决定编号	Z2008-0039	公告编号	2008 年第 76 号
商品税则号列		7217.1000		公告实施日期	2008 年 10 月 28 日
商品名称	冷拉弹簧钢丝				
英文名称	Cold draw spring steel				
其他名称					
商品描述	该商品为卷装钢丝，非合金钢制，表面无涂层，用于缠膜制作成弹性通风管道。经表面磷化、冷拉、铅淬火、拉拔等多次加工，制成弹簧钢丝。报验状态：以工字轮规则缠绕。包括两种规格：直径 1.041 4 毫米和直径 1.168 4 毫米。				
归类决定	该商品为非合金钢制卷装钢丝，符合《税则》第七十二章章注一（十四）关于"丝"的定义，根据归类总规则一及六，应归入税则号列 7217.1000。				

序号	663	归类决定编号	Z2006-0449	公告编号	2006 年第 69 号
商品税则号列		7217.9000		公告实施日期	2006 年 11 月 22 日
商品名称	合金钢丝				
英文名称					
其他名称					
商品描述	该商品经商检为高碳钢丝，成分为 C 0.69%、S 0.018%、Si 0.22%、Mn 0.52%、P 0.016%、Cr 0.03%、Ni<0.01%、Cu<0.01%，截面异型，全长截面相同。				
归类决定	根据所提供的成分，该商品不符合《税则》第七十二章章注一（六）关于其他合金钢的定义，应按高碳钢丝归入税则号列 7217.9000。				

序号	664	归类决定编号	Z2009-0112	公告编号	2009 年第 32 号
商品税则号列		7218.9900		公告实施日期	2009 年 6 月 12 日
商品名称	不锈钢圆棒				
英文名称					
其他名称					
商品描述	该商品为圆形杆状不锈钢产品，长度 4 米至 6 米，横截面直径大小不一，边角位置不十分明确，表面凹凸不平且留有生产过程中所碰损的痕迹（辊棒痕迹），两端截面处截痕粗糙，有一些截面是斜的，与圆棒中心线不是垂直的。化学成分：碳 0.042%、锰 0.65%、磷 0.03%、硫 0.001%、镍 9.09%、铬 17.28%、钛 0.23%、铁 72.25%。经进一步加工后，在工业上做轴承或穿孔后做钢管。				
归类决定	该商品状态符合《税则注释》关于品目 72.18 的解释规定，应归入税则号列 7218.9900。				

序号	665	归类决定编号	Z2006-0450	公告编号	2006年第69号
商品税则号列		72.19		公告实施日期	2006年11月22日
商品名称	不锈钢半制成品
英文名称	
其他名称	
商品描述	所申报的不锈钢半制成品有两种形态、五种规格，分别：10毫米×1 500毫米卷材、12毫米×1 500毫米卷材、16毫米×1 500毫米×6 000毫米板材、20毫米×1 500毫米×6 000毫米板材、30毫米×1 500毫米×6 000毫米板材，表面呈黑色。货物标签注明为"HOT ROLLED STAINLESS STEEL PLATE""HOT STAINLESS STEEL PLATE"。其中卷材边缘呈自然状态，板材由气割成规格板材。
归类决定	不锈钢半制成品有"卷材"（规格分别为10毫米×1 500毫米或12毫米×1 500毫米）和"板材"（规格分别为16毫米×1 500毫米×6 000毫米、20毫米×1 500毫米×6 000毫米或30毫米×1 500毫米×6 000毫米）两个品种，表面呈黑色有铁锈。其中的卷材俗称"黑皮卷"，边缘呈自然状态；板材由气割成规格板材。 根据《税则》第七十二章章注一（九）的规定，半制成品包括连续铸造，不论是否初步热轧的实心产品，但不包括成卷的产品；另《税则注释》又规定，归入品目72.07和72.08的板材的区别是：归入品目72.07的厚板坯或薄板坯，其边缘应是圆的（如连续铸造而得），而不是切割成的（上述规定同样适用于品目72.18和72.19）。因此，所报卷材和板材及所报"黑皮卷"均不属于"半制成品"范围，应作为平板轧材归入税目72.19项下的相应子目。

序号	666	归类决定编号	Z2008-0040	公告编号	2008年第76号
商品税则号列		7219.1329		公告实施日期	2008年10月28日
商品名称	一级热轧不锈钢卷板				
英文名称					
其他名称					
商品描述	该商品有3种型号：1. NAS800L，经酸洗，规格3.5毫米×1 219毫米×C；成分为 C 0.01%、Si 0.28%、Mn 0.27%、P 0.015%、Ni 30.30%、Cr 20.07%、Cu 0.04%、Al 0.35%、Ti 0.4%，其余的为Fe。2. ASTMA240UNSS31254，经酸洗，规格3.5毫米×1 219毫米×C；成分为 C 0.014%、Si 0.55%、Mn 0.26%、P 0.024%、Ni 17.80%、Cr 20.20%、Mo 6%、Cu 0.73%、N 0.21%，其余的为Fe。3. NASH840，经酸洗，规格为3.5毫米×1 000毫米×C；成分为 C 0.02%、Si 0.56%、Mn 0.51%、P 0.016%、Ni 18.12%、Cr 19.86%、Al 0.38%、Ti 0.36%，其余的为Fe。 用途：用于生产加工设备。				
归类决定	该商品为银白色钢板，有3种型号。经海关化验鉴定，钢板除酸洗外，还进行了表面打磨，鉴定结论为经打磨的热轧不锈钢板。从商品的表面来看，该钢表面没有一般的凹凸不平形状，磨痕较幼细、清晰，表面较光滑、光亮。该商品的生产工艺：热轧→退火、酸洗→打磨→热轧板。根据《税则注释》第七十二章总注释四（三）对"加工及整理"的解释"2. 表面处理或以改善金属性能及外观，防止其锈蚀等的其他加工（包括镀层）。除某些品目条文另有规定的以外，上述加工不影响货品的归类。它们包括：（4）a. 抛光、磨光或类似处理"，该商品的加工工艺不影响商品的归类。根据商品的材质成分、规格尺寸、加工工艺，以及归类总规则一，以上3种型号的商品应归入税则号列7219.1329。				

序号	667	归类决定编号	Z2006-0452	公告编号	2006年第69号
商品税则号列		7220.9000		公告实施日期	2006年11月22日
商品名称	冷轧不锈钢方块板					
英文名称						
其他名称						
商品描述	商品规格：340毫米×270毫米×0.47毫米，为机械加工产生的边角料加工而成，在方块板的4个角冲压有4个小洞，以便于加工小五金制品及生活用品，如杯、勺、刀具等。					
归类决定	根据《税则注释》第七十二章总注释四（三），最终产品的生产后加工及整理工序的描述：最终产品可经一系列进一步加工处理，例如机械加工，包括车削、铣削、磨削、穿孔或冲孔、折叠、精压、剥皮等。故依据上述相关描述，商品未超出《税则》第七十二章的加工工艺，但该板材在冷轧后又经过打孔工艺，故应归入税则号列7220.9000。					

序号	668	归类决定编号	Z2006-1291		公告编号	2007 年第 70 号
商品税则号列		7220.9000			公告实施日期	2007 年 12 月 5 日
商品名称	三金属片					
英文名称	Tri-metal					
其他名称						
商品描述	该商品用于制造彩色显像管，通过将该材料压制成大小不同的弹簧片以安装于彩色显像管内部的荫罩四角边，进口时为成卷，所有材料均是冷轧方法制得。该商品分为 3 种规格：1.0 毫米×45 毫米、1.2 毫米×51 毫米、0.8 毫米×31 毫米。其中，1.0 毫米×45 毫米及 1.2 毫米×51 毫米规格的，由 3 片金属片组成，两边的为高膨胀材料（18-8 不锈钢），中间为低膨胀材料（镍 36%的其他合金钢）。0.8 毫米×31 毫米亦由 3 片金属片组成，两边的为高膨胀材料（不锈钢 304），中间为不锈钢 430。 加工方法：先将材料进行除尘处理，再通过电子焊接机用电子束将 3 种材料焊接，最后将焊接而成的三金属片进行表面研磨。各规格的材料重量比，0.8 毫米×31 毫米为高膨胀材料 45%、不锈钢 430 占 55%；1.0 毫米×45 毫米为高膨胀材料 53%、低膨胀材料 47%；1.2 毫米×51 毫米为高膨胀材料 78%、低膨胀材料 22%。					
归类决定	三金属片用于制造彩色显像管，通过将该材料压制成大小不同的弹簧片以安装于彩色显像管内部的荫罩四角边。该商品进口时为成卷，所有材料均是冷轧方法制得。分 3 种规格：1.0 毫米×45 毫米、1.2 毫米×51 毫米、0.8 毫米×31 毫米。其中，1.0 毫米×45 毫米及 1.2 毫米×51 毫米规格的组成如下：由三片金属片组成，两边的为高膨胀材料（18-8 不锈钢），中间为低膨胀材料（镍 36%的其他合金钢）。0.8 毫米×31 毫米亦由三片金属片组成：两边的为高膨胀材料（不锈钢 304），中间为不锈钢 430。加工方法：先将材料进行除尘处理，再通过电子焊接机用电子束将三种材料焊接，最后将焊接而成的三金属片进行表面研磨。该商品的外观状态符合《税则》第七十二章章注一（十）关于平板轧材的定义，且宽度小于 600 毫米，根据《税则》第十五类类注七的规定，对 3 种型号的产品归类如下： 1. 0.8 毫米×31 毫米：高膨胀材料（不锈钢 304）45%、不锈钢 430 占 55%，应归入税则号列 7220.9000； 2. 1.0 毫米×45 毫米：高膨胀材料（18-8 不锈钢）53%、低膨胀材料（指低膨胀的铁-镍合金，含镍 36%）47%，应归入税则号列 7220.9000； 3. 1.2 毫米×51 毫米：高膨胀材料（18-8 不锈钢）78%、低膨胀材料（指低膨胀的铁-镍合金，含镍 36%）22%，应归入税则号列 7220.9000。					

序号	669	归类决定编号	Z2006-0453	公告编号	2006年第69号
商品税则号列		7222.4000		公告实施日期	2006年11月22日
商品名称	不锈钢滑轨				
英文名称	Steel track				
其他名称					
商品描述	商品为不锈钢制,长6米,表面经过处理,截面形状呈"n"形,进口后根据尺寸的需要进行剪切,然后直接安装在门框底部作为滑轨使用,无须其他打孔等工序和其他五金件的紧固,未经转孔、冲孔等加工。				
归类决定	该滑轨的进口状态符合《税则》第七十二章章注一(十三)关于"角材、型材及异型材"的解释,同时其加工也并未超出《税则》第七十二章的注释规定,因此该商品应按不锈钢制异型材归入税则号列7222.4000。				

序号	670	归类决定编号	Z2009-0038	公告编号	2009年第5号
商品税则号列		7223.0000		公告实施日期	2009年1月20日
商品名称	不锈钢丝				
英文名称					
其他名称					
商品描述	该不锈钢丝材质为不锈钢SUS434,直径100微米。主要成分为铁81.264%、碳0.2%、铬16.5%、锰0.75%、钼0.915%、硅0.31%、磷0.036%、硫0.025%。它是通过专用机器将不锈钢棒切削成所需的抽丝状,然后用卷取机进行卷取,成卷进口。主要用途:将一卷不锈钢丝(每卷长度大概165米)放在卷覆机上取其中一节缠覆在汽车排气管中有冲孔的钢管上,达到隔热、消音的作用。				
归类决定	根据《税则》第七十二章章注一(五)的注释及税目72.23的条文,该商品应归入税则号列7223.0000。				

序号	671	归类决定编号	Z2009-0157	公告编号	2009 年第 57 号
商品税则号列		7224.9090		公告实施日期	2009 年 8 月 31 日
商品名称	R73 车轮圆钢				
英文名称					
其他名称					
商品描述	该商品规格为直径 390 毫米、质量 505~510 千克，长度 540（±10）毫米。化学成分为 C 0.49%~0.52%、Si 0.27%~0.37%、Mn 0.68%~0.76%、P 不超过 0.020%、S 不超过 0.015%、Cr 0.30%~0.32% 等。产品出口后直接用于生产高速铁路车轮。加工工艺为铁水三脱→复吹转炉→精炼炉→真空循环脱气→连铸→表面处理（飞边打磨和机器喷丸）。				
归类决定	该商品的生产工艺及状态符合《税则》第七十二章章注一（九）关于"半制成品"的定义。根据《税则注释》关于第七十二章的总注释四（三）2 的规定，其表面处理不属于改变归类的加工。其化学成分符合《税则》第七十二章章注一（六）关于"合金钢"的定义，根据归类总规则一，应归入税则号列 7224.9090。				

序号	672	归类决定编号	Z2006-0454	公告编号	2006 年第 69 号
商品税则号列		72.26		公告实施日期	2006 年 11 月 22 日
商品名称	废变压器芯				
英文名称					
其他名称	废钢、废矽钢片、废变压器零件				
商品描述	该商品一般为集装箱运输，系从报废变压器中拆得的变压器芯，成分一般为废旧矽钢片，宽度 15~30 厘米不等，部分表面明显有锈迹、油迹、扭曲，捆装或卷装，堆放零乱。				
归类决定	废变压器芯实为由变压器芯拆解出的旧矽钢片，宽度 15~30 厘米不等，部分表面明显有锈迹、油迹、扭曲、捆装、卷装或散装，分拣后，约 40%~60% 可用作加工成小型变压器、互感器等电器铁芯。 从以上情况看，该矽钢片虽经使用、拆解，但其品质、性能无很大改变，相当比例仍可作为矽钢片使用，根据《税则》第十五类注释八（一）的规定，应视其主要用途归类：当其可作为矽钢片使用的比例达到或超过 50% 时，可作为矽钢片归入税目 72.26 项下；否则，作为废钢铁归入税目 72.04 项下。				

序号	673	归类决定编号	Z2016-010	公告编号	2016年第38号
商品税则号列		7226.9199		公告实施日期	2016年7月1日
商品名称		非晶合金带材			
英文名称					
其他名称					
商品描述		非晶合金带材采用快速凝固技术生产，直接将原料（铁91%、硼3%、硅5%、碳1%）熔化后，通过狭缝喷射到高速转动的金属冷却辊上，熔融态原料以每秒百万摄氏度的速度迅速冷却，形成非晶态金属结构，并一次性形成薄而脆的成卷非晶体带材。非晶合金带材具有优异的导电性和磁性，主要用于制造高效节能环保型非晶合金变压器。			
归类决定		根据《税则》第七十二章章注三："用电解沉积法、压铸法或烧结法所得的钢铁产品，应按其形状、成分及外观归入本章类似热轧产品的相应品目"，该商品的制造工艺可视为类似热轧；同时按照《本国子目注释》关于"含硼合金钢"的解释，该商品不归入"含硼合金钢"子目。根据归类总规则一、四及六，该商品应归入税则号列7226.9199。			

序号	674	归类决定编号	Z2006-0455	公告编号	2006年第69号
商品税则号列		7226.9200		公告实施日期	2006年11月22日
商品名称		冷轧镍合金卷板			
英文名称					
其他名称					
商品描述		规格：3毫米×215毫米，成卷，除冷轧外没有进一步加工。型号为NAS36。成分为 C 0.005%、Si 0.04%、Mn 0.23%、P 0.004%、S 0.001%、Ni 35.99%、Cr 0.06%、Fe Bal（余下）。该商品作为低热膨胀材料，用途非常广泛，特别是用于品质非常严格的彩色电视高精细显示器的荫罩方面。			
归类决定		该商品所含重量最大的合金元素为铁（约64%），因此，根据《税则》第十五类类注五（一）及第七十五章子目注释一（二），不属于《税则注释》所定义的镍合金，而属于第七十二章的合金钢铁。又根据《税则》第七十二章章注一（三）（四）（五）（六）的规定，含有35.99%镍的该合金应按其加工工艺及规格归入税则号列7226.9200。			

序号	675	归类决定编号	Z2007-0036	公告编号	2007 年第 71 号
商品税则号列		7226.9990		公告实施日期	2007 年 12 月 5 日
商品名称		冷轧合金钢带			
英文名称		Cold rolled steel（feran）			
其他名称					
商品描述		该商品规格为 1.52 毫米×460 毫米。成分为碳 0.5%、硅 0.61%、锰 1.68%、磷 0.12%、硫 0.16%、铝 0.33%、铬 0.35%。加工工艺为通过冷轧工艺将铝箔延压到合金钢带表面。用途为用于制作空调机冷却管。			
归类决定		根据《税则注释》第七十二章总注释四（三）2（5）关于"金属包层"的规定，该商品为经包层处理的合金钢带材，根据归类总规则一及六，应归入税则号列 7226.9990。			

序号	676	归类决定编号	Z2008-0041	公告编号	2008 年第 76 号
商品税则号列		7228.4000		公告实施日期	2008 年 10 月 28 日
商品名称		锻造车削圆钢			
英文名称					
其他名称					
商品描述		该商品为直径 250~480 毫米，长度为 5 米的圆钢。成分为其他合金钢，是锻造后经锯切去除废料，经车削、热处理及表面清理后制成。其车削的目的主要有两个：一是去除裂纹、表面夹砂、皮下气泡和折叠等表面缺陷，以免在热处理时裂纹向内延伸产生废材；二是达到探伤检测要求的表面光洁度。此外，产品在车削前锻造公差为 0/+3 毫米，车削后达到 0/+1 毫米。			
归类决定		根据《税则注释》第七十二章总注释四（三）1 及品目 72.14 注释的规定，该商品的车削加工属于允许表面处理加工范围，应归入税则号列 7228.4000。			

序号	677	归类决定编号	Z2008-0042	公告编号	2008 年第 76 号
商品税则号列		7228.4000		公告实施日期	2008 年 10 月 28 日
商品名称	芯棒				
英文名称					
其他名称					
商品描述	芯棒用于连轧管工艺，是连轧机的主要变形工具之一（另一变形工具是轧辊）。芯棒一般由 3 个部分组成，即工作段、连接段及尾柄，3 段由螺纹连接。此次进口的芯棒即为三段中的工作段，是半成品，两端均为圆切面，未经进一步加工，进口后对毛坯表面抛光后镀铬，然后对工作段进行车头和尾端丝扣加工，再接上国内生产的连接段及尾柄即可使用。芯棒的制造过程如下：精选废钢→电炉炼钢→炉外精炼→铸锭→锻造→热处理→机械加工→镀铬加工。生产中采用严格的检验方法验证物理和化学性能。化学成分为碳 0.32%～0.37%、铬 4.88%～5.3%、锰 0.015%～0.49%、钼 1.00%～1.50%、硅 0.86%～1.08%、钒 0.46%～0.82%、磷 0.003%～0.01%、硫 0%～0.01%。				
归类决定	该芯棒两端均为圆切面，属于半制成品，进口后对毛坯表面抛光后镀铬，然后对工作段进行车头和尾端丝扣加工，再接上国内生产的连接段及尾柄即可用于连轧管工艺。根据归类总规则一，该商品的进口状态符合第七十二章章注一（十二）中关于"条、杆"的定义，同时该商品的化学组成成分符合第七十二章章注一（六）关于"其他合金钢"的定义，故该商品应归入税则号列 7228.4000。				

序号	678	归类决定编号	Z2006-0457	公告编号	2006年第69号
商品税则号列		7228.5000		公告实施日期	2006年11月22日
商品名称	圆棒弹簧钢				
英文名称					
其他名称					
商品描述	型号为UHS 1900，规格为DIA 12.0×1 800毫米。成分为C 0.39%、Si 1.73%、Mn 0.15%、P 0.011%、S 0.006%、Cu 0.21%、Cr 1.06%、Ni 0.50%等。 该商品的生产工序分为两部分： 1. 在神户制钢工厂的工序为高炉→预备精炼→转炉→LAF→脱气→BLOOM连续铸造→分块轧制→抽检，加工→轧制线材→调节冷却→出货检查→出货。 2. 二次加工厂商的工序为轧制材入货→去除铁屑→冷拉拔→切断→直线机→伤痕检查→包装→出货。				
归类决定	从其加工工艺来看，该商品先经热轧成线材，再经冷拉拔制成棒状弹簧钢，符合《税则注释》关于第七十二章总注释四的有关解释规定，即半制成品及在某些情况下的锭块经加工制成成品。这些产品可以通过热塑变形直接从锭或半制成品制得（通过热轧、锻造或热拉），也可以通过冷塑变形间接从热加工产品制得（通过冷轧、挤压、拉丝、光拔）。因此，该商品属除冷加工外未经进一步加工的产品，应归入税则号列7228.5000。				

序号	679	归类决定编号	Z2010-0022	公告编号	2010 年第 15 号
商品税则号列		7228.6000		公告实施日期	2010 年 2 月 28 日
商品名称	热轧合金钢钢条				
英文名称	Steel tape				
其他名称	合金钢热轧盘条				
商品描述	该商品为实心产品，表面光滑，截面积为长方形，为盘卷状（每卷大小、重量不一），宽度 3.40 毫米，厚度 0.86 毫米。成分为铁 95%、铬 3%、硅 0.35%、锰 0.4%、磷 0.024%。加工工艺为热轧后（未冷却）即通过模具进行热拉成条状，并经抛光机器进行表面处理，为加工活塞环的原材料。				
归类决定	该商品状态符合《税则》第七十二章章注一（六）及（十二）的规定，根据归类总规则一，应归入税则号列 7228.6000。				

序号	680	归类决定编号	Z2009-0113	公告编号	2009 年第 32 号
商品税则号列		72.29		公告实施日期	2009 年 6 月 12 日
商品名称	气保焊丝				
英文名称					
其他名称					
商品描述	该商品为表面金黄色的成卷金属线，基材成分为合金钢丝，样品表面镀铜。工艺流程：线材→去氧化皮→初拉拔→酸洗→涂剂镀铜→精拉拔→密排层绕→包装→成品。在拉拔前，将线材在热轧时形成的一层硬脆氧化皮去掉（采用机械去锈），经拉丝机拉拔后，为增加导电性，在表面镀铜。				
归类决定	该商品状态不符合《税则注释》关于品目 83.11 的解释规定，应按镀铜合金钢丝归入税目 72.29 项下。				

序号	681	归类决定编号	Z2006-0458	公告编号	2006 年第 69 号
商品税则号列		7229.2000		公告实施日期	2006 年 11 月 22 日
商品名称		CO_2 气体保护焊丝（XH-506）			
英文名称		CO_2 welding wire			
其他名称					
商品描述		XH-506 焊丝为直径 1.0 毫米，表面镀铜的锰—硅型实芯丝，用于汽车、造船、冶金等行业钢结构中及船用焊接，焊接时以 CO_2 作为保护气体，其功能类似于埋伏焊中的焊剂。			
归类决定		所报 XH-506 型二氧化碳气体保护焊丝是钢铁结构体气体保护电弧焊用硅锰合金钢实心丝，在焊接中作填充金属用，以使焊缝达到良好的综合机械性能。该焊丝虽符合 GB/T 8110—1995 "气体保护电弧焊用碳钢、低合金钢焊丝"的指标，但因其未以焊剂涂面或以焊剂为芯，所以根据《税则注释》品目 83.11 的规定，不能归入该品目，故该商品应归入税则号列 7229.2000。			

序号	682	归类决定编号	Z2006-0459	公告编号	2006 年第 69 号
商品税则号列		7302.1000		公告实施日期	2006 年 11 月 22 日
商品名称		废钢轨			
英文名称					
其他名称					
商品描述		使用过的钢轨，进口时已切割成 8~12 米长，进口后可以不经熔融直接改作其他用途。			
归类决定		废钢轨为使用过的钢轨，进口前已切割成 8~12 米不等的钢轨段。该商品并非是"明显不能作为原物使用的金属货品"，不符合《税则》第十五类类注八（一）的规定，故不能按废碎料进行归类。根据归类总规则一，将其按钢轨归入税则号列 7302.1000。			

序号	683	归类决定编号	Z2006-0460	公告编号	2006年第69号
商品税则号列		73.04		公告实施日期	2006年11月22日
商品名称	预制直埋保温管					
英文名称						
其他名称						
商品描述	预制直埋保温管是用于集中供热工程输送热源的专用管，它主要由高密度聚乙烯保护层、聚氨酯保温层（两层厚度为170毫米）、工作钢管3个部分组成，内装有报警线。整个保温管的直径为630毫米，工作钢管的外径为457毫米，内径为450毫米。				
归类决定	该商品由不同材料构成，其中，钢铁管构成该商品的基本特征。根据归类总规则一和三（二），应按工作钢管的构成材料和加工工艺归入《税则》税目73.04或73.05项下的有关子目。				

序号	684	归类决定编号	Z2009-0039	公告编号	2009年第5号
商品税则号列		7306.301		公告实施日期	2009年1月20日
商品名称	冷凝管（制冷设备用零件）				
英文名称	Round steel solder bundy tube				
其他名称						
商品描述	该商品为表面镀铜的圆形截面金属焊缝钢管，共5种规格，分别为（外径×壁厚，单位：毫米）4.76×0.65、4.76×0.71、6.0×0.65、6.0×0.71、6.35×0.71，盘卷状，卷重为50~250千克。材质为焊缝非合金钢管。成分为碳小于0.10%、锰小于0.50%、硫小于0.035%、磷小于0.04%。生产工艺为热轧深冲非合金钢带经表面清洁除油污和杂质后由高频焊接机组焊接成管，经拉拔机组拉拔后充入氮气进行检漏，再经表面处理除油污后镀铜作防锈处理，之后打卷，充氮气进行内壁清洗后，再次充入氮气作防氧化保护，最终以卷状包装入库。包装方式为内层防锈纸，外层无纺布。产品特点：强度高，塑性好，耐疲劳，防渗透性强，电阻小。产品用途为主要用于制冷行业中的冷凝器、蒸发器等。				
归类决定	根据归类总规则一及《税则》税目73.06的条文及子目条文，该商品应根据壁厚归入子目7306.301项下。				

序号	685	归类决定编号	Z2009-0040	公告编号	2009 年第 5 号
商品税则号列		7306.3090		公告实施日期	2009 年 1 月 20 日
商品名称	镀锌钢结构管件				
英文名称					
其他名称					
商品描述	该商品为圆形截面焊缝管，两端带有接头，接头由无缝钢管加工制成。规格为长度 2 900~5 800 毫米，直径 2 英寸的壁厚 1.2 毫米，直径 4 英寸的壁厚 1.8 毫米，直径 6 英寸的壁厚 2.0 毫米。材质牌号为 Q195 和 Q235（GB/T 700—1988 标准）。加工工艺为 1. 生产镀锌钢管；2. 钢管切管；3. 钢管修头；4. 加工接头：准备坯料→切割→用车床进行外形加工→镗孔→接头热镀锌→焊接口坡口加工（焊接部位磨锌）；5. 焊接制成成品；6. 整理包装。用于在铜矿坑道中使用的支撑结构系统，防止坑道内松散石块的坠落及塌方，较大尺寸的作为支柱，用于坑道顶部和底部，较小尺寸的作为连接和辅助支撑。采用台肩式接头，通过环箍式连接件进行连接，可根据不同情况随意调节，产品可反复使用。				
归类决定	该商品的加工工艺和状态符合《税则注释》第七十三章总注释中关于"管"的描述，根据归类总规则一，应按其基本特征（主体为圆形截面焊缝管）归入税则号列 7306.3090。				

序号	686	归类决定编号	Z2009-0041	公告编号	2009 年第 5 号
商品税则号列		7306.4000		公告实施日期	2009 年 1 月 20 日
商品名称	直型及 U 型不锈钢管				
英文名称					
其他名称					
商品描述	该商品材质为不锈钢，分为直型管和 U 型管。直管外径 6~7 毫米，壁厚 0.3~2.5 毫米，长度 500~16 000 毫米；U 型管外径 15.88~25.44 毫米，壁厚 0.8~2.5 毫米，脚长 2 000~16 000 毫米。加工方法为不锈钢带材→分条→超声波清洗→成型→激光自溶式焊接或氩弧焊接（X 射线焊缝跟踪）→热影响区射线控制→在线固定溶热处理→超声波或涡流（X 射线）探伤→喷码→显微镜金相分析→残余应力去除→晶间应力去除→晶间腐蚀测试→100% 耐压力测试→矫直→整圆定径→定尺→倒角→平头→超声波清洗→内外壁除湿→角铁架木箱包装。用于汽轮机热交换装置，不需进一步加工，可直接安装使用。				
归类决定	该商品为《税则》列名产品，根据归类总规则一，应归入税则号列 7306.4000。				

序号	687	归类决定编号	Z2009-0114	公告编号	2009 年第 32 号
商品税则号列		7306.9000		公告实施日期	2009 年 6 月 12 日
商品名称	冷拔无缝钢管				
英文名称					
其他名称					
商品描述	该商品全称为高精度冷轧冷拔钢管，主要用于制造高档轿车刹车油管，外径为 4.76 毫米，管表面涂有 PVF 涂层。生产工艺为 0.35 毫米厚的带钢（材质为非合金钢，元素比例为碳 0.07%～014%、硅 0.17%～0.37%、锰 0.35%～0.65%、磷 ≤0.035%、硫 ≤0.035%、铬 ≤0.15%、镍 ≤0.25%、铜 ≤0.25%）经坡口辊在钢带纵向两边侧压成坡口，以机械盘形，沿径向旋转 720 度形成双层，成型后经定径辊控制管子尺寸，再经五组成形辊沿径向旋转成卷状，最后经定径辊与芯棒配合进行二次整形成完整的圆管状，两层金属压紧及坡口斜边与管壁紧密贴合，最后成形管经过小型退火炉加热成半熔态，经炉中上下两种硬质合金辊辊轧，更使其结合紧密。制成钢管后，再经过用芯棒在规定设备上进行穿孔，将两头毛坯切齐、退火、酸洗去氧化皮、镀铜，根据所需管径选择拉拔模进行冷拉拔、热处理、矫直等工艺加工。					
归类决定	该商品不符合《税则注释》对品目 73.04 项下"无缝钢铁管"的描述，根据归类总规则一及六，应按其他钢铁管归入税则号列 7306.9000。					

序号	688	归类决定编号	Z2006-0461	公告编号	2006 年第 69 号
商品税则号列		7307.9900		公告实施日期	2006 年 11 月 22 日
商品名称	钢铁制管接头				
英文名称					
其他名称					
商品描述	钢铁制，非不锈钢，非铸造件，用于汽车管路系统。				
归类决定	根据第十七类类注二（二）的规定，第十七类不包括"第十五类注释二所规定的贱金属制通用零件（第十五类）或塑料制的类似品（第三十九章）"。由于上述接头是管子附件，属贱金属制通用零件，因此，根据归类总规则一和六，应将其按钢铁管子附件归入税则号列 7307.9900。					

序号	689	归类决定编号	Z2006-1292	公告编号	2007 年第 70 号
商品税则号列		7307.9900		公告实施日期	2007 年 12 月 5 日
商品名称		机车油管用锻钢连接环首			
英文名称					
其他名称					
商品描述		该商品型号为 BH-115，经孔加工、铰刀加工、手组铜环、打磨、镀锌等工艺制得，用于轿车的转向盘及刹车的液压系统，与橡胶管组成组件，再与其他部件连接用于传递液压油。			
归类决定		该商品的主要特征为用于将管子连接于其他设备的钢铁附件，根据归类总规则一，应将其归入税则号列 7307.9900。 又见 Z2006-0461 号归类决定。			

序号	690	归类决定编号	Z2008-0043	公告编号	2008 年第 76 号
商品税则号列		7307.9900		公告实施日期	2008 年 10 月 28 日
商品名称		接头毛坯			
英文名称		Adater-forging blank			
其他名称					
商品描述		该商品材质为普通碳钢钢材，外观为弯头管件接头，但未钻孔，不能起到连接两条管子的作用，同时在接口处未车丝。加工工艺：通过锻模锻造（加热→初锻→终锻→切边→抛丸→打字），再经防锈处理而制成。该产品还需通过下一道工序进行机械加工（车、钻等）而成为管件接头。			
归类决定		根据归类总规则二，该商品应按钢铁管子附件归入税则号列 7307.9900。			

序号	691	归类决定编号	Z2008-0151	公告编号	2008年第83号
商品税则号列		7307.9900		公告实施日期	2008年11月24日
商品名称	镀锌管				
英文名称					
其他名称					
商品描述	该商品是将圆形截面焊缝管切割成长度为123毫米、外径为21.2毫米的短管，材质为镀锌合金钢，两头已打磨。实际用途是作为连接两根长度为6米、外径为23～24毫米钢管的"接头"。连接方法是直接通过外力（如用锤子敲打等）将两根6米长钢管紧密套在该"镀锌管"的两头，因为6米长钢管的内径与镀锌管的外径基本一致，因此管壁之间会有一定的摩擦力，从而保持相对固定，数根6米长的钢管通过该镀锌管连成更长的钢管，用作塑料大棚的棚顶支架。				
归类决定	该商品的用途为管子接头，符合《税则注释》关于品目73.07的相关解释规定，根据归类总规则一，应归入税则号列7307.9900。				

序号	692	归类决定编号	Z2006-0462	公告编号	2006年第69号
商品税则号列		7308.1000		公告实施日期	2006年11月22日
商品名称	桥梁伸缩装置				
英文名称					
其他名称					
商品描述	桥梁伸缩装置，是由特种合金钢及密封、减震用工程橡胶制成，其功能是将钢结构桥梁体与桥塔横梁连接起来。该装置在受桥体钢梁结构外力挤压或拉拔时，能够自动顶推，以适应桥体钢梁的伸缩变化。				
归类决定	由于此装置并不是起重或搬运设备，不符合《税则注释》对品目84.25的解释，整体来看是可伸缩的专门用于桥梁的钢铁结构体，故应归入税则号列7308.1000。				

序号	693	归类决定编号	Z2006-0463	公告编号	2006 年第 69 号
商品税则号列		7308.4000		公告实施日期	2006 年 11 月 22 日
商品名称	锚杆及托盘				
英文名称					
其他名称					
商品描述	锚杆为钢铁管状立柱，杆上有八字纹，一端为膨胀螺栓，另一端类似螺帽，长度为 2.5 米和 3 米；托盘为 8″×8″×3/8″ 的钢铁质立方体，中有 1~3/8″ 圆孔。上述物件是依靠锚杆机先在作业面钻孔，再将锚杆推入孔内一端紧固，另一端与托盘连接固定。				
归类决定	锚杆与托盘一起用于坑道支撑，具有安装后一般不改变位置的特点，与税目 73.18 所列螺栓、螺母不同，根据税目 73.08 的条文规定，该商品应归入税则号列 7308.4000。				

序号	694	归类决定编号	Z2006-1293	公告编号	2007 年第 70 号
商品税则号列		7308.9000		公告实施日期	2007 年 12 月 5 日
商品名称	钢金属雕花聚氨酯泡沫复合板（B 级）				
英文名称	Metal siding panel（grade B）				
其他名称	涂漆的金属装饰板				
商品描述	该商品的申报中文品名为金属聚氨酯泡沫复合板，具体的规格品种为钢结构体及型材复合板，长 3~5 米，宽 335~360 毫米，厚约 25 毫米。该板材的结构为外层材料为钢板及涂漆，里面材质为硬质发泡聚氨酯及铝薄膜防水衬纸，由冷轧钢板经过压花、填充聚氨酯贴上防水层制得。该板材主要用于钢机构墙体，活动房墙面型材、售货亭、移动厕所等。板材具有防腐、抗冲击作用。				
归类决定	该商品为钢结构体及型材复合板，长 3~5 米，宽 335~360 毫米，厚约 25 毫米，其结构：外层材料为钢板及涂漆，里面材质为硬质发泡聚氨酯及铝薄膜防水衬纸，由冷轧钢板经过压花、填充聚氨酯贴上防水层制得。该板材长向两侧制成可搭接的形状，主要用于钢机构墙体，活动房墙面型材、售货亭、移动厕所等。板材具有防腐、抗冲击作用。根据归类总规则一，该商品可按钢铁结构体归入税则号列 7308.9000。				

序号	695	归类决定编号	Z2009-0042	公告编号	2009年第5号
商品税则号列		7308.9000		公告实施日期	2009年1月20日
商品名称		U型夹			
英文名称					
其他名称					
商品描述		该商品为镀锌钢板制U型齿条型连接件，长度305毫米，宽度30毫米，厚度0.45~0.55毫米，截面形状为直线型，两边为锯齿形，表面有等距离圆孔。加工工艺：以镀锌板为原料经切断、冲压制成，使用时两边弯折成直角，将钢铁结构体夹在其中即可使用，不需要再次加工。用于连接钢铁结构体与墙壁，起到连接、加固金属骨架后将其固定于屋顶或墙壁的作用，用于室内建筑装修。			
归类决定		该商品为结构体专用连接件，根据《税则注释》对于品目73.08的解释及归类总规则一，应归入税则号列7308.9000。			

序号	696	归类决定编号	Z2006-0465	公告编号	2006年第69号
商品税则号列		7312.1000		公告实施日期	2006年11月22日
商品名称		密封吊索			
英文名称		Full locked-coil rope			
其他名称					
商品描述		该商品的基本外观特征是吊索的外部钢丝包有一层或多层"Z"形钢丝，通过"Z"形钢丝间的紧密镶嵌达到相对的密封。主要用于桥梁、建筑、矿山竖井罐道、客货运索道等大型构造物。 规格：缆绳直径48毫米，每捆长度1 000米，包装轮直径230厘米、宽度270厘米。 生产工艺： 1. 捻制绳芯：采用圆形钢丝捻制成单股作为绳芯。 2. 内层钢丝：采用圆形钢丝围绕绳芯进行捻制。 3. 采用特殊的"Z"形钢丝在外层围绕圆形钢丝进行捻制，捻制层数和方向根据需要确定。 4. 润滑油：在每层钢丝的捻制过程中，都要进行适当的润滑处理，保证密封吊索的成品内部有适当的润滑。			
归类决定		根据用途和规格判断，该商品属标准钢丝绳产品的一种，此外，其英文名称为"Full locked-coil rope"，也说明该商品为钢丝绳。根据《税则》税目73.12的具体条文规定，该商品应归入税则号列7312.1000。			

序号	697	归类决定编号	Z2008-0044	公告编号	2008 年第 76 号
商品税则号列		7315.1190		公告实施日期	2008 年 10 月 28 日
商品名称		传动链			
英文名称		Stainless steel roller chain			
其他名称					
商品描述		该商品为钢铁制链条，可朝内弯曲，但不可朝外弯曲，可折叠，类似滚子链。			
归类决定		该商品为钢铁制链条，只可向一面弯曲，可折叠，由内外链板、套筒、销轴和滚子等部分构成，属铰接链。滚子链在《税则》中无明确定义，国家相应标准也无明确的文字定义，因此，对该子目的含义应理解为在铰接链的结构中由滚子作为其构成部件之一的即可按滚子链归类。该链条主要用于大型建筑物的玻璃上起承重作用，根据归类总规则一，应归入税则号列 7315.1190。			

序号	698	归类决定编号	Z2006-1295	公告编号	2007 年第 70 号
商品税则号列		7320.2090		公告实施日期	2007 年 12 月 5 日
商品名称		家禽饲养设备用输送螺旋			
英文名称		Auger			
其他名称		绞龙			
商品描述		该商品为家禽饲养设备用输送螺旋，又名绞龙，用于家禽饲养时输送饲料，材质为锰钢，由冷轧工艺成型。进口时未装配件，呈螺旋状，成卷进口。			
归类决定		该家禽饲养设备为螺旋弹簧喂料机，其主要工作部件是一根空心螺旋弹簧，在电机驱动下高速旋转，将储料塔中的饲料送入鸡舍内，满足多台喂料机的需要，安装时对弹簧张紧力有具体的要求，因此该商品实际为螺旋弹簧，根据归类总规则一，应按《税则》列名归入税则号列 7320.2090。			

序号	699	归类决定编号	Z2008-0045	公告编号	2008 年第 76 号
商品税则号列		7321.1100		公告实施日期	2008 年 10 月 28 日
商品名称	商用燃气炉 RSB-4PRD				
英文名称					
其他名称					
商品描述	该商品为钢铁制，4 个炉头。规格为 810 毫米×486.5 毫米×204 毫米。燃气消耗量为 1.22 千克/小时。用途为酒店、茶楼厨房用。				
归类决定	该商品的规格尺寸、外观与家庭用燃气炉差异不大，符合《税则注释》关于品目 73.21 的相关解释规定，应作为非电热钢铁制家用炉灶归入税则号列 7321.1100。				

序号	700	归类决定编号	Z2008-0046	公告编号	2008 年第 76 号
商品税则号列		7321.1100		公告实施日期	2008 年 10 月 28 日
商品名称	商用燃气炉 RSB-7PRD				
英文名称					
其他名称					
商品描述	该商品为钢铁制，7 个炉头。规格为 900 毫米×555 毫米×18 毫米。燃气消耗量为 1.62 千克/小时。用途为酒店、茶楼厨房用。				
归类决定	该商品的规格尺寸、外观与家庭用燃气炉差异不大，符合《税则注释》关于品目 73.21 的相关解释规定，应作为非电热钢铁制家用炉灶归入税则号列 7321.1100。				

序号	701	归类决定编号	Z2006-0467	公告编号	2006年第69号
商品税则号列		7322.9000		公告实施日期	2006年11月22日
商品名称	太阳墙板				
英文名称	Solarwall panets				
其他名称	太阳墙				
商品描述	太阳墙板是由钢板轧制而成，可以轧成瓦楞板、型板等不同形式。外面涂以能吸收太阳光的选择性涂层，涂层颜色有黑色、棕红色、深蓝色等不同颜色，本次进口的太阳墙板是黑色和棕色两种。板上布满小孔，小孔的孔径及密度是根据风量的大小而定的。太阳墙板是利用太阳能加热空气的一种装置，与之相配套的风机、风道、辅助加热干燥窑、控制系统等组合成太阳能干燥器。它可以烘干茶叶、咖啡、大枣、大蒜等农副产品。 本次进口的设备仅为太阳墙板，其规格如下： 75米×1米，共220块；85米×1米，共49块；2米×1米，共16块。				
归类决定	太阳墙板是利用太阳能加热空气的一种装置，该商品符合《税则注释》关于品目73.22的解释，应归入税则号列7322.9000。				

序号	702	归类决定编号	Z2006-1296	公告编号	2007年第70号
商品税则号列		7322.9000		公告实施日期	2007年12月5日
商品名称	燃气红外线辐射采暖设备成套散件				
英文名称					
其他名称					
商品描述	该商品主要由燃烧器、陶瓷网盖、火焰隔离网、燃烧室、燃烧管、负压风机组成，以可燃气体为燃料，将能量以红外线辐射形式实现对空间的供暖。				
归类决定	根据《税则》税目73.22的条文规定及《税则注释》的相关规定，该商品属于一种空气加热器，应归入税则号列7322.9000。				

序号	703	归类决定编号	Z2006-1297	公告编号	2007年第70号
商品税则号列		73.25		公告实施日期	2007年12月5日
商品名称	坩埚				
英文名称	Crucible				
其他名称					
商品描述	该商品为钢铁浇铸而成，容积大于300升。它是压铸机配件，与鹅颈、锤头、射嘴等配合使用，用于盛放熔化的镁溶液。				
归类决定	该坩埚为钢铁浇铸而成，容积大于300升。进口后与鹅颈、锤头、射嘴等配合使用，用于盛放熔化的镁溶液，作为压铸机的配套件使用。根据《税则注释》关于品目73.25的规定，该铸铁坩埚应归入税目73.25项下相关子目。				

序号	704	归类决定编号	Z2009-0115	公告编号	2009年第32号
商品税则号列		7325.1010		公告实施日期	2009年6月12日
商品名称	电梯配重块				
英文名称					
其他名称					
商品描述	该商品呈板块状，大小为500毫米×210毫米×41毫米，重25千克，主要成分为生铁。生产工艺：将铁矿石、生铁、煤、炭精等材料加温至800℃~1000℃，制成钢水，倒入制好的沙模中，待4~6小时后取出，清沙、打磨、油漆。该商品是根据电梯井道大小及电梯装载量的要求来确定电梯平衡配重块的样式、尺寸及材质，然后制成相应的电梯配重块，直接安装在电梯配重架上。				
归类决定	该商品为《税则注释》关于品目73.25的解释规定中列名的商品，根据归类总规则一，应归入税则号列7325.1010。				

序号	705	归类决定编号	Z2006-0468	公告编号	2006 年第 69 号
商品税则号列		73.26		公告实施日期	2006 年 11 月 22 日
商品名称	释放钩				
英文名称	Release hook				
其他名称					
商品描述	该商品用于船上释放救生艇用，工作原理为内部一个弹簧顶在挂钩右侧位置一（处于临界静止状态），当拉动杠杆时，临界静止被破坏，弹簧滑向挂钩左侧位置二，导致挂钩翻转，从而达到释放效果。				
归类决定	该释放钩的基本功能为钩挂物体，自动释放并不改变其本质功能，根据《税则注释》中品目 73.26 的排除条款（六），该商品应作为贱金属制吊钩归入税目 73.26 项下有关子目。				

序号	706	归类决定编号	Z2006-0469	公告编号	2006 年第 69 号
商品税则号列		7326.1910		公告实施日期	2006 年 11 月 22 日
商品名称	锻制小球				
英文名称					
其他名称					
商品描述	该商品为铬合金钢制的半制成品小球，按照球体直径分为 5/32″（3.969 毫米）和 3/16″（4.763 毫米），采用相应规格的铬合金钢盘圆用专用吨锻设备锻制成小球状。进口后，作为原料经过进一步加工成为制造轴承用的滚珠。				
归类决定	对该商品的归类应根据归类总规则一的规定即具有法律效力的归类，应按税目条文和有关类注或章注确定。依照《税则注释》对品目 72.05 的解释，该品目所列商品从加工工艺、用途等方面均有明确的规定，从商品的相关特征判断，此锻制小球不属此范畴，而应属于钢铁制品范围，故应归入税则号列 7326.1910。				

序号	707	归类决定编号	Z2006-0470	公告编号	2006年第69号
商品税则号列		7326.2010		公告实施日期	2006年11月22日
商品名称	钢丝保护层				
英文名称					
其他名称					
商品描述	钢丝保护层外观为钢丝做成的螺旋状，类似于弹簧形状。根据说明其材质为碳素钢丝，其用途是套在橡胶软管外面，起到保护橡胶软管的作用，主要用于挖掘机等建设机械机器上。				
归类决定	从该商品的结构和用途判定其不属于《税则》税目73.07项下的管子附件范围，而管子附件类产品通常是指通过螺纹、焊接或接插方式可与管子连接为一体组成管路的部件，而该商品仅是套在需要被保护的管子的外面起保护作用，应属于一种钢丝制品。根据《税则注释》中品目73.26项下包括钢铁丝制品的解释规定，应将其归入子目7326.20项下，又因其用途是用于挖掘机等建设机械机器上，起到保护管子的作用，故可按工业用产品归入税则号列7326.2010。				

序号	708	归类决定编号	Z2009-0044	公告编号	2009年第5号
商品税则号列		7326.2010		公告实施日期	2009年1月20日
商品名称	刻痕钢丝				
英文名称					
其他名称					
商品描述	刻痕钢丝是以碳素钢丝（冷拔高强度钢丝）在专门的刻痕机中进行刻痕，再经过低松弛稳定化处理加工制得的钢丝产品。				
归类决定	该商品由于经过"刻痕机"和"低松弛稳定化"加工，其加工程度已经超出了第七十二章所允许的加工程度，根据归类总规则一及三（一），应归入税则号列7326.2010。				

序号	709	归类决定编号	Z2006-0471	公告编号	2006 年第 69 号
商品税则号列		7326.2090		公告实施日期	2006 年 11 月 22 日
商品名称		U 型铁丝			
英文名称					
其他名称					
商品描述		生产工艺：6.5 毫米盘圆→拉拔→热处理→拉拔→热处理→表面处理→矫直→切断→折 U 形→打包→装箱。 规格：直径 0.7 毫米、0.8 毫米、0.9 毫米、1.0 毫米、1.2 毫米，长度 20 厘米、30 厘米、40 厘米、50 厘米、60 厘米。 用途：用于包扎封装。			
归类决定		该商品状态呈 U 形，非盘卷状，不符合《税则》第七十二章章注一（十四）的规定，故不能归入第七十二章铁丝或合金钢丝的相应税目（如 72.17、72.23 和 72.29）。因其已切断成特定长度并折成特定形状，可供直接使用，符合《税则》第七十三章章注二的规定和《税则注释》关于品目 73.26 钢铁丝制品的规定，故应归入税则号列 7326.2090。			

序号	710	归类决定编号	Z2016-016	公告编号	2016 年第 59 号
商品税则号列		7326.2090		公告实施日期	2016 年 11 月 1 日
商品名称		预应力混凝土用钢棒			
英文名称		Steel Bars for Prestressed Concrete			
其他名称		螺旋预应力钢丝			
商品描述		预应力混凝土用钢棒符合国家标准 GB/T 5223.3—2005 要求。该产品有 φ7.1 毫米、φ9.0 毫米、φ10.7 毫米、φ12.6 毫米 4 个规格，截面为有凹槽的不规则圆形。由于它具有高强度、低松弛性、与混凝土握裹力强，并具有良好的可焊接性、镦锻性、节省金属材料（如 φ11mmPC 钢棒可代替 φ20mm 热轧钢筋）等特点，在国内外已被广泛应用于建筑用高强度预应力混凝土离心管桩、电杆、高架桥墩、铁路轨枕等预应力构件中。本产品的生产工艺如下：盘条自然时效处理→盘条上架上料→理线装置→弯曲机械去锈→高精度螺旋变形→动态张力施加→动态加热处理→动态冷处理→剪切分盘→收线打包→检验合格→计量与标识→包装入库待发。			
归类决定		该商品的高精度螺旋变形、动态施加张力、动态加热、动态冷处理等工艺已经超出了《税则》第七十二章所允许的加工程度，且该商品规格符合第七十三章章注二有关"丝"的定义，依其用途，根据归类总规则一及六，该商品应归入税则号列 7326.2090。			

序号	711	归类决定编号	Z2006-0473	公告编号	2006年第69号
商品税则号列		7326.9090		公告实施日期	2006年11月22日
商品名称		不锈钢纤维			
英文名称					
其他名称					
商品描述		材质：不锈钢。 规格：0.2毫米×1毫米×25毫米。 外形：一面有凹槽的窄条。 加工工艺：熔融的钢水经1.5吨中频炉加热后，从特定齿形的熔抽轮喷出，冷却后即成为成品，经筛选长度后装箱。 作用：该商品加入水泥、混凝土等耐火基体后，可提高耐热构筑物的抗热循环冲击性能、耐热等级性能及抗磨耗性能。			
归类决定		根据商品的使用说明及状态，该商品属于一种有特定用途的产品。将该不锈钢纤维掺入耐火基体应起一种增强作用，可提高耐热构筑物的抗热循环冲击性能、耐热等级及抗磨耗性能，延长耐火材料及工业炉窑的使用寿命。商品状态不符合《税则注释》关于"初级形态"的定义，故应根据其最终用途按钢铁制品归入税则号列7326.9090。			

序号	712	归类决定编号	Z2009-0116	公告编号	2009年第32号
商品税则号列		7326.9090		公告实施日期	2009年6月12日
商品名称		集装箱挂衣杆			
英文名称					
其他名称					
商品描述		该商品为矩形截面的焊缝钢铁管，规格为2.5毫米×40毫米×80毫米×2 293毫米。加工工艺：焊缝钢铁管，在两端用冲压模具冲出50毫米的槽，并配有螺丝、螺帽；通过螺丝固定，安装在集装箱内的角铁上，用于悬挂挂衣绳（衣服挂于挂衣绳）。			
归类决定		该商品的加工工艺已经超出《税则注释》第七十三章总注释关于"管"的定义，据归类总规则一，应按钢铁制品归入税则号列7326.9090。			

序号	713	归类决定编号	Z2009-0160	公告编号	2009年第57号
商品税则号列		7326.9090		公告实施日期	2009年8月31日
商品名称	钢铁制托盘				
英文名称	Steel pallet				
其他名称					
商品描述	该商品规格为1 200毫米×900毫米，基本构造是一张矩形铁制托板，下面加焊若干个铁制脚墩，外喷涂漆，固定结构，不可拆卸，可移动。用于料件及成品运输，把产品包装好装入托盘中，既保护产品又方便运输。				
归类决定	该商品属于钢铁制品，根据归类总规则一，应归入税则号列7326.9090。				

序号	714	归类决定编号	Z2007-0037	公告编号	2007年第71号
商品税则号列		7401.0000		公告实施日期	2007年12月5日
商品名称	冰铜				
英文名称	Copper mattes				
其他名称					
商品描述	该商品为炼铜的原料，其外观呈黑色或棕色小颗粒状或块状，规格为30毫米×45毫米。主要成分为铜11%~15%、铁0.1%~4%、锌6%~8%、铅2%~4%、砷0.002%~0.01%、硫1.5%~5%。加工方法为将粉状或颗粒状铜原料（铜矿）与造渣剂、石灰石、石英石混合后，加入鼓风炉进行熔炼，在1 000℃~1 100℃的高温下，造渣剂与铜矿中的铁、铝、镁、钙、硅等结合，形成炉渣，其余剩下的即为冰铜，以达到铜渣分离、铜含量提高之目的。				
归类决定	该商品生产工艺及外观形态与《税则注释》关于品目74.01注释一的解释相同，根据归类总规则一，应按铜锍归入税则号列7401.0000。				

序号	715	归类决定编号	Z2007-0038	公告编号	2007年第71号
商品税则号列		7402.0000		公告实施日期	2007年12月5日
商品名称	泡铜				
英文名称	Blister copper				
其他名称					
商品描述	该商品名为泡铜，铜含量在99.2%左右，其他成分含量最高为0.05%。为电解铜成品中等级较差的产品或残次品，可以通过铜火法再次冶炼提纯后得到电解铜。				
归类决定	该商品铜含量在99.2%左右，其他成分最高含量为0.05%，为电解铜成品中等级较差的产品或残次品。该商品生产工艺及成分含量不符合《税则》第七十四章章注名词解释一及《税则注释》关于品目74.03对于"精炼铜"的定义，故应按未精炼铜归入税则号列7402.0000。				

序号	716	归类决定编号	Z2006-0475	公告编号	2006年第69号
商品税则号列		7404.0000		公告实施日期	2006年11月22日
商品名称	废覆铜板边角料				
英文名称					
其他名称					
商品描述	该商品系覆铜板在打孔时产生的钻孔粉，其中铜粉含量为12.7%，环氧树脂含量为87.3%。该商品进口后，经粉碎机粉碎均匀，湿法搅拌后经摇床将铜粉和环氧树脂分离。回收的铜粉销售给工厂生产铜线锭，环氧树脂则用于生产彩色道路砖和瓦楞板。				
归类决定	该商品中的铜粉是主要回收物，且其回收价值大于环氧树脂，因此，铜粉构成了商品的基本特征，根据归类总规则三（二），该商品应按照废铜归入税则号列7404.0000。				

序号	717	归类决定编号	Z2006-1301	公告编号	2007年第70号
商品税则号列		7406.2010		公告实施日期	2007年12月5日
商品名称	\multicolumn{5}{l	}{M-5246 银色铜}
英文名称					
其他名称					
商品描述	\multicolumn{5}{l	}{该商品的外观呈银色粉末状，显微镜下观察呈片状，平均粒径大于10微米，成分为铜约90%、银约10%。该商品是将银粉用化学电镀的形式附于铜片上而成，其主要用于生产"导电涂料"，应用于手提电脑和手机等高科技产品。}
归类决定	\multicolumn{5}{l	}{该商品系铜粉外电镀银所得，虽银含量在2%以上，但根据《税则注释》第七十一章总注释的相关规定，应按其基底材料铜粉归类。故根据归类总规则一，应将其归入税则号列7406.2010。}

序号	718	归类决定编号	Z2006-0476	公告编号	2006年第69号
商品税则号列		7408.1100		公告实施日期	2006年11月22日
商品名称	\multicolumn{5}{l	}{铜杆}
英文名称	\multicolumn{5}{l	}{Copper rod}
其他名称					
商品描述	\multicolumn{5}{l	}{直径8毫米，成卷，精炼铜制。}
归类决定	\multicolumn{5}{l	}{铜杆是精炼铜制，圆形截面直径8毫米，盘卷状包装进口。该商品符合《税则》第七十四章章注六关于税目74.14以外的"丝"的定义，故应归入税则号列7408.1100。}

序号	719	归类决定编号	Z2006-0477	公告编号	2006年第69号
商品税则号列		7409.2100		公告实施日期	2006年11月22日
商品名称	滚筒				
英文名称					
其他名称					

商品描述

1. 成分：铜57%～59%、石墨2%～3%、锌38%～41%。
2. 规格：尺寸400毫米（高度）×840毫米（滚筒周长）；厚度3毫米、6.7毫米、7毫米。
3. 价格：3毫米282.82欧元/个；6.7毫米471.13欧元/个；7毫米471.13欧元/个。
4. 主要特征和加工流程：进口滚筒用于刻制印刷用铜模。企业根据客户需求，在黄铜滚筒上裁下所需尺寸，并在其上刻制相应图案。需要特别说明的是，该滚筒并非一般意义上的印刷用滚筒，是黄铜制的，之所以做成圆筒形状，是为了适应大多印刷滚筒的弧度尺寸，以便安装使用。具体加工的时候，需要在上面裁下相应尺寸的铜板进行加工。综上所述，该进口的黄铜制滚筒为刻制印刷用铜板所需的底模原材料，只是根据最终使用的印刷机不同来选择不同形状和厚度的铜板。

归类决定

上述滚筒不同于《税则》税目84.42条文所列的滚筒，实为制成卷筒状的以铜为主要成分的金属卷材，进口后需经切割、刻模等加工后才能制成印刷机用底模，尚未构成零件特征，不应归入税目84.42项下，而应按其构成材料确定归类。其以铜为主要成分，并含有1%以上的锌，根据第七十四章章注二的规定，属铜锌合金卷材，同时其厚度超过0.15毫米，符合《税则》税目74.09及其子目条文的描述，根据归类总规则一及六，应将上述商品归入税则号列7409.2100。

序号	720	归类决定编号	Z2006-0478	公告编号	2006 年第 69 号
商品税则号列		7411.21		公告实施日期	2006 年 11 月 22 日
商品名称	旧铜管				
英文名称					
其他名称	铜废碎料				
商品描述	规格：25.4 毫米×1.2 毫米，长度 3~6 米。 成分：Cu，77.82%；Zn，20.33%。 用途：灯饰配件、卫浴配件。 申报品名为铜废碎料。 旧铜管（申报品名：铜废碎料）是拆船企业对退役的轮船进行解体而拆切下来的不同口径、长短不一（3~6 米）的各种旧铜管。进口后需进行人工分选，再经滚头、退火、用不同口径的模具通过拉管机制成不同口径、形状的成品，主要用于加工灯饰配件及卫浴配件等。经海关化验，其成分含量中，Cu 占 77.82%、Zn 占 20.33%，为黄铜管。				
归类决定	从该商品的进口状态及进口后的用途来看，商品不符合《税则》第十五类类注八（一）的规定及税目 74.04 的条文解释，不属于《税则注释》所规定的铜废碎料范围，不能归入税则号列 7404.0000。根据归类总规则一及化验结果，该商品应按铜管归入税则子目 7411.21。				

序号	721	归类决定编号	Z2006-0479	公告编号	2006 年第 69 号
商品税则号列		7412.2090		公告实施日期	2006 年 11 月 22 日
商品名称	接头箱				
英文名称					
其他名称					
商品描述	该商品包括两个型号，PN00829 FSC 为一层接头抽盒，PN08830 FSC 为三层接头抽盒，均为通用接头箱，每箱内均包括一个连接管、一个压力表及多个不同类型的铜制接头。产品组装后连接管的一端连接装有清洗剂的压力罐，另一端可通过安装相应的接头连接在不同的管路上，利用压力罐中喷射的清洁剂来清洗汽车引擎燃油系统，防止其积碳和引擎爆震，适合市场上 85%~90% 的车型。				
归类决定	该商品为组合货品，其用途的广泛性是由其中包含的多种类型的铜接头来实现的，即产品的基本特征是由接头所体现的，因此，根据归类总规则三（二），该商品应归入税目 74.12，该接头为铜锌合金制，应归入税则号列 7412.2090。				

序号	722	归类决定编号	Z2010-0023	公告编号	2010年第15号
商品税则号列		7412.2090		公告实施日期	2010年2月28日
商品名称		水表接头			
英文名称					
其他名称		水表接管			
商品描述		该商品公称口径为15毫米（公称口径即公称直径，是各种管子与管路附件的通用口径，不是外径也不是内径，符号是DN），成分为铜合金。成分为铜79%、锌15.5%、铅0.5%、铁0.487%、其他0.4513%。用途为利用螺纹连接自来水水管和水表。			
归类决定		该商品为《税则》列名的管子附件，根据归类总规则一及六，应归入税则号列7412.2090。			

序号	723	归类决定编号	Z2006-0480	公告编号	2006年第69号
商品税则号列		7418.2000		公告实施日期	2006年11月22日
商品名称		铜制蹲式便器			
英文名称					
其他名称					
商品描述		该商品为铜制蹲式便器，带控制板及电源、电源线等。由基座、便斗、冲水喷嘴、进水阀、冲水增压箱、冲洗阀、两个气动阀、冲水控制装置及旋转排放阀弯头组成。			
归类决定		主要功能、用途均为卫生器具且其主要特征为铜制品，根据《税则注释》品目74.18的规定，即对品目73.24在必要的地方稍加修改的规定："本品目包括在本《协调制度》其他品目未具体列名的卫生用铜制品，它们的范围较为广泛，它们可以通过各种制造方法制得，可以装有其他材料制的盖、柄、其他零件或附件，只要它们具有铜制品的特征。"该品目包括不论是否带有机械装置的抽水马桶及贮水箱。故该铜制蹲式便器应归入税则号列7418.2000。			

序号	724	归类决定编号	Z2006-0483	公告编号	2006年第69号
商品税则号列		7506.2000		公告实施日期	2006年11月22日
商品名称	铁镍软磁合金卷板				
英文名称	Naspc				
其他名称					
商品描述	规格：2毫米×215毫米，成卷，2毫米×（800~1 050）毫米，成卷。 成分（%）：C 0.02、Si 0.03、Mn 0.40、P 0.002、S 0.002、Ni 77.50、Mo 3.90、Cu 4.8、Fe Bal（余下的）。 该卷板经冷轧后没进一步加工，用于生产电子零配件。				
归类决定	根据《税则注释》第七十五章子目注释一（二）对镍合金的定义，该商品满足其中条件2和条件3，注释一（二）中对镍合金的定义是满足其中任一条件即可，因此该商品应按镍合金归入税则号列 7506.2000。				

序号	725	归类决定编号	Z2008-0152	公告编号	2008年第83号
商品税则号列		7601.1090		公告实施日期	2008年11月24日
商品名称	铝制带孔圆柱状体				
英文名称					
其他名称	纯铝管				
商品描述	该商品为铝制带孔圆柱状体，规格为254毫米（外径）×80毫米（内径）×1 000（长）毫米，铝含量约为99.8%。从截面看，不同产品的孔的位置略有差异，部分在中心处，部分略偏。柱体表面较为粗糙，孔内部表面凹凸不平。该产品的加工工艺：由液体纯铝水浇筑到铝管制造机铝水前包，通过冷凝水凝固后，在牵引机的连续带动下产生此产品。				
归类决定	所报"铝管"实际为铝制带孔圆柱状体，规格为254毫米×80毫米×1 000毫米，铝含量约为99.8%。从截面看，孔在各个管中的位置略有差异，部分在中心处，部分略偏，柱体表面较为粗糙，孔内部表面凹凸不平。该产品的加工工艺及状态应属于空心圆铸锭，根据商品中铝的含量及归类总规则一，应归入税则号列 7601.1090。				

序号	726	归类决定编号	Z2009-0117	公告编号	2009年第32号
商品税则号列		7601.2000		公告实施日期	2009年6月12日
商品名称	铝制品				
英文名称					
其他名称	滚动轴				
商品描述	该商品直径为127毫米，长度分别为420毫米、450毫米、480毫米的实心铝制条状物。成分：铝98.2%、硅1.0%、镁0.4%、铁0.3%等。浇铸后裁切成段，表面粗糙，用于放置在输送机滑轮组上，由滑轮组带动转动，上方放置热轧压钢板，从而达到传输轧压钢板的作用。				
归类决定	该商品符合《税则注释》关于品目76.01的解释规定，根据归类总规则一，应归入税则号列7601.2000。				

序号	727	归类决定编号	Z2006-0484	公告编号	2006年第69号
商品税则号列		7602.0000		公告实施日期	2006年11月22日
商品名称	含铝灰色粉末				
英文名称					
其他名称	废五金的夹带物				
商品描述	该样品有金属光泽，有明显的机油气味，主要成分是铝屑、二氧化硅，还含有一些有机组分（机油）。详细成分：铝25%、二氧化硅45%、易挥发组分（矿物油类和水分等）约30%，XRF分析物相主要为铝、二氧化硅。 样品外观为夹杂有细小铝屑的灰色粉末。				
归类决定	该含铝灰色粉末为用砂轮打磨铝制品过程中产生的废屑的混合物，主要成分：铝25%、二氧化硅45%、易挥发组分（矿物油类和水分等）约30%。其外观为夹杂有细小铝屑的灰色粉末，有金属光泽且有明显的机油气味；其用途为回收铝，剩余物可作地砖。 该商品为混合物，不属于"化学工业的产品及副产品"，根据《税则注释》关于品目26.06和76.02的相关解释，该混合物应归入税则号列7602.0000。				

序号	728	归类决定编号	Z2009-0118	公告编号	2009 年第 32 号
商品税则号列		7604.2100		公告实施日期	2009 年 6 月 12 日
商品名称	铝合金散热管					
英文名称						
其他名称						
商品描述	该铝合金散热管横截面尺寸有 73 毫米×8 毫米和 54.5 毫米×4.5 毫米两种,长度有 4 米和 0.958 米两种,管内中空有多个闭合空间,并带有扰流筋,全长截面相同。加工工艺:将专用的挤压模具安装到挤压机上进行热挤压。用作汽车中冷器、水箱散热器、冷凝器的铝合金散热复合管,需裁断使用。				
归类决定	该商品全长截面相同且不符合《税则》第七十六章关于"条、杆、管材"的定义,符合第七十六章章注二关于"异型材"的定义,应归入税则号列 7604.2100。				

序号	729	归类决定编号	Z2009-0119	公告编号	2009 年第 32 号
商品税则号列		7604.2990		公告实施日期	2009 年 6 月 12 日
商品名称	铝合金型材					
英文名称	Aluminium alloys profiles					
其他名称	铝合金角材					
商品描述	该商品为铝、硅、镁合金型材,日本牌号 AC4CH,国际牌号 A356。成分为铝 91%~94%、硅 6.5%~7.5%、镁 0.3%~0.45%。截面呈"L"形,长度 6 米,用于铸造铝合金轮圈。加工方法:铝合金锭→加热→挤压成型→断料及风冷淬火→拉伸矫直→定尺锯切→成品。				
归类决定	该商品状态符合《税则》第七十六章章注二关于"铝的型材及异型材"的定义,应归入税则号列 7604.2990。				

序号	730	归类决定编号	Z2009-0161	公告编号	2009 年第 57 号
商品税则号列		7604.2990		公告实施日期	2009 年 8 月 31 日
商品名称	铝合金门拉手				
英文名称					
其他名称					
商品描述	该商品材质为铝合金，长度统一为 2 136 毫米，断面形状是"L"形，"L"形的短边装 8 个孔。加工程序：铝棒→挤压成型→拉伸→锯切→时效（热处理）→氧化处理→二次锯切（长度按客户要求）→冲孔（每支冲 8 个孔）→钻沉孔（使沉头螺丝放下去会平）→贴复膜纸（每一支都贴上蓝色复膜纸以保护型材表面）→装箱。				
归类决定	该商品状态符合《税则注释》关于品目 76.04 的规定，根据归类总规则一，应归入税则号列 7604.2990。				

序号	731	归类决定编号	Z2006-0486	公告编号	2006 年第 69 号
商品税则号列		7607.1900		公告实施日期	2006 年 11 月 22 日
商品名称	农业温室用遮阳材料				
英文名称					
其他名称					
商品描述	经化验，该商品为以宽度为 0.5 厘米的双面压铝箔的聚乙烯条和宽度为 0.5 厘米的聚乙烯条为经线，排列顺序为两条双面压铝箔的聚乙烯膜，一条聚乙烯膜，一条双面压铝箔的聚乙烯膜，一条聚乙烯膜的排列方式，纬线为化学纤维的机织物。				
归类决定	农业温室用遮阳材料是由化学纤维线将 0.5 厘米宽的压铝箔聚乙烯膜和聚乙烯膜缝合而成，其中压铝箔聚乙烯膜占 60%，构成该混合材料的基本特征。根据归类总规则三（二），应按铝制品归类，由于材料厚度小于 0.2 毫米，故应按有衬背的铝箔归入税则号列 7607.1900。				

序号	732	归类决定编号	Z2006-0487	公告编号	2006 年第 69 号
商品税则号列		7607.1900		公告实施日期	2006 年 11 月 22 日
商品名称	汽车遮阳板				
英文名称	Car sun shade				
其他名称					
商品描述	该商品的构成材料有尼龙、化纤、塑料、铝箔等，主要材料为尼龙，用于汽车遮挡阳光。				
归类决定	汽车遮阳板置于汽车前后窗上，用于遮挡阳光，其构成材料属于由尼龙、化纤、塑料、铝箔等层压而成的复合材料。因其中铝箔反射阳光的作用是该遮阳板的主要作用，铝箔构成其基本特征，故根据归类总规则三（二）的规定，汽车遮阳板应按铝箔归入税则号列 7607.1900。				

序号	733	归类决定编号	Z2009-0043	公告编号	2009 年第 5 号
商品税则号列		7608.1000		公告实施日期	2009 年 1 月 20 日
商品名称	空心铝管				
英文名称	Aluminium extrusion billet				
其他名称					
商品描述	该商品将国际 AOO 铝锭经过熔炉熔铸为铝棒后，挤压加工成型，再经过锯切加工为用户需要的长度，用户只需在 CNC 机床上进行最后一次加工就成为用于高级办公桌脚和展会间隔幕墙角等用途的承重脚类产品。参考标准：GB/T 5237.1—2004。规格为外径 85 毫米，内径 40 毫米，长度 1 100 毫米/2 600 毫米。成分为铝 99.56%、镁 0.02%、硅 0.1%、铁 0.2%、锌 0.03%。管内外表面光洁，根据国际 GB/T 228—2002，此产品的拉伸强度达到 180 兆帕。用途为经 CNC 机床加工成办公桌承重脚等。				
归类决定	该商品通过铝棒挤压工艺成型，其外观特征符合《税则注释》第七十三章总注释关于"管"的定义，应根据材质归入税则号列 7608.1000。				

序号	734	归类决定编号	Z2006-0488	公告编号	2006 年第 69 号
商品税则号列		7610.9000		公告实施日期	2006 年 11 月 22 日
商品名称	钢铝复合接触轨道及连接附件				
英文名称					
其他名称					
商品描述	钢铝复合接触轨道用于与轻轨车辆集电靴接触，给车辆提供电能，材料为钢铝复合材料（铝材占总重量的 71.57%，不锈钢占 28.43%），导体以高导电率的铝合金为主，接触面为不锈钢带，单根长度 10~15 米，相邻接触轨通过鱼尾板连接，多根连接共同构成一条供电局线路。 接触轨通过玻璃钢绝缘支架架装在离地 20 厘米左右的空中。同时在整个接触轨线路（包括所有的接触轨、弯头、膨胀接头、电缆连接处）上加装防护罩，以减少由于触及接触轨而造成的人员触电危险。				
归类决定	根据《税则注释》关于品目 73.08 的有关钢铁结构体的解释：结构体具有一旦置于某一位置便一般不再改变的特点，它们通常是用条、杆、管、角材、型材、异型材、片、板、宽扁材、带材、锻件或铸件通过铆接、栓接、焊接等方法制得。钢铝复合接触轨及连接附件（鱼尾板、膨胀接头、弯头等）组装后便已符合结构体的定义，故应按铝制结构体归入税则号列 7610.9000。				

序号	735	归类决定编号	Z2006-1305	公告编号	2007 年第 70 号
商品税则号列		7611.0000		公告实施日期	2007 年 12 月 5 日
商品名称	液氮罐				
英文名称					
其他名称					
商品描述	液氮罐为铝制结构，有内外两层，中间为真空层（外壳有一口用于抽真空），罐体内有数个可取出的小容器（挂在罐口处），用于放置生物制品和药品，该商品提供一低温存储空间（液氮作为冷却剂冷却温度可达 -100℃ 以下），用于冷冻细胞以及贮存、运输生物制品和药品。				
归类决定	该商品为利用双层壁进行隔温、未装有冷却液体的循环装置铝制罐，其主要用途是作为低温贮存生物制品和药品的容器。根据《税则注释》对品目 76.12 的规定，该商品既不属于品目 84.19 所列冷却设备，也不属于装压缩气体或液化气体用的铝制容器。根据归类总规则一，应将其按盛装物料用的罐并依实际容积不同归入税则号列 7611.0000 或 7612.9090。				

序号	736	归类决定编号	Z2006-0490	公告编号	2006 年第 69 号
商品税则号列		7616.9910		公告实施日期	2006 年 11 月 22 日
商品名称		零件组合测量支架（柔性夹具）			
英文名称					
其他名称					
商品描述		该商品用于固定被检测的各种汽车总成（如汽车车身、前后车门、左右车身侧围、后底板、前底板、发动机舱、前后轮罩、水盒子等总成件），以便三坐标测量仪对上述总成进行检测。该套商品由航空铝材制成的底板和正方形截面空心支架和夹子、定位器组成。底板和支架上都制有定位孔，用户可根据被测总成的规格调整夹具的尺寸。			
归类决定		该商品为对汽车总成进行检测时的固定支架，包括铝制结构支架、底板、夹子及定位销子等。其支架上开孔并制成空心截面状，使用时将销子插入不同的孔洞中以调节固定位置。 上述商品由铝制构件构成，用于汽车机械检验时的固定，不属于税目 84.66 所列商品范围，其不具备零件特征，实质为金属制固定支架，应按其材料属性确定归类。根据归类总规则一，应将其归入税则号列 7616.9910。			

序号	737	归类决定编号	Z2006-0491	公告编号	2006 年第 69 号
商品税则号列		7616.9990		公告实施日期	2006 年 11 月 22 日
商品名称		卡扣			
英文名称		Clip			
其他名称					
商品描述		该卡扣金属元素含量为铝 94.3%、硅 5.4%，是将铝杆用模具挤压成凹凸连续形状，使用时用专用的打卡机将其切割并挤压在火腿肠等产品的两端，使其不漏气。			
归类决定		根据《税则》第七十六章章注二，铝制异型材应为轧、挤、拔、锻制的产品或其他成型产品，其全长截面相同，上述"卡扣"的生产工艺及状态明显与此不同，故不应按铝制的异型材归类；因该商品为由铝杆加工而成的制品，属《税则》未列名铝制品范畴，应归入税则号列 7616.9990。			

序号	738	归类决定编号	Z2008-0153	公告编号	2008年第83号
商品税则号列		7616.9990		公告实施日期	2008年11月24日
商品名称	机动车配件（防滑板）				
英文名称					
其他名称					
商品描述	该商品材质为铝合金，加工流程为对铝合金板进行主体标准料剪切、连接体标准料剪切、前后倾角剪切、冲压冲孔、起鼓拉伸强化、长边二次折弯呈工字状、转入焊接车间焊接加强筋、打磨、转入包装车间铆合去油后进行组装，组装配件有主体连接车体用的加强筋、铆钉、底部焊接加强筋、尾部焊接连接体、固定螺栓。有长方体直型和长方体弯型，又根据宽度、长度、高度及载重量分为多种规格。用途：用于运输特殊车辆的货车上，是特殊车辆爬货车时用的支撑防滑板。使用时，将防滑板由固定螺栓固定到货车尾部，使用完毕后，卸下固定螺栓和防滑板，并置于车上备用。				
归类决定	该商品不属于《税则》税目83.02所列车厢贱金属附件，也不属于第十七类所列零件或附件，根据归类总规则一，应按材质归入税则号列7616.9990。				

序号	739	归类决定编号	Z2006-0492	公告编号	2006年第69号
商品税则号列		8001.1000		公告实施日期	2006年11月22日
商品名称	锡管				
英文名称					
其他名称	方形管状锡				
商品描述	该锡管是由99.9%以上的锡经简单浇铸且未经锻轧的"方形管状物"，长510毫米，截面为120毫米×120毫米正方形，内截中空面为60毫米×60毫米左右的正方形，壁厚为26.3~30.8毫米，同一轴向壁厚相差2~3毫米，且内截中空面积仅约占整个截面面积的1/4。				
归类决定	方形管状锡经简单浇铸而成，虽然是只有一个闭合空间、内外截面基本为同一形状及同一轴向的空心产品，但由于其壁厚及壁厚差、长度和截面尺寸的比例均不符合管子制成品的规格尺寸，故不能按锡管归类；按其形状特征，属于制造管子的坯料，应按未锻轧锡归入税则号列8001.1000。				

序号	740	归类决定编号	Z2006-0493	公告编号	2006 年第 69 号
商品税则号列		8101.9400		公告实施日期	2006 年 11 月 22 日
商品名称	钛钨靶材				
英文名称	TI W Target				
其他名称					
商品描述	该商品为钛钨合金产品，由 40%钛及 60%钨熔化并放进模具里，高温熔化，冷却后固定而成，呈板片状。规格：443 毫米×125 毫米×9 毫米。用于半导体芯片的制造过程中，使用时通过溅射蒸发到芯片上，作为芯片的电极。				
归类决定	首先，该商品中钨在产品中所占的比重较大，根据第十五类类注五（一）的规定，应作为钨合金制品归入税目 81.01 项下；其次，该商品虽具备无须加工即用于专业行业的特征，但仅由模具高温成形，未经锻轧，因此，根据归类总规则六，应将其归入税则号列 8101.9400。				

序号	741	归类决定编号	Z2007-0039	公告编号	2007 年第 71 号
商品税则号列		8101.9990		公告实施日期	2007 年 12 月 5 日
商品名称	钨切头				
英文名称					
其他名称					
商品描述	该商品直径 1 厘米左右，长度 1~2 厘米，含钨量 99.95%，商检报告认定为不规则钨切头。生产工艺：仲钨酸铵→混料→还原→挤压→烧结→高温旋锻→拉伸（90 厘米）→热处理→检测→切割。用途为可用作生产硬质合金、炼钢等的原料或添加剂。				
归类决定	该钨切头规格为直径 1 厘米左右，长度 1~2 厘米，含钨量 99.95%。生产工艺：仲钨酸铵→混料→还原→挤压→烧结→高温旋锻→拉伸（90 厘米）→热处理→检测→切割。商检报告认定为不规则钨切头。用途为炼钢添加剂。该商品为锻制钨棒的切割制品，根据归类总规则一，应归入税则号列 8101.9990。				

序号	742	归类决定编号	Z2006-1306	公告编号	2007年第70号
商品税则号列		8104.3000		公告实施日期	2007年12月5日
商品名称		触变注射成型用镁合金粒			
英文名称		Magnesium alloy chips for thixomolding			
其他名称		镁合金粒			
商品描述		该触变注射成型用镁合金粒为专门供给触变注射成型用的镁合金材料。其形状为不规则的柱状体，长约1.2~2毫米，宽约1.2~1.8毫米，高约3.5~4毫米，有金属的光亮色泽。其生产工艺：镁锭经坩埚炉熔化→合金化→精炼→静置→铸造→车皮→制粒→筛分等。			
归类决定		该商品属于已按规格大小分类的颗粒，符合《税则注释》关于品目81.04的相关规定，根据归类总规则一，该商品应归入税则号列8104.3000。			

序号	743	归类决定编号	Z2006-1307	公告编号	2007年第70号
商品税则号列		8202.9910		公告实施日期	2007年12月5日
商品名称		金刚石绳锯			
英文名称					
其他名称					
商品描述		该金刚石绳锯的结构为钢丝绳上套有一节节的金刚石环，绳锯尾部接有一节链条，形成链状锯。其工作原理是在预先打好的水平或竖直方向的对穿孔中穿入金刚石串珠绳，接好后置于绳锯飞轮上，然后用电动机驱动飞轮带动金刚石串珠绳循环转动切削石材，同时向锯缝注以充足的水以冷却金刚石串珠及排除锯切岩粉，在锯切的同时绳锯向后行走，使串珠绳保持一定张力和进给速度，直至完成锯切，其用途为用于石料开采、整形、切割以及建筑施工。			
归类决定		该商品的状态实际为一种锯片，主体为钢丝绳，锯齿由金刚石制成。根据《税则注释》关于品目82.02的解释规定，该品目包括手工锯或机械锯的各种锯片，其条款中未排除此状态的锯片。因此，根据归类总规则一，可将其归入税则号列8202.9910。			

序号	744	归类决定编号	Z2007-0040	公告编号	2007 年第 71 号
商品税则号列		8205.5900		公告实施日期	2007 年 12 月 5 日
商品名称	轴承听诊器				
英文名称					
其他名称					
商品描述	轴承听诊器外形类似医疗听诊器，带有金属制探针及听诊端，中间以塑胶管连通。用于机械探伤，根据机械响声和振动来判断机件内腔轴承等部件发生的故障。使用时，机械故障所产生的异响和振动经过塑胶管内腔空气传递到耳朵，通过反复移动，根据异响和振动的强弱变化来判断故障点。				
归类决定	该商品属于非医疗用途，不能归入《税则》税目 90.18 项下，其功能也不符合税目 90.31 的检测或测量器具。根据《税则注释》第八十二章总注释规定，该商品应作为一种金属手工工具或器具归入税则号列 8205.5900。				

序号	745	归类决定编号	Z2008-0048	公告编号	2008 年第 76 号
商品税则号列		8205.5900		公告实施日期	2008 年 10 月 28 日
商品名称	微孔板复制器				
英文名称					
其他名称					
商品描述	该商品由 384 根不锈钢针头、塑料面板部分组成。不锈钢针头可以防止腐蚀及进行蒸汽灭菌。使用方法：人工手持微板复制器塑料端，然后用不锈钢钢针沾上要取样的液体，转移到子板上，简单、便捷、节约时间，用于将少量的接种体从微型培养板（母板）中转移到另一个微型培养板（子板）或其他容器中。每根针大约可以转移 1UL 接种体。如此重复，以实现酵母杂交复制、人工染色体文库复制、抗体敏感性测试、原生质体测试等。该器具不包括计算机、打印机。				
归类决定	该商品的结构、用途符合《税则》第八十二章贱金属制"手工工具"的定义，根据归类总规则一，应归入税则号列 8205.5900。				

序号	746	归类决定编号	Z2009-0046	公告编号	2009年第5号
商品税则号列		8205.5900		公告实施日期	2009年1月20日
商品名称	电缆穿线器				
英文名称	Glassfibre duct rod				
其他名称					
商品描述	该电缆穿线器用作黏结管道内手工操作牵引电缆，结构包括3层：内层是可承受一定拉力的铜质内芯，中间层是保护铜芯的防腐蚀玻璃纤维加强芯，最外层是光滑、牢固、耐用的高密度聚乙烯外壳。进口时穿线器缠绕在镀锌钢轮架的中心滚珠轴承上，一端固定在轮架上，轮架底部装有两个塑料脚轮，使操作更具灵活性。使用时，穿线器另一端与需牵引的电缆相连，手工牵引电缆穿过管道。该商品具有固定尺寸，一端与轮架固定，另一端通过环、卡及类似装置与需牵引的电缆相连，通过手工引电缆穿过管道。				
归类决定	根据归类总规则一及《税则注释》对品目82.05的描述，该商品应归入税则号列8205.5900。				

序号	747	归类决定编号	Z2006-1308	公告编号	2007年第70号
商品税则号列		8207.3000		公告实施日期	2007年12月5日
商品名称	铸铁制模具毛坯				
英文名称	Casting parts（GGG70L）				
其他名称					
商品描述	该项商品为某汽车模具所需铸铁材料。该铸铁材料是将熔化铁水经连续浇注成型、未经任何加工的原始铸铁材料。为减轻材料重量、减少加工量、避免材料浪费、降低采购成本，其具备一定的初级形状。其需经过表面粗铣加工→装配部件、结构件→半精加工→精加工→人工打磨→热处理→调整→试压等多道工序加工（包括钻、铣、刨、磨、热处理等），方能作为模具使用。				
归类决定	该商品是将熔化铁水经连续浇注成型，从其加工工艺角度来看与税目72.07所列在炼钢过程中经连续铸造制成的半制成品不同，且该铸铁模具毛坯已具备冲压模具制成品的基本特征，根据归类总规则二（一），应将其归入税则号列8207.3000。				

序号	748	归类决定编号	Z2006-1309	公告编号	2007年第70号
商品税则号列		8207.3000		公告实施日期	2007年12月5日
商品名称	金属钻子				
英文名称	Drill blanks				
其他名称					
商品描述	该商品为银灰色圆柱状，有金属光泽，长约90毫米，圆切面直径约4毫米，一端磨平，一端弧形凸出。经分析鉴定，含C 6.0%、V 2.1%、Cr 4.1%、Fe 76.1%、Mo 4.4%、W 7.3%。该批商品共有3种型号SIZE4.0、SIZE4.3、SIZE4.7，装于铆钉机上，用于冲压空心扣子。该商品的制造流程：将经过筛选的长500毫米的直、圆金属料用剪针机器剪切成所需长度，如95毫米、100毫米、150毫米等，再进行真空热处理将硬度由20度提高到63度，然后用精确研磨机将一端研磨成弧形凸出，一端磨平。用打标机进行标记后，涂上防锈油，即成为此时商品状态。根据不同的需求再次研磨出不同的弧度，裁切、抛光后才能投入使用。				
归类决定	该金属钻子也称模针半成品。其成品用于铆钉机，作为冲压扣子的冲头使用，是冲压工具的零件。虽然该商品还需进一步加工才能使用，但其已经具备了冲头的基本特征，根据《税则》第八十二章章注二的规定，应按冲压工具归入税则号列8207.3000。				

序号	749	归类决定编号	Z2006-0497	公告编号	2006年第69号
商品税则号列		8301.4000		公告实施日期	2006年11月22日
商品名称	无线指纹锁				
英文名称	Wireless fingerprint lock				
其他名称					
商品描述	它通过指纹的采集与对比，来控制锁的开启。除具有锁的功能外，它还具有报警功能，并可拨打手机、BP机及固定电话报警。它可应用于住宅、档案室、监狱、办公室等场合。				
归类决定	该商品虽具有多种功能，但仍以锁为主要功能。依照《税则注释》对锁具的解释，该无线指纹锁可按其他锁归入税则号列8301.4000。				

序号	750	归类决定编号	Z2007-0041	公告编号	2007 年第 71 号
商品税则号列			8301.7000	公告实施日期	2007 年 12 月 5 日
商品名称		奥迪车发送单元用钥匙座			
英文名称					
其他名称					
商品描述		该奥迪车发送单元用钥匙座型号为 1TO 837 246 ROH，为汽车无线钥匙发送单元的壳体部分，由一个可折叠贱金属钥匙的毛坯和塑料座组成。塑料壳体内置芯片，芯片用于写入并记录汽车的防盗数据，芯片经过写入后，会通过磁感应将信息传给车辆的防盗装置，其写入要在销售使用环节进行。贱金属钥匙的毛坯要通过一系列后续加工、电脑匹配才能用作黏结钥匙。钥匙与芯片同时使用才能打开车门，启动发动机。				
归类决定		该商品实际为开启机动车锁用贱金属钥匙的毛坯，根据《税则注释》关于品目 83.01 的解释规定，该品目包括贱金属钥匙的锻坯件或压坯件。根据归类总规则一，该商品应归入税则号列 8301.7000。				

序号	751	归类决定编号	Z2009-0120	公告编号	2009 年第 32 号
商品税则号列			8302.2000	公告实施日期	2009 年 6 月 12 日
商品名称		支架（输送机零件）			
英文名称					
其他名称					
商品描述		该商品为装有两个轮子的铁支架，轮子的材质为尼龙或铁制，用于输送机，起导向作用，共有三种规格，分别为：A1848-1，白色塑料尼龙轮，承载 150 千克，外径 50.88 毫米，内孔尺寸 9.5 毫米；A1852-1，铁制轮，承载 200 千克，外径 57.5 毫米，内孔 18.8 毫米；A1828-1，黑色塑料轮，承载 150 千克，外径 50 毫米，内孔 18.8 毫米。				
归类决定		该商品状态符合《税则》第八十三章章注二关于"脚轮"的定义及《税则注释》对品目 83.02 项下"小脚轮"的解释，应归入税则号列 8302.2000。				

序号	752	归类决定编号	Z2006-0498	公告编号	2006 年第 69 号
商品税则号列		8302.3000		公告实施日期	2006 年 11 月 22 日
商品名称	牵引车支撑器				
英文名称	Cargo bar				
其他名称					
商品描述	该商品主要是由两只橡胶或塑料包铁块的脚垫、两根直径大小不一的铝管或铁管（管的长短由集装箱参数设定）和一只机械爬高机组成（机械爬高机是由铝合金、球墨铸铁机加工而成）。此商品是用于集装箱或其他箱式车运货时支撑的货物，免于货物倒塌。				
归类决定	牵引车支撑器实为货物的支撑架，用于集装箱或其他箱式车运货时支撑货物，免于货物倒塌。该商品主要由两只橡胶或塑料包铁块的脚垫、两根直径大小不一的铝管或铁管（管的长短由集装箱参数设定）和一只机械爬高机组成（机械爬高机是由铝合金、球墨铸铁机加工而成）。该商品符合《税则注释》关于品目 83.02 的解释，故应归入税则号列 8302.3000。				

序号	753	归类决定编号	Z2007-0042	公告编号	2007 年第 71 号
商品税则号列		第八十四章		公告实施日期	2007 年 12 月 5 日
商品名称	液化天然气生产线				
英文名称					
其他名称					
商品描述	液化天然气生产线由天然气净化单元、天然气液化单元两部分组成，其中天然气净化单元主要由原料气入口过滤/分离器、胺洗涤塔和氨气提塔、摩尔分子过滤/分离器等设备构成。主要用途：脱固体颗粒、脱 CO_2、脱水、脱苯。天然气液化单元采用的工艺为阶式制冷循环工艺，主要设备是冷剂换热器、冷剂压缩机、冷剂压缩机电机、LNG 气/液分离储罐等。净化的天然气首先进入中压丙烷蒸发器预冷，再经低压丙烷蒸发器和中压乙烯蒸发器降温，之后进入苯吸收塔分离重烃和苯，经低压乙烯蒸发器冷却和冷箱深冷形成天然气液态和气态混合物，混合物进入 LNG 分液储罐，分离液、气形成液态天然气。				
归类决定	从该液化天然气生产线的整体来看，其具备气体净化和气体液化两种功能，不符合《税则》第十六类类注四有关功能机组"组合后明显具有一种第八十四章或第八十五章某个品目所列功能"的描述，应当分别归类。该生产线中天然气净化单元设备组合后，明显具有税目 84.21 "气体的过滤、净化装置" 所列功能，根据归类总规则一及六，可将天然气净化单元一并归入税则号列 8421.3990；天然气液化单元设备组合后，明显具有税目 84.19 "利用温度变化处理材料的装置" 所列功能，根据归类总规则一及六，可将天然气液化单元一并归入税则号列 8419.6090。				

序号	754	归类决定编号	Z2006-0815	公告编号	2006年第69号
商品税则号列		第八十四章或第八十七章		公告实施日期	2006年11月22日
商品名称		奔驰消防指挥车			
英文名称					
其他名称					
商品描述		消防指挥车的型号为奔驰MZF。该车装有警灯、可折叠会议桌及座椅，车上放置手提强光灯、水泵等物品。			
归类决定		奔驰消防指挥车未经充分实质性改装，不符合《税则》税目87.05特种车的标准，故应按原车型与车内物品分别归类。			

序号	755	归类决定编号	Z2006-1310	公告编号	2007年第70号
商品税则号列		8402.1900		公告实施日期	2007年12月5日
商品名称		废热锅炉			
英文名称					
其他名称					
商品描述		废热锅炉（申报品名）型号为E1905，内部装有换热管、隔热层。工作过程：利用制氢反应生成的高温气体（895℃）通过换热管，与管外的水进行热交换。水被加热蒸发进入汽包中，作为制氢反应的原料。同时管内气体被降温至282℃，进入下一环节。			
归类决定		该商品符合《税则注释》对锅炉的描述，"本组包括产生水蒸气或其他蒸气（例如，汞气）的设备，用以驱动原动机（例如，汽轮机）或其他使用蒸汽动力的机器（例如，气锤及气泵），或给加热、烹煮、消毒等设备供应蒸汽"，属烟管式余热锅炉，且蒸发量小于900吨/小时，符合《税则》税目84.02及其子目条文的描述。根据归类总规则一及六，应将其归入税则号列8402.1900。			

序号	756	归类决定编号	Z2006-0499	公告编号	2006年第69号
商品税则号列		8402.9000		公告实施日期	2006年11月22日
商品名称	碱炉压力件				
英文名称	Recovery boiler-pressure parts				
其他名称					
商品描述	碱回收炉主要由碱炉压力件组成，整个锅炉的主要功能是燃烧制木浆过程中产生的黑液，以达到回收烧碱，生产蒸气保护环境的目的。此次进口的碱炉压力件是由许多中空外缘有翼的管子并列相连经焊接组成的平面板，多个平面板相围即成为碱回收炉的方形炉膛（炉底也为压力件组成）。一套完整的碱回收炉除碱炉压力件外还包括钢结构件、炉体管线、节热器、灰处理器、液体泵、风扇和流量、压力表等部件，其功能是燃烧制木浆过程中产生的黑液，从而生产蒸气并回收烧碱。工艺过程：将制浆过程中产生的黑液喷入碱回收炉的炉膛内成颗粒状下落到低部燃烧，黑液中的有机物作为燃料燃烧产生热量，用于加热管道中的冷水，以产生蒸气；黑液中的无机物熔融从炉膛低部流出，溶解成为以碳酸钠为主要成分的溶液，可用以生产烧碱。				
归类决定	该商品以产生蒸气为主要功能，因此属税目84.02所列蒸气锅炉，根据《税则》第十六类类注二（二）关于机器零件的归类规定，碱炉压力件应作为碱回收炉的零件归入税则号列8402.9000。				

序号	757	归类决定编号	Z2006-1311	公告编号	2007年第70号
商品税则号列		8403.10		公告实施日期	2007年12月5日
商品名称	沼气锅炉				
英文名称					
其他名称					
商品描述	该沼气锅炉共4台，均为以沼气为燃料的热水锅炉，用于集中供暖。				
归类决定	该沼气锅炉是以沼气为燃料的热水锅炉，用于集中供暖，符合《税则注释》品目84.03的商品描述。根据归类总规则一及六，该设备可作为集中供暖用的热水锅炉归入税则子目8403.10项下。				

序号	758	归类决定编号	Z2008-0050	公告编号	2008年第76号
商品税则号列		8405.1000		公告实施日期	2008年10月28日
商品名称	自热水式柴气炉					
英文名称						
其他名称						
商品描述	燃料仓 ϕ 400×600。RQ-A型自热水式柴气炉原理：将柴草秸秆加入燃料仓后发生热化反应生成一氧化碳（CO）、氢气（H_2）、甲烷（CH_4）等可燃气体。功能为经气管输送至灶台锅架内的燃烧器同天然气一样进行燃烧。用途为煮饭、洗澡。主要构成为燃气炉、过滤器、燃烧器、开关、输气管、排气阀、出渣口、进水口、风机、存水湾。成分为镀锌板。燃料仓外部可储存水，在产生可燃气体的同时可加热水。该设备主要用于家庭供水、供气。				
归类决定	该自热水式柴气炉通过热反应将柴草秸秆反应生成可燃气体，工作时还可以加热燃料仓外部储存的水，以便产生热水供生活使用，为多功能机器。其主要功能为通过热化反应生成一氧化碳（CO）、氢气（H_2）、甲烷（CH_4）等可燃气体，符合《税则》税目84.05的商品描述，根据归类总规则一及六，应归入税则号列8405.1000。				

序号	759	归类决定编号	Z2009-0047	公告编号	2009年第5号
商品税则号列		8405.1000		公告实施日期	2009年1月20日
商品名称	粗合成气煤气化生产线					
英文名称	Coal gasification plant of raw synthesis gas					
其他名称						
商品描述	该粗合成气煤气化生产线包括煤粉输送和气化的核心设备，主要由进料器过滤器滤芯，供气装置，密度、流量测量仪表，进料容器，煤仓松动装置，锁斗松动装置，气化炉，燃烧器组成。其工作原理：煤粉在前面工序的煤粉仓，由松动元件通过高压气体对其进行松动（锁斗内件也起到了内部煤粉的松动作用），然后送入进料容器，此间为了保证进料容器压力稳定，需通过过滤器及时排出携带的气体。进料容器将煤粉充分搅动，并在高压气体的作用下，将煤粉吹入通向气化炉的管道，同时为了精确计量输送煤粉的量，输送管道上设有密度和流量测量仪表。煤粉是通过结构复杂的组合烧嘴进入气化炉中的，烧嘴有3层水冷和煤粉、水蒸气、氧气、氮气、燃料气的通道结构，烧嘴头采用了耐高温的高镍合金。通过烧嘴进入气化炉的物料，在炉中发生复杂的化学反应，最后生成下游装置所需要的大量一氧化碳和氢气。				
归类决定	该生产线是5套完整的煤气发生装置，由气化炉、燃烧器、送煤装置等部件组成，通过管、缆、线连接，其生产煤气的功能在《税则》税目84.05中列名，符合《税则》十六类类注四关于功能机组的归类规定，根据归类总规则一及六，应按煤气发生器归入税则号列8405.1000。				

序号	760	归类决定编号	Z2006-0502	公告编号	2006 年第 69 号
商品税则号列		8407.3410		公告实施日期	2006 年 11 月 22 日
商品名称	发动机零件					
英文名称						
其他名称						
商品描述	发动机部分的零件除发电机、起动马达、曲轴轴承 1 套 5 件、连杆轴承 1 套 4 件等未进口外，其余零件基本进口（其中发动机缸体、缸盖、轴承端盖等为毛坯件）。该发动机排气量为 2 000 毫升，NISSAN 牌，型号为 SR-2L。				
归类决定	由于发电机和起动马达不是发动机的基本组成部分，而曲轴轴承、连杆轴承的缺少也不影响该套零件的基本特征。因此根据归类总规则二（一），该套发动机零件已具有整机特征，应作为点燃往复式发动机归入税则号列 8407.3410。				

序号	761	归类决定编号	Z2006-0503	公告编号	2006 年第 69 号
商品税则号列		8408.2010		公告实施日期	2006 年 11 月 22 日
商品名称	发电机组用发动机					
英文名称						
其他名称	柴油发动机					
商品描述	柴油型发动机，功率为 330 马力，可用于汽车、拖拉机和轻型坦克等，也可以改造成发电机组用发动机。改造成发电机组用发动机时，需要加装一个电子调速器，将转速恒定在每分钟 1 500 转。				
归类决定	该发动机主要用于车辆，如汽车、拖拉机等，也可将其用于小功率的坦克，如轻型坦克。同时，通过加装调速器后，还可以用于发电机组。该发动机主要用于车辆，如汽车、拖拉机等，根据八十四章章注七对多用途设备的归类原则，应根据其主要用途进行归类，根据归类总规则一及六，应将其归入税则号列 8408.2010。				

序号	762	归类决定编号	Z2008-0154	公告编号	2008年第83号
商品税则号列		8409.9910		公告实施日期	2008年11月24日
商品名称	柴油机气缸注油器				
英文名称					
其他名称					
商品描述	该商品品牌为MITSUI MAN B&W，型号为ALPHA。主要由注油器单元、负荷传送器、角度编码器、转速传感器、泵站及其起动器、控制单元、界面板等组成。其工作原理：利用负荷传送器、角度编码器、转速传感器感应柴油机运行的实际转速、负荷等，由控制单元自动控制调整注油器喷射到气缸的润滑油，泵站用于将有一定压力的润滑油输送到注油器单元。				
归类决定	上述商品由多个部件组成，各部件之间通过缆线或管道连接，具有向船舶用柴油机供润滑油的功能，符合税目84.09及其子目条文的描述，根据归类总规则一及六，应按其他船舶发动机用零件归入税则号列8409.9910。				

序号	763	归类决定编号	Z2006-0506	公告编号	2006年第69号
商品税则号列		8412.2100		公告实施日期	2006年11月22日
商品名称	液压操作机构				
英文名称	Hydraulic operating mechanism				
其他名称	高压断路器用操作机构				
商品描述	商品为IMEC-20液压操作机构，是电网用高压断路器配套使用的一种专用操作机构，主要由油泵、电机、电磁线圈、活塞、阀门等组成。其主要动作原理是利用活塞两侧的压力差来驱动断路器的分合闸动作。它是断路器的组成元件之一，不能独立工作。由于断路器结构性能的特殊性，其动作的速度、触头运动的距离、各闭锁压力的设定都有特殊要求，故该商品仅使用于该公司生产的断路器，无其他用途。				
归类决定	该商品主要由油泵、电机、电磁线圈、活塞、阀门等组成。其主要动作原理是利用活塞两侧的压力差来驱动断路器的分合闸动作。按照《税则注释》对液压动力装置的规定，符合品目84.12"其他动力装置"的描述，根据归类总规则一及六，应将其归入税则号列8412.2100。				

序号	764	归类决定编号	Z2008-0155	公告编号	2008 年第 83 号
商品税则号列		8412.2100		公告实施日期	2008 年 11 月 24 日
商品名称	离合器分泵				
英文名称					
其他名称					
商品描述	该商品由液压油的进出管道和运动活塞及其缸体组成。工作原理：驾驶人员踩下离合器踏板，推动离合器总泵的活塞运动，产生的压力由液压油通过管路传递至离合器分泵，随即推动分泵内的活塞向离合器分离轴承运动，从而切断发动机传递至变速箱的动力。				
归类决定	该商品将外接的液压油传向活塞的一侧，推进活塞运动，将液体的能量转化成直线运动的动能，符合《税则》税目 84.12 及其子目条文的描述，根据归类总规则一及六，应将其按直线作用的液压动力装置归入税则号列 8412.2100。				

序号	765	归类决定编号	Z2010-0024	公告编号	2010 年第 15 号
商品税则号列		8412.2100		公告实施日期	2010 年 2 月 28 日
商品名称	驱动机构				
英文名称					
其他名称					
商品描述	该驱动机构是专为高压开关断路器（主要由电气部分和机械操作部分组成）而设计制造的。驱动机构是机械操作部分的重要组成部分，是一个动力传递机构，本身无动力产生装置，外部连接着泵和提升杆。驱动机构主要由管、油箱、主阀、活塞、活塞缸、基座等组成（泵不是驱动机构的组成部分）。操作时，泵提供的动力将液压油打进驱动机构的管道内，同时开启主阀，利用油压推动活塞运动，从而推动提升杆上下运动，实现高压开关的开合闸。因高压开关安全性能要求很高，此驱动机构设计制造精度高，工艺复杂，且只用于高压开关断路器上。				
归类决定	该驱动机构由管、油箱、主阀、活塞、活塞缸等部件安装在同一基座上构成。其功能是以液压油为传递介质，将外接泵的动力转化成活塞的直线式机械运动输出。《税则注释》品目 84.12 的"液压动力装置"既包括液压缸、液压马达等将液压动力转化成直线或旋转式机械运动输出的装置，又包括带有电动机、液压泵等能够自行产生液压动力，并转化成直线式机械运动输出的液压系统。该驱动机构符合《税则注释》品目 84.12 项下"液压动力装置"的描述，根据归类总规则一及六，应按直线作用的液压动力装置归入税则号列 8412.2100。				

序号	766	归类决定编号	Z2006-0508	公告编号	2006 年第 69 号
商品税则号列			8412.2990	公告实施日期	2006 年 11 月 22 日
商品名称		液压马达驱动系统			
英文名称					
其他名称					
商品描述		所进口大扭矩液压马达驱动系统，型号为 MB800-CN，包括液压马达、动力站、控制器、扭力臂、编码器、编码器安装架、循环阀、管路、滤芯备件、驱动密封装置、控制电缆、遥控控制台等共 5 套及有关安装工具，是糖厂蔗糖榨机的驱动系统。			
归类决定		《中国大百科全书》中对液压马达定义：液压传动中的一种执行元件，功能是把液体的压力能转换为机械能以驱动工作部件。 由于该商品已经超出了液压马达的范围，符合《税则注释》中有关液压系统的描述，故应归入税则号列 8412.2990。			

序号	767	归类决定编号	Z2006-0509	公告编号	2006年第69号
商品税则号列		84.13		公告实施日期	2006年11月22日
商品名称	输送屏蔽电泵				
英文名称					
其他名称					
商品描述	结构：立式屏蔽电泵，其内部结构中上部为一立式电动机、下部为工作部件（通流元件），电动机的转子和泵的传动部件为一体，泵由以下几个部分组成： 1. 泵总成：包括电动转子、定子及一体的泵通流元件、导向装置、诱导轮、特殊的入口阀等部件，其作用是将电能通过电动机及泵的通流元件转化成被输送介质的机械能； 2. 电气总成：包括耐超低温绝缘的各种接线盒、各种环氧脂密封的耐低温特殊接头等，作用是将电流输入泵的接线端子； 3. 端部盖板总成：包括端盖板焊接件、各种紧固件、填料箱、各种密封元件等。该盖板为泵所在的泵柱的端部盖板，各种电气及仪表接线通过盖板及泵柱腔体接入泵体； 4. 动力电缆总成：包括动力电缆及固定件、提升绳索、电缆导向装置等，该部分为电源输入的导线，电流通过其输入泵体； 5. 速度测量系统：包括转速测量系统总成、信号电缆总成、加速度计、各种固定件、环形夹、3500系列测速系统说明等。该部分为泵的监测系统，通过一次仪表元件将测量到的泵的转速、加速度等信号送往主控制室的自动数据处理系统。 特点：该泵为潜入式深冷立式屏蔽泵，泵的通流元件及驱动电机的定子、转子、配套电缆和仪表测量系统均长期浸泡在LNG液体中。 主要参数：工作介质温度为-162℃；流量为每小时320立方米；扬程为120米；浸入式电动机的功率为110千瓦。				
归类决定	上述商品为一体式商品应作为组合机器一并归类，其主要功能为液体泵，应一并归入税目84.13。				

序号	768	归类决定编号	Z2006-0510	公告编号	2006年第69号
商品税则号列		84.13		公告实施日期	2006年11月22日
商品名称	动力站				
英文名称	Hydraulic power pack				
其他名称					
商品描述	该商品动力站，英文名称为"Hydraulic power pack"，型号为L-400，产地为中国香港。该商品主要由电马达、液压泵、油箱、方向控制阀、高压和低压压力阀、阀板、液控单向阀和回油过滤器等组装在一起。动力站通过管道与泡沫成型机上的液压缸连接，液压缸受液体压力作用做直线运动（液压缸未进口），动力站和液压缸组成了液压系统。动力站工作原理是：液压油在油箱内被液压泵吸入、加压后通过管道经阀板及方向控制阀输出一定压力和流量，作用于液压缸，液压缸将受压液体（液压油）的能量转换成机械能，从而做伸缩运动促使泡沫成型机模具开合。				
归类决定	上述商品的结构与《税则注释》有关的液压系统中的"液压动力装置"的构成完全一致。"液压系统，由液压动力装置（主要由液压泵、电动机、控制阀及油箱组成）、液压缸及连接液压缸和液压动力装置所需的管道构成，整套设备构成第十六类注释四所述的功能机组（参见本类的总注释）。"但此次商品中液压缸没有一并进口，因此功能机组中的其他商品应根据其实际功能进行归类。查阅英文注释对《税则注释》黑体标题部分"液压动力装置"的原意为"Hydraulic power engines and motors"，即液压发动机、液压马达，其共同特点都是液压系统中的执行器；《税则注释》"液压系统"中"液压动力装置"的原意为"Hydraulic power unit"，即液压动力源。因此，由液压泵、电动机、控制阀及油箱组成的动力站不应按品目84.12的液压动力装置进行归类。 该商品由电马达、液压泵、油箱、方向控制阀、高压和低压压力阀、阀板、液控单向阀和回油过滤器等组装在一起，其结构符合第十六类类注三关于组合机器的描述，由于对外输出压力油是其主要功能，因此应将该商品按液压泵进行归类。 该商品属于液体泵的一种，根据归类总规则一，应将其归入税目84.13。				

序号	769	归类决定编号	Z2006-0511	公告编号	2006 年第 69 号
商品税则号列		8413.1900		公告实施日期	2006 年 11 月 22 日
商品名称	移液器				
英文名称	Pipettes etc.				
其他名称					
商品描述	移液器为定量液体的转移工具，主要用于医药卫生、大专院校、化工和科研单位实验室，当需要改变移动液体容量时，只需调节移液器上的旋转按钮即可完成设定。由容量调节机构、吸液操作柄、排液部分、活塞杆和活塞套、连续式管嘴等组成，其基本原理是利用手动活塞产生的吸力或压力将液体吸入或排出。				
归类决定	根据《税则注释》对品目 84.13 的说明，该移液器与带有计量装置的手动液体提升泵最相类似，根据归类总规则四，该移液器应归入税则号列 8413.1900。				

序号	770	归类决定编号	Z2006-1312	公告编号	2007年第70号
商品税则号列		8413.1900		公告实施日期	2007年12月5日
商品名称	冰箱式水质采样仪				
英文名称					
其他名称					
商品描述	结构：冰箱柜体、控制器、管路系统（含蠕动泵、乙烯吸管、过滤器等）。 功能：可以按照累积流量和参数测量来进行智能采样，通过先进的控制器，通过选择不同的程序方式，进行水体的采样，满足水质分析使用样品的可靠性。具有SDI-12模块使采样仪成为即插即用式的仪器。 工作原理：用户通过控制器，使用多种编程模式，设定采样仪按照需要进行相应的工作，并启动管路系统抽水，用放在冰箱柜体内的样瓶保存通过管路系统采集的水体样本，多种采样瓶配置可以满足各种不同的采样需求，控制器可以快速，简便地实现所有采样需要，在有风、蒸汽、泡沫、湍流或气温波动的现场都能进行精确的测量。该采样仪适用于小型管道，即使在有淤泥和沙子覆盖时，也能精确地传感压力。				
归类决定	该商品对管路中的水样进行取样，并可以冷却保存，本身不具备对样品的检测功能，因此不属于《税则》税目90.27的商品范围。该商品具有液体泵吸取水样、冷却以及数据储存功能，其中泵吸取样功能为其最主要的功能。根据《税则》第十六类类注三有关组合机器的归类规定，该商品应当按照液体泵归入税目84.13项下。其根据程序要求可以定量取样，根据归类总规则一及六，应当按照装有计量装置的泵归入税则号列8413.1900。				

序号	771	归类决定编号	Z2009-0121	公告编号	2009年第32号
商品税则号列		8413.1900		公告实施日期	2009年6月12日
商品名称	一体化污泥抽取机				
英文名称					
其他名称					
商品描述	该设备由前后移动系统、离心式污泥抽取泵、控制系统3个部分组成。该设备用于污水处理厂的澄清污泥池。整个系统由缆线与控制系统连接，通过自动控制系统的操作，可完成一体化污泥抽取机的自动化运行。其工作原理：污泥的抽取是通过离心式污泥抽取泵为动力，污泥由池底的污泥管经离心式污泥泵抽除。该泵运行时，由控制系统通过控制线发出信号，按照工艺要求及实际运行情况，设定污泥浓度最大值为8克/升，最小值为3克/升，从污泥浓度最小值到最大值所需回流污泥量为1 760立方米。控制系统对污泥泵进行时间控制，控制系统自动记录污泥泵运行状况，当抽取污泥量达到1 760立方米时，污泥浓度达到最大值8克/升，污泥泵自动停止运行。随着水的稀释作用，污泥浓度逐渐减小，当达到最小值3克/升时，污泥泵自动恢复运行，继续工作。				
归类决定	该商品由前后移动系统、离心式污泥抽取泵、控制系统3个部分组成，组合后明显只为《税则》税目84.13所列功能工作，符合"功能机组"的定义，根据归类总规则一及第十六类类注四、六，应按装有计量装置的泵归入税则号列8413.1900。				

序号	772	归类决定编号	Z2010-0025	公告编号	2010年第15号
商品税则号列		8413.1900		公告实施日期	2010年2月28日
商品名称	电动齿轮多重密封（计量）泵				
英文名称					
其他名称					
商品描述	电动齿轮多重密封（计量）泵型号：CHEM716-8、CHEM1100-8/1、POLY6100-11、POLY3200-10、BOOSTER3200-10、BOOSTER6100-11。多重密封（计量）泵工作原理：利用齿轮啮合时对物料的挤压作用，使得高温（275℃~295℃）、高压（≤250Bara）、高黏度（I.V.=0.5~0.7）的纺丝熔体得以稳定、定量（设定、控制和显示装置产量）的输送并使管路物料得以增压（正压到高压即60Bara~250Bara）；并通过增压来弥补纺丝熔体在输送过程中的压力损失（压力降）；采用螺旋迷宫式阻隔，使高温、高压、高黏度的高分子熔体得以密封，防止泄漏。泵的流量均大于8 200升/小时。电动齿轮多重密封（计量）泵在一定温度下的泵供量（不可压缩）是固定的，计量泵运行由电机驱动，泵的转速信号通过转速传感器测得，检测到的信号由配套连接的仪表电缆远传至中央控制系统，并经过精确计算后在电脑画面上进行显示（包括显示流量瞬时值和累计量，泵的流量=泵供量×转速）。生产工艺上通过读取泵的流量来设定、调节和控制整条纺丝生产线的生产产能，其信号传送距离最大为3 000米。				
归类决定	该商品有多个型号，是一种齿轮泵，带有安装转速传感器的接口，通过外接的传感器和控制装置可以精确计量泵内的流量（亦即单位时间内的液体容积），属可装计量装置的泵，符合《税则注释》中子目8413.19的注释的描述"这些子目仅包括各种类型装有或可装液体排出量容积测控装置的泵，不论其测控装置是否与泵同时报验"，根据归类总规则一及六，应按其他可装计量装置的泵归入税则号列8413.1900。				

序号	773	归类决定编号	Z2006-0512	公告编号	2006年第69号
商品税则号列		8413.2000		公告实施日期	2006年11月22日
商品名称	塑料瓶泵				
英文名称					
其他名称					
商品描述	该塑料瓶泵用塑料制成，由泵体和瓶嘴两部分组成，用于玉兰油多效修护霜的包装（市面有售），也起到瓶盖的作用。用手指按压时，通过泵体下方的吸口位将霜体带出。				
归类决定	由于该喷头无喷雾装置，只是将液体从瓶中泵出，根据其功能，应按手动液体泵归入税则号列8413.2000。				

序号	774	归类决定编号	Z2006-1313	公告编号	2007年第70号
商品税则号列		8413.3030		公告实施日期	2007年12月5日
商品名称	液压泵				
英文名称					
其他名称					
商品描述	品牌为Rexroth，型号为A4VSO型斜盘结构轴向柱塞变量泵系列，专为开式回路液压驱动设计。泵的流量正比于泵的转速和排量，调节其斜盘倾角可进行排放的无级调节。 基本参数： 1. 位置控制斜盘结构； 2. 无级变量； 3. 额定工作压力350帕，峰值压力400帕； 4. 模块化设计； 5. 有斜盘角度指示器； 6. 可用HF液体工作，但运行参数有所降低。 工作原理：油泵在活塞式内燃发动机的带动下偏心轮旋转，使柱塞在缸体内上下移动。当柱塞向下移动时，缸体内的密封容积增大，使内压力降低，靠近油压系统的单向阀关闭，当压力减小到低于大气压时，形成真空，油箱内的油液在大气压的作用下顶开靠近油箱的单向阀，实现吸油。当柱塞向上移动时，工作腔内的容积逐渐减小，油液受到柱塞的挤压后压力升高，靠近油箱的单向阀关闭，当压力升高到一定数值时，靠近油压系统的单向阀被打开，油液进入油压系统。这样油压泵就将活塞式内燃发动机的机械能转化为液压的压力能。该油泵的用途为"活塞式内燃发动机用的润滑油泵"。				
归类决定	该商品为柱塞泵，是往复式排液泵中的一种类型，同时，该泵是用于活塞式内燃发动机的润滑油泵，因此，符合《税则》税目84.13及其子目条文"活塞式内燃发动机用的燃油泵、润滑油泵或冷却剂泵"的描述，根据归类总规则一及六，应将其归入税则号列8413.3030。				

序号	775	归类决定编号	Z2006-0513	公告编号	2006年第69号
商品税则号列		8413.50		公告实施日期	2006年11月22日
商品名称	液压往复式排液泵					
英文名称	Reciprocating hydraulic pump					
其他名称						
商品描述	液压往复式排液泵包括泵体和电机,其中电机仅为液压系统提供动力,而由液压系统推动泵运转。					
归类决定	该排液泵应按直接驱动泵工作的动力方式确定其在《税则》子目8413.50项下的具体归类。					

序号	776	归类决定编号	Z2006-0514	公告编号	2006年第69号
商品税则号列		8413.5010		公告实施日期	2006年11月22日
商品名称	隔膜网气动泵					
英文名称	Air-operated diaphragm pumps					
其他名称	喷射泵					
商品描述	隔膜网气动泵的主要部件:空气阀、连杆、两个隔膜网、球阀、外壳以及若干密封圈,压缩空气通过空气阀进入隔膜腔,使连杆左右移动。当隔膜片之间的连杆向左移动时左边的隔膜片同时向左产生变形,由于左边隔膜片的变形将左边腔体里的液体排出隔膜泵,同时右边隔膜片的变形增大了右边腔体的容积并产生一定的负压使外部的液体进入到右边的腔体里;同样的,当连杆向右边移动时,左边隔膜片的变形使外部的液体进入左边腔体里,右边隔膜片的变形将右边腔体里的液体排出泵体。这两次隔膜片的变形位移的完成,就形成了隔膜网气动泵完整的工作循环。隔膜片是由一种合成材料制成。					
归类决定	该商品属于气动式隔膜泵,根据《税则注释》对往复式排液泵和隔膜泵的描述,隔膜泵属于往复式排液泵的一种,符合品目84.13及其子目条文的描述,根据归类总规则一及六,应将其按气动往复式排液泵归入税则号列8413.5010。					

序号	777	归类决定编号	Z2006-0516	公告编号		2006年第69号
商品税则号列		8413.9100		公告实施日期		2006年11月22日
商品名称	泵芯					
英文名称	Pump core					
其他名称						
商品描述	该泵芯是轿车燃油泵的组成部件，起疏通油路的作用。整个泵芯由一层铝制外壳包围，内部有一电机转子，接一塑料制涡轮叶片，上部安装了一个塑料出油口。					
归类决定	虽然泵芯是整个燃油泵的关键件，但泵芯须装上塑料外壳和其他零件后才具有泵的功能，故泵芯未能构成燃油泵的基本特征，应按燃油泵的零件归入税则号列8413.9100。					

序号	778	归类决定编号	Z2008-0052	公告编号	2008 年第 76 号
商品税则号列		8414.1000		公告实施日期	2008 年 10 月 28 日
商品名称	真空泵				
英文名称					
其他名称					
商品描述	真空泵由外壳、转子、盖板、叶片、吸入接头、进油口、出油口及其他辅助部件组成。真空泵的工作原理：通过齿轮与汽车发电机的轴连接在一起的真空泵转子和外壳的中心是偏心的，并且呈放射状的沟槽中装有叶片。当转子旋转的时候，由于离心力的作用，叶片飞出与外壳的内腔滑动摩擦，由叶片分成的 4 个空间随着旋转而体积发生变化。连接吸入接头的空间通过接头吸入的空气体积最大，吸入的空气在其他 3 个空间被逐渐地压缩，并通过吐出接头排出，经过循环往复，空气由吸入接头吸入，通过真空泵后，由吐出接头排出，这样与吸入接头连接在一起的空气罐的空气逐渐减少，最终形成真空。通常在吸入接头装有单向阀，这是为了保持已经形成真空的空气罐的真空，同时也为了防止外壳内的油向已形成真空的空气罐倒流。为了润滑外壳中的转子和叶片，同时也为了冷却和密封，必须通以发动机油，发动机油由汽车上的油泵压送给真空泵。真空泵的抽气动力由汽车发动机提供，发动机带动发电机的皮带轮与轴运转，然后传递给真空泵。真空泵的作用为作为柴油发动机车辆刹车系统中的辅助刹车装置的动作压力源，其辅助刹车作用是在车辆刹车时，减轻刹车踏板的踏力，从而减轻驾驶员的劳动强度，提供舒适的操作环境。				
归类决定	真空泵由外壳、转子、盖板、叶片、吸入接头、进油口、出油口及其他辅助部件组成。与汽车发电机共用传动轴，动力由汽车发动机提供，真空泵将车辆刹车系统中的辅助刹车装置（真空罐）抽真空，在车辆刹车时，真空罐提供助力源，以减轻刹车踏板的踏力。上述商品本身不提供空气动力，作用是将真空罐抽真空，属于真空泵，符合《税则》税目 84.14 及其子目条文的描述，根据归类总规则一及六，应按真空泵归入税则号列 8414.1000。				

序号	779	归类决定编号	Z2006-1316	公告编号	2007年第70号
商品税则号列		8414.5191		公告实施日期	2007年12月5日
商品名称	风扇				
英文名称					
其他名称					
商品描述	该商品为整体结构较为简单的台扇，有一个能在空气中自由旋转的被驱动的风扇，未装有倾斜、摆动装置。扇叶直径约24厘米，扇叶外部没有保护罩，底座宽约20厘米，座架高约28厘米，其中电机驱动电压为6伏，底座下有电池槽，可装4节干电池。				
归类决定	该风扇是一台使用柔性扇叶的台式电风扇，功率小于125瓦，可外接电源，也可使用内置式的干电池。 该商品具有实用性，不具备《税则注释》品目95.03项下玩具的特性，故不应按玩具归类。 该商品属台式电风扇，符合《税则》税目84.14及其子目条文的描述，根据归类总规则一及六，应将其按自带功率小于125瓦电动机的台扇归入税则号列8414.5191。				

序号	780	归类决定编号	Z2006-1317	公告编号	2007年第70号
商品税则号列		8414.5990		公告实施日期	2007年12月5日
商品名称	散热风扇				
英文名称					
其他名称					
商品描述	散热风扇，品牌为JAMICON；技术参数为0.45安、12伏、5.4瓦；为横流式风扇，用在电磁炉上，其功能为散热，即吸入室内空气，排出电磁炉内的空气。				
归类决定	该商品安装在电磁炉内，其不属于《税则》子目8414.51所列"台扇（table fans）、落地扇（floor fans）、壁扇（wall fans）、换气扇（window fans）或吊扇（ceiling or roof fans）"，故不能归入其中。根据归类总规则一和六，该散热风扇应按其他风扇归入税则号列8414.5990。				

序号	781	归类决定编号	Z2022-0123	公告编号	2022 年第 78 号
商品税则号列		8414.8049		公告实施日期	2022 年 9 月 1 日
商品名称	车载空气压缩机				
英文名称					
其他名称					
商品描述	MK-120-120/350 型膜片式空气压缩机，是一种一级二缸空气压缩机，利用膜片产生压缩空气，完成空压机的缸体作用，区别于活塞式压缩机。是移动充气站的枢纽部件，与气瓶操作面板一起安装在金属斗箱内，依靠车辆发动机传动分动箱来带动空压机转动作业，可以为各种场合（航空飞行、医疗救护、地质采矿、焊接灭火、现代农业）提供压缩气源。				
归类决定	《税则》税则号列 8414.4000 "装在拖车底盘上的空气压缩机"，是指底盘和压缩机经特制相互构成不可分割的一个整体的装置。该商品不具备上述特征，根据归类总规则一及六，应作为其他压缩机归入税则号列 8414.8049。				

序号	782	归类决定编号	Z2006-1320	公告编号	2007年第70号
商品税则号列		8414.8090		公告实施日期	2007年12月5日
商品名称	联合压缩机组（含蒸汽透平机一台）				
英文名称	Syngas compressor				
其他名称					
商品描述	联合压缩机组［型号：STC-SV（10-7-A）］包含一台联合压缩机和一台蒸汽透平机，并安装在同一底座支架上。工作原理：首先，来自锅炉或热网的蒸汽，经进口阀和事故切断阀、调速阀进入蒸汽透平机，依次高速流经一系列环形配置的喷嘴（或静叶栅）和动叶栅而膨胀做功推动蒸汽透平机转子旋转，将蒸汽的动能转换成机械功。其次，蒸汽透平机带动联合压缩机转子旋转，叶轮流道中的气体受叶轮作用随叶轮一起旋转，在离心力的作用下，沿径向流动离开叶轮，速度得到提高，而这部分速度就在后接元件扩压器中转为压力，然后通过弯道导入下一级叶轮继续压缩，其增压方式属将气体所具有的动能转化为势能的速度式增压（属于低压压缩机，出口压力低于100千克）。				
归类决定	联合压缩机组，型号：STC-SV（10-7-A），由一台联合压缩机和一台蒸汽透平机构成，其实质是透平机械的原动机和从动机，由蒸汽透平机为压缩机提供动力，非用于制冷。 上述部件安装在同一基座上，以压缩气体原料为主要功能，符合《税则》第十六类类注三和《税则注释》总注释六对组合机器的描述，应按其主要功能一并归入同一税号。 上述商品属非用于制冷设备的压缩机，符合《税则》税目84.14及其子目条文的描述，根据归类总规则一及六，应将其按其他压缩式设备归入税则号列8414.8090。				

序号	783	归类决定编号	Z2007-0044	公告编号	2007 年第 71 号
商品税则号列		8414.8090		公告实施日期	2007 年 12 月 5 日
商品名称	超净工作台					
英文名称	Vertical laminar flow cabinet					
其他名称						
商品描述	该设备由预过滤器、可变风量送风机组、荧光灯、紫外灯、钢化玻璃移门、插座、不锈钢台面、电源开关、操作面板等组成。工作原理：通过高效过滤器、紫外灯让仪器内部产生一个无菌的环境，便于无菌操作。					
归类决定	超净工作台主要工作部件为送风机组和过滤装置，利用将空气过滤后经风机吹出，在操作台面上形成正压力，保持试验环境的空气清洁。该商品符合《税则注释》有关品目 84.14 "装有风扇的通风罩或循环气罩，不论其是否装有过滤器"的描述，由于其内部尺寸为 1 878 毫米×518 毫米×610 毫米，根据归类总规则一及六，应按照罩的平面最大边长超过 120 厘米的通风罩归入税则号列 8414.8090。					

序号	784	归类决定编号	Z2006-0519	公告编号	2006 年第 69 号
商品税则号列		8414.9090		公告实施日期	2006 年 11 月 22 日
商品名称	螺杆总成					
英文名称	Air end					
其他名称	空压机主机、空压机机头					
商品描述	该商品是专用于美国寿力牌空压机的主机（俗称"机头"），主要由腔体、双螺杆、阀门以及进气、排气口组成，采用先进的双螺杆技术，利用机内阴阳转子两个运动部件，通过油膜接触，高效运转，产生高压空气输出。					
归类决定	螺杆空气压缩机泵头，主要由壳体、阴阳转子、驱动轴、轴向和径向轴承、密封件和安装件组成，而完整的空气压缩机由外壳、控制面板、泵头、皮带轮、传动系统、油气分离系统，以及温度自动控制阀、进气控制阀、保压阀等构成，其中传动、温控系统及进气阀、保压阀也是空气压缩机不可缺少的部分。因此虽然该螺杆空气压缩机泵头属于空气压缩机的关键件，但并不具有空气压缩机整机的基本特征，因此应作为压缩机的零件归入税则号列 8414.9090。					

序号	785	归类决定编号	Z2006-0520	公告编号	2006 年第 69 号
商品税则号列		8415.82		公告实施日期	2006 年 11 月 22 日
商品名称		日立水冷柜机机身			
英文名称					
其他名称					
商品描述		该机身为拆去压缩机的水冷柜机,包括送风机外壳、蒸发器、操作盘和过电流继电器等部件。			
归类决定		税则子目 8415.83 所列未装有制冷装置的空调是指在结构上没有设计安装制冷装置空间的空调（如一托多空调机中的室内机），并不是指上述不完整状态的空调。 日立水冷柜机机身虽缺少压缩机部件，但其已具备完整品的基本特征，根据《税则》总规则二（一）应归入税则子目 8415.82 项下，具体税号由产品特定的制冷量确定。			

序号	786	归类决定编号	Z2006-0522	公告编号	2006 年第 69 号
商品税则号列		8415.9010		公告实施日期	2006 年 11 月 22 日
商品名称		空调室外机			
英文名称					
其他名称					
商品描述		商品为意大利产"Uniflair"（优力）牌空调室外机，规格型号为 CAL 1301P。该室外机不含压缩机，只配备盘管及风机，实际上是一台风冷式冷凝器。其工作原理是通过盘管及风机，对进入盘管的制冷剂进行常温冷却。据进口商称该室外机用于配套"Uniflair"牌机房用精密空调器（恒温、恒湿），其结构设计不同于普通民用空调器，制冷剂压缩机安装于室内单元部分。			
归类决定		该室外机主要由风机及盘管组成，与室内机组成完整的空调，应作为空调专用零件归入税则号列 8415.9010。			

序号	787	归类决定编号	Z2006-0523	公告编号	2006 年第 69 号
商品税则号列		8415.9090		公告实施日期	2006 年 11 月 22 日
商品名称	吹面风道总成、小进风风门、风门拔杆、风门连杆、循环风门总成、中央风门总成、除霜风门总成				
英文名称					
其他名称					
商品描述	吹面风道总成、小进风风门、风门拔杆、风门连杆、循环风门总成、中央风门总成、除霜风门总成，是安装在机动车车身（包括驾驶室），用于控制冷暖风、自然风的进出、风速、风向、内外循环，为汽车空调用调风装置。				
归类决定	汽车空调用调风装置为品目 84.15 "机动车辆上供人使用的空气调节器" 与品目 87.08 "暖风装置" 的共用装置，根据汽车行业分类及调风装置的主要功能，上述商品主要用于汽车空调系统，应作为汽车空调用零件归入税则号列 8415.9090。				

序号	788	归类决定编号	Z2006-1321	公告编号	2007 年第 70 号
商品税则号列		8415.9090		公告实施日期	2007 年 12 月 5 日
商品名称	空调蒸发器及鼓风机总成				
英文名称					
其他名称	汽车空调用脱水进风装置				
商品描述	空调蒸发器及鼓风机总成主要由鼓风机、蒸发器芯体、加热器芯体构成。汽车空调主要由空调压缩机、冷凝器、冷凝风机、膨胀阀/节流管、蒸发器、鼓风机、加热器芯体、储液干燥过滤器和空调管路等组成。空调蒸发器及鼓风机总成为汽车空调的组成部分之一。其制冷原理：车用空调机组的压缩机将冷媒加压并输至冷凝器，经冷却变成较高温和压力的气液混合体，膨胀阀将冷媒以高速雾状喷射出去，冷媒通过后成为低温低压的液体。蒸发器和鼓风机共同作用，将雾状物利用液体到气体的蒸发吸热，带走车厢内热量以达到制冷的效果。				
归类决定	汽车空调主要由空调压缩机、冷凝器、冷凝风机、膨胀阀/节流管、蒸发器、鼓风机、加热器芯体、储液干燥过滤器和空调管路等组成。蒸发器及鼓风机总成是汽车空调的组成部分，符合《税则》税目 84.15 的商品范围，根据归类总规则一及六，应将其归入税则号列 8415.9090。				

序号	789	归类决定编号	Z2006-1322	公告编号	2007 年第 70 号
商品税则号列		8415.9090		公告实施日期	2007 年 12 月 5 日
商品名称	汽车空调脱水进风装置及冷凝器				
英文名称					
其他名称	空调蒸发器及鼓风机总成、冷凝器				
商品描述	汽车空调主要由压缩机、冷凝器、膨胀机（阀）和蒸发器组成，其中压缩机、冷凝器、蒸发器为空调制冷系统的主要组成部分。进口商品为汽车空调蒸发器及鼓风机总成和冷凝器，占总价值的 1/3。				
归类决定	汽车空调主要由压缩机、冷凝器、膨胀机（阀）和蒸发器等组成。脱水进风装置及冷凝器是空调的组成部分，参考世界海关组织协调制度委员会第 36 次会议报告相关决议，该商品符合《税则》税目 84.15 的商品范围，根据归类总规则一及六，应将其归入税则号列 8415.9090。				

序号	790	归类决定编号	Z2007-0045	公告编号	2007 年第 71 号
商品税则号列		8415.9090		公告实施日期	2007 年 12 月 5 日
商品名称	空气调节器				
英文名称					
其他名称					
商品描述	该商品为挖掘机用空气调节器驾驶室内部分，外表为制成特殊形状的塑胶外壳、空气过滤板，内部为冷媒管路、蒸发器和热水管路，工作时与驾驶室外的压缩机、风机等组成完整的挖掘机空调系统。工作原理如下：冷媒管路与压缩机相连接，热水管路与发动机冷却水管路相连接。当空调系统处于制冷状态时，压缩机压缩过的液态冷媒经冷媒管路进入到蒸发器中蒸发吸热，再由风机将冷却后的空气吹入驾驶室；当空调系统处于制热状态时，热水管路中的发动机冷却水散发的热量由风机送入驾驶室。				
归类决定	该商品为挖掘机用空气调节器驾驶室内部分，包括塑胶外壳、空气过滤板、冷媒管路、蒸发器和热水管路等。工作时与驾驶室外的压缩机、风机等组成完整的挖掘机空调系统，可以达到改变温度和湿度的目的。整机制冷量大于 4 000 大卡/时。从总体上看，空调的室内机和室外机组成了一个完整的空调系统，符合《税则》税目 84.15 的商品范围。同时该空气调节器室内机的热交换器只是空调循环的一部分，单独的空调室内机不具备空气调节的功能，根据归类总规则一及六，不能作为具有完整空调功能可以独立运行的未装有制冷装置的空气调节器归入 8415.8300，而应作为空调器的零件归入税则号列 8415.9090。				

序号	791	归类决定编号	Z2008-0156	公告编号	2008 年第 83 号
商品税则号列		8415.9090		公告实施日期	2008 年 11 月 24 日
商品名称	多联体冷暖变频式空调室外机					
英文名称						
其他名称						
商品描述	多联体冷暖变频式空调室外机是多联中央空调系统的主要部件，本次进口有 10 匹、12 匹、14 匹、16 匹 4 个规格，其组成和工作原理相同。多联体冷暖变频式空调室外机由直流变频压缩机、贮液缸、冷凝器、电子膨胀阀、电子变频线路、电机等组成。工作原理：通过压缩机做功将高压高温的气态工质送进冷凝器中，把热量传给高温热源，放出潜热，冷凝成液体，通过节流阀膨胀后又成为低压低温的液态工质，然后再进入蒸发器（安装在室内机），不断地进行循环往复。多联体冷暖变频式空调室外机需与室内机配套安装才能构成一个完整的热泵循环系统，从而实现调温和调湿功能，单独使用无法实现某项特定的功能。				
归类决定	该商品为整体空调机的部件，需要与室内机连接后才能完成制冷（制热）循环，本身尚不构成完整的空调结构（无法完成空调冷媒循环），根据归类总规则一及六，应作为空气调节器零件并根据制冷量归入税则号列 8415.9090。				

序号	792	归类决定编号	Z2009-0048	公告编号	2009 年第 5 号
商品税则号列		8416.2011		公告实施日期	2009 年 1 月 20 日
商品名称	烧嘴				
英文名称	Burner				
其他名称	燃烧器				
商品描述	该商品型号有 SVG225A-HR-001 和 SVG240-HR-002 两种。工作原理：空气和天然气经过相关控制部件按设定比例混合后，喷入烧嘴，于烧嘴处通过点火器点燃，最终喷出高温火焰。烧嘴内衬有高温耐火材料，可利用强烈的燃烧气体再循环来提高热效率，改善温度分布的均匀性并显著降低废气的排放量。				
归类决定	该商品通过输入空气和天然气并经点火器点燃，可喷出高温火焰。该商品符合《税则注释》品目 84.16 关于"炉用燃烧器"的描述，根据归类总规则一及六，应将其按天然气炉用燃烧器归入税则号列 8416.2011。				

序号	793	归类决定编号	Z2006-0524	公告编号	2006年第69号
商品税则号列		8416.2019 和 90.27		公告实施日期	2006年11月22日
商品名称		高强力烧氨火嘴及配件			
英文名称		Furnace burner and parts			
其他名称		炉用燃烧器及零件			
商品描述		该商品用于炼油厂的硫磺回收炉，由燃烧器、控制面板、火焰扫描仪3个部分构成。其原理为将炼油厂在炼油过程中产生的氨气、硫化氢等有害气体进行燃烧，通过燃烧，把氨气转化为氮气后排放，把硫化氢气体燃烧后产生的二氧化硫或三氧化硫气体排放到另一炉内经化学反应生成单质硫。其中火焰扫描仪的作用为检测火焰发出的红外线和紫外线来探测焚烧的火焰是否正常。			
归类决定		根据《税则注释》对品目84.16中气体燃烧器的描述，上述商品中的燃烧器应归入税则号列8416.2019；控制器可作为燃烧器的一部分一并归入税则号列8416.2019；由于火焰扫描仪不属于燃烧器所必需的部件，应根据其功能归入《税则》税目90.27项下。			

序号	794	归类决定编号	Z2009-0122	公告编号	2009年第32号
商品税则号列		8417.1000		公告实施日期	2009年6月12日
商品名称		钼精矿焙烧炉			
英文名称		Molybdenum concentrate roaster			
其他名称					
商品描述		焙烧炉是用于将钼精矿焙烧成氧化钼的装置。工作原理：精矿原料在上部炉膛用燃烧器加热，烟气随同第一层炉膛的进料进入下一步炉膛，在引风机的作用下，将烟气从第三层及其下部低层炉膛排出，通过开口门引入氧化/冷却空气，满足多膛炉中部发生加热反应的需氧量，并维持适当的炉膛温度。烟气也从中部炉膛排出，对维持合适的反应温度起到辅助作用。反应后的产品从多膛炉下部第十二层排出，由冷却螺旋送去粉碎包装。构成：焙烧炉是一个十二层的多膛炉装置，主要由中轴系统、燃烧和空气进料系统、耐火材料、辅助设备和钢结构外壳等构成。			
归类决定		该商品进口状态为焙烧炉不完整散件状态。完整的焙烧炉包括中轴系统、燃烧和空气进料系统、耐火材料、辅助设备和钢结构外壳等。此次进口部分包括价值最大的中轴系统、燃烧和空气进料系统，虽然缺少国内配套的辅助设备、耐火材料和钢结构外壳，但其已具备完整品的基本特征，根据归类总规则二（一），应按照完整的焙烧炉归入《税则》税目84.17项下，并根据归类总规则六，归入税则号列8417.1000。			

序号	795	归类决定编号	Z2006-0525	公告编号	2006 年第 69 号
商品税则号列		8417.8090		公告实施日期	2006 年 11 月 22 日
商品名称	封闭式填埋气燃烧站				
英文名称					
其他名称					
商品描述	该燃烧站是垃圾填埋场用于燃烧垃圾填埋后所产生的沼气，以防止发生危险。燃烧站将易燃易爆的沼气分解成水和二氧化碳，并直接排放到自然界。该燃烧站无其他装置利用其燃烧所产生的热能。该燃烧站主要由液体分离器、鼓风机、燃气管、电磁阀、甲烷气体分析仪、流量变送器、火焰阻火器、燃烧器和烟囱组成。				
归类决定	根据《税则注释》关于品目 84.17 的描述，该燃烧站可作为工业用燃烧炉归入税则号列 8417.8090。				

序号	796	归类决定编号	Z2006-0526	公告编号	2006 年第 69 号
商品税则号列		8417.8090		公告实施日期	2006 年 11 月 22 日
商品名称	耐火砖及耐火材料				
英文名称					
其他名称					
商品描述	耐火砖及耐火材料是"浮法玻璃生产线"中玻璃熔炉的构成部分之一。该"玻璃熔炉"除耐火砖及耐火材料外,主要由钢结构支架、控制柜系统等组成。"浮法玻璃生产线"除了玻璃熔炉外,还包括原料制备段、锡槽成型段、退火段、切割段、公用设备等 6 个部分构成。"浮法玻璃生产线"6 个部分的设备组合后可完成制造成品浮法玻璃的工作。				
归类决定	商品为"玻璃熔炉"的耐火砖及耐火材料,进口时与"玻璃熔炉"钢结构支架、控制柜系统等同时进口,并构成完整的"玻璃熔炉",其加热方式为重油燃烧获得高温。《税则注释》对品目 84.75 的范围描述:"……包括玻璃或玻璃制品的制造或热加工机器(但品目 84.17 或品目 85.14 所列的熔炉除外)";对品目 84.17 的描述:"包括非电热的工业及实验室用炉及烘箱。这些炉及烘箱可通过燃料燃烧(直接在炉膛、烘室或另设的燃烧室内燃烧),从而在炉膛或烘室内产生高温高热。……本品目包括作为炉或烘箱的零件,与炉或烘箱同时报验的成品炉衬及其他耐火或陶瓷材料制的专用零件。"耐火砖及耐火材料与钢结构支架、控制柜系统等同时进口,构成玻璃熔炉,且其加热方式为重油燃烧,属于非电热的工业用炉,符合税目 84.17 及其子目条文的描述,根据归类总规则一及六,应将耐火砖及耐火材料与钢结构支架、控制柜系统按非电热的工业用炉归入税则号列 8417.8090。				

序号	797	归类决定编号	Z2006-0527	公告编号	2006 年第 69 号
商品税则号列		84.18		公告实施日期	2006 年 11 月 22 日
商品名称		直冷式奶缸			
英文名称		Milk cooling tank			
其他名称		牛奶冷却缸			
商品描述		直冷式奶缸主要包括制冷压缩机、冷凝器、搅拌系统、奶缸清洗消毒系统、电气控制柜等。鲜奶由管道输入冷却奶缸,通过搅拌器的搅拌,与奶缸壁夹层的冷却媒质均匀地进行热量交换,使鲜奶急速降到 2℃~4℃,再由奶泵抽出装入保温奶槽车,送往下道工序生产。			
归类决定		根据《税则注释》"如果(各种冷却罐)装有制冷设备的蒸发器(直接冷却),则应归入品目 84.18"的规定,该商品应归入《税则》税目 84.18 项下。			

序号	798	归类决定编号	Z2007-0046	公告编号	2007 年第 71 号
商品税则号列		8418.1020		公告实施日期	2007 年 12 月 5 日
商品名称		通用牌电冰箱			
英文名称		GE brand refrigerator			
其他名称					
商品描述		该商品为通用牌白色双开门冰箱,其门内空间总量(包括冷冻室调温照明装置和冷藏室调温照明装置)为 556 升(总容积)。冰箱的食物保鲜室净容积为 354 升、冷冻室容积为 109 升、冷冻食品储藏室容积为 24 升,即冷冻室和冷藏室可用空间的总量之和为 487 升(净容积)。			
归类决定		《税则》税目 84.18 项下家用冰箱的容积是指冰箱内部去除各种元件、部件、装置等,以及不能储存食品的空间容积后,实际能够用于储存食品的容积(参照国家标准 GB/T 8059.2—1995,以有效容积作为检验标准)。该通用牌电冰箱包括冷冻室和冷藏室,可用空间总量之和为 487 升,根据归类总规则一及六,应按照容积超过 200 升但不超过 500 升的冷藏—冷冻组合机归入税则号列 8418.1020。			

序号	799	归类决定编号	Z2006-0528	公告编号	2006 年第 69 号
商品税则号列		8418.5000		公告实施日期	2006 年 11 月 22 日
商品名称		冷藏专用柜及其设备			
英文名称					
其他名称					
商品描述		该商品由冷藏专用特制家具组合柜、冷藏专用特制家具——岛柜及冷藏专用设备组成，岛柜、组合柜都不带压缩机，本身不具备独立制冷功能，冷藏专用设备为不带压缩机的制冷机组（用户在国内采购压缩机与之配套），压缩机与岛柜、组合柜之间通过管道与其他部件连接，主要用于大型仓储超市。			
归类决定		冷藏专用柜及其设备由冷藏组合柜、冷藏岛柜及冷藏专用设备组成，用于大型仓储超市。其中岛柜和组合柜本身装有蒸发器，但未装有制冷装置；冷藏专用设备为不带压缩机的制冷机组，用作岛柜和组合柜的冷源。 根据《税则注释》对品目 84.18 的商品描述判断，上述设备可认为已构成冷藏设备的整机特征，故可作为冷藏或冷冻柜归入税则号列 8418.5000。			

序号	800	归类决定编号	Z2006-0529	公告编号	2006 年第 69 号
商品税则号列		8418.5000		公告实施日期	2006 年 11 月 22 日
商品名称		控制程序降温系统			
英文名称					
其他名称					
商品描述		"控制程序降温系统"型号为 FORMA 1061，用途为提供生物细胞等的低温存储。 由控制温度仪、冷冻箱、样品架、冷藏管、液氮存储罐、液氮补加罐及液氮泵等组成，利用液态气体蒸发制冷原理，在特定容器内形成可控低温，用于生物组织的速冻和保存。			
归类决定		上述系统可作为冷冻箱类设备归入税则号列 8418.5000。			

序号	801	归类决定编号	Z2006-0530	公告编号	2006 年第 69 号
商品税则号列		8418.5000		公告实施日期	2006 年 11 月 22 日
商品名称	程序控温仪				
英文名称	The planer kryo 320-1.7 entry level biological freezer				
其他名称					
商品描述	型号：Kryo 320-1.7。 用途：提供生物细胞等的低温处理，经过控制器控制氮气的流量使生物细胞在-35℃下存活，经过 10~30 分钟的低温处理后，将细胞拿出放入液态罐中保存。 组成：该系统由控制温度仪、冷冻箱、冷藏管、液氮存储罐组成。 原理：将物理特性为-196℃的液态氮装入液态罐，形成气体，利用控制液态气体（液态氮）的蒸发量制冷。				
归类决定	根据《税则》第十六类注释四，该商品组合后的功能与《税则注释》品目 84.18 项下"利用液态气体的蒸发制冷的设备"相同，故应按制冷设备归入税则号列 8418.5000。				

序号	802	归类决定编号	Z2006-0533	公告编号	2006 年第 69 号
商品税则号列		8418.6190		公告实施日期	2006 年 11 月 22 日
商品名称	速冷机				
英文名称					
其他名称					
商品描述	FU60 型速冷机为酿酒专业制冷设备，主要用途是将储存的常温葡萄酒进行冷却，将酒温降至-5℃以分离酒液中的果瓤、结晶酒液中的酒石酸和悬浮物，经此前期的处理，可使葡萄酒达到相对纯净，经过再次过滤、澄清，即为可灌装的葡萄酒。其工作原理是利用压缩机压缩的冷媒对葡萄酒进行冷却。该速冷机最初进口时附带一台板式热交换器，其主要作用是将已完成冷却作业的葡萄酒与待冷却的新酒进行热交换，改变入料和出料酒的温度，在此过程中热交换器具有冷热交换作用。				
归类决定	速冷机为酿酒专业制冷设备，其工作原理为利用压缩机制冷剂，经蒸发器对葡萄酒进行冷却，制冷温度为-5℃，其冷凝过程可通过风冷或水冷。不论其是否带板式热交换器（该板用于将已完成冷却作业的葡萄酒与待冷却的新酒进行热交换，改变入料和出料酒的温度，起到节能作用），均应归入税则号列 8418.6190。				

序号	803	归类决定编号	Z2006-0534	公告编号	2006 年第 69 号
商品税则号列		8418.6190		公告实施日期	2006 年 11 月 22 日
商品名称	啤酒冰晶机				
英文名称					
其他名称					
商品描述	啤酒冰晶机是利用低温结晶原理除去啤酒中影响口感苦涩的高分子蛋白物质的设备。该设备是由结晶设备、重结晶设备、冷冻设备和控制系统等组装在同一机壳内构成。其工艺流程：发酵罐低贮啤酒→（预冷却→冰晶发生器→重结晶及杂质过滤）→下道工序（注：前面括号内为该设备的工艺流程）。其中，制冷设备为结晶设备提供冷源；结晶设备由热交换器和混合水泵组成，可使啤酒产生一定量的细小冰晶；重结晶设备是由带有搅拌、过滤的混合容器组成，其原理为含冰晶的啤酒在搅拌下吸附啤酒中的杂质并通过内置过滤器予以清除。				
归类决定	该商品符合《税则注释》对品目 84.18 的描述，是一种"装有完整制冷装置的设备"，又因为其是一种冷凝器，为热交换器的压缩式设备，故应归入税则号列 8418.6190。				

序号	804	归类决定编号	Z2006-0535	公告编号	2006 年第 69 号
商品税则号列		8418.6190		公告实施日期	2006 年 11 月 22 日
商品名称	冷冻机、加湿机、风机、湿度调节计					
英文名称						
其他名称						

商品描述

上述商品由冷冻机、加湿机、风机、湿度调节计构成。

冷冻机：包括压缩机、凝缩器、毛细管、电磁阀、储液器和气液分离器，其压缩机、凝缩器、毛细管安装在同一个冷冻机内，是一体式单制冷冷冻机。功能是为风机提供高压低温冷媒。特点为制冷温度最低可达-15℃。制冷能力大于 10 950 千卡/小时，小于 27 460 千卡/小时。

风机：包括铝花板外箱、导风罩、加热电热管、风扇、风扇马达。功能为加热低温高压的液态冷媒，吹出冷风。

加湿机：包括铝管、PVC 弯管、可烧性 PVC 管等喷嘴（振荡子）。采用振荡子和主机分离式专利设计。功能为将冷水直接加湿，提供最适湿的环境。冷冻能力大于 7 500 千卡/小时。

湿度调节计：包括可视湿度计、端子台、进口湿度传感器等。功能为利用连接线通过端子台接点输出，进行湿度测量，综合控制，用自来水经过软化、过滤、净化后送给加湿机。

主要用于放冷室、培养室、接种室、栽培室等场所。

归类决定

上述商品由冷冻机、加湿机、风机、湿度调节计构成，完成对封闭空间的调温（制冷）调湿功能，其制冷能力可达-15℃，根据《税则注释》对制冷能力在 0℃ 以下的调温调湿设备的规定"应作为冷藏或冷冻设备归入品目 84.18"，该商品属于税目 84.18"电气或非电气的冷藏箱、冷冻箱及其他制冷设备"的范围，根据归类总规则一及六，应将其归入税则号列 8418.6190。

序号	805	归类决定编号	Z2006-0536	公告编号	2006 年第 69 号
商品税则号列		8418.69		公告实施日期	2006 年 11 月 22 日
商品名称	透平膨胀机				
英文名称					
其他名称					
商品描述	透平膨胀机是通过旋转叶轮（工作轮），使气体膨胀对外（相对膨胀而言）做功而产生冷量的机械。其原理是将来自压缩机的具有一定压力的气体经膨胀机绝热膨胀，将气体强烈冷却，获得低温。其功能是通过气体膨胀提供冷量，伴生的机械能由其耦合的压缩端消耗，不对机组以外输出功，更不对外提供动力，因此它不是一种动力装置。				
归类决定	《中国大百科全书》对膨胀机的定义：利用压缩气体膨胀降压时向外输出机械功使气体温度降低的原理以获得冷量的机械。 透平膨胀机通过将来自压缩机的气体（相对高压）进行绝热膨胀，利用气体体积膨胀温度降低的原理来实现制冷的目的。虽然在气体膨胀过程中需要对外做功，但是设备的功能、用途是制冷设备，根据归类总规则一及六，将其归入税则子目 8418.69 项下。				

序号	806	归类决定编号	Z2008-0053	公告编号	2008 年第 76 号
商品税则号列		8418.6990		公告实施日期	2008 年 10 月 28 日
商品名称	智能化血浆速冻系统				
英文名称					
其他名称					
商品描述	该商品为智能化血浆速冻系统的成套部件（核心部件），其压缩机功率为 5.3 千瓦，主要制冷部件包括压缩机、冷凝器、冷板等，采用冷板接触高效速冻方式，通过制冷板从两面接触血浆袋，可在 10 分钟内将上下板的温度降到-50℃，在 20 分钟内将血浆袋内核心温度降到-30℃。立式结构，最大有效容积为 0.095 立方米。其用途为对血浆进行速冻，确保血浆的质量和最大生物活性。				
归类决定	该商品主要由制冷设备（包括压缩机、冷凝器等）和制冷板构成，用于对血浆产品进行快速冷冻。其符合《税则注释》品目 84.18 关于"装有完整制冷装置的设备"的描述，根据归类总规则一及六，应归入税则号列 8418.6990。				

序号	807	归类决定编号	Z2006-0537	公告编号	2006年第69号
商品税则号列		8418.9100 或 8419.8100		公告实施日期	2006年11月22日
商品名称		薯条储柜、汉堡储柜、隧道式保温柜			
英文名称					
其他名称					
商品描述		薯条储柜、汉堡储柜分别为缺制冷装置、控制装置的专用设备，前者容积494升，制冷温度在-20℃以内，用于储藏冷冻薯条，形状类似销售雪糕用冰柜；后者容积500升左右，用于冷藏汉堡包，形状像单门冰箱，上面配一个盛沙拉用圆筒、3个盛蔬菜用钢盆。隧道式保温柜实为配有加热装置但缺制冷装置、控制装置的商业用冷热功能保温柜，设备内部配置钢架、钢轨，其构造可供食品从设备后端放入从前端取出（后端摆放面向食品加工区，前端朝向售货柜台），冷藏部分主要用于土豆泥等暂时储藏，加热装置部分用于炸鸡块等暂时保温储藏。3种设备皆由厚重的不锈钢材制得。据了解，进口后所配置压缩机等装置的制冷量约为0.5匹。			
归类决定		"薯条储柜""汉堡储柜"属尚未安装制冷装置、控制装置的专用设备，分别用于储藏冷冻薯条和冷藏汉堡包，进口后再配置制冷装置。该商品符合《税则注释》关于品目84.18项下"冷藏或冷冻设备专用的特制家具"的解释，故应归入税则号列8418.9100。 "隧道式保温柜"是装有加热装置但尚未安装制冷装置、控制装置的商业用冷热功能保温柜，设备内部配置钢架、钢轨，其构造可供食品从设备后端放入从前端取出（后端摆放面向食品加工区，前端朝向售货柜台），冷藏部分主要用于土豆泥等暂时储藏，加热装置部分用于炸鸡块等暂时保温储藏。该商品具有冷藏、加热两种功能，但冷藏部分未构成整机特征。故根据该商品的进口状态，应按其主要特征归入税则号列8419.8100。			

序号	808	归类决定编号	Z2008-0157	公告编号	2008年第83号
商品税则号列		8418.9910		公告实施日期	2008年11月24日
商品名称	冷风机				
英文名称	Aircooler				
其他名称	制冷蒸发器或换热器				
商品描述	该商品型号有VNS65507、VNS65457、VNS64457，装有风机、冷却排管（盘管），排管与铝制翅片呈垂直式嵌合。工作原理：空气在风机作用下流经排管，管内制冷剂蒸发而带走热量，完成热交换过程而使空气冷却。进口蒸发器（俗称冷风机）最低温度限制可达0℃以下，一般控制在3℃~8℃。用于水果库房内空气降热以保鲜水果。				
归类决定	该冷风机由风机、冷却排管、翅片等组成，和其他部件（包括压缩机冷凝器、膨胀阀等）连接共同构成制冷机组（最低温度可达0℃以下），为制冷机组的零部件。该商品用于使制冷机组中的制冷剂与外界空气进行热交换，以达到空气制冷目的，虽然装有风机，但其整体是用于加快热交换速度和效率，不符合《税则注释》品目84.14"用以压缩空气或其他气体，或者造成真空的机器及设备；也包括空气或其他气体循环用的机器"的描述，不能归入《税则》税目84.14项下。该商品无法独立执行制冷功能，而需要和制冷机组其他部件组合后，才能完成制冷功能，是制冷机组不可缺少的部分。不符合《税则注释》品目84.79有关独立功能的描述"1.可独立于其他机器设备之外执行其功能的机械装置（不论是否配有发动机或其他动力装置）。2.必须安装在另一台机器活器具上，或安装在一套较复杂的设备中才能执行其功能的机械装置，但其功能必须是：（1）不用于所装机器设备的功能；以及（2）在上述机器设备操作中并不起必不可少的和不可分割的作用"，不能归入税目84.79项下。该冷风机为制冷机组专用零部件，根据第十六类类注二有关零件归类的规定，应归入税目84.18，并根据税则子目列名，归入税则号列8418.9910。				

序号	809	归类决定编号	Z2008-0054	公告编号	2008 年第 76 号
商品税则号列		8418.9999		公告实施日期	2008 年 10 月 28 日
商品名称		冰柜专用网篮			
英文名称		FO-RACK			
其他名称					
商品描述		冰柜专用网篮是采用铁制线材经过下料、折框、组焊而成，最终表面进行浸塑处理。该产品是专门用于冰柜，且行为公差均是按照冰柜的尺寸要求。例如，型号规格为#39CA100，尺寸为 534 毫米×436 毫米。该产品放置于冰柜的底层，上面可以放置物品。用于产品表面浸塑的聚乙烯粉末是专用的、可直接接触食品的、且含有抗菌成分的特制 P.E 粉。			
归类决定		该商品是《税则》税目 84.18 项下商品冰柜的零件，应按第十六类类注二的归类原则确定归类，该商品不属于第十五类类注二所涉及的"贱金属制通用零件"，在第八十四章、第八十五章其他税目中无列名，也不具备通用性，故应按专用零件归类。上述商品属专用于税目 84.18 项下冰柜的零件，符合税目 84.18 及其子目条文的描述，根据归类总规则一及六，应按其他零件归入税则号列 8418.9999。			

序号	810	归类决定编号	Z2010-0026	公告编号	2010 年第 15 号
商品税则号列		8419.2000		公告实施日期	2010 年 2 月 28 日
商品名称		全自动清洗消毒柜			
英文名称					
其他名称					
商品描述		STERIS 超声波自动清洗消毒柜，是一种全自动的多腔清洗、消毒柜，主要用于大批量医疗器械的清洗和消毒，设备包括篮筐装载台（电动传送机）、预洗、清洗腔、超声清洗腔、淋洗腔、干燥腔和篮筐卸载台。预洗、清洗腔由清洗泵自动注入清洗剂进行清洗，然后进入淋洗腔，水槽中的蒸汽或加热线圈可使使用水温达到 95℃，利用高温纯水冲洗消毒，再进入干燥腔，由通风系统在 66℃～116℃环境下进行干燥和再消毒。			
归类决定		该商品型号为 FH9-001，利用超声波清洗、热水喷淋和高温干燥等方式实现对医疗器械的消毒，是一台多功能机器，应根据《税则》第十六类类注三关于多功能机器的规定确定税号。该商品以利用温度变化实现消毒为主要功能，属医用消毒装置，符合《税则》税目 84.19 及其子目条文的描述，根据归类总规则一及六，应按医用消毒器具归入税则号列 8419.2000。			

序号	811	归类决定编号	Z2022-0124	公告编号	2022 年第 78 号
商品税则号列		8419.3390		公告实施日期	2022 年 9 月 1 日
商品名称		干燥器			
英文名称					
其他名称		工业冷冻干燥器			
商品描述		该商品主要由冷媒压缩机、散热器、风扇、热交换器（蒸发器）、冷凝水自动排水阀等组成，主要功能是完成对压缩气体的干燥，即将压缩空气（相对湿度100%，温度40℃），通过制冷冷凝的方式完成干燥任务，使相对湿度达到60%，温度达到5℃左右。			
归类决定		该商品不符合《税则注释》关于品目 84.15 商品范围的规定，根据归类总规则一及六，应归入税则号列 8419.3390。			

序号	812	归类决定编号	Z2006-0538	公告编号	2006 年第 69 号
商品税则号列		8419.3990		公告实施日期	2006 年 11 月 22 日
商品名称		干燥器系统			
英文名称					
其他名称					
商品描述		干燥器系统由底板、管子、过滤器、干燥器、控制柜以及零部件组成。该系统为40万吨连续重整装置的干燥器，用于连续干燥连续重整装置催化剂再生循环气，它利用干燥器中分子筛吸附剂吸附其中的水分，使循环气中的水分达到催化剂烧焦所需要的要求。			
归类决定		该商品由多个独立部件组成，各部件之间用管子连接，整个系统以干燥为主要功能。其符合《税则注释》对"功能机组"的定义。因此，可一并归入税则号列8419.3990。			

序号	813	归类决定编号	Z2006-1324	公告编号	2007 年第 70 号
商品税则号列		8419.3990		公告实施日期	2007 年 12 月 5 日
商品名称		干燥机系统			
英文名称		The dryer system improvement project			
其他名称					
商品描述		该干燥机系统是对粗对苯二甲酸和精对苯二甲酸干燥的系统设备，由搅拌机、鼓风机、旋转式真空过滤机、螺旋输送机、CTA 干燥机、PTA 干燥机、干燥机排气、洗涤塔、水分离器、过滤器、鼓风机、下料缓冲罐、气量控制器、旋转下料机、管式粉末输送器、自动生产控制器、尾气干燥机、泵等组成。工作原理：浆料过滤脱水→干燥机烘干→出料，干燥机与料仓之间有旋转下料机和管式粉末输送机连接。用途为用于粗对苯二甲酸（CTA）和精对苯二甲酸（PTA）的过滤、干燥。			
归类决定		该商品主要是通过烘干干燥的原理，对苯二甲酸进行处理，其主要功能符合《税则》税目 84.19 及其子目条文的描述，根据第十六类类注四对功能机组的定义，应按照功能机组一并按其他干燥器归入税则号列 8419.3990。			

序号	814	归类决定编号	Z2008-0158	公告编号	2008 年第 83 号
商品税则号列		8419.3990		公告实施日期	2008 年 11 月 24 日
商品名称		喷雾干燥机			
英文名称					
其他名称					
商品描述		该喷雾干燥机规格型号为 EYELA SD-100，供实验室干燥样品用。该仪器主要由加热器、排气扇、空气过滤罩、蠕液泵等组成，此外还配有一台空气压缩机为其提供气源。该空气压缩机属于容积型空压机，型号为 0.2OP-5SA，通过压力管与喷雾干燥机连接，以增加气压使样品发生雾化，在高温下蒸发进行喷干。			
归类决定		该商品由一个气泵（空气压缩机）和干燥机本体构成，用于将液体样本进行喷射呈雾状后加热去除水分。该商品符合《税则》税目 84.19 的商品描述。虽然其中一个气泵在干燥机本体外部，但其是喷雾干燥机正常工作不可或缺的部分，应与干燥机本体一并归类。根据归类总规则一及六，应将该商品归入税则号列 8419.3990。			

序号	815	归类决定编号	Z2009-0123	公告编号	2009 年第 32 号
商品税则号列		8419.3990		公告实施日期	2009 年 6 月 12 日
商品名称		烘干炉（不包括外壳）			
英文名称		Dry oven（excluding main cabinet）			
其他名称					
商品描述		该商品是 Sekwang-DHS SEKWANG SHOT 公司生产的，不包括外壳，工业用。主要由罩体外壳、加热头、吹风机等部分构成。工作原理：在两端开放的罩体内，空气通过燃气燃烧加热后，由吹风机把热量吹散流通，在保证恒温 30℃~50℃ 的条件下，起到烘干钢板/型钢表面漆膜的作用。			
归类决定		该商品由罩体外壳、加热头、吹风机等部分组成，通过天然气燃烧加热空气的方式对物体加热，在保证恒温 30℃~50℃ 的条件下，实现烘干的功能。该商品不符合《税则》对税目 84.17 "工业用炉或烘箱" 的描述，不应归入税目 84.17。其符合《税则》对税目 84.19 商品的描述，根据归类总规则一及六，应归入税则号列 8419.3990。			

序号	816	归类决定编号	Z2006-0540	公告编号	2006 年第 69 号
商品税则号列		8419.4090		公告实施日期	2006 年 11 月 22 日
商品名称		基尔特克 1002 蒸馏仪			
英文名称					
其他名称					
商品描述		基尔特克 1002 蒸馏仪，是采用国家标准方法——凯氏定蛋法测定蛋白质含量所需的分析仪器。其原理为在催化剂作用下，用硫酸破坏有机物使含氮物转化成硫酸铵，加入强碱进行蒸馏使氨逸出，用硼酸吸收后，再用酸滴定，测出氮含量将结果乘以系数，计算粗蛋白含量。此蒸馏仪为操作中的加碱、蒸馏部分设置。蒸馏出的蒸馏液再由人工做滴定等试验，测试的含量等数据不是由设备自动显示，而是由人工测定数据，并进行计算的。			
归类决定		该设备仅仅完成理化分析过程中的蒸馏环节，数据的测算都由人工完成，因此应按蒸馏装置进行归类。根据归类总规则一及六，应将其归入税则号列 8419.4090。			

序号	817	归类决定编号	Z2006-0541	公告编号	2006年第69号
商品税则号列		8419.5000		公告实施日期	2006年11月22日
商品名称	燃油热交换器				
英文名称					
其他名称					
商品描述	进口状态的发动机燃油热交换器，由壳体、内管道组、燃油进出口管道及滑油进出口管道组成。内管道是滑油管道，内管道外是燃油管道。该燃油热交换器用于飞机发动机的燃油系统，它利用燃油的逆向流动来给滑油系统降温。燃油给滑油系统降温的工作原理：当系统（即飞机发动机）工作时，燃油系统和滑油系统同时把来自燃油箱的低温燃油和来自发动机系统的高温滑油送入燃油热交换器里，燃油进入热交换器后从内管道外流经热交换器，滑油进入热交换器后从内管道内沿相反方向流经热交换器，由于内管道内外的两种流体温度不同，流向相反，滑油的热量通过管壁传导给燃油，从而使燃油温度升高，滑油温度降低，达到冷却滑油系统的目的。				
归类决定	上述商品属飞机发动机的零件，具有热交换功能。根据第十六类类注二（一）的规定，由于该零件符合税目84.19项下关于"热交换装置"的描述，因此，根据归类总规则一和六，该发动机燃油热交换器应按具体列名，归入税则号列8419.5000。				

序号	818	归类决定编号	Z2008-0159	公告编号	2008 年第 83 号
商品税则号列		8419.6090		公告实施日期	2008 年 11 月 24 日
商品名称	空气分离装置				
英文名称					
其他名称					
商品描述	该空气分离装置用于煤基烯烃项目。最大制氧能力为每小时 95 000 立方米，主要为下游的装置提供所需的高压氧气，高、低压氮气，仪表空气和生产用气。包括主空气压缩机、空气净化系统、空气纯化系统、预冷系统、空气增压机、空气分离系统、增压透平膨胀机、精馏塔、液氧/液氮储罐蒸发系统等几个主要组成部分，所有部分由仪表控制系统和电气控制系统自动控制，多个部分由管道和线缆连接。该空气分离装置的工作原理如下：原料空气经空气过滤器过滤除去灰尘及其他机械杂质后进入空压机，经压缩机压缩到工艺要求的压力，然后进入空气冷却塔（空气净化系统、空气纯化系统）冷却、清洗，除去空气中的二氧化碳、碳氢化合物和水分。原料空气净化后，分为两股：一股进入主换热器，出换热器底部后进入精馏塔；另一股去空气增压机经增压后进入膨胀机去膨胀，获取空分装置正常生产所需的冷量。被多次净化的空气经过反复的传质传热过程后，最终被液化的空气分离为纯液氧和纯液氮。然后分别经液氧泵和液氮泵加压后进入换热器复热后出精馏塔（冷箱），分别进入氧气管网和氮气管网。					
归类决定	该商品由多个部分组成，组合后可对空气进行冷却液化、分馏，制备纯液氧和纯液氮，属于《税则》税目 84.19 的商品范围，符合第十六类类注四有关功能机组的描述，根据归类总规则一及六，应将其一并归入税则号列 8419.6090。但其中的空气净化装置作为气体液化分离的辅助装置，根据《税则注释》有关功能机组的描述，应当归入《税则》税目 84.21 项下。					

序号	819	归类决定编号	Z2009-0124	公告编号	2009年第32号
商品税则号列		8419.6090		公告实施日期	2009年6月12日
商品名称	C2低温分离装置				
英文名称	C2 refrigeration units				
其他名称					
商品描述	C2低温分离装置属于乙烯净化单元（6550单元）的一个组成部分。此装置的主要作用为分离轻组分，从脱甲烷塔顶部出来的气相在脱甲烷塔冷凝器E-65572中用C2制冷剂进行部分冷凝，然后在脱甲烷塔分离罐D-65572中分离，液相作为回流，经脱甲烷塔回流泵P-65572A/B送入脱甲烷塔，气相在作为燃料气被送入界区前，离开D-65572后，在C2预冷器E-60591中升温。该装置包括：C2冷凝器EY-65592、C2冷凝液罐DY-65592、C2过热器/再冷器EY-65593、C2压缩机吸气罐DY-65591、C2压缩机CY-65591和膨胀罐DY-65593ABC。此装置主要用于冷却进入脱甲烷塔的气体，并使烃类物料气体升温。膨胀罐在检修时，可储存制冷剂。来自C2分离塔T-65581底部的产物，作为C2预冷器E-65591中的冷侧物料，在E-65591中C2制冷剂被预冷，同时烯类物料气体被升温之后，C2制冷剂在C2冷凝器EY-65592中被冷凝并储存在C2凝液罐DY-65592中。在C2制冷剂进入到脱甲烷塔冷凝器E-65572之前，在C2过热器/再冷器EY-65593内再冷凝，E-65572是唯一一台C2冷剂设备，离开E-65572冷凝器的气相C2被用于在C2过热器/再冷器EY-65593内再冷液态的C2冷剂，从而经预热的给料气进入到压缩机CY-65591，闭路压缩的C2制冷剂再次在E-65591内预冷，在EY-60592内冷凝。				
归类决定	该装置包括冷凝装置和分离装置，通过不断的温度变化（冷却、升温），使气体在液相和气相间转化，通过不同气体的沸点不同进行分离，实现气体的净化。该装置符合《税则》税目84.19的商品描述，根据归类总规则一及六，应作为其他液化气体的机器归入税则号列8419.6090。				

序号	820	归类决定编号	Z2006-0542	公告编号	2006年第69号
商品税则号列		8419.8100		公告实施日期	2006年11月22日
商品名称		咖啡机			
英文名称					
其他名称					
商品描述		该商品为咖啡机（电的），型号为SCH230V。其功能为将咖啡豆研磨，并用加温热水冲泡出咖啡饮品。其技术参数：电压220伏，功率1 250瓦，水箱容积2升，豆盒容积250克，尺寸27.5厘米×35厘米×42厘米，重量11千克。该商品主要用于国内各大酒店及部分专业咖啡厅。			
归类决定		该商品为主要用于酒店和咖啡厅的咖啡机，具备咖啡豆研磨和冲泡的功能，由于咖啡豆研磨是为冲泡服务的，因此，咖啡冲泡是其主要功能。由于其主要适用场合为非家用，因此，应将其按加工热饮料的机器进行归类。 该商品属于非家用的热饮料加工设备，符合税目84.19及其子目条文的描述，根据归类总规则一及六，应将其按热饮料加工设备归入税则号列8419.8100。			

序号	821	归类决定编号	Z2006-1325	公告编号	2007年第70号
商品税则号列		8419.8100		公告实施日期	2007年12月5日
商品名称		自动给茶机			
英文名称		Green tea auto server			
其他名称					
商品描述		型号/规格：HTC-822MT。 组成/成分（分为两大部分）： 1. 茶粉处理器：操作盘、原料容器、放置杯子的容器、热水贮槽、冷水贮槽、电磁阀、搅拌用马达、压缩机、冷凝器、蒸发器、电热棒、不锈钢管、排水皿； 2. 给水/排水处理器：排水桶（10升）、给水桶（30升）、给水/排水软管、净水器、杀菌罐（内置杀菌灯）、泵、电磁阀。 工作原理：给水桶盛装的水先经过内置杀菌灯进行杀菌，然后用泵将水送入净水器过滤，通过热水用电磁阀和冷水用电磁阀的控制，分别进入热水贮槽和冷水贮槽。在热水贮槽中，水经过电热管通电进行加热制作热水，然后通过电磁阀的控制，与原料容器中盛装的茶粉经控制阀流出进行混合，冲泡出所需的热茶饮料；而在冷水贮槽中，通过压缩机将蒸发器中已吸热气化的蒸汽吸回，并随之压缩成高温、高压气体，送至冷凝器，经冷凝器向外界空气中散热冷凝成高压液体，再经毛细管节流降压流入蒸发器内，吸收热量而使水温下降，然后被压缩机吸回。如此循环冷却并通过搅拌器不断地搅拌来制作5℃左右的冰水，再通过电磁阀的控制，与原料容器中盛装的茶粉经控制阀流出进行混合，冲泡出所需的冰茶饮料。冲泡过程中多余的茶水排入排水皿，再通过管道排入排水桶。其中，在紫外线消毒、电加热及制冷3个部分中，制冷部分价值最高。 功能/用途：该公司的产品主要是速溶茶，产品全部出口日本，且该产品在日本国内大部分用于公共场合的自动给茶机。为考核速溶茶产品在自动给茶机中的溶解性、风味及颜色、浓度及颗粒大小是否适中等产品技术方面的问题，因国内尚无此种设备，所以需进口一台自动给茶机，以便了解速溶茶的各项性能。			
归类决定		该商品是装有加热和制冷装置的茶饮料制作设备，用于速溶茶的冲泡和生产。其可按"冷饮供应器"归入《税则》税目84.18项下，或按加工热饮料的设备归入《税则》税目84.19项下，两者列名同样具体且无法区分主次，因此，根据归类总规则三（三），遵循从后归类的原则，应将其归入税则号列8419.8100。			

序号	822	归类决定编号	Z2006-0543	公告编号	2006年第69号
商品税则号列			8419.8990	公告实施日期	2006年11月22日
商品名称		冰板式现调机			
英文名称					
其他名称					
商品描述		冰板式现调机（品牌为CORNELIUS，型号为Duraflex150）是适用于各种小型商业场所的冷饮机（Ice drink）。该商品与二氧化碳钢瓶、糖浆桶、制冰机等配合使用构成一个碳酸饮料的调配冷冻系统。"现调"是指二氧化碳在碳化器内溶解于经过滤处理的水，形成的碳酸水与糖浆原浆分别通过各自的管道在该机分配阀口以不同口径、适当比例同时流出，合股落入杯中，即可现场完成碳酸饮料的调配功能。"冰板式冷却"是指该机对饮料的冷却不是通过压缩机制冷冷却，而是通过工作人员向该机的储冰槽内添加冰块（冰块由另外的制冰机制出），饮料（原浆及碳酸水）流经环绕冰槽的管道时被冰块吸收热量而冷却的方式。该机内置温度测量设备可随时提示工作人员加冰。储冰槽内的冰块不仅可用于冷却流经管道的饮料，还可通过冰块阀口直接添加入饮料杯中，与饮料混合进行冷却和改变口味。				
归类决定		根据其工作原理，该设备既有税目84.19所列的利用冰槽冷却饮料的功能，又有税目84.38的饮料加工的功能，根据《税则》第八十四章章注二的规定"既符合税目84.01至84.24的规定，又符合税目84.25至84.80规定的商品应归入税目84.01至84.24"，该设备应归入税则号列8419.8990。				

序号	823	归类决定编号	Z2006-0544	公告编号	2006年第69号
商品税则号列		8419.8990		公告实施日期	2006年11月22日
商品名称	蓄冰设备				
英文名称	Ice chiller				
其他名称					
商品描述	该货物为美国BAC蓄冰装置，用于蓄冰空调，其结构组成为顶盖、盘管支撑结构、管道接口、镀锌钢盘管、防水内衬、压缩聚丙乙烯保温层、防水夹衬、冰槽外壁、视管、储冰量传感器、储冰量传感器外置壳。 其工作原理是采用25%~30%的乙二醇溶液作为冷媒，在夜间用电低谷段，来自空调的低温载冷剂（乙二醇）在蓄能盘管内循环，通过热交换将盘管外面的水逐渐冷却至结冰相变温度，使槽内清水吸收冷能产生相变成为冰，储存冷能。在高峰期时，通过热交换将盘管外面的冰逐渐融化，使载冷剂降温，被降低温度的载冷剂被送回空调，用以满足建筑物空调负荷和电力高峰负荷的要求。另外，随设备配套的储冰传感器为压力变换器，通过此设备可检测出蓄冰槽内的实际冰量，有利于控制机房的其他相关设备操作。 该蓄冰系统已广泛用于综合办公楼、商场、学校、体育馆、机场、居民小区等建筑体系中。				
归类决定	该蓄冰装置实质上是一个冷却槽，内带媒质循环装置（乙二醇为冷媒），其符合《税则注释》品目84.19的范围，因此可归入税则号列8419.8990。				

序号	824	归类决定编号	Z2006-0545	公告编号	2006年第69号
商品税则号列		8419.8990		公告实施日期	2006年11月22日
商品名称	复合式纺丝用工艺系统				
英文名称					
其他名称					
商品描述	复合式纺丝用工艺系统，由工艺回风用涡流风机、空气阻尼器、空气密封门、初效过滤器、工艺侧吹与卷绕换热装置（实为蒸发器，其连接的制冷装置在外部）、清洗喷淋装置、工艺侧吹用加热器、工艺侧吹用涡流风机、高效过滤器、卷绕用加热器、工艺卷绕用涡流风机等组成，上述装置组装在一个箱体内，由自动控制设备系统、变频器提供电源及控制信号。 其工作流程：涡流风机将回用风抽到系统内，经阻尼、过滤、制冷或加热调温、清洗喷淋（增加湿度）、送风、高效过滤等，再通过两台涡流风机分别送风到用风点，以恒温、恒湿、恒压的冷风来冷却从喷丝头出来的涤纶长丝，在一定范围内将丝温度从290℃降至20℃。				
归类决定	根据其工作原理及功能，该设备符合税目84.19利用温度变化处理材料的机器的描述，应归入税则号列8419.8990。				

序号	825	归类决定编号	Z2006-0546	公告编号	2006年第69号
商品税则号列		8419.8990		公告实施日期	2006年11月22日
商品名称	烤漆机				
英文名称	Short wave IR curing system				
其他名称					
商品描述	所申报烤漆机为SPECTRATEK牌，共有4000-2、4000S-2和1200SM-2三种型号。该"烤漆机"主要由短波红外线灯总成、热敏传感器集成控制系统、支架、塑料底座等组成，其利用短波红外线穿透物体表面实现热传递的原理，由红外线灯发送的电磁波转换成热能后，将涂上油漆的金属面由里而外进行烤干。				
归类决定	该装置通过红外线灯的热辐射方式对物体进行加热，间接实现烘干的功能，属于一种未列名的加热装置，根据归类总规则一及六，应将其归入税则号列8419.8990。				

序号	826	归类决定编号	Z2006-1326	公告编号	2007 年第 70 号
商品税则号列		8419.8990		公告实施日期	2007 年 12 月 5 日
商品名称	合成塔内件				
英文名称					
其他名称					
商品描述	1. 规格尺寸：长为 19.5 米，直径为 2.7 米，设备总重为 50.6 吨。 2. 组成：底部换热器、催化剂筐等部件。 3. 原理：合成塔主要由内件和外壳组成，内件为合成塔主体，外壳（国内加工配置）的主要用途为固定连接合成塔内件（催化剂筐及底部换热器），具有压力容器的自密封性，内部压力高达 20 兆帕。 4. 主要流程：从气体净化工段来的混合气体（氢气与氮气）经过压缩及出口热交换器（国内配置）换热升温，进入合成塔底部换热器，经换热后混合气体温度上升到 450℃，然后与催化剂筐中的催化剂（氧化铁）发生反应放出热量，温度达到 500℃，生成合成氨，再经底部热交换器冷却降温后出合成塔（成品氨气），再经出口的热交换器再次冷却降温后经后续成品液氨工段生成液氨产品。				
归类决定	完整的合成塔包括：合成塔内件、外壳、出口换热器等三部分。此次进口的为合成塔内件。合成塔内件是按照卡萨利专利技术进行有效组合后形成一个专利技术的整体，催化剂筐与底部换热器通过焊接的方式组装成一个整体，已具备合成塔完整品的基本特征，根据归类总规则二，应按利用温度变化处理材料的其他设备归入税则号列 8419.8990。				

序号	827	归类决定编号	Z2006-1327	公告编号	2007年第70号
商品税则号列		8419.8990		公告实施日期	2007年12月5日
商品名称		燃油干燥器（申报品名）			
英文名称		Infrared oil heater			
其他名称		热风枪			
商品描述		燃油干燥器（申报品名），又称热风枪，型号为VAL6，属红外线型，主要由油箱、燃烧器、红外线放热盘等构成。工作原理：燃油经高压喷雾，与空气混合后，点火燃烧，燃烧室温度升高，通过红外线放热盘辐射释放热量。该热风枪主要用于工厂、建筑工地、运动场所、室内外聚会的取暖、航空引擎预热和涂饰及装贴、沥青及混凝土的干燥等。			
归类决定		该商品利用燃油产生的热量释放红外线进行辐射加热，除能够干燥其他物品外，还能用于取暖，属红外线加热设备。由于其未装有电动风扇或鼓风机，不符合《税则注释》对品目73.22的规定，因此，不能归入其中。由于《税则注释》中品目84.19包含的商品为利用温度变化处理材料的机器，不论是否电热的，故该红外线加热器符合《税则注释》中品目84.19及其子目条文的描述，根据归类总规则一和六，该商品应归入税则号列8419.8990。			

序号	828	归类决定编号	Z2006-1328	公告编号	2007年第70号
商品税则号列		8419.8990		公告实施日期	2007年12月5日
商品名称	PCR仪				
英文名称					
其他名称	基因扩增仪				
商品描述	该商品为PCR仪（基因扩增仪）。其主要由温控装置（加热、制冷）、存储装置和执行控制装置三部分组成，型号有PTC-100、PTC-200和9700。工作原理：将装有样品的反应管放入反应孔板中，通过控制装置执行存储装置中的程序，利用仪器本身特别设计的底座温度形成梯度，通过控制样品槽温度的多次升降，完成温度的转换、保持和循环，来对样品槽中的生物材料样品进行处理，以实现基因的解离、互补和延长，从而使基因扩增。				
归类决定	该商品同时具有加热和制冷功能，温度范围从0℃~105℃不等。由于该商品既不是电炉和电烘箱，同时其工作原理也不符合《税则注释》对品目85.14的条文规定，因此，其不能归入品目85.14项下。该商品不具有检测功能，其利用温度的精确升高和降低，对实验材料进行处理，符合品目84.19的描述，根据归类总规则一和六，其应按利用温度变化处理材料的实验室用设备，归入税则号列8419.8990。 另外还有一种定量PCR仪，其在普通PCR仪的基础上增加了光学检测设备。使用时在样本中添加了荧光剂和刺激物，用于实时监测刺激物对基因扩增的影响，符合品目90.27的描述，由于其使用光线照射来检测，应当归入税则号列9027.5000。				

序号	829	归类决定编号	Z2006-1329	公告编号	2007年第70号
商品税则号列		8419.8990		公告实施日期	2007年12月5日
商品名称	干熄焦设备				
英文名称					
其他名称					
商品描述	干熄焦设备是利用惰性气体对焦炉炭化室红热的焦炭进行冷却处理的装置。该设备由循环气体风机、装入装置电动缸、电磁振动给料器、焦罐、提升机检测器、锅炉循环泵、锅炉减温器、电容式料位计、提升机用挠性动力及控制电缆、提升机钢丝绳、旋转密封阀及驱动单元等部分组成。其工作原理：从焦炉炭化室红热的焦炭（1 000℃±50℃）通过一套装料设备装入干熄炉的预存室内再落入冷却室内，冷却室内红焦的热量被逆流循环的冷却惰性气体所吸收，被气体吸收了的热量随气体被送入干熄焦设备之外的蒸汽锅炉，用于产生水蒸气（450℃±10℃），该蒸汽可供热网使用或应用于发电。经蒸汽锅炉冷却的惰性气体再经二次除尘冷却后再由循环风机送入干熄炉循环使用。冷却后的焦炭（200℃左右）则由排焦装置均匀排出，由皮带机运走。				
归类决定	"干熄焦设备"实现的是将红焦降温为冷焦的功能。由于其（锅炉循环泵、锅炉减温器除外）降温方式是通过红焦和冷却惰性气体直接接触进行的，不符合《税则注释》对品目84.19项下"热交换器"的描述，故不应归入税则号列8419.5000。 锅炉循环泵、锅炉减温器用于余热锅炉，但单独进口，应按其相应功能归入相关子目。 其余上述商品属利用温度变化处理材料的机器，符合《税则》税目84.19及其子目条文的描述，根据归类总规则一及六，应将其按其他机器归入税则号列8419.8990。				

序号	830	归类决定编号	Z2007-0047	公告编号	2007 年第 71 号
商品税则号列		8419.8990		公告实施日期	2007 年 12 月 5 日
商品名称	恒温试管架				
英文名称					
其他名称					
商品描述	该设备由主机和可加热的金属槽组成。功能是加热试管，并保持恒温。主机通电加热金属槽，需要加热的试管将放置在金属槽内，通过加热金属槽，使待加热的试管被加热，并保持一个恒定的温度。				
归类决定	该设备由主机和可加热的金属槽组成，用于对试管进行加热，并保持恒温。该商品符合《税则》税目 84.19 的商品描述，根据归类总规则一及六，应归入税则号列 8419.8990。				

序号	831	归类决定编号	Z2007-0048	公告编号	2007 年第 71 号
商品税则号列		8419.8990		公告实施日期	2007 年 12 月 5 日
商品名称	六功能校验炉				
英文名称					
其他名称					
商品描述	该商品可以校准接触和非接触式的温度计、光学高温计、表面温度传感器、水银玻璃温度计，同样可以校准热电偶、电阻温度计、热敏电阻和形状不规则的传感器。				
归类决定	六功能校验炉由主机、温度探头、容器组件、表面温度传感器校验组件、WTP 水三相点瓶等组成，容器组件内可以盛放酒精、水或油等，通过主机进行加温或降温，并精确控制温度，符合《税则》税目 84.19 的商品描述，根据归类总规则一及六，应归入税则号列 8419.8990。				

序号	832	归类决定编号	Z2007-0049	公告编号	2007年第71号
商品税则号列		8419.8990		公告实施日期	2007年12月5日
商品名称	恒温热台				
英文名称					
其他名称					
商品描述	该商品安装在显微镜上，用于加热。此为玻璃恒温热台，可安装在体式显微镜的透视底座上，通过电加热，给在体式显微镜下观察或操作的样品提供恒定的温度。				
归类决定	该商品主要由透明玻璃发热体平板构成，可以精确加温并恒定温度，用于对显微镜观测的样品进行温度控制，符合《税则》税目84.19的商品描述，根据归类总规则一及六，应按其他利用温度变化处理材料的装置归入税则号列8419.8990。				

序号	833	归类决定编号	Z2008-0055	公告编号	2008年第76号
商品税则号列		8419.8990		公告实施日期	2008年10月28日
商品名称	一体化冷却装置				
英文名称					
其他名称					
商品描述	一体化冷却装置由冷却主体、叶轮、电机、泵等组成，用于大型变压器的降温处理。泵将变压器油从变压器内抽出，传输到冷却主体，通过冷却主体许多密集的散热片散发热量，叶轮在电机的带动下转动，加快空气流动产生风，以提高冷却效果。				
归类决定	该商品由冷却主体、叶轮、电机、泵等组成，组合后用于对变压器油进行降温，符合《税则》税目84.19的商品描述，根据归类总规则一及六，应归入税则号列8419.8990。				

序号	834	归类决定编号	Z2008-0056	公告编号	2008年第76号
商品税则号列		8419.8990		公告实施日期	2008年10月28日
商品名称	IC厌氧反应器				
英文名称	Internal circulation				
其他名称					
商品描述	该商品的主要结构：1.厌氧反应器内件直径9.5米，高24米（不包括IC罐体）；2.沼气火炬，600立方米/小时；3.沼气稳压柜，30立方米。内循环厌氧反应装置（IC反应器），分为内件和外壳两部分，内件是由工程塑料加工而成，外壳是由碳钢、保温层（发泡聚氨酯）及防腐内衬（进口PE）组成。IC反应器是对生产废水进行厌氧处理的生物反应器，在壳体内完成沼气的生成、分离和收集。IC反应器顶部的气液分离器将收集的沼气灌入沼气稳压柜，沼气稳压柜由一个具有防腐涂料的钢罐和一个浮顶组成，浮顶可以上下移动，以保持沼气系统有一个稳定的压力来燃烧，来自沼气稳压柜的沼气流向沼气火炬，沼气火炬是内含式，无明火，可以自动点火，火炬的操作由沼气稳压柜的气体自动操控。本次进口的是IC反应器内件与沼气稳压柜、沼气火炬，不进口IC反应器外壳，其外壳具有固定连接反应器内件，防止阳光反射，对工程塑料内件起保护设备、延长设备寿命的作用，同时还可储存需要处理的废水和反应过程中生成的污泥，为生物反应保持较为稳定的温度（最适宜温度是35℃~38℃）等。				
归类决定	该商品由厌氧反应器内件、沼气稳压柜和沼气火炬3个部分组成，实现利用温度处理污水的功能，使污水中的有机物变成沼气而被消耗掉，沼气通过沼气稳压柜和沼气火炬直接燃烧，不作进一步利用。上述商品组合后实现《税则》税目84.19所列的功能，满足功能机组的定义，应根据十六类类注四的归类原则确定归类。根据归类总规则一及六，该商品应按利用温度变化处理材料的设备归入税则号列8419.8990。				

序号	835	归类决定编号	Z2008-0160	公告编号	2008 年第 83 号
商品税则号列		8419.8990		公告实施日期	2008 年 11 月 24 日
商品名称	热流道				
英文名称					
其他名称					
商品描述	热流道系统由内膜板、热嘴、热流道板、密封阀针、分流板、夹板、气动系统、机嘴连接和中心定位环等组成。主要功能：模具在完成塑胶料制品时，经热流道与注塑机连接，并加热料件，使料件保持熔融，通过喷嘴注入模具。				
归类决定	该商品通过导线式发热元件对塑料原料进行加热处理，使之保持为液体状，方便注入模腔，符合《税则》税目 84.19 的商品描述，根据归类总规则一及六，应按利用温度变化处理材料的设备归入税则号列 8419.8990。				

序号	836	归类决定编号	Z2008-0161	公告编号	2008 年第 83 号
商品税则号列		8419.8990		公告实施日期	2008 年 11 月 24 日
商品名称	低温培养箱				
英文名称	BINDER Microbiological incubator				
其他名称					
商品描述	该商品通过内腔和外壳之间的夹套中的加热管加热和压缩机制冷，来实现对箱内 -10℃~100℃ 的温度控制，为细胞、细菌培养等提供恒定的温度环境。				
归类决定	该商品通过内腔和外壳之间的夹套中的加热管加热和压缩机制冷，来实现对箱内 -10℃~100℃ 的温度控制，为细胞、细菌培养等提供恒定的温度环境。该商品不具备除温度控制以外的其他如恒湿、酸碱度平衡等自动调节功能。上述商品仅具有温度自动调节的功能，属利用温度变化处理材料的设备，符合《税则》税目 84.19 及其子目条文的描述，根据归类总规则一及六，应按其他利用温度处理材料的设备归入税则号列 8419.8990。				

序号	837	归类决定编号	Z2008-0162	公告编号	2008年第83号
商品税则号列		8419.8990		公告实施日期	2008年11月24日
商品名称	半导体制冷器				
英文名称					
其他名称					
商品描述	半导体制冷器又叫微型制冷器，主要用在IT、通信等行业。一般作为设备的零部件来使用，用来给大型电脑服务器导热或制冷。主要部件为风扇、散热器、控制板、半导体制冷片。工作原理：微型制冷器主要利用帕尔帖原理。当直流电通过两种不同性质的导体时，在其交接面产生吸、放热的现象，这就是帕尔帖原理。半导体制冷片是微型制冷器的核心部件，具有导热、制冷的作用。控制板主要用来控制微型制冷器的开关、温度，并提供与主机之间的I/O接口。散热器主要为铝材或者铜材，用来加速散热。				
归类决定	上述商品由风扇、散热器、控制板、半导体制冷片构成，其结构超出了《税则》税目85.41的商品范围。利用半导体的帕尔帖原理进行冷热空气的交换，属利用温度处理材料的设备，符合税目84.19及其子目条文的描述，根据归类总规则一及六，应按其他利用温度处理材料的设备归入税则号列8419.8990。				

序号	838	归类决定编号	Z2010-0027	公告编号	2010年第15号
商品税则号列			8419.8990	公告实施日期	2010年2月28日
商品名称	氯化镁脱水系统				
英文名称					
其他名称					

商品描述

　　电解金属镁生产线主要利用青海盐湖氯化镁资源，采用无水氯化镁电解工艺生产金属镁，其生产流程为六水氯化镁经空气脱水系统后得到二水氯化镁，经氯化氢脱水系统后得到无水氯化镁，再经电解获得金属镁。金属镁经过铸造后得到镁锭或镁合金。此批进口为脱水系统所需设备，其工作原理分两步连续进行：

　　1. 热空气脱水系统（一套）。主要设备为空气加热炉（高3米、长14米）、热空气脱水塔（高16米、直径7.5米）、输送机（Section #1）、洗涤器（Section #4）、泵（T30001 Tank）等。空气加热炉吸入空气并通过电加热至380℃左右（恒温）进入热空气脱水塔对氯化镁进行脱水。热空气从下往上经过两层流化床（每层流化床温度恒定）。原料六水氯镁石（$MgCl \cdot 6H_2O$）颗粒经输送带进入密闭空气脱水塔并通过两层流化床往下走，最后得到的产品主要为含两个结晶水的氯化镁（$MgCl \cdot 2H_2O$）颗粒，也包含碱式氯化镁、氧化镁及其他形式的物质，而空气温度由原来的进风380℃左右降为出口温度180℃左右，并从空气脱水塔顶部经过洗涤热交换器降温排入大气之中。

　　2. 氯化氢脱水（一套）。主要设备为氯化氢加热炉（高3米、长15米）、氯化氢脱水塔（高35米、直径7.5米）、氯化氢干燥器（Section I35301-F1）、洗涤器（C34/35402）、泵（T30409 Tank）、输送机（Prills traveling between MB and DA）等。含有两个结晶水的氯化镁经管道输送至氯化氢脱水塔，电加热至380℃左右（恒温）的氯化氢气体从底部进入，与氯化镁颗粒在十层流化床（每层流化床温度恒定）中逆流流动进行脱水，通过一系列复杂的化学反应过程，得到无水氯化镁以及少量其他形式的物质。脱水后的气体从氯化氢洗涤塔的顶部排出，经过三级过滤后通过热交换器进行降温，降温后的氯化氢气体在经过氯化氢加热炉加热后输送至氯化氢脱水塔中进行循环利用。由于在脱水过程中氯化氢气体有损耗，不足的氯化氢气体由合成车间提供。无水氯化镁冷却保护后经输送带送至电解槽进行电解。

归类决定

　　氯化镁脱水系统，包括热空气脱水系统和氯化氢脱水系统，两部分均属于利用温度变化处理材料的设备，符合《税则》第十六类类注四有关功能机组的规定和税目84.19条文的描述。根据归类总规则一及六，应将上述设备一并归入税则号列8419.8990。

序号	839	归类决定编号	Z2010-0028	公告编号	2010 年第 15 号
商品税则号列		8419.8990		公告实施日期	2010 年 2 月 28 日
商品名称	液相色谱柱后衍生系统				
英文名称					
其他名称					
商品描述	液相色谱柱后衍生系统的工作原理：利用衍生反应使被测物与相应的试剂之间发生化学反应，以改变被测物的化学和物理性质，使其能够被检测。柱后衍生系统是将 HPLC 的柱后洗提液与衍生试剂混合，混合溶液在一定的时间内通过反应器完成反应，如果反应速度慢，用加热反应器以提高反应速度。一个完善的柱后衍生系统由计量泵、脉冲阻尼器、加热线圈、安全系统等构成，以确保提供安全、可靠的数据。				
归类决定	该商品是色谱仪的配件，本身无任何检测功能，只是提供了一个可以进行加热服务的反应环境，使得反应物与试剂反应后，可以用来被检测。上述商品属纯加热反应器，符合《税则》税目 84.19 及其子目条文的描述，根据归类总规则一及六，应按其他利用温度处理材料的机器归入税则号列 8419.8990。				

序号	840	归类决定编号	Z2010-0029	公告编号	2010 年第 15 号
商品税则号列		8419.8990		公告实施日期	2010 年 2 月 28 日
商品名称	汽车烤漆房				
英文名称					
其他名称					
商品描述	该商品为全封闭结构，镀锌钢板制，前面入口为三片式大门，中间一片配备工作人员进出门。具体配置为镀锌钢板、内衬为绝缘环保的 6 厘米延伸聚苯乙烯板制的天花板及地板、排气系统、柴油燃烧机、照明系统、控制器及电路箱等。用途为利用热量将汽车车身的油漆烘干。工作原理为通过柴油机燃烧产生热量，再通过管路将热量均匀分散到汽车四周。在整个过程中工作人员在设备外部进行操控。				
归类决定	该商品进口状态为成套散件，组装后用于利用热量将汽车车身的油漆烘干。组装后的结构：1. 镀锌钢板制全封闭结构，其内部固定装有天花板、地板、排气系统、管道，四周各一排太阳灯，该灯通过红外线短波产生热量。2. 全封闭结构外部紧密安装的壳体，包含柴油燃烧机、控制器、电路单，可控制柴油燃烧机产生热量，并通过管路均匀分散到封闭结构内，还可控制封闭结构内的太阳灯的开关等。该商品虽具有较大的封闭结构，但用于对汽车油漆进行烘干，其作用超出了"房屋"的范围，因此不应归入税目 94.06 项下。该结构体可被视为处理材料的容器，从而根据归类总规则一及六，将整套设备按照利用温度处理材料的设备归入税则号列 8419.8990。				

序号	841	归类决定编号	Z2016-011	公告编号	2016年第38号
商品税则号列		8419.8990		公告实施日期	2016年7月1日
商品名称	薄膜蒸发器				
英文名称					
其他名称					
商品描述	该薄膜蒸发器品牌为VTA，型号为VD1800-4500-SKR-G，主要由加热系统、蒸发系统、刮膜转子、进料系统、出料系统5个部分组成。薄膜蒸发器因使液体形成薄膜而进行蒸发得名，薄膜蒸发器在蒸发过程可以保持在较高真空度条件下进行，由于真空度的提高，与之相应的物料沸点迅速降低，薄膜中的轻组分成为气态蒸发，重组分保持液态排出，从而达到分离的效果。 该商品进口后的用途为回收丙烯酸重组分中的丙烯酸。其工作原理：原料通过进料系统进入蒸发器内壁，蒸发器的主体为夹套式设计，夹套内部通有加热介质导热油，操作时先要开启加热系统对原料进行加热，加热过程中刮膜转子不断地将物料刮成均匀薄膜状，增加物料的传热效率，加热至所需的蒸发温度后，就能使物料轻重组分中的轻组分蒸发出来，轻组分进入分馏塔（分馏塔未进口），而没有被蒸发的重组分从蒸发器底部排出。				
归类决定	该薄膜蒸发器由加热系统、蒸发系统、刮膜转子、进料系统、出料系统5个部分组成，用于回收丙烯酸重组分中的丙烯酸。其工作原理：原料通过进料系统进入蒸发器内壁，开启加热系统对原料进行加热，加热过程中刮膜转子不断地将物料刮成均匀薄膜状，增加物料的传热效率，加热至所需的蒸发温度后，就能使物料轻重组分中的轻组分蒸发出来进入分馏塔（此次未进口），而没有被蒸发的重组分从蒸发器底部排出，达到分馏提纯的目的。上述商品尚未完成蒸馏的工艺，利用温度变化处理材料，符合税则税目84.19及其子目条文的描述，根据归类总规则一及六，该薄膜蒸发器应按其他利用温度变化处理材料的机器归入税号8419.8990。				

序号	842	归类决定编号	Z2006-0547	公告编号	2006年第69号
商品税则号列		8419.9090		公告实施日期	2006年11月22日
商品名称	塔盘（氮洗塔零件）				
英文名称	P1G aluminium trays				
其他名称					
商品描述	塔盘材质为铝合金，外形为圆盘形，直径1 460毫米，厚度3毫米，表面和侧面有很多直径4毫米的孔，表面有规律地呈波浪状起伏，塔盘用于氮洗塔，在塔内逐层安装。氮洗塔为圆筒立式，直径1 500毫米，高8 000毫米，由高压保温外壳和内部塔盘组成，用途是除去氢气中含有的甲烷和一氧化碳，工作原理是根据额定压力下气体的冷凝点不同，将需要除去的气体通过热交换后液化排出。 　　工作过程是在额定工作压力下，通过塔顶液氮入口将-170℃的液氮注入塔内，液氮进入塔内后逐层通过塔盘由上而下慢慢到达塔底，液氮通过塔盘时塔盘的温度迅速降低至-170℃，然后将原料气（氢气、甲烷和一氧化碳的混合气体）通过塔底进气口注入，原料气进入塔内后逐层通过塔盘由下而上运动，与塔盘和液氮进行热交换，温度急剧下降，甲烷和一氧化碳分别在达到各自冷凝点后液化，并随液氮从塔底排液口排出，氢气和一部分液氮气化形成的氮气从塔顶出气口排出，进入后续设备完成合成氨工艺。				
归类决定	该商品已制成特定形状，且专用于氮洗塔，根据第十六类类注二关于零件的归类原则，应将其按氮洗塔的零件进行归类。由于氮洗塔是利用温度变化处理材料的设备，因此塔盘属于利用温度变化处理材料的设备的零件，符合税目84.19及其子目条文的描述，根据归类总规则一及六，应将其归入税则号列8419.9090。				

序号	843	归类决定编号	Z2008-0163	公告编号	2008 年第 83 号
商品税则号列		8419.9090		公告实施日期	2008 年 11 月 24 日
商品名称		热交换器用连接支撑管板			
英文名称					
其他名称					
商品描述		该商品的规格为长 958 毫米、宽 838 毫米、厚 25 毫米，管板钻有 440 个直径为 15.3 毫米的通孔（其中横向每排 22 个，纵向每排 20 个），用于装配外径为 14.5 毫米的铜换热管。加工过程：剪切黄铜板至要求的加工尺寸，然后铣四边以达到要求的形状和公差，钻孔、镗孔、倒角、攻丝。			
归类决定		上述商品已具备了热交换器的零件特征，根据《税则》第十六类类注二的归类原则，该商品不属于第十六类类注一的排他商品范围，在第八十四章、第八十五章的相关税目中无具体列名，属热交换器专用零件，符合税目 84.19 及其子目条文的描述，根据归类总规则一及六，应按其他利用温度处理材料的设备的零件归入税则号列 8419.9090。			

序号	844	归类决定编号	Z2009-0125	公告编号	2009 年第 32 号
商品税则号列		8419.9090		公告实施日期	2009 年 6 月 12 日
商品名称		气液分配盘			
英文名称					
其他名称					
商品描述		气液分配盘，316 升不锈钢制，其主要功能是将输入反应器的原油和氢气混合物通过气液分配盘，未使用任何动力装置，使气体和汽化的液体混合物从气液分配盘上依靠自身的动力和压力向下运动，达到调节、分配目的，在一定平面上使原油与氢气混合均匀，并按一定的流量流入反应器进行化学反应，以达到所要求的技术指标。			
归类决定		该商品为钢铁材质，内置通道，无动力装置，其结构和尺寸决定其专用于加氢裂化反应器，属于加氢裂化反应器的专用零件，应根据《税则》第十六类类注二关于零件的归类原则确定归类。由于该商品不符合《税则注释》关于品目 84.79 项下"独立功能"的描述，在第八十四章其他税号中也未列名，故应按加氢裂化反应器专用零件与加氢裂化反应器整机归入同一税目项下。而加氢裂化反应器是一种利用温度变化处理材料的反应器，符合税目 84.19 及其子目条文的描述，根据归类总规则一及六，应按其他利用温度处理材料的设备的零件归入税则号列 8419.9090。			

序号	845	归类决定编号	Z2008-0057	公告编号	2008 年第 76 号
商品税则号列		8420.1000		公告实施日期	2008 年 10 月 28 日
商品名称	赛鲁迪复合机				
英文名称					
其他名称					

商品描述

赛鲁迪复合机是意大利赛鲁迪公司生产，主要用于纸/卡纸和薄膜材料的湿法复合，专用于包装材料生产。主要组成为一个纸张和卡纸放卷装置；一个湿法复合单元和部件，用于最多两层的连线复合；设备的加热烘干热源（电加热）。最大生产速度为涂布部分为 200 米/分，复合速度为 150 米/分。工作流程为纸/卡纸放卷机送放料卷，经过一系列材料的处理（平整、清灰、纠偏、张力控制等），再经过一个涂布单元（烘箱为 EO 型）进行背涂。与此同时，第二卷料（PET）放卷机送放料卷→纠偏、张力控制→在膜上涂胶→经过一系列安装在 R960 型单元内的复合组件（钢质加热鼓、气动控制的压力辊等）和带温度控制的 6 个干燥箱（总长 12 米）→复合后的料带在卧式烘箱出口处被冷却（有 3 个非驱动型冷却辊）→复合料受输出张力控制单元控制、纠偏→收卷单元卷绕复合材料。

归类决定

该赛鲁迪复合机由放卷装置、涂布单元、复合单元及加热烘干热源等组成，通过钢质加热鼓、压力辊等复合组件将纸和塑料进行复合，符合《税则注释》品目 84.20 的商品描述，构成《税则》第十六类类注四的功能机组，根据归类总规则一及六，应将该套设备一并归入税则号列 8420.1000。

序号	846	归类决定编号	Z2008-0164	公告编号	2008年第83号
商品税则号列		8420.1000		公告实施日期	2008年11月24日
商品名称	滚涂机				
英文名称					
其他名称					
商品描述	该商品型号为G05-GL1300，主要由橡胶涂布滚筒、供漆系统、输送系统、供油系统、电气柜及控制面板等组成，用于将溶剂或水性漆涂布在玻璃上。工作原理：待涂布的玻璃由输送系统进料，油墨通过隔膜泵打入到涂布轮（橡胶制）与定量轮之间，涂布量由定量轮的转速、旋向和涂布轮与定量轮之间接触的轻重程度来决定，当玻璃通过机器时，涂布轮挤压工件，同时将轮上的油墨印到玻璃上。					
归类决定	该商品利用滚筒在玻璃面板上涂布溶剂或水性漆。根据《税则注释》关于品目84.75项下"玻璃或玻璃制品的制造或热加工机器"的范围定义为"……是指对受热变软或变成液状的玻璃进行加工的设备"的描述，该商品明显不属于《税则》税目84.75项下的玻璃或玻璃制品的制造或热加工机器。根据《税则注释》关于品目84.20的排他条款的描述"本品目……，但不包括……品目84.75所列的玻璃加工机器"，该商品不在品目84.20的排他商品范围之内。上述商品属滚压涂布机器，符合《税则》税目84.20及其子目条文的描述，根据归类总规则一及六，应按其他滚压机器归入税则号列8420.1000。					

序号	847	归类决定编号	Z2013-0047	公告编号	2013年第26号
商品税则号列		8420.1000		公告实施日期	2013年6月1日
商品名称	内面胶押出机				
英文名称					
其他名称					
商品描述	该商品用于轮胎内面胶的押出与挤出，主要包括进料口、螺杆、机头、轮筒、电机等部件，品牌为MORITANI。工作原理为经密炼机、开炼机混炼后的橡胶胶料从进料口送入内面胶押出机，电机带螺杆转动，在连续运送物料的过程中，螺杆产生机械摩擦作用和热量，以及通过温控给螺杆加热（水经水泵沿着水管进入电加热器，通过给水加热来达到预先在温控装置上设定的温度值，然后热水再经过水管输送到螺杆外的螺套处，与之进行热传递，从而使得螺杆温度升高，产生热量）产生的热量将胶料预热均匀、分散、温度升高而更加柔软和富有黏性，并通过螺杆转动将胶料连续均匀地向两轮筒挤出输送，胶料通过两轮筒之间被压延出所需厚度的内面胶（押出内面胶胶片的厚度是通过马达带动涡轮转动，涡轮带动蜗杆上下移动，上轮筒固定不动，下轮筒与蜗杆相连，蜗杆上下移动调整两轮筒间的距离从而控制内面胶的厚度）。胶片的宽度由安装在轮筒上的两刀片控制，两刀片之间的距离为固定距离，当胶片从轮筒处押出来经过刀片时由刀片进行切割。内面胶的宽度及厚度决定着轮胎的安全性。押出的片胶经过冷却水槽降温后，由风机吹掉水分后卷曲于台车存放，便于成型工序的连接。				
归类决定	该商品利用上下轮筒旋转并配合适当的加热将可塑状态的橡胶胶料滚压成胶片，满足《税则注释》关于品目84.20项下"滚压机器"的描述，符合《税则》税目84.20及其子目条文的描述，根据归类总规则一及六，应将其按其他滚压机器归入税则号列8420.1000。				

序号	848	归类决定编号	Z2006-1331	公告编号	2007年第70号
商品税则号列		8420.9900		公告实施日期	2007年12月5日
商品名称	涂布辊、超级压光辊				
英文名称					
其他名称					

商品描述

根据企业说明，货主此次申报的涂布辊（4只2套）、超级压光辊（6只1套）为纸机生产线的涂布设备和超级压光机设备。纸机生产线的生产流程：流浆箱→网部成型→压榨设备→烘干设备→压光设备→涂布（施胶）机→热烘箱→二次烘干→超级压光机→卷纸机组成。

涂布辊每只各带有两套滑动轴承及轴承座，传动侧和操作侧各一套，属于工艺流程第六部分设备。该涂布设备属膜式施胶机，位于硬压光机和热烘箱之间，是专门为纸页表面施胶、染色、涂布而设计的，作为涂布设备对纸面进行涂层，增加纸张的光滑度。在膜式涂布中，涂布膜（化学品）按定量配比上施胶棒，然后在线压下把压区的膜传送到纸幅上。

超级压光辊每只辊体带有两套滑动轴承及轴承座，传动侧和操作侧各一套，一套内部冷却装置和传动装置，属于工艺流程第九部分设备。该设备通过辊子的交替挤压对纸页进行压光作用，对纸页做最后的整饰，提高纸张的平滑度和光泽度。

归类决定

该造纸生产线包括10个部分，不符合《税则》第十六类类注三、四的规定，应按各设备功能分别进行归类。其中涂布机和压光机的结构及工作原理相似，主要由上下两个轧辊组成，在滚筒的压力下将纸页表面压光及施胶，均应按"滚压机器"归入税目84.20项下。

涂布辊和压光辊已与轴承、轴承座、联轴器、同步轮等安装成一个整体，已超出了"滚筒"的范畴，根据归类总规则一（第十六类类注二）及六，应将其按"滚压机器的其他专用零件"归入税则号列8420.9900。

序号	849	归类决定编号	Z2006-0548	公告编号	2006 年第 69 号
商品税则号列		84.21		公告实施日期	2006 年 11 月 22 日
商品名称	离心干燥机				
英文名称					
其他名称					
商品描述	该离心机由冷压缩机、制热器、风扇、马达、主电源构成，且组装在同一机壳内，主要用于制造数码管原材料（环氧树脂）的脱水。其工作原理：利用马达高速旋转（1 200转/分钟）产生的离心力使水分子与胶体（环氧树脂）分离，并依附于环氧树脂的表面；通过制冷压缩机将马达高速旋转产生的热温下降至30℃左右，使水分子变成液态状的水珠。为避免胶体再次与机壳内水珠结合变潮，由风扇将机壳内的水珠抽出至机壳外，机体外电热管制热使水快速蒸发，从而达到干燥、除湿的效果。				
归类决定	该设备主要利用离心力将水分去除，达到干燥、除湿效果，符合《税则注释》关于品目 84.21 的描述，应作为离心机归入税目 84.21 项下。				

序号	850	归类决定编号	Z2006-0551	公告编号	2006 年第 69 号
商品税则号列		8421.1990		公告实施日期	2006 年 11 月 22 日
商品名称	石膏旋流站				
英文名称					
其他名称					
商品描述	该商品为石膏旋流站，用于电厂烟气脱硫系统，其工作过程如下： 1. 含有大量石膏的浆液在高压作用下进入石膏旋流站，利用旋流站的特殊设计结构（外观呈倒锥形，内置四个旋流子），使石膏浆液在旋流站中呈漩涡状自由流动； 2. 由于浆液受离心力及重力作用，会自然在旋流站底部汇集浓度较高的浆液，而上部汇集浓度较低的浆液（浓度约3%）； 3. 底部浓度高的浆液进入低流箱，然后经过管道进入真空皮带过滤机进行过滤，将石膏脱水过滤出来（真空皮带过滤机此次未进口），上部浓度较低的浆液流入溢流箱回收后进入废水旋流站进行进一步浆液分级。				
归类决定	该商品的结构和功能符合《税则注释》对品目 84.21 项下离心机的描述，即"在有些离心机中，用一组倒置的分选圆锥将具有不同比重的物质分离在不同层次上并加以收集"。因此，根据归类总规则一，该石膏旋流站应归入税则号列 8421.1990。				

序号	851	归类决定编号	Z2006-0552	公告编号	2006 年第 69 号
商品税则号列		8421.2110		公告实施日期	2006 年 11 月 22 日
商品名称	电解水机				
英文名称	Electrolysis water system				
其他名称	多功能制水机				
商品描述	该制水机为日本产 OSG 牌，其工作原理是：自来水经过过滤后，通过矿物质添加层，再经过电解，产生"酸性水"和"碱性水"。其中过滤分为粗滤和精滤，粗滤是通过 10 寸双节滤芯（棉芯+活性炭芯）实现，精滤则是通过 10 寸活性炭芯（载银活性炭芯）实现；自来水经过粗滤和精滤后，成为可直接饮用的洁净水。电解则是通过电解槽进行电解，电解槽的中间有隔离膜，使得正负离子移动受阻，破坏了电解平衡，使得阳极一边瞬间氢离子偏多，由阳极流出的水富含氢离子，带正电，呈弱酸性（即酸性水），阴极一边瞬间氢氧根离子偏多，由阴极流出的水富含氢氧根离子，带负电，呈弱碱性（即碱性水）。该多功能制水机通常设有"电解水"和"洁净水"控制按钮。按下"电解水"按钮，则输出酸性水和碱性水，两种电解水分别从不同的管道流出；按下"洁净水"按钮，则直接输出经过过滤的洁净水。				
归类决定	电解水机，又称多功能制水机，它既可以产生洁净水，也可以产生"酸性水"和"碱性水"。其具体工作原理如下： 1. 自来水经过粗滤和精滤后，再通过矿物质添加层，成为直接饮用的洁净水； 2. 洁净水再通过电解槽进行电解，使得阳极一边瞬间氢离子偏多，由阳极流出的水富含氢离子，带正电，呈弱酸性（即酸性水）；而阴极一边瞬间氢氧根离子偏多，由阴极流出的水富含氢氧根离子，带负电，呈弱碱性（即碱性水）。 该多功能制水机设有"电解水"和"洁净水"控制按钮，供使用者选择不同的饮用水。 该多功能制水机同时具有过滤和电解两种功能，但仍以过滤为其主要功能；由于该多功能制水机主要用于家庭、办公室、酒店套房、餐馆等非生产型场所，符合《本国子目注释》对"家用型"的解释，因此，该商品可归入税则号列 8421.2110。				

序号	852	归类决定编号	Z2006-0556	公告编号	2006年第69号
商品税则号列		8421.2990		公告实施日期	2006年11月22日
商品名称	肾脏透析器				
英文名称					
其他名称					
商品描述	型号分别有：AM-BIO-650WET、AM-BIO-HX-650、AM-BIO-HX-750、AM-BIO-HX-1000、APS-900（AM系列透析器为一次性使用）。该肾脏透析器用于急、慢性肾功能衰竭的血液透析治疗，根据所附材料和《现代血液净化疗法》一书的说明，透析器有透析和超滤功能。				
归类决定	该肾脏透析器用于急、慢性肾功能衰竭的血液透析治疗，它是肾脏透析设备上一次性使用的一个部件，该装置内部装有空心纤维，仅具有过滤和透析功能，不具有诊断、治疗、手术的功能。根据《税则》第九十章章注二（一）为依据所作的归类决定，将该肾脏透析设备归入税则号列8421.2990。				

序号	853	归类决定编号	Z2006-0557	公告编号	2006年第69号
商品税则号列		8421.2990		公告实施日期	2006年11月22日
商品名称	输液器滤板				
英文名称					
其他名称					
商品描述	滤板主要由树脂外壳和内部的一大一小两块滤膜组成，外壳上有上下液体进出接口和输液器的导管相连，专用于输液器。				
归类决定	虽然该滤板是医疗器械的零件，但由于其已具备了液体过滤功能，根据《税则》第九十章章注二（一）的规定，应归入税则号列8421.2990。				

序号	854	归类决定编号	Z2006-0558	公告编号	2006 年第 69 号
商品税则号列		8421.3990		公告实施日期	2006 年 11 月 22 日
商品名称	真空手套箱				
英文名称					
其他名称					

商品描述

设备组成：
1. 主机部分：气体净化系统、真空泵、循环泵、控制系统、过渡舱、电源；
2. 集成的 PLC 控制水分分析仪；
3. 集成的 PLC 控制氧分分析仪，固态氧探头；
4. 带有活性炭的灰尘过滤器。

用途：用于锂离子电池的组装。

工作原理：该设备利用真空泵通过过渡舱抽吸出箱内空气（真空度小于 100 帕），然后通过过渡舱充入纯净的惰性气体（AR 或 HE 等），使箱内外保持 5 帕的正压差，在此过程中使用者可以通过过渡舱的阀门调节箱内气压。由此可创造一个无水、无氧、无尘的洁净工作环境，大学的老师可以在该环境下进行锂离子电池的研究、组装。

归类决定

该设备由气体净化系统、水分分析仪、氧分分析仪等构成，通过气体过滤净化方式，创造一个无水、无氧、无尘的洁净环境，各种设备通过固定安装成一体，其结构符合第十六类类注三关于组合机器的描述，由于组合后的主要功能为气体净化，根据归类总规则一及六，应将其归入税则号列 8421.3990。

序号	855	归类决定编号	Z2006-0559	公告编号	2006 年第 69 号
商品税则号列		8421.9910		公告实施日期	2006 年 11 月 22 日
商品名称	玻璃钢制过滤罐				
英文名称	Water treatment parts				
其他名称					
商品描述	该商品为一种家用水处理产品（舒尔家用中央水处理自动控制调节系统，以下简称"舒尔家用中央水调"）上所用的容器部分，单独进口。外观特征为上端带内罗纹口的瓶状容器，尺寸 8 英寸×18 英寸，用于盛放离子交换树脂。（注：玻璃钢是指由玻璃纤维增强的不饱和聚酯树脂制成的塑料产品。）				
归类决定	由于"家用水处理产品"是一种《税则》税目 84.21 项下的液体过滤设备，而该容器已制成特定形状及规格，专用于上述设备。因此，根据第十六类类注二的规定，应按过滤设备的零件归入税则号列 8421.9910。				

序号	856	归类决定编号	Z2006-0560	公告编号	2006 年第 69 号
商品税则号列		8421.9910		公告实施日期	2006 年 11 月 22 日
商品名称	氧气发生器				
英文名称	Oxylife oxygen concentrator				
其他名称	氧气集中器、制氧机				
商品描述	品牌：澳来福（OXYLIFE）。 规格：标准型、车载专用型、小型。 结构：主要由空气压缩机和 IRS 分子筛机芯组成，还包括电磁阀、出氧管、冷却风扇、吸气消音器、排气消音器和 PCB 板接线等零部件。该货物进口时没有压缩机设备，压缩机从国内采购。 原理及用途：采用空气压缩过滤技术、氧气浓缩技术及系统控制技术，利用变压吸附（PSA）原理，以空气为原料，采用物理的过滤方法，不需任何添加剂，在常温下接通电源，通过 IRS 分子筛吸附氮气及其他气体，即可得到高纯度的富氧空气。该商品主要用于提供洁净的富氧空气，补充室内或车内的氧气浓度。				
归类决定	根据该商品的特征和《税则》第十六类类注二零件的归类原则的规定，由于该商品进口时不带压缩机，压缩机是"氧气发生器"的重要组成部分，故进口部分不构成"氧气发生器"整机特征，应按空气过滤器零部件归入税则号列 8421.9910。				

序号	857	归类决定编号	Z2006-1333	公告编号	2007 年第 70 号
商品税则号列		8421.9990		公告实施日期	2007 年 12 月 5 日
商品名称		中空纤维膜组件			
英文名称		Hollow fiber membrane element			
其他名称					
商品描述		该商品为污水净化设备上的一个部件，型号为 sur334la，为聚乙烯材质的中空丝束，加工过程为经中空喷头喷融、拉伸、凝胶、浇注而成。其直径为 0.5 毫米，长度为 50 厘米。该膜为管状膜，通过微米单位的微孔过滤排水。				
归类决定		该商品由多股过滤丝束组成，两边安装有具有导流、固定作用的管子。聚乙烯材质的中空丝束，加工过程为经中空喷头喷融、拉伸、凝胶、浇注而成。根据《税则注释》对品目 59.11 的描述："本品目的纺织制品可以装有其他材料制的附件，但本身必须仍具有纺织制品的基本特征"，该商品的过滤丝束安装于具有导流、固定作用的管子中间，已不再具有纺织制品的特征，而具备了过滤器零件的特征。该商品用于工业水过滤处理装置，根据归类总规则一及六，应将其归入税则号列 8421.9990。				

序号	858	归类决定编号	Z2007-0050	公告编号	2007 年第 71 号
商品税则号列		8422.3030		公告实施日期	2007 年 12 月 5 日
商品名称		全自动锭剂摆药机			
英文名称		Full automatic tablet distributor			
其他名称		全自动锭剂分包机			
商品描述		全自动锭剂摆药机又称"全自动锭剂分包机"，品牌 TOSHO，型号 XANA-4001，用于医院药房或门诊，功能为根据 HIS 系统传递的医嘱信息（如药品名称、服用时间、服用剂量及患者的相关信息）对锭剂药品（包括片剂和胶囊）自动进行分拣、组合和包装，避免人工分药产生的差错。				
归类决定		全自动锭剂摆药机用于医院药房或门诊，可根据系统传送的医嘱信息对药品进行自动分拣和组合，最后进行包装。其药物的分拣和组合功能应认定为附属于其包装功能，根据《税则注释》对品目 84.22 的描述"除包装、捆扎等功能以外，还具有一些附属于包装等的其他附加功能的机器人归入本品目"，该商品应归入税则号列 8422.3030。				

序号	859	归类决定编号	Z2006-0677	公告编号	2006 年第 69 号
商品税则号列		8422.3030 和 8479.8999		公告实施日期	2006 年 11 月 22 日
商品名称		包装检测机			
英文名称		One set of packaging inspection equipment			
其他名称					
商品描述		该设备由 6 台检测机（目检机）和 2 台包装机组成，与不同的液药生产流水线连接工作。其中，3 台检测机并联与 1 台包装机连接组成普液线包装检测装置；2 台检测机并联与包装机连接组成氨基酸线包装检测装置；1 台检测机与国内购买的包装机连接组成中试线包装检测装置。 当装有液体的软袋经过热水消毒后，工作人员将软袋挂至检测机的挂钩上，然后滚链转动到检测区 1+2 卤素光下，人工用肉眼检测软袋中是否含有杂质等。检测完毕后立即将软袋传输到外包机的传送带上，外包机自动进行外包。			
归类决定		包装机和检测机组合后未构成具有《税则》第十六类所列功能的设备，不符合《税则》第十六类类注四功能机组的规定，应分别归类。上述包装机可对软包装袋进行外包装，应归入税则号列 8422.3030；检测机结构以输送装置为主，卤素灯部分为目视检测提供照明，因此，根据《税则注释》关于品目 84.79 的解释，应归入税则号列 8479.8999。			

序号	860	归类决定编号	Z2006-0561	公告编号	2006 年第 69 号
商品税则号列		8422.3090		公告实施日期	2006 年 11 月 22 日
商品名称		全自动条形码制作粘贴采血管分配准备系统			
英文名称					
其他名称					
商品描述		全自动条形码制作粘贴采血管分配准备系统（BC.ROBO-585）用于医院采血室，能够依照检查项目需求通过接收计算机指令选择抽血试管，除了能自动将打印出的条形码标签贴置完成（依试管的长度粘贴于指定的位置），也能附加列印供人工粘贴的条形码标签、抽血指示书等，并将每一位病患用的试管集中收放在一个抽血试管盒内或密封塑料袋内。			
归类决定		该设备用于对采血试管的分类管理，其过程包括选取试管、打印标签、粘贴标签以及传送至收集盒等。根据《税则注释》对品目 84.22 "贴标签机"的描述 "贴标签机，包括装有印刷、裁切或粘贴标签装置的"，该设备的主体功能符合 "贴标签机"的描述，根据归类总规则三（二），应将其归入税则号列 8422.3090。			

序号	861	归类决定编号	Z2006-0562	公告编号	2006年第69号
商品税则号列		8422.4000		公告实施日期	2006年11月22日
商品名称	高速包装机组				
英文名称					
其他名称					
商品描述	型号：G.D X2-4350/PACK-OW。 主要用途：将每20支烟包装成1小包烟，外压一层透明纸，然后，再按每10小包烟包装成1条烟，又外压一层透明纸。				
归类决定	高速卷烟包装机用于卷烟的包装，该机可将制成的单支卷烟每20支包装成1小包烟，包上透明纸，然后将每10小包烟包装成1条烟，再包上透明纸。由于该机虽用于烟草工业，但仅具有包装功能，而不具有烟草加工功能，故仍应作为其他包装机器归入税则号列8422.4000。				

序号	862	归类决定编号	Z2006-0563	公告编号	2006年第69号
商品税则号列		8422.4000		公告实施日期	2006年11月22日
商品名称	编带机				
英文名称					
其他名称					
商品描述	该商品为ISMECA公司生产的NX-16型号的编带机，用于对晶体管产品进行编带包装，该编带机将合格的二极管等电子元件放入编带中，再对编带进行塑封，该机器同时还为测试机、镭射印字机、外观检测系统提供连接接口，编带机与其连接的测试机、镭射印字机、外观检测系统同步工作，该编带机单独进口。				
归类决定	该商品用于对晶体管产品进行封装，属于包装机器，符合税目84.22及其子目条文的描述，根据归类总规则一及六，应将其按其他包装机器归入税则号列8422.4000。				

序号	863	归类决定编号	Z2006-1334	公告编号	2007 年第 70 号
商品税则号列		8423.8290		公告实施日期	2007 年 12 月 5 日
商品名称	动物鉴定标识系统					
英文名称						
其他名称						
商品描述	该系统主要由耳号感应器、RFID 称重系统（900 和 100 个羊单位）、鉴定识别系统、浏览记录装置组成。给实验动物安装耳号感应器，通过感应器和 RFID 系统测试数据，自动将动物行为传输到鉴定识别系统，自动记录和输出试验数据，由此判定家畜的遗传谱系、个体变化、健康状况等。				
归类决定	该动物鉴定标识系统，由四部分组成，具有识别、称重及记录和输出数据的功能。上述部件组合后，明显具有《税则注释》中品目 84.23 "衡器"的功能，根据归类总规则一（第十六类类注四）及六，应按"最大称量超过 30 千克，但不超过 5 000 千克的衡器"归入税则号列 8423.8290。				

序号	864	归类决定编号	Z2006-0564	公告编号	2006 年第 69 号
商品税则号列		84.23 或 90.16		公告实施日期	2006 年 11 月 22 日
商品名称	燃烧法沥青含量测试仪				
英文名称					
其他名称					
商品描述	燃烧法沥青含量测试仪由美国 TROXLER 电子公司制造，型号：NTO4731，该商品在箱内对设定重量的沥青混合料采用加温燃烧的方法，将沥青燃尽，并通过称重传感器测定剩余混合料的重量，以确定沥青含量。				
归类决定	该商品首先通过红外线加温的方法将沥青燃尽，而后通过称重传感器测定剩余混合料的重量，为确定沥青含量提供原始数据，该设备本身只是完成了燃烧、称重两个步骤，不具有对数据作出判断分析的功能，不符合《税则注释》品目 90.27 "理化分析仪器及装置"的描述。在该商品所具有的红外线加热燃烧及称重两个功能中，称量燃烧后剩余混合料的重量是其主要功能，故该商品应作为衡器并依据其感量是否大于或小于 50 毫克归入《税则》税目 84.23 或 90.16 项下。				

序号	865	归类决定编号	Z2006-0565	公告编号	2006年第69号
商品税则号列		84.24		公告实施日期	2006年11月22日
商品名称		DCS控冷控轧机关键件			
英文名称		Water cool line			
其他名称		水冷段			
商品描述		DCS控冷控轧机关键件，为水冷线（或水冷段）的关键部件，支架及底座部分国内配套，该水冷线由水箱阀组（Cooling nozzles）、阀架阀组（Nozzies on-off valves）、冷却器（Comp air dryer）一套、剥离/干燥器（Co-unterflow strippers、counter flow strippers）、转辙器构成，主要功能是通过水冷、风冷的方式有效控制轧制后、精轧前线材的温度，其中水箱包括一系列管状组件，当线材通过时，通过环形喷嘴喷射高压水，线材在径向被高压水围住，整个断面达到均匀冷却，阀架阀组是水箱的控制阀，本次未进口电气控制设备（MMI自动化系统、温度闭环控制系统），如可编程控制器（PLC）、传感器等；剥离/干燥器和冷却器一同以反向的水流和风流剥离冷却过程中形成杂质并对线材形成干燥作用，转辙器负责将线材分流到精轧线。			
归类决定		因该套设备的组成已构成功能机组，可按其喷射的功能归入税目84.24项下。			

序号	866	归类决定编号	Z2006-1335	公告编号	2007年第70号
商品税则号列		8424.3000		公告实施日期	2007年12月5日
商品名称		高压清洗机（冷、热水）			
英文名称					
其他名称		喷射清洗机			
商品描述		该商品主要用于清洗机器、车辆、建筑物等，包括多种型号，机器重量从几十千克到几百千克不等，高压枪喷射物质为冷热水。			
归类决定		根据归类总规则一，该商品应归入税则号列8424.3000。			

序号	867	归类决定编号	Z2006-0566	公告编号	2006年第69号
商品税则号列		8424.8100		公告实施日期	2006年11月22日
商品名称	滴灌设备				
英文名称					
其他名称					
商品描述	该滴灌系统由以下几部分构成：1. 中央控制系统、过滤系统及施肥系统；2. 主要部件连接件；3. 田间首部；4. 支管；5. 田间网络；6. 防风林带。				
归类决定	该滴灌设备由控制系统、过滤系统、施肥系统、配套的输水管道、阀门、喷头等构成，按照《税则》第十六类类注四的规定，整套设备可作为功能机组归入税则号列 8424.8100。				

序号	868	归类决定编号	Z2006-0567	公告编号	2006年第69号
商品税则号列		8424.8100		公告实施日期	2006年11月22日
商品名称	加湿器				
英文名称	Air cool				
其他名称					
商品描述	该商品是一种环境控制系统，由风扇、旋转碟、电动机、喷雾器等部件组成，该系统是利用离心力通过旋转碟旋转，将水粉碎成微小液粒，再由风扇吹出进行雾化，在雾化过程中达到增加空气湿度的目的。如果在雾化过程中使用冷水，还可起降温作用。主要用于家禽饲养房、养猪场、温室等场所，也可用于办公室等工作场所、购物中心等。				
归类决定	该商品为液体的喷雾设备，虽具有间接的增湿降温作用，但根据其工作原理及功能，仍应按草坪、果园等用的喷雾器，归入税则号列 8424.8100。				

序号	869	归类决定编号	Z2006-1336	公告编号	2007年第70号
商品税则号列		8424.8910 或 8424.8999		公告实施日期	2007年12月5日
商品名称		压力罐喷头			
英文名称					
其他名称		雷达杀虫剂阀门（申报品名）			
商品描述		压力罐喷头用于杀虫剂，其金属盖装有一个按钮，可使阀针移位，用以开关喷孔。			
归类决定		压力罐喷头主要由阀门及喷雾装置构成，其中喷雾功能是其主要功能，该功能的实现靠盖上的按钮，故装有按钮的压力罐喷头应作为喷雾散布装置归入税则号列8424.8910（家用型）或8424.8999（非家用型）。			

序号	870	归类决定编号	Z2006-0569	公告编号	2006年第69号
商品税则号列		8424.8999		公告实施日期	2006年11月22日
商品名称		镁基脱硫设备			
英文名称					
其他名称					
商品描述		该商品为铁水脱硫设备，主要包括喷吹罐、料仓电子秤、集尘器、配套阀门、仪表及PLC控制系统等。			
归类决定		镁基脱硫设备可对铁水罐中铁水进行控制性喷石灰粉和镁粉，以达到铁水脱硫的目的。该套设备符合《税则》第十六类类注四关于功能机组的定义，可按其整体功能，一并归入税则号列8424.8999。			

序号	871	归类决定编号	Z2006-0570	公告编号	2006年第69号
商品税则号列		8424.8999		公告实施日期	2006年11月22日
商品名称	静电喷粉机				
英文名称	Spraying system				
其他名称					
商品描述	该商品为静电喷粉机，共有两种型号：1. Sames-SRV416型自动静电喷粉设备，6套，每套设备配置有：自动静电喷粉枪（带内置式高压发生器）、静电控制器、输粉泵以及配件；2. STAJET406型手动静电喷粉设备，两套，每套设备配置有手动静电喷粉枪（带内置式高压发生器）、静电控制器、粉桶、输粉泵、安装小车以及配件。该喷粉机采用静电原理，将环氧树脂、聚酯、聚氯乙烯等粉末喷涂于外形复杂的工件上。				
归类决定	上述两种商品均为包括喷枪的设备，故超过了税则号列8424.2000的范围，应按《税则》未列名粉末喷射机器归入税则号列8424.8999。				

序号	872	归类决定编号	Z2006-0571	公告编号	2006年第69号
商品税则号列		8424.8999		公告实施日期	2006年11月22日
商品名称	选择性涂敷设备				
英文名称					
其他名称					
商品描述	该设备型号为CAMALOT-4398，是一种全自动选择性涂敷设备，广泛应用于对电路板组件或各类基板防潮、防腐保护的敷形涂敷。工作原理是通过计算机编程控制喷头的位移和喷射状态来进行涂敷。一般是喷涂液体涂料，喷射状态可以是雾状或针状，最大涂敷面积为500毫米×500毫米的板子，精度为±0.025毫米。				
归类决定	根据其工作原理，因为该设备的主要功能是喷射液体涂料，应按喷射机器归入税则号列8424.8999。				

序号	873	归类决定编号	Z2006-0572	公告编号	2006 年第 69 号
商品税则号列		8424.8999		公告实施日期	2006 年 11 月 22 日
商品名称	机舱水雾喷淋系统				
英文名称	High pressure water mist system				
其他名称					
商品描述	该系统是船用机舱灭火防御系统。其由带有控制板的泵单元、一组可控释放的区域电磁阀、每个区域带喷嘴的管、管附件、主管、监测探头和报警单元组成。工作原理：监测探头和报警单元探测到紧急情况后，启动水泵从淡水舱提取水源至供水单元（水柜），再由高压水泵加压至 80 千克以上，通过喷嘴形成幕状水雾，达到隔离氧气、降低温度，最终灭火的目的。				
归类决定	该套系统通过感测现场环境、控制水泵与阀门的工作，通过液体喷洒的方式实现灭火的功能。上述商品属于液体喷射、散布装置，符合《税则》税目 84.24 及其子目条文的描述，根据归类总规则一及六，应将其按液体喷射装置归入税则号列 8424.8999。				

序号	874	归类决定编号	Z2006-1337	公告编号	2007 年第 70 号
商品税则号列		8424.8999		公告实施日期	2007 年 12 月 5 日
商品名称	热熔胶喷涂主机				
英文名称					
其他名称					
商品描述	该热熔胶喷涂主机（理想 B 型 CONCEPT B5/B8/B12/B18，其中 B5 表示熔缸的容积为 5 升）作为热熔胶喷涂机的主要部件，包括熔缸、熔缸加热器、活塞泵、过滤装置和控制电路板、控制操作面板等部分。其工作原理为将粒状的热熔胶放入主机里的熔缸加热，当熔化为液体状态后，活塞泵把液体胶加压，并通过外接的喉管将胶送达喷枪。该主机通过主控板控制喷枪进行工作。该热熔胶喷涂机主要应用于纸箱封箱、产品组装、书本装订等行业。				
归类决定	该热熔胶喷涂机主机已构成喷涂机的基本特征，同时，由于其不符合《税则注释》品目 84.24 中对"喷枪及类似器具"以及"喷汽机、喷砂机及类似喷射机器"的描述，故不能归入其中。根据归类总规则二（一）及六，该热熔胶喷涂机主机应按其他液体喷射器具归入税则号列 8424.8999。另外，若喷枪与主机同时申报且数量成套，两者可一并归入税则号列 8424.8999；若喷枪单独申报或数量不匹配，可按具体列名归入税则号列 8424.2000。				

序号	875	归类决定编号	Z2008-0165	公告编号	2008年第83号	
商品税则号列		8424.8999		公告实施日期	2008年11月24日	
商品名称	旧自动清洗机					
英文名称						
其他名称						
商品描述	该商品的品牌为LIBHERR，型号为DHB-2-65-30，其主要用途是通过传送机构将曲轴进行传送及反转，通过喷嘴将经过加热的水进行加压，对曲轴表面及各油孔进行喷淋，再通过加温及吹风去除曲轴残留水分，达到清洗曲轴的目的。该自动清洗机不是生产线，实际进口状态为外方（卖方）对整台清洗机的实际解体拆卸、运输装车状态，包括：供气管路、清洗喷淋系统、漂洗喷淋系统、清洗水箱、漂洗水箱、自动排屑机、排雾装置、热风烘干系统、冷风吹干系统、机体、清洗系统、漂洗系统、油道清洗系统、油道压吹系统、滚轮支撑装置、抬起输送机构、罩壳及自动升降门、集中润滑系统、气动控制系统、电气控制系统等。该机床喷嘴、传送机构及其他部分（如加热、热吹风等）是整台清洗机的重要组成功能部（组）件，与"清洗机"的供气管路、清洗喷淋系统、漂洗喷淋系统、清洗水箱、漂洗水箱、自动排屑机、排雾装置、机体、清洗系统、漂洗系统、油道清洗系统、滚轮支撑装置、抬起输送机构、罩壳及自动升降门、集中润滑系统、气动控制系统、电气控制系统等共同组成一台完整的清洗机。						
归类决定	该商品采用喷淋方式对曲轴表面及各油孔进行清洗，符合《税则》税目84.24的商品描述，根据归类总规则一及六，应归入税则号列8424.8999。						

序号	876	归类决定编号	Z2008-0166	公告编号	2008年第83号
商品税则号列		8424.8999		公告实施日期	2008年11月24日
商品名称	炮体				
英文名称					
其他名称					
商品描述	炮体为电动消防炮主体，包括电动炮体、遥控器、接收器。它是一种大流量多功能消防喷射器具，主要功能是改变喷射形状、距离和方向。				
归类决定	该商品为液体喷射装置的不完整品，由电动炮体、遥控器、接收器等部件构成，虽然还缺少基座、进水接口、喷头等部件，但已经具备了完整的消防炮的基本特征。完整的消防炮用于消防喷水，其功能和结构与《税则注释》对子目8424.30的描述"……可高压喷出砂或金属研磨料等，用以对金属制品进行除锈或清洁，或者在玻璃、石料等表面进行蚀刻或褪光处理……本品目也包括喷汽机械，用以除去金属机件上的油漆等"有较大不同，故不应归入税则号列8424.3000。上述商品已具备喷水器完整品的基本特征，根据归类总规则二（一），应按其他喷水装置归入税则号列8424.8999。				

序号	877	归类决定编号	Z2009-0050	公告编号	2009年第5号
商品税则号列		8424.8999		公告实施日期	2009年1月20日
商品名称	油雾发生器				
英文名称	Oil mist lubrication equipment				
其他名称	油雾润滑系统				
商品描述	该设备由旋涡式油雾头和电脑控制仪表组成，型号为IVT&VO。设备工作原理是：压缩空气经过管路输送到IVT&VO主机，在主机内通过旋涡式油雾头时产生高速气流，该气流与从虹吸管输送上来的润滑油混合，产生出颗粒为3~5微米，浓度为百万分之五的润滑油雾，经油雾头散布到主机内部的油雾箱中，再经过主机内部的变流盘导流，由主机上的油雾出口向外输送到需要润滑的设备，进行油雾润滑。油雾可输送到距离主机百米以外的机泵，颗粒极小的油雾能够在金属表面形成润滑效果较好的一层油膜，减小摩擦及发热，使轴承温度明显下降。油雾的生成由装备微电脑的主机控制，涡流雾化工艺本身不需要任何活动或旋转部件，整个油雾润滑系统可长期可靠运行。				
归类决定	该商品由产生润滑油雾的主机和对设备进行润滑的旋涡式油雾头组成，组合后用于喷射油雾，其结构不符合《税则注释》对喷枪及类似器具的描述，故不能归入子目8424.20，根据归类总规则一及六，应归入税则号列8424.8999。				

序号	878	归类决定编号	Z2009-0051	公告编号	2009 年第 5 号
商品税则号列		8424.8999		公告实施日期	2009 年 1 月 20 日
商品名称	洗地龙头				
英文名称					
其他名称					
商品描述	该商品由喷枪状配件、橡皮软管、盘盒、安装架等组成。工作原理：将该洗地龙头尾端与自来水管相连，不需要任何机械、油、电做动力，洗地龙头前端有一个开关，当开关关闭时，输入到龙头内的水就形成压力，并能任意调节水柱大小。				
归类决定	该商品由喷枪状配件、橡皮软管、盘盒、安装架等组成，其喷枪可以使液体以射流状喷射，符合《税则注释》关于品目 84.24 项下商品的描述，属注释列名的"喷水器"，符合《税则》税目 84.24 及其子目条文的描述，根据归类总规则一及六，应按其他喷射器具归入税则号列 8424.8999。				

序号	879	归类决定编号	Z2009-0163	公告编号	2009 年第 57 号
商品税则号列		8424.8999		公告实施日期	2009 年 8 月 31 日
商品名称	原料喷嘴				
英文名称					
其他名称					
商品描述	原料喷嘴通过法兰与提升管连接。工作原理是：将原料油通过管道输送进入到原料喷嘴的入口，同时雾化蒸汽从另一入口进入，在原料喷嘴的腔体内原料油与雾化蒸汽进行混合后，由另一端的喷嘴喷出，喷出的混合物是烟雾状混合物，此混合物进入提升管中与催化剂充分接触进行反应。				
归类决定	该商品通过将油和蒸汽混合后喷出雾化油滴，属于喷雾器，符合《税则》税目 84.24 及其子目条文的描述，根据归类总规则一及六，应按其他喷射装置归入税则号列 8424.8999。				

序号	880	归类决定编号	Z2006-0574	公告编号	2006 年第 69 号
商品税则号列			8424.9090	公告实施日期	2006 年 11 月 22 日
商品名称	滴灌管线				
英文名称					
其他名称					
商品描述	滴灌管线外观为塑料管线，间距 40 厘米有一滴孔，每个滴孔装有一个滴头过滤器（可防滴孔堵塞）。该滴灌管线成卷进口，广泛用于高科技节水灌溉设施。				
归类决定	《税则注释》对品目 39.17 "管子"的定义："一般用于输送，引流或分配气体或液体的中空管"，而此滴灌管线因装有滴头过滤器，不符合上述规定，因其已具有品目 84.24 灌溉设备零件的特征，可归入税则号列 8424.9090。				

序号	881	归类决定编号	Z2006-0575	公告编号	2006 年第 69 号
商品税则号列			8424.9090	公告实施日期	2006 年 11 月 22 日
商品名称	滴头（滴灌设备用）				
英文名称					
其他名称					
商品描述	该商品为滴灌线管用塑料滴头，其内镶在滴灌线管，在挤出机挤出管子的同时直接镶入滴灌管内部，同时在由滴头的管子外壁对准滴头的出水口打孔。其工作原理：有压水进入滴头后，先经过一过滤器进行最后一级过滤，然后流入一个锯齿形流道（不同类型的滴头其流道的长度宽度不同），水流在流道撞击锯齿形成涡流，这样可以把水中的杂质冲出流道而不造成滴头堵塞。				
归类决定	该塑料滴头用于滴灌线管，应作为喷射装置用零件归入税则号列 8424.9090。				

序号	882	归类决定编号	Z2006-1338	公告编号	2007年第70号
商品税则号列		8424.9090		公告实施日期	2007年12月5日
商品名称	喷淋管				
英文名称					
其他名称					
商品描述	该喷淋管采用FRP材料（玻璃钢）制成，是一种高分子复合材料，具有防腐、耐磨等性能。其安装在电厂烟气脱硫系统中的脱硫塔中，组成一套喷淋层，用于电厂烟气脱硫（FGD）系统，是FGD的重要组成部分之一——喷雾系统。喷雾系统主要由特殊设计的喷淋管、浆液循环泵、喷嘴组成，喷淋管根据脱硫塔的大小、石灰石浆液的浓度、腐蚀强度、流体压力、温度等参数作为计算依据，最后计算、设计出的喷淋管必须达到均匀分压、耐温、耐腐、耐磨等要求。 喷雾系统运行时，浆液循环泵向喷雾系统中输送石灰石浆液，浆液通过喷淋层中时由喷淋管将浆液均压分配后到喷口，喷口处连接着喷嘴，喷嘴将石灰石浆液均匀、稳定地雾化喷出，从而使石灰石浆液和烟气中的SO_2充分地产生化学反应，以达到脱硫的作用。				
归类决定	该喷淋管仅是管路，内部无任何活动机械部件，无任何调节、改变水流的功能，不构成完整的喷射装置。同时该管路已开有多个接头，具有明显的零件特征，根据《税则注释》对品目84.24项下商品零件的规定，喷射装置的管路组应按零件进行归类。根据归类总规则一及六，应将其按液体喷射装置的零件归入税则号列8424.9090。				

序号	883	**归类决定编号**	Z2008-0167	**公告编号**	2008年第83号
商品税则号列		8425.4210		**公告实施日期**	2008年11月24日
商品名称	铝制轮轴放线架				
英文名称					
其他名称					
商品描述	该商品由纯铝制成，用于支撑重型电缆，由两个单边的铝制架加上一条轴杆组成，高1.1米，在每个铝制架底部固定装有一个千斤顶。进口时不含轴杆。使用时，将电缆滚筒置于放线架中间，轴杆插入电缆滚筒空心安装好，两侧的千斤顶同时工作，使电缆滚筒升高，便于牵引机将电缆拉出。				
归类决定	该商品由铝制支架和液压千斤顶组成，用于提升电缆滚筒使其放送盘绕在上面的电缆符合《税则》税目84.25的商品描述，根据归类总规则一及六，应作为专用于提升电缆滚筒的液压千斤顶归入税则号列8425.4210。				

序号	884	**归类决定编号**	Z2009-0126	**公告编号**	2009年第32号
商品税则号列		8426.1930		**公告实施日期**	2009年6月12日
商品名称	电磁半龙门起重机				
英文名称					
其他名称					
商品描述	电磁半龙门起重机由支腿、主梁、起升机构、运行机构、传动机构、轨道、电磁控制系统等组成，用于车间内。该起重机桥架一端有支腿，支腿在地面轨道上做纵向移动；另一端直接固定于车间高台架的行车梁上纵向移动。主横梁架于支腿和行车梁上，起重机的起升机构安装于主梁上。				
归类决定	从行业技术上分类，半龙门起重机是龙门式起重机的一种，而桥式起重机的桥架两端都必须在高架轨道上运行（《机械工程手册》）。《税则注释》关于品目84.26项下商品的描述中也明确了桥式起重机的范围，"一、桥式起重机，由一个大功率起重装置挂在重型横梁或桥架上而组成"，说明桥式起重机是不带支腿的。该商品的结构和移动方式满足《税则注释》关于龙门式起重机的描述，"是高架在四脚基座上的港口等用动臂起重机，起重机的基座在可横跨一条或多条正常铁路轨道的宽轨距轨道上运行"，属半龙门式起重机，符合《税则》税目84.26项下龙门式起重机的子目条文的描述，根据归类总规则一及六，应按龙门式起重机归入税则号列8426.1930。				

序号	885	归类决定编号	Z2006-0576	公告编号	2006 年第 69 号
商品税则号列		8426.4110		公告实施日期	2006 年 11 月 22 日
商品名称		旧轮胎式起重机			
英文名称					
其他名称					
商品描述		该旧轮胎式起重机品牌为加腾牌,型号为 KR-25H-IIIL,机号为 2431325,1988 年生产,六成新,可吊重 25 吨,功率 215 马力。其行进及起重的控制装置均在同一控制室内。			
归类决定		根据《税则注释》关于品目 87.05 中起重机械的归类规定"如果一种或多种推进或中心部件装在作业机器的驾驶室内,则不论整台机器是否可以依靠自身动力在道路上行驶,仍应归入品目 84.26",所述商品应按轮式起重机归入税则号列 8426.4110。			

序号	886	归类决定编号	Z2006-0577	公告编号	2006 年第 69 号
商品税则号列		8426.4190		公告实施日期	2006 年 11 月 22 日
商品名称		集装箱正面吊			
英文名称		Container handling equipment			
其他名称					
商品描述		该集装箱正面吊型号为 FERRARI278,功率 320 马力,第一节/第二节的吊重能力为 45 吨/32 吨。主要用于码头及集装箱堆场对集装箱的搬移和堆放。该机器将集装箱吊具固化在吊臂前端,利用吊具的伸缩来吊 20 英尺或 40 英尺的集装箱。集装箱吊起后,利用车辆的前进或后退实现集装箱的平移。			
归类决定		税则号列 8426.1200 的跨运车必须具有高架式门型结构,作业时横跨在货物上方,对位于机身下方的货物进行操作。而集装箱正面吊不具备这种高架式门型结构,它通过吊臂对位于车辆前方的货物进行操作,不符合跨运车的定义,不能归入税则号列 8426.1200 中。税则号列 8426.4110 的轮胎式起重机俗称"吊车",通常由起升机构、运行机构、旋转机构以及改变外伸距离的变幅机构等组成,它利用本身的旋转性能实现货物的平移。而集装箱正面吊是通过车辆的前后移动实现货物的搬移和堆放。因此,集装箱正面吊也不能归入税则号列 8426.4110。集装箱正面吊本身带有胶轮,能够自推进。因此,根据它的功能和特点,并依照税目 84.26 和相关子目条文,可归入税则号列 8426.4190。			

序号	887	**归类决定编号**	Z2006-0578	**公告编号**	2006 年第 69 号
商品税则号列		8427.1010		**公告实施日期**	2006 年 11 月 22 日
商品名称	堆码起重机				
英文名称					
其他名称					
商品描述	该 SWISSLOG 牌堆码起重机，型号：S22SDSF，用途：卷烟生产。根据计算机的指令可自动控制，在轨道上行走，可将货物提升搬运到工厂高架仓库指定的货位或从货位上把货物搬运到出仓站台。				
归类决定	根据《中国大百科全书（机械工程卷）》关于堆垛起重机的描述，商品为巷道式堆垛起重机，应根据具体列名归入税则号列 8427.1010。				

序号	888	**归类决定编号**	Z2006-0579	**公告编号**	2006 年第 69 号
商品税则号列		8427.1090		**公告实施日期**	2006 年 11 月 22 日
商品名称	激光自动引导无人搬运 AGV 小车				
英文名称	Laser guide vehicle				
其他名称					
商品描述	该商品为激光自动引导无人搬运 AGV（Automated guided vehicles）小车，品牌为 DAIFUKU，型号为 MVRF-10Laser。 该 AGV 小车利用激光导引，使用 SS 无线通信方式，配备 Direct Drive 马达和镍铬电池，通过计算机信息管理系统进行调度，无人驾驶，使用叉车式移载方式，是 AGV 自动化物流系统的组成部分。主要使用在烟草行业仓储部门，用于库料的搬运、输送。行走过程：AGV 配备的激光扫描器不间断发射激光束探测感知方位，通过计算自动判断位置，行走路径固化于电脑程式内。				
归类决定	该商品符合《税则注释》对机动叉车的描述："这些工作车包括：（一）机动叉车，有些叉车较大型。它的载货板可沿着立柱上下滑动，用于承载货物……用以在叉车移动时托住货物，并将货物提起，以便堆放或卸到运输工具上。……上述工作车的起重装置一般由车辆本身的动力装置驱动。"根据归类总规则一及六，该商品应作为自动控制的电动机推进叉车归入税则号列 8427.1090。				

序号	889	归类决定编号	Z2008-0168	公告编号	2008 年第 83 号
商品税则号列		8427.1090		公告实施日期	2008 年 11 月 24 日
商品名称	高压升降平台				
英文名称	The outdoor advantage				
其他名称					
商品描述	该作业平台试验车外带屏蔽层，具有高压电的绝缘防护性能，实现在高电压下带电进行测试试验参数及采集试验数据的功能，专用于高 36 米的高压试验大厅内，可以带电作业，试验作业平台的绝缘屏蔽防强磁场的功能可以保护测量试验人员的安全，防电晕干扰的功能可以防护外界干扰，从而使测量试验参数准确。该试验车在试验大厅作业时，工作人员通过操作试验车上的电力驱动发动机装置控制变速机构，可使试验车前进或倒退，也可以操作电动底盘的液压旋转装置，并配有合适的配重使试验车能够往复旋转，在升起后平稳旋转，可以达到其他升降装置不能达到的工作位置。工作时通过试验车升高后，连接试验屏蔽线缆在高空用自带测试仪器进行 1 000 千伏特高压变压器等类产品的测量试验。 主要技术参数：1. 臂高 32 米；作业高度 32 米；旋转 400 次非连续；平台容量 500 磅（237 千克）；平台旋转 180 级液压；2. 平台尺寸 0.76 米×1.83 米；全宽 2.44 米；尾部旋转 1.22 米；装载高度 2.54 米；装载长度（Jib）9.37 米；车轮基面 2.74 米；总车重 6 759 千克。 组成部分：1. 操作盘，试验车在工作中的操作机构，在操作盘上变换挡位，实现前进或后退、升或降、旋转等功能；2. 低置平台，在升降臂的最上部，主要起到在做试验时站人的用途；3. 内在的自动关闭旋转机构，试验车的旋转变速机构的罩子，可以自动开启、关闭；4. 前进后退变速机构，通过操作机构，转换齿轮箱的变换，使试验车能够前进或者后退；5. 180 级液压平台旋转，通过操作机构，可以实现试验车底盘上部及升降臂左右旋转；6. 五级倾斜报警/指示灯，升降臂在倾斜到一定角度时，提前报警提示危险信号；7. 电池消耗情况指示仪表，指示试验车动力源的电源损耗状况，显示用量；8. 提升/绑紧软联结线，试验平车由底部与升降平台的电源、试验联线；9. 14×22.5 非标志气胎，与地面接触的支撑试验车行走的不充气轮子；10. 可移动的电池箱，在试验车的底盘位置，主要给试验车提供动力；11. 磁场、电晕干扰测试仪表，在低置平台处，主要是在做变压器的试验时能够显示测试试验数据的仪器。				
归类决定	该高压升降平台的电动底盘不属于"机动车辆底盘"，同时升降臂和电动底盘构成了不可分割的成套机械设备，不可按"特种车辆"归入《税则》税目 87.05 项下。该高压升降平台属于"电动机推进的其他机动车"，根据归类总规则一及六，应归入税则号列 8427.1090。				

序号	890	归类决定编号	Z2006-0580	公告编号	2006 年第 69 号
商品税则号列		8427.2090		公告实施日期	2006 年 11 月 22 日
商品名称	轮胎式运梁车				
英文名称					
其他名称					
商品描述	该车具体尺寸为 20.4 米（长）×6.75 米（宽）×2.55 米（高），自重 120 吨，不能在公路路面上行驶，根据资料，该车空载行驶速度为 5 千米/小时，满载 3.5 千米/小时，当某座桥梁施工完毕时，该车须解体，其部件由其他车辆运至下一工地或储存地，或重新组装或存放。				
归类决定	该轮胎式运梁车又称轮胎式运梁机，只能用于将预制桥梁移动至架桥机进口提吊处。该运梁车行驶速度缓慢（空载 5 千米/小时，满载 3.5 千米/小时），自重大（120 吨），且驾驶室内没有方向盘，只有操纵杆和仪表盘，在桥梁施工完毕后必须解体，由其他车辆运至下一施工地点重新组装或运至储存地存放。所以，该轮胎式运梁车不属于第八十七章的机动车辆，应按装有搬运装置的工作车归入税则号列 8427.2090。				

序号	891	归类决定编号	Z2006-0581	公告编号	2006 年第 69 号
商品税则号列		8427.2090		公告实施日期	2006 年 11 月 22 日
商品名称	机场跑道路面维护车、升降平台车				
英文名称					
其他名称					
商品描述	机场跑道路面维护车用于机场跑道的维护，主机包括：装载斗、挖掘斗、破碎锤、夯实器、混凝土料斗，四轮驱动，动力换挡变速箱、最高行驶速度 40.7 千米/小时；升降平台车机场用将桥平台升起到机舱门槛高度，通过操作传送开关将货物从飞机上卸下，行驶速度：2~11 千米/小时，主平台最大承载能力为 13 600 千克（装载和举升载荷）桥平台最大承载能力为 13 600 千克（传送载荷）。				
归类决定	该机场跑道路面维护车，实为备有挖掘斗、破碎锤、夯实器及装载斗、混凝土料斗的多功能挖掘装载机，其中挖掘为主要功能，根据归类总规则三（二）归入税则号列 8429.5900；升降平台车是集装箱/集装板装卸车，其剪式升降平台通过液压系统举升，平台上装有不锈钢球和侧移的动力钢辊，用以传送和调整、移动货物。因其升降平台的升降、货物的传送和旋转的控制均在驾驶室内，根据《税则注释》关于品目 87.05 的有关注释，该升降平台车应按自推进式机器归入税则号列 8427.2090。				

序号	892	归类决定编号	Z2006-0582	公告编号	2006 年第 69 号
商品税则号列		8427.2090		公告实施日期	2006 年 11 月 22 日
商品名称	伸缩臂式加料机				
英文名称					
其他名称					
商品描述	货物规格型号：山猫 TD40150，额定载荷 4 000 千克。货物由液压驱动系统四轮驱动，上部车架（车身、驾驶室及伸缩臂）可连续 360 度自由转动，行驶速度由全液压控制，无级变速。工作装置是通过控制上部车身和伸缩臂，回转 90 度实现横、纵向取料，工作装置的工作头为特种插型工作头，只能加料放至熔炉内，不能做其他用途，该货物主要以驾驶室、伸缩臂、特种工作头组成。				
归类决定	所报"伸缩臂式加料机"实为一种具有升降、搬运功能的工作车。该商品主要由驾驶室、伸缩臂、特种工作头组成。该商品是液压驱动系统四轮驱动，上部车架（车身、驾驶室及伸缩臂）可连续 360 度自由转动，行驶速度由全液压控制（负载为 0~7 千米/小时；空载为 0~30 千米/小时），无级变速。工作装置是通过控制上部车身和伸缩臂，回转 90 度实现横、纵向取料，工作装置的工作头为特种插型工作头（可换铲斗、货叉），用于向熔炉内加料。 根据该商品的特征，以及《税则注释》关于品目 84.27 的解释，该商品应归入税则号列 8427.2090。				

序号	893	归类决定编号	Z2006-0583	公告编号	2006 年第 69 号
商品税则号列		8427.2090		公告实施日期	2006 年 11 月 22 日
商品名称	移动式升降平台车				
英文名称					
其他名称					
商品描述	移动式升降平台车，型号为 HIMEC9910 B REX。该商品由自行式柴油驱动升举设备、重型多功能大臂、可伸缩工作平台、支腿、安全顶棚、底盘等组成。由于平台上未安装或附带作业装置，工作时由平台上的人员持其他独立的设备物件进行作业，主要用于隧道钻进过程中的装药、升举、安装、松石、喷浆钻孔等作业。				
归类决定	该车的驾驶部分和设备的操纵部分装在同一个驾驶室内，故属于自推进式机器设备，符合《税则注释》关于品目 84.27 的解释，故该车应归入税则号列 8427.2090。				

序号	894	归类决定编号	Z2008-0169	公告编号	2008年第83号
商品税则号列		8427.2090		公告实施日期	2008年11月24日
商品名称	370t自行式液压平板车				
英文名称	Self-propelled hydraulic flat vehicle				
其他名称					
商品描述	该商品品牌为KAMAG，型号为U1406H HS5 E，是专用的特殊运输装置，装有提升和下降的液压系统，适用于运载重型货物。该设备组成包括：机架结构及平台盖板、转向轮架、转盘、电子多模式转向系统、制动系统、驾驶室、电液平衡提升系统、驱动系统等。空载时最大速度为15.5千米/小时，满载时最大速度为6千米/小时，满载时升降速度为20~25毫米/秒；发动机输出功率为381千瓦；有2个驾驶室，分别位于平台下方的前面和后面。				
归类决定	该商品主要由机架结构及平台盖板、转向轮架、转盘、电子多模式转向系统、制动系统、液压提升系统、过载保护装置等组成，装有柴油发动机，是一种装有提升设备的短距离运输货物的机动车辆。根据《税则注释》品目87.09的排他条款"本品目不包括：……2. 装有提升或搬运设备的叉车及其他工作车（品目84.27）"，上述商品应归入《税则》税目84.27项下。上述商品属非电动机驱动的装有升降装置的工作车，符合税目84.27及其子目条文的描述，根据归类总规则一及六，应按其他装有升降装置的机动车归入税则号列8427.2090。				

序号	895	归类决定编号	Z2010-0031	公告编号	2010年第15号
商品税则号列		8427.2090		公告实施日期	2010年2月28日
商品名称	铝电解专用出铝车				
英文名称					
其他名称					
商品描述	该商品用于电解车间电解槽出铝及电解槽至铸造车间混合炉间短途运输及实时称重。构造及性能：出铝车由车身、转向和牵引系统、盖子单元、驾驶室和控制、称重系统、发动机单元、液压装置、气动装置和设备、电气装置、抬包、车载压载机、闭路监视系统构成。该车空载33 000千克，满载52 500千克，使用柴油发动机，超弹性橡胶车轮（16个），自带空压机，通过自带空压机进行出铝、倒铝工作，带有连续称重系统，由中文智能彩色触摸屏显示。出铝车可完全自动进行电解槽出铝和倒铝到铸造炉（加压的方式）的操作，所有动作都由液压油缸来驱动，出铝车只需通过自身所带的提升系统来装载和卸载抬包，可通过一个侧面的移动来接近出铝口。				
归类决定	该商品用于短途运输液态铝，由横向一体式配置的3个部件构成：驾驶室及动力装置、出铝抬包和空气压缩机，利用空气压缩机形成负压或加压来吸入和排出液态铝。上述商品使用柴油发动机驱动，有转向机构，但无变速机构。综合《税则注释》对品目84.30、第八十七章章注及品目87.05的描述，上述商品是一个特制的不可分割的成套机械设备，是一种装有搬运装置的机动工作车，符合税目84.27及其子目条文的描述，根据归类总规则一及六，应按其他带有搬运装置的机动工作车归入税则号列8427.2090。				

序号	896	归类决定编号	Z2006-0584	公告编号	2006 年第 69 号
商品税则号列		8427.9000		公告实施日期	2006 年 11 月 22 日
商品名称	移动式高空作业平台（吉尼牌）				
英文名称	Aerial work platform				
其他名称					
商品描述	该设备属非自推进机械，需人力推动才能行走。主要依靠本身的液压系统使工作平台沿垂直方向上升或降低，用于酒店、礼堂等场所的高空维修作业。				
归类决定	根据税目 84.27 条文的描述，以及英文品名"Truck"的定义（包括手推车），上述商品可归入税则号列 8427.9000。				

序号	897	归类决定编号	Z2006-0585	公告编号	2006 年第 69 号
商品税则号列		8428.1010		公告实施日期	2006 年 11 月 22 日
商品名称	电梯关键件				
英文名称					
其他名称					
商品描述	该套关键件包括曳引机、控制柜、安全钳、轿箱操纵盒、自动开门机、限速器、缓冲器、红外光幕、厅门零件。				
归类决定	电梯关键件已包括曳引机、控制柜、安全钳、轿箱操纵盒、自动开门机、限速器、缓冲器、红外光幕、厅门零件等电梯的主要零部件，只有轿箱、导轨、钢索、门板、堆重、曳引机架等未进口，从整体上看，该套关键件已具备电梯的整机特征。根据归类总规则二（一），应按电梯整机归入税则号列 8428.1010。				

序号	898	归类决定编号	Z2006-0586	公告编号	2006年第69号
商品税则号列		8428.1090		公告实施日期	2006年11月22日
商品名称		载货液压电梯			
英文名称		Hydraulic elevator			
其他名称					
商品描述		该电梯为两层两站，1吨液压电梯，速度0.52米/秒，用于地下室。			
归类决定		电梯按其用途分可分为客运电梯和货运电梯，通常客运电梯的运行速度在1米/秒以上，且自动化程度相对较高，装潢较好；货运电梯的运行速度一般不超过1米/秒。 载货液压电梯是载重为1 000千克，速度为0.52米/秒的电梯，并有一个保持开门的专用开关，故可按非客运电梯归入税则号列8428.1090。			

序号	899	归类决定编号	Z2006-0587	公告编号	2006年第69号	
商品税则号列		8428.3		公告实施日期	2006年11月22日	
商品名称	单轨系统					
英文名称						
其他名称						
商品描述	该商品主要用于煤矿井下，是煤矿井下的辅助运输设备，用于液压支架、电器设备、采煤设备、大溜等笨重设备的运输。该系统主要由7个部分组成：悬挂梁（又名单轨，本次未进口）、柴油机单轨机车、双闸制动小车、液压起重梁、重载起重梁、液压支架运输横梁及连接部分组成，后6个部分连接在一起，由柴油机车带动仅可在悬挂的单轨上运行，机车由柴油发动机直接驱动运行。其中液压起重梁、重载起重梁、液压支架运输横梁用于将要运输的设备吊起，系统在有坡度的巷道行驶时由制动小车提供足够的制动力，柴油机车为整套系统的运行提供动力，并带有两个供驾驶员乘坐的操纵室，连接部件包括液压管线、牵引杆、连接头等。该系统工作过程为先通过自身的液压部分把要运输的设备由起重梁（包括液压起重梁、重载起重梁、液压支架运输横梁）抬离地面，再由自身的动力部分牵引，沿着已悬挂的轨道把设备由甲地运往乙地。					
归类决定	该商品用于矿井下笨重设备的运输，主要具备起重与运输功能，其中起重是为运输服务的，因此运输是其主要功能。运输方式：单轨机车带动运输部分在单轨上行进，运输方式与《税则注释》有关缆索牵引或拖运机械的工作方式类似，属于连续运送机械的一种。 该套设备属于连续运送机械的一种，符合税目84.28及其子目条文的描述，根据归类总规则一及六，应将其按连续运送货物的输送机归入《税则》子目8428.3项下。					

序号	900	归类决定编号	Z2006-0588	公告编号	2006年第69号
商品税则号列		8428.3300		公告实施日期	2006年11月22日
商品名称		机场行李输送系统			
英文名称					
其他名称					

商品描述

　　该系统的主要功能是保证旅客行李的安全正常运送，通过这套设备的运送，达到行李分检、装机的目的。设备清单如下：

1. O型平面出发行李分检转盘1台；
2. O型平面到达行李分检转盘1台；
3. 称重输送机4台；
4. X光输送机4台；
5. 等待输送机2台；
6. 倾翻机2台；
7. 电控系统1套。

　　出发行李分检转盘由多个直式的和转角的皮带输送机组成。直式的通过皮带承载行李，皮带覆盖在钢板上，并通过安装在两端和钢板下的滚筒传动作循环运动。转角的与直式的区别在于其皮带被做成一定角度以改变行李输送方向。到达行李分检转盘的行李承载面不是连续的皮带，而是由长约1米、宽约30厘米的橡胶带被连续的横向安装在铁桥上构成，铁桥通过安装滚珠轴承与钢轨相接并在其上运动，钢轨可以转弯并形成一个回路作循环运动。

归类决定

　　上述设备组合后具有搬运、输送功能，因此，其符合功能机组的定义，可一并归类。根据《中国大百科全书》对"带式输送机"的解释："带式输送机主要有输送带、驱动装置、传动滚筒等组成，输送带绕过各个滚筒后连接成一个具有上、下分支的闭合回路。两个分支分别由上下托辊（或托板）支撑。一般上分支输送物料。……当输送成件物品时，上托辊用平形托辊或托板。"该机场行李输送系统的输送方式符合上述描述，因此，应按带式输送机归入税则号列8428.3300。

序号	901	归类决定编号	Z2006-0589	公告编号	2006年第69号
商品税则号列		8428.39		公告实施日期	2006年11月22日
商品名称	冷却站				
英文名称					
其他名称					
商品描述	该商品为冷却站用冷却翻转机和自动控制装置。冷却站主要由冷却翻转机、自动控制装置、吹气装置和抽吸罩等几部分组成，其中吹气装置和抽吸罩结构简单、技术含量低，可从国内采购。工作原理是通过冷却翻转机将压贴后的地板翻转并通过传送带输送到另一头，传送过程中通过吹气装置吹出空气，迅速降低地板温度。				
归类决定	该商品为"冷却翻转机"和"自动控制装置"，其主要功能为传送物料，应按传送装置归入税则子目8428.39项下。				

序号	902	归类决定编号	Z2006-0590	公告编号	2006年第69号
商品税则号列		8428.3920		公告实施日期	2006年11月22日
商品名称	深盘输送机				
英文名称					
其他名称	盘式轨道斗提机				
商品描述	深盘输送机（又名盘式轨道斗提机），由料盘、固定料盘的底板、辊子、传动装置、拉紧装置、封闭循环轨道、电机等组成，特殊切面的底板通过支架固定在辊子的中心轴上，料盘固定在底板上。其工作时类似火车车厢的运动：辊子的作用类似于车轮，电动机通过链条驱动辊子在轨道上转动运行，底板及料盘连续输送物料到指定位置。				
归类决定	该盘式输送机以连续输送的方式输送物料，符合《税则注释》品目84.28项下"连续运送的机械"项下（二）1"由连续运转的输送或推动部件操作的输送机，例如，斗式、槽式或盘输送机……"的描述，应将其按连续输送物料的盘式输送机进行归类。 上述商品属于连续输送物料的盘式输送机，且运动方式为辊式，符合《税则》税目84.28及其子目条文的描述，根据归类总规则一及六，应将其按承载方式为盘式、运动方式为辊式的输送机归入税则号列8428.3920。				

序号	903	归类决定编号	Z2008-0170	公告编号	2008年第83号
商品税则号列		8428.3990		公告实施日期	2008年11月24日
商品名称	沥青搅拌料转运机				
英文名称					
其他名称					
商品描述	沥青搅拌料转运机，规格型号为SB-2500D，专用于高速路的摊铺。在沥青路面摊铺施工中，为了铺出高质量的路面，运料车不再把从沥青拌和楼运来的沥青搅拌料直接倒入摊铺机，而是把沥青搅拌料倒入转运机的料斗，由转运机用刮板传送带把料斗接收的沥青搅拌料转运至摊铺机。由于其对料仓中的输送螺杆进行改进，使其在输送的过程中能将不同温度的料进行二次混合使之均匀，提高了道路摊铺质量。				
归类决定	该商品具有转运和沥青料的二次搅拌功能，但其主要功能为转运功能。根据《税则》第十六类类注三，该商品应按其转运功能归类。其符合《税则》税目84.28的商品描述，由于其同时采用刮板传输带和螺杆两种传输方式，根据归类总规则一及六，应归入税则号列8428.3990。				

序号	904	归类决定编号	Z2010-0032	公告编号	2010年第15号
商品税则号列		8428.3990		公告实施日期	2010年2月28日
商品名称	振料盘				
英文名称					
其他名称					
商品描述	该商品为针管组装设备部件。工作原理：在振料盘的底部装有振动电机，在框架一侧安装有振动料盘的调速控制器，可通过调速器调节振动电机的振动频率，工作时将留置针配件——金属楔放在振料盘内，通过振动离心原理，使料件按照预设的装配方向和顺序自动持续地进入固定的轨道。				
归类决定	该商品为针管组装设备部件，是一种可以调速的振动料盘，振动盘中有预设轨道，可使金属楔按顺序和方向进入固定轨道，该商品不符合《税则》税目90.32"自动控制设备"的描述，不应归入税目90.32项下，其用于连续输送货物，符合《税则注释》对品目84.28项下"振动输送机"的描述，根据归类总规则一及六，应归入税则号列8428.3990。				

序号	905	归类决定编号	Z2006-1339	公告编号	2007 年第 70 号
商品税则号列		8428.9090		公告实施日期	2007 年 12 月 5 日
商品名称	气动升降桅杆					
英文名称	Pneumatic telescoping masts					
其他名称						
商品描述	气动升降桅杆采用高强度铝合金制造，不同粗细的杆体内嵌密封圈和滑动轴承，桅杆底部有与动力系统相连的专用接口，动力系统全部采用各种规格的高压气泵，桅杆升高后，可用紧固件锁定。该桅杆主要用于车辆上，也可直接安装于地面上使用，用于支撑警灯、照明灯、通信天线、摄像机、雷达以及其他设备。					
归类决定	该商品属升降装置，符合《税则》税目 84.28 及其子目条文的描述，根据归类总规则一和六，应将其按其他升降、搬运、装卸机械归入税则号列 8428.9090。					

序号	906	归类决定编号	Z2006-1340	公告编号	2007 年第 70 号
商品税则号列		8428.9090		公告实施日期	2007 年 12 月 5 日
商品名称	直立电气焊行走部件					
英文名称						
其他名称						
商品描述	直立电气焊行走部件是直立电气焊系统的一部分。该部件由轨道、行走小车、控制盘、摆动装置、滑块、冷却水管道、保护器喷嘴、焊枪卡具、焊丝送丝轮组成。主要通过卡具卡定焊枪，带动焊枪沿轨道直立行走，可让焊枪左右摆动焊接，冷却水管道与来自悬挂本体的冷却供水系统连接，喷出冷却水，通过保护焊气管与本体上的保护气罐连接，由喷气嘴喷出焊接保护气，送丝轮输送焊丝，滑块将融化焊丝展平，行走速度和摆动幅度可以由控制盘上的旋钮调整。 直立电气焊系统除直立电气焊系统行走部件外，还包括罐体壁悬挂本体、保护气供气系统、冷却供水系统和气体保护焊机。					
归类决定	该商品与电气焊接设备配合使用，但可独立于焊接设备之外，执行行走功能，可升降焊枪，用于较大物体的焊接。其符合《税则》税目 84.28 及其子目条文的描述，根据归类总规则一和六，该直立电气焊行走部件应按其他升降装置归入税则号列 8428.9090。					

序号	907	归类决定编号	Z2008-0171	公告编号	2008年第83号
商品税则号列		8428.9090		公告实施日期	2008年11月24日
商品名称	IAI滑台（动力装置）				
英文名称					
其他名称					
商品描述	IAI滑台是主要用在净化间的硬盘自动装配设备，是一个完整的部件。它有多种型号，长度为250~2 000毫米之间，用于硬盘装配，主要由直线滑轨、滚珠丝杆、AC伺服电机等部件构成。滑块上可安装工件夹具来安放待加工的硬盘，滑块由电机连接丝杆带动，沿滑轨往复运动，将硬盘送入加工设备进行精密部件的装配。				
归类决定	该商品用以搬运工件，是一种搬运机械，符合《税则》税目84.28及其子目条文的描述，根据归类总规则一及六，应按其他搬运装置归入税则号列8428.9090。				

序号	908	归类决定编号	Z2022-0125	公告编号	2022年第78号
商品税则号列		8428.9090		公告实施日期	2022年9月1日
商品名称	气垫传送装置				
英文名称					
其他名称					
商品描述	该商品由气垫模块、控制台、管子组成，主要用于工厂中短途搬运沉重的机器。其工作原理：空压机将气体压入气垫盘，同时，在气垫盘底部有气体冲向地面，造成气垫盘和地面的间隙，由于气垫盘和地面不直接接触，因而摩擦力很小，需要搬运的设备放在气垫上被移动。移动过程中，空气通过空压机和软管输送到气垫盘，保持气垫和地面的悬空。设备本身无动力，需要人推着走。				
归类决定	该商品的主要功能为搬运机器设备，根据归类总规则一及六，应作为搬运机械归入税则号列8428.9090。				

序号	909	归类决定编号	Z2008-0058	公告编号	2008 年第 76 号
商品税则号列		8429.3090		公告实施日期	2008 年 10 月 28 日
商品名称	柴油地下铲运机				
英文名称	Atlascopco ST3.5 loder for underground mining				
其他名称					
商品描述	该商品的品牌为 ATLASCOPCO，型号为 ST3.5，斗容量为 3.5 立方米，主要用于地下矿洞巷道内的矿石转运和除渣工作。该商品由铲斗、提升臂、发动机、变速箱、前后桥、刹车系统、转向系统、尾气排放净化系统、液压系统、驾驶室等构成。				
归类决定	该柴油地下铲运机为自推进结构，驾驶和操作均在驾驶室中完成，不符合《税则》税目 87.05 的商品范围。该商品用于地下矿洞巷道内的矿石转运和除渣工作，斗容量 3.5 立方米，符合《税则》税目 84.29 的商品描述（同时《税则注释》中品目 84.30 明确："本品目……但不包括品目 84.29 所列的自推进式机器"），根据归类总规则一及六，应归入税则号列 8429.3090。				

序号	910	归类决定编号	Z2006-0594	公告编号	2006 年第 69 号
商品税则号列		8429.4019		公告实施日期	2006 年 11 月 22 日
商品名称	轮胎压路机				
英文名称					
其他名称					
商品描述	所报商品为宝马 BW24R 型的轮胎压路机，工作时利用振动轮压实各类土壤铺层及岩石填方，用于城市道路路面施工。最大工作重量为 24 吨。				
归类决定	《税则》中税目 84.29 所指机重（Deadweight）是指压路机的自重。压路机不带配重时的工作重量为 10 吨（即自重为 10 吨），应按《税则》具体列名归入税则号列 8429.4019。				

序号	911	归类决定编号	Z2008-0059	公告编号	2008年第76号
商品税则号列		8429.5100		公告实施日期	2008年10月28日
商品名称	多功能矿用运输机				
英文名称					
其他名称					
商品描述	多功能矿用运输机（型号为Jug-10）是一款具有煤矿井下装、运、推、拖、搬等多功能的设备，可满足煤矿井下日常生产中的各种工作需要。在安全系统均正常的情况下，通过压缩空气启动防爆柴油发动机，动力传递到变扭器、变速箱、前后驱动桥，操作前后方向、挡位手柄、方向盘，实现设备的前或后的移动和转向。通过快速更换不同功能的附件，操作不同的功能手柄，完成煤矿井下散装物料运输、设备搬运、巷道浮煤清理、整修路面、牵引拖运、顶板支护、平台升降、液压绞车、钻装地基孔、凿岩破碎、收放胶带、收放电缆、液压动力输出、空气动力输出等工作。在设备运行过程中，监控系统实时在线监控各个组件的运行状况，当发生任何不安全或运行参数不正常时，能够报警、关机。				
归类决定	该商品的铲斗、卷带装置、叉车铲、工作平台和吊臂5个附件随设备主机一同进口。该商品装有柴油发动机、变速箱、挡位手柄和方向盘，实现设备的前或后的移动和转向；同时在侧向放置的驾驶室内，还安装着所有附件的操纵装置。驱动上述附件的动力装置均和整台设备完整地组装在一起，相互不可分割。该商品的多种机械控制装置与行走操纵机构安装在同一驾驶室内，根据《税则注释》对品目87.05的描述，不应按"特种车辆"归入《税则》税目87.05项下，而应考虑归入第八十四章项下的工程机械。该商品具有《税则》中84.25（电缆收卷）、84.26（吊臂吊装）、84.27（叉车铲运）、84.28（平台升降）、84.29（机动前铲装运）等多个税目列名的功能，根据《税则注释》在品目84.30条文中对"多功能机器"归类原则的描述，应从后按前铲装载机归入税则号列8429.5100。				

序号	912	归类决定编号	Z2006-0595	公告编号	2006 年第 69 号
商品税则号列		8429.5212		公告实施日期	2006 年 11 月 22 日
商品名称	液压抓斗				
英文名称					
其他名称					
商品描述	该商品为 SM870 专业底盘，装有 408 马力的国道依茨公司 BF6M-1015C 柴油发动机和液压动力系统，根据不同需要，SM870 可更换不同外部配置以组成不同用途的机型。如配置大口径旋挖钻头可组成大口径钻机，配置液压抓斗可组成专用于水利工程的连续墙成槽的专用抓斗。BH12 型抓斗是进行地下连续墙成槽的专业工具。				
归类决定	液压抓斗主要是由 SM870 专业底盘及液压抓斗两部分构成。其中专业底盘为履带推进，上部结构可旋转 360 度，装有柴油发动机和液压系统，根据不同工作需要，可配接不同工作头，如大口径旋挖钻头、液压挖斗等。根据进口的实际构成情况，该液压抓斗的功能属上部结构可旋转 360 度的挖掘机，应归入税则号列 8429.5212。				

序号	913	归类决定编号	Z2006-0596	公告编号	2006 年第 69 号
商品税则号列		8429.5900		公告实施日期	2006 年 11 月 22 日
商品名称	隧道掘进机				
英文名称	Tunnel heading machine				
其他名称	隧道挖掘装载机				
商品描述	ITC312-H3 隧道掘进机（又名隧道挖掘装载机）专门为隧道施工而设计生产，具有无废气气冷式电动机和柴油机双动力驱动，为保持隧道空间空气流通，隧道施工一般使用无废气电动机动力，空气流通条件好时使用柴油机动力驱动。掘进机最前端可以装三种掘进工具（挖斗、铣刨鼓、液压镐），此次进口为挖斗，其他部分主要由动力系统、行走机构、输料装置组成，工作时，由挖斗将爆破后的土石挖入输料槽，通过输送带输送到掘进机后部，由其他设备运出隧道。				
归类决定	参照《中国大百科全书》对"掘进机械"的解释："利用刀具的轴向压力和回转力对岩面的辗压作用，直接破碎矿岩的成巷或成井机械设备。"由于该设备的进口状态所具备的功能仅仅是将爆破后的土石挖入输料槽，此种功能既不符合《税则注释》对品目 84.30 项下"隧道掘进机"的描述，也不符合《中国大百科全书》对"掘进机械"的解释，因此，其不能按隧道掘进机归类。根据该商品的功能和归类总规则一，其应按挖掘机械归入税则号列 8429.5900。				

序号	914	归类决定编号	Z2010-0033	公告编号	2010年第15号
商品税则号列		8430.2000		公告实施日期	2010年2月28日
商品名称		扫雪车用铲			
英文名称					
其他名称					
商品描述		扫雪车用铲（除雪铲）由铲面、滑轮、雪铲组件、针灯、线束、油泵、雪铲控制器等组成。电动油泵、电磁阀和油缸组成电液转换系统，通过设计的特定程序准确控制除雪铲的动作。除雪铲通过自身的快速连接系统安装在汽车上进行作业。			
归类决定		该商品由铲面、雪铲组件、针灯、线束、油泵、雪铲控制器等组成，已构成了完整的"铲刮式扫雪机"，根据归类总规则一及六，应归入税则号列8430.2000。			

序号	915	归类决定编号	Z2022-0126	公告编号	2022年第78号
商品税则号列		8430.3110		公告实施日期	2022年9月1日
商品名称		掘锚一体机			
英文名称					
其他名称					
商品描述		该商品的型号为ABM20，由主机架、电气系统、液压系统、带喷雾的截割系统、装载系统、运输系统、行走系统、锚杆系统、除尘系统和临时支护系统等组成。ABM20掘锚一体机是一种专门用于煤层内快速掘进和锚杆支护的设备，与连续采煤机相似，但是它具有掘进与打锚杆同时作业的特点。ABM20掘锚一体机通过无线遥控器操作机器的各个动作（不包括锚杆机的操作），在机器作业时，机架固定不动，液压推动切割部向前，同时截割电机驱动截割滚筒旋转，完成掏槽和截割，装载和运输系统将截割下来的煤运走。在截割过程中，锚杆机司机可进行打锚杆作业。同时，在机器运行时，装有PLC自动监测控制系统，自动监控并显示整机的运行状态。			
归类决定		该商品是用于煤矿开采挖掘的设备，为自推进设备，同时具有掘进和打锚杆两种功能，主要功能为掘进功能，根据归类总规则一及六，应按主要功能归入税则号列8430.3110。			

序号	916	归类决定编号	Z2006-1343	公告编号	2007年第70号
商品税则号列		8430.3900		公告实施日期	2007年12月5日
商品名称	双滚筒采煤机				
英文名称	Eickhoff SL 500 shearer loader				
其他名称					
商品描述	该商品为德国艾柯夫公司（Eickhoff）生产的SL500型双滚筒采煤机，主要由左右截割部、左右牵引部、电气控制系统、底托架及其他辅助装置构成，设备总装机功率1 715千瓦，最大牵引力956千牛，最大牵引速度24.35米/分钟。该采煤机需与刮板运输机配合使用，具体为在矿井巷道中铺设刮板运输机后，在刮板运输机上安装承载采煤机的轨道，采煤机在轨道上受行走控制系统控制，在行走电机的牵引下实现在轨道上的正反方向移动，并达到设定的行走速度进行采煤。采煤时左右截割滚筒上的截齿撞击煤壁截落煤炭，通过滚筒的螺旋叶片将煤炭装入刮板运输机运出工作面，并通过矿井运输提升系统将煤炭运出地面完成采煤。				
归类决定	该采煤机必须和刮板运输机、轨道安装成一体后，才能在轨道上实现移动。单独的采煤机并未装有推进底座（参考《税则注释》品目87.01所述），因此，该采煤机虽可实现移动，但不属于自推进。故根据归类总规则一和六，该采煤机应按非自推进机器归入税则号列8430.3900。				

序号	917	归类决定编号	Z2008-0172	公告编号	2008年第83号
商品税则号列		8430.4119		公告实施日期	2008年11月24日
商品名称	自走式车载钻机				
英文名称					
其他名称					
商品描述	该商品的型号为SS-185K，用于瓦斯抽放和利用。它是一种用于石油、天然气和煤层气勘探与抢险救援的自行式钻机，采用卡特彼勒工业发动机（型号为C-15），发动机功率为515马力。该动力装置主要为钻机提供动力。其钻探深度可达3 000米以上，靠全液压顶驱动力头给进破碎岩石。给进能力为13.6吨，钻机提升能力为84吨，井架长度为17.8米，动力头有效行程为14.3米，动力头最大回转扭矩为1 613千克·米，最大回转速度为140转/分钟，动力头具有自锁回转功能，可以满足水平分支井的施工，其核心是利用井下造斜马达按一定造斜角度沿预先设计的轨迹可进行水平钻进，并采用无限随钻测量仪器进行跟踪校正，以保证在储层最大钻孔接露面积。同时，该钻机在煤矿发生瓦斯灾害时可迅速用于煤矿灾害抢险救灾（打井救人），故该型号的钻机配备了可移动的工程载车底盘和改装驾驶舱，共用钻机工业发动机（型号为C-15），利用分动装置给载车提供行驶动力。				
归类决定	该自走式车载钻机行进动力和工作动力由同一台工业发动机提供，动力控制系统设在驾驶室内进行操作，符合《税则》税目84.30和《税则注释》品目84.30及其子目的描述，根据归类总规则一及六，应归入税则号列8430.4119。				

序号	918	归类决定编号	Z2006-0598	公告编号	2006年第69号
商品税则号列		8430.5090		公告实施日期	2006年11月22日
商品名称	凿地机				
英文名称					
其他名称					
商品描述	型号：CAT320、KATO、HITACHI EX200LC、KOBELCO YUTANI。从外观看，该机为挖掘机机身，工作头为液压锤（部分液压锤旧损）、工作臂与液压锤连接处有用铁丝固定的情况。机身铭牌上标有"液压挖掘机"字样。该机具有两种功能：一是挖掘，二是需要时可与供应商联系安装液压锤用于打击、破碎地面或岩石等。				
归类决定	该凿地机进口时只有作为凿地机的液压锤，而作为挖掘机的挖掘铲头并未进口，因此不具备挖掘机的特征，而是一台完整的凿地机，故应按凿地机归入税则号列8430.5090。				

序号	919	归类决定编号	Z2006-0599	公告编号	2006年第69号
商品税则号列		8430.5090		公告实施日期	2006年11月22日
商品名称	旋挖钻机 R416				
英文名称					
其他名称					
商品描述	该旋挖钻机主要由履带式底盘、控制室、动力机、桅杆、卷扬、钻斗等几部分组成。该设备施工孔径最大为1.5米、深度可达55米的圆形深孔，主要用于地基灌注桩施工。				
归类决定	该设备用于建筑施工中的地基灌注桩施工，可钻最大直径为1.5米的孔，深度最大可达55米，由于该设备的功能用途不符合《中国大百科全书（地质学卷）》对钻探的定义：在地质勘探和建筑基础勘察工作中，根据地质设计的勘探线距离和网度，用专用的钻探机械，按一定设计角度、防伪和钻孔轨迹施工的钻孔，通过钻孔取得岩（矿）心、岩屑，下入测试仪器探测钻孔内地层、矿体、油气和地热等情况的工程，以下简称钻探。因此，应将其作为其他自推进机械归入税则号列8430.5090。				

序号	920	归类决定编号	Z2006-0600	公告编号	2006年第69号
商品税则号列		8430.6100		公告实施日期	2006年11月22日
商品名称	手扶振动平板夯散件				
英文名称	Forward moving vibrating plate				
其他名称					
商品描述	该货物经现场查验被认定为全套未组装的平板振动夯散件，经简单组装即可使用。该货物品牌为DYNAPAC，型号为LF90，工作原理为通过发动机的转动，带动一个偏心块，促使整个设备上下振动，导致最下面的平板对地面有冲击力。该设备主要用于小型沥青路面的修补，工作人员通过手扶控制其前进与方向，从而达到铺设路面的目的。以下是LF90手扶振动平板夯的主要参数：净重为90千克；振动频率为80赫兹；振幅为1.0毫米；击振力为14千牛；地板宽度为500毫米；地板长度为625毫米；发动机功率为2.9/3.9千瓦/马力；发动机转速为3 600转/秒。				
归类决定	该商品不符合《税则》税目84.67"手提式工具"的描述，应作为捣固和压实机械归入税则号列8430.6100。				

序号	921	归类决定编号	Z2006-1344	公告编号	2007年第70号
商品税则号列		8430.6920		公告实施日期	2007年12月5日
商品名称	拖式激光铲运机				
英文名称					
其他名称					
商品描述	该商品由工作装置、牵引装置、行走装置和液压操纵系统4大部分组成。工作装置即铲运斗，包括斗体、斗门铲刀及机架；牵引装置包括拖杆和辕架；行走装置包括轮轴和轮胎；液压操纵系统包括工作油缸、分配阀、高压油管、油箱等。拖式激光铲运机必须在210马力拖拉机的牵引下进行铲运工作。功能：能够自装、自运、自卸，容量大，加装GPS激光导航平地仪可以精确平整土地。				
归类决定	该商品本身不具备动力推进装置，不符合《税则注释》对品目84.29项下商品范围的定义，属于非自推进的泥土铲运机器。其符合《税则》税目84.30及其子目条文的描述。根据归类总规则一及六，应将其按非自推进式铲运机归入税则号列8430.6920。				

序号	922	归类决定编号	Z2006-0601	公告编号	2006 年第 69 号
商品税则号列		8431.4310		公告实施日期	2006 年 11 月 22 日
商品名称	石油钻机顶部驱动设备				
英文名称					
其他名称					
商品描述	该商品"顶部驱动设备"俗称动力水龙头,由电机部分和水龙头总成、电机冷却系统、滑动架和导轨、管子处理装置、液压控制系统、平衡系统、交流钻井电机和控制系统组成。代替了石油钻机系统中的钻井转盘和水龙头旋转动力系统,属于石油钻机系统中的专用设备。				
归类决定	该商品由电机部分和水龙头总成、电机冷却系统、滑动架和导轨、管子处理装置、液压控制系统、平衡系统、交流钻井电机和控制系统组成,超出了税目 85.01 电动机的范畴,故不应归入税目 85.01 项下。该商品属于石油钻机系统中的专用设备,根据第十六类类注二关于零件的归类原则,应将其按石油钻机的零件进行归类。上述商品属于钻机的专用零件,符合税目 84.31 及其子目条文的描述,根据归类总规则一及六,应将其按钻机零件归入税则号列 8431.4310。				

序号	923	归类决定编号	Z2022-0127	公告编号	2022 年第 78 号
商品税则号列		8431.4999		公告实施日期	2022 年 9 月 1 日
商品名称	挖掘机行走装置				
英文名称					
其他名称					
商品描述	该商品属于挖掘机液压系统的执行机构,其作用是在液压系统来油压力的作用下,实现挖掘机前后行走、左右转向和刹车。该商品主要由控制机构、液压马达、减速机构和刹车机构组成。控制机构根据驾驶员的指令,将液压泵输出的高压油分配给液压马达和刹车机构。液压马达接受控制机构分配的液压油之后,按照指定方向转动,并带动减速机构转动。减速机构用于将液压马达输出的高转速、小扭矩转换为低转速、大扭矩输出。当液压马达输出扭矩时,行星减速器随之动作,实现向驱动链轮(不属于行走装置)输出低转速、大扭矩。刹车机构的功能是在挖掘机行走、停车或转向时,起放松或制动作用。				
归类决定	该商品除液压马达和减速机构外,还包括刹车机构和控制机构,实现挖掘机前后行走、左右转向和刹车,该功能已超出了《税则》税目 84.12 所列动力装置的范围,根据归类总规则一及六,应按挖掘机专用零件归入税则号列 8431.4999。				

序号	924	归类决定编号	Z2022-0128	公告编号	2022 年第 78 号
商品税则号列		8431.4999		公告实施日期	2022 年 9 月 1 日
商品名称	挖掘机履带				
英文名称	Excavator track				
其他名称					
商品描述	该商品是挖掘机的行走装置,同时还可应用于其他的工程机械。该商品的主要结构:1. 骨架部分,铁制履带/联系钢丝,重量约占产品总重75%;2. 和道路接触部分,厚度为2~10毫米的橡胶薄片通过特殊的黏合材料和铁履带紧密结合,重量约占产品总重25%。产品功能:当挖掘机工作时,起到保护路面的作用。				
归类决定	该商品由履带板、联系钢丝、橡胶垫片等组成,用于挖掘机行走履带,其结构特征已超出《税则》税目40.10的传动带或税目73.15链条的商品范围。该商品为挖掘机的零件,根据归类总规则一及六,应归入税则号列8431.4999。				

序号	925	归类决定编号	Z2022-0129	公告编号	2022 年第 78 号
商品税则号列		8431.4999		公告实施日期	2022 年 9 月 1 日
商品名称	回转减速机				
英文名称					
其他名称					
商品描述	该商品用于连接挖掘机下部车架和上部回转体,一端固定在上部回转体,另一端通过齿轮和下部车架的齿轮结合,通过回转减速机的转动,带动上部回转体绕车架作360度的回转。该商品主要由两部分组成:一部分是柱塞液压马达,另一部分是行星齿轮减速机。其中,行星齿轮减速机由内齿轮、太阳轮、行星轮、支架等组成。一般的行星齿轮减速机内有两级行星齿轮减速机构,这两级减速机构串联在一起。从液压马达传递过来的转动,经第一级减速后,输出到第二级,再由第二级再次减速后驱动上体回转。经两级行星齿轮减速后,液压马达传递过来的转动转速降低很多,扭矩增大很大,从而可以驱动沉重的上部回转。行星齿轮减速机采用的是齿圈固定、太阳轮主动、行星架被动的工作模式,工作模式已固定。				
归类决定	该商品已超出《税则》税目84.83的范围,根据归类总规则一及六,应将其按挖掘机的专用零件归入税则号列8431.4999。				

序号	926	归类决定编号	Z2006-0603	公告编号	2006年第69号
商品税则号列		8433.5100		公告实施日期	2006年11月22日
商品名称	玉米联合收割机				
英文名称					
其他名称					
商品描述	该收割机为六行自走式 KCKY-6A6C 型玉米联合收割机，用于玉米的收割、玉米穗皮、粒的分离清选及脱粒。				
归类决定	该收割机具有玉米的收割、摘穗、剥穗皮、脱粒、清选等功能，符合联合收割机的特征，应将其归入税则号列 8433.5100。				

序号	927	归类决定编号	Z2006-0604	公告编号	2006年第69号
商品税则号列		8436.1000		公告实施日期	2006年11月22日
商品名称	全自动饲料配置机				
英文名称	Self-propelled mixer feeder				
其他名称					
商品描述	全自动饲料配置机型号为 RMH VS-18，主要功能是对牲畜饲料进行粉碎、搅拌和分发。其自动取料装置的前部设有切割机器，可从草料堆上切割饲料，由输送带送达混合仓内，多种饲料在混合仓内进行混合搅拌，搅拌均匀后的饲料再由发料输送带发至动物饲料槽内。机内设有电子称量系统，自动分发不等的饲料分量。此机器只适合牧场内工作，有自发动机可不借助外力独立移动。移动速度有 0~12 千米/小时和 0~25 千米/小时两种。				
归类决定	根据《税则注释》第八十七章的有关规定，汽车底盘必须装有驾驶系统或倒挡及差速器。该机移动速度有 0~12 千米/小时和 0~25 千米/小时两种，因其并不具有汽车底盘，可按自行式动物饲料配置机归入税则号列 8436.1000。				

序号	928	归类决定编号	Z2006-1347	公告编号	2007 年第 70 号
商品税则号列		8436.2900		公告实施日期	2007 年 12 月 5 日
商品名称	绞龙送料系统				
英文名称	Augermatic feeding system				
其他名称					
商品描述	该绞龙送料系统由驱动系统（0.55 千瓦、230/440 伏、50 赫兹）、四孔送料系统（绞龙）和 BP330 食盘组成，其作用是通过驱动系统在全封闭的绞龙内将全价饲料自动输送到分布合理的食盘上，供鸡舍内的肉鸡在各位置上采食。				
归类决定	该商品各部件组合后具有分配饲料的功能，用于饲养家禽，在《税则》中已有具体列名，故该系统符合"功能机组"的定义。根据《税则》第十六类类注四，以及归类总规则一和六，该绞龙送料系统应按其他家禽饲养用机器，归入税则号列 8436.2900。				

序号	929	归类决定编号	Z2006-0605	公告编号	2006 年第 69 号
商品税则号列		8436.8000		公告实施日期	2006 年 11 月 22 日
商品名称	履带式堆肥翻拌机				
英文名称					
其他名称					
商品描述	该机器的型号为 BACKHUS5.40，用途为移动堆肥。工作原理：该机器都是沿着纵向移动进行工作的，由操作员在驾驶室内完成对机器的操作和控制，借助在机架前头的两套履带清洁器，靠旋转滚筒（装有摔土耙和碎土刀片）将履带内侧的物料（肥料）打碎向后抛并混合，向机器的中央部位堆集。				
归类决定	该商品应用于农林业，主要功能是轧碎和混合。根据《税则注释》对归入品目 84.79 商品的相关规定，即"本品目仅限于符合下列三个条件的具有独立功能的机器：（一）任何……（三）由于下列原因，不能归入本章其他品目：1. 根据……2. 根据其用途或所适用的行业，不能归入其他品目……"根据以上规定，由于该履带式堆肥翻拌机用于农林业，其所用行业已在《税则》中有具体列名，因此，该商品不能归入税目 84.79 项下，应按其用途归入税则号列 8436.8000。				

序号	930	归类决定编号	Z2010-0036	公告编号	2010 年第 15 号
商品税则号列		8436.8000		公告实施日期	2010 年 2 月 28 日
商品名称		金枪鱼延绳钓装置			
英文名称					
其他名称					
商品描述		金枪鱼延绳钓装置由收线卷筒、放线机、支线收线机、控制系统、挂鱼提示器、无线电渔具接收器、计时器、液压控制系统、浮球、尼龙单线主线、支线钩、浮子、无线电浮标、闪光灯等组成，是一套从事金枪鱼延绳钓作业的海洋渔业渔具。工作原理：1. 开启电子设备电源、计时器、挂鱼提示器、无线电渔具接收机；2. 将主线通过导向滑轮组放线，由提示器提示人工把支线（带鱼钩、鱼饵）和浮球通过夹环挂到主线后放入海面；3. 通过无线电接收机及闪光灯找到浮标，用收线卷筒收起主线和支线，取鱼；4. 手工将夹环、鱼钩、浮标分类放置于指定箱内；5. 通过手工将浮球、鱼钩线、主线分别收回到收箱内。			
归类决定		该商品为一套完整的渔（农）业用钓鱼装置，是一种农业生产装置，并非休闲、运动用钓鱼用具，故不应归入《税则》税目 95.07 项下。该商品属农业用机器，符合税目 84.36 及其子目条文的描述，根据归类总规则一及六，应按其他农业机器归入税则号列 8436.8000。			

序号	931	归类决定编号	Z2007-0051	公告编号	2007年第71号
商品税则号列		8438.5000		公告实施日期	2007年12月5日
商品名称	猪屠宰生产线				
英文名称					
其他名称					
商品描述	猪屠宰生产线主要由加工设备、手工工具及提升输送设备等两类设备构成。其中，不锈钢预清洗机、立式冷凝式烫毛机、连续型U形槽打毛机等加工设备共用一条悬挂式输送设备（包括接收提升机、放血及烫毛输送机、放血轨道及空放血链返回系统、轨道吊架、不锈钢防护轨、气力引入器、用于放血链的下降机、滑动放血吊链、全自动放血吊链卸载系统、用于打毛机的不锈钢进入滑槽等）；立式拍打型干燥机、不锈钢燎毛炉、不锈钢4W型清洗机、不锈钢4S型清洗机与切割直肠末端装置（开肛器）、手持式电动劈半锯等手工工具共用一条悬挂式输送设备（包括提升机、屠宰输送机、用于红白内脏的检疫输送机、摘白内脏输送机、用于白脏托盘的气力倾翻装置、带PVC的管轨、水平入轨站、自动道岔、管轨道岔等）。猪屠宰生产线的设备还包括电动开关柜，用于全自动控制。				
归类决定	猪屠宰生产线主要包括屠宰加工设备、手工工具及提升输送设备。根据第十六类类注四有关功能机组的描述"由不同独立部件（不论是否分开或由管道……）组成的机器（包括机组），如果组合后明显具有一种第八十四章或第八十五章某个品目所列功能，则全部机器应按其功能归入有关品目"，屠宰生产线的输送设备与加工设备没有连接并不影响其作为功能机组归类。整套生产线用于肉类加工，符合《税则》税目84.38的商品描述，根据归类总规则一及六，可作为功能机组一并归入税则号列8438.5000。				

序号	932	归类决定编号	Z2006-0606	公告编号	2006年第69号
商品税则号列		8438.6000		公告实施日期	2006年11月22日
商品名称		番茄酱生产加工设备（生产线）及零件			
英文名称					
其他名称					
商品描述		该番茄酱生产线日处理1 500吨番茄，本番茄酱生产线主要包括： 1. 番茄清洗挑选台及零配件； 2. 番茄破碎装置及零配件； 3. 番茄精制装置及零配件； 4. 番茄汁浓缩装置及零配件； 5. 番茄汁杀菌装置及零配件； 6. 番茄酱自动化灌装机及零配件； 7. 电气控制柜及零配件。			
归类决定		根据《税则注释》关于功能机组的定义，上述设备中"番茄清洗挑选台及零配件"与"番茄酱自动化灌装机及零配件"（第1、6项）应作为番茄酱生产线的辅助设备分别归类。番茄破碎装置及零配件、番茄精制装置及零配件、番茄汁浓缩装置及零配件、番茄汁杀菌装置及零配件符合功能机组的定义，应作为蔬菜加工机器归入税则号列8438.6000。 电气控制柜及零配件应与所用设备一并归类。			

序号	933	归类决定编号	Z2006-1348	公告编号		2007年第70号
商品税则号列		8438.8000		公告实施日期		2007年12月5日
商品名称	酿酒机器					
英文名称						
其他名称						
商品描述	进口商品：蒸米放冷机1台、切反机1台、清酒过滤泵1台、酒母用温度计1个、酒精计2个、温度计1个、搪瓷罐137个（容积400~10 000升）、自动压榨机1台、精米机2台、蒸馏器1台。 　　没进口商品：热杀菌机、净水装置、加压泵、包冷机冷却垫（用于给搪瓷罐降温，因价格太高没有进口）、连接软管。 　　上述商品用于生产清酒及调味品（醋等）。					
归类决定	该酿酒机器包括蒸米放冷机、切反机、清酒过滤泵、酒母用温度计、酒精计、温度计、搪瓷罐（容积400~10 000升）、自动压榨机、精米机、蒸馏器等，用于组装食品酿造生产线。可用来酿酒、制醋、制酱油等。其进口的设备已经能构成食品发酵酿造的主体。 　　《税则注释》对品目84.38排他条款中对"未装有机械装置的发酵桶"的描述，针对的是单独进口状态的商品，如该商品与其他设备配套进口且满足功能机组的相关规定，应同其他设备一并归类。 　　上述商品属于食品、饮料工业用机器，符合《税则》税目84.38及其子目条文的描述，根据归类总规则一及六，应将其按其他食品加工机器归入税则号列8438.8000。					

序号	934	归类决定编号	Z2007-0052	公告编号	2007年第71号
商品税则号列		8438.8000		公告实施日期	2007年12月5日
商品名称	饲料生产设备				
英文名称					
其他名称					
商品描述	饲料生产设备，由原料接收系统，粉碎机系统，配料及混合系统，制粒机、破碎机系统，包装秤系统，粉碎机、混合机系统，膨化系统，干燥、喷涂、冷却系统，包装系统，喷涂系统等组成。工作原理：原料接收系统接收所需要的原料输送到储存的料仓；原料通过提升机输送到锤片式粉碎机粉碎，再输送到配料及混合系统，将不同种类的原料按要求精确称量，并用混合机将其均匀混合；混合后的原料进入制粒机制粒，可选择破碎或不破碎，制粒后的产品输送到包装系统包装。水产饲料生产线在制粒机、破碎机系统后再进行二次粉碎及混合，以达到要求的均匀度和粒度，将二次粉碎后的饲料通过调制器与蒸汽加温，高温高压使物料膨胀通过模具挤压出符合要求的成品，成品通过高压风机送入烘干机，进行去湿、加液体、降到室温，并输送到包装系统打包。				
归类决定	饲料生产设备用于工业化饲料生产，非直接用于农场、林业、商品菜园、家禽饲养场或类似场所，根据《税则注释》对品目84.36的描述，不应归入《税则》税目84.36项下。整套设备生产的饲料用于动物食用，其功能符合《税则注释》对品目84.38的描述"本品目包括未归入本章其他品目的生产或加工食品或饮料用的机器（不论其制品是用于直接消费还是贮藏，也不论是供人食用还是供动物食用）"，根据《税则》第十六类类注四有关功能机组的归类规定，直接用于制造饲料的粉碎机系统、配料及混合系统等应一并归入税则号列8438.8000；其他执行辅助功能的设备，如原料接收系统、包装系统等，分别归入相应税则号列。				

序号	935	归类决定编号	Z2009-0128	公告编号	2009年第32号
商品税则号列		8439.2000		公告实施日期	2009年6月12日
商品名称	多层定宽热压机				
英文名称	Multi-daylight hot press				
其他名称					
商品描述	多层定宽热压机由液压热压机、液压站、备件等组成，用于变压器绝缘板的热压制作。其原料为未漂硫酸盐绝缘木浆，含水量70%。液压热压机的操作温度为160℃，液压操作压力大约为310bar。原料通过热压去除水分后形成绝缘纸板。				
归类决定	该商品是一种热压合成变压器绝缘板的机器，被加工的绝缘板成品由纸浆压制而成，虽其密度、硬度等技术指标远高于一般纸板，但仍属于纸板范畴。该商品属于纸板的抄造机器，符合《税则》税目84.39及其子目条文的描述，根据归类总规则一及六，应按纸板的抄造机器归入税则号列8439.2000。				

序号	936	归类决定编号	Z2006-0607	公告编号	2006年第69号	
商品税则号列		8439.3000		公告实施日期	2006年11月22日	
商品名称	涂布台					
英文名称	Working station					
其他名称						
商品描述	该设备用于相纸感光乳液的涂布，由机械部分、电气部分构成。机械部分包括机架、负压腔、进退机构、间隙测量单元、支座、放空、间隙设定；电气部分包括步进电机、磁尺、行程开关、负压变频器。 将涂布嘴安装在本设备上即可进行相纸的涂布。乳液从涂布嘴流出，由于涂布嘴与负压腔相连，负压腔的空气负压使流出的乳液形状更适于均匀分布。 在涂布过程中被涂布的相纸片基与涂布嘴之间保持一定空隙，整个涂布台可自行测量并设定片基与涂布嘴之间的间隙，并依靠进退机构实现进退操作，以达到精确控制该间隙的目的。当所涂布的片基（卷状）两卷交接处，涂布台远离片基，待接头过去，新一卷片基需涂布时，涂布台靠近片基。所有涂布结束涂布台后退并放空负压。 该设备本身不带有涂布嘴，涂布嘴另有盛装乳液、将乳液挤出的装置。					
归类决定	该设备用于相纸感光乳液的涂布，由机械部分和电气部分构成。机械部分包括机架、负压腔、进退机构、间隙测量单元等；电气部分包括步进电机、磁尺、行程开关、负压变频器。其工作原理如下：乳液从涂布嘴流出，由于涂布嘴与负压腔相连，负压腔的空气负压使流出的乳液形状更适于均匀分布。在涂布过程中被涂布的相纸片基与涂布嘴之间保持一定空隙，整个涂布台可自行测量并设定片基与涂布嘴之间的间隙，并依靠进退机构实现进退操作，以达到精确控制该间隙的目的。该设备进口时未带有涂布嘴，进口后将涂布嘴安装在本设备上即可进行相纸的涂布。 上述商品属相纸的涂布机器，虽然其涂布嘴未进口，但其进口部分已经构成了涂布机的基本特征。参照《税则注释》对品目84.39商品的描述，"三、纸或纸板的整理机器：（二）各种表面涂料的涂布机……复写纸或感光纸的涂布机器……"，该机器符合上述规定。因此，根据归类总规则一、二（一）、六的规定，该商品应按纸或纸板的整理机器，归入税则号列8439.3000。					

序号	937	归类决定编号	Z2007-0053	公告编号	2007 年第 71 号
商品税则号列		8441.8090		公告实施日期	2007 年 12 月 5 日
商品名称	分条机机器零件				
英文名称					
其他名称					
商品描述	该商品申报名称为分条机机器零件。分条机由发送系统、剥离系统、分切系统等 3 个部分组成。发送系统、剥离系统的关键件和分切系统的数控、修边、卸料等装置均从国内采购。此次进口的是分切系统的主机、电控箱，以及少量的其他部件。				
归类决定	该分条机机器零件实为分切系统的主机和电控箱等零件，已构成分切系统整机特征。分切系统整机功能为将成卷的不干胶纸纵向切割成所需的宽度，修边并重新收卷，符合《税则注释》品目 84.41 有关"纵切复绕机"的描述，根据归类总规则一及六，应归入税则号列 8441.8090。由于该分切系统的主机和电控箱等零件已构成分切系统整机特征，根据归类总规则二（一），应作为分切系统整机归入税则号列 8441.8090。				

序号	938	归类决定编号	Z2007-0054	公告编号	2007 年第 71 号
商品税则号列		8441.9090		公告实施日期	2007 年 12 月 5 日
商品名称	冲压模型				
英文名称					
其他名称					
商品描述	冲压模型是扬声器振动纸筒体成型模，规格为 C-DJ2002A，形状为椭圆形，长轴 200 毫米，短轴 120 毫米，是压力机的模具。通过该成型模将湿振动纸热压成干振动纸。				
归类决定	该冲压模型为扬声器振动纸筒体成型设备的模具。从其完整的机器来看，包括抄纸、热压成型等功能，符合《税则注释》品目 84.41 有关"纸浆、纸或纸板制品模制成型机器"的描述。冲压模型作为成型设备的零件，根据第十六类类注二的规定，应归入税则号列 8441.9090。				

序号	939	归类决定编号	Z2008-0062	公告编号	2008年第76号
商品税则号列		8443.1700		公告实施日期	2008年10月28日
商品名称	凹印机印刷色组				
英文名称					
其他名称					
商品描述	该商品的型号为Lemanic82-H，由进出纸导辊、冷却辊、凹印版辊、油墨槽、输墨系统、压印辊系统、烘箱、驱动齿轮箱、电子套印系统、排废系统等主要部分，以及静电吸墨、放火等辅助系统等构成。该设备是凹印机实现单色印刷的一个最基本的功能单元，在此单元中实现单一颜色的油墨通过凹印版辊向承印物（如纸张）的转移，并使承印物得以干燥。印刷色组的技术参数和主机一致，单个色组重量约为4吨，价格根据设备配置的不同而不同，约占主机价值的1/15~1/10。				
归类决定	该凹印机印刷色组是凹印机实现单色印刷的一个最基本的功能单元，在此单元中实现单一颜色的油墨通过凹印版辊向承印物（如纸张）的转移，并使承印物得以干燥，符合《税则》税目84.43的商品描述，根据归类总规则一及六，应归入税则号列8443.1700。				

序号	940	归类决定编号	Z2017-002	公告编号	2017 年第 17 号
商品税则号列		8443.3214		公告实施日期	2017 年 5 月 1 日
商品名称	热敏标签打印机				
英文名称					
其他名称					
商品描述	该打印机能与计算机或者计算机网络互联，可在打印机内存范围内创建图像的位图以供打印。当以设定的方式为打印行开启/关闭打印头元件时，打印头被加热并将图像打印至打印纸上。如果使用 DT 型介质，具备热敏特性的打印纸将呈现打印行的图形；如果使用 TT 型介质，蜡基/树脂碳带将位于打印头和打印纸之间，打印机将对蜡基/树脂碳带进行加热，使其附着在打印纸/合成介质上。这一过程将持续，一次一个打印行，一次一步地推进介质，直至位图图像被打印到介质上。打印宽度为固定宽度 216 毫米，打印速度为 356 毫米/秒。打印介质为卷筒纸、连续纸、模切纸、连续热敏标签（可选黑标）、TAg 材料、连续收据纸、腕带和免衬纸热敏介质（可选）。				
归类决定	该商品为打印标签的热敏式机器，能够与计算机或计算机网络互联，打印介质包括卷筒纸、连续纸、模切纸、连续热敏标签、TAg 材料、连续收据纸、腕带和免衬纸热敏介质等连续介质（打印介质成卷），打印幅宽为 216 毫米，打印速度为 356 毫米/秒，上述商品满足《税则》税目 84.43 及其项下子目条文的描述，根据归类总规则一及六，应归入税则号列 8443.3214。				

序号	941	归类决定编号	Z2010-0037	公告编号	2010 年第 15 号
商品税则号列		8443.3221		公告实施日期	2010 年 2 月 28 日
商品名称	喷码机				
英文名称					
其他名称					
商品描述	该商品由喷印站、喷头模组组成，需与电脑或 Input-PRO 输入装置连接才可工作，通过电脑或 Input-PRO 输入装置将数据输入到喷印站，由喷印站转换成喷印信号后传输到喷头，喷头依据感应装置提示后在被喷物体表面进行喷印。该商品适用于食品、饮料、化工、烟草等行业的任何吸水性或半吸水性材质表面的外箱喷印，可喷印中文、英文、数字、条形码、各种特殊图案等内容，喷印解析度达 600dpi。				
归类决定	该商品由输入装置、喷印站、喷头模组组成，用于外箱喷印中文、英文、数字、条形码、各种特殊图案等内容。可与自动数据处理设备相连，也可通过输入装置完成数据输入。上述商品属于"可与自动数据处理设备相连的数字式印刷设备"，符合《税则》税目 84.43 及其子目条文的描述，根据归类总规则一及六，应按可与自动数据处理设备相连的喷墨式印刷机归入税则号列 8443.3221。				

序号	942	归类决定编号	Z2007-0055	公告编号	2007 年第 71 号
商品税则号列		8443.3229		公告实施日期	2007 年 12 月 5 日
商品名称	生产型黑白高速数字打印设备				
英文名称					
其他名称	单色生产型高速打印机				
商品描述	Nipson varypress 200 生产型黑白高速数字打印设备，其规格为长 3 310 毫米、宽 1 600 毫米、高 1 720 毫米。技术指标如下：干燥墨粉，磁性成像，低温闪光固化，分辨率 600dpi×600dpi（从 480dpi 到 600dpi 可调），打印介质可为纸张、合成材料、金属箔、塑料卡、孔材等，打印速度最高为 50 米/分钟、无级变速，打印幅面最大为 470 毫米。工作原理：输入的数据信号通过磁头在磁鼓的表面形成潜像，磁性电子油墨与潜像接触，显影后得到影像，再通过高电压转印方式把磁性电子油墨从磁鼓上转印到打印介质上。适用对象为防伪标签、物流、邮政、银行保险等的批量印制。				
归类决定	该商品用于在纸张、合成材料、金属箔、塑料卡、孔材等介质上打印，符合《税则》税目 84.43 的商品描述。该设备需同自动数据处理设备连接使用，最大打印幅宽为 470 毫米，打印速度最高为 50 米/分钟（约合每分钟打印 168 页 A4 纸）。根据海关总署 2006 年第 75 号公告附件"税则税目调整表"对数字印刷设备与计算机用打印设备的归类规定，印刷幅面大于 A3（297 毫米×420 毫米）或印刷速度大于 60 页/分钟的喷墨、激光印刷、打印设备统一归为"与计算机或网络连接的数字印刷机"。由于工作方式为磁性打印，根据归类总规则一及六，该商品应归入税则号列 8443.3229。				

序号	943	归类决定编号	Z2006-1349	公告编号	2007年第70号
商品税则号列		8443.9990		公告实施日期	2007年12月5日
商品名称	带芯片的墨盒				
英文名称					
其他名称					
商品描述	该商品主要用于爱普生公司生产的喷墨打印机，芯片起监控和指示墨水余量、防止墨盒再充填的作用。				
归类决定	该墨盒用于喷墨打印机，本身带有芯片，起监控和指示墨水余量、防止墨盒再充填的作用，具备机电产品零部件的基本特征，应按打印机零部件归入税则号列8443.9990。				

序号	944	归类决定编号	Z2007-0056	公告编号	2007年第71号
商品税则号列		8443.9990		公告实施日期	2007年12月5日
商品名称	磁性滚轴				
英文名称					
其他名称					
商品描述	该商品主要由钢轴或铁轴、磁条（磁性材料：80%铁粉及20%尼龙配合混炼的颗粒，经注塑机加工而成）、铁合金管、铜轴圈及法兰等组成，具有磁性，安装于碳粉盒内用于复印机或打印机（单色或多色）的显像单元，在机器中起运载碳粉的作用，适用于采用光电显像方式的激光打印机及复印机。其工作原理如下：工作中，磁性滚筒内的磁芯不旋转，利用自身磁性将碳粉吸附至套管表面，法兰一端安装驱动齿轮，在伺服电机带动下转动时载有碳粉的套管同时转动，当带有静电潜像的感光鼓旋转到载有碳粉磁性滚轴的位置时，带电荷的碳粉即被吸附到感光鼓表面，形成碳粉图像，最后打印或复印出来。				
归类决定	该商品除磁条以外，还包括铁合金管、铜轴圈等，为复印机或打印机的零件，不符合《税则注释》有关品目85.05的商品描述，根据归类总规则一及六，应作为复印机或打印机的零件归入税则号列8443.9990。				

序号	945	归类决定编号	Z2009-0165	公告编号		2009年第57号
商品税则号列		8445.9090		公告实施日期		2009年8月31日
商品名称	空气接头平台					
英文名称	Air aplicer table					
其他名称						
商品描述	该商品用于玻璃纤维纱的接头操作，由安装底座、带滚珠平台、翻转电机、操作台等组成。工作原理：4个玻璃纤维纱团平放在该设备的输送平台上，操作人员依次将相邻纱筒的纱线首尾摆放在空气接头上，利用压缩空气的压力将4个纱筒的纱线首尾进行连接。连接后的纱团沿平台运动至一侧挡板处，操作人员操作平台转动90度后与地面垂直，4个纤维纱团竖直摞在一起。以上操作是为了使下一步进行络纱或纺织时不必频繁地更换纱线。					
归类决定	该商品用于玻璃纤维纱的接头连接，由安装底座、带滚珠平台、翻转电机、操作台等组成，利用压缩空气连接玻璃纤维，无须加热处理。该商品是一种对玻璃纤维丝进行捻接的机器，且玻璃纤维丝属于《税则》税目84.46所列机器的加工对象，故该机器满足《税则注释》关于品目84.45项下"处理税目84.46或84.47机器所用纺织纱线的机器"的定义，符合《税则》税目84.45及其子目条文的描述，根据归类总规则一及六，应按其他处理税目84.46或84.47机器所用纺织纱线的机器归入税则号列8445.9090。					

序号	946	归类决定编号	Z2006-0610	公告编号	2006年第69号
商品税则号列		8446.3020		公告实施日期	2006年11月22日
商品名称	剑杆织机（含多臂装置）				
英文名称	Picanol rapier weaving machine				
其他名称					

商品描述

机器型号：GamMax-8-R 230。其中，8表示纬纱颜色为8色；R表示开口形式为多臂机构；230表示幅宽为230厘米。

剑杆织机的主要功能由开口、引纬、打纬、送经、卷取5个部分组成。各自的工作原理如下：

开口：是指由多臂机来完成开口运动。织机要实现经、纬的交织必须把经纱按一定的规律分成上下两层，形成能通过纬纱的通道——梭口，待纬纱引入梭口后，两层经纱再上下交替，互易位置，形成新的梭口，如此反复循环，这就是经纱的开口运动，以下简称开口。它是由开口机构——多臂机来完成的。开口机构不仅要使经纱上下分开形成梭口，同时还应根据纹板图所决定的提综顺序，控制综框（经纱）升降的次序，使织物获得所需的组织结构。

引纬：是指将纬纱引入经纱所构成的梭口，以便和经纱交织，形成织物。引纬必须和经纱的开口相互配合，剑杆引纬方式以剑杆作为引纬器，每次引纬时，一定量的纬纱在剑杆的牵引下，从储纬器上通解下来，由剑头握持着穿越梭口，形成引纬。

打纬：是指把一根根引入梭口的纬纱，依靠打纬机构的前后往复摆动推向织口，与经纱交织构成织物。

送经：是指在织造过程中，织轴织经纱与纬纱交织成织物后，不断地被卷走，为保证织造过程的持续进行，由送经机构陆续送出适当长度的经纱来进行补充，使织机上经纱张力严格地控制在一定范围之内。

卷取：是指执行在织口处引离初步形成织物和控制纬纱在织物内部排列密度两方面的任务。

归类决定

剑杆织机是织物品种适应性最强的一种无梭织机，能适应棉、毛、丝、麻、化纤等各种纺织原料，能适应长丝及短纤纱的织造生产。

《税则注释》对织机归类有规定："较为复杂的织机可以织造出组织复杂的织物。例如，有些织机配有控制提升经线的特殊装置（例如，多臂织机、提花机等）……这些特殊装置大多数是作为织机的固定部分；也有作为一种活动式的配件装在普通织机上的；作为活动式配件的特殊装置如果与所用的织机同时报验，可归入本品目。"因此，当多臂装置和剑杆织机一并进口时，应按归类总规则一及六，将其归入税则号列8446.3020。

序号	947	归类决定编号	Z2008-0063	公告编号	2008年第76号
商品税则号列		8450.90		公告实施日期	2008年10月28日
商品名称	洗衣机用加热管				
英文名称					
其他名称					
商品描述	洗衣机用加热管安装于洗衣机的前桶上，用于加热洗衣用水。该商品主要包括两项功能：1. 加热，加热管外层为金属片经滚压成形的金属管，中间为加热电阻丝，二者之间填充氧化镁粉，两端有爱默生TOD热熔断器，通过电能转化为热能工作；2. 温度测量，由金属壳体、热敏电阻、密封材料组成的温度传感器用于测量水温。				
归类决定	该商品为洗衣机专用零件，应根据《税则》第十六类类注二的归类原则确定归类，该商品由电阻加热器和温度传感器组成，传感器是为了实现稳定加热而加装的零件，因为安装方便而与电阻加热器组装在一起，根据《税则注释》关于品目85.16项下电阻加热器的描述："如果除了装有绝缘线圈架和电气接头以外，还与机器或器具的零件组装在一起，则应作为有关机器或器具的零件归类"，该商品超出了电阻加热器的范围，且专用于洗衣机，故根据归类总规则一及六，应按洗衣机的专用零件归入税则号列8450.90项下。				

序号	948	归类决定编号	Z2006-0658	公告编号	2006 年第 69 号	
商品税则号列		8451.3000 或 8477.8000		公告实施日期	2006 年 11 月 22 日	
商品名称		熨烫机				
英文名称		Hot air seam sealing machine				
其他名称						
商品描述		商品一：型号 HTM-3555，品牌 NAMON，生产国别为韩国。该机器专用于加工 PVC 材料，如雨衣、遮阳雨套等。它通过控制电阻丝的温度，吹出热风，然后用上下胶轮相压滚动、前进，使原有针眼和线缝之间不会产生漏水。 商品二：型号 FB-750Z，品牌 NAOMOTO。该机器由一个熨烫本体（熨烫台），一只蒸汽发生器，一只熨斗组成。其归类原理为由蒸汽发生器供给熨烫本体及熨斗蒸汽，然后利用蒸汽本体里的马达产生足够的吸力或吹力帮助固定面料或衣服，以方便熨斗熨烫，使熨烫处理达到最理想、最完美的效果。 进口状态：1. 整套机器（包括熨斗）；2. 熨烫本体及蒸汽发生器（不包括熨斗）。				
归类决定		商品一通过控制电阻丝温度控制热风，利用上下两胶轮的滚动带动无织物作底的 PVC 制品和 PVC 薄膜条，从而密封 PVC 制品上的针眼和线缝，属于塑料热合机器，应归入税则号列 8477.8000； 商品二为熨烫机，由熨烫本体、蒸汽发生器和熨斗组成，蒸汽发生器给熨斗和熨烫本体提供蒸汽，熨烫本体利用吸力或吹力固定面料（衣服）以方便熨斗熨烫，属织物或纺织制品的熨烫机器，应归入税则号列 8451.3000。				

序号	949	归类决定编号	Z2006-0611	公告编号	2006年第69号
商品税则号列		8451.5000		公告实施日期	2006年11月22日
商品名称	单层布料电脑裁床				
英文名称	Automatic cutting machine				
其他名称					
商品描述	单层布料电脑裁床主要对花对格布的布料加工使用，由电脑数控裁剪刀具进行标准裁剪，一次可以裁割布料层数为一层，配设两个投影仪用于进料端的调整对花各出料端的拣料，裁床本身具有真空功能，以保证在裁割过程中布料不会移动。（一台台式电脑、两台投影仪和布料切割机构成）				
归类决定	根据《税则》第十六类类注四的规定，上述设备构成功能机组，可按其裁剪功能归入税则号列8451.5000。				

序号	950	归类决定编号	Z2006-0612	公告编号	2006年第69号
商品税则号列		8452.3000		公告实施日期	2006年11月22日
商品名称	绣花机针				
英文名称					
其他名称					
商品描述	绣花机针为针尖上附有孔眼，外形比缝纫机针偏大，其余无差别。因绣花机有飞梭刺绣机及电脑绣花机两大类。为达到绣花目的和绣出立体感觉，同时多色、多头刺绣，一次同时使用500枚到3000枚，从外观、原理及工艺上来说绣花机跟缝纫机截然不同。				
归类决定	根据《税则注释》关于品目84.52的解释，品目84.52条文中所指的"缝纫机针"包括部分品目84.47绣花机用的绣花针（针尖附有孔眼的），因此所报商品应作为一种缝纫机针归类；虽然《税则注释》关于品目84.48商品范围的解释，该品目也包括绣花机针，但根据排除条款，缝纫机专用针应归入品目84.52，即品目84.48不包括针尖附有孔眼的、作为缝纫机针的绣花机针。因此，该绣花机针应归入税则号列8452.3000。				

序号	951	归类决定编号	Z2006-1351	公告编号	2007年第70号
商品税则号列		8454.9010		公告实施日期	2007年12月5日
商品名称		顶枪			
英文名称		MFB			
其他名称					
商品描述		该顶枪用于RH真空炉外精炼，对真空室吹入氧气、煤气及其他气体或粉末，加热耐火材料和钢水，防止钢水结瘤和温度降低，对钢水进行脱碳、脱硫、提高钢水纯净度，精确调整钢水成分。该顶枪主要由枪体、枪头、火焰观测器、真空密封装置等构成。			
归类决定		MFB顶枪系统，用于炉外精炼设备，属于炉外精炼设备的零件，根据归类总规则一（第十六类类注二）及六，应将其归入税则号列8454.9010。			

序号	952	归类决定编号	Z2010-0038	公告编号	2010年第15号
商品税则号列		84.55		公告实施日期	2010年2月28日
商品名称		FFX成型机			
英文名称					
其他名称					
商品描述		该设备为自动连续焊接不锈钢管生产线的成型段主体，采用柔性弯曲技术，即通过轧辊的运动轧制钢管，对钢材的损伤可以减少到最小化。该设备主要由入位装置和柔性成型轧管装置组成，由可编程逻辑控制器（国内采购）控制，在控制器中设定所需目标的直径和厚度，即可实现自动调节成型轧辊，钢带通过11组连续可调的成型压辊，由两边逐渐向内部变形，最后形成横截面为正圆的半成品进入下一道焊接工序。			
归类决定		《税则》税目84.62项下的"加工金属的弯曲机床"的模具或轧辊的挤压方向与材料的输送方向通常呈横向垂直状态，从而使板材加工后成为模具的弯曲角度或轧辊弯曲的弧形；对于将板材弯曲成圆柱曲形的折弯机，则通过3~4组平行的轧辊，利用轧辊直径的不同或者相互距离的调节，从而完成不同直径的圆柱形加工。因此税目84.62项下的"加工金属的弯曲机床"所加工的管材成形具有圆柱轴与轧辊轴平行、宽度限制在轧辊宽度以内，加工过程在一个圆弧周长以内的单件加工等特征。该FFX成型机，轧辊的挤压方向与材料的输送方向非横向垂直，成形的圆管轴与轧辊轴也不平行，加工过程是连续的，管件长度不受限制，取决于原材料的长短。在加工工艺及加工对象上，FFX成型机与税目84.62项下的"加工金属的弯曲机床"存在明显不同，不可归入税目84.62项下，而应按金属轧机归入税目84.55项下。			

序号	953	归类决定编号	Z2006-1352	公告编号	2007年第70号
商品税则号列		8457.1020		公告实施日期	2007年12月5日
商品名称	加工中心用主机通用床体					
英文名称	Base units for the machining centers					
其他名称	加工中心用三坐标柔性单元模块部分					
商品描述	该加工中心用主机通用床体，型号：OP-50-C.D，主要由床身、十字滑台（非工作台）、机床X、Z向轴坐标移动部分，床身立柱构成的Y向轴坐标移动部分，防尘放屑的滑动罩，数控操作面板壳体，空刀架（无刀夹及无刀具），走线槽/管路等构成，行业内简称"三坐标（X，Y，Z）柔性单元模块"。					
归类决定	该商品的主要构件床身、滑台等已组装成一体，超出了机床零件的范围，已具备卧式加工中心完整品的基本特征，根据归类总规则二及六，应按卧式加工中心归入税则号列8457.1020。					

序号	954	归类决定编号	Z2006-0614	公告编号	2006年第69号
商品税则号列		84.57或84.59		公告实施日期	2006年11月22日
商品名称	机床机身					
英文名称						
其他名称						
商品描述	该商品共分为3种机床机身：立式加工中心机身、升降台式数控铣床机身及升降台式非数控铣床机身。其中立式加工中心机身由工作台、床鞍、立柱、底座、钣金罩、主轴座、刀库（不含刀具及自动换刀装置）组成；升降台式数控铣床机身由工作台、床鞍、升降台、底座、主轴座组成；升降台式非数控铣床机身由底座、床鞍、工作台、滑枕、升降台组成。3种机床机身均需增加电控系统、润滑系统、冷却系统等部件方能构成整机。					
归类决定	上述3种机床床身包括工作台、底座、主轴座等主要机械部件，只需增加电控系统、润滑系统、冷却系统等部件即可构成整机，已分别具备了立式加工中心、升降台式数控铣床及升降台式非数控铣床的基本特征，符合《税则》税目84.57、84.59及其子目条文的描述，根据归类总规则二（一），应将其分别归入税目84.57、84.59项下。					

序号	955	归类决定编号	Z2006-0615	公告编号	2006年第69号
商品税则号列		8458.1100		公告实施日期	2006年11月22日
商品名称	单轴纵切数控自动车床				
英文名称					
其他名称					

商品描述

该机床以冷拉或磨光的棒料为坯料，棒料除旋转外，还随主轴箱作纵向进给，可获得较高的加工精度。该机床固定被加工工件的主轴平行于水平面。该机床与普通卧式机床的区别在于该机床的加工工件可作纵向进给，而普通机床的加工工件仅做旋转运动。

在《机械工程手册》中，车床按其用途和结构的不同分为以下几种类型：

1. 仪表车床、卧式车床、落地车床、数控卧式车床和卧式车削中心；
2. 单轴自动车床；
3. 卧式多轴自动车床、数控卧式多轴车床；
4. 立式多轴半自动车床；
5. 转塔车床和回轮车床；
6. 仿形车床；
7. 卡盘多刀车床；
8. 立式车床、数控立式车床和立式车削中心；
9. 其他车床（专业化车床和专用车床）。

归类决定

《税则》税目84.58项下所列"卧式车床"的英文原文为"Horizontal lathes"，是指固定被加工工件的机床主轴平行于水平面的车床。因此，所报商品属于《税则》中的卧式车床，因其又是数控车床，故应归入税则号列8458.1100。

序号	956	归类决定编号	Z2008-0173	公告编号	2008年第83号
商品税则号列		8458.1100		公告实施日期	2008年11月24日
商品名称	旧数控车挤压车床				
英文名称					
其他名称					
商品描述	该机床专门用于曲轴止推轴径的车削、挤压复合加工。主轴方向为水平，1993年生产，HEGENSCHEIDT牌。控制方式：采用西门子810T控制系统对机床动作进行控制及精确补差。该机床对曲轴工件的止推轴进行车削、挤压复合加工，加工至工序工艺尺寸（完成整个加工过程）。工件有上料装置自动带动到位，左右顶尖顶紧之后，通过电机驱动装置带动旋转。采用马波斯E3测量仪实现精确对中，通过西门子数控系统完成加工动作。该机床带有刀库，可自动换刀完成对曲轴工件的加工。"主轴偏心"的定义为曲轴的连杆颈回转中心与机床主轴回转中心有一个偏心，通过机床、夹具及控制系统使连杆颈曲轴线与主轴回转轴线重合，这样连杆颈轴颈的回转中心就调整到和机床主轴的回转中心重合，实现对曲轴工件的稳态、精确加工。				
归类决定	该商品具有车削、挤压复合加工功能。参考《机械工程手册》，其挤压实际为车削表面的滚压加工，属于车削加工的辅助工艺。该商品的主要功能为车削功能，符合《税则》税目84.58的商品描述。该车床加工主轴为水平方向，采用西门子数控系统，根据归类总规则一及六，应作为数控卧式车床归入税则号列8458.1100。				

序号	957	归类决定编号	Z2006-0616	公告编号	2006年第69号
商品税则号列		84.59		公告实施日期	2006年11月22日
商品名称	数控镗床零件				
英文名称					
其他名称					
商品描述	进口数控卧式镗床的工作台、主轴箱、带立柱的床身3个零件基本构成镗床的机械部分，进口后配备数控装置和其他小型零配件就构成整机。				
归类决定	该商品由镗床的工作台、主轴箱、带立柱的床身3个零件构成，进口后配备数控装置和其他小型零配件就构成整机。根据《税则注释》品目84.59的子目注释的规定："如果数控机床不是与上述控制装置同时报验，只要这些机床具备以上所列的数控机床特征，仍应作为数控机床归类"，由于上述商品在机械部分仅缺少一些小型配件，已具备了数控镗床机械部分的基本特征，应按数控镗床的整机进行归类。上述商品属于数控镗床的不完整品，已具备了完整品的基本特征，根据归类总规则二，应按数控镗床归入税目84.59。				

序号	958	归类决定编号	Z2010-0039	公告编号	2010年第15号
商品税则号列		8459.2100		公告实施日期	2010年2月28日
商品名称	高柔性曲轴深孔钻床				
英文名称					
其他名称					
商品描述	高柔性曲轴深孔钻床，是专门为加工汽车或卡车曲轴而设计的，用于深孔钻削加工的专用机床，可以自动更换加工主轴颈的不同钻头和备用钻头。工作过程：在钻削过程中工件是固定的，加工刀具向工件做旋转钻削进给运动。深孔钻床分为机械加工部分、数控部分、自动换刀部分等。1. 机械加工部分由2~3个数控加工主轴组成，可加工不同种类的曲轴油孔。进给系统采用交流伺服电机驱动滚珠丝杠，进给滑台导轨采用滚动直线导轨，钻杆箱传动采用无级调速变频主轴驱动。2. 数控部分装备了先进的西门子数控系统，钻床按预设的程序指令执行钻孔的功能。3. 自动换刀部分配置有刀位回转式刀库，可实现各种刀具的自动更换。				
归类决定	该机床可自动更换各种规格的钻头，因机床本身只具有单一的钻削功能，不属于金属加工中心，根据归类总规则一及六，应按数控钻床归入税则号列8459.2100。				

序号	959	归类决定编号	Z2006-0617	公告编号	2006 年第 69 号
商品税则号列		8459.2900		公告实施日期	2006 年 11 月 22 日
商品名称	深孔加工机				
英文名称					
其他名称					
商品描述	深孔加工机，型号为 TMG-1000、TMG-350-2S、THG-1200，是切削金属的程控深孔钻床，该批机床的主要控制装置由可编程序控制器及变频调速器构成，其 3 个坐标方向驱动均为普通电机，未用步进电机或伺服电机，也无步进电机或伺服电机驱动器，孔的加工深度由 PLC 和行程开关控制；型号 TMG-1000、THG-1200 的机床上装有数显装置，是用来对所加工孔的位置进行显示定位。				
归类决定	该批机床为 PLC 控制深孔加工机床，型号为 TMG-1000、TMG-350-2S、THG-1200，其主要控制装置由 PLC 可编程序控制器、行程开关等构成，无数控操作系统及步进电机或伺服电机。由机械工业机床产品质量检测中心（上海）进行检测认定，该批机床属于程序控制机床而非数控机床。 根据机械工业机床产品质量检测中心（上海）等给出的鉴定报告，该批机床属于程序控制机床而非数控机床，应归入税则号列 8459.2900。				

序号	960	归类决定编号	Z2006-0618	公告编号	2006年第69号	
商品税则号列		8459.6990		公告实施日期	2006年11月22日	
商品名称	电路板刻制机					
英文名称						
其他名称						
商品描述	电路板刻制机的型号为LPKF Protomat M60，主要功能为精密钻孔、铣型。该机可用于：1. 试验用双层或多层电路板的铣外形、钻孔、铣制电路；2. 阻焊膜的刻制；3. 刻制金属铭牌；4. 刻制有机玻璃、塑料；5. 射频及微波技术用基材的加工；6. 用薄膜雕刻掩膜底版；7. 用薄膜铣制膏漏印版、贴片；8. 刚柔结合电路板加工；9. 分切、返修裸板及载件板；10. 壳体、盒体加工。其主要组成包括工作台、移动架和加工头等，其中加工头是由高速电机和刀具组成，使用的刀具有钻头或铣刀。加工头只能安装一个刀具，并固定在移动架上，可以在工作台的Y轴方向移动。主要工作原理：该机通常与计算机连接使用，在计算机的控制下，对固定在工作台上的表面敷铜的FR4电路板基材进行操作，安装上钻头则可以在电路板上精确定位、钻孔；安装上铣刀则能够沿着线路和焊盘铣掉电路板基材上不需要的铜箔；安装上外形铣刀则可以按照预定的外形尺寸将刻制好的电路板从基材上铣下来；安装上精细铣刀可以刻制阻焊膜，将阻焊膜上焊盘对应的位置铣掉。					
归类决定	该电路板刻制机具有精密钻、雕、半铣、透铣功能，适合对多种材料进行精密加工，属于多功能和多用途机器，其涉及《税则》第十六类类注三（关于多功能机器）和第八十四章章注七（关于多用途机器）两款归类规定。由于第八十四章章注七规定："具有一种以上用途的机器在归类时，其主要用途可作为唯一的用途对待。除本章章注二、第十六类类注三另有规定的以外……均应归入税目84.79……"由于在此款章注中已经明确排除了第十六类类注三，也就是规定第十六类类注三应优先考虑，因此，对于既是多功能又是多用途的机器，应该根据第十六类类注三确定其归类，而不是第八十四章章注七。由于该电路板刻制机具有钻、雕、铣等多种功能，但仍以对电路板上的铜箔进行铣制为其主要功能，根据归类总规则一和六，应归入税则号列8459.6990。					

序号	961	归类决定编号	Z2006-0620	公告编号	2006年第69号
商品税则号列		8460.4010		公告实施日期	2006年11月22日
商品名称		气缸体活塞孔精整加工机床			
英文名称		Honing machine			
其他名称					
商品描述		该机床用于对冰箱压缩机气缸体的活塞孔内表面进行精整加工。加工方式为工件不动，刀具自上而下配合旋转运动进行加工，加工的刀具结构为铜条外覆1毫米厚的金刚衣。			
归类决定		该设备为珩磨机床，应归入税则号列8460.4010。			

序号	962	归类决定编号	Z2006-0623	公告编号	2006年第69号
商品税则号列		8463.3000		公告实施日期	2006年11月22日
商品名称		SISMA快速单双扣织链机			
英文名称					
其他名称					
商品描述		该商品的规格：SGV/TD，它是贵金属首饰生产加工设备，可用于生产单套、双套和三套马鞭链，用该机生产的金属链作为母链，经变形加工后可形成各种形状产品。			
归类决定		快速单双扣织链机可将金属丝加工成单套、双套等链条，根据《税则注释》对品目84.63的规定，该设备应按金属的非切削加工机床归入税则号列8463.3000。			

序号	963	归类决定编号	Z2008-0177	公告编号	2008 年第 83 号
商品税则号列		8464.2090		公告实施日期	2008 年 11 月 24 日
商品名称	双面研磨抛光系统				
英文名称	Speedfam double side lapping plolishing machine				
其他名称					
商品描述	该商品的工作原理：采用变频调速和电子数字控制技术，根据不同材料设定不同加工程序，实现自动化加工。通过上下盘的转动配以相关的化学原辅料，可对各种晶体材料、光学玻璃材料、半导体材料进行高效快速的化学机械研磨和抛光。				
归类决定	该商品可以对晶体材料、光学玻璃材料、半导体材料等多种材料进行化学机械研磨和抛光。该企业网上资料显示其主要产品为激光晶体和非线性光学晶体，因此该系统并非《税则》税目 84.86 所称"专用于或主要用于制造半导体单晶柱或圆片、半导体器件……的机器或装置"，不能归入税目 84.86。由于其主要用于含硅材料（包括玻璃）的研磨抛光，符合税目 84.64 的商品描述，根据归类总规则一及六，应归入税则号列 8464.2090。				

序号	964	归类决定编号	Z2006-0624	公告编号		2006 年第 69 号
商品税则号列		8465.9100		公告实施日期		2006 年 11 月 22 日
商品名称		高速数控优选机				
英文名称		Opticut 200 elite				
其他名称						

商品描述

结构：
1. 进料及缺陷标识工作台，驱动式，侧面支撑台面可安置两个操作工，5 米长，最大进料长度 6.3 米；
2. 长度测量装置带 3 级荧光扫描头；
3. 到达横截锯 7 米长传送带；
4. 优选横截锯，内带排尘气吹装置，电脑数控中心（触摸屏）；
5. 出料传送带，20 米长，驱动带宽度 250 毫米；
6. 标准配备有 8 个安装在出料传送带上的重型顶料器。

工作原理：通过装置对原材料进行选料，标识材料本身缺陷，通过驱动式工作台将材料送至长度测量装置区，通过识别测量再进入优选横截锯，经过横锯后，再通过传送带和 8 个分料推料器根据规格的不同从不同的位置出料。

工艺流程：人工木材缺陷标识→测量缺陷→优选锯切→按规格分类摆放。

归类决定

该商品为木材加工机床，其功能：通过人工对木材进行缺陷标识，由机床的扫描装置对标识进行扫描，机床根据接收到的扫描信息计算出最佳锯切尺寸后进行切割，最后将木材按不同尺寸从不同的位置推出。

该商品为具备前期扫描、后期分类的木材锯切机床，木材锯切是其主要功能，根据归类总规则一及六，应将其归入税则号列 8465.9100。

序号	965	归类决定编号	Z2007-0057	公告编号	2007年第71号
商品税则号列		8465.9200		公告实施日期	2007年12月5日
商品名称	CNC PBC 成型机				
英文名称					
其他名称					
商品描述	该成型机为印刷电路板的切割成型机器，型号为TL-RU4BⅡ。其主要工作原理：根据事先设置的成型路径和坐标，通过3只配有自动换刀系统的高转速主轴带动刀具，对已加工装配部分电子器件的电路板基板进行铣边和形状切削，不对电路板的线路、铜箔及阻焊基膜进行雕、钻等加工。				
归类决定	CNC PBC 成型机用于对硬质塑料的电路板基板进行铣成型加工，符合《税则》税目84.65的商品描述，根据归类总规则一及六，应归入税则号列8465.9200。				

序号	966	归类决定编号	Z2006-0625	公告编号	2006年第69号
商品税则号列		8465.9400		公告实施日期	2006年11月22日
商品名称	液压短周期压贴生产线				
英文名称					
其他名称					
商品描述	该生产线主要用于强化地板的三聚氰胺浸滞纸热压贴面。通过热压使三聚氰胺失水而形成高分子结合体，主要包括电离、热压和输送装置。 工艺流程如下： 纤维板上线→除尘→定位→平衡纸上线→底面电离→铺装饰纸→铺耐磨纸→电离→送入压机→热压→卸料→下线。				
归类决定	液压短周期压贴生产线主要由电离、热压和输送等装置组成，组合后的功能是对人造板（中密度纤维板）进行三聚氰胺浸渍纸表面热压贴面，属于税则号列8465.9400所列"装配机器"的功能，根据《税则》第十六类注释四关于功能机组的定义，应按其功能归入税则号列8465.9400。				

序号	967	归类决定编号	Z2007-0058	公告编号	2007年第71号
商品税则号列		84.66		公告实施日期	2007年12月5日
商品名称	滚动滑轨				
英文名称					
其他名称	直线导轨				
商品描述	该商品的型号为SFC16-4000，外观为圆形截面长条状，直径为16~35毫米，长度在4.2~5.6米之间，材质为非合金钢，经冷轧处理。据企业介绍，该商品适用于直接安装在机床的加工平台上，加工平台在滑轨上能来回移动。				
归类决定	滚动滑轨，型号为SFC16-4000，专用于机床，不需进一步加工可直接安装使用，具有明显的零件特征，应按《税则》第十六类类注二的归类原则确定税则号列。上述商品属机床零件，符合《税则》税目84.66及其子目条文的描述，根据归类总规则一及六，应根据其所用机床类型归入税目84.66项下相关税则号列。				

序号	968	归类决定编号	Z2008-0178	公告编号	2008年第83号
商品税则号列		8466.3000		公告实施日期	2008年11月24日
商品名称	磨床动平衡仪				
英文名称					
其他名称					
商品描述	SBS磨床砂轮在线动平衡系统型号为SBS-4500，主要由传感器、控制器和平衡头（安装在砂轮轴上）组成，用于保证卡盘式磨床砂轮在线动平衡。使用时平衡头安装在砂轮上，传感器将各种震动信号传到控制器，经控制器精确计算后，再将所需调整的数值传输到平衡头，驱动平衡头内的平衡装置时进行调整，保证砂轮在工作中始终保持平衡。				
归类决定	该商品仅用于对砂轮的动平衡进行调整，并非对设备运行轨迹进行控制的数控装置，不符合《税则》税目85.37的商品描述。该商品由传感器、控制器和执行机构（平衡头）组成，根据《税则注释》品目90.32对"自动控制非电量的仪器设备"的描述"各种执行机构应归入其各自相应的品目中。如果自动调节器是与执行机构组装在一起的，整个装置应按照归类总规则的规则一或规则三（二）的规定进行归类"，该商品应根据其功能进行归类。该商品具有保持磨床砂轮动平衡提高工作精度的功能，符合《税则》税目84.66及《税则注释》品目84.66有关机床特种辅助装置"用以提高机床的精确度，但本身并不参与加工操作，包括定心或校平装置……"的描述，根据归类总规则一及六，应归入税则号列8466.3000。				

序号	969	归类决定编号	Z2022-0130	公告编号	2022 年第 78 号
商品税则号列		8466.9390		公告实施日期	2022 年 9 月 1 日
商品名称		回转工作台			
英文名称		Rotary table			
其他名称					
商品描述		该商品是镗铣床的组成部分，安装在镗铣床主体前方，可以沿镗铣机床的"Z"轴方向前后移动。该商品由台面、转动部分、滑动部分和导轨四部分组成。台面是承载被加工物体的，上面有"T"形凹槽，提供一个精准的水平面给工件夹具中的支撑物，与多种夹具配合才能将被加工物体（工件）固定在台面上。转动部分是连接台面和滑动部分的，能使台面作回转运动。滑动部分能使台面沿导轨方向做直线运动。				
归类决定		该商品属镗铣床专用零件，符合《税则》税目 84.66 及其子目条文的描述，根据归类总规则一及六，应按税目 84.59 项下商品的零件归入税则号列 8466.9390。				

序号	970	归类决定编号	Z2022-0131	公告编号	2022 年第 78 号
商品税则号列		8466.9390		公告实施日期	2022 年 9 月 1 日
商品名称		立式车床用弧形齿盘			
英文名称		Curvic coupling			
其他名称					
商品描述		该商品是刀具在数控立式车床的刀架上起定位连接作用的机械部件，在加工过程中保证刀柄不会因扭力过大而偏转。弧形齿盘由上下两部分组成：上齿盘为 360 度圆弧形齿盘，安装在立式车床的刀架末端；下齿盘为 120 度的弧形齿盘组，每两个固定在刀库中的一把刀上。在车床更换刀具的过程中，由机械手（或人工）将刀柄从刀库中取出装在刀架上，使上下齿盘的齿相吻合，再由刀架上的液压油缸拉紧刀柄顶端的拉钉从而拉紧上下齿盘，使刀柄固定在刀架上，完成换刀程序。				
归类决定		该商品为立式车床刀架的专用零件，根据归类总规则一及六，应按车床零件归入税则号列 8466.9390。				

序号	971	归类决定编号	Z2006-1354	公告编号	2007 年第 70 号
商品税则号列		8467.8900		公告实施日期	2007 年 12 月 5 日
商品名称	冲击夯 LT600				
英文名称					
其他名称					
商品描述	冲击夯，品牌为 DYNAPAC，型号为 LT600，主要参数：净重 64 千克，振动频率 12 赫兹，振幅 65~75 毫米，击振力 14 千牛，地板宽度 260 毫米，地板长度 330 毫米，发动机功率 2.2 千瓦，发动机转速 3 600 转/分钟。 工作原理：通过发动机转动，带动一个偏心块，促使整个设备上下振动，从而达到压实回填土的目的。当该机器在 A 区域完成压实回填土工作后，可通过手提方式将机器搬动到 B 区域继续工作。				
归类决定	该商品符合《税则注释》对品目 84.67 的描述"特别是在工作进行时，操作者可用手把这些工具提升搬动，并可用手进行控制及导向"，应作为手提式工具归入税则号列 8467.8900。				

序号	972	归类决定编号	Z2013-0055	公告编号	2014 年第 2 号
商品税则号列		8468.8000		公告实施日期	2014 年 1 月 15 日
商品名称	铸焊机				
英文名称					
其他名称					
商品描述	MOOJIN 牌型号 COSⅡ，用于生产蓄电池。该铸焊机组成为极耳整理装置、风热干燥装置、铸焊装置（配置铅炉、铅泵 1 套）、极群入槽装置等。主要功能为用熔化的铅液把配好片数的极板组焊接在一起，形成极板群，并把极板群装入电池槽内，用于制造蓄电池。主要工作原理为将包封组对后的极群整理对齐，极耳对正；用助焊剂涂抹极耳，并用热风吹干助焊剂同时将极耳微微加热；将高温的铅液泵入铸焊模具的汇流排型腔，在铅液冷却前，将极群的极耳插入铅液中，在铅液凝固冷却到设定的低温后，顶出汇流排，形成带有汇流排的极群；将形成的极群组通过卸载机械手，装入电池壳体，再通过输送链条，将产品输出铸焊机。				
归类决定	该商品是一种焊接机器，根据归类总规则一及六，该商品应归入税则号列 8468.8000。				

序号	973	归类决定编号	Z2006-0629	公告编号	2006 年第 69 号
商品税则号列		8470.5090		公告实施日期	2006 年 11 月 22 日
商品名称		ELITE 510 型 IC 卡/磁卡双功能终端机			
英文名称					
其他名称					
商品描述		ELITE 510 型 IC 卡/磁卡双功能终端机是一种电子支付终端，由一台 M-Elite 主机和一个密码键盘 PX319 组成，可使用不同的应用程序处理不同类型的卡片（磁卡刷读及 IC 读写）。			
归类决定		根据《税则注释》对品目 84.70 的说明，该设备应归入税则号列 8470.5090。			

序号	974	归类决定编号	Z2006-0630	公告编号	2006 年第 69 号
商品税则号列		8470.9000		公告实施日期	2006 年 11 月 22 日
商品名称		必能宝牌邮资机底座			
英文名称					
其他名称					
商品描述		必能宝牌邮资机底座，型号为 U571，邮资机一般要由表头和底座组成，该机实际到货为缺少表头的邮资机。工作原理：利用表头上的日期和资费戳对邮政信函进行邮资盖印，同时由表头对相关邮资状态进行记录，如：已用邮资、未用邮资、邮资总额、处理件数等资料。			
归类决定		该邮资机的功能与《税则注释》品目 84.70 项下"四（一）邮资盖戳机"相似。虽然其申报状态为不带表头，但其已具备了完整品特征，根据归类总规则二（一）的规定，该商品应归入税则号列 8470.9000。			

序号	975	归类决定编号	Z2022-0132	公告编号	2022 年第 78 号
商品税则号列		8471.3010		公告实施日期	2022 年 9 月 1 日
商品名称	苹果 Ipod Touch 手持设备				
英文名称					
其他名称					
商品描述	该商品尺寸为 110 毫米×61.8 毫米×8 毫米，重 0.12 千克，使用闪速存储器作为存储部件。依靠 Windows XP /Vista、Mac OS X 10.4.10 或更高版本操作系统的支持，可以播放多种格式的音频文件或视频文件，3.5 英寸的触摸液晶屏可以显示视频或图像信息，还可以实现无线上网功能和其他所有基于其所带操作系统所设计编程的应用软件的功能（如游戏、文字阅读、数学计算等）。				
归类决定	该商品是可以随意编辑程序的自动数据处理设备，带有触摸式输入键盘且重量小于 10 千克，根据归类总规则一及六，应按重量不超过 10 千克的便携式自动数据处理设备归入税则号列 8471.3010。				

序号	976	归类决定编号	Z2006-0632	公告编号	2006 年第 69 号
商品税则号列		8471.4991		公告实施日期	2006 年 11 月 22 日
商品名称	分散控制系统（DCS）				
英文名称	DELTAV DCS				
其他名称					
商品描述	型号：DELTAV。 用途：该分散控制系统由 1 台工程师站、2 台操作员站、3 个过程控制站及系统总线网络设备（网络连接器、连接件、电缆等）组成，用于松节油深加工生产线的过程控制。				
归类决定	分散控制系统由自动数据处理系统（分为操作员站、工程师站和控制站）、连接件和系统网络连接器等组成，运用四 C 技术（计算机技术、显示技术、通信技术和自动化技术）实现对松节油深加工生产线的过程控制，是一种分散型工业过程控制设备，应归入税则号列 8471.4991。				

序号	977	归类决定编号	Z2006-0633	公告编号	2006 年第 69 号
商品税则号列		8471.50		公告实施日期	2006 年 11 月 22 日
商品名称	集散控制系统用数据采集接口设备				
英文名称					
其他名称					
商品描述	该设备的硬件是基于戴尔 PII450M 兆赫电脑之上,加入 LCNP4 专用接口板,软件为基于 Windows NT 之上的专用应用软件,用于该公司的集散控制系统与上层公司级的信息网络相连接,进行数据交换的关键性接口设备。				
归类决定	集散控制系统用数据采集接口设备是由戴尔 PII450M 兆赫电脑主机(包括中央处理器、内存、三寸软驱、ZIP 软驱、硬盘和网卡等)和 LCNP4 数据采集卡组成,可以采集集散控制系统的各项参数、状态数据,并通过网络将信号传出。该套设备以处理数据为主要功能,未构成以系统形式进口的分散型工业过程控制设备,故应作为数字式处理部件,按其配置归入税则子目 8471.50 中的有关子目。				

序号	978	归类决定编号	Z2006-0634	公告编号	2006 年第 69 号
商品税则号列		8471.5040		公告实施日期	2006 年 11 月 22 日
商品名称	远程数据单元				
英文名称	RTU SeriesII				
其他名称					
商品描述	所报远程数据单元主要由底板、电源模块、CPU 模块、模拟量输入输出模块、开关量输入输出模块等组成,用于模拟、数字信号的跟踪、捕捉、采集,并对采样信号进行不同的补偿处理,通过通信接口连接到公用电话网,将处理过的实时数据汇总到远端的中央数据库。				
归类决定	该商品进口时并未装有线或无线通信模块,因此不具有通信功能,其基本功能是通过 CPU 模块对输入信号进行数字处理,并借助其他计算机对其程序修改。由于其 CPU 模块由 386 处理器、512K 内存等组成,是数字式处理的核心部件,因此该远程数据单元应按数字式处理部件归入税则号列 8471.5040。				

序号	979	归类决定编号	Z2006-0635	公告编号	2006 年第 69 号
商品税则号列		8471.5040		公告实施日期	2006 年 11 月 22 日
商品名称		WEB 缓存器 CISCO CE560			
英文名称					
其他名称					
商品描述		WEB 缓存器 CISCO CE560 是运用于内容传输网络（CDN）的设备，接入中心路由器。该机采用奔腾Ⅲ600 兆赫的处理器，带有 512MB 内存、16MB 显存和 2 个快速以太网口，最大可容纳 144GB 的内置硬盘存储器。该机使用高速缓存技术，由内容分布管理器（CDM）集中管理，并与其一起对网络状态进行监控，以便于自身调整以适应网络状态变化；该机还可通过超文本传输协议和思科复制技术向桌面系统传输流媒体或各种文件格式。			
归类决定		根据来文及随附资料，所报 WEB 缓存器 CISCO CE560，硬件配置包括 CPU PⅢ 600 兆赫，内存 512MB，网卡 10/100BaseT，2 个 36G 硬盘，采用 Cisco cacke soptwace 操作系统，其功能主要是向桌面系统传输流媒体及其他文件。根据《税则》第八十四章章注五（一），该设备符合自动数据处理设备的定义，应归入税则号列 8471.5040。			

序号	980	归类决定编号	Z2006-0636	公告编号	2006 年第 69 号
商品税则号列		8471.6072		公告实施日期	2006 年 11 月 22 日
商品名称		三维坐标控制仪			
英文名称		Computer input device c3dm softmouse			
其他名称		三维鼠标			
商品描述		三维坐标控制仪是数字摄影测量系统中自动数据处理机的三维鼠标，可进行三维矢量信息的采集和输入。该鼠标通过在桌面上移动，调节 X 轴、Y 轴坐标，并通过高层调节转盘功能调节 Z 轴坐标，配合其他功能键，可完成平移、测高、测距等操作。			
归类决定		该设备与二维鼠标工作方式及功能基本相同，只是多了一些辅助功能键，仍应归入税则号列 8471.6072。			

序号	981	归类决定编号	Z2006-0637	公告编号	2006年第69号
商品税则号列		8471.6072		公告实施日期	2006年11月22日
商品名称	罗技鼠标				
英文名称	Mouses				
其他名称					
商品描述	该商品具体名称为无线蓝牙演示装置，进口状态包括：一个滑动鼠标、一个迷你接收器、一根两端带UBS接口的延长线、一张与该装置配套使用的驱动程序光盘。将迷你接收器插入电脑上的USB接口中，并按动演示器上的连接按键，完成连接，就可以将信息发送到迷你接收器上，令电脑根据指令进行操作。该装置有激光指示功能，现场演示时有替代教鞭作用。				
归类决定	此蓝牙技术的鼠标主要功能还是完成鼠标的作用，因此应按《税则》具体列名归入税则号列8471.6072。				

序号	982	归类决定编号	Z2006-0639	公告编号	2006年第69号
商品税则号列		8471.6090		公告实施日期	2006年11月22日
商品名称	指纹采集仪				
英文名称	Fingerprint scanner				
其他名称					
商品描述	指纹采集仪是一种通用指纹采集设备，通过指纹采集仪上的指纹采集窗口对人体指纹进行集中采集录入，再通过指纹采集仪的USB接口与各种计算机相连接。				
归类决定	根据其作用，该设备可作为计算机的一种输入输出设备归入税则号列8471.6090。				

序号	983	归类决定编号	Z2006-0640	公告编号	2006 年第 69 号
商品税则号列		8471.7030		公告实施日期	2006 年 11 月 22 日
商品名称		DVD-ROM 驱动器			
英文名称					
其他名称					
商品描述		市场上有许多低价位的 DVD 播放机多为采用 DVD-ROM 与解码板构成的整机。这样可以降低 DVD 整机的成本。由于生产厂家进口 DVD-ROM 驱动器的目的是生产 DVD 机,且装在 DVD 机内,因此,进口的 DVD-ROM 驱动器没有外壳,但 DVD-ROM 驱动器的数据口没有改变。			
归类决定		DVD-ROM 驱动器无论其进口后用于何种设备,均应根据其自身的功能特征确定归类。该 DVD-ROM 驱动器原设计是用作自动数据处理设备光盘驱动器的(从其接口种类及读取数据类型等方面可看出),故应归入税则号列 8471.7030。			

序号	984	归类决定编号	Z2006-0641	公告编号	2006 年第 69 号
商品税则号列		8471.7090		公告实施日期	2006 年 11 月 22 日
商品名称		磁盘阵列			
英文名称					
其他名称		HP surestore 7100			
商品描述		HP surestore 7100 磁盘阵列是中档磁盘存储设备,主要用于在线存储,物理结构上主要由控制器和多块磁盘组成,控制器上包括微处理器、内存等装置。从功能及物理结构上看,磁盘阵列、光盘库和磁带库应属于同类商品。			
归类决定		磁盘阵列主要由控制器和多块磁盘组成,控制器上包括微处理器和内存等装置,用来保证磁盘的冗余功能,提高存储系统的可靠性。其中的微处理器已安装了固化程序,不可再随意编程,因此该磁盘阵列仅具有存储功能,不具有自动数据处理的功能,应按磁盘存储设备归入税则号列 8471.7090。			

序号	985	归类决定编号	Z2007-0061	公告编号	2007 年第 71 号
商品税则号列		8471.8000		公告实施日期	2007 年 12 月 5 日
商品名称	监视器资料通信测试机				
英文名称					
其他名称					
商品描述	该监视器资料通信测试机（DDC）的主要功能是把 EDID 数据写进监视器的 DDC 集成电路里的 EEPROM（可擦除只读存储器），而且可从监视器读出，并验证写入的内容是否正确。				
归类决定	监视器资料通信测试机为一张 PCI 接口卡，安装于计算机主板 PCI 插槽上。使用时通过连接线与液晶电视机接口相连，将计算机中的程序转录到液晶电视芯片中，并可通过软件监测数据资料是否正确。该商品安装于计算机主板上，用于将计算机存储的特定信息按照规定格式传送出去，符合《税则》第八十四章章注五（三）有关"自动数据处理系统部件"的描述，应当归入税目 84.71 项下。根据归类总规则一及六，该商品应归入税则号列 8471.8000。				

序号	986	归类决定编号	Z2006-0646	公告编号	2006 年第 69 号
商品税则号列		8471.9000		公告实施日期	2006 年 11 月 22 日
商品名称	CD-188 复制机				
英文名称					
其他名称					
商品描述	由 CD-ROM、CD-WRITER、控制板、电源供应器（电源插座、开关、风扇）、20×2 的 LCD、机箱、排线等组成，具有复制、比对、模拟写入、检查、载入、音轨编辑等功能。可独立操作，适用于多种格式，用以提高 CD 复制品的可靠度，提升服务品质。				
归类决定	该 CD-188 复制机由 CD-ROM、CD-WRITER、控制板、电源供应器（电源插座、开关、风扇）、20×2 的 LCD、机箱、排线等组成，具有对 CD 光盘完成复制、比对、模拟写入、检查、载入、音轨编辑等功能。该机本身包含 CPU、内存和 I/O 接口，因此不需连接计算机。但该机仅能通过控制器执行 COMPARE、FORMAT、VERIFY、EDIT 等几个简单命令，不能按照用户要求随意编辑程序，根据《税则》第八十四章章注五（一）1 款的规定，该机不是自动数据处理设备。又根据《税则注释》对"将代码信息从一媒体转到另一媒体的机器"的说明，该磁片复制机属于同类媒体的转录机器，因此应归入税则号列 8471.9000。				

序号	987	归类决定编号	Z2006-0647	公告编号	2006 年第 69 号
商品税则号列		8471.9000		公告实施日期	2006 年 11 月 22 日
商品名称	个人化设备				
英文名称	The Hybrid personalisation systems				
其他名称					
商品描述	该 ORGA 牌 HPS 1080 型个人化设备主要由电子个人化单元（Electrial Personalisation Unit）、绘图个人化单元（Graphical Personalisation Unit）、卡片输送装置等组成。主要用于手机 SIM 卡的信息存储与打印，其功能：1. 利用读写头将计算机中 SIM 卡的个人化信息（ICCID 系列号、IMSI 号、识别密码）写到 SIM 卡芯片中；2. 利用打印头将 ICCID 系列号打印在 SIM 卡的背面（20 位，5 位/排）。该设备只能与计算机连用，没有写磁功能。				
归类决定	个人化设备主要用于 SIM 卡的信息储存与打印：利用读写头将 ICCID 系列号、IMSI 号、识别密码写入 SIM 卡芯片中；利用打印头将 ICCID 系列号打印在 SIM 卡的后面。其主要功能为将数据以代码形式转录到数据记录媒体，故应作为该类设备归入税则号列 8471.9000。				

序号	988	归类决定编号	Z2006-1356	公告编号	2007 年第 70 号
商品税则号列		8471.9000		公告实施日期	2007 年 12 月 5 日
商品名称	条形码扫描仪				
英文名称					
其他名称	条形码解码器、条形码光学阅读器				
商品描述	条形码扫描仪（又称条形码解码器、条形码光学阅读器）是将黑白相间的条形码转换成电脑信号，输入现金出纳机（超级市场用）、计算机文件分类及邮件分类等机器，以便实现各自的功能。				
归类决定	条形码扫描仪（型号：MS9520-47）是激光型条形码阅读器的一种。根据《税则注释》对品目 84.71 关于"光学阅读器"的描述"……该组也包括条形码阅读器。这些设备通常采用感光半导体装置（如激光二极管），是一种与自动数据处理器或其他机器（如现金出纳机）连接使用的输入部件。此类阅读器一般设计为手提式、台式和固定在机器上等形式"，该设备应归入税则号列 8471.9000。				

序号	989	归类决定编号	Z2006-1357	公告编号	2007 年第 70 号
商品税则号列		8471.9000		公告实施日期	2007 年 12 月 5 日
商品名称	MCU 开发测试工具				
英文名称					
其他名称	嵌入式 CPU 仿真器				
商品描述	该工具是一种集成化、通用性系统仿真器。它采用模块化系统结构，分为通用模块和特征模块。所有这些模块通过 TRACE32-ICE 内部系统总线连接起来。该系统可通过并口、以太网口或光纤口与各种主机相连接，实现基于 SIEMENS C167 单片机的目标系统进行板极和系统级静态、动态开发调试。经上网搜索，该工具又名"嵌入式 CPU 仿真器"，具备升级功能，可支持总线频率高于 100 兆赫的高速 RISC 处理器，专用于 RISC、DSP、综合控制器等芯片的开发应用，保留了传统仿真器 TRACE32 的全部功能。				
归类决定	该商品又称嵌入式 CPU 仿真器，具有读取存储器程序、模拟运行、修改程序（对存储器中的程序进行修改）等功能，符合《税则注释》品目 84.71 有关"将固定程序输入集成电路的机器"的描述。根据归类总规则一及六，应将其归入税则号列 8471.9000。				

序号	990	归类决定编号	Z2009-0052	公告编号	2009 年第 5 号
商品税则号列		8471.9000		公告实施日期	2009 年 1 月 20 日
商品名称	带条形码阅读器的微型机				
英文名称	Special configued motorola wall mounted micro computer with customised symbol l3408 bar-code reader				
其他名称					
商品描述	此套设备包括 1 台墙式微型计算机、1 个抗震键盘及 1 个条形码阅读器，分装在工厂的每个检查点。条形码阅读器将数据读取到微型计算机内，计算机的软件应用程序与主机进行传递，数据传输到公司服务器内，以此记录有用的生产信息。其只具有简单的数据传送和处理功能，用于存储条形码阅读器读取的数据，并将数据传输到总部服务器内，不能随意编辑程序。				
归类决定	该商品由条形码阅读器、微型计算机和键盘组成，用于扫描条形码数据并传输到服务器内。该商品虽带有微机，但其只具有简单的数据传送和处理功能，用于存储条形码阅读器读取的数据并将数据传输到总部服务器内，不能随意编辑程序，不符合《税则》税目 84.71 有关"自动数据处理设备"的描述。该商品专用于读取条形码信息，符合《税则注释》品目 84.71 有关"光学阅读机"的商品描述，根据归类总规则一及六，应归入税则号列 8471.9000。				

序号	991	归类决定编号	Z2006-1358	公告编号	2007 年第 70 号
商品税则号列		84.73		公告实施日期	2007 年 12 月 5 日
商品名称		散热片（铜制）			
英文名称					
其他名称					
商品描述		该散热片为铜制品，用于加速工作元件热量的散发和传导。该散热片已制成特定形状，专用于电脑 CPU 散热。			
归类决定		该商品专用于电脑 CPU 散热，根据《税则》第十六类类注二有关零件归类的规定，应归入《税则》税目 84.73 项下。			

序号	992	归类决定编号	Z2006-0648	公告编号	2006 年第 69 号
商品税则号列		8473.30		公告实施日期	2006 年 11 月 22 日
商品名称		计算机用内存卡（条）			
英文名称					
其他名称					
商品描述		计算机用内存卡主要有两种：一般计算机用的内存和笔记本电脑用的内存，是现阶段计算机使用的主流产品。内存卡（俗称内存条）是由存储单元阵列和外围电路组成。前者存储数据，后者对给定地址所选择的存储单元进行读写操作的控制。外围电路包括地址缓冲和地址译码驱动电路、读出放大电路和输出数据缓冲电路、写入数据缓冲和驱动电路以及片选和内部时序控制电路等。在结构上，两种内存卡都是在印刷电路上焊接集成电路、电容和电阻等元件制成。			
归类决定		计算机内存卡（条）是由存储单元芯片和外围电路组成，其结构均是在作为外围电路的印刷电路板上焊接集成电路芯片及电容、电阻等分立元件，已超出税目 85.42 所包含的商品范围，故不能根据《税则》第八十五章章注五（二）的规定优先归类，而应作为计算机用零件归入税则子目 8473.30 项下。只有用于组装上述内存卡的集成电路芯片或已将外围电路及存储单元均作入芯片的内存元件才可归入税目 85.42 项下。			

序号	993	归类决定编号	Z2009-0053	公告编号	2009 年第 5 号
商品税则号列			8473.3010	公告实施日期	2009 年 1 月 20 日
商品名称	模块化数据中心				
英文名称					
其他名称					
商品描述	模块化数据中心的外形是一个标准的 20 尺集装箱，内部预制 8 个 19 英寸标准机柜，其中 7 个用于有效载荷、1 个用于网络和数据中心控制。该商品根据客户需求，可以快速搭建高密度数据中心。				
归类决定	该商品被集成在一个经改装的 20 尺标准集装箱内，包括温度、湿度控制系统（风扇、水冷装置）、电源系统（外部接口、内置电源）、设备基架、缆线排布管理系统、防震装置、集成管理服务器及以太网交换机等设备。其中，集成管理服务器和以太网交换机既可以控制所有已有的部件工作（如环境控制、电源分配），也可以实现对内装服务器主机或阵列（未进口）的监控、管理和互联网连接。进口后在机架内安装服务器和阵列，即构成 SUN 系列服务器（小型机架构）。该商品是用于封装一台一体化的集群式小型机的机箱框架和工作支持部件。根据《税则》第十六类类注二关于机器零件的归类规定，属于小型机的专用零件，符合《税则》税目 84.73 及其子目条文的描述，根据归类总规则一及六，应按小型机零件归入税则号列 8473.3010。				

序号	994	归类决定编号	Z2006-0649	公告编号	2006 年第 69 号
商品税则号列			8473.3090	公告实施日期	2006 年 11 月 22 日
商品名称	计算机机箱				
英文名称					
其他名称					
商品描述	该商品用于微型计算机，由机箱、电源、软驱 3 个部分组成，固定安装在一起。				
归类决定	计算机机箱由机箱、电源、软驱 3 个部分固定安装在一起，是计算机主机的不完整品。因其未构成整机特征，故应按计算机零部件归入税则号列 8473.3090。				

序号	995	归类决定编号	Z2006-0650	公告编号	2006 年第 69 号
商品税则号列		8473.3090		公告实施日期	2006 年 11 月 22 日
商品名称		电脑主机板 CKD 件			
英文名称					
其他名称					
商品描述		电脑主机板 CKD 件主要包括：电感、电容、电解电容、连接器、二极管、三极管、集成电路、印刷电路板、保险丝、电阻、石英晶体谐振 11 类零件，不含 CPU。			
归类决定		电脑主机板 CKD 件是电脑主板的成套散件，根据归类总规则二（一），该进口散件应视为已构成电脑主板制成品的基本特征，应归入税则号列 8473.3090。			

序号	996	归类决定编号	Z2006-0651	公告编号	2006 年第 69 号
商品税则号列		8473.3090		公告实施日期	2006 年 11 月 22 日
商品名称		主机板（无 CPU）			
英文名称					
其他名称					
商品描述		该主板为华硕 CUSL2-C 815EP 主板（无 CPU），其适用主机的具体配置为 INTEL PentiumIII 芯片一个；操作系统为 Windows 98、Windows NT、Linux、Unix；可支持 2 个高速硬盘。			
归类决定		华硕主板，其结构与微机主板类似，只有一个 CPU 插槽，其他插槽和模块也都采用典型的微机主板结构。此外，使用该主机板微机虽可运行 Linux、Unix 操作系统，但上述操作系统并不是该系列计算机的专用操作系统，因此该主板应按微机零件归入税则号列 8473.3090。			

序号	997	归类决定编号	Z2006-1359	公告编号	2007年第70号
商品税则号列		8473.3090		公告实施日期	2007年12月5日
商品名称		散热器（微机用）			
英文名称					
其他名称					
商品描述		该商品主要用于微型机中的CPU散热，经组装而成。工作原理为利用热导管将热传递到铜、铝等金属材料制成的散热片上，结合风扇将热量散发出来。其中散热风扇的作用是加快热量的散发。			
归类决定		该商品主要起CPU散热功能，其结构超出了《税则》税目84.14的商品范围，且专用于微机，具有明显的零件特征，根据《税则》第十六类类注二的相关归类原则，应归入税目84.73项下。 该商品属带风扇的散热器，通过散热片将CPU运行过程中产生的热量导出，再通过风扇将热量带走。该商品符合《税则》税目84.73及其子目条文的描述，根据归类总规则一及六，应将其按税目84.71所列机器的零件归入税则号列8473.3090。			

序号	998	归类决定编号	Z2008-0070	公告编号	2008年第76号
商品税则号列		8473.3090		公告实施日期	2008年10月28日
商品名称		硬盘支架、软驱支架			
英文名称					
其他名称					
商品描述		硬盘支架和软驱支架均为贱金属制，安装在计算机机箱中，起到固定硬盘驱动器和软盘驱动器的作用。			
归类决定		该商品用于计算机机箱中固定硬盘驱动器和软盘驱动器，可用于微型机和服务器，已制成特定形状，具有零件特征，符合《税则注释》品目84.73的商品描述，根据归类总规则一及六，应归入税则号列8473.3090。			

序号	999	归类决定编号	Z2010-0041	公告编号	2010 年第 15 号
商品税则号列		8473.3090		公告实施日期	2010 年 2 月 28 日
商品名称	掌上电脑用触笔				
英文名称					
其他名称					
商品描述	掌上电脑用触笔，用于掌上电脑荧屏上点选功能键及输入资料，解决手指在小荧幕上不能准确输入的困扰。该笔由塑料和铜组成，两头是塑料，中间是铜，主要材料是铜，该笔不含任何电子组件。				
归类决定	该商品无任何电子元器件，其代替手指作为自动数据处理设备的输入部件的接触媒介，不具备信号输入输出功能，是掌上电脑专用零件，根据《税则》第十六类类注二关于零件的归类原则，其符合《税则》税目 84.73 及其子目条文的描述，根据归类总规则一及六，应按其他计算机零件归入税则号列 8473.3090。				

序号	1000	归类决定编号	Z2006-0652	公告编号	2006 年第 69 号
商品税则号列		8474.1000		公告实施日期	2006 年 11 月 22 日
商品名称	铝土矿浓密机				
英文名称					
其他名称					
商品描述	直径 45 厘米，属于周边传动式耙式浓密机，其工作过程是将洗矿后剩余的浓度为 7% 的矿浆水通过絮凝剂的絮凝作用沉降并浓缩至固含量为 33% 的底流，从而与水分离，沉降后的矿泥从底部泵压滤机中挤压脱水处理成泥块后，用于采空区的复垦，上部分离出来的水被回收返回洗矿流程中。				
归类决定	该设备用于矿石和水的分离，应按具体列名归入税则号列 8474.1000。				

序号	1001	归类决定编号	Z2009-0054	公告编号	2009年第5号
商品税则号列		8474.1000		公告实施日期	2009年1月20日
商品名称	气流分级机				
英文名称	Air classifier				
其他名称	粒子分离器				
商品描述	气流分级机（ALPHA600）主要用于生产粒径在40微米以下的重质碳酸钙粉体产品。该分级机由三部分组成：第一部分是分级室，由涡轮转子、主轴、轴承及轴承支座、电动机及电动机座、外筒体等组成；第二部分是细粉出口，包括细粉出口管道和外壳；第三部分是粗粉出口及物料进口装置。工作原理为该商品是根据空气动力学原理，一方面利用风机运转对颗粒产生的抽吸力，另一方面利用高速旋转的转子使颗粒产生离心力，共同对同一物质（比重相同）的颗粒按其粒径的大小不同进行分离，经过分级后得到重质碳酸钙粉体超细颗粒，分级后超细重质碳酸钙粉体产品广泛应用于塑料、造纸、橡胶、涂料和胶黏剂等行业。				
归类决定	该商品用于矿物质的分离、筛选，利用旋转转动产生离心力和风机抽吸产生的吸力共同作用，分离出符合要求的碳酸钙粉体，其工作原理超出了《税则注释》品目84.21的商品范围。该商品符合《税则》税目84.74及其子目条文的描述，根据归类总规则一及六，应按粉状固体的分类、筛选机器归入税则号列8474.1000。				

序号	1002	归类决定编号	Z2007-0062	公告编号	2007年第71号
商品税则号列		8474.2010		公告实施日期	2007年12月5日
商品名称	MMD500型强力分级机				
英文名称					
其他名称					
商品描述	该商品主要由电机、液力耦合器、减速器、齿轮联轴器、强力分级机主体等组成，核心部分是强力分级机主体。MMD型轮齿式强力分级机用于露天和井下采矿及采石作业的物料分级。				
归类决定	该商品使用分级齿对矿石材料进行破碎，符合《税则》税目84.74的商品描述，根据归类总规则一及六，应归入税则号列8474.2010。				

序号	1003	归类决定编号	Z2006-0653	公告编号	2006 年第 69 号
商品税则号列		8474.3100		公告实施日期	2006 年 11 月 22 日
商品名称	水泥混凝土搅拌站				
英文名称					
其他名称					
商品描述	该搅拌站（型号：KBHS-3000EF）由 KYC 搅拌机、皮带输送机、砂石待料斗、砼出料斗和电脑控制系统（包括闭路监视系统）等机器组成，用于水泥混凝土搅拌生产。工作原理：砂石、水泥、水、外加剂等原材料由电脑控制系统自动计量到配比设定值后，通过一定顺序放入搅拌机（砂石通过输送机运到待料斗后放入搅拌机）进行搅拌生产，再卸入出料斗。整个生产过程都由电脑控制系统进行控制和监视而作业。				
归类决定	该水泥混凝土搅拌站主要由 KYC 搅拌机、皮带输送机、砂石待料斗、砼出料斗和电脑控制系统（包括闭路监视系统）组成，用于水泥混凝土的搅拌、生产。工作原理是：砂石骨材由电脑控制系统自动计量到配比设定值，再通过输送机送到待料斗；同时水泥、水、外加剂等原材料也由电脑自动控制系统计量到配比设定值后按一定顺序放入搅拌机进行搅拌生产，然后卸入砼出料斗，最后装入搅拌车出厂。该搅拌站的各组成机器之间是在电脑控制系统的控制和监视下共同完成整个生产过程的。 根据以上特征判定，该水泥混凝土搅拌站符合《税则》第十六类类注四关于功能机组的规定，应作为整体归入税则号列 8474.3100。				

序号	1004	归类决定编号	Z2006-0654	公告编号	2006 年第 69 号
商品税则号列		8474.3100		公告实施日期	2006 年 11 月 22 日
商品名称	混凝土搅拌器零件				
英文名称	Mixer kit parts				
其他名称					
商品描述	该混凝土搅拌器零件包括完整的搅拌筒及内部搅拌叶片、搅拌筒托架、手摇槽泵、底盘尾部加强板、电线控制装置、控制器、副车架钢管、驱动封头及供水管道、球阀、接头、密封件、锁紧件、保护件等，只要配备液压驱动装置就构成车载混凝土搅拌器。				
归类决定	该零件组装后已具备了税目 84.74 混凝土搅拌器基本特征，根据归类总规则二（一），应按混凝土搅拌装置一并归入税则号列 8474.3100。				

序号	1005	归类决定编号	Z2006-0655	公告编号	2006年第69号
商品税则号列		8474.8090		公告实施日期	2006年11月22日
商品名称	R250AF混凝土空心砌块生产线				
英文名称					
其他名称					

商品描述

　　R250AF混凝土空心砌块生产线（包括企业自备非进口部分）主要由以下部分组成：1. 水泥料仓（企业自备）；2. 水泥传送器；3. 水泥称重装置；4. 骨料仓、骨料配料机（企业自备）；5. 骨料传送机（企业自备）；6. 骨料上料车（企业自备）；7. 辅助排料器；8. 微波式计算机精密配水器；9. 行星式强制型搅拌器；10. 砌块成型机；11. 自动控制装置、电器开关柜；12. 湿产品提升机等产品传送、搬运设备；13. 模具。

　　该生产线的工作原理、工作流程：1. 进料工序。生产所需原料包括水泥、骨料、水。（1）水泥。水泥从水泥料仓输送至行星式强制型搅拌器，输送过程中经水泥称重装置自动称重以控制进料量。（2）骨料（砂、石、工业废渣等）。骨料经配料后被骨料传送机传送、骨料上料车提升进入行星式强制型搅拌器，输送过程中经自动称重以精确控制进料量。（3）水。进水量由微波式计算机精密配水器自动控制。2. 搅拌工序。水泥、骨料、水输入行星式强制型搅拌器内，由该搅拌器搅拌均匀。3. 成型工序。经过搅拌的混合料通过搅拌机底部的排料斗输入成型机料仓，倒入模具，由成型机经高频振动，脱模后得到一定形状、大小的湿砌块。4. 养护工序。经振动成型的湿砌块由托板承装，通过升板机搁置在分层的钢架，再由叉车送入室内放置1天，室外7天，砌块在此过程中自然凝固，充分凝固后即可使用。5. 该生产线的配料搅拌、进水、成型装置在分别安装在同一控制室内的自动控制系统的控制和监视下共同完成整个生产过程。在该生产线中，MASA行星式强制型搅拌机和全自动砌块成型机R250AF执行生产线的主要工序占生产线价值的大部分，是该生产线的主体设备。在安装使用方式上，前者被安装在钢制搅拌平台上并置于后者的上方，前者底部的排料斗与后者的料仓固定地连接，分别顺序执行原料搅拌和产品成形功能，最终产品为经模制成形的砌块。前者经特别设计，以适应搅拌后者所用的干性原料，前者与一般的混凝土搅拌机不同，其底部为平底，仅能水平搅拌，不能翻滚搅拌，如果用于搅拌湿料则不能使各料份均匀混合。

归类决定

　　上述设备一起确定归类，根据《税则》第十六类类注三关于组合式机器的描述，行星式强制型搅拌机和全自动砌块成型机两者固定连接在一起，符合"整体"的概念，应一并按其主要功能归入税则号列8474.8090。其他完成混凝土成型功能所必需的相关设备可根据第十六类注释四关于功能机组的定义，按其主要功能一并归类。非完成主要功能所必需的设备应分别归类，如模具应根据《税则注释》中品目84.74及84.80的规定归入税则号列8480.6000。

序号	1006	归类决定编号	Z2009-0055	公告编号	2009 年第 5 号
商品税则号列		8474.8090		公告实施日期	2009 年 1 月 20 日
商品名称	旋转压实仪				
英文名称					
其他名称					
商品描述	该旋转压实仪（PINE-AFG1）专用于 SUPERPAVE 路面结构沥青混合料成型试验。工作原理：模拟道路施工过程中沥青混合料的压实情况和行车时路面受力情况来制备沥青混合料试验试件，在一定的压力（压力可根据用户的科研需要设定）下，通过一个微小的旋转角度，旋转到一定的次数制成沥青混合料试件，来测定实际路面的密度、集料排列和结构特性。				
归类决定	该商品利用角度旋转制造沥青混合料样品，本身不具备任何检测功能，不属于《税则》第九十章的检测装置，是一种将矿物与沥青的混合料压制成沥青路面材料（供实验用）的机器，符合《税则》税目 84.74 及其子目条文的描述，根据归类总规则一及六，应按其他矿物产品成型机器归入税则号列 8474.8090。				

序号	1007	归类决定编号	Z2009-0166	公告编号	2009 年第 57 号
商品税则号列		8474.8090		公告实施日期	2009 年 8 月 31 日
商品名称	ELEMATIC 阿克太克墙板生产设备				
英文名称					
其他名称					
商品描述	ELEMATIC 阿克太克墙板全自动设备是生产宽为 600 毫米、长为 2 500~3 300 毫米、厚为 68~140 毫米的非承重轻质圆孔板的高度集中式的墙板的专业设备。主要通过混凝土成型的方式生产各种隔墙板，其原料主要为工业灰渣（粉煤灰）、陶粒、水泥等。该生产设备主要包括：挤出机、厚度磨具、托板喂入和切割、定长切刀和废料返回、托架传送皮带机、基本模具、托架、安装工具等。				
归类决定	该商品由多台机器设备构成，但各台机器均和一台金属辊道输送机连接在一起，相互使用螺丝紧固。根据《税则注释》第十六类类注三及总注释六对组合机器的定义"机器的组合体不应视为构成一个整体，除非其各台机器是永久性地连在一起"，该商品应视为组合机器一并归入一个税则号列。该商品用于混凝土成型，满足《税则注释》关于品目 84.74 项下"制造各种混凝土预制件的机器"的描述，符合《税则》税目 84.74 及其子目条文的描述，根据归类总规则一及六，应按其他成型机器归入税则号列 8474.8090。				

序号	1008	归类决定编号	Z2006-0656	公告编号	2006年第69号
商品税则号列		8475.1000		公告实施日期	2006年11月22日
商品名称		场致发射显示管的封装机			
英文名称		Field emissuion display sealing system			
其他名称					
商品描述		该场致发射显示管的封装机由真空荧光显示管的封装机改装而成，改动部分包括增加电极法兰接口和充气系统接口，以备进口后加装电极法兰和充气系统。该设备由开关电源柜和主机部分组成。主机由真空箱体及其各种接口、内部加热系统、外部冷却系统、上面的箱门移动机构、下面的真空泵、真空管道、真空阀门等构成；开关电源柜控制各种阀门及开关，以及加热冷却、充气、开关门等动作。该设备加装电极法兰和充气系统后，用于抽真空后，充入一定气体，再加热到一定温度下，将场致发射显示管的阴极和阳极基板（两块镀膜玻璃板）封装在一起，冷却后形成一个场致发射显示管。			
归类决定		根据归类总规则一及六，封装机应归入税则号列8475.1000。			

序号	1009	归类决定编号	Z2010-0042	公告编号	2010 年第 15 号
商品税则号列		8475.2919		公告实施日期	2010 年 2 月 28 日
商品名称	MDS 水平拉制仪				
英文名称					
其他名称					
商品描述	MDS 水平拉制仪，型号：P-97，用于生命科学（如细胞，电生理或分子生物学）试验。记录细胞或神经的电信号需要尖端极其细小的电极与细胞或神经有良好的接触，水平拉制仪就是把直径 1.5 毫米的微电极玻璃管拉制成尖端直径只有 0.5 微米左右的玻璃电极的仪器。 工作原理：P-97 型水平拉制仪把制玻璃电极用玻璃管基材穿过加热的电阻丝，电阻丝加热到熔点后，利用拉力拉断玻璃管，得到尖端极细的玻璃电极用玻璃管。 水平拉制仪构成：环境腔、两根电极，以及内置一些用于细胞内和膜片钳实验的常用程序。仪器上设有显示屏，自带内存测试程序，仪器内置空气压力及湿度控制装置，铂丝和螺线管的电源供给为恒定电流。 水平拉制仪工作流程：水平拉制仪可对空气压力进行编程，可存储多达 100 个程序并对存储的数据进行保护。当拉制仪进行拉制时，在程序中设置的温度测试程序会自动进行温度的检测，可对玻璃电极用玻璃管进行多次加热拉制，最多可拉制 8 次，可拉制的微电极用玻璃管尖部最小直径为 0.1 微米。				
归类决定	该商品将玻璃管加热后利用拉力将其拉断，形成直径在 1 微米左右的尖端，经过拉断加工后的玻璃管加入金属电极才被称为"玻璃电极"，故该商品仅仅是玻璃制品的热加工机器，符合《税则》税目 84.75 及其子目条文的描述，根据归类总规则一及六，应按其他玻璃的热加工机器归入税则号列 8475.2919。				

序号	1010	归类决定编号	Z2006-1360	公告编号	2007年第70号
商品税则号列		8475.9000		公告实施日期	2007年12月5日
商品名称	铂铑合金漏板				
英文名称	PT/RH Alloy bushing				
其他名称					
商品描述	该铂铑合金漏板，主要供玻璃纤维生产企业池窑拉丝作业用。外观为铂金板上带有多个玻璃液喷孔，常用的有1 600孔和2 000孔两种，两端各有一个耳状接口用于直接安装，该漏板可耐高温。				
归类决定	该商品专用于玻璃的热加工，将熔化好的玻璃液拉制成符合要求的玻璃纤维单丝。根据《税则》第十四类类注三（十）排除条款的规定，第七十一章不包括"第十六类的机器、机械器具、电气设备机器零件"，因此，根据归类总规则一和六，该铂铑合金漏板应按玻璃纤维拉丝机的专用零件，归入税则号列8475.9000。				

序号	1011	归类决定编号	Z2006-0657	公告编号	2006年第69号
商品税则号列		84.77		公告实施日期	2006年11月22日
商品名称	双螺杆				
英文名称					
其他名称					
商品描述	该商品为钢材制成，用于挤出机中，主要用来加工生产多种树脂，由中心杆，左、右旋，切断等部分组成，用于对原料的分散、混合、运输等。该公司的挤出机是专门从事自ABS，PC/ABS合金的上游阶段（苯乙烯、丁二烯、丙烯腈、聚碳酸酯等粉料状态下）生产ABS、阻燃ABS、耐热ABS、PC/ABS合金、阻燃PC/ABS、PBT合金等高级工程塑料。双螺杆与挤出机料筒间存在一定的缝隙，双螺杆间也存在着（口齿）合缝隙，而且缝隙越向前端越小，同时螺纹带有一定的角度，这样加入挤出机内的塑料原料根据螺旋输送原理，在螺杆转动时向前输送。在塑料原料前进的过程中，有3段混炼单元将水平运动的塑料原料运动的方向改变，从而起到分散、混合的作用，同时，可将原料中的长纤维进行剪切。				
归类决定	根据《税则注释》关于品目84.83的解释，该品目主要包括传送"动力"的传动装置，上述设备并无传送"动力"的功能，不能归入该品目，应按其主要功能及是否构成整机特征归入税目84.77相应子目。				

序号	1012	归类决定编号	Z2009-0167	公告编号	2009 年第 57 号
商品税则号列		8477.2090		公告实施日期	2009 年 8 月 31 日
商品名称	精密绝缘成型包层机				
英文名称					
其他名称					
商品描述	该商品用途：将塑料粒子加热融化后挤出，裹于电导体周围，形成带绝缘层的电线，成品电线主要用于手机、电脑和天线等。工作原理：将导体（镀锡铜线）置于送线装置，拉出导体通过机头模具，将塑料粒子投入成型包层机的料斗内，将缸体和机头加热，使塑料粒子融化成绝缘材料，融化后的绝缘材料通过机头的模具挤出，均匀地覆盖在导体上形成电线绝缘层，包裹好绝缘层的电线经过水槽降温。最后通过收线装置把电线缠绕在收线盘上。				
归类决定	该商品为塑料挤出机，通过挤出热塑性塑料均匀覆盖导线的方式生产电线的绝缘层，不属于《税则》税目 84.79 项下"用纺织纱线、浸渍纸带、石棉带或其他绝缘或保护材料卷绕或包覆电缆的特种机器"，其符合税目 84.77 及其子目条文的描述，根据归类总规则一及六，应按其他塑料挤出机归入税则号列 8477.2090。				

序号	1013	归类决定编号	Z2006-0659	公告编号	2006 年第 69 号
商品税则号列		8477.8000		公告实施日期	2006 年 11 月 22 日
商品名称	15~45 度钢丝帘布裁断生产线				
英文名称					
其他名称					
商品描述	该设备为用于加工挂胶钢丝帘布（对排成一定密度和宽度的钢丝上下面覆胶）的生产线。该生产线由导开装置、递布装置、裁断装置、传送装置、自动接头装置、贴边包边装置、卷取装置以及电气控制系统组成。其工作原理：将挂胶钢丝帘布先经过导开装置导开，由 CCD 摄像机进行定中，再由递布装置将导开的帘布按角度传递到裁断装置，裁断装置按照工艺要求的宽度和角度进行裁断；传送装置将切好的帘布送往自动接头装置，自动接头装置对裁断后的钢丝帘布一个个对接起来并由贴边、包边装置给接好的帘布贴胶条、包胶边，最后由卷取装置将贴胶片的钢丝帘布进行卷曲，送入下一道工序。整个生产流程均由电气控制装置进行控制。				
归类决定	挂胶钢丝帘布是一种橡胶制品，上述商品组合后产生一种新的功能，即对橡胶制品加工的功能，属于税目 84.77 列名，符合《税则》第十六类类注四功能机组的定义，应一并归入税则号列 8477.8000。				

序号	1014	归类决定编号	Z2006-0661	公告编号	2006年第69号
商品税则号列		8479.1090		公告实施日期	2006年11月22日
商品名称		道路铣刨机			
英文名称					
其他名称					
商品描述		德国维特根W1000L冷铣刨机是一种道路养护机械，用于铣刨沥青和道路中有局部拥刨、松散、龟裂等病害的路面，当沥青路面因年久老化需要重新造面时，也可用于路面铣刨机铣刨后重新造面。铣刨机同样可用在路面的养护中。在机械化养护中铣刨机与摊铺机综合养护车配套使用，大大提高了工作效率。			
归类决定		该道路铣刨机可对拥刨、松散及龟裂等病害的路面进行铣刨，重新造面，用于路面机械化养护。该机装有实心轮胎，运行速度最高为5.9~7.5千米/小时，属于《税则》第八十四章其他税号未列名的公共工程用机械，应归入税则号列8479.1090。			

序号	1015	归类决定编号	Z2006-0662	公告编号	2006年第69号
商品税则号列		8479.1090		公告实施日期	2006年11月22日
商品名称		混凝土布料杆			
英文名称		Concrete placing boom			
其他名称		砼布料臂、臂架、砼泵用臂架			
商品描述		规格：36米（37米、47米）。 型号：A-37.4/125-4BL。 结构原理：四节臂组成，箱形结构，支乘砼输送管，通过液压油缸的伸缩使四节臂能像人的手臂一样，灵活自如地将砼浇注到需要的地方。 性能指标：布料高度为36米（37米、47米），布料半径32米。 功能与用途：该商品主要用来与砼泵配套使用，可以高效自如地将砼浇注到人们想要浇注的地方。			
归类决定		该混凝土布料杆属于混凝土泵车的上装部分，虽然其动力由机动车辆提供，但杆已构成了公共工程用机器的基本特征，故应归入税则号列8479.1090。			

序号	1016	归类决定编号	Z2006-0663	公告编号	2006 年第 69 号
商品税则号列		8479.1090		公告实施日期	2006 年 11 月 22 日
商品名称	隧道自推进封水注浆设备				
英文名称	Civil works drilling rig				
其他名称					
商品描述	隧道自推进封水注浆设备主要由钻机、超高压止水装置、参数自动记录仪、超高压注浆泵组成，其中钻机、超高压止水装置和参数自动记录仪固定安装在同一自推进机器上，超高压注浆泵未安装在自推进机器上，但与其配套使用。钻机用于在隧道开挖掌子面、开钻地质勘查孔；参数记录仪可以记录钻孔过程中的地质数据；超高压止水装置安装在钻孔的孔口，自动封堵突发高压水；在存在高压地下水的情况下，注浆泵通过勘查孔向岩体注入水玻璃，将地下水排挤出隧道开挖的范围。整台设备用于在超过 10 兆帕地下水压力条件下完成隧道掌子面前端 150 米的地质钻孔、勘测和封堵注浆，达到通过注浆封堵岩体中的高压水的目的，实现安全开挖隧道。				
归类决定	该设备的组成和功能符合《税则》第十六类类注四的规定，因此，可按功能机组一并归类。该设备主要用于在隧道开挖前对岩体中的高压水进行封堵注浆，确保隧道开挖安全，因此，根据归类总规则一及六，其可按其他工程用机械归入税则号列 8479.1090。				

序号	1017	归类决定编号	Z2006-0664	公告编号	2006 年第 69 号
商品税则号列		8479.1090		公告实施日期	2006 年 11 月 22 日
商品名称	路面铣刨机				
英文名称					
其他名称					
商品描述	型号：W1000L 型。组成：由机架、驾驶台、驱动系统、隔音防护、转子、更换刀具、悬浮系统、铣刨鼓、铣刨深度调节系统、行走驱动、转向、辅助功能液压系统、喷水系统、折叠式输送带、制动器、驾驶平台和控制装置、安全装置、照明系统组成。 行驶速度不高于 7.5 千米/小时，在公路上行驶最大距离不超过 1 千米，超过 1 千米需由其他运载工具牵引。				
归类决定	用于铣刨旧的水泥及沥青路面以便重新摊铺，机器设计有驾驶及铣刨操作系统，但是没有离合器，没有单独操作的刹车，也没有差速装置。 该设备不具备普通汽车的特征，如不具备离合器、差速装置等，不应按车辆进行归类。该设备用于对路面铣刨，属于公共工程用机器，符合《税则》税目 84.79 及其子目条文的描述，根据归类总规则一及六，应将其归入税则号列 8479.1090。				

序号	1018	归类决定编号	Z2006-0665	公告编号 2006年第69号
商品税则号列		8479.1090		公告实施日期 2006年11月22日
商品名称	喷射机			
英文名称	Shotcrete machine			
其他名称				
商品描述	CP-5型喷射机，是用于干喷、潮喷凝土的设备，它具有技术先进、结构合理、性能稳定、操作维护方便、使用寿命长等特点，广泛适用于矿山、隧道、涵洞、地铁、水电工程、地下工程及煤矿高沼矿井巷道喷射混凝土施工作业。主要由驱动装置、转子总成、风路系统、喷射系统、电气控制箱等部分组成。			
归类决定	根据《税则注释》中品目84.24的排除条款，"本品目不包括：（七）将砂浆、混凝土或砾石散布或喷射在路面或类似表面上的机器（品目84.79）"，上述商品属混凝土的喷射装置。因此，根据归类总规则一和六，该混凝土喷射机应按其他公共工程用机器，归入税则号列8479.1090。			

序号	1019	归类决定编号	Z2008-0071	公告编号 2008年第76号
商品税则号列		8479.4000		公告实施日期 2008年10月28日
商品名称	捻线机			
英文名称	Twisting machine			
其他名称				
商品描述	捻线机主要由计算机、捻线头、托线架、脚踏开关等构成，用于将两根或三根导线捻合在一起。			
归类决定	该商品用于将多股电线捻合成一股，符合《税则注释》品目84.79有关"用纺织纱线、金属丝或两者并用制绳或制缆的机器（搓捻或绞扭等用的机器），包括绞制电导体用的机器"的描述，根据归类总规则一及六，应归入税则号列8479.4000。			

序号	1020	归类决定编号	Z2006-0666	公告编号	2006年第69号
商品税则号列		8479.6000		公告实施日期	2006年11月22日
商品名称	空气增湿器				
英文名称	Air humidity increased fan				
其他名称					
商品描述	空气增湿器，型号 TSE-002，由空气滤网布、水箱、调速风轮、控制电路等部件组成。其工作原理：水箱中加入水或冰，水或冰水通过水箱底部的小孔滴到空气滤网布上，使其湿润，风轮产生流动空气通过滤网布的多孔结构，使滤网布上的水分快速蒸发到空气中，水分的蒸发吸收热量，从而达到增湿和降低室温的效果。				
归类决定	空气增湿器型号为 TSE-002 型，依靠水分蒸发吸热原理，产生降低室温的效果，实为一种蒸发式空气冷却器，根据归类总规则三（一），应按较具体的列名归入税则号列 8479.6000。				

序号	1021	归类决定编号	Z2007-0063	公告编号	2007年第71号
商品税则号列		8479.8190		公告实施日期	2007年12月5日
商品名称	端子插入机				
英文名称					
其他名称					
商品描述	该商品通过PLC电路通过气压步进马达将端子料件传送至机器，通过凸轮将端子切割，并通过杠杆将端子推入壳体。				
归类决定	端子插入机用于将金属端子插入到壳体上，完成壳体对金属端子的包覆装配。该功能在《税则》中没有明确列名，但符合税目84.79的商品描述。该商品用于金属端子的装配，符合"处理金属的机械"的描述，根据归类总规则一及六，应归入税则号列8479.8190。				

序号	1022	归类决定编号	Z2008-0072	公告编号	2008年第76号
商品税则号列		8479.8190		公告实施日期	2008年10月28日
商品名称	全自动打端子机				
英文名称	Automatic wire terminating machine				
其他名称					
商品描述	全自动打端子机（全新），2.5千瓦/台，SHINMAYWA牌，型号为TR201。本商品采用独特的控制系统，高质量地实现电线的切断、剥胶皮、端子压接。				
归类决定	全自动打端子机具有电线的切断、剥胶皮和端子压接功能，其实质是用于电线中的金属导电体的加工，符合《税则》税目84.79的商品描述，根据归类总规则一及六，应归入税则号列8479.8190。				

序号	1023	归类决定编号	Z2008-0181	公告编号	2008 年第 83 号
商品税则号列		8479.8190		公告实施日期	2008 年 11 月 24 日
商品名称	液压推瘤机				
英文名称					
其他名称					
商品描述	该装置主要用于切除铝热焊时残留在钢轨上的金属焊瘤,在拆除砂模后,两人把推瘤机抬上钢轨,以钢轨本身作为导向,移动并通过磨削加工切除焊瘤。推瘤机可在钢轨上来回移动。推瘤机靠液压动力工作,液压装置有两种:1. 手动液压泵,是推瘤机的标准配置;2. 电动液压装置,由一个轻型液压泵和电动马达(0.55 千瓦/220 伏)组成,是推瘤机的升级和可选配置。				
归类决定	该商品用于将钢轨上的金属焊瘤切除,本身不具有床体结构,不符合《税则》税目 84.58 或 84.60 所称"机床"列名,在《税则》第八十四章其他税目中也无具体列名,但符合税目 84.79 的商品描述,根据归类总规则一及六,应归入税则号列 8479.8190。				

序号	1024	归类决定编号	Z2008-0182	公告编号	2008 年第 83 号
商品税则号列		8479.8190		公告实施日期	2008 年 11 月 24 日
商品名称	干膜前处理机				
英文名称					
其他名称					
商品描述	该商品的品牌为海技,型号为 5E018-G5,由酸洗、水洗、磨刷、干燥等功能段及电控箱组成,作用是使电路板的表面能获得粗化的设备,为后续工艺做准备。工作原理为采用喷洒及毛刷轮的方式,清洁及粗化工件表面,使得干膜贴附紧密。工作流程:入料→酸洗→水洗→磨刷→水洗→吹干隔离→吹干→烘干→出料。各功能段接机位的边槽打上胶浆,以及用螺丝连接。				
归类决定	干膜前处理机由酸洗、水洗、磨刷、干燥等功能段及电控箱组成,进口后固定安装,并用密封胶作密合连接,符合《税则》第十六类类注三及《税则注释》有关组合机器的描述,应当按照主要功能一并归类。该商品通过酸洗、磨刷等方式对 PCB 板的铜箔进行清洁及粗化,在《税则》第八十四章中无具体税目列名,但符合税目 84.79 的商品描述。其用于对铜箔表面的处理,根据归类总规则一及六,应归入税则号列 8479.8190。				

序号	1025	归类决定编号	Z2010-0044	公告编号	2010年第15号
商品税则号列		8479.8190		公告实施日期	2010年2月28日
商品名称		层绕机			
英文名称		Layer winder			
其他名称					
商品描述		层绕机是钢绞线（钢丝绳）生产设备，其功能是将绞制好的钢绞线（钢丝绳）以适当的松紧度、规整的绕线方式盘卷起来并用钢带捆扎固定，以便于运输、销售和顾客使用。			
归类决定		该商品用于钢绞线的卷绕，属于处理金属的机械，符合《税则》税目84.79及其子目条文的描述，根据归类总规则一及六，应按其他处理金属的机械归入税则号列8479.8190。			

序号	1026	归类决定编号	Z2010-0045	公告编号	2010年第15号
商品税则号列		8479.8190		公告实施日期	2010年2月28日
商品名称		自动气瓶打标机			
英文名称					
其他名称					
商品描述		该商品由电脑数据输入平台（控制柜）、发动机、工作平台、前顶旋转装置、入口升降机、气瓶搬送装置及印模器等组成。将需要刻印的内容输入到设备的数据平台内，气瓶由入口升降器上升并平放到工作平台，设备的前顶旋转装置将气瓶由尾部前顶至工作槽内，气瓶随轴承上移到固定位置并进行顺时针转动。在转动的同时，印模器内的数字、字母及符号印模通过油压作用在气瓶表面压印出相关内容，所有工序的完成均由控制柜控制完成，用于在气瓶瓶口表面压印生产日期等内容。该设备专用于金属材料的气瓶表面压印，不能用于其他材料表面的压印。			
归类决定		该商品通过压力，将印模压在金属表面上，使金属表面产生形变完成印制，属于处理金属的机械，根据归类总规则一及六，应归入税则号列8479.8190。			

序号	1027	归类决定编号	Z2006-0667	公告编号	2006 年第 69 号
商品税则号列		8479.8200		公告实施日期	2006 年 11 月 22 日
商品名称	组织细胞分离器				
英文名称					
其他名称					
商品描述	该系统由主机、研磨器和过滤器组成，可以对实体瘤或其他组织样本自动机械研磨而得到均匀的单细胞（或核）悬液，以适用于流式细胞仪分析或细胞培养。				
归类决定	该组织细胞分离器本身并无分析功能，它只是检测的前期处理仪器，因此，不能按分析仪器归类。根据其功能和《税则》具体列名，其应按研磨装置归入税则号列 8479.8200。				

序号	1028	归类决定编号	Z2009-0168	公告编号	2009 年第 57 号
商品税则号列		8479.8200		公告实施日期	2009 年 8 月 31 日
商品名称	氯化钾压实造粒设备				
英文名称					
其他名称					
商品描述	氯化钾压实造粒设备是由辊压机、片料破碎机、粒料破碎机、筛上物料破碎机、片料筛分机、粒料筛分机等六部分组成，用于将氯化钾粉末加工成 2~4 毫米大小的颗粒。				
归类决定	该商品用于化肥的工业生产。由于氯化钾不属于矿物肥料，而属于化学肥料，故该商品组合后具有《税则》第八十四章税目 84.79 所列名的轧碎、筛选机器所具有的功能，符合功能机组的定义。根据第十六类注释四的归类原则，该商品符合《税则》税目 84.79 及其子目条文的描述。根据归类总规则一及六，该商品应按轧碎、筛选机器归入税则号列 8479.8200。				

序号	1029	归类决定编号	Z2010-0046	公告编号	2010年第15号
商品税则号列		8479.8200		公告实施日期	2010年2月28日
商品名称	干法均质机				
英文名称					
其他名称					
商品描述	该商品用于阿莫西林原料药生产，由螺杆送料系统、辊压系统、粉碎系统、提升机传输系统和电气控制系统组成。工作原理：物料从进料仓进入上料斗，由横向进料螺杆以相应的速度导入进料螺杆预压区，进入进料曙光杆预压区，物料通过压辊后形成滚压后的均匀薄片，再进入粉碎器，打碎后，通过筛网进入出料仓，进行包装，整个过程在真空环境中完成。					
归类决定	该商品用于生产原药，通过辊压、粉碎、筛选等步骤后制成产品，实现的是《税则》子目8479.82列名的轧碎、筛选功能，符合《税则》税目84.79及其子目条文的描述，根据归类总规则一及六，应按破碎、筛选机器归入税则号列8479.8200。					

序号	1030	归类决定编号	Z2009-0056	公告编号	2009年第5号
商品税则号列		8479.8999		公告实施日期	2009年1月20日
商品名称	万向轴装配机床				
英文名称	Ina joint centering and staking machine				
其他名称					
商品描述	该设备由触摸屏式控制面板（1个）、机器人送料装置（2个）、万向轴装配单元（2个）、物料承载装置、中间工件夹紧卡具、安全光栅、电控箱（含数控系统、PLC控制系统、机器人控制系统）、动力单元（含伺服电机、液压单元、气压单元）、装配设备底座和外围防护装置等组成。该设备的主要功能是将万向轴、轴碗、突元叉和焊接叉装配在一起。具体操作工序：1. 人工将焊接叉与轴管的半成品零件放在物料承载装置上。2. 手工将万向轴放入焊接叉和突缘叉耳孔中。3. 启动脚踏开关，承载装置自动将工件送到中间的工件夹紧治具中。4. 启动开关。5. 定位机构将万向轴、焊接叉、突缘叉自动预定位。6. 机械人自动送料，将轴碗装入指定位置，将轴碗预定位。7. 装配单元伺服驱动，将轴碗装入焊接叉两个耳孔内，为防止装配后脱落，同时用小冲头将叉件两耳孔外端冲出六点固定点，将轴碗固定于确定位置。8. 工件旋转90度，突缘叉开始进入装配步骤。9. 机械人自动送料，将轴碗装入指定位置，将轴碗预定位。10. 装配单元伺服驱动，将轴碗装入突缘叉两个耳孔内，为防止装配后脱落，同时用小冲头将叉件两耳孔外端冲出六点固定点，将轴碗固定于确定位置。11. 装配结束，自动返回物料承载装置，退回到初始位置。12. 手工卸下装配完的半成品，转入检查工序。				
归类决定	该设备由控制面板、送料机器人、装配单元等多个部分组成，其功能是装配万向轴。在机器结构及加工工艺上，均不符合"机床"的定义，不可按"机床"归类。该设备的各个部分，均安装在同一底座上，并位于同一外围防护装置内，各部分依次执行各自功能。符合《税则》第十六类注释三"组合机器"的定义，应按主要功能归类。因其功能是装配万向轴，在第八十四章其他税目中没有具体列名，根据归类总规则一及六，应按第八十四章《税则》未列名的具有独立功能的机器归入税则号列8479.8999。				

序号	1031	归类决定编号	Z2009-0131	公告编号	2009年第32号
商品税则号列		8479.8999		公告实施日期	2009年6月12日
商品名称	气压棒				
英文名称					
其他名称					
商品描述	气压棒，又名气弹簧，钢铁制，品牌为SUSPA，用于升降椅，可以调节座椅的高低，有SLV629—12012、01760319、01762171、01760296、01762269共5种型号。该商品是以气体为工作介质的一种弹性元件，由压力管、活塞、活塞杆及若干连接件组成，其内部充有高压气体，由于在活塞内部设有通孔，活塞两端气体压力相等，而活塞两侧的截面积不同，一端接有活塞杆而另一端没有，在气体压力作用下，产生向截面积小的一侧的压力（弹力），弹力的大小可以通过设置不同的气体压力或者不同直径的活塞杆而设定。其主要作用是能在任何载荷作用下保持自振频率不变，能同时承受径向和轴向载荷，也能传递一定的扭矩，通过调整内部压力可获得不同的承载能力。与机械弹簧不同的是，其具有近乎线性的弹性曲线。该商品用于座椅调节，起到缓冲作用。				
归类决定	由于该商品没有外接的气体源，不符合《税则注释》关于品目84.12项下"气压动力装置"的描述"使用外部压缩空气或其他压缩气体源"，故不应归入《税则》税目84.12项下。同时，该商品符合《税则注释》关于"独立功能"的定义，且其缓冲功能在第八十四章其他税目中无列名，符合《税则》税目84.79及其子目条文的描述，根据归类总规则一及六，应按其他税号未列名的具有独立功能的机械设备归入税则号列8479.8999。				

序号	1032	归类决定编号	Z2009-0169	公告编号	2009 年第 57 号
商品税则号列		8479.8999		公告实施日期	2009 年 8 月 31 日
商品名称	抛绳器				
英文名称					
其他名称					
商品描述	抛绳器由发射枪、抛绳瓶、绳箱、工具包、充气管、二氧化碳气管等组成。该商品自带气瓶，通过瞬间释放压缩空气产生的反作用力来发射绳子。				
归类决定	该商品是一种运用压缩空气做动力来发射绳子实施营救的一种用于救援领域的特殊设备。工作原理：用高压气源通过专用导气管连接后向抛绳器核心瓶充气。将充好气的核心气瓶装入发射装置，通过发射装置将绳索或自动充气救生圈或锚钩快速、安全、准确地发射至目的地，能够实施有效救助。该商品的用途和工作原理不符合《税则》第九十三章税目条文的规定，根据《税则注释》关于品目 84.79 的解释，以及归类总规则一和六，应归入税则号列 8479.8999。				

序号	1033	归类决定编号	Z2010-0048	公告编号	2010 年第 15 号
商品税则号列		8479.8999		公告实施日期	2010 年 2 月 28 日
商品名称	动态斜面式船用收油机				
英文名称					
其他名称					
商品描述	该商品是一种用于收集海上浮油、溢油的设备，可以方便地悬挂在拖船、工作船、驳船或拖轮上工作。主要由溢油传送泵、液压动力站、可拆卸的动态斜面、DIP400 传动带、VOSS 支撑架、浮囊、V 型导油臂等组成。工作原理是利用 DIP 动态斜面技术，通过高速移动的斜面的牵引作用，使水面的浮油向下移动并上浮积聚到回收井里，同时将水向后排出回收井，用泵将油抽出保存到储油装置中。				
归类决定	该商品由溢油传送泵、液压动力站、可拆卸的动态斜面、DIP400 传动带、VOSS 支撑架、浮囊、V 型导油臂等组成，可方便地悬挂在拖船、工作船、驳船或拖轮上工作。上述商品利用整套设备将海面的溢油消除，虽然泵是其中一项重要设备，但其本身已超出了《税则注释》关于品目 84.13 项下泵的范围，符合《税则》税目 84.79 其子目条文的描述，根据归类总规则一及六，应按其他税目未列名的具有独立功能的机器归入税则号列 8479.8999。				

序号	1034	归类决定编号	Z2010-0049	公告编号 2010 年第 15 号
商品税则号列		8479.8999		公告实施日期 2010 年 2 月 28 日
商品名称	干式套管电容芯子整卷机			
英文名称				
其他名称				
商品描述	该商品由瑞士 TUBOLY-ASTRONIC 公司生产，型号为 SDWM4000。用于生产变压器的电容套管核心部件——电容芯子，该整卷机允许使用多个绝缘皱纹纸（或电缆纸）纸卷并列绕制，可以绕制 1~4 米长的电容芯子，最大可绕制 3 个绝缘皱纹纸（或电缆纸）纸卷拼接的电容套管产品。电容芯子由导电管、绝缘纸（绝缘皱纹纸和电缆纸）、铝箔和导电铜带等组成。整卷机在绕制时，先将导电管放置在设备的中心轴处并固定，绕上几张绝缘皱纹纸（或电缆纸），由激光定位装置对铝箔的位置进行定位，然后再人工对裁制好的铝箔按激光显示位置进行铺放作为电容芯子的电极，再进行绝缘纸的绕制，在绕至最外层电极时按激光显示位置铺放导电铜带，绕至规定的外径尺寸时，刻孔露出导电铜带，产品装配时通过导电铜带引出并与变压器外壳连接，起到降压绝缘作用。			
归类决定	该商品通过卷绕绝缘纸的方式将导电管、铝箔和导电铜带装配在一起，构成电容芯子，功能独立，且在《税则》第八十四章其他税目中未列名。上述商品属电容芯子整卷机，符合《税则》税目 84.79 条文的描述，根据归类总规则一及六，应按其他税目未列名的具有独立功能的机器归入税则号列 8479.8999。			

序号	1035	归类决定编号	Z2013-0049	公告编号	2013年第26号
商品税则号列		8479.8999		公告实施日期	2013年6月1日
商品名称	覆铜板模压成型机				
英文名称					
其他名称					
商品描述	该商品由模压成型机真空框体、热压模板、液压单元、真空单元、加热系统及PLC控制系统组成。工作原理是用上板架把组装好的半固化片送进模压成型机的模板中间（模压成型机有20个开口，每个开口可以压16张覆铜板），用液压油杠由下而上将每层模板顶合起来，并逐步施加压力至50千克/平方厘米左右，用油泵将250℃的热煤油注入热压模板来熔融半固化片上的胶黏剂，使其更多地渗入增强材料纤维中去，与此同时用真空泵将密闭的框体抽真空，把纤维间残存气体、水分及胶黏剂上易挥发成分及树脂固化过程中缩合出来的水气排除出去，随着受电脑程序自动控制的加压、加热进行到一定时间，熔融的胶黏剂又会重新固化，与铜箔黏结成一个整体而成为覆铜板。				
归类决定	该商品是将铜箔、树脂、胶黏剂压合在一起的设备，符合《税则》税目84.79及其子目条文的描述，根据归类总规则一及六，应按未列名的具有独立功能的机器归入税则号列8479.8999。				

序号	1036	归类决定编号	Z2013-0050	公告编号	2013 年第 26 号
商品税则号列		8479.8999		公告实施日期	2013 年 6 月 1 日
商品名称	振子				
英文名称					
其他名称					
商品描述	该商品利用振动反馈实现触觉反馈功能，其由弹簧、共振重量块、磁铁、磁碗、线圈、阻尼橡胶、柔性电路板、不锈钢外罩和引线构成。可安装于手机内，弹簧一端固定于不锈钢外罩内，另一端固定连接于由共振重量块、磁铁、磁碗组成的共振体。当该振子被外加特定频率电压（正弦波形）时，交变电流通过位于磁场中的线圈产生特定频率的交变电磁力，在电磁力和弹簧弹力的共同作用下，共振体产生纵向往复共振，使该振子获得振动效果。				
归类决定	该商品由弹簧、共振重量块、磁铁、磁碗、线圈、阻尼橡胶、柔性电路板、不锈钢外罩和引线构成。利用电磁原理产生振动，用于手机。该商品符合《税则注释》品目 84.79 的条文中关于独立功能的定义和《税则》税目 84.79 及其子目条文的描述，根据归类总规则一及六，应将其按其他税目未列名的具有独立功能的装置归入税则号列 8479.8999。				

序号	1037	归类决定编号	Z2015-0001	公告编号	2015年第31号
商品税则号列		8479.8999		公告实施日期	2015年7月1日
商品名称	磁芯置入机				
英文名称					
其他名称					
商品描述	该商品规格型号为73-A258-23，无牌，用于绕线型片式电感的制造过程中，自动将磁芯置入夹具并固定。该商品主要由主工作台、PLC控制器、吸附组件、机械控制回路、排列盘放置轨道、检测警示装置等组成。 工作原理：通过控制吸附头将磁芯排列盘上的磁芯吸住，通过移动位置将磁芯放置到成型治具固定位置上，使成型治具上的磁芯适用于下一工序的自动化组装生产。 工作过程：工人将装满磁芯的托盘以及装载有E型磁芯及线圈的成型治具分别放到相应的机器轨道平台上，磁芯置入机会自动检测并将成型治具送到机器作业平台固定到位，通过吸附组件将托盘上的磁芯吸住，然后移动到相应的坐标位置上的成型治具上，吸附头下降、松开，即将磁芯置入成型治具上的固定孔位上，然后将成型治具推出，送入下一道工序进行成型硬化。同时，磁芯置入机也会自动检测磁芯的置入状态，若出现缺漏及置入不平的情况，会自动发出警报并停机，等待人工排除问题后继续工作。上述过程均为自动完成，用于替代手工放置I型磁芯的机器，提高作业效率。				
归类决定	该商品由主工作台、PLC控制器、吸附组件、机械控制回路、排列盘放置轨道、检测警示装置等组成，装满磁芯的托盘和空载的成型治具经轨道进入预定位置，通过控制吸附头将磁芯排列盘上的磁芯吸住，通过移动位置将磁芯放置到成型治具的固定位置上，最后将成型治具推出。该商品在机器内部移动磁芯，根据归类总规则一及六，该商品应归入税则号列8479.8999。				

序号	1038	归类决定编号	Z2015-0002	公告编号	2015 年第 31 号
商品税则号列			8479.8999	公告实施日期	2015 年 7 月 1 日
商品名称	转向机器人				
英文名称					
其他名称					
商品描述	其主要用于在车辆内或试验台上代替驾驶员完成规定的转向动作。转向机器人由 4 个部分构成,包括转向机器人本体、支撑杆及固定用吸盘、转向力矩反馈用传感器和 PC 端配置软件。机器人本体主要是由一个无刷伺服电机和方向盘组成,伺服电机会根据 PC 端配置软件的命令执行某种规定动作;支撑杆及固定用吸盘是为了安装转向机器人本体所需的一些连接杆及附件;转向力矩反馈用传感器是用来给机器人操作者提供当前机器人的转向力矩信息,以方便操作者进行目前状态判断,防止误操作导致机器人损坏(如方向盘已经无法继续转动的情况下,伺服电机依然执行错误的命令,方向盘力矩将显著上升,导致电机过热)。转向机器人具有比驾驶员更精确的动作及更好的动作重复性,主要用于完成一些驾驶员无法完成的规定动作,如 1 000deg/s 的匀速转动,正弦波形转弯运动等。另外,转向机器人还可以通过 RS322 接口以 TCP/IP 协议执行转向试验台发出的 ASCII AK 命令,精确控制方向盘转动。转向机器人本身不会测量转角及实时转向力矩,而是通过试验台的传感器获得,由试验台控制计算机根据具体试验需求发出,根据模拟的车辆工况及路面情况计算出实时方向盘转角及路面对轮胎的转向阻力。				
归类决定	该商品由四个部分构成,包括转向机器人本体、支撑杆及固定用吸盘、转向力矩反馈用传感器和 PC 端配置软件。机器人本体主要是由一个无刷伺服电机和方向盘组成,伺服电机会根据 PC 端配置软件的命令执行某种规定动作;支撑杆及固定用吸盘是为了安装转向机器人本体所需的一些连接杆及附件;转向力矩反馈用传感器是用来给机器人操作者提供当前机器人的转向力矩信息,以方便操作者进行目前状态判断,防止出现误操作,导致机器人损坏。该商品用于在车辆内或试验台上代替驾驶员完成规定的转向动作。该商品不符合《税则注释》对于工业机器人的描述,其功能为接受控制装置的命令,执行转向动作,根据归类总规则一及六,应按其他具有独立功能的机器归入税则号列 8479.8999。				

序号	1039	归类决定编号	Z2015-0015	公告编号	2015 年第 49 号
商品税则号列		8479.8999		公告实施日期	2015 年 10 月 19 日
商品名称	镜头组自动点胶机				
英文名称					
其他名称					
商品描述	工作原理：设定好设备的出胶压力与时间，将完成调焦的镜头模组放置于治具后放入机台，按下启动钮，机台会依照设定完成的影像参数自动抓取镜头模组影像，判断点胶的位置，利用胶针进行吐胶，从而达到将完成调焦的镜头模组固定的目的。该设备的空气压力值可达 70psi。				
归类决定	该商品利用点胶方式固定镜头模组，根据归类总规则一及六，应将其按其他税目未列名的具有独立功能的机器归入税则号列 8479.8999。				

序号	1040	归类决定编号	Z2015-0016	公告编号	2015年第49号
商品税则号列		8479.8999		公告实施日期	2015年10月19日
商品名称	手动点胶机				
英文名称					
其他名称	数位式手动点胶机				
商品描述	该设备主要由机身、手持式针筒、脚踏板3个部分组成。可以精确调定出胶的压力和时间，通过脚踩与外部空压机连接的脚踏板，得到输出压力（30psi/min）作用于装有胶的针筒（10毫升/30毫升），并使针筒吐胶至欲接合位置，达到固定的目的。该机器将自动侦测涂胶压力的变动，当其变动范围超出设定的10%时，发出警报，出现警报后，必须通过调整才能进行下次涂胶。该设备的涂胶黏度范围从水状液体到胶状浓度的膏体，可应用于各种装配和修理。该设备可以定量地施放胶点、胶滴及胶线，也可以在连续模式下点胶。该设备带有回吸功能，当系统处于不点胶状态时，真空泵打开，能有效防止滴口水现象。				
归类决定	该商品利用点胶方式工作，应用于设备的装配及修理，完整机器无法手提式操作，根据归类总规则一及六，应将其按其他税目未列名的具有独立功能的机器归入税则号列8479.8999。				

序号	1041	归类决定编号	Z2015-0017	公告编号	2015 年第 49 号
商品税则号列		8479.8999		公告实施日期	2015 年 10 月 19 日
商品名称	玻璃蚀刻机设备				
英文名称					
其他名称					
商品描述	玻璃蚀刻设备采用湿制程蚀刻工艺，利用强酸与玻璃边缘反应后去除玻璃上微小裂纹，提升单片式玻璃强度。其组成包含：进料段、酸制绒段、传送系统、槽体系统、水洗系统、排风系统、冷却系统、检测系统、纯水补充系统、烘干系统、补液系统、出料段，以上各部分处于同一密闭壳体内。各槽体之间采用螺丝紧固，槽体中间夹密封圈密封。 玻璃蚀刻机设备的主要工艺流程及原理：进料→蚀刻槽1→蚀刻槽2→水洗→碱洗→水洗→酸洗→水洗→烘干→出料。切割磨边后的玻璃采用抗酸膜保护，通过滚轮传送到刻蚀槽，槽内的强酸与玻璃边缘反应蚀刻掉微裂纹；然后经过水洗槽冲掉蚀刻后生成的物质、经过氢氧化钾槽中和残留的强酸；接着再次经过水洗、酸洗中和残留的氢氧化钾；烘干后传送出机台完成蚀刻。设备控制采用滚轮传送、化学药液自动控制，其中化学药液采用喷射加浸泡的方式，以实现完整蚀刻。浸泡的作用是将氢氟酸、硝酸和盐酸的混合液体通过循环泵抽到反应槽体内，玻璃经过反应槽时浸泡在混合酸液内进行化学反应，蚀刻掉玻璃边缘微裂纹。喷射的作用是将纯水通过循环泵抽出槽体，纯水经过喷淋刀喷到玻璃表面及四周，将玻璃表面的混合酸液及反应后残留物质清洗干净。浸泡是主要作用，喷射出来的是纯水，主要是清洗玻璃表面的酸液及反应后的残留物质。				
归类决定	该设备采用湿制程蚀刻工艺将单片玻璃边缘刻蚀，提升玻璃整体强度，加工后的玻璃用于生产触摸显示屏。其主要通过滚轮传送，经过化学药液浸泡蚀刻，喷射纯水清洗等环节进行加工。根据《税则》第十六类注释三，该设备属于组合机器，其主要功能是浸泡蚀刻玻璃。不属于84.86"制造平板显示器用的机器"。根据归类总规则一及六，应归入税则号列8479.8999。				

序号	1042	归类决定编号	Z2015-0018	公告编号	2015 年第 49 号
商品税则号列		8479.8999		公告实施日期	2015 年 10 月 19 日
商品名称	智能毛囊采集系统（主机）				
英文名称					
其他名称					
商品描述	智能毛囊采集系统（主机）用于采集毛囊，为了后续种植使用。该采集过程对头皮表皮是微创，不留痕迹。同时该设备不受头发细软、卷发等条件限制，最大限度利用毛囊，每次可以提取上千次毛囊。设备由电源及控制系统、高速摄像系统、智能分析系统（高速计算机）、实时成像系统、机械臂毛囊采集系统、附件（一次性毛囊采集套件）组成。工作原理：将张力器固定在供发区后（保持皮肤张力，提高提取过程准确性，避免患者头部、头皮在提取过程中大量的晃动；张力器边缘内设感应装置，为机械臂提供提取边界以及实时校准），机械臂内高速摄影机识别张力器边缘的黑色感应器，并通过计算机（智能分析系统）计算出取发区域。高速摄像机将取发区域画面传递至计算机，由计算机计算出区域中的发株密度以及每株头发的位置及角度。医生将患者需要提取的发株数录入系统，系统根据供发区发株密度计算本取发区域中需提取的头发株数以及取发密度。计算机通过智能算法，计算出随机自然的、不影响供发区美观的取发图案（即取发位置）。根据计算结论，机械臂开始使用毛囊采集套件（毛囊套件是由直径为 1 毫米内针和外套管组成），由内针快速穿破头皮，钳住指定的毛囊，然后由外套管将钳住的毛囊高速旋转取出，保证毛囊提取完整。同时外置成像系统全程实时监控整个采集过程。				
归类决定	该商品由电源及控制系统、摄像系统、智能分析系统、实时成像系统、机械臂毛囊采集系统、附件（一次性毛囊采集套件）组成。机械臂中的摄像系统将毛囊位置，生长方向和分布情况实时采集给智能分析系统，分析系统高速计算出毛囊的角度及深度，从而指挥机械臂中的毛囊采集套件，由内针快速穿破头皮，钳住指定的毛囊，然后由外套管将钳住的毛囊高速旋转取出，保证毛囊提取完整。同时外置成像系统全程实时监控整个采集过程。该商品不属于专门用于疾病的预防、诊断、医治或手术治疗的仪器。根据归类总规则一及六，应将其按其他未列名功能的机器归入税则号列 8479.8999。				

序号	1043	归类决定编号	Z2015-0019	公告编号	2015 年第 49 号
商品税则号列		8479.8999		公告实施日期	2015 年 10 月 19 日
商品名称	氯化氢氧化反应器				
英文名称					
其他名称					
商品描述	该商品为氯化氢氧化制氯工艺中关键设备，将 MDI 生产过程中副产品氯化氢与纯氧混合进入反应器，经过催化制取氯气。反应器由主反应器和附属的换热、吸收、干燥装置构成，所用材质为钽、镍、石墨、四氯乙烯等耐腐蚀材料，主反应器为管壳式。氯化氢和氧气通过催化剂发生反应时释放大量热量，装置的壳内不断通过熔盐带走热量，使反应器温度保持在 350℃ 的最佳温度。				
归类决定	该商品为氯化氢氧化制氯工艺的主反应器，氯化氢与纯氧混合后进入反应器，在事先填充于反应器列管中的催化剂表面发生化学反应，生成的产品氯气和水从反应器底部出来。反应产生的热量由反应器壳侧的熔盐带走。该商品不符合税目 84.19 的描述，根据归类总规则一及六，应归入税则号列 8479.8999。				

序号	1044	归类决定编号	Z2016-001	公告编号	2016 年第 11 号
商品税则号列		8479.8999		公告实施日期	2016 年 3 月 1 日
商品名称	法兰轴承旋转弯曲共振实验机				
英文名称					
其他名称					
商品描述	该商品为德国 SincoTec 试验设备有限公司生产的法兰轴承旋转弯曲共振实验机，无型号。工作原理：由悬臂支架、驱动电机、不平衡块、床身、试验工装、带应力片轴、试验轴承组成。通过驱动电机带动不平衡块旋转产生旋转力矩作用到工作台面的轴承上，可定时或试验至轴承坏为止。用途为模拟车轮运动过程的复杂环境，进行轿车车轮毂带盘轴承旋转弯曲疲劳试验，该商品包含软件操作系统，可设置参数来运转系统，采集、监控实验数据供企业进行后期分析与产品研发。				
归类决定	该商品由悬臂支架、驱动电机、不平衡块、床身、试验工装、带应力片轴、试验轴承、软件操作系统组成，通过驱动电机带动不平衡块旋转产生旋转力矩作用到工作台面的轴承上，可定时或试验至轴承坏为止。软件操作系统可设置参数来运转系统，采集、监控均用于测试对轴承施加的弯矩是否超范围。用途：模拟车轮运动过程的复杂环境，进行轿车车轮毂带盘轴承旋转弯曲疲劳试验。该商品本身不具有检测分析功能，仅为测试提供模拟工况，根据归类总规则一及六，应归入税则号列 8479.8999。				

序号	1045	归类决定编号	Z2016-002	公告编号	2016年第11号
商品税则号列		8479.8999		公告实施日期	2016年2月22日
商品名称	镀金前处理机				
英文名称					
其他名称					

商品描述

该商品为TAESUNG牌，TSG-SE-200型，产地为韩国，用途为镀金前进行PCB表面粗化，去除PCB板表面残留物。该商品为线路板镀金前处理生产设备，主要由脱脂、研磨、喷砂、去氧化、酸洗、水洗等生产段组成，各段设备通过螺丝永久性固定。工作原理为以水平传送方式，通过脱脂、研磨、喷砂、超声波水洗、微蚀等工序，去除PCB板表面残留物，进行表面清洗，使PCB板表面无杂物，为下一道工序（镀金）做准备。具体工序流程：入料→脱脂→水洗→研磨→水洗→中检→喷砂→超声波清洗→去氧化→水洗→酸洗→水洗→吹干→烘干→出料。其中，脱脂段是用脱脂药水通过泵浦喷射在线路板表面，清洗线路板上的手指印、油脂等；研磨段是通过磨刷将线路板表面进行研磨，以达到表面粗化的效果；喷砂段使用细砂撞击线路板表面，达到去除表面污物和粗化效果；去氧化段通过硫酸和双氧水在线路板表面的化学反应，使表面被氧化的杂物反应掉，从而达到表面清洁无污染；酸洗段是用3%的硫酸对线路板表面进行清洁，进一步增强微蚀处理后的产品清洁度。

归类决定

该商品由脱脂、研磨、喷砂、去氧化、酸洗、水洗等生产段组成，各段设备通过螺丝永久性固定。其以水平传送方式，通过脱脂、研磨、喷砂、超声波水洗、微蚀等工序，去除PCB板表面残留物，进行表面清洗，使PCB板表面无杂物，为下一道工序（镀金）做准备。该商品符合第十六类类注三关于组合机器的描述，应按主要功能一并归类。其主要功能是对线路板表面的金属、薄膜进行研磨和喷砂，达到粗化和去污效果，根据归类总规则一及六，应按其他未列名的设备归入税则号列8479.8999。

序号	1046	归类决定编号	Z2016-009	公告编号	2016 年第 22 号
商品税则号列		8479.8999		公告实施日期	2016 年 5 月 1 日
商品名称	蛋白纯化仪				
英文名称					
其他名称					
商品描述	该商品为瑞典产 GE 牌，型号为 AKTA-Pure，是一种专门用于蛋白质纯化的层析系统。主要由缓冲液装置（3 个缓冲液瓶）、4 个泵、1 个混合器、1 个进样器、1 个层析柱、2 个样品检测装置（紫外检测器和 pH 检测器）和 1 个样品收集装置组成。连接方式：缓冲液装置与泵、混合器、进样器、层析柱、检测器相连接共同组成机器的主机部分，收集装置通过管道与主机部分相连接。 功能：AKTA pure 蛋白纯化仪是应用生物分子的特征而设计成的全惰性色谱系统，能快速有效地分离纯化蛋白质，并完全保留生物活性。不能分离核酸、多肽等物质。 工作流程：首先由加样泵将缓冲液加入系统，待管道中装满缓冲液时，通过进样器加入含有杂质的蛋白质混合液样品，蛋白质随即开始流过层析柱，实现混合物各组分的分离。其次，各个组分流动到检测装置，利用蛋白质的紫外吸收特性检测蛋白质含量（一般情况下紫外吸收值越高，表示此时流经的样品中蛋白质的含量越高），紫外吸收值会实时地被转换成二维的坐标图，峰值出现的时间点即提示收集纯化蛋白的时机，此时即通过收集装置将分离的蛋白收集。 结果：得到相对纯度更高一些的蛋白质溶液。目前技术还不能达到绝对的纯度。另外，在电脑上可以得到一张显示整个样品流动过程的紫外吸收二维坐标图，以分子筛层析柱为例，纵坐标是紫外吸收值，横坐标则表示分子量的大小（由流出的时间和缓冲液的体积换算获得）。				
归类决定	该商品用于从蛋白质、水、盐溶液的混合物中通过层析分离出不同的物质，并根据检测确定纯化的蛋白质。该商品能将混合液中的各种组分分离，并提取出蛋白质，为蛋白质的制备机器，根据归类总规则一及六，应归入税则号列 8479.8999。				

序号	1047	归类决定编号	Z2009-0171	公告编号	2009 年第 57 号
商品税则号列		8479.8999		公告实施日期	2009 年 8 月 31 日
商品名称	电线剥皮机					
英文名称						
其他名称						
商品描述	该商品的型号为 MC-252，主要用于剥除同轴电线的外皮、屏蔽层及内绝缘体。工作原理：把同轴电线的强度、外径参数设定好，第一步是将同轴电线的塑料外皮剥掉，露出 3 毫米左右金属屏蔽线，第二步是将 2 毫米屏蔽层剥掉，露出 2 毫米塑料内绝缘体，第三步是剥离 1 毫米内绝缘体，露出 1 毫米导体，完成整个作业。				
归类决定	该商品为剥皮机，用于剥除同轴电线的两层绝缘层和一层金属屏蔽层，既处理金属也处理绝缘材料，其结构不属于机床范围，用途也超出了处理金属的范畴，功能独立且未在《税则》第八十四章其他税目项下列名，但符合《税则》税目 84.79 及其子目条文的描述，根据归类总规则一及六，应按其他税号未列名的具有独立功能的机器归入税则号列 8479.8999。				

序号	1048	归类决定编号	Z2010-0047	公告编号	2010 年第 15 号
商品税则号列		8479.8999		公告实施日期	2010 年 2 月 28 日
商品名称	旧数控雕刻机					
英文名称						
其他名称						
商品描述	该雕刻机是为 3D 模型加工及雕刻专门设计的机器，由伺服马达带动工作台 X、Y 方向和主轴 Z 方向的运动及主轴的高速旋转来完成 2D 及 3D 图形的加工，通过计算机辅助编程软件将设计出来的图纸进行处理，编译成机器能够识别的代码传输给雕刻机，在机器上装夹合适的刀具及原材料，运行代码，机器就会按照预先设定的路径进行切削运动，从而完成对零件的加工。该雕刻机适合对轻金属、ABS 硬质塑料、化学木、模型蜡等各种材料进行加工。				
归类决定	该商品是一种利用铣刀对金属、塑料、木材、蜡等多种材料进行雕刻的多用途机器。根据《税则》第八十四章章注七关于"多用途机器"的归类规定，上述商品符合《税则》税目 84.79 及其子目条文的描述，根据归类总规则一及六，应按其他税目未列名且具有独立功能的机器归入税则号列 8479.8999。				

序号	1049	归类决定编号	Z2006-0684	公告编号	2006年第69号
商品税则号列		8479.9090		公告实施日期	2006年11月22日
商品名称	模具				
英文名称					
其他名称					
商品描述	该设备为金属压模切压机的关键件，其执行的功能是：成卷金属线进入机器后，先按一定规格切段，头尾剥皮，再在该模具内通过刀头上下挤压，将接头压到线头上制成成品——有接头的电线，供汽车内电气布线用。				
归类决定	根据《税则注释》对冲模的定义"主要是靠强力冲击或压迫使材料成形"，由于该商品的功能是通过刀头上下挤压将接头压到线头上，其实际并不是模具而是金属压模切压机的零件，应按《税则》列名归入税则号列8479.9090。				

序号	1050	归类决定编号	Z2007-0069	公告编号	2007年第71号
商品税则号列		8480.6000		公告实施日期	2007年12月5日
商品名称	铁氧体永磁模具				
英文名称					
其他名称					
商品描述	该模具用于电机磁铁成型，分为上模、中模、下模。生产流程：把磁粉（三氧化二铁占80%以上）和黏结剂混合后填充到中模，成型机通过上、下模对磁粉施加一定的压力，黏结成瓦形、方形、环形等形状的压坯（半成品）。成型机所施加的压力是500~800kgf/cm^2。				
归类决定	铁氧体永磁模具用于把不定型的磁粉和黏结剂的混合物施压，制成模具形状的压坯，符合《税则注释》对品目84.80的描述，根据归类总规则一及六，应归入税则号列8480.6000。				

序号	1051	归类决定编号	Z2006-0703	公告编号	2006 年第 69 号
商品税则号列		84.81		公告实施日期	2006 年 11 月 22 日
商品名称	液化石油气置换机组				
英文名称	LPG conversion set				
其他名称					
商品描述	液化石油气置换机组的主要部件有单个阀门和密封件，再配上国产气瓶、支架和管线等方能使用，其功能是将液态的液化石油气转换为气态的石油气，然后注入发动机或内燃机，以代替油料，从而达到环保的目的。				
归类决定	根据《税则》第十七类类注二和《税则注释》品目 87.08 中有关零件及附件的归类说明，并结合《税则注释》品目 84.81 的说明进行归类，阀门应归入税目 84.81，密封件作为阀门的附属装置和阀门一并归类。				

序号	1052	归类决定编号	Z2006-0704	公告编号	2006 年第 69 号
商品税则号列		84.81		公告实施日期	2006 年 11 月 22 日
商品名称	加油机用油枪				
英文名称					
其他名称					
商品描述	该油枪是一种自封油枪，即当油液注满容器时，油枪中的阀门可自动关闭，切断油路，避免油液外溢。该油枪主要由主阀部分、主阀自动关闭装置、副阀部分、进气装置、开关把组件等几部分组成。加油时人工操作，通过油枪内部机械装置，打开主阀和副阀使油液进入油箱，当油箱内液面淹没进气嘴时，通过油枪主阀自动关闭装置将主阀自动关闭，切断油路。				
归类决定	该油枪整体仍属阀门功能，故将其归入税目 84.81 下相应子目。				

序号	1053	归类决定编号	Z2006-0705	公告编号	2006 年第 69 号
商品税则号列		84.81		公告实施日期	2006 年 11 月 22 日
商品名称	气门芯				
英文名称	Valve core				
其他名称					
商品描述	气门芯又称阀芯（截止阀用），其在截止阀中的作用是利用不同压力下的开闭过程控制截止阀的开闭，进而控制流经阀门的介质压力。				
归类决定	气门芯为截止阀的阀芯，作用是利用不同压力下的开闭过程控制截止阀（除气门芯外还包括不具有阀门结构的阀体外壳、接头、O 形圈、手柄及螺丝等零件）的开闭，该阀芯已具备阀的基本特征，根据归类总规则二（一）的规定，应按阀的完整品归入税目 84.81 项下相应子目。				

序号	1054	归类决定编号	Z2014-0004	公告编号	2014 年第 46 号
商品税则号列		8481.2010		公告实施日期	2014 年 6 月 25 日
商品名称	VIOTH 电液转换器				
英文名称					
其他名称					
商品描述	该商品用于汽轮机控制系统，可与许多电控装置匹配使用，将控制信号线性成比例地转换为油压输出。其主要由电磁部件和液压部件两大部分构成，分别为电缆插座、流量检测器、衔铁、磁铁腔和线圈、弹簧、锁夹、手动旋钮（用于失电或者现场调试使用）、执行杆、控制活塞、液压缸。工作原理：由传感器采集的电信号传输到电液转换器，控制器和放大器调节电磁力到一个与输入信号成正比的压力；电磁力检测器的半导体装置检测到该压力，并成比例地输出电压信号；输出电压被反馈到电液转换器的控制器与设定值进行比较，如果测量到的输入信号与反馈信号之间有差值，则控制器和放大器调节电磁力直到差值为零；电磁力调节执行杆到相应位置形成相应的压力，电液转换器输出蒸汽和油阀门所需要的准确压力。				
归类决定	该商品是一个阀门及带反馈功能的自动控制装置的组合机器，通过实时监测现场环境发回的电信号与内部设定值比较，从而进行自动控制。根据《税则注释》关于品目 90.32 项下自动控制装置的描述"如果自动控制设备与执行机构组装在一起，整个装置则应按照归类总规则的规则一和规则三（二）的规定进行归类"，该商品应按照执行机构归入相应税则号列。该商品属电液伺服阀，符合《税则》税目 84.81 及其子目条文的描述，又因该商品将控制信号转换成油压输出，根据归类总规则一及六，应归入税则号列 8481.2010。				

序号	1055	归类决定编号	Z2020-004	公告编号	2020 年第 108 号
商品税则号列		8481.2010		公告实施日期	2020 年 10 月 1 日
商品名称	油压阀（换向阀）				
英文名称	Hydaulic control valve				
其他名称	分片式液压多路阀				
商品描述	该商品为分片式液压多路阀，主要用于液压传动系统，起换向控制作用，如：控制挖掘机的抓斗运动。该阀门是液压阀中的一种。				
归类决定	该商品用于油压传动系统，通过传递流体动力控制阀门换向，根据归类总规则一、《税则》第八十四章子目注释三和归类总规则六，该商品应归入税则号列 8481.2010。				

序号	1056	归类决定编号	Z2006-1373	公告编号	2007 年第 70 号
商品税则号列		8481.3000		公告实施日期	2007 年 12 月 5 日
商品名称	气门嘴				
英文名称					
其他名称					
商品描述	该商品为出口货物，专供汽车使用。其中，一种为轮辋气门嘴，又称无内胎气门嘴，用于无内胎的汽车轮胎，直接装在汽车的金属轮辋上，起到保持轮胎气压的作用。另一种为 TPMS 气门嘴，是最新的智能化产品，包括气门嘴和气门嘴底部的智能化装置，内有传感器芯片、数据传送芯片及印刷线路板。TPMS 气门嘴也用于无内胎的汽车轮胎，直接装在汽车的金属轮辋上，除了具有气门嘴的基本功能外，还具有测量轮胎气压和温度的功能，并将信息传输到汽车电脑的接收芯片。				
归类决定	该气门嘴专供汽车使用。其中，商品一为轮辋气门嘴，又称无内胎气门嘴，用于无内胎的汽车轮胎，直接装在汽车的金属轮辋上，起到保持轮胎气压的作用；商品二为 TPMS 气门嘴，是最新的智能化产品，包括气门嘴和气门嘴底部的智能化装置，内有传感器芯片、数据传送芯片及印刷线路板，其也用于无内胎的汽车轮胎，直接装在汽车的金属轮辋上，除了具有气门嘴的基本功能外，还具有测量轮胎气压和温度的功能，并将信息传输到汽车电脑的接收芯片。 轮辋气门嘴属止回阀，TPMS 气门嘴虽装有智能化装置，可测量轮胎气压和温度，但其主要功能还是止回阀，根据归类总规则一及六，上述商品应按具体列名归入税则号列 8481.3000。				

序号	1057	归类决定编号	Z2015-0003	公告编号	2015年第31号
商品税则号列		8481.9010	公告实施日期	2015年7月1日
商品名称	自动变速箱油压调整阀门体用内片阀体、中片阀体、外片阀体
英文名称	BODY-VALVE, INR、BODY-VALVE, MDL、BODY-VALVE, OTR
其他名称	

商品描述

　　内片阀体、中片阀体和外片阀体均用于进口后组装自动变速箱油压调整阀门体，构成其载体。油压调整阀门体安装于自动变速箱上，其组成除上述部件外，还包括电磁阀、转换阀等。油压调整阀门体的功能是通过调节送往变速箱内各组离合器的油压开闭，调整各组离合器的接合或分离状态，进而控制变速箱内三组行星齿轮中固定齿轮与转动齿轮的变换，实现变速箱传动比的变化，即换挡。

　　油压调整阀门体的工作原理：车辆在行驶时，TCU将换挡指令通过线束传递到油压调整阀门体中，阀门体中控制相应挡位的电磁阀通过调整油的方向、流量、速度等来控制油压，并将油压传递到阀门体中控制该挡位的普通阀（如转换阀等）上，普通阀通过弹簧的作用力与油路口进行对接，进而将油压传递到离合器中。

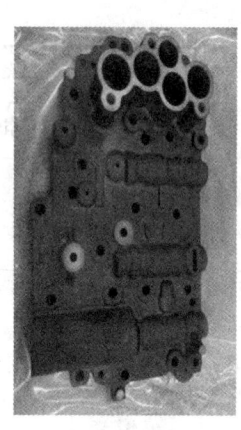  

内片阀体　　　　中片阀体　　　　外片阀体

归类决定

　　该内片阀体、中片阀体和外片阀体进口后，与电磁阀、转换阀等共同组装成自动变速箱油压调整阀门体，安装于自动变速箱上，用于实现变速箱传动比的变化。自动变速箱油压调整阀门体的工作原理是：车辆在行驶时，TCU将换挡指令通过线束传递到油压调整阀门体中，阀门体中控制相应挡位的电磁阀通过调整油的方向、流量、速度等来控制油压，并将油压传递到阀门体中控制该挡位的普通阀（如转换阀等）上，普通阀通过弹簧的作用力与油路口进行对接，进而将油压传递到离合器中。该内片阀体、中片阀体和外片阀体为自动变速箱油压调整阀门体的载体，并与其他部件配合实现阀门的功能，属于自动变速箱油压调整阀门体的零件，根据归类总规则一及六，应归入税则号列8481.9010。

序号	1058	归类决定编号	Z2015-0004	公告编号	2015 年第 31 号
商品税则号列		8481.9010		公告实施日期	2015 年 7 月 1 日
商品名称	自动变速箱油压调整阀门体用转换阀				
英文名称	Valve-press switch				
其他名称					
商品描述	该转换阀用于自动变速箱油压调整阀门体，起转换油压作用，品牌为 GMB，规格型号为 46369-3B200 等。 油压调整阀门体的主要功能：通过调节送往变速箱内各组离合器的油压开闭，调整各组离合器的接合或分离状态，进而控制变速箱内三组行星齿轮中的固定齿轮与转动齿轮的变换，实现变速箱传动比的变化，即换挡。转换阀在自动变速箱油压调整阀门体用外片、中片、内片阀体围成的空间内通过油压及弹簧的作用力前后移动，使阀凹、凸部位分别与油路口对接，从而达到油路的阻断与流通，进而起到转换油压的作用。 结构：转换阀为一段截面正圆形的金属短棒，根据需要环切掉部分材料造成缺口，可以与油压调整阀门体各片围成的空间形成通路或断路，从而控制油压流向。 工作原理：自动变速箱油压调整阀门体上的电磁阀无动作时，转换阀由底部弹簧支撑与油压调整阀门体构成一组油压通路与断路组合；当电磁阀打开时，转换阀被挤压向下，构成另外一组通路断路组合，起到调整油压的作用。				
归类决定	该转换阀进口后，与电磁阀、内片阀体、中片阀体、外片阀体等共同组装成自动变速箱油压调整阀门体，安装于自动变速箱上，用于实现变速箱传动比的变化。转换阀工作原理：自动变速箱油压调整阀门体上的电磁阀无动作时，转换阀由底部弹簧支撑与油压调整阀门体构成一组油压通路与断路组合；当电磁阀打开时，转换阀被挤压向下，构成另外一组通路断路组合，起到调整油压的作用。该转换阀为自动变速箱油压调整阀门体的一部分，需与其他部件配合实现阀门的功能，属于自动变速箱油压调整阀门体的零件，根据归类总规则一及六，应归入税则号列 8481.9010。				

序号	1059	归类决定编号	Z2009-0132	公告编号	2009 年第 32 号
商品税则号列		8481.9090		公告实施日期	2009 年 6 月 12 日
商品名称	水龙头出水口				
英文名称					
其他名称					
商品描述	该商品用于连接厨房水龙头，无水量调节作用，前端为出水嘴（出水嘴截面可以为椭圆、半圆等），末端为圆环状（安装龙头用），黄铜管制，表面镀铬。				
归类决定	该商品是水龙头的重要组成部件，和阀芯组合后就构成一个水龙头，并非单纯的铜制管道，应视为龙头零件，根据《税则》第十六类类注二的规定，归入相关税则号列。上述商品属水龙头专用零件，符合《税则》税目 84.81 及其子目条文的描述，根据归类总规则一及六，应按水龙头零件归入税则号列 8481.9090。				

序号	1060	归类决定编号	Z2006-0709	公告编号	2006 年第 69 号
商品税则号列		84.83		公告实施日期	2006 年 11 月 22 日
商品名称	摩托车的曲轴传动机构				
英文名称					
其他名称					
商品描述	用于将摩托车发动机中的活塞的往复运动转换成旋转运动，主要由曲轴、连杆等组成。				
归类决定	根据《税则》第十七类类注二第五款的规定，摩托车的曲轴传动机构作为摩托车发动机的组成部分应归入税目 84.83。				

序号	1061	归类决定编号	Z2006-0710	公告编号	2006 年第 69 号
商品税则号列		84.83		公告实施日期	2006 年 11 月 22 日
商品名称	最终轴等摩托车配件				
英文名称					
其他名称					
商品描述	摩托车用最终轴、机油泵轴、传动主轴、变挡轴、主轴齿轮、驱动轴、起动轴、鼓轮轴等配件。				
归类决定	最终轴等摩托车配件，是一些专用于摩托车发动机曲轴箱的零件，这类摩托车发动机的曲轴箱和发动机部分紧密结合在一起不可分割的，所以这些配件可视为发动机的内部零件，并根据《税则》第十七类类注二和《税则注释》关于品目 84.83 的说明归入税目 84.83 项下。				

序号	1062	归类决定编号	Z2006-0711	公告编号	2006 年第 69 号
商品税则号列		84.83		公告实施日期	2006 年 11 月 22 日
商品名称	曲轴箱盖				
英文名称	Cover comp crank case				
其他名称					
商品描述	125 毫升摩托车曲轴箱盖，牌名为 KYMCO，1 套共 3 件，包括左曲轴箱盖、右曲轴箱盖、右曲轴箱后盖。				
归类决定	摩托车的曲轴箱，若是与发动机部分紧密结合在一起不可分割的，则可视为发动机的零件，根据《税则》第十七类类注二和《税则注释》关于品目 84.83 的说明，可归入品目 84.83 项下的相应子目；若曲轴箱和发动机部分是相对独立、没有结合在一起的，则不能视为发动机的零件，根据《税则》第十七类类注二和《税则注释》关于品目 87.14 的说明，应归入税目 87.14 项下的相应子目。				

序号	1063	归类决定编号	Z2006-0712	公告编号	2006年第69号
商品税则号列		8483.1090		公告实施日期	2006年11月22日
商品名称	速度计导线				
英文名称					
其他名称					
商品描述	该商品由中心轴线及保护轴线用的硬软管构成,其轴线一端接在变速器上,经由变速器齿轮转动,将转动的速率经由中心轴线传动到速度计上,转动速度计的指针,则可显示出目前车辆的速度是多少。				
归类决定	根据《税则注释》品目84.83关于绕性轴的描述,上述商品应归入税则号列8483.1090。				

序号	1064	归类决定编号	Z2008-0185	公告编号	2008年第83号
商品税则号列		8483.3000		公告实施日期	2008年11月24日
商品名称	平衡轴轴套				
英文名称	Bearing inhaust/Exhaust preturned				
其他名称					
商品描述	该轴套是一汽大众发动机生产的1.8T发动机上平衡轴总成中的铝合金轴套的毛坯。其材料为铝合金,进气轴套长约96毫米,直径44毫米;排气轴套长约111毫米,直径58毫米。该毛坯件进口后还需继续进行车削两端面、内、外圆柱面钻孔、清洗等工序,并与偏心轴、齿轮等零件进行组装成平衡轴。该轴套安装在平衡轴的端部,起固定支撑和润滑作用,平衡轴在其中旋转。				
归类决定	该商品为毛坯件,其成品专用于1.8T发动机的平衡轴,用于固定支撑和润滑平衡轴,符合滑动轴承的定义和界定。平衡轴与转动轴反向运动,用于消除发动机的震颤,是1.8T发动机的专用零件。上述商品属滑动轴承的毛坯件,已具备滑动轴承完整品的基本特征,符合《税则》税目84.83及其子目条文的描述,根据归类总规则二,应按滑动轴承归入税则号列8483.3000。				

序号	1065	归类决定编号	Z2008-0186	公告编号	2008年第83号
商品税则号列		8483.3000		公告实施日期	2008年11月24日
商品名称	回转支撑				
英文名称					
其他名称					

商品描述

　　回转支撑广泛应用于挖掘机、塔吊、高空作业车、风力发电机、饮料罐装机械等领域，用于实现两个相邻部件之间的相对旋转。该商品外观是分为内外两轮的钢铁制圆周体（外观类似轴承），内外轮周圈上都有螺栓孔。风力发电机用回转支撑的结构及应用为内外两轮间有滚珠或滚柱，多数情况下，内圈与叶片通过螺栓固定、外圈与轮毂通过螺栓固定（少数情况下也有相反的应用）。在应用上因驱动系统的不同而分为3种：1. 液压桨距系统，回转支撑无齿，通常由液压桨距系统旋转（一个扭力盘固定在内圈上、一个液压缸固定在盘上），当液压缸运行来旋转内圈从而带动叶片；2. 电动桨距系统，回转支撑的内轮内侧有齿，由一个或几个电机和小齿轮驱动；3. 带式桨距系统，使用一种专用的带式驱动器，连接到外圈来旋转叶片。

　　挖掘机用回转支撑的结构及应用：内外两轮紧密接触，中间涂满润滑油，内轮螺栓孔连接转台并且有齿、外轮螺栓孔连接履带架并且无齿。回转支撑被固定在挖掘机转台上的回转马达下端齿圈铰合，带有齿轮圈的回转支撑内轮面与转台固定连接，回转支撑的无齿圈外轮面与履带架固定连接。当回转马达接到系统传入的压力油产生动力时，回转马达下端齿旋转回转支撑固定连接部位，车体与车体以下可以作整体运动，车体随之能做360度的周向转动，回转支撑是使转台以上和履带架之间连接相对旋转的中介。

归类决定

　　风力发电机用回转支撑用于支撑风机桨叶并将液压动力传给桨叶，内有滚珠或圆柱形滚子，其内圈或外圈不是标准的圆环，为齿轮状。上述商品虽然是专用于风力发电机的零件，但均为《税则》税目84.82列名的滚动轴承，根据归类总规则一及六，应根据其具体参数归入税目84.82相关税则号列。挖掘机用回转支撑用于支撑挖掘机转台并将液压动力传给车体，内未装有滚珠或圆柱形滚子，其内圈或外圈不是标准的圆环，为齿轮状。上述商品虽然是专用于挖掘机的零件，但均为税目84.83列名的滑动轴承，根据归类总规则一及六，应归入税则号列8483.3000。

序号	1066	归类决定编号	Z2006-0713	公告编号	2006 年第 69 号
商品税则号列			8483.4090	公告实施日期	2006 年 11 月 22 日
商品名称		减速器（旧）			
英文名称					
其他名称					
商品描述		该减速器是利用旧的汽车变速箱，切割掉后边的喇叭口，封住加油孔和里程表线孔，换掉原来的传动轴，加上皮带轮。在原连接操纵杆的部位加一小把，可人工调节速度。 用途：用于带动叶轮增氧机。			
归类决定		因其改装后已改变了变速箱的基本特征，只是利用其传动作用，可按《税则》列名归入税则号列 8483.4090。			

序号	1067	归类决定编号	Z2006-0714	公告编号	2006年第69号
商品税则号列		8483.4090		公告实施日期	2006年11月22日
商品名称	变速箱				
英文名称					
其他名称					
商品描述	美国产的艾里逊（ALLISON）牌变速箱，有 S5610HR、S6610HR、CLT754DB、HT750DR 共4种型号。根据其特定用途，其中：型号 S5610HR 有两种订货总成号 29537466（专用于 XJ450 修井机）、29537468（专用于 ZJ30 3000 米钻井）；型号 S6610HR 有 3 种订货总成号 29527472（专用于 XJ550 修井机）、29537474（专用于 XJ650 修井机）、29537476（专用于 ZJ20 2000 米钻井、XJ550、XJ650 修井机）；型号 CLT754DB 有 1 种订货总成号 29534331（专用于 XJ350 修井机）；型号 HT750DR 有 5 种订货总成号 30001214（专用于 XJ250 修井机）、29523457（专用于 XJ150 修井机）、30001028（专用于 GJC70-25、40-17 固井设备）、30001215（专用于 GJC100-30 固井设备）、30001314（专用于 XJ250 修井机）。 这4种型号的变速箱的基本原理是通过液力变速矩器和行星齿轮变速装置实现对传输动力随工况变化而自动变矩和变速的功能，其结构是液力扭矩变换器加行星齿轮变速装置，两者安装在同一外壳相连，内有液态传动油。它的结构性能区别于普通变速箱，更适于恶劣工况及高强度、重负荷大功率情况下的连续可靠运转，价格是普通变速箱的数倍，其订货前必须由厂商根据设备的工况进行严格的配置计算，取得总成后专门订货，而且在不同种类和型号设备上安装的艾里逊（ALLISON）变速箱不能通用。上述4种型号变速箱用于油田井机、油田修井机等石油机械专用设备上。				
归类决定	该批变速箱包括 S5610HR、S6610HR、CLT754DB、HT750DR 共4种型号，其都具备特定用途——专用于修井机、钻井和固井设备，而且在不同种类和型号设备上安装的艾里逊（ALLISON）变速箱不能通用。该4种型号的变速箱的基本原理是通过液力变速矩器和行星齿轮变速装置实现对传输动力随工况变化而自动变矩和变速的功能，其结构是液力扭矩变换器加行星齿轮变速装置，两者安装在同一外壳相连，内有液态传动油。 根据《税则注释》对品目 84.83 中变速装置的描述，该批变速箱应作为其他变速装置归入税则号列 8483.4090。				

序号	1068	归类决定编号	Z2018-002	公告编号	2018 年第 183 号
商品税则号列		8483.5000		公告实施日期	2019 年 1 月 1 日
商品名称	滚轮组件				
英文名称					
其他名称					
商品描述	滚轮组件由一个滚轮、一个中轴及铜制轴套组成，按固定的步骤安装并固定在锥形底座的中心轴上。当船用绞盘机放缆、收缆时，套在滚轮上的缆绳前后运动，滚轮则通过轴套在中轴上稳步转动。没有导缆滚轮的自转功能，收、放缆绳时缆绳会失去方向，不能按准确的甲板路径导向至船体边沿的导缆孔或带缆桩。导缆滚轮分为左旋、右旋，一定的位置装有一定方向的导缆滚轮，并且椎体底座焊接在甲板上时有不同的角度，以适应甲板左右两侧的倾斜度，这样才能引导缆绳顺利经过甲板，配合绞盘机完成系缆、收缆工作。功能：船舶系泊装置中绞盘机的辅助装置，当绞盘机处于工作状态时，导缆滚轮配合其收放缆绳，并进行缆绳引导。				
归类决定	该商品由一个滚轮、一个中轴及铜制轴套组成，按固定的步骤安装并固定在锥形底座的中心轴上。当船用绞盘机放缆、收缆时，套在滚轮上的缆绳前后运动，滚轮则通过轴套在中轴上稳步转动。根据《税则注释》品目 84.83 的注释："本组也包括……本身并不传送动力而仅作为传动缆绳的导杆或转向杆的自由滑轮（例如，调节传动带松紧用的惰轮及导轮）。"该商品符合品目 84.83 关于"滑轮，包括滑轮组"的描述。根据归类总规则一及六，该商品应归入税则号列 8483.5000。				

序号	1069	归类决定编号	Z2006-0715	公告编号	2006 年第 69 号
商品税则号列		8483.9000		公告实施日期	2006 年 11 月 22 日
商品名称	连杆瓦、曲轴瓦				
英文名称					
其他名称					
商品描述	连杆瓦用于曲轴和连杆颈之间，避免曲轴连杆的连接部位磨损；曲轴瓦用于曲轴，防止曲轴在连杆上串动。				
归类决定	该商品为发电机组用轴瓦，位于水轮机和发电机组之间动力传动轴上，起到缓解发电机轴运动中产生的压力和摩擦作用。 《辞海》对轴瓦的定义："滑动轴承零件之一，瓦状，与轴颈直接接触。"轴瓦为滑动轴承的零件，根据归类总规则一及六，应将其归入税则号列 8483.9000。				

序号	1070	归类决定编号	Z2010-0052	公告编号	2010 年第 15 号
商品税则号列		8483.9000		公告实施日期	2010 年 2 月 28 日
商品名称	皮带轮				
英文名称					
其他名称					
商品描述	该商品安装在轿车发电机上，通过传动带与发动机相连接，当车用发动机工作时，带动发电机工作，为车辆提供电能。该皮带轮的结构主要由内圈和外圈两个部分组成，内圈由多层螺旋弹簧、轴承等装置组成；外圈为合金钢制，表面有凹槽，与传动带相连接。在运转过程中若出现内圈转速（即转子转速）超过外圈转速的时候，皮带轮立即打滑，此时内圈和外圈之间脱离。其主要特点为在发动机停止工作前的瞬间，发动机曲轴有一个短暂的正反方向摆动，由于该皮带轮具有单向性的特点，可以使发电机的转子仍可保持原方向的转动，因而避免转子中的磁线圈因受正反向冲击而造成损伤，同时在发动机突然加速或减速的过程中，能在传动带与皮带轮之间形成一个短暂的缓冲过程，达到保护传动带的作用。				
归类决定	该商品主要由内圈和外圈两个部分组成，内圈由多层螺旋弹簧、轴承等装置组成，外圈为合金钢制，表面有凹槽。上述商品属于《税则》税目 85.11 项下商品的零件，应根据《税则》第十六类类注二的归类原则确定税号。该皮带轮的功能，是将曲轴旋转的动能通过皮带传递给其他部件并起到缓冲的作用，属于"传动元件"，符合《税则》税目 84.83 及其子目条文的描述，根据归类总规则一及六，应归入税则号列 8483.9000。				

序号	1071	归类决定编号	Z2008-0187	公告编号	2008年第83号
商品税则号列		8484.2000		公告实施日期	2008年11月24日
商品名称	原油罐二次密封				
英文名称					
其他名称					
商品描述	该商品为设置在原油储罐顶部顶盖的机械装置配件，通过静止和移动两部分共同作用，起到防止原油蒸发气体膨胀压力而造成气体外泄的作用。二次密封起到顶盖升降运动中的运动状态密封作用。该密封为整套散件进口，进口后再进行安装。进口的散件包括：二次密封垂直安装制成板、滑块、二次密封压板、边缘板槽形压条（双孔）、六角螺栓、MIO平垫片、二次密封舌形刮板、胶水、导静电条、密封胶带、防蒸发隔膜、MIO螺母等。				
归类决定	该商品由静止和移动两部分共同作用，安装在原油储罐中起到密封作用。虽然其应用于罐体上，但在活动部件上起密封作用，且结构与《税则注释》品目84.84的"机械密封件"描述一致，虽然未完成组装，根据归类总规则二（一），应归入税则号列8484.2000。				

序号	1072	归类决定编号	Z2006-0718	公告编号	2006年第69号
商品税则号列		第八十五章		公告实施日期	2006年11月22日
商品名称	发电机零件（转子、定子等）				
英文名称					
其他名称					
商品描述	同时进口的发电机零件有转子、定子、风扇、整流模块等，进口后用于组装发电机（卡特彼牌SR4型），进口的转子、定子还要经过嵌线，浸漆，转轴安装，动平衡测试等多道工序，最后还须安装控制箱、机座、环型整流器、永磁励磁单位后才能构成整机。				
归类决定	根据《税则注释》中品目85.01的注释"发电机一般均主要由定子与转子组成"，上述进口商品已具有整机的基本特征应按发电机整机的税号归类，对于与转子、定子不成套的剩余零件可作为发电机的零件按照零件归类原则进行归类。				

序号	1073	归类决定编号	Z2006-0789	公告编号		2006 年第 69 号
商品税则号列		第八十五章和 8537.1011		公告实施日期		2006 年 11 月 22 日
商品名称		机场货运站用的监控系统				
英文名称						
其他名称						

商品描述

　　机场货运站控制系统中的监控系统工作原理如下：该监控系统由于在实际使用当中会连接众多其他系统，为了更好地将 PLC 系统中下发的指令与其他系统作数据传输，因此设有服务器进行协调转换数据；监控机则采用双机（组）热冗余组态，在正常情况下两台机子均保持运行，当其中之一发生故障时，另一组系统维持正常工作。对于该次进口的触摸屏和 PLC 系统工作原理如下：操作者通过触摸屏输入工作指令，或是监控机接收上位货运管理系统发出的工作计划，通过输入模块传输至 PLC 系统，PLC 系统再利用通信模块将实时状态下货运站仓库内的货位占用情况、设备的繁忙程度及所在位置等数据信息进行收集，可编程控制器对数据进行综合处理，并依据已设置好的程序自动优化配置，自动选择最优化的路径和最合理的方式通过输出模块向设备控制系统（ECS）发出指令，设备控制系统根据指令进行物流运作，同时 PLC 系统也将下发的数据指令反馈给监控机进行实时监控，从而实现货位的有效利用及设备的高效有序运转。该 PLC 系统还可通过机架内的以太网通信模块与其他 PLC 系统或外接系统交换数据，使得数据共享。整个监控系统的运作过程可通过监控机实时查询，而触摸屏只能够查询对应 PLC 系统运行的状态。

　　监控系统的设备构成情况：机场货运站系统设备中的一套完整监控系统（EMC）是由服务器、2 台监控机、28 台配置不一的 PLC 系统和 217 台触摸屏构成，但在该次货物进口中不带有服务器和监控机，只进口了 PLC 系统和触摸屏。其中 28 台 PLC 系统又是由 28 个 LOGIX5555 CPU 模块（即 PLC 装置）、21 个 RS422/485 通信模块、38 个 CONTROL NET 通信模块、56 个以太网通信模块、22 个 LOGIX5555 存储卡（1.5M）、331 个 16 点输入模块 DC24V、227 个 12 点输入模块 DC24V、318 个 16 点输出模块 AC110V、337 个从站通信模块、19 个以太网无线调制解调器和 1 套监控软件组成。各个 PLC 系统的配置是与下端连接的系统有关，根据实际的需求而进行配置，基本的 PLC 系统配置主要是建立在 CPU 模块的基础上，CPU 模块实为带有机架外壳的 PLC 装置，是其他模块的主板，大多数模块可直接安插在 CPU 模块上，个别模块需通过电缆或网络与 CPU 模块相连。

归类决定

　　该批商品主要由 PLC 控制系统（不包括通信设备）、触摸屏以及与之配套的通信模块构成，整套系统的功能、结构超出了数控装置的范围，故不适用《税则》中功能机组的定义。其中 PLC 包括触摸屏（作为 PLC 的输入装置）可一并作为可编程控制器归入税则号列 8537.1011；其他通信模块、调制解调器以及监控软件应分别归入其相应子目。

序号	1074	归类决定编号	Z2006-0807	公告编号	2006 年第 69 号
商品税则号列		第八十五章和 8544.2000		公告实施日期	2006 年 11 月 22 日
商品名称		电线束			
英文名称					
其他名称					
商品描述		电线束一：两端均连有接头，中间导线由四层构成，最里层是单根金属导线，第二层为塑料包覆层，第三层是金属网包覆层，最外层是黑色塑胶包覆层。导线上附有多个塑料或金属固定件。其装置在天窗开关与开启作动马达之间，是传输电流的电线，开关作动后方可打开天窗或关窗。 电线束二：两端均连有接头，中间导线为小段单股电线。装置在后挡风玻璃上，一端与玻璃上的天线连接，另一端与连接收音机的电线相接，起连接电流作用。			
归类决定		电线束一由四层结构构成，且四层结构全部同轴，符合同轴电缆的定义，应将其归入税则号列 8544.2000；电线束二为两端装有接头的小段单股电线，应作为带有接头的电线进行归类。			

序号	1075	归类决定编号	Z2006-0719	公告编号	2006 年第 69 号
商品税则号列		85.01		公告实施日期	2006 年 11 月 22 日
商品名称		吊扇机头			
英文名称					
其他名称					
商品描述		该吊扇"机头"是吊扇的动力装置。			
归类决定		该装置实为"马达"，根据归类总规则一、第八十五章章注二，应按电动机归入税目 85.01 项下的相应子目。			

序号	1076	归类决定编号	Z2006-0720	公告编号	2006年第69号
商品税则号列		85.01		公告实施日期	2006年11月22日
商品名称	电动执行器				
英文名称					
其他名称					
商品描述	电动执行器由电动机、控制单元和手动轮等组成，应用于开关型或调节型阀门上。				
归类决定	其工作原理是将电能转换为机械能，并且没有连接外部功能部件，根据《税则注释》品目85.01所列的范围，故应按电动机归入品目85.01项下相应子目。				

序号	1077	归类决定编号	Z2006-0721	公告编号	2006年第69号
商品税则号列		85.01		公告实施日期	2006年11月22日
商品名称	永磁励磁装置				
英文名称					
其他名称					
商品描述	该商品型号为LSA 491。其组成部分：有绕组的励磁定子、带磁钢的励磁转子、外壳、改装轴、螺杆、螺母等。				
归类决定	励磁装置用于为电机提供磁场。《税则》税目85.11中的设备均为附属于内燃发动机的装置，该商品超出了85.11税目条文的范围。该装置是作为向发电机的电枢绕组供电来产生旋转磁场的电源，同时该装置由定子、转子等构成，已构成完整的发电机，根据归类总规则一，应归入税目85.01。				

序号	1078	归类决定编号	Z2006-0722	公告编号	2006年第69号
商品税则号列		85.01		公告实施日期	2006年11月22日
商品名称	阀门执行机构				
英文名称	Actuator				
其他名称					
商品描述	该商品为英国ROTORK公司生产的智能电动阀门执行机构，其主要结构有：电流阀位变送器、三相电动机、手轮、FOLOMATIC控制单元、IQ通信器、故障诊断插卡、中断计时器、报警继电器等。该商品通过霍尔效应传感器可检测到阀位状态，通过有关控制单元的运算实现对电机扭矩、转数及阀位的控制。该商品还具有阀位数据现场显示装置及有关保护电路。				
归类决定	该装置为阀门的控制执行机构，主要由提供动力的电动机和进行数据运算的控制器构成。根据《税则注释》对安装有自动调节器的执行机构的归类规定，应将其作为安装有控制装置的电动机归入品目85.01项下。 又见Z2006-0720号归类决定。				

序号	1079	归类决定编号	Z2006-1375	公告编号	2007年第70号
商品税则号列		85.01		公告实施日期	2007年12月5日
商品名称	机械执行器				
英文名称	Actuator				
其他名称	机电执行器				
商品描述	该商品由电动机和机械传动装置构成，行业内俗称电动推杆。其工作原理是电机带动齿轮，齿轮通过离合器驱动滚珠丝母旋转，使丝杠进行伸缩运动，从而带动相应的传动部件运动。该机械执行器最主要的功能是替代气动和液压系统，可产生举升和降低、推拉、旋转、定位、移位、节流控制等运动，被广泛应用于非公路机动车以及建筑、农场、铁路、娱乐等行业。				
归类决定	机械执行器是电机带动齿轮，齿轮通过离合器驱动滚珠丝母旋转，使丝杠进行伸缩运动，从而带动相应的传动部件运动，将电能转换成机械能。在功能上等同于气压、液压动力装置，可通用于各种行业。 该商品是一个电动力装置，根据《税则注释》对电动机的描述，电动机可装有齿轮、齿轮箱、杠杆等部件，且该商品没有连接外部功能部件，故符合《税则注释》对电动机的定义，并且符合《税则》税目85.01的描述，根据归类总规则一，应将其按相关参数归入税目85.01项下。				

序号	1080	归类决定编号	Z2009-0057	公告编号	2009年第5号
商品税则号列		85.01		公告实施日期	2009年1月20日
商品名称	水平安定面配平作动筒				
英文名称	Horizontal stabilizer trim actuator				
其他名称					
商品描述	该商品的规格型号为 P/N：8396-3 S/N：1623，由2个电动马达装置、1个螺旋作动筒和变速器模块、4个位置传感器、2个速度传感器构成，用于控制飞机尾翼升降舵轻微偏斜。1. 两个电动马达由 HSTCU 提供28伏直流电压给马达控制装置来控制，每一个电动马达装置由马达、位置传感器和一个电动机械刹车组成，两个线圈操纵每一个电动机械刹车装置。2. 螺旋作动筒装置由一螺旋作动筒、主螺帽、次螺帽组成。螺旋作动筒是低效设计，具有两个行程。由于螺纹的原因，即使在有载荷时，螺帽也不会移动。螺旋作动筒连接到变速箱模块，该模块有齿轮减速装置。变速器模块由扭矩限制器连接到每一个 HSTA 马达上。扭矩限制器是多片弹簧驱动设备，用以防止水平安定面配平驱动系统超载。3. 每一个位置传感器含有一个旋转可变差动转换器，每一个旋转可变差动转换器通过螺旋作动筒机构的齿轮操纵，每一个传感器给马达控制装置提供直流电信号。				
归类决定	该商品由电动机带动螺旋作动筒和变速器模块，使丝杆进行直线伸缩运动，使飞机尾翼升降舵轻微偏斜，达到配平目的。该商品是飞机专用零件，根据《税则》第十七类类注二关于"零件"的归类规定确定税号。上述商品是一个电动力装置，将电能转化为机械能，根据《税则注释》对品目85.01项下"电动机"的描述，电动机可装有齿轮、齿轮箱等部件，虽然该商品安装有测量工作状态的传感器，但没有连接外部功能部件，符合《税则》税目85.01的描述，根据归类总规则一，应按其具体参数指标归入税目85.01项下。				

序号	1081	归类决定编号	Z2015-0005	公告编号	2015年第31号
商品税则号列		8501.3100		公告实施日期	2015年7月1日
商品名称		手柄（不带机头和夹具）			
英文名称					
其他名称					
商品描述		该商品为不带机头和夹具的微型电动手柄，属医疗器械二类产品范畴。手柄可高温高压消毒使用，要配合临床用低速直机头或弯机头以及国产电源控制器使用。手柄外观为银灰色金属外壳，内部是微型电机（马达），手柄尾部有弹簧电源线与电源控制器相连。通过输入220伏电源到控制器，变压后控制器输出32伏（D/C）直流电源到电机（马达）上，电机功率65瓦，电机可带动前端临床专用直机头或弯机头，在直机头或弯机头的前端可安装专用夹具，配合各种形状的刀具及抛光类材料使用（如：牙科专用钨钢刀头、牙科用抛光杯、抛光轮、切割片等）。主要用于口腔内部直接接触人体骨骼部分的打磨及钻孔。			
归类决定		该商品为微型电动手柄，由外壳、微型电机（马达）、弹簧电源线构成。工作原理：电机带动前端临床专用直机头或弯机头使用，在直机头或弯机头的前端有个专用夹具，可配合各种形状的刀具及抛光类材料使用（如：牙科专用钨钢刀头、牙科用抛光杯、抛光轮、切割片等）。主要用于口腔内部直接接触人体骨骼部分的打磨及钻孔。该商品将电能转换成机械能，符合《税则》税目85.01的描述，应归入税则号列8501.3100。			

序号	1082	归类决定编号	Z2007-0071	公告编号	2007年第71号
商品税则号列		8502.2000		公告实施日期	2007年12月5日
商品名称		沼气发电机组			
英文名称					
其他名称					
商品描述		该机组由沼气发动机、发电机组、全电控系统、发电机组冷却水系统、余热利用系统、排气系统、润滑油系统、电气系统等零部件组成。通过内燃方式燃烧沼气,产生电能和余热。			
归类决定		沼气发电机组由沼气发动机、发电机及其他辅助机器组成,利用沼气燃烧使沼气发动机运转,进而带动发电机发电。该商品符合《税则注释》对品目85.02"发电机组"的描述,同时发电机组中的沼气发动机为点燃式活塞内燃发动机,根据归类总规则一及六,应归入税则号列8502.2000。			

序号	1083	归类决定编号	Z2009-0058	公告编号	2009年第5号
商品税则号列		8502.3900		公告实施日期	2009年1月20日
商品名称		燃气蒸汽联合循环发电机组			
英文名称					
其他名称					
商品描述		该燃气蒸汽联合循环发电机组由以下部分组成:燃机(GT)、发电机(GEN)、汽轮机(ST)、煤压机(GC)、增速齿轮箱、电除尘(EP)、煤冷器、焦煤加压机(COG)、混合器、余热锅炉等。工作流程:从包钢外网过来的焦炉煤气通过焦煤加压机加压到19千帕,通过混合器将焦炉煤气混合到高炉煤气中增加煤气的热值,然后煤气进入电除尘器除去煤气中的杂质,直接进入煤压机的入口。机组高盘主要通过外网的中压蒸汽推动蒸汽轮机做功带动主轴旋转,利用高压调阀控制,将辅助蒸汽通入汽轮机中,将主轴冲转至600转。而在增速齿轮箱的作用下,将煤压机的转速升至1 220转,这时煤气通过回流阀在煤冷器减温减压后回到电除尘。热值增加到5 250千焦/立方米后,燃机具备点火条件开始点火。在燃机和汽机的共同作用下,机组转速从600转上升到3 000转,这时发电机具备并网条件,开始并网带负荷。燃机做功后排气到余热锅炉,加热给水产生蒸汽带动汽机。			
归类决定		该商品主要由燃机、汽轮机、发电机及其他辅助设备组成,用于发电,属于"发电机组",符合《税则》税目85.02的商品描述,根据归类总规则一及六,应归入税则号列8502.3900。			

序号	1084	归类决定编号	Z2010-0053	公告编号	2010 年第 15 号
商品税则号列		8503.0020		公告实施日期	2010 年 2 月 28 日
商品名称		槽楔			
英文名称					
其他名称					
商品描述		槽楔，又称转子槽楔，是发电机转子的重要组成部件。转子槽楔装配在转子的槽部中，起到压紧和固定转子槽中线圈的作用，同时转子槽楔开有多个圆形通风孔，在发电机运行过程中通过这些圆孔来进行通风冷却转子线圈，将发电机转子在运行中因电磁和机械损耗产生的热量带走，确保发电机转子各部件不会因温度过高而影响机组运行。由于该部件承受的机械应力（发电机转子运转时受到两个力，一个是转子高速运转的离心力，一个是转子线圈高速运转情况下的离心压力）比较大，需要具备较高的机械性能。同时，由于该部件与转子各尾槽装配精度要求很高，对部件的尺寸和公差要求也极为严格。				
归类决定		槽楔的功能是用来固定线圈，防止其移动。该商品是按照所用发电机转子的标准，经专门加工而成，专用性明显，具有零件特征，根据归类总规则一及六，应按发电机零件归入税则号列 8503.0020。				

序号	1085	归类决定编号	Z2006-0723	公告编号	2006 年第 69 号
商品税则号列		8504.2312		公告实施日期	2006 年 11 月 22 日
商品名称		电力变压器			
英文名称					
其他名称					
商品描述		电力变压器进口状态为 2 台额定容量为 250 兆伏安的强迫循环油浸风冷式自耦单相变压器。				
归类决定		电力变压器为额定容量为 250 兆伏安的强迫循环油浸风冷式自耦单相变压器。由于《税则》中"变压器"有明确列名，而变压器组并未提及，故应归入税则号列 8504.2312。				

序号	1086	**归类决定编号**	Z2008-0078	**公告编号**	2008年第76号
商品税则号列		8504.3190		**公告实施日期**	2008年10月28日
商品名称	行输出变压器，行推动变压器				
英文名称					
其他名称					
商品描述	行输出变压器主要由高压线圈、OP和第三线圈、FBT磁芯、HV电阻、HV电容及二极管等构成，用于背投影电视高压输出电路中，装在电源偏向线路板上。该变压器初级线圈上的间歇脉冲，在次级线圈上感应产生相应的间歇脉冲电流，使次级高压感应线圈上的电压升高。该变压器输入500~600伏的行逆程脉冲（频率31千赫），在次级线圈输出约31.7的高压脉冲（频率31千赫）、约12千伏的聚焦电压脉冲和约40伏的脉冲电压。行推动变压器由磁芯、一次线圈、二次线圈等构成，用于背投影电视行输出管的激励电路中，装在电源偏向线路板上，将行驱动信号转换成输出三极管的激励信号。该推动变压器输入的是脉冲电压（约9.75伏，频率31千赫），输出的是脉冲电压（约25伏，频率31千赫）。				
归类决定	该商品利用线圈的电磁感应原理，将低压脉冲转变成高压脉冲，额定容量小于1千伏安，符合《税则》税目85.04及《税则注释》品目85.04"变压器"的商品描述，根据归类总规则一及六，应归入税则号列8504.3190。				

序号	1087	归类决定编号	Z2008-0188	公告编号	2008 年第 83 号
商品税则号列		8504.3190		公告实施日期	2008 年 11 月 24 日
商品名称	返驰变压器				
英文名称					
其他名称					
商品描述	该商品由外壳、磁芯、高压线圈、初级线圈及中压线圈、HV 电阻、HV 电容、二极管、引出线、环氧填充剂等组成。企业报告称：该返驰变压器用于 CRT 显示器的高压输出电路中，装在电源偏向电路板上。该变压器初级线圈上的间歇脉冲，在次级线圈上感应产生相应的间隙脉冲电流，使次级高压感应线圈上的电压升高。该变压器输入 500~600 伏的行逆程脉冲（频率 31~100 千赫），在次级线圈上输出约 27 千伏的高压脉冲（频率 31~100 千赫）、8~12 千伏的聚集电压脉冲和几十至 400 伏的脉冲电压。HV 电阻是一个可调电阻，在 FBT 中起分压作用，它与 FBT 的高压脉冲端相连，调节旋钮可以得到所需要的聚集电压。HV 电容则起到平稳电压的作用，使输出的高压比较稳定，满足电路需求。磁芯、高压线圈、初级线圈及中压线圈作为 FBT 的核心部位，以磁芯作为能量交换的介质，实现 FBT 的变压作用。二极管将 4~5 组高压线圈组合起来，因为使用单个高压线圈得到的电压比较低，用这种结构使 4~5 个电压叠加起来，得到所需要的高压（27 千伏左右）。外壳、引出线、环氧填充剂则将 FBT 包封及保护起来，并将相应的电压引出，起安全保护作用。					
归类决定	该商品由外壳、磁芯、高压线圈、初级线圈及中压线圈、HV 电阻、HV 电容、二极管、引出线、环氧填充剂等组成，利用线圈的电磁感应原理，将低压脉冲转变成高压脉冲，额定容量小于 1 千伏安，符合《税则》税目 85.04 以及《税则注释》品目 85.04 变压器的商品描述，根据归类总规则一及六，应归入税则号列 8504.3190。					

序号	1088	归类决定编号	Z2008-0079	公告编号	2008年第76号
商品税则号列		8504.4014		公告实施日期	2008年10月28日
商品名称	回路电源				
英文名称					
其他名称					
商品描述	该回路电源由基板、桥堆、热敏电阻、光耦合器、变压器、插座、二极管、电容、电阻、电感、IC、三极管、扼流圈等构成，对经过滤波后的交流电（220伏）进行处理，提供给后级"镇流模块"脉动电压（370伏，占据大部分功耗），并驱动投影机主机板工作。				
归类决定	该回路电源型号为LC507-4001，用于投影机，输入交流电，输出多组直流电给特定部件使用，通过PFC电路稳压结构对电路进行稳压保护。功率小于1 000瓦，精度均低于万分之一。上述商品电路中具有电路稳压结构，属稳压电源，符合《税则》税目85.04及其子目条文的描述。根据归类总规则一及六，应按功率小于1 000瓦、精度低于万分之一的直流稳压电源归入税则号列8504.4014。				

序号	1089	归类决定编号	Z2008-0080	公告编号	2008年第76号
商品税则号列		8504.4014		公告实施日期	2008年10月28日
商品名称	打印机电源板				
英文名称					
其他名称					
商品描述	打印机电源板用于EPSON打印机的特定机型，能提供35伏/0.6安和5伏/0.3安两组电压给特定主板使用，能对突发的异常电压、电流进行稳压保护。该电源板主要由电阻、电容、晶体管及其他部件组成。交流220伏电压输入到电源板，经过电源板初级整流稳压后经过变压器成300伏直流，经过再变压成35伏/0.6安的直流输出到打印机主板上；另一路经过5伏稳压回路输出一组5伏/0.3安的直流电到打印机主板；当打印机出现异常电压波动时，主板通过PSC信号回路反馈到电源板，经过OVP、OCP电路进行稳压、过压保护，使打印机保持正常状态。				
归类决定	该打印机电源板型号为C294PSE，用于EPSON打印机的特定机型，输入220伏的交流电，输出35伏和5伏两组直流电给特定主板使用，通过RCC电路稳压结构对电路进行稳压保护。功率28瓦，精度为5%，低于万分之一。上述商品电路中具有电路稳压结构，属稳压电源，符合《税则》税目85.04及其子目条文的描述，且专用于税目84.43项下的打印机，根据归类总规则一及六，应按功率小于1千瓦、精度低于万分之一的直流稳压电源归入税则号列8504.4014。				

序号	1090	归类决定编号	Z2006-0725	公告编号	2006 年第 69 号
商品税则号列		8504.4015		公告实施日期	2006 年 11 月 22 日
商品名称	交直流稳压电源				
英文名称					
其他名称					
商品描述	型号为 MPW8401。功率为 200~770 瓦。工作原理为将市电输入的 220 伏交流电，经过整流电路、滤波电路和稳压以及温控部分，输出主机需要的直流电和交流电。输出电压及用途：1. 直流 3.35 伏±3%、直流 5.1 伏±3%，作为信号电压，用来指示各元器件开和关。2. 直流 24 伏±10%，用来驱动各元器件的动力电源，例如各种直流电机及电磁铁和电磁离合器。3. 交流 220 伏±5%，用来供给机器的定影器的加热灯管工作。4. 通过控制温控系统自动控制加热灯管的通断状态。				
归类决定	该商品为具有交流稳压、直流稳压功能的设备，其两种功能无法区分主次，根据归类总规则三（三）、归类总规则六，应从后归类。该设备的功率小于 1 000 瓦（200~770 瓦）、精度低于 1‰（直流 3.35 伏±3%、交流 220 伏±5%），因此应将其归入税则号列 8504.4015。				

序号	1091	归类决定编号	Z2006-0726	公告编号	2006 年第 69 号
商品税则号列		8504.4019		公告实施日期	2006 年 11 月 22 日
商品名称	化成电源				
英文名称					
其他名称					
商品描述	化成电源是用于铝电解电容器用电极箔氧化处理过程的直流稳压、稳流成套电源装置。此次申报的商品型号为 HVS-4，主要由整流器、变压器、控制柜、电路板、可控硅元件等部分组成。其功能是将 10 千伏的交流电变为 DC350 伏/800 安、DC500 伏/800 安、DC650 伏/800 安、DC800 伏/800 安的直流电，分四级分别输出至化成槽体、馈电极板（负极），提供化成专用的稳压稳流直流电源。其工作过程如下：10 千伏交流电通过变压器降压后，由可控硅装置整流，通过 L-C 平波后输出直流电，其整流电路设计原理为三相全控桥式整流电路，控制过程为双闭环电压、电流反馈自动调节。此外，该设备具有过电压和过电流保护。				
归类决定	根据《税则注释》对"静止式变流器"的解释，整流器可以带有变压器、调节控制器等辅助器件，因此，此次申报的商品可一并归入子目 8504.4 项下。同时，该套装置具有自动调节功能，符合注释中对稳压电源的解释（装有调节器的整流器），因此，可按直流稳压电源归入税则号列 8504.4019。				

序号	1092	归类决定编号	Z2008-0081	公告编号	2008年第76号
商品税则号列		8504.4091		公告实施日期	2008年10月28日
商品名称	可控硅				
英文名称	Thyristor				
其他名称					
商品描述	该商品的内部结构是由两个二极管组成的,具有三个PN结的四层结构,即两个PN结和一个NP结,外部共分三个极,分别为阳极、阴极和控制极。				
归类决定	该商品由两个可控硅元件组成,超出了《税则》税目85.41包括商品的范围,其功能、结构完全符合海关总署2005年第30号公告中的《本国子目注释》关于"半导体变流模块"的描述"模块由两个及两个以上的半导体器件组成",根据归类总规则一及六,应按具有变流功能的半导体模块归入税则号列8504.4091。				

序号	1093	归类决定编号	Z2006-1377	公告编号	2007年第70号
商品税则号列		8504.4099		公告实施日期	2007年12月5日
商品名称	交流斩波器				
英文名称	AC Chopper				
其他名称					
商品描述	该交流斩波器用于空调风扇电机的转速控制,由电阻、电容、功率三极管、光耦、PCB基板、铝制散热片等组成,无数控模块,无预制的程序来进行信号处理,须由另外的主控基板对其进行控制,实现通过调节电机输入电压从而调节电机的转速。其工作原理是:当输入5伏的占空比可调的方波信号时,该斩波器的功率三极管对市电输入的正弦波形(220伏/50赫兹)以20千赫的频率进行斩波,得到锯齿状波形,然后经过滤波电容滤波后输出平滑的正弦波形。当占空比为1时,斩波器输出电压约为市电(220伏/50赫兹);当占空比小于1时,交流斩波器输出电压随之降低(因波形幅值降低),输出频率不改变,输出电压为220×a伏,"a"是调压系数,恒小于1。通过调节占空比改变交流斩波器的输出电压,就可以比较连续地控制风扇电机的转速。				
归类决定	该商品属交流电变换器,符合《税则》税目85.04及其子目条文的描述,根据归类总规则一及六,应将其按静止式变流器归入税则号列8504.4099。				

序号	1094	归类决定编号	Z2006-1378	公告编号	2007 年第 70 号
商品税则号列		8504.4099		公告实施日期	2007 年 12 月 5 日
商品名称	充电器				
英文名称	AC/DC Adapter				
其他名称	电源适配器				
商品描述	该商品的型号为 FW7600U/06。输入为 100~240 伏 AC/45 毫安/ 50~60 赫兹；输出为 6 伏 DC/250 毫安。组成为三脚输入插头、塑胶面壳及底壳、桥堆、电解电容、开关控制芯片、高频变压器、调整管、四脚输出同轴电缆插头等。工作原理：较宽范围的交流电压（100~240 伏 AC/45 毫安）经输入插头输入后，通过桥堆整流，再经过电解电容滤波，开关控制芯片对高频变压器进行脉冲控制输出，输出端通过调整管反馈到控制芯片对高频变压器进行脉冲控制至稳压后，从同轴电缆插头输出稳定的直流电压（6 伏 DC/250 毫安）。功能/用途为把较宽范围的交流电压（100~240 伏 AC/45 毫安）变换为稳定的直流电压（6 伏 DC/250 毫安）输出；室内使用，适用于通信产品的供电和充电。				
归类决定	该商品具有变流功能，符合《税则》税目 85.04 的产品描述，其具有充电功能，根据归类总规则一及六，应将其归入税则号列 8504.4099。				

序号	1095	归类决定编号	Z2008-0189	公告编号	2008 年第 83 号
商品税则号列		8504.4099		公告实施日期	2008 年 11 月 24 日
商品名称	变频器模块				
英文名称	Powermodule power converter				
其他名称					
商品描述	该变频器模块型号为 PM1000 3POLE，由外部接口卡、IGBT 模块、门驱动装置、电源模块、控制卡组成，主要用于风力发电领域。其利用 IGBT 的变流能力来实现变频功能，是变频器的核心部件。				
归类决定	该商品功能符合《税则》税目 85.04 及其子目条文的描述。但其结构超出了海关总署 2005 年第 30 号公告中的《本国子目注释》关于税则号列 8504.4091 的描述，属于其他静止式变流器，根据归类总规则一及六，应按其他静止式变流器归入税则号列 8504.4099。				

序号	1096	归类决定编号	Z2006-0727	公告编号	2006年第69号
商品税则号列		8504.5000		公告实施日期	2006年11月22日
商品名称		组合开关电流互感器线圈			
英文名称		Current transformer coin			
其他名称					
商品描述		组合开关电流互感器线圈固定在陶制的套管上，可以置于油、SF6气体内或空气中。作用是在外部磁场作用下感应电流大小，并将大电流转换成小电流。通过接仪表和继电器，实现测量和保护功能。			
归类决定		该商品为在外部磁场作用下感应电流大小的电感线圈，根据归类总规则一，应将其归入税则号列8504.5000。			

序号	1097	归类决定编号	Z2006-1379	公告编号	2007年第70号
商品税则号列		8504.90		公告实施日期	2007年12月5日
商品名称		胶芯			
英文名称					
其他名称					
商品描述		该胶芯的型号为BNDN-2812-5，是将塑料直接经由塑胶成型机制成。该胶芯出售给客户用于生产整流器，主要用于漆包铜线缠绕。			
归类决定		该胶芯已制成特定形状，具有专用零件特征，根据《税则》第十六类类注二关于"零件"的归类规定，以及归类总规则一和六，该商品应按变压器、静止式变流器的专用零件归入税则子目8504.90项下。			

序号	1098	归类决定编号	Z2006-0728	公告编号	2006 年第 69 号
商品税则号列		8504.9090		公告实施日期	2006 年 11 月 22 日
商品名称	电导磁体铁金属				
英文名称					
其他名称					
商品描述	规格及形状：直径 2.5~6.3 厘米，高 5.04 厘米的圆柱体状或正方体状。 主要成分：铁粉 98%、黏结剂（PTFE）2%。 硬度：用刀可划成粉状，对细小块用手劲即可搓成粉状。 生产过程及用途：将铁粉和黏结剂经过挤压加工成圆柱状或正方体状，进一步机加工（车铣或刨）成一定形状后，主要用于感应器上，起导磁体的作用（改变导电体周围磁力线分布）。				
归类决定	该商品已具备了制成品的基本形状，故根据归类总规则二（一）和第十六类类注二（二）的规定，应作为感应器零件归入税则号列 8504.9090。				

序号	1099	归类决定编号	Z2006-0729	公告编号	2006 年第 69 号
商品税则号列		8505.1190		公告实施日期	2006 年 11 月 22 日
商品名称	废磁铁				
英文名称					
其他名称					
商品描述	废磁铁是一种具有强磁性，断面银灰色，边角有碰损，外观陈旧呈不规则状的磁铁。进口后需经有关处理再加工成机电产品零件，如录音机、音响上的喇叭等。				
归类决定	由于"废磁铁"是一种经简单处理后仍可作原用途使用的钢铁产品，因此不符合《税则注释》品目 72.04 的条文注释，不能归入品目 72.04。根据归类总规则一的规定及参照税目 85.05 的条文注释，"废磁铁"应归入税则号列 8505.1190。				

序号	1100	归类决定编号	Z2006-0731	公告编号	2006年第69号	
商品税则号列		8505.1900		公告实施日期	2006年11月22日	
商品名称	复合磁铁					
英文名称	Compound magnet					
其他名称						
商品描述	复合磁铁是由锶系肥粒铁粉末 $SrO \cdot 6Fe_2O_3$ 和合成橡胶组成。$SrO \cdot 6Fe_2O_3$ 含量为90%，其中 SrO 含量为8.73%，Fe_2O_3 含量为81.27%，合成橡胶 NBR 或 CPE 含量为10%。合成橡胶在此生产工艺中主要起黏合剂的作用。产品规格为（长度）600毫米（+5）×（宽度）420毫米×（厚度）1毫米。生产工艺为锶系肥粒铁粉末和合成橡胶放入混炼机在一定温度和时间下进行搅拌，形成块状黑色物质，后经过粉碎机将块状物粉碎成颗粒状物质，此后将颗粒状物质放入成型机，用螺杆进行挤压成片状后第一次切断，将第一次切断后的材料经过加热处理后进行长度切断，形成进口材料。进口后用切断机进行第二次切断，将大片切断为顾客所需规格。顾客购买后，将二次切断后的产品加磁磁化后形成永磁体，用于生产各类微小马达，如风扇马达、录音机马达、自动相机马达等。					
归类决定	根据《税则注释》品目85.05的规定，该商品符合黏聚材料制成的磁铁产品，故应作为磁化后准备制永磁体的物品，归入品目85.05，因其成分为非金属物质，故应归入税则号列8505.1900。					

序号	1101	归类决定编号	Z2011-0001	公告编号	2011年第26号
商品税则号列		8507.1000		公告实施日期	2011年5月1日
商品名称	多功能车用应急电源				
英文名称					
其他名称					
商品描述	该商品品牌为PowerStation，型号为PSX，由铅酸蓄电池、带3种气嘴的空气泵、直流变流器和多种直流电输出连接装置组成，并配有电压表、气压表和小LED（3.3伏/0.5瓦）照明灯等附件。铅酸蓄电池的容量为12伏/18Ah，向外输出12伏的直流电，当功率为100瓦（12伏/8.3安）的空气泵工作时（充气、驱动气动工具），需经变流器向内置的空气泵用马达供电；当需要为汽车引擎启动时，需经变流器输出7.2伏/100安的瞬时直流电，通过自带的电夹向汽车发动机的启动电机供电（充满电情况下只能使用两次）；当需要向外界提供直流电源时则不经变流器通过自带电缆向外输出12伏/15安的直流电供照明或其他设备使用；LED灯用于气压表和电压表在工作时的照明。				
归类决定	该商品为组合机器，不论执行何种功能，都基于蓄电池的供电功能，且主要用于直接供电，应视蓄电池为主要功能，根据第十六类类注三关于组合机器的归类原则，其符合《税则》税目85.07及其子目条文的描述，根据归类总规则一及六，应将其按用于启动活塞式发动机的铅酸蓄电池归入税则号列8507.1000。				

序号	1102	归类决定编号	Z2006-0732	公告编号	2006 年第 69 号
商品税则号列		8507.2000		公告实施日期	2006 年 11 月 22 日
商品名称	电极单元				
英文名称					
其他名称					
商品描述	该批进口的电极单元实为单个蓄电池的未完整品。完整的蓄电池包括电极螺栓、回水装置、电极铅板（需经活化处理后方可使用）、隔离片、外壳、电解质。该批进口的电极单元包括电极铅板（未经活化）、隔离片、外壳，并且已组装在一起。所谓活化处理即为对电极铅板进行充电，使生极板变为熟极板。				
归类决定	该批进口的电极单元包括电极铅板、隔离板和外壳，如再配有电极螺栓、回水装置和电解质即可构成完整的蓄电池，因此，电极单元实为单个蓄电池的不完整品，根据《税则注释》品目 85.07 的注释，该品目包括未加电解质的蓄电池，故该电极单元已构成蓄电池的基本特征，应按完整的蓄电池归入税则号列 8507.2000。				

序号	1103	归类决定编号	Z2006-1380	公告编号	2007 年第 70 号
商品税则号列		8507.9090		公告实施日期	2007 年 12 月 5 日
商品名称	三星手机电池下盖				
英文名称					
其他名称					
商品描述	手机电池可分为两类：外装式（B/T PACK）和内装式（INNER PACK）。两者的区别之处在于，外装式的手机电池下盖直接与外界接触，兼具手机后盖的功能，而内装式手机电池不直接与外界接触。无论是外装式还是内装式手机电池，生产工序基本相同。所需的主要零配件为手机电池芯、手机电池上盖、手机电池下盖、保护电路、镍电极和标签等。生产工序：第一步，将保护电路和镍电极焊接在一起；第二步，在电池芯后部粘贴自粘胶带；第三步，将保护电路焊接在电池芯上；第四步，将镍电极弯曲并焊接在电池芯底部；第五步，外装式电池芯在组装上下盖后，用超声波压力机将自粘胶带熔着在上下盖凹槽内固定电池芯；第六步，进行功能检测；第七步，贴上标签，包装出厂。				
归类决定	该手机电池下盖为外装式手机电池下盖，它与上盖、电池芯、保护电路等一并进口，且进入电池厂进行组装生产，制成成品电池后该下盖与上盖和电池芯无法分离。电池下盖与电池上盖一同将电池芯、保护电路组装成一个不可分离的整体，构成完整的手机电池芯。虽然外装式手机电池的电池下盖兼具手机后盖的功能，但在需要更换电池时必须将后盖也同时更换，因此该电池下盖应视为电池的零件。根据归类总规则一及六，应将其归入税则号列 8507.9090。				

序号	1104	归类决定编号	Z2008-0083	公告编号	2008 年第 76 号
商品税则号列		8509.8090		公告实施日期	2008 年 10 月 28 日
商品名称	转轮除湿机				
英文名称					
其他名称					
商品描述	该商品的品牌为 DST，型号为 DRA-20，为利用吸附原理降低空气湿度的除湿机，每台净重 15 千克。由除湿转轮、风扇、马达、再生加热器、控制器等组成。工作原理：除湿转轮吸收待处理气体中的水分，再生加热器将转轮吸附的水分蒸发，湿气由一个独立的排放口排出，干燥的气体回到工作空间。				
归类决定	该商品是一台除湿机，根据《税则注释》对品目 85.09"家用电动器具"商品范围的限定"本品目的器具可分为两组（参见本章章注三）：一、不论其重量多少均归入本品目的物品。这类物品为数有限……二、重量在 20 千克及以下的本品目物品。这类物品不受种类限制……（八）空气增湿机或减湿机"，此类商品判断其家用还是非家用的标准在于重量，该转轮除湿机净重 15 千克，符合《税则》税目 85.09 及其子目条文的描述。根据归类总规则一及六，应按其他家用电动器具归入税则号列 8509.8090。				

序号	1105	归类决定编号	Z2006-0734	公告编号	2006 年第 69 号
商品税则号列		8512.2090		公告实施日期	2006 年 11 月 22 日
商品名称	发光二极体				
英文名称					
其他名称	高位刹车灯部件				
商品描述	该商品由十几个发光二极管焊在一个电路板上，并焊有相应的电阻器和普通二极管。用于汽车刹车时在后窗闪烁一排红色冷光，警示后面来车。				
归类决定	由于该商品由发光二极管、二极管、电阻构成，超出了《税则注释》中品目 85.41 所述商品的范围，同时品目 85.31 排除了可归入品目 85.12 的商品，所以该商品应根据其功能用途——车用信号装置，归入税则号列 8512.2090。				

序号	1106	归类决定编号	Z2006-1381	公告编号	2007年第70号
商品税则号列		8512.2090		公告实施日期	2007年12月5日
商品名称		倒车辅助系统			
英文名称					
其他名称					
商品描述		该商品的外形尺寸为165毫米×135毫米×26毫米，由电子控制单元电路板、接口、外壳及固定架组成。功能为在汽车倒车和驻车时，启动此倒车辅助系统。一方面，启动汽车后端的摄像头，将汽车后端的图像通过此倒车辅助系统再加上安全警示框，一起输出到导航仪的液晶触摸屏上；另一方面，同时接收和反馈汽车其他电子控制单元，如发动机控制单元、制动器控制单元、转向控制单元等的信息。其工作电压范围为10~16伏，稳定工作电流为600毫安，最大电流为1安。			
归类决定		该商品具有倒车时视觉提醒的功能，符合《税则》税目85.12及其子目条文的描述，根据归类总规则一和六，应按机动车辆用的视觉信号装置，归入税则号列8512.2090。			

序号	1107	归类决定编号	Z2006-0735	公告编号	2006年第69号
商品税则号列		8513.1090		公告实施日期	2006年11月22日
商品名称		紫外光验钞笔			
英文名称		Fake identify pen			
其他名称					
商品描述		该商品由紫外光灯管、铁外壳、钥匙环、纽扣电池组成。通过紫外光照射使隐藏的荧光图案显现来鉴别真伪货币、信用卡、护照等。			
归类决定		因其是由人用肉眼来最后判别所查物的真伪，所以不符合《税则》税目90.31检验装置的要求。又因为其自身带有灯泡、纽扣电池，且使用时握在手中或随身携带，所以应归入税则号列8513.1090。			

序号	1108	归类决定编号	Z2006-0736	公告编号	2006年第69号
商品税则号列		8514.1090		公告实施日期	2006年11月22日
商品名称	电炉				
英文名称					
其他名称					
商品描述	电炉（玻璃窑）主要由钢结构支架、外层耐火砖、内层高铝砖、电热装置（电热丝、电杆）、控制柜组成。工作原理：利用电阻加热将废玻璃、硅砂熔化为玻璃液。该设备除钢铁支架和外层耐火砖国内采购外，其余部分均从国外进口。电杆、电热丝和控制柜，用于将电能转化为热能，价值约占整机的50%；高铝砖，为方形和弧形耐火砖，已进行开槽、打孔、开眼等工艺处理，进口后粘贴拼凑为炉膛衬里，价值约占整机的40%；国内采购部分，价值约占整机的10%。					
归类决定	该商品是用于熔化玻璃等物质的电炉，其加热方式为电阻加热，结构由钢结构支架、外层耐火砖、内层高铝砖、电热装置（电热丝、电杆）、控制柜组成，进口部分占整机的90%，根据归类总规则二（一）、归类总规则六，应将其归入税则号列8514.1090。					

序号	1109	归类决定编号	Z2006-1382	公告编号	2007年第70号	
商品税则号列		8514.1090		公告实施日期	2007年12月5日	
商品名称	回流焊炉					
英文名称	Reflow soldering system					
其他名称	再流焊炉					
商品描述	该回流焊炉是电子线路板加工厂商SMT表面贴装生产线上一种常见的焊接生产设备。它是一种通过加热环境使电子线路板上的焊锡膏受热、升温和熔化，让表面贴装元件和电子线路板焊盘上熔融的焊料形成金属间化合物并可靠地结合在一起的设备。 MR933回流焊炉属于热风式回流焊炉，其工作原理是使用棒状电阻加热器对加热区腔体中对流的空气进行加热，被加热的空气在风扇马达的驱动下吹拂到设备的炉膛中，在设备炉膛中经过电路板和表面贴装元件，和热空气进行热交换，电路板上的焊锡膏受热升温熔化，使表面贴装元件和电路板焊盘上熔融的焊料形成金属间化合物并通过冷却区的快速冷却得到可靠焊点，回流焊炉即可完成全部焊接过程。 该设备分为9个独立加热区和3个独立冷却区，每个加热区就是一套上、下配有加热器的高性能加热单元，由棒状电阻加热器、风扇马达和优化设计的腔体组成；每个独立的冷却区由一套上、下配有风扇马达和优化设计的腔体组成。通过设定和控制回流焊炉中不同区域的每个加热区和冷却区的温度，来设定设备的合适工作温度，以保证产品的可靠焊接。					
归类决定	MR933回流焊炉利用电阻加热器加热腔内空气，将电子线路板上的焊点熔化，从而使元件和线路板更好地结合。其并没有直接对元件进行焊接，只是提供一个加热环境，对已经焊接好的焊点进行热处理，因此，其不能归入《税则》税目85.15项下。根据归类总规则一和六，其应按电阻加热的炉归入税则号列8514.1090。					

序号	1110	归类决定编号	Z2007-0072	公告编号	2007 年第 71 号
商品税则号列		8514.1090		公告实施日期	2007 年 12 月 5 日
商品名称	中温黑体炉				
英文名称					
其他名称					
商品描述	该炉包含一个黑体腔，用于校验辐射高温计。炉腔温度可以设置成 30℃~550℃ 任意一温度点的正负 0.1℃内。炉温由控制器设置，同时一个独立指示器显示实际辐射温度，这个独立指示器的传感器安装在黑体腔内。				
归类决定	中温黑体炉采用电热丝加热方式，可以根据设定精确加温，提供热辐射，用于校验辐射高温计。由于其本身不具备对高温计的直接检测功能，只是提供一个测试环境，因此不能归入《税则》税目 90.31 项下。该产品具备将电能转变为热能的功能，通过加热内部空间辐射热量，符合税目 85.14 的商品描述，根据归类总规则一及六，应按电阻加热的炉归入税则号列 8514.1090。				

序号	1111	归类决定编号	Z2006-1383	公告编号	2007 年第 70 号
商品税则号列		8514.2000		公告实施日期	2007 年 12 月 5 日
商品名称	微波消减系统				
英文名称	Microwave digestion system				
其他名称					
商品描述	该微波消解仪由装于同一机壳内的 MARS 微波消解系统主机、双光路温度控制系统、内置全罐压力监控系统以及 16 位反应罐等组件构成。用途：对样品进行消解或烘干，为原子吸收、等离子发射光谱等元素分析进行样品制备，同时还可用于对样品进行萃取、蛋白水解、浓缩等。工作原理：利用可控微波进行加热，增加氧化还原的速度，比传统的加热板或烘箱速度快 100 倍。				
归类决定	该商品具有一个封闭的空间，利用微波加热制备样品，符合《税则》税目 85.14 及其子目条文的描述，根据归类总规则一及六，其可按通过感应或介质损耗工作的炉及烘箱，归入税则号列 8514.2000。				

序号	1112	归类决定编号	Z2006-1384	公告编号	2007年第70号
商品税则号列		8514.4000		公告实施日期	2007年12月5日
商品名称	固态高频焊接机组					
英文名称	Induction heating equipment					
其他名称	感应加热电源					
商品描述	该商品的规格型号：WELDAC G2 400（可升级到500k）。 其组成： 1. 控制及整流单元（REC）； 2. 逆变器，匹配及补偿单元（IMC）； 3. 8米长支流电缆； 4. 带可更换线圈的输出汇流排； 5. 外部控制面板； 6. 工作台； 7. 感应线圈。 其工作原理：与直缝焊管机组配套使用，利用高频感应线圈产生热量，瞬间产生1 200℃~1 350℃的高温，在短时间内达到使金属件熔融的目的。钢管焊接工作由直缝焊管机组挤压焊接装置完成。在整个金属管件的加工过程中，该固态高频焊接机组的主要功能为利用感应原理瞬间加热金属至熔融状态。 其主要用途：该设备功能独立，可以和多种机器配套使用，主要用于金属件的熔融。					
归类决定	该商品为感应加热电源，进口后与直缝焊接机组配套使用。该商品可用于钎焊、淬火、固化粘接等多种用途，不可按"金属焊接专用设备"归入《税则》税目85.15项下。根据归类总规则一及六，应将其按"通过感应对材料进行热处理的设备"归入税则号列8514.4000。					

序号	1113	归类决定编号	Z2006-0737	公告编号	2006 年第 69 号
商品税则号列		8514.9090		公告实施日期	2006 年 11 月 22 日
商品名称	可控气氛热处理炉用氢气保护管					
英文名称						
其他名称						
商品描述	可控气氛热处理炉用氢气保护管是可控气氛热处理炉不锈钢丝生产中固熔处理的主要设备，其可控气氛通过氢气保护管来实现。工作原理是将可控气氛热处理炉加热到 1 200℃左右，分解后的高纯度氢气通过专用氢气保护管后，再将线穿过专用氢气保护管，进行固熔处理，这样处理的线材才能光亮并保持银白色。如果没有专用氢气保护管的保护，不锈钢丝中的铬（Cr）就会被氧化成黑色，成为废丝。					
归类决定	该保护管为可控气氛热处理炉不可分割的组成部分，炉和保护管必须配套使用；且该管有特定的尺寸、壁厚、直径、耐温参数，由制造商生产出来后，不需要进行加工即可直接安装在可控气氛热处理炉上使用，故该商品应按可控气氛热处理炉用零件归入税则号列 8514.9090。					

序号	1114	归类决定编号	Z2006-0738	公告编号	2006 年第 69 号
商品税则号列		85.15		公告实施日期	2006 年 11 月 22 日
商品名称	可移动式焊接设备					
英文名称						
其他名称	自动焊工作站					
商品描述	该设备外观为履带式自驱动式焊接设备，有驾驶室、焊棚（焊接时挡风）抓臂及焊接设备，专用于野外大口径管道焊接。					
归类决定	该设备为履带式自驱动式焊接设备，有驾驶室、焊棚（焊接时挡风）抓臂及焊接设备，专用于野外大口径管道电气焊接，可按《税则》具体列名归入税目 85.15 项下。					

序号	1115	归类决定编号	Z2006-0739	公告编号	2006年第69号
商品税则号列		8515.1900		公告实施日期	2006年11月22日
商品名称		双波浪带滚带机			
英文名称		Heat exchang fin (splitter fin) machinery			
其他名称					
商品描述		双波浪带滚带机由中心带开卷机、点焊机、夹紧滚筒和料仓、鳞片带开卷机、鳞片机、自动收集机构、控制台等组成。其中，中心带开卷机、点焊机、夹紧滚筒和料仓、鳞片带开卷机安装在同一底座上，与鳞片机经钢性结构连接。工作原理：中心带开卷后被输送到收紧轮和存带仓，经过一个支撑轮从鳞片带开卷机下面通过，被引入加热中心带的烘箱，并由石墨喷嘴从烘箱引导到合成轮上的焊剂点（鳞片带的顶部，通过橡胶轮带上焊膏），中心带和鳞片带高速钎焊连接。			
归类决定		由于上述设备安装在同一底座上或彼此刚性结构连接，符合《税则》第十六类类注三关于组合机器的定义，应按主要功能一并归类。上述设备主要完成对铜制品的加工，具有焊接、金属切削加工、起皱成型等功能，主要功能无法确定，根据归类总规则三，从后归入税则号列8515.1900。			

序号	1116	归类决定编号	Z2006-0741	公告编号	2006年第69号
商品税则号列		8516.6090		公告实施日期	2006年11月22日
商品名称		家用炉灶带烤箱			
英文名称		Cookers			
其他名称					
商品描述		该商品系带烤箱之煤气灶，其中煤气灶为商品主体，附带烤箱为气电两用型，底部为燃气喷嘴，起主要烘烤作用，上部为电热丝，起辅助烘烤食物上部作用。其中燃气喷嘴和电热丝各具独立功能，必须单独使用，不能同时使用。			
归类决定		由于该炉灶兼具煤气灶和电烤箱的功能，根据《税则注释》关于品目73.21的解释"本品目不包括同时也可使用电供热的器具"，该商品应按用电供热的器具归入税则号列8516.6090。			

序号	1117	归类决定编号	Z2006-0742	公告编号	2006 年第 69 号
商品税则号列		8516.7990		公告实施日期	2006 年 11 月 22 日
商品名称	电脑马桶座					
英文名称						
其他名称						
商品描述	所报电脑马桶座，除马桶座圈外，还包括操作键盘、用来加热水和暖座的相关电热器件及配套管路，从而使其具有自动冲洗、调节冲洗温度及暖座温度等功能。				
归类决定	根据《税则注释》对品目 85.16 项下"家用电热器具"的定义，该电脑马桶座应根据其主要功能，作为电热器具归入税则号列 8516.7990。				

序号	1118	归类决定编号	Z2006-0743	公告编号	2006 年第 69 号
商品税则号列		8516.7990		公告实施日期	2006 年 11 月 22 日
商品名称	蒸汽清洁机					
英文名称						
其他名称						
商品描述	型号为乐华牌[LAVOR] PRETTY VAP，工作温度为 145℃，工作压力为 4 巴，自重为 8 千克，缸容积为 2.4 千克，发热线为 1 500 瓦，标准配套为 1 米蒸汽软管连手柄、2×0.5 米硬管、地面清洁扒头、手持扒头、弯体小喷头、圆刷子、窗屏清洁工具、旋转接头、抹洁布、手扒布罩。蒸汽清洁机的原理是透过容器加热、水分转化成蒸汽而产生压力（约 3~4 个大气压）。利用高热能高压的蒸汽喷射在物体上，进行清洁及杀菌工作。				
归类决定	上述商品属家用电热器具，符合《税则》税目 85.16 及其子目条文的描述，根据归类总规则一及六，应将其按其他家用电热器具，归入税则号列 8516.7990。				

序号	1119	归类决定编号	Z2008-0190	公告编号	2008 年第 83 号
商品税则号列		8516.7990		公告实施日期	2008 年 11 月 24 日
商品名称	远红外线保健装置				
英文名称					
其他名称					
商品描述	该商品为利用远红外功能加热的木制桑拿房，成套，未经装配。主要原理：远红外光波辐射向人体反馈，从而使人体有温热感及增强机体免疫力（抵抗力）和生物细胞的组织再生能力，加速供给养分和酵素，达到保健辅助治疗的作用。				
归类决定	该商品为利用远红外功能加热的木制桑拿房，成套，未经装配。主要原理：通电后，利用红外辐射器产生波长 1~1 000 微米的红外波和热量，可用于家庭等多种场合，兼具有医疗保健功能。该商品属于一种电加热设备，参考世界海关组织相关归类决定，其符合《税则》税目 85.16 及其子目条文的描述，根据归类总规则一及六，应按其他电加热设备归入税则号列 8516.7990。				

序号	1120	归类决定编号	Z2006-0744	公告编号	2006 年第 69 号
商品税则号列		8516.8000		公告实施日期	2006 年 11 月 22 日
商品名称	加热电阻器				
英文名称					
其他名称					
商品描述	该商品是成卷的电阻加热线，该线的中间部分是 Ni-Mg 或 Ni-Cr 合金电阻，电阻线的外层包覆 PEX 耐高温树脂，起绝缘作用，树脂的外层是金属网（钢），起屏蔽作用，最外层是 PVC 塑料管，直径大约 5 毫米。加热电阻线的两端已接有导线，长度尺寸已定，不需再剪短或加长，进口后可将导线直接与电源连接即可使用。如有需要，可连接温控器或开关等。 该商品主要埋于地下，用于道路融雪、大棚花房土壤加热、管道防冻等。				
归类决定	加热电阻器为成卷的电阻加热器，两端已连接导线，不需再剪短或加长，可直接连接电源使用或与温控器及开关装配后使用，根据《税则注释》关于品目 85.16 的解释，应归入税则号列 8516.8000。				

序号	1121	归类决定编号	Z2006-0745	公告编号	2006 年第 69 号
商品税则号列		8516.8000		公告实施日期	2006 年 11 月 22 日
商品名称	电热膜				
英文名称	Ilo heating film				
其他名称					
商品描述	该商品完全可以取代传统取暖方式的高科技专利产品，它以电为能源，以辐射方式散热，使室内得到温暖。该商品尺寸为 600 毫米×400 毫米、600 毫米×600 毫米等，是将金属铝片密封在两层特殊的聚酯膜之间，其厚度仅为 0.2 毫米，最高使用温度为 80℃，规格为 ILO175-600S1 到 600S6，功率从每块 60 瓦到 360 瓦，它的工作原理是采用电使金属铝片发热，低温大面积热辐射供暖，适用于民用住宅、别墅、宾馆、商场、影院、公共娱乐场所等。				
归类决定	由于此次进口的电热膜不包括任何连接元件和温控器等，因此不属于完整的供热装置，而应作为加热电阻元件归入税则号列 8516.8000。				

序号	1122	归类决定编号	Z2015-0006	公告编号	2015年第31号
商品税则号列		8516.8000		公告实施日期	2015年7月1日
商品名称	地板革（带电阻丝）				
英文名称					
其他名称					
商品描述	该商品申报品名为地板革，正面材质为PVC（聚氯乙烯），背面材质为人造纤维丝，四周以涤纶包边，中间包裹一排电阻丝。该产品铺在家庭地板上，通电后利用电阻丝加热，供取暖用。该商品分为4种规格，分别为145厘米×150厘米×0.8厘米，50厘米×130厘米×0.8厘米，150厘米×185厘米×0.8厘米，210厘米×185厘米×0.8厘米。				
归类决定	该商品正面材质为PVC（聚氯乙烯），背面材质为人造纤维丝，四周以涤纶包边，中间包裹一排电阻丝，用途为铺在家庭地板上，通电后利用电阻丝加热，供取暖用。该商品为铺地制品和加热电阻器的组合物，根据归类总规则三（二）及六，该商品应归入税则号列8516.8000。				

序号	1123	归类决定编号	Z2009-0172	公告编号	2009 年第 57 号
商品税则号列		8516.8000		公告实施日期	2009 年 8 月 31 日
商品名称		加热电缆			
英文名称		Pal heating cables			
其他名称					
商品描述		该商品外观为成卷无接头电缆（芯部为多股带绝缘皮电线，外包绝缘皮），额定电压为 220~230 伏，用于消防管道防冻、低温地板保温、设备保温等。该商品利用电流通过电阻时能够产生热量的原理工作，使用时必须连接适应的冷线（通用电源电缆），以避免电气控制元件受热而引发灾害。				
归类决定		该商品外层为塑料绝缘护套层，绝缘层内为一层铝箔，铝箔内有玻璃纤维丝束、金属绞线和两根绝缘电线，不同于一般电缆的结构，实际功能及工作原理均明确表明其为电阻加热器，《税则注释》品目 85.44 明确"本品目不包括品目 85.16 的用绝缘材料包覆的加热电阻器"，而该商品结构符合《税则注释》品目 85.16 "加热电阻器"的描述，根据归类总规则一及六，应归入税则号列 8516.8000。				

序号	1124	归类决定编号	Z2006-0746	公告编号	2006 年第 69 号
商品税则号列		8516.9090		公告实施日期	2006 年 11 月 22 日
商品名称		高温陶瓷板			
英文名称		NEOCERAM N-II			
其他名称					
商品描述		该货物是超耐热结晶化玻璃，用作电磁炉顶部，组成为二氧化硅约 67%、三氧化二铝 23%、氧化锂 4%、二氧化钛 2%、二氧化锌 3%、磷酸 1%。成型方法：熔解→成型→徐冷→结晶化热处理。 该商品进口后不再加工、切割及研磨，直接使用于电磁炉生产，将高温陶瓷板沾粘硅胶与塑胶上盖黏合，即完成电磁炉上盖半成品。				
归类决定		该陶瓷板进口后不再加工、切割及研磨，直接使用于电磁炉生产，根据《税则》第十六类类注二关于零件的归类原则，应将其作为电磁炉零件归入税则号列 8516.9090。				

序号	1125	归类决定编号	Z2006-1385	公告编号	2007 年第 70 号
商品税则号列		8517.6219		公告实施日期	2007 年 12 月 5 日
商品名称	160/168 信息服务交换机				
英文名称					
其他名称	排队机				
商品描述	160/168 信息服务交换机（排队机），又称数字用户交换机，主要有排队功能和交换功能。其排队功能如下：当电话用户拨打 160/168 声讯服务号后，市话交换机会通过公众电话网将这一路电话转接到排队机，排队机会将当前用户的呼叫通过系统程序设置，排入排队机内部的等待队列中，根据用户拨打号码的不同，同时按照先等待先服务的原则，将用户电话转接到话务员（人工）或具有交互语音应答能力的设备上（自动）。 其交换功能：若打进声讯台的电话用户需要专家服务，则排队机会通过公众电话网，将用户的这一路电话转接到市话交换机，最后转接到专家的电话上（目前可接几十门和专家预先约定好的服务电话）。				
归类决定	该交换机满足一般数字程控交换机的技术规范和信号方式，虽然在用户排队等功能上比一般交换机有所增加和侧重，但仍属于社会集团内部通信的数字程控交换机的范围，根据归类总规则一及六，应将其归入税则号列 8517.6219。				

序号	1126	归类决定编号	Z2006-1386	公告编号	2007 年第 70 号
商品税则号列		8517.6221		公告实施日期	2007 年 12 月 5 日
商品名称	HFC 网络光节点设备				
英文名称					
其他名称					
商品描述	该 HFC 网络光节点设备由机壳、光模块、均衡器、衰减器等组成，是光纤同轴混合接入网的节点设备。此光节点设备在光传输链路中完成自光波至射频和射频至光波的传输过程，并支持各种先进的混合光纤同轴网络结构，该节点可配置 3 个光接收机，4 个高电平射频输出和 2 个反向通道光发射机，它在带宽分配或备份应用中提供了高度的灵活性，可满足单向和双向宽带网络应用中诸如广播视频、电话以及数据等方面的最新要求。				
归类决定	该 HFC 网络光节点设备可配置 3 个光接收机，4 个高电平射频输出和 2 个反向通道光发射机，在光传输链路中完成光波至射频和射频至光波的传输过程，属于光端机，根据归类总规则一及六，应将其归入税则号列 8517.6221。				

序号	1127	归类决定编号	Z2006-1387	公告编号	2007年第70号
商品税则号列		8517.6229		公告实施日期	2007年12月5日
商品名称	光纤交换机				
英文名称					
其他名称					
商品描述	该设备主要用于磁盘阵列等存储设备和服务器的连接，采用基于存储的SCSI协议的光纤通道（FIBRE CHANNEL）协议。该设备配有LC/LC光纤电缆，可采用以太网络协议，但主要用于存储设备，故采用光纤通道协议，而非FC-IP协议。				
归类决定	上述商品属光纤通信设备，符合《税则》税目85.17及其子目条文的描述，根据归类总规则一和六，该光纤交换机应按其他光通信设备归入税则号列8517.6229。				

序号	1128	归类决定编号	Z2006-1388	公告编号	2007年第70号
商品税则号列		8517.6234		公告实施日期	2007年12月5日
商品名称	ADSL调制解调器				
英文名称	ADSL Modem				
其他名称					
商品描述	该ADSL调制解调器，又称非对称数字用户专线调制解调器。ADSL技术使用一对电话线，在用户线两端各安装一个ADSL调制解调器。该调制解调器采用了频分复用技术，将带宽分为3个频段部分：最低频段部分为0~4千赫，用于普通电话业务；中间频段部分为20~50千赫，用于速率为16~640MB/s的上行数据信息的传递；最高频段部分为150~550千赫或140千赫~1.1兆赫，用于1.5~6.0MB/s的下行数据信息的传送。ADSL技术因使用普通电话线作传输介质又有很高的带宽而得到迅速发展。				
归类决定	该ADSL调制解调器的工作流程：经ADSL调制解调器编码后的信号通过电话线传到电话局后再通过一个信号识别/分离器，如果是语音信号就传到电话交换机上，如果是数字信号就接入互联网（Internet）。根据归类总规则一及六，应将其归入税则号列8517.6234。				

序号	1129	归类决定编号	Z2006-1389	公告编号	2007年第70号
商品税则号列			8517.6239	公告实施日期	2007年12月5日
商品名称		主干异步传输（ATM）交换机			
英文名称					
其他名称					
商品描述		该设备的型号为VIVID CS3000，支持多媒体和其他时间敏感的应用，全面支持MPOA标准，模块化设计，能实现6.4吉比特/秒无阻塞交换带宽，用于建设国家经济信息系统子系统的计算机数据交换设备。			
归类决定		该主干异步传输（ATM）交换机，型号为VIVID SC3000，是支持异步传输模式ATM的数字网络传输设备，其功能和结构与电话或电报交换机有所不同，可作为有线数字通信用的其他设备归入税则号列8517.6239。			

序号	1130	归类决定编号	Z2006-1390	公告编号	2007年第70号
商品税则号列			8517.6239	公告实施日期	2007年12月5日
商品名称		数字语音信息综合处理机和WINSET适配器			
英文名称					
其他名称					
商品描述		上述商品是客户服务中心数字语音信息支持系统的组成部分。WINSET适配器是其前台桌面设备，与数字语音信息综合处理机相连。 1. 数字语音信息综合处理机可通过计算机语音综合应用技术对语音信息进行数字化处理，并通过广域网对呼叫、路由、中继线等资源综合控制。该处理机具有电话和计算机共享、自动呼叫分配、号码识别与转移呼叫、交互式语音应答、呼叫管理、同步录音、远程监听等功能。 2. WINSET适配器是用于将数字语音信息综合处理机或客户工作站连接到广域网的接口设备，同时也可代替软件完成多种呼叫管理、录入语音信息、同步传输等硬件功能。			
归类决定		该数字语音信息综合处理机和WINSET适配器均为专用于有线数字通信的设备，根据归类总规则一及六，应将其归入税则号列8517.6239。			

序号	1131	归类决定编号	Z2006-1391	公告编号	2007年第70号
商品税则号列			8517.6239	公告实施日期	2007年12月5日
商品名称		3600/3645带宽管理系统			
英文名称		Bandwidth manager			
其他名称		数字数据网络节点设备			
商品描述		3600带宽管理系统是DDN（数字数据网）的网络节点设备，其主要作用是复用和解复用，交叉连接，提供各种数字通道和用户接口，接入各种业务，保持网络同步。3645带宽管理系统是3600带宽管理系统的扩容，用于控制多台3600带宽管理系统协同工作，不直接与用户端连接，功能与3600带宽管理系统相似。			
归类决定		该带宽管理系统作为DDN（数字数据网）的网络节点设备，其主要作用是复用和解复用，交叉连接，提供各种数字通道和用户接口，接入各种业务，保持网络同步，应作为有线数字通信设备归入税则号列8517.6239。			

序号	1132	归类决定编号	Z2006-1392	公告编号	2007年第70号
商品税则号列		8517.6239		公告实施日期	2007年12月5日
商品名称	HYPERCOM牌网络控制器				
英文名称					
其他名称	HYPERCOM牌存储器（申报品名）				
商品描述	该HYPERCOM牌网络控制器有IEN6000、IEN4000两种型号，常用作网络中心节点，配有多个LAN/传统协议/语音/WAN的接口，具有集成单元/数据包/电路交换、集成LAN路由器、集成CSU/DSU、集成备用拨号、集成数据压缩和加密、集成的LEGACY-TO-IP网关等多种功能。				
归类决定	该HYPERCOM牌网络控制器是专为金融交易传输系统设计的智能通信处理器，提供了接口、集线、协议转换、传输等功能，支持拨号线、专线、LAN、DDN、X.25及ISDN等多种通信方式。 该HYPERCOM牌网络控制器的基本功能如下： 1. 各种协议接口； 2. 集线； 3. 协议转换； 4. 交易发送； 5. 备份传输路由； 6. 联机网络管理； 7. 允许拨号、专线或局域网方式访问； 8. 支持NMS网管系统； 9. 支持TM终端管理系统； 10. 可连接多种POS、ATM和ECR电子收款机。 该商品属于有线数字通信设备，应归入税则号列8517.6239。				

序号	1133	归类决定编号	Z2006-1393	公告编号	2007年第70号
商品税则号列		8517.6239		公告实施日期	2007年12月5日
商品名称	数字电视复用器				
英文名称	Digital multiplexer				
其他名称					
商品描述	该数字电视复用器，品牌为THALES，型号为AMBERTNM-4068-D，主要由各类中央处理器（CPU）、存储芯片和主板等构成。该复用器主要用于将多套有线数字电视信号进行打包，形成数字信号流配合后续的调制设备进入有线电视网络，传向有线电视用户终端。				
归类决定	该设备用于有线数字通信网络，将数字有线电视信号打包后进入有线数字电视网络传输，属于有线数字通信设备，根据归类总规则一及六，应将其归入税则号列8517.6239。				

序号	1134	归类决定编号	Z2006-1394	公告编号	2007年第70号
商品税则号列		8517.6239		公告实施日期	2007年12月5日
商品名称	负载均衡交换机				
英文名称					
其他名称					
商品描述	Cisco11503负载均衡交换机，含有以太网模块，用于小型机、服务器与主交换机的连接，它将从主交换机来的对服务器的访问均匀地转发给多个服务器进行处理，使得担当对外应答的服务器的负担一样重，均衡满足客户机的请求。按照传统的通信理论，数据的交换分为1~7层，传统的以太网交换机对1~2层进行交换，而负载均衡交换机对数据通信的内容进行检查，是对数据包的3~7层进行交换。				
归类决定	该负载均衡交换机又称内容服务交换机，是一种结构紧凑的模块化平台，能够为电子商务应用提供第3~7层流量管理服务，其功能与《本国子目注释》对"以太网络交换机"的描述不相符，故其不能按以太网络交换机归类。其属于一种有线数字通信设备，根据归类总规则一和六，应将其归入税则号列8517.6239。				

序号	1135	归类决定编号	Z2007-0073	公告编号	2007 年第 71 号
商品税则号列		8517.6239		公告实施日期	2007 年 12 月 5 日
商品名称		自动数据处理设备部件			
英文名称		RTU BOX			
其他名称					
商品描述		该设备为远程单元 RTU BOX，是 Sattline-PCS 系统的一部分。该系统包含了控制站（主控制器）、远程单元 RTU BOX 和通信模块 3 个部分，共同完成新工艺系统的控制功能。RTU BOX 能够接收变送器和传感器的模拟信号并进行模数转换后传给控制器，然后又把从控制器接收的数字控制信号进行数模转换后再发给执行器即阀门、电机等设备，确保整套系统的数据处理和交换。			
归类决定		该自动数据处理设备部件实为模数转换通信控制柜，由模数转换（AI）模块、数模转换（AO）模块、开关量数字转换（DI）模块、数字开关量转换（DO）模块及通信（CAN）模块组成，用于变送期、变频器等设备与 PCS 控制站之间的信息通信。该商品用于 PCS 网络中工作设备和控制器之间的信号转换和数字通信，符合《税则》税目 85.17 的描述，根据归类总规则一及六，应归入税则号列 8517.6239。			

序号	1136	归类决定编号	Z2008-0084	公告编号	2008 年第 76 号
商品税则号列		8517.6239		公告实施日期	2008 年 10 月 28 日
商品名称		机顶盒			
英文名称					
其他名称					
商品描述		S-box3300A 机顶盒为 IPTV 数字机顶盒，具有数字电视、视频点播、网络游戏和收发 E-mail 的功能。主要由机顶盒、遥控器、接入电源适配器、AV 或 S 端子连接线组成。工作原理：宽带 IP 网络机顶盒作为网络终端，前端设备将原始流媒体信号数据进行编码，转化成适合网络传输的数据形式，然后通过互联网传送到宽带 IP 网络机顶盒进行解码。作为信息接收、汇聚和交互的平台，机内解码芯片通过相关的网络协议（如：TCP、UDP、HTTP、RTSP、IGMP 等）与前端系统进行交互通信，在本地将网络传输的流媒体按照相关的标准（如：MPEG2、MPEG4、H.264、VCI、AVS 等）进行解码，输出到相关的显示设备上。			
归类决定		该商品为数字网络机顶盒，通过和网络相连，接收网络信号（包括视频信号、游戏信号、E-mail 信号等），然后通过外接的显示设备进行显示，符合《税则》税目 85.17"发送或接收声音、图像或其他数据用的设备"的商品描述，根据归类总规则一及六，应归入税则号列 8517.6239。			

序号	1137	归类决定编号	Z2009-0135	公告编号	2009 年第 32 号
商品税则号列		8517.6239		公告实施日期	2009 年 6 月 12 日
商品名称	卫星路由接收机					
英文名称	IP/DVB satellite router receiver					
其他名称						
商品描述	IPR-S500 型 IP/DVB 卫星路由接收机，主要功能：通过卫星广播 DVB-S 信道，经过 QPSK 解调器解复用，形成传输流，并将该传输流封装在 IP 包内，通过局域网传输到个人电脑上。利用电脑安装的播放软件即可完成软解压，还原成相应的音视频文件或相关数据文件，主要为国际互联网接入、网络学习、商务电视等提供相关解决方案。该接收机具有解调和 FEC 信道解码，以及把所接收的卫星信号（内容可为广播电视信号、多媒体数据等）打包成 IP 包的形式输出的功能，不具有音视频解码功能。背板输入端子为 Tuner/LNB 输入，输出端子为 Ethernet 口（以太网口）、Console 口（用于连接维护控制设备）、Firmware 口（Flash 卡口，用于软件升级时插 Flash 卡）、电源口、MODEM 口。					
归类决定	该商品通过 LNB 高频头接收卫星信号，并将信号转换为网络通用的 IP 包，转发至网络，包含了各种内容的数据信号。该商品虽然可以接收卫星电视信号，但并未将其转换成一种适合于显示的信号，不符合《税则注释》对品目 85.28 项下"不带显示装置的电视接收装置"的描述，故不应视为卫星电视接收机。该商品是一个完整的信号接收、转换和发送设备，且无路由功能，符合《税则》税目 85.17 及其子目条文的描述，根据归类总规则一及六，应按其他有线数字通信设备归入税则号列 8517.6239。					

序号	1138	归类决定编号	Z2009-0060	公告编号	2009 年第 5 号
商品税则号列		8517.6299		公告实施日期	2009 年 1 月 20 日
商品名称	甚高频共用系统					
英文名称						
其他名称						
商品描述	该系统是为空管部门提供近程和远程地空通信所用的 VHF 通信设备，用于民用航空地面电台与航空器电台之间交换空中交通管制、飞行动态、航务管理、对空广播通信和其他情报的无线话音通信设备。					
归类决定	该商品为空中交通管制的语音导航设备，它在世界民航空管部门专用的频段（118~137 赫兹）上通过无线电发出信号，指挥和控制飞机飞行。该商品通过地面与空中对话指挥飞机飞行，不属于《税则》税目 85.26 描述的无线电导航设备。其用于语音通信，符合《税则》税目 85.17 的描述，根据归类总规则一及六，应归入税则号列 8517.6299。					

序号	1139	归类决定编号	Z2006-1395	公告编号	2007年第70号
商品税则号列		8517.6990		公告实施日期	2007年12月5日
商品名称	来电显示器				
英文名称	Caller id standalone				
其他名称					
商品描述	该来电显示器由一块主电路板、一个液晶显示屏及一个塑料外壳组成。该来电显示器一端与电话机相连，另一端与电话线相接，来电话时可将主叫号码显示在液晶屏上。其工作原理是：来电显示器的解码器可以将程控交换机发送的以FSK和DTMF方式调制的主叫电话号码解码成数字行码，经CPU进行信号处理和存储，再通过LCD显示器将主叫号码显示出来。				
归类决定	该来电显示器是电话机的辅助设备，使普通电话机能实现来电显示的功能，依照其功能判定，属于有线通信设备，应归入税则号列8517.6990。				

序号	1140	归类决定编号	Z2006-1396	公告编号	2007年第70号
商品税则号列		8517.6990		公告实施日期	2007年12月5日
商品名称	可视门铃系统				
英文名称	Audio-video entry system				
其他名称					
商品描述	该商品为可视门铃系统中的可视门口机，即室外机，其配套室内机未进口。该可视门口机由对讲器、数字显示屏、键盘、功能键和摄像头组成，可供访客呼叫住户和管理员；同时住户也可以在该机器上设置密码开门。				
归类决定	该室外机具有通话、开锁、视频监视等功能，符合《税则注释》品目85.17"门口电话系统"的描述。根据归类总规则一及六，应将其归入税则号列8517.6990。				

序号	1141	归类决定编号	Z2006-1397	公告编号	2007年第70号
商品税则号列		8517.6990		公告实施日期	2007年12月5日
商品名称	中央管理电话机、门铃、黑白视频监视器（申报品名）				
英文名称					
其他名称					
商品描述	该商品由中央管理电话机、门铃、黑白视频监视器构成。 1. 黑白视频监视器，型号为QHS-201，系室内机，具有遥控开锁、视频监视及通话的功能，可实现与"门铃"及"中央管理机"的对讲，并可以通过"中央管理机"实现与其他区内用户的对讲。 2. 门铃，型号为QHS-5400，系室外机，安装于住宅小区每一单元的安全门上，具有传输图像、开锁及通话的功能，可将视频信号传给室内机并与其通话，也可以与"中央管理机"通话，用户还可自行设定开锁密码，通过密码开锁。 3. 中央管理机，型号为QHS-5300，安装于小区物业管理办公室，可与"黑白视频监视器"和"门铃"对讲，可转接区内用户间的通话，可呼叫、监视"门铃"，开启安全门上的门锁，可与电脑连接使用，由其将接收的室内机异常报警信息传输给电脑后，通过电脑查询异常报警信息、地址、类型、日期、时间等。				
归类决定	该套商品由中央管理电话机、门铃、黑白视频监视器构成，实现小区或大楼的门口呼叫功能，其功能符合《税则注释》品目85.17项下"大楼用可视电话"的描述。根据归类总规则一及六，应将其归入税则号列8517.6990。				

序号	1142	归类决定编号	Z2006-0747	公告编号	2006年第69号
商品税则号列		8518.1000		公告实施日期	2006年11月22日
商品名称	高智能麦克风（带视频输出）				
英文名称	Microphone				
其他名称					
商品描述	该商品为高智能麦克风（带视频输出）。它有以下几种功能： 1. 歌曲伴奏功能（卡拉OK），内存1 500首中文歌曲； 2. 视频输出功能，与电视机连接（或与电视机及音响同时连接）后，演唱时除有伴奏音乐外，还可以视频输出24幅固定图片，以及歌曲的歌词； 3. 录音及播放功能，可以将在卡拉OK伴奏下演唱的歌曲录制下来，并播放； 4. 可以通过USB电缆，从电脑上下载MP3格式歌曲，并播放； 5. 可作为无线话筒使用，声音传输通过FM104兆赫频率输出，可用调频收音机接收，并用扬声器将声音传出。				
归类决定	该麦克风具有声音的录制和重放、视频输出、MP3格式文件的下载及播放等多种功能，但仍以麦克风为其主要功能，因此，可归入税则号列8518.1000。				

序号	1143	归类决定编号		Z2008-0085	公告编号	2008年第76号
商品税则号列		8518.1000			公告实施日期	2008年10月28日
商品名称	无线麦克风系统					
英文名称						
其他名称						
商品描述	ULM2000M是一种可自由选择320种，频率范围为794~810兆赫，功率为10毫瓦，可接受距离为70米的无线麦克风系统。它由ULR2000和ULM2000组成：1. ULM2000是无线麦克风（发射器），发射高频信号的最大功率可达到10毫瓦，它发射频率的范围是785.1~805.9兆赫，这些点可存储在用户的PRESET2、PRESET3、PRESET4等厂商预置好的频率，它将人的声音（20~20 000赫兹）信号，通过麦克风转化低频的电信号，然后通过电路的限幅、压缩、FM调制，产生10毫瓦、785.1~805.9兆赫的载波信号，然后通过内置的天线发射出去，在强大频率或信号干扰时，频率锁定扫描功能也能确保发送和接收信号的稳定。2. ULR2000是信号接收器，它是将发射器发射来的高频信号进行振荡接收、放大、扩展、解调，对解后的音频进行去加重还原处理，然后输出音频信号。					
归类决定	该商品成套进口，具备《税则》税目85.18项下列名的"传声器"的功能，上述两个部件构成了功能机组，根据《税则》第十六类类注四关于功能机组的归类原则，该商品属无线麦克风符合《税则》税目85.18及其子目条文的描述，根据归类总规则一及六，应按传声器归入税则号列8518.1000。若上述两个部件单独进口，则ULM2000无线麦克风符合《税则》税目85.18及其子目条文的描述，根据归类总规则一及六，应按传声器归入税则号列8518.1000。ULR2000信号接收器，单纯的无线电信号接收装置（非广播），不具备信号发送的功能，符合《税则》税目85.17及其子目条文的描述，根据归类总规则一及六，应按其他无线设备归入税则号列8517.6910。					

序号	1144	归类决定编号	Z2008-0192	公告编号	2008年第83号
商品税则号列		8518.1000		公告实施日期	2008年11月24日
商品名称	手机耳机半成品（音频控制器）				
英文名称					
其他名称					
商品描述	该商品的中文名称为"音频控制器"，型号为AD-43，企业申报品名为"手机耳机半成品"，用于NOKIA N95款手机。其主要组成部件为耳机线、插头、开关部件、麦克风等。其中，开关部件包括接听/挂断电话按钮；音乐播放/暂停按钮；音乐快进按钮；音乐快退按钮；声音控制按钮等。其主要工作原理：麦克风将接收到的声音通过振音膜产生震动，根据电磁感应原理，进行声电转换，转换成音频信息，通过连接线等传送此信息。开关按钮用于控制手机中存储的音乐等。此商品再配上由扬声器组成的耳塞传输声音，即为完成品。				
归类决定	该商品兼具有麦克风和手机有线遥控的功能，其中以麦克风为其主要功能，根据《税则》第十六类类注三的归类原则，符合《税则》税目85.18及其子目条文的描述，根据归类总规则一及六，应按传声器归入税则号列8518.1000。				

序号	1145	归类决定编号	Z2006-0748	公告编号	2006 年第 69 号
商品税则号列		8518.2100		公告实施日期	2006 年 11 月 22 日
商品名称	扬声器				
英文名称					
其他名称					
商品描述	所申报的 TOA 牌扬声器共有 3 种，即壁挂式箱型扬声器，型号为 BS-330；宽音域扬声器，型号为 CS-304；花园扬声器，型号为 GS-301。该类扬声器均由扬声器单元、变压器、接线端子和 ABS 树脂外壳组成，其中： 1. BS-330 型：树脂外壳为正面正方形、侧截面为前窄后宽的梯形；带有开口及壁挂孔的背板通过螺丝固定在外壳内沿，与前者共同组成封闭箱体。 2. CS-304 型：外壳由两部分构成，一为树脂矩形口喇叭，扬声器单元固定于喇叭小口端；另一为"几"字状树脂罩，将矩形喇叭及扬声器单元从后部封闭在内。树脂罩后部安装了用于悬挂或固定的金属支架，外壳可以支架的两固定端为轴前后旋转。 3. GS-301 型：由圆柱形底座、三足支架以及扬声器外壳组成。底座固定于地面，通过三足支架撑起扬声器外壳。外壳由上下两块圆罩封闭形成，顶部为穹隆形密封防水设计，扬声器单元倒置固定在下块圆罩内底部。				
归类决定	上述商品的共同特征是由一个扬声器安装于一个箱体内，符合《税则注释》对品目 85.18 "扬声器可装在框架、底座上，或装在不同类型的箱体内……"的要求，符合《税则》税目 85.18 及其子目条文的描述"单喇叭音箱（single loudspeakers, mounted in their enclosure）"，根据归类总规则一及六，应将其按单喇叭音箱归入税则号列 8518.2100。				

序号	1146	归类决定编号	Z2006-1399	公告编号	2007年第70号
商品税则号列		8518.2900		公告实施日期	2007年12月5日
商品名称	扬声器				
英文名称					
其他名称					
商品描述	该扬声器的型号为GMO1663；规格为755毫米×70毫米×95毫米。该商品为等离子电视左右两侧的内置式音箱，主要由4个高音2个低音的扬声器（喇叭）、垫片、螺钉、吸音海绵、塑框架和连接线组成。				
归类决定	该扬声器，由多个扬声器、垫片、螺钉、吸音海绵、塑框架、连接线组装而成，装于电视机内。税则号列8518.2200关于商品的英文描述为"Multiple loudspeakers, mounted in the same enclosure"，应当安置在一个箱体内。该扬声器并未安装在一个箱体中，不符合此描述，根据归类总规则一及六，应将其归入税则号列8518.2900。				

序号	1147	归类决定编号	Z2006-0749	公告编号	2006年第69号
商品税则号列		8518.3000		公告实施日期	2006年11月22日
商品名称	胎教装置				
英文名称					
其他名称					
商品描述	该商品由主机、副机及一副耳机构成。工作原理：主机有3个插口，分别与耳机、副机及外部音源相联结。主机内部存有一段自然音乐可供播放或播放外部音源提供的音乐，孕妇通过耳机、胎儿通过主机底部的一个小扬声器收听；将副机贴于孕妇腹部时，孕妇可听到胎儿的声音；将副机靠近孕妇嘴，主机置于孕妇腹部，孕妇就可与胎儿进行语言交流。				
归类决定	根据以上特征判定，所报胎教装置主要由传声器、扩音器和扬声器组成，因此，应作为由传声器及一个或多个扬声器组成的组合机归入税则号列8518.3000。				

序号	1148	归类决定编号	Z2006-0750	公告编号	2006 年第 69 号
商品税则号列		8518.3000		公告实施日期	2006 年 11 月 22 日
商品名称		微机网络语音器			
英文名称		Video instant messenger			
其他名称		视频实时聊天工具			
商品描述		牌子 OKBuddy；型号为 TMP200；含主体、耳机连话筒、延长线、光盘；用途为与微机通过 USB 口连接，安装软件后，通过 INTERNET 登录到 okBuddy 服务，实现语音通话，如安装有摄像头，则可实现视频会议。			
归类决定		该商品除可完成一般的耳机、话筒的功能外，还可以将声音信号转换成数字信号、数字信号还原成声音信号，但其主要特征仍为带传声器的耳机，应归入税则号列 8518.3000；光盘上的内容为相关的安装软件，应一并归入税则号列 8518.3000。			

序号	1149	归类决定编号	Z2006-0751	公告编号	2006 年第 69 号
商品税则号列		8518.4000		公告实施日期	2006 年 11 月 22 日
商品名称		数字音频处理器			
英文名称		Power Play PRO-XL			
其他名称		耳机放大分配器			
商品描述		该数字音频处理器为 BEHRINGER 牌，型号为 HA4700，经珠海市检验检疫局技术中心鉴定，其品名为"耳机放大分配器"。该设备组成：有 4 个独立的 high-power 放大区段，分别有单声道/立体声/右声道和哑音开关，均衡和音量控制，7 段信号峰值灯，每个区段都有 3 个耳机输出，可以同时连接 12 副耳机。功能为提供 4 路放大、12 路分配，可以驱动 8 欧以上阻抗的耳机，改良声音的表现力，可随意跳线组合及混音功能。			
归类决定		数字音频处理器具备音频放大、分配以及混音等功能，特别是其具备"4 个独立的 high-power 放大区段，分别有单声道/立体声/右声道和哑音开关，均衡和音量控制"，因此音频放大是其主要功能，根据《税则》第十六类类注三关于多功能机器的归类原则，应按其主要功能归入税则号列 8518.4000。			

序号	1150	归类决定编号	Z2006-1400	公告编号	2007年第70号
商品税则号列		8519.8121		公告实施日期	2007年12月5日
商品名称		CD播放机			
英文名称		CD Recorder player			
其他名称					
商品描述		该专业CD播放机，型号为DENON DN-C680，只具有播放CD的功能，用于广播电台节目的制播。			
归类决定		该商品为专业级CD播放机，型号为DENON DN-C680，只具有播放CD的功能，用于广播电台节目的制播。根据归类总规则一，该商品应归入税则号列8519.8121。			

序号	1151	归类决定编号	Z2006-0752	公告编号	2006年第69号
商品税则号列		8521.9011		公告实施日期	2006年11月22日
商品名称		便携式VCD播放机			
英文名称		Portable VCD + MP3			
其他名称		收录音及VCD组合机			
商品描述		该便携式VCD播放机的型号为A-2000 VCD，该机将收音机、录音机（单卡）、VCD播放机（可播放VCD、CD光盘）及两个喇叭集合在一个机体内，成为具有收音，录音，放音，播放VCD、CD光盘的音、视频信号的多功能组合机。该机可在家庭中作为VCD播放机用，也可以在野外作为收录（放）音组合机用。			
归类决定		该商品为多功能组合机器，其主要功能为播放VCD影片，应归入税则号列8521.9011。			

序号	1152	归类决定编号	Z2006-1401	公告编号	2007年第70号
商品税则号列		8521.9019		公告实施日期	2007年12月5日
商品名称	3D音乐系统				
英文名称					
其他名称					
商品描述	该商品外观呈立方体，主要构成元件包括： 1. 工业级触控式PC电脑主机； 2. HD-DVD player（两台）； 3. 特效控制电路。 其工作过程： 1. 整个控制工作的核心为电脑主机，HD-DVD为影片放映机，特效电路为控制特效周边之核心； 2. 主机开启后，系统会逐一将内部设备按照顺序开启，直至待机状态； 3. 于触控银屏按放映键，电脑开始按程序发送指令给HD-DVD、特效控制电路，影片开始放映，特效指令开始发送； 4. 影片放映连接至投影设备，特效指令依照电脑指示发送控制信号至外部设备。				
归类决定	该商品是组合机器，其主要功能为视频信号重放，根据《税则》第十六类类注三的归类原则，应按其主要功能进行归类。其为HD-DVD播放系统，符合《税则》税目85.21及其子目条文的描述，根据归类总规则一及六，应将其按其他激光视盘机归入税则号列8521.9019。				

序号	1153	归类决定编号	Z2006-1402	公告编号	2007年第70号
商品税则号列			8521.9090	公告实施日期	2007年12月5日
商品名称		数字监控机			
英文名称					
其他名称					
商品描述		该数字监控机（POS-WATCH）可以接入声音、图像、文本和数据信号，经过数字编码、数据压缩后，提供信息的再现输出、输入控制，数据存储、查询和交换功能，以及数据的远程传输和远程控制功能。 　　数字监控机POS-WATCH采用嵌入式RTOS操作系统、开放式MPEG-4视频国际标准，完全脱离PC机结构，不但能记录、回放监控的图像信息，而且具有视频切换、控制对应摄像机的镜头的变焦、云台的上下左右运动、画面分割、报警联动、视频移动侦测、网络远程访问、远程监控等多种功能。该产品广泛应用于交通、金融、智能大厦、酒店、学校、监狱、大型工厂、住宅小区等行业或场所。 　　设备的主要技术指标：型号POS-WATCH（PRO16），16路视频输入信号端口、16路视频信号环通输出端口、4路音频录制输入端口、2路音频输出端口、1路SPOT视频显示切换输出端口、1路S-VIDEO输出端口、1路VGA显示器输出端口、1个以太网连接端口、传感器（报警信号）端口、控制键盘I/O端口、NTSC/PAL制式转换开关等。 　　1. CPU：266M芯片，厂家IBMPOERPC，型号IBM25PPC405GPR3BB266，嵌入实时性操作系统（LINUX）； 　　2. DRAM内存：32M芯片，厂家HYNIX，型号HY57WV64322DD-6； 　　3. MAND（类似FLASH）：16M芯片，厂家SAMSUNG，型号K4S281632F-TC75； 　　4. DMA处理硬盘存储芯片：厂家SILICONIMAGE，型号SIL504； 　　5. 图像压缩处理芯片：厂家TI，型号TMS320C6414GLZC11-43A00HW（主频600兆赫）； 　　6. 声音处理芯片：厂家OKI，型号M9841； 　　7. 网络处理芯片：厂家REALTEX，型号RTL8201L3323101； 　　8. 串口处理芯片：厂家SIPEX，型号SP3243ECT； 　　9. 键盘处理芯片：厂家BB，型号DCP010505BP； 　　10. TI的DSP芯片+RTOS操作系统。				
归类决定		该数字监控机采用硬盘数据存储。虽然未装有硬盘，但其进口部分已经构成完整品的基本特征。该机在闭路电视监控系统中的主要功能是记录和回放监控的图像信息，符合《税则》税目85.21及其子目条文的描述，根据归类总规则二（一），应将其按视频信号录制或重放设备，归入税则号列8521.9090。				

序号	1154	归类决定编号	Z2006-1403	公告编号	2007 年第 70 号
商品税则号列		8522.9031		公告实施日期	2007 年 12 月 5 日
商品名称	VCD 机用托盘机架连读码器					
英文名称						
其他名称						
商品描述	该 VCD 机用托盘机架连读码器主要由托载机构、主轴驱动机构、光电转换电路和前置放大电路组成。					
归类决定	VCD/CD/LD/CVD/SVCD 的机芯，主要由托架机构、激光头进给机构和主轴驱动机构等机械部分及一些辅助电路部分组成。该 VCD 机用托盘机架连读码器含有以上所述主要部件，应视为已构成机芯的基本特征，根据归类总规则二（一），应将其归入税则号列 8522.9031。					

序号	1155	归类决定编号	Z2006-1404	公告编号	2007 年第 70 号
商品税则号列		8522.9031		公告实施日期	2007 年 12 月 5 日
商品名称	VCD 读码器					
英文名称						
其他名称						
商品描述	该商品包括 2 种型号 VCD 读码器：KSM213 和 VAM1202，主要由激光头、支架、马达、齿轮等构成。					
归类决定	该 VCD 读码器已具备机芯的基本特征，根据归类总规则二（一），应归入税则号列 8522.9031。					

序号	1156	归类决定编号	Z2009-0136	公告编号	2009年第32号
商品税则号列		8522.9031		公告实施日期	2009年6月12日
商品名称	车载多功能播放机机芯					
英文名称						
其他名称	车载多功能播放机机芯、光盘播放机机架、车载播放机机架					
商品描述	该商品为车载多功能视频播放机机芯，主要组成料件为基板、铁件、激光头、马达等。构成完整品，还需液晶显示板、铁件、线材、基板模组等部件。车载多功能视频播放机成品具有以下功能：GPS、液晶触摸显示屏、蓝牙免提手机功能、倒车摄影功能、收音机功能、DVD、CD、MP3播放机功能和外部输入功能等。适用各类型小轿车。					
归类决定	该商品为车载多功能视频播放机机芯，由基板、铁件、激光头、马达等组成，进口后用于多功能GPS、DVD一体机，能对导航地图光盘进行解读，属于视频信号重放设备的一部分，是"具备了读取DVD激光盘的机芯的基本特征"的散件，已具备DVD激光盘的机芯完整品的基本特征，根据归类总规则二（一）及六，应按激光视盘机的机芯归入税则号列8522.9031。					

序号	1157	归类决定编号	Z2008-0193	公告编号	2008年第83号
商品税则号列		8522.9039		公告实施日期	2008年11月24日
商品名称	DVD换碟机，和汽车用CD播放机兼有收音功能连用					
英文名称						
其他名称						
商品描述	该商品的型号为DV-600，和汽车用CD播放机兼有收音功能连用，不能独立使用，无视频信号读取解码输出功能。					
归类决定	该商品不具备独立的视频播放的功能，应视为DVD播放器的专用零件确定归类，符合《税则》税目85.22及其子目条文的描述，根据归类总规则一及六，应按其他视频信号重放装置的零件归入税则号列8522.9039。					

序号	1158	归类决定编号	Z2006-1407	公告编号	2007年第70号
商品税则号列		8523.5110		公告实施日期	2007年12月5日
商品名称	存储功能卡				
英文名称	Secure digital				
其他名称	快闪存储卡				
商品描述	该存储功能卡为SANDISK牌，存储空间为32MB，属于SD类型的闪存卡，尺寸为32毫米×24毫米×2.1毫米，9针引脚，采用NAND型闪存芯片，集成了控制器，带物理写保护开关，可用于数码相机、MP3随身听、数码摄像机、PDA、手机等多种数码产品。本身尚未录制信息。				
归类决定	该商品为半导体存储器件，用于存储信息，符合《税则》税目85.23的描述，根据归类总规则一及六，应将其归入税则号列8523.5110。				

序号	1159	归类决定编号	Z2006-0753	公告编号	2006年第69号
商品税则号列		85.25		公告实施日期	2006年11月22日
商品名称	摄像头				
英文名称					
其他名称					
商品描述	该摄像头用于闭路电视的监控系统，安装在一个圆形的底座上，可进行360度旋转。				
归类决定	所报摄像头用于闭路电视的监控系统，它是通过数字式慢速快门延长曝光时间（长达1/2秒）来达到低照度（0.1勒克斯）下的正常曝光效果的。根据其工作原理和使用环境，仍应按普通摄像机归类。				

序号	1160	归类决定编号	Z2006-0754	公告编号	2006年第69号
商品税则号列		85.25		公告实施日期	2006年11月22日
商品名称	高清演播室摄像机和高清便携摄像机					
英文名称						
其他名称						
商品描述	此次进口的两种摄像机与普通摄像机技术指标的主要区别： 1. 画面宽高比是16：9，普通摄像机是4：3； 2. 清晰度是1 920×1 080（210万像素），普通摄像机是720×576（41万像素）； 3. 摄像头至控制单元采用数字光纤传输，普通摄像机采用模拟三同轴电缆传输； 4. 串行数字接口采用HD SDI，传输码率达到1.5Gbps，普通摄像机采用SDI，传输码率270Mbps； 5. 有1080/50i、1080/60i、1080/24P等8种输出信号格式，普通摄像机仅有576/50i一种输出格式； 6. 垂直扫描速率是每秒120场（60帧），普通摄像机是每秒50场（25帧）； 7. 电子取景器和同步方式分别采用彩色液晶和三电平，普通摄像机采用黑色显像管和黑场。该摄像机主要用于演播室。					
归类决定	根据《本国子目注释》对品目85.25项下"特种用途"的定义，"是指专用于高空、水下或应用于不可见光、激光、强光及高速拍摄等其他类似条件下使用的设备"，上述两种商品不应作为特种用途设备进行归类。					

序号	1161	归类决定编号	Z2006-1408	公告编号	2007年第70号
商品税则号列		8525.8011		公告实施日期	2007年12月5日
商品名称	监控摄像头组件				
英文名称					
其他名称					
商品描述	此次进口商品由一个CCD摄像头与高温镜头组成,已装配在一起(通过螺纹相连),用于卷取炉监控。摄像头为普通摄像头,使用温度范围为-10℃~50℃,镜头前有蓝宝石保护层。带有蓝宝石保护层的镜头虽耐温能力高于摄像机,但也无法直接应用于炉内监控,还需装入水冷护套内使用。				
归类决定	该商品由一个CCD摄像头与高温镜头组成,用于拍摄,应归入《税则》税目85.25。其应用于炼钢等高温场所,根据《本国子目注释》对"特种用途"的解释,高温场所用应属于特种用途。虽然进口后需再加装水冷护套内使用,但其镜头的主要材质为一种耐高温的蓝宝石,在300℃高温下可以正常使用,其功能已具备特种摄像机的基本特征。根据归类总规则二(一)及六,应将其归入税则号列8525.8011。				

序号	1162	归类决定编号	Z2006-1409	公告编号	2007年第70号
商品税则号列		8525.8011		公告实施日期	2007年12月5日
商品名称	医用摄像系统				
英文名称					
其他名称					
商品描述	该商品的规格型号为988i型,由摄像头、图像控制器等组成。在手术中还需连同探头及自带光源和光纤配合使用,摄像头由内置3晶片CCD(光电耦合器)构成,用于获取图像信号;控制器由调压电源及集成电路板构成,用于对摄像头所获取的图像信号进行处理并输出至监视器。其工作原理:在手术中由自带光源所发光线经光纤传输后通过探头在无光线环境中(如患者腹腔内)提供摄像所需的照明,手术部位的图像经光学镜头投射到摄像头上,摄像头内的CCD(光电耦合器)将光学信号转换成电信号并传输到图像控制器,图像控制器对电信号进行处理并还原成图像信号,再输出到监视器上。				
归类决定	该摄像系统用于医疗微创手术时连接内窥镜,将内窥镜传出的图像进行处理,并输出至监视器。该商品摄像头重量轻,以方便医生操作,在最低照度小于0.5勒克斯时仍可以得到清晰图像,并且可以把内窥镜传出的细小图像放大到显示器全屏。该商品符合《税则》税目85.25的商品描述,并且和医疗内窥镜配套使用,具备微光、放大拍摄等特殊的功能,符合《本国子目注释》有关"特种用途"在特殊条件下使用的规定,根据归类总规则一及六,应将其归入税则号列8525.8011。				

序号	1163	归类决定编号	Z2006-0755	公告编号	2006年第69号
商品税则号列		8526.1090		公告实施日期	2006年11月22日
商品名称		场面监视雷达系统			
英文名称		NOVA 9000 surface movement radar system			
其他名称					

商品描述

　　NOVA 9000型场面监视雷达设备主要由雷达传感单元、雷达数据处理单元、管制员工作站、本地网络交换机、监视数据服务器、记录与回放子系统和管制员席位组成。各主要部件作用：

　　1. 雷达传感单元：主要包含有天线、发射机/接收机和内锁单元等，通过天线将信号发送出去，当信号检测到物体时再通过天线接收反馈回接收机，将信号传输至下一单元；

　　2. 雷达数据处理单元：接收雷达传感单元传来的视频信号，进行数模转换，抑制杂波干扰以形成目标航迹，去除不相关信息后通过系统网络分配给管制员席位；

　　3. 本地网络交换机：进行实时的数据交换；

　　4. 专用控制与监视子系统：主要是提供整个系统的配置以及系统运行监视、维护等功能，同时可监视控制场面监视雷达；

　　5. 监视数据服务器：接收各监测子系统信号，进行目标融合，以得出最佳位置以及身份确认，同时可实现跑道冲突监视以及碰撞预警功能，并将融合信号及处理结果通过局域网传输给各席位；

　　6. 管制员席位：作为系统的人机界面，显示适当的机场监视区域地图及飞机、车辆的位置、编号等相关目标信息，此外各管制席位根据任务区别，可选择窗口显示需要的文本、图形信息。管制员通过显示界面了解所关心区域的交通实时状况，实现交通运作管制；

　　7. 记录与回放子系统：实现记录与回放各管制员席位上的所有相关信息。

　　该系统的工作原理：利用雷达数据处理单元接收雷达传感单元的信号，并进行数模转换和去除不必要信息通过网络传给管制员席位；同时控制与监视子系统对系统进行实时监控、维护；监视数据服务器通过网络接收到监测子系统信号，进行目标融合后得到最佳位置信息以及身份确认，实现预警功能，并将融合信号传给各席位，管制员席位显示目标信息，并根据各自的任务了解所关心区域的交通实时状况，实现交通运作管制。所有的信息通过记录与回放子系统实现记录与回放。

归类决定

　　该套系统功能符合《税则注释》对品目85.26中"飞机场用盲降及交通控制设备"的描述，根据第十六类类注四功能机组的归类原则，应将其归入税则号列8526.1090。

序号	1164	归类决定编号	Z2006-0756	公告编号	2006 年第 69 号
商品税则号列		8526.1090		公告实施日期	2006 年 11 月 22 日
商品名称	空管控制系统				
英文名称	Aero trac air control system				
其他名称					
商品描述	空管控制系统由雷达前段引接系统、多雷达信号处理系统、飞行数据处理系统、终端管制席位、网络和监控系统五部分组成。雷达前段引接系统主要功能是引接本地和远端雷达信号,并对数据进行格式化、坐标转换等处理。多雷达信号处理系统主要功能是对接收到的雷达信号进行处理,生成目标航迹和目标报告,同时还具有低高度告警、冲突告警、限制取告警等综合处理功能。飞行数据处理系统,主要功能是接收、处理 AFTN(Aviation Flight Telegraph Network)电报,生成不同阶段的飞行计划,通过该系统飞行计划还能与雷达信号相关,减轻控制员工作量。终端管制席位,主要是管制员席位处理机、操作系统及应用软件。网络和监控系统主要功能是将各个部分连接起来,监控整个系统工作状态,记录重要数据。				
归类决定	该套系统功能符合《税则注释》对品目 85.26 中"飞机场用盲降及交通控制设备"的描述,根据第十六类类注四功能机组的归类原则,应将其归入税则号列 8526.1090。				

序号	1165	归类决定编号	Z2008-0086	公告编号	2008 年第 76 号
商品税则号列		8526.9200		公告实施日期	2008 年 10 月 28 日
商品名称	汽车门锁遥控器				
英文名称					
其他名称					
商品描述	该汽车门锁遥控器用于遥控雅阁汽车的车门开关,使用时按下遥控器上的"开"或者"关"按钮时,遥控器上的射频发射器发出一个工作频率为 433.92 兆赫的无线电波,位于电动车窗主开关内的接收天线接收到此信号后通过控制单元开启或关闭四个门锁。技术参数如下:工作频率 433.92 兆赫,输出功率 5 300UV/M,调制方式 FM。				
归类决定	该商品采用无线电波对汽车门锁进行遥控操作,符合《税则》税目 85.26 关于"无线电遥控设备"的描述,根据归类总规则一及六,应归入税则号列 8526.9200。				

序号	1166	归类决定编号	Z2006-0758	公告编号	2006年第69号
商品税则号列		8527.1300		公告实施日期	2006年11月22日
商品名称		YEPP 数码音频播放器			
英文名称		YEPP MP3 player			
其他名称					
商品描述		YEPP "SAMSUNG"牌数码随身听是下一代数字音频播放器。它无须使用磁带或CD播放器，不需外接电源，可上下载、存储、播放MP3格式文件，亦可借助其内置话筒录制声音信号并以语音文件形式储存及重放，同时还可收听调频广播。			
归类决定		根据《税则注释》品目85.27项下的说明，该商品可按与声音重放装置装在同一机壳内的无线电广播接收设备归入税则号列8527.1300。			

序号	1167	归类决定编号	Z2006-1412	公告编号	2007年第70号
商品税则号列		8527.9100		公告实施日期	2007年12月5日
商品名称		收放机			
英文名称		Cassette radio			
其他名称					
商品描述		该收放机用于履带式挖掘机，安装在驾驶室内操作面板上，可收听无线电广播，播放磁带，无录音功能，使用外接电源（由蓄电池提供）。			
归类决定		该收放机安装于履带式挖掘机的驾驶室内操作面板上，使用外接电源（由蓄电池提供），根据其实际用途，应作为其他无线电收放机归入税则号列8527.9100。			

序号	1168	归类决定编号	Z2006-1413	公告编号	2007年第70号
商品税则号列		8527.9900		公告实施日期	2007年12月5日
商品名称	数字广播接收机				
英文名称	Digital data receiver				
其他名称	单收站				
商品描述	卫星广播网络主要包括上行链路设备、接收机和网管系统。该商品为接收机，可接收不同地域大量的实时数据，如实时金融信息、企业通信、远距离教学、寻呼网等。接收器主要将天线接收的信号进行解调，不能进行调制。				
归类决定	该数字广播接收机仅可将卫星天线接收的信号进行解调，符合《税则》税目85.27的商品描述，根据归类总规则一及六，应将其按无线电接收设备归入税则号列8527.9900。				

序号	1169	归类决定编号	Z2006-0757	公告编号	2006年第69号
商品税则号列		85.27或85.28		公告实施日期	2006年11月22日
商品名称	厨房视听系统				
英文名称					
其他名称					
商品描述	厨房视听系统有数种型号：DM-1008A ARVISION由液晶电视、可视电话、电话、内置液晶显示器（LCD）、FM/AM立体声收音机组成，具有电视、电话、可视电话、收录音机的功能；DM-1008P ARVISION比DM-1008A ARVISION少了可视电话功能；DM-100R RADIOPHONE比DM-1008P ARVISION少了电话功能。				
归类决定	根据所提供的资料，DM-1008A ARVISION由液晶电视、可视电话、电话、内置液晶显示器（LCD）、FM/AM立体声收音机组成，具有电视、电话、可视电话、收录音机的功能；DM-1008P ARVISION比DM-1008A ARVISION少了可视电话功能；DM-100R RADIOPHONE比DM-1008P ARVISION少了电话功能。此类系统都是多功能机器组成，不能确定主要功能。根据归类总规则三（三）的规定，DM-1008A ARVISION与DM-100R RADIOPHONE可从后归入税目85.28相应子目，DM-1008P ARVISION少了可视电话与电视，应归入税目85.27。				

序号	1170	归类决定编号	Z2022-0133	公告编号	2022 年第 78 号
商品税则号列		8528.5212		公告实施日期	2022 年 9 月 1 日
商品名称	22" 液晶显示器				
英文名称					
其他名称					
商品描述	该商品为 HP 牌 TFT-LCD 液晶显示器，尺寸为 22 英寸，型号为 LP2275W，点距为 0.282 毫米×0.282 毫米，分辨率为 1 680×1 050，接口类型（包括接口电路）有 Display Port、DVI，附加 USB 拓展，用于个人电脑显示端。				
归类决定	该液晶监视器带有 Display Port、DVI 视频接入端口，根据归类总规则一及六，应归入税则号列 8528.5212。				

序号	1171	归类决定编号	Z2022-0134	公告编号	2022 年第 78 号
商品税则号列		8528.5212		公告实施日期	2022 年 9 月 1 日
商品名称	液晶显示器（含 DP 接口）				
英文名称					
其他名称					
商品描述	该商品为 DELL 牌液晶显示屏，型号为 P2210，尺寸为 22 英寸，亮度为 250 流明，对比度为 1 000∶1，点距为 0.282 毫米×0.282 毫米，响应时间 5 毫秒，净重 7.1 千克。结构原理：由液晶显示屏、电路板、支撑座和各种连接线组成，含有 VGA、DVI、DisplayPort（数字音视频接口，以下简称 DP）接口。其中 DP 接口是数字高清音视频接口，能够支持显示器显示高于 QXGA（2 048×1 536）像素以及大于 24 比特色深的画面。				
归类决定	该液晶监视器带有 Display Port、DVI、VGA 视频接入端口，根据归类总规则一及六，应归入税则号列 8528.5212。				

序号	1172	归类决定编号	Z2022-0135	公告编号	2022 年第 78 号
商品税则号列		8528.5212		公告实施日期	2022 年 9 月 1 日
商品名称	液晶显示器				
英文名称					
其他名称					
商品描述	该商品为19寸液晶显示器，品牌为HANNspree，型号为LM05-19C2-300H，亮度300流明，对比度700∶1，点距0.283 5毫米（H）×0.283 5毫米（V），分辨率（H×V）1 440×900（WXGA+），响应时间5毫秒。具有D-SUB、DVI-D、HDMI 1.2及音频接口。净重5.7千克。				
归类决定	该液晶监视器带有D-SUB、DVI-D、HDMI视频接入端口，根据归类总规则一及六，应归入税则号列8528.5212。				

序号	1173	归类决定编号	Z2006-1415	公告编号	2007 年第 71 号
商品税则号列		8528.5910		公告实施日期	2007 年 12 月 5 日
商品名称	神奇眼镜				
英文名称	iTheater				
其他名称	随身影院				
商品描述	该神奇眼镜为成套进口物品，由一个眼镜式液晶显示器（iTheater Eyewear）、一个转换器（iTheater Coverter）、一个电源适配器（AC Adapter）、鼻托（Nose rack）和数据线等组成。其中眼镜式液晶显示器是在带有立体声耳机的眼镜架上由含有液晶微显技术的液晶显示板取代原来的眼镜片构成的。所谓液晶微显技术，就是将两块小型液晶显示板上产生的影像由光学放大，利用影像折射在身前两三米远处产生50英寸大小电视屏幕的虚像。该产品可以通过数据线和转换器与便携式DVD/VCD、游戏机、家用录像机、MP4等影像设备连接。				
归类决定	该商品通过随附数据线和转换器可接收和播放便携式DVD/VCD、游戏机、家用录像机、MP4等多种设备提供的彩色视频信息，符合《税则》税目85.28的定义，可根据《税则》第十六类类注四"功能机组"的规定一并归类。根据归类总规则一和六，该神奇眼镜应按彩色视频监视器，归入税则号列8528.5910。				

序号	1174	归类决定编号	Z2009-0061	公告编号	2009年第5号
商品税则号列		8528.7180		公告实施日期	2009年1月20日
商品名称		DVB-T模块			
英文名称					
其他名称					
商品描述		该商品的主要功能是把移动数字电视接收功能集成到手机、便携式多媒体播放器、便携式导航仪等类型产品的主板上。该模块的其他功能：全频段节目搜索、多地域节目预设、多语广播声道可选、多语字幕可选、多国语言版本支持、内建完整用户界面等。			
归类决定		该商品利用外置天线接收移动数字电视信号并转换成适合显示的信号，安装在手机、便携式多媒体播放器、便携式导航仪等小型带屏设备上显示电视图像。该商品符合《税则注释》关于品目85.28项下"不带显示装置的电视接收装置"的描述，且不用于卫星电视系统，属于彩色电视接收装置，符合《税则》税目85.28及其子目条文的描述，根据归类总规则一及六，应按其他不带屏的彩色电视接收装置归入税则号列8528.7180。			

序号	1175	归类决定编号	Z2006-1416	公告编号	2007年第70号
商品税则号列		8528.7291		公告实施日期	2007年12月5日
商品名称		背投影彩电			
英文名称					
其他名称					
商品描述		该背投影彩电为非数字电视机，采用3层屏幕，配有大口径投影管、HDTV级6镜片透镜、强力VM速调电路、3线数字梳状滤波器等部件，具有100个频道全自动预调记忆、全频道有线电视接收功能（470兆赫）、3路S端子输入、3路AV视音频输入、1路视音频输出，具有可接驳录像机、视盘机及卫星接收机多种信号源、DVD分量信号输入等多种功能。			
归类决定		该商品具有接收开放式电视信号的功能，符合《税则》税目85.28的商品描述。根据归类总规则一及六，应将其归入税则号列8528.7291。			

序号	1176	归类决定编号	Z2006-0760	公告编号	2006 年第 69 号
商品税则号列		8529.1010		公告实施日期	2006 年 11 月 22 日
商品名称		雷达天线罩			
英文名称		Rodame			
其他名称					
商品描述		雷达天线罩是由特殊材料（板面为强化玻璃聚酯，板内为钢化聚氨酯泡沫）按一定几何形状排列做成的一个空心球体，并附照明、配电以及避雷装置。它用于罩住雷达天线而且不影响雷达天线工作，既能保护雷达，又能抗击暴风雨雪、雷电、地震、冰雹等外界干扰。			
归类决定		根据上述情况，该雷达天线罩属于雷达天线的专用部件，应作为雷达天线零件归入税则号列 8529.1010。			

序号	1177	归类决定编号	Z2022-0136	公告编号	2022 年第 78 号
商品税则号列		8529.9020		公告实施日期	2022 年 9 月 1 日
商品名称		背光模组			
英文名称					
其他名称		背光板			
商品描述		该背光模组主要用于给液晶显示器提供光源，组成部分有导光板、塑胶框、灯管罩、扩散片、反射片、背板。			
归类决定		该商品为《税则》子目 8524.91 平板显示模组的专用零件，根据归类总规则一及六，应归入税则号列 8529.9020。			

序号	1178	归类决定编号	Z2006-1417	公告编号	2007年第70号
商品税则号列		8529.9042		公告实施日期	2007年12月5日
商品名称	手机摄像头					
英文名称					
其他名称					
商品描述	该商品为PROTCH牌手机摄像头,规格型号为TCM8230MD,组成为镜头,经CMOS技术处理嵌入VGA格式区域的彩色图像传感器、A/D转换电路、AWB和ALC电路。输出信号格式为YUV或RGB格式,不带有数字信号处理电路(DSP),输出的数字化信号必须通过手机中专门的DSP进行处理后才能够在显示器上显示。该商品的功能:通过光学成像系统进行光电转换,对模拟电信号进行A/D转换,AWB电路具有自动平衡的功能,ALC具有自动控制亮度的功能。				
归类决定	该商品由镜头、CMOS图像传感器及初级信号处理电路组成,不带有数字信号处理电路(DSP)。根据海关总署2005年第30号公告的规定,该手机摄像头应按非特种用途的取像模块归入税则号列8529.9042。				

序号	1179	归类决定编号	Z2006-0769	公告编号	2006年第69号
商品税则号列		8529.9060		公告实施日期	2006年11月22日
商品名称	CD换片机				
英文名称	CD changer				
其他名称	CD转换器				
商品描述	该机由日本JVC公司出品,品牌为歌乐牌(CLARION),型号为CDC635,内含6片CD盒和CD机芯,为汽车音响的一部分。该机装于轿车尾箱,通过数字光缆与数字声音处理器(DSP)相连接,通过C-BUS外接线与装于车头的主机相连接。				
归类决定	该换片机未装有控制装置、电源、解码电路,不能输出音频信号并独立工作,必须与组合机联用,故应作为汽车用收录放音组合机的部件归入税则号列8529.9060。				

序号	1180	归类决定编号	Z2006-1418	公告编号	2007年第70号
商品税则号列			8529.9060	公告实施日期	2007年12月5日
商品名称		汽车音响零件（面板、旋钮）			
英文名称					
其他名称					
商品描述		该汽车音响零件包括两种：第一种是前咀面板，为塑料制，作为汽车音响的前面板，属于车载CD机和收音机的前面板，上面装有用于操作的一些按键；第二种是调谐旋钮、音量旋钮、音量旋盖3项商品，皆为塑料制，分别用于调节AM/PM频道或者调谐音响音效。			
归类决定		该商品已具有特定的形状、尺寸，无须经任何加工即可直接安装于汽车音响上，属于汽车音响的专用零件。该汽车音响为CD机和收音机组合体，属于"与声音的录制、重放装置组合在同一机壳内的无线电广播接收设备"，该设备应归入《税则》税目85.27项下，根据归类总规则一及六，其专用零件应归入税则号列8529.9060。			

序号	1181	归类决定编号	Z2006-0770	公告编号	2006年第69号
商品税则号列			8529.908	公告实施日期	2006年11月22日
商品名称		电路板			
英文名称					
其他名称					
商品描述		ASSY PCB包括两个电路板，板上元器件主要由电阻、电容、电感晶体管、集成电路、插头座等组成。其一为信号板，功能为电视信号接收及其视频处理，另一个是会聚板，功能为投影管会聚电路调整。			
归类决定		所报电路板应作为电视机零件归入税则子目8529.908项下。			

序号	1182	归类决定编号	Z2006-0771	公告编号	2006年第69号
商品税则号列		8529.9081		公告实施日期	2006年11月22日
商品名称	彩轮				
英文名称	Color wheel（color filter）				
其他名称	色轮				
商品描述	彩轮为 DLP 数字光显电视机的光学引擎（光机）结构的一个高速回转滤光器。由红、绿、蓝及 NDF 绿色共 4 色 8 片的玻璃复合平板过滤器和微型气动轴承马达，软性基板线组成。该彩轮是由玻璃基材经抛光、镀膜、切割，再通过热硬化接合与微型马达组合。工作原理：光源经过透镜打在高速回转（10 800 转/分钟）的彩轮后通过的光，透过透镜射到 DMD IC 转换成影像，透过反射镜成像在电视机视屏。				
归类决定	该商品为彩色液晶背投镜头组件，主要用于 LCOS（Liquid Crystal On Silicon）背投影电视机。LCOS 背投影电视机由液晶背投镜头透镜组件、支架、机箱、反射镜和屏幕组成。此次申报的彩色液晶背投镜头透镜组件为 LCOS 背投影电视机的核心部件，由光学透镜、偏振分束器、LCOS 成像器（带驱动电路）、检偏片、分色片、色合成 X-cube 和镜头等组成。其工作原理：外部信号源通过投影灯白光投射，经过整形、降低热量、偏振转换后，再进行红、绿、蓝三色分光，三色光各自经过起偏、成像、检偏后，在 X-cube 进行三色合光，最后通过广角镜头投射到屏幕成像。 由于该商品的组成已经超出了《税则》中税目 90.02 所描述的"已装配的光学元件"的范围，因此不能归入税目 90.02。由于其为 LCOS 背投影电视机专用，因此，可按彩色电视接收机的零件归入税则号列 8529.9081。				

序号	1183	归类决定编号	Z2006-0773	公告编号	2006 年第 69 号
商品税则号列		8529.9090		公告实施日期	2006 年 11 月 22 日
商品名称	液晶片组件（含镜头）				
英文名称					
其他名称					
商品描述	该商品为液晶片组件（含镜头）。该液晶片组件（含镜头）主要由镜头、专用棱镜、液晶显示片、连接电路、热敏电阻等组成，是液晶视频投影机的核心部件。三片液晶片（又称光阀片）位于 3 个方位，分别控制红、绿、蓝三原光的通过，工作时将主板传输的视频信号同时显示为相同的图像；棱镜利用光线折射原理，将三片液晶片所显示的图像合而为一，通过置于前端的镜头投射到银幕上；热敏电阻则用于感测内部工作温度。该商品不带有解码板、驱动电路等，所附的电路仅仅起连接作用。				
归类决定	《税则注释》对品目 90.02 的解释："本品目包括已作固定装配（即已装在底座、框架等托架上的），适于安装在仪器或装置上的品目 90.01 注释中第二、三及四款所列的物品……"而品目 90.01 注释中第二、三及四款分别是指片状或板状偏振材料、玻璃制光学元件及未作固定装配的非玻璃制光学元件。由于该商品的构成已经超出了上述规定的范围，故液晶片组件不能归入品目 90.02 项下。由于该商品已经构成视频投影机的专用零件，根据《税则》第十六类类注二以及归类总规则一和六，该液晶片组件（含镜头）应归入税则号列 8529.9090。				

序号	1184	归类决定编号	Z2007-0077	公告编号	2007 年第 71 号
商品税则号列		8529.9090		公告实施日期	2007 年 12 月 5 日
商品名称	汽车遥控接收器用电路板				
英文名称	Circuits boards for ASSY				
其他名称					
商品描述	该电路板用于安装在日本本田汽车遥控接收器中，有两大主要功能：1. 解锁发动机控制，可以通过无线通信的方式两次验证钥匙的合法性，防止发动机被启动，用于防盗；2. 遥控功能，只要按下钥匙上的按钮就可以打开或关上车门。				
归类决定	汽车遥控接收器通过无线电对汽车电路进行遥控，归入《税则》税目 85.26。汽车遥控接收器用电路板是汽车遥控接收器的专用零件，符合税目 85.29 的商品范围，根据归类总规则一及六，应归入税则号列 8529.9090。				

序号	1185	归类决定编号	Z2006-0774	公告编号	2006 年第 69 号
商品税则号列		8530.8000		公告实施日期	2006 年 11 月 22 日
商品名称		信号机成套散件			
英文名称					
其他名称					
商品描述		组成：信号机组成包含控制单元（微处理器模块、监视模块、显示及控制面板模块、电源模块）、灯相输出模块、闪烁模块、输出输入连接器（输出及输入接口）、电源配置及机柜（含小门手动装置）等。 工作原理及用途：MTC-2000 信号机是利用 50 赫兹交流电作钟控（时间制），用时间变化转换成数字信号来控制红绿黄灯在交通路口的变化以及人行道红绿灯的变化。 MRC-2000 匝道信号机是用于公路收费站的红绿灯控制的，作用原理与上述产品相同。				
归类决定		根据以上特征判定，信号机成套散件应视为信号机的完整品进行归类，而信号机符合《税则注释》品目 85.30 对交通灯的描述，应归入税则号列 8530.8000。				

序号	1186	归类决定编号	Z2006-0775	公告编号	2006 年第 69 号
商品税则号列		8530.8000		公告实施日期	2006 年 11 月 22 日
商品名称		水上交通安全管理系统			
英文名称		Water transportation safety management system			
其他名称					
商品描述		水上交通安全管理系统主要由雷达子系统、VHF 通信子系统、雷达数据处理子系统、显示和控制子系统、信息传输子系统、MIS 子系统、记录和重放子系统、系统集成和管理、UAIS、附加工作站和 CCTV 系统组成，通过各种"传感器"收集所辖水域有关船舶动态、航道、水道、锚地和助航设施状况及水文、气象的信息，并由网络进行传输，进行记性数据处理和数据评估等，对覆盖区域内的船舶进行集中统一的监视、跟踪，提供有效的咨询和助航服务。				
归类决定		该套设备整体功能符合《税则》税目 85.30 的条文描述，根据第十六类注释四对功能机组的归类原则，该系统应归入税则号列 8530.8000。				

序号	1187	归类决定编号	Z2009-0062	公告编号	2009 年第 5 号
商品税则号列		8531.1000		公告实施日期	2009 年 1 月 20 日
商品名称		可燃气体泄漏检测仪			
英文名称					
其他名称					
商品描述		该可燃气体泄漏检测仪用于检测是否有可燃气体，当测到有可燃气体时，检测仪会报警。其工作原理：当可燃气体发生泄漏，与检测仪内的半导体传感器中的金属氧化物接触，发生氧化还原反应导致传感器晶粒边界的势垒降低，从而传感器阻值减小，反映到电路中的电信号产生变化，而达到检测可燃气体的目的。			
归类决定		该商品由探测装置及音响或视觉报警装置组成，不具有检测气体浓度值的功能，不符合《税则》税目 90.27 商品的描述，但其符合《税则注释》对品目 85.31 商品的描述，根据归类总规则一及六，应归入税则号列 8531.1000。			

序号	1188	归类决定编号	Z2006-0777	公告编号	2006 年第 69 号
商品税则号列		8532.2410 或 8532.2110		公告实施日期	2006 年 11 月 22 日
商品名称		贴片电容，圆柱电容			
英文名称					
其他名称					
商品描述		用于生产电子协调器（高频头）。			
归类决定		经信息产业部电子第五研究所化验，所报样品"贴片电容 CL10CHOR5B"为片式多层陶瓷介质电容器，应归入税则号列 8532.2410；样品"柱状电容 UCN033CH100D-2"为片式钽电容器，应归入税则号列 8532.2110。			

序号	1189	归类决定编号	Z2006-1419	公告编号	2007年第70号
商品税则号列		8533.4000		公告实施日期	2007年12月5日
商品名称	热敏陶瓷电阻				
英文名称					
其他名称					
商品描述	热敏陶瓷电阻器件是将两只（也可为一只或多只）NTC热敏陶瓷电阻头（各自带有1.3米的双股导线）通过导线、镀锡铜管及接点端子相互连接，并与插座及塑料件组装在一起，用以方便客户将其作为冰箱感测温度的零件直接插入电路使用。其电阻头上包覆的热缩软管起防水的作用。				
归类决定	该商品是将数个热敏电阻与导线、镀锡铜管及接点端子相互连接，并与插座及塑料件组装在一起，其主体结构为热敏电阻，应将其按变阻器进行归类。上述商品属于可变电阻的一种，符合《税则》税目85.33及其子目条文的描述，根据归类总规则一及六，应将其按其他可变电阻器归入税则号列8533.4000。				

序号	1190	归类决定编号	Z2008-0087	公告编号	2008年第76号
商品税则号列		8533.4000		公告实施日期	2008年10月28日
商品名称	瓷片（电阻片）				
英文名称					
其他名称					
商品描述	该商品型号为SCK/TTC05/TSM系列，主要由氧化锰、氧化钴、氧化铜、氧化镍等组成，高温烧结制成电阻基料，进口后经表面烧制银浆电极，引线涂装支撑电阻。				
归类决定	该商品由氧化锰、氧化钴等烧结而成，已具备阻值，且阻值会随着温度的变化而变化。该商品进口后只需烧制银浆电极和加装引线即为完整的可变电阻器，是可变电阻器的未制成品，根据归类总规则二（一）及六，应按可变电阻器归入税则号列8533.4000。				

序号	1191	归类决定编号	Z2006-0779	公告编号	2006 年第 69 号
商品税则号列		8534.0090		公告实施日期	2006 年 11 月 22 日
商品名称	斑马纸				
英文名称					
其他名称					
商品描述	斑马纸是生产液晶显示屏时所使用的一种柔性连接导体。它是在聚酯薄膜基板上印刷上碳浆（或银浆）电路，并涂有黏结剂。使用时用热压方法将其电路一端与液晶屏上的电路连接在一起，另一端与电路板上的电路连接，从而使液晶显示屏与电路板连通。				
归类决定	根据《税则》第八十五章章注四的规定，该商品应归入税则号列 8534.0090。				

序号	1192	归类决定编号	Z2006-0780	公告编号	2006 年第 69 号
商品税则号列		85.35 或 85.36		公告实施日期	2006 年 11 月 22 日
商品名称	密封接线柱				
英文名称	Hermetic terminal				
其他名称					
商品描述	该密封接线柱是压缩机内部电动机与外部电路连接的接插件，主要功能是接通电动机的供电电源。由于压缩机的整体环境是密封的，电动机在密闭的环境中工作，因此其接线柱也是密封的。				
归类决定	该商品用于压缩机内部，功能为电路连接。根据《税则》第十六类类注二关于零件的归类原则，即使该商品因为使用场合的特殊而具备一定的专用性，但仍应按具体列名，作为电气连接装置归入税目 85.36 或 85.35 项下。				

序号	1193	归类决定编号	Z2006-0781	公告编号	2006年第69号
商品税则号列		85.36		公告实施日期	2006年11月22日
商品名称		110千伏开关柜继电保护装置			
英文名称					
其他名称					
商品描述		该继电保护装置通过电脑来控制各种形式的开关柜，用于110千伏电路的保护，是SCS-200变电站自动化系统的一部分。流经继电器保护装置的电流是经过互感器降压后的低压电流，以便于测量。该继电保护装置的质量检测都是在低压实验室中完成。			
归类决定		继电保护装置虽用于保护高压电路，但该设备是变电站自动化系统的一部分，其工作电压是经过互感器降压后的低压，故根据《税则注释》关于品目85.36的注释，应归入税目85.36下的相应子目。			

序号	1194	归类决定编号	Z2006-0782	公告编号	2006年第69号
商品税则号列		8536.3000		公告实施日期	2006年11月22日
商品名称		线路板组件			
英文名称					
其他名称					
商品描述		线路板组件，由集成电路（IC）、MOS场效应晶体管、印刷电路板及电阻、电容等组成，用于手机可充电电池的过充电、过放电和过电流保护，与可充电电池装配在一起，封装在塑料外壳内，成为完整的手机电池。 其工作原理是：可充电电池通过该线路板组件与手机外部电路连接，线路板组件中的IC比较电池两端电压，当对可充电电池充电时，在电压达到预定值时输出信号关断MOS场效应晶体管，从而切断充电电路，达到过充电保护的功能；当手机电池电量即将耗尽，在电压达到预定低电压值时输出信号关断MOS场效应晶体管，切断放电电路，达到过放电保护的功能；当电路中电流过大时，线路板组件中的IC输出信号关断MOS场效应晶体管，切断电路以达到过电流保护的功能。			
归类决定		该商品功能符合《税则》税目85.36"电路保护"的描述，应归入税则号列8536.3000。			

序号	1195	归类决定编号	Z2006-1421	公告编号	2007 年第 70 号
商品税则号列		8536.3000		公告实施日期	2007 年 12 月 5 日
商品名称	放电管				
英文名称					
其他名称					
商品描述	该放电管是一种金属陶瓷结构,用于通信设备或信号电路中的配套的电子元器件。其内部充有惰性气体,在一定的电压作用下通过气体电离进行放电。工作原理:气体放电管可视为低电容的对称开关,在正常工作时,电阻是兆欧级的绝缘状态,当外部电压达到放电管的击穿电压值时,放电管内气体被电离,放电管的电阻迅速从绝缘的高阻抗状态跌至 1 欧姆以下,将电压分流,浪涌消失后放电管恢复到高阻抗状态。其具有两种保护形式:通过与压敏电阻的结合来防护承受的电压脉冲尖峰主要部分和防护通过电话网络及控制网络的瞬时过电压。				
归类决定	该放电管的标称直流击穿电压均在 1 000 伏以下,利用惰性气体的击穿特性,实现对电路的过压保护,属于电路保护装置,符合《税则》税目 85.36 及其子目条文的描述,根据归类总规则一及六,应将其按"用于电压不超过 1 000 伏的线路的其他电路保护装置"归入税则号列 8536.3000。				

序号	1196	归类决定编号	Z2008-0196	公告编号	2008 年第 83 号
商品税则号列		8536.3000		公告实施日期	2008 年 11 月 24 日
商品名称	隔离式安全栅				
英文名称					
其他名称					
商品描述	该商品用于传递能量和信息,对高压和大电流起阻挡作用。一般来说,工厂的控制室内部是安全的,生产现场可能存在各种易燃易爆的大电流及气体,安全栅对安全区的高能量进行隔离和限制,通过对电流的测量,而对大电流和高能量起阻挡作用。				
归类决定	该商品用于工作电压在 1 000 伏以下的电路,利用稳压限流、对高能量进行隔离和限制、信号转换等一系列方式确保安全区和危险区之间的电路安全,属于电路的保护装置,符合《税则》税目 85.36 及其子目条文的描述,根据归类总规则一及六,应按其他电路保护装置归入税则号列 8536.3000。				

序号	1197	归类决定编号	Z2006-1422	公告编号	2007年第70号
商品税则号列		8536.4900		公告实施日期	2007年12月5日
商品名称	接触器（申报品名）				
英文名称	Magnetic contactor				
其他名称	电磁接触器（包装盒上的名称）				
商品描述	该电磁接触器，型号为SC-N5；工作电压为DC200~240伏，AC200~250伏；工作频率为50/60赫兹；标号为SC93BAA-222（即在JIS C 8201标准下，额定电压为AC240伏，额定功率为22千瓦，额定电流为93安）。				
归类决定	该接触器可用于多种场合，主要作远距离接通和分断电路之用。根据《税则注释》对品目85.36项下"继电器"的解释，"接触器也视作继电器……"该商品应归入税则号列8536.4900。				

序号	1198	归类决定编号	Z2006-0784	公告编号	2006年第69号
商品税则号列		8536.5000		公告实施日期	2006年11月22日
商品名称	自动转换开关				
英文名称					
其他名称					
商品描述	该商品为串接于供电电路上的紧急电力切换装置（规格型号7ATSC3/1600/H5X）。其每一额定容量的自动切换开关均拥有快速切换能力，并配有含薄膜按键、液晶显示荧幕之可程式微处理机控制器及状态显示面板。功能：带有微处理机控制器的转换开关。控制器采集转换开关的动作，当主电源故障或压降过大超过控制器设定值，自动切换到副电源侧。当正常电源侧恢复正常供电后，自动将负载供电线路切回正常侧。进口状态不含外箱，用于380V/50HV的楼宇及工厂供电系统。该自动转换开关由自动切换开关本体及处理控制器、ATS状态位置显示板组成，由处理控制器来控制开关本体运行。开关本体由一个开关构成，含一个电磁线圈，不含其他任何电气元件，其切换是由控制器激活电磁线圈来动作的。				
归类决定	该商品为自动转换开关，主要由开关本体和控制器构成，当供电电路出现非正常状态时进行电路切换，符合《税则注释》对"转换开关"的描述"用于将一条或多条线路与另外一条或多条线路连通"。 该商品属于开关的一种，符合《税则》税目85.36及其子目条文的描述，根据归类总规则一及六，应将其按开关归入税则号列8536.5000。				

序号	1199	归类决定编号	Z2006-1423	公告编号	2007年第70号
商品税则号列		8536.5000		公告实施日期	2007年12月5日
商品名称	感应开关				
英文名称					
其他名称	电路板				
商品描述	该电路板为吸顶灯主要组成部分。吸顶灯主要由自动开关装置、灯罩、灯头组成。电路板就是吸顶灯的自动开关装置，由感应器件、电阻、电容、集成电路、三极管和可控硅组成，体积很小。				
归类决定	该电路板可以通过感应人体的信号（如热、动信号等）接通电路，并可延时关闭电路，是一种自动开关装置，单独进口的该电路板已构成自动开关装置的基本特征，故可归入税则号列8536.5000。				

序号	1200	归类决定编号	Z2007-0079	公告编号	2007年第71号
商品税则号列		8536.5000		公告实施日期	2007年12月5日
商品名称	压力开关				
英文名称	Pressure switches				
其他名称	压力仪表				
商品描述	该装置为压力仪表，又称压力开关（Pressure switches），其工作原理如下：该装置受到系统中介质压力作用，当系统中介质的压力大于压力弹簧的标定值时，由弹簧顶压的推杆发生移动，触发压力开关内部的一个电路接通或关断。该内部电路有接线装置，可以对外输出控制电信号。如系统中介质的压力不足时，该压力开关处于静止状态，不发生任何变化。该产品不具备自动调节及操控阀门、开关等装置的功能。				
归类决定	压力开关用于电压小于1 000伏的电路中，可以通过系统介质压力推动接通或关断电路，为一种机械式压力开关，符合《税则》税目85.36的商品范围，根据归类总规则一及六，应按其他开关归入税则号列8536.5000。				

序号	1201	归类决定编号	Z2010-0056	公告编号	2010 年第 15 号
商品税则号列			8536.5000	公告实施日期	2010 年 2 月 28 日
商品名称	雨刷开关				
英文名称					
其他名称					
商品描述	雨刷开关安装在汽车前挡风玻璃上，当开关内的传感器探测到挡风玻璃上有雨点时，内部开关导通，使外部继电器通电工作，使雨刷电机工作。主要工作原理如下：1. 该商品通过支架安装在汽车挡风玻璃上；2. 内部电子线路板上的红外发射器发射红外光，并通过光学透镜传送到挡风玻璃上；3. 挡风玻璃将红外线反射到该商品内部的光学透镜内；4. 该商品内的红外接收器接收返回的红外线量；5. 该商品内的控制芯片计算出红外线的发射和接收量；6. 当雨点落在挡风玻璃上时，红外线会有部分损失，红外接收器接收到的红外线量发生变化，通过计算可以判断出挡风玻璃上雨点的大小；7. 根据计算出的雨点大小，输出开关信号控制雨刮器马达低速或高速刮去挡风玻璃上的雨水；8. 不间断地计算红外线的发射和接收量，并控制汽车雨刮器马达，从而实现自动雨刮器功能；9. 不用时，可以通过汽车内的雨刮控制组合开关将之关掉。主要部件：塑料顶盖、电子线路板、透镜支撑架、底盖、塑料透镜。					
归类决定	该商品为汽车雨刷器（《税则》税目 85.12 项下商品）的零件，不应归入税目 87.08 项下，应按照第十六类类注二的归类规定确定商品税则号列。该商品虽然可以根据雨量大小调节信号发送频率，进而自动控制雨刷速度，但是其功能并不符合《税则注释》对品目 90.32 项下商品的描述"……这些系统可将某一电量或非电量调到并保持在一设定值上……"虽然上述商品带传感器实行连续测量，但并无电量或非电量的设定值，故不应归入税目 90.32 项下。上述商品属于光电耦合开关，符合《税则》税目 85.36 及其子目条文的描述，根据归类总规则一及六，应按其他开关归入税则号列 8536.5000。					

序号	1202	归类决定编号	Z2014-0005	公告编号	2014 年第 46 号
商品税则号列		8536.9090		公告实施日期	2014 年 6 月 25 日
商品名称		IC 测试座			
英文名称					
其他名称					
商品描述		该 IC 测试座焊接在 IC 烧录仪器主板上，将 IC 放在 IC 测试座内，由 IC 烧录仪器根据内部程序对 IC 进行读写控制，通过 IC 测试座进行不同 IC 的读写。			
归类决定		该 IC 测试座只是用来连接 IC 和主板的插接装置，属于电路连接装置，根据归类总规则一及六，应归入税则号列 8536.9090。			

序号	1203	归类决定编号	Z2020-002	公告编号	2020 年第 108 号
商品税则号列		8537.1019		公告实施日期	2020 年 10 月 1 日
商品名称		数控装置			
英文名称		CNC			
其他名称					
商品描述		KEBA 牌 andronic3060 数控装置，用于机床，能同时最多控制 16 个插补轴，并补偿各种轴和几何误差。该商品进口后，与伺服驱动器和伺服马达连用，可以构成完整的数控系统。			
归类决定		该商品为用于机床的数控装置，符合税则税目 85.37 及其子目条文的描述，根据归类总规则一及六，该商品应归入税则号列 8537.1019。			

序号	1204	归类决定编号	Z2020-003	公告编号	2020 年第 108 号
商品税则号列		8537.1019		公告实施日期	2020 年 10 月 1 日
商品名称	数控装置				
英文名称	CNC				
其他名称					
商品描述	KEBA 牌 KK 系列数控装置，用于注塑机，该商品进口后，与伺服驱动器和伺服马达连用，可以构成完整的数控系统。				
归类决定	该商品为用于注塑机的数控装置，符合税则税目 85.37 及其子目条文的描述，根据归类总规则一及六，该商品应归入税则号列 8537.1019。				

序号	1205	归类决定编号	Z2006-0790	公告编号	2006 年第 69 号
商品税则号列		8537.1090		公告实施日期	2006 年 11 月 22 日
商品名称	空调监控盘				
英文名称					
其他名称					
商品描述	型号：SC-SLA200EC。 空调监控盘可以对数百台配套空调实行集中监控。该监控盘有以下功能：监视空调的运行状态、控制和设定空调的运转模式、设定空调运转日程、记录打印有关数据等。				
归类决定	该设备是一种具有监视、记录功能的控制装置，应归入税则号列 8537.1090。				

序号	1206	归类决定编号	Z2006-0791	公告编号	2006年第69号
商品税则号列		8537.1090		公告实施日期	2006年11月22日
商品名称	电梯门保护装置					
英文名称	Elevator door safety edges					
其他名称						
商品描述	该装置与传统的电梯门机械安全触板合并使用，由安装在电梯轿厢门侧的保护条和安装在轿厢顶部的控制盒及连接线组成。当电梯门关闭过程中，保护条探测到有乘客或物体进出电梯，即产生触发，控制器将触发信号输出至电梯门控制系统，使电梯门停止关闭并反转开启。 　　保护条内置红外光束发射器和接收器，以红外光幕探测人或物进出电梯的情况。控制器由电源输入/信号输出接插端子、发射器/接收器接插口、门机控制继电器、系统状态测试开关、延时复位开关、辅助模块等组成。					
归类决定	所报商品已构成《税则》税目85.37所列商品，根据《税则》第十六类类注二（一）的规定，应归入税则号列8537.1090。					

序号	1207	归类决定编号	Z2006-0792	公告编号	2006年第69号
商品税则号列		8537.1090		公告实施日期	2006年11月22日
商品名称	人机界面					
英文名称	Man machine interface					
其他名称						
商品描述	人机界面（型号：PWS3760DTN、PWS3260STN）由微处理器、快闪可擦写存储器、显示屏及按键组成，是专为可编程控制器（PLC）设计的输入输出界面。其工作原理：在计算机上编制人机界面的程序并下载到人机界面的快闪可擦写存储器中，人机界面与PLC通过通信线缆连接，操作人员通过人机界面上的按键输入控制信号至PLC，PLC的各种状态、参数、报警信息显示在人机界面的显示屏上。					
归类决定	该商品符合《税则》税目85.37的要求，应归入税则号列8537.1090。					

序号	1208	归类决定编号	Z2006-0793	公告编号	2006 年第 69 号
商品税则号列		8537.1090		公告实施日期	2006 年 11 月 22 日
商品名称	控制模块				
英文名称	AC control-module				
其他名称					
商品描述	控制模块（型号：CPA-100-220、CPA-101-220）是电子式电动执行机构的控制电路，免维护固化封装，对输入的 4~20mAd.c 或 1~5Vd.c 信号和检测反馈的开度信号进行输入、比较、放大、输出，把外部输入的 220 伏电压通过继电器输出 220 伏的切换电压，控制可逆电机调节和控制阀门。				
归类决定	该商品符合《税则》中税目 85.37 关于控制装置的描述，应归入税则号列 8537.1090。				

序号	1209	归类决定编号	Z2006-0794	公告编号	2006 年第 69 号
商品税则号列		8537.1090		公告实施日期	2006 年 11 月 22 日
商品名称	驾驶室音响、空调开关				
英文名称					
其他名称					
商品描述	该商品为驾驶室音响、空调开关。该商品为"天籁"轿车车型使用，采用音响控制开关和空调控制开关合并设计。该控制开关放置在汽车音响装置前，CD 盘由该控制开关下孔放入后面的汽车音响 CD 机中。其上的按钮用来控制音响和空调的有无及大小，内部有少许电路控制元器件，主要为接触、控制、调节电流大小的作用。				
归类决定	该商品的功能符合《税则》税目 85.37 的描述，因此，根据归类总规则一，该驾驶室音响、空调开关应归入税则号列 8537.1090。				

序号	1210	归类决定编号	Z2006-0795	公告编号	2006 年第 69 号
商品税则号列		8537.1090		公告实施日期	2006 年 11 月 22 日
商品名称	组合开关				
英文名称	Switch-comb1				
其他名称					
商品描述	型号： 组合开关有两种规格型号：一种是 GE6T-66-120C，用于普利马车型；另一种是 GE6L-66-120A，用于福美来车型。两种规格型号的组合开关的工作原理和用途是一样的，只是规格型号为 GE6L-66-120A 的组合开关少了一个后雨刮开关。 进口状态组成部分： 1. 组合开关共 3 个部分：灯开关操纵杆（外壳材料为聚甲醛）、开关本体（外壳材料为聚丙烯）、雨刮开关操纵杆（外壳材料为聚甲醛）。 2. 组合开关由灯开关、远近光开关、转向灯开关、前雨刮开关、后雨刮开关组成。 用途： 1. 灯开关（共有 3 个动触点，3 个静触点）：（1）控制前大灯开启、关闭。（2）夜间行驶时控制开启和关闭前大灯上前位置灯，后尾灯上后位置灯，组合仪表、空调操纵器、音响、其他开关按钮等的照明灯。 2. 远近光开关（共有 3 个动触点，3 个静触点，触点材料为银）：控制前大灯远光灯、近光灯的切换。 3. 转向灯开关（共有 3 个静触点，2 个动触点）：车辆行驶转向时控制开启和关闭转向灯。 4. 前雨刮开关（共有 10 个静触点，4 个动触点，并有 1 块雨刮控制 PCB 板，PCB 板上有 1 个继电器、1 个电解电容、1 个三极管、2 个二极管、1 个稳压二极管、5 个贴片电阻、1 个贴片电容）：（1）控制前挡风玻璃雨刮器工作，可以根据需要控制雨刮器以低速度、高速度、间隔、手动的方式刮洗玻璃。（2）控制前挡风玻璃洗涤器给玻璃喷水、洗涤液。 5. 后雨刮开关（共有 4 个静触点，3 个动触点）：（1）控制后背门玻璃雨刮器工作，可以根据需要控制雨刮器以间隔、连续的方式刮洗玻璃。（2）控制后背门玻璃窗洗涤器喷水。 6. 开关本体：起安装连接固定作用。 工作原理： 1. 灯开关：小三角符号指向 OFF 挡，开关不工作。旋转开关，当小三角符号指向 "0" 挡时，夜行开关触点接触，夜行继电器（外部零件，在主保险盒内）吸合，其触点接通，前大灯上前位置灯（外部零件），后尾灯上后位置灯（外部零件），组合仪表（外部零件）、空调操纵器（外部零件）、音响（外部零件）及其他开关按钮（外部零件）等的照明灯接通电源并点亮。当小三角符号指向其他挡，前大灯开关触点接触，前大灯继电器（外部零件，在主保险盒内）吸合，前大灯（外部零件）点亮；同时夜行开关也接触，其触点接触，夜行继电器（外部零件，在主保险盒内）吸合，夜行继电器触点接通，前大灯上前位置灯，后尾灯上后位置灯，组合仪表、空调操纵器、音响、其他开关按钮等的照明灯。

	上述商品属装在汽车转向柱上的组合开关。
归类决定	参照《税则注释》关于品目85.12的排除条款的规定,"本品目不包括:(三)装有两种或多种品目85.36所列装置的盘、板及其他基座,例如,装于转向柱上的组合开关(品目85.37)",根据归类总规则一和六,应将其归入税则号列8537.1090。

序号	1211	归类决定编号	Z2006-1424	公告编号	2007年第70号
商品税则号列		8537.1090		公告实施日期	2007年12月5日
商品名称	电梯轿厢操纵盘				
英文名称					
其他名称					
商品描述	电梯轿厢操纵盘安装于轿厢,用于操作电梯运行至第几层、开门关门等,其指令都要反馈至控制系统中心后,控制中心才开始动作,电梯得以运行。				
归类决定	电梯轿厢操纵盘由多个开关组成,用来输入指令,符合《税则》税目85.37的商品描述,根据归类总规则一及六,应将其归入税则号列8537.1090。				

序号	1212	归类决定编号	Z2006-1425	公告编号	2007年第70号
商品税则号列		8537.1090		公告实施日期	2007年12月5日
商品名称	电源控制卡				
英文名称					
其他名称					
商品描述	该电源控制卡主要用于服务器。功能:连接在多个扩充主板和多个电脑电源之间,使多个扩充主板共享所有电源输出;自动检测并控制供给各主板的电流;自动检测电源工作状态并将负载均衡加给各电源。工作原理:当控制卡的电感电阻器感测到输给某一个主板的电流电压超过额定值时,会发送信号给控制卡的控制单元,控制单元据此发出指令给比较仪,切断对该主板的电源供应;当多个电源中的一个发生故障后,控制单元会发出指令给其他正常工作的电源,提高其输出功率,将负载均衡加在正常工作的电源上。				
归类决定	电源控制卡在测量到主板或电源故障后采取断开以及平衡负载的操作,不符合《税则》第九十章章注七(二)"……将要被控制的因素调到并保持在一设定值上……"的描述,不能归入税目90.32。其与自动数据处理机连接使用,但从事数据处理以外的某项专门功能,根据《税则》第八十四章章注五(五),不能归入税目84.71。该商品属电力分配板,符合《税则》税目85.37及其子目条文(或子目注释)的描述,根据归类总规则一及六,应将其按其他电压不超过1 000伏线路的电力分配板归入税则号列8537.1090。				

序号	1213	归类决定编号	Z2006-1426	公告编号	2007年第70号
商品税则号列		8537.1090		公告实施日期	2007年12月5日
商品名称	同步控制操纵装置				
英文名称	Locotrol system				
其他名称					
商品描述	该同步控制操纵装置，为Locotrol集成机车控制系统。该系统由扩展集成处理模块、继电接口模块、扩展列车线接口模块、列车线继电器模块、电源盒、机车控制显示模块、制动阀、电控控制单元等电气控制设备及连接电缆组成。其主要功能是实现机车制动或牵引的同步控制，机车间通过进行主控和从控的设置，由主控机车发出指令通过机车无线设备传输，从控机车解读信号，完成同步动作。				
归类决定	Locotrol系统是一个独立的集成分布式动力控制系统，该系统可以对分布在一列组合列车中的三个从控机车组进行完全同步的控制。由于控制功能在《税则》税目85.37中有具体列名，上述系统符合第十六类类注四"功能机组"的描述，因此，根据归类总规则一和六，该集成机车控制系统可一并归入税则号列8537.1090。				

序号	1214	归类决定编号	Z2006-1427	公告编号	2007年第70号
商品税则号列		8537.1090		公告实施日期	2007年12月5日
商品名称	台下机械控制系统（整套进口）				
英文名称					
其他名称					
商品描述	该台下机械控制系统，用于舞台台下机械的系统控制。可自行编辑程序也可按既定程序控制舞台台下各机械系统设备的运行，以实现机械设备的精确定位和多台设备的编组同步运行。台下机械控制系统由多个独立部件，通过通信线路组合而成，单个部件不具有本项目所要求的使用功能，全套系统包括： 1. 中央处理机：用来保证运行曲线（即精确控制设备的位置、速度和行程）和管理轴控制器； 2. 轴控制器：专门开发的用于舞台机械的位置检测、刹车和频率控制； 3. 操作控制器：用于接受用户输入和操作，控制屏幕显示，向中央处理机发送运行命令； 4. 数据存储器：为本控制系统存储和提供数据； 5. 后备处理机：在中央处理机或总线失效时的冗余处理部件； 6. 网络设备：如以太网交换设备等。				
归类决定	该系统用来控制整个舞台的机械装置的运动，不带有任何驱动装置和马达，各个操纵台之间通过一台以太网络交换机（D-Link DES-1008D）进行通信联络。部件之间通过电缆连接，其系统用于电气控制，功能有具体列名，符合《税则》第十六类类注四对功能机组的描述，应一并归类。 该商品属机械控制系统，符合《税则》税目85.37及其子目条文的描述，根据归类总规则一及六，应将其按其他控制装置归入税则号列8537.1090。				

序号	1215	归类决定编号	Z2006-1428	公告编号	2007 年第 70 号	
商品税则号列		8537.1090		公告实施日期	2007 年 12 月 5 日	
商品名称	数字式电机保护单元					
英文名称	Digital motor protection&control unit					
其他名称						
商品描述	其规格型号：D3-PRO。 其主要功能： 1. 电机保护功能：过流、欠流、缺相、不平衡、短路、逆相、堵转、漏电八大保护功能； 2. 继电保护参数自动设置功能：可自动设置电机保护和继电保护； 3. 瞬间停电补偿及自动再启动功能； 4. 启动控制功能：适用于直接启动、Y-△启动、可逆启动、串电阻降压启动等多种电机启动方式； 5. 运转方式选择功能：MCC、LOP、AUTO、Remote 四种运行方式； 6. 通信功能：选择了国际通用方式 RS-485/422，可与支持 MODBUS 协议的 DLC、DCS 等自动化设备进行通信，并可进行自我诊断及系统监控。					
归类决定	该商品为电机的保护装置，使用电压小于 1 000 伏。其产品结构由多个继电器、接触器、熔断器等组成，符合《税则》税目 85.37 的商品描述，根据归类总规则一及六，应将其归入税则号列 8537.1090。					

序号	1216	归类决定编号	Z2007-0081	公告编号	2007 年第 71 号	
商品税则号列		8537.2090		公告实施日期	2007 年 12 月 5 日	
商品名称	低压控制器					
英文名称						
其他名称	低压头					
商品描述	低压控制器是由 PBE1008C 隔爆型低压侧组合开关与移动低压头组成的低压控制器系统。其中，PBE1008C 隔爆型低压侧组合开关（俗称低压头），适用于有瓦斯爆炸危险的煤矿井下工作。隔爆壳体内两个腔室，可装 8 个可抽拉的芯体模块，如接触器模块、绝缘监测和照明模块等。移动低压头是具备漏电保护、绝缘监测、漏电闭锁、中性点绝缘先导回路监测、断相、短路、接地保护等功能的开关系统。					
归类决定	该商品具有电力分配及漏电保护、绝缘检测等电力保护功能，其低压头、接触器模块等组成件的额定电压为 3 300 伏。该商品不符合《税则》第九十章章注七有关税目 90.32 的商品描述。其由 85.35、85.36 等多个税目项下商品构成，符合税目 85.37 的商品描述，根据归类总规则一及六，应归入税则号列 8537.2090。					

序号	1217	归类决定编号	Z2009-0063	公告编号	2009年第5号
商品税则号列		8537.2090		公告实施日期	2009年1月20日
商品名称	电压序列控制系统				
英文名称	Thyrobox VSC				
其他名称					
商品描述	电压序列控制系统由一个控制柜、两个外隔柜和一个内隔柜组成。其中，控制柜主要由PLC、主控板等组成；负责控制外/内隔柜，外/内隔柜主要由触发电路、切换可控硅元件、接地故障检测元件组成，安装于变压器和多晶硅生产用氢还原反应器之间，用于对氢还原反应器的电力进行分配和控制。氢还原反应器工作时，要求反应器内作为淀基基座的高纯硅芯通过一定电压、电流，使硅芯发热，表面达到一定温度并加以维持，因此上述电压、电流需随着硅棒的生长进行不断调整，要求供电精度很高，且不能产生超标谐波影响到整个供电网络。系统工作过程如下：供电网络电力经外部变压器变压后分5级（电压范围：2 000~100伏，交流，频率50赫兹）接入系统外/内隔柜，系统控制柜收到外部生产线DCS发来的生产状态信息，对其加以计算处理后得出该生产状态下高纯硅芯所需通过的电压、电流，然后系统控制柜发布指令控制外/内隔柜内切换可控硅元件切换供电线路并调整可控硅元件内双向环路夹角，输出符合要求的电压、电流（电压范围：2 000~100伏，交流，频率50赫兹），此过程循环进行，直到生产完成，系统停止对反应器供电，电压变化精度可达1%，电力谐波完全符合国家相关要求。同时，电压序列控制系统还具有在发生诸如倒棒等危害生产安全事故时，接地故障检测元件将现场数据传送给系统控制柜，由其判断发生故障类型并采取停止对反应器内高纯硅芯供电等诸类措施，保证生产安全进行的功能。				
归类决定	该电压序列控制系统由一个控制柜、两个外隔柜和一个内隔柜组成，不含变压器。通过在外部输入的五级不同电压线路之间的组合切换和内部可控硅元件双向环路夹角的精确调整，为多晶硅生产用氢还原反应器提供连续精确变化电力。该商品符合《税则注释》品目85.37的描述，最高电压超过1千伏，根据归类总规则一及六，应归入税则号列8537.2090。				

序号	1218	归类决定编号	Z2006-0797	公告编号	2006 年第 69 号
商品税则号列		8538.9000		公告实施日期	2006 年 11 月 22 日
商品名称	真空泡（灭弧室）				
英文名称					
其他名称					
商品描述	真空泡（灭弧室）主要由封闭的真空外壳及两个接触电极构成。它可被广泛用于断路器和重合器。其触头材料能保护接触器正常开断负载电流数百万次，并同熔断器匹配保护供电线路。				
归类决定	真空泡（灭弧室）主要由封闭的真空外壳及两个接触电极构成，可起到断路灭弧作用。该装置须安装在断路器、马达接触器、负载断路开关等设备上使用，本身不具有独立功能，应作为上述设备的零件归入税则号列 8538.9000。				

序号	1219	归类决定编号	Z2006-0798	公告编号	2006 年第 69 号
商品税则号列		8538.9000		公告实施日期	2006 年 11 月 22 日
商品名称	印刷平行电路板				
英文名称					
其他名称					
商品描述	印刷平行电路板包括合同上列名的 3 种不同功能板：印刷平行电路板、印刷程序板和印刷信号板。是地面缆车电气设备控制系统用的部分备用件，在印刷电路板上接插有集成块、晶体管等元件，每块电路板两端均装有特定尺寸的接插部件，与控制系统上的插槽相对应。				
归类决定	根据《税则》税目 85.38 条文，印刷平行电路板应按专用于税目 85.37 所列装置的零件归入税则号列 8538.9000。				

序号	1220	归类决定编号	Z2013-0051	公告编号	2013年第26号
商品税则号列		8538.9000		公告实施日期	2013年6月1日
商品名称		薄膜开关（申报商品名）			
英文名称		Membrane switch keyboard			
其他名称					
商品描述		该商品是具备多个相互独立的微动开关的组合面板，面板内嵌装有若干LED小灯，并装有带接头数据导线。本身无控制组件，不具备控制功能，只有接通、断开和状态显示功能。该商品与其他金属支架装配后，可组成一个完整的输入输出操作面板。其与通信控制设备连接后，通过按下、松开表面薄膜按键，可实现所对应电路的接通和断开，使得整机设备实现开、关、帮助、查询，以及数字输入功能。面板内嵌装的LED小灯与上述微动开关不直接联系，只是此开关面板的辅助功能。工作原理：设备主板接收到薄膜开关的通断信号后，判断信号的性质后再将信号反馈到相应的导线上，点亮相应的LED灯。			
归类决定		上述商品为税目85.37项下电气控制装置的零件，包含多个开关（简单地组合在一起）和多个显示所用电气控制装置工作状态的LED灯，已超出税目85.36列名的电路开关，根据第十六类类注二关于零件的归类原则，其符合《税则》税目85.38及其子目条文的描述，根据归类总规则一及六，应将其按税目85.37项下商品的零件归入税则号列8538.9000。			

序号	1221	归类决定编号	Z2006-0799	公告编号	2006年第69号
商品税则号列		8540.1200		公告实施日期	2006年11月22日
商品名称		阴极射线显像管			
英文名称					
其他名称					
商品描述		型号：5.5-英寸CRTS。该货物由一个阴极射线管和一组混合镜头组成，单色（或红或绿或蓝），用于大屏幕彩色电视机。在电视机中将红、绿、蓝3个单色CRT配套安装使用。			
归类决定		阴极射线管（CRT）属高清晰度、高亮度、单色显像管，可通过自身的光学镜头系统将CRT的图像放大，投射到屏幕上。3个单色（红、绿、蓝）CRT配套安装，可用作彩色投影电视机的显示系统。 上述CRT无论单独进口或3种单色同时进口，均应作为单色电视显像管归入税则号列8540.1200。			

序号	1222	归类决定编号	Z2006-0800	公告编号	2006年第69号
商品税则号列		8540.1200		公告实施日期	2006年11月22日
商品名称	单色投影管				
英文名称	Projection tube				
其他名称	Monochrome CRT for projection TV set				
商品描述	单色投影管是红、绿、蓝3支单色阴极射线管,配套安装并与菲涅尔透镜及双凸透镜共同构成彩色背投影电视的成像系统。 该单色阴极射线管虽没有荫罩,没有黑底,荧光粉均匀涂布,不是将电子束会聚成点后再去轰击某一相应位置的荧光点,而使荧光屏上产生与所摄景物完全相同的图像,但其承载着图像信息的电子束通过直接轰击荧光粉,可在荧光面上形成单色、失真的"像",并经光学系统(菲涅尔透镜及双凸透镜)校正后,在背投电视的投影屏上还原为清晰的图像。				
归类决定	根据以上特征,所报单色投影管仍属阴极射线电视显像管,应归入税则号列8540.1200。				

序号	1223	归类决定编号	Z2006-0801	公告编号	2006年第69号
商品税则号列		8540.1200		公告实施日期	2006年11月22日
商品名称	背投影彩电用单色投影管				
英文名称	Projection ray tube				
其他名称					
商品描述	背投影彩电由R、G、B 3个独立的投影管构成,投影管发出的单色光,经过前置的透镜放大,再经过反射镜的反射,最终透射到屏幕上,形成图像。投影管的工作原理是:由阴极发射出的电子,经过电子枪加速、聚焦,在高压作用下,通过荫罩板射向荧光面,电子束由偏转线圈偏转,在整个荧光面上扫描,激发单色荧光粉发光,经过透镜放大,反射镜反射到屏幕上,R、G、B 3色共同透射,形成彩色图像。				
归类决定	单色投影管仍属于阴极射线电视显像管,应归入税则号列8540.1200。 又见Z2006-0800号归类决定。				

序号	1224	归类决定编号	Z2006-0802	公告编号	2006年第69号
商品税则号列		8540.6090		公告实施日期	2006年11月22日
商品名称	示波管				
英文名称	Cathode ray tube				
其他名称					
商品描述	示波器用，型号为 D10-390GH/D6。示波管由电子枪、偏转系统和荧光屏 3 个部分组成，电子枪又由灯丝（用于加热阴极）、阴极组成，阴极被加热后发射电子，形成显示图形。				
归类决定	示波管属于随机扫描的显示系统，应将其归入税则号列 8540.6090。				

序号	1225	归类决定编号	Z2009-0138	公告编号	2009年第32号
商品税则号列		8540.9110		公告实施日期	2009年6月12日
商品名称	彩色防爆钢带				
英文名称					
其他名称					
商品描述	该商品由镀铝锌冷轧钢板经过裁切冲压焊接加工制成。用途：把防爆钢带打在裸管外，防止裸管因受外力影响产生爆裂，起到安全保护作用。				
归类决定	该商品已经制作成型，用于安装在电视机阴极射线显像管外，起到保护作用。该商品属于显像管的零件，符合《税则》税目 85.40 及其子目条文的描述，根据归类总规则一及六，应作为电视机阴极射线显像管零件归入税则号列 8540.9110。				

序号	1226	归类决定编号	Z2009-0064	公告编号	2009 年第 5 号
商品税则号列		8541.4010		公告实施日期	2009 年 1 月 20 日
商品名称	发光二极管				
英文名称					
其他名称					
商品描述	该发光二极管（LUXEON LXK2-PW14-UOO）能发出冷白色光，由 4 个金属引脚、散热罩、半导体基板、发光二极管芯片、金线、透镜、外壳构成。该发光二极管的核心发光芯片用硅载体直接焊接在散热片上。为了提高产品的亮度，适应更大的电流，该发光二极管加大了封装基座，采用了方形结构，同时为了增加产品焊接的牢固度，在发光二极管基座上保留了对称的 4 个焊脚。在封装结构上采用 TFFC 封装，通过将 YAG 荧光粉像薄膜一样印刷在晶片上，将晶片发出的光更有效率地散发出去，减少热量的形成，使热阻进一步降低到 12℃/瓦，从而提高发光二极管的光效利用，使发光二极管的亮度达到 110 流明/瓦，同时由于热阻的降低，发光二极管可以使用更高的电流，最大可以使用到 1.5 安。该发光二极管可作为 LED 手电筒"灯泡"，也可以用于区域照明、警示和应急指示等。				
归类决定	该商品是一个经光学封装的单个发光二极管芯片，其结构符合《税则注释》关于品目 85.41 项下"半导体器件"的描述，属于发光二极管，且符合《税则》税目 85.41 及其子目条文的描述，根据归类总规则一及六，应按发光二极管归入税则号列 8541.4010。				

序号	1227	归类决定编号	Z2006-0803	公告编号	2006年第69号
商品税则号列		8541.6000		公告实施日期	2006年11月22日
商品名称		声表面滤波器			
英文名称		Saw filter			
其他名称					
商品描述		该商品的主要构成为输入、输出传感器，导线，吸收材料等。制造材料外层为塑料，内部为梳状镀铜石英晶体或氧化锌等。工作原理是：电信号经发送叉指换能器，使后者发生压电反应，产生表面声波，接收叉指换能器再将收到的声波转换成电信号。声表面滤波器是一种通用元件，根据其形状、尺寸的不同，可将其设计成不同频率、带宽的系列滤波器。此次进口的声表面滤波器是为彩电中频放大器专门定做的一种元件。			
归类决定		声表面滤波器，主要由压电材料及电极构成，其中的压电材料已制成两个相对的梳状体，在材料基片上形成叉指换能器，一个作接收，一个作发送，从而实现电信号滤波的功能。根据《税则注释》品目85.41项下对"已装配的压电晶体"的解释，该声表面滤波器应按"已装配的压电晶体"归入税则号列8541.6000。			

序号	1228	归类决定编号	Z2006-0804	公告编号	2006年第69号
商品税则号列		8541.6000		公告实施日期	2006年11月22日
商品名称		表面波滤波器			
英文名称					
其他名称					
商品描述		表面波滤波器为压电陶瓷滤波器，是通过厚膜工艺将电极制作在绝缘基板上，装入陶瓷壳、金属盖，并通过导线、接点将端子与电极相连，由压电体表面的机电换能作用和叉指换能器的特性完成对电信号的滤波作用。其广泛应用于AV、通信行业。			
归类决定		压电陶瓷是一类晶体物质，目前研究和应用较多的是钛酸钡、锆酸钛酸铅、铌酸盐三大系列。压电陶瓷在受到机械压力时，就会产生压缩或伸长等形状变化，从而使晶体的两面产生不同的电荷，这样，当声波作用在压电陶瓷上时，电荷就会变成电讯号；反之，在交流电压的作用下，压电陶瓷做相应的伸长和缩短变化，而产生振动，产生声音。这种现象在物理学上叫压电效应。 根据《税则注释》关于子目8541.60对已装配的压电晶体的解释，压电晶体主要由钛酸钡、锆酸钛酸铅或品目38.24所列的其他晶体、石英或电气石晶体制成，用于传声器、扬声器、超声波装置、稳频振荡电路等。因此，所报表面波滤波器属于已装配的压电晶体，应归入税则号列8541.6000。			

序号	1229	归类决定编号	Z2006-0805	公告编号	2006年第69号
商品税则号列		8541.9000		公告实施日期	2006年11月22日
商品名称	基座簧片				
英文名称	ATS_PIN				
其他名称	基座支架				
商品描述	该商品进口状态为镍的条带状卷材（厚约0.1毫米，宽约1.4厘米），用于生产石英晶体谐振器。在材料上已冲压出簧片的基本形状，进口后通过加工机器将镍带材中的簧片与其他谐振器的零件进行焊接→切割→封盖后，组成谐振器的基座。				
归类决定	因该商品已冲压出零件的基本形状，已具有专门的特定用途，符合《税则》第十六类类注关于专用零件范围的规定。进口状态为条带卷状，主要是为便于进一步加工，虽其实际使用部分在进口商品中所占比例较小，但非零件部分的价值应已体现在零件中，故可以认为该商品主要是具有零件特征，根据归类总规则二（一），应将该商品归入税则号列8541.9000。				

序号	1230	归类决定编号	Z2008-0089	公告编号	2008年第76号
商品税则号列		8543.1000		公告实施日期	2008年10月28日
商品名称	回旋加速器				
英文名称					
其他名称	Minitrace回旋加速器				
商品描述	该回旋加速器是由磁场系统、射频系统、离子源系统等组成，其工作原理是带电粒子在磁场内被加速到一定能量，然后轰击目标靶，使物质发生变化，生成所需的带有放射性的正电子核素。这些正电子核素可以继续被合成为相应的正电子药物，用于PET显像。它不能通过加速管发射出的X射线直接对患者病变部位进行放射性治疗。				
归类决定	该回旋加速器为回旋加速器和化学合成系统一体化设计，它通过将带电粒子在磁场内加速到一定能量后轰击目标靶，生产放射性同位素药物，其本身不产生射线，也不用于医疗，不符合《税则注释》中品目90.18或90.22描述的商品范围。该商品主要用于增加带电粒子能量，符合《税则》税目85.43的商品描述，根据归类总规则一及六，应归入税则号列8543.1000。				

序号	1231	归类决定编号	Z2006-1431	公告编号	2007年第70号
商品税则号列		8543.2090		公告实施日期	2007年12月5日
商品名称	雷达测速仪检定装置				
英文名称	Test bench				
其他名称					
商品描述	型号为SAPSAN-2的雷达测速仪检定装置用于对一定工作频率范围内的雷达测速器的计量准确性进行鉴定。其组成有：无回波室、反射信号调制器、控制模块和电源适配器。该装置可模拟特定车速、方向和离观察点特定距离上运动的车辆，以便对被检测的雷达测速器的计量特性进行测试和鉴定。				
归类决定	SAPSAN-2雷达测速仪检定装置使用时通过发出特定的模拟雷达波给处于开机工作状态的待测雷达测速仪，由雷达测速仪感应后显示速度数值，通过人工比对雷达测速仪所测的数值和检定装置的模拟数值，判断雷达测速仪是否符合规定的精度要求。该商品本身不具备检测判断功能，因此不属于税目90.31的商品范围。该商品根据需要发出10.5~36.0千兆赫的已知特征值的雷达波给待测仪器，符合《税则注释》中品目85.43有关"信号发生器"的商品描述，根据归类总规则一及六，应将其按输出信号频率在1 500兆赫以上的信号发生器归入税则号列8543.2090。				

序号	1232	归类决定编号	Z2007-0083	公告编号	2007年第71号
商品税则号列		8543.2090		公告实施日期	2007年12月5日
商品名称	血氧模拟仪				
英文名称					
其他名称					
商品描述	该仪器由一台主机和少量连接线组成，通过光传感器模拟输出人体血氧信号，供使用者研究人体血氧曲线的特点。				
归类决定	该商品通过输出电信号和光信号，专门为待测仪器提供标准模拟信号，其符合《税则注释》品目85.43有关"信号发生器"的商品描述，根据归类总规则一及六，应归入税则号列8543.2090。				

序号	1233	归类决定编号	Z2008-0090	公告编号	2008 年第 76 号
商品税则号列		8543.2090		公告实施日期	2008 年 10 月 28 日
商品名称		射频/微波信号发生器			
英文名称		Rf/microwave signal generator			
其他名称		微波信号源			
商品描述		该商品为 ANRITSU MG3691B 型射频/微波信号发生器（RF/Microwave Signal Generator）。该射频/微波信号发生器作为信号源，提供频率为 2~10 千兆赫的射频/微波信号，还具有宽带功率扫频功能，提供相位锁定步进扫频、交替扫频、人工扫频、列表扫频等模式，可对单独宽带频率上的任意两个功率水平进行扫描，分辨率 0.01dB/步进（对数）或 0.001 毫伏（线性）。该设备还带有每次步进为 10dB 的电子步进衰减器，可获得 120dB 的范围，可以在对接收机的灵敏度等参数进行测试时提供步进频率信号。				
归类决定		该商品为射频/微波信号发生器，是一种被用作黏结信号源的信号发生器，最高输出频率大于 1 500 兆赫，根据归类总规则一及六，应按具体列名归入税则号列 8543.2090。				

序号	1234	归类决定编号	Z2006-0806	公告编号	2006 年第 69 号
商品税则号列		8543.3000		公告实施日期	2006 年 11 月 22 日
商品名称		电解水机			
英文名称		Electrolysis soft oxidized system			
其他名称		消毒水机			
商品描述		该制水机为 OSG 牌，其工作原理是： 1. 自来水经流量计计量后，少部分经定流阀与添加液混合（增加添加液是为了使之电解产生氯离子，用于杀菌）； 2. 混合液体进入电解槽，经电极电解生成含有杀菌因子（Cl_2、Cl^-、ClO^-等）的高浓度杀菌水； 3. 高浓度杀菌水进入反应管后，与流经流量计直接进入反应管的自来水充分混合稀释生成消毒水。 该消毒水机型号为 NCX-65KM-H，所生产的消毒水适用于酒店、办公场所、餐馆、医院等地方的清洁、防菌使用，可用于洗手、清洗器具等。输出水量为 180 升/小时。				
归类决定		该商品的工作原理为电解，根据具体列名，可归入税则号列 8543.3000。				

序号	1235	归类决定编号	Z2006-1432	公告编号	2007年第70号
商品税则号列		8543.7099		公告实施日期	2007年12月5日
商品名称	电脑电视视频转换器				
英文名称	Pocket scan converter				
其他名称					
商品描述	PSC-1106电脑电视视频转换器,可以将来自计算机的VGA信号转换为视频信号,即转换电脑图像至电视机显示或录像机录制,还可以在电视机的大屏幕上玩电脑游戏。				
归类决定	该电脑电视视频转换器可将计算机的VGA信号转换为视频信号,即可将电脑图像在电视上显示或再通过录像机录制。该设备是一种未列名的具有独立功能的设备,故应归入税则号列8543.7099。				

序号	1236	归类决定编号	Z2006-1433	公告编号	2007年第70号
商品税则号列		8543.7099		公告实施日期	2007年12月5日
商品名称	光子美容仪				
英文名称	Eliteplus IPL system				
其他名称					
商品描述	该光子美容仪是一种强脉冲光设备,而非激光类设备。强脉冲光(IPL)是经过过滤的特定宽广谱的强光,可发射的谱段范围为530~1 000纳米。其工作原理:广谱的强脉冲光被胶原蛋白中的水分吸收,热效应使胶原蛋白再生,新的胶原蛋白有序排列,数量增多,从而增加肌肤弹性,消除或减轻面部皱纹,缩小毛孔,以达到嫩肤美容的效果。				
归类决定	该光子美容仪利用强脉冲光照射皮肤,通过热效应使胶原蛋白再生,从而增强肌肤弹性,消除或减轻面部皱纹,缩小毛孔,达到嫩肤美容的效果。其功能不符合《税则注释》品目90.18的描述,不属于医学治疗设备,根据归类总规则一及六,应将其归入税则号列8543.7099。				

序号	1237	归类决定编号	Z2006-1434	公告编号	2007 年第 70 号
商品税则号列		8543.7099		公告实施日期	2007 年 12 月 5 日
商品名称	Vista KVL-SUA/OV 切换器				
英文名称					
其他名称					
商品描述	Vista KVL-SUA/OV 切换器有 8 个电脑接口、一个键盘接口、一个显示器接口和一个鼠标接口，即用一个键盘、显示器和鼠标来控制 8 台计算机，从切换器前面板可任意切换到任何一台计算机，主要用于电脑机房的电脑控制管理工作。				
归类决定	该商品的主要功能为切换信号，应将其作为《税则》未列名的其他电气设备归入税则号列 8543.7099。				

序号	1238	归类决定编号	Z2006-1436	公告编号	2007 年第 70 号
商品税则号列		8543.7099		公告实施日期	2007 年 12 月 5 日
商品名称	数字视频处理器机芯				
英文名称					
其他名称					
商品描述	数字视频处理器机芯是网络视频处理器的主体，在增加外壳和 DC 电源后即可构成数字视频处理器。它是将普通模拟视频信号转换为数字信号并在网上直接传输的设备。其工作原理是：视频信号经 A/D 转换再经视频压缩后直接打包上网传输，整个视频信号处理过程在内置 CPU 及内存、闪存及内置的操作系统下进行。网络视频处理器在监视现场可直接将摄像机的模拟视频信号处理后上网传输，由于其内置嵌入式操作系统（包括 CPU、内存、闪存、操作系统等）和 WEB 服务器，故现场无须再接入电脑。监视者可在网上电脑的普通浏览器下直接访问网络视频处理器，实现对现场的监视。				
归类决定	该商品的主要功能为视频信号的后续处理，包括模数转换与视频压缩，应将其作为其他未列名的电气装置归入税则号列 8543.7099。				

序号	1239	归类决定编号	Z2006-1437	公告编号		2007年第70号
商品税则号列		8543.7099		公告实施日期		2007年12月5日
商品名称	电穿孔仪					
英文名称	Gene pulser xcell					
其他名称	电转移仪					
商品描述	该电穿孔仪主要由真核细胞电转移模块和细胞融合模块组成。两片金属模块在脉冲电压和细胞本身所带的生物电的作用下，两个细胞在电场内进行定向移动，互相融合，将人类细胞、胚胎干细胞、初生细胞、植物细胞加入所需要的基因片段而达到转基因的目的。细胞融合模块使得仪器可完成高效的电融合，细胞先在交流电场中聚集，然后通过直流脉冲融合。微融合腔中用少量细胞摸索条件，优化好的条件直接用于螺旋融合腔上，提供无菌、无热原体、无内毒素，支原体检测的电融合缓冲液体系。主要应用于产生杂种细胞以生产单克隆抗体、融合免疫细胞和瘤细胞以产生肿瘤疫苗、克隆哺乳动物细胞、融合植物原生质体等项目。					
归类决定	该电穿孔仪是一种有效地将外源分子导入多种细胞的设备。通过一个高强度的电场作用，瞬时提高细胞膜的通透性，周围介质中的外源分子可被吸收。这种技术可以用来向原核和真核细胞内导入核苷酸、DNA、RNA、蛋白质、糖类、染料和病毒颗粒。该电穿孔仪主要由真核细胞电转移模块和细胞融合模块组成，两片金属模块在脉冲电压核细胞本身所带的生物电的作用下，两个细胞在电场内进行定向移动，互相融合，将人类细胞、胚胎干细胞、初生细胞、植物细胞加入所需要的基因片段而达到转基因的目的。 根据该电穿孔仪的功能，可将其按其他未列名的电气设备归入税则号列8543.7099。					

序号	1240	归类决定编号	Z2006-1438	公告编号	2007 年第 70 号
商品税则号列		8543.7099		公告实施日期	2007 年 12 月 5 日
商品名称		红外线车辆分离扫描系统			
英文名称					
其他名称					
商品描述		该红外线车辆分离扫描系统由红外线发射器、接收器及控制器组成，用于公路自动收费系统的车辆分离检测。发射器内置线性排列的发光元件，而接收器内置同样数量的光探测元件，接收器和发射器的对应光电元件同步触发，并确认光路是否导通，当汽车通过发射器和接收器之间时，部分光束会被遮挡，因而被测出有车通过，当车走后，光路完全导通，从而把一辆整车分离出来，以便计费。控制器为发射器和接收器提供电源，并驱动接收器根据要求读取发射器信号，处理该数据。			
归类决定		该商品的功能是发射连续的红外线，并在红外线被遮挡后发出信号，也可用于检测车间流水线、邮局邮件等需单独区分的物体，输出的信号经过另外的设备处理后可用于门禁、报警、计数、交通管理等场合。由于该功能在《税则》中未列名，因此，根据归类总规则一及六，应将其按具有独立功能的电气设备归入税则号列 8543.7099。			

序号	1241	归类决定编号	Z2006-1439	公告编号	2007年第70号
商品税则号列		8543.7099		公告实施日期	2007年12月5日
商品名称	电子白板				
英文名称					
其他名称	电子复印白板				
商品描述	电子白板的全称为电子复印白板，又称电子扫描板，型号为松下530CN、630CN等，其主要由旋转板面（白板）、打印输出总成、支架三部分组成，其中打印输出总成是由CCD、光源、反射镜面、热敏头打印机或热转印头打印机组成，用于教学、开会。工作原理：直接用书写笔在白板上书写，如需记录下白板上的内容，按下打印键，马达带动屏幕转动，当文字和图形转到后面的有效区域内时，光源照射到这些文字和图形，再通过反射镜将这些文字和图形反射到CCD中，CCD将光信号转换成电信号，通过自身打印组件在纸上打印出文字和图形。打印原理包括热敏打印和喷墨打印。也可以通过计算机、打印机接口连接到计算机、打印机上，将白板上的内容输入计算机、打印机。				
归类决定	电子白板的"复印"功能是由白板扫描及打印来完成的，其本身并无"原稿"信息输入过程，脱离计算机能独立使用，按照《税则》第八十四章章注五（五）的规定"装有自动数据处理装置或与自动数据处理机连接使用，但却从事数据处理以外的某项专门功能的机器，应按其功能归入相应的税号，对于无法按功能归类的，应归入未列名税号"，由于电子白板在《税则》中未具体列名，因此，根据归类总规则一，电子白板应作为具有独立功能的未列名的电子商品归入税则号列8543.7099。				

序号	1242	归类决定编号	Z2006-1440	公告编号	2007 年第 70 号
商品税则号列		8543.7099		公告实施日期	2007 年 12 月 5 日
商品名称	车载免提通话装置散件					
英文名称	Parts for automobile handsfree making					
其他名称						
商品描述	该车载免提通话装置散件是车载免提通话系统程序控制器散件,该程序控制器内置可编程序控制器,其内部电路主要由带有控制芯片(已输入控制程序)的集成电路组成。其工作原理是:由控制芯片接收端采集手机插口送出的来电信号,并通过控制芯片内部输入的控制程序,自动将其送入汽车音响系统的喇叭放出,同时语音信号由免提通话装置的麦克通过控制芯片的发送端,送回到手机插口,使其完成通话功能。当控制芯片接收端及发送端信号中断一定时间后,控制芯片使汽车音响自动转为收音机工作模式。该控制器具有两种功能,其一为信号转换功能,其二控制汽车音响恢复收音机工作模式,信号转换功能是其主要功能。					
归类决定	该商品可根据手机的来电情况,自动将手机信号与收音机信号分别与汽车扬声器连接,从而实现车载免提通话的功能。由于该功能在《税则》中无具体列名,根据归类总规则一和六,应将其按其他税号未列名的具有独立功能的电气设备,归入税则号列 8543.7099。					

序号	1243	归类决定编号	Z2006-1441	公告编号	2007 年第 70 号
商品税则号列		8543.7099		公告实施日期	2007 年 12 月 5 日
商品名称	数模转换器					
英文名称	D/A & A/D Converter					
其他名称	音频信号转换器					
商品描述	该数模转换器又称音频信号转换器,中文品牌为百灵达,型号为 ADA8000,是 8 路 24 比特 AD/DA 转换器,带有 8 个 IMP "隐蔽"话筒前置放大器。数模转换器主要用于模拟/数字和数字/模拟信号转换,具有音频放大功能。该数模转换器的用途为将麦克风输出的模拟音频输入到该数模转换器,数模转换器将模拟音频输入信号转换为数字信号,再输出到调音台或硬盘数码录音系统。					
归类决定	该商品属带有传声器前置放大器的模数转换器,其主要功能仍是模数转换。由于该功能在《税则》中无具体列名,因此,根据归类总规则一和六,应将其按具有独立功能的电气设备,归入税则号列 8543.7099。					

序号	1244	归类决定编号	Z2006-1443	公告编号	2007 年第 70 号
商品税则号列		8543.7099		公告实施日期	2007 年 12 月 5 日
商品名称	紫外线干燥机				
英文名称					
其他名称					
商品描述	该商品型号为 KUV-603，品牌为凯联。工作原理为利用紫外线干燥原理。涂装成品经紫外线照射后，可瞬间干燥。用途为木材、合板、家具、钢板、建材、镜片、皮革等使用 UV 涂料涂装后经紫外线照射瞬间干燥，表面硬度提高、色泽亮丽。				
归类决定	该商品利用辐照效应使涂装后的 UV 涂料快速干燥，不属于"利用温度变化处理材料的机器"，不可归入《税则》税目 84.19 项下。其符合《税则》税目 85.43 及其子目条文的描述，根据归类总规则一及六，应将其归入税则号列 8543.7099。				

序号	1245	归类决定编号	Z2006-1444	公告编号	2007 年第 70 号
商品税则号列		8543.7099		公告实施日期	2007 年 12 月 5 日
商品名称	学乐先				
英文名称	MC2 Study				
其他名称					
商品描述	该商品由主机、眼镜（内置 8 个发光二极管）与一副耳机组成。其工作原理为由主机发出 α 波，通过耳机传给人脑，同时控制眼镜上的发光二极管闪烁来刺激人脑，以达到消除疲劳、提高注意力和改善睡眠状况的目的。				
归类决定	该商品的功能在《税则》中未列名，符合税目 85.43 的商品描述，根据归类总规则一及六，应将其归入税则号列 8543.7099。				

序号	1246	归类决定编号	Z2007-0085	公告编号	2007年第71号
商品税则号列		8543.7099		公告实施日期	2007年12月5日
商品名称		数码相框			
英文名称					
其他名称					
商品描述		该数码相框的主要功能：播放数码相片、MP3、可插入存储卡（SD/MMC/XD/CF）和U盘直接浏览图片，外带USB连接线，可以通过和电脑连接，将电脑中的图片复制到数码相框中或者将数码相框的图片复制到电脑中。			
归类决定		该数码相框具有播放相片（静态图片）、MP3声频的功能，为多功能机器，其主要功能为播放相片。根据《税则》第十六类类注三有关"多功能机器"的描述，应按其主要功能"播放相片"进行归类。该商品播放的相片为静态图像，不同于税目85.28的视频图像播放，因此不能归入该税目项下。该商品的主要功能"相片播放"在《税则》其他税目中未具体列名，但符合税目85.43的商品描述，根据归类总规则一及六，应归入税则号列8543.7099。			

序号	1247	归类决定编号	Z2008-0091	公告编号	2008 年第 76 号
商品税则号列		8543.7099		公告实施日期	2008 年 10 月 28 日
商品名称		搭载调试器（附 PCI 接口卡）			
英文名称		Onboard set（Interface Card）			
其他名称					
商品描述		PX-ODB103E-J 搭载调试器是与 CPU 相对应的通用模拟器，由本体、调试软件、连接基板及串口线组成，用于搭建公司开发的 DVD 刻录机的硬件环境，检测软件能否正确地运行。搭载调试器支持 PCI 接口卡。			
归类决定		该搭载调试器可通过串口线与计算机相连，模拟 DVD 刻录机硬件环境，检测软件能否正确运行。本身不带有将程序写入半导体芯片的功能。其虽然带有中央处理器的主板，能和计算机相连，但主要用于模拟 DVD 刻录机硬件环境，对计算机输出的信号根据模拟结果反馈信号，并非直接进行编程等数据处理，根据《税则》第八十四章章注五（五），不能归入税目 84.71 项下。该商品功能在《税则》中无明确列名，但符合《税则》税目 85.43 的商品描述，根据归类总规则一及六，应归入税则号列 8543.7099。			

序号	1248	归类决定编号	Z2008-0092	公告编号	2008 年第 76 号
商品税则号列		8543.7099		公告实施日期	2008 年 10 月 28 日
商品名称		离子发生器			
英文名称		Bioclimatic gener			
其他名称		空气净化系统			
商品描述		该离子发生器主要由底座和离子管组成，专门设计用于中央空调，或放置于空气处理机或独立安装使用的专业空气净化器内。其工作原理：主要通过底座的升压电路，使离子管上的两层不锈钢网产生电压差，从而使经过该离子管的空气中的氧气电离，产生正氧离子与负氧离子。当正氧离子和负氧离子遇到空气中的细菌、杂质和异味物质时，就会与这些物质进行中和性结合，从而将这些物质氧化，增强过滤效果，以达到空气净化的目的。双离子发生器可有效杀死各类细菌达 96%。			
归类决定		该离子发生器主要由底座（具有升压电路）和离子管组成，可在离子管的不锈钢网上产生电压差，从而将空气中的氧气电离，产生正氧离子和负氧离子。其空气净化作用是产生的氧离子在空气中与其他杂质反应的结果，而非直接的过滤净化，不符合《税则注释》品目 84.21 的商品范围。该商品功能在《税则》中没有明确列名，但符合《税则》税目 85.43 的商品描述，根据归类总规则一及六，应归入税则号列 8543.7099。			

序号	1249	归类决定编号	Z2008-0093	公告编号	2008 年第 76 号
商品税则号列		8543.7099		公告实施日期	2008 年 10 月 28 日
商品名称	无线 PC-TV 伴侣					
英文名称						
其他名称						
商品描述	该无线 PC-TV 伴侣的型号为 MG-350HD。其主要功能：1. 商品本身具有固化软件，支持 3.5 英寸 IDE 硬盘接入（商品本身不配备），可以直接或网络播放计算机中的媒体文件（支持部分影音文件、图像文件），具有 NDAS（网络存储）功能，支持通过无线（支持 IEEE 802.11g、802.11b 无线技术标准）、有线（10/100Mbs 有线以太网端口）局域网络进行文件拷贝、删除。2. 可输出高清数字信号，支持 1 920×1 080P 全高清视频文件播放，支持高清数字文件在 HDTV 高清电视中播出（如液晶电视、等离子电视、常规高清电视）。3. 可以通过 USB（支持 USB2.0 标准）口读取外部 USB 扩展设备（如家庭数码相机、数码摄像机、DVD 光驱、USB 硬盘等）。				
归类决定	该商品本身不具有图像显示功能，可以通过直接或网络连接计算机，将计算机硬盘中的字符、图像及声音数据转成适当的信号连接在电视中输出。该商品功能在《税则》其他税目中未具体列名，但符合税目 85.43 的商品描述，根据归类总规则一及六，应归入税则号列 8543.7099。				

序号	1250	归类决定编号	Z2008-0094	公告编号	2008 年第 76 号
商品税则号列		8543.7099		公告实施日期	2008 年 10 月 28 日
商品名称	避雷针核心部件（非放射原理）					
英文名称						
其他名称						
商品描述	该避雷针核心部件（非放射原理），品牌为 SATELIT+，共 3 种规格型号：1. SAT+2500NO 为 26565-26614，价值比 85%；2. SAT+4000NO 为 41827-41856，价值比 85%；3. SAT+5000NO 为 51262-51281，价值比 85%。核心部件为内置雷电探测器、电压触发装置、高压发生器、放电间隙等器件。功能：通过与其他外部器件的配合，通过针尖的电离放电，形成优先电离通道，达到提前接闪雷电和扩大避雷针保护范围的目的。				
归类决定	该商品为无源设备，可以对雷电感应后在避雷针尖电离放电，形成雷电通道将雷击电能通过避雷针传导到大地。该商品具有对雷电进行感应并产生电离放电的功能，未在《税则》其他税目中列名，但符合税目 85.43 的商品描述，根据归类总规则一及六，应归入税则号列 8543.7099。				

序号	1251	归类决定编号	Z2008-0197	公告编号	2008年第83号
商品税则号列		8543.7099		公告实施日期	2008年11月24日
商品名称	增量轴套型编码器
英文名称	
其他名称	
商品描述	商品名称为KUBLER增量轴套编码器；规格型号为8.3620.506E.2500.0019。编码器内部有一径向线栅和空隙的光电码盘，在光源和一个接收器之间旋转，采用光电扫描原理工作，产生一个与接受光成比例的正弦信号，把机械位移量变为电信号，用于测量机床工作轴的转速、转动方向及移动角度和相对距离。
归类决定	该商品为一种旋转编码器，可将旋转位移信号转变为电信号，用于测量机床工作轴的转速、转动方向及移动角度等。《税则》税目90.31的商品描述为"本章其他税号未列名的测量或检验仪器、器具及机器"。从产品构成来看，该税目项下的测量或检验仪器一般由测量部件、计算部件、结果显示部件等组成，测量值能够直接读数及使用。而旋转编码器产生的相应脉冲信号需要输出至计算机控制系统进行计算后得出转速数据，本身仅是脉冲电信号的发生装置，不具有完整的测量功能，尚不构成税目90.31的测量或检验仪器的特征，根据归类总规则一，不能归入税目90.31项下；该商品通过光电感应将旋转板的位置转化为电脉冲信号，具有电气器具的特征，且不具备第九十章计量、检验仪器仪表的特征，符合《税则》及《税则注释》第八十五章总注释的描述。该产品必须安装在另一台机器或器具上，或安装在一套较复杂的设备中才能执行其功能，但该功能不同于所装机器设备的功能，并在上述机器设备操作中并不起必不可少的和不可分割的作用，符合《税则》及《税则注释》对"独立功能"的描述。而且，旋转编码器完成的功能——将旋转运动转换成编码电信号——在《税则》上没有列名，因此，根据归类总规则一及六，应按其他未列名电气设备归入税则号列8543.7099。

序号	1252	归类决定编号	Z2010-0058	公告编号	2010 年第 15 号
商品税则号列		8543.7099		公告实施日期	2010 年 2 月 28 日
商品名称	电子眼膜				
英文名称					
其他名称					
商品描述	该商品由三部分组成：底部是塑料膜；中间黑色部分为电极，主要成分是石墨，起导电作用；上面有一层透明凝胶，通过它，辅助电流与脸部接触。工作原理为电子贴片紧贴眼部肌肤，其中电极遇热后在眼部形成电流循环，从而达到紧致提升眼部肌肤的功效。				
归类决定	该商品主要通过超薄纸张电池及电极作为导体所产生的电流对眼部进行电流循环刺激，不符合《税则注释》关于品目 90.19 项下"按摩器具"的描述，是一种在《税则》第八十五章其他税目未列名的利用电流工作的电气设备，符合《税则》税目 85.43 及其子目条文的描述，根据归类总规则一及六，应按第八十五章其他税目未列名的具有独立功能的电气设备归入税则号列 8543.7099。				

序号	1253	归类决定编号	Z2013-0052	公告编号	2013 年第 26 号
商品税则号列		8543.7099		公告实施日期	2013 年 6 月 1 日
商品名称	液晶快门眼镜				
英文名称					
其他名称	3D 眼镜				
商品描述	该商品内部装有红外线接收器、MCU 微控制单元、集成电路、电源升压器等集成元器件。工作原理是：3D 电视内置红外线发射器发射出电视同步控制信号，3D 眼镜通过红外接收器接收到来自电视的同步控制信号，MCU 微控制单元对左右 LCD 镜片进行特定的逻辑控制，保证镜片的切换频率与电视控制逻辑一致，3D 电视放映的画面是特殊的，分左右两个画面放映，在放映左画面时，左眼打开，右眼关闭，观众左眼看到左画面，右眼什么都看不到。同样，在放映右画面时，右眼看右画面，左眼看不到画面，左、右眼看到的图片是不完全相同的，就能在大脑里形成一个 3D 的影像。				
归类决定	该商品是一种电气装置，利用自带的 LCD 镜片的开闭，实现 3D 影像观看的功能，该商品功能独立，且在第八十五章其他税目中未列名，符合《税则》税目 85.43 及其子目条文的描述，根据归类总规则一及六，应将其按第八十五章其他税目未列名的具有独立功能的电气设备归入税则号列 8543.7099。				

序号	1254	归类决定编号	Z2016-003	公告编号	2016年第11号
商品税则号列			8543.7099	公告实施日期	2016年3月1日
商品名称		无线充电发射板			
英文名称					
其他名称					
商品描述		该商品为ASUS品牌,用于组装无线手机座式充电器。工作原理:利用电磁感应原理,将通过本商品上装的初级线圈,以交流电推动产生电磁场,利用手机贴片上的次级线圈接收该磁场,并将磁能转化为电能。其对应的手机需支持本商品无线充电的标准,对应的手机贴片由消费者自行购买。结构为PCB板、电磁线圈、电子组件、LED、接头等。			
归类决定		该商品由PCB板、电磁线圈、电子组件、LED、接头等组成,通电后电磁线圈(初级线圈)能产生电磁场。其与手机贴片配套使用,手机贴片中的接收线圈(次级线圈)接收无线充电发射板产生的电磁场,并将磁能转化为电能。该商品的功能是通电产生电磁场,根据归类总规则一及六,应按未列名的独立功能电气设备归入8543.7099。			

序号	1255	归类决定编号	Z2009-0065	公告编号	2009年第5号
商品税则号列			8543.9090	公告实施日期	2009年1月20日
商品名称		铝合金制阳极导杆			
英文名称		Anode aluminum rod			
其他名称					
商品描述		该商品由方形的铝合金棒、钢套和铝钢复合块三部分组成。其中,铝合金棒是主体,用原铝重熔后经专用设备铸造成型。在电解槽中作为连接铝母线与阳极炭块的中间部件之一。			
归类决定		该商品专用于电解铝设备,由铝合金棒、钢套和铝钢复合块三部分组成,铸造成型后经铣面、倒角、钻孔等一系列加工工序后完成,无须进一步机械加工即可使用。上述商品属于电解装置专用零件,根据《税则》第十六类类注二的归类规定确定税号,由于其在《税则》第十六类类注一及第八十五章章注一中没有涉及,也未在第十六类其他税目中列名,但符合《税则》税目85.43及其子目条文的描述,根据归类总规则一及六,应按其他电气装置的零件归入税则号列8543.9090。			

序号	1256	归类决定编号	Z2006-1445	公告编号	2007年第70号
商品税则号列		85.44		公告实施日期	2007年12月5日
商品名称	带电线的塑料插头				
英文名称	Wear indicator				
其他名称					
商品描述	该商品由与汽车指示器相连的塑料插头、导线、塑料管及与刹车装置相接的小塑料头组成，进口后，作为汽车刹车装置的组装件使用。				
归类决定	该商品是用于汽车刹车装置的电线（带插头）。《税则注释》品目85.36条文规定："装有一段电线或电缆的插头及插座等的商品不归入本品目（品目85.44）。"根据归类总规则一，应将其归入税目85.44项下。				

序号	1257	归类决定编号	Z2006-1446	公告编号	2007年第70号
商品税则号列		8544.3020		公告实施日期	2007年12月5日
商品名称	带接头电线（12伏）				
英文名称					
其他名称					
商品描述	该商品的外观为线束状，长度约17厘米，以中部为分界，一侧由3根导线组成，具有塑料制接头和金属制接头各一个；另一侧由两根导线组成，仅具有一个塑料接头。该商品用于汽车燃油泵。				
归类决定	《税则注释》对品目85.44项下"布线组"的解释："本品目还包括由上述电线或电缆等制成的成组电线或电缆等（例如，连接机动车火花塞与分电器的成组电缆）。"根据上述解释和该商品的结构，该商品属于由3根电线制成的布线组，符合《税则》税目85.44及其子目条文的描述。由于该商品用于汽车燃油泵，属于《税则》列名的"机动车辆用"，因此，根据归类总规则一和六，应将其按机动车辆用其他布线组，归入税则号列8544.3020。				

序号	1258	归类决定编号	Z2006-1447	公告编号	2007年第70号
商品税则号列		8544.4919		公告实施日期	2007年12月5日
商品名称	微波导管				
英文名称					
其他名称	馈线				
商品描述	日立微波导管，型号为HE65B；用途为将微波天线的收发信号通过馈线媒介传导至微波收发设备中。该微波导管的构造为椭圆形波状铜管，未带接头，外加聚乙烯保护层。外径尺寸50毫米，内径尺寸29毫米，重量大约为0.9千克/米。传导频率范围为5.85~6.5千兆赫，6.4~7.125千兆赫。				
归类决定	该微波导管是一种绝缘电导体，应归入《税则》税目85.44项下，因微波波导无额定电压参数，可视为额定电压不超过80伏的电导体，应归入税则号列8544.4919。				

序号	1259	归类决定编号	Z2006-1448	公告编号	2007年第70号
商品税则号列		8544.4919		公告实施日期	2007年12月5日
商品名称	无接头电线				
英文名称					
其他名称					
商品描述	该商品为成卷无接头电线，截面面积从0.35平方毫米至25平方毫米不等。经切割压装端子组装成各种型号的汽车电线束（仪表板线束、车门线束、车灯线束等）。其工作电压不超过48伏，适用于汽车电子电器设备用48伏标称直流电压的导线。根据绝缘包皮最热部位的温度，导线分为七种类型，该商品为3型（使用温度125℃）和4型（使用温度155℃）。该商品的试验报告显示：对这些电线加压到1 000伏，30分钟未击穿，继续以每秒500伏加压，到3 000伏以上未击穿，即最高耐压值可达到1 000伏以上。				
归类决定	《本国子目注释》规定："额定电压是指电缆在工作时所允许的最高工作电压。在此电压以上长期连续工作是不安全的。"该无接头电线的安全工作电压不超过48伏，其1 000伏的最高耐压值只是用于击穿试验，并非安全工作电压，因此，根据归类总规则一和六，该无接头电线应按额定电压不超过80伏的电线，归入税则号列8544.4919。				

序号	1260	归类决定编号	Z2006-1449	公告编号	2007年第70号
商品税则号列		8544.4919		公告实施日期	2007年12月5日
商品名称	打印头连接线				
英文名称					
其他名称					
商品描述	该连接线用于爱普生EX3系列打印机，共有32芯，一端接打印头，一端接主板。接主板端共有两片，分别为16芯/片（输出电压为5伏，6芯为接地输出，10芯为信号输出）和16芯/片（输出电压为3.3伏，5芯为接地输出，11芯为信号输出）。接打印头端共有两片，均为16芯/片。材质为镀锡平角软铜线。尺寸为（0.05±0.01）毫米×（0.7±0.03）毫米（厚度×宽度）。绝缘体为阻燃材料，厚度为0.025毫米。补强板为厚度0.125毫米。温度为105℃以上。电压≤60伏。全长为（892±5）毫米。				
归类决定	该商品由导电线芯平铺后整条外覆绝缘层而构成，符合《税则注释》对品目85.44"电线""电缆"的描述。同时，根据《税则注释》的规定"本品目还包括由上述电线或电缆等制成的成组电线或电缆等"，由于该打印头连接线只是单根电线，并未构成"成组电线或电缆"，因此，其不能按布线组归类。根据归类总规则一和六，应将其按其他电导体归入税则号列8544.4919。				

序号	1261	归类决定编号	Z2006-1450	公告编号	2007年第70号
商品税则号列		8544.6090		公告实施日期	2007年12月5日
商品名称	气体绝缘金属封闭母线				
英文名称	High voltage bus sections				
其他名称	GIL				
商品描述	该气体绝缘金属封闭母线简称GIL，由31个母线直线段和15个母线弯头组成，总长度540米。母线直线段和弯头由铝合金外壳管构成，中间导电部分由一根同心圆桶形状的铝合金导体组成（内部是空心铝导体），导体由绝缘子在外壳内进行支撑，母线内部充有SF6气体以提供在内部导体和外壳之间的电气绝缘。母线直线段在GIL中的主要用途是作直线段的布置，母线弯头是母线直线段的拐弯形体，在GIL中的主要用途是允许母线可以作大于88度小于180度的拐弯。系统参数：500千伏电压，4500安电流。				
归类决定	该商品是用于高压输电的导体，主要由铝合金导体和铝合金外壳构成，参考《中国大百科全书》对同轴电缆的描述"由各自构成一个回路的若干根同轴管所组成的电缆"，以及《本国子目注释》对电缆的描述"电缆是相互绝缘的导电线芯置于密封护套中构成的绝缘导线，可加有保护覆盖层"，由于该商品用于传输电流的回路只有一个（即铝合金导体），不符合上述同轴电缆的定义，不应按同轴电缆或同轴电导体进行归类。由于该商品内部用于导电的是一根同心圆桶形状的铝合金导体，不符合电缆结构的描述，因此应按其他电导体进行归类。 该商品是用于500千伏电压的电导体，符合《税则》税目85.44及其子目条文的描述，根据归类总规则一及六，应将其按超过1000伏的其他电导体归入税则号列8544.6090。				

序号	1262	归类决定编号	Z2006-0808	公告编号	2006 年第 69 号
商品税则号列		8544.7000		公告实施日期	2006 年 11 月 22 日
商品名称	光纤复合架空地线光缆				
英文名称					
其他名称					
商品描述	光纤复合架空地线光缆为不锈钢管层绞式结构，光纤套入不锈钢管中，管内填充防水化合物，组成光单元，将光单元同铝包钢丝绞合成缆芯，缆芯外再绞合一层或二层铝包钢线、铝线或铝合金线。适用于各种新建电力线路和已建电力线路的改造。				
归类决定	由于该缆线同时具备电缆与光缆的功能，且无法区分主要功能与次要功能，根据归类总规则三（三），从后归入税则号列 8544.7000。				

序号	1263	归类决定编号	Z2006-0809	公告编号	2006 年第 69 号
商品税则号列		8545.9000		公告实施日期	2006 年 11 月 22 日
商品名称	电热膜				
英文名称	Heating panel				
其他名称					
商品描述	商品型号：WF450-20。"电热膜"是在透明塑料基片上印制平行碳黑条纹而成，碳黑条纹由铜片导体连接，在定宽情况下可按需要截取不同长度，通电后形成回路，利用电热原理加热。				
归类决定	《税则注释》关于品目 85.33 电阻器的解释，将加热电阻器排除至品目 85.16 和 85.45；《税则注释》关于品目 85.16 加热电阻器的解释又将碳加热电阻器排除至品目 85.45，并规定该品目只包括制成的加热电阻元件及已切成一定尺寸的可直接使用的加热电阻条、棒、板片；《税则注释》关于品目 85.45 碳加热电阻器的解释排除的只是品目 85.33 的碳电阻器。 根据以上《税则注释》，所报电热膜属碳加热电阻制品，应归入税则号列 8545.9000。				

序号	1264	归类决定编号	Z2010-0059	公告编号	2010年第15号
商品税则号列		8545.9000		公告实施日期	2010年2月28日
商品名称	碳棒				
英文名称	Gouging carbon rod				
其他名称					
商品描述	该碳棒的主要规格型号有 1/4″×12″、3/8″×12″、3/16″×12″、5/16″×12″、3/4″×17″、3/8″×17″等（英制，直径×长度）。其成分为碳82%~92%、铜8%~18%。该商品主要用于金属工件的电弧切割、开槽、打孔，用于造船业、钢铁行业、化工机械制造等领域。				
归类决定	该商品为电气用途的碳精制品，用于气刨或熔化焊时传导电流、产生电弧、熔化基材或其他材料。碳和铜在工作过程中由于高温不断损耗，但不能用于焊接，碳棒表面包覆的铜用于导电而非作为焊剂。该商品属电气用途的碳精制品，符合《税则》税目85.45及其子目条文的描述，根据归类总规则一及六，应按其他碳精制品归入税则号列8545.9000。				

序号	1265	归类决定编号	Z2009-0139	公告编号	2009年第32号
商品税则号列		8546.2010		公告实施日期	2009年6月12日
商品名称	输变电线路绝缘瓷套管				
英文名称					
其他名称					
商品描述	该商品采用电容式全密封结构，由电容芯子、瓷套、油枕和接地法兰等组成，并设有油表，主要用于电力变压器中。套管中导体可以引入或引出变压器的高、中、低压侧电流的载流导体，套管芯体电容层保证管套内部电场均匀，套管的绝缘护套对变压器油箱外壳和法兰起绝缘作用。电容体和瓷套之间的环形空间充入变压器油，起到内部绝缘作用并控制套管内部的油温。油表检测指示油位。法兰接地保证零电位。生产过程中主绝缘电容芯子以优质电缆纸与打孔铝箔绕制成同心圆柱电容器，上部瓷套、下部瓷套和安装法兰，通过中心导管的两端螺母固定，内部端子通过中心导管顶部卡环安装并以引线铜焊连接。				
归类决定	该商品由电容芯子、瓷套、油枕和接地法兰等组成，用于输变电线路，其结构符合《税则注释》对品目85.46的描述和国家标准GB/T 2900.8—1995对绝缘瓷套管的定义（绝缘套管属于绝缘子的一种），属于绝缘瓷套管，根据归类总规则一及六，应按输变电线路的绝缘瓷套管归入税则号列8546.2010。				

序号	1266	归类决定编号	Z2006-1451	公告编号	2007年第70号
商品税则号列		8546.2090		公告实施日期	2007年12月5日
商品名称	输变电线路用长竿状绝缘瓷件				
英文名称	Long rod insulator body				
其他名称	长棒瓷				
商品描述	该绝缘瓷件是由构成其主要成分的氧化铝和黏土等原料按一定配比经球磨、练泥、制坯等一系列工序后，再进行焙烧而成。用于安装悬挂铁件及放电保护间隙，用于交流110~500千伏及直流500千伏的输变电线路中。				
归类决定	该绝缘瓷件的加工过程：将氧化铝和黏结等原料按一定配比经球磨、练泥、制坯等工序后，再进行焙烧而成，外形如若干个碗叠在一起的实心棒。用作输变电线路中的绝缘子，用于安装悬挂铁件及放电铁球，起到支撑和绝缘的作用。 绝缘套管是用于穿过带电导体的一种绝缘子，陶瓷绝缘套管内部结构为空心的。该绝缘瓷件内部为实心结构，不符合《中国大百科全书》对绝缘套管的定义，故不应按照绝缘瓷套管归类。应将其作为其他陶瓷绝缘子归入税则号列8546.2090。				

序号	1267	归类决定编号	Z2006-0810	公告编号	2006年第69号
商品税则号列		8547.1000		公告实施日期	2006年11月22日
商品名称	绝缘陶瓷管				
英文名称	Insulating geramic cylinder				
其他名称					
商品描述	3种规格： 1. DRAWING NO. DY7-370.10495毫米×80×158毫米； 2. DRAWING NO. DY7-370.10580毫米×69×180毫米； 3. DRAWING NO. DY7-370.133125毫米×110×158毫米。 外观规则白色筒状，材质为陶瓷，每个重约1千克。 上下两外缘附着一层薄薄的金属薄膜。				
归类决定	绝缘陶瓷管外观为白色筒状，外壁成规则螺旋状，是真空断路器或真空接触器灭弧室的外壳部分，应作为绝缘零件归入税则号列8547.1000。				

序号	1268	归类决定编号	Z2007-0086	公告编号	2007年第71号
商品税则号列		8606.9900		公告实施日期	2007年12月5日
商品名称		台车			
英文名称		Ceramic machines			
其他名称		瓷砖生产线用储存运输机器			
商品描述		该台车是储存、运输瓷砖坯体的设备,型号221ABA,尺寸2.2米×2米×2.8米。组成成分为台车本体、支架、转辊、移动滚轮。该车自身无动力,通过车底部滚轮在固定的轨道上,由轨道中央的电机带动链条移动,到达各指定位置。台车的工作原理:1. 储存时通过插销插进转辊两端孔中,顺时针转动带动瓷砖向前移动,进坯完成后停止动作;2. 将整个台车移动至下台车位置;3. 逆时针转动将坯体从台车里排出,通过输送线送至窑炉烧成。			
归类决定		该台车通过车底部滚轮在固定的轨道上运行,用于在厂区内运送货物,符合《税则注释》有关品目86.06的商品描述,根据归类总规则一及六,应归入税则号列8606.9900。			

序号	1269	归类决定编号	Z2006-0812	公告编号	2006年第69号
商品税则号列		8608.0090		公告实施日期	2006年11月22日
商品名称		栏杆、机箱自动栏杆机散件,自动栏杆机控制单元			
英文名称		Traffic equipment with accesso			
其他名称					
商品描述		该自动栏杆机由控制器(安装于机壳内)、驱动机构和栏杆安装而成,用于道路车辆管理。根据选用不同的控制模块,可完成无线控制、电脑控制等多种控制方式。			
归类决定		所报"栏杆、机箱自动栏杆机散件,自动栏杆机控制单元"是一套交通管理设备,是由控制器(安装于机壳内)、驱动机构和栏杆安装而成,根据选用不同的控制模块,可完成无线控制、电脑控制等多种控制方式。该商品是通过机械设备来完成最终的控制的,所以,超出了《税则注释》关于品目85.30描述的范围,故应归入税则号列8608.0090。			

序号	1270	归类决定编号	Z2006-0813	公告编号	2006 年第 69 号
商品税则号列		8608.0090		公告实施日期	2006 年 11 月 22 日
商品名称		MT（S60）绝缘接头（套装）			
英文名称					
其他名称					
商品描述		MT（S60）绝缘接头（套装）每一套由 2 块尾板（绝缘鱼尾板）、6 只套环（绝缘套环）、1 块塞片（绝缘塞片）、2 罐填充料（石英砂）、2 罐树脂、6 支螺栓（高强度）组成，是铁路轨道信号系统的专用装置。它安装于轨道线路闭塞分区两端的钢轨接头处，整个铁路轨道网络是一个信号载体，它通过绝缘接头划分成轨道电路区段，分隔相邻的轨道电路。每一个接头连接着一个信号灯，当列车经过绝缘接头时，信号灯就发生变化，实现列车运行的调度。			
归类决定		该套商品的绝缘鱼尾板、套环、绝缘塞片、螺栓包装于一个长方形纸盒内，填充料、树脂单独包装，在包装形式上不符合零售包装的要求，应将上述两部分分别归类。其中，绝缘鱼尾板、套环、绝缘塞片、螺栓所组成的绝缘接头是专用于铁道信号控制系统中的最原始的信号采集端的装置，不属于铺轨用的钢铁材料范围，应作为铁道用交通管理设备零件归入税则号列 8608.0090；填充料、树脂应根据其实际材料进行归类。			

序号	1271	归类决定编号	Z2009-0066	公告编号	2009 年第 5 号
商品税则号列		8609.0090		公告实施日期	2009 年 1 月 20 日
商品名称		装货运输用的托盘箱			
英文名称					
其他名称					
商品描述		该装货运输用的托盘箱由钢铁焊接，规格 1 170 毫米×1 170 毫米×900 毫米，表面经过电镀锌处理，具有很好的抗腐蚀性能。该商品由四个侧壁和一个托盘组成。侧壁可以折叠，连接侧壁的角柱顶部带有角钩。托盘带有叉车槽和角件。角件和角钩相配套可使箱体相互固定连接，在运输过程中可固定于运输工具。货物主要用于合成橡胶等物品的包装、储运和运输，适合各种运输方式和周转使用。			
归类决定		该商品的结构和内部容量（1.09 立方米）均符合《税则注释》关于品目 86.09 项下集装箱的各项描述："1. 经特殊设计、装备适用于一种或多种运输方式；2. 装有各种配件（装托盘、角钩），以便搬运并牢固地装在车辆、飞机或船舶上；3. 适用于无须途中重新包装的'门对门'货物运输方式；4. 集装箱可反复使用；5. 集装箱有各种规格……某些类型的集装箱容量较小，但一般不小于 1 立方米。"其符合《税则》税目 86.09 及其子目条文的描述，根据归类总规则一及六，应按其他集装箱归入税则号列 8609.0090。			

序号	1272	归类决定编号	Z2006-0814	公告编号	2006年第69号
商品税则号列		第八十七章		公告实施日期	2006年11月22日
商品名称	机动环境监测车					
英文名称	Mobile enviroment protection monitoring van					
其他名称						
商品描述	机动环境检测车是由旅行车改装而成，车内加装木地板，地板上固定安装一工作台，上面固定安装一台显微镜。此外，还配备有pH计一台、滴定计一台、磁力搅拌机一台、比色架一个、玻璃仪器一批（容量瓶、比色管、量筒等）、试剂一批。该车用于排污现场测定。					
归类决定	根据改装情况判断，该车尚未达到《税则》税目87.05特种车的标准（大部分设备未固定安装），应按载客车归类。					

序号	1273	归类决定编号	Z2006-0816	公告编号	2006年第69号
商品税则号列		第八十七章		公告实施日期	2006年11月22日
商品名称	装甲防爆车					
英文名称						
其他名称						
商品描述	该车外形为福特E-350（2100款）货柜型面包车，内侧加装8毫米厚钢板，车厢上装有对外射击口和防弹玻璃，箱内加装办公电脑桌、天线用车顶棚架等。					
归类决定	根据《税则注释》关于品目87.10机动装甲战斗车的规定，该车属于轻型装甲车，应按其车型归入税目87.02至87.05的有关子目；该车按其改装情况，不符合《税则注释》关于特种车的规定，故应按其原型车归类。					

序号	1274	归类决定编号	Z2006-0817	公告编号	2006 年第 69 号
商品税则号列		第八十七章		公告实施日期	2006 年 11 月 22 日
商品名称	治安用防暴特种车				
英文名称					
其他名称					
商品描述	该商品为 2 辆有 11 个座位的治安防暴车，是由福特 E-350 型车改装而成。有装甲、射击孔等。				
归类决定	《税则注释》品目 87.10 中机动装甲车是指英国"蝎"式装甲侦察车、法国 AMX-10RC 装甲侦察车、俄罗斯 BTP-60 装甲输送车等类似特殊构造的战斗装甲车。该治安用防暴特种车是在普通车辆上加装轻型装甲后构成，按照品目 87.10 中排除条款的描述，不能归入《税则》税目 87.10，而应根据其原型车进行归类。				

序号	1275	归类决定编号	Z2006-0818	公告编号	2006 年第 69 号
商品税则号列		第八十七章		公告实施日期	2006 年 11 月 22 日
商品名称	雪佛兰 5967 毫升机动医疗车				
英文名称					
其他名称					
商品描述	型号为 3500EXPRESS；发动机号为 A290021143；车身号为 1GCHG39U431135468。该雪佛兰机动医疗车车外观为白色，车身有蓝、红条；车厢内装有除颤王（带心电/除颤/血压/血氧）、呼吸机、夹板、急救包、快速血糖仪等简易医疗设备，另有可移动担架及固定的 3 人座位；车顶装有蜂鸣器。				
归类决定	根据《本国子目注释》中对税则号列 8705.9040 "医疗车"的规定，"须装备有手术所需的麻醉设备"，上述车辆配置不符合该规定，故应按救护车归入客运车辆相应子目。				

序号	1276	归类决定编号	Z2006-0819	公告编号	2006 年第 69 号
商品税则号列		第八十七章		公告实施日期	2006 年 11 月 22 日
商品名称	雪佛兰 5967 毫升机动医疗车				
英文名称					
其他名称					
商品描述	型号为 3500EXPRESS；发动机号为 A330022211；车身号为 1GCHG39U331153993。该雪佛兰机动医疗车车外观为白色，车身有蓝、红条；车厢内装有抗休克裤、固定器、急救包、快速血糖仪、除颤王（带心电/除颤/起搏/AED）等简易医疗设备，另有可移动担架及固定的 3 人座位；车顶装有蜂鸣器。				
归类决定	根据《本国子目注释》中对税则号列 8705.9040 "医疗车"的规定，"须装备有手术所需的麻醉设备"，上述车辆配置不符合该规定，故应按救护车归入客运车辆相应子目。				

序号	1277	归类决定编号	Z2006-0820	公告编号	2006 年第 69 号
商品税则号列		第八十七章		公告实施日期	2006 年 11 月 22 日
商品名称	奔驰 2295 毫升医疗救护车				
英文名称					
其他名称					
商品描述	该车采用汽油发动机，排量为 2 295 毫升，车上装配有医疗箱、车载平台式担架、呼吸机、长条座椅、手术灯等设备，但没有手术所需的麻醉设备。				
归类决定	根据《本国子目注释》中对税则号列 8705.9040 "医疗车"的规定，"须装备有手术所需的麻醉设备"，上述车辆配置不符合该规定，故应按救护车归入客运车辆相应子目。				

序号	1278	归类决定编号	Z2006-0821	公告编号	2006 年第 69 号
商品税则号列		第八十七章		公告实施日期	2006 年 11 月 22 日
商品名称		沃尔沃 12100cc 电视转播车			
英文名称					
其他名称					
商品描述		规格为柴油型 VOLVOF12 6×4，货物为沃尔沃汽车一辆，仅装有空调系统、电路系统，无电视转播设备。			
归类决定		因其无电视转播设备，不符合《税则》税目 87.05 对特种车辆非用于载人或载货的规定，应按货运车辆归入相应子目。			

序号	1279	归类决定编号	Z2006-1453	公告编号	2007 年第 70 号
商品税则号列		8701.3000		公告实施日期	2007 年 12 月 5 日
商品名称		压雪机 PB100			
英文名称		Kaessbohrer pisten bully			
其他名称					
商品描述		PB100 压雪机，动力为柴油发动机，行走方式为履带式（履带内有车轮），柴油发动机驱动油泵油马达形成四个独立的液压系统以完成工作，其中两套左右行走液压系统驱动两侧履带的前进和后退（向前最高速度为 18 千米/小时），一套液压系统负责前铲在雪道上推雪，另外一套液压系统负责后雪犁旋转松雪和压实。前附件包括前铲，后附件包括复合雪犁。前铲和后雪犁是该设备的工作部件，可以根据雪场用户的不同要求更换成其他附件。该设备有驾驶室、半轮方向盘，司机通过电器开关调整电磁阀控制四个液压系统，所有电子控制由中心模块集中控制。该设备没有变速箱等装置。后部平板上未安装车厢。			
归类决定		根据《税则注释》有关"犁雪车及吹雪车"的描述，"配有内装式设备的犁雪车及吹雪车，即经特制专攻扫雪用的车辆……" PB100 压雪机配备外置式可互换犁雪等装置，不符合该品目的商品描述，不能归入品目 87.05。 压雪机主机用于推动（牵引）扫雪装置的运行，符合品目 87.01 所称牵引车、拖拉机"是指主要用于牵引或推动车辆、器具或重物的轮式或履带式车辆"的描述，根据归类总规则一及六，应将其归入税则号列 8701.3000。其他如前铲、雪犁等辅助装置和附件即使与压雪机主机一同进口，也应分别归入相应税则号列。			

序号	1280	归类决定编号	Z2006-0826	公告编号	2006年第69号
商品税则号列		87.02		公告实施日期	2006年11月22日
商品名称		大宇 ISTANA 面包车			
英文名称					
其他名称					
商品描述		该车原车型为12座面包车，为乘坐舒适，进口时拆除了3个座位，实际进口时为9座，其余技术参数、配置与12座车都相同。			
归类决定		大宇 ISTANA 面包车在将其12座改为9座时，只是简单地将3个座位拆除，保留9个座位，从而使座位的间隔增大，乘坐舒适，并未从设计和结构上改变座位的安装点，所以根据归类总规则二（一），应作为原车型（12座面包车）的不完整品归入税目87.02。			

序号	1281	归类决定编号	Z2006-0828	公告编号	2006年第69号
商品税则号列		87.02		公告实施日期	2006年11月22日
商品名称		奔驰现场勘查车			
英文名称					
其他名称					
商品描述		奔驰现场勘查车是在奔驰面包车内安装铁架，用于放置可随身携带的勘查箱、模型箱、毒检箱、指纹勘查箱、显微镜等。			
归类决定		因该车未做实质性改装，实为将工作人员和上述物品运至现场进行工作，不符合《税则注释》关于特种车辆的定义，所以车辆和车内物品应分别归类。			

序号	1282	归类决定编号	Z2011-0005	公告编号	2011 年第 26 号
商品税则号列		87.02		公告实施日期	2011 年 5 月 1 日
商品名称	吉姆西赛威小型客车				
英文名称					
其他名称					
商品描述	该商品以美国通用 GMC 部门生产的 SAVANA 为原型车进行改装。改装项目包括塑钢高顶、大玻璃窗，加装内饰和安装座椅等。所有改装项均符合中国质量认证中心强制性产品 CQC 认证标准，座位数量布局如下：第一排驾驶座及副驾驶座，第二排三座长条座椅，第三排两个独立座椅，第四排三座长条座椅。				
归类决定	该商品为可乘坐 10 人的改装车。座位布局为第一排驾驶座及副驾驶座，第二排为三座长条座椅，第三排两个独立座椅，第四排三座长条座椅。其特性符合中国质量认证中心强制性产品认证实施规则的要求，并取得中国国家强制性产品认证证书 CQC 证书。根据归类总规则一及六，应按 10 座机动车辆归入税目 87.02 项下。				

序号	1283	归类决定编号	Z2006-0832	公告编号	2006 年第 69 号
商品税则号列		87.03		公告实施日期	2006 年 11 月 22 日
商品名称	伏特牌封闭货车（E-350)				
英文名称	FORD E-350 SD				
其他名称					
商品描述	白色伏特牌封闭式车辆，柴油发动机，两个座椅，自动挡，有 ABS、空调、气囊、收音机，外有固定天线。				
归类决定	伏特牌封闭货车（E-350）不构成《税则》税目 87.04 机动货车的特征，所以应按其排气量归入《税则》税目 87.03 的有关子目。				

序号	1284	归类决定编号	Z2006-0834	公告编号	2006年第69号
商品税则号列		87.03		公告实施日期	2006年11月22日
商品名称		奔驰机动医疗车			
英文名称					
其他名称		梅赛德斯奔驰2295毫升机动医疗车			
商品描述		该奔驰机动医疗车的型号为"奔驰314",车厢内装有简易活动担架床、轮椅、简易的手术床、手术灯、氧气瓶、抽痰器、心脏复苏仪、胸肺呼吸机各一个,另有两个简易及固定的药械柜,内有小剪刀、小镊子、针筒等;车顶装有蜂鸣器。			
归类决定		奔驰机动医疗车的车厢内装有简易活动担架床、轮椅、简易的手术床、手术灯、氧气瓶、抽痰器、心脏复苏仪、胸肺呼吸机各一个,另有两个简易及固定的药械柜,内有小剪刀、小镊子、针筒等;车顶装有蜂鸣器。根据《税则注释》的规定,医疗车是指设有手术室、配有麻醉设备及其他外科器具的流动诊疗车。由于该车车厢内没有麻醉设备,不符合税则号列8705.9040的规定,不能按医疗车归类,应按救护车归入税目87.03。			

序号	1285	归类决定编号	Z2006-0835	公告编号	2006年第69号
商品税则号列		87.03		公告实施日期	2006年11月22日
商品名称		水陆两用车			
英文名称		ARGO off road vehicles			
其他名称					
商品描述		型号为ARGO CONQUEST8×8;发动机排量为617毫升;控制方式为摇杆式控制操作;最大装载质量为317千克;载人数量为陆上6人,水上4人;速度为陆上最高时速30千米,水上4千米。 型号为ARGO BIGFOOT6×6;发动机排量为570毫升;控制方式为摇杆式控制操作;最大装载质量为317千克;载人数量为陆上4人,水上2人;速度为陆上最高时速39千米,水上4千米。 车身材质均为高密度聚乙烯,配有超微型小马力发动机。			
归类决定		根据《税则注释》第十七类总注释四(二)"水陆两用的机动车辆应归入第八十七章的相应品目",该水陆两用车按照机动车辆归入《税则》税目87.03项下。			

序号	1286	归类决定编号	Z2006-0836	公告编号	2006 年第 69 号
商品税则号列		87.03		公告实施日期	2006 年 11 月 22 日
商品名称	旧割顶小轿车				
英文名称					
其他名称					
商品描述	该商品系经切割、拆解的旧小轿车（汽油型），共 46 辆，除车顶、车门、车座、仪表盘、车轮等被切割或拆解下来外，车的其他部分都基本保持原样，且被切割或拆解的部件与未被拆解的部分同时进口。				
归类决定	按照归类总规则二（一）的规定，该轿车的拆散件应视为整车而非成套散件归入税目 87.03 项下相应子目。				

序号	1287	归类决定编号	Z2006-0837	公告编号	2006 年第 69 号
商品税则号列		87.03		公告实施日期	2006 年 11 月 22 日
商品名称	日产风度 1998 毫升小轿车（成套散件）				
英文名称					
其他名称					
商品描述	该商品为日产风度小轿车，进口状态是整车，但无变速箱、座椅和发动机，用于生产实验、研发。				
归类决定	该日产风度小轿车，与完整的小轿车相比，其进口时未安装变速箱、座椅、发动机，用于生产实验、研发。根据归类总规则二（一），该车虽为小轿车的不完整品，但其已具有整车的基本特征，故应归入税目 87.03 项下的相应子目。				

序号	1288	归类决定编号	Z2006-1454	公告编号	2007 年第 70 号
商品税则号列		8703.1011		公告实施日期	2007 年 12 月 5 日
商品名称	沙滩车				
英文名称					
其他名称					
商品描述	该车辆一般为 4 轮，采用摩托车用往复式活塞内燃汽油发动机，排气量为 50~200 毫升；装有摩托车型转向把手，由车把带动转向轴，控制左右机械球头拉杆来控制转向；油门控制方式为右手大拇指前后嵌压式控制；冷却方式为水冷或风冷；制动系统采用相互独立的涨刹、手动式前制动、碟刹、液压、脚踩式后制动及驻车制动；传动方式采用链传动，由后轴带动后轮传动；装有摩托车型鞍座；行驶速度一般为不大于 75 千米/小时；主要用于载人在雪地、沙滩、泥沼、家中花园及高尔夫球场行驶。				
归类决定	该商品属全地形车。根据归类总规则一和六，该沙滩车应按《税则》具体列名归入税则号列 8703.1011。				

序号	1289	归类决定编号	Z2009-0140	公告编号	2009 年第 32 号
商品税则号列		8703.2352		公告实施日期	2009 年 6 月 12 日
商品名称	帕拉丁多功能乘用车（汽油四驱欧四型 2400cc）				
英文名称					
其他名称					
商品描述	帕拉丁多功能乘用车有汽油四驱欧四型 2 400cc、汽油二驱欧四型 2 400cc 等型号。帕拉丁多功能乘用车（汽油四驱欧四型 2 400cc）车长 4 550 毫米，宽 1 840 毫米，高 1 880 毫米，车轴距 2 650 毫米，发动机为 KA24 旋转式活塞内燃汽油发动机，排气量为 2 400 毫米，四轮驱动，限 5 人乘坐，油箱容量为 73.5 升，变速器形式为 5MT，最高车速为 ≥155 千米/小时，电动式后视镜，中控门锁，ABS 防抱死系统，盘式前制动器，鼓式后制动器，双叉杆式前悬，变刚度板簧式后悬，动力转向系统，子午线轮胎。				
归类决定	该商品为汽油型四驱多功能乘用车，5 人座，排气量 2 400 毫升，符合《税则》税目 87.03 及其子目 8703.23 的商品描述，根据归类总规则一及六，应归入税则号列 8703.2352。				

序号	1290	归类决定编号	Z2017-004	公告编号	2017 年第 46 号
商品税则号列			8703.2419	公告实施日期	2017 年 10 月 1 日
商品名称	福特 F-150 猛禽				
英文名称	Ford F-150 PAPTOR				
其他名称					
商品描述	该车为四门双排座,可乘坐 5 人,轿厢后部有一个独立的敞开式载货区域。该车长、宽、高分别为 5 910 毫米、2 192 毫米和 1 992 毫米,汽油型,排量 3 497 毫升,车辆总重量为 3 198 千克,整车整备质量为 2 682 千克。该车配备 10 速手自一体变速箱,智能全时四轮驱动系统,双区全景天窗,8 英寸彩色触摸屏多媒体通信娱乐系统,前、后排真皮座椅,前、后排安全气帘系统,前、后排座椅加热功能,后排空调出风口等设备。				
归类决定	该车为四门双排座,可乘坐 5 人,轿厢后部有一个独立的敞开式载货区域。车辆总重量为 3 198 千克,整车整备质量为 2 682 千克。根据该车辆整体特征、相关乘坐舒适性设备及载客、载货重量,依据归类总规则一、三(二)及六的规定,该车辆应归入税则号列 8703.2419。				

序号	1291	归类决定编号	Z2006-0845	公告编号	2006 年第 69 号
商品税则号列			87.04	公告实施日期	2006 年 11 月 22 日
商品名称	斯太尔卡车				
英文名称	Special container trucks				
其他名称					
商品描述	该斯太尔卡车为"电镀废水处理项目"配套用车,用于装卸和运输箱式水处理系统,底盘高度可通过气簧系统进行调整,从而平稳装卸有特殊装置的集装箱。				
归类决定	该斯太尔卡车实为货车底盘车,应按其总重量归入税目 87.04 项下有关子目。				

序号	1292	归类决定编号	Z2006-0846	公告编号	2006年第69号
商品税则号列		87.04		公告实施日期	2006年11月22日
商品名称	现代消防车底盘（带驾驶室）				
英文名称					
其他名称					
商品描述	现代消防车底盘（带驾驶室），型号为HD260。				
归类决定	现代消防车底盘是带驾驶室的机动车辆底盘，按照《税则》第八十七章章注三的规定，应归入《税则》税目87.04项下有关子目。				

序号	1293	归类决定编号	Z2006-0847	公告编号	2006年第69号
商品税则号列		87.04		公告实施日期	2006年11月22日
商品名称	石油测井车				
英文名称					
其他名称					
商品描述	该车由FORD F-350皮卡改装而成，后两侧分别有4排铁架子斜放。车上无任何仪器设备，无绞车，仅有4排架子。				
归类决定	根据该商品的特征，其结构、所带设备不符合《本国子目注释》对税则号列8705.9080项下的石油测井车的定义，不应归入税则号列8705.9080；该车虽经过改装，但其结构上不具备特种车应具备的特征，应按照原车型归入税目87.04项下相应子目。				

序号	1294	归类决定编号	Z2006-0848	公告编号	2006 年第 69 号
商品税则号列		87.04		公告实施日期	2006 年 11 月 22 日
商品名称	地震排列车				
英文名称					
其他名称					
商品描述	该车底盘为门式桥，螺旋弹簧式独立悬挂，轮胎为特种宽幅低压轮胎，只适合在沙漠中行驶，用于特定地区的物探施工作业。 地震排列车的改装过程主要是在底盘的基础上加装专用挂线架、防沙车槽、数据采集站厢体及备胎架和座椅，底盘未作改动。				
归类决定	该车辆属于沙漠地区石油勘探仪器专用车辆，但其还未装有专用测量设备，不符合《税则注释》关于品目87.05的解释，因此，应按货运车辆归入税目87.04项下。				

序号	1295	归类决定编号	Z2007-0087	公告编号	2007 年第 71 号
商品税则号列		87.04		公告实施日期	2007 年 12 月 5 日
商品名称	农友牌变型拖拉机				
英文名称					
其他名称					
商品描述	农友牌15ZA单缸变型拖拉机，外形似小型货运汽车，内置单缸柴油发动机，最大速度小于40千米/小时。整机外形尺寸一般为长<5米、宽<1.7米、高<2.2米。				
归类决定	农友牌15ZA单缸变型拖拉机，外形与小型货运汽车相同，前端为发动机舱（带有盖板）和带有车厢的驾驶室，后端为货斗，货斗部分约占整车长度的三分之二。根据《税则》第八十七章章注二对"牵引车、拖拉机"的定义，《税则》所称拖拉机的主要用途应该是牵引和推动，所询商品明显是以载货为主要目的，根据归类总规则一，应按货车归入税目87.04项下。				

序号	1296	归类决定编号	Z2007-0088	公告编号	2007年第71号
商品税则号列		87.04		公告实施日期	2007年12月5日
商品名称	农友牌变型拖拉机					
英文名称					
其他名称					
商品描述	该拖拉机有13HZ、180T两种型号，装有货斗，主要用于拖运粮食、木柴、杂货等。				
归类决定	该商品装有货斗，是以载货为主要目的的农用车。依照《税则》第八十七章章注二的定义，《税则》所称"牵引车，拖拉机"是指以牵引或推动其他车辆、器具或重物为主要用途的车辆，根据归类总规则一，应按货运车辆归入税目87.04项下。				

序号	1297	归类决定编号	Z2006-0849	公告编号	2006年第69号
商品税则号列		8704.1090		公告实施日期	2006年11月22日
商品名称	输砂车				
英文名称					
其他名称					
商品描述	1. 该输砂车的主要用途是为压裂车作业运送压裂用砂。 2. 该商品在奔驰底盘车上装配有发动机、传动箱、砂罐和液压起升装置等。				
归类决定	该商品是由奔驰底盘车改装而成的，在奔驰底盘车上装配有发动机、传动箱、砂罐和液压起升装置等，该车整车总重量为32吨，主要用于为压裂作业车运送压裂用砂，在压裂施工中，该车将压裂用砂运到施工现场，通过自带的起升装置将砂倒入混砂车的砂斗内，混砂车再将砂与压裂液进行混合搅拌后提供给压裂车。 输砂车应属于货运车辆，不能按照特种车辆归类，其功能用途及技术参数符合非公路自卸车的标准，根据归类总规则一及六，应归入税则号列8704.1090。				

序号	1298	归类决定编号	Z2006-0850	公告编号	2006 年第 69 号
商品税则号列		8704.2		公告实施日期	2006 年 11 月 22 日
商品名称	乌尼莫克沙漠专用车				
英文名称					
其他名称					
商品描述	该车经改装用于在沙漠中进行石油勘探，作为仪器车、生产运输车等使用。该车有某些特殊性能不同于一般货运机动车，如发动机功率大、牵引力大、特殊设计能适应-40℃~40℃的环境温度、可爬越45度的流沙斜坡等，这些特殊技术指标可保证该车在沙漠中能正常运行。				
归类决定	乌尼莫克沙漠专用车实为货运机动车辆。该车虽具有功率大、适应环境温度的范围大、复杂路况的适应性强等性能，但因不具备自卸车的特征，所以不能按非公路自卸车归类，而应归入《税则》子目8704.2项下的有关子目。				

序号	1299	归类决定编号	Z2006-0851	公告编号	2006 年第 69 号
商品税则号列		8704.2		公告实施日期	2006 年 11 月 22 日
商品名称	起重机（旧）				
英文名称					
其他名称					
商品描述	该起重机系在短距离搬运车底盘上加装轻型起重设备改装而成，用于竹制品工厂吊装竹、木废料，并在厂区内作短距离运输。				
归类决定	该起重机由三轮机动车加装轻型起重设备改装而成。工作时轻型起重机首先将货物吊起放置在三轮车平板上，运输后再由起重机将货物卸下。该商品符合《税则注释》关于品目87.04项下"自动装货车"的解释，应根据其车辆总重量归入《税则》子目8704.2项下的相关子目。				

序号	1300	归类决定编号	Z2006-0852	公告编号	2006 年第 69 号
商品税则号列		8704.2230		公告实施日期	2006 年 11 月 22 日
商品名称	"奔驰"牌 7.49 吨厢式货车				
英文名称	Mercedes-benz panel van				
其他名称					
商品描述	该车为柴油型厢式车,载重量为 7.49 吨。车辆为白色驾驶室与车厢隔离,3 人座,有两扇后开门,但在右前门后的车厢侧面还有一扇拉门。				
归类决定	该厢式车驾驶室与车厢隔离,车厢内金属结构外露,无内部装饰,无座位,车厢侧面靠近驾驶室处开有一拉门,其整车基本特征为货运车,故根据其柴油发动机驱动及总重量 11.3 吨(自重 3.81 吨加载重 7.49 吨)的特点,将其归入税则号列 8704.2230。				

序号	1301	归类决定编号	Z2006-0853	公告编号	2006 年第 69 号
商品税则号列		8704.2230		公告实施日期	2006 年 11 月 22 日
商品名称	地震勘探车				
英文名称					
其他名称					
商品描述	地震勘探车的改装过程为在底盘上加装灌体,灌体容积为 12 立方米,改装后车辆总重量为 13 吨,该车作为沙漠钻机车的配套设备,保证钻机在生产作业过程中水、油的供应。				
归类决定	该车的主要作用是装载水、油,不符合《税则注释》中对品目 87.05 的特种车辆"经特制或改装,使其具有某些非运输性功能的机动车辆,本品目所列车辆主要不是用于载人或运货"的规定,应按货运车辆归入税则号列 8704.2230。				

序号	1302	归类决定编号	Z2006-1455	公告编号	2007 年第 70 号
商品税则号列		8704.2240		公告实施日期	2007 年 12 月 5 日
商品名称	大容量油井服务液运输罐车					
英文名称						
其他名称						
商品描述	该大容量油井服务液运输罐车为双机双泵固井水泥车提供往井内泵注所需的油井服务液（含固井水泥浆、药液、含沙流体、酸液、碱液及其他腐蚀性油田用液）。由于油田作业的特殊性，施工时必须是连续作业，否则会造成井壁垮塌等恶性事故，施工时用液量大（单台双机双泵固井水泥车的排量可达 120 立方米/小时），因此，作业过程中必须不间断地提供充足的带一定压力的油井服务液。加之，油井施工路途较远、工况恶劣，所以必须设计制造一种油田专用、大容量、耐腐蚀、越野性能优越的，不同于一般民用的大容量油井服务液运输罐车。					
归类决定	该车以载货运货为其主要功能，车辆总重量为 16.24 吨（装有压燃式活塞内燃发动机），根据归类总规则一，应将其归入税则号列 8704.2240。					

序号	1303	归类决定编号	Z2006-0854	公告编号	2006 年第 69 号
商品税则号列		8704.2300		公告实施日期	2006 年 11 月 22 日
商品名称	压裂车					
英文名称						
其他名称						
商品描述	CO_2 压裂机组，包括 2 台泵车、8 台罐车。其中"压裂车"，型号 COC 22T，为 CO_2 液罐车。泡沫压裂采用的介质是液态 CO_2，液态 CO_2 分装在 8 台罐车中，罐车通过相应的管线与 2 台泵车相连。CO_2 液态罐车是由液压罐、增压泵/起动泵、管汇及液压泵系统、计量及仪器控制系统组成。在压裂过程中，罐中的液态 CO_2 通过增压/起动泵及管汇供给 CO_2 增压泵车，由泵车再增压后打入油井地层。					
归类决定	压裂车型号为 COC 22T，实为 CO_2 液罐车。该货品由液压罐、增压泵/起动泵、管汇及液压泵系统、计量及仪器控制系统组成。在压裂过程中，该货品一般不能单独完成压裂工作，储存在罐中的液态 CO_2 通过增压/起动泵及管汇供给 CO_2 增压压裂泵车，由压裂泵车增压后，打入油井地层。该货品上的计量、控制系统只是便于在运输和工作时对罐内的压力进行监控，增压泵/起动泵、管汇及液压泵系统只是起到连接和保持与压裂泵车的压力平衡的作用，该货品的主要功能是储存、运输液态 CO_2，不符合《税则注释》对品目 87.05 "不是主要用于载人和运货的车辆"的规定，故应按运输车辆归入税则号列 8704.2300。					

序号	1304	归类决定编号	Z2006-0855	公告编号	2006年第69号
商品税则号列			8704.2300	公告实施日期	2006年11月22日
商品名称	水罐车				
英文名称					
其他名称					
商品描述	利用德国奔驰MB ACTROS 333/6×4底盘改装的水罐车，由汽车底盘、罐总成、罐座、供液泵、管路和取力传动系统组成，供液泵通过底盘取力器输入动力，可以向罐内泵入液体，也可将罐内液体排出。该车主要用于给2000型压裂车提供压裂液、清水等压裂介质，也可用于油田其他非易燃易爆液体的供液作业。				
归类决定	该商品是以运货为主要目的的液罐车，根据归类总规则一及六，该商品应归入税则号列8704.2300。				

序号	1305	归类决定编号	Z2007-0089	公告编号	2007年第71号
商品税则号列			8704.2300	公告实施日期	2007年12月5日
商品名称	乘龙LZ3260M型自卸车				
英文名称					
其他名称					
商品描述	该乘龙LZ3260M型自卸车，全长7 560毫米、总宽2 470毫米、总高3 110毫米，整备质量11 430千克，总质量26 430千克，最大爬坡度≥25%，最高车速为75千米/小时，发动机为直列、六缸、增压、中冷柴油机，排量7.8升，额定功率为188（255）/2 300kW（ps）/rpm。				
归类决定	该商品不符合《本国子目注释》中对"非公路自卸车"的定义，不应归入《税则》子目8704.1项下。根据归类总规则一及六，应归入税则号列8704.2300。				

序号	1306	归类决定编号	Z2006-0856	公告编号	2006年第69号
商品税则号列		8704.3100		公告实施日期	2006年11月22日
商品名称	福特运钞车				
英文名称					
其他名称					
商品描述	福特运钞车E-350，车内有监视系统一套、银柜一个，车身具有防弹功能。				
归类决定	该车属于特种货物的运输车辆，不符合《税则注释》关于品目87.05"特种车"的解释，应按其车辆总重量归入税则号列8704.3100。				

序号	1307	归类决定编号	Z2006-0857	公告编号	2006年第69号
商品税则号列		8705.1022		公告实施日期	2006年11月22日
商品名称	全路面起重车TG-500E				
英文名称	Truck crane				
其他名称					
商品描述	品牌为TADANO（多野田）；规格为TG-500E；车辆总重量为38 800千克；起重量为50.5吨；发动机型式为4冲8缸，直喷水冷；柴油驱动型式为后驱，最大马力340马力；排气量为16 991毫升；转速为2 200转/分钟；挡位状况为前7后1。配有手动挡、空调、收录音机、动力转向器。				
归类决定	TADANO（多野田TG-500E）起重车最大起重量（包括吊钩和吊具的重量）为50 500千克，应按《税则》具体列名归入税则号列8705.1022。				

序号	1308	归类决定编号	Z2006-0858	公告编号	2006年第69号
商品税则号列			8705.1023	公告实施日期	2006年11月22日
商品名称		全路面汽车起重机			
英文名称					
其他名称					
商品描述		品牌为GROVE（格鲁夫）；规格为GMK5200；车辆总重量为38 800千克。为5桥200吨伸缩臂起重机，车辆净重60吨。根据货主提供的说明，该车具有全桥独轮液气悬挂系统（此装置起动平衡作用），它的爬坡能力强，可根据路面状况自由提升底盘。该车采用3条独立液压回路，两台带功率极限控制的轴向变量柱塞泵，一台轴向齿轮泵用于回转系统。它的上车不可以操作行驶，只能操作起重作业。该车可带配重行走，但不可吊起重物行走。该车计算机安全操作控制系统采用的是ECOS微电子起重机控制系统。			
归类决定		因该货品具有全路面行驶、汽液弹性悬挂、行驶过程自动保持水平、起重作业为电液比例控制的特性，因此属于全路面汽车起重机。根据《税则注释》关于品目87.05的解释，该全路面汽车起重机应归入税则号列8705.1023。			

序号	1309	归类决定编号	Z2006-0859	公告编号	2006年第69号
商品税则号列			8705.1091	公告实施日期	2006年11月22日
商品名称		奔驰起重车			
英文名称					
其他名称					
商品描述		该商品为"奔驰"牌汽车改装的车辆，柴油发动机，车辆总重为14吨，型号为2450L。驾驶室后面有可伸展的臂，无挂钩类装置，四角有可升降的支撑爪，车前部保险杠上安装牵引用绞缆机等装置，用于飞船回收舱的起吊。			
归类决定		该起重车，最大负荷起重量为25吨，在驾驶室旁安装伸展臂，配有吊索、绞轮及吊钩，根据归类总规则一及六，该车按照起重车归入税则号列8705.1091。			

序号	1310	归类决定编号	Z2006-0860	公告编号	2006年第69号
商品税则号列		8705.1092		公告实施日期	2006年11月22日
商品名称	汽车起重机				
英文名称					
其他名称					
商品描述	1. NK-500E-V型全液压式汽车起重机,最大额定起重量50.5吨,最大主臂长度40米,最大副臂长度15米,最大起升高度39.38米(仅用主臂)、54.7米(40米主臂+15米副臂,倾角为5度)。该起重机具有三菱KJ505SL型汽车底盘技术参数和要求,拥有行车及停车制动系统,三菱8DC9-2A型发动机,最大行驶速度为80千米/小时,最小转弯半径为11.5米,带有手动回转制动装置。 2. NK-800型全液压式汽车起重机,最大额定起重量80吨,最大主臂长度44米,最大副臂长度15米,最大起升高度44米(仅用主臂)、59米(44米主臂+15米副臂,倾角为5度)。该起重机具有三菱4冲程水冷式柴油发动机,最大输出功率200PS/2 000rpm,行车及停车制动系统,轴向柱塞液压马达,加藤制作所12680型汽车底盘技术参数和要求,最大行驶速度为55千米/小时,最小转弯半径为15.4米。				
归类决定	根据资料,NK-500E-V型全液压式汽车起重机,最大额定起重量50.5吨,NK-800型全液压式汽车起重机最大额定起重量80吨,两种车型皆可按《税则》具体列名归入税则号列8705.1092。				

序号	1311	归类决定编号	Z2006-0861	公告编号	2006年第69号
商品税则号列		8705.2000		公告实施日期	2006年11月22日
商品名称	移动钻井机				
英文名称	Autonomy moving drilling rig				
其他名称					
商品描述	该移动钻井机由控制室、支撑架、发动机、油压传输系统、钻井架、特制底盘、轮胎等部分组成。工作时由前置发动机提供动力,通过控制室操纵设备移动至需要钻井的地方,然后通过油压系统撑起机器,进行稳固,由钻井架完成钻井作业。				
归类决定	根据《税则注释》品目87.05"凡带有起重或搬运……转向及制动装置"的规定,由于该移动钻井机配备有推动发动机、变速箱及换挡操纵装置、转向及制动装置,已构成完整的机动车底盘特征,可按《税则》具体列名归入税则号列8705.2000。				

序号	1312	归类决定编号	Z2006-0862	公告编号	2006年第69号
商品税则号列		8705.3010		公告实施日期	2006年11月22日
商品名称	高空曲臂云梯车				
英文名称	Bronto skylift F37HDT（2000）				
其他名称					
商品描述	该车品牌为博浪涛，型号为F37HDT（2000系列），英文全称Bronto skylift F37HDT（2000）areial ladder platform。此云梯车最高工作高度为37米，最大水流量为3 800升/分钟。 配备简介： 1. 工作斗和转台处的水炮控制；2. 遥控水炮带开花/直流接口；3. 工作斗-45度旋转；4. 曲臂动作控制杆；5. 超声波防撞；6. 水幕系统；7. 不锈钢水管道带接口；8. 电池驱动液压泵；9. 超重警告系统；10. 紧急下降系统；11. 自动平衡系统；12. 驾驶室顶部2盏红色警灯；13. 电警笛（100瓦）带公共通信；14. 风速记；15. 数据显示屏。				
归类决定	该高空曲臂云梯车装有输水管道、水炮、水炮控制等用于消防的特殊装置，可直接接于消防栓进行救火；当与高压泵车配合时，可用于高层建筑发生火灾时的救火和救险，属于装有云梯的救火车，应归入税则号列8705.3010。				

序号	1313	归类决定编号	Z2006-0863	公告编号	2006年第69号
商品税则号列		8705.3010		公告实施日期	2006年11月22日
商品名称	"西格那"消防车 LF8/6				
英文名称	"ZIEGLER" fire-fighting vehicle				
其他名称					
商品描述	该车主要用于救火、救人、救灾。它采用"奔驰"MB815F底盘，配备移动式水泵，可从水池、湖泊抽水灭火，亦可用作中途加压水泵；车上装备可伸高13米的铝梯及可伸高4米的气动照明灯杆；车上还配备破拆类器材、防化学事故用的器材等。				
归类决定	所报车辆的特征符合《税则注释》关于品目87.05的解释，应归入税则号列8705.3010。				

序号	1314	归类决定编号	Z2006-0864	公告编号	2006 年第 69 号
商品税则号列		8705.3090		公告实施日期	2006 年 11 月 22 日
商品名称	消防车底盘				
英文名称	DAEWOO firetruck chassis				
其他名称					
商品描述	型号 YD58C，总重 16 吨，柴油型，带驾驶室的消防车底盘。				
归类决定	该消防车底盘是在带驾驶室的底盘上加装了水泵后的底盘车。《税则》第八十七章章注三只规定了带驾驶室的底盘应归入税目 87.02~87.04，而该底盘车因安装了消防专用的水泵而具备了消防车的基本特征，因此，根据归类总规则二（一）可归入税则号列 8705.3090。				

序号	1315	归类决定编号	Z2006-0865	公告编号	2006 年第 69 号
商品税则号列		8705.3090		公告实施日期	2006 年 11 月 22 日
商品名称	消防车底盘				
英文名称	DAEWOO firetruck chassis				
其他名称					
商品描述	总重 18 吨，柴油型带驾驶室的消防车底盘（带有水泵）。				
归类决定	该消防车底盘是在带驾驶室的底盘上加装了水泵后的底盘车。《税则》第八十七章章注三只规定了带驾驶室的底盘应归入税目 87.02~87.04，而该底盘车因安装了消防专用的水泵，根据《税则注释》品目 87.05 的规定（带泵机动车），可归入税则号列 8705.3090。				

序号	1316	归类决定编号	Z2006-0866	公告编号	2006年第69号
商品税则号列		8705.3090		公告实施日期	2006年11月22日
商品名称		山林超高压多功能消防车			
英文名称					
其他名称					
商品描述		该商品带有轮边减速器、差速锁、门架升高车桥等特殊结构，具有高越野通过性；由山林消防轮式车改装而成，加浮泵、超高压（10兆帕）泵，在国内属首例。			
归类决定		该山林超高压多功能消防车已构成消防车的特征，应按消防车归入税则号列8705.3090。			

序号	1317	归类决定编号	Z2006-0867	公告编号	2006年第69号
商品税则号列		8705.4000		公告实施日期	2006年11月22日
商品名称		混凝土搅拌车			
英文名称		Concrete transit-mixing truck			
其他名称					
商品描述		混凝土输送车，型号为EA54-30A，该型车的用途为从搅拌站到施工现场运输混凝土，所谓搅拌功能只是防止混凝土在运输途中凝结。			
归类决定		该混凝土搅拌车具有搅拌混凝土所需的上水设备及混凝土搅拌和运输时搅拌桶所需不同转速的调速机构，所以该车属于"兼可用于搅拌及运输混凝土"的车辆，根据《税则注释》品目87.05关于"混凝土搅拌车"的定义，应按特种车归入税则号列8705.4000。			

序号	1318	归类决定编号	Z2006-0868	公告编号	2006 年第 69 号
商品税则号列		8705.4000		公告实施日期	2006 年 11 月 22 日
商品名称	三菱 11945 毫升混凝土搅拌车				
英文名称					
其他名称					
商品描述	该三菱 11945 毫升混凝土搅拌车,用于混凝土搅拌,该型车的用途主要为运输混凝土,所谓搅拌功能只是防止混凝土在运输途中凝结。				
归类决定	"三菱 11945 毫升混凝土搅拌车"用于混凝土运输途中的搅拌。该商品装有水箱及进水、排水装置,且装有调速机构,故该商品符合《税则注释》关于品目 87.05 的解释,是"兼可用于混凝土搅拌及运输的"特种车辆,应归入税则号列 8705.4000。				

序号	1319	归类决定编号	Z2006-0869	公告编号	2006 年第 69 号
商品税则号列		8705.9010		公告实施日期	2006 年 11 月 22 日
商品名称	特种通信车				
英文名称					
其他名称					
商品描述	该商品为已经过改装的丰田陆地巡洋舰,车体绿色,排气量为 4 664 毫升。该车在保税区进行改装,车内最后一排车座已拆除,装有一铁制框架,铁架上安装短波电台、无线调制解调器、350 兆集群车载台等通信设备,车顶装有天线。				
归类决定	该车已构成通信车的特征,可按特种车归入税则号列 8705.9010。				

序号	1320	归类决定编号	Z2006-0870	公告编号	2006年第69号
商品税则号列			8705.9010	公告实施日期	2006年11月22日
商品名称	特种通信车				
英文名称					
其他名称					
商品描述	该车由丰田陆地巡洋舰4700改装而成，车内最后一排车座已拆，安装一机柜，车顶外部装有两部天线，机柜加装设备。				
归类决定	该特种通信车是由丰田陆地巡洋舰越野吉普车经下述改装而成：将车内最后一排车座拆除，安装一铁制框架，铁架上安装短波电台、车载台、集群控制器等通信设备，车顶外部安装两部天线。该改装车已具备无线电通信车的特征，可归入税则号列8705.9010。				

序号	1321	归类决定编号	Z2006-1456	公告编号	2007年第70号
商品税则号列			8705.9010	公告实施日期	2007年12月5日
商品名称	应急车载移动交换通信车				
英文名称					
其他名称					
商品描述	该应急车载移动交换通信车是用货车底盘装载集装箱，箱内固定安装交换机、配线架、电源等设备改装而成，是紧急事故造成话路中断时应急用的车载可移动通信设备。				
归类决定	该车可按无线电通信车归入税则号列8705.9010。				

序号	1322	归类决定编号	Z2006-1457	公告编号	2007年第70号
商品税则号列		8705.9010		公告实施日期	2007年12月5日
商品名称	应急移动通信车				
英文名称					
其他名称					
商品描述	该改装的应急移动通信车装有基站、基站控制器、机架式微机、电源系统、空调及防震系统等，车顶装有天线系统，可提供GSM应急移动通信服务，用于抗洪抢险，公安消防，基站补忙、补热等。				
归类决定	该改装的应急移动通信车可按无线电通信车归入税则号列8705.9010。				

序号	1323	归类决定编号	Z2006-1458	公告编号	2007年第70号
商品税则号列		8705.9010		公告实施日期	2007年12月5日
商品名称	特种通信车				
英文名称					
其他名称					
商品描述	该商品为由丰田陆地巡洋舰霸道越野车改装而成的通信车，规格型号为VZJ95L-GKPEKV，排气量为3 378毫升，汽油型发动机，驱动型式4×4，车上装有卫星导航装置、卫星终端、警报系统、车载台等。				
归类决定	该特种通信车由丰田越野车加装通信设备改装而成，专用于通信，可按特种车辆归入税则号列8705.9010。				

序号	1324	归类决定编号	Z2006-0871	公告编号	2006年第69号
商品税则号列		8705.9020		公告实施日期	2006年11月22日
商品名称	医疗用X光检查车（旧）					
英文名称	Mobile radiological units（used）					
其他名称						
商品描述	该车由面包车改装而成，其牌名、型号为日野HINO PFD172B，排气量为3 500毫升，座位数为8座。 车内装有X光检查机一套，医疗架一个。 该车的用途为医疗照相检查。					
归类决定	随着X光检查设备的技术发展，目前一些设备已不需要在暗室进行操作，所以，判定设备是否为X射线检查车，主要看其是否具备X射线检查功能，且不能移作他用。该医疗用X光检查车上固定安装了X射线检查设备，已具备进行X射线检查的功能，且不能移作他用，所以可按放射线检查车归入税则号列8705.9020。					

序号	1325	归类决定编号	Z2006-0872	公告编号	2006年第69号
商品税则号列		8705.9020		公告实施日期	2006年11月22日
商品名称	威力牌机动放射线8100毫升检查车					
英文名称						
其他名称						
商品描述	该威力牌机动放射线8100毫升检查车（原装）的型号为WFG38S，汽油型发动机的排气量为8 100毫升，车身颜色为白色。车内固定安装有体检床下部存放的药柜、轮椅升降装置及控制装置、洗手池、工作台、2张可调高度的体检床、2张不可调高度的体检床、监视器等。车内还带有1台X光机（GE AM4X）、2台B超（GE L5）和1台柯达扫描器，上述设备均未固定在车上。					
归类决定	根据归类总规则二（一），该车辆及固定安装和非固定安装的设备应视为一个整体进行归类。其主要用途是体检治疗，已具备非载人运货的特征，符合《税则》税目87.05特殊用途的机动车辆的规定——非载人运货，应归入税则号列8705.9020。					

序号	1326	归类决定编号	Z2006-0873	公告编号	2006年第69号
商品税则号列		8705.9030		公告实施日期	2006年11月22日
商品名称	机动环境监测车				
英文名称	Water testing truck				
其他名称					
商品描述	该车实为福特 ECONOLINE 250 改装而成，车厢内已安装有水质检测设备，另有试剂、滴管滤芯等物品。				
归类决定	机动环境监测车是由福特 ECONOLINE 250 改装而成，车内固定安装有发电机、紫外线消毒器、可调速水泵、多层过滤器（3个）、软化水装置、活性炭过滤器，并配有其他检测水质仪器装置。该车符合《税则注释》有关特种车的定义，可作为环境监测车归入税则号列 8705.9030。				

序号	1327	归类决定编号	Z2006-0874	公告编号	2006年第69号
商品税则号列		8705.9030		公告实施日期	2006年11月22日
商品名称	环境检测车				
英文名称					
其他名称					
商品描述	该车上的煤粉测量组件、扩展烟气分析组件、二氧化硫烟气分析组件、便携式烟气分析组件和烟气分析校验组件用螺栓固定在车体柜架上；煤粉、飞灰分析组件用螺栓固定在工作平台上。车上可外接 220 伏电源，车厢内已布设了各种仪器的电源线路。				
归类决定	该车已具备特种车的特征，应归入税则号列 8705.9030。				

序号	1328	归类决定编号	Z2006-1459	公告编号	2007年第70号
商品税则号列		8705.9030		公告实施日期	2007年12月5日
商品名称	环境检测车				
英文名称	Man nutzfahrzeuge				
其他名称					
商品描述	该环境检测车上的煤粉测量组件、扩展烟气分析组件、二氧化硫烟气分析组件、便携式烟气分析组件和烟气分析校验组件用螺栓固定在车体柜架上；煤粉、飞灰分析组件用螺栓固定在工作平台上；网格法烟气分析切换阀组用绑带固定在车上。车上可外接220伏电源，车厢内已布设了各种仪器的电源线路。				
归类决定	该环境检测车已在原改装车的基础上又固定安装了煤粉测量组件、扩展烟气分析组件、二氧化硫烟气分析组件、便携式烟气分析组件和烟气分析校验组件等测试设备，具备特种车的特征，应归入税则号列8705.9030。				

序号	1329	归类决定编号	Z2006-0875	公告编号	2006年第69号
商品税则号列		8705.9040		公告实施日期	2006年11月22日
商品名称	雪佛兰医疗车				
英文名称					
其他名称					
商品描述	该车是由美国通用汽车公司授权医疗车改装厂在境外改装生产的。底盘采用GM Chevrolet Express G型车底盘，底盘主要技术指标列举如下：1.车型为美国通用汽车公司产雪佛兰（Chevrolet）Express G型，顶部加高。2.底盘轴距3.43米，多点燃油电喷引擎，无铅汽油动力燃料，6气缸，排气量4.3升，220马力，最小转弯半径12米。3.四速自动排挡，方向、刹车助力系统。4.车身车顶全部隔热绝缘。5.后厢病况通知灯。 改装后该医疗车内装备了急救及手术等医疗设施，其中包括：1.大排量发动机下的大功率发电机，提供充足的电能，可以满足后厢手术及抢救设备的用电需要。2.增强的减震系统，采用独立悬挂系统。3.车上固定安装心电监护/除颤仪、麻醉机、供氧/负压吸引系统、输液架、多功能手术床、组合式无影手术灯、多功能药柜、厢体绝缘保温系统、消毒系统、通风和空气净化系统、高级五防地板、强化的车身环绕钢带（可高强度全天作业，抗撞击能力强），车内后病室可实施急救手术（手术空间达2.5米×1.3米）。该改装的医疗车车身外部还装备了急救警灯、警笛、反光彩带及急救标志等。				
归类决定	根据上述特征，该车符合《税则注释》关于品目87.05项下"医疗车"的解释，故应归入税则号列8705.9040。				

序号	1330	归类决定编号	Z2006-0876	公告编号	2006 年第 69 号
商品税则号列		8705.9040		公告实施日期	2006 年 11 月 22 日
商品名称	医疗车					
英文名称	Medical mobile					
其他名称	戴姆勒—克莱斯勒公司奔驰型医疗车					
商品描述	规格型号为德国戴姆勒—克莱斯勒公司 MB SPRINTER316CDI 型医疗车，在原产地（德国）专业厂改装。车上固定安装的医疗设备有：急救仓空调；可清洗消毒地板、医疗柜、药柜；800 瓦暖风系统；换气装置；4 个 36 瓦多功能手术照明灯；旋转灯、报警系统及麦克风；内装式输氧系统，2 个 10 升氧气瓶；内装式输液架；气液式手术床；FERNOX2 滚动上车担架；吸引装置、呼吸机；呼吸袋；铲式担架及固定设备；诊箱；抽真空气囊固定袋；车载麻醉机，后病室可实施急救手术；心电监护起搏除颤仪。					
归类决定	该车已具备医疗车的特征，可按医疗车归入税则号列 8705.9040。					

序号	1331	归类决定编号	Z2006-0877	公告编号	2006 年第 69 号
商品税则号列		8705.9040		公告实施日期	2006 年 11 月 22 日
商品名称	奔驰机动医疗车					
英文名称						
其他名称	梅赛德斯奔驰 2295 毫升机动医疗车					
商品描述	型号：奔驰 314。 该奔驰机动医疗车的车厢内装有简易活动担架床、轮椅、简易的手术床、手术灯、氧气瓶、抽痰器、心脏复苏仪、胸肺呼吸机各一个和麻醉剂注射器 350 个；另有两个固定的药械柜，内有小剪刀、小镊子、针筒等；车顶装有蜂鸣器。					
归类决定	"奔驰机动医疗车"由奔驰车经下述改装而成：底盘采用独立悬挂系统，增强了防震性能；车身顶部加高并环绕车身加装强化钢带，以增强安全性能；车厢车顶和厢体采用绝缘保温材料制造，并加装隔热板和耐磨防滑地板，增设通风和空气净化系统，车身后面的医疗室加装独立空调设备、暖风设备，以改善车内环境；车内天花板加装 IV 型血包袋或输液包挂钩连轨道，可调校光暗光管、病况通知灯和手术照明设备；车厢内固定安装氧气搏支架，液压式手术床，加装固定内置氧气喉管道及提供氧气插座，安装有胸肺呼吸机、FR2 自动心脏复苏仪连心电图显示器、一套抽痰器及麻醉剂注射器，另有两个固定的药械柜，内有小剪刀、小镊子、针筒等；车顶装有蜂鸣器。该医疗车可进行外科创伤、小型骨科等急救手术。该商品已不具备载人或运货功能，故根据《税则注释》关于品目 87.05 的解释，所报奔驰机动医疗车应按医疗车归入税则号列 8705.9040。					

序号	1332	归类决定编号	Z2006-0878	公告编号	2006 年第 69 号
商品税则号列		8705.9040		公告实施日期	2006 年 11 月 22 日
商品名称	雪佛兰 5700 毫升医疗车				
英文名称					
其他名称					
商品描述	该车为由雪佛兰 EXPRESS 2500 客车改装而成的医疗车，排气量为 5 700 毫升，原产地为美国。车外有警灯、警笛、急救标志和外接电源接口；车内装备有担架床、除颤仪、麻醉机、供氧机各一套，氧气瓶一个，药品柜一套及呼吸机 5 部，车顶部装有无影灯。				
归类决定	该雪佛兰 5700 毫升医疗车是由美国通用汽车公司授权医疗车改装厂在境外改装生产的。该车在雪佛兰 Chevrolet Express G 型车的基础上作了如下改装：将车身顶部加高，车身环绕强化钢带，车身车顶全部隔热绝缘，安装高级五防地板，采用厢体绝缘保温系统、通风和空气净化系统，采用了独立悬挂系统的增强减振系统，加装后厢病况通知灯等。 改装后，该车内固定装备了用于急救及手术等的医疗设施，主要包括：1. 大排量发动机驱动的大功率发电机，提供手术及抢救设备用电；2. 心电监护/除颤仪、麻醉机、供氧/负压吸引系统、输液架、多功能手术床（可移动）、组合式无影手术灯、多功能药柜、消毒系统等，车内后病室可实施急救手术（手术空间达 2.5 米×1.3 米）。该改装的医疗车车身外部还装备了急救警灯、警笛、反光彩带及急救标志等。 根据上述特征，该车符合《税则注释》关于品目 87.05 项下"流动诊疗车"的解释，故应归入税则号列 8705.9040。				

序号	1333	归类决定编号	Z2006-0879	公告编号	2006 年第 69 号
商品税则号列		8705.9040		公告实施日期	2006 年 11 月 22 日
商品名称	危重监护医疗车				
英文名称					
其他名称					
商品描述	该医疗车的制造商为 VOLKSWAGEN，型号为 FURG-TRANSP-102CV+3320+VENT-P-CORR+AA。该车使用柴油发动机，驾驶室与救护区隔离，在车后救护区装有氧气装置、氧疗设备、急救架、输液装置、麻醉呼吸机、心脏除颤监护仪等医用设备。				
归类决定	该"危重监护医疗车"的制造商为 VOLKSWAGEN，型号为 FURG-TRANSP-102CV+3320+VENT-P-CORR+AA，使用柴油发动机。驾驶室与救护区隔离，车后救护区已做了加宽和加高处理，便于手术。车后救护区装有氧气装置、氧疗设备、急救架、输液装置、麻醉呼吸机、心脏除颤监护仪，固定安装有外科手术器具专用柜等医用设备。该商品符合《税则注释》关于品目 87.05 的解释，应按特种车归入税则号列 8705.9040。				

序号	1334	归类决定编号	Z2006-0880	公告编号	2006 年第 69 号
商品税则号列		8705.9040		公告实施日期	2006 年 11 月 22 日
商品名称	多功能救护车				
英文名称					
其他名称					
商品描述	配有监护除颤仪、呼吸机、给氧系统、手术器械、麻醉机及无影灯等设备。				
归类决定	该车符合救护车的配置要求，可按《税则》具体列名归入税则号列 8705.9040。				

序号	1335	归类决定编号	Z2006-0881	公告编号	2006年第69号
商品税则号列		8705.9040		公告实施日期	2006年11月22日
商品名称	奔驰2295毫升医疗救护车				
英文名称					
其他名称					
商品描述	该车装备SPRINTER314汽油型发动机,驾驶室与后部救护室密封隔离,装配有PENSI滑行平台、中央氧气供应系统、可折叠梯椅、担架、右边3~4人长条座椅、紫外光灯、呼吸系统急救箱、循环系统急救箱、呼吸机等设备,其中呼吸系统急救箱中含有麻醉设备。				
归类决定	《本国子目注释》中对税则号列8705.9040"医疗车"有规定:"指具有流动医院特征的特种车辆。为满足医疗需要,必须增加防震性能、安全性能、绝缘保温性能、整体用电布线等的设计或改装;并需增设通风和空气净化系统、独立的空调设备、暖风设备,装备有手术所需的照明设备、手术床、供血和供氧设备、麻醉设备、手术器械消毒和药械存放设备、心电图监视设备等,车顶装有蜂鸣器。该车可进行外科创伤、小型骨科等急救手术,其主要功能不是载人或载货。"该车辆配置基本符合上述规定,可按具体列名归入税则号列8705.9040。				

序号	1336	归类决定编号	Z2006-0882	公告编号	2006年第69号
商品税则号列		8705.9040		公告实施日期	2006年11月22日
商品名称	改装手术车				
英文名称					
其他名称					
商品描述	该手术车由奔驰旅行车改装而成。车上配置有手术床、便携式麻醉机、心脏除颤监护仪、心肺供氧系统、手术光源、输液输血设备,同时驾驶室及后部救护室密闭隔离并配有暖风设备。				
归类决定	《本国子目注释》中对税则号列8705.9040"医疗车"有规定:"指具有流动医院特征的特种车辆。为满足医疗需要,必须增加防震性能、安全性能、绝缘保温性能、整体用电布线等的设计或改装;并需增设通风和空气净化系统、独立的空调设备、暖风设备,装备有手术所需的照明设备、手术床、供血和供氧设备、麻醉设备、手术器械消毒和药械存放设备、心电图监视设备等,车顶装有蜂鸣器。该车可进行外科创伤、小型骨科等急救手术,其主要功能不是载人或载货。"该车辆配置基本符合上述规定,可按具体列名归入税则号列8705.9040。				

序号	1337	归类决定编号	Z2006-1460	公告编号	2007 年第 70 号
商品税则号列		8705.9040		公告实施日期	2007 年 12 月 5 日
商品名称	雪佛兰机动医疗车				
英文名称					
其他名称					
商品描述	该雪佛兰机动医疗车外观为白色，车体尺寸为 6.1 米×2 米×2.3 米，车厢内经改装，座位数为 2 座（包括驾驶员座位），车厢及驾驶室之间有一门，车厢右边有一带垫的固定矮柜，可坐 3 人或躺 1 人，左边有一固定的柜子。车厢内有抗休克裤、充气夹板、心脏按压泵、头部固定器、电动吸引器、呼吸器、心脏复苏囊、急救包、除颤王 12 型、自动上车担架、多功能急救箱、麻醉喉镜、颈托、血糖仪、全身夹板、楼梯椅、麻醉机等；车顶装有蜂鸣器。				
归类决定	该车符合《本国子目注释》对子目 8705.9040 "医疗车"的规定，可按《税则》具体列名归入税则号列 8705.9040。				

序号	1338	归类决定编号	Z2006-0883	公告编号	2006 年第 69 号
商品税则号列		8705.9060		公告实施日期	2006 年 11 月 22 日
商品名称	飞机空调车				
英文名称					
其他名称					
商品描述	ACE-802-440 型空调车由空调机组、安全保护系统、五十铃柴油底盘、驾驶室等部件构成，其中空调机组的主要组件包括水冷柴油发动机、螺杆式压缩机等，空调机组配备两根空气输出管连飞机接头。该车的制冷容量为 110 冷冻吨，加温容量为 750000BUT/HR，可在任何天气环境下为所有广体式航机提供舒适空调。				
归类决定	该款飞机空调车用于为广体式航机提供空调。主要配置有空调机组和安全保护系统等。从其设计特点和配置来看，明显非用于载客和运货，故按照《税则注释》中品目 87.05 的注释，应作为特种车辆归入税则号列 8705.9060。				

序号	1339	归类决定编号	Z2006-0884	公告编号	2006 年第 69 号
商品税则号列		8705.9080		公告实施日期	2006 年 11 月 22 日
商品名称	测井绞车				
英文名称	Single drum electric line logging truck				
其他名称					
商品描述	该车为美国产万国牌，车后有工作间，有电缆绞盘、设备架等，无电器设备，通过将测井电缆伸进井内进行数据采集，并将数据传输给分析仪器进行测试分析，应属测井车的范围。				
归类决定	该车电缆绞盘的动力来自车辆本身的发动机，车厢已分割成工作间和测试间，工作间装备了电缆绞盘，测试间装备了仪表盘和设备架，所以，虽然设备架上还未安装仪器设备，但已具备了特种车的基本特征，应按测井车归入税则号列 8705.9080。				

序号	1340	归类决定编号	Z2006-0885	公告编号	2006 年第 69 号
商品税则号列		8705.9080		公告实施日期	2006 年 11 月 22 日
商品名称	压裂车				
英文名称					
其他名称					
商品描述	CO_2 压裂机组，包括 2 台泵车、8 台罐车。此套压裂设备分两票报关单报关，该票报关单申报名称为"压裂车"，型号为 IC-311，经查验为泵车。泡沫压裂采用的介质是液态 CO_2，液态 CO_2 分装在 8 台罐车中，罐车通过相应的管线与 2 台泵车相连。液态 CO_2 从罐车中进入泵车的液气分离瓶，分离出液态 CO_2 中的气体，以杜绝干冰的出现。分离瓶内的液态 CO_2 在泵车自带的增压泵吸力的作用下进入增压泵，增压泵对进入的液态 CO_2 进行增压并打入七井地层，从而完成整个压力施工。				
归类决定	该压裂车实为泵车，型号为 IC-311。该商品采用液态 CO_2 为压裂介质，液态 CO_2 分装在 8 台罐车中，罐车通过相应的管线与泵车相连。液态 CO_2 从罐车中进入泵车的液气分离瓶，分离出液态 CO_2 中的气体，以杜绝干冰的出现。分离瓶内的液态 CO_2 在泵车自带的增压泵吸力的作用下进入增压泵，增压泵对进入的液态 CO_2 进行增压并打入七井地层，从而完成整个压力施工。该货品符合《税则注释》关于品目 87.05 的解释，应归入税则号列 8705.9080。				

序号	1341	归类决定编号	Z2006-0887	公告编号	2006 年第 69 号
商品税则号列		8705.9080		公告实施日期	2006 年 11 月 22 日
商品名称	石油压裂车				
英文名称					
其他名称					
商品描述	石油压裂车主要用于保障油田采油现场单井产量的稳定和提高。该商品由奔驰底盘车改装而成,在底盘车大梁上加装了发动机、传动箱、压裂泵及其他相关附属设备。				
归类决定	该车由奔驰底盘车改装而成,仅具备石油压裂车的设备及功能,用于保障油田采油现场单井产量的稳定和提高,已不具备载人运货的功能,符合《税则注释》对归入品目 87.05 车辆的要求,因此,根据归类总规则一及六,其应按特种车辆归入税则号列 8705.9080。				

序号	1342	归类决定编号	Z2006-0888	公告编号	2006 年第 69 号
商品税则号列		8705.9080		公告实施日期	2006 年 11 月 22 日
商品名称	石油测井车				
英文名称					
其他名称	双滚筒液压测井车				
商品描述	该车在底盘上安装车厢、绞车、液压系统、电气系统、气路系统,包括绞车仓和操作仓,操作仓可安装小型试井仪器或综合测井仪器。该测井车主要用于 7 000 米以内的油、水、气井勘探开发及生产过程的测试作业,与井内测量仪器及地面计算机系统配合使用,对井下参数进行地面直读,并将信号进行转化和处理。				
归类决定	按照《税则注释》对品目 87.05 的规定,该产品属于非用于载货或载人的具有特殊用途的车辆,根据归类总规则一及六,应归入税则号列 8705.9080。				

序号	1343	归类决定编号	Z2006-0889	公告编号	2006年第69号
商品税则号列		8705.9080		公告实施日期	2006年11月22日
商品名称	石油压裂车				
英文名称					
其他名称					
商品描述	该产品是由奔驰底盘车改装而成的石油压裂车，在奔驰底盘车上已装配有发动机、传动箱、压裂泵等。该车通过用压裂液在井底生产层造成裂缝或扩展原始裂纹，再用支撑剂充填形成高渗透率区域，主要适用于油气田深井、中深井、浅井的各种压裂作业。				
归类决定	按照《税则注释》对品目87.05的规定，该产品属于非用于载货或载人的具有特殊用途的车辆，根据归类总规则一及六，应归入税则号列8705.9080。				

序号	1344	归类决定编号	Z2006-0890	公告编号	2006年第69号
商品税则号列		8705.9080		公告实施日期	2006年11月22日
商品名称	石油测井车				
英文名称					
其他名称					
商品描述	该产品是德国MAN33.414DFAC—6×6底盘车改装而成的石油测井车，车上加装了操作室和绞车室。绞车室主要由滚筒总成、排绳装置等组成；操作室主要有操作台、仪器仪表、配电装置等。该车主要用于石油勘探测井作业。				
归类决定	按照《税则注释》对品目87.05的规定，该产品属于非用于载货或载人的具有特殊用途的车辆，根据归类总规则一及六，应归入税则号列8705.9080。				

序号	1345	归类决定编号	Z2006-0891	公告编号	2006 年第 69 号
商品税则号列		8705.9080		公告实施日期	2006 年 11 月 22 日
商品名称		测井车			
英文名称					
其他名称					
商品描述		该测井车由 NB ACTROS 3331/6×4 进口货车底盘改装而成，主要用于油田中途测试和试井，它利用下入井内的测量仪器和地面计算机系统对井下参数（如温度、压力、流量等）进行地面直读，并将信号进行转化和处理。			
归类决定		按照《税则注释》对品目 87.05 的规定，该产品属于非用于载货或载人的具有特殊用途的车辆，根据归类总规则一及六，应归入税则号列 8705.9080。			

序号	1346	归类决定编号	Z2006-0892	公告编号	2006 年第 69 号
商品税则号列		8705.9080		公告实施日期	2006 年 11 月 22 日
商品名称		石油测井车			
英文名称					
其他名称					
商品描述		该车在德国奔驰 Actors3331/6×4 底盘上加装操作室和绞车室。绞车室主要由滚筒总成、排绳装置等组成；操作室主要有操作台、仪器仪表、配电装置等。用于石油勘探测井作业。			
归类决定		该车是由德国奔驰 Actors3331/6×4 底盘车改装而成的石油测井车，车上加装了操作室和绞车室。绞车室主要由滚筒总成、排绳装置等组成；操作室主要有操作台、仪器仪表、配电装置等。车身还加装了柴油发动机和液压发电机。用于石油勘探测井作业。 上述商品属于非用于载货或载人的具有特殊用途的车辆，符合《税则》税目 87.05 及其子目的描述，根据归类总规则一及六，应将其按特种车辆归入税则号列 8705.9080。			

序号	1347	归类决定编号	Z2006-0893	公告编号	2006年第69号
商品税则号列		8705.9080		公告实施日期	2006年11月22日
商品名称		7000米单滚筒液压测井车			
英文名称					
其他名称		DQG5211TCJ型测井车			
商品描述		该车由梅赛德斯—奔驰货车底盘改装而成。该车加装了地面仪器系统、绞车操作台、配电柜、绞车总成、排缆装置、计量装置等仪器设备，用于油田地质开发、生产过程中各种电测或射孔等作业。			
归类决定		上述商品属于非用于载货或载人的具有特殊用途的车辆，符合《税则》税目87.05及其子目的描述，根据归类总规则一及六，应将其按特种车辆归入税则号列8705.9080。			

序号	1348	归类决定编号	Z2006-1461	公告编号	2007年第70号
商品税则号列		8705.9080		公告实施日期	2007年12月5日
商品名称		石油测井车			
英文名称					
其他名称					
商品描述		该车在德国奔驰Actors3331/6×4底盘上加装操作室和绞车室。绞车室主要由滚筒总成、排绳装置等组成；操作室主要有操作台、仪器仪表、配电装置等。该车用于石油勘探测井作业。			
归类决定		该车为非用于载货或载人的具有特殊用途的车辆，符合《税则注释》对品目87.05的规定，根据归类总规则一，应将其归入税则号列8705.9080。			

序号	1349	归类决定编号	Z2006-1503	公告编号	2007年第70号
商品税则号列		8706.0090		公告实施日期	2007年12月5日
商品名称	底盘平台模型				
英文名称					
其他名称					
商品描述	该底盘平台模型含车身地板及前舱、转向机构、发动机及水箱、底盘悬架系统、车轮等。底盘模型仅在外观上具备整车特征，不具备整车的实际功能，无电控系统等，整个模型无法工作和动作，仅用于新车型开发的外观造型定义。				
归类决定	该商品属轿车底盘平台模型，用于整车设计，并非专供示范（例如，教学或展览）用，故不能将其归入《税则》税目90.23。该商品除未安装电控系统外，其尺寸、机械结构、使用材料均与普通轿车无异，因此，根据归类总规则一和六，外模型用底盘平台模型应按装有发动机的轿车底盘归入税则号列8706.0090。				

序号	1350	归类决定编号	Z2006-0985	公告编号	2006年第69号
商品税则号列		87.08		公告实施日期	2006年11月22日
商品名称	汽车用石油液化气供气装置				
英文名称					
其他名称	LGP-燃气装置				
商品描述	本装置由以下几个部分组成：储气罐、组合阀、胶管、滤芯、电磁阀、混合器。这些组件组成一个给发动机提供燃料的系统，相当于燃油汽车的供油系统。				
归类决定	该汽车用石油液化气供气装置，是由储气罐、组合阀、胶管、滤芯、电磁阀、混合器等部分组成的给发动机提供燃料的系统，其功能相当于燃油汽车的供油系统。根据《税则》第十六类类注四的规定和《税则注释》的说明，该供气装置不能构成功能机组，各组成部件应归入其所属的适当税号。由于各组成部件都属于汽车燃料供给系统的零件，应根据《税则》第十七类类注二和《税则注释》中品目87.08的有关零件及附件的归类说明进行归类。其中储气罐，若是准备固定安装在税目87.01至87.05所列车辆上并供其专用，不能随意更换、用充气方式补充燃气的，应归入税目87.08项下；若是用更换储气罐的方式补充燃气的，则应归入税目73.11项下。此外，结合《税则注释》品目84.81的说明，组合阀、电磁阀等阀门应归入税目84.81项下，胶管、滤芯和混合器可作为阀门的附属装置与阀门一并归类。				

序号	1351	归类决定编号	Z2006-0986	公告编号	2006年第69号
商品税则号列		87.08		公告实施日期	2006年11月22日
商品名称	后桥左前弹性连接件				
英文名称					
其他名称					
商品描述	该后桥左前弹性连接件由三部分组成，上下两部分为金属（具有特殊形状），中间为硫化橡胶，此三部分材料通过硫化工艺黏结在一起。该零件用于两个汽车零件之间的连接，其中硫化橡胶起到减震作用。				
归类决定	该商品有特定的结构，专用于两个汽车零件之间的连接，且有减震作用，故根据《税则》第十七类类注三的规定，应按汽车的零件归入税目87.08项下的相应子目。				

序号	1352	归类决定编号	Z2006-0987	公告编号	2006年第69号
商品税则号列		8708.2990		公告实施日期	2006年11月22日
商品名称	小轿车车厢装饰板（塑料制）				
英文名称					
其他名称					
商品描述	该装饰板为单独进口本田牌小轿车车门内饰板，前门规格为100厘米×59厘米，后门规格为91厘米×61厘米，一边为斜线的五边形平板。				
归类决定	该小轿车车厢装饰板（塑料制）为车门的内饰板，外观是一边为斜线的五边形，已具有为装配车门的其他附件而设计的孔、槽等结构，其无须进一步加工即可直接装配在车门上，是一种专用于小轿车车门上的零件，符合《税则注释》中对品目87.08范围进行限定的两个条件，故可归入税则号列8708.2990。				

序号	1353	归类决定编号	Z2006-0988	公告编号	2006 年第 69 号
商品税则号列		8708.2990		公告实施日期	2006 年 11 月 22 日
商品名称	塑料内饰顶及附件				
英文名称					
其他名称					
商品描述	该商品塑料材质，已模塑成汽车顶棚形状的塑料板。是从德国进口的奥迪 C5 顶棚半成品，进口后还要作进一步加工，如背面涂胶，撒上玻璃纤维、PE 粉，再覆盖一层无纺布等，才可作为成品安装在汽车的顶棚上。				
归类决定	该塑料内饰板及附件为已模塑成汽车顶棚形状的塑料板，虽进口后还需背面涂胶、覆盖一层无纺布等加工，但其已具备车顶棚内饰板的主要特征，根据归类总规则二，应按其成品归入税则号列 8708.2990。				

序号	1354	归类决定编号	Z2006-0989	公告编号	2006 年第 69 号
商品税则号列		8708.2990		公告实施日期	2006 年 11 月 22 日
商品名称	仪表板				
英文名称					
其他名称					
商品描述	该仪表板用于排气量 3 500 毫升以下小汽车仪表（速度表等）上，作为仪表的透明面盖，主要由透明有机玻璃材料制成，属于专用车身零件。				
归类决定	该仪表板由透明有机玻璃材料制成，用于排气量在 3 500 毫升以下小汽车的仪表（速度表等）上，属于专用车身零件，应归入税则号列 8708.2990。				

序号	1355	归类决定编号	Z2006-0990	公告编号	2006年第69号
商品税则号列		8708.2990		公告实施日期	2006年11月22日
商品名称	暖风机				
英文名称	Heater				
其他名称					
商品描述	该商品由铝散热器芯和塑料壳体两部分组成,利用汽车发动机水箱的余热加热空气并通过铝散热器芯散发,将被加热的空气,通过风道送到各处,是汽车空调的组成部分。				
归类决定	该暖风机利用汽车发动机水箱的余热加热空气并通过铝散热器芯散发,符合《税则注释》关于品目87.08项下由车辆发动机供热的非电气供暖及除霜设备的解释说明,所以应归入税则号列8708.2990。				

序号	1356	归类决定编号	Z2006-0991	公告编号	2006年第69号
商品税则号列		8708.2990		公告实施日期	2006年11月22日
商品名称	前框				
英文名称	Housing assy				
其他名称					
商品描述	此次申报的商品为前框,型号为EII037078/96247556,规格为81071432+81117888。它由透明面盖周围涂上黏合单剂,再与框架黏合而成。其主要用于汽车的仪表盘上,起到透光、防反射、聚光、增加视角的作用,并保护仪表中的其他部件不受到人为的损坏。它的内部再装上速度计、转速计、油量表、水温表等仪表后,就构成了完整的仪表盘。该仪表盘整个安装在仪表板里,再配上空调通风口、音响控件等就构成了车身前方的仪表板。				
归类决定	该商品符合《税则注释》关于品目87.08的解释,故应归入税则号列8708.2990。				

序号	1357	归类决定编号	Z2006-0992	公告编号	2006年第69号
商品税则号列		8708.2990		公告实施日期	2006年11月22日
商品名称	\multicolumn{5}{l	}{汽车天窗用装饰胶条}
英文名称					
其他名称					
商品描述	\multicolumn{5}{l	}{　　该商品由橡胶及塑料构成，用于汽车天窗密封及连接。其外观形状：中间为橡胶折扇状，两边为塑料连接件。其应用原理：开启汽车天窗时，起支撑、密封和连接及伸缩作用。}
归类决定	\multicolumn{5}{l	}{　　该商品有特定的结构，专用于汽车天窗上，起密封和连接作用，根据《税则》第十七类类注三的规定，该商品应按车身零件归入税则号列8708.2990。}

序号	1358	归类决定编号	Z2006-0993	公告编号	2006年第69号
商品税则号列		8708.2990		公告实施日期	2006年11月22日
商品名称	\multicolumn{5}{l	}{汽车内装用贴布}
英文名称					
其他名称					
商品描述	\multicolumn{5}{l	}{　　该商品为汽车内装饰用贴布，已加工成各种形状，为成型品。该商品结构分5层：表层为100%涤纶起绒布，厚度约为0.4毫米；第二层为聚氨酯海绵层，厚度约为1毫米；第三层为涤纶无纺布，厚度约为0.05毫米；第四层为黏合剂；第五层为离型纸。撕下离型纸即可直接使用。}
归类决定	\multicolumn{5}{l	}{　　该商品由多层材料复合而成，且已制成特定形状，具有专用性，根据归类总规则一及六，应按机动车辆车身专用零件归入税则号列8708.2990。}

序号	1359	归类决定编号	Z2006-0994	公告编号	2006年第69号
商品税则号列		8708.2990		公告实施日期	2006年11月22日
商品名称	汽车后视镜零件（左、右罩，固定板基等）					
英文名称						
其他名称						
商品描述	该商品为汽车左右倒车镜成套零件，包括左、右罩，固定板基，框架，连接器（主要为注塑成型）等，不含玻璃镜片。汽车后视镜零件用于组装汽车后视镜。				
归类决定	按照《税则注释》的规定，品目70.09包括汽车后视镜，不论是否具有背衬或镶框，即该税目所称的后视镜必须包括镜片，上述商品实际为后视镜中除去镜片的其他部分，应视为汽车后视镜零件，同时也是汽车用零件，因汽车后视镜零件并无税目具体列名，因此这些产品均应按汽车零件归入税则号列8708.2990。				

序号	1360	归类决定编号	Z2006-0995	公告编号	2006年第69号
商品税则号列		8708.2990		公告实施日期	2006年11月22日
商品名称	刮条					
英文名称	Wthstp-glass					
其他名称						
商品描述	该商品的材质主体是合成橡胶包裹一层0.5毫米厚的镀锌板，辅料有单面织绒、消音胶条、中垫棉。该商品主要用于汽车内侧门板和玻璃之间，起到防水的作用。				
归类决定	该商品主体由具有特定横截面形状的橡胶包裹于一片镀锌板上构成，其结构不符合《税则》第十七类类注二排除条款"硫化橡胶的其他制品"的描述，由于其结构特定，且专用于汽车，因此应按车辆零件进行归类。 上述商品属于车辆专用零件，符合《税则》税目87.08及其子目条文的描述，根据归类总规则一及六，应将其按车身零件归入税则号列8708.2990。				

序号	1361	归类决定编号	Z2006-0996	公告编号	2006 年第 69 号
商品税则号列		8708.2990		公告实施日期	2006 年 11 月 22 日
商品名称	安全带预紧装置				
英文名称	LH anchor plate pre-tensioner				
其他名称					
商品描述	该安全带预紧装置为宝马五系车在原有安全带的基础上，新增加的具有较高安全系数的装置。它只安装在司机座椅左下侧，其外观、结构与右下侧的安全带锁扣总成基本相同，主要由四部分组成：点火装置、炸药密封钢管、钢丝锁和扣。安全带预紧装置与安全带的连接方式为不可随意开启的固定式连接。 其主要工作原理：当车辆发生撞击时，车上传感器给点火装置电信号，炸药爆炸产生拉力，通过钢丝索拉金属扣，使安全带拉紧驾驶员，更有效保障其安全。				
归类决定	该安全带预紧装置与安全带的连接方式为不可随意开启的固定式连接。当车辆发生撞击时，车上传感器给点火装置电信号，炸药爆炸产生拉力，通过钢丝索拉金属扣，使安全带拉紧驾驶员，属于座椅安全带的一部分，符合《税则》税目 87.08 及其子目条文的描述，根据归类总规则一及六，应将其按座椅安全带的零件归入税则号列 8708.2990。				

序号	1362	归类决定编号	Z2006-1504	公告编号	2007 年第 70 号
商品税则号列		8708.3010		公告实施日期	2007 年 12 月 5 日
商品名称	制动刹车片				
英文名称					
其他名称					
商品描述	该制动刹车片是摩擦片和铁片的组合体，分别用于前后轮刹车制动。其摩擦片安装在钢铁部件上。				
归类决定	该制动刹车片是摩擦片和铁片的组合体，组合的目的是使摩擦片便于安装在制动蹄上，故应归入税则号列 8708.3010。				

序号	1363	归类决定编号	Z2006-0997	公告编号	2006年第69号
商品税则号列		8708.4020		公告实施日期	2006年11月22日
商品名称	变速箱（ZF 8S180）				
英文名称					
其他名称					
商品描述	该型号变速箱是专为大功率发动机配套设计的，可用于大型卡车或客车等重型车辆，其最大扭矩为214.29千克·米。				
归类决定	该变速箱是专为大功率发动机配套设计的，主要用于大型客车，应作为大型客车用变速箱归入税则号列8708.4020。				

序号	1364	归类决定编号	Z2006-1505	公告编号	2007年第70号
商品税则号列		8708.4040		公告实施日期	2007年12月5日
商品名称	变速箱				
英文名称					
其他名称					
商品描述	该变速箱由日本日产公司设计，专用于0.75吨轻皮卡车。				
归类决定	该变速箱由日产公司设计，专用于0.75吨轻皮卡车。其在变速箱壳体、后防尘罩的尺寸、离合器等方面与帕拉丁所用变速箱并不通用，应按货运车辆专用的变速箱归入税则号列8708.4040。				

序号	1365	归类决定编号	Z2008-0198	公告编号	2008 年第 83 号
商品税则号列		8708.5075		公告实施日期	2008 年 11 月 24 日
商品名称	压裂车底盘驱动桥用差速器和盆角齿					
英文名称						
其他名称						
商品描述	该压裂车底盘驱动桥用差速器和盆角齿用于 KENWORTH C500 压裂车底盘驱动桥，属于压裂车底盘驱动桥零件。					
归类决定	该商品为压裂车底盘驱动桥用差速器和盆角齿，用于 KENWORTH C500 压裂车底盘的驱动桥。KENWORTH C500 型是一种带驾驶室的底盘车型。该压裂车最大额定总重 86 吨。KENWORTH C500 型车辆底盘（带驾驶室）是一种货运车型，符合税则号列 8704.2300 的列名，其底盘驱动桥用的零件应根据《税则》税目 87.04 项下商品的零件确定归类。所询商品属税则号列 8704.2300 项下商品的零件，符合《税则》税目 87.08 及其子目条文的描述，根据归类总规则一及六，应按税则号列 8704.2300 所列车辆用驱动桥零件归入税则号列 8708.5075。					

序号	1366	归类决定编号	Z2006-1000	公告编号	2006 年第 69 号
商品税则号列		8708.9390		公告实施日期	2006 年 11 月 22 日
商品名称	汽车自动离合器					
英文名称	Auto clutch					
其他名称						
商品描述	该设备用于将脚动离合器汽车改装成自动离合器汽车。它由电脑盒、电动机、拉线、刹车开关及信号线滚轴支架、连接杆、油门开关、手柄开关、转速传感器、线束等组成。其工作原理是：通过转速传感器、油门开关、刹车开关及信号线在汽车采集 3 个信号，并传递给电动离合器控制单元——电脑盒，电脑盒整理所采集的数据后，反馈并驱动执行机构——电机，由电机引出的拉线通过衔接装置直接与离合器踏板相连，所以当电脑下达指令后，离合器踏板将直接受到电机控制，以此来完成离合器切合，令汽车起步和换挡。该商品只是使脚踩离合器变成自动控制，但换挡仍要用手完成，不会自动换挡，只是使离合器自动切换而不是换挡自动切换，只用于对手动换挡的多种轿车进行改装。					
归类决定	该套设备包括作为测量装置的转速传感器、作为电气控制装置的电脑盒，以及执行机构电动机，属于装有执行机构的自动调节器。根据《税则注释》关于品目 90.32 的规定，整套装置构成离合器附件的基本特征，根据归类总规则一及六，应将其归入子目 8708.9 项下。					

序号	1367	归类决定编号	Z2006-1506	公告编号	2007年第70号
商品税则号列		8708.94		公告实施日期	2007年12月5日
商品名称	S45C锻件毛坯——转向节毛坯					
英文名称						
其他名称						
商品描述	该S45C锻件毛坯为转向节的毛坯，须经精密机械3D加工，经50多个工序后成为转向节成品，用于汽车刹车盘、转向拉杆、防震系统及车身的连接上。				
归类决定	该S45C锻件毛坯为转向节的毛坯，已具有车辆转向节的基本特征，根据归类总规则二（一），应归入税则子目8708.94项下。				

序号	1368	归类决定编号	Z2006-1507	公告编号	2007年第70号
商品税则号列		8708.9500		公告实施日期	2007年12月5日
商品名称	驾驶员气囊模块、乘员气囊模块					
英文名称						
其他名称						
商品描述	该批商品包括：驾驶员气囊模块、乘员气囊模块和电控元件SDM。其中，驾驶员气囊模块、乘员气囊模块由橡胶盖、气袋、支架及发生器构成，其性能是碰撞后在中央控制器的控制下充气膨胀；电控元件SDM（Servo Debooster Medium，伺服限压元件）由线路板、电子元器件、外壳、接插件构成，其功能是对中央控制器起到调压、延时的作用，使中央控制器有一个正常的工作电压和后备电源。				
归类决定	根据《本国子目注释》关于安全气囊装置的描述，上述商品具有安全气囊装置的特征，可一并归入税则号列8708.9500。				

序号	1369	归类决定编号	Z2006-1508	公告编号	2007 年第 70 号
商品税则号列		8708.9500		公告实施日期	2007 年 12 月 5 日
商品名称	汽车安全气囊气袋				
英文名称					
其他名称					
商品描述	该气袋为纺织材料制，配套用于汽车安全气囊。外观为两片圆形纺织材料沿周长缝合而成，直径约 70 厘米。圆心处经过加工：其中一圆片圆心开有直径约 6 厘米的圆孔，圆孔周围用四层相同材料的纺织物缝合加固，加固处打有直径约 0.5 厘米的小圆孔（便于日后安装）。大圆片上另开有两个直径 3 厘米的圆孔（如发生事故，气囊迅速弹出，此两直径 3 厘米的孔为泄气孔）；另一圆片表面无孔；两圆片中间还连有一条相同材料的纺织带。				
归类决定	该汽车安全气囊装置是机动车辆上的辅助安全装置，与座椅安全带配合以起到保护驾驶员和乘员的作用，其主要包括碰撞传感器、触发控制器、气体发生器和气囊等。根据《税则注释》中品目 59.11 的描述，其不包括第十七类商品的某些纺织材料制零件及附件。该商品虽技术性较强，但属于装置的一部分，因此，不能按专门技术用途的纺织品归入品目 59.11。该商品是已制成的气袋，属于安全气囊装置的一部分，由于已具有汽车安全气囊装置零件的特征，根据归类总规则一及六，应归入税则号列 8708.9500。				

序号	1370	归类决定编号	Z2006-1509	公告编号	2007 年第 70 号
商品税则号列		8708.99		公告实施日期	2007 年 12 月 5 日
商品名称	汽车空调压缩机支架				
英文名称	Bracket				
其他名称					
商品描述	该商品为铝合金铸件，尺寸为 150 毫米×140 毫米×52 毫米，用于支撑汽车空调的压缩机并将其固定在车体上。它是专用零件，用于固定压缩机，完全同压缩机上的冲孔相吻合，并同压缩机紧密相连。				
归类决定	该商品用于支撑汽车空调的压缩机并将其固定在车体上，符合《税则注释》关于品目 87.08 的描述，应归入税则子目 8708.99 项下。				

序号	1371	归类决定编号	Z2006-1510	公告编号	2007 年第 70 号
商品税则号列		8708.99		公告实施日期	2007 年 12 月 5 日
商品名称	电子加速踏板模组					
英文名称	Accelerator pedal module					
其他名称						
商品描述	该加速踏板模组是汽车发动机用电子节门系统的一个重要组成部件。其作用是接收驾驶员对加速踏板的位置信息并提供给电子控制器，由电子控制器参考不同的情况进行信号处理后执行节气门开放的调整，从而达到控制空气进气量的目的。其工作原理：驾驶员"踩油门"的动作由踏板机械部分传给踏板传感器，该传感器为一位置传感器，将踏板机械部分所产生的位置变化转换成电信号，并送往电子节门系统的控制中心。					
归类决定	该电子加速踏板模组是汽车发动机用电子节门系统的一个重要组成部件，主要由踏板机械部分（踏板、踏板支架、弹簧支架、弹簧）、踏板传感器和连接电缆组成，是机械踏板与传感器的组合装置，可将传统加速踏板的机械传动过程变为非机械过程，并未改变踏板的功能，因此，该组合装置的主要功能是踏板功能，根据归类总规则三（二）及一，应归入税则子目 8708.99 项下。					

序号	1372	归类决定编号	Z2006-1511	公告编号	2007 年第 70 号
商品税则号列		8708.99		公告实施日期	2007 年 12 月 5 日
商品名称	压缩机托架					
英文名称						
其他名称						
商品描述	该商品将车用空调压缩机固定在汽车车架上，主要是起支撑作用。					
归类决定	该商品符合《税则注释》对品目 87.08 所含商品范围的描述，应作为其他汽车零件归入税则子目 8708.99 项下。					

序号	1373	归类决定编号	Z2006-1512	公告编号	2007 年第 70 号
商品税则号列		8708.99		公告实施日期	2007 年 12 月 5 日
商品名称	汽车加强板（钣金件）				
英文名称					
其他名称					
商品描述	该商品属于汽车底盘的一个组件，对车身底盘起加固作用。				
归类决定	该商品安装在车身底盘前部形成加固作用，加强板上承载的是转向节。其不属于前、后桥的零件，应按车辆其他专用零件归入税则子目 8708.99 项下。				

序号	1374	归类决定编号	Z2006-1513	公告编号	2007 年第 70 号
商品税则号列		8708.99		公告实施日期	2007 年 12 月 5 日
商品名称	波纹管				
英文名称					
其他名称					
商品描述	该商品主要用于汽车排气系统，长约 40 厘米，内有波纹状不锈钢内罩，外面包裹一层金属丝防护网。整体呈橄榄状，其一端连接发动机出气管，一端连接三元催化器。当发动机排出的气体进入波纹管时，波纹管发挥绕流作用，将气体进行充分混合，同时减缓气体的流速，使之匀速进入三元催化器，经三元催化器反应后的气体再进入消音器总成，最终完成消音功能。				
归类决定	该商品与发动机及三元催化器相连接，利用内部波纹状结构，起到使气体绕流、混合的作用，不属于三元催化器的功能（气体净化）部件，因此，不应按三元催化器的零件进行归类。 该商品属于专用于车辆的零件，符合《税则》税目 87.08 及其子目条文的描述，根据归类总规则一及六，应将其按车辆用其他零件归入税则子目 8708.99 项下。				

序号	1375	归类决定编号	Z2006-1514	公告编号	2007 年第 70 号
商品税则号列		8708.9991		公告实施日期	2007 年 12 月 5 日
商品名称	前纵梁总成（左、右）				
英文名称					
其他名称	零件号：B25D-5331XE-H				
商品描述	该商品进口状态为成套散件。用于安装在发动机舱内，左右各一件，起固定发动机（该汽车发动机是固定在左、右前纵梁、横梁和托架上的）和强化汽车车体结构、保护驾驶舱的作用。				
归类决定	该商品没有完整独立的车架，采用承载式车身。依照海关总署 2005 年第 30 号公告的规定，该商品构成了汽车的半车架，根据归类总规则一及六的规定，应归入税则号列 8708.9991。				

序号	1376	归类决定编号	Z2006-1515	公告编号	2007 年第 70 号
商品税则号列		8708.9999		公告实施日期	2007 年 12 月 5 日
商品名称	排气管托架				
英文名称					
其他名称					
商品描述	该商品的作用：因汽车底盘凹凸不平，为将排气管固定住，使用该托架。				
归类决定	该商品应作为其他汽车零件归入税则号列 8708.9999。				

序号	1377	归类决定编号	Z2006-1001	公告编号	2006 年第 69 号
商品税则号列		8709.1910		公告实施日期	2006 年 11 月 22 日
商品名称	TERBERG YT200 牵引车				
英文名称					
其他名称	Terberg YT200 tractors				
商品描述	该拖车主要用于港口码头,不适于在马路或其他公用道路上载运货物,其转弯半径约等于车辆本身的长度,满载时最高车速为 41 千米/小时。				
归类决定	该 TERBERG YT200 牵引车主要用于港口码头,不适于在马路或其他公用道路上载运货物,虽车速为 41 千米/小时,但并不违反《税则注释》对品目 87.09 的商品范围的描述,所以应归入税则号列 8709.1910。				

序号	1378	归类决定编号	Z2006-1002	公告编号	2006 年第 69 号
商品税则号列		8709.1990		公告实施日期	2006 年 11 月 22 日
商品名称	农牧动力搬运车(W-16G 型)				
英文名称					
其他名称					
商品描述	该 W-16G 型农牧动力搬运车为四轮搬运车,其技术参数:引擎为汽油 5~7 马力,传动系统为三段六速、惰轮离合,刹车系统为机械内张式,最大速度 20 千米/小时,最大转弯半径 2.5 公尺,爬坡能力 25 度,最大载重量为平地 500 千克、坡地 300 千克。有驾驶员座位,没有封闭式驾驶室。动力装置设于载货台下部。车体尺寸(长×宽×高)为 2.75 米×1.1 米×1.2 米;载货台内部尺寸(长×宽×高)为 1.58 米×0.98 米×0.2 米。				
归类决定	该车动力装置设于载货台下部,不属于牵引车、拖拉机的范畴,故不应归入税目 87.01;同时,该车技术指标符合《税则注释》对归入品目 87.09 中车辆的三个标准,故将其归入税则号列 8709.1990。				

序号	1379	归类决定编号	Z2006-1004	公告编号	2006 年第 69 号
商品税则号列		8711.9010 和 8716.4000		公告实施日期	2006 年 11 月 22 日
商品名称		三轮电动游戏车			
英文名称		Electric three wheel scooter			
其他名称					
商品描述		"E-300L Zip3 三轮电动游戏车"主要由不锈钢材料制成的车体、动力装置(马达、电池、齿轮、开关等)、刹车系统、定时器及黄包拖架构成,每台重 65 千克,具有 3 种可调速度,最高时速 20~25 千米,最大载重 220 磅。货主称本游戏车进口后用于儿童娱乐场所、公园。 该车适宜老年人乘骑、短距离旅行、校园行驶等。经向车管部门了解,此类车不允许上路。			
归类决定		考虑到该商品主要用于载人,且并不具备税目 87.03 所列机动车的特征,根据《税则注释》关于品目 87.11 的解释,其带有动力装置的车体应归入税则号列 8711.9010;黄包拖架作为脚踏车或摩托车上的"挂车",虽与车体同时进口,但应按《税则》具体列名归入税则号列 8716.4000。			

序号	1380	归类决定编号	Z2006-1006	公告编号	2006 年第 69 号
商品税则号列		8712.0090		公告实施日期	2006 年 11 月 22 日
商品名称		瘦身车			
英文名称		Monkey bike			
其他名称		猴子车、减肥车			
商品描述		该商品采用 6″硬轮胎,钢架焊接,附手把、坐垫、轮子、链条、刹车,由钢铁、塑料、橡胶等零配件组装而成。该商品适合室内运动、健身、减肥。			
归类决定		该瘦身车采用 6″硬轮胎,钢架焊接,附手把、坐垫、轮子、链条、刹车,由钢铁、塑料、橡胶等零配件组装而成。根据《税则注释》关于品目 87.12 的解释,该商品属于税目 87.12 的自行车,应归入税则号列 8712.0090。			

序号	1381	归类决定编号	Z2006-1007	公告编号	2006年第69号
商品税则号列		87.13		公告实施日期	2006年11月22日
商品名称	残疾人爬楼车				
英文名称	Stair climbing devices				
其他名称					
商品描述	该残疾人爬楼车为日本SUNWA公司的TRE-52型产品,用于运送轮椅上下楼梯,使用时将轮椅推入该装置即可。该爬楼车为履带式,有专门设计的轮椅收纳装置。有电动、手动两种,外观尺寸(长×宽×高):1 258毫米×757毫米×1 290毫米。				
归类决定	该设备是专用于残疾人的车辆,通过电机驱动履带实现爬坡功能,符合《税则注释》对残疾人车辆的描述,根据归类总规则一,应将其按残疾人用车归入税目87.13项下。				

序号	1382	归类决定编号	Z2006-1011	公告编号	2006年第69号
商品税则号列		8716.3990		公告实施日期	2006年11月22日
商品名称	饲料搅拌车				
英文名称					
其他名称					
商品描述	该商品为饲料搅拌用装置,装有车轮,两侧装有可由液压系统驱动的卸料门,完成喂料。该装置外形为斗状,装有牵引用装置。其工作过程:装置可自行进料,饲料进入搅拌机箱体,箱体内主铰龙转叶上附有双面刀片,饲料可被切得很碎,经过15分钟左右,液压系统驱动打开卸料门,完成喂料过程。该装置无工作动力源,工作时需发动机或拖拉机提供动力。该装置虽装有车轮,但无自行进系统,需外连拖拉机等牵引系统才能行进。				
归类决定	根据《税则注释》有关"运载各种货品(饲料、粪肥等)的自卸挂车"中"这种挂车装有活动的底板,以便卸货……饲料车或……的挂车"的描述,该商品可按挂车归入税则号列8716.3990。				

序号	1383	归类决定编号	Z2006-1012	公告编号	2006 年第 69 号
商品税则号列		8716.4000		公告实施日期	2006 年 11 月 22 日
商品名称	舞台车				
英文名称					
其他名称					
商品描述	该舞台车未开状态似一台 20 尺柜子的挂车，将柜子完全敞开，即成"舞台"，在相应位置上挂上灯光、音箱后，相当于一个表演场地，供户外演唱会使用。 该舞台车装有 8 个轮胎，但不具有驱动能力，运输时动力由临时连接的拖车提供，装有简单刹车装置和刹车灯；装有液压系统，方便将柜子的各面伸展；装有汽油发电机（用 92#汽油），作为舞台伸展时所需之电源。 此舞台车完全展开时相当于一个舞台，分为梯面、主面、后面、顶面。梯面设计成楼梯形态，和地面相连接，方便人上下；主面由 3 个活动面组成，相当于一个表演场地；顶面也由 4 个活动面组成，似场地的天花板，可在此面挂上灯光、音响等舞台设备；后面和主面及顶面相连，起到支柱作用。				
归类决定	该舞台车在结构上已具备税则号列 8716.4000 "挂车及半挂车" 的基本特征，根据《税则注释》关于展览用挂车及图书馆挂车的归类意见，上述舞台车应作为其他挂车及半挂车归入税则号列 8716.4000。				

序号	1384	归类决定编号	Z2006-1516	公告编号	2007 年第 70 号
商品税则号列		8716.8000		公告实施日期	2007 年 12 月 5 日
商品名称	修理车				
英文名称	Garage truck				
其他名称					
商品描述	该商品由 3 个部分组成： 1. 垫子（由 PU 人造革、海绵、复合木板组成）； 2. 框架（材料为 A3 钢）； 3. 轮子及支架。 该商品主要为汽车修理者服务，可以让修理者躺在车上，滑入汽车底部，进行检测和维修。				
归类决定	该商品为非机械驱动车辆，符合《税则》税目 87.16 及其子目条文的描述。虽然《税则注释》对品目 87.16 的描述中规定 "未装有底盘的商店小型有轮购物容器……应按其构成材料归类"，但是，该排除条款仅指 "购物容器"，并不适用于该修理车。因此，根据归类总规则一和六，该商品应归入税则号列 8716.8000。				

序号	1385	归类决定编号	Z2006-1013	公告编号	2006 年第 69 号
商品税则号列		8716.9000		公告实施日期	2006 年 11 月 22 日
商品名称		35 吨半挂车用液压升降鹅颈			
英文名称					
其他名称					
商品描述		该商品为半挂车用主动式液压鹅颈，型号 CCA35-BI。其工作原理：在公路运输的过程中，根据货物的体积、重量和运输途中的路况条件，鹅颈利用其液压缸以液压为动力来举升和降低半挂车与牵引车的连接高度，与此同时通过液压管路鹅颈将自身液压缸里液压动力传递给与其连接的挂车，使底部配有液压缸的挂车载货平台与鹅颈相匹配地同步升降，以实现整体的汽车列车（牵引车+挂车）在运输的过程中不失重心、不过度倾斜、不翻车。			
归类决定		根据《税则注释》对品目 84.25 中"提升机"的描述，"本品目的滑车及提升机由一套较为复杂的滑轮、缆、链条、绳索等组成。这些机器可利用机械增益原理进行起重……"该液压升降鹅颈的结构与《税则注释》的描述不符，故不能按提升机归类。该商品虽带有液压升降机构，但仍属于挂车与牵引车的连接装置，根据归类总规则一和六，应将其按挂车的专用零件归入税则号列 8716.9000。			

序号	1386	归类决定编号	Z2006-1517	公告编号	2007 年第 70 号
商品税则号列		8905.9090		公告实施日期	2007 年 12 月 5 日
商品名称		废钢船			
英文名称		Demolition vessel "MINSK"			
其他名称					
商品描述		该废钢船为一艘"明思克"号航空母舰，无螺旋桨，没有锚，没有动力。			
归类决定		该船既不具备航空母舰的基本特征，也不具备其他列名船舶的基本特征，且进口后不供拆卸用，应归入税则号列 8905.9090。			

序号	1387	归类决定编号	Z2006-1518	公告编号	2007年第70号
商品税则号列		8905.9090		公告实施日期	2007年12月5日
商品名称		55英尺房船			
英文名称					
其他名称					
商品描述		该商品船长16.76米，型宽5.95米，型深3.3米，吃水1.35米，主机为CUMMINS柴油机，350马力，最大航速12节，航区是平静水域，乘员10人。通信设备为Raymarine彩色多功能数字化雷达系统。船分两层，上层有大沙龙和吧台，下层有卧室、客房、洗衣房、干衣房、儿童房、书房，吊桥上装有可拆遮阳篷和休闲桌椅。			
归类决定		该船具备350马力，可接驳岸电，最高航速12节，具有完备的生活设施，并且不以航行为主要目的，符合《税则》税目89.05及其子目条文（或子目注释）的描述，根据归类总规则一及六，应将其按住宅船归入税则号列8905.9090。			

序号	1388	归类决定编号	Z2006-1014	公告编号	2006年第69号
商品税则号列		第九十章		公告实施日期	2006年11月22日
商品名称		生化分析仪所带电脑			
英文名称					
其他名称					
商品描述		该电脑由惠普主机和康柏显示器构成，专用于全自动生化分析仪，含有分析仪运行所需的固化软件，该软件名称为"日本奥林巴斯AU400全自动生化分析仪程序"，其计算机主机带有专用接驳口。			
归类决定		由于该电脑主机带有专用接驳口和固化软件，因此，其与生化分析仪可按功能机组一并归类。			

序号	1389	归类决定编号	Z2006-1015	公告编号	2006 年第 69 号
商品税则号列		90.01		公告实施日期	2006 年 11 月 22 日
商品名称	滤波片				
英文名称					
其他名称					
商品描述	该商品是滤波器用滤波片，规格 CWDM 1551UM，主要作用是过滤光波。				
归类决定	该滤波器用滤波片，规格 CWDM 1551UM，其主要作用是过滤光波，能使某个波长的光通过而把其他波长的光波过滤掉，通过这种特性，实现特定波长光波在网络中的传输。该商品为利用光学原理工作的光学元件，应归入《税则》税目 90.01 项下相应子目。				

序号	1390	归类决定编号	Z2006-1522	公告编号	2007 年第 70 号
商品税则号列		9002.1190		公告实施日期	2007 年 12 月 5 日
商品名称	彩色液晶投影机投射镜头				
英文名称					
其他名称					
商品描述	该投射镜头由 4 块透镜片及塑料壳组成，进口时已组装好，进口后与其他光学元件、部件散件组装成彩色液晶投影机光学系统。				
归类决定	《税则注释》对品目 90.02 范围作了限定："已作固定装配（即已装在底座、框架等托架上的），适于安装在仪器或装置上的税号 90.01 注释中第二、三及四款所列的物品，本税号的物品主要是用于与其他零部件一起装配成某种仪器，或者仪器的部件。"该投射镜头由四块透镜片及塑料壳组成，进口时已组装好，根据归类总规则一及六，应将其归入税则号列 9002.1190。				

序号	1391	归类决定编号	Z2009-0067	公告编号	2009 年第 5 号
商品税则号列		9002.1990		公告实施日期	2009 年 1 月 20 日
商品名称	透镜组件				
英文名称					
其他名称					
商品描述	该透镜组件（摄像头零件）由电机、已装配的几组镜片（如透镜、变焦镜片、聚焦镜片）、滤光片、光圈、小基板（已安装传感器、开关）、连接软排线构成。用途为摄像头用光学镜头组件。原理为根据摄制对象的距离，电机供电和控制信号通过引线控制电机的动作，电机的动作通过传动机构带动镜片位置的调整，从而自动调整焦距、光圈等，使摄制图像更加清晰。				
归类决定	该商品由多组镜片及电机、滤光片、光圈等装配在一起组成，为摄像机光学镜头，符合《税则》税目 90.02 的商品描述，根据归类总规则一及六，应归入税则号列 9002.1990。				

序号	1392	归类决定编号	Z2006-1020	公告编号	2006 年第 69 号
商品税则号列		9002.9090		公告实施日期	2006 年 11 月 22 日
商品名称	F-θ 扫描镜				
英文名称					
其他名称	激光器扫描镜				
商品描述	该商品由一组镀有增透膜的光学镜片组成，装有金属外框，使用时通过外框上螺纹安装在激光打标机上。该商品是打标机的一个重要部件，它的作用是：能使扫描激光束按入射角度线性偏转，并聚集在同一个焦平面上，提高激光束能量密度，使激光束能在特种材料表面（金属、硬塑料等）进行刻蚀。为了避免受高能量激光束的损害，需要根据适用激光束的波长给扫描镜镀上增透膜。F-θ 扫描镜主要应用于激光雕刻、标记、表面处理等其他采用激光束在材料表面进行图文处理的设备中。				
归类决定	该扫描镜是由镜片组和壳体组成，具有对激光束进行偏转和聚焦的作用。根据归类总规则一及六，该商品应按已装配的光学元件归入税则号列 9002.9090。				

序号	1393	归类决定编号	Z2007-0091	公告编号	2007 年第 71 号
商品税则号列		9002.9090		公告实施日期	2007 年 12 月 5 日
商品名称	振镜				
英文名称					
其他名称					
商品描述	该振镜为激光雕刻机零件，型号 SCANCUBE 10∶1064，内部主要包含 2 个激光调制头、2 个驱动板、镜片等，外部由散热外壳封装，带接口。该振镜安装于激光雕刻机上，位于激光腔的前端，振镜口需接装镜头。工作原理：由激光发生器发出的高能激光束，通过激光腔光导系统传输到振镜内，在振镜内通过 X 轴及 Y 轴的摆动将光束分化反射至振镜口，再通过镜头输出作用于物体表面，以达到需要的雕刻效果。				
归类决定	该振镜由马达、驱动电路板和镜片固定安装组成，用于安装在激光雕刻机上。使用时驱动电路板控制马达运行，从而带动安装在马达上的镜片一起转动，使激光能够按照需要的光路射出。该商品符合《税则注释》品目 90.02 "本品目包括已作固定装配，适于安装在仪器或装置上的品目 90.01 注释中第二、三及四款所列的物品"的描述，根据归类总规则一及六，应归入税则号列 9002.9090。				

序号	1394	归类决定编号	Z2006-1524	公告编号	2007年第70号
商品税则号列		9006.5990		公告实施日期	2007年12月5日
商品名称	环摄全景扫描照相机				
英文名称	Round shot super 220VR				
其他名称					
商品描述	该SEITZ环摄全景扫描照相机，英文品名为Round shot super 220VR。该照相机由机身、暗箱、传动机构控制器、电池、镜头等部分组成。其工作原理如下：在拍摄时，照相机机身可以360度转动，或静止不动，或是做直线运动，此时马达带动胶片转动，使垂直狭缝在胶片上通过，从而使大范围的景物在胶片上曝光，它通过控制器预先设定一个时间段、底片长度或是一个机身旋转角度，以控制胶片的曝光长度。此种照相机的特点是采用单镜头反光式（SLR）取景；使用胶片宽度大于60毫米；成像后底片很长，一般为60毫米×480毫米或者一个胶卷只能拍一张照片。 用途：可拍摄360度照片（相机转动）；可近距离拍摄一列火车；可拍摄一条公路的全景；可拍摄一辆时速200千米的汽车；也可进行空中拍摄。				
归类决定	参考《辞海》对"航空摄影测量"的解释，"航空测量"是指"应用飞机上拍摄的地面相片测绘地形图的技术……其成果是划线的地形图或影像地图或数字地图"。该照相机虽能进行空中拍摄，但它的拍摄结果只能用来增加影像地图的三维效果，而不能通过它的拍摄胶片直接测绘地图，因此，它不能作为航空测量照相机。 该相机的工作原理与《税则注释》品目90.06所列全景照相机的工作原理相同，根据归类总规则一及六，应归入税则号列9006.5990。				

序号	1395	归类决定编号	Z2009-0176	公告编号	2009 年第 57 号
商品税则号列		9006.6100		公告实施日期	2009 年 8 月 31 日
商品名称		手机闪光灯（组件）			
英文名称					
其他名称					
商品描述		该手机闪光灯（组件）规格型号为 TABASCO3-IPCR，由闪光灯泡、电容和连接电路组成。功能原理和主要用途：通过对电容充放电为闪光灯泡发光提供能量，并由连接线和接插件与手机电路板相连接。该组件不含控制电容充放电的电路，工作时需与手机电路板相连接，方完成闪光灯功能。			
归类决定		该商品由闪光灯泡（含反射镜）、电容和连接电路组成，电源与手机共用，电容作为放电元件通过充放电使闪光灯泡发光。根据《税则注释》对品目 90.06 项下"电池闪光灯"的描述，该商品"可视为已具备完整品基本特征的不完整品而归入本品目"。该商品符合《税则》税目 90.06 及其子目条文的描述，根据归类总规则二（一）及六，应按放电式闪光灯装置归入税则号列 9006.6100。			

序号	1396	归类决定编号	Z2010-0060	公告编号	2010 年第 15 号
商品税则号列		9007.2010		公告实施日期	2010 年 2 月 28 日
商品名称		数字电影放映机			
英文名称					
其他名称		数字电影投影机			
商品描述		该 DP100 机型数字电影投影机，属于 BARCO 公司投影系统的产品。该机型用于数字电影院，投放屏幕宽度最大可达 23 米，亮度符合 SMPTE 规定的标准，其芯片基于 TI 的 M25 DLP CINEMA 技术，具备 2 048×1 080 分辨率。			
归类决定		该商品为数字电影放映机，将影院服务器解读后的数字影音信息投放到大尺寸的电影屏幕上，符合《税则》税目 90.07 及其子目条文的描述，根据归类总规则一及六，应按数字式电影放映机归入税则号列 9007.2010。			

序号	1397	归类决定编号	Z2006-1022	公告编号	2006 年第 69 号
商品税则号列		9010.5022		公告实施日期	2006 年 11 月 22 日
商品名称	柔性板材制版系统				
英文名称	Flexographic plate-making sysytem				
其他名称					
商品描述	该柔性板材制版系统为两个系列为 FLEX-LIGHT5280 系列包括制版曝光机、制版洗版机和制版干版机三部分；LETTER FLEX3050 系列包括制版曝光机和制版洗版机两部分。其中，制版曝光机是利用光源照射覆盖在柔性印刷版材（感光树脂板）上的菲林底片，使柔性印刷版材曝光的设备；制版洗版机是利用有机循环再用药水将柔性版材未曝光部分清洗，显现出曝光部分图像的洗印设备；制版干版机是对显影后的柔性版材进行烘干的设备。				
归类决定	根据《税则》第九十章章注三及《税则注释》关于第九十章功能机组的解释，上述两个系列的柔性板材制版系统均具备税目 90.10 的照相、电影片的洗印功能，故可按洗印设备一并归入税则号列 9010.5022。				

序号	1398	归类决定编号	Z2006-1023	公告编号	2006 年第 69 号
商品税则号列		9010.5022		公告实施日期	2006 年 11 月 22 日
商品名称	冲版机				
英文名称					
其他名称					
商品描述	该商品属于印刷工业中的印前设备，又称 PS 版显影机。其实际功能与用途：经过晒版机曝光的 PS 版再经冲版机的显影→定打→水洗，使图文在 PS 版上显影，以备印刷使用。				
归类决定	根据《税则注释》关于品目 90.10 的描述，该商品应作为洗印设备归入税则号列 9010.5022。				

序号	1399	归类决定编号	Z2006-1024	公告编号	2006 年第 69 号
商品税则号列		9010.5022		公告实施日期	2006 年 11 月 22 日
商品名称	晒版机				
英文名称					
其他名称					
商品描述	该晒版机属于印刷工业中的印前设备，是制作印刷版材的专用设备，将图文软片和 PS 版紧密贴合，经过晒版机曝光、光化学作用将图文由软片转移到 PS 版上，形成印刷机使用的上机版。				
归类决定	根据《税则注释》关于品目 90.10 的描述，该商品应作为洗印设备归入税则号列 9010.5022。				

序号	1400	归类决定编号	Z2008-0201	公告编号	2008 年第 83 号
商品税则号列		9010.5022		公告实施日期	2008 年 11 月 24 日
商品名称	全自动曝光机				
英文名称	Full automatic exposure M/C left to right				
其他名称					
商品描述	该全自动曝光机的品牌为 HAKUTO，型号为 HAP-5030I。用途及工作原理：此设备将菲林上的电路图在贴膜的印刷基板上进行曝光，实现电路图从菲林到印刷基板的转移。贴膜后的基板由搬入口搬入曝光机 L 侧，固定在晒架上，通过 CCD 照相机测定的数据微移动菲林与基板位置精确对齐，由光学系统将短弧灯反射出来的紫外光变成平行光后对基板进行曝光。曝光完后，基板被搬送至 R 侧晒架，重复 L 侧步骤，进行 R 侧基板曝光。曝光后，基板由排出口移出。				
归类决定	该商品利用紫外线将菲林上的电路图在涂覆感光膜的 PCB 基板上进行洗印，属特种照相用洗印设备，符合《税则》税目 90.10 及其子目条文的描述，根据归类总规则一及六，应按特种照相用洗印设备归入税则号列 9010.5022。				

序号	1401	归类决定编号	Z2006-1025	公告编号	2006年第69号
商品税则号列		9010.5029		公告实施日期	2006年11月22日
商品名称		曝光反转机			
英文名称		Film vacu contact printer system			
其他名称					
商品描述		该商品工作原理：将玻璃材质模板放在机上，用真空带将已曝光感光硬片（WP）和未曝光感光激光照排片（FILM）压紧，使FILM与WP之间形成真空，然后经高压水银灯发出的紫外光线曝光，将WP上的影像复制到FILM上。其用途：用于反转工程，将WP上的影像曝光到胶卷（FILM）上，胶卷经显影，以检查产品是否合格。步骤：将WP放在机器上，表面覆盖同样尺寸的FILM片，用真空压紧到一定程度后，机器中的曝光灯曝光，曝光结束后，需将FILM片进行显影，显影后反转与WP片对照，以检查产品是否合格。			
归类决定		该商品利用紫外线曝光的方式将已曝光感光硬片上的图像复制曝光于未曝光感光激光照排片上，属于洗印设备的一种，符合《税则》税目90.10及其子目条文的描述，根据归类总规则一及六，应将其按其他洗印设备归入税则号列9010.5029。			

序号	1402	归类决定编号	Z2006-1026	公告编号	2006年第69号
商品税则号列		9011.2000		公告实施日期	2006年11月22日
商品名称		全自动晶形检测仪			
英文名称					
其他名称					
商品描述		该系统由硬件和软件部分构成。其中硬件部分有： 1. 专用显微镜，已装有三维数控载物台和驱动装置； 2. 背景照明装置和电动控制器，控制载物台作三维运动； 3. 装在显微镜上的摄像头； 4. 计算机（国内配置）。 软件部分为 Diainspect.OSM 系统。 其工作原理如下：由显微镜放大的图像通过装在显微镜上的摄像头传到计算机内，通过软件，将图像数据进行处理，可测出金刚石的尺寸、形状，以及金刚石工具工作面上的出刃值、状态，所配备的软件能控制显微镜特有的数控三维载物台，被测物可作X、Y、Z轴三维受控运动，具有三维测量、自动对焦、场景自动连续转换拍摄、图像自动分层扫描、连续拍摄图像拼接及图像上感兴趣点的信息处理、计算等功能。				
归类决定		该系统用于对微米级粉末到毫米级颗粒超硬磨料（人造金刚石、CBN、刚玉等）的质量控制和研究工作，能够快速得出尺寸和形貌参数。由于该系统此次进口的部分未构成功能机组，因此应分别归类：显微镜、摄像头、背景照明装置和电动控制器可按《税则》具体列名一并归入税则号列 9011.2000；软件应按载体归类。				

序号	1403	归类决定编号	Z2006-1027	公告编号	2006 年第 69 号
商品税则号列		9011.2000		公告实施日期	2006 年 11 月 22 日
商品名称	生物显微镜系统					
英文名称						
其他名称						
商品描述	该系统由 DMLB2 显微镜和 MPS60 显微照相系统组成。其中，DMLB2 显微镜为一般的三目生物显微镜，可单独使用；MPS60 显微照相系统是根据需求添加的。DMLB2 显微镜分三目，其中两目用于观察试验样品，另外一目为 MPS60 显微照相系统的专用通道，显微镜上配上第三目接口，再配上 MPS60 显微照相系统就可完成设计功能。				
归类决定	该生物显微镜系统的功能符合《税则注释》品目 90.11 项下对"显微照相及显微电影摄影用显微镜"的描述，若显微镜和显微照相系统同时申报，可一并归入税则号列 9011.2000。				

序号	1404	归类决定编号	Z2007-0092	公告编号	2007 年第 71 号
商品税则号列		9011.2000		公告实施日期	2007 年 12 月 5 日
商品名称	莱卡智能型生物显微镜（型号 DM 3000B）					
英文名称						
其他名称						
商品描述	该莱卡智能型生物显微镜的型号为 DM3000B，由显微镜主机、光源（12V、30W 卤光灯）、电动聚光镜、六位可转换物镜、三目镜筒组成。其中，三目镜筒的一目是为摄像预留的接口，用于连接 CCD 或照相装置，但该设备的照相装置未同时进口。				
归类决定	该莱卡智能型生物显微镜有 3 个目镜筒，其中一目是为摄像预留的接口，从其设计角度来讲，已经具备用于显微摄像的特征，根据归类总规则一及六，应归入税则号列 9011.2000。				

序号	1405	归类决定编号	Z2006-1028	公告编号	2006年第69号
商品税则号列		9011.8000		公告实施日期	2006年11月22日
商品名称		数字显微镜			
英文名称		Digital hd microscope			
其他名称					
商品描述		该数字显微镜由主控制器、显示器、镜头和镜头架构成。主控制器是一台微型计算机，CPU中有固化的专用软件。镜头由光学放大镜头和CCD摄像头构成，镜头光学放大倍数为1 200倍，再通过电子放大可最终放大3 000倍。其工作原理是：镜头采集图像并通过CCD转换成电信号传输给主控制器，主控制器可对图像进行处理，并在显示器上显示。			
归类决定		该商品由手持式光学显微镜镜头、摄像头及一台微机（专用）构成。其工作原理：镜头对样品图像进行光学放大（倍数可达1 200倍），摄像头将放大后的图像取出并传输至微机，通过显示器将图像显示出来，最后利用微机对图像进行后续的数据处理。 该套商品的主要功能为显微放大，符合功能机组的定义，应一并归入税则号列9011.8000。			

序号	1406	归类决定编号	Z2007-0093	公告编号	2007年第71号
商品税则号列		9011.8000		公告实施日期	2007年12月5日
商品名称		CCD检测系统			
英文名称					
其他名称					
商品描述		该CCD检测系统的规格型号为DT-1000A。工作原理：利用光学原理，将工作平台上的受测品放大，通过光学镜头及光纤将放大受测品的模拟信号传至显示设备呈现出来，最终操作人员目测确认产品是否合格。 用途：通过观察产品在感光区上方是否有微尘，以及像素点是否被破坏，来判断产品是否合格。			
归类决定		该CCD检测系统型号为DT-1000A，由显微镜部分、摄像头部分、显示屏等组成，可将被测物放大450倍后通过摄像头传递到显示器上进行观测。该商品符合《税则》税目90.11的商品描述，根据归类总规则一及六，应归入税则号列9011.8000。			

序号	1407	归类决定编号	Z2009-0069	公告编号	2009年第5号
商品税则号列		9012.1000		公告实施日期	2009年1月20日
商品名称		日立牌绳索断层分析用扫描电镜			
英文名称					
其他名称					
商品描述		该扫描电子显微镜（S-3400N）主要包括扫描电镜、能谱仪、离子溅射仪等部件，主要用于钢绳断层的图像和元素定量分析。其中，离子溅射仪用于扫描电镜样品的前期镀金制作，扫描电镜用于钢绳断层的图像分析，能谱仪安装在扫描电镜上，作为扫描电镜的配件，应用X射线原理用于断层元素定量分析。			
归类决定		该商品同时具有图像分析和元素分析的功能，主要功能为扫描电镜，根据归类总规则一及六，应归入税则号列9012.1000。			

序号	1408	归类决定编号	Z2006-1029	公告编号	2006年第69号
商品税则号列		9013.1000		公告实施日期	2006年11月22日
商品名称		单筒望远镜			
英文名称		Monocular for public use			
其他名称					
商品描述		该批望远镜共有3个规格，倍数为4倍，可上下左右调节准星。			
归类决定		该单筒望远镜具有准星，可上下左右调节，放大倍数达到4倍，虽然不具有安装到枪支上的底座和支架，但具有枪瞄的基本特征，根据归类总规则二（一），应按武器用望远镜瞄准具归入税则号列9013.1000。			

序号	1409	归类决定编号	Z2009-0142	公告编号	2009 年第 32 号
商品税则号列		9013.2000		公告实施日期	2009 年 6 月 12 日
商品名称	激光二极管（货主申报名称）				
英文名称	Diode lasers				
其他名称					
商品描述	激光二极管，915 纳米，光纤耦合，10 瓦，L4 系列，波长为 915 纳米，作为光纤激光器（光纤激光器本身具有产生激光的工作介质，谐振腔，但需要一种带有尾纤的激光二极管作为泵浦光源耦合到光纤激光器的激光光纤中的掺杂介质产生激光）的泵浦源使用。该激光二极管由管脚、电极、发光点（一个 1 微米×100 微米芯片）、光纤、外壳构成。管脚用于连接激光二极管驱动源，通过改变电流控制输出激光的强度。发光点是一个 1 微米×100 微米的芯片。其表面发出激光，并耦合到输出光纤，便于传输和应用。				
归类决定	该商品将单个激光半导体芯片封装在独立的外壳中，并外接了一条长 1 米的光纤，用于激光的传输。虽然上述商品的核心是一个典型的激光二极管芯片及其封装，但是还连接一条不可拆卸的光纤，其组装结构已经超出了《税则注释》关于品目 85.41 项下半导体器件的范围，故不应归入《税则》税目 85.41 项下。该商品包含了工作物质、泵浦源和光学共振腔 3 个基本部件及散热装置等辅助部件，符合《税则》税目 90.13 及其子目条文的描述，根据归类总规则一及六，应按激光器归入税则号列 9013.2000。				

序号	1410	归类决定编号	Z2006-1525	公告编号	2007 年第 70 号
商品税则号列		9013.8090		公告实施日期	2007 年 12 月 5 日
商品名称	光纤倒像器				
英文名称					
其他名称	倒像器				
商品描述	该商品的组成结构是光纤玻璃，其主要成分是氧化镧、氧化铌、碳酸钾、二氧化硅、硼酸等。该商品可以将光纤束扭转 180 度，能够将射入的像绕其轴线旋转 180 度射出，其倒像作用类似透镜、棱镜或反射式倒像器。该商品具有分辨率高、图像清楚、体积小、重量轻的特点。				
归类决定	该商品为光纤倒像器，可将图像反转 180 度射出，属于光学仪器，符合《税则》税目 90.13 及其子目条文的描述，根据归类总规则一及六，应将其按第九十章其他品目未列名的光学仪器归入税则号列 9013.8090。				

序号	1411	归类决定编号	Z2008-0202	公告编号	2008 年第 83 号
商品税则号列		9013.8090		公告实施日期	2008 年 11 月 24 日
商品名称		液芯光导管			
英文名称		Liquid lightguide			
其他名称					
商品描述		该液芯光导管的品牌为 LUMATEC，其用途与光导纤维管相同，但其内部不是塑料纤维，而是一种专门的液体，定长制作，两端密封，用于"多波段日光防护系数测试系统"，在仪器中起导光作用。			
归类决定		该商品由一段石英纤维外壳和内充的化学液体构成，用于导光，实现的是同光导纤维束相同的功能，相比普通的光纤，优点在于其紫外线传输功率比普通光纤高 30% 左右。该商品与《税则注释》关于品目 90.01 项下光导纤维、光导纤维束的描述存在差异，属于为《税则》未列名的光学器具，符合《税则》税目 90.13 及其子目条文的描述，根据归类总规则一及六，应按其他光学器具归入税则号列 9013.8090。			

序号	1412	归类决定编号	Z2006-1526	公告编号	2007 年第 70 号
商品税则号列		9013.9010		公告实施日期	2007 年 12 月 5 日
商品名称		铷泡			
英文名称					
其他名称					
商品描述		该两种铷泡（型号 Rb 和型号 87-Rb）是在真空玻璃泡内充有 Rb（铷）原子的高真空的样品池，内壁涂有石蜡，可避免原子的退相干效应。使用过程中，通过对铷泡加热，将铷升华为铷蒸汽，用激光穿过铷泡，产生原子吸收信号，用于对半导体激光器进行稳频。			
归类决定		该商品并非采用电发光原理，因此不属于灯泡。它用于激光器的稳频，为激光器的专用零件，符合《税则》税目 90.13 的商品描述，根据归类总规则一及六，应将其归入税则号列 9013.9010。			

序号	1413	归类决定编号	Z2006-1034	公告编号	2006 年第 69 号
商品税则号列		9015.8000		公告实施日期	2006 年 11 月 22 日
商品名称	勘探用折射仪				
英文名称					
其他名称					
商品描述	该勘探用折射仪属高分辨率勘探仪器，能进行反射、折射、面波海洋调查、VSP 和层析成像等勘探工作。该仪器用于进行地震波折射勘探，接收道数为 24 道，目的是调查地表低降速层的速度和深度，为石油地球物理勘探和地球物理勘探的地震数据处理提供地表低降速层的有关数据和地震资料处理时进行动、静校正。其配置的采集软件具备以下性能：折射、反射波勘探数据的质量监督。				
归类决定	该勘探用折射仪可通过地震折射或反射波的接收、分析及处理，了解不同地区地质构造的具体情况，广泛用于油气勘探、工程地质测量或水文地质调查等，属地球物理测量仪器，应归入税则号列 9015.8000。				

序号	1414	归类决定编号	Z2006-1035	公告编号	2006 年第 69 号
商品税则号列		9015.8000		公告实施日期	2006 年 11 月 22 日
商品名称	全站仪				
英文名称					
其他名称					
商品描述	该全站仪是一种兼有自动测距、测角、计算和数据自动记录及传输的自动化、数字化的三维坐标测量与定位系统。其主要功能为测量距离、角度、坐标等，广泛用于地形测量、地籍与房产测量、施工放样、工业测量等。该商品具有较强的数据处理及控制功能，以自动获取大量坐标数据。				
归类决定	该全站仪是一种兼有自动测距、测角、计算和数据自动记录及传输的自动化、数字化的三维坐标测量与定位系统，其工作原理是通过红外脉冲、相位式的方法测量长度、角度、高程等数据，光电补偿器实时全面补偿，CPU 过程控制器对采集的数据和补偿值实时处理，获得坐标、高程、面积、偏心值、填挖量、横断面等多种数据。该商品采用了较先进的原理和计算方法，其功能已大大超过了经纬仪及视距仪的范围，因此应归入税则号列 9015.8000。				

序号	1415	归类决定编号	Z2006-1036	公告编号	2006 年第 69 号
商品税则号列		9015.8000		公告实施日期	2006 年 11 月 22 日
商品名称	声学多普勒流速剖面仪				
英文名称	Workhorse Rio Grande ADCP WHRZ1200kHz/600kHz				
其他名称					
商品描述	该商品用于测量江河流量、流速及断面水深。它由声波传感器、连接线、电脑、电源组成，利用声波传感器测算出水中颗粒运动引起的声学多普勒频移，通过连接线传入到计算机进行对比分析，继而得出河流的流速、流量。				
归类决定	该商品用于测量河流的流速、流量，既符合《税则》税目 90.15 所述水文测量仪器，又符合税目 90.26 所述液体流量的测量装置。根据《税则注释》对品目 90.26 的排除条款，"用于测量河流、运河等水流速度的测流浆轮，应作为水文仪器归入品目 90.15"，以及归类总规则一和六，该声学多普勒流速剖面仪应归入税则号列 9015.8000。				

序号	1416	归类决定编号	Z2006-1527	公告编号	2007 年第 70 号
商品税则号列		9015.8000		公告实施日期	2007 年 12 月 5 日
商品名称	声学多普勒流速剖面仪					
英文名称	Workhorse Rio Grande ADCP WHRZ1200kHz/600kHz					
其他名称						
商品描述	该商品多用于测量江河流量、流速及断面水深。它由声波传感器、连接线、电脑、电源组成，利用声波传感器测算出水中颗粒运动引起的声学多普勒频移，通过连接线传入到计算机进行对比分析，继而得出河流的流速、流量。					
归类决定	该商品用于测量河流的流速、流量，符合《税则注释》品目 90.15 所述"水文测量仪器"。根据归类总规则一和六，应将其归入税则号列 9015.8000。					

序号	1417	归类决定编号	Z2007-0094	公告编号	2007 年第 71 号
商品税则号列		9015.8000		公告实施日期	2007 年 12 月 5 日
商品名称	井下矿藏探测器					
英文名称						
其他名称						
商品描述	该井下矿藏探测器主要用于石油矿藏的勘探，包括地面数据分析系统和井下数据采集设备两部分，通过电缆和管道连接。井下数据采集部分主要由遥测短节、伽马探测短节、套管接箍短节、流体密度短节及石英晶体压力探测短节、扶正短节等构成。其中，遥测短节一般位居整个油藏探测器井下采集部分的上部，在其下面可根据需要选择使用伽马探测短节或套管接箍短节等其他探测短节。该井下矿藏探测器的工作原理是：井下数据采集部分一方面由遥测短节接收地面通过电缆送来的各种指令信号，经译码后分别送向各个探测短节；另一方面井下各探测短节按时序逻辑和组合逻辑将各自所探测的信号发送至遥测短节的微处理部分，经数/模转换后传输到地面分析系统，地面数据分析部分则通过实时接收由井下遥测短节所传送的其他探测短节所采集的信息（如地层伽马射线、磁通量的变化情况）进行分析评估，从而对地层油藏检测和剩余油饱和度等情况作出分析判断。					
归类决定	该井下矿藏探测器包括地面数据分析系统和井下数据采集设备两部分，可以对井下地层中的伽马射线、磁通量、流体密度、压力等进行测量，主要用于石油矿藏的勘探。该商品符合《税则注释》有关品目 90.15 的商品描述，根据归类总规则一及六，应归入税则号列 9015.8000。					

序号	1418	归类决定编号	Z2006-1037	公告编号	2006年第69号
商品税则号列		9018.12		公告实施日期	2006年11月22日
商品名称		B/M型超声波扫描仪			
英文名称					
其他名称					
商品描述		该商品有4种型号：SSH-140A型、SSA-220A型、SSA-240A型和SSA-340A型。通过查阅该设备使用说明书可知，它们除具有B超功能外，还具有M超等其他功能。			
归类决定		超声波扫描（诊断）仪按工作原理可分：A型，反射式振幅型；B型，切面显像型；M型，心动图形描记心动曲线型；多普勒型。税则号列9018.1210的B型超声波诊断仪仅指上述的B型设备。4种型号的B/M型超声波扫描仪除具有B超功能外，还具有M超等其他功能，是多功能的超声波扫描仪，故应归入税则号列9018.1291或9018.1299。			

序号	1419	归类决定编号	Z2006-1038	公告编号	2006年第69号
商品税则号列		9018.1291		公告实施日期	2006年11月22日
商品名称		电路板			
英文名称					
其他名称					
商品描述		该电路板的种类有10种左右，主要包括RF板、CW板、E/P板、DSP板、DSC板、V/M板等，功能各不相同，是彩超机上的专用电路板，进口以后通过简单工艺焊接插槽使之与仪器连接，构成彩超机的数据处理部分。			
归类决定		该电路板是彩色超声波诊断仪的专用电路板，具有多种规格，虽然其名称及功能各不相同，但结构都是在印刷电路板上安装各种集成电路构成的。 该商品应按彩色超声波诊断仪的零件归入税则号列9018.1291。			

序号	1420	归类决定编号	Z2007-0095	公告编号	2007 年第 71 号
商品税则号列		9018.1291		公告实施日期	2007 年 12 月 5 日
商品名称	电子超声内窥镜					
英文名称	Endoscope system					
其他名称	环形扫描超声电子内窥镜					
商品描述	该商品用于通过影像监视器提供上消化道（包括但不仅限于食道、胃和十二指肠）的光学和超声图像并进入该部位进行治疗。该商品实现了高水平的电子内窥镜和实时超声图像两种性能的结合，提供无闪烁、高分辨率的超声图像，同时具有直视型光学系统，可兼做彩色多普勒，提供彩色血流量图。主要部件包括：超声波探头 1 个、内窥镜探头 2 个、超声波操作系统、超声波成像系统、超声监视器等。				
归类决定	该电子超声内窥镜包括光学内窥镜部分和超声波成像部分，可以同时利用光学和超声图像对人体进行诊断，其中超声波诊断是其主要功能。该商品符合《税则》税目 90.18 的商品描述，根据归类总规则一及六，应归入税则号列 9018.1291。				

序号	1421	归类决定编号	Z2006-1039	公告编号	2006 年第 69 号
商品税则号列		9018.1990		公告实施日期	2006 年 11 月 22 日
商品名称	运动心电测试系统					
英文名称	Exercise testing system					
其他名称	活动平板机					
商品描述	该运动心电测试系统由主机、热敏记录仪、交流电源、AM114 采集器、活动平板等部分组成，其以 GE-MARQUETTE 医疗系统的心电分析程序为基础，引入先进的信号处理、微电子和运动 ECG 算法等技术，可直接连接 MUSE CV 心血信息管理系统，实现网络化心电数据管理和数据共享，并可进入 CIS（临床信息管理系统）。				
归类决定	该运动心电测试系统是检测对象在运动平板上进行跑动实验，通过对人在运动状态下生命体征的变化，如肺功能的变化、血压变化、心肌供血等情况的测量，检测心肌缺血、心律失常、心梗、冠状动脉疾病等。该设备的功能已超出了心电图记录仪的作用范围，根据《税则注释》关于品目 90.18 的解释，此系统应按电气诊断设备归入税则号列 9018.1990。				

序号	1422	归类决定编号	Z2007-0096	公告编号	2007年第71号
商品税则号列		9018.1990		公告实施日期	2007年12月5日
商品名称	导事件相关电位系统				
英文名称					
其他名称					
商品描述	该商品是利用脑电波提取技术，将心理活动产生的微弱脑电信号通过计算叠加技术，从电脑中提取出来形成事件相关脑电位，通过研究该数据，来实现对神经生理和心理学的研究。系统由两部分组成：一是BratnCap电极帽及连接器；二是BratinAmp放大器。此次进口的放大器属标准型，输出信号频率为5 000赫兹。BratinAmp是一套可精确采集人体神经生物电信号，并可进行放大和记录的系统。导联数从32、64、128直到256导，可采集脑电图（EEG）、肌电图（EMG）、眼电图（EOG）及诱发电位（包括体感诱发电位SEP）。				
归类决定	该导事件相关电位系统使用时直接戴在人体上，通过脑电波提取技术采集人体神经生物电信号，包括脑电图、肌电图、眼电图及诱发电位等，符合《税则》税目90.18的商品描述，根据归类总规则一及六，应归入税则号列9018.1990。				

序号	1423	归类决定编号	Z2009-0177	公告编号	2009年第57号
商品税则号列		9018.1990		公告实施日期	2009年8月31日
商品名称	脑电系统				
英文名称					
其他名称					
商品描述	该脑电系统是神经电生理信号采集、分析系统，通过128个导联的高密度网状电极，作用于感觉系统或脑的某一部位，研究在给予刺激或撤销刺激时，在脑区所引起的电位变化，并进一步通过数据分析，研究人的心理反应功能。				
归类决定	该商品是对脑神经电信号进行采集分析的系统，根据《税则注释》对品目90.18的规定，该品目项下的电器诊断设备包括"脑电流描记器（用于检查脑部）"及"带有或与自动数据处理机连用的诊断设备，用于处理和显示临床检查的数据结果等"。因此，根据归类总规则一及六，该商品应归入税则号列9018.1990。				

序号	1424	归类决定编号	Z2006-1042	公告编号	2006年第69号
商品税则号列		9018.3900		公告实施日期	2006年11月22日
商品名称	输液泵				
英文名称	Automated infusion pump				
其他名称					
商品描述	该输液泵用于医疗输液，由主机与消耗品（输液管、输液袋套装，无菌密封包装）组成（主机与消耗品的数量不配套）。主机外观为装有控制按钮与液晶显示板的长方体塑料容器（190毫米×75毫米×25毫米），通过内置马达的转轴与输液管相接；消耗品由输液管、输液袋套装，输液管缠绕在类似于齿轮的齿面上。当主机上的马达带动消耗品上的齿轮转动时，可将处于两齿之间的输液管中的液柱挤压出去，从而达到控制液体流量及流速的目的。				
归类决定	数量配套的主机和消耗品一同进口时，可视为成套货品一并归入税则号列9018.3900；多余数量的消耗品或消耗品单独进口或多余数量的主机或主机单独进口时，因均已构成注射器类似品的基本特征，故应按注射器的类似品归入税则号列9018.3900。				

序号	1425	归类决定编号	Z2006-1043	公告编号	2006年第69号
商品税则号列		9018.3900		公告实施日期	2006年11月22日
商品名称	毛血管采血管				
英文名称					
其他名称					
商品描述	该毛血管采血管以熔融石英为原料，采用毛细管上升法直接采血，内腔涂层起抗凝血的作用，为辅助采血所设。该产品本身无测试功能，它用于血细胞计数仪，以计算血液中血细胞的数量。				
归类决定	该毛血管采血管以熔融石英为原料制成，内腔涂有抗凝血涂层，采用毛细管上升法直接采血。虽然该商品可用作血细胞计数仪的附件，但根据《税则》第九十章章注二（一）的规定，其本身已构成采血器具，应作为医疗器具归入税则号列9018.3900。				

序号	1426	归类决定编号	Z2006-1044	公告编号	2006 年第 69 号
商品税则号列		9018.3900		公告实施日期	2006 年 11 月 22 日
商品名称	肝素帽				
英文名称					
其他名称					
商品描述	该商品为塑料制注射管塞，又称肝素帽。其一端有孔，是用于输液端封闭的抗血凝产品。该产品用在输液过程中，在留置针一次输液完毕后插入其末端防止血液凝固。				
归类决定	肝素帽实为塑料制注射管塞，其表面光滑，一端有孔，是用于输液端封闭的抗血凝产品。其原理：输液过程中，在留置针一次输液完毕后，将该品插在留置针末端防止血液凝固。 该商品是用于税目 90.18 产品的附件，根据《税则》第九十章章注二（二）的规定，应归入税则号列 9018.3900。				

序号	1427	归类决定编号	Z2008-0204	公告编号	2008 年第 83 号
商品税则号列		9018.3900		公告实施日期	2008 年 11 月 24 日
商品名称	活检针				
英文名称					
其他名称					
商品描述	该活检针用于从肝、肾、前列腺、乳房、脾、淋巴结等软组织或各种软组织瘤及骨中获得活检组织。活检针主要由针、主体、外壳及胶针保护套管组成。				
归类决定	该商品属于组织提取装置，符合《税则》税目 90.18 及其子目条文的描述，根据归类总规则一及六，应按注射器、针、导管、插管的类似品归入税则号列 9018.3900。				

序号	1428	归类决定编号	Z2015-0008	公告编号	2015年第31号
商品税则号列		9018.4990		公告实施日期	2015年7月1日
商品名称	手柄（带机头和夹具）				
英文名称					
其他名称					
商品描述	为微型电动手柄，属医疗器械二类产品范畴。手柄可经高温高压消毒，用于配合临床用低速直机头或弯机头以及国产电源控制器使用。手柄外观为银灰色金属外壳，内部是微型电机（马达），手柄尾部有弹簧电源线与电源控制器相连。通过输入220伏电源到控制器，变压后控制器输出32伏（D/C）直流电源到电机（马达）上，电机带动前端临床专用直机头或弯机头使用。在直机头或弯机头的前端有个专用夹具，可配合各种形状的刀具及抛光类材料使用（如：牙科专用钨钢刀头、牙科用抛光杯、抛光轮、切割片等）。主要用于口腔内部直接接触人体骨骼部分的打磨及钻孔。 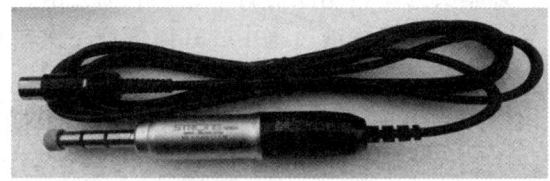 **STRONG 108E** 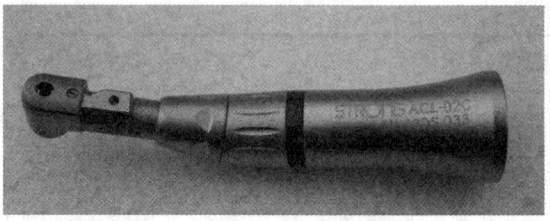 **STRONGACL-02c**（可用于108E的机头） 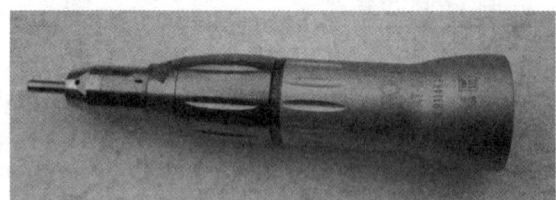 **STRONG AT-II**（可用于108E的机头）				
归类决定	该商品为微型电动手柄，同时进口机头和夹具。手柄由外壳、微型电机（马达）、弹簧电源线构成。工作原理：电机带动前端临床专用直机头或弯机头使用，在直机头或弯机头的前端有个专用夹具，可配合各种形状的刀具及抛光类材料使用（如：牙科专用钨钢刀头、牙科用抛光杯、抛光轮、切割片等）。主要用于口腔内部直接接触人体骨骼部分的打磨及钻孔。若电动手柄、机头和夹具一同进口，数量匹配，根据归类总规则一及六，应一并归入税则号列9018.4990。				

序号	1429	归类决定编号	Z2009-0070	公告编号	2009年第5号
商品税则号列		9018.5000		公告实施日期	2009年1月20日
商品名称		立体显微镜			
英文名称					
其他名称					

商品描述

　　该立体显微镜是光学显微镜的一种，主要由光学系统、照明系统与支架系统三部分组成。在显微镜下，组织被放大，且具有立体感，可有效辅助医生进行细微血管与神经的缝合及其他需要借助于显微镜进行的精细手术或检查。其光学系统主要指物镜、目镜组合成的光学放大设备，目镜为双目同时观察以产生具有空间位置感的立体视觉，放大倍率一般为6~25倍。照明系统指用于手术视野照明的冷光源与导光光纤，根据不同的临床需求，可分为卤素灯光源与氙灯光源。导光光纤的作用是引导照明光照射于手术视野。支架系统为光学系统与照明系统提供支撑，根据手术室实际空间要求，可有落地式、吊顶式、壁挂式等支架类型，支架可按需要向各方向移动、调节、固定，为手术操作者提供合适的手术空间。

归类决定

　　该商品专用于眼科手术，为双目显微镜，且内置裂隙照明装置，符合《税则注释》品目90.18项下眼科仪器的描述"……双目显微镜（由显微镜、带裂隙器的电灯及头托组成，整个仪器安装在可调节的机座上，用于检查眼睛）"，且根据《税则注释》在品目90.11中的排他条款"本品目还不包括……（二）眼科用双目显微镜（品目90.18）"，该商品属于眼科用双目显微镜，符合《税则》税目90.18及其子目条文的描述，根据归类总规则一及六，应按眼科用其他仪器归入税则号列9018.5000。

序号	1430	归类决定编号	Z2006-1529	公告编号	2007年第70号
商品税则号列		9018.9030		公告实施日期	2007年12月5日
商品名称	医用胶囊内镜图像诊断系统				
英文名称					
其他名称					
商品描述	该内镜图像诊断系统型号为M2A，是一种消化道疾病诊断仪器，由发光二极管、CMOS取像器、信号发射装置及外置接收存储装置等组成。使用时，病人将胶囊内镜服下，内镜在胃肠道的蠕动下前进，以2幅/秒的速度拍摄胃肠道内壁图像，同时将图像发射给人体外的接收存储装置，接收装置一般放置在人体腰部。医生通过计算机及专用软件观看存储装置内的图像来诊断病情。				
归类决定	该内镜图像诊断系统型号为M2A，是一种消化道疾病诊断仪器，由发光二极管、CMOS取像器、信号发射装置及外置接收存储装置等组成。使用时，病人将胶囊内镜服下，内镜在胃肠道的蠕动下前进，以2幅/秒的速度拍摄胃肠道内壁图像，同时将图像发射给人体外的接收存储装置，接收装置一般放置在人体腰部。医生通过计算机及专用软件观看存储装置内的图像来诊断病情。该商品为内窥镜的一种，主要供医务人员专用于疾病的诊断，符合《税则》税目90.18及其注释的描述，根据归类总规则一及六，应将其按具体列名归入税则号列9018.9030。				

序号	1431	归类决定编号	Z2007-0097	公告编号	2007年第71号
商品税则号列		9018.9030		公告实施日期	2007年12月5日
商品名称	腹腔镜系统				
英文名称					
其他名称					
商品描述	该系统包含：988i型数字化三晶片医用摄像控制器，988i型高分辨率三晶片摄像头，X7000声控兼容300瓦氙灯冷光源，光导纤维，30度腹腔镜。品牌都为STRYKER。该系统通过外接显示器可让医生在进行内窥镜手术时实时看到腹腔内手术部位的状况。摄像控制器负责控制摄像头的变焦、光圈、白平衡等，不包括录像功能。				
归类决定	该腹腔镜系统由成像系统、光源系统和腹腔镜组合而成，用于人体腹腔内器官的观察，明显具备《税则》税目90.18的商品功能，符合《税则》第九十章章注三（第十六类类注四）有关功能机组的归类规定，根据归类总规则一及六，应一并归入税则号列9018.9030。				

序号	1432	归类决定编号	Z2018-003	公告编号	2018年第183号
商品税则号列		9018.9091		公告实施日期	2019年1月1日
商品名称	含铜宫内节育器				
英文名称					
其他名称	NOVAT380				
商品描述	该含铜宫内节育器由聚乙烯制T型支架、尾丝及内含银芯的铜丝等组成。该产品为独立无菌包装，包装内附带有放置管、推杆等辅助工具。节育器的T型支架水平臂和垂直臂全长均约为3厘米，其中垂直臂上缠绕铜丝且末端的小孔上系有尾丝。放置管和推杆均长约20厘米，放置管上附有厘米标记和定位块。该产品主要用于妇女避孕，使用时要由专业卫生人员放置于子宫宫腔内。其避孕原理：支架本身具有机械避孕作用（由于子宫内膜对节育器产生的异物反应），以及释放入子宫宫腔内的铜离子具有改变生殖道内环境和配子质量的特殊作用，而银芯可减缓和降低铜丝的腐蚀和消耗。				
归类决定	该商品不含化学药物，因此应作为一种医疗器具归入税则号列9018.9091。				

序号	1433	归类决定编号	Z2006-1531	公告编号	2007年第70号
商品税则号列		9019.1010		公告实施日期	2007年12月5日
商品名称	按摩浴缸				
英文名称					
其他名称					
商品描述	该按摩浴缸由水泵、可调喷头、电脑板和浴缸组成，浴缸材质为压克力（聚甲基丙烯酸甲酯）。按摩浴缸通过外部水源提供热水，本身内部没有加热器件和恒温器件。浴缸内部附挂水泵一个、喷头和喷管多个，在水泵的作用下，水从回水口被吸入，混合后向浴缸喷射出去，水流以不同频率冲击人的身体，从而达到按摩的目的。其按摩效果由水和空气循环控制，可手动调节也可用按钮由电脑调节水力强弱及喷嘴方向以达到最佳按摩效果。电机启动按钮采用轻触式控制开关，可直接控制水泵，由水力调节按钮来调节按摩水柱的强弱，能进行推拿式和脉冲式等多种按摩。				
归类决定	该商品带有水泵、喷头和喷管，具有按摩功能，符合《税则》税目90.19及其子目条文的描述，根据归类总规则一及六，应将其作为按摩器具归入税则号列9019.1010。				

序号	1434	归类决定编号	Z2008-0206	公告编号	2008年第83号
商品税则号列		9019.1090		公告实施日期	2008年11月24日
商品名称	眼动仪				
英文名称	Tobii eye tracker				
其他名称					
商品描述	该商品规格型号为Tobii T120。组成为T120眼动仪主机一台，变压器，电源线，Tobii Studio眼动数据分析软件及驱动光盘一套。原理为Tobii T120眼动仪整合在一台17英寸液晶显示器中，内置红外光源发射器与红外光源接收器，通过用户的角膜对眼动仪所发出的红外光线的接收（由内置红外光线接收器接收）来捕捉用户在观看屏幕时的位置信息，同时内置一个用户摄像头，可在捕捉用户眼动信息的同时记录下用户的面部表情，作为眼动实验数据的辅助补充信息。该眼动仪需要与电脑（T120眼动仪不包含电脑）相连接来记录、分析眼动信息。所有眼动记录及分析功能必须通过附带的软件Tobii Studio来实现。用途为通过眼动仪记录被试者的眼睛在屏幕上的位置及移动轨迹，来研究人的注意稳定机制，利用Tobii分析工具分析被试者眼动次序、注视点等信息，实现对广告、网页设计的评估及对驾驶疲劳的相关研究。				
归类决定	该商品用于测验人的生理和心理的反应或变化，符合《税则注释》关于品目90.19项下"心理功能检测装置"的描述，根据归类总规则一及六，应按心理功能检测装置归入税则号列9019.1090。				

序号	1435	归类决定编号	Z2006-1532	公告编号	2007年第70号
商品税则号列		9019.2000		公告实施日期	2007年12月5日
商品名称	药用喷雾治疗器零件				
英文名称					
其他名称					
商品描述	该药用喷雾治疗器零件包括铝罐、阀门、阀门开关，构成药用气雾剂的喷雾器。进口后在铝罐内加入压缩气体和悬浮药液，将铝罐与阀门封装在一起，配合阀门开关一起使用。其阀门设计了喷雾治疗的专门的定量室及定量开关，保证每次精确地喷出100微克的治疗剂量。				
归类决定	根据《税则注释》对品目90.19中"喷雾治疗器"的解释，该套零件经装药并组装后，可视为一种小型的喷雾治疗器，应归入税则号列9019.2000。				

序号	1436	归类决定编号	Z2006-1048	公告编号	2006年第69号
商品税则号列		90.22		公告实施日期	2006年11月22日
商品名称	直线加速器				
英文名称	Siemens primus				
其他名称					
商品描述	该医用直线加速器是用高能放射线对人体的病变部位进行照射，以杀死病变组织及细胞，达到一定治疗目的的一种放射治疗设备。 医用直线加速器的主要部件：电子枪、微波发生器、加速管、限速系统。首先，电子枪发出的电子在微波的电场中加速到一定能量（Mev级，可以控制），经限速系统输出，用于浅部治疗，称β射线；其次，变速的电子（接近光速）在输出前打靶，产生大量的变能X射线，再经限速系统输出，用于较深部位的治疗。在实际应用中，可以调节系统，以输出不同能量的β射线、X射线及不同的输出剂量率，以满足治疗的需要。				
归类决定	电子直线加速器是一种粒子加速装置，可利用微波电场将电子加速，以获得高动能，主要用于原子核研究、医疗等。上述加速器产生的高速电子，如再经过打靶即可产生X射线，进而形成X射线发生器。《税则》中将仅产生电子束的直线加速器归入税目85.43，而将可以产生X射线的直线加速器归入税目90.22。 由于该直线加速器可以产生X射线和高速电子束，故应归入税目90.22项下相应子目。				

序号	1437	归类决定编号	Z2006-1049	公告编号	2006 年第 69 号
商品税则号列		9022.1400		公告实施日期	2006 年 11 月 22 日
商品名称	X 射线应用设备配件				
英文名称					
其他名称					
商品描述	该套配件主要包括：高压发生器、控制台、高压切换台、电源变压器、X 射线管、X 射线摄像器、监视器、X 射线影像增强器等，主要用于医院胸透，照射肠、胃等。				
归类决定	该 X 射线应用设备配件主要包括：高压发生器、控制台、高压切换台、电源变压器、X 射线管、X 射线摄像器、监视器和 X 射线影像增强器等，已构成 X 射线设备的基本特征，根据《税则》归类总规则二（一），应按整机归入税则号列 9022.1400。				

序号	1438	归类决定编号	Z2006-1050	公告编号	2006 年第 69 号
商品税则号列		9022.1400		公告实施日期	2006 年 11 月 22 日
商品名称	神经外科手术床				
英文名称					
其他名称					
商品描述	该神经外科手术床包括手术台、脑部透视装置、脑部 X 光照相配套器具、机械和液压动力装置、神经外科手术台专用头部固定架和麻醉机座。其能够进行 360 度的旋转，左右 20 度倾斜，纵向 30 度移动，可在上述角度内任意位置锁定。				
归类决定	该神经外科手术床实际为神经外科疾病诊断治疗组合装置，包括手术台、脑部透视装置、脑部 X 光照相配套器具、机械和液压动力装置、神经外科手术台专用头部固定架和麻醉机座。该设备通过 X 光透视及照相装置使患者脑部透视照相效果达到最佳，适合在手术中使用，并可对适当的部位进行 X 光治疗。根据《税则注释》关于品目 90.22 和 94.02 的解释，该商品可按进行 X 射线检查或治疗专用的设备归入税则号列 9022.1400。				

序号	1439	归类决定编号	Z2006-1051	公告编号	2006年第69号
商品税则号列		9022.1400		公告实施日期	2006年11月22日
商品名称		心血管介入治疗诊断仪
英文名称		
其他名称		移动式数字成像系统、移动式C型臂机
商品描述		该设备称为移动式数字成像系统，又可称为移动式C型臂机（属中型移动式C型臂机）。本次引进的GE-OEC 9800系统是低剂量的X射线应用设备（"绿色环保机型"），配备的软件是血管组织软件包，专门用于血管外科和神经血管外科介入治疗，故本机又称作心血管介入治疗诊断仪。移动式数字成像系统只要安装不同的功能软件，就可以进行广泛的临床应用。 系统组成：1. 超级C臂系统；2. 大功率高频发生器；3. X线球管；4. 束线器；5. 9″三视野影像增强器；6. CCD摄像机；7. 工作站。其中1~6项为一整体，组成一套C臂系统，即2~6项配置在1项中。第7项工作站为独立的工作站，通过电缆线与C臂系统连接，接收数据，进行图像处理及存储，实施影像的动态分析。
归类决定		该系统只要安装不同的功能软件，便可以进行广泛的临床应用。此次配备的是血管组织软件包，专门用于血管外科和神经外科介入治疗，故本机又称作心血管介入治疗诊断仪。 由于C臂系统与工作站已经构成了功能机组，因此可一并归类。同时，《税则》子目9022.19是指非医疗、外科或兽医用X射线应用设备，但此次申报的设备属于医疗用途，因此不能归入税则号列9022.1910。根据其用途和功能，可归入税则号列9022.1400。

序号	1440	归类决定编号	Z2006-1052	公告编号	2006 年第 69 号
商品税则号列			9022.1400	公告实施日期	2006 年 11 月 22 日
商品名称	直接数字成像系统				
英文名称					
其他名称					
商品描述	该系统由高频发生器、直接数字化成像板、数字系统工作站、软件及相关零配件组成。其工作原理如下：系统通过高频发生器产生 X 光线穿透人体，随后在直接数字化成像板上留下影像，该成像板将采集、存储的影像传输到工作站上，由专用软件对图像信息进行处理后可显示诊断图像与病理报告。				
归类决定	该直接数字成像系统由多个部件组成，其组成后的功能在《税则》中已有列名，因此，其符合功能机组的定义，可一并归类。根据其功能，可按 X 射线的应用设备归入税则号列 9022.1400。				

序号	1441	归类决定编号	Z2007-0098	公告编号	2007 年第 71 号
商品税则号列			9022.1400	公告实施日期	2007 年 12 月 5 日
商品名称	核通模拟定位机				
英文名称					
其他名称					
商品描述	该核通模拟定位机通过 X 线球管、高压发生器产生的低计量 X 射线获取实时肿瘤状态影像，是 CT 机、磁共振对肿瘤诊断定位的重要补充手段；通过获得肿瘤病灶部位的精确数据及影像资料，为肿瘤的诊断提供依据。模拟定位机自身不具备治疗功能，但其通过 X 线扫描获得的优质图像和相关数据为癌症的诊断、研究及学术交流提供了宝贵的资料。该机具有独特的将已获得的影像资料进行优化、倒转、放大、全屏显示、多幅图像显示，并标示肿瘤病灶的解剖位置、形态、大小、深浅的功能，使临床诊断及教学工作更为方便、直观。				
归类决定	该核通模拟定位机通过 X 光线获取实时肿瘤状态影像，符合《税则》税目 90.22 的商品描述。由于其并非计算机断层摄影装置（CT），根据归类总规则一及六，应归入税则号列 9022.1400。				

序号	1442	归类决定编号	Z2015-0009	公告编号	2015年第31号
商品税则号列		9022.1990		公告实施日期	2015年7月1日
商品名称		液位检测机			
英文名称		INSPECTION MACHINE			
其他名称					
商品描述		该液位检测机安装在产品灌装后包装之前的生产线相应位置上，通过X射线检测技术对从灌装机出来的成品瓶子进行检测，X射线由主机端发出并照射到每一瓶产品上，当照射到液位不足的产品后，该射线会透过瓶子直接与传送带另一端折射板产生反馈信号提供给主机控制单元，控制单元收到信号后会控制瓶子剔除装置将液位达不到规定要求的瓶子剔除出来。			
归类决定		该商品由液位检测单元、控制单元、瓶盖检测单元、瓶子剔除单元构成，通过X射线检测技术对从灌装机出来的成品瓶子进行检测，并将液位或瓶盖状态达不到规定要求的瓶子剔除出来。该商品符合《税则》税目90.22及其子目条文的描述，根据归类总规则一及六，应将其归入税则号列9022.1990。			

序号	1443	归类决定编号	Z2006-1053	公告编号	2006年第69号
商品税则号列		9022.2100		公告实施日期	2006年11月22日
商品名称		血液辐照仪			
英文名称					
其他名称					
商品描述		型号为GAMMACELL GC-3000I型；组成主要包括Cs137（铯137）放射源、射线防护罩、辐照室、控制面板；工作原理为该仪器主要通过控制面板控制Cs137（铯137）放射源，在原子衰变过程中发出γ射线辐照穿透血液，从而灭活血液或血液成分中的有免疫活性的淋巴细胞。 射线防护罩由铅板制成，将放射源和辐照室置于罩中以使射线不外溢，从而保证周围环境和工作人员的安全。辐照室为一个可移动的不锈钢杯，辐照室靠控制面板控制电机进行自动旋转，保证杯中样品得到均匀照射，操作面板由微电脑控制。 其用途：通过控制射线剂量可选择灭活免疫活性淋巴细胞，从而防止与输血相关的移植物抗宿主病的发生，提高供血的安全性。			
归类决定		该商品应用γ射线对血液进行辐照，属于应用γ射线的医疗设备，符合《税则》税目90.22及其子目条文的描述，根据归类总规则一和六，应将其按医疗用γ射线应用设备归入税则号列9022.2100。			

序号	1444	归类决定编号	Z2006-1533	公告编号	2007 年第 70 号
商品税则号列		9022.9090		公告实施日期	2007 年 12 月 5 日
商品名称	X 光机配件				
英文名称					
其他名称					
商品描述	该套配件主要包括：限束器、X 线球管、自动曝光控制器、自动曝光探测器、球管支架、立式胸片架、检查床等。如配备高压发生器、控制台等主要部件，即可构成整套 X 光机。				
归类决定	由于 X 光机的主要功能是由 X 射线发生器实现的，缺少高压发生器就无法实现 X 光机的功能，因此该套配件不具备整机特征，故应按 X 射线应用设备的零部件归入税则号列 9022.9090。				

序号	1445	归类决定编号	Z2009-0143	公告编号	2009 年第 32 号
商品税则号列		9022.9090		公告实施日期	2009 年 6 月 12 日
商品名称	探头				
英文名称					
其他名称					
商品描述	该探头的品牌为 ThermFisher，型号为 DensityPRO。测量器利用放射性物质产生的 γ 射线穿过管道中的液体介质，利用介质散射和吸收的原理，测量管道内各种液体介质连续变化的密度参数。探头用于接受放射源发出的 γ 射线。该商品通过软件设定可用于流量、液位、液面的测量，此批次进口的探头均用于生产 SMART2000 型液体流量计。				
归类决定	该商品为 γ 射线接收传感器，专用于利用 γ 射线检测的检测仪，用于接收检测仪器其他部件发射的 γ 射线，应根据《税则》第九十章章注二的归类原则确定归类。该商品未被第九十章章注一的排他条款排除，属于专用于 γ 射线的应用设备，符合《税则》税目 90.22 及其子目条文的描述，根据归类总规则一及六，应按 γ 射线应用设备的专用零件归入税则号列 9022.9090。				

序号	1446	归类决定编号	Z2009-0178	公告编号	2009 年第 57 号
商品税则号列			9022.9090	公告实施日期	2009 年 8 月 31 日
商品名称		X 射线管用石墨基靶盘			
英文名称					
其他名称					
商品描述		该商品为医用 X 射线球管旋转阳极靶盘，主要由石墨基体和钼基钨铼复合靶盘两部分组成，金属靶盘和石墨基体之间通过高温钎焊的方式牢固地焊接在一起，在金属靶盘上层复合有 0.8~1.6 毫米厚的钨铼合金。X 射线管在工作时，经加速后的高能电子流轰击到靶盘表面的钨铼合金上，99%的能量转化为热能，通过石墨散热。			
归类决定		该商品专用于 X 射线设备，主要由石墨基体和钼基钨铼复合靶盘两部分组成，钨铼合金起到受电子流轰击后激发 X 射线的作用，且本身非耗材；而石墨基体仅起散热作用，非电气用途，其尺寸和结构具备了专用零件的特性。根据《税则》第九十章章注二关于机器、仪器零件的归类原则，该商品符合《税则》税目 90.22 及其子目条文的描述，根据归类总规则一及六，应按 X 射线设备零件归入税则号列 9022.9090。			

序号	1447	归类决定编号	Z2006-1056	公告编号	2006 年第 69 号
商品税则号列			9024.8000	公告实施日期	2006 年 11 月 22 日
商品名称		摆锤冲击仪			
英文名称					
其他名称					
商品描述		该商品用于测定沥青的黏度。具体测定方法：将沥青样品放在仪器的超低温冷浴内，通过摆锤冲击测出沥青在-65℃（固态）的抗冲击强度，这样就可以通过仪器软件内储存的抗冲击强度和黏度的关系曲线得到样品的黏度值。			
归类决定		该商品的功能是通过冲击试验测定沥青的强度，从而获得沥青的黏度值，属于材料机械性能的试验机器，根据归类总规则一及六，应归入税则号列 9024.8000。			

序号	1448	归类决定编号	Z2007-0099	公告编号	2007 年第 71 号
商品税则号列		9024.8000		公告实施日期	2007 年 12 月 5 日
商品名称	无转子流变仪				
英文名称					
其他名称					
商品描述	该无转子流变仪品牌为 ALPHA，规格型号为 MDR2000。工作原理：在封闭的膜腔（分为上下两个膜腔，无转子）内放入混炼胶，通过对膜腔加热和上下膜腔的转动，输出温度和下膜腔运动的扭矩变化曲线，对橡胶加工特性、硫化特性，也就是机械性能进行测试。				
归类决定	该无转子流变仪未配备电脑，不具有数据处理功能。其检测的数据类型仅包括温度、时间、扭矩三种，其中温度和时间为机器本身工作状态，对于被测物体（橡胶母胶或混炼胶）检测其在高温加热环境下的扭矩，符合《税则》税目 90.24 的商品描述，根据归类总规则一及六，应归入税则号列 9024.8000。				

序号	1449	归类决定编号	Z2007-0100	公告编号	2007 年第 71 号
商品税则号列		9024.8000		公告实施日期	2007 年 12 月 5 日
商品名称	圆盘振荡流变仪				
英文名称	Oscillating disc rheometer				
其他名称					
商品描述	该 ALPHA 牌 ODR2000 型圆盘振荡流变仪，可用于胶料特性鉴定、质量控制和产品开发。工作流程为将待测胶料放在流变仪的铝制膜腔中，随着仪器内加热片温度的不断改变，仪器可测定出转子的扭矩，将扭矩和温度数据传输给计算机（计算机本次未进口），由计算机中的特定软件进行处理，在屏幕上显示并打印输出温度与扭矩的曲线，用于检测胶料在硫化前、中、后的弹性变化。工作原理为通过温度不断改变，待测胶料的物理性质也随之发生变化，使得圆盘转子的扭矩也产生改变，仪器自动记录某段时间内的温度和扭矩并以图形的方式输出。				
归类决定	该圆盘振荡流变仪未配备电脑、打印机和专用软件，不具有数据处理功能。其检测的数据类型仅包括温度、时间、扭矩三种，其中温度和时间为机器本身工作状态，对于被测物体（橡胶母胶或混炼胶）检测其在高温加热环境下的扭矩，符合《税则》税目 90.24 的商品描述，根据归类总规则一及六，应归入税则号列 9024.8000。				

序号	1450	归类决定编号	Z2009-0071	公告编号	2009年第5号
商品税则号列		9024.8000		公告实施日期	2009年1月20日
商品名称		沥青混合料多功能试验系统			
英文名称					
其他名称					
商品描述		该沥青混合料多功能试验系统型号为UTM-100，包含液压加载架、IMACS数据采集系统、环境箱、非结合材料回弹模量试验夹具组件及传感器、三轴试验组件、AASHTO TP9/T322试验组件及AASHTO TP62动态模量试验组件。该设备可通过拉伸、压缩和动态加载测定材料的流变特性，适用于多种不同材料，如沥青混合料、混凝土、非结合颗粒材料、纤维和塑料等。主要可完成非结合料回弹模量试验、蠕变柔量试验、动态模量试验、疲劳性能试验等。			
归类决定		该商品利用机械式位移传感器和温度传感器以压缩、拉伸等方式测试被测物（沥青混合料等）的非结合料回弹模量、蠕变柔量、动态模量、疲劳性能等一系列机械性能，符合《税则》税目90.24及其子目条文的描述，根据归类总规则一及六，应按测试其他材料的试验机器归入税则号列9024.8000。			

序号	1451	归类决定编号	Z2009-0144	公告编号	2009年第32号
商品税则号列		9025.1910		公告实施日期	2009年6月12日
商品名称		红外线测温仪			
英文名称					
其他名称					
商品描述		该红外线测温仪品牌为IMPAC，型号为IS 140。该商品由光学测量系统和计算机控制系统组成，包括测温仪主机、扫描器、连接电缆、球型安装基座和电源五大部分。其工作过程：首先，被测量物体表面发出的红外线被红外线测温仪的光学系统扫描器采集到后，及时地传送到测温仪主机计算机控制系统；其次，计算机控制系统通过计算，根据其红外线的波长，再换算成对应的温度值，同时直接在测温仪主机上的LED显示板上显示这一温度值，其测量的温度范围为550℃~1 400℃，无图像输出。同时通过主机和外面的电脑相连接的电缆传输数据，从而显示出该显示的数据。根据这一红外线测温仪测到的温度显示值来作出判断，以便随时调节机床参数。			
归类决定		该商品是一种利用红外感热的方式测量温度的工业用仪器，本身不成像，不属于红外热像仪，LED显示屏可以显示被测物的温度数值，测定温度范围为550℃~1 400℃，符合《税则》税目90.25及其子目条文的描述，根据归类总规则一及六，应按其他工业用温度计归入税则号列9025.1910。			

序号	1452	归类决定编号	Z2006-1535	公告编号	2007 年第 70 号
商品税则号列		9025.8000		公告实施日期	2007 年 12 月 5 日
商品名称	F 值测定仪				
英文名称					
其他名称					
商品描述	该设备由温度传感器、读数台构成，与国内采购的电脑配套使用，通过检测温度的变化来分析杀菌效果。该设备由软件 2 份、读数台 1 个、微记录器 2 个、双探针传感器 2 个、数据记录器 2 个、调解小套管各 2 个组成。				
归类决定	该商品由温度传感器和读数台组成，并配合有数据记录器，用于食品和制药工业测量杀菌温度，其功能符合《税则》税目 90.25 的描述，根据归类总规则一及六，应将其归入税则号列 9025.8000。				

序号	1453	归类决定编号	Z2006-1536	公告编号	2007 年第 70 号
商品税则号列		9026.1000		公告实施日期	2007 年 12 月 5 日
商品名称	流量计				
英文名称					
其他名称					
商品描述	该商品为椭圆齿轮流量计，为容积式流量测量仪表，主要用于石油、化工、医药等行业的油品测量。该商品中椭圆齿轮的转动通过磁性密封联轴器及传动减速机构传递给计数器直接指出流经流量计的总量；或通过内外磁钢耦合，将齿轮的转动经过电处理转变成电信号，进而指示出流量计的总量。该流量计为容积式计量结构，测量精度高，可显示累计流量，也可显示瞬时流量。				
归类决定	该流量计为容积式流量测量装置，可显示流速（瞬时流量），也可显示累计流量，符合《税则注释》品目 90.26 对检测液体流速及流量装置——流量计的描述，"流量计，用于指示流速（单位时间内的体积流量或质量流量）及测量明渠（河流、水道等）及管道（输送管等）中的流量"，属于液体流量的测量装置的一种。根据归类总规则一及六，应将其按液体流量测量装置归入税则号列 9026.1000。				

序号	1454	归类决定编号	Z2006-1537	公告编号	2007 年第 70 号
商品税则号列		9026.1000		公告实施日期	2007 年 12 月 5 日
商品名称		液位计			
英文名称		Radar tank gauge REX/PRO			
其他名称					
商品描述		该液位计为 EMERSON RTG3920 型雷达液位计，是运用雷达信号反射原理测量备测液体的位置的设备，可用于固料、液体和浆料的位置测量。			
归类决定		该 EMERSON RTG3920 型雷达液位计既可测量液体位置，又可测量固体位置，并以测量液位为主，根据归类总规则三（二），应归入税则号列 9026.1000。			

序号	1455	归类决定编号	Z2006-1058	公告编号	2006 年第 69 号
商品税则号列		9026.9000		公告实施日期	2006 年 11 月 22 日
商品名称		液晶显示板组件			
英文名称		VKE DISP 2×16+7SEG LCD ASSY			
其他名称		E-mag 按键式三行显示液晶板组件			
商品描述		型号：VKE。 规格：WADX 0083。 组成：印刷线路板、电子元器件、液晶显示板（装有液晶驱动器电路装置）。 用途：E-mag 电磁流量计的转换器部分，通过副板接收主板收发的信号显示测量值和参数，与主板、副板电器连接，完成测量参数组态。			
归类决定		该液晶显示板组件属电磁流量计的组成部分，由液晶板和相应的驱动电路构成。根据《税则注释》关于品目 90.13 的解释，该商品已不属于带电气连接件的液晶显示屏，因此该液晶显示板组件应作为电磁流量计的零件归入税则号列 9026.9000。			

序号	1456	归类决定编号	Z2006-1540	公告编号	2007 年第 70 号
商品税则号列		9026.9000		公告实施日期	2007 年 12 月 5 日
商品名称	孔板流量计零件				
英文名称	Orifice plate				
其他名称					
商品描述	该孔板流量计零件由两根带法兰的不锈钢钢管和一个孔板构成。完整的流量计还应包括安装在法兰小孔处的压差变送器及控制和显示装置。其工作原理是：两个法兰上的小孔（孔板夹于两法兰之间）用于引出孔板两侧的压力，通过小孔上的压差变送器，将压差信号转换成电信号，送至程序控制中心，再由控制中心在电脑屏幕上显示出流量。				
归类决定	该孔板流量计零件缺少压差变送器等，但钢管及孔板均是专门设计用于测量流量的，已构成压差流量计的压差产生部分，根据《税则》第十五类类注一（八）及《税则注释》对品目 90.26 "差压式流量计" 的定义，该钢管和孔板应作为流量计的零件归入税则号列 9026.9000。				

序号	1457	归类决定编号	Z2006-1061	公告编号	2006 年第 69 号
商品税则号列		9027.1000		公告实施日期	2006 年 11 月 22 日
商品名称	摩托车排放测试系统				
英文名称					
其他名称					
商品描述	该摩托车排放测试系统由定容取样、测试仪系统、标定设备、辅助设备和主控计算机等子系统组成，依附于摩托车底盘测功机上，用于对发动机性能的测试。通过该系统对发动机燃烧后排出的废气数据进行不断检测及手工调整发动机化油器的怠速量孔、柱式油针、浮子高度，使点火系统、化油器供油系统、气缸压力系统与发动机达到最佳的匹配状态。气体测试主要包括：CO、CO_2 测试，NO_x 测试和 THC 测试。				
归类决定	该摩托车排放测试系统的功能是对发动机燃烧后的气体进行分析，其符合《税则注释》对品目 90.27 项下 "气体或烟雾分析仪" 的描述，因此，根据归类总规则一及六，该商品应按具体列名，归入税则号列 9027.1000。				

序号	1458	归类决定编号	Z2010-0062	公告编号	2010 年第 15 号
商品税则号列		9027.1000		公告实施日期	2010 年 2 月 28 日
商品名称	RM200A 全自动吸烟机				
英文名称	Smoking machine RM200A				
其他名称					
商品描述	该商品型号为 RM200A，由烟支处理系统、烟气捕集处理系统、吸烟系统、软件（列明抽吸烟气容量、时间、次数）、排风系统、吸烟机外部检测装置（例如：流量计、计时器）和 CO 分析仪（测量烟气一氧化碳含量）组成。用途：模拟人吸烟，将香烟烟气中的颗粒自动收集到捕集器中的滤片，为进一步的化学分析做准备，并得出相应的测量数据（例如：总粒相，即每支烟的毫克数、抽吸口数和每支烟产生的一氧化碳的毫克数）。				
归类决定	该商品型号为 RM200A，可以模拟吸烟的状态并收集烟气中的固体成分，吸附固体成分的滤片可送交其他检测设备检测相关参数，同时，该商品中的分析仪可对烟气中的一氧化碳成分进行检测。根据《税则》第九十章章注三及其引用的第十六类类注三的规定，该商品属于多功能机器，同时具备一氧化碳含量检测和废弃固体成分收集两种功能，模拟吸烟过程是实现上述两种功能必不可少的环节，不应视为独立的一种功能。该商品自带的设备实现的主要功能为一氧化碳检测，符合《税则注释》关于品目 90.27 项下"气体或烟雾分析仪"的描述，属注释列名商品，符合《税则》税目 90.27 及其子目条文的描述，根据归类总规则一及六，应按气体分析仪归入税则号列 9027.1000。				

序号	1459	归类决定编号	Z2006-1063	公告编号	2006年第69号
商品税则号列		9027.5000		公告实施日期	2006年11月22日
商品名称	烟草在线红外水分仪				
英文名称					
其他名称					
商品描述	品牌为 NDC；型号为 TM710。该烟草在线红外水分仪包括为传感器探头5个、显示操作界面2个、探头输出站3个、采样遥读表3个、空气清洁窗5个、网卡2个及专用电缆10米。其工作原理为利用红外线测量原理，由探头中的石英卤素光源灯发出光源，通过滤光片过滤产生特定波长的近红外线（特定波长指被测量特定成分吸收最强的波长，如对烟草中水分子的特定波长是1.938微米），再通过聚焦、折射，发射到物料表层；通过物料反射、收集反射光线，与内部采集的参考光分别聚焦在主探测器和参考探测器上；通过反射光强和参考光强的比较，测算出物料中的被测量特定成分，如水分值；所有上述光、电信号转换、计算等过程均通过探头内的电路完成，并通过操作界面或采样遥读表显示测试值。用途为 TM710 可在打叶和制丝各个阶段进行水分、糖分及尼古丁成分的在线测试，并适时将检测结果反馈到工业控制系统，从而实现对检测对象的实时控制。除进行通常的水分检测外，TM710 的多组件功能可同时检测水分、尼古丁和糖分，并通过 TM710 感应器结构轻松实现，即通过选配探头中不同的滤光盘即可测定不同的成分，如糖分、水分、尼古丁。本次进口选配的滤光盘（5波段）仅可测定水分。				
归类决定	该烟草在线红外水分仪的各个组成部分符合功能机组的定义，因此可一并归类。烟草在线红外水分仪应按其工作原理归类，由于其使用红外线测量原理检测水分含量，因此，可归入税则号列9027.5000。				

序号	1460	归类决定编号	Z2006-1541	公告编号	2007年第70号
商品税则号列		9027.5000		公告实施日期	2007年12月5日
商品名称	全自动细菌鉴定及药敏分析仪					
英文名称						
其他名称						
商品描述	1. 型号：VITEK32； 2. 组成：孵育/读数器、加样枪及数据处理器； 3. 原理：利用孵育/读数器内的透光度检测系统进行检测，根据试卡孔中细菌在培养之前与培养之后的透光值的改变及浊度的改变，数据库自动将数值进行比较，以判断每个空气中的生化反应是阴性还是阳性，达到鉴定细菌种类及耐药性变迁的目的； 4. 透光度检测系统：晶体二极管发出红色光通过小孔后，由下方的接收装置接收后传至数据处理器。				
归类决定	该商品由多个部件组成，使用光学射线对细菌进行鉴定和分析，该功能在《税则》中有具体列名，因此，根据归类总规则一（第九十章章注三）及六，"全自动细菌鉴定及药敏分析仪"可按使用光学射线的其他仪器及装置一并归入税则号列9027.5000。				

序号	1461	归类决定编号	Z2006-1542	公告编号	2007年第70号
商品税则号列		9027.5000		公告实施日期	2007年12月5日
商品名称	Alpha凝胶成像分析系统					
英文名称						
其他名称						
商品描述	该凝胶成像分析系统的型号为Alphaimager，由封闭式机箱，10-bit、12-bit及16-bitCCD摄像头，自动滤光片转轮，人体工效学触摸面板，双反射Epi-UV，双反射Epi-白色光，EvenScan-Teeh UV透射仪，抽拉托盘，可折叠白色光板等部分组成。功能：层析样品或点立即成像，以及定量分析，用于DNA、RNA样品及扩增称无的定性定量分析及摄影。				
归类决定	该Alpha凝胶成像分析系统采用CCD感光对凝胶等样品进行拍摄，并且自带分析软件，可以对拍摄后的样品进行定量和定性分析，符合《税则》税目90.27的商品描述。由于该商品采用紫外荧光照相方式进行分析，根据归类总规则一及六，应将其归入税则号列9027.5000。				

序号	1462	归类决定编号	Z2007-0101	公告编号	2007 年第 71 号
商品税则号列		9027.5000		公告实施日期	2007 年 12 月 5 日
商品名称		全自动生化分析仪			
英文名称					
其他名称					
商品描述		该商品由试剂吸量机构、吸样结构、样品盘、反应盘、反应槽、搅拌机构、反应杯清洗机构、试剂盘、分光光度系统（由光源、吸收池、单色器、检测器、信号显示器组成）、软盘驱动器1、软盘驱动器2、电源线、排水箱、废液箱试剂冷藏库等部分组成。工作原理：利用待测样本血清和特定试剂混合进行生化反应，形成一种能达到测光要求的待测物质，由卤素灯发射连续光谱，入射光在广泛的光谱区域内发射连续的光谱，对吸收池的待测物质进行照射，经单色器将复合光分为单色光，分离出所需要的波段光，检测器将检测到的光信号转变为电信号，电信号被显示器进行数据处理后，完成整个吸光度的测光检测。本设备采用全反应过程测光方式，即在 3~10 分钟反应时将不断地按一定时间间隔测定反应液的吸光度，从而得到待测样品的浓度。用途：生化常规检查、急诊检查、免疫血清检查、治疗药物检查等。				
归类决定		该商品利用光谱吸收原理对待测物质浓度进行测量，符合《税则》税目 90.27 的商品描述，根据归类总规则一及六，应归入税则号列 9027.5000。				

序号	1463	归类决定编号	Z2009-0073	公告编号	2009 年第 5 号
商品税则号列		9027.5000		公告实施日期	2009 年 1 月 20 日
商品名称		天然气硫分析仪			
英文名称					
其他名称					
商品描述		该 9000S 型硫分析仪用于快速分析固体、液体或气体中的化合硫分，附件包括高温分解试管、10 毫升注射器、工作维护手册、系统运行中需要的气体管道及接头，还包括桌面计算机，符合标准 ASTMD5453 和 D6667。工作原理：含硫或氮的有机样品通过进样器引入燃烧室，在燃烧室中进行高纯度燃烧。同时，仪器荧光室发出脉冲激发光照射燃烧后的样品，使燃烧后样品中的元素在一定条件下被离解成原子，原子吸收相应波长的光，从基态跃迁到激发态进入反应室。受到特定波长的紫外线照射，吸收这种射线使一些电子转向高能轨道，当电子退回到它们的原轨道时，过量的能量就以光的形式释放出来，并被光电倍增管按特定波长检测接收，发射的荧光与原样品中硫或氮的含量成正比。再经微电流放大器放大，经数据处理器处理，即可转换为与光强度成正比的电信号，通过测量其强弱即可计算出相应样品的含硫量或含氮量。				
归类决定		该分析仪通过紫外线照射，对被测物的含硫量或含氮量进行分析，可应用于多种被测对象，属于"使用光学射线的其他分析仪器"，根据归类总规则一及六，应归入税则号列 9027.5000。				

序号	1464	归类决定编号	Z2006-1064	公告编号	2006 年第 69 号
商品税则号列		9027.5000/9027.8019		公告实施日期	2006 年 11 月 22 日
商品名称		气体检漏仪			
英文名称					
其他名称					
商品描述		该气体检漏仪品牌为 INFICON，有"红外线卤素检漏仪"及"氦质谱检漏仪"两种。 1. 红外线卤素检漏仪：型号为 HLD5000，由红外线传感器的 Smart 探头，与电气和电子学组件一起组装在主单元中的汞系统。其工作原理为从红外光源发出的红外线穿过一个通过检漏冷媒的光学单元。光线被过滤，只允许特定波长的光线通过，进入红外光传感器。如工件存在泄漏，泄漏出的冷媒被吸入光学单元，一部分红外光线将会被冷媒吸收，从而使到达红外线传感器的光线强度减弱。光线强度的变化经过电路板放大后，从模拟讯号转换成数字讯号，并经主单位中的微处理器处理后产生显示与音响讯号。该"红外线卤素检漏仪"能定量检测、测量和显示通过探头管线吸入的冷媒，用于检测空调机冷凝器和蒸发器铜管上的漏孔。 2. 氦质谱检漏仪：型号为 LDS1000 及 LDS2000，主要由电子元件模块（控制及接收数据）及质谱仪模块组成。其工作原理为通过离子源对氦气进行电离，离子进入质谱仪后，利用磁场偏转的原理对氦气的浓度变量进行分析和检测。				
归类决定		1. 红外线卤素检漏仪为使用光学射线（紫外线、可见光、红外线）的检测仪器，符合《税则》税目 90.27 及其子目条文的描述，根据归类总规则一及六，应将其按利用光学射线进行检测的仪器归入税则号列 9027.5000。 2. 氦质谱检漏仪属于质谱仪的一种，符合《税则》税目 90.27 及其子目条文的描述，根据归类总规则一及六，应将其按质谱仪归入税则号列 9027.8019。				

序号	1465	归类决定编号	Z2022-0137	公告编号	2022 年第 78 号
商品税则号列		9027.8990		公告实施日期	2022 年 9 月 1 日
商品名称	嗅觉检测器				
英文名称	Olfactory Detector Port				
其他名称					
商品描述	该商品为气味量度检测理化分析仪器,用于对不同气味的成分进行鉴别及程度测量,由独立软件工作站控制,可进行数据记录和数据处理。它广泛应用于香精、香料、食品、饮料、烟草、化学、环境分析等行业。				
归类决定	该商品为气味量度检测理化分析仪器,其可对经气相色谱柱分离后的样品成分进行鉴别和程度测量。该商品不同用于税则号列 9027.1000 列名的对混合气体含量进行分析的仪器。该商品属于理化分析仪器,符合《税则》税目 90.27 的商品范围,根据归类总规则一及六,应归入税则号列 9027.8990。				

序号	1466	归类决定编号	Z2014-0007	公告编号	2014 年第 46 号
商品税则号列		9027.9000		公告实施日期	2014 年 6 月 25 日
商品名称	血糖测试电极片				
英文名称					
其他名称					
商品描述	该血糖测试电极片由 PET 印刷电路板、3M 胶和 PCR 上盖 3 个部分组成。PET 印刷电路板主要在 0.35 毫米厚的杜邦板上印一遍银浆和两遍碳浆,其主要起导通微电流的作用。褐色纸片是 3M 胶,为 3M 公司的 6236 型胶,平整度公差小于 0.02 毫米。蓝色塑料片为电极片上盖,材料为杜邦 PCR 塑料,平整度公差 0.2 毫米。3M 胶和 PCR 塑料贴在 PET 印刷电路板上,起到制造虹吸的作用。进口的电极片未标记葡萄糖氧化酶介体抗体。				
归类决定	该商品由 3 个部分组成,成套进口,通过虹吸现象,与被测液体充分接触,起到电流导通功能,专用于血糖测试仪器,根据归类总规则一及六,应归入税则号列 9027.9000。				

序号	1467	归类决定编号	Z2006-1071	公告编号	2006年第69号	
商品税则号列		9028.2090		公告实施日期	2006年11月22日	
商品名称	橇装计量系统					
英文名称						
其他名称						
商品描述	该系统由橇座、标定装置（包括双相球型体积管、电动四通阀、密度计、防爆回路循环泵）、各种阀、压力/差压及温度变送器、流量计算机、质量流量计、温度计、压力表、仪表盘、配电盘、过滤消气器及各类汇管等组成。 工作原理：工艺管线的油品经入口管及电动DBB球阀进入计量系统，先后流经安装于管道上的过滤消气器、温度变送器、压力/差压变送器、质量流量计、温度表、压力表、电动流量调节阀及止回阀，最终经双密封关断阀及出口管流出计量系统，完成整个计量系统的循环。当液体流经测量元件（包括质量流量计、温度及压力/差压变送器、压力表、温度表）后，质量流量计、温度及压力/差压变送器的信号（流量、温度、压力）通过电缆传输到流量计算机进行自动综合，运算出准确标准的流量数据。 质量流量计的工作原理：关键部件是测量振动管，当液体流经测量振动管时，由电磁驱动装置驱动振动管以自然或谐振率振动，流过的液体产生一个与液体成比例的力，检测部件检测力的大小，通过信号处理元件处理来确定质量流量值。 标定装置的工作原理：主要包括双相球型体积管、电动四通阀、密度计、防爆回路循环泵，与计量系统通过阀门及管道安装在同一橇座上，通过液体流经标准体积管的体积量乘以密度值（密度计测量）换算成质量，与橇装计量系统进行比较，从而标定橇装计量系统的准确度，主要起定期检测并调整计量系统准确性的作用，具体计量时不起作用。 过滤消气器：对进入计量系统的油品进行过滤。 电动流量调节阀：起稳定或调节计量系统中油品流量的作用，热膨胀安全阀主要起防止因管道温度压力增加致使管道破裂的作用。 温度计及压力表适用于现场观测。 该计量系统的用途主要是在油品交接过程中准确计量油品交接量。					
归类决定	该橇装计量系统由橇座、标定装置（包括双相球型体积管、电动四通阀、密度计、防爆回路循环泵）、各种阀、压力/差压及温度变送器、流量计算机、质量流量计、温度计、压力表、仪表盘、配电盘、过滤消气器及各类汇管等组成。上述测量元件和计量功能块集中安装在一个整体的橇座上。当液体流经测量元件后，质量流量计、温度及压力/差压变送器的信号（流量、温度、压力）通过电缆传输到流量计算机进行自动综合，运算出准确标准的流量数据。该系统作为一种整体的高精度动态计量装置，广泛应用于各种流体，包括原油、成品油和天然气的贸易交接计量中，其能够连续计量成品油的流量，提供详细的计量数据和交接报告等。 上述计量系统由多个部件组成，组合后具有计量原油、成品油和天然气累计流量的功能，其符合《税则》第九十章章注三及第十六类类注四的规定，已构成功能机组。该橇装计量系统可同时测量气体和液体的累计流量，由于无法判断其主要功能，根据归类总规则三（三），应从后将其一并按液体的计量装置归入税则号列9028.2090。					

序号	1468	归类决定编号	Z2006-1072	公告编号	2006 年第 69 号
商品税则号列			9029.1090	公告实施日期	2006 年 11 月 22 日
商品名称		数纸机			
英文名称		Paper counting machine lcd			
其他名称					
商品描述		该设备（DC-800 和 NK-800 两种型号）用于计量纸张的数量，工作时将待数纸张放入数纸机的工作平台，调整数纸头的距离，按启动键，数纸头将纸一张张吸起的同时，机芯升降系统随拨杆逐张拨纸计数。最大数纸速度为 2 000 张/分钟。				
归类决定		该商品属纸张的计数装置，符合《税则》税目 90.29 及其子目条文的描述，根据归类总规则一和六，应将其按转数计、产量计数计等的类似装置归入税则号列 9029.1090。				

序号	1469	归类决定编号	Z2006-1547	公告编号	2007 年第 70 号
商品税则号列			9029.1090	公告实施日期	2007 年 12 月 5 日
商品名称		对话式自动数据处理器			
英文名称		Dialog module			
其他名称					
商品描述		该对话式自动数据处理器的工作原理是：通过机械水表的指针旋转使该处理器内的干簧管吸合而形成电路回路，从而产生脉冲信号，然后对脉冲信号累计并转换为数字信号输出，用于水表、电表、煤气表等的数据采集。				
归类决定		该商品是一种脉冲计数器，符合《税则》税目 90.29 的商品描述，根据归类总规则一及六，应将其归入税则号列 9029.1090。				

序号	1470	归类决定编号	Z2006-1548	公告编号	2007 年第 70 号
商品税则号列		9029.1090		公告实施日期	2007 年 12 月 5 日
商品名称	数粒仪				
英文名称					
其他名称					
商品描述	该数粒仪的品牌为 PERTEN；型号为 NUMIGRAL Ⅱ；测量的数粒直径为 0.3~15 毫米；测量精度不超过千分之一，功率 35 瓦，RS232 接口，内置打印机。 主要用途：在喂料口出口处装有近红外电子传感器，记录下落粒粒数。可测量玉米、小麦、油菜籽、花卉籽、草籽粒大小的种子，通过确定 1 000 粒谷物的重量，为种子的选择和分级打下基础。 其主要特点： 1. 可测量玉米、花卉籽等不同籽粒大小的种子； 2. 螺旋上升振动喂料器，频率可调； 3. 近红外电子传感记录颗粒个数； 4. 自动识别系统，小于设定粮食直径一半的小粒自动扣除； 5. 可调节并记忆 100 组数粒数度和籽粒大小参数。 该仪器适用于粮食系统、育种单位及科研单位。				
归类决定	该数粒仪是为了解决人工数粒问题而设计的一种数粒状物料的计数装置，其并不用于种子的分选，因此，不能归入《税则》税目 84.37。该商品符合《税则》税目 90.29 及其子目条文的描述，因此，根据归类总规则一和六，该数粒仪应按转数计、产量计数器等的类似仪器归入税则号列 9029.1090。				

序号	1471	归类决定编号	Z2006-1549	公告编号	2007 年第 70 号
商品税则号列		9030.3390		公告实施日期	2007 年 12 月 5 日
商品名称	飞针检测机				
英文名称					
其他名称					
商品描述	该飞针检测机的规格为 Probot 600SD。该机器用来测量电路板上两点之间是否联通。具体方法如下：在电路板上加电压，通过产生电阻的大小来判断是否联通，以及产品两点之间的电阻是否符合要求。其检测方法为测试电压（低范围或高范围）、测试电阻和测试电流，没有记录装置。				
归类决定	该飞针检测机属于检测电压、电流、电阻及功率的其他仪器和装置，符合《税则》税目 90.30 的商品描述，根据归类总规则一及六，应将其归入税则号列 9030.3390。				

序号	1472	归类决定编号	Z2006-1550	公告编号	2007年第70号
商品税则号列		9030.3390		公告实施日期	2007年12月5日
商品名称	耐压测试仪				
英文名称					
其他名称					
商品描述	该耐压测试仪是用于检测电缆完整性的VLF超低频交流高压测试设备，其通过测试电缆是否可以在规程规定的测试时间内承受测试电压来判断电缆的状态是否良好。VLF超低频交流高压测试设备主要由高压器和控制器组成，其工作原理：首先由市电220伏/50赫兹电源为该设备供电，其次由控制器调频（将50赫兹调至0.1赫兹）并控制高压器升压产生高电压，然后将高电压加到不带电的电力电缆上，并在规程规定的测试时间内进行测试。如果电缆绝缘状态良好，则电缆在规定测试时间内能够承受测试电压，通过测试；反之，电缆被击穿，测试电压会迅速下降。控制器所带电压表、电流/电容表分别用于指示输出电压和监测输出电流、测试负载电容，以便选择最合适的测试频率。				
归类决定	该商品通过在规程规定的测试时间内对电缆施加高压，并通过观测控制器所带电压表的数值变化来检测电缆的状态是否良好。其符合《税则》税目90.30及其子目条文的描述，根据归类总规则一和六，该商品应按检测电压的其他仪器归入税则号列9030.3390。				

序号	1473	归类决定编号	Z2010-0064	公告编号	2010年第15号
商品税则号列		9030.3390		公告实施日期	2010年2月28日
商品名称	冷阴极灯管量测系统				
英文名称					
其他名称	CCFL&BLU量测系统				
商品描述	该冷阴极灯管量测系统主要组成部件为SR-3分光辐射度计、示波器、直流电源、电压表、电流表。工作原理为主要用于量测其中光源及显示器件的光谱功率分布、色品坐标X和Y、光通量，利用SR-3、电流计、电压计等采集所需数据，测出不同点的色度、辉度、灯管电压、灯管电流、灯管启动电压、灯管功率、工作频率等技术参数；同时，通过计算机对收集数据进行读取分析，得到各种辉度和色度参数、灯管电压、灯管电流、灯管功率及工作频率等参数。各部件工作原理为SR-3量测系统采用先进的全光谱法，用于量测其中光源及显示器件的光谱功率分布、色品坐标X和Y、相关色温Tc、光通量等参数，产品广泛应用于荧光灯、高强度气体放电灯、CRT、LCD等显示器件。当量测光源的颜色参数、色温等时，SR-3主要用于收集量测点的发射光，由光纤输入的光源光信号（复色光），经过分光后，某一波长的单色光由高灵敏光电探测器接受，转换成电信号。该光电信号由放大电路放大，送到电脑板，经过A/D转换后，数字化信号再经接口发到PC计算机上。同时，计算机发出光谱扫描信号，最终，一系列波长的光谱信号由PC计算机采样获得。再通过分析软件，得到各种广度和颜色参数，如色品坐标、相关色温、波长等。直流电源的工作原理为利用电源变压器，整流电路、滤波电路和稳定电路，在CCFL&BLU量测系统中提供电压稳定的直流电源输入，测量输入电流和输入电压。电流表的工作原理为利用通电导体在磁场中受磁场力的作用，在CCFL&BLU量测系统中用于测试冷阴极灯管的管电流、管电压、灯管阻抗。示波器工作原理为输入了交变电流，使电子强发出的电子在经过U管加速后受到变化电压的偏转，因为电子速度很快，交变电流的转变速率相对来说很慢，所以在屏上打出了一条正弦线，也就是波，主要是测量灯管电压、电流频率及其最大值、最小值。电压表（数显万能表）工作原理是用电流表装配的，主要是测量输出电压。					
归类决定	该冷阴极灯管量测系统由SR-3、直流电源、电压表、电流表、示波器5个机器装配在一起组成，可测量光谱功率分布、光通量等光量，以及灯管电压、灯管电流、功率等电量，属于多功能仪器，根据《税则》第九十章章注三的规定，可按"测量光量的仪器"归入税目90.27项下，也可按"测量电量的仪器"归入税目90.30项下。根据归类总规则三（三），按照从后归类的原则，应按其他不带记录装置的检测电压、电流、电阻或功率的其他仪器归入税则号列9030.3390。					

序号	1474	归类决定编号	Z2006-1551	公告编号	2007 年第 70 号
商品税则号列		9030.3900		公告实施日期	2007 年 12 月 5 日
商品名称	微波功率计和微波功率探头					
英文名称						
其他名称						
商品描述	该微波功率计的型号为 ML2437A；微波功率探头的型号为 MA2472B。微波功率计和微波功率探头应用于无线通信行业，主要功能是运用在微波传输基站，测试无线传输中微波设备发射的微波功率，带有记录装置。				
归类决定	该微波功率计和微波功率探头用于测试无线传输中微波设备发射的微波功率，符合《税则》税目 90.30 的商品范围及其子目 9030.30 "检测功率的仪器及装置" 的描述，根据归类总规则一及六，应将其归入税则号列 9030.3900。				

序号	1475	归类决定编号	Z2006-1074	公告编号	2006 年第 69 号
商品税则号列		9030.4090		公告实施日期	2006 年 11 月 22 日
商品名称	网络建设与维护分析仪				
英文名称	SONET/SDH/PDH/ATM ANALYZER				
其他名称					
商品描述	该商品为网络建设与维护分析仪，其英文品名为 SONET/SDH/PDH/ATM ANALYZER，型号为 MP1570A。该分析仪采用模块化设计，一共可以配置 6 个模块，用户根据需要可选择不同的接口插件，来完成不同的测试。此次进口的仪表只配置了 2 个模块，分别是 MP0121A 和 MU150005A，这两个模块可以支持从 64 千赫到 155 兆赫电口的测试。它还配有内置式的打印机和 3.5 寸的软盘驱动器，用户可用来打印测试结果和存储数据。MP1570A 是为 SONET、SDH、PDH 及 ATM 网络设备的生产、建设、维护和检查而设计的仪表，配上不同的模块后能测试频率、光功率、误码、抖动、负载能力等指标和性能。				
归类决定	该网络建设与维护分析仪采用模块化设计，一共可以配置 6 个模块，用户根据需要可选择不同的接口插件，来完成不同的测试。此次进口的仪表只配置了 2 个模块，分别是 MP0121A 和 MU150005A，这两个模块可以支持从 64 千赫到 155 兆赫电口的频率、光功率、误码、负载能力等指标的测试。它还配有内置式的打印机和 3.5 寸的软盘驱动器，用户可用来打印测试结果和存储数据。该分析仪属于无线通信专用多功能测试仪器，应归入税则号列 9030.4090。				

序号	1476	归类决定编号	Z2006-1552	公告编号	2007年第70号
商品税则号列		9030.4090		公告实施日期	2007年12月5日
商品名称		SDH 分析仪			
英文名称		SDH ATM Analyzer			
其他名称					
商品描述		该SDH分析仪又称网络建设与维护分析仪。其采用模块化设计，一共可以配置6个模块，用户根据需要可选择不同的接口插件，来完成不同的测试。此次进口的仪表有两种：一种是10G SDH分析仪，配置了MP0121A等模块及RS-232C、GPIB等通信接口，具有2~156MB/s电口的误码、抖动漂移等设备性能的测试功能及2.5G/10G数字信号发送、接收、信号误码性能测试功能，其中MU150017B有光功率计功能；另一种是2.5G SDH分析仪，配置了MP0121A等模块及RS-232C通信接口，主要有2~156MB/s电口的误码、抖动漂移等设备性能的测试功能，156M/622M数字信号收发功能，2.5G数字信号误码性能分析等功能，其中MP0113A有光功率计功能。				
归类决定		该分析仪属于通信专用多功能测试仪器，根据归类总规则一及六，应将其归入税则号列9030.4090。			

序号	1477	归类决定编号	Z2009-0074	公告编号	2009年第5号
商品税则号列		9030.4090		公告实施日期	2009年1月20日
商品名称		UMTS频段的三阶互调测试系统			
英文名称		PIM analyzer for UMTS band with modified receive band for IM3			
其他名称					
商品描述		该UMTS频段的三阶互调测试系统包括以下设备：SI-0827RF（805~2 700兆赫的射频模块）、SI-1823PA（1 805~2 200兆赫功放模块）、SI-2000EFE（1 965~2 170兆赫射频前端）、SI-200D控制系统（带测试分析软件）和附件SI-10A。用途为对电缆三阶交调指标进行测试和分析，其目的是测试频率间信号在电缆中的互相干扰，防止信号在电缆中失真而造成信号传输不良的现象。				
归类决定		该商品对通信用无源器件（如通信电缆）的无源交调特性进行测试和分析，属通信专用测电量仪器，符合《税则》税目90.30及其子目条文的描述，根据归类总规则一及六，应按其他通信专用测量仪器归入税则号列9030.4090。			

序号	1478	归类决定编号	Z2008-0208	公告编号	2008 年第 83 号
商品税则号列		9030.8490		公告实施日期	2008 年 11 月 24 日
商品名称	WT3000 高精度功率分析仪				
英文名称					
其他名称					
商品描述	该 WT3000 高精度功率分析仪主要用途为电机驱动系统的高精度功率/效率分析和谐波检验，是电机传动系统分析的重要仪器。在获得高测量精度的同时，还可以测量设备的功率转换效率；另外使同步的功率评测更方便、更快捷，改善设备评价效率。该设备可以同时测量功率、分析频率成分和谐波含量，从而确保测量值的同时性和实时性，提高测量数据的可信度，使系统评价更为有效。				
归类决定	该 WT3000 高精度功率分析仪具有检测电机功率、分析频率成分和谐波含量、测量设备功率转换效率等功能，符合《税则》税目 90.30 "用于电量测量或检验的仪器和装置"的商品范围。该商品不仅具有示波、功率检测功能，还具有数据分析功能，已经超出了示波器和功率检测仪器的范围。其带有 30 兆字节的存储功能，根据归类总规则一及六，应按其他带有记录装置的电量（功率）分析仪器归入税则号列 9030.8490。				

序号	1479	归类决定编号	Z2006-1555	公告编号	2007 年第 70 号
商品税则号列		9030.8990		公告实施日期	2007 年 12 月 5 日
商品名称	阻抗分析仪				
英文名称					
其他名称					
商品描述	该商品为安捷伦公司生产的 4294A 型精密阻抗分析仪，用于元件和电路有效阻抗（阻抗包括电阻与电抗）的测量和分析。其测试频率范围 40~110 兆赫，具有 ±0.08% 的基本阻抗精度。该机器不带记录装置。				
归类决定	该商品为阻抗分析仪，符合《税则》税目 90.30 的商品描述和《税则注释》有关"阻抗测试器"的描述，且不带有记录装置，根据归类总规则一及六，应将其归入税则号列 9030.8990。				

序号	1480	归类决定编号	Z2006-1076	公告编号	2006 年第 69 号
商品税则号列		9030.9000		公告实施日期	2006 年 11 月 22 日
商品名称	测试针床				
英文名称	Test fixture				
其他名称	针板				
商品描述	该测试针床进口状态为成套进口,由 ICT 和 FCT 两种类型的针板组成,价值无法分别确定。针床的测试原理是:利用测试探针与外接的测试设备相连接,形成一台简易电脑,执行测试程序,达到测试主板的基本功能的目的。测试设备包括测试主机、电脑控制主机、气压单元和其他外部设备,如显示器、键盘、鼠标等。在测试过程中,ICT 和 FCT 的测试针数量不同,随着被测主板的要求而不同,但是选用探针的原则是相同的。主板上的元件的位置和测试针板的位置一一对应,上下面板通过弹簧挤压,使针板探针准确扎在被测主板的焊点上。在测试过程中,ICT 主要通过外部提供的额定电流,完成检测主板逐个焊点间是否连通以及印刷电路是否完好的工作,即检测主板物理性能用针板。FCT 主要是通过模拟完全电脑使用环境,检测主板各项功能是否正常,即检测主板的程序用针板。				
归类决定	根据该测试针床的功能,其均应按电量检测仪器的专用零件归入税则号列 9030.9000。				

序号	1481	归类决定编号	Z2006-1077	公告编号	2006 年第 69 号
商品税则号列		9030.9000		公告实施日期	2006 年 11 月 22 日
商品名称	导通检查台				
英文名称					
其他名称					
商品描述	该商品称为导通检查台,其根据汽车用线束的结构走向,按 1:1 尺寸绘制成平面图形并平铺于其上,再根据其制品的安装要求,在其上安装若干个用于导通用的导通治具,再加上导通表,构成导通台。然后将线束安装到各个导通治具内,启动导通表,导通表按照预先设定的检测程序,对汽车线束的回路进行检测,判断其电流走向是否正确,并在导通表上显示出来,进而判断线束是否为合格品。				
归类决定	导通检查台为导通表提供测量所需的环境,属于导通表的附件,符合《税则》税目 90.30 及其子目条文的描述,根据归类总规则一及六,应将其按导通表的附件归入税则号列 9030.9000。				

序号	1482	归类决定编号	Z2006-1078	公告编号	2006 年第 69 号
商品税则号列		9030.9000		公告实施日期	2006 年 11 月 22 日
商品名称	混合集成电路（录波器用）				
英文名称					
其他名称					
商品描述	在线路板上贴装、插装单片集成电路、电阻、电容等混合线路板，各单片集成电路单独使用无作用。 　　线路板同时集成多种连接端口和固定支架，用于录波器。 　　将该线路板与另外一个智能线路板一同插入一标准机箱，成为功能强大的核心应用平台。在此基础上扩展各种应用接口部件和数据存储部件，配备交换机、调制解调器、液晶显示器等，构成庞大的机柜系统。				
归类决定	该混合集成电路实际上是在印刷线路板上贴装、插装单片集成电路、电阻、电容等元器件而成的功能板卡，板卡上同时装有多种连接端口和固定支架，用于录波器。 　　该商品不符合《税则》第八十五章章注五（二）2 对"混合集成电路"的定义，同时，《税则注释》中品目 85.42 规定"本品目不包括把一个或多个分立元件装在一个支座上（例如，装在一个印刷电路上）制成的组件"，因此，该板卡不能归入品目 85.42 项下。该商品属于录波器的专用零件，根据《税则》第九十章章注二的规定，以及归类总规则一及六，其应按录波器的专用零件归入税则号列 9030.9000。				

序号	1483	归类决定编号	Z2006-1079	公告编号	2006年第69号	
商品税则号列		9030.9000		公告实施日期	2006年11月22日	
商品名称	装有集成电路的智能卡（用于录波器）					
英文名称						
其他名称						
商品描述	该商品是在线路板（23厘米×25厘米）上贴装、插装单片集成电路、电阻、电容等元器件而成的混合线路板，且线路板上集成有CPU及多种连接端口和固定支架，待写入CPU软件后，用于录波器装置。将该线路板插入一标准机箱，成为功能强大的核心应用平台。在此基础上扩展各种应用接口部件和数据存储部件，配备交换机、调制解调器、液晶显示器等，构成庞大的机柜系统。					
归类决定	装有集成电路的智能卡是在印刷线路板上贴装、插装单片集成电路、电阻、电容等元器件而成的功能板卡，板卡上同时装有多种连接端口和固定支架，用于录波器。该商品不符合《税则》第八十五章子目注释二对子目8542.10所称"智能卡"的定义，同时，《税则注释》中品目85.42规定"本品目不包括把一个或多个分立元件装在一个支座上（例如，装在一个印刷电路上）制成的组件"，因此，该板卡不能归入品目85.42项下。该商品属于录波器的专用零件，根据《税则》第九十章章注二的规定，以及归类总规则一及六，其应按录波器的专用零件归入税则号列9030.9000。					

序号	1484	归类决定编号	Z2010-0065	公告编号	2010 年第 15 号
商品税则号列		9031.1000		公告实施日期	2010 年 2 月 28 日
商品名称	轮胎动平衡实验机				
英文名称	Akrodyne tire dynamic balance machine				
其他名称					
商品描述	该商品用于测试成品轮胎平衡性能，如轮胎的静不平衡、力偶不平衡和上下面不平衡量等。设备由轮胎输入和定中心工位（轮胎定中心）、动平衡测试工位（测试轮胎平衡性能、打标记）、设备控制系统（配置触摸屏操作界面）、测试系统计算机和电子元件（通过计算机分析确定不平衡量和角度值）组成。				
归类决定	该商品用于测试轮胎的平衡性能（静不平衡、力偶不平衡和上下面不平衡）。轮胎可视为机械零件，故该商品符合《税则》税目 90.31 及其子目条文的描述，根据归类总规则一及六，应按机械零件平衡试验机归入税则号列 9031.1000。				

序号	1485	归类决定编号	Z2010-0066	公告编号	2010年第15号
商品税则号列		9031.2000		公告实施日期	2010年2月28日
商品名称	飞机发动机测试台				
英文名称	Aircraft engine test system				
其他名称					
商品描述	该飞机发动机测试台型号为GE90-115B。组成为测试台主控台、发动机测试台转接架、发动机测试台整流罩、发动机测试台进气道、发动机测试台进气道支撑架、发动机测试台尾部整流罩、涡轮风扇、发动机起动机及尾锥。工作原理为当一台发动机进厂维修完成后，将安装上涡轮风扇、起动机和尾锥组成模拟的发动机运行环境，而后发动机被送进测试台，安装到带有两侧整流罩、尾部整流罩和进气道的发动机测试台转接架上，然后发动机测试台转接架安放在试车台厂房的推力台上（该推力台与厂房为一体）；当发动机上各类传感器安装完毕，试车员根据维修手册的要求，操控控制室的主控台控制调节压缩空气到启动机上启动涡轮发动机，然后涡轮发动机带动涡轮风扇运转，在涡轮风扇上产生一定的压差、温差、推力等数据被传送到主控台，在涡轮发动机运转过程中的各个系统（如滑油系统、燃油系统、排气系统、控制系统等）的实时运转状况数据也被收集到测试台主控台，以供试车员判断参考，试车员按照维修手册来评定该涡轮发动机性能恢复与否。用途为用于控制、测试维修后发动机启动、正常运转、停车及应急处理，收集汇总发动机各项数据指标是否符合要求，以判断发动机在维修后其性能是否恢复，并达到客户送修的目的与要求。				
归类决定	该商品为用于测试飞机发动机的试验台，由测试台主控台、发动机测试台转接架、发动机测试台整流罩、发动机测试台进气道、发动机测试台进气道支撑架、发动机测试台尾部整流罩、涡轮风扇、发动机起动机及尾锥等部件组成。其中，涡轮风扇、发动机启动机及尾锥等部件虽然和发动机正式部件完全相同，但此次进口的上述部件是和测试台配套进口，与每一台被测发动机配装在一起提供真实的模拟环境，且非耗材，故应视为试验台的配件一同归类。该商品属《税则》和《税则注释》均列名的试验台，符合《税则》税目90.31及其子目条文的描述，根据归类总规则一及六，应按试验台归入税则号列9031.2000。				

序号	1486	归类决定编号	Z2006-1557	公告编号	2007年第70号
商品税则号列		9031.4990		公告实施日期	2007年12月5日
商品名称	活套扫描仪				
英文名称	Infrared loop detector（photo detector type ID6100）				
其他名称					
商品描述	该活套扫描仪型号为ID6100。工作原理为该设备通过内置红外发生器向被测发热物体（700℃以上）发出红外光波，部分光波被发热物体反射回活套扫描仪的CCD感光传感器，感光元件将接收到的光信号通过检测电路进行光电转换、运算分析，确定出发热物体在活套中的厚度、位置等，通过编程将标准工业信号传送给上一级控制系统。用途为准确测量发热物体在活套工况中所处的位置、截面厚度等，用于热轧生产线两个台面间循环位置的检测控制。该商品被广泛应用于热金属材料处理等对控制系统要求较高的领域中。				
归类决定	该商品属利用红外线进行检测的设备，符合《税则注释》对子目9031.49的规定。根据归类总规则一和六，该商品应按其他光学仪器和器具，归入税则号列9031.4990。				

序号	1487	归类决定编号	Z2006-1558	公告编号	2007 年第 70 号
商品税则号列			9031.4990	公告实施日期	2007 年 12 月 5 日
商品名称		镜筒解像力检测仪			
英文名称					
其他名称					
商品描述		该检测仪包括： 1. 带有刻度的检测标准板； 2. 放置镜筒并可调整距离的支架； 3. 连接线及检测仪的开关控制盒； 4. 放置检测用具的柜子； 5. 计算机主机和显示器； 6. 用于连接镜筒的数码相机。 工作过程： 1. 接通电源并连接相机和镜筒； 2. 通过仪器的调节钮使 CHART 板的检测画面准确反映在相机的 LCD 上； 3. 按动拍摄按钮，CHART 板反映在相机上的画面迅速由短焦变化为长焦，当不良现象发生时，检测仪器发出 ZOOM 不良异音并可通过画面观察到相面抖动不稳的异常现象； 4. 检查拍摄到的长焦成像画面，此时在数码相机 LCD 显示屏上有拍摄到的被检测镜筒的 CHART 板 TV 本数，画面在设定的基准本数范围内为良品。此时被检测镜筒的分辨率数据全部存储在数码相机的存储卡上； 5. 通过电脑和显示器将检测数据进行对比分析，判定产品品质。 注：镜筒的解像力即镜筒的分辨率。				
归类决定		该商品用于检测镜筒的解像力（即分辨率），符合《税则》税目 90.31 的描述。由于其采用对检测标准板进行拍摄的方法进行检测，符合《税则注释》对子目 9031.49 的规定。根据归类总规则一和六，该镜筒解像力检测仪应按光学检测仪器归入税则号列 9031.4990。				

序号	1488	归类决定编号	Z2006-1559	公告编号	2007年第70号
商品税则号列		9031.4990		公告实施日期	2007年12月5日
商品名称	带钢测宽仪				
英文名称	Accuband strip width gage				
其他名称					
商品描述	该带钢测宽仪（C965型）是一种非接触式的光电测量装置。用于测量粗轧和精轧过程中金属带材的宽度，并测量带钢宽度与中心线偏差。C965型带钢测宽仪由现场安装部件（两台CCD线阵摄像头和相应的边缘检测电子器件、气室、空气喷嘴、激光头安装板、标定器及标定支架、两段式电缆组件、电缆接线箱等）和电子单元组成。其工作原理：电子扫描摄像头以固定宽度安装于测量架位于带钢运动的法线位置上，每台摄像头沿着带钢宽度方向进行线扫描，精确检测带钢两个边缘的位置角度，带钢边缘数据经计算处理得到带钢宽度、中心线偏差等数据，输出4~20毫安信号至轧机的控制单元。				
归类决定	该带钢测宽仪型号为C965-A、C965-B，用于测量粗轧和精轧过程中金属带材的宽度，由扫描器、气室、喷嘴、标定器和标定器支架、背光源、扫描器电源及可选的轮式结构组成。工作原理：扫描器位于被测带钢上方，扫描器内的两台CCD线阵摄像头沿带钢宽度方向进行扫描，检测带钢两个边缘的位置角度，输出4~20毫安的信号至轧机的控制单元。其中，C965-A型可直接用于测量温度高于600℃的带钢，C965-B型在辊道下方安装背光源后，把带钢作为暗区，用来测量温度低于600℃的带钢。 该产品采用光学方法测量钢带的宽度，符合《税则》税目90.31的商品描述及《税则注释》对子目9031.49的规定。根据归类总规则一及六，应将其归入税则号列9031.4990。				

序号	1489	归类决定编号	Z2006-1560	公告编号	2007年第70号
商品税则号列		9031.4990		公告实施日期	2007年12月5日
商品名称	纸币识别器				
英文名称					
其他名称					
商品描述	该纸币识别器为MEI牌，型号为VN2672，由钞票接收器及相联结的传输系统、传感器和数据模块、钱箱支架及钱箱组成。用于检测假钞及识别钞票的面值，与外币兑换机、自动售票机、自助存款机、自动售货机、验钞机等主机配合使用，广泛应用于自动售卖及银行存款领域。其工作过程：主机发出信号让纸币识别器工作时，纸币进入，LED发射光波，由纸币反射，接收器接收到反射光波后给数字处理器发送信号，经与纸币识别器中的数据比较分析后将结果信号（金额或者不识别）发送给主机，主机接收信号后控制接收纸币至钱箱或退回纸币。				
归类决定	该纸币识别器通过接收从纸币上反射的LED光波，比对识别器中的数据，并反馈比对结果，符合《税则》税目90.31的商品描述。根据归类总规则一及六，应将其作为其他光学监测仪器归入税则号列9031.4990。				

序号	1490	归类决定编号	Z2006-1561	公告编号	2007年第70号
商品税则号列		9031.4990		公告实施日期	2007年12月5日
商品名称	LVS9500条码质量检测系统				
英文名称	LVS9500CG Barcode quality workstation-base system				
其他名称					
商品描述	该LVS9500条码质量检测系统内置LED发光二极管光源，光源发射出来的全可见光谱的白光以45度角均匀照射到放置在检测平台上的条码样品上，其垂直方向的漫反射光经670纳米窄波段滤波器过滤后剩下红光，经透镜调整曝光度和焦距后，由CMOS摄像单元接收形成数字式单色图像信号，再经USB接口把信号传送至系统内置计算处理单元，最后由INTEGRA9500条码评价软件基于静态视觉技术进行后续运算。该系统以0.05毫米分辨率扫描条码图像，随着条码反射率的变化，图像的明暗程度被换算为计算机可以识别的光反射率值，每一次横向扫描形成一个扫描反射率曲线，并通过计算曲线图达到评价条码所需的技术参数。该商品主要应用于工业条形码印刷质量检测领域。				
归类决定	该商品属利用红色可见光进行检测的设备，符合《税则》税目90.31及其子目条文的描述，根据归类总规则一及六，应将其按其他光学仪器和器具归入税则号列9031.4990。				

序号	1491	归类决定编号	Z2007-0104	公告编号	2007 年第 71 号
商品税则号列		9031.4990		公告实施日期	2007 年 12 月 5 日
商品名称		TSI 立体粒子图像测速仪			
英文名称		Stereo PIV system			
其他名称					
商品描述		该设备主要是通过拍摄并测量流场中跟随流体运动颗粒的速度来反映流场速度的，其测量结果均通过 CCD 拍摄的图像进行分析得出。该商品是利用特殊 CCD 拍摄激光照亮的流场中的跟随颗粒来进行流动速度测量的系统。其中的 CCD 有两个非常特殊的技术指标，使之完全区别于常规 CCD：一是跨帧技术，即在非常短的时间间隔内完成连续两张图像的拍摄，这是常规 CCD 不可能实现的；二是含有防止强光的特殊保护技术，普通 CCD 在激光照明的环境中拍摄非常容易损坏，这种特殊的 CCD 含有防强光保护系统，使得它可以在非常短的时间内承受强光照射。一套完整的 PIV 系统包括光源系统（激光器、片光源镜头组、导光臂）、图像采集系统（跨帧 CCD/CMOS 相机、图像数据采集板）、控制协调系统（高时间分辨率同步器）、示踪粒子发生系统及专用 PIV 图像数据处理和流场显示系统等。			
归类决定		该 TSI 立体粒子图像测速仪由激光源、CCD 图像采集、控制协调系统等部分组成。通过激光源在流场中形成一个很薄的光平面，利用 CCD 图像采集系统快速拍摄连续两张流场粒子图像，并通过计算机进行比对计算，以得到流场中的速度分布。该商品用于流场速度分布的检测，符合《税则》税目 90.31 的商品描述，其利用 CCD 拍摄原理工作，符合《税则注释》对子目 9031.49 的规定，根据归类总规则一及六，应归入税则号列 9031.4990。			

序号	1492	归类决定编号	Z2008-0098	公告编号	2008 年第 76 号
商品税则号列		9031.4990		公告实施日期	2008 年 10 月 28 日
商品名称	针位检出器				
英文名称					
其他名称					
商品描述	该针位检出器由多个部件组成，成套进口，使用时安装于缝纫机上机头右侧轴套上。工作原理：由检测器发出光线，通过速度指令板和上针位遮光板的配合使用，反射光线回到检测器，检测器通过信号光电转换和信号处理，将针的位置、速度、针数信号通过电缆传输到缝纫机的计算机控制箱，由计算机控制箱控制电机驱动缝纫机工作。				
归类决定	该商品是利用光学射线进行检测的设备，在《税则》第九十章其他税号中无具体列名，符合税目 90.31 及其子目条文的描述，根据归类总规则一及六，应按其他光学仪器归入税则号列 9031.4990。				

序号	1493	归类决定编号	Z2008-0209	公告编号	2008 年第 83 号
商品税则号列		9031.4990		公告实施日期	2008 年 11 月 24 日
商品名称	淋复质量监控装置				
英文名称	Quality instrument for laminate line				
其他名称					
商品描述	该设备型号为 EASY MAX MC2 和 EASY MAX MC2X2 两种。该装置采用高速彩色 CCD 摄像机将被检测目标的图像信号传送给计算机专用的图像处理系统，依像素和亮度、颜色等信息再转变成数字化信号，图像处理系统对信号进行各种运算来抽取目标特征，再依预设的允许度和其他条件判断并输出检查结果。缺陷被检查出来之后，该装置可以进行声光报警，显示、保存缺陷信息及图像，输出多种实时和补正后的信号，并可按批示进行打印。功能为对生产线上高速运行中的淋复包装物进行高速、高精度的外观检查。检测对象为纸铝塑多层淋复包装材料技术参数。其中，摄像单元由高速彩色摄像机构成，为 4 000 像素。全检查宽幅为 1 250 毫米。辨率为横向 0.158 毫米/画素，纵向 0.300 毫米/SCAN。镜头为 f50 F1.4。光源单元由高周波荧光灯组成，荧光灯瓦数为 65 瓦，2 个灯管，风扇冷却，自动调光。检测速度为 150 米/分。缺陷的最小检出尺寸为横向 0.6 毫米以上；纵向 0.316 毫米以上。				
归类决定	该商品通过 CCD 摄像机对被检目标进行检测，经计算机比对后判断产品质量，并在必要时进行标示和报警，为一种检测装置，符合《税则》税目 90.31 的商品描述，由于其采用 CCD 摄像技术工作，符合《税则注释》对子目 9031.49 的规定，根据归类总规则一及六，应归入税则号列 9031.4990。				

序号	1494	归类决定编号	Z2008-0210	公告编号	2008 年第 83 号
商品税则号列		9031.4990		公告实施日期	2008 年 11 月 24 日
商品名称	粒子像分析仪				
英文名称	Flow-Type Histogram Analyzer FPIA-3000S				
其他名称	流动粒子大小和形状的图像分析				
商品描述	该粒子像分析仪用于流动粒子大小和形状的图像分析,型号为 FPIA 3000S。工作原理:对纳米级碳化硅微粒进行取样,在专用液体内稀释制成悬浮液,悬浮液通过测量单元,使用频闪观测仪照明和 CCD 镜头捕获纳米粒子图像。该设备包含一个获得专利的高速图像处理器,通过一系列数字成像过程,对纳米粒子进行提取和量化。而后利用不同灰度级别从背景像素中识别纳米粒子像素,运用链码方法进行描画,它为每一像素提供一个反映这一像素与紧邻像素关系的值。整个纳米粒子的所有链码值,为提供计算单个纳米粒子周长、面积、体积、直径等提供参数。粒子像分析仪能自动计算每一个纳米粒子的周长、面积、长度、宽度、最大距离、最小距离、等效周长直径等常规数据,以及计算单个纳米粒子形态学参数,包括凹凸度、凹凸直径、凸壳面积、圆度等。				
归类决定	该商品利用光学仪器测量纳米级碳化硅粒子的外观数据,并不检测粒子的物理特性,符合《税则》税目 90.31 及其子目条文的描述,根据归类总规则一及六,应按其他光学检测仪器归入税则号列 9031.4990。				

序号	1495	归类决定编号	Z2009-0075	公告编号	2009 年第 5 号
商品税则号列		9031.4990		公告实施日期	2009 年 1 月 20 日
商品名称	地表植被光谱仪				
英文名称					
其他名称					
商品描述	该商品用于测量冠层、地表等地物的不同波谱段光谱,反映地表反射的真实情况,可用来研究不同地物表面的光谱特征及随着时间变化被测地表光谱的变化特征。由主机系统、数据采集器等构成。				
归类决定	该商品利用光学传感器,比较测量光照辐射射入和射出量的差值,通过内置设定参数的计算,测量地物表面的光谱特性。上述商品不属于大地测量设备或地球物理仪器,亦非理化分析仪器,根据《税则注释》对子目 9031.49 的规定"……还包括必须通过使用光学元件或光学技术才能工作的仪器或装置",属于光学检测仪器,符合《税则》税目 90.31 及其子目条文的描述,根据归类总规则一及六,应按其他光学检测设备归入税则号列 9031.4990。				

序号	1496	归类决定编号	Z2010-0067	公告编号	2010 年第 15 号
商品税则号列		9031.4990		公告实施日期	2010 年 2 月 28 日
商品名称	扫描测量水泥窑体温度用红外线扫描仪				
英文名称					
其他名称					
商品描述	该商品采用非接触红外测温技术测量回转窑筒体表面温度，估算窑衬、窑皮的厚度和计算窑体热变形。主要配置：扫描头、数据接收处理装置和专用分析软件。工作原理为将窑体内的红外光线反射至平面旋转镜片，通过一组光学镜和大角度孔径的非球面透镜聚焦于热点冷却探测器上，可探测极小的热点和温度。扫描仪输出的 16 比特信号通过光缆传至远端的数据处理装置，测得窑体表面温度，并通过专业软件系统分析得出窑衬、窑皮的厚度和计算窑体热变形。				
归类决定	该商品是一套红外检测系统，利用光学镜头接收红外光，测量红外图像和温度，及时发现热故障问题，属于利用光学进行测量的装置，符合《税则》税目 90.31 及其子目条文的描述，根据归类总规则一及六，应按其他光学检测仪器归入税则号列 9031.4990。				

序号	1497	归类决定编号	Z2010-0068	公告编号	2010 年第 15 号
商品税则号列		9031.4990		公告实施日期	2010 年 2 月 28 日
商品名称	全自动异物侦检机				
英文名称					
其他名称					
商品描述	该设备规格型号为 ATM18/18，采用数码相机的 CCD 成像技术照射到被检测的药瓶上，通过不同的角度快速拍摄，将所拍照片传输到中央操作屏，对其进行分析，主要用于检测药液装量不足，表现为液位高度不足，也可发现药液中存在异物，从而保证药品的质量。				
归类决定	该商品利用光学器件对样品进行检测，所测量的包括液位是否正常和样品中是否有异物两类数据，其功能在《税则》第九十章其他税目中未列名。上述商品属其他利用光学设备工作的检测仪器，根据《税则注释》对子目 9031.49 的规定，其符合《税则》税目 90.31 及其子目条文的描述，根据归类总规则一及六，应按其他光学仪器归入税则号列 9031.4990。				

序号	1498	归类决定编号	Z2013-0053	公告编号	2013年第26号
商品税则号列		9031.4990		公告实施日期	2013年6月1日
商品名称	对刀仪					
英文名称						
其他名称						
商品描述	该商品用于数控加工中心刀具调试、测量，应用冷光源原理，利用相机捕捉到刀具轮廓信息，送到软件系统计算出刀具长度、半径等信息。					
归类决定	该商品利用光学设备进行检测，其工作原理不符合《税则注释》对轮廓投影仪的描述，根据归类总规则一及六，应归入税则号列9031.4990。					

序号	1499	归类决定编号	Z2006-1562	公告编号	2007年第70号
商品税则号列		9031.8010		公告实施日期	2007年12月5日
商品名称	Agilent 8614xb 通信光谱仪					
英文名称						
其他名称						
商品描述	该Agilent 8614xb通信光谱仪由衍射光栅、光检、放大器、转换器、信号处理器、彩色显示屏组成，用来快速测试并记录光通信中光信号的信道功率、波长及OSNR，确定波分复用（WDM）系统的特性等。					
归类决定	该光谱仪是专门用于光纤通信的测试仪器，根据归类总规则一及六，应将其归入税则号列9031.8010。					

序号	1500	归类决定编号	Z2006-1086	公告编号	2006年第69号
商品税则号列		9031.8020		公告实施日期	2006年11月22日
商品名称	坐标测量仪					
英文名称						
其他名称						
商品描述	坐标测量仪型号为 global status 555/575，主要用于执行箱体检测，基本形状公差的测量。该测量仪可通过触发式探测头对硬度较高的工件表面进行点测量，甚至曲面扫描，然后将所测得的数据与工件设计的原始数据进行拟合比较，通过三维偏差彩色图得出形状公差；激光探测头可以对较软的工件进行非接触式扫描，同时两种探测头可以快速进行更换，以完成箱体类型特征的尺寸课题和复杂几何形状及自由曲面的扫描，外形扫描出的图形可以转化为 PRO/E 等形式的图形，再完成对任意截面的数据测量，从而保持很高的测量精度。				
归类决定	该测量仪通过接触式或非接触式两种方式测量被测物的三维坐标尺寸，然后利用所测得的数据与原始数据进行比较或转换成 PRO/E 形式的图形等进行数据处理，其功能属于三维坐标测量仪，符合《税则》税目 90.31 及其子目条文的描述，根据归类总规则一及六，应将其按坐标测量仪归入税则号列 9031.8020。				

序号	1501	归类决定编号	Z2006-1087	公告编号	2006年第69号
商品税则号列		9031.8090		公告实施日期	2006年11月22日
商品名称	CT机、核磁机体模					
英文名称						
其他名称						
商品描述	该商品主要用于检测 CT 机、核磁机的部分性能指标，并作为 CT 机、核磁机的性能检定方法之一。 它由一个主模体及一系列标准插件组成。待测 CT 机对体模及插件进行扫描照相，检测机关通过对所得相片进行分析，来认定待测 CT 机的各项性能指标。				
归类决定	该 CT 机体模是一种应用于检测 CT 机性能指标的装置，也用于检测核磁机，它不属于 CT 机、核磁机的零附件，是一种专用的检测器具，应归入税则号列 9031.8090。				

序号	1502	归类决定编号	Z2006-1088	公告编号	2006 年第 69 号
商品税则号列		9031.8090		公告实施日期	2006 年 11 月 22 日
商品名称	电脑记忆鞋楦模扫描机					
英文名称	Mechanical modular digitizer					
其他名称						
商品描述	该电脑记忆鞋楦模扫描机（又名鞋楦数码读数处理机），型号为 NL-DGT/CNC。用途：把样楦数据扫描输入，数字化后存入软盘，通过与制楦机连用，进行鞋楦制作。					
归类决定	该电脑记忆鞋楦模扫描机可通过其接触探测器测量鞋楦（样楦）形状，并可将测量结果数字化后储存于软盘中。生产鞋楦时，该机通过电缆将鞋楦形状数据输入另外的精刻楦机，即可生产出与样楦形状相同的鞋楦。该机的功能为多维形状测量，应作为测量仪器归入税则号列 9031.8090。					

序号	1503	归类决定编号	Z2006-1090	公告编号	2006 年第 69 号
商品税则号列		9031.8090		公告实施日期	2006 年 11 月 22 日
商品名称	微波流量计					
英文名称						
其他名称	微波流量探测器					
商品描述	该进口的微波流量计型号为 DTR131，外壳为铝制，重量约为 2 千克，传感器为特制的开槽铝法兰。其工作原理：利用多普勒效应的微波反射原理，电子器件发射一个低能量、连续的信号，该信号被运动的介质反射产生一个多普勒率，可探测的多普勒率从 1.6 赫兹～1.6 千赫，该频率同介质的速度成正比，通过检测频率并经过换算得出流量。 用途：用于监测管道、溜槽、风力输送机输送的液体、浆体或气体输送物料的流动。 应用行业：建材（水泥、石膏、混凝土）、化学（添加剂、油漆）、能源（粉煤灰、飞灰）等。					
归类决定	该商品以微波反射原理测量介质的流量，其测量的介质为液体、浆体和气送物料，根据货主提供的资料，该微波流量计主要用于探测管道、风力输送机输送的气体介质流量。由于《税则》税目 90.26 是指液体或气体的流量检测装置，而气送物料是以气体为介质的固体流（如粉煤灰、飞灰等），因此，该商品不符合税目 90.26 的规定。根据其主要功能及归类总规则一，该微波流量计应按其他检测仪器归入税则号列 9031.8090。					

序号	1504	归类决定编号	Z2006-1563	公告编号	2007 年第 70 号
商品税则号列		9031.8090		公告实施日期	2007 年 12 月 5 日
商品名称	网络流量监测器					
英文名称						
其他名称	骨干网络安全保护及流量分析系统					
商品描述	该网络流量监测器，又称骨干网络安全保护及流量分析系统，型号为 PKF-SPTR（Peakflow SP Traffic），是美国 ARBOR 公司的产品。Peakflow SP 产品系列是建立在 Peakflow 平台上的，它是一个网络范围内数据收集、分析和异常现象检测的基础结构。Peakflow 从网络边缘到核心建立正常网络行为的动态模型，然后，Peakflow 以实时的方式针对这些基准参数比较网络流量，查明不规则的网络行为。Peakflow Traffic 产品提供对流量和横跨整个网络路由规则的了解信息，它采用 Peakflow 平台，通过对网络范围内流量和路由的完整分析，可以帮助运营商更容易理解网络中发生的问题，可以实现整体网络范围的监测、实时模型和事件相互关联、网络异常现象的检测，以及生成报表和分析。					
归类决定	该商品不符合《税则》第八十四章章注五对"自动数据处理设备"的描述，因此，不能归入税目 84.71 项下。由于该商品主要用于直接从路由器或从 Packet Capture 设备收集监测流量数据，识别异常流量并将信息反馈给网管，具有网络流量监测功能，该功能符合《税则》税目 90.31 及其子目条文的描述，根据归类总规则一和六，该商品应按第九十章其他税号未列名的测量或检验仪器归入税则号列 9031.8090。					

序号	1505	归类决定编号	Z2006-1564	公告编号	2007 年第 70 号
商品税则号列		9031.8090		公告实施日期	2007 年 12 月 5 日
商品名称	声发射系统					
英文名称	48CHS Samos acoustics system					
其他名称						
商品描述	声发射系统，又称声纳压力测试仪，由显卡处理器、主机、插头组成，用于测试和评估容器在内装液体加压过程中，容器的承压状况是否符合容器设计时所能承受的压力等级。					
归类决定	该商品用于测试容器的承压状况，并非是对液体或气体的压力进行测量，其不符合《税则》税目 90.26 的条文描述，故不能归入其中。根据归类总规则一和六，该商品应按第九十章其他税号未列名的测量或检验仪器归入税则号列 9031.8090。					

序号	1506	归类决定编号	Z2006-1565	公告编号	2007 年第 70 号
商品税则号列		9031.8090		公告实施日期	2007 年 12 月 5 日
商品名称	完整性测试仪				
英文名称					
其他名称	过滤器完整性测试仪				
商品描述	该完整性测试仪的品牌为 MILLIPORE；规格型号为 EXACTA 3.0V。主要构成为气动元件（压力控制器、阀门、内置气罐）、内置电脑、压力传感器等。该完整性测试仪专用于生物制药生产的过滤器的完整性检测，即对过滤器的过滤膜片、过滤芯和超滤器进行现场完整性检测。检测项目包括气泡点、气体扩散和 HydroCorr（用纯水或异丙醇检测疏水滤芯完整性的方法）。完整性测试仪预装了生产商密理博公司的测试软件和过滤器的完整性测试指标（用户可自行添加其他的过滤器规格），当用户输入过滤器编号之后，过滤器的气体扩散、气泡点和 HydroCorr 指标会自动显示出来。工作原理：检测时，将气源、完整性测试仪、过滤器连接；过滤器内的过滤膜片、过滤芯和超滤器浸湿在纯水或异丙醇中；通过给过滤器内施加气压，过滤器内的过滤膜片、过滤芯和超滤器在气压作用下产生气泡点或气体扩散，从而影响过滤器内的气压，压力传感器可以精确检测出气压的变化；在测试过程中显示屏只显示测试仪内部主储存气缸内腔压力和滤芯（或过滤膜片等）受到压力随时间变化的折线图；测试完成后仪器根据检测的数据自动判断滤芯（或过滤膜片等）是否合格，并打印检验报告，报告中主要是上述的折线图。				
归类决定	该商品通过检测气泡点、气体扩散和 HydroCorr 等项目，对过滤器进行完整性测试。由于其检测的对象并非液体或气体，检测的项目并非液位、压力等变化量，因此，该商品不能归入《税则》税目 90.26 项下。根据其功能以及归类总规则一和六，该过滤器完整性测试仪应按第九十章其他税号未列名的具有独立功能的检测仪器归入税则号列 9031.8090。				

序号	1507	归类决定编号	Z2006-1566	公告编号	2007年第70号
商品税则号列			9031.8090	公告实施日期	2007年12月5日
商品名称	地下管线视频探测仪				
英文名称					
其他名称					
商品描述	该地下管线视频探测仪牌名为CUES，用于城市下水道内部检查。该探测仪由"将军"控制总成（含显示器、手持键盘等）、电缆推车、内置坡度计、摄像头及输送器、灯头总成（用于照明）、手提电脑、上检查井滑轮总成、下检查井电缆保护管套、CD/DVD录影机、数据采集及分析软件组成。其中控制总成、CD/DVD录影机、电缆等放置在推车上；内置坡度计、摄像头、灯头总成等安装在输送器上，使用时通过输送器从地下管道的井口深入管道内部，通过电缆将摄像头和坡度计采集到的视频信号、坡度/压力及距离数据传送到安装在推车上的显示器及录影机。其工作原理：通过彩色遥控闭路电视摄像，了解下水道的实际状况和破损程度，用光盘存储拍摄的管道图片，用手提电脑中的数据采集系统和下水道中文分析软件对拍摄的管道图片进行分析处理，输出包括管线缺陷的影像及其他相关的视觉信息、泄漏位置、损坏报告、管线坡度、位置图表和跟随数据等。				
归类决定	该地下管线视频探测仪由多个不同的部件组成，组成后用于地下管线的测量，符合《税则》第九十章章注三有关功能机组的定义，应一并归类。该商品的测量功能符合税目90.31的商品描述，其坡度、压力及距离等数据并非是用光学原理进行探测，根据归类总规则一及六，应按其他未列名的测量仪器归入税则号列9031.8090。				

序号	1508	归类决定编号	Z2006-1567	公告编号	2007 年第 70 号
商品税则号列		9031.8090		公告实施日期	2007 年 12 月 5 日
商品名称	发动机下线检测设备				
英文名称					
其他名称					
商品描述	该发动机下线检测设备主要包括数控显示器、工控机、控制面板、数控柜、转换器、传输设备、蓝牙无线接收器等。进口该设备的目的是为满足全顺汽车欧Ⅲ发动机的排放测试要求。该设备的工作原理是：通过传输设备上的 OBDII（KWP2000 通信接头）与汽车发动机 ECU 单元连接进行通信，并通过主控制柜上的蓝牙无线接收器将检测到的数据传送到工控机内，进行处理后在屏幕上显示输出。该设备能够测试发动机气缸压力、温度、曲轴位置角度等参数，并判断其是否合格，所有的测试参数可以储存输出，也可打印输出。				
归类决定	该商品通过与汽车发动机 ECU 单元连接，将收集到的数据进行处理显示，对发动机气缸压力、温度、曲轴位置角度等参数进行检测，判断是否合格，其功能符合《税则》税目 90.31 的商品范围。由于其不具备台架结构，因此不能归入税则号列 9031.2000。根据归类总规则一及六，应将其归入税则号列 9031.8090。				

序号	1509	归类决定编号	Z2006-1568	公告编号	2007 年第 70 号
商品税则号列		9031.8090		公告实施日期	2007 年 12 月 5 日
商品名称	电围栏系统				
英文名称					
其他名称					
商品描述	该系统由脉冲感应器、中央遥控识别器、HT 围栏线、绝缘围栏柱 4 个部分构成（各部分由若干构件组合而成）。工作原理是具有极地系统的脉冲感应器发出的脉冲电流被传送到通过绝缘围栏柱固定的 HT 围栏线上。其主要用于测试草地放牧系统的载畜率等。				
归类决定	该电围栏系统由多个独立部件组成，用于分析测试草地放牧系统的载畜率，根据归类总规则一（第九十章章注三）及六，应将其归入税则号列 9031.8090。				

序号	1510	归类决定编号	Z2008-0211	公告编号	2008年第83号
商品税则号列		9031.8090		公告实施日期	2008年11月24日
商品名称		身体成分分析仪			
英文名称		Body Composition Analyzer			
其他名称					
商品描述		该身体成分分析仪包含主机1台，上肢电极握把2个，下肢夹式电极2个，软件1套，光盘1张，使用说明书1册，电源连接线1条（2米）。工作原理为根据不同组织的阻抗和电阻不同，通过测量全身不同部位的电阻和阻抗，准确得出身体脂肪、含水量、瘦体重比例、各部分的相对重量、基础代谢率等指标。功能和用途为身体成分分析仪是运动生理学、运动测量、体育保健学、体育康复学的必备实验设备。它可以快速方便地分析身体成分，指导运动员控制体重，较常用的BMI（身体成分指数）有更高的准确性和实用性。它可以得出身体中各种能量物质的分布，是运动生理学、运动营养学研究的常用研究设备。			
归类决定		该身体成分分析仪利用电极测量身体各部分的阻抗值，得出身体的脂肪、含水量等指标，用于运动生理学、运动测量、体育保健学、体育康复学等领域，并非《税则》税目90.18所列的电气医疗诊断设备，属于测量检测身体机能状况的装置，符合《税则》税目90.31及其子目条文的描述，根据归类总规则一及六，应按其他检测设备归入税则号列9031.8090。			

序号	1511	归类决定编号	Z2009-0076	公告编号	2009 年第 5 号
商品税则号列		9031.8090		公告实施日期	2009 年 1 月 20 日
商品名称	接触式测厚仪				
英文名称	Thickness gauge				
其他名称					
商品描述	该接触式测厚仪用于高精度无氧铜带轧机作业线，对检测带材标定厚度尺寸进行预设定，然后对带材进行在线检测。带材进入 C 型测量框架中与金刚石触头接触即可实现在线检测。由于带材轧制过程中受各种变形因素影响，厚度偏差不断变化，会相应导致金刚石触头移动量发生变化，这个变化量通过传感器末端差动变化器的可移动铁芯与在测铜带表面滑动的金刚石触头连接而产生的电感变化信号检测出来。将两个传感器之间的变化电信号发送至 VMF2000 放大器系统进行处理后显示 0 位左右偏差值。该检测值不是检测带材实际厚度。测厚仪组成及功能：1. 测量头系统，测量头与测量铜带表面接触点为冠状天然金刚石触头。测量头上部安装 2 个测厚传感器，同时装在 C 型测量框架上，并悬挂在垂直轨道上，测量头可沿着垂直导轨上下移动，在滑座上进行横向移动。轧制带材通过 C 型测量框与金刚石触头接触实现在线连续检测带厚偏差。2. 电子放大器 VMF2000，将测量头检测的电信号偏差值放大后传输到轧机自动压下控制系统，实现对辊线的自动控制。3. 远程标称值设定组件 FS5-PLC，对带材检测厚度预设定标准值的设定控制系统，在线连续检测过程中，实现自动调零或复零的自动控制功能。4. 电气柜，测厚仪的电气控制柜。5. 远程检测头位置控制系统，用于实现测厚仪从在线检测位置返回到后限位置的自动控制。				
归类决定	该商品用于检测铜带厚度，符合《税则》税目 90.31 的商品描述，而税则号列 9031.8030 项下为无损探伤设备，厚度检测不属于该子目范围。根据归类总规则一及六，应将该商品归入税则号列 9031.8090。				

序号	1512	归类决定编号	Z2009-0077	公告编号	2009年第5号
商品税则号列		9031.8090		公告实施日期	2009年1月20日
商品名称		铝轮毂专用全自动氦气气密试验机			
英文名称		Automatic helium leakage testing machine for aluminium wheels			
其他名称					
商品描述		该铝轮毂专用全自动氦气气密试验机是用于检测铝车轮及钢车轮是否漏气的一个全自动检测设备。该设备主要工作原理：在进料口轨道上，当检测到有工件时，机械手自动伸出，将工件取来置于抽真空位置的位置上，检测装置自动拢合封闭真空室，将工件压紧后，自动将轮毂的外部及中部抽真空，在铝轮毂外部自动灌入氦气，使轮毂内外部达到设定的差压，如果轮毂有漏点，氦气就会从有缺陷的点漏出，然后泄漏的气体被抽到氦气分析仪中。氦气分析仪模块探头上有气体分子检测传感器，该传感器是由某种特殊的半导体材料制成，用于检测气体分子含量。当空气中不同含量的氦气分子接触到传感器时，传感器就会产生不同的相应的微小电压变化，此电压变化信号经过放大、A/D转换后，形成相应的数据。通过检测混合气体中氦气微量元素的含量，氦气分压分析仪内置程序（PPL法渗漏检测法）就根据检测到的气体含量数据进行分析，自动分析得出被检测轮毂内部的泄漏率、泄漏值，然后进行测量值与设定值的比较，从而判定出被检测工件是否合格。主要构成有：氦气分压渗漏监测仪系统，真空泵装置，单/双测试压腔，测试气体回收站，检测室闭合系统，标定装置，传动到测试场所的设备，上、下载工件系统，分类系统，气动系统和电器控制装置及程序控制中心。				
归类决定		该铝轮毂专用全自动氦气气密试验机是用于检测铝车轮及钢车轮是否漏气的一个全自动检测设备。虽然该商品利用了气体检测技术，但实际测量对象为车轮的气密性，因此不属于理化分析设备，不能归入《税则》税目90.27。其检测功能在《税则》第九十章其他税目中没有具体列名，但符合税目90.31的商品描述，根据归类总规则一及六，应归入税则号列9031.8090。				

序号	1513	归类决定编号	Z2009-0078	公告编号	2009 年第 5 号
商品税则号列		9031.8090		公告实施日期	2009 年 1 月 20 日
商品名称	少子寿命测试仪				
英文名称					
其他名称					
商品描述	该 WT-1000B 型单点少子寿命测试仪以微波光电导衰减法测试被检材料的电导率变化，判断半导体硅材料的少数载流子寿命。用来快速、无接触、无损伤判断硅棒、硅锭、硅片等半导体材料的等级、缺陷等性质。少子测试仪测试过程：用固定波长的光照射被测材料表面，激发材料内的少数载流子，然后用微波照射被测材料，接收反射波，如材料内有载流子活动，则反射波会有频率变化，根据反射波频率变化又恢复所经历的时间差，得出少子寿命（单位为秒）。因为光激发和微波反射只能在材料较浅的表面层进行，所以该设备只能测出材料表面的性能参数，不能深入材料内部。				
归类决定	该少子寿命测试仪通过微波光电导衰减法测试被检材料的电导率变化，判断半导体硅材料的少数载流子寿命。其检测对象虽为半导体材料内的少数载流子，但检测结果为少子的寿命（单位为秒），而非电量，不符合《税则》税目 90.30 的商品描述。该商品在《税则》第九十章其他税目中没有列名，但符合税目 90.31 的商品描述，根据归类总规则一及六，应按其他测量或检验仪器归入税则号列 9031.8090。				

序号	1514	归类决定编号	Z2009-0079	公告编号	2009 年第 5 号
商品税则号列		9031.8090		公告实施日期	2009 年 1 月 20 日
商品名称	运动肺功能测试仪				
英文名称					
其他名称					
商品描述	该运动肺功能测试仪由气体代谢测试主机、数据采集和分析软件、无线发射接收盒、面罩、充电电池、心率表、心率传输带、记录器、闪光卡回放器等部分组成。该设备可以佩戴在运动员身上，在不影响运动员正常训练和比赛的情况下，保证科研人员随时监测运动员在运动中肺功能承受负荷的状况。				
归类决定	该商品用于监测肺功能承受负荷的情况，并非用于疾病的预防和诊断，不符合《税则》税目 90.18 的条文描述，根据归类总规则一及六，应归入税则号列 9031.8090。				

序号	1515	归类决定编号	Z2018-001	公告编号	2018 年第 183 号
商品税则号列		9031.8090		公告实施日期	2019 年 1 月 1 日
商品名称	半导体晶片测试仪				
英文名称	无				
其他名称	无				
商品描述	该商品品牌为 Advantest，型号为 V93000。由测试头、测试板卡、支架、水冷柜、电脑工作站等组成，该设备共有 20 个卡槽位（安装板卡用），进口的随附板卡共有 7 块，其中电源板卡 2 块、数字板卡 4 块、模拟板卡 1 块。软件为供货商安装在电脑中的 V93000 测试平台，电脑操作系统为 Linux。主要用途为对集成电路晶圆、封装后的芯片进行规模化测试。检测的指标包括：电压、电流、功率、频率、导通功能、存储功能、逻辑功能，上述指标的实现，或直接测试得到，或通过计算、对比得出，最终看测试值是否在期望值范围之内，来判断是否符合质量的好坏。工作原理：1. 根据待测晶圆或芯片的测试需求，选配对应板卡，搭建测试回路环境，编写相应的测试程序，将期望值范围事先植入程序，对待测产品进行测试（例如：测功率的就编功率的测试程序；测导通的就编导通的测试程序）；2. 在测试之后将实际测试值与期望范围进行比对，比对后判断被测物品为"好品 pass"或"坏品 fail"；3. 将判断结果告知另一台与测试仪联机的分选机（未进口），分选机将已测产品按照测试仪指令放置对应的"好品筐 or 坏品筐"；4. 测试结束后生成测试数据包，发给公司产品工程师及客户做进一步分析。该设备对芯片种类以及相关指标的测试具有一定的拓展性，需通过选购其他类型板卡以及升级软件程序实现。				
归类决定	该商品通过加电方式采集被测对象（集成电路）的各项指标：电压、电流、功率、频率、导通功能、存储功能、逻辑功能，最终经本机处理运算后得出被测对象质量好坏（"好品 pass"或"坏品 fail"）这一检测参数并将数据传输给后道的分拣机（未进口）使用，符合税目 90.31 及其子目条文的描述，根据归类总规则一及六，应将其按其他税目未列名的检测设备归入税则号列 9031.8090。				

序号	1516	归类决定编号	Z2010-0069	公告编号	2010 年第 15 号
商品税则号列		9031.8090		公告实施日期	2010 年 2 月 28 日
商品名称	肌肉嫩度分析仪				
英文名称					
其他名称					
商品描述	该肌肉嫩度分析仪型号为 TMS-BFG，主要用于鲜肉和肉制品，以及豌豆、水果、蔬菜等食品的嫩度、硬度、拉伸强度等物性测试。该仪器由底座、支杆、检测器探头、夹具、显示单元等组成。工作原理：通过检测器探头测量出仪器在使用剪切、穿刺、挤压等方法检测样品时遇到的阻力，从而得出被检测样品的嫩度、脆度及硬度。				
归类决定	该商品通过测量剪切、穿刺被测物时遇到的阻力，来衡量被测物的嫩度、硬度等指标，此测量过程不属于"理化分析"，故该商品不应归入《税则》税目 90.27 项下，根据归类总规则一及六，应按第九十章其他税号未列名的测量仪器归入税则号列 9031.8090。				

序号	1517	归类决定编号	Z2010-0070	公告编号	2010 年第 15 号
商品税则号列		9031.8090		公告实施日期	2010 年 2 月 28 日
商品名称	人体脂肪测量仪				
英文名称					
其他名称					
商品描述	该商品用于测量体重和体内脂肪含有量，是利用生物电阻阻抗法的原理来测量人体的脂肪率。由于体内脂肪几乎不导电，而肌肉和水分等身体成分容易导电，所以我们可以通过测量人体生物电阻抗来计算体内脂肪、水分及其他组织成分的比率。生物电阻抗（人体生物电阻抗）的变化是影响人体脂肪率的主要要素之一。随着测量时身体状况的变化（发烧、暴饮暴食、大量出汗等）或一天内的活动变化（正常情况下，生物电阻抗有着入睡时上升、活动时下降的特性），其测量值随之发生变化。				
归类决定	该商品为体重及身体脂肪测量仪器，利用生物体电阻阻抗法的原理来测量人体的脂肪率，让微弱电流通过身体，以测定其间的电阻，就可以推定脂肪及其他组织的比例。该商品符合《税则》税目 90.31 及其子目条文的描述，根据归类总规则一及六，应按其他未列名的测量装置归入税则号列 9031.8090。				

序号	1518	归类决定编号	Z2006-1091	公告编号	2006年第69号
商品税则号列		9032.1000		公告实施日期	2006年11月22日
商品名称	热敏铜螺丝				
英文名称	Thermostatic element				
其他名称					
商品描述	商品"热敏铜螺丝",法国VERNET公司生产,型号为EL0829,其基本构成为活塞棒、导向套、铜外壳、热膨胀材料（感温蜡）。其工作原理是：铜壳体内装有热膨胀材料（感温蜡）,随着水温度的变化,感温蜡热胀冷缩,使活塞棒上下运动,从而控制进水量,保持出水恒温。该热敏铜螺丝可用于电热水器的恒温控制器和恒温水龙头。				
归类决定	该商品是应用在各种设备中对温度敏感的一个元件,按照《税则注释》对品目90.32的规定,其结构和功能已经具备了恒温器的基本特征,根据归类总规则一及六,该商品应归入税则号列9032.1000。				

序号	1519	归类决定编号	Z2006-1092	公告编号	2006年第69号
商品税则号列		9032.2000		公告实施日期	2006年11月22日
商品名称	阀门控制器				
英文名称					
其他名称					
商品描述	该商品由两部分组成。其中,型号SDAC500SR/300SR/500A阀门控制器的工作原理：气体从进气孔进入气缸,推动活塞向两侧运动,活塞带动齿轮旋转,旋转量同时从上下两端输出,上端反馈给阀门控制器YT-1000,下端控制旋转型阀门的开闭。型号YT-1000阀门控制器的用途是为SDAC500SR/300SR/500A提供稳压气体。工作原理为可设定阀门开启角度,工作时气体从进气口进入,从出气口输出给SDAC500SR/300SR/500A,同时根据SDAC500SR/300SR/500A的反馈值调节输出气体的压强,使输出气体的压强始终保持在设定值,从而保证阀门开启的角度始终不变。				
归类决定	该阀门控制器由自动控制器与气动装置组合而成,自动控制器通过采集来自被控对象"气动装置"的信息,来调节输出气体的压强,使输出气体的压强始终保持在设定值,符合《税则注释》对品目90.32项下自动调节或控制装置的描述："液体或气体的流量、液位、压力或其他变化量的自动控制仪器及装置或者温度自动控制仪器及装置,不论其是否依靠要自动控制的因素所发生的电现象来进行工作,这些仪器将自控因素调到并保持在一设定值上……" 上述商品属于自动控制装置的一种,符合《税则》税目90.32及其子目条文的描述,根据归类总规则一及六,应将其按自动控制装置归入税则号列9032.2000。				

序号	1520	归类决定编号	Z2007-0105	公告编号	2007 年第 71 号
商品税则号列		9032.8100		公告实施日期	2007 年 12 月 5 日
商品名称	压力校准仪				
英文名称					
其他名称					
商品描述	该设备由电路板、连接部件、数字压力计组成。精确地设定和控制气体的压力，测量仪器校准和测试。				
归类决定	该压力校准仪连接气源系统，可以精确地设定和控制输出气体压力，用于压力传感器的校验。该设备符合《税则》第九十章章注七（一）关于"气体压力自动控制装置"的描述，根据归类总规则一及六，应归入税则号列 9032.8100。				

序号	1521	归类决定编号	Z2022-0138	公告编号	2022 年第 78 号
商品税则号列		9105.9190		公告实施日期	2022 年 9 月 1 日
商品名称	原始频率标准仪器				
英文名称					
其他名称	铯原子钟				
商品描述	该商品型号为 AGILENT5071A，主要由微处理器、晶体振荡器、频率合成器等构成。它利用内部的电子在两个能级间跳跃时辐射出来的电磁波作为标准，去控制校准晶体振荡器（进而控制钟的走动），并通过频率合成器输出频率信号。该设备可为数字同步网、计量、其他时间频率应用场合提供高准确度和高稳定度的基准参考源，可作为数字同步网的一级基准时钟，能够为数字同步网和同步通信设备提供准确的频率标准，可广泛应用于多个领域中。该设备具有时钟显示功能。				
归类决定	该商品利用电子跃迁辐射出来的电磁波作为基准参考源，对外输出一个准确的频率信号。广泛应用于多个领域中，且具有时钟显示功能，根据归类总规则一及六，应归入税则号列 9105.9190。				

序号	1522	归类决定编号	Z2008-0103	公告编号	2008年第76号
商品税则号列		9304.0000		公告实施日期	2008年10月28日
商品名称	仿真枪				
英文名称					
其他名称					
商品描述	该仿真枪，外形与枪支近似，枪体为塑料制，以压缩弹簧为动力发射塑料弹丸。				
归类决定	该商品符合《税则注释》对品目93.04的描述，根据归类总规则一，应归入税则号列9304.0000。				

序号	1523	归类决定编号	Z2008-0104	公告编号	2008年第76号
商品税则号列		9306.3090		公告实施日期	2008年10月28日
商品名称	塑料BB弹				
英文名称					
其他名称					
商品描述	该塑料BB弹，塑料制，是直径为6毫米的实心圆弹丸，是以弹簧为动力的仿真枪的发射弹丸。与仿真枪同时出口。				
归类决定	根据归类总规则一，该商品应归入税则号列9306.3090。				

序号	1524	归类决定编号	Z2006-1576	公告编号	2007 年第 70 号
商品税则号列		9402.1090		公告实施日期	2007 年 12 月 5 日
商品名称	\multicolumn{5}{l	}{牙科椅驱动总成}
英文名称	\multicolumn{5}{l	}{Actuator system for dentistry chair}
其他名称					
商品描述	\multicolumn{5}{l	}{　　该商品牌名为 LINAK；型号为 ML31-4+09+70C；输入电压 220 伏，最大载荷 6 000 牛。该牙科椅驱动总成包括 3 个部分：一个控制盒、一个手控器和 4 个传动器。各部分之间由连接线连接，传动器安装在牙科座椅需调节的部位。工作原理为操作者按动手控器，手控器将操作者的动作转变为开关信号传送给控制盒，控制盒接收信号后控制传动器，传动器把驱动马达的回转运动经变速齿轮组件转变为往复直线运动，驱动座椅各部位的动作，实现座椅角度、高度的自动升降调节。}
归类决定	\multicolumn{5}{l	}{　　该商品是将一个控制盒、一个手控器和 4 个传动器组合在一起的套件，是牙科椅实现位置调整功能的关键部件，不具有《税则》税目 90.32 的自动控制功能，在《税则》其他税目中无具体列名，故可按牙科椅的专用零件进行归类。 　　该牙科椅驱动总成符合《税则》税目 94.02 及其子目条文（或子目注释）的描述，根据归类总规则一及六，应将其按牙科椅零件归入税则号列 9402.1090。}

序号	1525	归类决定编号	Z2006-1103	公告编号	2006 年第 69 号
商品税则号列		9402.9000		公告实施日期	2006 年 11 月 22 日
商品名称	\multicolumn{5}{l	}{手术室机械吊臂}
英文名称					
其他名称					
商品描述	\multicolumn{5}{l	}{　　该手术室机械吊臂型号为 DVE8032、DVE8031、MOVITA6032、MOVITA6031、DVE4002、DVE8082。该设备包括为横梁、吊管、装饰罩、吊头、吊柱、内置转动轴承、内置电源和气源管道及气体插座。其用途是为手术设备仪器提供可安置及可移动、升降或旋转的完全独立的操作平台，并将手术设备仪器所需电源和医用气体气源统一由气体管路供给到使用地点。}
归类决定	\multicolumn{5}{l	}{　　由于该机械吊臂带有医用气体气源管路供给系统，已构成医疗专用设备，根据《税则注释》对品目 94.02 的描述，该手术室机械吊臂可归入税则号列 9402.9000。}

序号	1526	归类决定编号	Z2009-0181	公告编号	2009年第57号
商品税则号列		9402.9000		公告实施日期	2009年8月31日
商品名称	婴儿保暖台				
英文名称					
其他名称					
商品描述	该产品的型号为IWS3300，独有碳钢远红外加热管可以进行热力调节，保证床垫四周温度均匀。构成：集成的渐进报警系统；APGAR计时器；内置X射线盘；后挡板上有导管凹槽；选配抽屉，可放置必需物品。				
归类决定	该IWS3300型婴儿保暖台是带加热装置的婴儿手术/急救台，由碳钢远红外加热管、手术台热力调节装置、集成的渐进报警系统、APGAR计时器、X射线版用插槽、医疗仪器用导管凹槽、放置手术必需品用抽屉等组成并附带角轮。该商品未装有用于婴儿抢救的医疗仪器（医疗仪器会根据需要加装在手术台上），只为抢救病儿提供抢救平台，符合《税则注释》关于品目94.02的解释，根据归类总规则一，应按医疗用家具归入税则号列9402.9000。				

序号	1527	归类决定编号	Z2016-004	公告编号	2016年第11号
商品税则号列		9403.2000		公告实施日期	2016年3月1日
商品名称	落地式吊床				
英文名称					
其他名称					
商品描述	该商品由涤纶布加落地式钢铁支架组成，可拆卸，报验状态为拆卸后置于独立包装纸箱内。该商品尺寸为3.36米×1.3米，重37千克，采用摇摆式结构，用于户外、沙滩、公园、野外休息。				
归类决定	该商品符合《税则注释》第九十四章总注释的描述，根据归类总规则一及六，应归入税则号列9403.2000。				

序号	1528	归类决定编号	Z2016-005	公告编号	2016 年第 11 号
商品税则号列		9403.2000		公告实施日期	2016 年 3 月 1 日
商品名称	带遮阳棚的落地式吊床				
英文名称					
其他名称					
商品描述	该商品由涤纶布加落地式钢铁支架组成，可拆卸，报验状态为拆卸后置于独立包装纸箱内。该商品尺寸为 2.95 米×1.1 米，重 41 千克，采用摇摆式结构，配有遮阳棚，用于户外、沙滩、公园、野外休息。				
归类决定	该商品符合《税则注释》第九十四章总注释的描述，根据归类总规则一及六，应归入税则号列 9403.2000。				

序号	1529	归类决定编号	Z2016-006	公告编号	2016 年第 11 号
商品税则号列		9403.2000		公告实施日期	2016 年 3 月 1 日
商品名称	带遮阳棚的落地式吊床				
英文名称					
其他名称					
商品描述	该商品由涤纶布加落地式钢铁支架组成，可拆卸，报验状态为拆卸后置于独立包装纸箱内。该商品尺寸为 2.33 米×1.39 米×2.05 米，重 39 千克，采用摇摆式结构，配有遮阳棚，用于户外、沙滩、公园、野外休息。				
归类决定	该商品符合《税则注释》第九十四章总注释的描述，根据归类总规则一及六，应归入税则号列 9403.2000。				

序号	1530	归类决定编号	Z2022-0142	公告编号	2022 年第 78 号
商品税则号列		9403.8990		公告实施日期	2022 年 9 月 1 日
商品名称		摩托车头盔架			
英文名称					
其他名称					
商品描述		该商品主要用于商店销售摩托车头盔时摆放和展示宣传摩托车头盔。分为以下两种：1. 头盔架上下座由密度板拼钉而成，密度板表面粘贴喷绘头盔图片标识，中间搁放头盔的部分为玻璃。密度板边缘有插槽和孔，玻璃边缘有孔，用五金件相互连接。2. 由顶部头盔标牌、玻璃及支撑用铁件组成，玻璃和铁件上有孔，用五金件相互连接。			
归类决定		两种商品已具备家具的基本特征，根据归类总规则一、二（一）及六，均应归入税则号列 9403.8990。			

序号	1531	归类决定编号	Z2006-1577	公告编号	2007 年第 70 号
商品税则号列		94.05		公告实施日期	2007 年 12 月 5 日
商品名称		节日灯			
英文名称					
其他名称					
商品描述		该节日灯由 LED 灯泡镶嵌组成的图案构成。该商品具有照明和装饰的双重作用，以节日使用为主。			
归类决定		该商品属于装有固定光源的发光标识或其类似品，应归入《税则》税目 94.05 项下。			

序号	1532	归类决定编号	Z2022-0139	公告编号	2022 年第 78 号
商品税则号列		9406.1000		公告实施日期	2022 年 9 月 1 日
商品名称	建木屋用梁柱、墙体等				
英文名称					
其他名称					
商品描述	该商品主要包含：1. 圆木墙体、梁柱及防护板等活动房屋的关键部件，且已制成易于拼接的连续形状；2. 螺栓、螺钉、螺母、垫圈、架座等金属五金件；3. 密封条、脚木模架座、铝纸等相关配件。				
归类决定	该商品已具备房体的基本特征，可视作《税则》税目 94.06 项下活动房屋的不完整品。根据归类总规则一、二（一）及六，数量合理配套的该商品应归入税则号列 9406.1000。				

序号	1533	归类决定编号	Z2008-0215	公告编号	2008 年第 83 号
商品税则号列		9503.0021		公告实施日期	2008 年 11 月 24 日
商品名称	绒毛装饰物				
英文名称					
其他名称					
商品描述	该商品系人造毛表皮、硬塑料内胎、无填充物的工艺摆件，有梅花鹿、熊、兔子、松鼠、猫、狗、野猪、驯鹿、袋鼠、绵羊、无尾鸟等各种动物造型，是圣诞节、复活节等节日礼品，也是旅游景点热销的纪念品。				
归类决定	该商品符合《税则注释》对品目 95.03 的描述，根据归类总规则一，应归入税则号列 9503.0021。				

序号	1534	归类决定编号	Z2006-1578	公告编号	2007年第70号	
商品税则号列		9503.0089		公告实施日期	2007年12月5日	
商品名称	塑料装饰品——摩托车					
英文名称	Plastics motorcycle decorations					
其他名称						
商品描述	该商品为塑料制摩托车模型，两轮可以转动，无动力装置，一面以透明塑料切合车形制成平板状，车身及后轮轴上各装有一根固定轴棒，用作装饰品。					
归类决定	根据归类总规则一及六，该商品符合《税则注释》对品目95.03的解释，应归入税则号列9503.0089。					

序号	1535	归类决定编号	Z2016-007	公告编号	2016年第11号
商品税则号列		9504.3090		公告实施日期	2016年3月1日
商品名称	硬币识别找零器				
英文名称					
其他名称					
商品描述	该商品用于现金出纳机，MEI牌，型号为7472。工作原理为硬币识别找零器是由硬币识别模块及相联结的分币系统、传感器、数据模块、钱管支架、钱管、出硬币模块组成。用于检测假币，识别硬币种类，记录投入硬币数量，把硬币分类，并完成出硬币的工作。工作过程为主机发出信号让硬币识别找零器工作时，硬币投入；当硬币通过硬币识别模块的电磁线圈，其金属材质和体积的差异引起振荡频率的变化，再通过检测频率的变化，与设定值进行比较，确定某种硬币种类后，经窄带选频电路将频率信号变成电压信号输出，完成对金属硬币的识别，判断其真伪和面额，向主机汇报投入硬币的数量、种类；硬币识别找零器按设定，把假币导向退币口，把真币分配到相应面额的钱管内，用于出硬币模块；在需要退出硬币时，主机将要退出硬币的数据用脉冲方式通过电缆传送给退硬币模块，完成出币功能。				
归类决定	该商品由硬币识别模块及相联结的分币系统、传感器、数据模块、钱管支架、钱管、出硬币模块组成，其与主机配合使用，可检测假币，识别硬币种类，记录投入硬币数量，把硬币分类，并完成出硬币的工作。可广泛应用于自助收银系统、自动售货机、自动售票机、自动缴费机、自动充值机、电子游戏机、自动兑零机、硬币清分机等。根据归类总规则三（三），应归入税则号列9504.3090。				

序号	1536	归类决定编号	Z2006-1113	公告编号	2006 年第 69 号[①]
商品税则号列		9504.9090		公告实施日期	2006 年 11 月 22 日
商品名称	保龄球道计分系统悬挂荧幕				
英文名称					
其他名称					
商品描述	该商品为 27 英寸彩色保龄球道计分系统悬挂荧幕，其工作原理是记分电脑通过分配放大盒将电脑的信号内容通过电缆同时送到空中悬挂的大显示器及台面小显示器，其传输方式为 VGA 接口。				
归类决定	保龄球道计分系统主要包括显像器（一般包括悬挂式的显像器和固定在设定台的显像器两种）、设定台和专用于保龄球运动计分的中央处理装置（即电脑箱）三大部件。如果以上部件是以系统形式一起进口、配套给保龄球道专用的，根据《税则》第九十五章章注三和《税则注释》对品目 95.04 的说明，可将整个系统作为保龄球自动球道的专用设备归入税则号列 9504.9090。 保龄球道计分系统悬挂荧幕即上述悬挂式的显像器，如果是随保龄球道计分系统一起进口，就可以根据上述归类原则随系统一起归入税则号列 9504.9090；单独进口时，应归入税目 85.28。此外，单独进口的保龄球道计分系统专用的中央处理装置应作为专用于保龄球道计分系统的部件归入税则号列 9504.9090；单独进口的设定台（即使固定装有显像器）也可作为专用于保龄球道计分系统的部件归入税则号列 9504.9090。				

[①] 海关总署公告 2014 年第 46 号（2014 年 6 月 25 日发布）对此商品归类决定作了修订。

序号	1537	归类决定编号	Z2006-1114	公告编号	2006 年第 69 号
商品税则号列		9506.2900		公告实施日期	2006 年 11 月 22 日
商品名称	玻璃钢滑水盆、钢结构架				
英文名称	Water park equipment				
其他名称					
商品描述	该商品含两项，包括玻璃钢滑水道（连接滑水盆）和钢铁结构支撑架，安装在一起后，用于水上娱乐场所供人水上嬉戏。游人沿滑道滑入滑水盆后，由于离心作用的影响，沿滑水盆转圈，最后从滑水盆底部的中心孔落入水池。				
归类决定	《税则注释》在品目 95.06 和 95.08 中对水上滑槽均有列名，即品目 95.06 的"滑水梯"（chute）和品目 95.08 的"滑槽"（water-chute）。根据税目条文及《税则注释》的内容，品目 95.08 包括游乐场的娱乐设备，该品目项下所指"滑槽"主要指一类大型水上载人游乐设施的滑道，如"激流勇进"的滑道，其与普通游泳池或水上运动用设施不同，一般不与人体接触，需通过载体（如小车、小筏）等达到游乐的目的。而品目 95.06 所指"滑水梯"一般用于游泳池或其他水上运动类场所，无须载体，是一类水中与人体直接接触以达到滑水目的的水中甬道。 上述商品，包括两项组件，配套使用，可合并归类。其用于游泳池或其他水上运动类场所，根据归类总规则一，应归入税则号列 9506.2900。				

序号	1538	归类决定编号	Z2006-1115	公告编号	2006 年第 69 号
商品税则号列		9506.3900		公告实施日期	2006 年 11 月 22 日
商品名称	钛合金高尔夫球头精铸毛坯				
英文名称	Titanium alloy golf casting head				
其他名称					
商品描述	该商品主要由钛、铝、钒 3 种合金元素组成。各种合金元素的具体含量：铝 5.5%~6.8%，钒 3.5%~4.5%，钛——标准允许杂质含量范围以外的余量。 该商品由钛合金经熔模精铸而成，已制成高尔夫球杆头的外观形状，出口后经打磨、焊接、修整、烤漆等工序后加工成球杆头成品。				
归类决定	该商品已具备了成品高尔夫球杆头的基本外观特征，同时根据《税则注释》第九十五章总注释的有关描述，即"本章各品目也包括明显为专用于或主要用于本章所列货品的零件、附件"，并根据归类总规则二（一），应将上述商品归入税则号列 9506.3900。				

序号	1539	归类决定编号	Z2006-1116	公告编号	2006 年第 69 号
商品税则号列		9506.4090		公告实施日期	2006 年 11 月 22 日
商品名称		乒乓发球机			
英文名称		Table tennis robot			
其他名称					
商品描述		该商品为 NEWGY 乐吉高手乒乓发球机，ROBO-PONG 2000 型。乒乓球运动辅配设备，配有变压器、控制器等装置，直接安装使用。其可控制球速、频率及旋转强度，可用于多种运动及娱乐场所。			
归类决定		该商品系由电力控制，主要用于乒乓球运动，虽可用于多种场合，但仍未超出体育活动用设备的范畴。 根据归类总规则一及《税则》税目 95.06 的税目条文，该商品应按其具体列名归入税则号列 9506.4090。			

序号	1540	归类决定编号	Z2022-0140	公告编号	2022 年第 78 号
商品税则号列		9506.9990		公告实施日期	2022 年 9 月 1 日
商品名称		运动步枪/手枪报靶系统			
英文名称					
其他名称					
商品描述		该报靶系统包括靶子、传感器、显示装置、控制器和自动排名系统，当子弹击穿靶纸后，传感器将信号传送至控制器，由控制器将信号转换为数字和图像信号，在运动员显示屏上显示射击成绩。在一组或多组射击之后，所有数字和图像信号又传送给自动排名系统，经过自动数据处理后，按照国际规定的计分和排名方法排列出比赛成绩和名次。			
归类决定		该运动步枪/手枪报靶系统包括靶子、传感器、显示装置、控制器和自动排名系统等，不是单一的信号显示装置，根据归类总规则一及六，应归入税则号列 9506.9990。			

序号	1541	归类决定编号	Z2022-0141	公告编号	2022 年第 78 号
商品税则号列		9506.9990		公告实施日期	2022 年 9 月 1 日
商品名称	游乐场游戏组件				
英文名称					
其他名称					
商品描述	该商品系儿童娱乐用拼装组件，由木料及塑料制成。其主要用于搭建秋千、滑梯等儿童游戏设施。				
归类决定	该商品为户外游戏用设备，根据归类总规则一及六，应归入税则号列 9506.9990。				

序号	1542	归类决定编号	Z2013-0054	公告编号	2013 年第 26 号
商品税则号列		9603.9090		公告实施日期	2013 年 6 月 1 日
商品名称	带手柄的可撕式胶粘滚筒				
英文名称					
其他名称	可撕式粘尘纸（带手柄）				
商品描述	该商品由塑料或者铁制手柄和塑料外罩，以及切成一定尺寸的菱形涂胶纸的胶粘滚筒组成。通过控制其在物体表面的滚动，将灰尘、棉絮等黏附在滚筒表面，以达到清洁效果。胶粘滚筒是由菱形单张胶粘纸一张张缠绕在纸管上组成，每张之间有 0.5 厘米间隙，纸与纸之间是断开、不连续的，当胶粘滚筒做滚动清洁后，可手工将已吸附了灰尘的胶粘纸撕去。胶粘滚筒的涂胶纸为 10 张到 90 张不等；常规宽度为 8 厘米到 16 厘米不等。				
归类决定	根据归类总规则一及四，该商品应归入税则号列 9603.9090。				

序号	1543	归类决定编号	Z2006-1120	公告编号	2006 年第 69 号
商品税则号列		9611.0000		公告实施日期	2006 年 11 月 22 日
商品名称	印壳				
英文名称					
其他名称					
商品描述	该商品有两种型号。型号为 E-0043 的商品，主要由塑料制成，并带有自供油墨的装置，还配有小罐印油，进口状态为零售包装；型号为 SP-722 的商品，主要由塑料制成，并带有印台的自供油墨装置，进口状态为零售包装。				
归类决定	从外形及用途看，该商品明显确定用于手工印戳，已构成印戳的基本特征，根据归类总规则一和二（一），应归入税则号列 9611.0000。				

序号	1544	归类决定编号	Z2006-1121	公告编号	2006 年第 69 号
商品税则号列		9612.1000		公告实施日期	2006 年 11 月 22 日
商品名称	热转移色带				
英文名称	Thermal transfer ribbon				
其他名称					
商品描述	该热转移色带尺寸为 678 毫米×20 000 米。该商品是在 4.5 微米厚度的聚酯薄膜上涂上由不同的天然、合成蜡（包括棕榈蜡等），聚合树脂（乙酸乙烯）及有机颜料（黑色碳粉）制成的油墨。其主要用在热转移打印机上，按照不同的要求打印标签、条形码及应用在自动识别、库存跟踪、工艺过程、质量控制和条码领域。该商品切割后绕于纸芯或塑料芯上使用。				
归类决定	该商品符合《税则注释》对品目 96.12 的描述，根据归类总规则一，应归入税则号列 9612.1000。				

序号	1545	归类决定编号	Z2006-1122	公告编号	2006 年第 69 号
商品税则号列		9613.8000		公告实施日期	2006 年 11 月 22 日
商品名称	点烟器				
英文名称					
其他名称					
商品描述	该商品的工作原理是：插在一个可接通电源的插座上，它含有一组电阻丝，轻轻一按便接通电源，电阻丝发热即可点烟。				
归类决定	该汽车点烟器利用电阻加热原理工作。根据《税则注释》对品目 96.13 的解释及品目 85.16 的排他条款，该点烟器应作为一种打火器归入税则号列 9613.8000。				

序号	1546	归类决定编号	Z2009-0182	公告编号	2009 年第 57 号
商品税则号列		9616.1000		公告实施日期	2009 年 8 月 31 日
商品名称	喷头				
英文名称					
其他名称					
商品描述	该塑料制喷头，可用于花王诗芬亮发营养水的包装瓶上，也可用于洗涤剂包装瓶上。				
归类决定	该商品为液体的散布或喷雾的器具，可用于亮发营养水的包装瓶上，也可用于洗涤剂包装瓶上。根据用途及《税则注释》的相关解释，该商品可归入《税则》税目 84.24 和税目 96.16 项下，根据归类总规则三（三），应归入税则号列 9616.1000。				

序号	1547	归类决定编号	Z2006-0796	公告编号	2006年第69号
商品税则号列		分别归类		公告实施日期	2006年11月22日
商品名称	发电机断路器及附件				
英文名称					
其他名称					
商品描述	规格型号：21KV，7700A，63KA。 结构为发电机断路器由HGC3型断路器及其操作机构、隔离开关及其操作机构、主变侧检修接地开关及其操作机构、三相电压互感器带两个二次绕组、主变侧避雷器、现地控制柜等部件构成，所有部件连接成一体装在同一个外壳内中，具体包括为断路器、串联隔离开关、接地开关、启动开关连接、带开关的固定短路连接、电流互感器、保护电容器、避雷器、数控装置等构件。 附件：包括专用工具和备品备件。专用工具价值4 400美元，包括断路器手动操作杆，隔离开关和接地刀手动操作杆，安装起吊（吊具）辅助设备和充气设备接头；备品备件价值9 600美元，包括操作机构用电动机，压力表，密度监视仪，辅助开关组，液压油，闸线圈，断路器跳闸线圈和断路器。 功能：装设断路器满足机组开停的需要。 原理：发电机断路器通过现地控制柜对设备的液压系统进行控制，由液压系统对断路器、发电机隔离开关、接地开关等构件进行操作，通过现地控制柜实现电站设备集中控制和远程操作。				
归类决定	该设备由断路器、多种开关（包括隔离开关等）、避雷器等构成，符合《税则》税目85.37条文"装有两个或多个品目85.35或85.36所列的装置"的描述，根据归类总规则一、归类总规则六，应将其归入税则号列8537.2090。 附件、备品应分别归类。				

序号	1548	归类决定编号	Z2006-1125	公告编号	2006年第69号
商品税则号列		分别归类		公告实施日期	2006年11月22日
商品名称	14寸、15寸彩色显示管零部件				
英文名称					
其他名称					
商品描述	该彩色显示管零部件的规格为14寸及15寸，包括框架、夹子、面盘、锥管及导电片、内屏幕及固定夹、防爆钢带、基座、针套、磁环、补正及收敛磁片、矽钢片、导线、插座组件、成枪、管颈及胶套、DY锁紧带，此外还包括面盘墨、荧光粉、甲醇等物料。				
归类决定	该商品为彩色显示管成套料件，其中进口的零部件虽已达到显示管总价值的60%左右（包括偏转线圈），但由于进口时是以不同的零部件类别分批进口的，且组装前部分零部件还需进行进一步的加工（如阴罩成型、荧光粉着幕、锥管涂布等）方能用于组装，故该批显示管零部件仍应按其加工组装前的状态分别归类。 此外，原材料部件不应视为零部件，其多数属于加工处理及组装过程所用的消耗性材料，亦应按其属性及列名分别归类。				

序号	1549	归类决定编号	Z2006-1127	公告编号	2006年第69号
商品税则号列		分别归类		公告实施日期	2006年11月22日
商品名称	地板铣形及包装生产线				
英文名称					
其他名称					
商品描述	该生产线主要用于对地板进行条块切割和周边拼接部分加工，并进行薄膜包装，其作业流程如下： 上线进料→锯割→榫槽加工→转向输送→横向榫槽加工→防水处理→装盒→薄膜封装→薄膜热收缩→成品入库。 其中，地板铣形生产线所用的进料台、滚筒输送带、多片锯、双链式纵向加工双端铣、TW送料转向台、控制台等主要地板铣形部件的价格占生产线价格总值的86%。				
归类决定	由多台设备构成的生产线的归类，必须根据《税则》第十六类类注三、四关于组合机器和功能机组的定义加以判断，只有构成组合机器或功能机组的，才能一并归类，否则应分别归类。地板铣形及包装生产线用于对地板进行条块切割和周边拼接部分加工，防水处理及薄膜包装，其明显具有税目84.65、84.79和84.22项下所列的多种功能，所组成的生产线不具备第八十四章某税号所列功能，以上机器也未装配在一起构成组合机器，所以不能一并归类，而应根据各部分功能分别归入上述税目。				

序号	1550	归类决定编号	Z2006-1128	公告编号	2006 年第 69 号
商品税则号列		分别归类		公告实施日期	2006 年 11 月 22 日
商品名称	铁矿石取制样设备				
英文名称					
其他名称					
商品描述	该设备属移动皮带式取样机，用于铁矿石的取制样工作，主要由皮带输送机、筛选、切割、研磨、监控等部分组成。铁矿石到港后，由该取样设备对矿石进行取样，然后经过筛选、称量判断矿石大小的均匀程度；经过铁矿石破碎以进行有关物理检测用取样；对铁矿石进行研磨以进行有关化学检测用取样。完成各部分的取样后，剩余的铁矿石返还码头。所有的取样过程由监控装置进行自动控制。				
归类决定	根据《税则》第十六类类注四，功能机组应符合"组合后明显具有一种第八十四章或第八十五章某个税号所列功能"的要求。由于铁矿石取制样设备组合后的功能并未在第八十四章或第八十五章中列明，因此不符合功能机组的定义，故应将该套设备各部分分别归类。				

序号	1551	归类决定编号	Z2006-1129	公告编号	2006 年第 69 号
商品税则号列		分别归类		公告实施日期	2006 年 11 月 22 日
商品名称	工程维修车、水质监测车				
英文名称					
其他名称					
商品描述	该工程维修车上配供电设备及管道疏通，用于工厂及城市管网的排水抢修，管道堵塞时为疏通设备提供紧急电源、照明。 该水质监测车上配采水样和快速测定水质化学分析设备，主要用于城市管网和厂区的快速水质分析，监测城市排水的水质，及时发现超标排水，为污水运行提供数据和保证。				
归类决定	该工程维修车、水质监测车未因设备安装和工作需要对车体进行改装，不能确认其是专用于工程维修和水质监测的车辆，故不能按特种车归类，应将车和车内设备分别归入与其相适应的税则号列。				

序号	1552	归类决定编号	Z2006-1133	公告编号	2006 年第 69 号
商品税则号列		分别归类		公告实施日期	2006 年 11 月 22 日
商品名称	机动环境监测车					
英文名称						
其他名称						
商品描述	该机动环境监测车由德国 MAN 货车改装而成，由于所配置的仪器均属高价值、高精度、高密度的电子仪器，对运输保管要求很高，因此，进口商将监测车车体与有关仪器分开包装海运进口，要求在境内进行改装。				
归类决定	该机动环境监测车由 MAN 牌柴油型货车（车辆重量 9.5 吨）与煤粉/飞灰测量系统，烟气分析和校验系统，温度、流量、功率测量系统，压力和温度校验系统等分开包装海运进口。由于对货车未进行实质性改装，不符合《税则注释》关于品目 87.05 "特种车"的规定，故应将车辆和仪器分别归类。				

序号	1553	归类决定编号	Z2006-1134	公告编号	2006 年第 69 号
商品税则号列		分别归类		公告实施日期	2006 年 11 月 22 日
商品名称	静脉输液配制过滤净化装置				
英文名称	Solution preparation system				
其他名称					
商品描述	该静脉输液配制过滤净化装置是由真空加料器、输液制备罐、预过滤器、精过滤器和操作控制柜组成。工艺流程：对经在线清洗、消毒好的输液制备罐加入注射用水，升温至 90℃；将需要的葡萄糖液和氯化钠由真空加料器送入输液制备罐中，经搅拌溶解，配制完成后，通过冷却水，冷却药温至 55℃；将配好的药液经预过滤器、经过滤器过滤后，送至罐装工序（未进口）。各组成部分由管道连接，并由操作控制柜控制。				
归类决定	上述设备组合后具备混合药液和过滤药液的功能，因未具备《税则》第八十四章某个税号所列功能，故不符合《税则》第十六类类注四的功能机组的规定，应分别归类：加料器和输液制备罐归入税则号列 8479.8200；预过滤器和精过滤器归入税则号列 8421.2990；控制柜归入税则号列 8537.1090。				

序号	1554	归类决定编号	Z2006-1135	公告编号	2006 年第 69 号
商品税则号列		分别归类		公告实施日期	2006 年 11 月 22 日
商品名称	多功能管理机					
英文名称						
其他名称						
商品描述	该多功能管理机用于农田和草地的耕作及收割管理。主机分为乘坐式和手动式。通过更换不同的机头可进行不同的田间管理。					
归类决定	由于该多功能管理机是由动力部分和多个机头组合而成，且各种机头功能独立，根据《税则》第八十七章章注二，该管理机应分别归类。 1. 乘坐式的：根据《税则注释》关于品目 87.01 的解释，乘坐式主机应归入子目 8701.90； 2. 手动式的：根据《税则注释》关于品目 87.01 的解释，手动式主机应归入税则号列 8701.1000； 3. 各种不同的机头：应根据不同机头的功能，归入税目 84.24、84.32、84.33 等的相关子目。					

序号	1555	归类决定编号	Z2006-1136	公告编号	2006 年第 69 号
商品税则号列		分别归类		公告实施日期	2006 年 11 月 22 日
商品名称	计算机网络设备					
英文名称						
其他名称						
商品描述	该产品主要用于搭建大学校园网，校园网可方便校园的教学、科研，为实现网络化、智能化提供平台，其主要由以下 6 个部分组成：1. Cisco 6509 核心交换机；2. Cisco 3500 二级交换机；3. Cisco 路由器；4. SUN E250 主服务器；5. SUN Ultra10 网管工作站（兼 DNS 服务）；6. 网管软件。					
归类决定	该套计算机网络设备是由 Cisco 和 Sun 两种品牌的不同功能的独立设备组成，整套设备不符合《税则》第十六类类注四关于功能机组应明显具有一种功能的规定，因此，应按该设备的构成予以分别归类。					

序号	1556	归类决定编号	Z2006-1137	公告编号	2006年第69号	
商品税则号列		分别归类		公告实施日期	2006年11月22日	
商品名称	稀土大磁致伸缩材料					
英文名称	Giant magnetostrictive material					
其他名称	大磁致伸缩材料					
商品描述	该大磁致伸缩材料是一种智能材料，主要由稀土金属铽、镝等和过渡族金属铁等组成，在磁场的作用下可以产生形变，即可将电能转化为机械能。在很小的电压下，它所产生的应变是传统磁致伸缩材料的40~100倍，同样它也可以作为传感材料将感受到的机械运动转化为电信号。 该商品用于飞机机翼控制，可使反应灵敏度、可靠性大幅提高；用于导弹制导系统，实现飞机轨道计算机快速修正，大大提高命中率。在工业方面的运用，涉及机械工业、电子工业、石油业、纺织业、医疗等方面。在高密度控制方面，应用于超精密机床、机器人、主动减震系统、高速阀门、超声医疗器具、打印机等。民用方面，应用于照相机快门、助听器、超声洗衣机等。 该商品的形态有片状、块状、管状等，规格各不相同。					
归类决定	该稀土大磁致伸缩材料是由稀土元素铽、镝和铁铸造而成，加工过程为将毛坯和模具一并放入单晶炉中，经热源加热使毛坯再融化，然后利用低温源从设定方向开始冷却（即定向凝固），所得铸件经无芯磨床或平面磨床加工后即为出口货物。 该商品含铽（Tb）16%、镝（Dy）20%、铁（Fe）64%，质地硬而脆，不具实用可锻性，可以表现出很强的磁致伸缩特性（即物质在磁场中尺寸会改变），在很小的电压下，产生的应变是传统磁致伸缩材料的40~100倍，可应用于照相机快门、助听器、高保真喇叭等多个领域。 该商品应视其出口状态归入不同税则号列。其中，经过机械加工后成为设备专用零件的或已具备设备专用零件基本特征但还需进一步加工的，应根据《税则》第十六类类注二零件的归类原则进行归类；其他的应根据《税则注释》对品目73.25的解释（品目73.25"包括《协调制度》其他税号未列名的各种钢铁铸造制品"）归入税则号列7325.9910。					

序号	1557	归类决定编号	Z2006-1138	公告编号	2006年第69号
商品税则号列		分别归类		公告实施日期	2006年11月22日
商品名称	DC 300 数码摄像测量仪				
英文名称					
其他名称					
商品描述	该数码摄像测量仪是由CCD摄像头、照相系统、摄像软件、PCI卡、接线、摄像机接口、图像处理软件（含测量功能）、测量组件、图像处理组件、主词组件、工具英语组件等组成。该仪器的原理与作用是：系统通过与光学照相系统连接，通过数码相机对生物材料进行照相并产生出相关图像信息，接受图像信息后，经过图像处理软件处理，可显出油菜叶片、根、茎细胞结构，染色体图像，并能测量出叶片、根、茎细胞的长度、宽度，细胞壁厚度，原生质体体积。此仪器主要是用于油菜细胞学研究和染色体分裂图像研究，从中分析出油菜遗传特点，可提高油菜细胞学研究工作水平。				
归类决定	上述商品与显微镜、计算机系统组成数码摄像测量系统，由于此次进口部分并未构成测量仪基本特征，不符合《税则》第十六类类注四功能机组的定义，上述商品应分别归入相应税号。				

序号	1558	归类决定编号	Z2006-1139	公告编号	2006 年第 69 号
商品税则号列		分别归类		公告实施日期	2006 年 11 月 22 日
商品名称	大型转播集联制作系统				
英文名称					
其他名称					
商品描述	该大型转播集联制作系统由厢式挂车及固定安装在挂车车厢内的电视摄制、制作设备构成。这套大型转播集联制作系统的主要设备和功能： 1. 厢式挂车，相当于可在外场进行制作的电视机房； 2. HK-3889P 摄像机，通过特殊电缆与箱体内设备相连，完成电视拍摄工作； 3. DD-35 视频切换台，完成各路拍摄来信号的选切和合成工作； 4. DVW-500P 录像机，用于录制各路电视信号； 5. EVS 硬盘录像机，作为体育节目慢动作的播出； 6. DVE 数字特级，用于电视特级画面的制作； 7. SONY 监视器，用于各路电视信号的监看； 8. LCD 显示器，用于计算机信号的监看； 9. 泰克监视仪器，用于电视信号的检测； 10. SSL 数字调音台，用于声音信号的制作； 11. MC-9000 非线性编辑，用于电视信号的后期编辑等。 以上设备（2~11 项）均固定安装在厢式挂车内的设备机架上，通过系统连线将所有设备有机地连接在一起，从而实现电视的摄制和制作功能。该套系统为广播电视前期制作设备，主要用于新闻、文艺、体育、经济及重大事件的现场电视转播制作。				
归类决定	根据《税则注释》关于品目 87.16 项下"装有机器等的车辆"的解释，电视摄制、制作设备是所报货品的基本特征，故该商品应按挂车、电视的摄制、录制、制作设备等分别归入《税则》相应的税目。				

序号	1559	归类决定编号	Z2006-1140	公告编号	2006年第69号
商品税则号列		分别归类		公告实施日期	2006年11月22日
商品名称	车辆及测试设备				
英文名称					
其他名称					
商品描述	该车辆及测试设备包括完整的汽车车身、MAN集装箱箱体，同时进口的飞灰测量模件、粉煤/飞灰分析模件、扩大气分析模件、SO₂检测仪器、气体分析模件、便携式气体分析模件、气体分析仪校验模块、温度测量模件、水质监视系统及其他备件。上述车辆及配套的分析仪器为同一合同、同一提单，并同时进口，其中的分析测量仪器将在国内进行安装。				
归类决定	因车辆未经安装设备所必需的改装，测试设备也未固定安装在车内，因此未构成特种车辆的基本特征，所以应分别归类。其中车辆应按货运车辆归入《税则》税目87.04项下有关子目，测试设备应按其功能分别归类。				

序号	1560	归类决定编号	Z2006-1141	公告编号	2006年第69号
商品税则号列		分别归类		公告实施日期	2006年11月22日
商品名称	梅赛德斯—奔驰2686毫升小货车				
英文名称					
其他名称					
商品描述	该车由梅赛德斯-奔驰SPRINTER 416CDI改装而成，用于电视转播。车内已固定安装有监视器、波形示波器、调音台、发电机、电话机、通话系统等，其他还有录像机、摄像机等设备打着包装放在车内。这些设备进口后，在使用时要全部固定安装在车上，组成电视转播车，摄像机、录像机使用时通过电缆与汽车相连。				
归类决定	该车辆整体进口时没有经过整体化布线和必要设备（如柴油发电系统、UPS不间断电源系统及空调系统等）的安装，已安装设备仅简单固定，通电后不能使用，车厢也未作实质性的改装，故所报商品未构成电视转播车的基本特征，不符合《税则注释》品目87.05关于"特种车"的解释，应按货车和设备分别归类。				

序号	1561	归类决定编号	Z2006-1142	公告编号	2006年第69号
商品税则号列		分别归类		公告实施日期	2006年11月22日
商品名称	全自动金属板材柔性加工生产线				
英文名称	CNC punching, notching and bending line for sheet metal				
其他名称					
商品描述	该生产线主要由立体仓库（CS25-10）、冲剪合一机（SG6）、分类输送带（C1500/4）、分类迭层装置（SGR）、弯板中心（EB5）及CNC控制系统组成，是一整套由电脑程序自动控制的金属板材自动柔性加工生产线，金属板材按"自动上料→冲剪→分类输送→分类迭层→折弯→入库"流程加工。				
归类决定	该套流水线不符合《税则》中功能机组的定义，故应将其分别归类。其中，冲剪合一机、弯板中心应归入税目84.62项下；分类输送带归入税目84.28项下；CNC归入税目85.37。				

序号	1562	归类决定编号	Z2006-1143	公告编号	2006年第69号
商品税则号列		分别归类		公告实施日期	2006年11月22日
商品名称	乳品加工设备				
英文名称					
其他名称	超高温无菌灌装牛奶设备				
商品描述	该设备包括：收奶系统、15T/h杀菌机、Tetra Centri610HGD分离机、LactaL750脱气机、DC-500脱气机、Alfast212油脂标准化机、Alex20均质机、Alex25均质机、混料机、Flex10超高温杀菌机、TBA-19灌装机、利乐枕包装机、TSA21型吸管机、70型托盘机、一套完整的CIP清洗系统等设备。 CIP清洗系统结构原理简述：由全自动程控系统对不同工序的设备清洗进行控制，主要设备有循环系统、变频输送设备、混料系统、专用热交换器CIP—heater、流量控制装置、控制系统、传感器、酸碱液的回收系统和与其他系统的信息交流系统等。主要用于整条生产线设备的内部清洗。 工艺流程：原奶验收过秤→添加辅料→预热进入分离机→油脂标准化→均质→杀菌→均质→进行预热、脱气、二次均质、杀菌→包装、贴管、装箱、入库（CIP清洗系统贯穿于整个生产线）。 用途：生产乳制品。				
归类决定	该套系统包括收奶系统、15T/h杀菌机、Tetra Centri610HGD分离机、LactaL750脱气机、DC-500脱气机、Alfast212油脂标准化机、Alex20均质机、Alex25均质机、混料机、Flex10超高温杀菌机、TBA-19灌装机、利乐枕包装机、TSA21型吸管机、70型托盘机、一套完整的CIP清洗系统等设备。 根据《税则注释》对品目84.34的排他条款规定，应将分离、杀菌、包装、清洗等设备分别按其具体列名归类。				

序号	1563	归类决定编号	Z2006-1144	公告编号	2006 年第 69 号
商品税则号列		分别归类		公告实施日期	2006 年 11 月 22 日
商品名称	双工位六角型胎圈缠绕系统				
英文名称					
其他名称					
商品描述	此系统用于子午线轮胎六角型胎圈的生产，采用双工位设计，可同时生产两个胎圈。该商品主要由双工位钢丝导开装置、电加热装置、螺杆式挤出熬胶装置、牵引装置、双工位存储装置、胎圈缠绕机、电气控制装置等组成。成卷钢丝经导开装置导开，先经加热装置预热，再由牵引装置牵引在挤出装置上覆胶，最后缠绕装置将覆胶的钢丝缠绕成六角型胎圈。整个生产流程均由电气控制装置进行控制。				
归类决定	该系统主要由覆胶和缠绕两种设备构成，不符合《税则》第十六类类注四关于功能机组的定义，应将其分别归类。				

序号	1564	归类决定编号	Z2006-1145	公告编号	2006 年第 69 号
商品税则号列		分别归类		公告实施日期	2006 年 11 月 22 日
商品名称	圆筒钢板仓				
英文名称	Commercial grain bin				
其他名称					
商品描述	该商品为全钢结构，主要由仓顶板、仓壁板、梯、通风系统、温度监测系统等组成，仓体直径 12.8 米，总高 19.01 米，容积 2 089.5 立方米，其用途是储存粮食等农作物。同时，通过温度监测系统对仓内温度进行测温，在温度超过设定标准时，启动通风系统将温度控制在安全范围内，达到降温、保粮的作用。另外，该圆筒钢板仓内还装有机械提升装置。				
归类决定	该套设备不符合《税则》第十六类类注四的规定，因此应分别归类。其中，结构件应按材料归类；其余升降系统、搬运器系统等已具备升降搬运功能，应归入税则号列 8428.9000；温控通风部分归入税目 84.14 项下。				

序号	1565	归类决定编号	Z2006-1146	公告编号	2006 年第 69 号
商品税则号列		分别归类		公告实施日期	2006 年 11 月 22 日
商品名称	整车排放试验低温仓系统					
英文名称	The low temperature chamber system for light-duty vehicle exhaust emission performance tests				
其他名称					
商品描述	该整车排放试验低温仓系统是为汽车质量检测中心进行3.5吨以下轻型汽车排放试验提供-10℃~40℃大自然模拟环境的一套封闭式设备。此套设备主要由仓体、温度和湿度控制系统、废气排出系统、新鲜空气补偿系统、计算机控制系统、安全和保护系统、风速模拟系统和数据采集系统等组成。本套设备可以精确模拟汽车运行时的大气环境，采用计算机系统精确控制环境温度（-10℃~40℃）、湿度（5.5~12.2克水/千克干空气）、风速（0~120千米/小时）和压力（标准大气压±50帕）。通过新风系统的二级制冷干燥精确调整气体温度，采用反馈控制气体压力。车速模拟风机采用变频控制完全实现实验室环境与道路试验环境的统一。				
归类决定	该商品是一套自动控制设备，其带有执行机构，且上述商品也不符合《税则》对功能机组及组合机器的定义，应分别予以归类。				

序号	1566	归类决定编号	Z2006-1147	公告编号	2006 年第 69 号
商品税则号列		分别归类		公告实施日期	2006 年 11 月 22 日
商品名称	抢险救援车				
英文名称					
其他名称					
商品描述	该车由奔驰311CDI底盘改装而成，前乘员室为1+2座位，后乘员室为3+3座位。后储物箱内携带液压组合破拆工具一套（包括扩张钳、剪断钳、液压顶柱、液压泵、高压管），并能承载部分手动抢险救援设备。该车能配合重型抢险救援车完成大型抢险救援任务。				
归类决定	因该车所带的液压组合破拆工具等抢险救援设备并非固定安装在车上，不符合特种车辆的要求，故抢险救援车辆与所带救援设备应分别归类。				

序号	1567	归类决定编号	Z2006-1149	公告编号	2006 年第 69 号
商品税则号列		分别归类		公告实施日期	2006 年 11 月 22 日
商品名称	商用冷冻柜				
英文名称					
其他名称	FRAMEC 冷柜				
商品描述	该商用冷冻柜共有 5 个型号，均装有制冷系统（包括压缩机、冷凝器、蒸发器），通常置放于超级市场、点心面包店等场所保存或冷藏饮料、速冻食品、冰激凌、糕点等，以作陈列销售用。具体 5 个型号的参数如下： 1. 型号 EXPO J430NV，净储存容量 260 升，工作温度为-28℃~-10℃，立式带锁门； 2. 型号 EXPOSER J125 CP/LUX，净储存容量 555 升，工作温度为 0℃~2℃，立式无门； 3. 型号 VT200，净储存容量 661 升，工作温度为-23℃~-15℃，柜式有门； 4. 型号 ASEAN 125，净储存容量 450 升，工作温度为 1℃~4℃，立式无门； 5. 型号 STARLIGHT PN6，净储存容量 320 升，工作温度为-25℃~8℃，柜式无门。				
归类决定	《税则》子目 8418.30 和 8418.40 的冷冻箱是指制冷温度在 0℃以下的卧式或立式冷冻设备。因此，根据这 5 个型号制冷设备的具体参数，并参照《税则》中各税目的要求，第 1 项商品可按立式冷冻箱归入税则号列 8418.4029；第 3 项商品可按柜式冷冻箱归入税则号列 8418.3021；第 5 项商品可按柜式冷冻箱归入税则号列 8418.3029；其余商品应归入税则号列 8418.5000。				

序号	1568	归类决定编号	Z2006-1150	公告编号	2006 年第 69 号
商品税则号列		分别归类		公告实施日期	2006 年 11 月 22 日
商品名称	菌场自动化生产设备				
英文名称					
其他名称					
商品描述	该菌场自动化生产设备为生产食用菇类的机械设备，其生产流程运作分为 4 个区：原料混合处理区、装瓶区、接菌区、去皮区。该生产流程完成了从原料筛选处理、混合搅拌、装填、接菌、去菌头等阿魏菇和金针菇前期生产过程。 　　1. 原料混合处理区主要机器包括：混合机 4 台，进回料螺旋输送机 4 台，不锈钢水桶 2 台，料车 6 台。将培养介质先行混合搅拌。 　　2. 装瓶区主要机器包括：特殊规格装瓶机 3 台，特殊规格装瓶机（打孔机）3 台（属半自动装瓶机），输送机 3 台。将培养介质装瓶封盖，并以油压方式打孔，促进菌种生长。 　　3. 接菌区主要机器包括：接菌机 2 台，伸缩动力输送机 2 台，输送机 4 台。 　　4. 去皮区主要机器包括：去皮机 2 台，输送机 2 台，伸缩动力输送机 2 台。将栽培完的菌种通过去皮机挖头和高压水洗处理菌头，方便后段车库出菇管理。				
归类决定	该套设备为生产食用菇类的机械设备。其生产流程运作分为四个区：原料混合处理区、装瓶区、接菌区、去皮区。该生产流程完成了从原料筛选处理、混合搅拌、装填、接菌、去菌头等阿魏菇和金针菇前期生产过程。 　　该套设备各部分功能独立，组合后也未具备《税则》某个税目具体列名的功能，不符合第十六类类注四关于功能机组的定义，故应将其分别归类。				

序号	1569	归类决定编号	Z2006-1151	公告编号	2006 年第 69 号
商品税则号列		分别归类		公告实施日期	2006 年 11 月 22 日
商品名称	2200 型面筋数量和质量测定系统				
英文名称	Glutomaic-gluten ldnex system 2200				
其他名称					
商品描述	该系统由 2200 型面筋洗涤仪、2015 型离心机、2020 型烤炉构成。其作用原理：全麦粉或小麦粉通过物理检验分离得到的面筋在标准条件下加以离心和烘干，得到湿面筋和干面筋。通过高速离心，迫使其通过一个特制的筛网，收集留存在特制筛网上部的面筋和通过特制筛网下部的面筋，其全部面筋重量为小麦粉的重量，用镊子取出湿面筋，用天平称量，精确至 0.01 克，离心后留存在特制筛网上湿面筋的重量占全部湿面筋的百分比为面筋指数。根据面筋数量的高低对小麦进行商品分类，根据面筋指数来判断小麦所含蛋白质和玻璃质的质量，面筋指数高，其面筋黏性大、吸水性好，烤制出面包体积大、质量好。 用途：用于检测小麦及小麦粉的湿面筋、干面筋、面筋指数。				
归类决定	该套设备由 2200 型面筋洗涤仪、2015 型离心机、2020 型烤炉构成，其所谓的"测量过程"实际为利用天平对经过一系列处理程序后的面筋进行人工称重的过程。其组合功能在《税则》中无列名，不符合功能机组的定义，故应将其分别归类。				

序号	1570	归类决定编号	Z2006-1152	公告编号	2006 年第 69 号
商品税则号列		分别归类		公告实施日期	2006 年 11 月 22 日
商品名称	电镀废水处理系统改良设备				
英文名称					
其他名称					
商品描述	该电镀废水处理系统改良设备，包括控制电盘、淤泥隔膜泵、定量加药泵、pH 控制仪、ORP 控制仪连探头、砂过滤器、碳砂过滤器、流量计等。其工艺流程：来自电镀车间的废水进入废水反应池，反应池内装有淤泥隔膜泵、定量加药泵、pH 控制仪、ORP 控制仪连探头。加药泵里的加药箱注入药剂，启动控制电盘，调节 pH/ORP 控制仪的水流量和流速参数，加入定量药剂。淤泥隔膜泵工作，将中和水流入中和池，加入凝聚剂，使淤泥输送至淤泥池，完成第一道水净化；经砂过滤器、碳砂过滤器两道过滤后，过流量计排出净水。				
归类决定	该套系统用于电镀废水处理，包括控制电盘、淤泥隔膜泵、定量加药泵、pH 控制仪、ORP 控制仪连探头、砂过滤器、碳砂过滤器、流量计等。其整体组合后未形成《税则》上具体列名的某项功能，不符合第十六类类注四的规定，应将其分别归类。				

序号	1571	归类决定编号	Z2006-1155	公告编号	2006 年第 69 号	
商品税则号列		分别归类		公告实施日期	2006 年 11 月 22 日	
商品名称	接触网					
英文名称						
其他名称						
商品描述	该接触网是电气化铁路牵引供电系统的组成部分，是电气化铁路上的最主要的供电装置，它直接架设在铁路线路的上方，其功能是通过与电力机车顶部受电弓的滑动接触将电能供给电力机车。由接触悬挂、支持装置、定位装置等几部分组成。 　　1. 接触悬挂：由承力索、吊弦、接触线、中心锚结、补偿装置和连接它们的设备和零件组成。接触悬挂通过支持及定位装置架设在支柱上。 　　2. 接触网支持装置：用以支持接触悬挂，并将其负荷传给支柱或其他建筑物。支持装置包括平腕臂、斜腕臂、承力索座、腕臂支撑、连接零件、棒式绝缘子及其他建筑物的特殊支持设备。 　　3. 定位装置：包括定位管、定位环、定位器、定位线夹、定位管支撑及连接零件。其功用是固定接触线的位置，使接触线在受电弓滑板运行轨迹范围内，保证接触线与受电弓不脱离及始终良好地接触取流，并将接触线的水平负荷传给支柱。定位器有直管定位器、弯管定位器、槽形铝合金定位器和矩形管铝合金定位器等。提速后采用带减振限位装置的多功能轻型铝合金组合定位器，改善了受电弓的取流特性。 　　上述第一部分的主要功能是与受电弓接触，从而向电力机车供电；第二部分是支持接触悬挂；第三部分用以固定接触线，保障接触线的位置精度。					
归类决定	该接触网由接触悬挂、支持装置、定位装置等几部分组成，各个部分包括的具体部件有承力索、吊弦、接触线、平腕臂、斜腕臂、承力索座、腕臂支撑、棒式绝缘子、定位管、定位环、定位器、定位线夹等。这些部件组成接触网后具有给电气化铁路供电的功能，由于该功能在《税则》中无具体列名，不符合第十六类类注四的规定，故上述部件应分别归类，即根据其功能或材质归入相应税号。					

序号	1572	归类决定编号	Z2006-1159	公告编号	2006年第69号
商品税则号列		分别归类		公告实施日期	2006年11月22日
商品名称	按摩气囊、气泵、气阀				
英文名称					
其他名称					

商品描述

该商品为尼桑汽车按摩组件的一部分。

1. 按摩震动部分：按摩气囊；
2. 按摩动力部分：气泵、气阀；
3. 按摩控制部分：主要有按摩器控制开关、按摩座椅供电电源、电源控制开关、功率分配控制器、中央控制电脑；
4. 安装部分：坐骨盆、靠骨盆、扎带等；
5. 按摩器保护部分：经电控部分控制，通电后空气泵注入空气，通过气阀送至按摩气囊，按摩气囊鼓起，再由空气泵从按摩气囊中抽出空气，按摩气囊收缩，按摩气囊一缩一涨，从而达到按摩的目的。

本次进口部分为按摩气囊、气泵、气阀，三者占整个组件金额比约为12%（整个组件金额已除去中央控制电脑金额）。

归类决定

按摩气囊、气泵、气阀三项商品，构成了汽车座椅按摩组件的按摩震动部分和按摩动力部分，但就完整的汽车座椅按摩组件而言还缺少按摩控制部分、安装部分及按摩器保护部分，由于缺少供电电源等关键性部件，同时参考以上三者占整个组件金额比约为12%的因素，不能认定上述三项商品已具有汽车座椅按摩组件的基本特征，故不可将其按完整品进行归类。

三项商品的主要功能是按摩，虽然整个按摩组件工作时必须安装在汽车座椅上，但与座椅所具有的"座具"功能无直接关系，不符合《税则注释》的描述，故不可将其按座椅专用零件归入品目94.01项下。

根据《税则》第九十章章注二关于零件的归类规定，按摩气囊应按按摩器具零件归入税目90.19项下，气泵及气阀应分别归入第八十四章相应税则号列。

序号	1573	归类决定编号	Z2006-1160	公告编号	2006 年第 69 号
商品税则号列		分别归类		公告实施日期	2006 年 11 月 22 日
商品名称	堆肥存储设施				
英文名称					
其他名称					
商品描述	该设施用于垃圾的二次堆肥,由充气系统（发电机、鼓风机、机械通风系统、配电设备、自控设备）、物料通道、密封闸门、膜布及安装配件（钢丝绳）等构成。在安装时,先将膜布和钢缆固定在混凝土基础地脚螺栓上,形成一个占地面积 7 200 平方米的袋状密封体,膜布内部采用的是无梁无柱的结构。在运行时,充气装置采用自动控制系统实时监测,用鼓风机向密封体内充气,直到空气达到一定的压力将膜布撑成一个壳体（钢缆在膜布外起加固作用）,形成一个密闭的空间（堆肥区）；充气系统使整个设施具有很强的通风能力,以满足垃圾堆肥降解过程对氧的需求,还能把设施内的甲烷排出；膜布具有阻燃性、防腐性、气密性好的特点,作用在于防止事故的发生,抵御垃圾的腐蚀,防止水分的蒸发,有效抑制热量的损失。				
归类决定	上述商品由不同构件组成,如充气系统、物料通道、密封闸门、膜布等,其安装结构不符合组合机器的要求,其各部分组合后的功能在《税则》中无列名,因此无法适用组合机器或功能机组的归类原则,无法一并归类,应将各部分分别归类。				

序号	1574	归类决定编号	Z2006-1584	公告编号	2007 年第 70 号
商品税则号列		分别归类		公告实施日期	2007 年 12 月 5 日
商品名称	奥迪特 462 型中央对讲系统				
英文名称	Audiotech model 462 home music/intercom system with CD-R player and remote capability				
其他名称					
商品描述	该奥迪特 462 型中央对讲系统是集门铃、对讲、监听、无线广播接收和背景音乐播放为一体的多功能系统。该系统由主机、分机及连接它们的控制线组成,并可与 CD 播放机或磁带播放机等选配件相连。该系统可提供 12 站点免提对讲、音乐对讲门铃、广播唤醒、定时开关机等功能。主机与分机、连接线、CD 播放机一同报验。				
归类决定	该系统由主机、分机、门铃喇叭组成。主机具有无线广播接收和背景音乐播放等功能；分机可通过电缆接收来自主机的音乐或广播,以及在各分机之间、分机与门铃之间实现对讲、监听。由于该套系统具有多种功能,不适用"功能机组",应将其分别归类。 主机的主要功能为音乐播放、无线电广播接收,应将其从后归入《税则》税目 85.27 项下；分机的功能为接收（通过有线方式）来自主机的声音信号,包括广播、音乐等,以及与其他分机、门铃之间实现对讲。分机与对讲门铃组成的功能符合《税则注释》对品目 85.17 中"门口电话系统"的描述,应归入税则号列 8517.6990。				

序号	1575	归类决定编号	Z2006-1585	公告编号	2007年第70号
商品税则号列		分别归类		公告实施日期	2007年12月5日
商品名称	照排机（申报品名）				
英文名称					
其他名称	SCREEN KATANA5055 高质图文照排机				
商品描述	该照排机（申报品名）含FT-R图文输出主机和LD-M1060型号连线冲片机，输出主机和冲片机之间设计有专用接口和卡座，使用时对准接口和卡座拧紧螺丝。输出主机借助计算机软件，控制激光在成卷胶片上曝光，将在计算机上排版的图文信息曝光在胶片上，然后将成卷胶片输送到冲片机上冲洗完成，输出主机和冲片机配合使用共同完成印刷印前制版工序。				
归类决定	由于冲片机是照排机的选配件，有各自的独立功能，因此，两者应分别归类。照排机应按具体列名归入税则号列9006.5910，冲片机应归入税则子目9010.10项下。				

序号	1576	归类决定编号	Z2006-1586	公告编号	2007年第70号
商品税则号列		分别归类		公告实施日期	2007年12月5日
商品名称	絮凝剂制备添加系统				
英文名称					
其他名称					
商品描述	该絮凝剂制备添加系统由絮凝剂制备机器、计量泵组、电动搅拌器三部分组成，其中絮凝剂制备机器与计量泵组通过管道连接。絮凝剂制备机器由变频器、真空卸料泵、压缩空气过滤器、离心水泵、碱液水过滤器及阀和管道等安装在同一基座上构成，用于絮凝剂原料与溶液通过混合搅拌制备成絮凝剂溶液并泵入储槽内；电动搅拌器单独安装在储槽（另配）内，用于防止絮凝剂溶液沉淀；计量泵组由九台计量泵、一个控制柜及阀、管道等安装在同一基座上构成，用于将储槽内的絮凝剂溶液投加到沉降槽内，同时控制柜对整套絮凝剂制备添加系统进行控制。				
归类决定	该系统由三部分组成，完成絮凝剂的制备和添加，其组合方式和具有的功能不符合《税则》第十六类类注四关于"功能机组"的规定，因此，应分别归类。根据归类总规则一和六，絮凝剂制备机器应归入税则号列8479.8200；计量泵组应归入税目84.13项下；电动搅拌器应归入税则号列8479.8200。				

序号	1577	归类决定编号	Z2006-1588	公告编号	2007 年第 70 号
商品税则号列		分别归类		公告实施日期	2007 年 12 月 5 日
商品名称	伺服卡、I/O 卡				
英文名称					
其他名称					
商品描述	该伺服卡及 I/O 卡用于企业自行研发的 PCB 数控铣床。三片伺服卡安装在工业控制计算机中，通过 PCI 插槽与计算机主板进行数字信息交流，同时也能把计算机中 CPU 的指令传送给 X、Z1、Z24 各交流伺服驱动器，再经过伺服电机完成指令期望的动作。三片 I/O 卡组装成输入输出组合，安装在机床控制柜中，它们可把采集到的机床实时信息传给伺服卡而后到达 CPU，又可通过其输出端子把 CPU 的命令传给对应的控制器件，以完成命令所期望的动作。				
归类决定	上述伺服卡、I/O 卡，两者均用于数控铣床。伺服卡安装在工业控制计算机中，通过 PCI 插槽与计算机主板进行数据交换。I/O 卡安装在机床上，通过电缆与伺服卡相连，完成机床与工控计算机的信息传输。 　　伺服卡安装在电脑内部，符合《税则》第八十四章章注五（二）有关"计算机部件"的定义，根据归类总规则一及六，应将其按"自动数据处理设备的其他部件"归入税则号列 8471.8000。 　　I/O 卡安装于数控机床内，用于计算机与数控机床的信息传输，属于机床数控装置的零件，根据归类总规则一及六，应将其归入税则号列 8538.9000。				

序号	1578	归类决定编号	Z2006-1589	公告编号	2007 年第 70 号
商品税则号列		分别归类		公告实施日期	2007 年 12 月 5 日
商品名称	大排量空气压缩机（旧）				
英文名称					
其他名称	车载式空压机				
商品描述	该商品的型号为 LMF126/15D，排气量 126 立方米/分钟，压力 1.5 兆帕。整套设备由柴油机、螺杆式空气压缩机、风力冷冻设备、管道、仪表等组成，并固定安装于特制的集装箱中。集装箱通过锁具与拖车板连接，拖车为十二轮平板结构，无动力及制动等机械装置，无法自行行走。该套设备用于野外管道工程中的管道清管和干燥等。				
归类决定	该套设备包括固定安装于特制集装箱中的空气压缩机和拖车板。拖车板和集装箱采用分离式结构，需要运输时可像普通集装箱一样吊装到拖车板上。税则号列 8414.4000 所述"装在拖车底盘上的空气压缩机"是指底盘和压缩机经特制相互构成不可分割的整体装置。该套大排量空气压缩机的压缩机和拖车板为分离式，并非 8414.4000 所述商品。该商品应按照空气压缩机和拖车板分别归类。				

序号	1579	归类决定编号	Z2006-1590	公告编号	2007 年第 70 号
商品税则号列		分别归类		公告实施日期	2007 年 12 月 5 日
商品名称	汽车支架					
英文名称						
其他名称						
商品描述	该商品为形状各异的汽车用金属支架，其中部分金属支架上连有带金属附件的橡胶管。其作用为连接后减震器，连接后 U 型架等。具体有： 1. 稳定杆固定支架，U 型金属零件，两端有孔，用于固定稳定杆，安装在后桥 U 型梁上； 2. 碳罐基座支架，金属零件，有特定形状，安装在前围上； 3. ABS 控制单元支架，金属零件有特定形状，安装在左边梁上； 4. 后制动管带支架总成，由橡胶软管、金属硬管、金属支架组成，与后制动器连接，固定在后减震器支架。				
归类决定	此类商品的结构、形状已具有专用零件的特征，应按专用零件分别归类，其中 ABS 控制单元支架归入税则子目 8708.30 项下，其余三项归入税则号列 8708.9999。				

序号	1580	归类决定编号	Z2006-1592	公告编号	2007 年第 70 号
商品税则号列		分别归类		公告实施日期	2007 年 12 月 5 日
商品名称	自动采样系统					
英文名称	Automatic crushing sample collectior					
其他名称						
商品描述	该系统主要由两套跨皮带采样器、一套破碎系统和一套给料缩分系统组成，包括一段跨皮带采样器、一段皮带给料机、一段破碎机、二级跨皮带采样器、二级皮带给料机和储料仓。采样器按照程序设定的时间自动提取煤样并破碎，同时将已破碎及不能破碎的大块煤样通过皮带给料机送到破碎机，最终煤样进入储料仓。破碎机的功能是对皮带传送来的煤样进行破碎。皮带给料机的功能是传输煤样。				
归类决定	该自动采样系统包括两台主采样器、两台皮带给料机、一台锤式破碎机和一台次采样器，其功能是取煤样。取样功能属《税则》第八十四章未列名功能，不能参照第十六类类注四按主要功能一并归类，应分别归入相关子目。				

序号	1581	归类决定编号	Z2006-1593	公告编号	2007年第70号
商品税则号列		分别归类		公告实施日期	2007年12月5日
商品名称	汽轮机零部件（300MW）				
英文名称	300MW steam turbine unit				
其他名称					
商品描述	该汽轮机进口零部件包括：高中压、低压外缸和内缸一套，转子一套，喷嘴组件一套，隔板一套，主汽阀一套，调节阀一套，中压联合阀一套。该商品与国内所配零部件装配成电站用300兆瓦汽轮机，型号为D300S。				
归类决定	该商品用于多级汽轮机。一台完整的多级汽轮机包括主机和辅机两大部分，主机由高中压模块、低压模块、连接两大模块的蒸汽管道、轴承箱、各类阀门及机组启动装置、保护装置、自动控制系统等部件组成。此次进口的零部件属于多级汽轮机的一个组成部分，并未构成汽轮机的基本特征，因此，该零部件应根据《税则》第十六类类注二零件的归类原则，以及归类总规则一及六，归入相关子目。				

序号	1582	归类决定编号	Z2006-1594	公告编号	2007年第70号
商品税则号列		分别归类		公告实施日期	2007年12月5日
商品名称	凌特2295cc机动医疗车				
英文名称					
其他名称					
商品描述	该商品外形为中等厢式货车状，顶部安装警示灯，外体有红十字标志，品牌为"MERCEDES-BENZ"，标有"SPRINTER"字样，驾驶室内两座，安装有温度计，车厢内安装有简易台面、壁橱、壁灯、药架及器械架，车厢内顶部安装有负压过滤装置。				
归类决定	该商品车厢内未装有手术专用的手术床、照明装置、供血装置及麻醉装置等，还未构成《本国子目注释》所规定的医疗车，不能归入《税则》税目87.05，根据归类总规则二（一），该车辆可按其原型车归入税目87.02至87.04的相应子目。				

序号	1583	归类决定编号	Z2007-0109	公告编号	2007 年第 71 号
商品税则号列		分别归类		公告实施日期	2007 年 12 月 5 日
商品名称	牙科技师专用台				
英文名称					
其他名称					
商品描述	该牙科技师专用台的品牌为 ERIO。用途为专用于车粗石膏，切割及打磨金属。工作空间约 80 厘米，高度可调校，90~104 厘米。构成为 1 台 1 000 瓦吸尘器"B"（RAR-83）型，1 盏 36 瓦 40 千赫电光管灯，独立及可调校气压之气仓，两抽屉，指示灯，吸气孔，排气出口，玻璃保护罩（21 毫米×18 毫米×6 毫米），高速钻针装位，电插座装置，速度快慢控制器等。					
归类决定	该牙科技师专用台包括钢结构台体、吸尘器、照明灯等部件，由于其组成后并不具有《税则》第八十四章或第八十五章某一列名的功能，不符合第十六类类注四所称的功能机组，应当分别归类。其中，吸尘器归入税目 85.08 项下；工作台作为《税则》未列名的金属家具归入税则号列 9403.2000；其他未固定安装在工作台上的管道、气枪等应分别归入各自相应的税号。					

序号	1584	归类决定编号	Z2007-0110	公告编号	2007 年第 71 号
商品税则号列		分别归类		公告实施日期	2007 年 12 月 5 日
商品名称	汽车锁				
英文名称					
其他名称					
商品描述	该商品为东风日产天籁（JA460）车用点火开关装置及方向盘、车门、杂物箱开锁装置联合体，型号为 998109W71A，电压 12V，主体为钢铁制。其可控制汽车电子点火器和方向盘锁止装置，其他辅助装置可用配套车钥匙开启。工作原理为其主体点火开关装置安装在汽车方向盘下的汽车转向轴上。 开启点火开关时的工作流程：1. 接通蓄电池至用电设备的电路，使用电设备可以投入工作；2. 断开电子点火器熄火线与接地线的连接，使点火系统可以投入工作；3. 锁头收回，方向盘可以转动。 关闭点火开关时的工作流程：1. 断开蓄电池至用电设备的电路，使用电设备退出工作；2. 接通电子点火器熄火线至接地线的连接，使点火系终止工作；3. 锁头伸出，方向盘锁死。					
归类决定	汽车锁由车用点火开关及方向盘锁（一体式）、门锁、杂物箱锁头、钥匙组成，锁分装在汽车上的不同部位，用钥匙开启。由于各种锁用于不同的部分，虽然成套进口，但应当分别归类。其中，点火开关及方向盘锁由电气开关和方向盘锁止装置组成，为汽车的专用零件，根据归类总规则一及六，应归入税则号列 8708.9999；门锁、杂物箱锁应归入税则号列 8301.2090。					

序号	1585	归类决定编号	Z2007-0111	公告编号	2007 年第 71 号
商品税则号列		分别归类		公告实施日期	2007 年 12 月 5 日
商品名称	快速红外成像系统				
英文名称	Varian excfastlmageir U-image system				
其他名称					
商品描述	该快速红外成像系统由傅立叶变换红外光谱仪、红外显微镜（含内置焦平面检测器、摄影机）两部分构成。该系统通过红外光谱仪提供光源，利用焦平面检测器进行红外成像，得到样品的红外图像和红外光谱，通过分析光谱达到样品定性分析的目的。				
归类决定	该快速红外成像系统包括傅立叶变换红外光谱仪、红外显微镜（含内置焦平面检测器、摄影机）两部分。红外光谱仪具有独立的分析功能，同时也能为红外显微镜提供红外光源。两者组合后，红外光谱仪可以对样品进行光谱分析，小样品也能通过红外显微镜进行观测。该商品组合后具备两种以上的检测分析功能，不符合《税则》第九十章章注三及第十六类类注四功能机组的描述，应当分别归类。其中，红外光谱仪归入税则号列 9027.3000；红外显微镜具备摄影功能归入税则号列 9011.2000。				

序号	1586	归类决定编号	Z2007-0112	公告编号	2007 年第 71 号
商品税则号列		分别归类		公告实施日期	2007 年 12 月 5 日
商品名称	胶印制版生产线				
英文名称					
其他名称					
商品描述	该套设备由下列机器组成：1. 网屏金装彩色平台式扫描仪（型号：FT-S5500）；2. 网屏刀神大幅面高速输出机（型号：DT-R6120）；3. 德国天马晒版机［型号：MONTAKOP 95（3535）Rapid］；4. PROTECK 保迪 PS 版一般用量冲洗机（型号：XPE-85）。设备生产流程：用平台式扫描仪对放置平台上的原稿进行扫描，并读取和记忆相关信息，转换成数据，经数据传输（线路连接）到电脑（未进），经电脑处理后数据传输（线路连接或网络连接）到高速输出机（激光照排机和连线冲片机），把经过电脑（未进）处理的图文数据在软件上曝光和显影，再输出软片到电脑晒版机，将有图文的软片置于 PS 版上进行曝光，输出未显影的 PS 版到 PS 版冲洗机，将 PS 版显影，再输出成品 PS 版。				
归类决定	该生产线由扫描仪、电脑、高速输出机、晒版机、PS 版冲洗机组成。其中，高速输出机是对胶片进行处理，晒版机和冲洗机是对 PS 版进行处理，不符合《税则》第十六类类注四有关功能机组中"明显具有一种第八十四章或第八十五章某个品目所列功能"的描述，应当分别归类。				

序号	1587	归类决定编号	Z2008-0107	公告编号	2008 年第 76 号
商品税则号列		分别归类		公告实施日期	2008 年 10 月 28 日
商品名称	2.4GHz 无线 AV 发送 & 接收模块				
英文名称					
其他名称					
商品描述	该模块分两部分。2.4GHz 无线 AV 发送模块，用于无绳电视移动 DVD 的零件无绳电视发射器，该发送模块采用集成 IC 方案（RTC6701）来开发，RTC6701 内部集成了音频调制、视频调制、电压控制振荡器、混频器和高频信号放大器等功能器件，实现把视频和立体声调制成 2.4GHz 信号发射出去的目的。2.4GHz 无线 AV 接收模块，用于无绳电视移动 DVD 的零件无绳电视接收机，由 RTC6711 和 RTC6721 两颗 IC 组成，RTC6711 高度集成了低噪声放大器、混频器、中频放大器、高感度 FM/FSK 解调器和自动增益控制等功能，RTC6721 则包括 PLL 音频解调和音频放大两部分。这两颗 IC 配合，能够实现把空中 2.4GHz 的已调制信号接收下来并调解出视频信号和立体声信号的目的。				
归类决定	2.4GHz 无线 AV 发送模块安装在无绳电视发射器内，专用于该发射器，发送模块把视频或音频信号调制成 2.4GHz 的无线信号发射出去。2.4GHz 无线 AV 接收模块安装于无绳电视移动 DVD 内，专用于该 DVD，当 DVD 的天线接收到无绳电视发射器发送的 2.4GHz 的无线信号后，接收器将该高频信号分解为视频信号和音频信号，供显示屏和扬声器使用。上述商品分别作为其他设备的专用零件，应根据《税则》第十六类类注二的归类原则确定归类。由于上述商品本身不具备独立的电气功能，且在第八十五章其他税目中无列名，应按相关设备的专用零件归类。2.4GHz 无线 AV 发射模块作为电视发射机的部件，在第八十五章其他税目中无列名，符合《税则》税目 85.29 及其子目条文的描述，根据归类总规则一及六，应按电视发送设备的零件归入税则号列 8529.9010。2.4GHz 无线 AV 接收模块作为电视接收机的部件，在第八十五章其他税目中无列名，符合《税则》税目 85.29 及其子目条文的描述，根据归类总规则一及六，应按彩色电视接收机的零件归入税则号列 8529.9081。				

序号	1588	归类决定编号	Z2008-0109	公告编号	2008年第76号
商品税则号列		分别归类		公告实施日期	2008年10月28日
商品名称	粗纤维检测系统				
英文名称					
其他名称					
商品描述	该粗纤维检测M6系统是福斯分析有限公司（丹麦/瑞典）的产品，应用于植物、固体食品中纤维素含量的检测。该系统包含热浸提装置和冷浸提装置各一套，热浸提装置是整个系统的核心，浸提步骤都在其中完成，它包括冷凝器、浸提柱、坩埚、加热板、加热板调节器、控制阀、玻璃管路组件、水真空泵和压力泵。工作时将样品在自备天平上称重后加入坩埚中，在坩埚中加入多种有机溶剂，并进行电加热，通过物理方法从固体中提取纤维素。如果待测样品脂肪含量较高，则需先用冷浸提装置进行脱脂操作，再使用热浸提装置进行热浸提。经热浸提得到的纤维素需经自备天平称重，将提取后的称重结果与原始样品的称重结果通过公式计算，便可获得纤维素含量。				
归类决定	该商品本身不具备任何测量、检测功能，不应按检测仪器归入《税则》第九十章项下，热浸提设备利用温度变化实现处理材料的功能，而冷浸提实现液体的过滤功能，上述两个部件虽然配合使用，但组合后并不实现单一的某个税目所列的功能，不符合功能机组的定义，应根据各自功能确定归类。热浸提装置属于利用温度变化处理材料的装置，根据《税则注释》关于品目84.38的描述中第五（二）3部分的排他条款，符合《税则》税目84.19及其子目条文的描述，根据归类总规则一及六，应按利用温度变化处理材料的设备归入税则号列8419.8990。冷浸提装置属液体过滤设备，符合《税则》税目84.21及其子目条文的描述，根据归类总规则一及六，应按液体过滤设备归入税则号列8421.2990。				

序号	1589	归类决定编号	Z2008-0112	公告编号	2008年第76号
商品税则号列		分别归类		公告实施日期	2008年10月28日
商品名称	管线数据采集及监控系统				
英文名称	Trunkline SCADA system				
其他名称	OperateIT SCADA vision 系统				
商品描述	该管线数据采集及监控系统（以下简称SCADA系统）型号为Vifion，是一个由不同系统组件构成的实时且功能完备的系统，不同组件实现特定的功能，尤其适用于石油和天然气市场。该系统提供远程数据采集和监控功能，并在层级体系结构中，与专用管线应用软件和其他MIS系统（WEB服务器）接口。具备数据通信、数据采集和存储、报表生成和分配及监视、控制等多项功能。系统由1个控制中心、12个站场、6个阀室构成。12个站场分别设立本站的站控系统，各个站场间站控系统是相对独立的，站控系统只能控制本站设备的工艺流程操作。通过通信网络，各个站场的数据通过SCADA系统上传至秀屿控制中心，控制中心依照调度计划操作整个全线的工艺流程。秀屿控制中心主要由3个服务器机柜与5个操作站组成。服务器机柜内主要装有服务器和通信设备等，用于采集现场数据、管理所有天然气的输送、完成批次输送功能、监视与控制管道沿线及站控系统运行状况。操作站通过控制系统的画面，按照调度指令进行各个站场的工艺设备流程操作。每个站场主要由2个PLC机柜、1个ESD机柜与2个操作站组成。PLC机柜的主要作用是现场设备信号通过电缆接入至机柜端子，SCADA系统采集现场数据信号，进行相应的作业及流程控制。ESD机柜的主要作用是保护现场的设备，进行现场紧急关断处理。操作站的主要作用是通过控制系统的控制画面，进行本站场的工业控制流程操作。每个阀室内装有RTU控制机柜，用于采集现场信号，远程控制现场工艺设备。现场阀门仪表、火气探头等现场设备通过电缆进入I/O模块，通过I/O模块与控制器的通信实现现场设备的工业控制流程。SCADA系统包含检测火灾的探测器，主要是用于探测站场工艺区是否有可燃气体泄漏，并将检测到的气体浓度信号和可报警信号传送给PLC控制器，是SCADA系统的检测组件。SCADA系统是由多种软件和硬件组成的综合控制系统，除操作站和火气探头外，其他各类设备均已在ABB工厂被组装在机柜内，共计45个机柜。届时这些机柜和操作站等将被安装在各个站场控制室、阀室以及控制中心内，它们之间通过通信网络有机地连接在一起，形成一套SCADA系统，对360千米管线实施监控。				
归类决定	该系统由1个控制中心、12个站场、6个阀室构成。其中，控制中心和站场的服务器及操作站构成了分散型工业过程控制设备，用于对设备整体运作进行监控；站场中的PLC机柜用于对具体设备运行进行监控；站场中的ESD机柜主要由控制器、继电器、浪涌保护器等组成，用于对具体设备运行的紧急状态停机；阀室中的RTU控制机柜包括控制器、I/O模块、继电器等，用于对现场的阀门、仪表等进行控制。该套设备子系统的功能不同，整合后也没有形成单一的具体列名功能，不符合《税则》第十六类类注四有关功能机组的描述，应当分别归类。其中，分散型工业过程控制设备应当归入税则号列8471.4991；PLC应当归入税则号列8537.1011；ESD和RTU应当作为"带有数控装置的电气控制柜"归入税则号列8537.1019。				

序号	1590	归类决定编号	Z2008-0113	公告编号	2008年第76号
商品税则号列		分别归类		公告实施日期	2008年10月28日
商品名称	液晶显示器组件				
英文名称					
其他名称					
商品描述	该液晶显示器组件包括液晶显示板和印刷线路板。其中，液晶显示板含液晶面板、时序控制、直流电压转换回路、水平及垂直驱动线路等。由显示器主板送出信号，经过时序控制、直流电压转换回路等处理，并透过水平及垂直驱动线路控制液晶板工作，以实现显示图像。印刷电路板已按照显示器机种具体要求打制点位并作出明确标示，该线路板只能用于相应机种的显示器。为实现各个功能模块的通信功能，还需使用专业插件机插上二极管、电阻、电容、集成块等方可构成显示主板，用于生产计算机用液晶显示器。				
归类决定	该商品包括液晶显示板和印刷线路板两部分。其中，液晶显示板含液晶面板、时序控制、直流电压转换回路、水平及垂直驱动线路等，以实现图像显示功能；印刷电路板已按照显示器机种具体要求打制点位并作出明确标示，该线路板只能用于相应机种的显示器。进口后还需使用专业插件机插上二极管、电阻、电容、集成块等方可构成显示主板，用于生产计算机用液晶显示器。由于该线路板并未安装有各种电气元件，还需要进一步加工成制成品后才能使用，因此该两项商品不符合归类总规则二所称未组装件的描述，应当分别归类。其中，液晶显示板符合《税则》税目90.13的商品描述，根据归类总规则一及六，应当归入税则号列9013.8030；印刷线路板应当归入税目85.34项下。				

序号	1591	归类决定编号	Z2008-0114	公告编号	2008 年第 76 号
商品税则号列		分别归类		公告实施日期	2008 年 10 月 28 日
商品名称	服务器升级设备				
英文名称	IBM P5570 server upgrade system				
其他名称					
商品描述	该服务器升级设备规格型号为 IBM P5570，用于原进口服务器设备的升级扩容。服务器升级设备具体配置：8 颗 Power5+中央处理器，以及与其配套的 8 块 4GB 存储传输卡、8 块 1 000M 网卡、16GB 内存、8 块 73GB 硬盘及相应软件，还包括一个处理器扩展柜、HMC（硬件控制台）、键盘、鼠标、机架显示器和相应的电源模块等。该商品与原进口服务器设备的主要区别在于没有 IBM P5570 服务器的基础运行单元（主机）。原进口的服务器的基础运行单元（主机）中包含可以显示服务器运行状态的 OP 操作液晶显示板、监控服务器自身和扩展单元系统状况的系统控制和监控模块、可以独立开启的电源开关。而此次进口的商品不包含上述部件，只包含被动监控单元。				
归类决定	该商品为 IBM 公司 P5570 服务器的升级套件，包括 IBM P5570 服务器运行单元和硬件控制台（HMC）。一台硬件控制台可以管理多台 P5570 服务器运行单元。此次进口的硬件管理控制台和服务器运行单元并非直接匹配安装，应当分别归类。其中，服务器运行单位由 CPU、内存、硬盘、存储传输卡、网卡等组成，安装在一个扩展柜内。与 P5570 服务器相比，该商品缺少电源开关，无法独立开启，但从其结构来看，已经具备了自动数据处理功能，符合《税则》税目 84.71 的商品描述，但由于不具备输入输出部件，根据归类总规则一及六，应归入税则子目 8471.50 项下。硬件控制台内部结构也是一台自动数据处理设备，用于控制服务器分区使用，配有键盘、鼠标、机架显示器等输入输出设备（非组装在硬件控制台机柜内），符合《税则》税目 84.71 的商品描述，根据归类总规则一及六，应归入税则子目 8471.49 项下。				

序号	1592	归类决定编号	Z2008-0216	公告编号	2008年第83号
商品税则号列		分别归类		公告实施日期	2008年11月24日
商品名称	500千伏交直流两用交联聚乙烯绝缘电缆立式生产线				
英文名称					
其他名称					
商品描述	该生产线主要构成：SE 300型导体焊接机；VMS 2025/2/80型立式摆轮储线器；CA 3500型带式牵引轮；50千瓦导体预热器；材料处理系统，MOTAN制造；PXA 200/25D型挤出机；TQu 75/200/90-80/150型三层共挤机头；X-Ray电缆直径与绝缘厚度测量与控制装置；连续交换管组TK 30/120+50DN250/DN250；导体后预热单元；在线应力松弛装置；AGP 180/25型履带牵引机；直径测量装置；生产线控制与电气设备TILC C-3；交联计算软件；监视和内部通信系统等。用途：该设备属于立式电缆生产线，用于500千伏超高压交联电缆的成型和连续硫化。该设备系由三层共挤交联机挤出，使其包覆在电缆导体上，在氮气保护下，通过120米管路并在在线控制系统进行交联。通过计算机软件控制工艺参数和产品质量，具有工艺配方的管理功能和在线测量、监控和控制。				
归类决定	该商品主体由交联挤出机、材料处理系统、硫化管道等组成，用于在圆杆状铜导体上包覆3种不同性能的塑料，符合《税则》税目84.79和《税则注释》品目84.79有关处理金属用机器的范围，符合第十六类类注四有关功能机组的描述，根据归类总规则一及六，应一并归入税则号列8479.8190。其他执行主要功能以外的辅助设备（如通信和监视系统等），应根据其功能分别归类。				

序号	1593	归类决定编号	Z2008-0217	公告编号	2008 年第 83 号
商品税则号列		分别归类		公告实施日期	2008 年 11 月 24 日
商品名称	凉亭				
英文名称					
其他名称					
商品描述	该商品由凉亭、桌子、椅子的未组装件构成，均为杉木制。用途：放置于花园中，休憩乘凉用。该商品出口后由客人根据图纸自行组装，组装后的规格为 278 厘米×278 厘米×260 厘米。				
归类决定	该商品由凉亭、桌子、椅子的未组装件构成，应分别归类，根据归类总规则一、二及六，凉亭归入税则号列 4421.9090，桌子归入税目 94.03 项下，椅子归入税目 94.01 项下。				

序号	1594	归类决定编号	Z2009-0082	公告编号	2009 年第 5 号
商品税则号列		分别归类		公告实施日期	2009 年 1 月 20 日
商品名称	单点系泊系统用系泊链				
英文名称					
其他名称					
商品描述	该商品为单点系泊系统所用的系泊链，由其他合金钢制成，链环包括 O 字形和 8 字形两种，长度根据客户需求从 200~3 000 米不等。单点系泊系统通常由浮筒、旋转结构体和系泊链组成，主要用于海洋石油工程装置或海洋浮动结构体在海上的永久定位系泊。单点系泊系统最大的特点是其系泊方式是点，通常由一个漂浮在海面上的浮筒和其下的管道构成，便于货轮在远离陆地的地方装卸货。为避免浮筒随海浪漂移，通常用多根巨大的链条将其与海床连接。				
归类决定	该商品中 8 字形链环的链为日字环节链，根据归类总规则一，应归入税则号列 7315.8100 项下；O 字形链环的链为焊接链，根据归类总规则一，应归入税则号列 7315.8200。				

序号	1595	归类决定编号	Z2009-0083	公告编号	2009 年第 5 号
商品税则号列		分别归类		公告实施日期	2009 年 1 月 20 日
商品名称	龙骨				
英文名称					
其他名称					

商品描述

该商品包括 3 种产品：1. 主骨，23 毫米×20 毫米×3 000 毫米，厚度 0.3 毫米，截面形状 T 型，两边有 15 毫米突出的连接片（插入后向两边分开固定），主骨间隔 150 毫米，有 4 毫米×8 毫米的方孔，副骨连接片直接插入（插入后向两边分开固定），方孔两边有直径 0.3 毫米的圆孔，可以直接用铁丝吊于屋顶固定，主骨之间可以通过连接片直接连接（插入后向两边分开固定），不需要铆钉等，材质为宽扁彩雪花铁带与薄钢片组合，宽扁彩雪花铁带为装饰；2. 副骨，20 毫米×20 毫米×600 毫米，截面形状 T 型，两边有 15 毫米突出的连接片（插入后向两边分开固定），直接与主骨连接（插入后向两边分开固定），不需要铆钉等，材质为宽扁彩雪花铁带与薄钢片组合，宽扁彩雪花铁带为装饰；3. 边角，18 毫米×18 毫米×3 000 毫米，截面形状 L 型，为装饰边扣条，材质为宽扁彩雪花铁带（应为镀锌）直接压制。

生产工艺：宽扁彩雪花铁带与薄钢片组合经机器压制而成。成品龙骨框架可以直接由主骨、副骨、边角连接而成，不需要铆钉等。该商品用于在室内吊顶用的矿棉天花板的龙骨框架及边的装饰，为了便于运输，主骨、副骨、边角分别包装成箱。

归类决定

上述商品中第 1、第 2 项商品的状态不符合《税则》第七十二章章注一（十三）关于"角材、型材及异型材"的定义，根据归类总规则一，应按照钢铁结构体用已加工的型材归入税则号列 7308.9000；第 3 项商品的状态符合《税则》第七十二章章注一（十三）关于"角材、型材及异型材"的定义，根据归类总规则一，应按照经进一步加工的型材归入税则号列 7216.9100。

序号	1596	归类决定编号	Z2009-0086	公告编号	2009年第5号	
商品税则号列		分别归类		公告实施日期	2009年1月20日	
商品名称	汤玛斯牌马铃薯全粉生产线及备件					
英文名称						
其他名称						
商品描述	该马铃薯全粉生产线年处理马铃薯10 000吨，主要包括水力喂料系统S-HY-F、去石上料提升机TR-B0600/3500、去石（预清洗）机KW-320T-1-2.5-15、提升机TR-B0600/6000、蒸汽脱皮机ORBIT、倾斜螺杆输送机TR-S0600/5000、干式刷皮机ZZ1000TM、后清洗机TR-S0600/5000W、水力切片系统S-HY、物料平衡调节系统、拣选设备TR-B0800/2600i、捣泥机TR-S0400-3000Ri、添加剂配置设备、输送泵系统PS-2、气流输送系统TR-air、质检设备TR-B0400/4000i、研磨机PM、筛网细打片机FL0500/2500z、气流机动传送器、包装机、干燥鼓TD-DD2000/5700、螺杆式漂烫机BL-VL2000/7000f、螺杆式冷却机KO0200/7000、蒸煮机CO-E、控制单元、备件。					
归类决定	该商品是一套马铃薯全粉生产线，由前道的清洗分拣设备、加热/捣泥/磨粉设备和后道的包装设备3个部分组成。根据《税则注释》关于品目84.19的描述，当商品同时具有捣碎和加热功能时，仍归入《税则》税目84.19项下，故该生产线的功能符合税目84.19的列名，根据《税则》第十六类类注四关于"功能机组"的规定确定税号。其中，去石/清洗机、刷皮机等清洗、分级设备为执行辅助功能的设备组，在税目84.33项下具体列名，应视其构成另一套功能机组，根据归类总规则一及六，一并按农产品的清洁、分选机器归入税则号列8433.6000；包装机为执行辅助功能的设备，符合《税则》税目84.22及其子目条文的描述，根据归类总规则一及六，应按其他包装机归入税则号列8422.3030；其余的漂烫机、蒸煮机、捣泥机、干燥机、打片机等设备构成了一套完整的税目84.19的列名功能机组，根据归类总规则一及六，一并按其他利用温度变化处理材料的机器归入税则号列8419.8990。					

序号	1597	归类决定编号	Z2009-0087	公告编号	2009年第5号
商品税则号列		分别归类		公告实施日期	2009年1月20日
商品名称	低温甲醇洗及精馏装置内件				
英文名称					
其他名称					
商品描述	该低温甲醇洗及精馏装置内件为9个塔的内件，塔的壳体由国内采购。1. 低温甲醇洗装置，包含6个塔的内件：（1）吸收塔（T-51002）；（2）中压闪蒸塔（T-51003）；（3）尾气解析塔（T-51004）；（4）浓缩塔（T-51005）；（5）热再生塔（T-51006）；（6）甲醇水塔（T-51007）。2. 精馏装置塔内件，具体分为：（1）预精馏塔（T-53001）；（2）加压塔（T-53002）；（3）常压塔（T-53003）。 低温甲醇洗装置各设备简介，本工号分为3个部分：（1）粗煤气（变换气）的净化吸收；（2）吸收后富甲醇液的再生；（3）系统中所积累的水分的脱除。自变换来的粗煤气（变换气）送入吸收塔（T-51002），脱除粗煤气中的H_2S、COS、CO_2后，此时气体中主要组分为合成甲醇的H2与CO，气体由吸收塔（T-51002）排出送至甲醇合成反应器反应生成甲醇。用于吸收塔（T-51002）的吸收甲醇是分别来自热再生塔（T-51006）、尾气解析塔（T-51004）的甲醇。因此吸收了变换气后的甲醇含有大量的CO_2、H_2S、COS及少量的H_2与CO，为了使这部分甲醇液能够循环使用，将吸收塔（T-51002）塔底的甲醇液体分别送至中压闪蒸塔（T-51003），在此通过减压的方法将甲醇液里面的H_2与CO完全释放出来；再将T-51003塔底的甲醇液送至尾气解析塔（T-51004），在此通过再降低压力的方法将甲醇液里面大量的CO_2完全释放出来，此时T-51004塔底的甲醇液中仅含有少量的H_2S、COS，因此将这部分甲醇液再送到浓缩塔（T-51005）和甲醇热再生塔（T-51006），通过加热的方法将甲醇液里的H_2S、COS完全地释放出来，此时T-51006塔底的甲醇就是非常纯净且可以再利用的新鲜甲醇。然而，随着系统的正常运行，粗煤气中的水分会在系统中不断积累增多，因此必须将系统中的部分甲醇液送到甲醇水塔（T-51007）进行脱除水分。 甲醇精馏装置各设备关联简介：自甲醇合成单元生成的粗甲醇，含有大量的水分、杂醇油、二甲醚、烃类、醇类等，因此，为了得到新鲜纯度高的甲醇，必须脱除这些组分。预精馏塔（T-53001）中，通过加热的方法除去粗甲醇中残留的低沸点物如二甲醚、烃类等。在加压塔（T-53002）通过提高压力和加热的方法除去甲醇中的高沸点物如水分，醇类等，并从塔顶产出近45%总产量的精甲醇。常压塔（T-53003）通过加热和减压的方法除去甲醇中的杂醇油，并且从塔顶产出精甲醇。					

归类决定	该商品是两套相对独立的设备工段，分别实现不同的功能。其中，吸收塔（T-51002）、中压闪蒸塔（T-51003）、尾气解析塔（T-51004）、浓缩塔（T-51005）、热再生塔（T-51006）、甲醇水塔（T-51007）构成了低温甲醇洗装置，实现的是利用注入甲醇和温度变化将粗煤气中的杂质去除的功能，净化后的 H_2 和 CO 被送至粗甲醇合成反应器用于合成粗甲醇。吸收塔是整个工艺的主要部件，用于注入甲醇净化粗煤气，而其他部件利用温度变化不断循环来净化甲醇。预精馏塔（T-53001）内件、加压塔（T-53002）内件、常压塔（T-53003）内件构成了精馏装置塔内件，对粗甲醇合成反应器生产的粗甲醇进行精馏提纯，生成精甲醇，实现《税则》税目84.19列名的精馏功能。低温甲醇洗装置由吸收塔（T-51002）、中压闪蒸塔（T-51003）、尾气解析塔（T-51004）、浓缩塔（T-51005）、热再生塔（T-51006）、甲醇水塔（T-51007）构成，通过管、缆、线连接，其利用温度变化处理材料的功能在《税则》税目84.19中列名，符合《税则》第十六类类注四关于功能机组的规定，根据归类总规则一及六，应按其他利用温度变化处理材料的设备归入税则号列8419.8990。精馏装置塔内件由预精馏塔（T-53001）内件、加压塔（T-53002）内件、常压塔（T-53003）内件构成，仅缺少钢制外壳，通过管、缆、线连接，实现的是精馏功能，其整机符合《税则》税目84.19及其子目条文的描述，已具备精馏装置完整品的基本特征，根据归类总规则二（一）及六，应按精馏塔归入税则号列8419.4020。

序号	1598	归类决定编号	Z2009-0127	公告编号	2009年第32号
商品税则号列		分别归类		公告实施日期	2009年6月12日
商品名称	卸板机				
英文名称	Unloader and assistant equipments				
其他名称					
商品描述	该商品主要由安全门、液压同步关闭装置、压机卸板机、卸板升降机、移动臂、二次水循环、安全设备、自控设备及备件组成。上述商品中，压机卸板机、卸板升降机、移动臂、安全设备、自控设备构成一套完整的搬运设备，但并不安装在同一底座或框架内，是将抄造完成的绝缘纸板传送至堆放处的设备。安全门和液压同步关闭装置作为热压机的附件，与热压机的出入口同步开闭，起到保护作用。二次水循环设备是将热压机产生的过热水收集并循环利用的节能装置。				
归类决定	上述商品中的压机卸板机、卸板升降机、移动臂、安全设备、自控设备是一套完整的搬运设备，组合后明显具备《税则》税目84.28项下列名的运输、搬运功能，符合第十六类类注四关于功能机组的描述，属于其他未列名的搬运设备，符合《税则》税目84.28及其子目条文的描述，根据归类总规则一及六，应按其他搬运设备归入税则号列8428.9090。其余设备应按照功能、结构分别归入其他相关税目项下。				

序号	1599	归类决定编号	Z2009-0129	公告编号	2009 年第 32 号
商品税则号列		分别归类		公告实施日期	2009 年 6 月 12 日
商品名称	全废铜 FRHC 火法精炼高导电合金铜杆生产线				
英文名称					
其他名称					
商品描述	该生产线由一台普罗佩兹精炼炉（型号为 FR150）、一套考司美特炉系统（型号为 CS20）、一条产能 20 吨/小时的铜 CCR 连铸连轧生产线组成。其中，CS20 炉组系统主要由 1 台 20 吨/小时的竖炉、2 台 RF50 型精炼炉、1 台 FH25 型的保温炉及相关控制系统组成；FR150 精炼炉由 1 台 150 吨的倾动炉及控制系统组成；CCR 连铸连轧系统由连铸连轧机、收线单元和控制系统等组成。用途：生产线正式投产后，形成年产 12 万吨高导电合金铜杆的生产能力。				
归类决定	该全废铜 FRHC 火法精炼高导电合金铜杆生产线由精炼炉系统、连铸连轧生产线组成，用于将废杂铜直接精炼成导电合金铜杆。该功能在《税则》中无具体列名，故上述商品不能作为第十六类类注四的功能机组一并归类，而应分别归类。其中，精炼炉（包括 FR150、CS20）使用燃气加热，符合税目 84.17 的商品描述，根据归类总规则一及六，应归入税则号列 8417.1000；连铸连轧系统作为一种新型的热轧技术（铸轧自动一体化），符合税目 84.55 的商品描述，根据归类总规则一及六，应归入税则号列 8455.2190。				

序号	1600	归类决定编号	Z2009-0183	公告编号	2009 年第 57 号
商品税则号列		分别归类		公告实施日期	2009 年 8 月 31 日
商品名称	非端部接合的白橡木厚板材				
英文名称	Staves for 300 barrels				
其他名称					
商品描述	该非端部接合的白橡木厚板材有两种：一种是制造桶壁用橡木板材，板材长 95 厘米、宽 5~13 厘米、厚 2.7 厘米，加工工艺为原木经纵切形成宽窄不同的直板条，再用刮刀将表面风蚀面刮去，此过程中板条侧面略带弧度（板条中部稍宽，两端稍窄，但弧度均极轻微），横截面形成梯形形状（梯形上下面带有极微小弧度）；另一种是桶头用板材，长约 65 厘米、宽约 62 厘米、厚 2.5 厘米，加工工艺为原木经纵切形成宽度 4~8 厘米的直板条，再用刮刀将表面风蚀面刮去（板条厚 2.5 厘米），之后木板侧面用铁钉衔接形成长约 65 厘米、宽约 62 厘米的板材。				
归类决定	上述第一种商品是制造桶壁用橡木板材，符合《税则注释》对品目 44.07 的描述，根据归类总规则一及六，应归入税则号列 4407.9100；第二种商品是制造桶头用板材，由于已用铁钉连接，其加工工艺超出了《税则注释》对品目 44.07 的描述，根据归类总规则一及六，应归入税则号列 4421.9090。				

序号	1601	归类决定编号	Z2009-0184	公告编号	2009年第57号
商品税则号列		分别归类		公告实施日期	2009年8月31日
商品名称	铝制门窗框				
英文名称					
其他名称					
商品描述	该商品为铝合金制围栏的立柱和连接件。立柱为等长的空心铝合金，规格为8.2毫米×25毫米×1 900毫米，只在一端大约10毫米处有一直径为3.5毫米的小孔，表面无其他加工；连接件为等长约90毫米的非空心铝合金，一端用冲床冲出两个3.6毫米×8.2毫米的缺口。				
归类决定	根据《税则》第七十六章税目76.04注释规定，立柱应归入税则号列7604.2100；连接件不符合《税则》第七十六章章注二的规定，应归入税则号列7610.9000。				

序号	1602	归类决定编号	Z2010-0071	公告编号	2010年第15号
商品税则号列		分别归类		公告实施日期	2010年2月28日
商品名称	思科网真网络电话系统				
英文名称					
其他名称					
商品描述	该网真1000系统是基于IP网络技术的可视电话会议系统，主要面向小型群组会议和一对一的交流。网真1000系统的画面播放速度为每秒30帧，每个画面最少为2MB，传输速度为1.5GB/s，而屏幕解析度达到1080p。具体配置：编码器、摄像头、麦克风、扩音器、不含视频调谐器的65英寸高清等离子显示屏、背景照明工具、IP电话机各一个。编码器、摄像头、麦克风、扩音器安装于同一机箱内，与显示屏、背景照明工具通过专用机架连接。				
归类决定	该网真1000系统由编解码器（1个）、专用摄像头（1个）、不含视频调谐器的65英寸等离子显示器（HDMI）（1台）、麦克风（1个）、扩音器（1个）、背景照明工具（1副）、IP电话机（1台）构成，所有设备均通过缆线连接在一起。实现远程网络IP通信和视频显示的功能，不符合《税则》第十六类类注四关于功能机组的定义，应分别归类。其中，65英寸等离子显示器属视频信号显示装置，符合《税则》税目85.28及其子目条文的描述，根据归类总规则一及六，应按彩色视频监视器归入税则号列8528.5910。其余设备构成一套完整的IP电话通信终端，符合《税则》税目85.17及其子目条文的描述，根据归类总规则一及六，应按IP电话信号转换设备归入税则号列8517.6233。				

序号	1603	归类决定编号	Z2010-0072	公告编号	2010 年第 15 号
商品税则号列		分别归类		公告实施日期	2010 年 2 月 28 日
商品名称		自动称料混料系统			
英文名称					
其他名称					
商品描述		该自动称料混料系统主要用于将海绵钛及各种合金元素根据用量比例，通过精确的自动添加及精确称量后，在混料机中充分混合，生产出成分控制精确的钛合金。工作流程：储藏/卸料→称重→放料→物料传送→混料/复称转料。设备组成：支撑平台、钛组分的储料配料装置（4 个储料仓、4 个振动料槽）、钛卸料斗（2 个）、合金组分的储存和放料装置、二氧化钛的储存和放料装置、原料传输系统、混料器（1 个）、传送皮带（1 套）、复称装置、电器设备（包括 PLC 系统、控制及电源柜、炉前接线盒、称重电子装置 3 个、系统计算机、PC 控制柜及应急电源）。				
归类决定		该自动称料混料系统包括料仓系统、称重系统、传送系统、混料系统、放料系统和控制系统。该系统主要用于海绵钛及各种合金元素的称量与混合，不符合《税则》第十六类注释四功能机组的规定，应分别归类。根据归类总规则一和六，料仓系统和称重系统应归入税则号列 8423.3030，混料系统和放料系统应归入税则号列 8479.8200，传送系统应归入税则号列 8428.3300，控制系统应归入税则号列 8537.1090。				

序号	1604	归类决定编号	Z2015-0007	公告编号	2015 年第 31 号
商品税则号列		分别归类		公告实施日期	2015 年 7 月 1 日
商品名称		干燥聚合渗透装置			
英文名称		Block-drying, infiltration and polymerization unit			
其他名称					
商品描述		干燥聚合渗透装置的规格型号为 EXAKT E530，主要用于生物材料组织或者工业材料样本的干燥、树脂渗透和固化聚合。由微型抽真空泵、加热台、工作罩、蓝光管、时间控制器、电源开关组成。该装置使用抽真空和加热的方法，移除在切片过程中所产生的湿气，即通过产生一个真空腔将湿气排除，同时也可以通过加热的方式，使湿气蒸发。在添加嵌入介质后，用蓝光管进行一次或者多次聚合固化作用，获得所需要的样本。				
归类决定		该装置由微型抽真空泵、加热台、工作罩、蓝光管、时间控制器、电源开关组成，除真空泵外其余设备为一体设备。其工作流程分两步：第一步是对样本进行干燥处理，使用抽真空和加热的方法，移除生物材料组织或者工业材料样本中的湿气；第二步是将光敏树脂胶滴在样本表面，使用抽真空的方式使光敏树脂渗透到样本孔隙和裂纹中，再用蓝光对其照射，完成光敏树脂的聚合凝固。该套装置不构成功能机组，应当分别归类。根据归类总规则一及六，真空泵归入税则号列 8414.1000，其余设备根据其主要功能一并归入税则号列 8543.7099。				

序号	1605	归类决定编号	Z2017-001	公告编号	2017年第17号
商品税则号列		分别归类		公告实施日期	2017年5月1日
商品名称	五菱V1观光车					
英文名称						
其他名称						
商品描述	"五菱V1观光车"有4种车型：1. 型号WLQ2080，8座内燃机（汽油）型，排气量为797毫升；2. 型号WLQ2110，11座内燃机（汽油）型，排气量为797毫升；3. 型号WLD1080，8座电动型；4. 型号WLD1110，11座电动型。上述观光车的最高车速为45千米/小时，用于观光旅游、楼盘参观、公园观光、县城公交运输等。					
归类决定	该观光车主要用于载人，它通常在普通路面上行驶，因此不能按高尔夫球车的类似车辆归类。根据《税则》对税目87.02和87.03的规定，型号为WLQ2110的11座内燃（汽油）观光车，应归入税则号列8702.9030；型号为WLQ2080的8座内燃（汽油）型观光车应归入税则号列8703.2190；型号为WLD1080的8座电动型观光车，应归入税则号列8703.8000；型号为WLD1110的11座电动型观光车，应归入税则号列8702.4030。					

序号	1606	归类决定编号	Z2018-004	公告编号	2018年第183号
商品税则号列		分别归类		公告实施日期	2019年1月1日
商品名称	耳鼻喉检查台					
英文名称	无					
其他名称	E. N. T. checking unit					
商品描述	该耳鼻喉检查台型号为NET-600，配有控制台、喷枪、吸引、喉镜预热器、紫外线消毒装置、治疗灯、压力泵、污物桶、抽屉柜等标准配置件，另有NET-1400病人座椅、台车、医生座椅选配件（不含耳鼻喉内窥镜及内窥镜影像系统）。用于对耳、鼻、喉部位疾病的检查及治疗。					
归类决定	根据《税则注释》对品目90.18牙科仪器及器械中关于"安装在一个台体上的综合牙科治疗台"的解释，该耳鼻喉检查台可按其他医疗仪器，归入税则号列9018.9099；由于抽屉柜并非与检查台紧固在一起，且主要用于医生存放器械和病历，台车用于放置监视器，因此，这两种商品应单独归入《税则》税目94.03项下；医生座椅由于没有明显医用特征，应归入税目94.01项下；NET-1400病人座椅与检查台相连，可通过检查台控制升降，也可通过自身的升降装置控制升降，其可按医疗用家具归入税目94.02项下。					

序号	1607	归类决定编号	Z2022-0143	公告编号	2022 年第 78 号
商品税则号列		分别归类		公告实施日期	2022 年 9 月 1 日
商品名称	苗圃				
英文名称					
其他名称					
商品描述	苗圃包括两大部分，一是大棚钢结构、聚乙烯薄膜、防虫网、侧帘、双层保温幕等构成植物生长需要的空间；二是由空气循环风扇、排气扇、加热系统、供水系统、水箱、施肥系统、动臂灌溉系统、滚动式苗床、地膜、排水系统、湿帘、补光灯系统、基质等可以调节密闭空间的温度、水分、通风等，为植物提供适宜的生长环境。				
归类决定	苗圃中大棚钢结构、聚乙烯薄膜、防虫网、侧帘等已构成税目 94.06 注释中的温室，根据税则归类总归类一及六，应按活动房屋归入税则号列 9406.9000。苗圃中其他系统如符合《税则》第十六类类注四的定义，应按其构成的功能机组的功能分别归入《税则》第八十四或八十五章相应税号；其余未构成功能机组的设备，可分别归类。				

海关总署
商品归类决定汇编

2022年版

下册

《海关总署商品归类决定汇编》编委会　编

中国海关出版社有限公司
·北京·

归类决定
第二部分（W字头）

序号	1	归类决定编号	W2014-001	公告编号	2014 年第 93 号
商品税则号列		0210.11		公告实施日期	2015 年 1 月 1 日
商品名称		风干火腿			
英文名称		Dried hams			
其他名称					
商品描述		风干火腿： ——仅含腿部骨头； ——仅含臀骨； ——仅含胫骨； ——仅含部分骨头。			
归类依据		归类总规则一及六。			

序号	2	归类决定编号	W2014-002	公告编号	2014 年第 93 号
商品税则号列		0210.19		公告实施日期	2015 年 1 月 1 日
商品名称		带全部或部分骨头的风干火腿			
英文名称		Dried hams with all or some of their bones in			
其他名称					
商品描述		火腿中的骨头是先剔除，随后再重新插入的。			
归类依据		归类总规则一及六。			

序号	3	归类决定编号	W2010-001	公告编号	2010年第75号
商品税则号列		0210.99		公告实施日期	2010年12月3日
商品名称	分割鸡肉				
英文名称	Chicken cuts（meat of fowls of the species Gallus domesticus）				
其他名称					
商品描述	整体用食盐浸渍或注射腌制并冷冻。按重量计盐浓度不低于1.2%，但不超过3%，供人食用。				
归类依据	根据归类总规则一及六。				

序号	4	归类决定编号	W2016-001	公告编号	2016年第79号
商品税则号列		0305.20		公告实施日期	2017年1月1日
商品名称	圆鳍鱼鱼卵				
英文名称	Lumpfish roe				
其他名称					
商品描述	盐渍，按重量计含盐量为15%~18%，进口状态为105千克桶装。由于含盐量高，在食用前需要进一步加工。				
归类依据	根据归类总规则一及六。				

序号	5	归类决定编号	W2020-001	公告编号	2020 年第 108 号
商品税则号列		0307.32		公告实施日期	2020 年 10 月 1 日
商品名称		经过漂烫的绿唇贻贝（*Perna canaliculus*）			
英文名称		Blanched green shell mussels (*Perna canaliculus*)			
其他名称					
商品描述		经过漂烫的绿唇贻贝，贻贝科，呈半壳状，贻贝肉附着在半壳上，未经烹煮。本产品为绿唇贻贝通过喷淋热水进行热处理至开口，然后除去半边外壳并分别冷冻包装。产品包装上注明了"食用前需烹饪"。			
归类依据		根据归类总规则一及六。			

序号	6	归类决定编号	W2018-001	公告编号	2018 年第 159 号
商品税则号列		0307.99		公告实施日期	2018 年 12 月 1 日
商品名称		冻干墨鱼（乌贼属）（*Sepia officinalis*）			
英文名称		Freeze-dried cuttle fish (*Sepia officinalis*)			
其他名称					
商品描述		冻干墨鱼（乌贼属），粉末状，由鲜乌贼制得，用于食品生产。			
归类依据		根据归类总规则一及六。			

序号	7	归类决定编号	W2008-002	公告编号	2008年第47号
商品税则号列		0402.99		公告实施日期	2008年7月3日
商品名称	添加糖的浓缩乳				
英文名称	Concentrated milk with added sugar				
其他名称	Bonnet Bleu				
商品描述	液态，含有约51%的浓缩乳和49%的蔗糖。具体成分：蔗糖48.7%、水29%、脱脂乳固形物15.1%、脂肪6.9%、稳定剂少于0.2%。				
归类依据	根据归类总规则一和六。				

序号	8	归类决定编号	W2020-029	公告编号	2020年第108号
商品税则号列		0404.90		公告实施日期	2020年10月1日
商品名称	产犊后24小时内采集的牛初乳				
英文名称	Bovine colostrum collected within the first 24 hours following calving				
其他名称					
商品描述	产犊后24小时内采集的牛初乳，为冷冻液体，以重量计含有18%~25%的固体、4%~5%的脂肪以及10%~15%的蛋白质，其中约50%的蛋白质是免疫球蛋白（IgG）。该产品为散装，在进口前未经过加工或改性。				
归类依据	根据归类总规则一及六。				

序号	9	归类决定编号	W2005-007	公告编号	2005年第63号
商品税则号列		0405.20		公告实施日期	2005年12月23日
商品名称		油包水型可涂抹乳脂混合物			
英文名称		Butterfat mixture in the form of a water-in-oil type spreadable emulsion			
其他名称					
商品描述		用于食品工业，按重量计含黄油68.75%、糖17%、水13%和酪蛋白1.25%。			
归类依据		世界海关组织协调制度委员会（以下简称HSC委员会）主要考虑四个问题：1. 第四章章注二（二）"乳酱"的定义是否不限制糖的含量；2. 酪蛋白是否可以作为可选择的添加剂加入乳酱中；3. 对乳酱的描述是否应该限制为仅仅用于涂抹在面包上直接食用的制品；4. 对讨论的两种乳脂混合物的归类问题。关于问题1、2，HSC委员会决定在产品保持含有水和39%~80%乳脂的乳状液的特性的条件下，第四章章注二（二）"乳酱"的定义不限制糖的含量，酪蛋白允许作为添加剂加入税目04.05的乳酱中。关于问题3，HSC委员会决定第四章章注二（二）所描述的应该是一个宽泛的范围，不应该局限于涂抹在面包上的制品。关于问题4，第四章章注二（二）对"乳酱"所含成分并没有限制，而且对添加剂的量也没有限制，该产品作为乳制涂抹制品符合第四章章注二（二）对"乳酱"的描述，HSC委员会决定将上述乳脂混合物归入税目04.05（子目0405.20）。 根据归类总规则一。			

序号	10	归类决定编号	W2005-008	公告编号	2005年第63号
商品税则号列		0405.20		公告实施日期	2005年12月23日
商品名称		油包水型可涂抹乳脂混合物			
英文名称		Butterfat mixture in the form of a water-in-oil emulsion			
其他名称					
商品描述		用于食品工业，按重量计含脂肪70.4%（以干物质计脂肪含量为97.8%）、蛋白质1.06%（以干物质计蛋白质含量为1.5%）、乳糖1.3%、水28.0%。这种乳酱有时被称为"高脂乳酪"。			
归类依据		第四章章注二（二）定义的乳酱包括三个条件：1. 油包水型乳状物；2. 乳脂是制品中所含的唯一脂肪；3. 按重量计乳脂含量在39%~80%。海关化验室的化验结果是制品为油包水型，乳脂是制品中的唯一脂肪，乳脂含量在定义规定的范围之内。 然而由于制品中蛋白质的含量非常低，所以不能作为干酪归类。因此，HSC委员会同意将制品归入税目04.05（子目0405.20）根据归类总规则一［第四章章注二（二）］和六。			

序号	11	归类决定编号	W2005-009	公告编号	2005年第63号
商品税则号列		0405.20		公告实施日期	2005年12月23日
商品名称	油包水型可涂抹乳脂混合物				
英文名称	Butterfat mixture in the form of a water-in-oil em				
其他名称					
商品描述	用于食品工业，按重量计含脂肪72.5%（以干物质计脂肪含量为98.8%）、蛋白质0.996%（以干物质计蛋白质含量为1.4%）、乳糖1.4%、水分含量26.6%。这种乳酱有时被称为"高脂肪乳脂干酪"。				
归类依据	第四章章注二（二）定义的乳酱包括三个条件：1.油包水型乳状物；2.乳脂是制品中所含的唯一脂肪；3.按重量计乳脂含量在39%~80%。海关化验室的化验结果是制品为油包水型，乳脂是制品中的唯一脂肪，乳脂含量在定义规定的范围之内。 然而由于制品中蛋白质的含量非常低，所以不能作为干酪归类。因此，HSC委员会同意将制品归入税目04.05（子目0405.20）根据归类总规则一［第四章章注二（二）］和六。				

序号	12	归类决定编号	W2005-010	公告编号	2005年第63号
商品税则号列		0405.90		公告实施日期	2005年12月23日
商品名称	含有少量草本植物和大蒜的黄油				
英文名称	Butter containing small quantities of herbs and ga				
其他名称					
商品描述	同商品名称。				
归类依据	HSC委员会一致认为，法律条文对黄油的定义不允许将该产品归入子目0405.10项下。因此，根据归类总规则一将该产品归入子目0405.90。为了反映上述结论，税目04.05的注释条文已修改。				

序号	13	归类决定编号	W2018-002	公告编号	2018 年第 159 号
商品税则号列		0406.10		公告实施日期	2018 年 12 月 1 日
商品名称	新鲜奶酪				
英文名称	Fresh cheese				
其他名称					
商品描述	新鲜奶酪，成分：80%浓缩发酵脱脂乳、10%水果制品（草莓）、7.6%糖、改性淀粉、草莓籽、浓缩黑胡萝卜汁、天然香料、增稠剂、浓缩牛奶矿物质、浓缩柠檬汁和酸度调节剂。产品中还含有保加利亚乳酸杆菌（Lactobacillus bulgaricus）和嗜热链球菌（Streptococcus thermophilus）。乳品部分的蛋白质含量为9.5%（在整个产品中蛋白质含量为8.4%）。加工工艺包括瞬时高温灭菌和用夸克干酪分离机去除乳清。产品还需经过平滑过程来增加产品的均匀性。该产品为零售包装，装在塑料容器中，净含量160克。该产品由两层组成，下层是水果制品（草莓），上层是白色乳制品。				
归类依据	根据归类总规则一及六。				

序号	14	归类决定编号	W2005-011	公告编号	2005 年第 63 号
商品税则号列		0406.30		公告实施日期	2005 年 12 月 23 日
商品名称	涂抹乳酪				
英文名称	Cheese spread				
其他名称					
商品描述	含有大马哈鱼（该制品主要成分是熏制爱尔兰大马哈鱼）（15%）、鲜奶油（18%）和乳酪（40%）。				
归类依据	根据税目04.06的注释条文，加工乳酪可以包含奶油、其他乳制品、盐、香料、调味品、肉、草本植物等。由于该制品仍保持了乳酪的基本特性，HSC委员会决定将该制品归入税目04.06（子目0406.30）。 根据归类总规则一。				

序号	15	归类决定编号	W2005-012	公告编号	2005 年第 63 号
商品税则号列			0406.30	公告实施日期	2005 年 12 月 23 日
商品名称		加工乳酪			
英文名称		Processed cheese			
其他名称					
商品描述		由粉碎的乳酪制得。将粉碎的乳酪与奶油、乳清粉、磷酸钠、水混合后加热，随后装入 2 千克的模具中。			
归类依据		由于该产品的制作方法与税目 04.06 的注释条文描述的"加工乳酪"的制作方法类似，HSC 委员会认为该产品属于加工乳酪，一致同意将其归入子目 0406.30。根据归类总规则一。			

序号	16	归类决定编号	W2005-013	公告编号	2005 年第 63 号
商品税则号列			0406.90	公告实施日期	2005 年 12 月 23 日
商品名称		卡门培尔乳酪套装产品			
英文名称		A product consisting of two mild, soft-ripened roun			
其他名称					
商品描述		两块软质熟化的卡门培尔乳酪，乳酪直径 7 厘米，高 2 厘米，表面涂布面包屑并用油预炸，分别放入白褶边纸内并与两小盒蔓越橘酱一起用塑料薄膜封装后再装入一个彩色纸盒内。产品成分：带涂层的乳酪 206.0 克、涂层 69.2 克、蔓越橘酱 62.7 克。			
归类依据		HSC 委员会认为根据归类总规则三（二），该产品属于成套制品，所含乳酪成分构成其基本特性。尽管涂布了面包屑和经过了预炸，产品仍保持着乳酪制品所有的特性，例如，去除表面涂层可看到卡门培尔乳酪的外壳，它有乳酪的构造而且它的味道也像乳酪。而且也没有法律条文将有面包屑涂层或经过预炸的乳酪排除出第四章。关于这一点，应注意到加工乳酪是要经过热处理的。HSC 委员会决定将该产品归入子目 0406.90。			

序号	17	归类决定编号	W2014-003	公告编号	2014 年第 93 号
商品税则号列		0604.90		公告实施日期	2015 年 1 月 1 日
商品名称		花环			
英文名称		Wreath			
其他名称					
商品描述		直径约 20 厘米，主要由丁香、桂皮树、山毛榉果实、松树或落叶松果（不论是否镀金）及干叶等植物材料与纺织材料人造花、钢丝假花瓣等人造小部件构成；所有组件用钢丝组合在一起，然后拧绞成环状。			
归类依据		根据归类总规则一及六。			

序号	18	归类决定编号	W2005-014	公告编号	2005 年第 63 号
商品税则号列		07.06		公告实施日期	2005 年 12 月 23 日
商品名称		鲜牛蒡根			
英文名称		Fresh burdock roots			
其他名称					
商品描述		同商品名称。			
归类依据		由于该产品主要作为蔬菜消费，应归入第七章。 根据归类总规则一。为明确归类，相关注释已修改。			

序号	19	归类决定编号	W2022-001	公告编号	2022 年第 78 号
商品税则号列		0710.40		公告实施日期	2022 年 9 月 1 日
商品名称	冷冻的甜玉米笋				
英文名称	Frozen baby corn cobs originating from sweet corn				
其他名称					
商品描述	冷冻的甜玉米笋，其长度为 5 厘米至 12 厘米，直径为 10 毫米至 20 毫米。该玉米笋是在玉米芯未成熟（授粉前）时收获的，只含有未成熟/未发育的玉米籽粒。				
归类依据	根据归类总规则一及六。				

序号	20	归类决定编号	W2022-002	公告编号	2022 年第 78 号
商品税则号列		0710.80		公告实施日期	2022 年 9 月 1 日
商品名称	冷冻的玉米笋（甜玉米笋除外）				
英文名称	Frozen baby corn cobs originating from cereal maize (other than sweet corn)				
其他名称					
商品描述	冷冻的玉米笋（甜玉米笋除外），其长度为 5 厘米至 12 厘米，直径为 10 毫米至 20 毫米。该玉米笋是在玉米芯未成熟（授粉前）时收获的，只含有未成熟/未发育的玉米籽粒。				
归类依据	根据归类总规则一及六。				

序号	21	归类决定编号	W2005-015	公告编号	2005年第63号
商品税则号列		07.11		公告实施日期	2005年12月23日
商品名称	临时保藏的牛蒡根					
英文名称	Provisionally preserved burdock roots					
其他名称						
商品描述	同商品名称。					
归类依据	由于该产品主要作为蔬菜消费，应归入第七章。 根据归类总规则一。为明确该商品的归类，相关注释已修改。					

序号	22	归类决定编号	W2005-016	公告编号	2005年第63号
商品税则号列		07.14		公告实施日期	2005年12月23日
商品名称	荸荠、马蹄的可食块茎					
英文名称	Edible tuber of the species Eleocharis dulcis 或 Eleo					
其他名称						
商品描述	通常被称为中国荸荠。					
归类依据	由于该产品的淀粉含量高，HSC委员会同意将其归入税目07.14。 根据归类总规则一。为明确该产品的归类，相关注释已修改。					

序号	23	归类决定编号	W2005-017	公告编号	2005年第63号
商品税则号列			0801.11	公告实施日期	2005年12月23日
商品名称		碎的干椰子			
英文名称		Shredded, dessicated coconut			
其他名称					
商品描述		同商品名称。			
归类依据		由于该产品的粒状形态，HSC委员会同意将该产品归入子目0801.11。 根据归类总规则一。为明确划分税目08.01和11.06，税目08.01的注释已修改。			

序号	24	归类决定编号	W2005-018	公告编号	2005年第63号
商品税则号列			08.02	公告实施日期	2005年12月23日
商品名称		类似坚果的可食菱属（*Trapa natans*）水果			
英文名称		Edible nut-like spiny-angled fruit of the species			
其他名称					
商品描述		有时被称为菱角，外观类似坚果，有刺状角。			
归类依据		HSC委员会同意将该商品作为可食坚果归入税目08.02。 根据归类总规则一。			

序号	25	归类决定编号	W2005-019	公告编号	2005年第63号
商品税则号列		0805.50		公告实施日期	2005年12月23日
商品名称		苦酸橙			
英文名称		Bitter limes			
其他名称					
商品描述		被称为"Citruslatifolia"。			
归类依据		部分代表认为被称为"Citruslatifolia"（波斯、塔希提岛、Bearss酸橙）的苦酸橙属于酸橙的一种，因此可以归入子目0805.30。然而，另一部分代表认为，根据子目0805.30的法律条文，苦酸橙不应归入子目0805.30，因为其子目条文是有严格限定的，列名拉丁文名称的目的是与子目0805.90的产品相区别。HSC委员会最后决定，为了将"Citruslatifolia"苦酸橙和"Citrusaurantifolia"酸橙分开，"Citruslatifolia"苦酸橙应归入子目0805.90。2002年版《协调制度》增加了新的子目0805.50，将所有类型的酸橙归入同一子目。 根据归类总规则一。			

序号	26	归类决定编号	W2005-020	公告编号	2005年第63号
商品税则号列		0813.20		公告实施日期	2005年12月23日
商品名称		李干			
英文名称		Prunes			
其他名称					
商品描述		部分脱水，水分含量不超过35%，添加山梨酸起稳定作用。李子去核，密封包装，可直接食用。			
归类依据		因为添加山梨酸是为了保持产品的稳定，而且复水并没有影响该产品作为李干的基本特性，所以同意将该产品归入税目08.13。1992年版《协调制度》增加了第八章新的注释三以明确这些产品的归类。			

序号	27	归类决定编号	W2010-002	公告编号	2010 年第 75 号
商品税则号列			0902.20	公告实施日期	2010 年 12 月 3 日
商品名称	干茶花				
英文名称	Dried tea flowers				
其他名称					
商品描述	从茶属灌木获得，无论是否用于制药。				
归类依据	根据归类总规则一及六。				

序号	28	归类决定编号	W2008-003	公告编号	2008 年第 47 号
商品税则号列			0902.30	公告实施日期	2008 年 7 月 3 日
商品名称	红茶				
英文名称	Black tea				
其他名称					
商品描述	红茶（100 克），放在透明塑料袋中，并包装于一个棕色俄式陶瓷茶壶（高约 19 厘米）中，茶壶印有花形图案，并配有一个可取下的壶盖。该茶壶仅起装饰作用，无实用价值，单独归入子目 6913.90。 又见归类意见 6913.90/1。				
归类依据	根据归类总规则一及六。				

序号	29	归类决定编号	W2020-002	公告编号	2020 年第 108 号
商品税则号列		1008.50		公告实施日期	2020 年 10 月 1 日
商品名称	昆诺阿藜（藜麦）				
英文名称	Quinoa				
其他名称					
商品描述	收获后去除表面的皂苷层，通常供人食用。皂苷层肉眼不可见，需通过清洗、机械处理或两者结合来去除。				
归类依据	根据归类总规则一及六。				

序号	30	归类决定编号	W2005-021	公告编号	2005 年第 63 号
商品税则号列		11.03 或 11.04		公告实施日期	2005 年 12 月 23 日
商品名称	经预煮的碾碎干小麦				
英文名称	Parboil bulgur wheat				
其他名称					
商品描述	先煮整粒的小麦，随后在加有少量水的敞开的容器中煮至麦粒变软。麦粒摊开成薄层在太阳下晒干。通常将水洒在干燥的麦粒上用手搓去粗糙的麦麸。由于淀粉的糊化作用而呈玻璃质的谷粒通过石磨或手工磨碾磨破裂，作为粗粉储藏在陶罐中。粗糙的麦粉经蒸或用少量的水煮后与肉或蔬菜汁一起食用。				
归类依据	整个谷粒用少量的水在 75℃ 下加热一个半小时。谷粒没有煮熟或预煮熟，而加工过程也与预煮米类似。碾碎的干小麦通常在人口众多的国家有贸易，而且产品也不符合税目 19.04 的标准。产品是经过预煮的碾磨产品而不是预煮熟的产品。税目 19.04 的产品不需要进一步蒸煮，而碾碎的干小麦在食用前还需要进一步蒸煮，所以该产品不能归入税目 19.04。还应注意的是，税目 19.04 注释的最后一句，"本税目不包括仅经第 10 章或第 11 章所列加工范围的谷粒"。由于蒸汽加热的加工方式在税目 11.04 中有所提及，因此 HSC 委员会同意如果该产品符合第十一章注释三的标准则归入税目 11.03，若不符合则归入税目 11.04。 根据归类总规则一。				

序号	31	归类决定编号	W2014-004	公告编号	2014 年第 93 号
商品税则号列		1201.90		公告实施日期	2015 年 1 月 1 日
商品名称	经加热处理的大豆					
英文名称	Soya beans, heat-treated					
其他名称						
商品描述	经过 1~30 分钟，120℃~140℃的加热处理，其目的是钝化抗营养因子。					
归类依据	根据归类总规则一。					

序号	32	归类决定编号	W2020-050	公告编号	2020 年第 108 号
商品税则号列		1202.42		公告实施日期	2020 年 10 月 1 日
商品名称	干燥脱皮花生					
英文名称	Dry-blanched ground-nuts					
其他名称						
商品描述	干燥脱皮花生，去壳花生，花生衣经加热破裂和松脱。冷却后，子仁经刷子或有凸起花纹的橡胶带去衣。按重量计水分含量不小于4%，过氧化氢酶和过氧化物酶具有活性。					
归类依据	根据归类总规则一及六。					

序号	33	归类决定编号	W2018-003	公告编号	2018 年第 159 号
商品税则号列		1209.91		公告实施日期	2018 年 12 月 1 日
商品名称		播种用种子			
英文名称		Seeds for sowing			
其他名称					
商品描述		播种用种子，由辣椒属植物的果实分离得到，经清洗及杀菌剂福美双处理。			
归类依据		根据归类总规则一及六。			

序号	34	归类决定编号	W2005-022	公告编号	2005 年第 63 号
商品税则号列		12.11		公告实施日期	2005 年 12 月 23 日
商品名称		牛蒡籽			
英文名称		Burdock seeds			
其他名称					
商品描述		同商品名称。			
归类依据		由于该产品用于制药，HSC 委员会同意将牛蒡籽归入税目 12.11。			

序号	35	归类决定编号	W2005-023	公告编号	2005 年第 63 号
商品税则号列		12.11		公告实施日期	2005 年 12 月 23 日
商品名称	干牛蒡根				
英文名称	Dried burdock roots				
其他名称					
商品描述	同商品名称。				
归类依据	由于该产品用于制药，HSC 委员会同意将干牛蒡根归入税目 12.11。				

序号	36	归类决定编号	W2005-024	公告编号	2005 年第 63 号
商品税则号列		12.12		公告实施日期	2005 年 12 月 23 日
商品名称	魔芋冻粉				
英文名称	Konjac jelly powder				
其他名称					
商品描述	由多年生的魔芋属（Amorphophallus）块茎的粉制得。产品的主要成分是葡甘露聚糖。				
归类依据	HSC 委员会指出不能将该产品与传统工艺生产的魔芋粉分开，而且两者的成分也没有本质的区别。另外，根据加工工艺和理化性质，该产品与税目 13.02 的胶液和增稠剂是不相同的。综上所述，HSC 委员会将该产品归入税目 12.12。 根据归类总规则一。				

序号	37	归类决定编号	W2010-003	公告编号	2010 年第 75 号
商品税则号列		1212.99		公告实施日期	2010 年 12 月 3 日
商品名称	南瓜子（西葫芦 南瓜属）				
英文名称	Pumpkin seeds (*Cucurbita pepo L.*)				
其他名称	Chinese White Pumpkin Seeds				
商品描述	带壳、未焙制、未经盐制、不能发芽，适合供人食用。				
归类依据	根据归类总规则一及六。				

序号	38	归类决定编号	W2005-025	公告编号	2005 年第 63 号
商品税则号列		15.11		公告实施日期	2005 年 12 月 23 日
商品名称	棕榈油				
英文名称	Palm oil				
其他名称					
商品描述	从棕榈果［Acrocomia totai（cocombocaya）］的果肉中榨取的油。				
归类依据	税目 15.11 的法律条文没有限制所包括的棕榈油的类型，HSC 委员会同意将该产品归入税目 15.11。根据归类总规则一。为明确归类，税目 15.11 的注释条文已修改。				

序号	39	归类决定编号	W2005-026	公告编号	2005 年第 63 号
商品税则号列		15.13		公告实施日期	2005 年 12 月 23 日
商品名称	棕榈仁油				
英文名称	Palm kernel oil				
其他名称	Coco mbocayaf				
商品描述	从棕榈科刺茎椰子属［Acrocomia totai］的果仁中榨取的油。				
归类依据	税目 15.13 的法律条文没有限制所包括的棕榈仁油的类型，HSC 委员会同意将该产品归入税目 15.13。 根据归类总规则一。 为明确归类，税目 15.13 的注释条文已修改。				

序号	40	归类决定编号	W2022-003	公告编号	2022 年第 78 号
商品税则号列		1516.10		公告实施日期	2022 年 9 月 1 日
商品名称	含有 90% 再酯化甘油三酯的产品				
英文名称	A product consisting of 90 % of re-esterified triglycerides				
其他名称					
商品描述	含有 90% 再酯化甘油三酯的产品，主要成分为从粗凤尾鱼油中制得的 ω-3 脂肪酸 EPA（二十碳五烯酸）和 DHA（二十二碳六烯酸），其余 10% 的成分主要为甘油单酯和甘油二酯。本产品含有 EPA（400 毫克/克）和 DHA（300 毫克/克），并添加了维生素 E（生育酚）作为抗氧化剂。由粗凤尾鱼油经过脱酸、乙酯化、蒸馏、过滤、脱色、再酯化和脱臭等工艺处理得到。本产品为桶装，用于生产保健品。				
归类依据	根据归类总规则一及六。				

序号	41	归类决定编号	W2014-005	公告编号	2014 年第 93 号
商品税则号列		15.17		公告实施日期	2015 年 1 月 1 日
商品名称	通过不同的蔬菜油相互酯化获得的可食用混合物					
英文名称	Edible mixtures obtained as a result of interester					
其他名称						
商品描述	通过将不同的蔬菜油相互酯化获得的可食用混合物。					
归类依据	根据归类总规则一及六。					

序号	42	归类决定编号	W2008-004	公告编号	2008 年第 47 号
商品税则号列		1517.90		公告实施日期	2008 年 7 月 3 日
商品名称	混合油脂					
英文名称	Mixed grease product					
其他名称						
商品描述	由 80%~90%猪油脂和 10%~20%牛油脂混合制成，可供人食用。					
归类依据	根据归类总规则一及六。					

序号	43	归类决定编号	W2010-004	公告编号	2010 年第 75 号
商品税则号列		1517.90		公告实施日期	2010 年 12 月 3 日
商品名称	含低芥子酸菜籽油的制品					
英文名称	Preparation consisting of low erucic acid rape oil					
其他名称	Canola					
商品描述	该商品添加了干的红辣椒（两个）和黑胡椒粒（约占体积的 10%），装于约 250 毫升的玻璃瓶中。					
归类依据	根据归类总规则一及六。					

序号	44	归类决定编号	W2014-006	公告编号	2014 年第 93 号
商品税则号列		1517.90		公告实施日期	2015 年 1 月 1 日
商品名称	含有维生素 E 及乳脂的月见草油					
英文名称	Evening primrose oil with added vitamin E and milk					
其他名称	Dr. Dunner Evening Primrose Oil					
商品描述	制成胶囊颗粒并封装成板状供零售，用于补充人体所需的基本脂肪酸，特别是 γ-亚麻酸。每粒胶囊的具体成分：月见草油 95%、奶油 3%、维生素 E 2%。					
归类依据	根据归类总规则一及六。					

序号	45	归类决定编号	W2014-007	公告编号	2014 年第 93 号
商品税则号列		1602.41 至 1602.49		公告实施日期	2015 年 1 月 1 日
商品名称		火腿罐头			
英文名称		Tinned ham			
其他名称					
商品描述		火腿或其他猪肉，内注入亚硝酸钠或含有水、盐、糖、维生素 C、三磷酸钠、硝酸钾、亚硝酸钠的腌泡汁；真空密封马口铁罐装，并经 70°C 温度蒸煮。可含少量明胶。			
归类依据		根据归类总规则一及六。			

序号	46	归类决定编号	W2008-005	公告编号	2008 年第 47 号
商品税则号列		1602.50		公告实施日期	2008 年 7 月 3 日
商品名称		带有松脆土豆条的三明治			
英文名称		Micro-ready sandwiches with potato chips（French fries）			
其他名称		Bridgford Micro-ready Hamburger，Bridgford Micr			
商品描述		有 3 种商品。由一个汉堡包、一个含乳酪的汉堡包或烤牛肉三明治与松脆土豆条包装在一起供零售，每个汉堡包含牛肉重量超过 20%。具体成分： "Bridgford Micro-ready Hamburger"：松脆土豆条 101.91 克、小圆面包 50.58 克、牛肉馅饼 35.51 克。 "Bridgford Micro-ready Cheeseburger"：松脆土豆条 87.57 克、小圆面包 50.58 克、牛肉馅饼 35.51 克、乳酪 14.34 克。 "Bridgford Micro-ready Roast Beef Sandwich"：松脆土豆条 64.35 克、小圆面包 50.58 克、烤牛肉 30.00 克、乳酪 14.34 克。			
归类依据		根据归类总规则三（二）。			

序号	47	归类决定编号	W2018-005	公告编号	2018 年第 159 号
商品税则号列		1602.50		公告实施日期	2018 年 12 月 1 日
商品名称	配辣椒的炖肉制品				
英文名称	Prepared chilli stew				
其他名称					
商品描述	配辣椒的炖肉制品，成分：70%牛肉、7%甜辣椒、7%洋葱、5.3%菜籽油、3.5%糖、3.2%香料（调味香草）、2.1%蔬菜淀粉、0.7%黑巧克力、0.5%盐、0.3%可可和0.4%其他配料。本产品为冷冻产品，以塑料袋零售包装。				
归类依据	根据归类总规则一（第十六章注释二）及六。				

序号	48	归类决定编号	W2005-030	公告编号	2005 年第 63 号
商品税则号列		17.01		公告实施日期	2005 年 12 月 23 日
商品名称	粉状甘蔗糖汁				
英文名称	Powdered sugar cane juice				
其他名称					
商品描述	同商品名称。				
归类依据	HSC 委员会认为，税目 20.09 的条文"蔬菜汁"范围不能扩大到包括从甘蔗中获得的汁液，因此甘蔗汁不能作为蔬菜汁归入税目 20.09。该产品的生产工艺与原糖的生产工艺类似，并且税目 17.01 的注释条文也支持将该产品归入税目 17.01。综上所述，HSC 委员会决定将该产品归入税目 17.01。 根据归类总规则一。				

序号	49	归类决定编号	W2014-008	公告编号	2014年第93号
商品税则号列		17.01		公告实施日期	2015年1月1日
商品名称		甘蔗糖			
英文名称		Cane sugar			
其他名称					
商品描述		固体,没有经过离心加工,通过露天蒸发甘蔗糖浆获得,在干燥状态下,按重量计该产品中蔗糖含量对应的旋光读数不低于69°,但不超过85°。以干物质计,含糖量(以葡萄糖表示)下降4.5%及以上,但不超过15%。该产品含有肉眼不可见的不规则天然他形微晶,外被糖蜜残余及其他甘蔗成分。			
归类依据		根据归类总规则一。			

序号	50	归类决定编号	W2008-006	公告编号	2008年第47号
商品税则号列		1701.91		公告实施日期	2008年7月3日
商品名称		方糖			
英文名称		Sugar cubes			
其他名称		A la Perruche-pure cane,Béghin-Say Sugars,Fra			
商品描述		由甘蔗糖获取的蔗糖(不低于99.7%)及少量作为色料的焦糖组成。			
归类依据		根据归类总规则一及六。			

序号	51	归类决定编号	W2014-009	公告编号	2014 年第 93 号
商品税则号列		1702.90		公告实施日期	2015 年 1 月 1 日
商品名称	微生物培养介质					
英文名称	"High-test molasses"					
其他名称						
商品描述	通过将原糖甘蔗汁水解并脱水制得，主要在抗生素和乙醇制造中用作微生物培养介质。					
归类依据	根据归类总规则一及六。					

序号	52	归类决定编号	W2005-031	公告编号	2005 年第 63 号
商品税则号列		1704.90		公告实施日期	2005 年 12 月 23 日
商品名称	糖食					
英文名称	Sugar confectionery					
其他名称						
商品描述	聚乙烯袋包装的成套零售货品，内含两小包糖食和一个可重复使用的分配容器。					
归类依据	由于该产品符合归类总规则对成套货品的解释，即，为了实现一个特定的活动而将两个不同的物品包装在一起零售，HSC 委员会同意将该产品作为成套货品归类。HSC 委员会决定糖食为该产品主要特征，应归入子目 1704.90。 根据归类总规则三（二）。					

序号	53	归类决定编号	W2005-032	公告编号	2005 年第 63 号
商品税则号列		1704.90		公告实施日期	2005 年 12 月 23 日
商品名称		润喉止咳糖			
英文名称		Throat pastilles or cough drops			
其他名称					
商品描述		主要含有糖和薄荷醇、桉叶油或薄荷油等香料（没有其他活性成分）。			
归类依据		HSC 委员会认为该产品的活性成分仅有香料，因此不能作为药品归类，应作为糖食归入税目 17.04。 根据归类总规则一。			

序号	54	归类决定编号	W2005-033	公告编号	2005 年第 63 号
商品税则号列		1704.90		公告实施日期	2005 年 12 月 23 日
商品名称		华夫饼			
英文名称		Wafer			
其他名称					
商品描述		华夫饼内填充椰子馅料和整个的杏仁，外层为白巧克力和碎椰子（该产品不含可可粉）。			
归类依据		由于华夫饼的含量是微小的，仅是为了成型和将馅料和覆盖层分开，因此该产品应作为糖食。因为华夫饼不是产品的主要特征，HSC 委员会决定将该产品归入子目 1704.90。 根据归类总规则三（二）。			

序号	55	归类决定编号	W2005-034	公告编号	2005 年第 63 号
商品税则号列		1704.90		公告实施日期	2005 年 12 月 23 日
商品名称	糖食				
英文名称	Sugar confectionery（caramel）				
其他名称					
商品描述	含有糖、葡萄糖、奶油、植物油、奶粉、盐、大豆卵磷脂、麦精及香料。据制造商说添加了微量的可可粉，但分析未检出。				
归类依据	尽管考虑该产品的生产工艺的资料中提及由于技术的原因，产品中添加了微量的可可粉（0.015%~0.075%），但归类决定是在海关化验室未检出可可粉的检测结果的基础上作出的。HSC 委员会决定不能认为该产品含可可粉而归入税目 18.06。 根据归类总规则一。				

序号	56	归类决定编号	W2005-035	公告编号	2005 年第 63 号
商品税则号列		1704.90		公告实施日期	2005 年 12 月 23 日
商品名称	糖食（糖果）				
英文名称	Sugar confectionery（candy）				
其他名称					
商品描述	含有糖、葡萄糖、柠檬酸、果胶、苹果肉、浓缩可可香精和其他香精。据制造商说添加了微量的可可粉，但分析未检出。				
归类依据	尽管考虑该产品的生产工艺的资料中提及由于技术的原因，产品中添加了微量的可可粉（0.015%~0.075%），但归类决定是在海关化验室未检出可可粉的检测结果的基础上作出的。HSC 委员会决定不能认为该产品含可可粉而归入税目 18.06。 根据归类总规则一。				

序号	57	归类决定编号	W2005-036	公告编号	2005年第63号
商品税则号列		1704.90		公告实施日期	2005年12月23日
商品名称		糖食（糖果）			
英文名称		Sugar confectionery（candy）			
其他名称					
商品描述		含有糖、葡萄糖、乳酸、薄荷醇、薄荷油，据制造商说添加了微量的可可粉，但分析未检出。			
归类依据		尽管考虑该产品的生产工艺的资料中提及由于技术的原因，产品中添加了微量的可可粉（0.015%~0.075%），但归类决定是在海关化验室未检出可可粉的检测结果的基础上作出的。HSC委员会决定不能认为该产品含可可粉而归入税目18.06。 根据归类总规则一。			

序号	58	归类决定编号	W2005-037	公告编号	2005年第63号
商品税则号列		1704.90		公告实施日期	2005年12月23日
商品名称		糖食（糖果）			
英文名称		Sugar confectionery（candy）			
其他名称					
商品描述		含有糖、葡萄糖和香料，据制造商说添加了微量的可可粉，但分析未检出。			
归类依据		尽管考虑该产品的生产工艺的资料中提及由于技术的原因，产品中添加了微量的可可粉（0.015%~0.075%），但归类决定是在海关化验室未检出可可粉的检测结果的基础上作出的。HSC委员会决定不能认为该产品含可可粉而归入税目18.06。 根据归类总规则一。			

序号	59	归类决定编号	W2005-038	公告编号	2005 年第 63 号
商品税则号列		1704.90		公告实施日期	2005 年 12 月 23 日
商品名称	糖食（糖果）					
英文名称	Sugar confectionery（candy）					
其他名称						
商品描述	含有糖、葡萄糖、乳酸和香料，据制造商说添加了微量的可可粉，但分析未检出。					
归类依据	尽管考虑该产品的生产工艺的资料中提及由于技术的原因，产品中添加了微量的可可粉（0.015%~0.075%），但归类决定是在海关化验室未检出可可粉的检测结果的基础上作出的。HSC 委员会决定不能认为该产品含可可粉而归入税目 18.06。 根据归类总规则一。					

序号	60	归类决定编号	W2014-010	公告编号	2014 年第 93 号
商品税则号列		1704.90		公告实施日期	2015 年 1 月 1 日
商品名称	人参糖片					
英文名称	Ginseng tablets					
其他名称	"Ginsana G115 Ginseng" tablets					
商品描述	长约 22 厘米，厚约 7 厘米的长方形片状。含标准高浓缩人参提取物（每片约含 50 毫克）、47% 重量的蔗糖、植物油、明胶、乳化剂（阿拉伯胶）、柠檬酸、橙油及着色剂。					
归类依据	根据归类总规则一及六。					

序号	61	归类决定编号	W2014-345	公告编号	2014 年第 93 号
商品税则号列		1704.90		公告实施日期	2015 年 1 月 1 日
商品名称	含蜂蜜的芝麻糖				
英文名称	Halva sesame snack with honey				
其他名称					
商品描述	膏状，零售包装，含有 52%的磨碎的芝麻和 48%的天然蜂蜜。				
归类依据	根据归类总规则一及六。				

序号	62	归类决定编号	W2018-006	公告编号	2018 年第 159 号
商品税则号列		1704.90		公告实施日期	2018 年 12 月 1 日
商品名称	止咳喉片				
英文名称	Cough and throat tablets				
其他名称					
商品描述	止咳喉片，主要成分：43.5%糖、13.5%甘草浸膏、17.6%其他食品添加剂（如淀粉和纤维素）、10.4%矿物质（如碳酸钙和滑石粉）以及食用香料（如薄荷脑、薄荷油、茴香油、桉油、杂酚油和辣椒）。 本产品为零售包装。				
归类依据	根据归类总规则一及六。				

序号	63	归类决定编号	W2020-051	公告编号	2020 年第 108 号
商品税则号列		1704.90		公告实施日期	2020 年 10 月 1 日
商品名称	止咳片				
英文名称	Cough tablets				
其他名称					
商品描述	止咳片,主要成分:白糖(约 1.9 克/片)、甘草提取物(35 毫克/片)、其他食材(如淀粉和明胶)和香料(如薄荷醇、薄荷油、茴香油、桉叶油、偃松油、辣椒油)。该商品为零售包装。				
归类依据	根据归类总规则一及六。				

序号	64	归类决定编号	W2005-039	公告编号	2005 年第 63 号
商品税则号列		1806.31		公告实施日期	2005 年 12 月 23 日
商品名称	巧克力条				
英文名称	Chocolate bars				
其他名称					
商品描述	由花生和软质牛轧糖包裹巧克力制成。				
归类依据	大部分代表的意见是应该按照一般习惯和通常的贸易惯例对巧克力"块、条、棒"进行归类。由于该产品是由芯外包裹巧克力制成,代表一致认为该产品是棒状夹心产品。在这些意见的基础上,将该产品归入子目 1806.31。 根据归类总规则一。为了明确条文"夹心"的含义,税目 18.06 的注释已修改。				

序号	65	归类决定编号	W2005-040	公告编号	2005 年第 63 号
商品税则号列		1806.31		公告实施日期	2005 年 12 月 23 日
商品名称		巧克力条			
英文名称		Chocolate bars			
其他名称					
商品描述		由软质牛轧糖和焦糖包裹巧克力制成。			
归类依据		大部分代表的意见是应该按照一般习惯和通常的贸易惯例对巧克力"块、条、棒"进行归类。由于该产品是由芯外包裹巧克力制成，代表一致认为该产品是棒状夹心产品。在这些意见的基础上，将该产品归入子目 1806.31。 根据归类总规则一。为了明确条文"夹心"的含义，税目 18.06 的注释已修改。			

序号	66	归类决定编号	W2005-041	公告编号	2005 年第 63 号
商品税则号列		1806.31		公告实施日期	2005 年 12 月 23 日
商品名称		巧克力条			
英文名称		Chocolate bars			
其他名称					
商品描述		由软化的脱水椰子包裹牛奶巧克力制成。			
归类依据		大部分代表的意见是应该按照一般习惯和通常的贸易惯例对巧克力"块、条、棒"进行归类。由于该产品是由芯外包裹巧克力制成，代表一致认为该产品是棒状夹心产品。在这些意见的基础上，将该产品归入子目 1806.31。 根据归类总规则一。为了明确条文"夹心"的含义，税目 18.06 的注释已修改。			

序号	67	归类决定编号	W2014-011	公告编号	2014 年第 93 号
商品税则号列		1806.31 或 1806.32		公告实施日期	2015 年 1 月 1 日
商品名称		糖食			
英文名称		Sugar Confectionery			
其他名称		"Mixed toffees" in 3kg cartons			
商品描述		由各种比例的可可与不含可可的糖食混装入盒中供销售。			
归类依据		根据归类总规则一及六。			

序号	68	归类决定编号	W2022-004	公告编号	2022 年第 78 号
商品税则号列		1806.32		公告实施日期	2022 年 9 月 1 日
商品名称		以巧克力为基料的食品			
英文名称		Chocolate-based food preparation			
其他名称					
商品描述		以巧克力为基料的食品，外观为两面嵌有 10 块巧克力味饼干的板状牛奶巧克力。该产品含按重量计 63% 的牛奶巧克力、25% 的巧克力饼干和 12% 的香草味奶油。			
归类依据		根据归类总规则一及六。			

序号	69	归类决定编号	W2005-042	公告编号	2005年第63号
商品税则号列		1806.90		公告实施日期	2005年12月23日
商品名称	外裹巧克力产品				
英文名称	Chocolate-coated product				
其他名称					
商品描述	拱圆顶形状，直径约3.5厘米。一层1~2毫米厚的烘烤华夫饼内，填充以干草莓碎块，在华夫饼外以牛奶巧克力完全包裹。				
归类依据	由于该产品是包裹或填充巧克力的糖食，HSC委员会根据第十七章总注释（一）将其归入子目1806.90。 根据归类总规则一。				

序号	70	归类决定编号	W2005-043	公告编号	2005年第63号
商品税则号列		1806.90		公告实施日期	2005年12月23日
商品名称	圆形薄华夫饼				
英文名称	Thin round wafer				
其他名称					
商品描述	华夫饼内填充以榛子馅和整个的榛子，在华夫饼外以牛奶巧克力和碎榛子包裹。				
归类依据	由于该产品是包裹或填充巧克力的糖食，HSC委员会根据第十七章总注释（一）将其归入子目1806.90。 根据归类总规则一。				

序号	71	归类决定编号	W2005-044	公告编号	2005 年第 63 号
商品税则号列		1806.90		公告实施日期	2005 年 12 月 23 日
商品名称	填充花生和腰果碎块的产品				
英文名称	Filling containing fragments of peanuts and cashew				
其他名称					
商品描述	馅料填充在薄的华夫饼中，华夫饼外包裹巧克力。				
归类依据	由于该产品是包裹或填充巧克力的糖食，HSC 委员会根据第十七章总注释（一）将其归入子目 1806.90。 根据归类总规则一。				

序号	72	归类决定编号	W2005-045	公告编号	2005 年第 63 号
商品税则号列		1806.90		公告实施日期	2005 年 12 月 23 日
商品名称	包含可可馅料的产品				
英文名称	Filling containing cocoa				
其他名称					
商品描述	可可馅料填充在薄的华夫饼中，华夫饼外包裹白巧克力。				
归类依据	由于该产品是包裹或填充可可的糖食，HSC 委员会根据第十七章总注释（一）将其归入子目 1806.90。 根据归类总规则一。				

序号	73	归类决定编号	W2005-046	公告编号	2005年第63号
商品税则号列		1806.90		公告实施日期	2005年12月23日
商品名称	以巧克力为基料的组合产品				
英文名称	Chocolate-based composite product				
其他名称					
商品描述	外形为蛋形,由糖、乳粉、植物油的混合物(白巧克力)构成蛋形外壳的内层并在其表面包裹巧克力外层。蛋形壳内装有塑料胶囊,在塑料胶囊内装有玩具(如塑料直升机散件),以使购买者惊喜。				
归类依据	HSC委员会认为该产品符合归类总规则三(二)所述的组合产品的条件,按照归类总规则三(二)的归类原则将其归入税目18.06。 根据归类总规则三(二)。				

序号	74	归类决定编号	W2018-007	公告编号	2018年第159号
商品税则号列		1806.90		公告实施日期	2018年12月1日
商品名称	巧克力糖食(带糖衣的牛奶巧克力)				
英文名称	Chocolate confectionery (milk chocolate in a sugar shell)				
其他名称					
商品描述	巧克力糖食(带糖衣的牛奶巧克力),装成两小包,每包净重45克,并装在一个塑料容器中,为零售包装的组合货品。包装容器有一个盖子,盖子上带有由可降解塑料制成的分配器。该分配器为形似糖果的玩偶,内装糖食,按压该玩偶的手,糖食就会从玩偶中掉出。				
归类依据	根据归类总规则一、三(二)及六。				

序号	75	归类决定编号	W2018-008	公告编号	2018 年第 159 号
商品税则号列		1806.90		公告实施日期	2018 年 12 月 1 日
商品名称	巧克力糖食				
英文名称	Chocolate confectionery				
其他名称					
商品描述	巧克力糖食，外有糖衣，内部为包裹着花生（23%）的牛奶巧克力（48%），装在一个纸盒中，净含量为 140 克。塑料制的盖子上有一个装有弹簧的代表该品牌形象的玩偶，玩偶可以从弹簧上取下。 又见归类意见 1806.90/3 和 9503.00/10。				
归类依据	根据归类总规则一、五（二）及六。				

序号	76	归类决定编号	W2005-047	公告编号	2005 年第 63 号
商品税则号列		19.01		公告实施日期	2005 年 12 月 23 日
商品名称	含有可可粉的牛奶配制品				
英文名称	Certain milk preparations containing cocoa powder				
其他名称					
商品描述	产品一：按重量计含全脂乳粉或脱脂乳粉 90%，可可糖膏粉（按重量计含可可脂 54%）10%； 产品二：按重量计含全脂乳粉 90%，可可粉（含碱法加工的可可脂 10%~20%）10%。				
归类依据	HSC 委员会同意税目 19.01 的条文"可可粉"应被解释为全脱脂或部分脱脂的可可粉，讨论的产品应归入税目 19.01。根据归类总规则一。HSC 委员会还同意对 1996 年版的《协调制度》中第十九章注释三和税目 19.01 的法律条文及相关注释进行修改，以反映此归类决定。				

序号	77	归类决定编号	W2012-001	公告编号	2012年第24号
商品税则号列		1901.10		公告实施日期	2012年5月18日
商品名称		婴幼儿二段配方奶粉			
英文名称		Follow-up formula			
其他名称		Mamil® GOLD Step 2			
商品描述		粉状，由脱盐乳清粉、脱脂奶粉、混合植物油、乳糖、低聚半乳糖浆、浓缩乳清蛋白、鱼油、维生素、矿物质和食品添加剂制成，零售包装，净重700克。该产品用水冲调后供6个月及以上的婴幼儿食用。			
归类依据		根据归类总规则一及六。			

序号	78	归类决定编号	W2012-002	公告编号	2012年第24号
商品税则号列		1901.10		公告实施日期	2012年5月18日
商品名称		幼儿配方奶粉			
英文名称		Follow-up formula			
其他名称		Dugro 1Plus GOLD™			
商品描述		粉状，由脱脂奶粉、麦芽糖糊精、乳脂、低聚半乳糖粉、蔗糖、脱盐乳清粉、玉米油、浓缩乳清蛋白、鱼油、维生素、矿物质和食品添加剂制成，零售包装，净重900克。该产品用水冲调后供1~3岁幼儿食用，也适合6个月及以上婴儿食用。			
归类依据		根据归类总规则一及六。			

序号	79	归类决定编号	W2005-048	公告编号	2005 年第 63 号
商品税则号列		1901.20		公告实施日期	2005 年 12 月 23 日
商品名称	未焙烤的冷冻面团				
英文名称	Unbaked frozen dough				
其他名称					
商品描述	面团已制成焙烤前的最终形状。				
归类依据	代表指出应根据税目 19.01 的商品范围对"焙烤商品"进行解释，税目 19.01 应包括由面粉制成的配制品，配制品的形状不应对"焙烤商品"的归类起决定作用。HSC 委员会认为"焙烤商品"的配制品不应归入税目 19.05，而应归入税目 19.01。 根据归类总规则一。为明确归类，税目 19.01 的新注释二（7）已插入。				

序号	80	归类决定编号	W2005-049	公告编号	2005 年第 63 号
商品税则号列		1901.20		公告实施日期	2005 年 12 月 23 日
商品名称	未焙烤比萨饼				
英文名称	Uncooked pizza				
其他名称					
商品描述	产品净重 580 克，包括比萨饼基和放在饼基上的各种配料，放入包装中零售。成分有小麦面粉、水、乳酪、人造黄油乳酪、白蘑菇、牛肉（按重量计，含量为 4.7%）、洋葱、番茄酱、植物（橄榄）油、酵母、盐、糖、发酵剂、麦精、部分氢化植物油、改性淀粉、大蒜和香料。在食用前，比萨饼需要焙烤 15~25 分钟。				
归类依据	在 HSC 第二十五次会议中，HSC 委员会决定税目 19.05 不包括未烘焙的产品或产品至少要经过预烘焙，因此，该产品应归入税目 19.01。对于产品在子目层次下的归类，在 HSC 第二十六次会议中，HSC 委员会决定税目 19.05 的注释一（十四）不考虑比萨饼饼基表面配料和成分，"预烘烤或烘烤"的比萨饼应作为焙烤产品归入税目 19.05，因此，应将该产品归入子目 1901.20。 根据归类总规则一及六。为了反映此次的归类决定，税目 19.01 和 19.05 的注释条文已修改。				

序号	81	归类决定编号	W2008-007	公告编号	2008 年第 47 号
商品税则号列		1901.20		公告实施日期	2008 年 7 月 3 日
商品名称	未烤制的比萨饼				
英文名称	Uncooked pizza				
其他名称	Findus BakeUp Pizza Bolognese				
商品描述	由饼基（面团）及顶部涂抹的馅料组成。比萨饼净重 580 克，零售包装。所含成分有：面粉、水、乳酪、人造奶油乳酪、白蘑菇、牛肉（4.7%）、洋葱、西红柿汁、植物（橄榄）油、酵母、盐、糖、膨松剂、麦精、部分氢化的植物油、改性淀粉、大蒜和调味品。食用前需将比萨饼烘烤 15~20 分钟（预热烤箱）或 20~25 分钟（冷烤箱）。				
归类依据	根据归类总规则一及六。				

序号	82	归类决定编号	W2005-050	公告编号	2005 年第 63 号
商品税则号列		1901.90		公告实施日期	2005 年 12 月 23 日
商品名称	配制品				
英文名称	Preparation				
其他名称					
商品描述	包括马铃薯淀粉（88.5%）、麦芽糊精（8.5%）、味精（2%）和盐（1%），用于食品工业。				
归类依据	由于该产品用于制作焙烤产品，并且根据第十一章的注释一（二），第十一章不包括经制作的淀粉制品，HSC 委员会同意将该产品归入税目 19.01。根据归类总规则一。				

序号	83	归类决定编号	W2008-008	公告编号	2008年第47号
商品税则号列		1901.90		公告实施日期	2008年7月3日
商品名称	经过搅打的奶油				
英文名称	Whipped cream				
其他名称					
商品描述	产品装于气溶胶罐中,有香草的香气和味道,含有从牛乳中制得的奶油、转化糖浆、加糖炼乳、不加糖炼乳、葡萄糖、天然风味物质(香草)和稳定剂(E407)。成分如下:奶油87%(30%的脂肪)、转化糖浆7%、加糖炼乳2.3%、不加糖炼乳3.48%、葡萄糖0.2%、香草香料0.01%、稳定剂(E407)0.01%。				
归类依据	根据归类总规则一及六。				

序号	84	归类决定编号	W2016-002	公告编号	2016年第79号
商品税则号列		1901.90		公告实施日期	2017年1月1日
商品名称	作为乳酪替代品消费的配制品				
英文名称	Preparation intended to be consumed as cheese substitute				
其他名称					
商品描述	该产品含有81.8%的脱脂乳、15.65%的植物油、少量的盐、乳蛋白、凝乳酶、发酵剂、色素和维生素D。通过混合脱脂乳和植物油,经细菌发酵、酶催化、蛋白质凝固、分离酪蛋白、加热、压榨、成型、切割、加盐并后熟7~10个星期制得。该配制品通常被称为"仿真乳酪"。				
归类依据	根据归类总规则一及六。				

序号	85	归类决定编号	W2014-346	公告编号	2014年第93号
商品税则号列			1902.20	公告实施日期	2015年1月1日
商品名称	配制品				
英文名称	Preparation				
其他名称					
商品描述	由包含虾仁的面食（馄饨）和浓缩汤料组成。该配制品为冷冻状态，用塑料碗包装，供零售。加水后，使用微波炉加热后食用。				
归类依据	根据归类总规则一及六。				

序号	86	归类决定编号	W2014-347	公告编号	2014年第93号
商品税则号列			1902.20	公告实施日期	2015年1月1日
商品名称	成套食品				
英文名称	Set				
其他名称					
商品描述	该成套食品由包含虾仁的面食（馄饨）和一小袋粉状汤料组成，为冷冻状态，装在一个纸容器中用于零售。食用前，用水混合粉状汤料并将馄饨在汤中煮熟即可。				
归类依据	根据归类总规则一、二（二）、三（二）及六。				

序号	87	归类决定编号	W2005-051	公告编号	2005 年第 63 号
商品税则号列		1902.30		公告实施日期	2005 年 12 月 23 日
商品名称	速冻盘装菜 "Tortiglioni"				
英文名称	Deep-frozen dish "Tortiglioni"				
其他名称					
商品描述	加有蔬菜、调味品等配料的面条。				
归类依据	HSC 委员会认为该产品是以面条为基料的配制品，应归入子目 1902.30。根据归类总规则一。				

序号	88	归类决定编号	W2016-003	公告编号	2016 年第 79 号
商品税则号列		1902.30		公告实施日期	2017 年 1 月 1 日
商品名称	配制品				
英文名称	Preparation				
其他名称	Småfolk Spagetti med kjøttboller				
商品描述	按可见固形物重量计，含有 22.9% 的肉丸，20.5% 的意大利面和 1.28% 的蔬菜。肉丸本身含有 63.8% 的肉，占整个配制品质量含量的 14.6%。零售玻璃瓶包装，净含量 190 克。加热后供一岁及以上小孩食用。				
归类依据	根据归类总规则一及六。				

序号	89	归类决定编号	W2005-052	公告编号	2005年第63号
商品税则号列		1904.20		公告实施日期	2005年12月23日
商品名称	"Müsli"早餐谷物食品					
英文名称	"Müsli" type breakfast cereals					
其他名称						
商品描述	含有未烘烤的谷物薄片（70%）、干果、坚果、糖、蜂蜜等，零售包装。					
归类依据	由于谷物薄片并不排除在注释条文"植物的其他食用部分"之外，HSC委员会同意将该产品作为税目20.08项下的"植物的其他食用部分"的配制品考虑。 根据归类总规则一。 注：在1996年版《协调制度》中为讨论的产品设立了新的子目1904.20，归类意见转换成了新的子目1904.20的条文。					

序号	90	归类决定编号	W2005-057	公告编号	2005年第63号
商品税则号列		1904.30		公告实施日期	2005年12月23日
商品名称	预煮熟的碾碎干小麦					
英文名称	Pre-cooked bulgur wheat					
其他名称						
商品描述	加工过的小麦。蒸煮硬粒小麦，然后使其干燥至含水率达到约14%，再去皮、破碎、碾磨，最后筛分出大小不同的碾碎干小麦。					
归类依据	经过化验室检验，几乎所有的结果显示该产品呈高度的糊化，表明产品已蒸煮熟，HSC委员会决定将其归入第十九章而不是第十一章。 根据归类总规则一。2002年版《协调制度》中增加了一个新的包含碾碎的干小麦的子目1904.30。					

序号	91	归类决定编号	W2005-053	公告编号	2005 年第 63 号
商品税则号列			1904.90	公告实施日期	2005 年 12 月 23 日
商品名称	Nasi Nua（印度尼西亚速冻米饭）					
英文名称	Nasi Nua（Indonesian deep-frozen rice dish）					
其他名称						
商品描述	包括预煮大米（40%）、牛肉条（10%）、几种蔬菜和调味品。					
归类依据	由于大米是主要成分，构成了该产品的主要特性，HSC 委员会将讨论的产品归入税目 19.04。 　　根据归类总规则三（二）。					

序号	92	归类决定编号	W2005-054	公告编号	2005 年第 63 号
商品税则号列			1904.90	公告实施日期	2005 年 12 月 23 日
商品名称	Chow Ju Fan（中国速冻米饭）					
英文名称	Chow Ju Fan（Chinese deep-frozen rice dish）					
其他名称						
商品描述	包括预煮大米（37%）、猪肉酱（10%）、几种蔬菜和调味品。					
归类依据	由于大米是主要成分，构成了该产品的主要特性，HSC 委员会将讨论的产品归入税目 19.04。 　　根据归类总规则三（二）。					

序号	93	归类决定编号	W2005-055	公告编号	2005 年第 63 号
商品税则号列		1904.90		公告实施日期	2005 年 12 月 23 日
商品名称		Risotto（意大利速冻米饭）			
英文名称		Risotto deep-frozen rice dish			
其他名称					
商品描述		包括预煮大米（50%）、熏火腿丁（10%）、几种蔬菜和调味品。			
归类依据		由于大米是主要成分，构成了该产品的主要特性，HSC 委员会将讨论的产品归入税目 19.04。 根据归类总规则三（二）。			

序号	94	归类决定编号	W2005-056	公告编号	2005 年第 63 号
商品税则号列		1904.90		公告实施日期	2005 年 12 月 23 日
商品名称		Biryani（印度速冻米饭）			
英文名称		Biryani（Indian deep-frozen rice dish）			
其他名称					
商品描述		包括预煮大米（40%）、鸡肉（10%）、几种蔬菜、水果和调味品。			
归类依据		由于大米是主要成分，构成了该产品的主要特性，HSC 委员会将讨论的产品归入税目 19.04。 根据归类总规则三（二）。			

序号	95	归类决定编号	W2020-004	公告编号	2020 年第 108 号
商品税则号列		1904.90		公告实施日期	2020 年 10 月 1 日
商品名称	预加工食品				
英文名称	Prepared food				
其他名称					
商品描述	预加工食品，冷冻包装，一套包括两个纸盒（盒 1 及盒 2）。盒 1 中装有未经包装的泰国香米饭。盒 2 装在盒 1 内，架在米饭上面。盒 2 中含有鸡肉块（约 39.1%）、蔬菜（约 7.9%）和红咖喱汁（约 53%）。食用前需用微波炉加热（连同包装）。食品的净含量是 350 克，其中盒 1 中的食品占 49.1%，盒 2 中的食品占 50.9%。混合后，食品含有 49.1%泰国香米饭、27%泰式红咖喱（椰浆、水和红咖喱调料）、19.9%鸡肉和 4%蔬菜（胡萝卜、四季豆和红辣椒）。				
归类依据	根据归类总规则一、三（二）及六。				

序号	96	归类决定编号	W2005-058	公告编号	2005 年第 63 号
商品税则号列		1905.32		公告实施日期	2005 年 12 月 23 日
商品名称	包裹巧克力的华夫产品				
英文名称	Chocolate-coated wafer product				
其他名称					
商品描述	长 9.0 厘米，宽 1.8 厘米，厚 0.8 厘米的条状。主要由 5~6 毫米的华夫构成，外有牛奶巧克力涂层。				
归类依据	由于华夫部分是该产品的主要特征成分，根据归类总规则三（二），HSC 委员会同意将其归入税目 19.05。				

序号	97	归类决定编号	W2008-009	公告编号	2008年第47号
商品税则号列		1905.32		公告实施日期	2008年7月3日
商品名称		焙烤制品（华夫饼）			
英文名称		Baker's wares（waffles）			
其他名称		KELLOGG'S EGGO FROZEN WAFFLES			
商品描述		将水、小麦面粉、鸡蛋、发酵剂、糖、乳清粉和脂肪（典型的大豆油）混合搅打成面糊后倒入具有图案的华夫饼烤模，充分焙烤后冷冻。焙烤后平均含水量为48%，冷冻后平均含水量为45%。			
归类依据		根据归类总规则一及六。			

序号	98	归类决定编号	W2005-059	公告编号	2005年第63号
商品税则号列		1905.90		公告实施日期	2005年12月23日
商品名称		冷冻鲜乳酪饼			
英文名称		Fresh cheese cake（frozen）			
其他名称					
商品描述		由主要成分为奶油、乳酪、牛奶和糖的蛋糕混合料（按重量计含量为90%）敷在经烘烤的饼基（按重量计含量为10%）上制成。饼基的成分包括黄油、面粉、糖和鸡蛋。			
归类依据		HSC委员会认为由于该产品具有蛋糕或糕饼点心的主要特征，因此应归入子目1905.90。 根据归类总规则一。			

序号	99	归类决定编号	W2005-060	公告编号	2005年第63号
商品税则号列		1905.90		公告实施日期	2005年12月23日
商品名称	咸味松脆小吃				
英文名称	Crisp bacon-flavoured snack				
其他名称					
商品描述	食品为浅棕色、长方形略有褶皱的片状食品，外形像咸肉，制成零售包装。成分包括小麦粉（约55%）、马铃薯粉（约28%）、马铃薯淀粉（约10%）、木薯淀粉（约6%）、盐、胡萝卜素和调味料，已经油炸可即食。				
归类依据	HSC委员会指出根据第十九章注释二和第二十章注释三，该产品不应排除出第十九章。根据税目19.05的注释条文，该税目不仅仅包括由谷粉制成的产品，还包括归入第十一章的其他面粉制成的产品。HSC委员会决定将该产品归入税目19.05而不归入税目19.01或20.05。为明确归类，税目19.05和20.05的注释条文已修改。				

序号	100	归类决定编号	W2005-061	公告编号	2005年第63号
商品税则号列		1905.90		公告实施日期	2005年12月23日
商品名称	松脆开胃食品				
英文名称	Crisp savoury food products				
其他名称					
商品描述	由马铃薯粉为基料的面团制成，呈小熊形状，零售包装。成分为马铃薯淀粉（约31%）、植物油、淀粉、改性淀粉、盐、糖、乳化剂（卵磷脂）、酵母抽提物及香料。已经油炸可即食。				
归类依据	HSC委员会指出根据第十九章注释二和第二十章注释三，该产品不应排除出第十九章。根据税目19.05的注释条文，该税目不仅仅包括由谷粉制成的产品还包括归入第十一章的其他面粉制成的产品。HSC委员会决定将该产品归入税目19.05而不归入税目19.01或20.05。为明确归类，税目19.05和20.05的注释条文已修改。				

序号	101	归类决定编号	W2005-062	公告编号	2005 年第 63 号
商品税则号列		2004.90		公告实施日期	2005 年 12 月 23 日
商品名称	速冻盘装蔬菜"Wienerpfanne"				
英文名称	Deep-frozen vegetable dish "Wienerpfanne"				
其他名称					
商品描述	由 40%的马铃薯和 49%的其他蔬菜混合制成。				
归类依据	由于该产品是由几种蔬菜混合后冷冻制成，HSC 委员会决定将其归入子目 2004.90。 根据归类总规则一。				

序号	102	归类决定编号	W2016-004	公告编号	2016 年第 79 号
商品税则号列		2005.80		公告实施日期	2017 年 1 月 1 日
商品名称	甜玉米粉				
英文名称	Sweet corn flour				
其他名称					
商品描述	黄色细粉状，甜玉米经脱水（含水量低于 10%）、碾磨、加热处理（70℃，4~5 小时）制得。产品的灰分含量为 2.69%，淀粉含量为 16.28%。该产品用于配制冰激凌。				
归类依据	根据归类总规则一及六。				

序号	103	归类决定编号	W2018-009	公告编号	2018年第159号
商品税则号列		2005.99		公告实施日期	2018年12月1日
商品名称	用奶酪填充的红、绿辣椒段				
英文名称	Pieces of red and green pepper fruits filled with cheese				
其他名称					
商品描述	用奶酪填充的红、绿辣椒段，加工工艺为红、绿辣椒段用羊乳酪和鲜乳酪填充，浸入由葵花籽油、大蒜和香料组成的液体中。该产品成分（以重量计）：40%葵花籽油、35%乳酪（17.5%羊乳酪和17.5%新鲜乳酪）、24%辣椒（capsicum frutescens）以及大蒜和香料。该产品用透明的塑料容器包装，净重200克。				
归类依据	根据归类总规则一及六。				

序号	104	归类决定编号	W2005-063	公告编号	2005年第63号
商品税则号列		2008.20		公告实施日期	2005年12月23日
商品名称	菠萝干				
英文名称	Dried pineapples				
其他名称					
商品描述	呈方块形状、薄片或不规则片状，漂烫后用糖浆渗透脱水，随后进行空气干燥。				
归类依据	主要的问题是渗透脱水是否为第八章注释三允许的加工工艺。HSC委员会认为渗透脱水应排除出第八章允许的加工工艺，根据提供的水果样品，该产品应归入第二十章。 根据归类总规则一。				

序号	105	归类决定编号	W2014-012	公告编号	2014年第93号
商品税则号列		2008.50		公告实施日期	2015年1月1日
商品名称		改良杏干			
英文名称		Improved dried apricots			
其他名称					
商品描述		由鲜杏制成。其加工过程为：鲜杏分半，蒸汽漂白，浸入含二氧化硫的糖浆中，盘上干燥，然后由烘干机干燥至产品达20%的含水率；糖分含量约为71%（干重的90%）。			
归类依据		根据归类总规则一及六。			

序号	106	归类决定编号	W2005-064	公告编号	2005年第63号
商品税则号列		2008.60		公告实施日期	2005年12月23日
商品名称		浸泡在酒中的水果			
英文名称		Fruit in alcohol			
其他名称					
商品描述		4个莫利洛黑樱桃浸泡在阿马尼亚克酒、糖浆和天然果汁混合物中，并装入40毫升带塑料盖的水杯。			
归类依据		由于该产品是浸泡在酒中的水果，税目20.08的注释"水果，无论是加工或保藏，无论加糖或酒精"提及浸泡在酒中的水果。并且产品中的水果没有保藏于纯阿马尼亚克酒而是保藏在阿马尼亚克酒、水和糖的混合物中，HSC委员会决定将其归入税目20.08。 根据归类总规则一。			

序号	107	归类决定编号	W2005-065	公告编号	2005 年第 63 号
商品税则号列		2008.97		公告实施日期	2005 年 12 月 23 日
商品名称	水果片				
英文名称	Fruit tablets				
其他名称					
商品描述	根据公司提供的资料，每片（总量为 10 克）包括无花果膏（7.5 克）、干李子（0.6 克）、罗望子膏（0.25 克）、山梨醇（1.15 克）、甘油和乳糖。每片水果片有独立包装，12~24 片制成零售包装出售。根据提供的资料和包装上的说明，该水果片可作为轻泻剂。				
归类依据	产品中添加的某些物质超出了第八章允许添加的物质的范围，HSC 委员会决定将该产品归入税目 20.08（子目 2008.97）。由于该产品并不是用于治疗和预防疾病，因此不归入第三十章。而且，该产品并不是糖食，也不能归入第十七章。 根据归类总规则一。				

序号	108	归类决定编号	W2005-066	公告编号	2005 年第 63 号
商品税则号列		2008.99		公告实施日期	2005 年 12 月 23 日
商品名称	浸泡在酒中的水果				
英文名称	Fruit in alcohol				
其他名称					
商品描述	一个梅干浸泡在阿马尼亚克酒、糖浆和天然果汁混合物中，并装入 40 毫升带塑料盖的水杯。				
归类依据	由于该产品是浸泡在酒中的水果，税目 20.08 的注释"水果，无论是加工或保藏，无论加糖或酒精"提及浸泡在酒中的水果。并且产品中的水果没有保藏于纯阿马尼亚克酒而是保藏在阿马尼亚克酒、水和糖的混合物中，HSC 委员会决定将其归入税目 20.08。 根据归类总规则一。				

序号	109	归类决定编号	W2005-067	公告编号	2005 年第 63 号
商品税则号列		2008.99		公告实施日期	2005 年 12 月 23 日
商品名称	苹果干馅料				
英文名称	"Apple Mix Dry Filling"				
其他名称					
商品描述	包括脱水苹果块（48%）、糖（32%）、改性淀粉（16%）、滚筒干燥苹果片（3.5%）、柠檬酸（0.5%）、天然食用香料和抗氧化剂。（与水混合后作为苹果派的馅料）				
归类依据	由于该产品的主要成分为干苹果片并保持了税目 20.08 的加工水果的特性，因此 HSC 委员会决定将其归入税目 20.08。为明确归类，税目 20.08 和 21.06 的注释条文已修改。				

序号	110	归类决定编号	W2005-068	公告编号	2005 年第 63 号
商品税则号列		2008.99		公告实施日期	2005 年 12 月 23 日
商品名称	番木瓜干				
英文名称	Dried papayas				
其他名称					
商品描述	呈方块形状、薄片或不规则片状，漂烫后用糖浆渗透脱水，随后进行空气干燥。				
归类依据	主要问题是渗透干燥是否为第八章注释三允许的加工工艺。HSC 委员会认为渗透脱水应排除出第八章允许的加工工艺，根据提供的水果样品，该产品应归入第二十章。 根据归类总规则一。				

序号	111	归类决定编号	W2020-005	公告编号	2020年第108号
商品税则号列		2008.99		公告实施日期	2020年10月1日
商品名称		烤紫菜			
英文名称		Roasted seaweed			
其他名称					
商品描述		烤紫菜，由干紫菜（100%）制得。生产工艺：金属探测器检测及杂质检测、烘烤、包装。			
归类依据		根据归类总规则一及六。			

序号	112	归类决定编号	W2020-006	公告编号	2020年第108号
商品税则号列		2008.99		公告实施日期	2020年10月1日
商品名称		调味紫菜			
英文名称		Seasoned laver			
其他名称					
商品描述		烤紫菜，成分为紫菜90%、玉米油6%、芝麻油3%及盐1%。加工工艺为紫菜在180℃~200℃温度下烘烤5秒，加盐、芝麻油和玉米油进行调味（在此过程中，还可加入绿茶粉、泡菜粉或橄榄油等增强风味），最后在330℃温度下烘烤5秒。			
归类依据		根据归类总规则一及六。			

序号	113	归类决定编号	W2018-010	公告编号	2018年第159号
商品税则号列		2009.89		公告实施日期	2018年12月1日
商品名称		椰子水（椰子汁）			
英文名称		Coconut water (coconut juice)			
其他名称					
商品描述		椰子水（椰子汁），由青椰子（99.95%）加糖（0.05%）制得。加糖是为了调和不同批次椰子的口味。该产品为零售包装，290毫升玻璃瓶装。			
归类依据		根据归类总规则一及六。			

序号	114	归类决定编号	W2016-005	公告编号	2016年第79号
商品税则号列		2009.90		公告实施日期	2017年1月1日
商品名称		含有调味品（姜）的未发酵混合果汁			
英文名称		Mixture of unfermented juices containing spices (ginger)			
其他名称					
商品描述		含有黄瓜汁（30%）、芹菜汁（20%）、苹果汁（20%）、菠菜汁（20%）、欧芹汁（4%）、柠檬汁（4%）和姜（2%）。该产品瓶装供零售，可即供饮用。			
归类依据		根据归类总规则一及六。			

序号	115	归类决定编号	W2016-006	公告编号	2016 年第 79 号
商品税则号列		2101.11		公告实施日期	2017 年 1 月 1 日
商品名称		可溶的咖啡（又称"速溶咖啡"）			
英文名称		Soluble coffee（also known as "instant" coffee）			
其他名称					
商品描述		该产品重量为 200 克，装于玻璃罐中，与陶瓷杯子和陶瓷杯碟一起放在纸制盒子中用于零售。杯子和杯碟与咖啡分别归类，归入品目 69.12。 又见 6912.00/1。			
归类依据		根据归类总规则一及六。			

序号	116	归类决定编号	W2005-069	公告编号	2005 年第 63 号
商品税则号列		2101.12		公告实施日期	2005 年 12 月 23 日
商品名称		以咖啡精为基本成分的制品			
英文名称		Preparation based on coffee extract			
其他名称					
商品描述		由 98.5%可溶咖啡（由浸出咖啡经脱水后制得）和 1.5%甜菊苷（不含热量的甜味剂）组成。			
归类依据		由于该产品添加了甜菊苷，使得该产品成为以咖啡精为基本成分的配制品，HSC 委员会一致同意将其归入子目 2101.12。 根据归类总规则一。			

序号	117	归类决定编号	W2014-013	公告编号	2014年第93号
商品税则号列		2101.30		公告实施日期	2015年1月1日
商品名称		咖啡添加品			
英文名称		Coffee additive			
其他名称					
商品描述		稍带有苦味的棕色粗粉,含93%焦糖及6%矿物盐。			
归类依据		根据归类总规则一及六。			

序号	118	归类决定编号	W2008-010	公告编号	2008年第47号
商品税则号列		2102.20		公告实施日期	2008年7月3日
商品名称		供人食用的片剂			
英文名称		Tablets for human consumption			
其他名称		Spirulina Platensis			
商品描述		产品含有钝顶螺旋藻(Spirulina Platensis)死的干(单)细胞,赋形剂为二氧化硅、淀粉和硬脂酸镁。			
归类依据		根据归类总规则一和六。			

序号	119	归类决定编号	W2005-070	公告编号	2005 年第 63 号
商品税则号列		2103.90		公告实施日期	2005 年 12 月 23 日
商品名称	薄荷调味汁				
英文名称	Mint sauce				
其他名称					
商品描述	深绿色、黏稠悬浊液体，含有一定量、切得很细的薄荷叶。组成如下：复水薄荷、醋、糖、盐、稳定剂（黄原胶）、叶绿酸铜、维生素 B2（色素）及水。调味汁为玻璃容器包装，可直接或加醋及糖后与羊肉和蔬菜一起食用。				
归类依据	值得注意的是该产品在市场上和贸易中是作为调味汁的，并且该产品在习惯上也是作为调味汁使用。在产品标签上的储藏建议也指明该产品是作为调味汁的。HSC 委员会一致决定按基本成分、外观、用途（为某种食品调味）将其作为调味汁归入税目 21.03。根据归类总规则一。				

序号	120	归类决定编号	W2005-071	公告编号	2005 年第 63 号
商品税则号列		2103.90		公告实施日期	2005 年 12 月 23 日
商品名称	酸甜调味汁				
英文名称	Oriental sweet and sour sauce				
其他名称					
商品描述	一种略带红色的悬浊液，含有大约 26% 的可见蔬菜片（1~2 厘米长，0.5 厘米宽），成分：红辣椒、洋葱、胡萝卜和青椒，以及 7% 的菠萝片，还含有糖、醋、番茄酱、改性淀粉、白酒、盐、调味料（蒜和姜）、稳定剂（黄原胶）、酱油和水。调味汁用玻璃容器包装（如，525 克瓶装），与鸡肉条混合加热后食用。				
归类依据	有些代表指出，根据税目 21.03 的注释条文，该税目所包括的调味汁可含有"非常少的固体物质"，但由于讨论的产品包括 33% 的约 1~2 厘米长的可见的蔬菜片和水果片，因此，该产品若不含醋应作为其他方法制作的蔬菜归入第二十章的税目 20.05。关于这一点，另一些代表认为税目 21.03 的注释条文提到了该税目中包括含 39% 的碎肉的波伦亚（bolognaise）调味汁，因此讨论的产品不是先例。最后 HSC 委员会决定注释条文不能缩小法律条文的范围。由于产品可倾倒，并且加入固体是为了增强风味，讨论的产品符合字典中调味汁的定义。而且，尽管关于调味汁的注释条文制定以来，调味汁的商业含义和用途没有改变，但调味汁的范围和种类已经超出了典型的平滑型调味汁。由于该产品符合一般和商业意义上的调味汁的含义，HSC 委员会决定该产品应作为调味汁归入税目 21.03。 根据归类总规则一。				

序号	121	归类决定编号	W2008-108	公告编号	2008 年第 75 号
商品税则号列		2103.90		公告实施日期	2008 年 10 月 23 日
商品名称	一种包含精选的香料、种子、香草、水果、盐和调料的组合物					
英文名称	A composite good consisting of a selection of spic					
其他名称						
商品描述	放置在沙漏型的玻璃瓶中，每瓶包含两种不同的产品。这些瓶子被放在一个特制的金属框架中。瓶内的每种产品都被分层放置，由于瓶子的沙漏形状可以防止产品混合，或者由于一些产品（如整月桂叶或肉桂束）颗粒大小的原因，使得两层产品不会被混合，而且只有将顶部的产品去除，才能接触到底部的产品。每个单独瓶子中分别含有如下产品：迷迭香和一种包含干草本类欧芹、芝麻籽和碎辣椒的调料；黑胡椒粒和碎辣椒；切片的苹果干和肉桂束；整月桂叶和一种包含芝麻籽、芥末籽和碎辣椒的调料；海盐（大颗粒）和一种包含黑胡椒粉和盐（普通晶体）的调料；碎洋葱干和孜然芹籽；整辣椒和芫荽籽；茴芹籽和一种包含加盐辣椒粉的调料。					
归类依据	根据归类总规则一、二（二）、三（二）及六。					

序号	122	归类决定编号	W2014-014	公告编号	2014 年第 93 号
商品税则号列		2103.90		公告实施日期	2015 年 1 月 1 日
商品名称	某种东方菜肴用调味品					
英文名称	Trasi or Blachan, used exclusively for sea-soning					
其他名称						
商品描述	专用于某种东方菜肴的调味，由一种或多种鱼及甲壳动物混合制成，成膏状。由于在制作过程中发生的分解，使该产品已失去品目 16.04 及 16.05 产品的特征。					
归类依据	根据归类总规则一及六。					

序号	123	归类决定编号	W2014-015	公告编号	2014年第93号
商品税则号列		2103.90		公告实施日期	2015年1月1日
商品名称	复合调味香料					
英文名称	Composite flavourings					
其他名称						
商品描述	混合品，与一般调味品相似。该商品由下述两部分构成： 1. 香料：完全为第九章一种调味香料的提取物或完全为另一种芳香植物质（例如，品目07.21或第十二章产品）的提取物； 2. 基料：盐、葡萄糖、谷物粉、粉化面包等配成以适合最终使用。产品与调味香料或调味品相似，用于食品调味。					
归类依据	根据归类总规则一及六。					

序号	124	归类决定编号	W2020-007	公告编号	2020年第108号
商品税则号列		2103.90		公告实施日期	2020年10月1日
商品名称	制品（"蟹味粉"）					
英文名称	Preparation（"Crab Flavour"）					
其他名称						
商品描述	制品（"蟹味粉"），用于生产一种橙黄色流散粉末状调味品。本产品含有多种气味剂、调味料和风味物质（天然香料、与天然香料成分一致的香料、合成香料、配制香料、调味料、植物以及盐等）、载体、食品添加剂、色素和油脂。本制品经后续加工制成成品调味品，用于生产零食（薯片、薄脆饼）。本产品的包装于聚乙烯容器中，规格是25千克。					
归类依据	根据归类总规则一及六。					

序号	125	归类决定编号	W2005-072	公告编号	2005年第63号
商品税则号列		21.06		公告实施日期	2005年12月23日
商品名称	草本植物浸泡剂				
英文名称	"Breathe Easy" "Throat Formula" "Celestial Seasonings"				
其他名称					
商品描述	几种特殊的声称有治疗和预防疾病功效的草本植物浸泡剂"Breathe Easy" "Throat Formula" "Celestial Seasonings" 和 "Bigelow Herbal Garden"。				
归类依据	对于提到的产品"Breath Easy",HSC委员会指出活性物质"黄麻素"（每杯1.16毫克）的总量不足以有治疗作用。同时指出单独的标签上的说明等不能充分地将类似的产品作为药品归入第三十章。				

序号	126	归类决定编号	W2005-073	公告编号	2005年第63号
商品税则号列		21.06		公告实施日期	2005年12月23日
商品名称	饮料基料："可乐复合物"				
英文名称	Beverage bases: cola compound				
其他名称					
商品描述	成分：香子兰香精（13克）、可乐风味物质（60克）、磷酸（207克）、安息香酸钠（6.7克）、柠檬酸（60克）、咖啡酐（24克）、焦糖（598克）和水（43克）。				
归类依据	由于该产品几乎是完整地包括了焦糖、磷酸、安息香酸钠等的饮料基料，同意将其归入税目21.06而不归入税目33.02。 根据归类总规则一。				

序号	127	归类决定编号	W2005-074	公告编号	2005 年第 63 号
商品税则号列		21.06		公告实施日期	2005 年 12 月 23 日
商品名称	冷冻浓缩橙汁				
英文名称	Frozen concentrated orange juice				
其他名称					
商品描述	添加的钙的量是天然浓缩橙汁中钙含量的 14 倍，还添加了一倍半的柠檬酸和苹果酸的混合物。添加钙的目的是增强营养。				
归类依据	由于添加了多种物质，例如 14 倍的钙，HSC 委员会决定该产品已经不再作为税目 20.09 项下的浓缩橙汁。根据归类总规则一。				

序号	128	归类决定编号	W2005-075	公告编号	2005 年第 63 号
商品税则号列		2106.10		公告实施日期	2005 年 12 月 23 日
商品名称	脱脂大豆粉蛋白浓缩物				
英文名称	Defatted soya-bean flour protein concentrate				
其他名称					
商品描述	按干重计，蛋白质含量约为 69%~71%。通过对脱脂大豆片去除发酵糖、消除抗原、热处理、磨粉及过筛制成。该浓缩物不是组织化状态的，可供人食用，也可用于动物饲料。				
归类依据	由于按干重计，蛋白质的含量约为 69%~71%，因此 HSC 委员会同意将其归入税目 21.06。 根据归类总规则一。				

序号	129	归类决定编号	W2010-005	公告编号	2010年第75号
商品税则号列		2106.10		公告实施日期	2010年12月3日
商品名称	配制品				
英文名称	Preparation				
其他名称	Herbalife® Personalized Protein Powder				
商品描述	粉状，含有大豆分离蛋白（75.05%），含80%乳清蛋白的浓缩物（24.5%），香草香料（0.25%）和二氧化硅（0.20%），净重240克，装于一个容器中供零售。按干物质计，配制品的总蛋白质含量为85.9%（±1%）。该商品与其他食品或饮料一起食用（每天1至4次，每次5克）。该商品具有香草香气和味道。				
归类依据	根据归类总规则一及六。				

序号	130	归类决定编号	W2005-076	公告编号	2005年第63号
商品税则号列		2106.90		公告实施日期	2005年12月23日
商品名称	一种被称为"低脂黄油"的制品				
英文名称	A preparation known as "low-fat butter"				
其他名称					
商品描述	由38.5%乳脂，52.4%水，5%酪蛋白酸钠及少量盐、乳化剂、增稠剂或胶凝剂构成，用作乳制涂抹品。				
归类依据	由于产品的乳脂含量低（一般黄油中的乳脂和含量不低于80%）和水分含量大，HSC委员会同意将低脂黄油归入税目21.06。 注：后来，HSC委员会又决定，"低脂黄油"产品应归入税目04.05，而且1996年版《协调制度》中插入了第四章新注释二定义"黄油"和"乳酱"。然而，即使在某些特殊的产品中可检测出大量的乳脂，也不应归入第四章。				

序号	131	归类决定编号	W2005-077	公告编号	2005 年第 63 号
商品税则号列		2106.90		公告实施日期	2005 年 12 月 23 日
商品名称	配制品				
英文名称	Preparation				
其他名称					
商品描述	由 51%精制、氢化的椰子油，49%脱脂乳粉构成。用于冰激凌、饼干及糖果等食品的制作。				
归类依据	该产品含有椰子油不能归入税目 04.04，而且由于该产品与涂抹在面包和烤面包片上的一般的黄油不同，是用于食品工业中的特殊的黄油，HSC 委员会决定将其归入税目 21.06。 根据归类总规则一。				

序号	132	归类决定编号	W2005-078	公告编号	2005 年第 63 号
商品税则号列		2106.90		公告实施日期	2005 年 12 月 23 日
商品名称	配制品				
英文名称	Preparation				
其他名称					
商品描述	由 70%乳脂，15%精制氢化的椰子油及 15%精制糖构成。用于饼干、巧克力及糖果的制作。				
归类依据	该产品含有椰子油不能归入税目 04.04，而且由于该产品与涂抹在面包和烤面包片上的一般的黄油不同，是用于食品工业中的特殊的黄油，HSC 委员会决定将其归入税目 21.06。 根据归类总规则一。				

序号	133	归类决定编号	W2005-079	公告编号	2005 年第 63 号
商品税则号列		2106.90		公告实施日期	2005 年 12 月 23 日
商品名称	配制品				
英文名称	Preparation				
其他名称					
商品描述	由 49%乳脂、44%脱脂奶油及 7%椰子油构成。用于制作冰激凌。				
归类依据	该产品含有椰子油不能归入税目 04.04，而且由于该产品与涂抹在面包和烤面包片上的一般的黄油不同，是用于食品工业中的特殊的黄油，HSC 委员会决定将其归入税目 21.06。 根据归类总规则一。				

序号	134	归类决定编号	W2005-080	公告编号	2005 年第 63 号
商品税则号列		2106.90		公告实施日期	2005 年 12 月 23 日
商品名称	配制品				
英文名称	Preparation				
其他名称					
商品描述	含有 51%的可可脂类似物（由牛油树果和粗制棕榈油制成）和 49%的脱脂乳粉，用于食品工业。				
归类依据	由于该产品是为冰激凌或其他食品制品提供脂肪成分，故脂肪构成了该产品的主要特征。尽管税目 15.17 允许加入脱脂乳以达到乳化的目的，但是由于该产品含有约 50%的脱脂乳，所以注释条文不适用于该产品的归类。因此，HSC 委员会决定将该产品归入税目 21.06。 根据归类总规则一。				

序号	135	归类决定编号	W2005-081	公告编号	2005年第63号
商品税则号列		2106.90		公告实施日期	2005年12月23日
商品名称	配制品				
英文名称	Preparation				
其他名称					
商品描述	含有79%乳脂、20%的脱脂乳粉和1%的椰子油，用于食品工业。				
归类依据	该产品含有椰子油不能归入税目04.04，而且由于该产品与涂抹在面包和烤面包片上的一般的黄油不同，是用于食品工业中的特殊的黄油，HSC委员会决定将其归入税目21.06。 根据归类总规则一。				

序号	136	归类决定编号	W2005-082	公告编号	2005年第63号
商品税则号列		2106.90		公告实施日期	2005年12月23日
商品名称	配制品				
英文名称	Preparation				
其他名称					
商品描述	含有80%乳脂、18%的脱脂乳粉和2%的椰子油，用于食品工业。				
归类依据	该产品含有椰子油不能归入税目04.04，而且由于该产品与涂抹在面包和烤面包片上的一般的黄油不同，是用于食品工业中的特殊的黄油，HSC委员会决定将其归入税目21.06。 根据归类总规则一。				

序号	137	归类决定编号	W2005-083	公告编号	2005年第63号
商品税则号列		2106.90		公告实施日期	2005年12月23日
商品名称	配制品				
英文名称	Preparation				
其他名称					
商品描述	含有70%乳脂和30%的精糖，用于食品工业。				
归类依据	由于讨论的产品其基料是乳脂，与税目21.06的注释条款（三）所述及的制品类似，因此HSC委员会决定将其归入税目21.06。 根据归类总规则一。				

序号	138	归类决定编号	W2005-084	公告编号	2005年第63号
商品税则号列		2106.90		公告实施日期	2005年12月23日
商品名称	配制品				
英文名称	Preparation				
其他名称					
商品描述	含有50%乳脂、49%的脱脂乳粉和1%的椰子油，用于食品工业。				
归类依据	该产品含有椰子油不能归入税目04.04，而且由于该产品与涂抹在面包和烤面包片上的一般的黄油不同，是用于食品工业中的特殊的黄油，HSC委员会决定将其归入税目21.06。 根据归类总规则一。				

序号	139	归类决定编号	W2005-085	公告编号	2005 年第 63 号
商品税则号列		2106.90		公告实施日期	2005 年 12 月 23 日
商品名称	配制品				
英文名称	Preparation				
其他名称					
商品描述	含有 51% 乳脂、46% 的脱脂乳粉和 3% 的椰子油，用于食品工业。				
归类依据	该产品含有椰子油不能归入税目 04.04，而且由于该产品与涂抹在面包和烤面包片上的一般的黄油不同，是用于食品工业中的特殊的黄油，HSC 委员会决定将其归入税目 21.06。 根据归类总规则一。				

序号	140	归类决定编号	W2005-086	公告编号	2005 年第 63 号
商品税则号列		2106.90		公告实施日期	2005 年 12 月 23 日
商品名称	配制品				
英文名称	Preparation				
其他名称					
商品描述	含有 79.54% 的新鲜乳脂、15.52% 的脱脂乳粉、3% 的精炼/除臭椰子油（特殊的热处理）和 1.94% 的牛奶固形物，用于食品工业。				
归类依据	该产品含有椰子油不能归入税目 04.04，而且由于该产品与涂抹在面包和烤面包片上的一般的黄油不同，是用于食品工业中的特殊的黄油，HSC 委员会决定将其归入税目 21.06。 根据归类总规则一。				

序号	141	归类决定编号	W2005-087	公告编号	2005年第63号
商品税则号列		2106.90		公告实施日期	2005年12月23日
商品名称	液状乳酪制品				
英文名称	Cheese fondue				
其他名称					
商品描述	由乳酪与白葡萄酒、水、淀粉、樱桃白兰地及一种乳化剂混合制成。				
归类依据	根据归类总规则一及六。				

序号	142	归类决定编号	W2005-088	公告编号	2005年第63号
商品税则号列		2106.90		公告实施日期	2005年12月23日
商品名称	饮料冲剂				
英文名称	Preparation				
其他名称					
商品描述	颗粒状，按重量计含约94%的糖（蔗糖及葡萄糖）及植物香精，还含有抗坏血酸或柠檬酸，添加水后可作为饮料。				
归类依据	根据归类总规则一及六。				

序号	143	归类决定编号	W2005-089	公告编号	2005 年第 63 号
商品税则号列		2106.90		公告实施日期	2005 年 12 月 23 日
商品名称	含有氯化钾的改性食盐［氯化钠与氯化钾及少量碳酸镁（抗结块剂）的混合物］					
英文名称	Mixture of sodium chloride and potassium chloride					
其他名称						
商品描述	零售包装，有 350 克盒装或 1 克袋装，该产品一般供低盐饮食者作为餐桌盐使用。					
归类依据	由于乳酪中添加了大量的葡萄酒和白兰地，HSC 委员会一致决定将该产品归入子目 2106.90。 根据归类总规则一。					

序号	144	归类决定编号	W2005-090	公告编号	2005 年第 63 号
商品税则号列		2106.90		公告实施日期	2005 年 12 月 23 日
商品名称	草本植物"茶"					
英文名称	Herbal "tea"					
其他名称						
商品描述	由植物部分、调味香料、藻类、酒石酸钠钾混合构成，具有轻泻、利尿及祛风的作用，用于制草药浸剂。					
归类依据	虽然该产品糖的含量很高，但是产品中还含有其他不属于第十七章的成分，特别是柠檬酸和抗坏血酸。由于该产品是用于饮料工业的特制的配制品并不仅仅是加带香味的糖，HSC 委员会决定将其作为食品配制品归入税目 21.06。 根据归类总规则一。					

序号	145	归类决定编号	W2005-091	公告编号	2005 年第 63 号
商品税则号列		2106.90		公告实施日期	2005 年 12 月 23 日
商品名称	呈微黄色面团状的乳脂混合物				
英文名称	Butterfat mixture in the form of a yellowish paste				
其他名称					
商品描述	含有 67.5%的乳脂、14%的脱脂乳粉和 18.5%的糖，用于食品工业。				
归类依据	根据归类总规则一及六。				

序号	146	归类决定编号	W2005-092	公告编号	2005 年第 63 号
商品税则号列		2106.90		公告实施日期	2005 年 12 月 23 日
商品名称	芦荟片剂				
英文名称	Aloe vera tablets				
其他名称					
商品描述	60 片装入塑料容器内供零售。由 3%芦荟粉（内含 0.11%芦荟素）及磷酸氢钙、精制滑石、硬脂酸镁、羟丙钾纤维素及丙二醇赋形剂构成。作为营养补充剂，产品包装上说明有助于抗一般性感冒和减轻便秘、消化不良等肠胃不适症。				
归类依据	HSC 委员会决定由于该产品（改性食盐）是含有具有营养价值的氯化钠的配制品，根据第三十八章的注释一（二），第三十八章不包括配制食品用的与其他营养物质混合的化学品，因此该产品不能归入税目 38.24。				

序号	147	归类决定编号	W2005-093	公告编号	2005 年第 63 号
商品税则号列		2106.90		公告实施日期	2005 年 12 月 23 日
商品名称	粉状食品添加剂				
英文名称	Dry solid food preparation				
其他名称					
商品描述	含有 69%糖、29%奶粉和 2%糊精，用作食品及饮料的添加剂。				
归类依据	HSC 委员会指出由于归入税目 30.04 的产品应严格要求具有治疗和预防疾病的功效，该产品不具有治疗特定疾病的功效，不能归入税目 30.04。一些以植物或植物某部分为基料的配制品用于制造声称能消除病痛或强身健体的草本植物浸泡剂，已在税目 21.06 的注释（十四）中列名。HSC 委员会决定将其归入税目 21.06。 根据归类总规则一。				

序号	148	归类决定编号	W2005-094	公告编号	2005 年第 63 号
商品税则号列		2106.90		公告实施日期	2005 年 12 月 23 日
商品名称	运动饮料				
英文名称	Sport drinks				
其他名称					
商品描述	呈粉状，溶于水后作为等渗饮料。成分：蔗糖、葡萄糖、柠檬酸、盐、柠檬酸钠、磷酸钾和香料。				
归类依据	考虑到该产品的成分，HSC 委员会将其归入子目 2106.90。 根据归类总规则一。				

序号	149	归类决定编号	W2008-011	公告编号	2008年第47号
商品税则号列		2106.90		公告实施日期	2008年7月3日
商品名称	维生素制剂				
英文名称	Vitamin C preparation				
其他名称	Nature Made® Vitamin C 500mg Supplement with Rose				
商品描述	每片含维生素C 500毫克，制成零售包装，每包130片。还含有以野玫瑰果为补充的维生素C 500毫克（片状），玉米淀粉、交联羧甲基纤维素钠、纤维素、野玫瑰果、硬脂酸、柠檬生物黄酮类复合物、硬脂酸镁及金虎尾。产品标签上注明"本产品非用于诊断、治疗或预防疾病"。				
归类依据	根据归类总规则一及六。				

序号	150	归类决定编号	W2008-012	公告编号	2008年第47号
商品税则号列		2106.90		公告实施日期	2008年7月3日
商品名称	不含乳脂的乳脂代用品				
英文名称	Non-dairy creamer				
其他名称	NON DAIRY CREAMER 23H				
商品描述	用于热饮中的粉状乳脂代用品。成分：葡萄糖浆55%、乳化固体植物油脂22%、脱脂乳粉18%、水3%、稳定剂（E340）2%。				
归类依据	根据归类总规则一及六。				

序号	151	归类决定编号	W2008-013	公告编号	2008年第47号
商品税则号列		2106.90		公告实施日期	2008年7月3日
商品名称	咳嗽糖浆					
英文名称	Cough-syrup					
其他名称	Bronchicum® Cough-syrup					
商品描述	水溶液，按体积计酒精度为1.8%，装于100毫升的容器中，重量为130克。产品成分为蜂蜜、植物酊剂、葡萄糖浆、转化糖浆、樱桃香味剂、玫瑰油、苯甲酸钠和纯净水。根据标签内容，产品推荐用于预防呼吸道鼻炎疾病和支气管黏液分泌困难。但产品所含活性药物成分并未得到公认和临床证明其具有预防和治疗疾病的作用。每100毫升中成分含量：酒精1.8%（vol）、蜂蜜45克、胶草属植物酊剂（1∶5）0.2毫升、茴芹根酊剂（1∶5）0.2毫升、报春花根酊剂（1∶5）1毫升、玫瑰花酊剂（1∶5）1毫升、百里香酊剂（1∶5）1.2毫升。					
归类依据	根据归类总规则一［第三十章章注一（一）］及六。					

序号	152	归类决定编号	W2014-016	公告编号	2014年第93号
商品税则号列		2106.90		公告实施日期	2015年1月1日
商品名称	减肥食品					
英文名称	Slimming (or anti-corpulence) food preparation					
其他名称	American Milk diet					
商品描述	含有碳水化合物、瓜尔豆粉、维生素、柠檬酸及色素。其成分含量如下：维生素A（5 000IU）、维生素D（400IU）、维生素B1（1毫克）、维生素B2（1毫克）、维生素C（75毫克）、维生素PP（5毫克）、柠檬酸（140毫克）、葡萄糖（7克）、瓜尔豆粉（10克）、糖（11克）、色素。根据一日定量组成配方。					
归类依据	根据归类总规则一及六。					

序号	153	归类决定编号	W2014-017	公告编号	2014 年第 93 号
商品税则号列		2106.90		公告实施日期	2015 年 1 月 1 日
商品名称	谷物粉添加剂				
英文名称	Additive for cereal flours				
其他名称	Vitamix				
商品描述	含有维生素 B1、烟酸、铁及麦粉。产品用作谷物粉的添加剂以增加其维生素含量，添加比例约为 0.24∶1 000。其具体成分如下：维生素 B 1 0.7%、烟酸 3.5%、铁 3.1%、麦粉 92.7%。				
归类依据	根据归类总规则一及六。				

序号	154	归类决定编号	W2014-018	公告编号	2014 年第 93 号
商品税则号列		2106.90		公告实施日期	2015 年 1 月 1 日
商品名称	面包房用添加剂				
英文名称	Bakery additives				
其他名称					
商品描述	由蔗糖、单酸甘油酯及甘油二酯构成，有时还含脱脂奶粉。可以最高达成品 15%~20%的不同比例添加到面粉或面团中，用于制作面包、糕点。 例一：蔗糖 80%、单酸甘油酯及甘油二酯 20%。 例二：蔗糖 61%、单酸甘油酯及甘油二酯 25%、脱脂奶粉 14%。				
归类依据	根据归类总规则一及六。				

序号	155	归类决定编号	W2014-019	公告编号	2014 年第 93 号
商品税则号列		2106.90		公告实施日期	2015 年 1 月 1 日
商品名称	需用牛奶冲调的饮料粉					
英文名称	Preparations intended to be consumed as beverages					
其他名称	Heliofit noisette, Heliofit framboise					
商品描述	该商品细粉状，主要含有糖、水果粉、奶粉、磷酸钙及维生素。其主要成分如下： 　　Heliofit noisette 速溶饮料：蔗糖 42.1%、还原糖 24%、榛子仁粉 30%。 　　Heliofit framboise 速溶饮料：蔗糖 43.8%、还原糖 37.8%、木莓粉 14%。					
归类依据	根据归类总规则一及六。					

序号	156	归类决定编号	W2014-020	公告编号	2014 年第 93 号
商品税则号列		2106.90		公告实施日期	2015 年 1 月 1 日
商品名称	即时食品					
英文名称	Instant foodstuff					
其他名称						
商品描述	该商品由 51% 大豆蛋白浓缩物、47.5% 酪蛋白酸盐、1% 大豆卵磷脂及 0.5% 香草树脂组成。					
归类依据	根据归类总规则一及六。					

序号	157	归类决定编号	W2014-021	公告编号	2014 年第 93 号
商品税则号列		2106.90		公告实施日期	2015 年 1 月 1 日
商品名称	食品添加剂				
英文名称	Food additive				
其他名称					
商品描述	该商品由约 50%碳酸钙及约 43%酪蛋白组成。				
归类依据	归类总规则一及六。				

序号	158	归类决定编号	W2014-022	公告编号	2014 年第 93 号
商品税则号列		2106.90		公告实施日期	2015 年 1 月 1 日
商品名称	人参胶囊				
英文名称	Ginseng capsules				
其他名称	"Ginsana G115 Ginseng" capsules				
商品描述	每粒胶囊重约 650 毫克。含有 100 毫克标准高浓缩人参提取物、植物油、抗氧化剂（卵磷脂）、乳化剂（甘油）、蜂蜡、色素（氧化铁）及香草精。				
归类依据	归类总规则一及六。				

序号	159	归类决定编号	W2014-023	公告编号	2014年第93号
商品税则号列		2106.90		公告实施日期	2015年1月1日
商品名称	复合乳化稳定剂				
英文名称	Combined emulsifying and stabilising agent				
其他名称	Cremodan Mousse 35				
商品描述	该商品细粉状。其含有明胶、单酸甘油酯、甘油二酯及甘油三酯的混合物、葡萄糖、柠檬酸钠及角叉藻胶。在制作奶油冻及其他甜点中以少量比例（约2%）添加，以提高透气性及稳定性。其具体成分如下：明胶60%，单酸甘油酯、甘油二酯及甘油三酯的混合物20%，葡萄糖10%，柠檬酸钠5%，角叉藻胶5%。				
归类依据	根据归类总规则一及六。				

序号	160	归类决定编号	W2014-024	公告编号	2014年第93号
商品税则号列		2106.90		公告实施日期	2015年1月1日
商品名称	稳定剂				
英文名称	Stabiliser				
其他名称	Fructodan SL-22				
商品描述	该商品细粉状。其含有刺槐豆胶、角叉藻胶、果胶、明胶、葡萄糖及大豆蛋白。在制作果冰（加果汁的冰水及果子露）中以少量比例（约0.5%）添加，以提供稳定性。其具体成分如下：刺槐豆胶50%、角叉藻胶10%、果胶10%、明胶10%、葡萄糖10%、大豆蛋白10%。				
归类依据	根据归类总规则一及六。				

序号	161	归类决定编号	W2014-025	公告编号	2014年第93号
商品税则号列		2106.90		公告实施日期	2015年1月1日
商品名称		乳化剂（淀粉络合剂）			
英文名称		Emulsifier			
其他名称		Amidan B 100			
商品描述		该商品细粉状。主要含有单酸甘油酯、甘油二酯及甘油三酯的混合物、麦芽糖糊精及酪蛋白酸钠。以少量比例（约0.5%）添加到以淀粉为主的食品中。其具体成分如下：单酸甘油酯、甘油二酯及甘油三酯的混合物82%，麦芽糖糊精9%，酪蛋白酸钠9%。			
归类依据		根据归类总规则一及六。			

序号	162	归类决定编号	W2014-027	公告编号	2014年第93号
商品税则号列		2106.90		公告实施日期	2015年1月1日
商品名称		被称为"椰奶"的制品			
英文名称		A preparation known as coconut milk			
其他名称		Rapunzel Kokosmilch			
商品描述		含有新鲜椰子浓缩物（57%）和水（43%），用于烹调。该商品装于罐中供零售。			
归类依据		根据归类总规则一及六。			

序号	163	归类决定编号	W2014-348	公告编号	2014 年第 93 号
商品税则号列		2106.90		公告实施日期	2015 年 1 月 1 日
商品名称	焙烤食品用添加剂				
英文名称	Bakery additive				
其他名称	Bakeshure 251				
商品描述	该商品以可流动的白色粉末的形式报验，通过"微胶囊"工艺，在山梨酸外包裹薄薄的一层氢化植物油和单甘油酯生产而得。利用控制释放的机理保证山梨酸在发酵完成后才从胶囊中释放（例如，当面包焙烤超过60℃时）。其作为保藏剂使用，小剂量添加在保质期长的焙烤面包制品中，可抑制霉菌、酵母菌和真菌的生长。成分含量（质量百分比）：山梨酸68%~72%、包覆成分28%~32%。				
归类依据	根据归类总规则一［第三十八章章注一（二）］及六。				

序号	164	归类决定编号	W2014-349	公告编号	2014 年第 93 号
商品税则号列		2106.90		公告实施日期	2015 年 1 月 1 日
商品名称	焙烤食品用添加剂				
英文名称	Bakery additive				
其他名称	Bakeshure 419				
商品描述	该商品以可流动的白色粉末的形式报验，通过"微胶囊"工艺，在丙酸钙外包裹薄薄的一层氢化植物油和单甘油酯生产而得。利用控制释放的机理保证丙酸钙在发酵完成后才从胶囊中释放（例如，当面包焙烤超过60℃时）。其作为保藏剂使用，小剂量添加在保质期长的焙烤面包制品中，可抑制霉菌、酵母菌和真菌的生长。成分含量（质量百分比）：丙酸钙68%~72%、包覆成分28%~32%。				
归类依据	根据归类总规则一［第三十八章章注一（二）］及六。				

序号	165	归类决定编号	W2014-350	公告编号	2014年第93号
商品税则号列		2106.90		公告实施日期	2015年1月1日
商品名称	配制品				
英文名称	Preparation				
其他名称					
商品描述	该商品为颗粒和粉末的混合物，按重量计，含有92%糖，6%黑醋栗粉，抗结块剂、柠檬酸和黑醋栗香精。每袋32克，每盒10袋。热水冲调后作为饮料饮用。				
归类依据	根据归类总规则一及六。				

序号	166	归类决定编号	W2016-007	公告编号	2016年第79号
商品税则号列		2106.90		公告实施日期	2017年1月1日
商品名称	片剂				
英文名称	Tablets				
其他名称	Dabur Hajmola				
商品描述	含有盐、糖、柠檬浓缩物，黑盐，孜然籽，黑胡椒，干姜，荜拨和氯化铵，120片零售包装。该产品主要用于餐后，辅助消化。				
归类依据	根据归类总规则一及六。				

序号	167	归类决定编号	W2018-011	公告编号	2018年第159号
商品税则号列		2106.90		公告实施日期	2018年12月1日
商品名称		玫瑰果果汁			
英文名称		Rose hip juice			
其他名称					
商品描述		玫瑰果果汁，为棕色黏稠浓缩液，100%由玫瑰果制得。生产流程：将玫瑰果磨碎，加水，然后经过热处理、挤压、过滤、巴氏灭菌、浓缩、灭菌，制得玫瑰果果汁。用作制造饮料和食品的原料。			
归类依据		根据归类总规则一及六。			

序号	168	归类决定编号	W2018-012	公告编号	2018年第159号
商品税则号列		2106.90		公告实施日期	2018年12月1日
商品名称		干粉状酒精			
英文名称		Food preparation			
其他名称					
商品描述		干粉状酒精，按重量计含有：乙醇（30.5%）、糊精（69.5%）和水［2.5%（±1.5%）］。通过喷雾干燥制得，糊精在其中用作乙醇的载剂（赋形剂）。该产品易溶于水，用于制作各种食品。			
归类依据		根据归类总规则一及六。			

序号	169	归类决定编号	W2018-013	公告编号	2018 年第 159 号
商品税则号列		2106.90		公告实施日期	2018 年 12 月 1 日
商品名称	黑桑叶				
英文名称	Black mulberry leaves				
其他名称					
商品描述	黑桑叶，加工工艺：经过切碎、蒸煮、真菌发酵、干燥和烘焙。所得碎叶被包装在小袋子中（茶包），每包含量为 2 克。本产品供热水冲泡后饮用。				
归类依据	根据归类总规则一及六。				

序号	170	归类决定编号	W2018-014	公告编号	2018 年第 159 号
商品税则号列		2106.90		公告实施日期	2018 年 12 月 1 日
商品名称	黑桑叶				
英文名称	Black mulberry leaves				
其他名称					
商品描述	黑桑叶，加工工艺：经过切碎、蒸煮、真菌发酵、干燥和烘焙。这些碎叶以散装形式被装在编织袋中，每袋 30 千克。本产品供热水冲泡后饮用。				
归类依据	根据归类总规则一及六。				

序号	171	归类决定编号	W2018-015	公告编号	2018 年第 159 号
商品税则号列		2106.90		公告实施日期	2018 年 12 月 1 日
商品名称	非乳奶油				
英文名称	Non-dairy cream				
其他名称					
商品描述	非乳奶油，液态，主要含有水、植物硬化油和糖，呈奶油色，作为生奶油的替代品用于蛋糕、甜点、慕斯等的装饰、充馅。包装规格为 1 升。				
归类依据	根据归类总规则一及六。				

序号	172	归类决定编号	W2020-079	公告编号	2020 年第 108 号
商品税则号列		2106.90		公告实施日期	2020 年 10 月 1 日
商品名称	粉状制剂				
英文名称	Preparation in powder form				
其他名称					
商品描述	粉状制剂，含有 33.3%烟酰胺，精细分散在由食用脂肪酸的甘油单酯和甘油二酯混合物组成的基质中。基质掩盖了烟酰胺特有的苦味而不影响其生物活性。其中含有 1%二氧化硅作为流动剂。该商品用于食品和营养补充剂。				
归类依据	根据归类总规则一［第二十九章注释一（六）］及六。				

序号	173	归类决定编号	W2022-005	公告编号	2022 年第 78 号
商品税则号列		2106.90		公告实施日期	2022 年 9 月 1 日
商品名称	颗粒状制剂				
英文名称	Preparation in form of free flowing particles				
其他名称					
商品描述	颗粒状制剂，每克含有 325 000IU 维生素 A（97 500 微克视黄醇）。单个颗粒含有维生素 A 醋酸盐，均匀分布在成分为阿拉伯胶和麦芽糊精的玉米淀粉涂层基质中，并添加 DL-α-生育酚作为抗氧化剂。该产品用于复水食品。				
归类依据	根据归类总规则一［第二十九章章注一（六）］及六。				

序号	174	归类决定编号	W2005-106	公告编号	2005 年第 63 号
商品税则号列		22.02		公告实施日期	2005 年 12 月 23 日
商品名称	运动饮料				
英文名称	Sport drinks				
其他名称					
商品描述	高葡萄糖含量的即饮饮料。成分：葡萄糖浆、右旋糖一水化合物、蔗糖、柠檬酸、乳酸、苯甲酸钠、偏重硫酸钠、香精、维生素 C、色素和水。				
归类依据	HSC 委员会指出，由于归入税目 30.04 的产品应严格要求具有治疗和预防疾病的功效，该产品不具有治疗特定疾病的功效，不能归入税目 30.04。HSC 委员会一致认为该产品不能作为第三十章的药品。 根据归类总规则一。				

序号	175	归类决定编号	W2005-095	公告编号	2005年第63号
商品税则号列		2202.10		公告实施日期	2005年12月23日
商品名称	加甜物质或香料的矿物水（天然或人造的）					
英文名称	Sweetened or flavoured mineral waters（natural or artificial）					
其他名称						
商品描述	同商品名称。					
归类依据	HSC委员会指出由于归入税目30.04的产品应严格要求具有治疗和预防疾病的功效，该产品不具有治疗特定疾病的功效，不能归入税目30.04。HSC委员会一致同意将其归入子目2106.90。根据归类总规则一。					

序号	176	归类决定编号	W2005-096	公告编号	2005年第63号
商品税则号列		2202.10		公告实施日期	2005年12月23日
商品名称	诸如柠檬水、橘子水、可乐的饮料					
英文名称	Beverages such as lemonade, orangeade, cola					
其他名称						
商品描述	税目22.02的注释一（二）述及的饮料。 由普通的饮用水，加糖或不加糖，加入水果汁、香精或复合精汁，一般还添加柠檬酸或酒石酸制成。这些饮料通常充入二氧化碳气体，用瓶子或其他密封容器包装。					
归类依据	根据该产品的成分和参考HSC委员会以前所作的归类决定（将含有51%精炼椰子油和49%的脱脂乳粉的产品归入税目21.06），HSC委员会决定将该产品归入子目2106.90。 根据归类总规则一。					

序号	177	归类决定编号	W2022-006	公告编号	2022 年第 78 号
商品税则号列		2202.99		公告实施日期	2022 年 9 月 1 日
商品名称	高热量饮品（巧克力味）				
英文名称	Ready to drink high-calorific sip feed with energy chocolate flavour				
其他名称					
商品描述	高热量饮品（巧克力味），棕色乳状混浊液体，成分包括水、麦芽糊精、牛奶蛋白、糖、植物油、可可、调味剂、乳化剂、色素、矿物质、维生素和其他添加剂，带有甜味和牛奶巧克力味，装在 200 毫升塑料瓶中。该产品可用于补充正常饮食（每天 1~3 瓶）或作为唯一的营养来源（每天 5~7 瓶）。				
归类依据	根据归类总规则一及六。				

序号	178	归类决定编号	W2022-007	公告编号	2022 年第 78 号
商品税则号列		2202.99		公告实施日期	2022 年 9 月 1 日
商品名称	芦荟纯饮剂				
英文名称	Aloe vera drinking gelpure				
其他名称					
商品描述	芦荟纯饮剂，液态，含 99.7％纯芦荟凝胶及少量苯甲酸钠、山梨酸钾及柠檬酸，装入 1 升塑料容器内供零售。该产品作为保健饮品饮用，每日 25~50 毫升，可提供多种维生素、矿物质、酶及氨基酸。产品包装上说明有助于抗一般性感冒、减轻便秘及消化不良等肠胃不适症。				
归类依据	根据归类总规则一及六。				

序号	179	归类决定编号	W2022-008	公告编号	2022 年第 78 号
商品税则号列		2202.99		公告实施日期	2022 年 9 月 1 日
商品名称	电解质水溶液				
英文名称	Aqueous electrolyte solution				
其他名称					
商品描述	电解质水溶液，含有葡萄糖、果糖、水果香精、柠檬酸钾、氯化钠、色素及水，装入 250 毫升塑料容器内供零售。该产品为标准剂量，不再进一步配制或稀释，用于补充婴儿及儿童由于腹泻或呕吐失去的水分及矿物质。				
归类依据	根据归类总规则一及六。				

序号	180	归类决定编号	W2022-009	公告编号	2022 年第 78 号
商品税则号列		2202.99		公告实施日期	2022 年 9 月 1 日
商品名称	无酒精饮料（肠痛水）				
英文名称	Non-alcoholic beverage (gripe water)				
其他名称	BETA gripe water				
商品描述	无酒精饮料（肠痛水），成分为碳酸氢钠（50 毫克/5 毫升），无萜莳萝子油（2.15 毫克/5 毫升），100 毫升瓶装用于零售。该产品按配定剂量使用，无须再配制或稀释。用于减轻小儿腹痛、胃酸过多及腹胀。根据小儿年龄不同建议用量为每日 2.5 毫升至 15 毫升，一日服用最多不超过 8 次。				
归类依据	根据归类总规则一及六。				

序号	181	归类决定编号	W2014-031	公告编号	2014年第93号
商品税则号列		2205.10		公告实施日期	2015年1月1日
商品名称		人参酒			
英文名称		Ginseng tonic			
其他名称		"Ginsana G115 Ginseng" tonic			
商品描述		流动性褐色液体，按容量计酒精浓度为11.5%。含有标准高浓缩人参提取物（每毫升约9毫克），酸橙汁，山梨醇及鲜葡萄酒。其包装为250毫升玻璃瓶装。			
归类依据		根据归类总规则一及六。			

序号	182	归类决定编号	W2014-030	公告编号	2014年第93号
商品税则号列		2205.10 或 2205.90		公告实施日期	2015年1月1日
商品名称		马萨拉葡萄酒饮料			
英文名称		Marsala all'uovo, Marsala alla mandorla, Crema di Marsala all'uovo			
其他名称					
商品描述		以马萨拉葡萄酒为基本成分，含有蛋（或巴旦杏）味及芳香物质的香味。			
归类依据		根据归类总规则一及六。			

序号	183	归类决定编号	W2005-107	公告编号	2005年第63号
商品税则号列		22.08		公告实施日期	2005年12月23日
商品名称	饮料基料				
英文名称	Beverage bases				
其他名称					
商品描述	成分：乙醇（约58.2%）、盐酸奎宁（约39.9%）、浓缩柑橘油（约1.9%）、砷、铅（含量低于1毫克/千克）。				
归类依据	HSC委员会大部分代表认为，该产品的重要特征成分是盐酸奎宁而不是浓缩的柑橘油，因此，该产品不应归入第三十三章。由于税目22.08所包含的产品不需要是完整的饮料基料，而且该产品是生产饮料的含酒精的混合制品，因此应归入税目22.08。 根据归类总规则一。				

序号	184	归类决定编号	W2014-032	公告编号	2014年第93号
商品税则号列		2208.20		公告实施日期	2015年1月1日
商品名称	通过蒸馏葡萄酒制得的被称为"皮斯科白兰地酒（pisco）"和"辛加尼酒（singani）"的烈性酒				
英文名称	Spirits, referred to as "pisco" and "singani", obtained by distilling grape wine				
其他名称					
商品描述	"辛加尼酒（singani）"：由亚历山大葡萄酒制得的高纯度乙醇。一旦这种酒的酒精度达到71%，就将它贮存在干净的桶中2个月至3个月，直至装瓶。熟成后，加入安第斯山脉流下的纯净泉水，使蒸馏酒的酒精度降低至40%。				
归类依据	根据归类总规则一及六。				

序号	185	归类决定编号	W2005-108	公告编号	2005年第63号
商品税则号列		2208.30		公告实施日期	2005年12月23日
商品名称		麦芽威士忌酒和粮食威士忌酒			
英文名称		Malt whiskies and grain whiskies			
其他名称					
商品描述		按容积计酒精浓度约为60%，作为制造瓶装威士忌酒的基本成分，用纯水稀释达到所需酒精浓度。			
归类依据		根据《协调制度》，不考虑酒精浓度，所有的威士忌酒均归入子目2208.30。HSC委员会一致同意将这两种威士忌酒归入子目2208.30。 根据归类总规则一。			

序号	186	归类决定编号	W2014-033	公告编号	2014年第93号
商品税则号列		2208.40		公告实施日期	2015年1月1日
商品名称		蒸馏酒"Cachaca"			
英文名称		Cachaca			
其他名称					
商品描述		通过蒸馏甘蔗汁制得的烈性酒。			
归类依据		根据归类总规则一及六。			

序号	187	归类决定编号	W2005-109	公告编号	2005年第63号
商品税则号列		2208.90		公告实施日期	2005年12月23日
商品名称	酒精水溶液				
英文名称	Aqueous solutions of ethanol				
其他名称					
商品描述	有10毫升和40毫升瓶装,每种标签上标有不同植物、花、树的名称或综合名称,酒精浓度为20%~27%。产品中所含糖、杂醇油及其他挥发物的重量总计约为1%,未发现有植物、花或树的提取物。				
归类依据	化验室的化验结果,在产品中未检测出植物浸出液。根据该产品的酒精含量,HSC委员会决定将其归入税目22.08。 根据归类总规则一。				

序号	188	归类决定编号	W2005-110	公告编号	2005年第63号
商品税则号列		2208.90		公告实施日期	2005年12月23日
商品名称	含有几种植物浸出液的制品				
英文名称	Product which comprises a mixture of several plant				
其他名称					
商品描述	由2.2%植物浸出液、72.3%水、25%酒精和5%糖组成。				
归类依据	化验室的化验结果,在产品中未检测出植物浸出液。根据该产品的酒精含量,HSC委员会决定将其归入税目22.08。 根据归类总规则一。				

序号	189	归类决定编号	W2005-111	公告编号	2005年第63号
商品税则号列		2208.90		公告实施日期	2005年12月23日
商品名称	即饮含酒精饮料				
英文名称	Ready-to-drink alcoholic beverage				
其他名称					
商品描述	以体积计酒精含量为5.5%的饮料，在一种芳香化合物中加入伏特加酒和二氧化碳气体制得。				
归类依据	关于该产品的归类，由于含有芳香族化合物和伏特加酒，HSC委员会一致同意将该产品归入税目22.08（子目2208.90）。 根据归类总规则一。为了反映归类决定，税目22.06的注释条文已修改。				

序号	190	归类决定编号	W2010-006	公告编号	2010年第75号
商品税则号列		2208.90		公告实施日期	2010年12月3日
商品名称	含酒精饮料				
英文名称	Spirituous beverage				
其他名称	Taimbé				
商品描述	按体积计，酒精浓度为30%。按体积计，含有30%发酵苹果汁（按体积计，酒精浓度为6%）、29.4%乙醇（按体积计，酒精浓度为96%）、2%生姜提取物，并含少于0.90%糖，焦糖着色剂和水。每100毫升含有：发酵苹果汁（酒精浓度6%）30%（按体积计）、生姜提取物2%（按体积计）、乙醇（酒精浓度96%）29.4%（按体积计）、结晶糖0.88%、焦糖着色剂（INS150d）0.075%。				
归类依据	根据归类总规则一及六。				

序号	191	归类决定编号	W2014-351	公告编号	2014 年第 93 号
商品税则号列		2208.90		公告实施日期	2015 年 1 月 1 日
商品名称	中性酒精基料				
英文名称	Neutral alcoholic base				
其他名称					
商品描述	用于配制饮料，按体积百分比计，酒精浓度为 14%，是一种具有酒精的气味和味道的不起泡无色澄清液体。该产品通过澄清和过滤啤酒麦芽发酵物制得，已失去原始发酵物的特性。				
归类依据	根据归类总规则一及六。				

序号	192	归类决定编号	W2014-352	公告编号	2014 年第 93 号
商品税则号列		2208.90		公告实施日期	2015 年 1 月 1 日
商品名称	中性酒精基料				
英文名称	Neutral alcoholic base				
其他名称					
商品描述	用于配制饮料，按体积百分比计，酒精浓度为 12%，是一种具有酒精的气味和味道的无色澄清液体。该产品通过澄清和过滤水果汁发酵物制得，已失去原始发酵物的特性。				
归类依据	根据归类总规则一及六。				

序号	193	归类决定编号	W2014-353	公告编号	2014 年第 93 号
商品税则号列		2208.90		公告实施日期	2015 年 1 月 1 日
商品名称	中性酒精基料					
英文名称	Neutral alcoholic base					
其他名称						
商品描述	用于配制饮料，按体积百分比计，酒精浓度为 21.9%，是一种具有酒精的气味和味道的无色澄清液体。该产品通过澄清和过滤果酒与酒精的混合物制得，已失去原始发酵物的特性。					
归类依据	根据归类总规则一及六。					

序号	194	归类决定编号	W2008-110	公告编号	2008 年第 75 号
商品税则号列		2209.00		公告实施日期	2008 年 10 月 23 日
商品名称	含有添加成分的精选植物油、醋、油醋混合物组合套件					
英文名称	A selection vegetable oil, vinegar and an oil and vinegar combination, each with added ingredients					
其他名称						
商品描述	分别装于沙漏形的玻璃瓶中，3 个瓶子一并摆放在特设的金属支架上，成套供零售。每瓶均为组合品，如下 3 种组合：1. Canola 油（低芥籽酸油菜籽油）、辣椒和黑胡椒；2. Canola 油、香醋、白醋和迷迭香；3. 白醋、辣椒、迷迭香、杏、盐、抗氧化剂和防腐剂。					
归类依据	根据归类总规则一。					

序号	195	归类决定编号	W2005-112	公告编号	2005年第63号
商品税则号列		23.04		公告实施日期	2005年12月23日
商品名称	脱脂大豆粉				
英文名称	Defatted soy-bean flour				
其他名称					
商品描述	按干重计蛋白质含量约为50%。通过将干大豆去皮，热蒸处理，溶剂提取及碾磨制得。该大豆粉为非组织化的，可供人食用或用于动物饲料。				
归类依据	由于该产品为非组织化的，并且不能作为浓缩蛋白。HSC委员会同意将该产品归入税目23.04。 根据归类总规则一。				

序号	196	归类决定编号	W2022-010	公告编号	2022年第78号
商品税则号列		2306.50		公告实施日期	2022年9月1日
商品名称	脱脂椰子粉				
英文名称	Defatted virgin coconut powder				
其他名称					
商品描述	脱脂椰子粉，脂肪含量按重量计占12.4%，由成熟的椰子（非干椰子肉）制成。生产过程：椰子去皮、去壳，将白色的椰子肉从褐色的外皮中剥离出来，然后将椰子肉洗净、切碎，在最高40℃的环境下烘干45分钟。油脂的提取过程不需要使用溶剂，在低温条件下一步完成。 该产品为白色微黄、细腻的黏性粉末，有类似椰子和奶油的味道，为500克零售包装，供食品工业或家庭用于制作各种不含麸质和富含纤维的烘焙制品，如面包、蛋糕和馅饼。				
归类依据	根据归类总规则一及六。				

序号	197	归类决定编号	W2014-034	公告编号	2014 年第 93 号
商品税则号列		2308.00		公告实施日期	2015 年 1 月 1 日
商品名称	木薯根废料				
英文名称	Waste (pellet waste) resulting from the cleaning of manioc roots before pelletisation				
其他名称					
商品描述	由刷洗木薯根时分离的木薯粒及硅质砂（约 44%）构成。				
归类依据	根据归类总规则一。				

序号	198	归类决定编号	W2014-035	公告编号	2014 年第 93 号
商品税则号列		2308.00		公告实施日期	2015 年 1 月 1 日
商品名称	清洗菜籽的残渣				
英文名称	Residue from the cleaning of colza seed prior to oil extraction				
其他名称					
商品描述	由菜籽（主要为破碎的籽）及高百分比（约 50%）散杂植物籽，以及其他杂质构成，用于动物饲料。其组成如下：油菜籽（主要为破碎的籽）46.6%、各种散杂植物籽 49.1%、其他杂质 4.3%。				
归类依据	根据归类总规则一。				

序号	199	归类决定编号	W2005-113	公告编号	2005年第63号
商品税则号列		23.09		公告实施日期	2005年12月23日
商品名称	含有抗生素的预混料				
英文名称	Premixes containing antibiotics				
其他名称					
商品描述	粉状，预混料中含有抑制球虫病的抗生素，在培育小鸡的整个育肥阶段中饲喂。成分（每千克）：diclazuril（活性成分）5克、聚乙烯吡咯烷铜2克、氢氧化钠0.5克、除去部分蛋白质的大豆粗粉992.5克。				
归类依据	考虑到配制饲料中添加少量的活性成分和该产品的成分符合税目23.09的条文（三）对"预配料"的描述，HSC委员会一致同意将其归入税目23.09。 根据归类总规则一。				

序号	200	归类决定编号	W2005-114	公告编号	2005年第63号
商品税则号列		2309.90		公告实施日期	2005年12月23日
商品名称	饲料添加剂				
英文名称	Forage additive				
其他名称					
商品描述	每克中含有培养的乳酸杆菌1×10^9个，以淀粉为赋形剂。用于预防动物肠疾并促进消化。				
归类依据	HSC委员会认为由于产品中乳酸杆菌的含量[1×10^9/克]低，而且添加的淀粉也使产品失去了作为培养微生物的特征。 根据归类总规则一。				

序号	201	归类决定编号	W2005-115	公告编号	2005 年第 63 号
商品税则号列		2309.90		公告实施日期	2005 年 12 月 23 日
商品名称	含有胆碱氯化物的粉状制品					
英文名称	Preparation, in powder form, containing choline chlo					
其他名称						
商品描述	含有约 50% 的胆碱盐酸盐，用于动物饲养。					
归类依据	HSC 委员会同意加入的约 50% 的胆碱盐酸盐不是以药用和医治动物疾病为目的，该产品应作为喂养动物的制品归入税目 23.09。根据归类总规则一。					

序号	202	归类决定编号	W2005-116	公告编号	2005 年第 63 号
商品税则号列		2309.90		公告实施日期	2005 年 12 月 23 日
商品名称	用于动物饲养的制品					
英文名称	Preparations for animal feeding					
其他名称						
商品描述	在赋形剂或稀释剂中含有约 1% 的维生素 B12 或约 2% 的维生素 H。					
归类依据	HSC 科学分委会在第十二次会议上作出结论，由于添加剂具有多种功能（例如，作为稳定剂和赋形剂），所以应在一事一议的基础上单独审查。HSC 委员会认为该产品特定的用途是作为动物饲料的预混料，产品的基质是作为赋形剂或标准化剂存在。 根据归类总规则一和第二十九章的注释一（六）。为明确归类，HSC 科学分委会第二十次会议采纳了对税目 23.09 注释的修改。					

序号	203	归类决定编号	W2014-036	公告编号	2014 年第 93 号
商品税则号列		2309.90		公告实施日期	2015 年 1 月 1 日
商品名称	动物用面包粉				
英文名称	Bread flour				
其他名称					
商品描述	由干的、磨碎的废面包构成，不适合人食用，用于动物饲料。				
归类依据	根据归类总规则一及六。				

序号	204	归类决定编号	W2014-037	公告编号	2014 年第 93 号
商品税则号列		2309.90		公告实施日期	2015 年 1 月 1 日
商品名称	补充饲料				
英文名称	Fodder supplements				
其他名称					
商品描述	由大约相同比例的品目 29.36 的维生素与麸糠构成。该商品用作补充饲料。				
归类依据	根据归类总规则一及六。				

序号	205	归类决定编号	W2014-038	公告编号	2014 年第 93 号
商品税则号列		2309.90		公告实施日期	2015 年 1 月 1 日
商品名称	制动物饲料用产品				
英文名称	Products used for making animal feeds				
其他名称	Hostaphos，Magnaphoscal				
商品描述	含有磷酸氢二钠、磷酸氢钙及磷酸氢镁，通过用磷酸再用氢氧化钠浓溶液处理轻度煅烧白云石所得的产品。其成分含量如下： "Hostaphos"：磷酸氢二钠 39%、磷酸氢钙 33%、磷酸氢镁 28%、形态细灰色粉末。 "Magnaphoscal"：磷酸氢二钠 50%、磷酸氢钙 25%、磷酸氢镁 25%、形态浅灰色颗粒。				
归类依据	根据归类总规则一及六。				

序号	206	归类决定编号	W2020-080	公告编号	2020 年第 108 号
商品税则号列		2309.90		公告实施日期	2020 年 10 月 1 日
商品名称	粉状制剂				
英文名称	Preparation in powder form				
其他名称					
商品描述	粉状制剂，含有 12.5 毫克/克维生素 D3，经喷雾干燥，并精细分散在植物蛋白和麦芽糊精基质中。维生素 D3 用二丁基羟基甲苯（BHT）稳定。该商品用于预混料、复合饲料、代乳品和液体饲料中为动物提供营养。				
归类依据	根据归类总规则一［第二十九章注释一（六）］及六。				

序号	207	归类决定编号	W2005-117	公告编号	2005 年第 63 号
商品税则号列		2401.20		公告实施日期	2005 年 12 月 23 日
商品名称		混合烟草			
英文名称		Tobacco mixture			
其他名称					
商品描述		由以下两组分构成：75%的未切的去茎的已烤制的维吉尼亚烟叶"strip"、伯莱芋烟叶或远东烟叶和25%的再造烟草。Strip 烟叶和均质烟草混合后分层放在不通空气的筒舱中。			
归类依据		HSC 委员会认为税目 24.01 的注释所用的词语"混合"和"主要地"指出税目 24.01 包括混合物。由于该产品由混合物构成，而且未经加工的烟草占了大部分的重量和体积，并且该产品不被认为是"即供吸用"的产品，因此，HSC 委员会决定将混合烟草归入税目 24.01。 根据归类总规则二（二）和三（二）。			

序号	208	归类决定编号	W2008-014	公告编号	2008 年第 47 号
商品税则号列		2401.20		公告实施日期	2008 年 7 月 3 日
商品名称		烟草混合物			
英文名称		Tobacco mixture			
其他名称		Basic Blended Strip（BBS）			
商品描述		由两类烟草混合构成： 1.75%未切的去茎的已制过的维吉尼亚烟叶、伯莱芋烟叶或远东烟叶（称为"strip"）； 2.25%再生烟草。			
归类依据		根据归类总规则二（二）及三（二）。			

序号	209	归类决定编号	W2005-118	公告编号	2005年第63号
商品税则号列		2402.20		公告实施日期	2005年12月23日
商品名称	"Beedies"印度的线扎手卷小烟卷				
英文名称	"Beedies"				
其他名称					
商品描述	每支含有约0.2克粗切未混合的烟丝，用乌木树叶代替纸卷裹，进口时长度6厘米至8厘米不等，呈细长圆锥形，用细绳捆在一起，作卷烟用。				
归类依据	Beedies作为香烟吸用，科技词典中香烟的解释也将Beedies作为香烟。关于香烟没有一个统一的定义而且香烟也不局限于用纸卷。 根据归类总规则一。				

序号	210	归类决定编号	W2022-011	公告编号	2022年第78号
商品税则号列		2404.11		公告实施日期	2022年9月1日
商品名称	烟弹				
英文名称	Tobacco capsule				
其他名称					
商品描述	烟弹（单独报验，不含所用的特定电子加热设备，这种加热设备由烟弹仓和电池两部分组成），呈圆柱形（长22.9毫米，直径9.5毫米/8.4毫米），聚丙烯制外壳，内有约0.31克粒状再造烟草、水、香精、碳酸钾及其他助剂的混合物，以及一个醋酸纤维素制的烟嘴。烟弹总重约0.56克。使用时，烟弹需插入烟弹仓的末端。烟弹仓中含有丙二醇、甘油和水组成的液体。烟弹仓接上电池后，将烟弹部分放入口中吸食。吸食时，电池部分的传感器激活，烟弹仓内部开始加热，使其中的液体蒸发。蒸汽经过烟弹时将粒状再造烟草加热，并吸收其释放的香精和尼古丁。产生含有尼古丁的气溶胶（蒸汽）时烟草没有被点燃。				
归类依据	根据归类总规则一［第二十四章注释二和三］及六。				

序号	211	归类决定编号	W2022-012	公告编号	2022 年第 78 号
商品税则号列		2404.11		公告实施日期	2022 年 9 月 1 日
商品名称	可吸入含烟草产品				
英文名称	Tobacco-containing product for inhalation				
其他名称					
商品描述	可吸入含烟草产品，圆柱形，长 45 毫米，直径 7.3 毫米，由一个烟草栓、一根醋酸纤维素制空心管、一个高分子过滤膜，一个低密度醋酸纤维素制的滤嘴和外部滤嘴纸组成，设计用于专用的电加热设备。其中，烟草栓由含有不同类型的烟草、黏合剂和保湿剂（水、瓜尔豆胶和天然纤维素纤维）以及甘油的粉末制成，以促进气溶胶的产生。烟草栓可以包裹在铝复合纸中。该产品的总重量约为 0.8 克，烟草栓重量约为 0.3 克。该产品需插入一个由传感器控制发热的设备中使用，无须燃烧烟草，加热后产生一种含尼古丁的气溶胶，经口吸入。				
归类依据	根据归类总规则一［第二十四章注释二和三］及六。				

序号	212	归类决定编号	W2022-013	公告编号	2022 年第 78 号
商品税则号列		2404.91		公告实施日期	2022 年 9 月 1 日
商品名称	戒烟口香糖				
英文名称	Nicotine chewing gum				
其他名称	NICORETTE				
商品描述	戒烟口香糖，片状，含有 2 毫克或 4 毫克尼古丁，并与离子交换树脂、甘油、一种合成聚合物、碳酸钠、碳酸氢钠、山梨醇及香料混制而成，以模拟烟草气味。供希望戒烟的人使用。				
归类依据	根据归类总规则一［第二十一章注释一（六）］及六。				

序号	213	归类决定编号	W2014-039	公告编号	2014 年第 93 号
商品税则号列		2501.00		公告实施日期	2015 年 1 月 1 日
商品名称	黏聚成块的盐				
英文名称	Salt, agglomerated under pressure into blocks				
其他名称					
商品描述	含至少95%氯化钠并添加少量某些天然盐所具有的微量元素（如镁、铜、锰及钴），用作牲畜的盐渍地。				
归类依据	根据归类总规则一。				

序号	214	归类决定编号	W2022-014	公告编号	2022 年第 78 号
商品税则号列		2501.00		公告实施日期	2022 年 9 月 1 日
商品名称	黏聚成块的盐				
英文名称	Salt, agglomerated under pressure into blocks				
其他名称					
商品描述	黏聚成块的盐，含至少95%氯化钠并添加少量某些天然盐所具有的微量元素（如镁、铜、锰及钴），用作牲畜的舔食盐。				
归类依据	根据归类总规则一。				

序号	215	归类决定编号	W2005-120	公告编号	2005 年第 63 号
商品税则号列		2506.10		公告实施日期	2005 年 12 月 23 日
商品名称	石英				
英文名称	Quartz				
其他名称					
商品描述	经对破碎的白岗岩进行机械分离处理、酸处理及加热处理（未改变其 α-石英结构），以除去杂质及产品经水洗后残留的水分后获得。				
归类依据	HSC 委员会第十次会议最初同意，由于产品经过热处理，其目的似乎已经超过了破碎的需要，应该被排除在第二十五章之外并归入税目 28.11。但是，经过随后科学分委会的审查，HSC 委员会第十六次会议决定重新将该产品归入子目 2506.10，这基于该热处理仅用于烘干和除去产品经水洗后残留的水分，并未造成化学或晶体结构改变，这是第二十五章章注一所允许的。 根据归类总规则一。				

序号	216	归类决定编号	W2020-052	公告编号	2020 年第 108 号
商品税则号列		2523.90		公告实施日期	2020 年 10 月 1 日
商品名称	水凝水泥				
英文名称	Hydraulic cements				
其他名称					
商品描述	水凝水泥，由硅酸盐水泥和重量超过 5% 的水泥质材料（如火山灰、粉煤灰或石灰石）混合而成。				
归类依据	根据归类总规则一及六。				

序号	217	归类决定编号	W2005-121	公告编号	2005年第63号
商品税则号列		25.30		公告实施日期	2005年12月23日
商品名称		砖或混凝土的碎块			
英文名称		Broken pieces of brick or concrete			
其他名称					
商品描述		涉及某些种类废物的单独识别（建筑和爆破废料的经分离的材料，基本由单一材料，比如砖或混凝土的碎块组成）。			
归类依据		由于产品实际上类似第二十五章章注四提到的破碎陶器，HSC委员会一致同意将该产品归入税目25.30。 根据归类总规则一。为了反映此决定，《税则注释》中税目25.30、68.10和第六十九章作了修订。第二十五章章注四也在2002年版《协调制度》作了修订。			

序号	218	归类决定编号	W2014-040	公告编号	2014年第93号
商品税则号列		2530.90		公告实施日期	2015年1月1日
商品名称		磨石、抛光石的废碎料			
英文名称		Waste and scrap			
其他名称					
商品描述		由品目68.04黏聚天然及人造磨料所得废碎料，仅适用于再生磨料。			
归类依据		根据归类总规则四。			

序号	219	归类决定编号	W2018-016	公告编号	2018 年第 159 号
商品税则号列		2530.90		公告实施日期	2018 年 12 月 1 日
商品名称	散粒状白色粉末				
英文名称	Free flowing white powder				
其他名称					
商品描述	散粒状白色粉末，按重量计含有超过 99.2% 的无水硫酸钠，仅可通过机械采集方法得到。因冬季低温，天然盐湖结晶的芒硝（十水硫酸钠）表面，在露天环境下天然形成无水芒硝（无水硫酸钠）。该产品包装前需先过筛（孔径 0.65 毫米）。 又见归类意见 2833.11/1。				
归类依据	根据归类总规则一及六。				

序号	220	归类决定编号	W2005-122	公告编号	2005 年第 63 号
商品税则号列		26.14		公告实施日期	2005 年 12 月 23 日
商品名称	高品级钛铁矿				
英文名称	"UP" grade ilmenite (UPI)				
其他名称					
商品描述	经焙烧还原，盐酸处理并煅烧获得。				
归类依据	HSC 委员会全体一致同意这些工艺，譬如焙烧、盐酸处理及煅烧，都是冶金工业中一般用到的，因此，此争议产品不被税目 26.14 所排除。根据归类总规则一。				

序号	221	归类决定编号	W2018-017	公告编号	2018 年第 159 号
商品税则号列		2614.00		公告实施日期	2018 年 12 月 1 日
商品名称	钛铁矿				
英文名称	Ilmenite ore				
其他名称					
商品描述	钛铁矿，黑色或深棕色粉末，含有钛铁矿（大于90%）、磁铁矿（小于0.3%）和硫酸盐（小于0.1%）。99.5%的粉末粒径小于45微米。产品未经过任何化学处理，仅通过机械或物理加工，如磨碎。 本产品用于海上石油钻井中作为增重剂以增加海上钻井液的密度。				
归类依据	根据归类总规则一。				

序号	222	归类决定编号	W2014-041	公告编号	2014 年第 93 号
商品税则号列		第二十七章		公告实施日期	2015 年 1 月 1 日
商品名称	饱和无环烃单独异构体				
英文名称	Separate isomers of saturated acyclic hydrocarbons				
其他名称					
商品描述	单独异构体纯度低于95%。				
归类依据	根据归类总规则一及六。				

序号	223	归类决定编号	W2014-042	公告编号	2014年第93号
商品税则号列		第二十七章		公告实施日期	2015年1月1日
商品名称		饱和无环烃异构体的混合物			
英文名称		Mixtures of isomers of saturated acyclic hydrocarb			
其他名称					
商品描述		没有一种异构体含量达95%。			
归类依据		根据归类总规则一及六。			

序号	224	归类决定编号	W2014-043	公告编号	2014年第93号
商品税则号列		第二十七章		公告实施日期	2015年1月1日
商品名称		单烯或多烯无环烃的单独异构体			
英文名称		Separate isomers of monoethylenic or polyethylenic			
其他名称					
商品描述		单独异构体纯度低于90%。			
归类依据		根据归类总规则一及六。			

序号	225	归类决定编号	W2014-044	公告编号	2014 年第 93 号
商品税则号列		第二十七章		公告实施日期	2015 年 1 月 1 日
商品名称	\multicolumn{5}{l	}{单烯或多烯无环烃异构体（立体异构体除外）的混合物}
英文名称	\multicolumn{5}{l	}{Mixtures of isomers (other than stereoisomers) of Monoethylenic or polyethylenic acyclic hydrocarbons}
其他名称					
商品描述	\multicolumn{5}{l	}{没有一种异构体含量达 90%。}
归类依据	\multicolumn{5}{l	}{根据归类总规则一及六。}

序号	226	归类决定编号	W2014-045	公告编号	2014 年第 93 号
商品税则号列		第二十七章		公告实施日期	2015 年 1 月 1 日
商品名称	\multicolumn{5}{l	}{单烯或多烯无环烃立体异构体混合物}
英文名称	\multicolumn{5}{l	}{Mixtures of stereoisomers of monoethylenic or Polyethylenic acyclic hydrocarbons}
其他名称					
商品描述	\multicolumn{5}{l	}{没有一种烃的立体异构体含量达 90%。}
归类依据	\multicolumn{5}{l	}{根据归类总规则一及六。}

序号	227	归类决定编号	W2005-123	公告编号	2005 年第 63 号
商品税则号列		27.09		公告实施日期	2005 年 12 月 23 日
商品名称	天然气浓缩液				
英文名称	Gas condensates				
其他名称					
商品描述	从稳定的天然气直接提取获得的原油。主要通过冷却和减压操作,从潮湿的天然气中获得凝缩的碳氢化合物（C4 到大约 C20）。				
归类依据	赞成归入税目 27.10 的观点认为,有关过程可以被描述为分馏,而不仅仅是湿天然气稳定。通过这复杂的过程,其已经超出了税目 27.09 注释所允许的范围,湿天然气被分成两种组分：天然气和"天然气冷凝物"。因此,"天然气冷凝物"更像轻油,事实上,可比较石油的汽油馏分归入税目 27.10。但是,HSC 委员会最后决定税目 27.09 包括天然产品,无论它们的成分,是否从普通或者浓缩的石油沉积物中获得。由于"天然气冷凝物"是一种天然产品而且没有经过任何超出税目 27.09 注释允许的加工,故应该归入税目 27.09。 根据归类总规则一。一段新内容已插入到税目 27.09 注释中以阐明归类。				

序号	228	归类决定编号	W2005-124	公告编号	2005 年第 63 号
商品税则号列		27.10		公告实施日期	2005 年 12 月 23 日
商品名称	一次性的塑料容器				
英文名称	Disposable plastic container				
其他名称					
商品描述	用链烷烃填充,用作蜡烛灯的插芯。				
归类依据	HSC 委员会同意税目 94.05 包括可以确认的灯具零件是持久耐用的,譬如灯笼框,灯玻璃或灯罩,等等。然而再填充物和其他消耗物品比如蜡烛、树脂火把、灯芯等不在该税目范围之列。在税目没有细节的描述时,HSC 委员会决定该产品只能参照归类总规则三（二）归类,因为其成分链烷烃给予了该产品基本特征,它应该被归入税目 27.10。				

序号	229	归类决定编号	W2005-125	公告编号	2005 年第 63 号
商品税则号列		27.10		公告实施日期	2005 年 12 月 23 日
商品名称	拔顶原油				
英文名称	Topped crude oils				
其他名称					
商品描述	用于精炼厂给料。				
归类依据	HSC 委员会同意科学分委会的结论,"拔顶原油"在常压蒸馏除去天然气、石脑油、煤油及汽油后保持的残留的油的作用完全与税目 27.10 注释中所述"拔顶原油"一致。HSC 委员会进而同意常压蒸馏是一个复杂的主要精炼工序,不能被视为《税则注释》对税目 27.09 的第"七"项条文中提到的一种"次要"工序,并决定将该产品归入税目 27.10。根据归类总规则一。				

序号	230	归类决定编号	W2014-046	公告编号	2014 年第 93 号
商品税则号列		27.10		公告实施日期	2015 年 1 月 1 日
商品名称	掺入石油的无水酒精				
英文名称	Anhydrous ethanol blended with 70% or more by Weight of petroleum oils				
其他名称					
商品描述	按重量计掺入 70%或以上石油的无水酒精。				
归类依据	根据归类总规则一及六。				

序号	231	归类决定编号	W2014-047	公告编号	2014 年第 93 号
商品税则号列		2710.12 或 2710.19		公告实施日期	2015 年 1 月 1 日
商品名称	石墨油				
英文名称	Oil graphited				
其他名称					
商品描述	由石油或从沥青矿物提取的油类构成，悬浮液中含有约 0.04%~0.2% 的粒状石墨（大多数颗粒为 0.1 微米至 0.5 微米）。				
归类依据	根据归类总规则一及六。				

序号	232	归类决定编号	W2012-003	公告编号	2012 年第 24 号
商品税则号列		2710.19		公告实施日期	2012 年 5 月 18 日
商品名称	液状混合物				
英文名称	Mixture in the form of a liquid				
其他名称					
商品描述	暗黄色至浅棕色的液体，按重量计含有 50% 的煤油和 50% 的烷烃混合物。其中的烷烃由通过氢化作用从脱氧植物油中获得的 C9~C15 饱和烃构成。以体积计（包含损耗），该产品在 210℃ 的馏出量少于 90%（使用美国标准试验法 D86）。该产品用作喷气发动机燃料。				
归类依据	根据归类总规则一（第二十七章章注二）及六（第二十七章子目注释四）。				

序号	233	归类决定编号	W2014-048	公告编号	2014年第93号
商品税则号列		2712.90		公告实施日期	2015年1月1日
商品名称		微晶石蜡（石油蜡）			
英文名称		Micro-crystalline waxes			
其他名称					
商品描述		含有很少量诸如聚异丁烯等添加剂。经化验，聚异丁烯含量不超过2%。			
归类依据		根据归类总规则一及六。			

序号	234	归类决定编号	W2005-126	公告编号	2005年第63号
商品税则号列		2714.90		公告实施日期	2005年12月23日
商品名称		分散于水的脱水粉化天然沥青			
英文名称		Dehydrated and pulverised natural bitumen disperse			
其他名称					
商品描述		含有少量乳化剂（表面活性剂），但其仅为保证安全，便于装卸、运输。			
归类依据		HSC委员会同意沥青中仅仅加了水不会产生混合物，因为结合水是天然沥青的一个成分，所以决定将此产品作为天然沥青归入税目27.14。根据归类总规则一。HSC委员会第十四次会议通过了有关明确税目27.14注释的修正草案。			

序号	235	归类决定编号	W2020-009	公告编号	2020年第108号
商品税则号列		2811.22		公告实施日期	2020年10月1日
商品名称	微硅粉				
英文名称	Silica fume				
其他名称					
商品描述	微硅粉，含有颗粒极小的无定形二氧化硅（按重量计不少于80%），是生产硅或铁硅合金时的副产品。主要杂质包括碳、二氧化硅、碳化硅和碱金属氧化物。产品通常含有90%以上的二氧化硅。根据生产参数的变化，二氧化硅含量可能更低。按重量计，杂质的总量不应超过20%。				
归类依据	根据归类总规则一［第二十八章注释一（一）］及六。				

序号	236	归类决定编号	W2014-049	公告编号	2014年第93号
商品税则号列		2825.30		公告实施日期	2015年1月1日
商品名称	高比例五氧化二矾产品				
英文名称	Products with a high content of vanadium pentoxide				
其他名称					
商品描述	商业上称为"熔融氧化钒"，通过对钒钾铀精矿与碳酸钠及氯化钠进行焙烘产生矾酸钠，然后用水浸滤、用硫酸沉淀五氧化二矾，再经过滤、熔融制成。其成分如下： 例一：五氧化二矾约98%，脉石为二氧化硅0.13%、磷0.015%、砷0.04%，其他为氯化钠及钒酸钠。 例二：五氧化二矾约98%，脉石为二氧化硅0.38%、磷0.06%、砷0.06%，其他为氯化钠及钒酸钠。				
归类依据	根据归类总规则一及六。				

序号	237	归类决定编号	W2014-050	公告编号	2014年第93号
商品税则号列		2831.10		公告实施日期	2015年1月1日
商品名称		乙醛次硫酸钠			
英文名称		Sodium acetaldehyde sulphoxylate			
其他名称					
商品描述		含约8%~10%的亚硫酸钠及4%~7%的硫酸钠，不论是否用氨处理。			
归类依据		根据归类总规则一及六。			

序号	238	归类决定编号	W2018-018	公告编号	2018年第159号
商品税则号列		2833.11		公告实施日期	2018年12月1日
商品名称		散粒状白色粉末			
英文名称		Free flowing white powder			
其他名称					
商品描述		散粒状白色粉末，按重量计含有超过98.5%的无水硫酸钠。在露天环境下，由于自然脱水而形成的芒硝（十水硫酸钠）和无水芒硝（无水硫酸钠）的混合物。经收集后送到工厂，经过熔融（除水）、离心过滤、干燥等工序，制得该产品。 又见归类意见2530.90/2。			
归类依据		根据归类总规则一及六。			

序号	239	归类决定编号	W2014-354	公告编号	2014 年第 93 号
商品税则号列		2841.90		公告实施日期	2015 年 1 月 1 日
商品名称	二氧化锂钴				
英文名称	Lithium cobalt dioxide（$LiCoO_2$）				
其他名称					
商品描述	黑色粉末状，一般用于锂离子电池的正电极。				
归类依据	根据归类总规则一及六。				

序号	240	归类决定编号	W2005-127	公告编号	2005 年第 63 号
商品税则号列		2842.10		公告实施日期	2005 年 12 月 23 日
商品名称	合成硅铝酸钠				
英文名称	Synthetic sodium aluminosilicates				
其他名称					
商品描述	由一种类型分子组成，可用元素的定量比（钠、铝及硅）定义，并能用确定的结构图表示，具有重复单元晶胞的晶格。				
归类依据	HSC 委员会同意该产品是一种单独的已有化学定义的化合物，因此把它归入税目 28.42。 根据归类总规则一。				

序号	241	归类决定编号	W2005-201	公告编号	2005年第63号
商品税则号列		2842.10		公告实施日期	2005年12月23日
商品名称		合成硅铝酸钠			
英文名称		Synthetic sodium aluminosilicates			
其他名称					
商品描述		无定形或结晶态,具有不规则结构,钠、铝及硅的元素比不定且组成不能用元素定量比定义。			
归类依据		HSC委员会同意该非化学计量的组成和不规则晶体结构应属于税目38.23（子目3823.90）（1996年版《协调制度》新子目3824.90）。根据归类总规则一。 注：在1996年版《协调制度》中,税目38.23转到新的税目38.24。2002年版《协调制度》的税目28.42已修订,包括无论是否有化学定义的硅铝酸盐。			

序号	242	归类决定编号	W2014-051	公告编号	2014年第93号
商品税则号列		2842.10		公告实施日期	2015年1月1日
商品名称		合成硅铝酸钠			
英文名称		Synthetic sodium aluminosilicates			
其他名称		Zeolites, Zeolex			
商品描述		非晶型或晶型,无规则结构,钠、铝及硅元素的比数不定,且其化学组成不能用元素的定量比定义。 Zeolites：晶型,已经浸提或离子交换,不再存在重复单元,故无化学定量组成。 Zeolex：非晶型产品,无化学定量组成。			
归类依据		根据归类总规则一及六。			

序号	243	归类决定编号	W2014-052	公告编号	2014年第93号
商品税则号列		2901.10		公告实施日期	2015年1月1日
商品名称	饱和无环烃单独异构体				
英文名称	Separate isomers of saturated acyclic hydrocarbons				
其他名称					
商品描述	单独异构体纯度不低于95%。				
归类依据	根据归类总规则一及六。				

序号	244	归类决定编号	W2014-053	公告编号	2014年第93号
商品税则号列		2901.10		公告实施日期	2015年1月1日
商品名称	饱和无环烃异构体的混合物				
英文名称	Mixtures of isomers of saturated acyclic hydrocarbons				
其他名称					
商品描述	一种异构体含量不低于95%。				
归类依据	根据归类总规则一及六。				

序号	245	归类决定编号	W2014-054	公告编号	2014 年第 93 号
商品税则号列		2901.23 至 2901.29		公告实施日期	2015 年 1 月 1 日
商品名称		单烯或多烯无环烃的单独异构体			
英文名称		Separate isomers of monoethylenic or polyethylenic acyclic hydrocarbons			
其他名称					
商品描述		单独异构体纯度不低于 90%。			
归类依据		根据归类总规则一及六。			

序号	246	归类决定编号	W2014-055	公告编号	2014 年第 93 号
商品税则号列		2901.23 至 2901.29		公告实施日期	2015 年 1 月 1 日
商品名称		单烯或多烯无环烃立体异构体的混合物			
英文名称		Mixtures of stereoisomers of monoethylenic or polyethylenic acyclic hydrocarbons			
其他名称					
商品描述		一种烃的立体异构体含量至少达 90%。			
归类依据		根据归类总规则一及六。			

序号	247	归类决定编号	W2014-056	公告编号	2014 年第 93 号
商品税则号列		2901.23 至 2901.29		公告实施日期	2015 年 1 月 1 日
商品名称		单烯或多烯无环烃其他异构体的混合物			
英文名称		Mixtures of other isomers of monoethylenic or polyethylenic acyclic hydrocarbons			
其他名称					
商品描述		一种异构体含量不低于 90%。			
归类依据		根据归类总规则一及六。			

序号	248	归类决定编号	W2005-128	公告编号	2005 年第 63 号
商品税则号列		29.05		公告实施日期	2005 年 12 月 23 日
商品名称		钛酸丁酯			
英文名称		Butyl titanate, tetrabutoxytitanium			
其他名称					
商品描述		同商品名称。			
归类依据		HSC 委员会同意"金属酸"不被"无机酸"这种表达所涵盖,因此该产品不应该被作为一种无机酸酯归入税目 29.20 而应该作为一种烃氧基金属归入税目 29.05。根据归类总规则一。2002 年版《协调制度》的法律条文和相关《税则注释》已作了相应修改明确。			

序号	249	归类决定编号	W2005-129	公告编号	2005 年第 63 号
商品税则号列		2905.49		公告实施日期	2005 年 12 月 23 日
商品名称	甘油酯				
英文名称	Glycerol esters				
其他名称					
商品描述	例如甘油基苯磺酸酯，由税目 29.04 的无机官能酸化合物和子目 2905.45 的甘油反应形成。				
归类依据	因为税目 29.05 项下没有"酯"专门的子目，但有一个兜底的子目"其他"在相关的子目级别中。HSC 委员会决定税目 29.04 项下的无机酸的甘油酯应该归入子目 2905.49。 根据归类总规则一和六及第二十九章子目注释一。				

序号	250	归类决定编号	W2014-057	公告编号	2014 年第 93 号
商品税则号列		2908.99		公告实施日期	2015 年 1 月 1 日
商品名称	锑二（磺基邻苯二酚钠）				
英文名称	Antimony（Ⅲ）bis（disodium sulphocatechol）				
其他名称					
商品描述	同商品名称。				
归类依据	根据归类总规则一及六。				

序号	251	归类决定编号	W2005-130	公告编号	2005年第63号
商品税则号列		2918.19		公告实施日期	2005年12月23日
商品名称	12-羟基硬脂酸				
英文名称	12-Hydroxystearic acid				
其他名称					
商品描述	纯度不低于90%。				
归类依据	HSC委员会认为12-羟基硬脂酸既不是天然产生的脂肪酸也不是蓖麻油皂化的直接产物。HSC委员会注意到，因为归入税目15.19（1996年版《协调制度》税目38.23）的硬脂酸通常是氢化不饱和脂肪酸，且由于其由氢化蓖麻油或者，更明确的，蓖麻油酸制得，并不改变产品基本结构。因此，氢化产生的12-羟基硬脂酸不应排除于税目15.19之外。故同意12-羟基硬脂酸当它的纯度低于90%时是税目15.19项下的一种工业脂肪酸，否则，产品应归入税目29.18。 根据归类总规则一。				

序号	252	归类决定编号	W2014-058	公告编号	2014年第93号
商品税则号列		2921.19		公告实施日期	2015年1月1日
商品名称	N-甲基氨基乙磺酸钠盐				
英文名称	N-Methyltaurine, sodium salt, aqueous slurry				
其他名称					
商品描述	浆液形态。				
归类依据	根据归类总规则一及六。				

序号	253	归类决定编号	W2014-059	公告编号	2014 年第 93 号
商品税则号列			2921.49	公告实施日期	2015 年 1 月 1 日
商品名称		舍曲林			
英文名称		Sertraline			
其他名称					
商品描述		某种 INN 产品。			
归类依据		根据归类总规则一及六。			

序号	254	归类决定编号	W2005-131	公告编号	2005 年第 63 号
商品税则号列			2922.19	公告实施日期	2005 年 12 月 23 日
商品名称		甲氯芬酯、2-二甲胺基乙基对氯苯氧基乙酸酯			
英文名称		Meclofenoxate（INN）、2-dimethylaminoethyl p-chlorop			
其他名称					
商品描述		一种氨基醇（2-二甲胺基乙醇）的酯，仅含一种含氧基（醇基）。			
归类依据		HSC 委员会指出甲氯芬酯是一种 2-二甲胺基乙醇的酯，仅含一种含氧基（醇基）。第二种含氧基（醚基）来源于酸（4-氯代苯氧乙酸）。HSC 委员会同意该产品应该归入子目 2922.19。 根据归类总规则一。			

序号	255	归类决定编号	W2005-132	公告编号	2005年第63号
商品税则号列		2922.19		公告实施日期	2005年12月23日
商品名称		那莫西瑞			
英文名称		Namoxyrate（INN）			
其他名称					
商品描述		同商品名称。			
归类依据		HSC委员会同意该产品是含一个含氧基的氨基化合物，应该归入子目2922.19。根据归类总规则一。			

序号	256	归类决定编号	W2005-133	公告编号	2005年第63号
商品税则号列		2922.19		公告实施日期	2005年12月23日
商品名称		硝酸氨基乙基酯			
英文名称		Aminoethyl nitrate			
其他名称					
商品描述		同商品名称。			
归类依据		因为一杠子目2922.1条文中"氨基醇，它们的醚和酯……"没有对于有机酸酯或无机酸酯的限制，HSC委员会同意硝酸氨基乙基酯作为一种无机酸的氨基醇酯应该归入子目2922.19。根据归类总规则一和六。			

序号	257	归类决定编号	W2005-134	公告编号	2005年第63号
商品税则号列		29.24		公告实施日期	2005年12月23日
商品名称		阿斯巴甜、天（门）冬氨酰苯丙氨酸甲酯			
英文名称		Aspartame			
其他名称					
商品描述		作为甜味剂的食品添加剂。			
归类依据		HSC委员会同意肽链是一种氮代氨基化合物官能团，因此，该产品被归入税目29.24。 根据归类总规则一和六。			

序号	258	归类决定编号	W2014-060	公告编号	2014年第93号
商品税则号列		2924.19		公告实施日期	2015年1月1日
商品名称		二甲脲水溶液			
英文名称		Dimethylol urea in aqueous solution			
其他名称					
商品描述		不论是否由于产品离解含甲醛，用于纺织物整理。未添加香料。			
归类依据		根据归类总规则一及六。			

序号	259	归类决定编号	W2005-135	公告编号	2005年第63号
商品税则号列		2924.29		公告实施日期	2005年12月23日
商品名称		二氟苯祖隆、N-（4-氯苯氨基羰基）-2,6-二氟苯甲酰胺			
英文名称		Diflubenzuron、N-［(4-(chlorophenyl)amino)］carbonyl			
其他名称					
商品描述		环状酰脲，一般用于制造杀虫剂。			
归类依据		因为此化合物属于一种不同于酰脲或其衍生物的化合物，HSC委员会决定将其归入子目2924.29而不归入子目2924.21。 根据归类总规则一和六。			

序号	260	归类决定编号	W2005-136	公告编号	2005年第63号
商品税则号列		2929.90		公告实施日期	2005年12月23日
商品名称		那福塔洛佛			
英文名称		Naftalofos（INN）			
其他名称					
商品描述		同商品名称。			
归类依据		参照税目29.29注释的解释"四"，HSC委员会同意该产品是一种无机酸的有机取代的酰亚胺衍生物。 根据归类总规则一。			

序号	261	归类决定编号	W2014-061	公告编号	2014 年第 93 号
商品税则号列			2930.90	公告实施日期	2015 年 1 月 1 日
商品名称		地虫磷			
英文名称		Fonofos			
其他名称					
商品描述		同商品名称。			
归类依据		根据归类总规则一及六。			

序号	262	归类决定编号	W2014-063	公告编号	2014 年第 93 号
商品税则号列			2932.99	公告实施日期	2015 年 1 月 1 日
商品名称		紫杉醇			
英文名称		Paclitaxel（INN）			
其他名称					
商品描述		某种 INN 产品。			
归类依据		根据归类总规则一及六。			

序号	263	归类决定编号	W2014-064	公告编号	2014 年第 93 号
商品税则号列		2932.99		公告实施日期	2015 年 1 月 1 日
商品名称		拉罗他赛/拉欧紫杉醇			
英文名称		Larotaxel（INN）			
其他名称					
商品描述		某种 INN 产品。			
归类依据		根据归类总规则一及六。			

序号	264	归类决定编号	W2014-065	公告编号	2014 年第 93 号
商品税则号列		2933.39		公告实施日期	2015 年 1 月 1 日
商品名称		溴西泮			
英文名称		Bromazepam			
其他名称					
商品描述		同商品名称。			
归类依据		根据归类总规则一及六。			

序号	265	归类决定编号	W2014-066	公告编号	2014 年第 93 号
商品税则号列		2933.39		公告实施日期	2015 年 1 月 1 日
商品名称	伊米帕锰				
英文名称	Imisopasem manganese				
其他名称					
商品描述	某种 INN 产品。				
归类依据	根据归类总规则一及六。				

序号	266	归类决定编号	W2005-138	公告编号	2005 年第 63 号
商品税则号列		2933.49		公告实施日期	2005 年 12 月 23 日
商品名称	卜透凡诺				
英文名称	Butophanol（INN）				
其他名称					
商品描述	同商品名称。				
归类依据	HSC 委员会同意该产品不是一种税目 29.41 的抗菌素，应归入子目 2933.40。根据归类总规则一。				

序号	267	归类决定编号	W2014-067	公告编号	2014 年第 93 号
商品税则号列		2933.59		公告实施日期	2015 年 1 月 1 日
商品名称		恩诺沙星			
英文名称		Enrofloxacin			
其他名称					
商品描述		同商品名称。			
归类依据		根据归类总规则一及六。			

序号	268	归类决定编号	W2014-068	公告编号	2014 年第 93 号
商品税则号列		2933.59		公告实施日期	2015 年 1 月 1 日
商品名称		阿格列汀			
英文名称		Alogliptin（INN）			
其他名称					
商品描述		某种 INN 产品。			
归类依据		根据归类总规则一及六。			

序号	269	归类决定编号	W2014-069	公告编号	2014年第93号
商品税则号列		2933.69		公告实施日期	2015年1月1日
商品名称	三甲基醇三聚氰胺水溶液				
英文名称	Trimethylol melamine in aqueous solution				
其他名称					
商品描述	不论是否由于产品离解含甲醛，用于纺织物整理。未添加香料。				
归类依据	根据归类总规则一及六。				

序号	270	归类决定编号	W2014-070	公告编号	2014年第93号
商品税则号列		2933.79		公告实施日期	2015年1月1日
商品名称	左匹克隆				
英文名称	Zopiclone				
其他名称					
商品描述	同商品名称。				
归类依据	根据归类总规则一及六。				

序号	271	归类决定编号	W2005-139	公告编号	2005 年第 63 号
商品税则号列		2934.10		公告实施日期	2005 年 12 月 23 日
商品名称		麦络西坎			
英文名称		MELOXICAM（INN）			
其他名称					
商品描述		同商品名称。			
归类依据		因为"麦络西坎"也是其他磺内酰胺，没有税目 29.35 的磺胺的功能特征，HSC 委员会同意仍将它归入税目 29.34 相关子目，HSC 委员会决定将该争议产品作为一个结构中含有非稠合噻唑环的化合物归入子目 2934.10，而不归入子目 2934.90。 根据归类总规则一。			

序号	272	归类决定编号	W2005-140	公告编号	2005 年第 63 号
商品税则号列		2934.20		公告实施日期	2005 年 12 月 23 日
商品名称		伊普塞匹隆			
英文名称		Ipsapirone（INN）			
其他名称					
商品描述		同商品名称。			
归类依据		此产品含有两个氮杂环和一个糖精（苯甲酰亚胺）类型的环酰亚胺环。HSC 委员会认为税目 29.33 条文的限制排除了根据章注三将此产品归入税目 29.33，因此决定归入税目 29.34。关于子目级别，因为苯噻唑和苯异噻唑都可分别被前缀数字"1，3"和"1，2"描述在条款"苯噻唑"下，HSC 委员会决定苯异噻唑可作为苯噻唑化合物的一种归入子目 2934.20。 根据归类总规则一。			

序号	273	归类决定编号	W2008-017	公告编号	2008年第47号
商品税则号列		2934.99		公告实施日期	2008年7月3日
商品名称	前阿德福韦				
英文名称	Pradefovir（INN）				
其他名称					
商品描述	前阿德福韦（INN），（2R，4S）-2-｛[2-（6-氨基-9H-嘌呤-9-）乙氧基]甲基｝-4-（3-氯苯基）-1,3,2λ^5二氧磷杂-2-氧基，是一种膦酸二羟基醇的环酯，结构中含有稠合嘧啶环（嘌呤）。				
归类依据	根据归类总规则一（第二十九章章注七）和六。				

序号	274	归类决定编号	W2014-071	公告编号	2014年第93号
商品税则号列		2934.99		公告实施日期	2015年1月1日
商品名称	α绒促卵泡素				
英文名称	Corifollitropin alfa				
其他名称					
商品描述	同商品名称。				
归类依据	根据归类总规则一及六。				

序号	275	归类决定编号	W2014-072	公告编号	2014 年第 93 号
商品税则号列		2934.99		公告实施日期	2015 年 1 月 1 日
商品名称		非格司亭			
英文名称		Filgrastim			
其他名称					
商品描述		同商品名称。			
归类依据		根据归类总规则一及六。			

序号	276	归类决定编号	W2014-073	公告编号	2014 年第 93 号
商品税则号列		2934.99		公告实施日期	2015 年 1 月 1 日
商品名称		司莫紫杉醇			
英文名称		Simotaxel（INN）			
其他名称					
商品描述		某种 INN 产品。			
归类依据		根据归类总规则一及六。			

序号	277	归类决定编号	W2014-074	公告编号	2014 年第 93 号
商品税则号列		2934.99		公告实施日期	2015 年 1 月 1 日
商品名称	培米诺近				
英文名称	Beperminogene perplasmid				
其他名称					
商品描述	某种 INN 产品。				
归类依据	根据归类总规则一及六。				

序号	278	归类决定编号	W2014-075	公告编号	2014 年第 93 号
商品税则号列		2934.99		公告实施日期	2015 年 1 月 1 日
商品名称	韦利莫根				
英文名称	Velimogene aliplasmid				
其他名称					
商品描述	某种 INN 产品。				
归类依据	根据归类总规则一及六。				

序号	279	归类决定编号	W2014-076	公告编号	2014 年第 93 号
商品税则号列		29.35		公告实施日期	2015 年 1 月 1 日
商品名称		西地那非			
英文名称		Sildenafil citrate			
其他名称					
商品描述		同商品名称。			
归类依据		根据归类总规则一。			

序号	280	归类决定编号	W2005-141	公告编号	2005 年第 63 号
商品税则号列		2936.21		公告实施日期	2005 年 12 月 23 日
商品名称		含维生素 A 制剂			
英文名称		Preparations consisting of vitamin A			
其他名称					
商品描述		按重量计约含 15%~17%维生素 A，为保存或运输需要加入了抗氧化剂或其他添加剂形成稳定基质。			
归类依据		HSC 委员会已经将类似产品（分散在抗氧剂中的维生素 A 和 D3）归入税目 29.36，因为它的基质可以被视为一种第二十九章章注一（六）所指的稳定剂。随后 HSC 委员会通过了注释修订以阐明被稳定的维生素包括在税目 29.36 范围内。会议还指出添加剂的加入并未使之成为专门的动物饲料制品。因为基于同样添加剂的类似维生素 A 和 E 制剂也用于食品和药物行业。HSC 委员会决定确定这些产品的归类，不是根据它们的最终用途，而是根据它们的基本特征作为维生素归入税目 29.36。 根据归类总规则一及第二十九章章注一（六）。HSC 委员会第二十次会议接受了有关《税则注释》对税目 23.09 的说明的修正草案。			

序号	281	归类决定编号	W2020-081	公告编号	2020 年第 108 号
商品税则号列		2936.23		公告实施日期	2020 年 10 月 1 日
商品名称	粉状制剂				
英文名称	Preparation in powder form				
其他名称					
商品描述	粉状制剂，含有 80% 维生素 B2（核黄素），精细分散在糊精基质中。该商品用于预混料和复合饲料中为动物提供营养。				
归类依据	根据归类总规则一［第二十九章注释一（六）］及六。				

序号	282	归类决定编号	W2005-142	公告编号	2005 年第 63 号
商品税则号列		2936.28		公告实施日期	2005 年 12 月 23 日
商品名称	含维生素 E 制剂				
英文名称	Preparation consisting of vitamin E				
其他名称					
商品描述	按重量计约含 50% 维生素 E，为保存或运输需要加入了添加剂或非晶形硅石吸附剂形成稳定基质。				
归类依据	HSC 委员会已经将类似产品（分散在抗氧剂中的维生素 A 和 D3）归入税目 29.36，因为它的基质可以被视为一种第二十九章章注一（六）所指的稳定剂。随后 HSC 委员会通过了注释修订以阐明被稳定的维生素包括在税目 29.36 范围内。会议还指出添加剂的加入并未使之成为专门的动物饲料制品。因为基于同样添加剂的类似维生素 A 和 E 制剂也用于食品和药物行业。HSC 委员会决定确定这些产品的归类，不是根据它们的最终用途，而是根据它们的基本特征作为维生素归入税目 29.36。 根据归类总规则一及第二十九章章注一（六）。HSC 委员会第二十次会议接受了有关《税则注释》对税目 23.09 的说明的修正草案。				

序号	283	归类决定编号	W2020-082	公告编号	2020 年第 108 号
商品税则号列		2936.28		公告实施日期	2020 年 10 月 1 日
商品名称	粉状制剂				
英文名称	Preparation in powder form				
其他名称					
商品描述	粉状制剂，含有 50%DL-α-生育酚醋酸酯，吸附在二氧化硅上。该商品用于预混料和复合饲料中为动物提供营养。				
归类依据	根据归类总规则一［第二十九章注释一（六）］及六。				

序号	284	归类决定编号	W2020-083	公告编号	2020 年第 108 号
商品税则号列		2936.28		公告实施日期	2020 年 10 月 1 日
商品名称	粉状制剂				
英文名称	Preparation in powder form				
其他名称					
商品描述	粉状制剂，含有 50%的 DL-α-生育酚醋酸酯，精细分散在改性食用淀粉和麦芽糊精基质中。其中含有 1%二氧化硅作为流动剂。该商品用于代乳品和液体饲料中为动物提供营养，以及其他对稳定性要求较高的产品，例如，pH>10 的预混料和罐装宠物食品。				
归类依据	根据归类总规则一［第二十九章注释一（六）］及六。				

序号	285	归类决定编号	W2014-077	公告编号	2014年第93号
商品税则号列		2936.29		公告实施日期	2015年1月1日
商品名称		艾地骨化醇			
英文名称		Eldecalcitol			
其他名称					
商品描述		某种 INN 产品。			
归类依据		根据归类总规则一及六。			

序号	286	归类决定编号	W2020-084	公告编号	2020年第108号
商品税则号列		2936.29		公告实施日期	2020年10月1日
商品名称		粉状制剂			
英文名称		Preparation in powder form			
其他名称					
商品描述		粉状制剂，含有80%的叶酸，精细分散在糊精基质中。该商品用于预混料和复合饲料中为动物提供营养。			
归类依据		根据归类总规则一［第二十九章注释一（六）］及六。			

序号	287	归类决定编号	W2014-078	公告编号	2014 年第 93 号
商品税则号列		2936.90		公告实施日期	2015 年 1 月 1 日
商品名称	两种维生素衍生物的混合物				
英文名称	Mixture of two vitamin derivatives				
其他名称					
商品描述	该商品由 D-泛醇乙醚和右旋泛醇以 1∶9 比例组成。混合物是由化学合成获得的,也就是由 3-氨基-1-丙醇和 3-乙氧基丙胺以预定的比率进行反应。				
归类依据	根据归类总规则一及六。				

序号	288	归类决定编号	W2014-079	公告编号	2014 年第 93 号
商品税则号列		2937.29		公告实施日期	2015 年 1 月 1 日
商品名称	普拉睾酮				
英文名称	Prasterone				
其他名称					
商品描述	同商品名称。				
归类依据	根据归类总规则一及六。				

序号	289	归类决定编号	W2014-080	公告编号	2014年第93号
商品税则号列		2937.29		公告实施日期	2015年1月1日
商品名称		替勃龙			
英文名称		Tibolone			
其他名称					
商品描述		同商品名称。			
归类依据		根据归类总规则一及六。			

序号	290	归类决定编号	W2014-081	公告编号	2014年第93号
商品税则号列		2937.29		公告实施日期	2015年1月1日
商品名称		洛那立生			
英文名称		Lonaprisan			
其他名称					
商品描述		某种INN产品。			
归类依据		根据归类总规则一及六。			

序号	291	归类决定编号	W2005-145	公告编号	2005 年第 63 号
商品税则号列		2939.49		公告实施日期	2005 年 12 月 23 日
商品名称	乙基麻黄碱、伊塔菲汀				
英文名称	Etafedrine（INN）				
其他名称					
商品描述	同商品名称。				
归类依据	HSC 委员会同意该产品应归入子目 2939.40（2939.49，1996 年版《协调制度》），因为此化合物类似甲基麻黄碱，税目 29.39 的注释中其作为"麻黄碱类"已列举。 根据归类总规则一。"乙基麻黄碱"已经被插入到上述注释中明确列出。				

序号	292	归类决定编号	W2014-082	公告编号	2014 年第 93 号
商品税则号列		2939.59		公告实施日期	2015 年 1 月 1 日
商品名称	米达茶碱				
英文名称	Midaxifylline				
其他名称					
商品描述	同商品名称。				
归类依据	根据归类总规则一及六。				

序号	293	归类决定编号	W2014-085	公告编号	2014 年第 93 号
商品税则号列		2939.79		公告实施日期	2015 年 1 月 1 日
商品名称	可司替康				
英文名称	Cositecan（INN）				
其他名称					
商品描述	某种 INN 产品。				
归类依据	根据归类总规则一及六。				

序号	294	归类决定编号	W2005-146	公告编号	2005 年第 63 号
商品税则号列		29.40		公告实施日期	2005 年 12 月 23 日
商品名称	格利凡诺（三苄糖醚）				
英文名称	Glyvenol（Tribenoside）				
其他名称					
商品描述	此有机化合物是一种淡黄色黏稠液体，主要用作一种口服药物的材料治疗痔疮等。化学分子式是 $C_{29}H_{34}O_6$。（化学名：乙基-3,5,6-三苄氧基-D-呋喃葡萄糖）。				
归类依据	HSC 委员会同意该产品是个糖醚（呋喃型葡萄糖的醚），应归入税目 29.40，因为它具有糖的基本结构而且一些羟基醚化了。根据归类总规则一。税目 29.40 的注释已经修订，插入了新内容阐明非天然糖化合物。				

序号	295	归类决定编号	W2005-147	公告编号	2005年第63号
商品税则号列		29.40		公告实施日期	2005年12月23日
商品名称	氯醛糖				
英文名称	Chloralose				
其他名称					
商品描述	同商品名称。				
归类依据	HSC委员会同意该产品是个糖醚，应归入税目29.40。 根据归类总规则一。税目29.40的注释已经修订，插入了新内容阐明非天然糖化合物。				

序号	296	归类决定编号	W2005-148	公告编号	2005年第63号
商品税则号列		29.40		公告实施日期	2005年12月23日
商品名称	克洛本诺塞德				
英文名称	Clobenoside				
其他名称					
商品描述	同商品名称。				
归类依据	HSC委员会同意该产品是个糖醚，应归入税目29.40。 根据归类总规则一。税目29.40的注释已经修订，插入了新内容阐明非天然糖化合物。				

序号	297	归类决定编号	W2005-149	公告编号	2005年第63号
商品税则号列		29.40		公告实施日期	2005年12月23日
商品名称		乳糖醇			
英文名称		Lactitol（INN）			
其他名称					
商品描述		同商品名称。			
归类依据		HSC委员会同意该产品是个糖醚，应归入税目29.40。根据归类总规则一。税目29.40的注释已经修订，插入了阐明乳糖醇的新内容。			

序号	298	归类决定编号	W2014-086	公告编号	2014年第93号
商品税则号列		2940.00		公告实施日期	2015年1月1日
商品名称		应用静脉补铁药物			
英文名称		Ferric carboxymaltose			
其他名称					
商品描述		某种INN产品。			
归类依据		根据归类总规则一。			

序号	299	归类决定编号	W2014-087	公告编号	2014年第93号
商品税则号列		2941.90		公告实施日期	2015年1月1日
商品名称	坦螺旋霉素				
英文名称	Tanespimycin				
其他名称					
商品描述	同商品名称。				
归类依据	根据归类总规则一及六。				

序号	300	归类决定编号	W2014-088	公告编号	2014年第93号
商品税则号列		2941.90		公告实施日期	2015年1月1日
商品名称	阿螺旋霉素				
英文名称	Alvespimycin				
其他名称					
商品描述	某种INN产品。				
归类依据	根据归类总规则一及六。				

序号	301	归类决定编号	W2014-089	公告编号	2014 年第 93 号
商品税则号列		3001.20		公告实施日期	2015 年 1 月 1 日
商品名称	胸腺刺激素				
英文名称	Thymostimulin				
其他名称					
商品描述	同商品名称。				
归类依据	根据归类总规则一及六。				

序号	302	归类决定编号	W2022-015	公告编号	2022 年第 78 号
商品税则号列		3002.12		公告实施日期	2022 年 9 月 1 日
商品名称	血份				
英文名称	Blood fractions				
其他名称					
商品描述	血份，粉状，从可食用牛肉或猪血分离血浆获得。血浆在低温下通过喷射干燥器以保持产品的细胞结构及营养价值。该产品含有约 70% 蛋白，作为功能蛋白或利用其水的结合量、胶凝强度等性能少量用于食品中（成品重量的 1%~5%）。				
归类依据	根据归类总规则一及六。				

序号	303	归类决定编号	W2020-085	公告编号	2020 年第 108 号
商品税则号列		3003.20		公告实施日期	2020 年 10 月 1 日
商品名称		动物饲料用制剂			
英文名称		Preparation for use in animal feeding			
其他名称					
商品描述		动物饲料用制剂，用于预防艾美耳属球虫引起的肉鸡球虫病。该商品为自由流动粉末，成分为马杜霉素铵（马杜霉素的铵盐）（0.75%）、尼卡巴嗪（8%）（活性成分）和玉米芯（载体）。包装为 25 千克/袋，使用时须以 500 克/吨饲料的剂量与饲料混合。			
归类依据		根据归类总规则一及六。			

序号	304	归类决定编号	W2014-099	公告编号	2014 年第 93 号
商品税则号列		3003.90 或 3004.90		公告实施日期	2015 年 1 月 1 日
商品名称		商品硼葡萄糖酸钙			
英文名称		Calcium borogluconate, commercial			
其他名称					
商品描述		葡萄糖酸钙与硼酸的混合物，治疗用。			
归类依据		根据归类总规则一及六。			

序号	305	归类决定编号	W2005-154	公告编号	2005 年第 63 号
商品税则号列		30.04		公告实施日期	2005 年 12 月 23 日
商品名称		痱子粉			
英文名称		Prickly-heat powders			
其他名称					
商品描述		成分：1%氯苯甘醚、5%硼酸、16%氧化锌、51%淀粉及纯滑石粉。			
归类依据		HSC 委员会指出氯苯甘醚具有抗菌、杀真菌及杀毛滴虫的特性，而且主要用作预防和治疗足植物皮病及其他植物皮病，由于 1%氯苯甘醚的存在，HSC 委员会同意该产品应归入税目 30.04。 根据归类总规则一。			

序号	306	归类决定编号	W2008-018	公告编号	2008 年第 47 号
商品税则号列		3004.20		公告实施日期	2008 年 7 月 3 日
商品名称		骨移植替代品			
英文名称		Bone graft substitute			
其他名称		OSTEOSET® T			
商品描述		由医用级硫酸钙制得，含有 4%硫酸托普霉素。该产品均呈直径 4.8 毫米的圆柱状小片，装在 5 毫升、10 毫升及 20 毫升的消毒小瓶中销售。			
归类依据		根据归类总规则一及六。			

序号	307	归类决定编号	W2005-155	公告编号	2005 年第 63 号
商品税则号列		3004.39		公告实施日期	2005 年 12 月 23 日
商品名称	皮肤施药制品				
英文名称	Transdermal administration system				
其他名称					
商品描述	用于治疗更年期激素缺乏症，组成如下： 1. 透明外层塑料保护膜，用于防止活性物质（17β-雌二醇）渗漏； 2. 一个小贮药仓，通过皮肤吸收释放 17β-雌二醇进入循环系统； 3. 控制隔膜（可渗透活性物质），允许控制释放的 17β-雌二醇不断进入人体； 4. 胶粘剂，接触活性物质使施用时能开始吸收； 5. 一层可卸的保护膜，用于保护施药前套药的密封及完好。				
归类依据	由于特定的外层覆盖物及含有药物和调节药物进入人体流量的可渗透性膜的贮药仓的存在，HSC 委员会同意皮肤施药制品不能被视作"类似"税目 30.05 产品。此外税目 30.05 的产品是外敷裹、绑、遮盖伤口的，然而这些制品是专门设计通过可控的分配固定剂量的药物进入身体来治疗特殊疾病或不适的。HSC 委员会因此决定将其归入税目 30.04。 根据归类总规则一。				

序号	308	归类决定编号	W2005-156	公告编号	2005 年第 63 号
商品税则号列		3004.50		公告实施日期	2005 年 12 月 23 日
商品名称	液体药剂				
英文名称	Liquid preparation				
其他名称					
商品描述	由柠檬酸铁铵、维生素 B12、叶酸、山梨醇溶液、乙醇（3.61%）、木莓浆果调味剂及适量比例的各种维生素配制而成，可作为血液构成剂，用于治疗营养性或血红蛋白过少性贫血。				
归类依据	考虑到此产品用作血液构成剂并且标明仅已注册的执业医生或医院或化验室可使用，HSC 委员会决定将其作为一种药物归入税目 30.04（子目 3004.50）。 根据归类总规则一。				

序号	309	归类决定编号	W2005-157	公告编号	2005年第63号
商品税则号列		3004.90		公告实施日期	2005年12月23日
商品名称		皮肤施药制品			
英文名称		Transdermal administration system			
其他名称					
商品描述		用于心绞痛病人调节心跳，组成如下： 1. 透明外层塑料保护膜，用于防止活性物质（硝化甘油）渗漏； 2. 一个小贮药仓，通过皮肤吸收释放硝化甘油进入循环系统； 3. 控制隔膜（可渗透活性物质），允许控制释放的硝化甘油不断进入人体； 4. 胶粘剂，接触活性物质使施用时能开始吸收； 5. 一层可卸的保护膜，用于保护施药前套药的密封及完好。			
归类依据		由于特定的外层覆盖物及含有药物和调节药物进入人体流量的可渗透性膜的贮药仓的存在，HSC委员会同意皮肤施药制品不能被视作"类似"税目30.05产品。此外税目30.05的产品是外敷裹、绑、遮盖伤口的，然而这些制品是专门设计通过可控的分配固定剂量的药物进入身体来治疗特殊疾病或不适的。HSC委员会因此决定将其归入税目30.04。 根据归类总规则一。			

序号	310	归类决定编号	W2014-355	公告编号	2014年第93号
商品税则号列		3004.90		公告实施日期	2015年1月1日
商品名称		药剂			
英文名称		Medicament			
其他名称					
商品描述		丸状药剂，含有植物提取物（缬草属植物根和蛇麻球果）、麦芽糖糊精、色素和辅料。商标中建议该产品用以治疗焦虑（每天2~4粒）或睡眠障碍（每天1粒）。该产品含有的适量活性成分能对某些紊乱疾病起到治疗或预防的功效，如失眠症。该产品为零售包装，如60粒/包。			
归类依据		根据归类总规则一及六。			

序号	311	归类决定编号	W2016-008	公告编号	2016年第79号
商品税则号列		3004.90		公告实施日期	2017年1月1日
商品名称	药品				
英文名称	Medicament				
其他名称					
商品描述	胶囊，用于治疗肥胖。药品含有奥利司他（每粒含120毫克）、明胶、靛蓝胭脂红（E132）和二氧化钛（E171）。胶囊外壳有以下失活成分组成：微晶纤维素、羟基乙酸淀粉钠、聚维酮、十二烷基硫酸钠和滑石。 该产品用于可能患有二型糖尿病、高血压、高血脂的高风险肥胖或超重病人，与低卡路里饮食配合使用效果更好。该产品含有足量的活性成分来保证使其具有预防和治疗肥胖症的疗效。 该产品放入塑料瓶中供零售，每瓶90粒。				
归类依据	根据归类总规则一及六。				

序号	312	归类决定编号	W2018-022	公告编号	2018年第159号
商品税则号列		3004.90		公告实施日期	2018年12月1日
商品名称	骨移植替代品				
英文名称	Bone graft substitute				
其他名称					
商品描述	骨移植替代品，粒状，可用于骨缺损的填充和骨增量，例如，用于牙再生的牙裂填充、牙周病以及重建牙槽嵴之类。 本产品仅含有羟磷灰石，这是一种来自天然正磷酸钙复合的无机物。本产品为零售包装。				
归类依据	根据归类总规则一及六。				

序号	313	归类决定编号	W2020-030	公告编号	2020 年第 108 号
商品税则号列		3004.90		公告实施日期	2020 年 10 月 1 日
商品名称	白色碳酸氢钠粉末				
英文名称	White sodium bicarbonate powder				
其他名称					
商品描述	白色碳酸氢钠粉末，化学式为 $NaHCO_3$，装于药筒或塑料袋中，含量为 550 克至 900 克。本产品仅可与酸性浓缩液结合使用，按医生处方稀释到一定浓度用于碳酸氢氧盐透析。本产品的包装专门设计成可直接连接到透析机上，用于从血液中去除尿素和其他废物。每个药筒或袋子只能用于一次透析。				
归类依据	根据归类总规则一及六。				

序号	314	归类决定编号	W2020-053	公告编号	2020 年第 108 号
商品税则号列		3004.90		公告实施日期	2020 年 10 月 1 日
商品名称	复方磺胺甲噁唑				
英文名称	Co-trimoxazole				
其他名称					
商品描述	复方磺胺甲噁唑，片剂，用于治疗由细菌引起的感染，如霍乱或斑疹伤寒。由磺胺甲噁唑（SMZ）和甲氧苄啶（TM）两种活性物质组成。零售包装。剂型和单位活性物质含量：米色片剂（刻痕），含 160 毫克甲氧苄啶和 800 毫克磺胺甲噁唑。				
归类依据	根据归类总规则一及六。				

序号	315	归类决定编号	W2005-204	公告编号	2005年第63号
商品税则号列		3006.70		公告实施日期	2005年12月23日
商品名称	\multicolumn{5}{l|}{医用凝胶制剂,由丙二醇、羟乙基纤维素、对氧基安息香酸酯及水构成}
英文名称	\multicolumn{5}{l|}{Gel preparations consisting of propylene glycol, hydroxyethylcellulose, paraben and water}
其他名称					
商品描述	\multicolumn{5}{l|}{用于妇科及外科润滑,或用于心电图仪(ECG)、膀胱镜检查及超声波扫描诊断。}
归类依据	\multicolumn{5}{l|}{因为此争论的产品不仅用于润滑而且用于其他用途(比如,心电图仪或超声波扫描),HSC委员会决定将它们作为其他税目未列名的化学制品归入税目38.24。根据归类总规则一。2002年版《协调制度》中,为争议凝胶制品新建了子目3006.70。}

序号	316	归类决定编号	W2014-100	公告编号	2014年第93号
商品税则号列		3006.70		公告实施日期	2015年1月1日
商品名称	\multicolumn{5}{l|}{医用凝胶制剂}
英文名称	\multicolumn{5}{l|}{Gel preparations}
其他名称	\multicolumn{5}{l|}{K. Jelly, ECG Gel, Blue Scan}
商品描述	\multicolumn{5}{l|}{由丙二醇、羟乙基纤维素、Paraben及水构成,用于妇科及外科检查润滑用,或用于心电图仪(ECG)、膀胱镜检查及超声波扫描诊断。 K. Jelly及ECG Gel:丙二醇25%、羟乙基纤维素2.2%、m-Paraben 0.2%、p-Paraben 0.05%、水至100%。 BlueScan:丙二醇7.3%、羟乙基纤维素2%、m-Paraben 0.2%、p-Paraben 0.05%、水至100%。}
归类依据	\multicolumn{5}{l|}{根据归类总规则一及六。}

序号	317	归类决定编号	W2005-160	公告编号	2005年第63号
商品税则号列		3102.40		公告实施日期	2005年12月23日
商品名称		氮肥			
英文名称		Nitrogenous fertiliser			
其他名称					
商品描述		颗粒状，主要由硝酸铵混合少量碳酸钙镁（有稳定剂及抗结块剂作用）、硝酸镁（稳定剂）及水构成，50千克袋装。			
归类依据		HSC委员会指出该产品明显是一种混合物，不包括在子目3102.30内。关于涉及第三十一章章注二（一）6的硝酸镁存在的问题，可解释为硝酸镁仅很少量，而且按照生产者所称是作为一种稳定剂添加的。HSC委员会全体一致同意根据第三十一章章注二（三），该产品应归入子目3102.40。 根据归类总规则一。			

序号	318	归类决定编号	W2008-019	公告编号	2008年第47号
商品税则号列		3203.00		公告实施日期	2008年7月3日
商品名称		食品的着色制品			
英文名称		Colouring product for foodstuffs			
其他名称		Rubini®			
商品描述		含有机械法浓缩的接骨木果汁，用来增加天然色素的组分（多酚和花青苷），破坏了天然果汁中其他组成的平衡（如葡萄糖、果糖、氨基酸）。			
归类依据		根据归类总规则一。			

序号	319	归类决定编号	W2014-101	公告编号	2014 年第 93 号
商品税则号列		3203.00		公告实施日期	2015 年 1 月 1 日
商品名称	葡萄酒及其他饮料用色料				
英文名称	Colouring product for wine or other beverages				
其他名称					
商品描述	按体积计,酒精含量约为 10%,提取干物质含量 74.5 克/升,并具有非常高的葡萄酒色素,其着色作用比一般酿酒的天然红葡萄酒高 40 倍至 50 倍。				
归类依据	根据归类总规则一。				

序号	320	归类决定编号	W2014-102	公告编号	2014 年第 93 号
商品税则号列		3203.00		公告实施日期	2015 年 1 月 1 日
商品名称	海胆酮				
英文名称	Echinenone				
其他名称					
商品描述	同商品名称。				
归类依据	根据归类总规则一。				

序号	321	归类决定编号	W2014-103	公告编号	2014年第93号
商品税则号列		3203.00		公告实施日期	2015年1月1日
商品名称		圆红酵母素			
英文名称		Torularhodin			
其他名称					
商品描述		同商品名称。			
归类依据		根据归类总规则一。			

序号	322	归类决定编号	W2008-020	公告编号	2008年第47号
商品税则号列		3206.11		公告实施日期	2008年7月3日
商品名称		锐钛型二氧化钛			
英文名称		Titanium dioxide of the anatase type			
其他名称					
商品描述		未经表面处理，由硫酸盐法工艺生产，在煅烧之前添加少量磷化物、钾和锑，最终产品为白色粉末状，并且明显具备适于颜料特殊用途所需要的物理性质（稳定的晶体结构、所需的晶型以及特定的粒度和形状）。最终产品组成（以干重计）为二氧化钛99%；其他氧化物1%，包括磷（以P_2O_5计）最高0.5%、钾（以K_2O计）最高0.5%、锑（以Sb_2O_5计）最高0.5%。			
归类依据		根据归类总规则一［第二十八章章注一（一）］和六。			

序号	323	归类决定编号	W2018-023	公告编号	2018 年第 159 号
商品税则号列		3207.10		公告实施日期	2018 年 12 月 1 日
商品名称		用于喷墨设备的陶瓷墨水			
英文名称		Ceramic inks for inkjet devices			
其他名称					
商品描述		用于喷墨设备的陶瓷墨水，含有25%~50%（按重量计）无机颜料（如钴铝尖晶石、锌铬尖晶石、镍钛锑合金），这些无机颜料悬浮在有机溶剂（按重量计40%~70%）中。该产品用于陶瓷工业，通过数码喷墨机施于陶瓷表面，通过陶瓷烧制形成上色或遮光。			
归类依据		根据归类总规则一及六。			

序号	324	归类决定编号	W2014-105	公告编号	2014 年第 93 号
商品税则号列		3207.30		公告实施日期	2015 年 1 月 1 日
商品名称		银金属精细分散剂构成的制剂			
英文名称		Preparations consisting of fine dispersions of silver metal			
其他名称					
商品描述		该商品在火棉胶或松油醇中还原制得。用于陶瓷和电器工业（如印刷电路），于580℃温度下，通过喷射或丝筛涂敷于云母或玻璃表面。			
归类依据		根据归类总规则一及六。			

序号	325	归类决定编号	W2005-161	公告编号	2005年第63号
商品税则号列		32.08		公告实施日期	2005年12月23日
商品名称		清晰的（透明的）溶液			
英文名称		Clear (transparent) solution			
其他名称					
商品描述		硝化纤维溶于挥发性有机溶液形成，按照实验室分析，由混合的酮、丙酮、醚和其他稀释剂组成。溶剂组成了不可分割的整体并且不包含其他添加物质。不挥发组分以重量计约占27.5%。			
归类依据		HSC委员会同意该讨论中的产品不符合《税则注释》"火棉"的定义，因为溶剂的重量超过溶液重量的50%，因此应依据第三十二章章注四归入税目32.08。 根据归类总规则一。			

序号	326	归类决定编号	W2018-024	公告编号	2018年第159号
商品税则号列		3208.10		公告实施日期	2018年12月1日
商品名称		改性醇酸树脂溶液			
英文名称		Solution of a modified alkyd resin			
其他名称					
商品描述		1. 改性醇酸树脂溶液，按重量计含有：石油溶剂油（93.95%）和醇酸树脂（6.05%）。包装规格为200公升铁桶装或散装。 该产品用于油漆和清漆制品（例如，作为木材浸渍和装饰油漆和清漆中的黏结剂，或者用于油漆和清漆的改性）。 2. 改性醇酸树脂溶液，按重量计含有：石油溶剂油（98.88%）和醇酸树脂（1.12%）。包装规格为200公升铁桶装或散装。 该产品用于油漆和清漆制品（例如，作为木材浸渍和装饰油漆和清漆中的黏结剂，或者用于油漆和清漆的改性）。			
归类依据		根据归类总规则一（第三十二章注释四）及六。			

序号	327	归类决定编号	W2020-054	公告编号	2020 年第 108 号
商品税则号列		3208.20		公告实施日期	2020 年 10 月 1 日
商品名称	共聚树脂的乙醇溶液				
英文名称	Alcoholic solution of a copolymer resin				
其他名称					
商品描述	共聚树脂的乙醇溶液，含乙醇（按重量计 93.5%~97.5%）、异丙醇（按重量计 0.5%~1%）、邻苯二甲酸二乙酯（按重量计 0.1%~0.2%）和共聚物溶液（按重量计 4%~4.5%）。共聚物溶液由乙醇（按重量计 50%~70%）和聚乙烯吡咯烷酮-醋酸乙烯酯共聚物（30:70）组成。该商品是一种透明液体，盛装于标称容量为 200 升的金属桶或标称容量为 1 000 升的塑料容器中，是生产发胶的原料。				
归类依据	根据归类总规则一（第三十二章注释四）及六。				

序号	328	归类决定编号	W2008-021	公告编号	2008 年第 47 号
商品税则号列		3208.90		公告实施日期	2008 年 7 月 3 日
商品名称	单组分湿法聚氨基甲酸乙酯树脂				
英文名称	One-component wet process polyurethane resin				
其他名称	WC823				
商品描述	按重量计含有以下成分：多元醇 15%、异氰酸酯 7%、乙二醇 8%、二甲基甲酰胺 70% 用于生产人造革。				
归类依据	根据归类总规则一［第三十二章章注四及第三十九章章注二（五）］及六。				

序号	329	归类决定编号	W2005-162	公告编号	2005 年第 63 号
商品税则号列		32.14		公告实施日期	2005 年 12 月 23 日
商品名称	浆糊				
英文名称	Paste				
其他名称					
商品描述	无药皮肤保护层，用于患者手术刀口和瘘管周围的皮肤，作为一种密封剂形成防漏的接触。				
归类依据	HSC 委员会同意该产品用作一种密封剂、黏合剂或胶粘剂，而且税目 32.14 的条文列明"其他胶粘剂"，并没有排除用于皮肤的胶粘剂。 根据归类总规则一。				

序号	330	归类决定编号	W2005-163	公告编号	2005 年第 63 号
商品税则号列		3214.10		公告实施日期	2005 年 12 月 23 日
商品名称	用于金属罐密封的制剂				
英文名称	Preparations for hermetically sealing metal cans				
其他名称					
商品描述	由下列成分的水分散体组成：丁苯橡胶、色料、增塑剂、填料和抗氧剂。				
归类依据	HSC 委员会同意税目 40.05 包括初级形状的橡胶，然而该讨论中的产品依据归类总规则一、《税则注释》对税目 32.14 的解释（十一）和《税则注释》对税目 40.05 的排除条款（二），作为一特殊的制品归入税目 32.14。 根据归类总规则一。为了反映此决定，《税则注释》对税目 32.14 的解释（十一）作了修订。				

序号	331	归类决定编号	W2010-009	公告编号	2010 年第 75 号
商品税则号列		3214.10		公告实施日期	2010 年 12 月 3 日
商品名称	聚氨酯发泡胶（填充泡沫）				
英文名称	Polyurethane foam（sealing foam）				
其他名称	Macroflex Pro Polyurethan gun foam（sealing foam）				
商品描述	以塑料为基体，含有其他添加剂、阻燃剂及推进气体，形态为深褐色液体，装于 750 毫升或 1 000 毫升压力罐中供零售。当对阀门持续施加压力后，释放出自动膨胀的泡沫，泡沫在遇到空气时变成白色，此时压力罐便会被清空。泡沫被喷出后会在 10 分钟后硬化。该商品用于安装窗户和门框，填充空隙，密封屋顶建筑及隔绝材料的开口，制作隔音屏，填补管道周围空隙，固定及隔绝墙板、屋顶瓦片等。				
归类依据	根据归类总规则一及六。				

序号	332	归类决定编号	W2014-106	公告编号	2014 年第 93 号
商品税则号列		3214.90		公告实施日期	2015 年 1 月 1 日
商品名称	水泥漆				
英文名称	Cement paint				
其他名称					
商品描述	该商品由波特兰白水泥（重量的 70%~95%）、色料、硬化加速剂、防水剂、有时还加入矿物粉（如熟石灰及洗白垩）构成。与水混合后用作砖房、混凝土等的涂料。其具体成分如下： 例一：波特兰白水泥 95%、色料及防水剂 5%。 例二：波特兰白水泥 70%、熟石灰 7.5%、洗白垩 12.5%、色料 5%、氯化钙（硬化加速剂）及硬脂酸盐（防水剂）5%。				
归类依据	根据归类总规则一及六。				

序号	333	归类决定编号	W2014-107	公告编号	2014 年第 93 号
商品税则号列		3215.11 或 3215.19		公告实施日期	2015 年 1 月 1 日
商品名称		含色素的合成蜡制剂			
英文名称		Preparation consisting of synthetic wax with added			
其他名称					
商品描述		该商品熔化后用于普通辊筒印刷机印制转印纸，转印纸上文字或图案通过热压可转印到纺织品上。			
归类依据		根据归类总规则一及六。			

序号	334	归类决定编号	W2005-164	公告编号	2005 年第 63 号
商品税则号列		33.02		公告实施日期	2005 年 12 月 23 日
商品名称		饮料基料			
英文名称		Beverage bases			
其他名称					
商品描述		作为香料和人造色素的混合酯（乙酸乙酯、乙酸戊酯、丁酸乙酯、丁酸异戊酯及其他）溶于乙醇（52%v/v）及其他高级醇。			
归类依据		该讨论中的产品被视为是税目 33.02 后半部分所描述的产品，专门述及用作工业原料的以香味物质为主要成分的混合物。 根据归类总规则一。			

序号	335	归类决定编号	W2005-165	公告编号	2005 年第 63 号
商品税则号列		33.02		公告实施日期	2005 年 12 月 23 日
商品名称	饮料基料				
英文名称	Beverage bases				
其他名称					
商品描述	由柑橘油浓缩物（0.3%w/w）、姜汁油树脂（0.5%w/w）、玫瑰油（微量）及乙醇（60.5%w/w）组成。				
归类依据	此讨论中的产品被视为是税目 33.02 后半部分所描述的产品，专门述及用作工业原料的以香味物质为主要成分的混合物。根据归类总规则一。				

序号	336	归类决定编号	W2008-022	公告编号	2008 年第 47 号
商品税则号列		3302.10		公告实施日期	2008 年 7 月 3 日
商品名称	香料制品				
英文名称	Preparation consisting of odoriferous substances				
其他名称	Fanta Orange OR-154 Part 2				
商品描述	由香料物质（约 2%）、柑橘浓缩物（46%）、柠檬酸（酸化剂，19%）、抗坏血酸（抗氧剂，1%）、其他食品添加剂[刺槐豆胶（稳定剂）、苯甲酸钠（防腐剂）及胡萝卜素（色素），小于 1%]和水组成，用于无酒精饮料制造业。该制品含有最终产品（比如，橘香味的软饮料）所需的所有香料物质。				
归类依据	根据归类总规则一（第三十三章章注二和品目 33.02 条文的第二部分）及六。				

序号	337	归类决定编号	W2018-025	公告编号	2018 年第 159 号
商品税则号列		3302.90		公告实施日期	2018 年 12 月 1 日
商品名称	以酒精溶液中的芳香物质为基本成分的制品				
英文名称	Preparation with a basis of odoriferous substances in alcoholic solution				
其他名称					
商品描述	以酒精溶液中的芳香物质为基本成分的制品，按重量计含有：乙醇（99.47%）（按容量计酒精浓度 96.1%）、芳香物质（0.5%）、邻苯二甲酸二乙酯（芳香物质的变性剂和固定剂）（0.02%）和亮绿（Green S，E-142）（染料、防腐剂和杀菌剂）（0.003%）。 芳香物质的主要成分是从精油中分离出的柠檬烯（按重量计约 80%）、柠檬醛、芳樟醇和香叶醇。该产品被用作制造香水、古龙水等产品的原料。				
归类依据	根据归类总规则一（第三十三章注释二）及六。				

序号	338	归类决定编号	W2005-166	公告编号	2005 年第 63 号
商品税则号列		33.04		公告实施日期	2005 年 12 月 23 日
商品名称	痱子粉				
英文名称	Prickly-heat powders				
其他名称					
商品描述	成分：1.5%水杨酸、5%硼酸、10%氧化锌及带香味的滑石粉。				
归类依据	考虑到存在的药物物质太少，这些产品不具有第三十章药品的基本特征，基于它们的用途和成分，HSC 委员会同意这些产品应作为护肤品归入税目 33.04。 根据归类总规则一。				

序号	339	归类决定编号	W2005-167	公告编号	2005年第63号
商品税则号列		33.04		公告实施日期	2005年12月23日
商品名称		痱子粉			
英文名称		Prickly-heat powders			
其他名称					
商品描述		成分为0.8%水杨酸，5%硼酸及含水硅酸镁成分的滑石粉。			
归类依据		考虑到存在的药物物质太少，HSC委员会指出这些产品不具有第三十章药品的基本特征，基于它们的用途和成分，HSC委员会同意这些产品应作为护肤品归入税目33.04。 根据归类总规则一。			

序号	340	归类决定编号	W2014-108	公告编号	2014年第93号
商品税则号列		3304.10		公告实施日期	2015年1月1日
商品名称		唇膏制剂			
英文名称		Lipstick preparation			
其他名称					
商品描述		该商品为粉红色油性物质。由几种成分构成，添加或不添加香料，拟用于模制唇膏。测得产品成分如下：蓖麻油50%、蜂蜡10%、小烛树蜡12.5%、色料15%、防腐剂及抗氧化剂12.5%。			
归类依据		根据归类总规则一及六。			

序号	341	归类决定编号	W2005-168	公告编号	2005 年第 63 号
商品税则号列		3304.99		公告实施日期	2005 年 12 月 23 日
商品名称	洗剂				
英文名称	Lotion				
其他名称					
商品描述	计划用于清洗、光洁、修复皮肤。它含有一些药物活性成分，即硼酸、间苯二酚、水杨酸、甲酚皂及苯酚。				
归类依据	HSC 委员会指出活性成分在该产品中浓度太低，使之很难支持作为药品归类。HSC 委员会同意该产品应视为有辅助治疗或预防性的护肤品，因此将它归入子目 3304.99。 根据归类总规则一。				

序号	342	归类决定编号	W2005-171	公告编号	2005 年第 63 号
商品税则号列		3304.99		公告实施日期	2005 年 12 月 23 日
商品名称	零售包装的纯净凡士林				
英文名称	Pure petroleum jelly put up in a retail packing				
其他名称					
商品描述	小罐或瓶装，标签表明其可润滑干裂的皮肤及嘴唇、轻度烧伤及擦伤，有助于防止皮疹及卸除眼妆。				
归类依据	根据第六类类注二和第三十三章章注二，HSC 委员会同意该产品应归入税目 33.04。 根据归类总规则一。				

序号	343	归类决定编号	W2014-109	公告编号	2014年第93号
商品税则号列		3304.99		公告实施日期	2015年1月1日
商品名称	可注射皮内凝胶				
英文名称	Injectable intracutaneous gel				
其他名称					
商品描述	已配定剂量制成零售包装；盒子中包含一个1毫升无色玻璃制注射器和一个泡罩包装的针头；有0.4或0.7两种剂量。它被用作皱纹修复和通过在皮肤或嘴唇注射来增强嘴唇。通过玻璃注射器提供凝胶，凝胶含有水（1毫升）、氯化钠（9毫克）、透明质酸（20毫克）、磷酸二氢钠和磷酸氢二钠。透明质酸是通过细菌发酵和稳定的生物工艺生产的。				
归类依据	根据归类总规则一及六。				

序号	344	归类决定编号	W2014-110	公告编号	2014年第93号
商品税则号列		3304.99		公告实施日期	2015年1月1日
商品名称	护肤用天然矿泉水				
英文名称	Natural mineral water				
其他名称					
商品描述	该商品用天然中性气体压缩装入喷雾罐中供护肤用（喷洒、水性按摩等）。				
归类依据	根据归类总规则一及六。				

序号	345	归类决定编号	W2005-172	公告编号	2005年第63号
商品税则号列		3305.10		公告实施日期	2005年12月23日
商品名称	香波				
英文名称	Shampoo				
其他名称					
商品描述	含有1.10% Depallethrin（活性成分）、4.40%胡椒基丁醚（活性成分的配合剂）、阴离子表面活性剂、非离子及两性表面活性剂、苯甲酸钠（防腐剂）、柠檬酸及水。此产品装入125毫升塑料瓶内，再用纸盒包装，供零售用。瓶及纸盒上都说明该产品是一种"用于治疗头皮上虱子及虱卵（头虱）的洗发精"，用法与其他洗发精相同。				
归类依据	尽管此产品声称具有税目30.04所指的治疗和预防功效，HSC委员会指出其用法与其他洗发精相同，而且它具有清洗头发和除头虱及虱卵的双重功能。因此，HSC委员会决定其应归入子目3305.10（至于税目38.08被排除是因为此税目制品非用于人体）。 根据归类总规则一，第三十章章注一（四）及第三十三章章注三。				

序号	346	归类决定编号	W2005-173	公告编号	2005年第63号
商品税则号列		3305.10		公告实施日期	2005年12月23日
商品名称	香波				
英文名称	Shampoo				
其他名称					
商品描述	含有2%酮康唑（广谱抗真菌剂）、十二烷基硫酸钠、磺基琥珀酸单月桂酯二钠、椰子油酸二乙醇酰胺、水解动物骨胶原 laurdimonium、macrogol 120甲基葡萄糖二油酸酯、香水、酰亚胺脲、盐酸、藻红及纯水。产品包装内含：1. 一盒6小袋洗发液（每包6毫升）；2. 一盒12小袋洗发液（每包6毫升）；3. 一个塑料瓶装有60毫升或100毫升洗发精。 产品用于治疗及预防酵母菌感染，如：局部糠疹、皮炎、头皮屑，使用频率及时间长短取决病菌感染程度，用法与其他洗发精相同。				
归类依据	尽管此产品声称具有税目30.04所指的治疗和预防功效，HSC委员会指出其用法与其他洗发精相同，而且它具有清洗头发和治疗真菌传染的双重功能。因此，HSC委员会决定它应归入子目3305.10。 根据归类总规则一，第三十章章注一（四）及第三十三章章注三。				

序号	347	归类决定编号	W2014-111	公告编号	2014年第93号
商品税则号列		3305.10		公告实施日期	2015年1月1日
商品名称		药性洗发液			
英文名称		Medicated shampoos			
其他名称		Selsun, Exsel, Selukos			
商品描述		该商品为黏稠液体及膏状,在洗涤液中含2.5%二硫化硒,不论是否加香料,用于治疗脂溢及头皮屑。			
归类依据		根据归类总规则一及六。			

序号	348	归类决定编号	W2014-112	公告编号	2014年第93号
商品税则号列		3306.10		公告实施日期	2015年1月1日
商品名称		制剂			
英文名称		Preparation			
其他名称					
商品描述		该商品膏状,含2.2%游离氟化物(来自氟化钠),0.1摩尔磷酸盐,再结晶高岭土,香料及赋形剂。仅供牙医防龋齿用,也用于清洗,以及使牙齿光洁。			
归类依据		根据归类总规则一及六。			

序号	349	归类决定编号	W2014-113	公告编号	2014 年第 93 号
商品税则号列		3306.10		公告实施日期	2015 年 1 月 1 日
商品名称	制剂				
英文名称	Preparation				
其他名称					
商品描述	该商品膏状,含植物香精 1.15 克,二氧化硅(SiO_2)55 克,百里酚 0.25 克及赋形剂至 100 克。通常由牙医用于清除牙垢及填充后的最后抛光。				
归类依据	根据归类总规则一及六。				

序号	350	归类决定编号	W2005-174	公告编号	2005 年第 63 号
商品税则号列		3306.20		公告实施日期	2005 年 12 月 23 日
商品名称	作为"牙线"报验的纱线				
英文名称	Yarn presented as "dental floss"				
其他名称					
商品描述	合成纤维长丝纱线(100%聚酰胺),涂蜡,120 特,捻度每米小于 50 转,63.90 厘牛顿/特,50 米成卷装。				
归类依据	1991 年,根据现行条文,HSC 委员会决定此产品归入子目 5402.10。 根据归类总规则一。但是,HSC 委员会决定将来这些物品应集合具体列入一个子目下。 注:1996 版为此分列了新子目 3306.20。				

序号	351	归类决定编号	W2005-175	公告编号	2005年第63号
商品税则号列		3306.20		公告实施日期	2005年12月23日
商品名称		作为"牙线"报验的纱线			
英文名称		Yarn presented as "dental floss"			
其他名称					
商品描述		合成纤维长丝纱线（100%聚酰胺），涂蜡，190特，捻度每米小于50转，59.59厘牛顿/特，20米成卷装。			
归类依据		1991年，根据现行条文，HSC委员会决定此产品归入子目5402.41。 根据归类总规则一。但是，HSC委员会决定将来这些物品应集合具体列入一个子目下。 注：1996版为此分列了新子目3306.20。			

序号	352	归类决定编号	W2005-176	公告编号	2005年第63号
商品税则号列		3306.20		公告实施日期	2005年12月23日
商品名称		作为"牙线"报验的纱线			
英文名称		Yarn presented as "dental floss"			
其他名称					
商品描述		合成纤维长丝纱线（100%聚酰胺），未涂蜡，104特，捻度每米大于50转，64.32厘牛顿/特，50米成卷装。			
归类依据		1991年，根据现行条文，HSC委员会决定此产品归入子目5402.10。 根据归类总规则一。但是，HSC委员会决定将来这些物品应集合列入具体一个子目下。 注：1996版为此分列了新子目3306.20。			

序号	353	归类决定编号	W2005-177	公告编号	2005 年第 63 号
商品税则号列		3306.20		公告实施日期	2005 年 12 月 23 日
商品名称	作为"牙线"报验的纱线				
英文名称	Yarn presented as "dental floss"				
其他名称					
商品描述	合成纤维长丝纱线（100%聚酰胺），涂蜡并且含薄荷脑，120 特，捻度每米大于 50 转，64.63 厘牛顿/特，50 米成卷装。				
归类依据	1991 年，根据现行条文，HSC 委员会决定此产品归入子目 5402.10。 根据归类总规则一。但是，HSC 委员会决定将来这些物品应集合列入具体一个子目下。 注：1996 版为此分列了新子目 3306.20。				

序号	354	归类决定编号	W2005-178	公告编号	2005 年第 63 号
商品税则号列		3306.20		公告实施日期	2005 年 12 月 23 日
商品名称	作为"牙线"报验的纱线				
英文名称	Yarn presented as "dental floss"				
其他名称					
商品描述	合成纤维长丝纱线（100%聚酰胺），未涂蜡，90 特，捻度每米大于 50 转，38.77 厘牛顿/特，装在一个盒子里报验，盒内装有多个 65 厘米纱线；每段纱的 10 厘米是备用的，17 厘米是变形加工的，剩余的 38 厘米也是备用的。				
归类依据	1991 年，根据现行条文，HSC 委员会决定此产品归入子目 5402.10。 根据归类总规则一。但是，HSC 委员会决定将来这些物品应集合列入具体一个子目下。 注：1996 版为此分列了新子目 3306.20。				

序号	355	归类决定编号	W2005-179	公告编号	2005 年第 63 号
商品税则号列		3306.90		公告实施日期	2005 年 12 月 23 日
商品名称		防腐液			
英文名称		Antiseptic solution			
其他名称					
商品描述		主要含有硼酸、百里酚、桉油精及苯甲酸，有助于牙齿及口腔卫生，可防止口臭和牙斑形成。但仅有辅助治疗和预防功效。			
归类依据		税目 33.06 明确包括了口腔或牙齿卫生制品。因为此产品看来主要用于口腔或牙齿卫生，而预防或治疗用途似乎仅仅是次要的，故 HSC 委员会同意根据第三十章章注一（四）将此产品归入税目 33.06。 根据归类总规则一。			

序号	356	归类决定编号	W2005-180	公告编号	2005 年第 63 号
商品税则号列		3306.90		公告实施日期	2005 年 12 月 23 日
商品名称		抗牙斑制剂			
英文名称		Anti-plaque preparation			
其他名称					
商品描述		液态，用于清除牙斑并使牙齿光泽；在使用牙刷及牙膏刷牙前漱口用。			
归类依据		HSC 委员会指出尽管此产品不包括"研磨剂"，它应该不被子目 3306.10 排除。但是，此产品未设计用于刷洗，HSC 委员会决定应将其作为牙齿卫生制品归入子目 3306.90 项下，而不作为一种不含磨料的牙膏归类。 根据归类总规则一。			

序号	357	归类决定编号	W2008-111	公告编号	2008 年第 75 号
商品税则号列		3307.90		公告实施日期	2008 年 10 月 23 日
商品名称	不含防腐剂的无菌氯化钠水溶液				
英文名称	Sterile solution of sodium chloride with no preser				
其他名称	Physiodose				
商品描述	产品含 0.9% 的氯化钠，推荐用作婴儿、儿童和成人的滴鼻、滴眼剂或用来清洁鼻、眼和洗眼。该产品被盛放在包含 12 个小塑料瓶（每个 5 毫升）的盒子里。				
归类依据	根据归类总规则一及六。				

序号	358	归类决定编号	W2008-112	公告编号	2008 年第 75 号
商品税则号列		3307.90		公告实施日期	2008 年 10 月 23 日
商品名称	生理的、无菌的海水微分散溶液				
英文名称	Physiological, sterilized and micro-diffused solut				
其他名称	Marimer				
商品描述	该商品天然含有丰富的矿物盐和海洋微量元素，是一种含 31.82% 海水且不含防腐剂的等压溶液，带有惰性推进剂（氮），装在一个顶部有喷嘴的 100 毫升的金属喷雾罐中并包装在一个纸盒中。该产品推荐用作婴儿、儿童和成年人日常清洁鼻腔或湿润干燥鼻腔的喷剂，或者用作耳、鼻、咽喉疾病的辅助治疗。				
归类依据	根据归类总规则一及六。				

序号	359	归类决定编号	W2012-004	公告编号	2012 年第 24 号
商品税则号列		3307.90		公告实施日期	2012 年 5 月 18 日
商品名称	含精油的香味剂样本集锦				
英文名称	Sampler for fragrance containing essential oils				
其他名称	DISCOVER				
商品描述	该产品由两层黏合在一起的透明聚酯薄膜组成。底层的一面是自粘面，其附于衬纸上。在两层薄膜中间置有芳香精油，薄膜可以撕开并再密封，释放多种试验用芳香气味样本，重复使用可多达 25 次。这些芳香精油并非香水，仅为模仿广告主题香水的香气。可在该商品表面印刷宣传材料及有关用途的提示（例如淡香水，身体爽肤水，除臭剂）。该商品被附在杂志或卡片上以构成一个完整的广告。				
归类依据	根据归类总规则一（第六类类注二和第三十三章章注四）及六。				

序号	360	归类决定编号	W2005-181	公告编号	2005 年第 63 号
商品税则号列		3401.11		公告实施日期	2005 年 12 月 23 日
商品名称	块状或条状的产品				
英文名称	Product presented in cake or bar				
其他名称					
商品描述	重量 85 克，用作肥皂，以清洁皮肤和黏膜（不含任何肥皂）。成分（每 100 克）：喷射干燥的抗乳血清 2.16 克、磷酸单钠 1.60 克、乳酸 s.q.f. pH 值 3.5 及赋形剂 s.q.f. 100 克。				
归类依据	HSC 委员会决定基于税目 34.01 的条文和第三十三章章注一（二）将用作肥皂的液体形态的该产品（250 毫升）归入子目 3304.99，块状或条状的该产品归入税目 34.01（3401.11）。 根据归类总规则一。				

序号	361	归类决定编号	W2005-182	公告编号	2005 年第 63 号
商品税则号列		3401.11		公告实施日期	2005 年 12 月 23 日
商品名称	块状或条状的产品				
英文名称	Product presented in cake or bar				
其他名称					
商品描述	重量 90 克，用作肥皂，以清洁皮肤和黏膜（不含任何肥皂）。成分（每 100 克）：苯甲酸 0.1 克、水杨酸 0.2 克、酒石酸 0.7 克及赋形剂 s.q.f. 100 克。				
归类依据	HSC 委员会决定基于税目 34.01 的条文和第三十三章章注一（二）将用作肥皂的液体形态的该产品（250 毫升）归入子目 3304.99，块状或条状的该产品归入税目 34.01（3401.11）。 根据归类总规则一。				

序号	362	归类决定编号	W2005-185	公告编号	2005 年第 63 号
商品税则号列		3401.30		公告实施日期	2005 年 12 月 23 日
商品名称	不含肥皂的有机表面活性剂制品，但有时称为"液体肥皂"				
英文名称	Organic surface-active preparations not containing				
其他名称					
商品描述	液体状或膏状，零售包装，用于清洁皮肤。				
归类依据	HSC 委员会指出按照《税则注释》对税目 33.07 的解释，沐浴用制剂限于用作软化、香化和色化沐浴用水，以及制造泡沫等的产品。此讨论的产品，还另用于沐浴、淋浴等以清洁。第三十三章章注一（二）无意以章注不排除"液体肥皂"为由将其包括在该章。如肥皂是一种个人卫生产品，应归入税目 34.01 一样，此审议的表面活性剂制品也是一种个人卫生产品，归入税目 34.02，由于按照该税目的条款，其包括除了税目 34.01 的产品以外的清洁制品，无论它们是否用于工业、家用或个人。根据归类总规则一。《税则注释》对税目 33.07 的解释已作了修订，删除了"及个人卫生用制品"的表述以阐明归类。				

序号	363	归类决定编号	W2014-114	公告编号	2014 年第 93 号
商品税则号列		3401.30		公告实施日期	2015 年 1 月 1 日
商品名称	液体肥皂				
英文名称	Organic surface-active preparations not containing soap but sometimes referred to as "liquid soaps"				
其他名称	CHRONOS, LUX SKINCARE				
商品描述	该商品为不含肥皂的有机表面活性剂制品，有时称为液体肥皂，液体状或膏状，零售包装，用于清洁皮肤。其商品成分如下： CHRONOS：月桂基乙醚硫酸钠 18.4%、月桂基乙醚磺基琥珀酸钠 4.6%、椰子丙酰胺三甲铵内酯 5%、氯化铵及二甲基二烯丙基丙烯酰胺 3.5%、乙氧基聚乙二醇硬脂酸盐 2%、椰子脂肪酸提取的二乙醇胺 3%、乙氧基氢化蓖麻油 0.5%、甘油 3%、聚硅氧烷 3%、丙二醇 3%、咪唑烷基脲 0.2%、羟基甲酸甲酯 0.1%、对羟苯甲酸丙酯 0.05%、海草提取物 3%、金盏花提取物 2%、蒿属植物提取物 2%、香料 0.33%、软化水至 100%。 LUXSKINCARE：月桂基乙醚硫酸钠 16%、椰子丙酰胺三甲铵内酯 2%、乙二醇硬脂酸酯 3%、聚硅氧烷 3%、季铵爪耳树胶 0.1%、丁化羟基甲苯（BHT）0.05%、甲醛 0.037%、柠檬酸 0.05%、香料 1%、羧乙烯聚合物 0.2%、氯化钠 1%、水至 100%。				
归类依据	根据归类总规则一及六。				

序号	364	归类决定编号	W2020-011	公告编号	2020 年第 108 号
商品税则号列		3401.30		公告实施日期	2020 年 10 月 1 日
商品名称	一种白色乳液				
英文名称	A white coloured cream				
其他名称					
商品描述	一种白色乳液，零售包装，装于 150 毫升塑料瓶中，含有有机表面活性剂，用于皮肤清洁和保湿。本产品涂于皮肤上后用水洗净。产品中的表面活性剂是椰油酰两性基二乙酸二钠和 PEG-100 硬脂酸盐。				
归类依据	根据归类总规则一及六。				

序号	365	归类决定编号	W2020-012	公告编号	2020 年第 108 号
商品税则号列		3401.30		公告实施日期	2020 年 10 月 1 日
商品名称		一种透明棕色啫喱			
英文名称		A clear brown coloured gel			
其他名称					
商品描述		一种透明棕色啫喱，含有棕色的经磨细的核桃壳颗粒，零售包装，装于 250 毫升塑料瓶中，含有有机表面活性剂，用于皮肤清洁和去角质。本产品涂于皮肤上后用水洗净。产品中的表面活性剂是 C14-16 烯基磺酸钠、月桂基硫酸铵、椰油丙基甜菜碱、油酸甲酯钠、PEG/PPG-18/18 二甲基硅氧烷。			
归类依据		根据归类总规则一及六。			

序号	366	归类决定编号	W2005-184	公告编号	2005 年第 63 号
商品税则号列		34.02		公告实施日期	2005 年 12 月 23 日
商品名称		含有次氯酸钠的液体形态制品			
英文名称		Preparation in liquid form, consisting of sodium hypochlorite			
其他名称					
商品描述		由次氯酸钠、氯化钠、氢氧化钠、氧化胺、月桂酸钠、香料、硅石、染料及水组成。零售包装，一般用作盥洗室、洗涤槽等的清洁剂和消毒剂。			
归类依据		因为此产品的主要成分，即次氯酸钠的首要功能是一种清洁剂，且它的消毒功效仅仅是辅助的，HSC 委员会决定该产品本质上是一种清洁剂，应归入税目 34.02（子目 3402.20）。 根据归类总规则一。			

序号	367	归类决定编号	W2022-016	公告编号	2022 年第 78 号
商品税则号列		3402.50		公告实施日期	2022 年 9 月 1 日
商品名称	含有次氯酸钠的液体形态制品				
英文名称	Preparation in liquid form, consisting of sodium hypochlorite				
其他名称					
商品描述	含有次氯酸钠的液体形态制品，由次氯酸钠、氯化钠、氢氧化钠、氧化胺、月桂酸钠、香料、硅石、染料及水组成。零售包装，一般用作盥洗室、洗涤槽等的清洁剂和消毒剂。				
归类依据	根据归类总规则一及六。				

序号	368	归类决定编号	W2014-118	公告编号	2014 年第 93 号
商品税则号列		3402.90		公告实施日期	2015 年 1 月 1 日
商品名称	表面活性制剂				
英文名称	Surface-active preparation				
其他名称	Arquad 12.5%				
商品描述	由烷基三甲基氯化铵溶于异丙醇中构成，主要在海绵橡胶制造中用作胶凝剂。含量如下：十二烷基三甲基氯化铵 45%、十四烷基三甲基氯化铵 4.5%、十八烯基三甲基氯化铵 0.5%、异丙醇 34%、氯化钠 1%、水 15%。				
归类依据	根据归类总规则一及六。				

序号	369	归类决定编号	W2005-186	公告编号	2005年第63号
商品税则号列		34.03		公告实施日期	2005年12月23日
商品名称	含5%聚二甲基硅氧烷的产品				
英文名称	Product consisting of 5% polydimethylsiloxane				
其他名称					
商品描述	溶于主要含三氯氟甲烷的混合溶剂（用作制鞋工业中的脱模剂）。				
归类依据	HSC委员会同意另加的成分不是使此产品作为税目34.03的脱模剂所必要的，因为它在溶剂中溶解了塑料以适合"作为制剂"的应用。HSC委员会决定将其归入税目34.03。根据归类总规则一。				

序号	370	归类决定编号	W2010-010	公告编号	2010年第75号
商品税则号列		3404.90		公告实施日期	2010年12月3日
商品名称	氢化及经组织改良处理的加州希蒙得木种子油				
英文名称	Hydrogenated and texturised jojoba (*Simmondsia chinensis*) seed oil				
其他名称	Florabeads®, Florapearls®, Floraesters® 70				
商品描述	氢化及经组织改良处理的加州希蒙得木（*Simmondsia chinensis*）种子油，形态为固体蜡状珠子，直径约为0.15毫米至1毫米，用作护肤和化妆品中的摩擦颗粒。				
归类依据	根据归类总规则一及六。				

序号	371	归类决定编号	W2005-187	公告编号	2005 年第 63 号
商品税则号列		3505.10		公告实施日期	2005 年 12 月 23 日
商品名称	淀粉相关的产品				
英文名称	Starch-related products				
其他名称					
商品描述	"磷酸二淀粉",白色粉末状产品,经如下工艺:淀粉浆→用化学药品处理(苛性钠、磷酰氯、硫酸)→洗去杂质→除水→热空气干燥→筛除粗淀粉粒→包装。显微镜显示它具有类似木薯的天然淀粉球形结构。(用作食品工业的食品添加剂)				
归类依据	因其黏度的特征,HSC 委员会同意此产品作为一种改性淀粉归入税目 35.05(子目 3505.10)。根据归类总规则一。				

序号	372	归类决定编号	W2008-023	公告编号	2008 年第 47 号
商品税则号列		3505.10		公告实施日期	2008 年 7 月 3 日
商品名称	两性玉米淀粉				
英文名称	Amphoteric corn starch				
其他名称	CATO 15A				
商品描述	基于氨基阳离子玉米淀粉,添加了特定数量的磷酸盐。产品按重量计含有磷 0.387 2%,硅 0.000 392%。部分磷酸盐和淀粉反应并结合在一起,为阳离子改性淀粉提供阴离子取代基;部分未结合磷酸盐保留在产品中。阴离子基团和未结合的磷酸盐在用于造纸工艺的最终产品中都具有特定的功能。该产品用于酸造纸工艺,加工中大量的明矾添加到造纸机的湿端。				
归类依据	根据归类总规则一及六。				

序号	373	归类决定编号	W2008-024	公告编号	2008年第47号
商品税则号列		3505.10		公告实施日期	2008年7月3日
商品名称	阳离子玉米淀粉				
英文名称	Cationic corn starch				
其他名称	CATO-SIZE 52A				
商品描述	添加了按重量计0.185%的消泡剂，该产品设计用于造纸工业，作为表面施胶剂，应用于施胶压榨或轧光机。				
归类依据	根据归类总规则一及六。				

序号	374	归类决定编号	W2014-119	公告编号	2014年第93号
商品税则号列		3505.10		公告实施日期	2015年1月1日
商品名称	经化学改性的玉米淀粉				
英文名称	Corn starch which has been chemically modified				
其他名称					
商品描述	用环氧乙烯、盐、苏打粉、盐酸和腐蚀剂处理，同时含有消泡剂。该产品主要在造纸工业中用作表面施胶剂。				
归类依据	根据归类总规则一及六。				

序号	375	归类决定编号	W2014-120	公告编号	2014年第93号
商品税则号列		3505.10		公告实施日期	2015年1月1日
商品名称	经化学改性的马铃薯淀粉				
英文名称	Potato starch which has been chemically modified				
其他名称					
商品描述	用季胺、盐酸、盐、亚硫酸氢钠和腐蚀剂处理，同时含有己二酸。在造纸过程中，己二酸作为内部施胶剂添加到产品中以达到最佳性能。				
归类依据	根据归类总规则一及六。				

序号	376	归类决定编号	W2014-121	公告编号	2014年第93号
商品税则号列		3505.10		公告实施日期	2015年1月1日
商品名称	经化学改性的玉米淀粉				
英文名称	Corn starch which has been chemically modified				
其他名称					
商品描述	该产品用硫酸、环氧乙烯处理。在产品的生产过程中，中性盐和消泡剂用作工艺原料。该产品主要用于造纸工业。				
归类依据	根据归类总规则一及六。				

序号	377	归类决定编号	W2014-122	公告编号	2014 年第 93 号
商品税则号列		3505.10		公告实施日期	2015 年 1 月 1 日
商品名称		改性阳离子马铃薯淀粉			
英文名称		Modified cationic potato starch			
其他名称					
商品描述		该产品用于造纸工业。			
归类依据		根据归类总规则一及六。			

序号	378	归类决定编号	W2010-011	公告编号	2010 年第 75 号
商品税则号列		3506.10		公告实施日期	2010 年 12 月 3 日
商品名称		螺纹锁固剂			
英文名称		Thread locker			
其他名称		Loctite 243			
商品描述		一种淡蓝色液体，装于 50 毫升、带有定量喷嘴的塑料瓶中。用于密封和装配将来可能需要拆卸的零件。该商品是一种由聚乙二醇二甲基丙烯酸酯、聚乙二醇二辛酸酯、糖精、过氧化氢异丙苯、聚乙酸乙烯酯和二氧化硅组成的混合物。			
归类依据		根据归类总规则一及六。			

序号	379	归类决定编号	W2018-026	公告编号	2018年第159号
商品税则号列		3602.00		公告实施日期	2018年12月1日
商品名称	配制炸药				
英文名称	Prepared explosive				
其他名称					
商品描述	配制炸药,为细密、纯白(无细孔)、高质量的粒料,成分:硝酸铵(最低含量98%,其中最低氮含量34%)、硝酸镁(1.0%~1.6%)以及易燃材料(最高含量0.2%)。 该产品经过惰性矿物油乳化,用作炸药。 包装规格为1 250千克/包。				
归类依据	根据归类总规则一。				

序号	380	归类决定编号	W2018-027	公告编号	2018年第159号
商品税则号列		3602.00		公告实施日期	2018年12月1日
商品名称	配制炸药				
英文名称	Prepared explosive				
其他名称					
商品描述	配制炸药,为白色多孔的粒料,成分:硝酸铵(最低含量98%,其中最低氮含量34%)、易燃材料(最高含量0.2%)以及涂层(最高含量0.1%)。 该产品是制造铵油炸药(ANFO)的基料,用于民用爆破(如采掘业或建筑业)。 包装规格为1 250千克/包。				
归类依据	根据归类总规则一。				

序号	381	归类决定编号	W2014-123	公告编号	2014 年第 93 号
商品税则号列		3701.30 或 3701.99		公告实施日期	2015 年 1 月 1 日
商品名称	未曝光感光铜箔制的平板				
英文名称	Plates, unexposed, consisting of a sheet of sensit				
其他名称					
商品描述	该商品由感光铜箔黏着在一块绝缘基片上构成。用作印刷及化学腐蚀制作电路。				
归类依据	根据归类总规则一及六。				

序号	382	归类决定编号	W2008-025	公告编号	2008 年第 47 号
商品税则号列		3802.90		公告实施日期	2008 年 7 月 3 日
商品名称	加酸黏土制品				
英文名称	Acid-added clay product				
其他名称	Pure-Flo B81				
商品描述	通过添加硫酸到天然坡缕石（绿坡缕石）-蒙脱石黏土中获得。加入硫酸之后，得到的漂白黏土再经过干燥和粉碎至要求的颗粒尺寸，但未经水洗。				
归类依据	根据归类总规则一及六。				

序号	383	归类决定编号	W2005-188	公告编号	2005 年第 63 号
商品税则号列		3806.90		公告实施日期	2005 年 12 月 23 日
商品名称	"纸浆胶料 VS70",一种纸浆的施胶剂				
英文名称	"Paper Pulp Size VS70", a sizing agent for paper p				
其他名称					
商品描述	含有抗氧剂和消泡剂。				
归类依据	HSC 委员会指出抗氧剂和消泡剂,对纸浆没有影响,在加合物形成和皂化过程中是必需的,而且不致使产品适合特殊用途,也不提高产品质量。因此,HSC 委员会同意其应作为松香和树脂酸的衍生物归入税目 38.06。 根据归类总规则一。				

序号	384	归类决定编号	W2014-356	公告编号	2014 年第 93 号
商品税则号列		3808.91		公告实施日期	2015 年 1 月 1 日
商品名称	抗寄生虫洗剂				
英文名称	Antiparasite lotion				
其他名称					
商品描述	含有 1.8%的右旋烯丙菊酯(有效成分),7.2%的胡椒基丁醚(有效成分的增效剂),异癸烷和气体推进剂四氟乙烷(HFA134a)。该产品装在 125 毫升的塑料瓶中,并装在纸板盒内。瓶上和盒上均有该产品用于治疗头皮上虱子和幼虫(头虱)的说明,且该产品仅能在通风环境下在头发干燥的头皮上使用。使用该洗剂后,应该用温和的洗发液洗头,以易于去除已死幼虫。				
归类依据	根据归类总规则一及六。				

序号	385	归类决定编号	W2014-357	公告编号	2014年第93号
商品税则号列		3808.91		公告实施日期	2015年1月1日
商品名称	抗寄生虫洗剂				
英文名称	Antiparasite lotion				
其他名称					
商品描述	含有1%的苄氯菊酯（有效成分），0.5%的马拉松（有效成分），4%的胡椒基丁醚（有效成分的增效剂），异癸烷和气体推进剂四氟乙烷（HFA134a）。该产品装在125毫升的塑料瓶中，并装在纸板盒内。瓶上和盒上均有该产品用于治疗头皮上虱子和幼虫（头虱）的说明，且该产品仅能在通风环境下在头发干燥的头皮上使用。使用该洗剂后，应该用温和的洗发液洗头，以易于去除已死幼虫。				
归类依据	根据归类总规则一及六。				

序号	386	归类决定编号	W2014-126	公告编号	2014年第93号
商品税则号列		3808.92		公告实施日期	2015年1月1日
商品名称	抗菌剂				
英文名称	Antimycotic agent				
其他名称					
商品描述	该产品粉末状态，含有游霉素（一种抗生素）（约50%）和乳糖（约50%），用于在食物生产中抑制霉菌和酵母菌的生长。				
归类依据	根据归类总规则一及六。				

序号	387	归类决定编号	W2018-028	公告编号	2018年第159号
商品税则号列		3808.93		公告实施日期	2018年12月1日
商品名称		除草剂的中间产物			
英文名称		Intermediate preparation for herbicides			
其他名称					
商品描述		除草剂的中间产物，为棕色、澄清或微浊的水溶性液体，成分：二氯百草枯（N,N'-二甲基-4,4'-联吡啶鎓盐二氯化物）（44.16%~48.58%）、催吐剂（PP796，最高含量0.1%）和着色剂。该产品需要经过进一步混合来制成最终产品。 本产品包装规格为桶装或散装。			
归类依据		根据归类总规则一［第三十八章注释一（一）］及六。			

序号	388	归类决定编号	W2012-005	公告编号	2012年第24号
商品税则号列		3809.91		公告实施日期	2012年5月18日
商品名称		瓶装柔顺剂			
英文名称		Preparation in plastic bottles			
其他名称		SUAVITEL			
商品描述		装在75毫升至5升的塑料瓶中，用于零售。柔顺剂形态为不透明的黏性芳香液体，包含季（铵）盐类表面活性剂（甲硫酸酯三乙醇二烷基铵，丙烯酰胺聚合物和丙烯酸铵）（4%），香味剂，矿物油，聚合物，三烷基氨基膦酸（辅助剂），乳酸（增强作用），着色剂和水（95%）。该商品用于防止静电并使衣物柔软，在洗衣物的最后漂洗阶段添加。			
归类依据		根据归类总规则一及六。			

序号	389	归类决定编号	W2014-127	公告编号	2014年第93号
商品税则号列		3809.91		公告实施日期	2015年1月1日
商品名称	二羟甲基脲水溶液				
英文名称	Dimethylol urea in aqueous solution				
其他名称					
商品描述	不论是否由于产品离解含甲醛,用于纺织物整理。已添加香料。				
归类依据	根据归类总规则一及六。				

序号	390	归类决定编号	W2014-128	公告编号	2014年第93号
商品税则号列		3809.91		公告实施日期	2015年1月1日
商品名称	三甲基醇三聚氰胺水溶液				
英文名称	Trimethylol melamine in aqueous solution				
其他名称					
商品描述	不论是否由于产品离解含甲醛,用于纺织物整理。已添加香料。				
归类依据	根据归类总规则一及六。				

序号	391	归类决定编号	W2014-129	公告编号	2014 年第 93 号
商品税则号列		3809.91		公告实施日期	2015 年 1 月 1 日
商品名称	低分子量加合物的混合物					
英文名称	Mixtures of addition compounds of low molecular weight					
其他名称						
商品描述	存在不同程度的羟甲基化，有时含有游离甲醛，不论是否醚化（如单羟甲基及二羟甲基脲，三羟甲基及五羟甲基三聚氰胺，二羟甲基亚乙基脲及醚化多羟甲基三聚氰胺），用于纺织整理。					
归类依据	根据归类总规则一及六。					

序号	392	归类决定编号	W2014-130	公告编号	2014 年第 93 号
商品税则号列		3809.91		公告实施日期	2015 年 1 月 1 日
商品名称	两种重氮盐的混合物					
英文名称	Mixtures of two diazonium salts					
其他名称						
商品描述	通过添加硫酸钠及氯化钠稀释至标准强度，并利用偶合剂在某些纺织纤维上着以不溶性染料，其色调用一种重氮盐不能获得。					
归类依据	根据归类总规则一及六。					

序号	393	归类决定编号	W2008-026	公告编号	2008 年第 47 号
商品税则号列		3814.00		公告实施日期	2008 年 7 月 3 日
商品名称		Fischer-Tropsch 合成产生的副产品溶剂			
英文名称		Solvent obtained as a by-product of Fischer-Tropsc			
其他名称		Mosstanol L			
商品描述		按体积计，由 63%~65% 的乙醇、35%~37% 的异丙醇及最大不超过 1% 的 C3/C4 醇组成。			
归类依据		根据归类总规则一。			

序号	394	归类决定编号	W2018-029	公告编号	2018 年第 159 号
商品税则号列		3814.00		公告实施日期	2018 年 12 月 1 日
商品名称		有机溶剂			
英文名称		Organic solvent			
其他名称					
商品描述		有机溶剂，为无色、澄清、均一的液体，无固体杂质，成分：88.23% 二甲苯、0.55% 甲苯、7.68% 甲基异丁基酮和 3.50% 其他成分。用于胶浆、底漆、涂料、清漆及黏合剂等，包装规格为 20 升/桶。			
归类依据		根据归类总规则一。			

序号	395	归类决定编号	W2020-055	公告编号	2020年第108号
商品税则号列		3814.00		公告实施日期	2020年10月1日
商品名称	澄清透明液体				
英文名称	Clear transparent liquid				
其他名称					
商品描述	澄清透明液体，由石油溶剂油（57%）、十氢萘（DHN 35%）、苯甲醇（5%）和乙基己醇（3%）组成，盛装于规格为200升的钢桶中。该商品用于配制清漆或油漆或用作机械零件等的去油脂剂等。				
归类依据	根据归类总规则一。				

序号	396	归类决定编号	W2005-191	公告编号	2005年第63号
商品税则号列		3820.00		公告实施日期	2005年12月23日
商品名称	浓缩防冻液				
英文名称	Concentrate of anti-freezing fluid				
其他名称					
商品描述	主要由乙醇及水与少量阴离子表面活性剂、甲基乙基酮、着色剂构成，并依据配方加入乙二醇单乙醚；用水稀释后用于挡风玻璃除霜或挡风玻璃清洗。				
归类依据	HSC委员会指出该产品不像是一种典型的玻璃清洁剂或防冻液，但具有两者的功能。由于此产品的基本特征不明确，HSC委员会决定将其归入税目38.20。 根据归类总规则三（三）。				

序号	397	归类决定编号	W2005-194	公告编号	2005 年第 63 号
商品税则号列		38.22		公告实施日期	2005 年 12 月 23 日
商品名称	某些物质或材料，制成确定形式以适用于特定用途而非一般用途					
英文名称	Certain substances or materials put up in certain					
其他名称						
商品描述	装在塑料管里的氢氧化钠溶液，管尾有渗透性膜帽（此管设计用于测量氰化物的仪器）。					
归类依据	根据化学分析中货品的结构和直接用途，HSC 委员会决定将此讨论的产品作为一种"制成的"诊断或实验室用试剂归入税目 38.22。 根据归类总规则一。					

序号	398	归类决定编号	W2020-086	公告编号	2020 年第 108 号
商品税则号列		38.22		公告实施日期	2020 年 10 月 1 日
商品名称	溶血洗净液					
英文名称	Hemolysis washing solution					
其他名称						
商品描述	溶血洗净液，一种含有叠氮化钠、磷酸盐和表面活性剂的液体制剂，包装规格为 2 升/瓶。这种溶液的主要功能是溶解红细胞的细胞膜，释放出少量血红蛋白以通过高效液相色谱（HPLC）柱。该商品与其他物质联合使用作为体外诊断试剂，用于检测人体全血中的血红蛋白 A1c（HbA1c）。					
归类依据	根据归类总规则一。					

序号	399	归类决定编号	W2005-195	公告编号	2005 年第 63 号
商品税则号列		3823.19		公告实施日期	2005 年 12 月 23 日
商品名称		12-羟基硬脂酸			
英文名称		12-Hydroxystearic acid			
其他名称					
商品描述		纯度低于 90%。			
归类依据		HSC 委员会同意 12-羟基硬脂酸既不是天然产生的脂肪酸也不是蓖麻油皂化的直接产物。注意到，因为归入税目 15.19（1996 年版《协调制度》税目 38.23）的硬脂酸通常是氢化不饱和脂肪酸，氢化蓖麻油或者，更明确地说是蓖麻油酸制得，并不改变其基本结构，氢化产生 12-羟基硬脂酸不被税目 15.19（1996 年版《协调制度》税目 38.23）排除。因此同意 12-羟基硬脂酸（当它的纯度低于 90%时）是税目 15.19（1996 年版《协调制度》税目 38.23）项下的一种工业脂肪酸。否则，应将其归入税目 29.18。 根据归类总规则一。 注：根据 1996 年版《协调制度》。			

序号	400	归类决定编号	W2014-131	公告编号	2014 年第 93 号
商品税则号列		3823.19		公告实施日期	2015 年 1 月 1 日
商品名称		三羟基乙酸的混合物			
英文名称		Mixtures of trialkylacetic acids			
其他名称		Versatic 911 Acid			
商品描述		含有 9 至 11 个碳原子。			
归类依据		根据归类总规则一及六。			

序号	401	归类决定编号	W2005-196	公告编号	2005年第63号
商品税则号列		38.24		公告实施日期	2005年12月23日
商品名称		猫砂产品			
英文名称		Cat litter product			
其他名称					
商品描述		由未精炼的天然黏土颗粒组成，在制成零售包装之前经过磨碎、筛分、喷洒着色剂和除臭剂。			
归类依据		HSC委员会同意该产品不是税目68.15的物品的形态，它更像《税则注释》对税目38.23（1996年版《协调制度》税目38.24）的解释中列名的某些产品。 根据归类总规则一。 注：根据1996年版《协调制度》。			

序号	402	归类决定编号	W2005-197	公告编号	2005年第63号
商品税则号列		38.24		公告实施日期	2005年12月23日
商品名称		某些物质或材料，制成确定形态以适用于特定用途而非一般用途			
英文名称		Certain substances or materials put up in certain			
其他名称					
商品描述		填满单一掺杂元素或化合物（比如碳、硫等）的中空钢管。（这些管子被加入熔融的钢液以补给所含有的这些元素或化合物。）			
归类依据		因为第二十八章的产品已制成特定用途的形态，HSC委员会决定将此讨论的产品归入税目38.24。 根据归类总规则一。			

序号	403	归类决定编号	W2014-132	公告编号	2014 年第 93 号
商品税则号列		3824.99		公告实施日期	2015 年 1 月 1 日
商品名称	混合物				
英文名称	Mixtures				
其他名称					
商品描述	该商品主要由甲基膦酸（5-乙基-2-甲基-2-氧代-1,3,2-二氧磷杂环己-5-基）、甲基甲基酯和双甲基膦酸（5-乙基-2-甲基-2-氧代-1,3,2-二氧磷杂环己-5-基）、甲基甲基酯组成。				
归类依据	根据归类总规则一及六。				

序号	404	归类决定编号	W2016-009	公告编号	2016 年第 79 号
商品税则号列		3824.99		公告实施日期	2017 年 1 月 1 日
商品名称	化学品				
英文名称	Chemical product				
其他名称					
商品描述	通过加压注入的方法将含有甘油和香料的溶液渗透到天然矿石（Shisha-Steam-Stones）的孔隙中。该产品不含尼古丁。 该产品用于水烟管中，使用水烟管的人通过加热石头，蒸发溶液，吸入产生的蒸汽。				
归类依据	根据归类总规则一及六。				

序号	405	归类决定编号	W2018-031	公告编号	2018年第159号
商品税则号列		3824.99		公告实施日期	2018年12月1日
商品名称	液态糖浆混合物				
英文名称	Mixture in liquid (syrup) form				
其他名称					
商品描述	液态糖浆混合物，按重量计含有：麦芽糖醇（50%~55%）、山梨糖醇（D-葡萄糖醇）（小于8%）、水及痕量还原糖（小于0.2%）。该混合物是通过对麦芽糖浆或高麦芽糖浆进行部分催化加氢反应（即该反应经人为中断），由土豆淀粉或玉米淀粉制得。 该产品作为糖的替代品用于生产食品、药品、化妆品或口香糖等。				
归类依据	根据归类总规则一及六。				

序号	406	归类决定编号	W2020-031	公告编号	2020年第108号
商品税则号列		3824.99		公告实施日期	2020年10月1日
商品名称	粗制棕榈油酸				
英文名称	Crude palm fatty acid				
其他名称					
商品描述	粗制棕榈油酸，28℃下其外观为淡黄色半固体，表面有一小层红棕色液体。产品的主要成分为甘油三酯、甘油二酯、甘油单酯和游离脂肪酸（11.8%~22.6%）。其甘油酯的具体组成为甘油三酯81.36%、甘油二酯13.28%和甘油单酯3.63%。其主要游离脂肪酸的脂肪酸分布为棕榈酸40%、油酸42%、油酸10%。该产品与经过精制、脱色、脱臭（RBD）的棕榈油和棕榈油酸馏出物的混合物一致。本产品经过精制后用作可食用RBD棕榈油。				
归类依据	根据归类总规则一及六。				

序号	407	归类决定编号	W2020-056	公告编号	2020年第108号
商品税则号列		3824.99		公告实施日期	2020年10月1日
商品名称	牙科氧化锆块				
英文名称	Dental zirconia block				
其他名称					
商品描述	牙科氧化锆块，圆形，直径98毫米，高14毫米。它主要由氧化锆及少量其他金属氧化物组成。 进口后，该商品将由牙科实验室或由牙科专业人士进行加工处理。在牙科使用前，需要如铣削、着色、烧结和上釉等加工，使其最终成为假牙或牙科修复体。				
归类依据	根据归类总规则一及六。				

序号	408	归类决定编号	W2020-057	公告编号	2020年第108号
商品税则号列		3824.99		公告实施日期	2020年10月1日
商品名称	牙科氧化锆块				
英文名称	Dental zirconia block				
其他名称					
商品描述	牙科氧化锆块，尺寸（长×宽×高）为89毫米×71毫米×16毫米。它主要由氧化锆及少量其他金属氧化物组成。 该商品主要用于假牙治疗。进口后，将由牙科实验室或由牙科专业人士进行加工处理。在牙科使用前，需要如铣削、烧结、抛光和上釉等加工，使其最终成为假牙或牙科修复体。				
归类依据	根据归类总规则一及六。				

序号	409	归类决定编号	W2022-017	公告编号	2022年第78号
商品税则号列		3824.99		公告实施日期	2022年9月1日
商品名称	一次性手脚取暖包				
英文名称	Disposable hand or foot warmer				
其他名称					
商品描述	一次性手脚取暖包，由一个多孔、涂布塑料的无纺织物袋，内装铁粉、氧化催化剂、氧化促进剂及吸湿剂构成，密封外包装。一旦除去外包装，与环境空气接触，铁粉平稳发生氧化反应，产生热量（放热反应），能持续5~7小时，用于在寒冷天气下温暖手或脚。				
归类依据	根据归类总规则一及六。				

序号	410	归类决定编号	W2022-018	公告编号	2022年第78号
商品税则号列		3824.99		公告实施日期	2022年9月1日
商品名称	两种无机氧化物的混合物				
英文名称	Mixture of two inorganic oxides				
其他名称					
商品描述	该产品为具有特定物理性质（表面积、微粒尺寸、密度、熔点），适于特定需要的粉末状产品。产品组成：氧化钇99.6%，五氧化二钒0.3%。 加工工艺：按照预定的比例将氧化钇和少量的另一种无机氧化物（非稀土元素或钪）混合，将其压制成块或颗粒、烧结、研磨、筛选等加工。				
归类依据	根据归类总规则一及六。				

序号	411	归类决定编号	W2022-019	公告编号	2022年第78号
商品税则号列		3824.99		公告实施日期	2022年9月1日
商品名称		修正带（双轴式）			
英文名称		Correction tape			
其他名称					
商品描述		修正带（双轴式），包含一个塑料分配器，分配器由两个卷轴构成：一个缠绕着修正带，另一个用来收集使用过的修正带，修正带表面附着白色颜料涂层。使用时，将分配器延伸出来的压嘴紧密地压在需要修正的部分上，沿表面滑动直到完全覆盖需要修正的部分，最后将压嘴竖直向上提起。用于修改手写稿和印刷稿。			
归类依据		根据归类总规则一及六。			

序号	412	归类决定编号	W2022-020	公告编号	2022年第78号
商品税则号列		3824.99		公告实施日期	2022年9月1日
商品名称		植物营养液			
英文名称		Liquid nutrient preparation for plants			
其他名称					
商品描述		植物营养液，一种水溶性、深棕色液体，含有5%L-α氨基酸（脯氨酸，氨基乙酸，丙氨酸，精氨酸）、4.5%水溶性锌和水，装于20升容器中。用于农业，直接施用于土壤或植物叶片，基于有机分子水平，补充一些特定作物在不利气候条件（例如，干旱、低温、大风）下或在作物的特定时期（例如，移植、果实发育）耗尽的某些重要的氨基酸和锌。			
归类依据		根据归类总规则一及六。			

序号	413	归类决定编号	W2018-032	公告编号	2018 年第 159 号
商品税则号列		3901.40		公告实施日期	2018 年 12 月 1 日
商品名称		白色颗粒			
英文名称		White granules			
其他名称					
商品描述		白色颗粒，含 80%线性低密度聚乙烯和 20%天然硅石，比重为 0.92。将两种原料混合、熔融后挤出，冷却后裁切成颗粒，制得该产品。报验状态为 25 千克/包。 该产品在塑料制品生产中用作添加剂，用以减小两层聚乙烯薄膜间的接触面，主要用于超市购物袋的生产。			
归类依据		根据归类总规则一及六。			

序号	414	归类决定编号	W2005-211	公告编号	2005 年第 63 号
商品税则号列		39.04		公告实施日期	2005 年 12 月 23 日
商品名称		润滑制品			
英文名称		Lubricating preparations			
其他名称					
商品描述		含有高比例的溶剂：20%聚四氟乙烯（PTFE）溶于三氯三氟乙烷中，用作干燥润滑剂和脱模剂。			
归类依据		因为此产品是 PTFE 高聚物在有机溶剂中的简单分散相，没有添加其他物质适于特殊用途，HSC 委员会同意将其作为初级形状的聚合物归入税目 39.04。 根据归类总规则一。			

序号	415	归类决定编号	W2005-212	公告编号	2005 年第 63 号
商品税则号列		39.04		公告实施日期	2005 年 12 月 23 日
商品名称	润滑制品				
英文名称	Lubricating preparations				
其他名称					
商品描述	含有高比例的溶剂：30%两种化学改性的聚四氟乙烯（PTFE）混合物溶于异丙醇中，用作干燥润滑剂和脱模剂。				
归类依据	因为此产品是 PTFE 高聚物在有机溶剂中的简单分散相，没有添加其他物质适于特殊用途，HSC 委员会同意将其作为初级形状的聚合物归入税目 39.04。 根据归类总规则一。				

序号	416	归类决定编号	W2005-213	公告编号	2005 年第 63 号
商品税则号列		3905.91		公告实施日期	2005 年 12 月 23 日
商品名称	浅黄色颗粒，主要含乙烯-乙烯醇共聚物（以重量计约 40%）及作为填料的预胶化淀粉（以重量计约 45%）				
英文名称	Granules, light yellow, consisting mainly of ethyl				
其他名称					
商品描述	共聚物中乙烯醇共聚单体单元（以重量计 74%）含量超过乙烯共聚单体单元（以重量计 26%）；用于制造生物降解薄膜、薄片或模制物品。				
归类依据	因为乙烯-乙酸乙烯酯共聚物赋予了该产品基本特征（比如，塑性），尽管事实上预胶化淀粉（45%）重量超过共聚物（40%），HSC 委员会决定该产品应归入子目 3905.90（1996 年版《协调制度》中 3905.91）。 根据归类总规则一。 注：在 1996 年版《协调制度》，子目 3905.90 分成了两个新子目：3905.91 和 3905.99。				

序号	417	归类决定编号	W2005-214	公告编号	2005年第63号
商品税则号列		3906.90		公告实施日期	2005年12月23日
商品名称	淀粉相关的产品				
英文名称	Starch-related products				
其他名称					
商品描述	"淀粉超级吸收剂"（绿色粉末状产品，由聚丙烯酸的淀粉接枝共聚物组成。淀粉含量25%，其余75%是化学结合的聚丙烯酸）。				
归类依据	HSC委员会同意此产品本质上是一种淀粉的聚丙烯酸共聚物，因此应作为丙烯酸聚合物归入税目39.06（子目3906.90）。 根据归类总规则一。				

序号	418	归类决定编号	W2014-136	公告编号	2014年第93号
商品税则号列		3906.90		公告实施日期	2015年1月1日
商品名称	改性丙烯酸酯与丙烯酰胺的共聚物				
英文名称	Copolymer of an acrylic ester and an acrylic amide				
其他名称					
商品描述	该产品为用甲醛改性的共聚物。经添加少量磺基蓖麻醇酸酯而呈稳定分散水溶液。				
归类依据	根据归类总规则一及六。				

序号	419	归类决定编号	W2014-137	公告编号	2014年第93号
商品税则号列		3908.90		公告实施日期	2015年1月1日
商品名称		聚谷氨酸紫杉醇			
英文名称		Paclitaxel poliglumex			
其他名称					
商品描述		某种INN产品。			
归类依据		根据归类总规则一及六。			

序号	420	归类决定编号	W2005-217	公告编号	2005年第63号
商品税则号列		3911.90		公告实施日期	2005年12月23日
商品名称		腰果坚果壳液聚合物			
英文名称		Polymers of cashew nutshell liquid (CNSL)			
其他名称					
商品描述		黏稠状产品，利用酸催化及加热仅使腰果坚果壳液（CNSL）的不饱和烯链聚合制得；生产过程不涉及CNSL组成结构中的酚基；用作刹车闸皮及离合器衬片摩擦副黏结系统的零件。			
归类依据		因为液体CNSL聚合物是通过利用酸催化及加热使CNSL的烯链聚合，且因为这些CNSL聚合物的生产过程仅涉及一个反应，而它不牵涉酚基部分，HSC委员会同意它们不是酚醛树脂，应归入税目39.11（子目3911.90）。 根据归类总规则一。			

序号	421	归类决定编号	W2005-218	公告编号	2005 年第 63 号
商品税则号列		3911.90		公告实施日期	2005 年 12 月 23 日
商品名称	由腰果坚果壳液聚合物构成的摩擦颗粒					
英文名称	Friction particles consisting of polymers of cashe					
其他名称						
商品描述	由涉及两种不同类型的反应的生产过程制得，即加聚反应（烯烃的性质）和使用能形成亚甲桥的化学品，例如多聚甲醛或六亚甲基四胺，发生的交联反应（酚基的性质）；交联的脂肪族长链的存在赋予了这些聚合物不同于那些酚醛树脂的独特的物理属性；主要用于制造刹车衬套及离合器衬片。					
归类依据	这些聚合物的生产过程涉及两种不同类型的反应，即加聚反应过程（烯烃的性质）和使用能释放甲醛的化学品，例如六亚甲基四胺发生的交联过程（酚基的性质）。因为交联的脂肪族长链的存在赋予了这些聚合物不同于那些酚醛树脂的独特的物理属性，HSC 委员会同意它们不应被视为仅仅是酚醛树脂。 根据归类总规则一。					

序号	422	归类决定编号	W2014-138	公告编号	2014 年第 93 号
商品税则号列		3911.90		公告实施日期	2015 年 1 月 1 日
商品名称	溴阿佐姆					
英文名称	Azoximer bromide					
其他名称						
商品描述	某种 INN 产品。					
归类依据	根据归类总规则一及六。					

序号	423	归类决定编号	W2014-139	公告编号	2014年第93号
商品税则号列		3912.90		公告实施日期	2015年1月1日
商品名称		白色微晶纤维素粉末			
英文名称		Cellulose powder, microcrystalline, white			
其他名称		Avicel			
商品描述		通过酸的水解作用使纤维分解获取α纤维素制成,用于制药工业或低热能饮食制剂制造中作为赋形剂;用作柱吸附色谱法及薄层色谱法等的吸附剂。			
归类依据		根据归类总规则一及六。			

序号	424	归类决定编号	W2005-219	公告编号	2005年第63号
商品税则号列		39.13		公告实施日期	2005年12月23日
商品名称		离析支链淀粉			
英文名称		Isolated amylopectin			
其他名称					
商品描述		一种高分子量天然聚合物。它可从淀粉分级法(选择性析出)制得。通过用复合溶剂例如1-丁醇和水配成严格的淀粉分散溶液完全胶凝实现。分级法产生一个丁醇沉淀相(直链淀粉)和一个丁醇不沉淀相(支链淀粉)。			
归类依据		HSC委员会指出因离析支链淀粉是淀粉的一个基本部分,不应将其视为淀粉或改性淀粉归入税目11.08或35.05,即使很难区分离析支链淀粉和蜡质玉米高支链淀粉,即使它可能被视为具有淀粉的基本特征。HSC委员会同意该产品应作为高分子量聚合物归入兜底税目39.13。 根据归类总规则一。			

序号	425	归类决定编号	W2016-010	公告编号	2016 年第 79 号
商品税则号列		3913.90		公告实施日期	2017 年 1 月 1 日
商品名称	多聚糖				
英文名称	Polysaccharide				
其他名称					
商品描述	以胶（黄原胶）的形式存在，利用野油菜黄单胞菌发酵葡萄糖、蔗糖、乳糖或淀粉制得。 发酵过程结束后，多聚糖通过异丙醇从培养基中沉淀析出，再通过干燥、研磨成细粉，并加入液态介质形成胶。 用于食品添加剂或改良剂，例如作为食品增稠剂或稳定剂。				
归类依据	根据归类总规则一及六。				

序号	426	归类决定编号	W2014-140	公告编号	2014 年第 93 号
商品税则号列		3916.20		公告实施日期	2015 年 1 月 1 日
商品名称	聚氯乙烯管状型材				
英文名称	Tubular profile shapes				
其他名称					
商品描述	该商品装有一个凹槽及防水密封条，内壁有一个钢管芯起增强作用，用作挡风窗、门、分隔等框架。				
归类依据	根据归类总规则一及六。				

序号	427	归类决定编号	W2018-033	公告编号	2018 年第 159 号
商品税则号列		3917.21		公告实施日期	2018 年 12 月 1 日
商品名称	塑料制多孔管				
英文名称	Perforated tube of plastics				
其他名称					
商品描述	塑料制多孔管（聚乙烯），内横截面为圆形，在一定间隔处有孔，配有内置式的塑料滴水器。滴水器配有特制的压力补偿结构。这种多孔管经特别设计和装配，用作滴灌系统的地表网络。				
归类依据	根据归类总规则一及六。				

序号	428	归类决定编号	W2005-220	公告编号	2005 年第 63 号
商品税则号列		3919.10		公告实施日期	2005 年 12 月 23 日
商品名称	自粘的扁条				
英文名称	Self-adhesive strips				
其他名称					
商品描述	由泡沫塑料与一层单色合成纺织纤维毡呢复合而成（105 厘米×27 毫米×1.8 毫米），毡呢仅起增强作用。这些扁条被切成斜角，具有锥形末端并在纺织物面上有胶膜（1 厘米宽），上面覆有一层保护纸。它们用于包缠网球拍把手，但也适用于改进工具把、自行车把手等的握持性。				
归类依据	HSC 委员会同意第五十六章章注三（三）的解释不限以预存片，因为通常难以确定是否一种塑料片是预存在的，第三十九章总注释关于塑料和织物的复合制品没有提到"预存在"和"非预存"之间的区别。考虑上述原因，HSC 委员会决定该产品应归入子目 3919.10，因为它是一种泡沫塑料制的扁条，与毡呢或无纺织物（增强材料）合制，自粘且有锥形末端。 根据归类总规则一。				

序号	429	归类决定编号	W2014-141	公告编号	2014 年第 93 号
商品税则号列		3919.10 或 3919.90		公告实施日期	2015 年 1 月 1 日
商品名称		胶黏反射板			
英文名称		Self-adhesive reflective sheeting			
其他名称					
商品描述		一层塑料膜，表面嵌有小玻璃球，并在一面涂布黏合剂，上面覆盖纸进行保护，去除纸后即可使用。用于制标杆、标盘、广告媒体或装饰图案等。			
归类依据		根据归类总规则一及六。			

序号	430	归类决定编号	W2014-142	公告编号	2014 年第 93 号
商品税则号列		3920.20		公告实施日期	2015 年 1 月 1 日
商品名称		双向拉伸聚丙烯膜			
英文名称		Bi-axially oriented polypropylene（BOPP）film			
其他名称					
商品描述		该商品用于纸币制造。该膜的双面印刷涂布。在涂布的过程中，该膜的表面应用了几种专业涂料，也加入了视觉安全特征，如磁阴影和线程、透明观察孔线、全息图和同色异谱（颜色）滤光片。该膜是片状的。片的大小和设计取决于印在膜上的特定纸币的大小和设计。			
归类依据		根据归类总规则一及六。			

序号	431	归类决定编号	W2014-143	公告编号	2014 年第 93 号
商品税则号列		3920.51		公告实施日期	2015 年 1 月 1 日
商品名称	人造大理石					
英文名称	Artificial marble					
其他名称	Corian					
商品描述	长方形片状（厚 1.27 厘米或 1.91 厘米，宽 63.5 厘米或 76.2 厘米，长 307.3 厘米或 368.3 厘米），主要由 33%聚甲基丙烯酸甲酯及 66%氢氧化铝构成。					
归类依据	根据归类总规则一及六。					

序号	432	归类决定编号	W2014-144	公告编号	2014 年第 93 号
商品税则号列		3920.99		公告实施日期	2015 年 1 月 1 日
商品名称	矩形硬化酪蛋白片					
英文名称	Rectangular sheets of hardened casein					
其他名称						
商品描述	通过压力模制成矩形片，为便于脱模稍有点斜度。明显具有半成品特征，用于进一步制成其他成品（如切削或模制按钮坯）。					
归类依据	根据归类总规则一及六。					

序号	433	归类决定编号	W2005-221	公告编号	2005年第63号
商品税则号列		39.21		公告实施日期	2005年12月23日
商品名称	纺织材料的白色机织物				
英文名称	White woven fabric of textile material				
其他名称					
商品描述	一面包覆泡沫塑料（塑化的聚氯乙烯），塑料的表面模仿机织物在背景上压纹有星形图案。可见物品特征的另一面包覆一层金属漆（约1.5毫米厚、成卷、宽度超过45厘米）。				
归类依据	因为此产品满足第五十九章章注二（一）5的规定："与纺织物合制而其中纺织物仅起增强作用的泡沫塑料板、片或带"，故应从税目59.03排除，HSC委员会同意将其归入39.21。根据归类总规则一。为了阐明《税则注释》对第三十九章的解释中"仅起增强作用"的表述的范围，有关《税则注释》已作了修订。				

序号	434	归类决定编号	W2005-222	公告编号	2005年第63号
商品税则号列		39.21		公告实施日期	2005年12月23日
商品名称	纺织材料的白色机织物				
英文名称	White woven fabric of textile material				
其他名称					
商品描述	一面包覆黄色泡沫塑料（塑化的聚氯乙烯），表面压纹有模仿绘画的图案（约1.5毫米厚、成卷、宽度超过45厘米）。				
归类依据	因为此产品满足第五十九章章注二（一）5的规定："与纺织物合制而其中纺织物仅起增强作用的泡沫塑料板、片或带"，故应从税目59.03排除，HSC委员会同意将其归入39.21。 根据归类总规则一。为了阐明《税则注释》对第三十九章的解释中"仅起增强作用"的表述的范围，有关《税则注释》已作了修订。				

序号	435	归类决定编号	W2005-223	公告编号	2005 年第 63 号
商品税则号列		3921.90		公告实施日期	2005 年 12 月 23 日
商品名称		由聚乙烯扁条组成的织物			
英文名称		Fabric consisting of polyethylene strips			
其他名称					
商品描述		宽度平均 2.5 毫米，用类似扁条的精细无色透明塑料薄膜轻微涂布（双面）。			
归类依据		HSC 委员会同意该织物的双面包覆是肉眼可见的，根据第五十九章章注二（一），此产品应被归入子目 3921.90。 根据归类总规则一。			

序号	436	归类决定编号	W2014-146	公告编号	2014 年第 93 号
商品税则号列		3921.90		公告实施日期	2015 年 1 月 1 日
商品名称		用大量密胺树脂浸渍的纸板			
英文名称		Sheets, consisting of paper heavily impregnated with melamine resin			
其他名称					
商品描述		由于其脆性易折叠断裂，已不具有纸的基本特征，用于制造层压板。			
归类依据		根据归类总规则一及六。			

序号	437	归类决定编号	W2020-058	公告编号	2020 年第 108 号
商品税则号列		3921.90		公告实施日期	2020 年 10 月 1 日
商品名称	纺织物与塑料制成的层压产品					
英文名称	Laminated product made of textile and plastics					
其他名称						
商品描述	纺织物与塑料制成的层压产品，外层为两张透明聚乙烯薄膜，里层或芯层为纺织物。里层纺织物由四层以直角交叉层叠的超高分子量聚乙烯（UHMW-PE）纤维带组成。 该商品呈卷状，用于生产防弹背心。					
归类依据	根据归类总规则一［第十一类注释一（八）］及六。					

序号	438	归类决定编号	W2020-087	公告编号	2020 年第 108 号
商品税则号列		3921.90		公告实施日期	2020 年 10 月 1 日
商品名称	三层薄片					
英文名称	Trilaminated sheets					
其他名称						
商品描述	三层薄片，由两层塑料外层和中间薄铝箔层组成。每一层都用黏合剂与相邻层固定。其中的塑料不是泡沫塑料。该商品的包装形式为卷状，用于制造如调味酱等食品的柔性容器（密封袋）。其中一层塑料上印有食品相关的图案和信息，与食品接触的另一层塑料是透明的。					
归类依据	根据归类总规则一及六。					

序号	439	归类决定编号	W2014-145	公告编号	2014 年第 93 号
商品税则号列		3921.90 或 3926.90		公告实施日期	2015 年 1 月 1 日
商品名称		传动带或输送带			
英文名称		Transmission or conveyor belt or belting			
其他名称					
商品描述		由一条塑料带料（单层或数层叠加黏合），单面或双面覆盖铬革带料构成，铬革仅起增加附着力作用。			
归类依据		根据归类总规则一及六。			

序号	440	归类决定编号	W2005-224	公告编号	2005 年第 63 号
商品税则号列		3922.10		公告实施日期	2005 年 12 月 23 日
商品名称		塑料制厨房洗涤槽			
英文名称		Kitchen sinks of plastics			
其他名称					
商品描述		同商品名称。			
归类依据		HSC 委员会指出税目 69.10 和 73.24（连同子目 7324.10）的条文隐含了陶瓷或金属"eviers"（厨房洗涤槽）包括在那些税目的"卫生洁具"的范围内。《税则注释》对税目 39.22 的解释指出该税目包括"设计用于永久固定于某适当地点的设备等，通常与供水系统或下水道相连接。"HSC 委员会因此全体一致决定将其归入税目 39.22，关于子目级别，子目 3922.10 限定了"浴缸、淋浴盘及盥洗盆"，适用子目 3922.90。 根据归类总规则一。			

序号	441	归类决定编号	W2014-147	公告编号	2014 年第 93 号
商品税则号列		3923.10		公告实施日期	2015 年 1 月 1 日
商品名称	聚苯乙烯制的容器				
英文名称	Container made of polystyrene				
其他名称					
商品描述	该商品由一个盖子和一个底（分成两个隔间）组成，用于快餐行业、飞机、火车等以盛装食品。				
归类依据	根据归类总规则一及六。				

序号	442	归类决定编号	W2016-011	公告编号	2016 年第 79 号
商品税则号列		3923.10		公告实施日期	2017 年 1 月 1 日
商品名称	展示盒				
英文名称	Display container				
其他名称					
商品描述	该商品由一个塑料托盘和一个塑料圆顶盖组合而成，用于食品的展示、盛装和运送。这种展示盒可以制成多种形状。				
归类依据	根据归类总规则一及六。				

序号	443	归类决定编号	W2016-012	公告编号	2016 年第 79 号
商品税则号列		3923.10		公告实施日期	2017 年 1 月 1 日
商品名称	食盒				
英文名称	Container				
其他名称					
商品描述	该商品为塑料制，用于食品的展示、盛装和运送。其一边相连，另外几边可打开。这种食盒可以制成多种形状。				
归类依据	根据归类总规则一及六。				

序号	444	归类决定编号	W2016-013	公告编号	2016 年第 79 号
商品税则号列		3923.10		公告实施日期	2017 年 1 月 1 日
商品名称	鸡蛋盒				
英文名称	Box for chicken eggs				
其他名称					
商品描述	该商品为塑料制，一边相连，另外三边可打开。				
归类依据	根据归类总规则一及六。				

序号	445	归类决定编号	W2020-032	公告编号	2020年第108号
商品税则号列		3923.10		公告实施日期	2020年10月1日
商品名称		一次性塑料制化妆品容器			
英文名称		Disposable plastic cosmetic container			
其他名称					
商品描述		一次性塑料制化妆品容器，通过注塑工艺制成，用于盛放油和粉混合制得的彩妆液。外部容器成分为丙烯腈-丁二烯-苯乙烯树脂（ABS）。内部容器成分为聚丙烯（PP）。外部容器的盖子内侧附有一面镜子。			
归类依据		根据归类总规则一及六。			

序号	446	归类决定编号	W2005-225	公告编号	2005年第63号
商品税则号列		3923.30		公告实施日期	2005年12月23日
商品名称		塑料瓶坯			
英文名称		Bottle preforms of plastics			
其他名称					
商品描述		塑料制中间产品。通过聚对苯二甲酸乙二酯喷射模塑法加工造成管状，长约2~3厘米，一端封口。开口端做成螺纹状以便最终用于保护一种螺旋式节门。这种瓶坯用作瓶子容积不够，它需要在后续加工中在热和压力下扩充成期望的形状和大小。			
归类依据		因为此产品是一种具有未完成瓶子基本特征的"毛坯"，HSC委员会决定将其归入子目3923.30。 根据归类总规则二（一）。《税则注释》对归类总规则二（一）作了修订，加入例子"塑料瓶坯"作为不完整品或未制成品的例子。			

序号	447	归类决定编号	W2005-226	公告编号	2005 年第 63 号
商品税则号列		3923.40		公告实施日期	2005 年 12 月 23 日
商品名称	未装磁带的录像、录音带盒				
英文名称	Video or audio cassettes without magnetic tape				
其他名称					
商品描述	塑料盒中装有两个并排的塑料轮。盒与轮构成一个整体，塑料轮是可操作的：完全通过录音机的机械装置及轮子带动起绕磁带及倒磁带作用。盒仅作为一个容器。				
归类依据	基于材料组成及根据归类总规则一和第十六类类注一（三），HSC 委员会决定该产品应归入 3923.40。				

序号	448	归类决定编号	W2010-014	公告编号	2010 年第 75 号
商品税则号列		3923.90		公告实施日期	2010 年 12 月 3 日
商品名称	管状带盖容器				
英文名称	Tubular containers with caps				
其他名称					
商品描述	管状带盖容器，由塑料制成，有不同的长度、直径、颜色和容积，其中开口的一端用带螺纹的盖子拧紧，另一端也是开口的，但将在容器装满所需要的产品时用夹具通过热加工的方法密封。这些容器一般用于包装零售用的化妆品。它们的外表面印有将要填装产品的信息，如商标名称、成分、特性、批准文号等。				
归类依据	根据归类总规则一及六。				

序号	449	归类决定编号	W2016-014	公告编号	2016 年第 79 号
商品税则号列		3923.90		公告实施日期	2017 年 1 月 1 日
商品名称	托盘				
英文名称	Tray				
其他名称					
商品描述	该商品为塑料制，带有固定物品的格子，无盖，用于盛装诸如硬盘驱动器或电子元件等物品。				
归类依据	根据归类总规则一及六。				

序号	450	归类决定编号	W2016-015	公告编号	2016 年第 79 号
商品税则号列		3923.90		公告实施日期	2017 年 1 月 1 日
商品名称	托盘				
英文名称	Tray				
其他名称					
商品描述	该商品为塑料制，无盖，用于盛装食品。				
归类依据	根据归类总规则一及六。				

序号	451	归类决定编号	W2005-227	公告编号	2005年第63号
商品税则号列		3924.90		公告实施日期	2005年12月23日
商品名称	塑料物品				
英文名称	Article of plastics				
其他名称					
商品描述	由两个塑料瓶构成，瓶上装有螺旋盖、可拧下的饮水杯、软管或吸管及装有带子的携带环，设计两个瓶子装在一起。此物品用于携带饮料。				
归类依据	它被注明因为物品由两个塑料瓶组成，看来非常类似于子目3923.30的瓶和细颈瓶，初步看来可归入该似乎比税目39.24或39.26更明确的税目。但是，按照税目39.23的条文及相应的《税则注释》，税目39.23应限于包括包装或运输商业货物的容器，此争议物品的情况不符。最后，尽管此物品用于户外，HSC委员会同意税目39.24还是包括不仅用于室内而且用于室外的家庭用品。因为它非常类似于在《税则注释》对税目39.24的解释（三）中提到的"午餐盒"，HSC委员会优先将此物品归入税目39.24而不归入兜底税目39.26。 根据归类总规则一。				

序号	452	归类决定编号	W2014-148	公告编号	2014年第93号
商品税则号列		3924.90		公告实施日期	2015年1月1日
商品名称	塑料制奶嘴和护指套				
英文名称	Teats and fingerstalls				
其他名称					
商品描述	同商品名称。				
归类依据	根据归类总规则一及六。				

序号	453	归类决定编号	W2016-016	公告编号	2016年第79号
商品税则号列		3924.90		公告实施日期	2017年1月1日
商品名称	塑料水瓶				
英文名称	Drinking bottles of plastics				
其他名称					
商品描述	可插入自行车的瓶夹中。瓶子安装有螺纹瓶嘴，通常有圆形的底，容量600~750毫升。瓶子可以是双层结构，夹层的空腔内有隔热材料制的金属薄片。这种结构可使瓶子在一段时间内保温。一些瓶子有凹状外形便于抓握。 又见3924.90/3和3924.90/4。				
归类依据	根据归类总规则一及六。				

序号	454	归类决定编号	W2016-017	公告编号	2016年第79号
商品税则号列		3924.90		公告实施日期	2017年1月1日
商品名称	塑料水瓶				
英文名称	Drinking bottle of plastics				
其他名称					
商品描述	该产品有两个瓶腔，每个瓶腔顶部都装有螺纹盖和软管。该产品专用于自行车上。主体瓶腔的容量是1 100毫升。小的可拆卸的瓶腔容量是470毫升，便于清洗或冷藏液体。 又见3924.90/2和3924.90/4。				
归类依据	根据归类总规则一及六。				

序号	455	归类决定编号	W2016-018	公告编号	2016 年第 79 号
商品税则号列		3924.90		公告实施日期	2017 年 1 月 1 日
商品名称		塑料容器			
英文名称		Container of plastics			
其他名称					
商品描述		该产品外形为三棱柱形,容量为 1 200 毫升。顶部有螺纹瓶盖和用于喝水的软管。该产品专门用于自行车上。需要使用装配组件(未同时报验)将该容器装在自行车上。又见 3924.90/2 和 3924.90/3。			
归类依据		根据归类总规则一及六。			

序号	456	归类决定编号	W2018-034	公告编号	2018 年第 159 号
商品税则号列		3924.90		公告实施日期	2018 年 12 月 1 日
商品名称		废物收集桶			
英文名称		Waste collection bin			
其他名称					
商品描述		废物收集桶,完全由塑料制成,呈桶形,容积为 6.5 公升。带提手,桶盖上有一开口(带封盖),废物从开口处丢进桶里。该产品用于收集带利器的医疗废弃物(例如,针头、手术刀等)。			
归类依据		根据归类总规则一及六。			

序号	457	归类决定编号	W2018-037	公告编号	2018年第159号
商品税则号列		3924.90		公告实施日期	2018年12月1日
商品名称	淋浴套件				
英文名称	Shower set				
其他名称					
商品描述	淋浴套件，包括有水管、手持淋浴头、顶喷淋浴头、圆形肥皂碟、带过滤器的垫圈、镀铬软管、水流换向器以及其他供实现淋浴功能的零部件。上述零部件装在一个包装中供零售。部分部件由塑料制成，其他由金属制成。塑料制的淋浴头构成产品的基本特征。				
归类依据	根据归类总规则一、三（二）及六。				

序号	458	归类决定编号	W2020-088	公告编号	2020年第108号
商品税则号列		3924.90		公告实施日期	2020年10月1日
商品名称		移动塑料垃圾箱			
英文名称		Mobile garbage bins made of plastics			
其他名称					
商品描述		移动塑料垃圾箱，用于临时储存垃圾和废物。高密度聚乙烯（HDPE）制成，带有一个盖子、一个把手和两个装在金属轴上的轮子，容量为120升或240升。它们设计用于室外储存废物，直至垃圾被集中运往废物处置或循环再造场。			
归类依据		根据归类总规则一及六。			

序号	459	归类决定编号	W2014-149	公告编号	2014年第93号
商品税则号列		3926.10		公告实施日期	2015年1月1日
商品名称		各种物品的组合			
英文名称		Assortment of articles			
其他名称					
商品描述		该商品包含旋转塑料袋，里面有一对剪刀、一把小刀、四支铅笔、两支圆珠笔、厘米刻度的尺子、一卷胶带、一个胶带分割器、一个卷笔刀、一个订书机、一盒订书钉、一包塑料头的图钉、一包曲别针、一块橡皮和一批便条纸（9厘米×7厘米），为零售用而放在盒子中。			
归类依据		根据归类总规则三（二）及六。			

序号	460	归类决定编号	W2014-150	公告编号	2014年第93号
商品税则号列		3926.20		公告实施日期	2015年1月1日
商品名称	保护罩				
英文名称	Protective covering				
其他名称					
商品描述	由一片染色、印花的塑料片构成，对折后将两边沿黏合，形成遮盖腿下部的罩套。可穿套在一般鞋靴外在潮湿泥泞路面行走。				
归类依据	根据归类总规则一及六。				

序号	461	归类决定编号	W2014-151	公告编号	2014年第93号
商品税则号列		3926.20		公告实施日期	2015年1月1日
商品名称	保护罩				
英文名称	Protective covering				
其他名称					
商品描述	由两片相等透明的塑料片构成。切割成脚的大致形状，黏合在一块并在顶部留一开口使脚和鞋靴可伸入。				
归类依据	根据归类总规则一及六。				

序号	462	归类决定编号	W2005-228	公告编号	2005 年第 63 号
商品税则号列		3926.90		公告实施日期	2005 年 12 月 23 日
商品名称	带环的夹子				
英文名称	Ring-binder				
其他名称					
商品描述	尺寸：3 厘米×13 厘米×19 厘米，由塑料片制成，用一层内衬纸板增强（不包括脊部），用圈和按扣扣紧，内有小袋，可装纸币、名片等，还有一个可挂钢笔的塑料环。				
归类依据	HSC 委员会同意塑料外层赋予了产品基本特征（纸板仅仅是增强材料），因此应归入税目 39.26。 根据归类总规则三（二）。				

序号	463	归类决定编号	W2005-229	公告编号	2005 年第 63 号
商品税则号列		3926.90		公告实施日期	2005 年 12 月 23 日
商品名称	非自粘的扁条				
英文名称	Non-self-adhesive strips				
其他名称					
商品描述	尺寸：1 050 毫米×27 毫米×0.7 毫米，由泡沫塑料与一层单色合成纺织纤维无纺织物复合而成，无纺织物仅起增强作用。这些扁条具有锥形末端，用于包缠网球拍把手，但也适用于改进工具把、自行车把手等的握持性。				
归类依据	HSC 委员会同意第五十六章章注三（三）的解释不限于预存片，因为通常难以确定是否一种塑料片是预存在的，第三十九章总注释关于塑料和织物的复合制品没有提到"预存在"和"非预存"之间的区别。考虑上述原因，HSC 委员会决定该产品应归入子目 3926.90，因为它是一种泡沫塑料制的扁条，与毡呢或无纺织物（增强材料）合制，且具有锥形末端。 根据归类总规则一。				

序号	464	归类决定编号	W2008-033	公告编号	2008年第47号
商品税则号列		3926.90		公告实施日期	2008年7月3日
商品名称		电缆固定件			
英文名称		Cable clamps			
其他名称					
商品描述		由一个塑料套环及固定用金属钉构成,用于固定绝缘电线。			
归类依据		根据归类总规则一及六。			

序号	465	归类决定编号	W2008-034	公告编号	2008年第47号
商品税则号列		3926.90		公告实施日期	2008年7月3日
商品名称		柔性增强格网			
英文名称		Flexible reinforcement grid			
其他名称		Fortrac 35/35-40			
商品描述		成卷状,由高强聚酯纤维或纱线机织制成,并在各面覆盖一层肉眼可辨聚氯乙烯保护层,用于土质填充结构的增强。道路建设、拦堵结构、陡峭的堤岸等。每个格网单元相当平行纱线构成的狭幅织物,纬纱以直角插入经纱之间,形成35毫米×40毫米的网眼,聚氯乙烯涂层将格网单元固结并保护纱线不受紫外线及机械外力损伤。			
归类依据		根据归类总规则一及六。			

序号	466	归类决定编号	W2008-035	公告编号	2008年第47号
商品税则号列		3926.90		公告实施日期	2008年7月3日
商品名称	一本相册				
英文名称	A photo album				
其他名称					
商品描述	尺寸大约14厘米×17.5厘米×8厘米，其封底由包仿小山羊皮的纤维板制成，封面由一个也包有仿小山羊皮的纸板以及黏在其上的带有玻璃保护罩的木制相框构成。封面的里面有一个供使用者向相框中插入相片的开口。相册包含50张容纳照片的塑料分页。这些分页由两个塑料螺丝与相册的封底与封面相固定。				
归类依据	根据归类总规则三（二）。				

序号	467	归类决定编号	W2008-036	公告编号	2008年第47号
商品税则号列		3926.90		公告实施日期	2008年7月3日
商品名称	一本相册				
英文名称	A photo album				
其他名称					
商品描述	尺寸大约16厘米×18.5厘米×6.5厘米，其封底由包仿小山羊皮的纤维板制成，封面由一个也包有仿小山羊皮的纸板以及黏在其上的带有玻璃保护罩的金属相框构成。封面的里面有一个供使用者向相框中插入相片的开口。相册包含50张容纳照片的塑料分页。这些分页由两个塑料螺丝与相册的封底与封面相固定。				
归类依据	根据归类总规则三（二）。				

序号	468	归类决定编号	W2008-037	公告编号	2008 年第 47 号
商品税则号列		3926.90		公告实施日期	2008 年 7 月 3 日
商品名称	带有刻度的已消毒排尿袋				
英文名称	Sterile, graduated urinary drainage bag				
其他名称	BARD 154002				
商品描述	该排尿袋由塑料制成，通过留置的导尿管进行尿液的收集、计量以及直接取样。袋子的一面为不透明白色，另一面为透明并印有刻度标记。袋子上带有排尿管、导尿管连接器、取尿样口以及一个可以将尿袋挂在床上或移动支架上的挂钩。				
归类依据	根据归类总规则一及六。				

序号	469	归类决定编号	W2008-038	公告编号	2008 年第 47 号
商品税则号列		3926.90		公告实施日期	2008 年 7 月 3 日
商品名称	有刻度的已消毒排尿计				
英文名称	Sterile, graduated urinary drainage meter				
其他名称	BARD 153204				
商品描述	该排尿计由塑料制成，通过留置的导尿管进行尿液的收集、计量以及直接取样。排尿计包括一个已消毒的袋子和一个硬塑料收集盒。袋子的一面为不透明白色，另一面为透明并印有刻度标记。透明的硬塑料盒单独印有计量刻度。该商品带有一个与硬盒直接连接的排尿管、导尿管连接器、取尿样口以及一个可以将尿袋挂在床上或移动支架上的挂钩。				
归类依据	根据归类总规则一及六。				

序号	470	归类决定编号	W2014-152	公告编号	2014年第93号
商品税则号列		3926.90		公告实施日期	2015年1月1日
商品名称	挤压成型的塑料网				
英文名称	Extruded netting of plastics				
其他名称					
商品描述	管状或平片的。				
归类依据	根据归类总规则一及六。				

序号	471	归类决定编号	W2014-153	公告编号	2014年第93号
商品税则号列		3926.90		公告实施日期	2015年1月1日
商品名称	反光板用三角形标志板				
英文名称	Triangular sign plates for reflectors				
其他名称					
商品描述	红色塑料制,未安装,有锥形凸起以改进其反射性能。				
归类依据	根据归类总规则一及六。				

序号	472	归类决定编号	W2014-154	公告编号	2014年第93号
商品税则号列		3926.90		公告实施日期	2015年1月1日
商品名称		塑料制旋钮			
英文名称		Knobs of plastics			
其他名称					
商品描述		通用，可适用于第十六类的收音机、电视机或录音机及第十八类的测量装置等。			
归类依据		根据归类总规则一及六。			

序号	473	归类决定编号	W2014-155	公告编号	2014年第93号
商品税则号列		3926.90		公告实施日期	2015年1月1日
商品名称		保护罩			
英文名称		Protective covering			
其他名称					
商品描述		由单片长方形塑料片对折并将边沿黏接而成，顶部开口用弹性橡胶线束紧。产品构成能伸缩的罩套在鞋靴上。			
归类依据		根据归类总规则一及六。			

序号	474	归类决定编号	W2018-035	公告编号	2018 年第 159 号
商品税则号列		3926.90		公告实施日期	2018 年 12 月 1 日
商品名称		塑料制人造指甲			
英文名称		Artificial fingernails of plastics			
其他名称					
商品描述		塑料制人造指甲,也被称为"假指甲",尺寸不一或尺寸相同,成套包装。使用时用胶粘剂将其直接粘在天然指甲上,然后修整成合适的形状。其在外观上像天然指甲,也可以作其他装饰。一般使用 7~10 天后从指甲上移除。			
归类依据		根据归类总规则一及六。			

序号	475	归类决定编号	W2020-013	公告编号	2020 年第 108 号
商品税则号列		3926.90		公告实施日期	2020 年 10 月 1 日
商品名称		皮划艇和桨板冲浪(SUP)两用桨			
英文名称		Dual-use paddle for kayaks and Stand Up Paddleboards(SUP)			
其他名称					
商品描述		皮划艇和桨板冲浪(SUP)两用桨,由 3 个塑料制部件组成:两个分开的桨叶和一个手柄。它可组装为单桨用于桨板冲浪,也可组装为双桨用于皮划艇。			
归类依据		根据归类总规则一及六。			

序号	476	归类决定编号	W2022-021	公告编号	2022 年第 78 号
商品税则号列		3926.90		公告实施日期	2022 年 9 月 1 日
商品名称	垃圾桶				
英文名称	Garbage containers				
其他名称					
商品描述	垃圾桶，由城市环卫部门使用，使城镇和社区能够将居民生活垃圾集中起来，再由城市环卫垃圾车收集运走。其技术规格如下： ——抗紫外线高密度聚乙烯； ——可正面或侧面夹持； ——160 毫米直径的橡胶充气轮； ——带塞排水孔； ——尺寸：高 1 165 毫米×宽 1 265 毫米×深 775 毫米； ——自重：38 千克，承载能力 250 千克； ——符合 EN 840-1、5 和 6 标准； ——可选配件：横向夹持套件，加强型弹簧联轴器。				
归类依据	根据归类总规则一及六。				

序号	477	归类决定编号	W2014-156	公告编号	2014 年第 93 号
商品税则号列		4005.10 或 4005.91		公告实施日期	2015 年 1 月 1 日
商品名称	橡胶带				
英文名称	Strips				
其他名称					
商品描述	2 毫米至 3 毫米厚，由平行排列的碳钢缆线，外完全覆盖未硫化橡胶构成。主要用于制轮胎基料。				
归类依据	根据归类总规则一及六。				

序号	478	归类决定编号	W2014-157	公告编号	2014年第93号
商品税则号列		4005.99		公告实施日期	2015年1月1日
商品名称	胶基混合物				
英文名称	Mster blend				
其他名称					
商品描述	以胶为基本成分，用于制造口香糖。由第四十章几种天然树胶（如糖胶、树胶、巴拉塔胶）与氢化植物油及碳酸钙等均化剂混合制成。				
归类依据	根据归类总规则一及六。				

序号	479	归类决定编号	W2005-230	公告编号	2005年第63号
商品税则号列		4008.21		公告实施日期	2005年12月23日
商品名称	制垫片用材料				
英文名称	Materials for the manufacture of gaskets				
其他名称					
商品描述	用于发动机及机动车辆的传动装置中，片状或条状，由按重量计65%的非海绵状合成硫化橡胶及35%软木构成。				
归类依据	HSC委员会同意该争议物品不能作为压制软木归类，因为它们基本上（65%）由硫化橡胶组成，不能被视为添加的黏合剂。 根据归类总规则三（二）。				

序号	480	归类决定编号	W2005-231	公告编号	2005 年第 63 号
商品税则号列		4012.90		公告实施日期	2005 年 12 月 23 日
商品名称	胎面				
英文名称	Tyre treads				
其他名称					
商品描述	由未硬化硫化橡胶构成，胎面为成卷胶条状，有各种宽度及长度，具有切成斜角（斜的）或模制状（圆的）边缘，用于翻新充气轮胎。这些胎面切割成所需长度，用未固化衬垫胶粘于轮胎胎体上，再经加热及加压固化。				
归类依据	HSC 委员会决定将所讨论的产品归入税目 40.12，因为该税目对货品的描述比兜底税目 40.16 更明确具体。根据归类总规则一。				

序号	481	归类决定编号	W2010-015	公告编号	2010 年第 75 号
商品税则号列		4014.90		公告实施日期	2010 年 12 月 3 日
商品名称	定量滴管				
英文名称	Graduated dropper tubes				
其他名称					
商品描述	由两个不同的部分装配在一起制成，用于以定量的形式量取物品，例如液体药品。此类滴管包含以下部分： 1 个由透明塑料材料制的管状剂量计量器，上有 0.25~1.0 毫升的定量刻度，长 5.8 厘米，两端直径不同，重 1.1 克； 1 个圆柱形硫化橡胶（非硬质橡胶）胶帽，重 2.4 克。				
归类依据	根据归类总规则一、三（三）及六。				

序号	482	归类决定编号	W2005-232	公告编号	2005年第63号
商品税则号列		4016.93		公告实施日期	2005年12月23日
商品名称		成品垫片			
英文名称		Gaskets, finished			
其他名称					
商品描述		用于发动机及机动车辆的传动装置中，由按重量计65%的非海绵状合成硫化橡胶及35%软木构成。			
归类依据		HSC委员会同意成品垫片应归入税目40.16（子目4016.93）。该制品不作为压制软木制品归类，因为构成其基本成分的硫化橡胶（65%），不能被看作是一种添加的黏合剂［根据归类总规则三（二）］。根据这一决定并根据第十六类注释一（一），税目84.09不予考虑。			

序号	483	归类决定编号	W2010-016	公告编号	2010年第75号
商品税则号列		4016.93		公告实施日期	2010年12月3日
商品名称		机动车刹车系统皮碗			
英文名称		Cup for brake systems of motor vehicles			
其他名称					
商品描述		机动车刹车系统皮碗，由硫化橡胶（非硬质橡胶）制成，基部直径36.5毫米，顶部直径38.0毫米，厚度8.0毫米。用作车轮刹车系统中的垫圈以防止液体泄漏。			
归类依据		根据归类总规则一及六。			

序号	484	归类决定编号	W2008-039	公告编号	2008年第47号
商品税则号列		4016.99		公告实施日期	2008年7月3日
商品名称		振动缓冲座			
英文名称		Vibration absorbing mounting			
其他名称					
商品描述		由一个分量较重的未硬化硫化橡胶环构成，横截面为长方形，形状有圆形、椭圆形及长方形。装在金属螺栓背面，用法兰固定就位。用于将设备定位于板上或两部件之间。又见7318.29/1及8487.90/5。			
归类依据		根据第十六类类注一（一）。			

序号	485	归类决定编号	W2020-033	公告编号	2020年第108号
商品税则号列		4202.12		公告实施日期	2020年10月1日
商品名称		便携式塑料公文包			
英文名称		Portable document case of plastics			
其他名称					
商品描述		便携式塑料公文包，具有多个内袋，前锁（扣）和把手。外部的边缘经镶边加固。本产品用于分类、存放和携带文件、纸张、档案等，可供长期使用。			
归类依据		根据归类总规则一及六。			

序号	486	归类决定编号	W2020-034	公告编号	2020年第108号
商品税则号列		4202.12		公告实施日期	2020年10月1日
商品名称		便携式公文包			
英文名称		Portable document case			
其他名称					
商品描述		便携式公文包，内部没有隔层，前面有一个用于闭合的扣件（纽扣和橡皮圈）。所有面和边缘都用纺织物缝边，两侧和底部都是纺织物制的。其余的表面，包括正面和背面，是由塑料制成。本产品用于存放和携带文件、纸张、档案等，可供长期使用。			
归类依据		根据归类总规则一及六。			

序号	487	归类决定编号	W2008-040	公告编号	2008年第47号
商品税则号列		4202.21		公告实施日期	2008年7月3日
商品名称		手提包			
英文名称		Handbag			
其他名称					
商品描述		其面料为印有图案的皮革，里料由纺织材料构成，尺寸约为35厘米×22.5厘米×17厘米，手提包底部呈椭圆形，开口由拉链闭合，带有两个皮革制提手。包内有一个带拉链的隔袋，一个小贴兜及一个手机兜。该商品的皮革已用非常薄的塑料涂层以保护外表，其涂层肉眼不可识别。			
归类依据		根据归类总规则一及六。			

序号	488	归类决定编号	W2020-014	公告编号	2020年第108号
商品税则号列		4202.32		公告实施日期	2020年10月1日
商品名称	专为特定型号手机设计的塑料制外壳					
英文名称	Cover made of plastics and designed for a particular model of mobile phone					
其他名称						
商品描述	专为特定型号手机设计的塑料制外壳，前盖上有一磁块，可与手机前部内置的霍尔集成电路联动。手机通过检测磁场变化来判断前盖是打开还是闭合。当前盖闭合上时，手机将通过调整显示区域大小以适应前盖上的透明窗口来激活用户界面模式。					
归类依据	根据归类总规则一及六。					

序号	489	归类决定编号	W2008-041	公告编号	2008年第47号
商品税则号列		4202.91		公告实施日期	2008年7月3日
商品名称	腰包					
英文名称	Waist pouch					
其他名称						
商品描述	其前部及顶部面料为软皮革，底部及后部面料为纺织材料，尺寸约为26厘米×13厘米×8厘米。腰包除本身有较大的主袋外，在其前部还缝有两个较小的口袋，后部另有一个不明显的兜，均以拉链闭合。主袋及后兜完全用纺织材料衬里；两个较小的辅袋仅前部以纺织材料衬里。包上缝有厚实的可调节纺织腰带，腰带两端装有塑料带扣可开闭。包上的皮革已用非常薄的塑料涂层以保护外表，其涂层肉眼不可识别。					
归类依据	根据归类总规则一及六。					

序号	490	归类决定编号	W2005-234	公告编号	2005 年第 63 号
商品税则号列		4202.92		公告实施日期	2005 年 12 月 23 日
商品名称		便携式野餐冷藏袋			
英文名称		Portable picnic cooler bag			
其他名称					
商品描述		冷藏袋外层表面材料为塑料片，内层隔热芯层为聚合物基质的闭孔泡沫塑料。尺寸：30 厘米×46 厘米×19 厘米至 23 厘米×18 厘米×15 厘米。包上有塑料或纺织物的提手或背带。用于携带食品或饮料来往于家中或办公室，并用于旅行、野餐、运动及其他活动。			
归类依据		HSC 委员会认为，该产品与 42.02 税目第二部分列举的旅行包、购物包及运动包类似，其一般用于从家里携带货品到其他地方。由于它们能够考虑为 42.02 税目的容器，应归入该税目而不归入第三十九章。 根据归类总规则一。为了明确 42.02 税目范围，2002 年版《协调制度》已对该税目条文作了修改。			

序号	491	归类决定编号	W2005-235	公告编号	2005 年第 63 号
商品税则号列		4202.99		公告实施日期	2005 年 12 月 23 日
商品名称		便携式工具箱			
英文名称		Portable tool box（or case）			
其他名称					
商品描述		可放置及携带一台手动钻机及配件。完全由模压塑料构成，合页状箱体的两部分经特殊成型，使其内部凹槽适合放钻机及其配件。近似长方形（尺寸：35 厘米×29 厘米×8 厘米），装有闭锁装置及提手，一边箱体外表面模压有工具制造商的名称。			
归类依据		HSC 委员会指出，根据归类总规则一，第四十二章的标题仅供查找方便，对目录中货品的归类无法律约束。因此，42.02 税目范围应从宽解释。HSC 委员会决定，该产品应归入子目 4202.99 而不归入 4202.1，因为该容器类似于望远镜盒、照相机套、乐器盒、枪套类似容器，而非 4202.1 子目的衣箱、提箱或其他物品。			

序号	492	归类决定编号	W2005-236	公告编号	2005 年第 63 号
商品税则号列		4202.99		公告实施日期	2005 年 12 月 23 日
商品名称		便携式工具箱			
英文名称		Portable tool box (or case)			
其他名称					
商品描述		可放置及携带一台手动打磨机及配件。由模压塑料盖及箱体两部分构成，借助金属杆连接一体。内装有塑料模压成特殊形状凹槽的活动盘，适合放打磨机及其配件。近似长方形（尺寸：38 厘米×28 厘米×12 厘米），装有闭锁装置及提手。			
归类依据		HSC 委员会指出，根据归类总规则一，第四十二章的标题仅供方便查找，对目录中货品的归类无法律约束。因此，42.02 税目范围应从宽解释。HSC 委员会决定，该产品应归入子目 4202.99 而不归入 4202.1，因为该容器类似于望远镜盒、照相机套、乐器盒、枪套类似容器，而非 4202.1 子目的衣箱、提箱或其他物品。			

序号	493	归类决定编号	W2016-019	公告编号	2016 年第 79 号
商品税则号列		4303.90		公告实施日期	2017 年 1 月 1 日
商品名称		整张灰熊毛皮制成的地毯			
英文名称		Rug made of a whole grizzly bear furskin			
其他名称					
商品描述		熊皮地毯有头、尾、爪，缝合在纺织材料衬垫上。熊头已制成动物标本，熊的眼睛和舌头用人造眼睛和舌头替代。 又见 9705.00/1、9705.00/2 和 9705.00/3。			
归类依据		根据归类总规则一及六。			

序号	494	归类决定编号	W2005-237	公告编号	2005 年第 63 号
商品税则号列		第四十四章		公告实施日期	2005 年 12 月 23 日
商品名称		用油漆、着色剂或清漆处理的木			
英文名称		Wood treated with paint, stains or varnish			
其他名称					
商品描述		同商品名称。			
归类依据		HSC 委员会认为，油漆、着色剂或清漆处理应视为不影响原木或简单处理木归类的加工。所有原木或经油漆、着色剂或清漆简单处理的木，仍应作为仅经防腐剂处理而归入相应基本材料的税目。 根据归类总规则一。			

序号	495	归类决定编号	W2005-243	公告编号	2005 年第 63 号
商品税则号列		44.08		公告实施日期	2005 年 12 月 23 日
商品名称		刨切层压木获得的薄板			
英文名称		Sheets obtained by slicing laminated wood			
其他名称					
商品描述		1. 制造过程： （1）切削木料，以获得 2.7 毫米厚的板； （2）将这些板切割成 90 厘米×180 厘米的长方形； （3）将千张板堆叠使各层纹理相平行，然后一张挼一张黏合，并像普通层压木加压； （4）将由（3）获得的层压木沿长度方向垂直刨切并获得最终产品，27 厘米×90 厘米×0.52 毫米的薄板。 2. 产品用途： 如普通饰面薄板，该产品可粘于木质材料或其他底基材料上，以用于制作家具等。			
归类依据		HSC 委员会指出，虽然该产品外观与饰面单板很相似，但其为积层木产品而不归入税目 44.08。超出简单加工，但未成为制品的木质产品应归入税目 44.09 至 44.13。由于该产品经简单将税目 44.12 的积层木切割成长方形而得，HSC 委员会决定将其归入 44.12（子目 4412.99）。 根据归类总规则一。为避免鉴别刨切积层木获得的薄板与传统饰面单板的困难，税目 44.08 的法律条文在 2002 年版《协调制度》中已经修改。			

序号	496	归类决定编号	W2014-158	公告编号	2014年第93号
商品税则号列		44.08		公告实施日期	2015年1月1日
商品名称		薄木板（牛皮纸饰面板）			
英文名称		Thin wood sheets (kraft veneer)			
其他名称					
商品描述		薄木板厚度为1.59毫米、2.54毫米、3.18毫米或4.76毫米，双面用牛皮纸包覆。			
归类依据		根据归类总规则一。			

序号	497	归类决定编号	W2014-360	公告编号	2014年第93号
商品税则号列		4410.11		公告实施日期	2015年1月1日
商品名称		层压板			
英文名称		Laminated panel			
其他名称					
商品描述		由三层木制碎料板构成，切成圆形（直径900毫米，厚度25毫米），其上下表面包覆三聚氰胺树脂浸渍纸，其侧边包覆2毫米厚的聚氯乙烯带条。报验时，上述物品既不具备可与其他物品相组合的特征，也不能确定其用途（例如，作为桌子的一部分）。			
归类依据		根据归类总规则一。			

序号	498	归类决定编号	W2020-059	公告编号	2020 年第 108 号
商品税则号列			4411.12	公告实施日期	2020 年 10 月 1 日
商品名称		木纤维板（MDF，中密度纤维板）			
英文名称		Fibreboard of wood（MDF, Medium Density Fibreboard）			
其他名称					
商品描述		木纤维板（MDF，中密度纤维板），密度 800~860 千克/立方米，厚度在 3 毫米至 4 毫米之间（公差为+/-0.2 毫米），尺寸（长×宽）为 2 440 毫米×1 220 毫米。该商品是通过干法生产工艺生产的。			
归类依据		根据归类总规则一及六。			

序号	499	归类决定编号	W2005-241	公告编号	2005 年第 63 号
商品税则号列			44.12	公告实施日期	2005 年 12 月 23 日
商品名称		铺地板			
英文名称		Flooring panels			
其他名称					
商品描述		面板约 30 厘米宽，180 厘米长，由胶合板（8~12 毫米厚）构成，表面粘贴有一层薄木饰面板（由层压木块刨切而得），以模仿由拼花板条制成的铺地板。该铺地板的表面已经砂光及着色并经喷漆，有些表面沿纵向经过槽榫加工。该地板各端部有舌榫且沿两边有槽榫。			
归类依据		由于该产品不是已拼装成镶板的拼花板条（如税目 44.09 注释描述），HSC 委员会决定不将其归入子目 4418.30，尽管制造商将其描述为拼花地板。由于该产品也不符合建筑用木工制品或蜂窝结构木镶板的描述，故子目 4818.90 被排除。因此，HSC 委员会一致决定将该产品归入税目 44.12。 根据归类总规则一。			

序号	500	归类决定编号	W2014-159	公告编号	2014 年第 93 号
商品税则号列		44.12		公告实施日期	2015 年 1 月 1 日
商品名称	由胶合板构成的板条					
英文名称	Panels consisting of sheets of plywood					
其他名称						
商品描述	该商品由多层 8~12 毫米厚的胶合板黏合而成。大约宽 30 厘米，长 180 厘米，且表面附有一层薄的木质饰面板（由层压木块刨切而成）。外观与拼花板条制成的室内地板相仿。该板条的表面已经砂光、着色、油漆，有些经过纵向开槽。这些板两端相咬合且纵向通过槽口镶嵌在一起。					
归类依据	根据归类总规则一及六。					

序号	501	归类决定编号	W2014-160	公告编号	2014 年第 93 号
商品税则号列		4412.94 或 4412.99		公告实施日期	2015 年 1 月 1 日
商品名称	矩形层压木板					
英文名称	Rectangular pieces of laminated wood					
其他名称						
商品描述	其尺寸：213 厘米（长）×11.26 厘米（宽）×23.8 毫米（厚），用于制门框。由一厚芯层外覆盖两层薄针叶木构成，两边都为连续槽榫状，适于门外框，且板的一面适于装门闭锁器。预在门外框及闭锁器装入槽后，切成一定尺寸制成门框成品。					
归类依据	根据归类总规则一（第四十四章章注四）。					

序号	502	归类决定编号	W2005-245	公告编号	2005年第63号
商品税则号列		44.17		公告实施日期	2005年12月23日
商品名称	木手柄				
英文名称	Wooden handles				
其他名称					
商品描述	用于某些利口器，如工作刀。				
归类依据	HSC委员会指出，根据法律条文及解释，显然某些利口器属于工具，例如屠夫用刀、书壳装订用刀等。HSC委员会因此决定，将用于某些利口器（如工作刀）的木柄归入税目44.17。根据归类总规则一。为反映这一决定，税目44.17及44.21注释已经修改。				

序号	503	归类决定编号	W2014-161	公告编号	2014年第93号
商品税则号列		4417.00		公告实施日期	2015年1月1日
商品名称	装有砂纸的打磨工具				
英文名称	Sand-papering tool				
其他名称					
商品描述	该商品由一个木座背面装有几条砂纸构成，砂纸条的一端固定在木座的槽缝内，另一端拉紧卡在一个凹槽内，以便当砂纸条磨损后可以新砂纸替换旧砂纸。				
归类依据	根据归类总规则一。				

序号	504	归类决定编号	W2008-047	公告编号	2008年第47号
商品税则号列		4418.79		公告实施日期	2008年7月3日
商品名称		拼花地板			
英文名称		Parquet flooring panels			
其他名称		Junckers 14mm, Junckers 22mm			
商品描述		商品规格：厚13.8毫米或21.8毫米，宽129毫米，长3 700毫米、1 830毫米或900毫米，由两列实木板条沿长度以舌榫结构拼接而成，板条则通过双重鸠尾榫结构胶合成列。该地板的内面覆盖了一层聚丙烯薄膜，其边及端部有舌榫及槽榫。单块板条的长度为308毫米、408毫米、467.5毫米、474毫米或623.5毫米。拼接地板的板条没有特定图案。			
归类依据		根据归类总规则一及六。			

序号	505	归类决定编号	W2018-036	公告编号	2018年第159号
商品税则号列		4420.90		公告实施日期	2018年12月1日
商品名称		桌面画架			
英文名称		Table top art easel			
其他名称					
商品描述		桌面画架，有一个用来放置绘画工具的抽屉，高10厘米×宽40厘米×深38厘米。可以放置高86厘米的画布或画板。			
归类依据		根据归类总规则一及六。			

序号	506	归类决定编号	W2005-247	公告编号	2005年第63号
商品税则号列		44.21		公告实施日期	2005年12月23日
商品名称	木手柄				
英文名称	Wooden handles				
其他名称					
商品描述	用于餐刀、餐勺及餐叉。				
归类依据	HSC委员会认为，餐刀、餐勺及餐叉不被认为是工具。因此，用于这类器具的木手柄不应归入税目44.17。根据归类总规则一。为反映这一决定，税目44.17及44.21注释已经修改。				

序号	507	归类决定编号	W2014-163	公告编号	2014年第93号
商品税则号列		4704.21或4704.29		公告实施日期	2015年1月1日
商品名称	精磨漂白亚硫酸盐纤维素浆				
英文名称	Finely ground bleached sulphite cellulose pulp				
其他名称					
商品描述	该商品由针叶树或山毛榉树木制得，为降低浆料的吸水性，在浆中添加了硬蜡精（一般不超过7%）。				
归类依据	根据归类总规则一及六。				

序号	508	归类决定编号	W2005-248	公告编号	2005 年第 63 号
商品税则号列		48.02		公告实施日期	2005 年 12 月 23 日
商品名称	未涂布的纸及纸板				
英文名称	Uncoated paper and paperboard				
其他名称					
商品描述	一种用于书写及其他用途的纸，只要其符合四十八章注释四的规定。				
归类依据	HSC 委员会认为，用于书写及其他用途的未涂布（高岭土或其他无机物质）纸及纸板，只要其符合四十八章注释四的规定，应归入税目 48.02。 　　根据归类总规则一。				

序号	509	归类决定编号	W2005-249	公告编号	2005 年第 63 号
商品税则号列		48.02		公告实施日期	2005 年 12 月 23 日
商品名称	未涂布的纸及纸板				
英文名称	Uncoated paper and paperboard				
其他名称					
商品描述	符合四十八章注释四的规定。				
归类依据	HSC 委员会决定，符合四十八章注释四规定的未涂布的纸及纸板均应归入税目 48.02，即使其能用于书写、印刷外的其他用途。 　　根据归类总规则一。				

序号	510	归类决定编号	W2005-251	公告编号	2005 年第 63 号
商品税则号列		48.10		公告实施日期	2005 年 12 月 23 日
商品名称	用于书写及其他用途的涂布纸及纸板				
英文名称	paper and paperboard of a kind used for both graphic purposes and other purposes, coated				
其他名称					
商品描述	用高岭土或其他无机物质涂布，只要其符合四十八章注释四的规定。				
归类依据	HSC 委员会认为，用于书写及其他用途的涂布（高岭土或其他无机物质）纸及纸板，只要其符合四十八章注释四的规定，应归入税目 48.10。 根据归类总规则一。				

序号	511	归类决定编号	W2005-252	公告编号	2005 年第 63 号
商品税则号列		4810.29		公告实施日期	2005 年 12 月 23 日
商品名称	一层用高岭土涂布的布里斯托尔双层纸板				
英文名称	"Bristol boards": duplex board, one layer of which has been coated with kaolin				
其他名称					
商品描述	多层纸品。由多层湿纸浆压在一起制得，每层特点各不相同，重量超过 150 克/平方米，厚度超过 225 微米但小于 508 微米，灰分超过 3%，含机械浆超过 10%。				
归类依据	HSC 委员会决定将该产品归入子目 4810.29，因为该产品符合注释四，用高岭土涂布并含机械浆超过 10%。 根据归类总规则一。				

序号	512	归类决定编号	W2005-253	公告编号	2005年第63号
商品税则号列		4810.29		公告实施日期	2005年12月23日
商品名称	一层用高岭土涂布的布里斯托尔三层纸板					
英文名称	"Bristol boards": triplex board, one layer of which has been coated with kaolin					
其他名称						
商品描述	多层纸品。由多层湿纸浆压在一起制得，每层特点各不相同，重量超过150克/平方米，厚度超过225微米但小于508微米，灰分超过3%，含机械浆超过10%。					
归类依据	HSC委员会决定将该产品归入子目4810.29，因为该产品符合注释四，用高岭土涂布并含机械浆超过10%。 根据归类总规则一。					

序号	513	归类决定编号	W2014-164	公告编号	2014年第93号
商品税则号列		4811.10		公告实施日期	2015年1月1日
商品名称	隔湿材料					
英文名称	Moisture insulation material					
其他名称						
商品描述	该商品由两张浸渍沥青的皱纹纸中间夹一层铝箔构成。					
归类依据	根据归类总规则一及六。					

序号	514	归类决定编号	W2014-165	公告编号	2014 年第 93 号
商品税则号列		4811.10		公告实施日期	2015 年 1 月 1 日
商品名称		瓦楞屋顶板			
英文名称		Corrugated roofing boards			
其他名称		Onduline，Guttaflex			
商品描述		在一定压力下，将按照造纸技术制成的纤维网浸渍沥青材料制成。有时，单面覆盖漆或矿物材料（如砂子、颗粒等），并与一薄层沥青材料黏接。			
归类依据		根据归类总规则一及六。			

序号	515	归类决定编号	W2014-166	公告编号	2014 年第 93 号
商品税则号列		4811.60		公告实施日期	2015 年 1 月 1 日
商品名称		石蜡纸及纸板			
英文名称		Paraffin-waxed paper and paperboard			
其他名称					
商品描述		该商品用作制造牛奶、奶油、果汁等的容器，或制造留声机唱片套。成卷宽度超过 15 厘米，或成张矩形一边超过 36 厘米，不论是否内衬铝箔（即形成包装的内面）。一面印有与包装产品有关的文字说明。			
归类依据		根据归类总规则一及六。			

序号	516	归类决定编号	W2014-167	公告编号	2014 年第 93 号
商品税则号列		4811.60		公告实施日期	2015 年 1 月 1 日
商品名称	石蜡纸条				
英文名称	Strip of paraffin-waxed paper				
其他名称					
商品描述	用山梨醇处理过,宽度不超过 15 厘米,单面的中心沿长度可见一条更窄的铝箔,成卷包装供包裹糖果用。				
归类依据	根据归类总规则一及六。				

序号	517	归类决定编号	W2005-256	公告编号	2005 年第 63 号
商品税则号列		4811.90		公告实施日期	2005 年 12 月 23 日
商品名称	传真纸				
英文名称	Telefax paper				
其他名称					
商品描述	成卷宽度超过 15 厘米,单面涂布有机热敏物质,受热时热敏物质发生化学变化而变黑。在传真机内,通过将传真传输终端产生的电脉冲转换为热打印过程,而在传真纸上得到传真复制品。通过接收端传真机上的热笔或点触热打印头在纸上打出一系列线、点从而构成完整图像。				
归类依据	HSC 委员会认为,用热敏纸的传真机通过热传导作用而非射线作用,因此三十七章注释二不适用该产品的归类。该产品应归入第四十八章。 根据归类总规则一。				

序号	518	归类决定编号	W2014-168	公告编号	2014年第93号
商品税则号列		4811.90		公告实施日期	2015年1月1日
商品名称	日本丝绸纸				
英文名称	Japanese silk paper				
其他名称					
商品描述	成张,用于制灯罩。用于天然植物部分装饰,并具有金属粉末喷涂的图案。正反面完全用很薄的天然丝绸织物包覆。				
归类依据	根据归类总规则一及六。				

序号	519	归类决定编号	W2014-169	公告编号	2014年第93号
商品税则号列		4811.90		公告实施日期	2015年1月1日
商品名称	纸板				
英文名称	Paperboard				
其他名称					
商品描述	成张矩形长度超过36厘米,一面完全印有字符及说明,仅需切割即可成书皮(切成的书皮再与8张软面纸粘至书上)。这类产品上所印文字及说明均附属其主要用途,并不具有第四十九章印刷品特征。				
归类依据	根据归类总规则一及六。				

序号	520	归类决定编号	W2014-170	公告编号	2014年第93号
商品税则号列		4811.90		公告实施日期	2015年1月1日
商品名称	涂布有机热敏材料的纸				
英文名称	Paper with an organic heat sensitive substance				
其他名称					
商品描述	成卷宽度不超过15厘米，单面涂布有机热敏物质，受热时热敏物质发生化学变化而变黑。在传真机内，通过将传真传输终端产生的电脉冲转换为热打印过程，而在传真纸上得到传真复制品。通过接收端传真机上的热笔或点触热打印头在纸上打出一系列线、点，从而构成完整图像。				
归类依据	根据归类总规则一及六。				

序号	521	归类决定编号	W2005-257	公告编号	2005年第63号
商品税则号列		4818.90		公告实施日期	2005年12月23日
商品名称	成卷纸巾				
英文名称	Tissue stock				
其他名称					
商品描述	白色，未涂布、未浸渍，吸水好，表面不平滑均匀，有褶皱。一种表面有轻度压花。货品有两种不同重量（双层产品为2×17/18克/平方米，单层产品为23/24克/平方米），以四种不同宽度进口，范围20.5~31.8厘米，每个带卷轴纸约重230千克至590千克，用于进一步加工成面巾纸及餐巾纸（或纸尿布）。				
归类依据	HSC委员会认为，该货品不能作为税目48.03的卫生纸或面巾纸归类，也不能归入税目48.05，因为该税目仅包括税目48.01至48.04所述货品之外的未涂层的纸或纸板（不考虑任何尺寸标准）。HSC委员会还决定，尽管该产品似乎可作为税目48.08的皱纹纸归类，但显然该税目不包括税目48.03所述的皱纹纸。因此，决定该商品必须归入子目4818.90。 根据归类总规则一。				

序号	522	归类决定编号	W2014-171	公告编号	2014 年第 93 号
商品税则号列		4820.90		公告实施日期	2015 年 1 月 1 日
商品名称	魔术记事板				
英文名称	Magic note pads				
其他名称					
商品描述	其主要由一个滑动部件，装入一个一端开口的纸板封套内构成。滑动部件由一张铝片、一张单面涂布人造蜡的蓝纸、一张透明纸及一张透明塑料片叠加固定组成。在魔术记事板上可用铅笔或尖笔记事，拉动滑动部件则可涂掉所写的内容。				
归类依据	根据归类总规则一及六。				

序号	523	归类决定编号	W2014-172	公告编号	2014 年第 93 号
商品税则号列		4823.70		公告实施日期	2015 年 1 月 1 日
商品名称	复活节彩蛋				
英文名称	Easter eggs				
其他名称					
商品描述	由模压纸浆制成的两个可对在一起组成一个蛋形的容器，外包一层印有图案的铝箔构成。				
归类依据	根据归类总规则一及六。				

序号	524	归类决定编号	W2014-173	公告编号	2014 年第 93 号
商品税则号列		4823.90		公告实施日期	2015 年 1 月 1 日
商品名称		隔热材料			
英文名称		Heat-insulating material			
其他名称					
商品描述		该商品表面呈绒状,用于屋顶或建筑物的墙洞。产品由碎报纸或其他废纸、废纸板磨碎,然后用化学品防火处理后制得。			
归类依据		根据归类总规则一及六。			

序号	525	归类决定编号	W2005-259	公告编号	2005 年第 63 号
商品税则号列		49.01		公告实施日期	2005 年 12 月 23 日
商品名称		学生课本			
英文名称		School workbooks			
其他名称					
商品描述		具有文字、图片的英语练习册。			
归类依据		由于所印文字及图片构成商品的主要用途,HSC 委员会决定根据四十八章注释十二将该产品归入第四十九章,税目 49.01。 根据归类总规则一。			

序号	526	归类决定编号	W2005-260	公告编号	2005 年第 63 号
商品税则号列		4901.99		公告实施日期	2005 年 12 月 23 日
商品名称	电话用户簿				
英文名称	Publication issued to the subscribers of a telepho				
其他名称					
商品描述	向电话公司用户发行的出版物,主要由黄色纸页构成,按经商范围列明公司的电话号码及地址并在方框中插有广告,内容包括产品说明及服务、地址、电话及广告人的传真号。				
归类依据	由于根据四十九章注释五,税目 49.01 可以包括含有少量广告的出版物,HSC 委员会决定将该产品归入税目 49.01(子目 4901.99)。 根据归类总规则一。				

序号	527	归类决定编号	W2014-174	公告编号	2014 年第 93 号
商品税则号列		4901.99		公告实施日期	2015 年 1 月 1 日
商品名称	没有插图的小册子				
英文名称	Brochures, not illustrated				
其他名称					
商品描述	免费发放给汽车修理厂、修理部等,提供维修同一制造商发布的汽车的各种标牌所需技术资料。				
归类依据	根据归类总规则一及六。				

序号	528	归类决定编号	W2005-262	公告编号	2005 年第 63 号
商品税则号列		4903.00		公告实施日期	2005 年 12 月 23 日
商品名称	教学用书				
英文名称	School workbooks:"INFANT MATHEMATICS"				
其他名称					
商品描述	共有 8 页，14 面，用订书钉固定，彩色，内容为图画及简短文字练习。要求儿童通过画出物体或在有物体轮廓的描图中涂色回答问题。				
归类依据	HSC 委员会认为，由于印刷内容并非辅助性，并因此超出四十八章的范围，故尽管税目 48.20 注释述及该税目商品允许"相当大量的印刷内容"，但该商品不能作为税目 48.20 的练习簿归类。HSC 委员会还同意，该出版物明显符合四十九章注释六的要求，作为以图画为主，文字为辅，为初级教育阶段儿童编辑的书而应归入税目 49.03。 根据归类总规则一。				

序号	529	归类决定编号	W2005-263	公告编号	2005 年第 63 号
商品税则号列		4903.00		公告实施日期	2005 年 12 月 23 日
商品名称	教学用书				
英文名称	School workbooks:"WORKBOOK1"				
其他名称					
商品描述	共有 16 页，32 面，多种色彩，用订书钉固定，24 面有含文字的（8 面供涂色），3 面供画画或做练习，5 面只有文字（一篇阅读测试）。				
归类依据	HSC 委员会认为，由于印刷内容并非辅助性，并因此超出四十八章的范围，故尽管税目 48.20 注释述及该税目商品允许"相当大量的印刷内容"，但该商品不能作为税目 48.20 的练习簿归类。HSC 委员会还同意，该出版物明显符合四十九章注释六的要求，作为以图画为主，文字为辅，为初级教育阶段儿童编辑的书而应归入税目 49.03。 根据归类总规则一。				

序号	530	归类决定编号	W2005-264	公告编号	2005 年第 63 号
商品税则号列		4903.00		公告实施日期	2005 年 12 月 23 日
商品名称	会发声的动物书				
英文名称	Animal sound books				
其他名称					
商品描述	在 21 厘米×29 厘米的硬纸板上粘有： 1. 左边：一个 8 或 9 页的动物图画书，每页显示一种动物，并有极简短的一两句话描述该动物的主要特点； 2. 紧右边：一个绘有书中动物的塑料盒；按压盒上的动物图像，电池控制的发声装置通过内置扬声器发出相应动物的叫声。				
归类依据	HSC 委员会指出，根据四十九章注释六，税目 49.03 限于明显为儿童兴趣或娱乐或指导其初级阶段教育而编辑的图画书，只要以图画为主，文字为辅。由于"书"在整个商品中更为重要，HSC 委员会决定"书"构成该物品的基本特征，因此将其归入子目 4903.00。 根据归类总规则三（二）。				

序号	531	归类决定编号	W2005-265	公告编号	2005 年第 63 号
商品税则号列		49.11		公告实施日期	2005 年 12 月 23 日
商品名称	彩票				
英文名称	Lottery tickets				
其他名称					
商品描述	同商品名称。				
归类依据	HSC 委员会认为，彩票一般应作为税目 49.11 的其他印刷品归类。 根据归类总规则一。为了反映这一决定，税目 48.20、48.23、49.07、49.11 及 95.04 注释已作了修改。				

序号	532	归类决定编号	W2014-175	公告编号	2014 年第 93 号
商品税则号列			4911.10 或 4911.91 或 4911.99	公告实施日期	2015 年 1 月 1 日
商品名称		单独印刷的有文字图画的纸页			
英文名称		Separate printed sheets with text and pictures			
其他名称					
商品描述		期刊构成的一部分。			
归类依据		根据归类总规则一及六。			

序号	533	归类决定编号	W2005-266	公告编号	2005 年第 63 号
商品税则号列			4911.99	公告实施日期	2005 年 12 月 23 日
商品名称		滑稽贴、窗贴等类似品			
英文名称		"Comic stickers"，"Window stickers" and similar articles			
其他名称					
商品描述		通常用于广告或仅仅用于装饰。			
归类依据		HSC 委员会认为，这些物品专门从子目 4821.10 中排除，因为它们不符字典中关于真正"标签"的含义，因此应作为子目 4911.99 的其他印刷品归类。 根据归类总规则一。为反映这一决定，税目 48.21 及 49.11 注释已作了修改。			

序号	534	归类决定编号	W2005-267	公告编号	2005 年第 63 号
商品税则号列		4911.99		公告实施日期	2005 年 12 月 23 日
商品名称	旅行用机票、火车票、汽车票等					
英文名称	Tickets for travel by air, rail, road, etc					
其他名称						
商品描述	由尚未填写作为机票、车票等使用所须详细情况（名字、目的地、日期等）的联券及印刷封页装订成的小册子。					
归类依据	由于票上的大量印刷内容对其主要用途并非辅助的，HSC 委员会决定根据四十八章注释十一将该产品归入税目 49.11。					

序号	535	归类决定编号	W2005-268	公告编号	2005 年第 63 号
商品税则号列		4911.99		公告实施日期	2005 年 12 月 23 日
商品名称	标签					
英文名称	Labels					
其他名称						
商品描述	以纸衬背的铝箔标签，印有相关商品的文字及说明。					
归类依据	由于生产标签经历了印刷的实质加工，该产品已成为物品。HSC 委员会决定将其排除于税目 76.06，而归入税目 49.11。根据归类总规则一。为反映这一决定，税目 76.07 注释已作了修改。					

序号	536	归类决定编号	W2005-269	公告编号	2005年第63号
商品税则号列		5208.51		公告实施日期	2005年12月23日
商品名称	平纹棉织物				
英文名称	Plain weave cotton fabric				
其他名称					
商品描述	每平方米重量不超过100克，以一段320厘米×110/112厘米长方形织物报验，印有各种图案及颜色，该织物从长匹织物上简单裁剪下来，可裁剪为两段制成一对妇女传统服饰用"肯加围巾布"，不需进一步加工即可用作连衣裙、裙子、披肩等。				
归类依据	由于该产品未构成成品状态的物品而即供使用，不能作为第十一类注释七所指的"制成"品归类，故HSC委员会一致决定将其归入子目5208.51。 根据归类总规则一（第十一类注释七）。				

序号	537	归类决定编号	W2014-176	公告编号	2014年第93号
商品税则号列		52.08 或 52.09		公告实施日期	2015年1月1日
商品名称	纯棉印花机织物				
英文名称	Printed woven fabric of 100% cotton				
其他名称					
商品描述	裁剪成137厘米×198厘米的长方形，带有织边，且纬线有折边但未经缝制。该产品将作为床单使用。				
归类依据	根据归类总规则一及六。				

序号	538	归类决定编号	W2014-177	公告编号	2014 年第 93 号
商品税则号列		5305.00		公告实施日期	2015 年 1 月 1 日
商品名称	剑麻纤维垫				
英文名称	Mat of sisal fibres				
其他名称					
商品描述	不规则摊铺,为便于搬运,用聚醋酸乙烯稍加涂布(重量的 5%)。但涂层不足以使表面纤维间构成永久性黏结。				
归类依据	根据归类总规则一。				

序号	539	归类决定编号	W2016-020	公告编号	2016 年第 79 号
商品税则号列		5402.20		公告实施日期	2017 年 1 月 1 日
商品名称	聚酯高强力纱				
英文名称	High tenacity yarn of polyester				
其他名称					
商品描述	变形纱线,非零售包装。				
归类依据	根据归类总规则一及六。				

序号	540	归类决定编号	W2014-178	公告编号	2014 年第 93 号
商品税则号列	\multicolumn{3}{l}{5402.61 至 5402.69 或 5403.41 至 5403.49}	公告实施日期	2015 年 1 月 1 日
商品名称	\multicolumn{5}{l}{纺织纱线}
英文名称	\multicolumn{5}{l}{Textile yarn}
其他名称	\multicolumn{5}{l}{Rhodianyl yarn No. 17.248}
商品描述	\multicolumn{5}{l}{化学纤维制，绕于芯子上，表明其用于纺织工业，由一根单纱及一根粗松螺旋花线捻合而成。}
归类依据	\multicolumn{5}{l}{根据归类总规则一及六。}

序号	541	归类决定编号	W2018-038	公告编号	2018 年第 159 号
商品税则号列	\multicolumn{3}{c}{5407.20}	公告实施日期	2018 年 12 月 1 日
商品名称	\multicolumn{5}{l}{管状机织物}
英文名称	\multicolumn{5}{l}{Tubular woven fabric}
其他名称	\multicolumn{5}{l}{}
商品描述	\multicolumn{5}{l}{管状机织物，由塑料制的表观宽度不超过 5 毫米的扁条制成。织物报验状态为扁平状，成卷包装，每卷织物长 1 500 米、宽 70 厘米。织物边缘未经缝纫、胶粘或钉子封边。该产品用于生产装东西的袋子。}
归类依据	\multicolumn{5}{l}{根据归类总规则一及六。}

序号	542	归类决定编号	W2014-179	公告编号	2014年第93号
商品税则号列		5509.32		公告实施日期	2015年1月1日
商品名称		两股红纱线			
英文名称		2-ply multiple（folded）red yarn			
其他名称					
商品描述		由聚丙烯腈合成短纤纺制而成，终捻为S捻，细度为73.6特克斯（736分特），并绕成99.8克的绞状。			
归类依据		根据归类总规则一及六。			

序号	543	归类决定编号	W2014-180	公告编号	2014年第93号
商品税则号列		5601.22		公告实施日期	2015年1月1日
商品名称		制香烟滤嘴的丝束棒			
英文名称		Rods for making cigarette filter tips			
其他名称					
商品描述		由醋酸纤维素纤维构成，经甘油三乙酸酯处理并用卷烟纸包裹。			
归类依据		根据归类总规则四。			

序号	544	归类决定编号	W2005-270	公告编号	2005年第63号
商品税则号列		5601.30		公告实施日期	2005年12月23日
商品名称		切断尼龙纱线			
英文名称		Fragments of nylon yarn			
其他名称					
商品描述		材料构成为100%尼龙股纱，染成黑色。股纱由两股单纱构成，每股单纱又由多根单丝组成，细度为933分特（840/2旦），并切割成约2毫米至6毫米长度。专用作制造卡车轮胎的增强材料。			
归类依据		HSC委员会同意归类总规则一至三不适用这一特殊情况。因此，根据规则四将该物品归入其最相类似货品的税目。纺织纤维屑最相类似，故将其归入税目56.01。根据归类总规则四。			

序号	545	归类决定编号	W2008-113	公告编号	2008年第75号
商品税则号列		5603.12或5603.13		公告实施日期	2008年10月23日
商品名称		非织造布			
英文名称		Nonwovens			
其他名称		Tamlon® K622-60，Trinitex® K804-80，Trinitex® K804-6			
商品描述		商品使用湿法成网工艺制造，由不同厚度的化学纤维与纤维素纤维（10%～35%）混合后用丙烯酸酯黏合剂浸渍而成，重量为每平方米60克至80克，并且呈宽度100毫米至1 500毫米卷状。这些产品可以广泛应用于制造一次性牛奶过滤器、服装腰带、刺绣衬背材料和鞋底材料。			
归类依据		根据归类总规则一及六。			

序号	546	归类决定编号	W2005-271	公告编号	2005 年第 63 号
商品税则号列		5606.00		公告实施日期	2005 年 12 月 23 日
商品名称	绒头纱线				
英文名称	Yarn having a hairy appearance along its entire le				
其他名称					
商品描述	纱线具有毛状外观。通过直接沿长度方向将织物从中心割开制成，这种织物由两列纵行线圈编条构成，由另外一根纱线将两个编条沿纵向连接起来，经切割，该连接纱线形成绒毛纱线的绒头。绒毛纱线绕成 50 克团状供零售，并用于织造手工艺品等。织物切割前后图示说明。				
归类依据	HSC 委员会指出，尽管该纱线的生产方法明显不同于税目 56.06 注释 B 部分对绳绒纱线的描述方法，但注释是不详尽的。因此，HSC 委员会一致决定，该产品属于税目 56.06 条文所指的绳绒纱线，并将其归入税目 56.06。 根据归类总规则一。				

序号	547	归类决定编号	W2005-272	公告编号	2005 年第 63 号
商品税则号列		5606.00		公告实施日期	2005 年 12 月 23 日
商品名称	绒头纱线				
英文名称	Yarn having a hairy appearance along its entire le				
其他名称					
商品描述	纱线具有毛状外观。由沿经线方向的线圈链构成，另外还有附加经线在织造后经切割形成绒头。 绒毛纱线绕成 50 克团状供零售，并用于织造手工艺品等。绒头切割前后图示说明。				
归类依据	HSC 委员会指出，尽管该纱线的生产方法明显不同于税目 56.06 注释 B 部分对绳绒纱线的描述方法，但注释是不详尽的。因此，HSC 委员会一致决定该产品属于税目 56.06 条文所指的绳绒纱线，并将其归入税目 56.06。 根据归类总规则一。				

序号	548	归类决定编号	W2005-273	公告编号	2005年第63号
商品税则号列			5607.49 或 5607.50	公告实施日期	2005年12月23日
商品名称		管状编带			
英文名称		Tubular Braids			
其他名称					
商品描述		具有线、绳、索、缆特征。			
归类依据		HSC委员会认为，这些产品具有税目56.07注释第一段第二项描述的线、绳、索、缆特征，并符合税目58.08注释的排他条目（b），应根据构成材料归入子目5607.49或5607.50。 根据归类总规则一。为更有效建立区分税目56.07及58.08的标准，已对58.08税目注释作了修改。			

序号	549	归类决定编号	W2014-181	公告编号	2014年第93号
商品税则号列			5607.50	公告实施日期	2015年1月1日
商品名称		管状编带			
英文名称		Tubular braids			
其他名称					
商品描述		紧密结构，不论是否含有多股纱线芯，约为圆形实心截面（直径约1毫米）。由聚酯纤维纱线和少量浸渍石蜡构成，用作多臂织机的吊线。			
归类依据		根据归类总规则一及六。			

序号	550	归类决定编号	W2005-274	公告编号	2005年第63号
商品税则号列		56.09		公告实施日期	2005年12月23日
商品名称	车辆用拖绳				
英文名称	Towing rope for motor vehicles				
其他名称					
商品描述	由纺织材料管状编带制成，直径约35毫米，编带内含有8根橡胶线，非刚性结构，通过疏松地交织拧绞合成纺织纱线束制成。绳的末端形成圈状可以夹住贱金属（钢）弹簧钩，绳圈部分套有约7厘米长的塑料保护套。绳的通常长度约150厘米，可拉长至400厘米。拖绳设计可拖拉高达2 500千克重物。随拖绳还附带有一面可系在绳上的塑料红色警示旗。				
归类依据	由于该产品自身性能上为一般用途的物品，不能认作为是专用或主要用于第十七类车辆的附件，故HSC委员会决定，该产品应根据其构成材料归入税目56.09。根据归类总规则一。				

序号	551	归类决定编号	W2014-182	公告编号	2014年第93号
商品税则号列		5702.50至5702.99		公告实施日期	2015年1月1日
商品名称	机织垫子				
英文名称	Mats, woven				
其他名称					
商品描述	经纱为纺织纱线，纬纱为塑料条。塑料条已经折叠，折叠前宽度为17毫米，稍有扭曲并由于机织打纬到织口时受到压缩，故织物表面所见纬纱宽度2~5毫米不等。				
归类依据	根据归类总规则一及六。				

序号	552	归类决定编号	W2005-275	公告编号	2005年第63号
商品税则号列		5808.10		公告实施日期	2005年12月23日
商品名称	编带				
英文名称	Braids				
其他名称					
商品描述	预用于服装或装饰用物品的外观装饰。				
归类依据	由于该产品预用于税目58.08注释（A）部分第一段所指的服装或装饰用物品的外观装饰，HSC委员会决定，将其作为成匹编带归入子目5808.10。 根据归类总规则一。为更有效建立区分税目56.07及58.08的标准，已对58.08税目注释作了修改。				

序号	553	归类决定编号	W2005-276	公告编号	2005年第63号
商品税则号列		5808.10		公告实施日期	2005年12月23日
商品名称	编带				
英文名称	Braids				
其他名称					
商品描述	无芯层结构。				
归类依据	由于该产品没有芯层并因此不被认为具有"紧密"结构，HSC委员会决定将其归入子目5808.10。 根据归类总规则一。为更有效建立区分税目56.07及58.08的标准，已对58.08税目注释作了修改。				

序号	554	归类决定编号	W2005-277	公告编号	2005年第63号
商品税则号列		5810.91至5810.99		公告实施日期	2005年12月23日
商品名称	机织物刺绣布料				
英文名称	Embroidered piece of woven fabric				
其他名称					
商品描述	长方形，未经任何方式制成。该段布料与一条制成并可直接使用的机织物刺绣围巾（经刺绣直接制成）构成成套产品，呈零售包装状态报验，且布料可制成一件以上服装。				
归类依据	HSC委员会指出，虽然围巾可直接使用，但该产品仍须缝制而成服装。此外，也不符合归类总规则三注释规定的条件（"产品或物品包装在一起以满足特定需要或从事特定活动"）。因此，虽然该产品及一条围巾构成成套产品，HSC委员会决定这两件商品不能按成套产品归类，而应分别归类。 根据归类总规则一。				

序号	555	归类决定编号	W2014-183	公告编号	2014年第93号
商品税则号列		5810.91至5810.99		公告实施日期	2015年1月1日
商品名称	刺绣品				
英文名称	Embroidery				
其他名称					
商品描述	宽2.5~11.5厘米，底布为两种不同颜色的机织物拼接，并由于刺绣加工而沿长度边对边连接。				
归类依据	根据归类总规则一及六。				

序号	556	归类决定编号	W2014-184	公告编号	2014年第93号
商品税则号列		5903.10		公告实施日期	2015年1月1日
商品名称	相互层叠的平行聚酯长丝纱线织物					
英文名称	Fabric consisting of parallel polyester filament y					
其他名称						
商品描述	由数层不相交的平行聚酯长丝纱线以直角相互层叠构成,并经液体聚氯乙烯浸渍使纱线在交叉点处黏合。经辊压,在交叉点外织物其他处用肉眼可辨别压平的聚氯乙烯黏合点。					
归类依据	根据归类总规则一及六。					

序号	557	归类决定编号	W2005-278	公告编号	2005年第63号
商品税则号列		5907.00		公告实施日期	2005年12月23日
商品名称	涂铝纺织物					
英文名称	Aluminium-coated textile fabric					
其他名称						
商品描述	由100%聚酯长丝纱线构成的机织物。单面涂布一薄层肉眼可辨的,通过真空过程蒸发熔化的铝所得的铝层。					
归类依据	由于商品外观闪亮,可以看作为仅仅颜色变化,故HSC委员会决定该含金属纺织物归入税目59.07。HSC委员会认为,根据五十九章注释五(一)商品的涂层可用肉眼辨别而不是颜色的变化。 根据归类总规则一。					

序号	558	归类决定编号	W2022-022	公告编号	2022 年第 78 号
商品税则号列		5907.00		公告实施日期	2022 年 9 月 1 日
商品名称	涂铝纺织物				
英文名称	Aluminium coated textile fabric				
其他名称					
商品描述	涂铝纺织物，由 100% 聚酯长丝纱线构成的机织物。单面涂布一薄层肉眼可辨的，通过真空过程蒸发熔化的铝所得的铝层。				
归类依据	根据归类总规则一［第五十九章章注六（一）］。				

序号	559	归类决定编号	W2014-185	公告编号	2014 年第 93 号
商品税则号列		5910.00		公告实施日期	2015 年 1 月 1 日
商品名称	层压带				
英文名称	Belt				
其他名称					
商品描述	由一层或多层编结材料机织扁条夹在两片聚酰胺扁条之间，编结材料扁条仅起增强作用，各层扁条以黏合剂黏合并经层压构成。其规格如下：1. 厚度 3 毫米及以上；2. 厚度小于 3 毫米。环状或以扣件（钉等）连接。				
归类依据	根据归类总规则一。				

序号	560	归类决定编号	W2005-279	公告编号	2005年第63号
商品税则号列		5911.10		公告实施日期	2005年12月23日
商品名称		平纹经纱起绒带			
英文名称		Plain warp-pile tape			
其他名称					
商品描述		不确定长度，宽50毫米，厚2.5毫米，用于缠绕在纺织机器的织轴上增加摩擦力。			
归类依据		1991年，根据现行条文，HSC委员会决定将该产品归入子目5808.10。然而，HSC委员会决定今后将这种物品归入税目59.11。 根据归类总规则一。 注：1996年版《协调制度》五十九章注释七及5911.10子目条文已作修改。			

序号	561	归类决定编号	W2014-186	公告编号	2014年第93号
商品税则号列		5911.10		公告实施日期	2015年1月1日
商品名称		层压带			
英文名称		Belt			
其他名称					
商品描述		由一层或多层编结材料机织扁条夹在两片聚酰胺扁条之间，编结材料扁条仅起增强作用，各层扁条以黏合剂黏合并经层压构成。其规格如下：1. 厚度小于3毫米；2. 长度不确定或切成一定长度。			
归类依据		根据归类总规则一及六。			

序号	562	归类决定编号	W2005-280	公告编号	2005 年第 63 号
商品税则号列		5911.40		公告实施日期	2005 年 12 月 23 日
商品名称	无纺织物制席垫				
英文名称	Nonwoven mat				
其他名称					
商品描述	尺寸为 2 000 厘米×200 厘米×2.5 厘米，由聚酯纤维单面层叠尼龙稀疏织物构成。该产品预经切割后用作为滤布，例如装入下行式涂料喷洒室的上顶板，且被汽车制造商用作过滤空气、灰尘及不洁颗粒物的介质。该产品为渐进结构无纺织物，是由合成纤维、树脂并经热黏合制成的高密度高性能空气过滤无纺材料，具有特殊黏合涂层，充分渗到每根纤维以保证： ——绝不会由于震动产生超过 15 微米的破坏涂料的颗粒泳移； ——所有纤维 100%涂布； ——充分的火焰自熄性能（阻燃性）。 清洁空气的一面特别紧密和平滑，用稀疏的机织网眼织物增强，并印有等级鉴定许可号。				
归类依据	HSC 委员会指出，根据五十九章注释七（一）3，税目 59.11 优先于税目 56.03 考虑，五十九章注释一对无纺织物的排他不适用，该章注释一是对"纺织物"的定义，这一术语未用于章注七（一）3，其表述为"用于榨油机器或类似机器的纺织材料制滤布"。HSC 委员会还指出，只要无纺过滤布供技术用，就应归入税目 59.11，59.11 税目注释还提供了指导并专门确定某类滤布，即用于榨油机或类似机器以及用于工业除尘系统气体清洁或类似技术用途。由于该产品被作为过滤材料，无纺材料，并用于工业除尘系统中供技术用，HSC 委员会决定将其归入税目 59.11（子目 5911.40）。 根据归类总规则一。				

序号	563	归类决定编号	W2014-187	公告编号	2014 年第 93 号
商品税则号列		5911.90		公告实施日期	2015 年 1 月 1 日
商品名称	过滤材料				
英文名称	Filtering materials				
其他名称					
商品描述	层叠数层化学纺织纤维网并用塑料黏合而成，单面涂布一层胶黏物质，用于空气过滤。裁剪成长方形之外，或不论形状经进一步加工的（用条带装饰或加工有扣眼等）。				
归类依据	根据归类总规则一及六。				

序号	564	归类决定编号	W2005-281	公告编号	2005年第63号
商品税则号列		6104.62 和 6110.20		公告实施日期	2005年12月23日
商品名称		两件服装构成的套件			
英文名称		Article of apparel consisting of a set of two comp			
其他名称					

商品描述

1. 短裤（Shorts）。

无门襟或裤兜，由100%棉针织物制成，腰部装有松紧带，腿部开口经简单折边。该短裤构成成套包装的一部分。成套包装中另有一件具有相同颜色及质地但缝有纯棉针织罗纹边的无袖套头衫。该罗纹边与短裤面料质地不同，故成套包装的产品不能作为便服套装归类。

2. 无袖服装（Sleeveless garment）。

圆领，长度到腰部上。该种无袖套头衫完全由100%针织织物制成，其领口、臂口及底边缝有相同颜色但质地不同的纯棉针织罗纹边。

该无袖衫构成成套包装的一部分。成套包装中另有一件具有相同颜色及质地但没有罗纹边的纯棉针织短裤。

归类依据

就两件服装是否能看作为六十一章注释三（二）所指的便服套装问题，HSC委员会决定应将它们分别归类，因为其上装缝有罗纹边，而短裤没有罗纹边。HSC委员会因此决定将短裤归入6104.62；将无袖服装归入6110.20，理由是虽然该服装未遮盖到腰下，且非像税目61.10的服装套在另一件衣服上穿，但将其视为"套头装的类似品"。

根据六十一章注释三2及第十一类注释十三。

序号	565	归类决定编号	W2018-039	公告编号	2018 年第 159 号
商品税则号列		6104.63		公告实施日期	2018 年 12 月 1 日
商品名称	女式长裤				
英文名称	Women's trousers				
其他名称					
商品描述	女式长裤，由轻质针织织物（87%涤纶和13%氨纶）制成。裤长及踝，裤腰有松紧带，裤脚缝边。 该长裤是成套女式服装中的一件，该套装中还有一件长袖 T 恤（单独归入子目6109.90）。两件衣物一同报验，零售包装。 又见归类意见 6109.90/2。				
归类依据	根据归类总规则一（第十一类注释十四）及六。				

序号	566	归类决定编号	W2016-021	公告编号	2016 年第 79 号
商品税则号列		6106.20		公告实施日期	2017 年 1 月 1 日
商品名称	无领无袖针织衫				
英文名称	Knitted sleeveless garment without a collar				
其他名称					
商品描述	该商品成分为 65%聚酯短纤，35%棉，领口处有装饰带，肩部有褶边袖孔，后背领口处有开口，并用纽扣系住。				
归类依据	根据归类总规则一及六。				

序号	567	归类决定编号	W2005-282	公告编号	2005年第63号
商品税则号列		61.08		公告实施日期	2005年12月23日
商品名称	躯干紧身服				
英文名称	Body Stockings				
其他名称					
商品描述	很薄质地的黑色网眼针织女式服装，由合成长丝变形纱线织成，无袖，遮盖躯干部分，未及腿部。圆领边，腿部交叉处用按扣闭合。领边及服装的其他边缘有宽约1厘米的装饰花边。				
归类依据	HSC委员会指出，由于《协调制度》中缺少任何具体的规则规定躯干紧身服类女式服装的归类，该商品按遮盖身体上部服装归类比短裤更合适。HSC委员会一致同意将该商品作为"类似品"归入税目61.08。 根据归类总规则一。HSC委员会还同意，由于躯干紧身服种类很多，难以为此类服装分设税目。				

序号	568	归类决定编号	W2005-283	公告编号	2005年第63号
商品税则号列		61.08		公告实施日期	2005年12月23日
商品名称	躯干紧身服				
英文名称	Body Stockings				
其他名称					
商品描述	很薄质地的针织女式服装，含棉86%，弹性纤维14%，无袖，遮盖躯干部分，未及腿部。背部剪裁较低，有窄肩带，收腰，腿部交叉处用按扣闭合。领边及服装的其他边缘有宽约1厘米的装饰花边。				
归类依据	会议指出，由于《协调制度》中缺少任何具体的规则规定躯干紧身服类女式服装的归类，该商品按遮盖身体上部服装归类比短裤更合适。HSC委员会一致同意将该商品作为"类似品"归入税目61.08。 根据归类总规则一。HSC委员会还同意，由于躯干紧身服种类很多，难以为此类服装分设税目。				

序号	569	归类决定编号	W2018-040	公告编号	2018年第159号
商品税则号列		6109.10		公告实施日期	2018年12月1日
商品名称		女式针织短袖T恤衫			
英文名称		Women's knitted short-sleeved T-shirt			
其他名称					
商品描述		女式针织短袖T恤衫，成分：80%棉、14%粘胶纤维和6%氨纶。该产品设计作为上衣穿着，长度在腰部以上。			
归类依据		根据归类总规则一及六。			

序号	570	归类决定编号	W2016-022	公告编号	2016年第79号
商品税则号列		6109.90		公告实施日期	2017年1月1日
商品名称		女式无领无袖针织衫			
英文名称		Women's knitted sleeveless garment without a collar			
其他名称					
商品描述		该商品成分：92%尼龙，8%氨纶，半圆形领口，有肩带。			
归类依据		根据归类总规则一及六。			

序号	571	归类决定编号	W2018-041	公告编号	2018 年第 159 号
商品税则号列		6109.90		公告实施日期	2018 年 12 月 1 日
商品名称	女式长袖 T 恤				
英文名称	Women's long-sleeved T-shirt				
其他名称					
商品描述	女式长袖 T 恤，无领，由轻质针织织物（87%涤纶和 13%氨纶）制成。T 恤下摆，袖口缝边。 该 T 恤是成套女式服装中的一件，该套装中还有一条长裤（单独归入子目 6104.63）。两件衣物一同报验，零售包装。 又见归类意见 6104.63/1。				
归类依据	根据归类总规则一（第十一类注释十四）及六。				

序号	572	归类决定编号	W2005-284	公告编号	2005 年第 63 号
商品税则号列		6110.20		公告实施日期	2005 年 12 月 23 日
商品名称	圆领无袖服装				
英文名称	Sleeveless garment with round neckline				
其他名称					
商品描述	同商品名称。				
归类依据	就两件服装是否能看作为六十一章注释三（二）所指的便服套装问题，HSC 委员会决定应将它们分别归类，因为其上装缝有罗纹边，而短裤没有罗纹边。HSC 委员会因此决定将短裤归入 6104.62；将无袖服装归入 6110.20，理由是虽然该服装未遮盖到腰下，且非像税目 61.10 的服装套在另一件衣服上穿，但将其视为"套头装的类似品"。 根据六十一章注释三（二）及第十一类注释十三。				

序号	573	归类决定编号	W2016-023	公告编号	2016 年第 79 号
商品税则号列		6110.20		公告实施日期	2017 年 1 月 1 日
商品名称		针织马甲			
英文名称		Knitted waistcoat			
其他名称					
商品描述		该商品外层面料成分为 100%棉,中间有一层薄衬垫(并不为应对天气变化),内层织物成分为 65%聚酯短纤和 35%棉。正面为全开襟。			
归类依据		根据归类总规则一及六。			

序号	574	归类决定编号	W2010-017	公告编号	2010 年第 75 号
商品税则号列		6110.30		公告实施日期	2010 年 12 月 3 日
商品名称		针织足球守门员运动衫			
英文名称		Knitted soccer goalkeeper jersey			
其他名称		Adidas "United"			
商品描述		针织足球守门员运动衫(100%聚酯纤维),长至腰部以下,插肩长袖,圆形紧领,领部无开口。该服装在袖子上缝有简易肘部护垫,袖口有罗纹,衣服的下部有缝边。			
归类依据		根据归类总规则一及六。			

序号	575	归类决定编号	W2016-024	公告编号	2016 年第 79 号
商品税则号列		6110.30		公告实施日期	2017 年 1 月 1 日
商品名称		女式短袖针织衫			
英文名称		Women's knitted short-sleeved garment			
其他名称					
商品描述		该商品成分为 100%聚丙烯腈，翻领，无开口。其在 10 厘米 × 10 厘米的面积内沿各方向的直线长度上平均每厘米超过 10 针。			
归类依据		根据归类总规则一及六。			

序号	576	归类决定编号	W2016-025	公告编号	2016 年第 79 号
商品税则号列		6110.30		公告实施日期	2017 年 1 月 1 日
商品名称		男式长袖针织衫			
英文名称		Men's knitted long-sleeved garment			
其他名称					
商品描述		商品成分为 76%聚酯短纤，24%棉，无领，无衬里，上装。该针织衫门襟为左压右，且在下摆处有衣兜。			
归类依据		根据归类总规则一及六。			

序号	577	归类决定编号	W2018-042	公告编号	2018年第159号
商品税则号列		6110.30		公告实施日期	2018年12月1日
商品名称	女式针织长袖套头衫				
英文名称	Women's knitted long-sleeved pullover				
其他名称					
商品描述	女式针织长袖套头衫,成分为100%聚酯纤维。该产品设计作为上衣穿着,长度在腰部以上。				
归类依据	根据归类总规则一及六。				

序号	578	归类决定编号	W2005-285	公告编号	2005年第63号
商品税则号列		61.14		公告实施日期	2005年12月23日
商品名称	躯干紧身服				
英文名称	Body Stockings				
其他名称					
商品描述	很薄质地的针织女式服装,含棉46%,聚酯46%,莱卡8%,印有花的图案,长袖,遮盖躯干部分,未及腿部。前部浅挖领口,背部剪裁较低,腿部交叉处用按扣闭合。				
归类依据	HSC委员会指出,由于《协调制度》中缺少任何具体的规则规定躯干紧身服类女式服装的归类,该商品按遮盖身体上部服装归类比短裤更合适。HSC委员会一致同意将该商品作为"其他服装"归入税目61.14。 根据归类总规则一。HSC委员会还同意,由于躯干紧身服种类很多,难以为此类服装分设税目。				

序号	579	归类决定编号	W2005-286	公告编号	2005年第63号
商品税则号列		61.14		公告实施日期	2005年12月23日
商品名称	躯干紧身服				
英文名称	Body Stockings				
其他名称					
商品描述	很薄质地的素白针织女式服装，含聚酰胺93%，弹性纤维7%，无袖，遮盖躯干部分，未及腿部，腿部交叉处用按扣闭合。立领，背部开襟，纽扣闭合，边缘不相搭接。服装的领子及上部缝有针织花边。				
归类依据	HSC委员会指出，由于《协调制度》中缺少任何具体的规则规定躯干紧身服类女式服装的归类，该商品按遮盖身体上部服装归类比短裤更合适。HSC委员会一致同意将该商品作为"其他服装"归入税目61.14。 根据归类总规则一。HSC委员会还同意，由于躯干紧身服种类很多，难以为此类服装分设税目。				

序号	580	归类决定编号	W2005-287	公告编号	2005年第63号
商品税则号列		6114.20		公告实施日期	2005年12月23日
商品名称	薄质针织女式服装				
英文名称	Light-weight knitted garment for women and girls				
其他名称					
商品描述	含棉94%，弹性纱线6%，有约35毫米宽的肩带，前部为圆形领口。该服装可以贴身外穿或作为内衣穿，遮盖身体上部并延伸到胸部下，类似半截背心，领口及肩带的边缘有弹性绲边，服装底部也缝有松紧带使其固住身体。该服装没有支撑胸部的作用。				
归类依据	HSC委员会指出，服装的归类不应考虑用途，而应根据其特征。由于弹性纱线含量低，该商品不具有实际的支撑作用，故HSC委员会决定将其归入税目61.14（6114.20）。 根据归类总规则一。				

序号	581	归类决定编号	W2005-288	公告编号	2005年第63号
商品税则号列		6114.30		公告实施日期	2005年12月23日
商品名称	女士薄质针织无带服装				
英文名称	Light-weight knitted, strapless garment for women				
其他名称					
商品描述	含聚酰胺90%，弹性纱线10%，遮盖身体上部并延伸到胸部下沿，肩部裸露，该服装可以贴身外穿或作为内衣穿，服装底部缝有约30毫米宽的松紧带，顶部有15毫米宽的松紧带使其固住胸部，该服装没有支撑胸部的作用。				
归类依据	HSC委员会认为，尽管该物品提供了一定支撑，但不能认为是胸罩，该服装目前流行贴身穿着，呈可伸缩带状。HSC委员会决定将其归入税目61.14（子目6114.30）。 根据归类总规则一。				

序号	582	归类决定编号	W2016-026	公告编号	2016年第79号
商品税则号列		6114.30		公告实施日期	2017年1月1日
商品名称	女式短袖针织衫				
英文名称	Women's knitted short-sleeved garment				
其他名称					
商品描述	商品成分为68%聚酯短纤，32%棉，无开口，胸部以下有褶边装饰。				
归类依据	根据归类总规则一及六。				

序号	583	归类决定编号	W2005-289	公告编号	2005年第63号
商品税则号列		6117.80		公告实施日期	2005年12月23日
商品名称	针织头带				
英文名称	Knitted headband				
其他名称					
商品描述	按重量计含聚丙烯腈70%，羊毛30%，缝合而成，宽度6~11厘米。用于保暖、固定头发等。				
归类依据	HSC委员会认为，该商品应被看作与长筒袜、短袜、手套、披巾、头巾、领带及领结等类似税目61.17的制成的衣着附件。根据归类总规则一。61.17、63.07及96.15注释已修改以明确归类。				

序号	584	归类决定编号	W2016-027	公告编号	2016年第79号
商品税则号列		6202.40		公告实施日期	2017年1月1日
商品名称	长袖服				
英文名称	Long-sleeved garment				
其他名称					
商品描述	该商品为机织聚酯织物制，有领，有衣兜，衣长至大腿中部以下，正面为右压左全开襟，有纽扣和腰带。				
归类依据	根据归类总规则一及六。				

序号	585	归类决定编号	W2016-028	公告编号	2016 年第 79 号
商品税则号列		6202.40		公告实施日期	2017 年 1 月 1 日
商品名称	类似带风帽的防寒短上衣的服装				
英文名称	Anorak-like garment				
其他名称					
商品描述	该商品为机织聚酯织物制，衣长至腰部以下，有领、兜帽及侧兜。尽管门襟为左压右并有拉链、按扣和腰带，但该服装的裁剪明显表明其为女性服装。另外，下摆处还有罗纹腰带和拉绳，以系紧衣服。				
归类依据	根据归类总规则一及六。				

序号	586	归类决定编号	W2005-290	公告编号	2005 年第 63 号
商品税则号列		62.03		公告实施日期	2005 年 12 月 23 日
商品名称	由两件服装构成的成套物品				
英文名称					
其他名称					
商品描述	由下列服装构成的成套物品： 1. 一件防风衣（A "wind-cheater" garment）。 用于人体上半身穿着。袖口有弹性缩带，服装的外部由白、粉两种不同色机织物面料缝合。服装大体为粉色，其前部、肩及背部用织物条作装饰，该服装长袖，袖口束紧，前部有四个口袋，两个装有拉链，衣服前部全开襟，右边紧搭左边，并有拉链闭合。该服装带有针织物衬里的帽兜，上有拉绳。 2. 一条裤子（A pair of trousers）。 无门襟，由与防风衣同样的机织面料制成，裤边上有兜，在踝及腰部有弹性伸缩带。腰部还可用拉绳束紧。该裤子有针织半衬里。				
归类依据	HSC 委员会认为，这两件服装是由两种完全相同面料（包括衬里）制成的，颜色相同，符合六十二章注释三（二）"便服套装"的定义，不是"运动服"。 根据归类总规则一。				

序号	587	归类决定编号	W2016-029	公告编号	2016 年第 79 号
商品税则号列		6204.62		公告实施日期	2017 年 1 月 1 日
商品名称		女式裤子（纱丽）			
英文名称		Women's trousers（Shalwar）			
其他名称					
商品描述		由绿色棉机织物制成。裤子是被称为"纱丽—克米兹"的女士服装的一部分。"纱丽—克米兹"还包括束腰外衣和围巾（黄绿色），3 个部分应分别归类，外衣和围巾应分别归入子目 6206.30 和 6214.90。3 个部分同时报验，零售包装。 又见归类决定 6206.30/1 和 6214.90/2。			
归类依据		根据归类总规则一（第十一类类注十四）及六。			

序号	588	归类决定编号	W2016-030	公告编号	2016 年第 79 号
商品税则号列		6206.30		公告实施日期	2017 年 1 月 1 日
商品名称		女式束腰外衣（克米兹）			
英文名称		Women's tunic（Kameez）			
其他名称					
商品描述		宽松式外衣，由棉机织物缝制而成（绿色和黄色相间）。无袖，低圆领，领口处有缝制在织物上的装饰品，有衬里和在束腰外衣下摆边缘有一条银色的纺织物制成的边显示其服装特征。 该束腰外衣是被称为"纱丽—克米兹"的女士服装的一部分。"纱丽—克米兹"还包括裤子（绿色）和围巾（黄绿色），3 个部分应分别归类，裤子和围巾应分别归入子目 6204.62 和 6214.90。3 个部分同时报验，零售包装。 又见归类决定 6204.62/1 和 6214.90/2。			
归类依据		根据归类总规则一（第十一类类注十四）及六。			

序号	589	归类决定编号	W2005-292	公告编号	2005 年第 63 号
商品税则号列		62.11		公告实施日期	2005 年 12 月 23 日
商品名称	一种"运动服"				
英文名称	Certain "track suits"				
其他名称					
商品描述	1. 一件中性防风式服装。用于人体上半身穿着，稍过腰部，由深蓝、白及深绿色机织物面料缝合而成。服装有缝制的立领，装有拉链，长袖，袖口及下摆有束紧部件，腰下有两个拉链口袋。缝有针织物衬里。 2. 一条宽松的中性长裤。无门襟，平纹、深蓝色机织物面料制成，腰部有弹性伸缩及拉绳，臀部有两个兜，踝部可伸缩，侧面装有约 24 厘米长的拉链。踝部还可用拉绳束紧。裤子缝有针织衬里。				
归类依据	HSC 委员会指出，此类带衬里的机织物制运动服在国际服装贸易中占有很大比重。衬里在从事运动中可以吸汗，因此是此类服装舒适的一项很重要特征。HSC 委员会决定，尽管该物品衬里，应作为税目 62.11 的"运动服"归类。根据归类总规则一。62.11 税目注释已经修改，以明确该税目"运动服"可以衬里。				

序号	590	归类决定编号	W2005-293	公告编号	2005 年第 63 号
商品税则号列		62.11		公告实施日期	2005 年 12 月 23 日
商品名称	一种"运动服"				
英文名称	Certain "track suits"				
其他名称					
商品描述	机织物制女式套件，由下列服装构成： 1. 一件防风服装。用于人体上半身穿着，有弹性伸缩腰带，服装外部面料由白及粉色机织物缝合而成。 服装为长袖，袖口束紧，衣前部有 4 个口袋，其中两个装有拉链。前部全开襟，右边搭左边，并有拉链闭合。该服装带有针织物衬里的帽兜，上有拉绳。 2. 一条无门襟长裤。由与防风衣同样的机织面料制成，裤边上有兜，在踝及腰部有弹性伸缩带。腰部还可用拉绳束紧。该裤子有针织半衬里。				
归类依据	HSC 委员会指出，此类带衬里的机织物制运动服在国际服装贸易中占有很大比重。衬里在从事运动中可以吸汗，因此是此类服装舒适的一项很重要特征。HSC 委员会决定，尽管该物品衬里，应作为税目 62.11 的"运动服"归类。根据归类总规则一。62.11 税目注释已经修改，以明确该税目"运动服"可以衬里。				

序号	591	归类决定编号	W2010-018	公告编号	2010年第75号
商品税则号列		6211.33		公告实施日期	2010年12月3日
商品名称		彩弹球裤（长裤）			
英文名称		"Paintball pants"（trousers）			
其他名称		Dye C5			
商品描述		设计为打彩弹球时穿着，主要以机织物（70%的聚酯纤维和30%尼龙）为骨架，上有肉眼无法看到的防水涂层，在腹股沟及大腿内侧部分还有编织网孔织物，装有一个橡胶后夹，以保持腰部弹夹包不移位，膝部有纤维接合点，使裤子可以伸展，便于活动、通风，裤前门襟拉链上有保护片（左压右），腰带可调节，侧面有斜插兜，腿部有外贴口袋。腹股沟及膝部还有织物制的护垫以提供保护，防止地面的磨损及彩弹攻击带来的伤害。			
归类依据		根据归类总规则一（第六十二章章注八及第五十四章章注一）及六。			

序号	592	归类决定编号	W2005-294	公告编号	2005年第63号
商品税则号列		6212.10		公告实施日期	2005年12月23日
商品名称		女士薄质针织服装			
英文名称		Light-weight knitted, garment for women and girls			
其他名称					
商品描述		女士薄质针织服装，含聚酰胺90%，弹性纱线10%，遮盖身体上部并延伸到胸部下沿，该服装可以贴身外穿或作为内衣穿，V型领口，罩杯分别缝合，肩带加有松紧带，服装底部也缝有约20毫米宽的松紧带使其固住身体，该服装具有支撑胸部的作用。			
归类依据		HSC委员会认为，由于该物品的总体外观呈现有分别缝制的罩杯及薄肩带，不同于以上物品（见291号）。因为该物品有弹性并提供了一定支撑，HSC委员会决定将其归入税目62.12（子目6212.10）。 根据归类总规则一。			

序号	593	归类决定编号	W2005-295	公告编号	2005 年第 63 号
商品税则号列		6212.90		公告实施日期	2005 年 12 月 23 日
商品名称	腰部支撑带				
英文名称	Lumbar support belt				
其他名称					
商品描述	具有姿态纠正作用。由含 43%聚酰胺、25%包芯弹力丝、16%棉、16%聚酯的弹性机织物构成交叉结构以保证腰带的稳定性（防止形成皱褶），并带有"velcro"扣件构成。在支撑带上宽度约 27 厘米的后腰部，有 3 条机织物带相互交叉形成类似肌肉的作用。在垂直于腰带长度方向有 4 个硬撑条起姿态纠正作用。根据病人腰部尺寸可提供 6 种规格。商品说明用于预防和治疗下列病症： ——急性或慢性腰痛和坐骨神经痛； ——职业创伤； ——由脊椎关节病引起背痛； ——患疝气时支持腹壁，或手术后支撑。				
归类依据	HSC 委员会指出，税目 90.21 "矫形器具"的范围有很严格的限制，且该税目的物品必须用于生病或手术后或器官。该商品非生病或手术后必用品，而且硬撑条主要起避免带卷起的作用。税目 62.12 的物品也能用柔性的金属、鲸须或塑料支撑条加强，且能装有硬金属配件。由于该支撑带非专用于矫形，HSC 委员会决定应将其归入税目 62.12（子目 6212.90）。 根据归类总规则一［62.12 税目条文及九十章注释一（二）］及六。				

序号	594	归类决定编号	W2014-188	公告编号	2014 年第 93 号
商品税则号列		6212.90		公告实施日期	2015 年 1 月 1 日
商品名称	游泳衣用乳罩				
英文名称	Cups for incorporation in ladies' Bathing costumes				
其他名称					
商品描述	该商品由穿孔聚乙烯片双面覆盖尼龙针织物，再切成一定尺寸后热成型制成。				
归类依据	根据归类总规则一及六。				

序号	595	归类决定编号	W2005-296	公告编号	2005 年第 63 号
商品税则号列		6214.10 至 6214.90		公告实施日期	2005 年 12 月 23 日
商品名称		刺绣机织物制围巾			
英文名称		Scarf of embroidered woven fabric			
其他名称					
商品描述		长方形，制成并即供使用（直接刺绣完成）。该围巾构成成套包装的一部分，成套包装中另有一块未经任何制成的刺绣机织布料。两件物品呈零售包装状态报验，且布料可制成一件以上服装。			
归类依据		HSC 委员会指出，尽管该围巾可直接使用，但刺绣机织布料仍须缝制而成服装。而且不符合归类总规则三注释规定的"由特定的产品或物品包装在一起以满足特定的需要或从事特定的活动"的条件。故此，虽然一条围巾与一块刺绣机织布料构成套装产品，HSC 委员会决定这两件商品不能按成套产品归类，而应分别归类。 根据归类总规则一。			

序号	596	归类决定编号	W2016-031	公告编号	2016 年第 79 号
商品税则号列		6214.90		公告实施日期	2017 年 1 月 1 日
商品名称		围巾			
英文名称		Shawl（Dupatta）			
其他名称					
商品描述		围巾（Dupatta），由棉机织物制成，长方形，黄绿色。 是被称为"纱丽—克米兹"的女士服装的附件。"纱丽—克米兹"还包括裤子（绿色）和束腰外衣（黄绿色），3 个部分应分别归类，裤子和外衣应分别归入子目 6204.62 和 6206.30。3 个部分同时报验，零售包装。 又见归类决定 6204.62/1 和 6206.30/1。			
归类依据		根据归类总规则一（第十一类类注十四）及六。			

序号	597	归类决定编号	W2005-297	公告编号	2005年第63号
商品税则号列		6304.91		公告实施日期	2005年12月23日
商品名称		座椅保护套			
英文名称		Protective seat cover			
其他名称					
商品描述		用于机动车,针织织物制成,约一米见方,并以约8毫米宽的弹性饰边装饰,周围装有8条连接带。该椅套可用于覆盖座椅面、椅背及头枕。			
归类依据		由于63.04税目注释提及装饰用物品用于家庭、商店、机动车等。"家具套"列入了举例中,HSC委员会一致决定将该产品归入税目63.04(子目6304.91)。 根据归类总规则一及六。			

序号	598	归类决定编号	W2008-049	公告编号	2008年第47号
商品税则号列		6304.92		公告实施日期	2008年7月3日
商品名称		棉织物制夹层枕套			
英文名称		Quilted pillow covering ("Sham") made from a cotton fabric			
其他名称					
商品描述		76厘米×63厘米的长方形,由带夹层的前片、底片及装饰性褶边构成。前片用作枕套表面,由聚酯絮胎及两层棉织物构成的夹层织物经剪切拼缝制成。前片及底片缝合成袋状,且底片面料上装有一个拉链开口,可以装入枕头或垫子。			
归类依据		根据归类总规则一及六。			

序号	599	归类决定编号	W2005-298	公告编号	2005年第63号
商品税则号列		63.05		公告实施日期	2005年12月23日
商品名称		散装货物储运软袋			
英文名称		Flexible intermediate bulk container（FIBCs）			
其他名称					
商品描述		适用于干燥流动材料的包装、储存、运输及搬运要求，通常由聚丙烯或聚乙烯机织物制成，且容量范围250～3 000千克。该商品的4个顶角有提升带，而且其顶部及/或底部可装开口以便于装货及卸货。			
归类依据		HSC委员会决定，根据税目63.05，不仅包括条文列的包装袋而且也包括其他诸如散装货物储运软袋等非字典严格定义的容器。 根据归类总规则一。1996年版HS已为散装货物储运软袋增列新子目6305.32。			

序号	600	归类决定编号	W2020-035	公告编号	2020年第108号
商品税则号列		6306.22		公告实施日期	2020年10月1日
商品名称		临时凉亭			
英文名称		Temporary gazebo			
其他名称					
商品描述		临时凉亭，用于户外，尺寸约为3米×3米×2.50米（长×宽×高）。本产品由带连接件和塑料脚的钢管框架和覆盖着四根角柱的屋顶组成。屋顶是一种聚乙烯涂布的丙纶平纹织物。涂层肉眼不可见。单根纱线平均宽度为2.5毫米，平均厚度为0.05毫米。凉亭四周敞开，且没有固定在地面上。			
归类依据		根据归类总规则一及六。			

序号	601	归类决定编号	W2005-299	公告编号	2005 年第 63 号
商品税则号列		6307.90		公告实施日期	2005 年 12 月 23 日
商品名称	机织物制服装面料					
英文名称	Piece of woven fabric					
其他名称						
商品描述	长方形，沿长度有织边，宽度方向有缝边。织物上有一个孔，构成完整的领口并经刺绣和用珠子及玻璃片装饰；织物的刺绣部分将制成连衣裙、女衬衫或类似服装，剩余部分将制成一条裤子、一条裙子或一条围巾。					
归类依据	HSC 委员会同意将该产品作为制成品归入子目 6307.90。由于织物面料可以裁剪一件以上的服装，因此不能将其看作归类总规则二（一）所指的未制成品。 根据归类总规则一。					

序号	602	归类决定编号	W2005-300	公告编号	2005 年第 63 号
商品税则号列		6307.90		公告实施日期	2005 年 12 月 23 日
商品名称	织物制服装面料					
英文名称	Piece of fabric					
其他名称						
商品描述	与以上 303 号所述样品 A 具有几乎相同的特征，但缝边经过精心加工且刺绣已被用加工的花边绉褶领口所替代，领口有开襟，由 3 个扣子闭合。机织物装饰带已缝合到该织物上。					
归类依据	HSC 委员会认为，该产品与以上 303 号产品相类似，并因此将其归入子目 6307.90。 根据归类总规则一。					

序号	603	归类决定编号	W2005-301	公告编号	2005年第63号
商品税则号列		6307.90		公告实施日期	2005年12月23日
商品名称	机织物制服装面料				
英文名称	Piece of woven fabric				
其他名称					
商品描述	沿长度有织边，但裁剪边缘未经缝边或其他加工。这段织物装饰有花缎，两片镶嵌，一片缝贴在织物上构成服装的前片。				
归类依据	HSC委员会认为，该产品与上述303、304号产品相似，因此决定将其归入子目6307.90。 根据归类总规则一。				

序号	604	归类决定编号	W2005-302	公告编号	2005年第63号
商品税则号列		6307.90		公告实施日期	2005年12月23日
商品名称	粘在胸部上的无纺织物制品				
英文名称	Nonwoven article				
其他名称					
商品描述	裁剪为特殊形状，一面用黏合剂涂布，涂层上用一张保护纸覆盖。使用时揭开保护纸，将无纺织物直接粘在胸部皮肤上，可沿着胸的下部形成像胸罩杯的形状。				
归类依据	HSC委员会注意到，该物品的基本功能是造型并显示身体的特殊部位，而不起支撑作用。由于该物品没有真正的支撑功能，不能将其归入税目62.12。HSC委员会因此决定将该商品归入税目63.07（子目6307.90）。 根据归类总规则一。				

序号	605	归类决定编号	W2014-189	公告编号	2014年第93号
商品税则号列		6307.90		公告实施日期	2015年1月1日
商品名称		折叠路标			
英文名称		Folding road signs			
其他名称					
商品描述		不论是否带套,由一个三角支撑架三面包覆涂布玻璃微球体的织物。			
归类依据		根据归类总规则一及六。			

序号	606	归类决定编号	W2014-190	公告编号	2014年第93号
商品税则号列		6307.90		公告实施日期	2015年1月1日
商品名称		纺织装饰品			
英文名称		Ornamental textile goods			
其他名称					
商品描述		其主要由针织人造纺织物与其他材料条带(花边或机织物滚条)以装饰针迹缝制表面或边缘构成,用于制女式内衣。			
归类依据		根据归类总规则一及六。			

序号	607	归类决定编号	W2014-191	公告编号	2014 年第 93 号
商品税则号列		6307.90		公告实施日期	2015 年 1 月 1 日
商品名称	护罩				
英文名称	Protective covering				
其他名称					
商品描述	由一块椭圆无纺织物构成,外部边缘为有弹性的边,产品形成可穿在鞋上的伸缩套。				
归类依据	根据归类总规则一及六。				

序号	608	归类决定编号	W2018-043	公告编号	2018 年第 159 号
商品税则号列		6307.90		公告实施日期	2018 年 12 月 1 日
商品名称	(1) 儿童背带包;(2) 婴儿背带				
英文名称	(1) Child carrier;(2) Baby carrier				
其他名称					
商品描述	儿童背带包(参见图 1),由以下各部分组成:一个符合人体解剖学形状的纺织物制座椅(附在铝制支架上)、带衬垫的肩带、腰带、定位点、安全带、可拆卸的头垫、提手以及用于容纳各种辅助物件的隔层。该产品用于将小孩以坐姿背在成人后背。其最大负荷为 20 千克。不背小孩时,可将座椅收起拉上拉链,变成一个背包。 婴儿背带(参见图 2),外层为纯棉帆布,内衬为纯棉棉缎。配有结实的腰带和合身的带衬垫肩带,以舒适地承载发育中的婴幼儿。该产品适用于承载刚出生至体重不超过 20 千克的婴幼儿。该背带可以用不同方式来承载婴幼儿。 图 1　　图 2				
归类依据	商品 1:归类总规则一[第十一类注释七(六)]、三(二)及六。 商品 2:归类总规则一[第十一类注释七(六)]及六。				

序号	609	归类决定编号	W2005-303	公告编号	2005年第63号
商品税则号列		64.01		公告实施日期	2005年12月23日
商品名称	橡胶靴底				
英文名称	Rubber boot bottoms				
其他名称					
商品描述	由一个鞋外底固定在一个未到脚踝的非完整或未制成的鞋面上。这些物品经简单的鞋面缘饰修边及装上系紧装置即可成为成品。				
归类依据	HSC委员会认为，该物品已具有鞋靴的基本特征并且进口后经实质性加工较少，其已有完整的外底及基本的鞋面。应将其作为非完整或未制成的鞋靴归类。 根据归类总规则二（一）。				

序号	610	归类决定编号	W2005-304	公告编号	2005年第63号
商品税则号列		6402.91或6403.91及6404.19		公告实施日期	2005年12月23日
商品名称	雪地靴				
英文名称	Snowboard boots				
其他名称					
商品描述	鞋靴内部有一个可去除的短袜状衬里，外部遮盖到小腿中部，靴筒后部高于前部且向前倾斜。				
归类依据	HSC委员会决定，滑雪靴不包括雪地靴，该雪地靴应视情况归入税目6402.91或6403.91及6404.19。 根据归类总规则一。				

序号	611	归类决定编号	W2005-305	公告编号	2005年第63号
商品税则号列		6402.99		公告实施日期	2005年12月23日
商品名称	手术后用鞋				
英文名称	Postoperative shoes				
其他名称					
商品描述	鞋面低于脚踝，用于病人脚部外科手术或跖骨受伤的恢复。鞋面材料由人造革（机织物外层涂布肉眼可辨别的塑料并压以仿皮革粒面）与泡沫塑料层压并以针织织物衬里构成；鞋底由三层材料构成：木基和发泡聚氯乙烯内底及隆起的塑料外底。这些鞋通过两个尼龙搭扣在前部闭合并为批量生产。				
归类依据	根据税目90.21注释的标准，就该物品是否为定制的或批量生产的进行了讨论，HSC委员会决定将该产品归入税目64.02。 根据归类总规则一。为明确标准，2002年版《协调制度》九十章已增加新注释。				

序号	612	归类决定编号	W2014-192	公告编号	2014年第93号
商品税则号列		6402.99		公告实施日期	2015年1月1日
商品名称	轻型鞋				
英文名称	Light-weight shoes				
其他名称					
商品描述	其外层及鞋面由泡沫塑料垫沿外部边缘黏合制成。这种鞋在海滩、游泳池及室内等场所穿着。				
归类依据	根据归类总规则一及六。				

序号	613	归类决定编号	W2020-015	公告编号	2020年第108号
商品税则号列		6402.99		公告实施日期	2020年10月1日
商品名称	塑料鞋				
英文名称	Footwear made of plastics				
其他名称					
商品描述	塑料鞋，常被称为"塑料凉鞋"。这种鞋由塑料制成的外底和鞋面组成，生产时通过注塑工艺一体成型。这种鞋不覆盖脚跟和脚踝，鞋面有开口。				
归类依据	根据归类总规则一及六。				

序号	614	归类决定编号	W2008-050	公告编号	2008年第47号
商品税则号列		6404.19		公告实施日期	2008年7月3日
商品名称	女鞋				
英文名称	Woman's shoe				
其他名称					
商品描述	纺织材料制鞋面和塑料外底，鞋的一部分覆盖有毛绒短纤维（长度不超过5毫米的人造纤维），构成某种图案及商标。外底与地面接触部分（不包括单独黏结的鞋跟）约由67.5%的纺织材料和32.5%的塑料组成。但纺织材料被认为是附属件，而不视为与地面接触最广的外底的主要材料。				
归类依据	根据归类总规则一［第六十四章章注四（二）］及六。				

序号	615	归类决定编号	W2008-051	公告编号	2008 年第 47 号
商品税则号列		6404.19		公告实施日期	2008 年 7 月 3 日
商品名称	女鞋				
英文名称	Woman's shoe				
其他名称					
商品描述	纺织材料制鞋面和塑料模制外底,并有一层针织聚酯织物黏结在外底足部和跟部的圆形部位上。外底与地面接触部分(包括鞋跟)约由 78% 纺织材料和 22% 塑料组成。但纺织材料被认为是附属件,而不视为与地面接触最广的外底的主要材料。				
归类依据	根据归类总规则一〔第六十四章章注四(二)〕及六。				

序号	616	归类决定编号	W2008-052	公告编号	2008 年第 47 号
商品税则号列		6405.20		公告实施日期	2008 年 7 月 3 日
商品名称	纺织材料鞋面橡胶制外底的鞋				
英文名称	Shoe with a textile upper and an outer sole of rubber				
其他名称					
商品描述	商品以纺织材料为面,橡胶制外底,在外底的大部分表面覆盖了纺织短绒,纺织材料随橡胶底的纹路凹凸。纺织材料覆盖外底的接触地面部分约 52%,橡胶接触地面部分占 48%。				
归类依据	根据归类总规则一〔第六十四章章注四(二)〕及六。				

序号	617	归类决定编号	W2014-193	公告编号	2014年第93号
商品税则号列		6405.90		公告实施日期	2015年1月1日
商品名称	轻型拖鞋				
英文名称	Light-weight slippers				
其他名称					
商品描述	鞋底和鞋面由两块槽纹牛皮纸边缘缝合制成，在旅馆、医院等场所穿着。				
归类依据	根据归类总规则一及六。				

序号	618	归类决定编号	W2014-194	公告编号	2014年第93号
商品税则号列		6702.90		公告实施日期	2015年1月1日
商品名称	一束花				
英文名称	Bouquet				
其他名称					
商品描述	高约15厘米，主要由几种纺织材料人造花构成，并有少量植物装在金属丝上。整个花束由硬挺精制的仿花边纸支撑，并用天鹅绒蝴蝶结装饰。				
归类依据	根据归类总规则一及六。				

序号	619	归类决定编号	W2014-195	公告编号	2014年第93号
商品税则号列		6702.90		公告实施日期	2015年1月1日
商品名称	小花环				
英文名称	Small wreath				
其他名称					
商品描述	直径约6厘米，由纺织材料人造花、螺旋缠绕的金属丝、塑料珠及丁香（唯一的植物材料）构成，它们分别固定在金属丝上，金属丝末端拧绞在一起形成花环。				
归类依据	根据归类总规则一及六。				

序号	620	归类决定编号	W2014-362	公告编号	2014年第93号
商品税则号列		6802.99		公告实施日期	2015年1月1日
商品名称	滑石（皂石）制的盒子				
英文名称	Boxes made of steatite（soapstone）				
其他名称					
商品描述	用作装饰品。该盒子用色彩鲜明的图案装饰，且没有被烧制。				
归类依据	根据归类总规则一及六。				

序号	621	归类决定编号	W2008-053	公告编号	2008 年第 47 号
商品税则号列		6806.90		公告实施日期	2008 年 7 月 3 日
商品名称	热膨胀矿物材料垫				
英文名称	Intumescent heat expandable mineral material mat				
其他名称	"3M INTERAM™100HD"				
商品描述	成卷或成片报验。在汽车尾气催化式排气净化器中，当其膨胀时，可提供压力紧固净化器中的陶瓷柱在适当的位置，同时还可隔音。该垫片由 3 种原料构成：1. 非织造的陶瓷纤维（铝硅酸盐）（重量在 30%~45%），具有高温弹性并含有蛭石；2. 未膨胀蛭石（重量在 45%~60%），具有膨胀特性；3. 有机黏合剂（重量在 5%~9%），生产中加固产品。				
归类依据	根据归类总规则一及六（根据归类总规则一在子目层级应用）。				

序号	622	归类决定编号	W2014-196	公告编号	2014 年第 93 号
商品税则号列		6807.90		公告实施日期	2015 年 1 月 1 日
商品名称	屋顶板				
英文名称	Roofing boards				
其他名称					
商品描述	由纸板或玻璃纤维、人造纤维、黄麻制纤维网或织物作衬里，外层或双面完全由沥青覆盖，单面再覆一层铜或铝箔构成。				
归类依据	根据归类总规则一及六。				

序号	623	归类决定编号	W2014-197	公告编号	2014 年第 93 号
商品税则号列		6807.90		公告实施日期	2015 年 1 月 1 日
商品名称	屋顶板				
英文名称	Roofing boards				
其他名称					
商品描述	其组成如下：1. 外层由一层纸板双面覆盖沥青或类似材料构成防风雨日晒层；2. 内层称为"蒸汽隔层"，由一层纸板或铝箔双面覆盖沥青或类似材料构成；3. 内外层之间的中心层是由厚 20 毫米的发泡聚苯乙烯芯层构成的隔热隔音层。				
归类依据	根据归类总规则一及六。				

序号	624	归类决定编号	W2014-198	公告编号	2014 年第 93 号
商品税则号列		6808.00		公告实施日期	2015 年 1 月 1 日
商品名称	绝缘镶板				
英文名称	Insulating panels				
其他名称					
商品描述	由两层以矿物黏合材料黏合植物纤维制成的板中间夹一层泡沫塑料构成。				
归类依据	根据归类总规则一。				

序号	625	归类决定编号	W2014-199	公告编号	2014 年第 93 号
商品税则号列		6809.19		公告实施日期	2015 年 1 月 1 日
商品名称	镶板				
英文名称	Panels				
其他名称					
商品描述	正方形，厚 3 厘米，由外表多孔并有两个长方形凹槽的石膏板构成，凹槽内用矿棉条填充，石膏板另一面以纸衬背的铝箔为面。用于装饰墙面及天花板并起隔音隔热作用。				
归类依据	根据归类总规则一及六。				

序号	626	归类决定编号	W2022-023	公告编号	2022 年第 78 号
商品税则号列		6815.91		公告实施日期	2022 年 9 月 1 日
商品名称	镁碳砖				
英文名称	Magnesium carbon bricks				
其他名称					
商品描述	镁碳砖，由烧结氧化镁、碳（典型的天然石墨）、抗氧化剂（典型元素铝、硅或镁）及一种树脂构成。成型后，这些砖需经 500℃ 高温加热，在加热过程中，树脂熟化然后随着挥发性成分的丧失而碳化。				
归类依据	根据归类总规则一及六。				

序号	627	归类决定编号	W2014-200	公告编号	2014 年第 93 号
商品税则号列		6815.99		公告实施日期	2015 年 1 月 1 日
商品名称	长度可伸缩的铁氧体					
英文名称	Ferrite flex in the length					
其他名称						
商品描述	外径为 2 毫米，呈卷状，由聚氯乙烯（64%）、黏接铁氧体粉末（22%）制成的管及黄麻纱线芯（14%）构成；用于制抗干扰电缆。					
归类依据	根据归类总规则一及六。					

序号	628	归类决定编号	W2014-201	公告编号	2014 年第 93 号
商品税则号列		6903.20		公告实施日期	2015 年 1 月 1 日
商品名称	化学法生产的陶瓷氧化纤维					
英文名称	Chemically produced ceramic oxide fibres					
其他名称	3M NEXTEL ZIRCAR SAFFIL					
商品描述	其主要成分为氧化铝。通过挤压然后焙烧添加少量有机黏合剂的矿物胶态溶液制成（溶胶过程）。					
归类依据	根据归类总规则一及六。					

序号	629	归类决定编号	W2014-202	公告编号	2014 年第 93 号
商品税则号列			6903.90	公告实施日期	2015 年 1 月 1 日
商品名称		化学法生产的陶瓷氧化锆纤维			
英文名称		Chemically produced ceramic zirconium oxide fibres			
其他名称		ZIRCAR ZIRCONIA BULK FIBRES TYPE ZYBF2			
商品描述		通过热解，然后焙烧由任何有机纤维作载体的含一种锆盐溶液的纤维而制成。有机纤维在该过程中完全分解消失。			
归类依据		根据归类总规则一及六。			

序号	630	归类决定编号	W2005-307	公告编号	2005 年第 63 号
商品税则号列			69.09	公告实施日期	2005 年 12 月 23 日
商品名称		陶瓷插件			
英文名称		Ceramic inserts			
其他名称					
商品描述		用于金属切削工具。			
归类依据		HSC 委员会认为，这些陶瓷插件应作为技术用陶瓷器归入税目 69.09，并且 82.09 税目注释的排他条款（三）应予以修改。HSC 委员会还决定，税目 69.09 注释包括如 82.09 税目注释的排他条款（三）所列的陶瓷板、杆、刀头及类似品。 根据归类总规则一。			

序号	631	归类决定编号	W2014-203	公告编号	2014 年第 93 号
商品税则号列		6911.90		公告实施日期	2015 年 1 月 1 日
商品名称		非装饰用烟灰缸			
英文名称		Non-ornamental ashtrays			
其他名称					
商品描述		下部缸体为瓷质，盖子为钢质，呈旋转的盘状，通过按压塑料按钮开盖，由螺旋弹簧使盖复位。按物品下部构成材料归类。			
归类依据		根据归类总规则三（二）。			

序号	632	归类决定编号	W2016-032	公告编号	2016 年第 79 号
商品税则号列		6912.00		公告实施日期	2017 年 1 月 1 日
商品名称		陶瓷杯子和杯碟			
英文名称		Ceramic cup and ceramic saucer			
其他名称					
商品描述		与装在玻璃罐中的 200 克速溶咖啡一起用纸盒包装用于零售。速溶咖啡与陶瓷杯子和杯碟分别归类，归入品目 2101.11。 又见 2101.11/1。			
归类依据		根据归类总规则一。			

序号	633	归类决定编号	W2018-044	公告编号	2018 年第 159 号
商品税则号列		6912.00		公告实施日期	2018 年 12 月 1 日
商品名称	洗衣球				
英文名称	Laundry ball				
其他名称					
商品描述	洗衣球，直径约 10 厘米，由两个多孔塑料外壳连接而成，内含两块磁石和四种陶瓷粒（珠），在家用洗衣机中利用物理方法清洗衣物。				
归类依据	根据归类总规则一及三（二）。				

序号	634	归类决定编号	W2008-054	公告编号	2008 年第 47 号
商品税则号列		6913.90		公告实施日期	2008 年 7 月 3 日
商品名称	陶制容器				
英文名称	Ceramic container				
其他名称					
商品描述	棕色俄式陶瓷茶壶（高约 19 厘米），茶壶印有花形图案，并配有一个可取下的壶盖。该茶壶仅起装饰作用，无实用价值。容器内有一个装有 100 克红茶的透明塑料包。红茶应单独归入子目 0902.30。又见 0902.30/1。				
归类依据	根据归类总规则一及六。				

序号	635	归类决定编号	W2014-204	公告编号	2014年第93号
商品税则号列		7002.39		公告实施日期	2015年1月1日
商品名称		标准铅玻璃管			
英文名称		Tubing of standard lead glass			
其他名称					
商品描述		切割成各种长度（长于玻璃管外径）用于白炽灯及半导体工业；用于制二极管。物品尺寸如下： 1号管（串珠状）：长度1.63毫米、外径1.40毫米。 2号管：长度7.03毫米、外径2.44毫米。			
归类依据		根据归类总规则一及六。			

序号	636	归类决定编号	W2020-036	公告编号	2020年第108号
商品税则号列		7007.21		公告实施日期	2020年10月1日
商品名称		抬头显示器（HUD）用汽车玻璃			
英文名称		Automotive glass for Head Up Display（HUD）			
其他名称					
商品描述		抬头显示器（HUD）用汽车玻璃，由尺寸和规格适合用作机动车辆挡风玻璃的层压玻璃和塑料组成。两层玻璃板之间夹压PVB膜（主要成分为聚乙烯醇缩丁醛薄膜）后，挡风玻璃可用作屏幕，在驾驶员面前显示车辆仪表板上选定的投射信息。本品不带框架。			
归类依据		根据归类总规则一及六。			

序号	637	归类决定编号	W2020-037	公告编号	2020年第108号
商品税则号列		7007.21		公告实施日期	2020年10月1日
商品名称		带热反射涂层汽车玻璃			
英文名称		Automotive glass with coated heat reflection			
其他名称					
商品描述		带热反射涂层汽车玻璃，尺寸和规格适合用作机动车辆的挡风玻璃。它应用真空溅射技术在玻璃板内表面喷涂上9~14层金属和厚50~250纳米的金属氧化物薄膜，同时还具有聚乙烯醇缩丁醛（PVB）制的中间层。金属涂层有助于汽车玻璃的组合功能，即隔热和控制光线。本品不带框架。			
归类依据		根据归类总规则一及六。			

序号	638	归类决定编号	W2005-308	公告编号	2005年第63号
商品税则号列		70.13		公告实施日期	2005年12月23日
商品名称		镶框玻璃装饰镜			
英文名称		Framed decorative glass mirrors			
其他名称					
商品描述		一面印有说明文字。			
归类依据		HSC委员会认为，该物品表面的说明文字不决定其基本特征，并应将它们归入税目70.13比70.09更为具体。 根据归类总规则一。			

序号	639	归类决定编号	W2014-205	公告编号	2014年第93号
商品税则号列		7019.90		公告实施日期	2015年1月1日
商品名称		空气净化过滤器			
英文名称		Air purifying filters			
其他名称					
商品描述		预用于加热管的进出口,由一层玻璃纤维夹在两块多孔薄金属片之间并装在正方形纸板框中构成。其尺寸:50厘米×50厘米×5厘米。			
归类依据		根据归类总规则一及六。			

序号	640	归类决定编号	W2005-309	公告编号	2005年第63号
商品税则号列		7020.00		公告实施日期	2005年12月23日
商品名称		70.20税目注释第三项所列物品			
英文名称		Articles listed in item (3) of the Explanatory Note			
其他名称					
商品描述		包括字母、数字、标示牌及类似品,但税目70.06、70.09、70.14或94.05货品除外。			
归类依据		HSC委员会决定,有关物品是玻璃工业产品并因此构成70.20税目条文包括的玻璃物品。 根据归类总规则一。			

序号	641	归类决定编号	W2014-206	公告编号	2014 年第 93 号
商品税则号列		7020.00		公告实施日期	2015 年 1 月 1 日
商品名称		石英反应管及支架			
英文名称		Quartz reactor tubes and holders			
其他名称					
商品描述		设计用于插入扩散及氧化炉内,适于半导体晶片生产过程的器具。			
归类依据		根据归类总规则一。			

序号	642	归类决定编号	W2014-207	公告编号	2014 年第 93 号
商品税则号列		7101.21		公告实施日期	2015 年 1 月 1 日
商品名称		含一个或多个养殖珍珠非供人食用的牡蛎			
英文名称		Oysters unfit for human consumption, containing one or more cultured pearls			
其他名称					
商品描述		盐水保藏,密封金属容器包装。			
归类依据		根据归类总规则一及六。			

序号	643	归类决定编号	W2014-208	公告编号	2014年第93号
商品税则号列		7105.10		公告实施日期	2015年1月1日
商品名称		合成钻石			
英文名称		Synthetic diamonds			
其他名称					
商品描述		最大尺寸500微米，用于制砂轮，用铜涂布以提高其在砂轮制作中对树脂黏合剂的黏接作用。			
归类依据		根据归类总规则一及六。			

序号	644	归类决定编号	W2005-310	公告编号	2005年第63号
商品税则号列		71.13或71.17		公告实施日期	2005年12月23日
商品名称		设计家首饰			
英文名称		Designer jewellery			
其他名称					
商品描述		独特的首饰，完全由艺术专家认作的艺术金匠设计并制作。用于博物馆或艺术馆展示并供出售。			
归类依据		HSC委员会认为，由金匠设计的首饰构成第九十七章注释三所指的具有商业性质的传统手工艺品。故决定这些首饰如果是由贵金属制成，则归入税目71.13，如果不是，则归入税目71.17。 根据第九十七章注释三。			

序号	645	归类决定编号	W2014-209	公告编号	2014年第93号
商品税则号列		7114.19		公告实施日期	2015年1月1日
商品名称	金币				
英文名称	Gold pieces				
其他名称	Austrian 1915 4 Ducat				
商品描述	在政府管理下发行,但在发行国不用作法定货币。				
归类依据	根据归类总规则一及六。				

序号	646	归类决定编号	W2016-034	公告编号	2016年第79号
商品税则号列		7115.90		公告实施日期	2017年1月1日
商品名称	空心微球				
英文名称	Hollow microspheres				
其他名称					
商品描述	该商品直径小于0.05毫米,用化学电镀的方法将银附于空心玻璃微球表面制得,按重量计银含量≥20%、玻璃含量≤80%。作为导电填料用于生产导电涂料。				
归类依据	根据归类总规则一[第七十一章注释一(二)、注释二(一)]及六。				

序号	647	归类决定编号	W2014-210	公告编号	2014年第93号
商品税则号列		7116.20		公告实施日期	2015年1月1日
商品名称		吊坠（片、球等）			
英文名称		Pendant drops（platelets，balls，etc.）			
其他名称					
商品描述		岩晶石英制，用于照明装置。			
归类依据		根据归类总规则一及六。			

序号	648	归类决定编号	W2005-311	公告编号	2005年第63号
商品税则号列		7117.19		公告实施日期	2005年12月23日
商品名称		别针（徽章别针）			
英文名称		Pin（pin badges）			
其他名称					
商品描述		由各种形状的小黄铜板制成，铜板徽章后面有别针用以固定在服装上，徽章上有图形、说明和文字。			
归类依据		HSC委员会决定，根据七十一章注释九及十一，该别针徽章应视为该章注释九段落（一）所指首饰例举的"徽章"，并一致决定将该产品作为钢铁制其他仿首饰归入税目71.17（子目7117.19）。 根据归类总规则一。			

序号	649	归类决定编号	W2014-211	公告编号	2014 年第 93 号
商品税则号列		7117.19		公告实施日期	2015 年 1 月 1 日
商品名称	铜手镯				
英文名称	Copper bracelets				
其他名称	Sabona copper bracelets				
商品描述	据说有防病治病的效果。				
归类依据	根据归类总规则一及六。				

序号	650	归类决定编号	W2005-312	公告编号	2005 年第 63 号
商品税则号列		7118.10		公告实施日期	2005 年 12 月 23 日
商品名称	硬币				
英文名称	Coins				
其他名称					
商品描述	在一个国家制造并出售到另一个国家，进口并经官方发行将成为该进口国的法定货币。				
归类依据	由于该硬币需经有关国家主管官方发行后才成为法币，故 HSC 委员会决定将它们归入子目 7118.10。根据归类总规则一。为明确归类，随后通过了新子目注释。				

序号	651	归类决定编号	W2014-212	公告编号	2014 年第 93 号
商品税则号列		7118.10		公告实施日期	2015 年 1 月 1 日
商品名称	银币				
英文名称	Silver pieces				
其他名称	Marie Theresa 1780 Thaler				
商品描述	在发行国用作法定货币，包括发行国停止用作法定货币后再铸造的银币（不论是否在发行国）。				
归类依据	根据归类总规则一及六。				

序号	652	归类决定编号	W2005-313	公告编号	2005 年第 63 号
商品税则号列		第十五类		公告实施日期	2005 年 12 月 23 日
商品名称	钥匙扣				
英文名称	Key holder				
其他名称					
商品描述	贱金属制，全长 100 毫米，包括一个拴钥匙用的带扣曲状别针，并由一个 28 毫米长的链和边长 31 毫米的正方形贱金属制悬挂物相连，悬挂物的一面印有瓷釉的广告标志。 （描述见文件 41.573 中第 3 项。）				
归类依据	大多数意见认为带链的钥匙扣应根据归类总规则三（二）进行归类。HSC 委员会一致通过将该商品按"贱金属物品"归入第十五类。 根据归类总规则三（二）。				

序号	653	归类决定编号	W2022-024	公告编号	2022 年第 78 号
商品税则号列		7208.52		公告实施日期	2022 年 9 月 1 日
商品名称	非合金钢热轧钢板				
英文名称	Hot rolled steel plates of non-alloy steel				
其他名称					
商品描述	非合金钢热轧钢板（尺寸为宽 2 440 毫米×长 6 096 毫米×厚 6 毫米），制造工序：预热、喷砂、喷底漆、烘干、标记。 钢板涂有均匀的聚合物底漆，以防止生锈。 底漆的化学成分：二氧化钛（0.5%~10%）、原硅酸四乙酯（25%~40%）、锌粉（30%~50%）、乙醇（10%~25%）、异丙醇（10%~15%）、丁醇（2.5%~10%）和二甲苯（2%~8%）。				
归类依据	根据归类总规则一及六。				

序号	654	归类决定编号	W2005-314	公告编号	2005 年第 63 号
商品税则号列		7208.90		公告实施日期	2005 年 12 月 23 日
商品名称	圆形、六边形或八边形扁盘				
英文名称	Flat plates in round, hexagonal or octagonal				
其他名称					
商品描述	由热轧钢板冲压成形，这些产品须经进一步实质性、专门的加工才能成为成品轮芯，以组装到轮圈上构成完整机动车轮。				
归类依据	问题的关键不是产品是否被切割，而是该产品在向海关申报时是否符合七十二章章注一（十）平板轧材的定义，是否呈现其他税目物品或产品的特征（即使形状是长方形或正方形）。虽然该产品被确定是用于车轮生产的，但由于还没有具备车轮轮芯的特定形状，因此不能作为税目 87.08 机动车轮归类。HSC 委员会最后决定，由于所讨论的产品（圆盘形状）还需进行进一步的实质性加工，才能具备产品的本质特征，因此不能归入税目 73.26，应归入税目 72.08。 根据七十二章章注一（十）。				

序号	655	归类决定编号	W2005-315	公告编号	2005年第63号
商品税则号列		7210.70		公告实施日期	2005年12月23日
商品名称	层压钢产品				
英文名称	Laminated steel products				
其他名称					
商品描述	由两层平轧钢板构成产品的外层，一层塑料片构成产品的芯层。通常外层单层厚为2.54毫米，芯层厚约0.02~2.29毫米，产品一般为卷材，宽度约为1500毫米，也可切成片状。芯层赋予产品优良的消声性能。产品用于建筑物的外墙盖面、内部装饰、汽车车身、家用器具、商用机器等。				
归类依据	HSC委员会指出，所讨论产品是由两层平轧钢板和一层塑料内层组成的复合产品。复合产品的归类应该根据归类总规则三（二）。会议认为，体现产品整体本质特征的是产品的可视部分——平轧钢板，七十二章总注释和税目72.10的注释明确指出，本章产品可以与塑料涂层结合在一起；并且，没有法律条款禁止平轧钢板与塑料结合或层压在一起。HSC委员会认为，由于产品是在一层金属镀上或涂上另外一层金属，符合72.10税目条文，应归在该税目下，具体子目为7210.70，从而也排除了归入兜底税目73.26。				

序号	656	归类决定编号	W2008-055	公告编号	2008年第47号
商品税则号列		7308.30		公告实施日期	2008年7月3日
商品名称	电梯用装有机械装置的自动钢铁滑门				
英文名称	Automatic sliding steel door with accompanying mec				
其他名称	PRECIO-JUSTO				
商品描述	将安装在大楼电梯通道的每层进出口处的墙壁内。该滑门及机械装置不随电梯舱在大楼各层上下运行。				
归类依据	根据归类总规则一及六。				

序号	657	归类决定编号	W2014-363	公告编号	2014 年第 93 号
商品税则号列		7308.30		公告实施日期	2015 年 1 月 1 日
商品名称	住宅用钢铁制安全门				
英文名称	Security doors of steel, for dwellings				
其他名称					
商品描述	该商品包括以下部分：一个外侧钢铁板、一个防钻护套、外侧钢铁板的装配型材、一个钢铁板、一个纵向钢筋、一个纵向钢筋和三向门锁、密封垫、一个起加强作用的"Ω"形状的型材（骨架）、一个木制的内面板、内侧钢铁板的装配型材、一个钢铁的外框、一个可伸缩的防风系统。				
归类依据	根据归类总规则一及六。				

序号	658	归类决定编号	W2005-316	公告编号	2005 年第 63 号
商品税则号列		7308.90		公告实施日期	2005 年 12 月 23 日
商品名称	长方形镀锌钢制房顶瓦				
英文名称	Rectangular galvanized steel roofing tiles				
其他名称					
商品描述	瓦两面涂有丙烯酸涂料，露天面还涂有天然沙粒。其长度在 1 675~1 700 毫米之间，宽度在 371~425 毫米之间，重量在 4.3~4.5 千克之间，瓦的边缘成型，以便放置在承重结构的支撑上。				
归类依据	HSC 委员会认为，所讨论的产品显然经过了几种表面处理，这些表面处理使该产品具备了结构体元件的特征，因此税目 73.26 应被排除。由于可以明确该产品是应用于屋顶结构的钢铁制品，HSC 委员会同意将这种钢制瓦归入税目 73.08。 根据归类总规则一及六。				

序号	659	归类决定编号	W2012-006	公告编号	2012 年第 24 号
商品税则号列		7308.90		公告实施日期	2012 年 5 月 18 日
商品名称	八角形钢灯柱				
英文名称	Octagonal steel columns				
其他名称					
商品描述	灯柱长度为 4~9 米，与以下零部件同时申报，未组装。直径 60 毫米的管状托架，其由一个或多个支架组成，支架上配有用于固定或紧固光源的装置；用于将灯柱固定在地面上的地脚螺栓；一包用于装配各部件的配件（螺栓、螺母、垫片）。灯柱及其零部件均未安装电力设备和光源。				
归类依据	根据归类总规则一及六。				

序号	660	归类决定编号	W2014-213	公告编号	2014 年第 93 号
商品税则号列		7308.90		公告实施日期	2015 年 1 月 1 日
商品名称	预制建筑物构件				
英文名称	Prefabricated construction elements				
其他名称					
商品描述	该商品的外表面由钢板构成，内表面由一块钢片、一块石棉板或一块石膏板等构成。内外表面之间用绝缘材料（焦油纸、泡沫塑料、矿棉、多孔云母或蛭石、木纤维等）填充。				
归类依据	根据归类总规则一及六。				

序号	661	归类决定编号	W2014-214	公告编号	2014 年第 93 号
商品税则号列		7308.90		公告实施日期	2015 年 1 月 1 日
商品名称		铁制格栅			
英文名称		Iron gratings			
其他名称					
商品描述		由 E 形护边，厚 2~5 毫米、宽 20~50 毫米的承载板及连接杆构成。用作楼梯踏步、踏板等的结构件。			
归类依据		根据归类总规则一及六。			

序号	662	归类决定编号	W2022-025	公告编号	2022 年第 78 号
商品税则号列		7312.10		公告实施日期	2022 年 9 月 1 日
商品名称		钢缆绳			
英文名称		Stranded steel cable			
其他名称					
商品描述		钢缆绳，6 股电缆组成（每股由 36 根电线组成），直径 5.71 厘米，长度 396.24 米。该电缆无绝缘，为盘卷状，在两端有用作安装锚定点的封闭件、顶针或挂钩。其用途为绕在特定机器的金属卷盘上拖拉物品。			
归类依据		根据归类总规则一及六。			

序号	663	归类决定编号	W2014-215	公告编号	2014年第93号
商品税则号列		7314.49		公告实施日期	2015年1月1日
商品名称	输送带带料				
英文名称	Conveyor belting				
其他名称					
商品描述	定长度,宽度不等(15厘米或以上)。由一系列稍平的螺旋碳钢丝构成,彼此通过插入类似钢丝弯折的型材相连接,其端点与螺旋钢丝中的一个端点相焊接,因此每个螺旋钢丝可绕弯折的型材自由转动。				
归类依据	根据归类总规则一及六。				

序号	664	归类决定编号	W2008-056	公告编号	2008年第47号
商品税则号列		7321.19		公告实施日期	2008年7月3日
商品名称	非电热家用烤肉架				
英文名称	Non-electric domestic barbecue				
其他名称					
商品描述	不锈钢制。通过两个钢制镜子获取热源进行加热,并且只用太阳能烹制。				
归类依据	根据归类总规则一及六。				

序号	665	归类决定编号	W2016-035	公告编号	2016 年第 79 号
商品税则号列		7321.89		公告实施日期	2017 年 1 月 1 日
商品名称	烟囱式木炭点燃器				
英文名称	Charcoal chimney starter				
其他名称					
商品描述	该产品为两端开口的铁制圆筒。圆筒的外侧安装有把手,圆筒的内部安装了一个带孔的金属板将该圆筒分成了上下两个空间。该圆筒高 275 毫米,直径是 170 毫米。下部空间的筒壁上有便于空气流通的孔。木炭放在圆筒的上部空间,圆筒的下部空间填满纸。木炭点燃器放在烤肉架上,纸用来点火。该产品设计用来制造一个烟囱效应来加速点燃木炭,直至点燃后的木炭可放置在烤肉架上使用。				
归类依据	根据归类总规则一及六。				

序号	666	归类决定编号	W2005-318	公告编号	2005 年第 63 号
商品税则号列		7323.93		公告实施日期	2005 年 12 月 23 日
商品名称	非电热不锈钢保温容器				
英文名称	Non-electric stainless steel chafing dish				
其他名称					
商品描述	该装置外部由一个外壳和保温护套构成,保温套外壳内装有一个长方形水槽,其顶部装有带把手可向上打开的盖子,其底部装有内置三个燃料罐(如胶状燃料)的加热装置。该装置长 65 厘米,宽 43 厘米,高 40 厘米,可装 9.5 升水,与未组装的加热座架(不带燃料)一起供零售。主要用于自助餐厅(特别是宾馆、饭店),利用水浴加热可使容器内的食品保持温热,也可在水槽中放置冰块使食物保持低温。				
归类依据	该产品是归入十五类还是归入十六类是争论的基本点。由于该产品使用的是胶状燃料,因此自然被税目 85.16 所排除,另外,由于该产品的功能仅是将食物保持在一定温度下,因而不能实现税目 84.19 条文所述的功能,因此该产品也被税目 84.19 排除。在考虑归入十五类时,代表指出 73.21 的税目条文中关于"家用"的限制条款解释将火锅排除在该税目之外,又指出 73.23 的税目条文中关于"家用物品"(household articles)的描述没有"家用装置"(domestic appliances)描述限制严格(该解释可从税目 73.23 注释第一段得到确认),因而,争论的产品根据 73.23 的法律条文,归入该税目。另外,该税目比兜底税目 73.26 明确。 根据归类总规则一及六。				

序号	667	归类决定编号	W2020-089	公告编号	2020 年第 108 号
商品税则号列		7323.99		公告实施日期	2020 年 10 月 1 日
商品名称		镀锌钢制移动垃圾桶			
英文名称		Mobile garbage bins made of galvanized steel			
其他名称					
商品描述		镀锌钢制移动垃圾桶，用于临时存储垃圾和废物。该垃圾桶装有一个盖子、一个手柄、两个装在金属轴上的轮子，其容量为 120 升或 240 升。该垃圾桶有两种组合方式：金属箱体加塑料盖，或者金属箱体加金属盖。设计用于室外存储废物，直至垃圾被集中运往废物处置或循环再造场。			
归类依据		根据归类总规则一及六。			

序号	668	归类决定编号	W2005-319	公告编号	2005 年第 63 号
商品税则号列		73.26		公告实施日期	2005 年 12 月 23 日
商品名称		钥匙环			
英文名称		Key holder			
其他名称					
商品描述		是一个拴钥匙的螺旋形钢圈（直径为 23 毫米），由一条钢链（28 毫米长）与一个塑料饰物相连构成。饰物为三角状，边长均为 28 毫米，一面是广告，一面是几何图案。 （描述见文件 41.573 第 1 号样品。）			
归类依据		原则上支持将带链的钥匙环根据归类总规则三（二）进行归类的观点。HSC 委员会一致决定将其作为一种"其他钢铁制品"归入税目 73.26。 根据归类总规则三（二）。			

序号	669	归类决定编号	W2005-320	公告编号	2005 年第 63 号
商品税则号列		7326.90		公告实施日期	2005 年 12 月 23 日
商品名称	便携式固定工作台				
英文名称	Portable clamping workbenches				
其他名称					
商品描述	由一个金属螺旋调节装置及木制夹头（装有塑料栓钉）构成，用以形成一个水平面，该套机构装在一个钢架顶部。该商品用于夹持、固定板、片，以便进行切削、钻孔等加工，也可作为工作台使用；还可将其调节为两种不同高度，以便作锯木架使用。				
归类依据	同意根据税目 94.03 注释的排他条款（二）"不具备家具特征的梯子及梯级、支架、木工凳及类似品，应根据其构成材料归类"，将该商品排除在税目 94.03 外。由于该商品具有工具（tool）特征，HSC 委员会决定将其归入税目 73.26（子目 7326.90）。 根据归类总规则三（二）。				

序号	670	归类决定编号	W2005-321	公告编号	2005 年第 63 号
商品税则号列		7326.90		公告实施日期	2005 年 12 月 23 日
商品名称	钥匙环				
英文名称	Key holder				
其他名称					
商品描述	一个直径 22 毫米带扣钢环，由一条长 20 毫米钥匙链与一个装有 3 件螺丝刀（长 54 毫米）的塑料工具包连接构成。				
归类依据	原则上支持将带链的钥匙环根据归类总规则三（二）进行归类。HSC 委员会决定将其作为一种"其他钢铁制品"归入税目 7326。 根据归类总规则三（二）。				

序号	671	归类决定编号	W2008-057	公告编号	2008年第47号
商品税则号列		7326.90		公告实施日期	2008年7月3日
商品名称		接地棒			
英文名称		Grounding rods			
其他名称		Intel-Haste			
商品描述		拉拔碳钢制电极棒形状，表面电镀铜，铜层最大厚度为254微米，以保证和碳钢接触良好。该棒长8~10英尺（2.5~3.1米），可重达5千克；其下端呈尖头，可通过青铜螺纹接头连接。该商品用于保护高压电线、变电所、通信线路、建筑、路灯、避雷针、天线等装置的接地。			
归类依据		根据归类总规则一（第十五类类注七）及六。			

序号	672	归类决定编号	W2016-036	公告编号	2016年第79号
商品税则号列		7326.90		公告实施日期	2017年1月1日
商品名称		连接环			
英文名称		Connecting link			
其他名称					
商品描述		钢铁制，由两个对称的互为衬套的元件通过一个钢铁栓连接组成的连接件。该产品设计用于与起重设备（吊索的末端、吊钩、主连杆等）执行吊装（和横梁、抓具、纺织吊索）。			
归类依据		根据归类总规则一及六。			

序号	673	归类决定编号	W2005-322	公告编号	2005 年第 63 号
商品税则号列		7506.10		公告实施日期	2005 年 12 月 23 日
商品名称	层压产品				
英文名称	Laminated product				
其他名称					
商品描述	为 30 厘米×40 厘米薄片，共三层，两个外层为镍箔，单层厚度为 0.025 毫米，内层为绝缘聚合物（如聚烯烃、氟塑料）和导电碳黑的混合物，厚度为 0.3 毫米。当切割成一定尺寸后可制成重置保险（resettable fuse），用于工作电压不超过 60 伏的电池、电话、电机的过压或过热保护。				
归类依据	根据归类总规则三（二）将其归入子目 7506.10。				

序号	674	归类决定编号	W2014-216	公告编号	2014 年第 93 号
商品税则号列		7603.10		公告实施日期	2015 年 1 月 1 日
商品名称	包覆氧化铝的铝晶粒构成的非烧结粉				
英文名称	Non-sintered powder consisting of aluminium grain				
其他名称					
商品描述	氧化铝含量为 7% 至 14%。				
归类依据	根据归类总规则一及六。				

序号	675	归类决定编号	W2005-323	公告编号	2005 年第 63 号
商品税则号列		76.06		公告实施日期	2005 年 12 月 23 日
商品名称	层压铝产品				
英文名称	Laminated aluminium products				
其他名称					
商品描述	由两层平轧铝板构成产品的外层，一层塑料片构成产品的芯层。通常外层厚分别为 2.54 毫米，芯层厚约 0.02~2.29 毫米，产品一般为卷材，宽度约为 1 500 毫米，也可切成片状，芯层赋予产品优良的消声性能。产品用于建筑物的外墙盖面，内部装饰、汽车车身、家用器具、商用机器等。				
归类依据	同意所争论的产品是一种由两层平轧铝产品和一层塑料内层构成的组合产品。组合产品的归类应依据归类总规则三（二）。产品的可视部分（即平轧铝产品）体现了整个产品的基本特征。七十二章的总注释（适当修改后被七十六章引用）清楚地说明该章产品可以与塑料涂层结合。而且，该章没有法律规定将与塑料层结合或层压的平轧铝产品排除于该章的规章。因为产品是由经包覆、镀层、涂层的金属片组成，HSC 委员会认为该商品符合 76.06 税目条文，应该归入税目 76.06（子目涉及 7606.11 到 7606.92），同时，由于税目 76.13 是兜底税目，故不考虑归入税目 76.13。				

序号	676	归类决定编号	W2008-058	公告编号	2008 年第 47 号
商品税则号列		7615.10		公告实施日期	2008 年 7 月 3 日
商品名称	一次性铝箔容器				
英文名称	Disposable aluminium foil containers				
其他名称					
商品描述	一次性铝箔容器广泛使用在烹饪中，主要用于食品行业中的烹制、包装和运输。容器有多种形状和尺寸（通常为矩形和圆形）。其经常用在烘焙食品工业中，在食品加工和烹饪环节盛装食品。随后，食品盛在其内运输及销售。该容器通常在使用一次后抛弃。				
归类依据	根据归类总规则一及六。				

序号	677	归类决定编号	W2014-217	公告编号	2014年第93号
商品税则号列		8201.40		公告实施日期	2015年1月1日
商品名称		园林砍刀			
英文名称		Plantation matchet			
其他名称					
商品描述		与刀刃口相对的一边呈齿状，可辅助用作锯。			
归类依据		根据归类总规则一及六。			

序号	678	归类决定编号	W2005-325	公告编号	2005年第63号
商品税则号列		8203.20		公告实施日期	2005年12月23日
商品名称		小型多用途工具			
英文名称		Compact multi-purpose tool			
其他名称					
商品描述		在常态下（闭合），两部件合在一起，外部显示产品的名称，并可形成一带锯齿的尺子，其为不锈钢制成；打开时，形成一多用途的平头钳（flat nose pliers），其手柄分别装有如下工具： 手柄1：两个小螺丝刀，一个剥线刀片，一个锯（可锯木或骨），一个开瓶或罐头的起子，一个带锯齿的刀片。 手柄2：两个小螺丝刀，一个锥子，一个锉刀（可锉金属或木头），一个刀片。 整套工具装在一个带按扣的革制包中，并置于一纸板做的盒子中供零售。			
归类依据		税目82.06：由于该小型多用途工具是集合了多种不同商品而形成的单个商品，因为不能按成套货品看待，故不应归入税目82.06； 税目82.11：因为该小型多用途工具是一个钳子而不是一把削笔刀，故不应归入税目82.11； 税目90.17：尽管该工具能够用来测量长度，也不能根据归类总规则三（三）将其归入税目90.17。考虑到该工具是一把钳子并体现了整个工具的基本特征，最终同意根据归类总规则三（二）将该工具归入子目8203.20。			

序号	679	归类决定编号	W2016-037	公告编号	2016 年第 79 号
商品税则号列		8205.51		公告实施日期	2017 年 1 月 1 日
商品名称		果蔬刮皮器			
英文名称		Peeler for fruit and vegetables			
其他名称					
商品描述		有一个塑料把手，其上装配有贱金属制成的可绕轴旋转的矩形工作部件。工作部件上有两个刃面，一个是水平的，一个是锯齿状的。			
归类依据		根据归类总规则一及六。			

序号	680	归类决定编号	W2016-038	公告编号	2016 年第 79 号
商品税则号列		8205.51		公告实施日期	2017 年 1 月 1 日
商品名称		果蔬刮皮器			
英文名称		Peeler for fruit and vegetables			
其他名称					
商品描述		有一个手柄，手柄上固定安装由贱金属制的有两个刀刃的工作部件。			
归类依据		根据归类总规则一及六。			

序号	681	归类决定编号	W2008-059	公告编号	2008年第47号
商品税则号列		8205.59		公告实施日期	2008年7月3日
商品名称		U型钉手钳			
英文名称		Stapling pliers			
其他名称					
商品描述		贱金属制，用于封纸箱。通过手对两个钳柄施加压力使U型钉卡紧纸箱接头。			
归类依据		根据归类总规则一及六。			

序号	682	归类决定编号	W2018-045	公告编号	2018年第159号
商品税则号列		8303.00		公告实施日期	2018年12月1日
商品名称		保险柜			
英文名称		Safe			
其他名称					
商品描述		保险柜，钢制，用于保管贵重物品，配备一个可编程键盘式电子密码锁及显示屏和一把应急钥匙锁。外部尺寸为高200毫米×宽310毫米×深200毫米，内部尺寸为高198毫米×宽308毫米×深140毫米。保险柜重量为4.5千克，门厚3毫米，壁厚1毫米。前门带旋钮，用于控制两条可单向滑动金属闩（直径20毫米）的位置。底部及背部各有钻好的孔，用于将保险柜安装在地板或墙上。适用于家庭或商业。			
归类依据		根据归类总规则一。			

序号	683	归类决定编号	W2018-046	公告编号	2018年第159号
商品税则号列		8303.00		公告实施日期	2018年12月1日
商品名称	保险柜				
英文名称	Safe				
其他名称					
商品描述	保险柜，钢制，用于保管贵重物品，配备一个可编程键盘式电子密码锁及显示屏和一把应急钥匙锁。外部尺寸为高250毫米×宽350毫米×深250毫米，内部尺寸为高248毫米×宽348毫米×深190毫米。保险柜重量为6千克，门厚3毫米，壁厚1毫米。前门带旋钮，用于控制两条可单向滑动金属闩（直径20毫米）的位置。底部及背部各有钻好的孔，用于将保险柜安装在地板或墙上。适用于家庭或商业。				
归类依据	根据归类总规则一。				

序号	684	归类决定编号	W2005-326	公告编号	2005年第63号
商品税则号列		83.06		公告实施日期	2005年12月23日
商品名称	佛教用品：铃				
英文名称	Buddist altar fittings（butsugu）：bells（rin）				
其他名称					
商品描述	同商品名称。				
归类依据	由于税目83.06特别指出包括"非电动的贱金属铃、锣及类似品"和相关注释明确了该类（税目83.06）商品包括"非电动的铃和锣"，HSC委员会一致决定将所讨论商品归入税目83.06。 根据归类总规则一。				

序号	685	归类决定编号	W2005-327	公告编号	2005 年第 63 号
商品税则号列		83.06		公告实施日期	2005 年 12 月 23 日
商品名称		佛教用品：花瓶			
英文名称		Buddist altar fittings（butsugu）：vases（hanatate）			
其他名称					
商品描述		同商品名称。			
归类依据		由于税目 83.06 注释明确了"本组包括主要作装饰用的一系列贱金属装饰品，用于家庭、办公室、会议室、宗教场所、花园"和注释二（三）明确了"本组包括花瓶"，HSC 委员会一致决定将所讨论的商品归入税目 83.06。根据归类总规则一。			

序号	686	归类决定编号	W2005-328	公告编号	2005 年第 63 号
商品税则号列		8306.29		公告实施日期	2005 年 12 月 23 日
商品名称		佛教用香台及香炉			
英文名称		Buddhist incense stands and incense pots			
其他名称					
商品描述		贱金属制，黄色，类似于小装饰花瓶。香台为圆筒状，底部逐渐变宽，高 9 厘米，顶部开口直径 3 厘米，底部直径 4.5 厘米。香炉为小壶形状，基底有三个脚，高 4.5 厘米，开口直径 7 厘米。上述物品一般用作家庭祭坛或寺庙的装饰品，但也可用于宗教礼拜堂烧香用。			
归类依据		由于这些商品在宗教方面的实用性，无论其用在家里还是用在庙宇，并且其不同于通常具有装饰目的的物品。HSC 委员会决定将其归入子目 8306.29。根据归类总规则一。为了体现该决定，税目 83.06 的注释将作修改。			

序号	687	归类决定编号	W2005-329	公告编号	2005 年第 63 号
商品税则号列		8306.29		公告实施日期	2005 年 12 月 23 日
商品名称	佛教用火柴罐				
英文名称	Buddhist match holder				
其他名称					
商品描述	为具有扁平底座的容器，类似小装饰花瓶。容器由贱金属制，黄色，带有一个盖，盖中间有一个供插火柴的孔洞。该商品最宽处直径 4.5 厘米，带盖高度 7 厘米，不带盖高 6.5 厘米，一般用作家庭祭坛或寺庙的装饰品，但也可用于宗教礼拜堂放置用过的火柴。				
归类依据	由于这些商品在宗教方面的实用性，无论其用在家里还是用在庙宇，并且其不同于通常具有装饰目的的物品。HSC 委员会决定将其归入子目 8306.29。 根据归类总规则一。为了体现该决定，税目 83.06 的注释将作修改。				

序号	688	归类决定编号	W2014-218	公告编号	2014 年第 93 号
商品税则号列		8306.29		公告实施日期	2015 年 1 月 1 日
商品名称	手工绘制微型铜饰品				
英文名称	Bronze miniatures				
其他名称					
商品描述	用手工绘制，每种类型的复制品不超过 12 个。				
归类依据	根据归类总规则一及六。				

序号	689	归类决定编号	W2005-330	公告编号	2005年第63号
商品税则号列		8309.90		公告实施日期	2005年12月23日
商品名称		铝制罐盖			
英文名称		Aluminium tops			
其他名称					
商品描述		罐盖有圆形、椭圆形、带圆角的方形等形状，不同尺寸，用于饮料或食物罐。罐盖上有高起的边，用于卷压使盖与罐合为一体，罐盖与饮料或食物接触的内表面涂布有防腐漆，罐盖上还有一个带切痕的铝片，铝片一端装有拉环，以便于沿铝片开启罐。			
归类依据		由于这些罐盖具有同税目83.09所列商品相同的"封闭"（closing）功能，比税目76.06更为具体，因此同意将该商品归入税目83.09。 根据归类总规则一。 （为了明确今后对该类商品的归类，在税目83.09的注释中新增条目10。）			

序号	690	归类决定编号	W2014-219	公告编号	2014年第93号
商品税则号列		第十六类		公告实施日期	2015年1月1日
商品名称		搅拌器的搅拌附件			
英文名称		Stirring attachments for agitators or mixers			
其他名称					
商品描述		搅拌附件有：叶片、搅拌耙、横梁架等，不论是否装有柄，分别进出口。可确定专用于或主要用于第十六类的混合机。归入搅拌附件相应搅拌机的品目。			
归类依据		根据第十六类类注二（二）。			

序号	691	归类决定编号	W2014-220	公告编号	2014年第93号
商品税则号列		第十六类		公告实施日期	2015年1月1日
商品名称	装于第十六类一种设备的门上的垫片					
英文名称	Gaskets for fitting to doors of an appliance of Section XVI					
其他名称						
商品描述	塑料外形，装有一个铁酸钡磁棒，并特殊成型装于门上。作为相应设备的零件、附件归类。					
归类依据	根据归类总规则一。					

序号	692	归类决定编号	W2005-331	公告编号	2005年第63号
商品税则号列		8403.10		公告实施日期	2005年12月23日
商品名称	集中供暖用电热水锅炉					
英文名称	Electric central heating boiler					
其他名称						
商品描述	钢铁制，可产生不同温度的热水供暖（地暖或暖气片）。以硬性聚氨酯泡沫塑料绝缘并使用220伏或380伏电压，装配有：可移动的不锈钢浸入式液体加热器；电源及控制继电器；包括恒温器、温度计及开关在内的控制盘；一个可变速循环泵；一个测压计；一个安全阀；一个热出口及回路；一个膨胀室；一个连接家用热水箱的出口及回路。功率根据型号不同可调，变化范围5.6~24千瓦或28.8~259.2千瓦，最高温度90℃，工作压力3巴。					
归类依据	由于该商品是集中供暖锅炉，HSC委员会同意将该商品归入税目84.03（子目8403.10）。 根据归类总规则一。HSC委员会认为，税目84.03比税目85.16更为具体，且没有法律依据将该商品排除在该税目（84.03）外。					

序号	693	归类决定编号	W2005-332	公告编号	2005 年第 63 号
商品税则号列		84.13 和 84.21		公告实施日期	2005 年 12 月 23 日
商品名称		游泳池用泵和过滤装置			
英文名称		pumps and filtering apparatus to be used with swim			
其他名称					
商品描述		同商品名称。			
归类依据		1991 年，HSC 委员会基于当时的条文，根据九十五章注释三的规定，认定该套商品由于其独特的和主要的用途，属于税目 95.06 游泳池明确的部件或附件的商品范围，同意将泵和过滤装置同游泳池一并归入子目 9506.99。 根据九十五章注释三。 注：然而，根据 1996 年版《协调制度》对九十五章注释一（十三）的修改，同意将所有类似的泵和过滤装置分别归入税目 84.13 和 84.21。			

序号	694	归类决定编号	W2014-221	公告编号	2014 年第 93 号
商品税则号列		8414.60 或 8414.80		公告实施日期	2015 年 1 月 1 日
商品名称		层流柜橱			
英文名称		Laminar airflow cabinet			
其他名称		TC-120			
商品描述		该商品用于实验室制备和处理细胞培养等，由一个金属箱体构成，其组成中有：1. 一个装有电扇和空气清新过滤器的循环气罩；2. 一块位于循环罩下用作工作表面的多孔板；3. 多孔板下一个盛接溢出液体的水槽。该柜橱前部敞口，设计置于工作台上，当开启循环橱，循环罩形成层流，产生保护隔层以保护操作者免于操作生物材料时的污染。			
归类依据		根据归类总规则一及六。			

序号	695	归类决定编号	W2020-016	公告编号	2020 年第 108 号
商品税则号列		8414.80		公告实施日期	2020 年 10 月 1 日
商品名称		水平式层流"洁净台"			
英文名称		Horizontal laminar air flow "clean bench"			
其他名称					
商品描述		装有鼓风机/马达系统、马达转速控制器、高速空气回流槽、带可拆卸式过滤网的高效空气微粒过滤器、可洗并可重复使用的预过滤器和工作台面荧光灯。高速空气回流槽吸附污浊空气，确保未经过滤的空气不会进入工作区域，使空气通过高效空气微粒过滤器进行再循环。洁净台用于多种行业和领域，如静脉混合制剂、药物配制、植物细胞培养、中间体制备、制药、电子组装和限制性试验研究等。该洁净台仅用于保护产品，而非保护操作员或者周围环境。其规格如下：外长 127.0 厘米；内长 118.1 厘米；内高 71.4 厘米；内部进深 55.9 厘米；外高 162.6 厘米。			
归类依据		根据归类总规则一及六。			

序号	696	归类决定编号	W2014-364	公告编号	2014 年第 93 号
商品税则号列		8415.10		公告实施日期	2015 年 1 月 1 日
商品名称		顶置分体空调机			
英文名称		A ceiling-type split-system air conditioning machi			
其他名称					
商品描述		顶置分体空调机包括：1. 室内机，由装于同一机壳内的热交换器和电扇构成，安装在天花板上；2. 室外机，由装于同一机壳内的制冷剂循环型压缩机和热交换器及电扇构成。这两部分设计通过电线和铜管相连接。			
归类依据		根据归类总规则一及六。			

序号	697	归类决定编号	W2008-060	公告编号	2008年第47号
商品税则号列		8415.90		公告实施日期	2008年7月3日
商品名称	压缩式分体空调室内机				
英文名称	Indoor unit for a compression-type split-system ai				
其他名称	Daikin Model FTKS25CVMB/FTXS25CVMB				
商品描述	该室内机包括一个蒸发式热交换盘管，一个电扇（从蒸发式热交换盘管上抽气，并吹入室内），一个空气过滤器和一个恒温器及控制板，上述部件一并装配在同一机箱内。该室内机通过电线和管道与室外机连接形成制冷环路。				
归类依据	根据归类总规则一［第十六类类注二（二）］及六。				

序号	698	归类决定编号	W2010-019	公告编号	2010年第75号
商品税则号列		8415.90		公告实施日期	2010年12月3日
商品名称	单冷型压缩式分体空调机室外制冷单元				
英文名称	Outdoor refrigerating unit for a compression-type				
其他名称	DAIKIN wall mounted, inverter controlled unit RKH				
商品描述	由组装在机壳内的一个压缩机、一个冷凝器、一个用于将空气抽入冷凝器使其冷却的电动风机，以及其他用于控制和保护设备的部件组成。该制冷单元需要用电线和铜管与一台或多台室内蒸发器相连接，以完成制冷循环。				
归类依据	根据归类总规则一［第十六类类注二（二）］和六。				

序号	699	归类决定编号	W2010-020	公告编号	2010年第75号
商品税则号列		8415.90		公告实施日期	2010年12月3日
商品名称	冷暖两用型可逆压缩式分体空调机室外制冷单元					
英文名称	Outdoor refrigerating unit for a compression-type					
其他名称	DAIKIN RXH25CVMB7					
商品描述	由组装在机壳内的一个压缩机、一个冷凝器、一个用于将空气抽入冷凝器使其冷却的电动风机、一个用于逆转循环方向的四通换向阀以及其他用于控制和保护设备的部件组成。该制冷单元需要用电线和铜管与一台或多台室内蒸发器相连接,以完成制冷循环。					
归类依据	根据归类总规则一〔第十六类类注二(二)〕和六。					

序号	700	归类决定编号	W2014-222	公告编号	2014年第93号
商品税则号列		8418.30		公告实施日期	2015年1月1日
商品名称	卧式冷冻箱					
英文名称	Horizontal freezer					
其他名称						
商品描述	该商品带有一个弧面玻璃顶盖,用于市场上保存并展示食品,存储容量根据型号有365升或550升。内置的制冷系统可使其在30℃的环境温度下保持-20℃~-24℃。					
归类依据	根据归类总规则一及六。					

序号	701	归类决定编号	W2005-335	公告编号	2005 年第 63 号
商品税则号列		8418.61		公告实施日期	2005 年 12 月 23 日
商品名称	食品派分设备：冰激凌机					
英文名称	Refreshment distribution machine: ice-cream maker					
其他名称						
商品描述	该设备尺寸为 750 毫米×528 毫米×1 400 毫米，重 185 千克，通过搅动棒将圆筒中的各种原料混合，制成冰激凌，每小时产量为 16~18 千克。生产的冰激凌要经内置的冷却装置冷却并冷藏在一个漏斗中，再通过一个旋塞（lever tap）分派给顾客。另外，该设备带有温度指示器；带有方便移动的脚轮；使用 50 赫兹 220 伏或 380 伏电源，主要用于商店、旅馆、餐厅、工厂、学校、公司等。					
归类依据	由于制冷部件与带有蒸发器、冷凝器和压缩机的设备结合在一起，且冷凝器是由热交换器构成的，HSC 委员会认定所讨论的装置是由冷藏或冷冻设备构成的，属于子目 84.18 商品范围，同时也符合相关注释的描述。但由于该装置不是一种"家具"（furniture），HSC 委员会决定按"冷凝器为热交换器的压缩式设备"将该设备归入子目 8418.61。 根据归类总规则一。					

序号	702	归类决定编号	W2005-336	公告编号	2005 年第 63 号
商品税则号列		8418.61		公告实施日期	2005 年 12 月 23 日
商品名称	食品派分设备：冷饮机					
英文名称	Refreshment distribution machine: machine for prep					
其他名称						
商品描述	该设备尺寸为 522 毫米×823 毫米×830 毫米，重为 70 千克，配有三个混合部件和一内置冷却部件，可将水（或果汁）和糖通过搅拌混合并同时制冷来生产冷饮。其为放置在柜台上而设计，并且使用 50 赫兹 220 伏电源，主要用于商店、餐厅、工厂、学校、公司等。					
归类依据	由于制冷部件与带有蒸发器、冷凝器和压缩机的设备结合在一起，且冷凝器是由热交换器构成的，HSC 委员会认定所讨论的装置是由冷藏或冷冻设备构成的，属于子目 84.18 商品范围，同时也符合相关注释的描述。但由于该装置不是一种"家具"（furniture），HSC 委员会决定按"冷凝器为热交换器的压缩式设备"将该设备归入子目 8418.61。 根据归类总规则一。					

序号	703	归类决定编号	W2014-223	公告编号	2014 年第 93 号
商品税则号列		8418.61 或 8418.69		公告实施日期	2015 年 1 月 1 日
商品名称	冷却器				
英文名称	Chiller				
其他名称					
商品描述	该机器主要由以下通常用于空调系统中冷却水的部件组成：蒸发器、冷凝器、电动机、润滑系统、压缩机、热交换器、控制中心、互联单元的管道和电线。该设备中填充了制冷剂气体和润滑油。				
归类依据	根据归类总规则一及六。				

序号	704	归类决定编号	W2014-224	公告编号	2014 年第 93 号
商品税则号列		8418.69		公告实施日期	2015 年 1 月 1 日
商品名称	热电偶组				
英文名称	Thermo-electric batteries				
其他名称	Frigistor				
商品描述	由串接热电偶构成，每个热电偶由两个不同的半导体块组成（一个正极、另一个负极），并以铜线连接；直流电在热电偶组一端产生冷效应，另一端产生热效应。其用于小冰箱、空调器及精密仪器等。				
归类依据	根据归类总规则一及六。				

序号	705	归类决定编号	W2018-047	公告编号	2018年第159号
商品税则号列		8418.69		公告实施日期	2018年12月1日
商品名称	带空调的室外机柜				
英文名称	Refrigerated outdoor cabinet				
其他名称					
商品描述	带空调的室外机柜，专用于嵌入整流器、电池和电信设备等电气和电子设备。机柜由带隔热层的钢制成，设计用于直接安装在室外的地面上。内部结构分为两部分：1. 由四个电池架组成的电池舱；2. 提供给"机架"单元的设备舱。机柜前门装有不带空气湿度控制功能的2 000瓦直流空调，机柜顶部配备直流应急排气扇。				
归类依据	根据归类总规则一、三（二）及六。				

序号	706	归类决定编号	W2014-225	公告编号	2014年第93号
商品税则号列		8418.99		公告实施日期	2015年1月1日
商品名称	装于冰箱门上的垫片				
英文名称	Gaskets for fitting to doors of refrigerators				
其他名称					
商品描述	塑料外形，装有一个铁酸钡磁棒，并特殊成型装于门上。				
归类依据	根据归类总规则一［第十六类类注二（二）］及六。				

序号	707	归类决定编号	W2022-026	公告编号	2022年第78号
商品税则号列		8419.20		公告实施日期	2022年9月1日
商品名称	低温消毒机					
英文名称	Low-temperature steriliser					
其他名称						
商品描述	低温消毒机，采用甲醛水蒸气法消毒热敏物品。甲醛和水的混合物在连续蒸发单元被加热至55℃~60℃后转化为气态，甲醛蒸汽均匀分布在消毒室内的材料和物体上，达到消毒目的。 该产品主要用于实验室设备材料和医疗仪器的消毒。					
归类依据	根据归类总规则一及六。					

序号	708	归类决定编号	W2014-226	公告编号	2014年第93号
商品税则号列		8419.40		公告实施日期	2015年1月1日
商品名称	旋转式真空蒸发器					
英文名称	Rotary vacuum evaporator					
其他名称						
商品描述	该商品用于浓缩及蒸馏有机物，由玻璃器件（蒸发瓶、冷凝器、收集馏出液的接收器、管及阀门）及金属器件（管制底座、具有可变转动装置的电动机、具有液压升降纵向调整的电热水浴）构成，整套装置固定在滑车式金属底座上。					
归类依据	根据归类总规则一及六。					

序号	709	归类决定编号	W2014-227	公告编号	2014 年第 93 号
商品税则号列		8419.81		公告实施日期	2015 年 1 月 1 日
商品名称	半自动售货机				
英文名称	Semi-automatic vending machine				
其他名称					
商品描述	该机器是用于选择和分配热饮料的半自动售货机。该机器是电气设备。设备中有一个加热系统、一个水源和用于盛装可溶性混合饮料的容器。该设备可以用水混合各种可溶性制剂/成分。目的是分配这些饮料到合适大小的杯子或由使用者提供的容器。该设备的所有功能,例如选择、混合原料/各组分,加热和记录数据,均由安装在控制板上的EPROM来控制。报验时,EPROM上的程序可以使得机器能够免费供应饮料、统计供应的饮料的数量和费用,如果配备一个可接收硬币的设备,还可以在供应饮料前要求付款。报验时没有配备接收硬币付款的设备。该设备尺寸大约500毫米×379毫米×450毫米。				
归类依据	根据归类总规则一及六。				

序号	710	归类决定编号	W2014-228	公告编号	2014 年第 93 号
商品税则号列		8419.89		公告实施日期	2015 年 1 月 1 日
商品名称	表面加热装置				
英文名称	Surface heating appliances				
其他名称					
商品描述	电热,用于加热圆筒、槽罐及管道等容器内所装的材料。加热装置由玻璃纤维布与电绝缘加热电阻构成,专门设计适用于圆筒、槽罐,也用于其他需加热的容器,或将其装于容器或管道上。				
归类依据	根据归类总规则一及六。				

序号	711	归类决定编号	W2014-229	公告编号	2014 年第 93 号
商品税则号列		8419.89		公告实施日期	2015 年 1 月 1 日
商品名称		加热套			
英文名称		Heating mantles			
其他名称					
商品描述		其主要由加热表面（电绝缘线圈加热电阻器装于玻璃纤维织物上）装在一个金属壳内构成。用作高压消毒锅、实验室或食品工业设备的加热元件。			
归类依据		根据归类总规则一及六。			

序号	712	归类决定编号	W2014-365	公告编号	2014 年第 93 号
商品税则号列		8419.89		公告实施日期	2015 年 1 月 1 日
商品名称		溶解实验单元			
英文名称		A dissolution testing unit			
其他名称					
商品描述		包括 7 套搅拌组件，在预设时长及预设实验参数的条件下，将片剂、胶囊、经皮释放的药物放入专门制备的溶解介质中进行溶解实验。该商品还带有电加热线圈，可根据预设温度加热溶解液以模仿通常人体温度下的药物溶解过程。带有一个内置控制面板，允许根据特殊溶解实验或药物释放实验的需要设置溶解实验单元的操作条件，包括温度（20℃~60℃）、搅拌速度（25~250 转/分钟）、实验方法、片剂进料、进样时间等。该溶解实验单元不能进行任何类型的实验分析，但可与某些仪器相连接，比如与一台分光光度仪连接后可以确定溶解介质中释放出来的活性成分的量。该溶解单元也可与自动数据处理设备相连。			
归类依据		根据归类总规则一及六。			

序号	713	归类决定编号	W2014-230	公告编号	2014 年第 93 号
商品税则号列		8419.90		公告实施日期	2015 年 1 月 1 日
商品名称	钢板件				
英文名称	Steel plate elements				
其他名称					
商品描述	经特殊加工处理以高度吸收太阳光线，固定在装有热水器的屋顶上。				
归类依据	根据归类总规则一及六。				

序号	714	归类决定编号	W2005-337	公告编号	2005 年第 63 号
商品税则号列		8421.21		公告实施日期	2005 年 12 月 23 日
商品名称	水处理组合机				
英文名称	Composite apparatus for treatment of water				
其他名称					
商品描述	由两个过滤器（一个预过滤器，一个碳过滤器）、一个离子化器及一个控制装置装在同一底座上构成。水先经过预过滤器去掉沉淀物，再经过碳过滤器去掉氯、细菌和其他有味道的物质，然后水进入离子化器处理分成正、负离子水。				
归类依据	HSC 委员会同意根据十六类类注三处理该议题，因为所讨论的装置的主要功能是过滤和净化水，而不是电解水，所以决定将其归入子目 8421.21。根据十六类类注三。				

序号	715	归类决定编号	W2022-027	公告编号	2022 年第 78 号
商品税则号列		8421.21		公告实施日期	2022 年 9 月 1 日
商品名称	快速煮沸及冷却过滤饮用水系统				
英文名称	Instant boiling and chilled filtered drinking water system				
其他名称					
商品描述	快速煮沸及冷却过滤饮用水系统，由以下部分组成： 1. 台下模块，将一个或两个滤芯、电加热和冷却设备集成在一个外壳里，安装在台下柜内（尺寸：高 340 毫米×宽 315 毫米×深 465 毫米）； 2. 金属制饮水机（水龙头），带有两个杠杆，通过按下或抬起的方式分配冷热水，安装在水槽顶部或台面； 3. 用于连接外部供水、台下模块和饮水机的管道和连接器。 本产品可为大约 40 人提供煮沸或冷却的过滤饮用水，每小时可提供 150 杯沸水和 175 杯冷水。但是，本产品不能提供未经煮沸或冷却的过滤水。				
归类依据	根据归类总规则一、三（二）及六。				

序号	716	归类决定编号	W2005-339	公告编号	2005 年第 63 号
商品税则号列		8421.29		公告实施日期	2005 年 12 月 23 日
商品名称	血液过滤装置				
英文名称	Apparatus for filtering blood				
其他名称					
商品描述	主要由聚酯过滤筛网装在一个透明壳体内构成。该装置用于过滤去除储存血液中所含的 30~200 微米范围的白血球、血小板、细胞碎片及蛋白质微聚物。				
归类依据	HSC 委员会产生如下观点：除另有规定的外，税目 84.21 包括液体过滤或纯化设备（或装置）。因为所讨论的装置被特别设计用于过滤储备血（stored blood），所以它明显不是用于"疾病的预防、诊断、治疗或手术等"（参看税目 90.18 注释第一段）。此外，通过比较，税目 90.18 注释中的排他条款（十四）将"化验室中用于检验血液、组织液、尿液等仪器设备，不论这些检验是否供诊断"归入到税目 90.27。根据前面所述，HSC 委员会同意根据归类总规则一，将所讨论装置归入税目 84.21，具体子目为 8421.29，排除将这个特例归入税目 90.18 的可能。				

序号	717	归类决定编号	W2014-231	公告编号	2014 年第 93 号
商品税则号列		8421.29		公告实施日期	2015 年 1 月 1 日
商品名称	一次性透析器				
英文名称	Disposable sterilised dialyzer				
其他名称	Renak A and Renak E				
商品描述	由长 25 厘米的硬质塑料圆柱筒内含中空纤维构成，圆筒的两端有带罗纹附件的塞子，塞子末端延伸出两根 3 厘米长的管子，塞子及管子也均由硬质塑料制成。该物品的作用是，通过管子与一个特殊装置连接（如人工肾），使血液及透析（出）物循环并滤掉有毒物质。				
归类依据	根据第九十章章注二（一）。				

序号	718	归类决定编号	W2014-232	公告编号	2014 年第 93 号
商品税则号列		8421.39		公告实施日期	2015 年 1 月 1 日
商品名称	喷漆隔间				
英文名称	Booths for paint-spraying				
其他名称					
商品描述	1. "干间"，装有一个为操作者换气的电动风扇及隔挡悬浮染料颗粒以提纯排出空气的刀片式格栅。 2. "湿间"，装有一个为操作者换气的电动风扇，一个拦隔悬浮染料颗粒以提纯排出空气的水帘及一个循环水电泵。				
归类依据	根据归类总规则一及六。				

序号	719	归类决定编号	W2014-233	公告编号	2014年第93号
商品税则号列		8421.99		公告实施日期	2015年1月1日
商品名称		可替换滤油芯			
英文名称		Replacement oil filter cartridges			
其他名称		Fram			
商品描述		由多孔金属或纸壳构成（不论材料是否用作过滤介质）。			
归类依据		根据归类总规则一及六。			

序号	720	归类决定编号	W2014-234	公告编号	2014年第93号
商品税则号列		8422.40		公告实施日期	2015年1月1日
商品名称		包装胶囊/片剂的设备			
英文名称		Machine that packages capsules/tablets			
其他名称					
商品描述		有以下工序：1. 泡壳，在塑料膜上压出一个适合装胶囊或片剂形状和规格的凹槽，塑料膜是一张张连续进入机器的；2. 在每一个泡壳中填充一个胶囊/片剂；3. 塑料膜上封上铝箔；4. 塑料膜被切割成单独的吸塑包装；5. 该设备可以在铝箔上印刷，但在哪个环节进行不明确。这是一个连续的工序，最后形成胶囊或片剂的吸塑包装供零售，通常用于包装胶囊或片剂类似商品。			
归类依据		根据归类总规则一和六。			

序号	721	归类决定编号	W2014-235	公告编号	2014 年第 93 号
商品税则号列		8424.30		公告实施日期	2015 年 1 月 1 日
商品名称	喷砂机				
英文名称	Sand-blasting machines				
其他名称					
商品描述	离心型，用于除锈及清洁金属物品。一般由水平旋转的筒构成，筒内物品受到高速离心喷射钢砂的作用，而非压缩空气喷砂作用。				
归类依据	根据归类总规则一及六。				

序号	722	归类决定编号	W2014-236	公告编号	2014 年第 93 号
商品税则号列		8424.30		公告实施日期	2015 年 1 月 1 日
商品名称	清洁机				
英文名称	Cleaning appliances (steam cleaners)				
其他名称					
商品描述	该商品由一台电机、一个燃烧器、一个加热线圈和一台计量泵组合的单元体配装一个喷嘴构成。可喷射洗涤液，用于清洗车、机器、车库、修理店及建筑物等。				
归类依据	根据归类总规则一及六。				

序号	723	归类决定编号	W2005-340	公告编号	2005 年第 63 号
商品税则号列		8424.89		公告实施日期	2005 年 12 月 23 日
商品名称	喷射装置，由装有带喷嘴压力按钮（喷射盖）的阀门构成					
英文名称	Spraying appliance consisting of a valve fitted					
其他名称						
商品描述	喷射装置，由下列部件构成：一个塑料制压力按钮，内置喷嘴（喷射盖）；一个贱金属制盖；上述盖的塑料垫片；一个塑料制连杆垫片；一个塑料制连杆；一个塑料套；一个钢制弹簧；一个塑料制吸液管。 该商品设计装在容器的颈部，通过向下压按钮，推动容器内气体与容器内物质（液体、粉末或泡沫）经喷射盖喷入空中。该物品未装有调整流量或喷雾状态的控制机械。					
归类依据	因为这些物品是通过操作一个装有喷嘴的喷射盖喷射、散布液体，或其他物质的装置，由一个阀门和泵构成，阀门和泵可分别看作是物品的机械零件。显然该商品在税目 84.24 条文中被明确提到，税目 84.24 包括"喷射、散布液体或粉末的机械器具，不论是否手工操作"，因此 HSC 委员会一致决定将该商品归入税目 84.24。 根据归类总规则一。					

序号	724	归类决定编号	W2005-341	公告编号	2005 年第 63 号
商品税则号列		8424.89		公告实施日期	2005 年 12 月 23 日
商品名称	泵					
英文名称	"pump" for "aerosol valve"					
其他名称						
商品描述	泵，由一个按钮、一个喷嘴、一个活塞弹簧、一个密封活塞、一个连杆、一个容器垫片、一个螺纹盖、套、一个弹簧、一个密封球及一个吸液管构成。该商品用于装在容器的颈部通过活塞泵从喷口喷射液体、粉末或泡沫。					
归类依据	因为这些物品是通过操作一个装有喷嘴的喷射盖喷射、散布液体，或其他物质的装置，由一个阀门和泵构成，阀门和泵可分别看作是物品的机械零件。显然该商品在税目 84.24 条文中被明确提到，税目 84.24 包括"喷射、散布液体或粉末的机械器具，不论是否手工操作"，因此 HSC 委员会一致决定将该商品归入税目 84.24。 根据归类总规则一。					

序号	725	归类决定编号	W2005-342	公告编号	2005 年第 63 号
商品税则号列		8424.89		公告实施日期	2005 年 12 月 23 日
商品名称		自动涂层生产线			
英文名称		Automatic finishing line			
其他名称					
商品描述		用于家具制造中，外层、底层涂布及着色。构成如下： 1. 自动输送系统（辊式、带式输送机）； 2. 电子染剂及漆的喷射系统，由下列部分构成： （1）一个旋转喷射机器，用于家具着色及底层涂布，并装有下列设备： ——带着色剂回收的自动清洗输送带； ——供料系统，装有 10 个气喷枪及一个低压泵； ——水帘。 （2）一个自动喷射机器，用于家具外层涂布，并装有下列设备： ——带有油漆回收功能的自清洁传送带； ——带有 8 个空气混合枪和高压泵的振荡双单元； ——带自动污泥分离器的水幕和水箱； ——带有用于减少固体含量的洗涤器的排气系统； ——用于防尘的加压外壳； ——带有高效滤芯的超过滤装置，用于无尘空气供应； ——使用基于热交换和紫外线辐射干燥过程的轴向干燥系统。			
归类依据		因为涂层生产线是一个由几个不同独立部件组合在一起构成的具有明确定义功能的机组，即由喷漆、传送、烘干构成涂层处理，HSC 委员会一致决定将其归入税目 8424。在考虑子目归类时，因为子目 8424.20 仅包括手工操作的装置，故将该商品归入子目 8424.89。 根据归类总规则一（第十六类类注四）和六。			

序号	726	归类决定编号	W2014-237	公告编号	2014 年第 93 号
商品税则号列		8424.89		公告实施日期	2015 年 1 月 1 日
商品名称		喷泉			
英文名称		Fountains			
其他名称					
商品描述		多彩色，具有贱金属制品特征。由一个电动液泵、进水管和出水管、喷水管、过滤器、灯及一个通过特殊水流作用转动的多彩玻璃盘构成。			
归类依据		根据归类总规则一及六。			

序号	727	归类决定编号	W2014-238	公告编号	2014年第93号
商品税则号列		8425.31		公告实施日期	2015年1月1日
商品名称		提升卷扬装置			
英文名称		Lift winding gear			
其他名称					
商品描述		由一台电机与一台绞盘相连接,并装在共用的底盘上。绞盘由齿轮传动装置及其驱动的轴组成,轴用于带动滑轮并与闸相接。			
归类依据		根据归类总规则一及六。			

序号	728	归类决定编号	W2008-062	公告编号	2008年第47号
商品税则号列		8426.41		公告实施日期	2008年7月3日
商品名称		集装箱正面吊			
英文名称		Reach stacker			
其他名称		HYCO IH 145			
商品描述		为自推进设备,配有一台柴油发动机、多个轮胎、一个带有绞盘和扩张器的伸缩臂或一个配有带钩滑车的升降系统。它具有"拾起和运送"功能,并特别设计了各种工业和货物装卸附件,如扩张器(用于国际标准集装箱)、背负式工具(用于非标准集装箱)、带钩滑车和绞盘、固定钩、抓钩臂、抓斗(用于木材、管材等)和叉。它可提升和处理重量达60吨工业货物和载荷。其利用液压系统实现提升功能,主要功能与用于集装箱的提升和堆垛的起重机功能相同。			
归类依据		根据归类总规则一及六。			

序号	729	归类决定编号	W2016-039	公告编号	2016 年第 79 号
商品税则号列		8426.41		公告实施日期	2017 年 1 月 1 日
商品名称	自推进起重车				
英文名称	Self-propelled mobile crane				
其他名称					
商品描述	该起重车带有六轮底盘，其上装有柴油发动机和四个悬外支架。底盘上装有一个可以 360 度旋转的转盘，转盘上固定安装有：一个 36 米的液压伸缩吊杆，其上带有提升系统和一个滑轮吊钩组；一个伸缩臂，其上固定有可以完成驾驶和起重机操作的工作舱。在路上行驶时，工作舱被固定在底盘前部，起重机工作时，伸缩臂可将工作舱最高提升到驾驶员水平视线的 7.8 米处。起重机的最大提升重量为 45 吨，最大提升高度为 48 米，最大活动半径为 39 米。				
归类依据	根据归类总规则一及六。				

序号	730	归类决定编号	W2005-343	公告编号	2005 年第 63 号
商品税则号列		8427.10		公告实施日期	2005 年 12 月 23 日
商品名称	工件车				
英文名称	Works tucks				
其他名称					
商品描述	即电动码垛车，利用车铲和内置液压起重设备或提升装置将货盘从地面提升 23.5 厘米（最大）。车铲提升货盘的高度是为了方便移动货盘，主要适用短距离运送。				
归类依据	因为申报时具有提升设备，故依据税目 87.09 条文，确定该商品不能归入税目 87.09，由于税目 84.27 包括"其他装有升降或搬运装置的工作车"，故将装载物提升运送一个非常短的距离的情况并不影响其归入税目 84.27，HSC 委员会一致同意将其归入子目 8427.10。 根据归类总规则一。				

序号	731	归类决定编号	W2008-063	公告编号	2008年第47号
商品税则号列		8427.20		公告实施日期	2008年7月3日
商品名称	自推动集装箱堆垛机				
英文名称	Self-propelled container handlers				
其他名称	Linde Laden Container Handler Models C80, C360, C4				
商品描述	该设备包括：一个以柴油为动力的6轮底盘、一个固定在底盘上的封闭驾驶室、一个安装在底盘前部的垂直伸缩升降柱和一个安装在升降柱上的皮带驱动的扩张器。伸缩柱外部可从伸缩柱内部垂直伸出或缩进，以升降扩张器，另外，扩张器也可借助皮带驱动升降。借助该模式，这种集装箱堆垛机可举起36吨重物，并能将集装箱堆至13米高。其最高行驶速度为23~24千米/小时，提升速度为0.30~0.40米/秒。其转弯半径为7.6米。				
归类依据	根据归类总规则一及六。				

序号	732	归类决定编号	W2014-239	公告编号	2014年第93号
商品税则号列		8428.90		公告实施日期	2015年1月1日
商品名称	分配器				
英文名称	Distributors				
其他名称					
商品描述	专用于在旧式巷道中堆置使用的气动石料输送机供料，主要由防护罩保护下的密封蜂窝筒构成，通过一台电机与齿轮传动装置相接运行。				
归类依据	根据归类总规则一及六。				

序号	733	归类决定编号	W2014-240	公告编号	2014年第93号
商品税则号列		8428.90		公告实施日期	2015年1月1日
商品名称	海运装料臂				
英文名称	Marine loading arm				
其他名称	FMC chiksan				
商品描述	用于港口安全装卸危险液体，特别用于石油装置及工业设备。该装置采用装有自动安全阀的活节接合管道系统，通过自备缆线及滑轮系统、支架、配重装置操作输送液体。该系统不含有泵。				
归类依据	根据归类总规则一。				

序号	734	归类决定编号	W2005-345	公告编号	2005年第63号
商品税则号列		8429.51		公告实施日期	2005年12月23日
商品名称	自推进装卸机				
英文名称	Self-propelled loaders				
其他名称					
商品描述	前端装填，配有四轮驱动和制动杆，安装在一整体底盘上，一驾驶和控制室、一个由液压起重操作的双提升臂。上述部件构成了设备本身结构的整体，并由一后置发动机驱动。装卸机进口时有两种状态，带铲斗和不带铲斗。铲斗通过装卸机的向前运动进行装填，并能进行提升、运送、卸货。该设备可以安装其他类型的可互换工具，如破碎头、地螺钻、翻路头等。				
归类依据	根据八十四章章注七，同意按主要使用用途将所讨论的设备按前铲装载机归入子目8429.51。带有液压臂而没配铲斗的设备也应按不完整的装载机归入税目84.29。 根据归类总规则二（一）。				

序号	735	归类决定编号	W2014-241	公告编号	2014年第93号
商品税则号列		8431.49		公告实施日期	2015年1月1日
商品名称	履带连接部件				
英文名称	Track link assembly				
其他名称					
商品描述	该商品用履带片装配后，可确定专门或主要适于在推土机上使用。				
归类依据	根据归类总规则一及六。				

序号	736	归类决定编号	W2016-040	公告编号	2016年第79号
商品税则号列		8431.49		公告实施日期	2017年1月1日
商品名称	铝制散热器				
英文名称	Aluminium radiator				
其他名称					
商品描述	用于挖掘机，尺寸：985毫米×530毫米×145毫米。该散热器能够将挖掘机发动机中的冷却液带有的多余热量与空气进行热交换以实现为冷却液降温的目的。冷却液降温后流回发动机。 又见8714.10/1。				
归类依据	根据归类总规则一［第十六类注释二（二）］及六。				

序号	737	归类决定编号	W2018-048	公告编号	2018年第159号
商品税则号列		8432.29		公告实施日期	2018年12月1日
商品名称		4-4刀片（2+2）及旱地圆盘犁片（土壤耕作机具）			
英文名称		4-4 blades (2+2) and disc dry land blade (soil cultivating implements)			
其他名称					
商品描述		4-4刀片（2+2）及旱地圆盘犁片（土壤耕作机具），用以安装在推进装置（手扶拖拉机）的驱动轴上，以进行旋耕。报验时，刀片与手扶拖拉机放在同一盒子内，但未安装在推进装置上。 与土壤耕作机具一同报验的推进装置（手扶拖拉机）应单独归类。 又见归类意见 8701.10/1。			
归类依据		根据归类总规则一及六。			

序号	738	归类决定编号	W2016-041	公告编号	2016年第79号
商品税则号列		8433.90		公告实施日期	2017年1月1日
商品名称		联合收割机用鼓壳			
英文名称		Drum housing for a combine harvester-thresher			
其他名称					
商品描述		鼓壳由三部分组成：一个旋转进料器，一个脱粒滚筒，一个逐稿轮，使得谷粒在脱粒工序中能够与谷穗相分离。脱粒机构自身不带驱动系统，而是通过皮带轮传动系统由联合收割机的柴油发动机提供动力。 说明： 1. 进料通道（带有切割组件） 2. 驾驶舱 3. 谷仓 4. 分离装置 5. 清理装置 6. 驱动轴			
归类依据		根据归类总规则一［第十六类注释二（二）］及六。			

序号	739	归类决定编号	W2014-366	公告编号	2014年第93号
商品税则号列		8435.10		公告实施日期	2015年1月1日
商品名称		离心榨汁机			
英文名称		Centrifugal juicer			
其他名称					
商品描述		带有通风单相工业同步电机,设计为商业用途,包括酒吧、餐馆、食堂、托儿所、诊所、定制厨房。技术参数:电机转速为3 000转/分钟,电机功率为700瓦,电流强度为7安,电源为230伏/50赫兹,产量为100~120千克蔬菜(或水果)/小时,残渣收集容器为6升,机器重约11千克,尺寸为505毫米×235毫米×420毫米。该机器包含一个不锈钢的电机底座,其上有开关按钮;一个有出汁口的不锈钢容器;一个塑料法兰;一个不锈钢篮网,带有进料口和出渣口的塑料盖子;一个不锈钢研磨盘;一个残渣收集容器。该机器用于榨取蔬菜或水果汁。			
归类依据		根据归类总规则一及六。			

序号	740	归类决定编号	W2014-242	公告编号	2014年第93号
商品税则号列		8436.80		公告实施日期	2015年1月1日
商品名称		用土覆盖土豆或其他蔬菜堆的机器			
英文名称		Machine for covering potato and other vegetable clamps with earth			
其他名称					
商品描述		该商品由一个与农用拖拉机连接的框架、一个土壤切割器及一个由拖拉机提供动力的刀轮构成,可将土壤抛覆在土豆或蔬菜堆上。			
归类依据		根据归类总规则一及六。			

序号	741	归类决定编号	W2014-367	公告编号	2014 年第 93 号
商品税则号列		8438.60		公告实施日期	2015 年 1 月 1 日
商品名称	蔬菜加工机器				
英文名称	Vegetable preparation machine				
其他名称					
商品描述	带有三相电机，设计为商业用途。技术参数：电机转速为 375 转/分钟，电机功率为 600 瓦，电源为 400 伏/50 赫兹，可在不超过 3 小时的时间里制备 1 200 份蔬菜，机器重约 15 千克，尺寸为 745 毫米×610 毫米×310 毫米。该机器包含一个电机，进料头带有两个开口和推进器，控制面板上带有开关按钮。该商品与一个 3 毫米的切削盘及一个 3 毫米的中号研磨盘一同报验。该机器用于连续地进行切片、切丁、切碎、磨碎等，以及制备薯条和切丝。				
归类依据	根据归类总规则一及六。				

序号	742	归类决定编号	W2020-017	公告编号	2020 年第 108 号
商品税则号列		8438.60		公告实施日期	2020 年 10 月 1 日
商品名称	切菜机				
英文名称	Vegetable cutter				
其他名称					
商品描述	规格：长×高×宽，505 毫米×270 毫米×320 毫米；重 7.5 千克。用于工业化食品制备，装有一台 220 伏的电动机，刀片可互换，实现对菜切短、切薄、擦丝、切碎等不同方式加工。使用双刃盘式切刀时，卷心菜切片加工能力为 90 千克/小时。				
归类依据	根据归类总规则一及六。				

序号	743	归类决定编号	W2020-018	公告编号	2020年第108号
商品税则号列		8438.60		公告实施日期	2020年10月1日
商品名称		切菜机			
英文名称		Vegetable cutter			
其他名称					
商品描述		规格：长×宽×高，380毫米×272毫米×230毫米；重5千克。用于工业化食品制备，装有一台220伏的电动机，可将蔬菜加工成粗、中等和细的切片。切菜机为5千克重一体式机器。该机器由带粗细度调节板的一套刀片和电动机组成。其卷心菜切片加工能力为120~200千克/小时（2.0~3.6千克/分钟）。			
归类依据		根据归类总规则一及六。			

序号	744	归类决定编号	W2014-368	公告编号	2014年第93号
商品税则号列		8438.80		公告实施日期	2015年1月1日
商品名称		混合器			
英文名称		Emulsifier-mixer			
其他名称					
商品描述		带有三相电机，设计为商业用途，如医院、餐馆、制药和化学实验室用。技术参数：电机转速为1 500/3 000转/分钟，电机功率为950/1 300瓦，电源为230/400伏，50赫兹，混合容器的容积为6.6升，机器重约26千克，尺寸为520毫米×280毫米×340毫米。该机器包含一个不锈钢电机底座；一个汤锅形状的容器，其上带有把手和盖子，盖子配有碗盖一体刮刀；一个不锈钢切割刀片；一个带有开关按钮和速度选择旋钮的控制面板。该机器用于制备混合液体和半固体食物。			
归类依据		根据归类总规则一及六。			

序号	745	归类决定编号	W2014-243	公告编号	2014年第93号
商品税则号列		8439.30		公告实施日期	2015年1月1日
商品名称	一次性复写纸涂布机				
英文名称	One-time carbon-paper coating machine				
其他名称					
商品描述	其主要由几个辊子及一个台架构成，油槽的油墨通过一个送墨辊转移到与卷纸辊紧靠的印刷辊上；涂层厚度由调节辊控制。				
归类依据	根据归类总规则一及六。				

序号	746	归类决定编号	W2014-244	公告编号	2014年第93号
商品税则号列		8442.30		公告实施日期	2015年1月1日
商品名称	照相排字机				
英文名称	Photocomposing machine				
其他名称					
商品描述	用于在感光胶片上排版完整划线表格（发票、付款单等）。其主要包括一个带有线性模板的标准照相排版机、两个采用可预调组件（如标题、显示区等）阵列的照相剪辑装置及一个能装感光胶片的复合桌。				
归类依据	根据归类总规则一及六。				

序号	747	归类决定编号	W2005-346	公告编号	2005年第63号
商品税则号列		84.43		公告实施日期	2005年12月23日
商品名称		标签打印机			
英文名称		Label printer			
其他名称					
商品描述		一种桌面设备,由控制板(键盘)、液晶显示、喷墨装置和电子系统构成。没有与计算机连接的接口。			
归类依据		HSC委员会指出,税目84.72的注释述及该税目"不包括即使是办公室使用的小型印刷机(例如,凸版印刷机、平板或胶版印刷机)和使用凸纹塑料片或金属片进行复印的复印机(含兼可用蜡纸复印的机器)(税目84.43)"。因为上述条文特别将税目84.43的所有印刷设备排除在税目84.72外,HSC委员会决定将所讨论的标签打印机归入税目84.43。 根据归类总规则一。			

序号	748	归类决定编号	W2005-347	公告编号	2005年第63号
商品税则号列		8443.32		公告实施日期	2005年12月23日
商品名称		数字喷墨打印机			
英文名称		Digital ink-jet printer			
其他名称					
商品描述		通过各种点阵,在各种材料(如新闻纸、织物或透明胶片等)上打印连续彩色图像,打印尺寸从A0到864毫米×1 189毫米。主要用于印刷工业制彩色校样,也用于展览、包装等其他方面。打印功能通过并行插口与自动数据处理设备连接实现。			
归类依据		HSC委员会第二十四次会议认为,应该从八十四章章注五的整体来考虑章注五(四),因为从条款的应用上,子条款五(二)2和五(二)3是与条款五(二)的导言部分有联系的。其意思是规则的应用以注释五(五)为前提。随后,一个海关对该决议持保留意见,并在第二十五次会议上,HSC委员会根据归类总规则一和八十四章章注五(二)、五(四)和五(五),确认了先前第二十四次会议上的决定。为体现该决定,税目84.43和84.71的注释作了修改。			

序号	749	归类决定编号	W2008-064	公告编号	2008年第47号
商品税则号列		8443.99		公告实施日期	2008年7月3日
商品名称	用于标签打印机上的色带盒					
英文名称	Tape cassette for use with label printers					
其他名称	P-TOUCH 7000/8000					
商品描述	由一个包含4个卷轴的塑料盒组成，塑料盒尺寸为115毫米×88毫米×33毫米。最大的卷轴装有自粘白色塑料带（其一面有一层可揭开的衬纸）。次大的卷轴装有塑料带，最小的卷轴装有红色塑料带。另外一个是空轴。三个装塑料带的卷轴宽均为24毫米。红色塑料带类似于色带，其带墨或其他色料供打印文字。打印机使用色带盒中三种不同材料生成文字标签。色带盒以零售形式包装在硬纸盒中，纸盒上标有文字说明色带盒供使用的打印机型。					
归类依据	根据归类总规则一及六。					

序号	750	归类决定编号	W2014-245	公告编号	2014年第93号
商品税则号列		8443.99		公告实施日期	2015年1月1日
商品名称	调色剂筒，装有或未装有调色剂					
英文名称	Cartridges, with or without toner					
其他名称	6R 90161 intended for the 5014 photocopier					
商品描述	该商品包括一个两端有塑料盖帽的纸板筒，其中一端有一个转轴，以转动一特殊成形的贱金属丝，另一端有轮齿，以转换旋转方向。三部分嵌入塑料管的金属丝在筒内作回转运动，以防止粉状调色剂结块。筒上还有一条贯穿其长度的狭缝，粉状调色剂在静电引力下通过狭缝。该筒设计用于安装在影像复印机中，并可在用空时进行更换。					
归类依据	根据归类总规则一及六。					

序号	751	归类决定编号	W2014-246	公告编号	2014 年第 93 号
商品税则号列		8443.99		公告实施日期	2015 年 1 月 1 日
商品名称		调色剂筒，装有或未装有调色剂			
英文名称		Cartridges, with or without toner			
其他名称		6R 90168 intended for the Fuji Xerox 5017 photocopier			
商品描述		该商品包括一个两端有塑料帽盖的纸板筒，其中一端帽盖支撑一个特殊成形的贱金属丝，另一端则起转动金属丝的作用。两部分嵌入塑料管的金属丝在筒内作回转运动，以防止粉状调色剂结块。筒上还有一条贯穿其长度的狭缝，粉状调色剂可在静电引力下通过狭缝。该筒设计用于安装在影像复印机中，并可在用空时进行更换。			
归类依据		根据归类总规则一及六。			

序号	752	归类决定编号	W2005-348	公告编号	2005 年第 63 号
商品税则号列		8448.49		公告实施日期	2005 年 12 月 23 日
商品名称		织机用经轴			
英文名称		Warp beams for weaving machines			
其他名称					
商品描述		该商品的相关尺寸为 762 毫米×1 068 毫米（法兰直径和总长），构成材料有多种。需经过复杂加工和修整后以适合配置在织机上，其主要功能是在机织过程中，可以均匀地解绕缠在其上的经纱。			
归类依据		HSC 委员会指出，从织机整体上能非常明确地显现出这些经轴在机织过程中的作用，其作用超过对纱线的纯粹的支撑作用。考虑到这些特征，HSC 委员会认为虽然它的尺寸类似于那些大的线轴，但其实质还是织机用的经轴，应根据归类总规则一的规定，按织机的零件和附件归入子目 8448.49。因此，十六类类注一（三）不适用本例。 根据归类总规则一。为体现该决定，HSC 委员会同时通过了对十六类注释的修改。			

序号	753	归类决定编号	W2010-021	公告编号	2010 年第 75 号
商品税则号列		8451.30		公告实施日期	2010 年 12 月 3 日
商品名称	用于专业熨烫操作的熨烫机					
英文名称	Ironing machine designed for professional ironing					
其他名称						
商品描述	由以下部分组成：1. 一个矩形电热熨烫台［尺寸为 125 厘米（长）×75 厘米（宽）×87 厘米（高），重量为 58 千克］，含熨袖板和内置吸风机。2. 一个蒸汽发生器（重量为 15.5 千克），装有一个硅钢制熨烫架、一个蒸汽压力表、一个可视发光水位计、一个含自动调温器的加热组件、一个用于盛放蒸馏水的容器和一个泵。3. 电力蒸汽烫斗（800 瓦）。熨烫台与蒸汽发生器经一条软管相连，利用熨烫台边的脚踏板控制，将蒸汽吸入熨烫台内。蒸汽烫斗需用蒸汽软管和电缆与蒸汽发生器连接。 又见归类决定编号 W2010-022。					
归类依据	根据归类总规则一（第十六类类注四）及六。					

序号	754	归类决定编号	W2020-038	公告编号	2020 年第 108 号
商品税则号列		8451.30		公告实施日期	2020 年 10 月 1 日
商品名称	蒸汽电熨斗及半自动蒸汽发生器					
英文名称	Electric steam iron and semi-automatic steam generator					
其他名称						
商品描述	蒸汽电熨斗及半自动蒸汽发生器，通过一根管道以及电缆相连。蒸汽发生器由不锈钢锅炉、带有自动水位控制的给水泵、外部水位控制器、安全阀、双恒温器、保险丝、蒸汽压力计、排水阀和 11 升容量的水箱组成。					
归类依据	根据归类总规则一（第十六类类注四）及六。					

序号	755	归类决定编号	W2005-349	公告编号	2005 年第 63 号
商品税则号列		8451.80		公告实施日期	2005 年 12 月 23 日
商品名称	原地清洁地毯的机器				
英文名称	Appliances for cleaning carpets in situ				
其他名称					
商品描述	内装有一个 0.75 千瓦的电机及一个向地毯上喷洒液体清洁剂的泵，清洗过地毯的液体通过真空吸取。该机器重 18.1 千克，带有一个 41.6 升容量的液体罐，制造并销售用于大型公共场所（非家用），例如：旅馆、汽车旅馆、医院、办公室、饭店及学校。				
归类依据	考虑到税目 85.09 的注释第一段提供的说明，由于该装置的清洗溶剂罐的容量（41.6 升）超过了家用需求的范围，故该装置不是电动家用器具。此外，文件中明确地指出，该装置是为旅馆、医院和办公场所，或商场设计和出售的。HSC 委员会决定该商品不应归入税目 85.09，应按湿洗地毯的设备归入子目 8451.80。 根据归类总规则一。为体现该决定，税目 84.51、84.79 和 85.09 的相应注释已作了修改。				

序号	756	归类决定编号	W2005-350	公告编号	2005 年第 63 号
商品税则号列		8451.80		公告实施日期	2005 年 12 月 23 日
商品名称	原地清洁地毯的机器				
英文名称	Appliances for cleaning carpets in situ				
其他名称					
商品描述	内装有一个 0.75 千瓦的电机及一个向地毯上喷洒液体清洁剂的泵，清洗过地毯的液体通过真空吸取。该机器重 21.8 千克，带有一个 56.8 升容量的液体罐，制造并销售用于大型公共场所（非家用），例如：旅馆、汽车旅馆、医院、办公室、饭店及学校。				
归类依据	考虑到税目 85.09 的注释第一段提供的说明，由于该装置的清洗溶剂罐的容量（56.8 升）超过了家用需求的范围，故该装置不是电动家用器具。此外，文件中明确地指出，该装置是为旅馆、医院和办公场所，或商场设计和出售的。HSC 委员会决定该商品不应归入税目 85.09，应按湿洗地毯的设备归入子目 8451.80。 根据归类总规则一。为体现该决定，税目 84.51、84.79 和 85.09 的注释已作了修改。				

序号	757	归类决定编号	W2010-022	公告编号	2010年第75号
商品税则号列		8451.90		公告实施日期	2010年12月3日
商品名称		矩形熨烫台			
英文名称		Rectangular ironing table			
其他名称					
商品描述		包含熨袖板和内置吸风器，表层由电子加热元件进行供热，表面温度依靠自动调节器调节。该熨烫台需要与一台蒸汽发生器连接使用。利用熨烫台边的脚踏板控制，将蒸汽吸入熨烫台内。该熨烫台需与一台蒸汽发生器和一个用于专业熨烫操作的蒸汽电熨斗搭配使用，蒸汽发生器和熨斗需另外提供。 又见归类决定编号W2010-021。			
归类依据		根据归类总规则一［第十六类类注二（二）］和六。			

序号	758	归类决定编号	W2005-351	公告编号	2005年第63号
商品税则号列		8452.10		公告实施日期	2005年12月23日
商品名称		手持电动（电池供电）缝纫机			
英文名称		Hand-held battery-operated sewing machine			
其他名称					
商品描述		包含一带孔的臂，缝纫线从中穿过，臂的末端有一个缝纫针。下面部分是一个21厘米×8厘米×4厘米的托架，上有固定纺织物的压脚。线轴位于托架的外部。缝纫时，右手拿着缝纫机，左手拿着纺织物，通过右手大拇指压动开关进行缝纫。			
归类依据		因为税目84.52的条文列名为缝纫机，HSC委员会决定，所讨论的机器应作为一种家用型缝纫机归入子目8452.10。 根据归类总规则一。为体现该决定，子目8452.10的子目注释已作了修改。			

序号	759	归类决定编号	W2005-352	公告编号	2005年第63号
商品税则号列		8462.21 或 8462.29		公告实施日期	2005年12月23日
商品名称		焊管轧压设备			
英文名称		Welded tube mill machinery			
其他名称					
商品描述		进口时不含焊接设备，其用于将卷状的金属带加工成管状形状。该设备包括以下部件：切边机、成形辊等。			
归类依据		HSC委员会注意到税目84.55的注释规定了其他滚压设备［例如折弯机、折叠机、矫直机或轧平机（税目84.62）］不应视为轧机，并因此而排除在税目84.55外。虽然在税目84.55注释中描述，轧机的加工过程是通过加热和压轧对固体钢坯进行进一步加工，但是这个商品的弯曲处理既没有对钢进行进一步加工，也没有改变成卷金属板的横截面尺寸。因为该进口没有焊接部件的焊管轧压设备不符合税目84.55条文的金属轧机范围，HSC委员会一致认为焊管轧压设备不应归入金属轧机税目84.55。在子目级别归类时，认为如果该设备是数控的，应归入子目8462.21；否则归入子目8462.29。根据归类总规则一和六。			

序号	760	归类决定编号	W2005-353	公告编号	2005年第63号
商品税则号列		8465.91		公告实施日期	2005年12月23日
商品名称		多功能设备			
英文名称		Multi-function machine			
其他名称					
商品描述		具备3种不同功能，碾碎喂养动物的饲料、锯割木材及类似材料、刃磨金属工具。碾碎机部分内有一电动机，用于驱动碾碎盘旋转，同时可通过位于传动轴中部的传动带和滑轮传动驱动位于轴某一边的圆锯锯片和砂轮。刀架轴被两个轴承固定在锯台上，同时固定的还有一个调整切割长度的装置。锯割和刃磨结构由几个螺钉螺母固定在碾碎机上，构成一个完整结构。			
归类依据		因为不能确定该设备的主要功能，HSC委员会决定将其归入子目8465.91。根据归类总规则三（三）。			

序号	761	归类决定编号	W2014-247	公告编号	2014 年第 93 号
商品税则号列		8465.99		公告实施日期	2015 年 1 月 1 日
商品名称	磨削机器				
英文名称	Milling machines				
其他名称					
商品描述	该商品专用于磨削硬塑料废料，由 1 个电机驱动，装有 3 个可移动刀头及 2 个固定刀头。				
归类依据	根据归类总规则一及六。				

序号	762	归类决定编号	W2014-248	公告编号	2014 年第 93 号
商品税则号列		8466.20		公告实施日期	2015 年 1 月 1 日
商品名称	静电夹（ESC）				
英文名称	Electrostatic chuck（ESC）				
其他名称					
商品描述	由配有在聚酰亚胺层中夹有铜膜的铝基板构成，聚酰亚胺涂层起到保护铜膜免受等离子体干扰和防止电弧放电的作用。基板连接于阴极表面。该 ESC 基板依据使用的晶片类型可以为 V 型槽或扁平槽。贯穿 ESC 上下的氦通道分派氦通过晶片底部。氦流提高了从晶片到 ESC 基板的热传递。这可以帮助在晶片上阻止紫外线刻胶网眼，通过阴极到晶片底部的氦被重新使用。当一个等离子体激发了空腔，它将在晶片的背面产生电荷，那么一个正直流电压将作用在 ESC 的铜膜上。这导致相对于晶片背面的电荷的负极有一负电荷。相对的电荷吸引，在晶片和 ESC 之间形成静电键。这"夹紧"晶片，使晶片在背部存在氦压时保持在固定位置。该进程后，背部氦压减少、电压降低，允许等离子体驱散超量的静电荷。这"退去夹紧"晶片，在退去夹紧后，晶片准备移出空腔。				
归类依据	根据归类总规则一及六。				

序号	763	归类决定编号	W2016-042	公告编号	2016 年第 79 号
商品税则号列		8467.19		公告实施日期	2017 年 1 月 1 日
商品名称		气动剪			
英文名称		Pneumatic secateurs			
其他名称					
商品描述		在筒状手柄上装有一个活塞和若干刀片，由使用者通过大拇指和食指扳动活塞产生压缩空气进行操作。该商品设计用于手持，也可以安装伸缩操作杆（臂）来使用。该商品用于修剪树枝。			
归类依据		根据归类总规则一及六。			

序号	764	归类决定编号	W2005-354	公告编号	2005 年第 63 号
商品税则号列		8467.89		公告实施日期	2005 年 12 月 23 日
商品名称		手提式剪枝器			
英文名称		Portable brush-cutters			
其他名称					
商品描述		由一带有动力输出装置和输出轴的马达（或发动机）和各种可互换的切割工具构成。			
归类依据		HSC 委员会一致认为该设备应作为"其他装有非电动动力装置的手提式工具"归入子目 8467.89。根据归类总规则一。为体现该决定，税目 84.67 和 85.08 的注释作了修改。			

序号	765	归类决定编号	W2005-356	公告编号	2005 年第 63 号
商品税则号列		8470.50		公告实施日期	2005 年 12 月 23 日
商品名称		用于结算卡或信用卡支付的终端			
英文名称		Terminal for electronic payment by credit or debit			
其他名称					
商品描述		用于商业设施内，如宾馆、饭店、旅行社等。机器上装有小键盘、显示器、发票用卷纸及读取磁卡或智能卡的插槽。终端通过电话网络与指定的财政机构相连接实现其功能，完成支付以及录制结算卡或信用卡支付金额和打出收据。			
归类依据		因为税目 84.70 条文中明确提到了出纳和计算功能，同时考虑十六类类注三和八十四章章注五（五），HSC 委员会一致决定将该商品归入子目 8470.50。 根据归类总规则一。			

序号	766	归类决定编号	W2014-369	公告编号	2014 年第 93 号
商品税则号列		8471.30		公告实施日期	2015 年 1 月 1 日
商品名称		平板电脑			
英文名称		Tablet computer			
其他名称					
商品描述		主要设计为通过触摸屏进行操作。可以处理数据、执行程序、通过无线网络连接到互联网上进行诸如交换和处理电子邮件，交换和下载文件，下载应用软件，进行视频通信或进行基于互联网协议的语音通信等。该机器主要参数如下：尺寸为 241 毫米×186 毫米×9 毫米；重量为 0.6 千克；显示器尺寸（对角线）为 25 厘米（9.7 英寸）、分辨率为 1 024×768、技术为 IPS LCD；输入方式为多点触控；中央处理器架构为 ARM、频率为 1.0 千兆赫、内核为 2；存储器类型为 SSD、容量为 16GB/32GB/64GB；内存为 0.5GB；网络连接 Wi-Fi 为 802.11a/b/g/n、蓝牙为 2.1+EDR、蜂窝通信为可选 3G [UMTS/HSDPA/HSUPA（850 兆赫、900 兆赫、1 900 兆赫、2 100 兆赫）和 GSM/EDGE（850 兆赫、900 兆赫、1 800 兆赫、1 900 兆赫）]；GPS 为可选辅助 GPS 定位系统；相机为前后；电池类型为锂聚合物、待机时长为高达 10 小时。			
归类依据		根据归类总规则一 [第十六类类注三和第八十四章章注五（一）] 及六。			

序号	767	归类决定编号	W2014-370	公告编号	2014 年第 93 号
商品税则号列		8471.30		公告实施日期	2015 年 1 月 1 日
商品名称		平板电脑			
英文名称		Tablet computer			
其他名称					
商品描述		主要设计为通过触摸屏进行操作。可以处理数据，执行程序，通过无线网络连接到互联网上进行诸如交换和处理电子邮件，交换和下载文件，下载应用软件，进行视频通信或进行基于互联网协议的语音通信，等等。该机器主要参数如下： 尺寸为 312 毫米×207 毫米×17 毫米，重量为 1.16 千克 显示器：尺寸（对角线）31 厘米（12.1 英寸），分辨率 1 280×800，技术 IPSLCD 输入方式：多点触控 中央处理器：架构×86-84，频率 1.33，1.86 turboboost（千兆赫），内核 2 存储器：类型 SSD，容量 32GB/64GB，存储器扩展 MMC/SDXC，内存 2GB/4GB 网络连接：Wi-Fi 802.11b/g/n，蓝牙 3.0 相机：前置 200 万像素 电池类型锂聚合物，待机时长 4.5 小时				
归类依据		根据归类总规则一［第十六类类注三和第八十四章章注五（一）］及六。			

序号	768	归类决定编号	W2005-357	公告编号	2005 年第 63 号
商品税则号列		8471.49		公告实施日期	2005 年 12 月 23 日
商品名称		个人计算机			
英文名称		Personal computer			
其他名称					
商品描述		由 3 个分离部件组合构成：一台带有数字处理部件的 14 英寸（35 厘米）彩色电视接收机（显示器）、一个键盘（输入部件）及一个红外遥控装置。第一个部件中有一个处理器（80486DX2）、一个 4MB 的存储器、一个 1.44MB 的磁盘驱动器、一个 350MB 的硬盘、一个 CD-ROM 驱动器、一个彩色监视电视接收机（PC 模式下非隔行扫描，电视模式下隔行扫描）及立体声扬声器。通过使用装在键盘上的轨迹球、键盘本身或红外遥控装置可实现选择不同模式（计算机、电视或声音堆栈），该系统还可放音、播放 CD 及记录数字声音文件。				
归类依据		在承认个人计算机具备两个功能前提下，HSC 委员会认为其主要功能应该是自动数据处理。这是因为除了电视调谐卡外，该计算机中的其他部件均是支持自动数据处理的。HSC 委员会决定将其归入子目 8471.49。 根据十六类类注三。				

序号	769	归类决定编号	W2005-358	公告编号	2005 年第 63 号
商品税则号列		8471.49		公告实施日期	2005 年 12 月 23 日
商品名称		自动数据处理设备			
英文名称		Automatic data processing machine			
其他名称					
商品描述		与原子吸收光谱仪一同申报。			
归类依据		HSC 委员会指出由于分析装置是一个独立仪器，且与自动数据处理设备连接不是为了执行作为税目 90.27 仪器的基本功能，故十六类类注四和九十章章注三不适用。因此，根据十六类类注一（十二）和八十四章章注（五），HSC 委员会决定自动数据处理设备和分析装置分别归类，自动数据处理设备应归入税目 8471（子目 8471.49）。			

序号	770	归类决定编号	W2005-360	公告编号	2005 年第 63 号
商品税则号列		8471.60		公告实施日期	2005 年 12 月 23 日
商品名称		绘图板/数字化仪			
英文名称		Graphic tablets/digitizers			
其他名称					
商品描述		用于微机和工作站的串行接口设备。该板可提供高精度的数字转换，应用于计算机和计算机辅助设计，如显示图形（presentation graphics）及类似 2-D 计算机图形应用，该板具备数字化仪的功能，是一种高效率的工具。绘图板和数字化仪的作用是将图形转换成精确的数字信息，以便在计算机上存储和处理。所有标准鼠标的功能均可在其上实现。齐整的表面设计使滑标和笔控通过整个工作面。数字转换表面有一个可揭开的半透明薄膜，用于保护对精准文档的跟踪。该板的尺寸范围为 151 毫米×151 毫米到 305 毫米×457 毫米，重为 2~3 千克。			
归类依据		因为绘图板/数字化仪的特征符合八十四章章注五（四）定义的 X-Y 坐标输入装置的特征，在 HSC 第二十五次会议上，HSC 委员会一致决定将其归入子目 8471.60，并且在税目 84.71 的注释中插入对它的解释。同时为了体现该决定，税目 90.17 的注释也作了修改。 根据归类总规则一。			

序号	771	归类决定编号	W2020-019	公告编号	2020 年第 108 号
商品税则号列		8471.60		公告实施日期	2020 年 10 月 1 日
商品名称	电子白板				
英文名称	Electronic whiteboard				
其他名称					
商品描述	尺寸为 78 英寸（198.12 厘米），由一个接收笔或手指触摸信号的多功能触控面板组成，带有集成扬声器。产品通常以带有两支电子笔、设备驱动软件和一本用户指南的完整状态报验。白板可以通过无线方式或者通过 USB 或串行电缆与一台视频投影仪和一台自动数据处理设备相连。自动数据处理设备的屏显通过视频投影仪投影到白板的面板上，白板起到自动数据处理设备的输入组件功能。白板带有一个干擦除的面板，在未与自动数据处理设备相连时，也可以用作简单的写字板。				
归类依据	根据归类总规则一 [第八十四章章注五（三）] 及六。				

序号	772	归类决定编号	W2005-361	公告编号	2005 年第 63 号
商品税则号列		8471.70		公告实施日期	2005 年 12 月 23 日
商品名称	只读光盘驱动器				
英文名称	CD-ROM drives				
其他名称					
商品描述	为自动数据处理设备的存储部件。由从只读光盘存储器、激光唱盘及图像光盘上读取信号的驱动部件构成，装有一个耳机插孔、音量控制钮及启动/停止开关。				
归类依据	HSC 委员会指出所争论的光盘驱动器是专门与自动数据处理设备连接使用的。此外，光盘驱动器的目的是获取二进制的数据格式并传送给自动数据处理设备，而从记录在媒体上的文本、影像、声音和图片中获取二进制编码是税目 84.71 自动数据处理设备存储部件的功能。基于上述原因，HSC 委员会根据八十四章章注五（二）、五（三）和五（四），决定将其归入税目 84.71（子目 8471.70）。				

序号	773	归类决定编号	W2005-362	公告编号	2005 年第 63 号
商品税则号列		8471.70		公告实施日期	2005 年 12 月 23 日
商品名称	数据存储装置				
英文名称	Data storage devices				
其他名称					
商品描述	不论其是安装在自动数据处理设备内部还是在外部使用,该装置都是一种便携式的并通过串行口或 SCSI 或 USB 口与计算机连接。这些装置可以是各种形式的驱动器,用于盘的(磁盘、只读光盘或可擦写光盘)或用于磁带的。上述存储介质的存储容量从 40MB 到 2GB,并有各自的形状,只能用于各自同类产品的驱动器上。零售的包装中包含一个驱动器、一个电源、一条连接电缆、软件,有时还有一张盘。驱动器需要配置,以便工作在一个计算机环境的操作系统中(例如,Windows 95、Windows 98、Windows NT、MAC)。				
归类依据	HSC 委员会指出数据存储装置无论内接或外接,实际上都是连接自动数据处理设备的数据存储装置。它们具备接收和发送自动数据处理设备所用格式的数据的功能;它们与中央处理部件连接,是一种专门或主要用于自动处理设备或系统的装置。因此,由于存储装置满足八十四章章注五(二)的规定,很明显应作为存储部件归入税目 84.71。从条文中可知,光盘存储部件在应用章注五(四)时,只需满足章注五(二)2 和五(二)3 所规定的条件。所以在第二十五次会议上,HSC 委员会一致认为应将该类设备归入税目 84.71(子目 8471.70)。根据归类总规则一。为了体现该决定,税目 84.71 的注释已作了修改。				

序号	774	归类决定编号	W2014-249	公告编号	2014 年第 93 号
商品税则号列		8471.70		公告实施日期	2015 年 1 月 1 日
商品名称	专用于自动数据处理设备的 DVD 驱动器				
英文名称	DVD drives exclusively used in conjunction with automatic data processing(ADP)machines				
其他名称					
商品描述	同商品名称。				
归类依据	根据归类总规则一及六。				

序号	775	归类决定编号	W2005-363	公告编号	2005年第63号
商品税则号列		8471.80		公告实施日期	2005年12月23日
商品名称		密码处理器			
英文名称		Cryptographic processor			
其他名称					
商品描述		含有数据加密标准加密算法的密码处理器,作为外围设备与一个或多个自动数据处理设备连接,由此接收执行预编程操作指令。其提供数据安全所需的功能(如验证及加密)须通过在主机上装载软件完成,因此不需在自动数据处理设备内存储安全数据库。密码处理器的功能由生产过程中装入产品内的固化软件控制(含程序的芯片),该装置有一个连接自动数据处理设备的RS232物理接口,改变固化软件的适用性,可用于各种财政金融方面,例如,用于信用卡或结算卡设立密码值或在金融交易中提供数据安全。			
归类依据		由于该装置被设计成为直接与自动数据处理装置相连,其功能是通过解码或验证来自动数据处理设备的数据,承担部分自动数据处理设备的数据处理,HSC委员会根据八十四章章注五(二),认为应按"其他"自动数据处理设备的部件将其归入子目8471.80。			

序号	776	归类决定编号	W2008-066	公告编号	2008年第47号
商品税则号列		8471.80		公告实施日期	2008年7月3日
商品名称		视频卡			
英文名称		Video card			
其他名称					
商品描述		由集成电路和其他组件构成,用于安装在计算机中使其产生图像和声音。它可将从录像机、激光视盘机、CCD/V8照相机或摄录机接收的模拟图像和声音信号转换为数字信号,以便计算机使用。该卡进口时附带一张磁盘(软盘),内有安装软件。该软件必须安装在计算机上,才能使计算机显示视频图像。包含安装软件的磁盘(软盘)和视频卡作为成套货品,一并归入子目8471.80。			
归类依据		根据归类总规则三(二)。			

序号	777	归类决定编号	W2008-067	公告编号	2008 年第 47 号
商品税则号列		8471.80		公告实施日期	2008 年 7 月 3 日
商品名称		声卡			
英文名称		Sound card			
其他名称					
商品描述		由集成电路和其他组件构成,用于安装在计算机中使其产生声音。它可将从麦克风、收音或录音机的模拟声音信号转换为数字信号,以便计算机使用。此外,它可将数字信号转换为模拟信号,用于功放、耳机、音箱。它还有一个用于 CD 驱动器和数字音乐设备(MIDI)的端口。该卡进口时附带一张磁盘(软盘),内有安装软件。该软件必须安装在计算机上,才能使计算机录音、压缩、回放声音。包含安装软件的磁盘(软盘)和声卡作为成套货品,一并归入子目 8471.80。				
归类依据		根据归类总规则三(二)。			

序号	778	归类决定编号	W2005-371	公告编号	2005 年第 63 号
商品税则号列		8471.90		公告实施日期	2005 年 12 月 23 日
商品名称		条形码阅读机			
英文名称		Bar code readers			
其他名称					
商品描述		该设备通常采用光敏半导体装置,例如激光器二极管。其作为一种输入部件与计算机连接使用,或接其他设备,如收银机。其设计成手持型,可放置在桌子上或固定在设备上。				
归类依据		HSC 委员会认为,由于条形码阅读器明显属于税目 84.71 法律条文"光学阅读器"的范围,故其应作为子目 8471.90 的光学阅读器归类,而不应作为输入部件归类。 根据归类总规则一。为了体现该决定,税目 8471 的注释已作了修改。				

序号	779	归类决定编号	W2005-372	公告编号	2005 年第 63 号
商品税则号列		8471.90		公告实施日期	2005 年 12 月 23 日
商品名称	光盘归档系统				
英文名称	Optical disk filing system				
其他名称					
商品描述	该设备一般包括控制器、键盘、显示器、光盘驱动器、扫描仪和打印机,并由一台计算机控制。				
归类依据	考虑到该设备的特征和功能〔本质上是将数据以编码(数字)形式转录在数据媒体上并处理这些数据〕,同时该设备也是税目 84.71 现行条文第二部分所包括的商品,其商品描述与税目 84.72 相比更为明确而且其他税目未列名,故该商品应归入子目 8471.90。 根据归类总规则一。为了体现该决定,税目 84.71 的注释已作了修改。				

序号	780	归类决定编号	W2005-373	公告编号	2005 年第 63 号
商品税则号列		8471.90		公告实施日期	2005 年 12 月 23 日
商品名称	平板桌面扫描仪				
英文名称	A flatbed desk-top scanner				
其他名称					
商品描述	用于产生图像,特别用于扫描彩色胶片。由数千个电荷耦合器件(CCD)元件(排成一排,装于一个集成电路上,被称为 CCD 阵列)、一块玻璃板、一组透镜、灯、反射镜及电气连接件组成。扫描时,一定颜色及强度的光线射到每个 CCD 元件上,通过 CCD 元件形成对应的电信号变化。变化的电信号通过一系列电子元件传到一个模拟/数字转换器上而转为数字信号。扫描的原件置于玻璃板上,受扫描光线均匀照射,图像被逐行读出,最大扫描分辨率为 8 200 点/英寸。该设备能对图像及扫描件进行颜色色调饱和度的修改。须通过 SCSI 计算机插口直接与自动数据处理设备连接。				
归类依据	由于该设备的功能类似于条形码阅读机,HSC 委员会第二十次会议上将条形码阅读机归入子目 8471.90 (见上面的 378),故决定将该扫描仪归入税目 84.71。但是,在确定该商品归入子目 8471.60 或 8471.90 时,产生了意见分歧。由于该扫描仪可以对图像读取并传送给计算机,HSC 委员会认定,该装置不应看作是一个输入部件,应是子目 8471.90 的光学阅读器。 根据归类总规则一。				

序号	781	归类决定编号	W2005-355	公告编号	2005 年第 63 号
商品税则号列		8472.90		公告实施日期	2005 年 12 月 23 日
商品名称	无键盘的打字设备				
英文名称	Keyboardless machines（printers）				
其他名称					
商品描述	通过刻字用的可互换的活字轮打印，设计上需通过一个适当的接口与其他打字机、文字处理设备、计算机等相连接。				
归类依据	因为所讨论的打印机是通过刻字用的可互换 100 字符的字轮打印字符的设备，故认为该设备应作为打字机归入子目 8469.10。 根据归类总规则一。HSC 委员会认为税目 84.69 的注释应作修改。 1996 年版《协调制度》新设立自动打字机和文字处理器子目 8469.12。				

序号	782	归类决定编号	W2014-250	公告编号	2014 年第 93 号
商品税则号列		8472.90		公告实施日期	2015 年 1 月 1 日
商品名称	自动找零机				
英文名称	Automatic change dispenser				
其他名称					
商品描述	分别进口，准备与现金出纳机连接使用，现金出纳机将找给顾客零钱的数据用脉冲方式通过电缆传送给自动找零机。				
归类依据	根据归类总规则一及六。				

序号	783	归类决定编号	W2005-374	公告编号	2005年第63号
商品税则号列		8473.30		公告实施日期	2005年12月23日
商品名称		微处理器			
英文名称		Microprocessor			
其他名称					
商品描述		盒装芯片，尺寸：长14厘米，宽6厘米，厚1.5厘米。内有一个玻璃基底（六层印刷电路板），基底上装有分立元件。这些分立元件包括三个集成电路，即核心处理器集成电路芯片、四个L2（二级）高速缓冲存储器芯片及NL2高速缓存控制器（Tag RAM），此外还装有无源元件（电阻包/电容器）。核心处理器芯片是算术及逻辑元件，L2（二级）高速缓冲存储器芯片是一个高速临时存储器块；Tag RAM是高速缓存控制器或逻辑芯片。Tag RAM访问L2高速缓冲存储器并找到存储的信息。该盒装芯片通过边缘连接器与自动数据处理设备（母板）相连接，基底上的互联电路尚未通过薄膜或厚膜工艺制得，而通过印刷及腐蚀铜箔制得。				
归类依据		不归入税目85.42有如下原因：由于所讨论商品不是单片集成电路，故八十五章章注五（二）1不适用；同样，由于该商品的基底不是厚膜或薄膜电路成形加工的，故章注五（二）2也不适用。由于其不是模制组件，故章注五（二）3也不适用。由于该商品包含数学和逻辑元件，故曾考虑按单独报验的自动数据处理设备的部件归类。但HSC委员会指出，它既不包括主存储器，又不含有所有控制元件，虽然它有时也称为"中央处理部件"，但不是税目84.71注释所称的CPU。因而，该商品不能作为税目84.71的独立部件归类。最后，HSC委员会认为，根据十六类类注二（二），如不属八十四、八十五章的税目具体列出的零件，而专用或主要用于自动数据处理设备，则该零件应归入子目84.73。 根据归类总规则一。				

序号	784	归类决定编号	W2014-253	公告编号	2014年第93号
商品税则号列		8473.30		公告实施日期	2015年1月1日
商品名称		微机用内置式只读盒式存储器			
英文名称		Plug-in read only memory（ROM）cartridge for microcomputer			
其他名称					
商品描述		由一块印刷电路板与一个只读存储器集成电路及两个电容器装配在塑料盒中构成，插入兼容微机中即成为微机存储器的可用部件。该商品中所含程序根据其特定性能加强数据处理能力（例如，主要由学生使用的数学教学程序）。				
归类依据		根据归类总规则一及六。				

序号	785	归类决定编号	W2014-251	公告编号	2014 年第 93 号
商品税则号列		84.73 或按照机器的零件归类或 85.48		公告实施日期	2015 年 1 月 1 日
商品名称		单列直插式存储模块（SIMMs）			
英文名称		Single in-line Memory Modules（SIMMs）			
其他名称					
商品描述		该商品是一种典型的单列直插式存储模块，由一些安装在小的印刷电路板上的动态随机存取存储器（DRAM）组成。电路板两边的反向引脚通过一个电触点连接在一起。它可以根据其应用的机器所需要的存储能力，添加其他的单列直插式存储模块板。			
归类依据		根据归类总规则一及六。			

序号	786	归类决定编号	W2014-252	公告编号	2014 年第 93 号
商品税则号列		84.73 或按照机器的零件归类或 85.48		公告实施日期	2015 年 1 月 1 日
商品名称		双列直插式存储模块（DIMMs）			
英文名称		Dual in-line Memory Modules（DIMMs）			
其他名称					
商品描述		这些模块由一些安装在小的印刷电路板上的动态随机存取存储器（DRAM）组成。电路板两边的反向引脚通过两个分离的电触点保留电中性。它们垂直地插入一个扩展插口。双列直插式存储模块（DIMMs）通常用于配置支持 64B 或更宽范围的存储总线的计算机。这些配置是基于强大的新处理器。			
归类依据		根据归类总规则一及六。			

序号	787	归类决定编号	W2008-068	公告编号	2008年第47号
商品税则号列		8477.10		公告实施日期	2008年7月3日
商品名称	音频CD生产系统				
英文名称	Audio compact disc manufacturing system				
其他名称					
商品描述	由封闭在一个洁净空间内的一系列设备组成。该系统制造聚碳酸酯盘，并在盘面压制形成一系列"坑"（小凹陷）和"平台"（盘表面非凹陷的平整区域）。生产过程包括如下阶段：在注模机中，聚碳酸酯颗粒被加热熔融并在液压下先塑造形成CD盘；通过钳位部件将其与放置在模具中的母盘紧压，从而在其上复制出母盘上出现的凹槽（或"坑"）和平整区域（或"平台"）的镜像；然后，金属附着装置利用真空沉积法在盘面形成铝反射涂层；此后，旋转涂布机又在盘面涂一层透明的丙烯酸塑料保护层。该系统还包括一个利用光学扫描检测缺陷的检测部件，两个用来装料和卸料的操作系统，一个报警系统和一个控制部件。控制部件安装在洁净空间外，包括一个带输入输出部件的可编程中央处理系统，用以控制整个制造系统。该系统生产记录音频的CD盘。				
归类依据	根据归类总规则一（第十六类类注三）及六。				

序号	788	归类决定编号	W2005-376	公告编号	2005年第63号
商品税则号列		84.79		公告实施日期	2005年12月23日
商品名称	震动马达				
英文名称	Vibrator motor				
其他名称					
商品描述	包括一个电机，电机轴的凸端装有一个偏心轮，可以产生径向震动，并传递给所安装的装置或设备（如斜槽、装料箱、漏斗、输送机、压实装置）。				
归类依据	HSC委员会在讨论震动马达的特定功能时指出，震动马达有多种不同的用途，因此其具有一个独立的功能。此外，由于出现在税目84.31注释中的"滚筒或滚轴"没有作为电动马达归类（虽然其与电动马达类似），因此震动马达也不应作为电动马达归类。最后，HSC委员会一致决定将震动马达归入税目84.79。 根据归类总规则一。				

序号	789	归类决定编号	W2008-069	公告编号	2008 年第 47 号
商品税则号列		8479.10		公告实施日期	2008 年 7 月 3 日
商品名称	清雪用盐沙散布机				
英文名称	Salt and sand spreader for clearing snow				
其他名称					
商品描述	安装在卡车上，包括以下部件：1. 一个装沙和盐的容器，内置一个阻碍成块的搅拌装置（工作时，该搅拌装置像蜗杆一样转动）；2. 一个用于压碎/磨碎盐块的系统；3. 一个带散布盘的液压喷射系统。设备的各种功能通过在卡车驾驶室内远程遥控操作。				
归类依据	根据归类总规则一及六。				

序号	790	归类决定编号	W2005-375	公告编号	2005 年第 63 号
商品税则号列		8479.60		公告实施日期	2005 年 12 月 23 日
商品名称	蒸发式空气冷却器				
英文名称	Evaporative air coolers				
其他名称					
商品描述	重量超过 20 千克，用潜热蒸发原理冷却空气；装有一个循环水系统（有内置罐及泵）以连续浸泡过滤器，并带有一个通过过滤媒质排放空气的电动风扇。不带有专门增湿或干燥空气的部件。				
归类依据	1991 年，依据《协调制度》第二审议周期对法律条文修订的建议，HSC 委员会第七次会议决定将蒸发式空气冷却器归入税目 84.79 而不是税目 84.15。相应的归类意见（8419.89/9）由 HSC 委员会十三次会议中通过。 根据归类总规则一。 注：在 1996 年版《协调制度》中，增加了一个新子目 8479.60（随后，归类意见 8479.89/3 改为 8479.60/2）。				

序号	791	归类决定编号	W2014-254	公告编号	2014 年第 93 号
商品税则号列		8479.60		公告实施日期	2015 年 1 月 1 日
商品名称	便携式空气冷却器				
英文名称	Portable air coolers				
其他名称					
商品描述	家用,独立装置;装有一个尼龙纤维制空气过滤器,一个循环水系统(有内置罐及泵)及一个排放冷空气用的电动风扇,但不带有专门增湿或干燥空气的部件。				
归类依据	根据归类总规则一及六。				

序号	792	归类决定编号	W2020-061	公告编号	2020 年第 108 号
商品税则号列		8479.60		公告实施日期	2020 年 10 月 1 日
商品名称	蒸发式空气冷却器				
英文名称	Evaporative air cooler				
其他名称					
商品描述	蒸发式空气冷却器,运用蒸发吸热的原理来冷却空气,其重量为 27 千克 [尺寸(长×宽×高):510 毫米×685 毫米×1 445 毫米],装有四个供移动的轮子。在嵌入的水蒸发系统中,泵不断从内置水箱抽水,并将其平均分布到冷却垫。冷却垫上的水蒸发降低了空气的温度,再通过电动风扇将这些冷却的空气排入房间。				
归类依据	根据归类总规则一及六。				

序号	793	归类决定编号	W2014-255	公告编号	2014 年第 93 号
商品税则号列		8479.71		公告实施日期	2015 年 1 月 1 日
商品名称	登机桥				
英文名称	Passenger boarding bridge				
其他名称					
商品描述	该类型的登机桥用于机场设施。它可以使乘客/航空公司工作人员在机场航站/停放飞机的门之间行走。				
归类依据	根据归类总规则一及六。				

序号	794	归类决定编号	W2014-263	公告编号	2014 年第 93 号
商品税则号列		8479.79		公告实施日期	2015 年 1 月 1 日
商品名称	港口乘客桥（乘客舷梯）				
英文名称	Seaport passenger bridge（Passenger gangway）				
其他名称					
商品描述	在港口使用的乘客舷梯，使乘客不用到户外就可在港口码头/巡航船或渡轮之间行走。				
归类依据	根据归类总规则一及六。				

序号	795	归类决定编号	W2014-256	公告编号	2014年第93号
商品税则号列		8479.89		公告实施日期	2015年1月1日
商品名称	润滑中心				
英文名称	Central greasing systems				
其他名称					
商品描述	手动或自动，用以润滑半自动机器。由一个特殊润滑脂泵构成，起中心配油器作用，以向不同数量活塞喷射器输油；喷射器则将定量润滑脂送到润滑点处。本归类意见适用于完整的润滑中心系统。				
归类依据	根据归类总规则一及六。				

序号	796	归类决定编号	W2014-257	公告编号	2014年第93号
商品税则号列		8479.89		公告实施日期	2015年1月1日
商品名称	熏蒸消毒室				
英文名称	Fumigation chamber				
其他名称					
商品描述	装有轮子，利用溴代甲烷、氢氰酸等的作用消毒灌木、种子、书籍、手稿等。				
归类依据	根据归类总规则一及六。				

序号	797	归类决定编号	W2014-258	公告编号	2014 年第 93 号
商品税则号列		8479.89		公告实施日期	2015 年 1 月 1 日
商品名称	用于清扫工厂的自推进机器					
英文名称	Self-propelled machines for sweeping factories, etc.					
其他名称						
商品描述	配有驾驶员座位并装有一个旋转拾取扫帚、一个污物箱及一个吸取灰尘的风扇。					
归类依据	根据归类总规则一及六。					

序号	798	归类决定编号	W2014-259	公告编号	2014 年第 93 号
商品税则号列		8479.89		公告实施日期	2015 年 1 月 1 日
商品名称	压缩空气控制的汽笛					
英文名称	Horns operated by compressed air					
其他名称						
商品描述	该商品由一台压缩机、一个小空气罐、两个喇叭形音响信号装置及一个机械或电控制装置构成，这些部件通过软管相连接，主要装在机动车上。					
归类依据	根据归类总规则一及六。					

序号	799	归类决定编号	W2014-260	公告编号	2014年第93号
商品税则号列		8479.89		公告实施日期	2015年1月1日
商品名称		加油装置			
英文名称		Greasing appliance			
其他名称		Tecalemit volume pum			
商品描述		该商品由一个装润滑油的带盖容器构成，盖上连接一个操纵活塞的手柄，活塞下压使润滑油流入软管（也装在盖子上），软管与装置末端的滑脂嘴连接器相接，该连接器又与需供油的机器设备的滑脂嘴相接，使用时容器放置在地上。			
归类依据		根据归类总规则一及六。			

序号	800	归类决定编号	W2014-261	公告编号	2014年第93号
商品税则号列		8479.89		公告实施日期	2015年1月1日
商品名称		给船加油移动机械装置			
英文名称		Mobile mechanical unit for bunkering ships			
其他名称					
商品描述		由下列部件构成：1. 几个卷轴装在同一轴上，用于卷绕或退绕一段（约45米）收缩软管；2. 一个使用后摘取软管的泵；3. 一台驱动卷轴或泵的汽油发动机。装在一个带有牵引棒的四轮底盘上。			
归类依据		根据归类总规则一（第十六类类注三）。			

序号	801	归类决定编号	W2014-262	公告编号	2014 年第 93 号
商品税则号列		8479.89		公告实施日期	2015 年 1 月 1 日
商品名称		装有隔膜的金属密封膨胀盒			
英文名称		Metal chamber, fitted with a diaphragm			
其他名称					
商品描述		隔膜的一面承受气体压力，另一面直接与膨胀盒所在管道内的液体相接触，用于某些设备（例如，集中供暖设备）的密封膨胀盒。			
归类依据		根据归类总规则一及六。			

序号	802	归类决定编号	W2018-049	公告编号	2018 年第 159 号
商品税则号列		8479.89		公告实施日期	2018 年 12 月 1 日
商品名称		手持式机器			
英文名称		Handheld machine			
其他名称					
商品描述		手持式机器，用于去除经润湿的衣物上的污垢和污渍。该机械装有一个喇叭，喇叭超音速振动以产生微小的气泡，气泡破裂产生的力可有助于去除污垢和污渍。			
归类依据		根据归类总规则一及六。			

序号	803	归类决定编号	W2018-050	公告编号	2018 年第 159 号
商品税则号列		8479.89		公告实施日期	2018 年 12 月 1 日
商品名称	平底筒仓				
英文名称	Flat base silos				
其他名称					
商品描述	平底筒仓，由镀锌钢铁波纹板制成，用于谷物储存，直径 4.51~31.60 米，储存量为 50~15 000 吨。该仓装有室内温度控制系统用于识别谷物发热区和昆虫活动。在仓底配备了一个刮扫式螺旋输送机，可以围绕自身的轴作 360 度旋转，用于清扫筒仓底部的残留颗粒。采用径流式和轴流式风机进行储存物料的通风。				
归类依据	根据归类总规则一及六。				

序号	804	归类决定编号	W2018-051	公告编号	2018 年第 159 号
商品税则号列		8479.89		公告实施日期	2018 年 12 月 1 日
商品名称	锥底筒仓				
英文名称	Conical base silos				
其他名称					
商品描述	锥底筒仓，由镀锌钢铁波纹板制成，用于谷物储存，底部斜度为 45~65 度角。该仓装有室内温度控制系统用于识别谷物发热区和昆虫活动。径流式和轴流式风机进行储存物料的通风。				
归类依据	根据归类总规则一及六。				

序号	805	归类决定编号	W2020-039	公告编号	2020年第108号
商品税则号列		8479.89		公告实施日期	2020年10月1日
商品名称	制造LCD模组用的自动贴胶机（TAB压合机）				
英文名称	Tape Automated Bonding equipment (TAB Bonder) used in the manufacture of LCD modules				
其他名称					
商品描述	制造LCD模组用的自动贴胶机（TAB压合机），主要功能是使用异方性导电胶膜（ACF）将LCD玻璃基板和驱动芯片的柔性印刷电路板（FPC）用电气和物理方式连接在一起。在压合过程中，FPC上的导电线缆与LCD玻璃基板上的标记点位进行精确定位（定位精度可达20微米），定位完成后，经过加热加压，异方性导电胶膜加速固化，使FPC和LCD玻璃基板层压在一起。				
归类依据	根据归类总规则一（第十六类类注四）及六。				

序号	806	归类决定编号	W2005-378	公告编号	2005年第63号
商品税则号列		8481.80		公告实施日期	2005年12月23日
商品名称	未装压力按钮的阀门				
英文名称	Valva, not fitted with a press-button				
其他名称					
商品描述	由下列部件构成： 1. 一个贱金属盖； 2. 上述盖的塑料垫片； 3. 一个塑料制连杆垫片； 4. 一个塑料制连杆； 5. 一个塑料套； 6. 一个钢制弹簧； 7. 一个塑料制吸液管。 该阀门通过一个针（needle）的移动开关容器，以使气体及容器内其他内含物排入空气中。				
归类依据	由于该商品申报时不带喷雾帽，HSC委员会决定该商品不应作为液体或粉末喷射、散布或喷雾机械器具，而应归入税目84.81（子目8481.80）。 根据归类总规则一。				

序号	807	归类决定编号	W2005-379	公告编号	2005年第63号
商品税则号列		8481.80		公告实施日期	2005年12月23日
商品名称	轮胎充气阀				
英文名称	Tyre inflation valve				
其他名称					
商品描述	轮胎充气阀由下列元件构成：一个橡胶阀杆、一个螺旋帽、一个黄铜插件组成。黄铜插件又由一个开口、一个阀栓及一个弹簧柱塞机构构成。 整个装置插入装有轮胎的轮子上。手动按压阀栓头时，可开启阀，气体随轮胎内外压差的不同进入或流出轮胎。				
归类依据	HSC委员会指出子目8481.30的止回阀具备两个特征，一是限制了流动方向，二是对管道系统的流量方向可自动做出响应。由于轮胎充气阀不具备上述特征，故HSC委员会一致认为应将其归入子目8481.80。 根据归类总规则一。				

序号	808	归类决定编号	W2014-264	公告编号	2014年第93号
商品税则号列		8481.80		公告实施日期	2015年1月1日
商品名称	油位恒定控制阀				
英文名称	Constant level oil controls				
其他名称					
商品描述	通过自动浮阀及手动操作流量二者的作用，向燃烧器提供恒定流量的燃油。				
归类依据	根据归类总规则一及六。				

序号	809	归类决定编号	W2014-265	公告编号	2014 年第 93 号
商品税则号列		8481.80		公告实施日期	2015 年 1 月 1 日
商品名称	气动调节阀				
英文名称	Pneumatic actuator valve				
其他名称					
商品描述	用于调节各种液体及气体的流量，阀门栓塞的位置由压缩空气及缓冲弹簧对隔膜的作用确定，不论是否装有定位装置。				
归类依据	根据归类总规则一及六。				

序号	810	归类决定编号	W2014-266	公告编号	2014 年第 93 号
商品税则号列		8482.10		公告实施日期	2015 年 1 月 1 日
商品名称	织机用脚踏滚轮				
英文名称	Treadle roller for looms				
其他名称					
商品描述	由一个带有侧板的滚珠轴承构成。轴承的内环含有一个端部带有平面的短心轴，轴固定装入脚踏板叉内。				
归类依据	根据归类总规则一及六。				

序号	811	归类决定编号	W2018-052	公告编号	2018 年第 159 号
商品税则号列		8482.40		公告实施日期	2018 年 12 月 1 日
商品名称		滚针和保持架组件			
英文名称		Needle roller and cage assemblies			
其他名称					
商品描述		滚针和保持架组件，钢铁制，由滚针（直径 2.5 毫米，长度 11.6 毫米）和保持架（直径 21 毫米，宽度 14 毫米）组成。该产品作为内滚道装到轴上，并与作为外滚道的齿轮组装在一起，使齿轮平稳旋转并减少摩擦，用于自动变速汽车。			
归类依据		根据归类总规则一及六（第八十四章子目注释四）。			

序号	812	归类决定编号	W2018-053	公告编号	2018 年第 159 号
商品税则号列		8482.40		公告实施日期	2018 年 12 月 1 日
商品名称		滚针和保持架组件			
英文名称		Needle roller and cage assemblies			
其他名称					
商品描述		滚针和保持架组件，钢铁制，由滚针（直径 2.5 毫米，长度 20.8 毫米）和分离式保持架（直径 26 毫米，宽度 40 毫米）组成。该产品作为内滚道装到轴上，并与作为外滚道的齿轮组装在一起，使驱动轴平稳旋转并减少摩擦。这种带分体式保持架的组件比普通组件更容易安装，用于手动变速汽车。			
归类依据		根据归类总规则一及六（第八十四章子目注释四）。			

序号	813	归类决定编号	W2014-267	公告编号	2014 年第 93 号
商品税则号列		8482.50		公告实施日期	2015 年 1 月 1 日
商品名称	直线运动用十字滚子链				
英文名称	Crossed roller chains for linear movements				
其他名称					
商品描述	由一系列圆柱形钢滚构成,通常使相邻滚子的转动轴彼此成 90 度角装配在一个压制的钢承座内。				
归类依据	根据归类总规则一及六。				

序号	814	归类决定编号	W2020-020	公告编号	2020 年第 108 号
商品税则号列		8482.99		公告实施日期	2020 年 10 月 1 日
商品名称	法兰锥形滚子轴承内圈制成品				
英文名称	Finished inner ring for a flanged tapered roller bearing				
其他名称					
商品描述	内径:54 毫米,材质为钢。				
归类依据	根据归类总规则一[第十六类类注二(二)]及六。				

序号	815	归类决定编号	W2005-380	公告编号	2005年第63号
商品税则号列		8483.10		公告实施日期	2005年12月23日
商品名称		封闭模制曲柄轴锻件			
英文名称		Closed-die crank shaft forgings			
其他名称					
商品描述		一个曲柄轴的未完成品，其除了锻造加工外未经过进一步加工或成形。			
归类依据		HSC委员会指出在税目72.07注释第二部分中，关于"粗锻件"解释明确了该税目所包括的半制成品还需进行锻造、压印、车削等，并将用于终加工的曲轴锻件排除本税目外，同时也将锻模锻造而成的冲锻件和压锻件（由于这些产品可用于终加工）排除本税目外。所讨论的封闭模曲柄轴锻件在注释条文中属被排除的商品，故HSC委员会决定将其归入税目84.83（子目8483.10）。 根据归类总规则二（一）和十五类类注一（六）。			

序号	816	归类决定编号	W2014-268	公告编号	2014年第93号
商品税则号列		8483.40		公告实施日期	2015年1月1日
商品名称		滚珠或滚子轴承的旋转环			
英文名称		Slewing ring on ball or roller bearings			
其他名称					
商品描述		由下列两部分组成： 1. 一个或多个金属环装在要用的机器或机械装置的固定部分上； 2. 一个带齿的金属环支承该机器或机械装置的机动部件并当通过电机对其加以旋转驱动时使其转动。			
归类依据		根据归类总规则一及六。			

序号	817	归类决定编号	W2020-062	公告编号	2020 年第 108 号
商品税则号列		8483.50		公告实施日期	2020 年 10 月 1 日
商品名称	发动机皮带轮				
英文名称	Engine pulley				
其他名称					
商品描述	钢制发动机皮带轮，其内部有一个滚轮，可让皮带滑动并提供均匀且持续的张力。它可使分配带保持适当的张力，以便与电机零件同步。				
归类依据	根据归类总规则一及六。				

序号	818	归类决定编号	W2014-269	公告编号	2014 年第 93 号
商品税则号列		84.86		公告实施日期	2015 年 1 月 1 日
商品名称	湿式洗涤站/沾湿台				
英文名称	Wet Stations				
其他名称					
商品描述	湿式洗涤站/沾湿台，通过将硅晶片按特定时间浸泡在含有化学品和/或去离子水的多种洗槽中，用以清洁和蚀刻硅晶片表面并去除不必要的外来物质。它们包括接口部件、化学（浸泡）槽、水洗槽、烘干和输送组件等各种模块。其数目、顺序和组合取决于每种模式的目的和工序。				
归类依据	根据归类总规则一。				

序号	819	归类决定编号	W2014-270	公告编号	2014 年第 93 号
商品税则号列		8486.20		公告实施日期	2015 年 1 月 1 日
商品名称	半导体薄片上喷镀金属的模块系统				
英文名称	Modular system for physical vapour deposition of metal on semiconductor wafers				
其他名称	M 2000 Sputtering System				
商品描述	该商品为一个整体，主要由喷镀模块构成，装有磁控管、涡轮真空分子泵、一个自动控制装置及一个加热装置。当半导体薄片进入沉积室，高纯金属（如铝）靶盘受氩气（来自气体分配系统）产生的离子轰击，使金属粒子从其表面移动并沉积（喷镀）到薄片上。气体对靶盘的轰击，使金属的中性原子受轰击离子的动力作用从靶上撞出，被撞出的原子则沉积在半导体薄片上形成导电薄膜。该系统用于涂布生产复合集成电路用半导体薄片。				
归类依据	根据归类总规则一（第十六类类注三）。				

序号	820	归类决定编号	W2014-271	公告编号	2014 年第 93 号
商品税则号列		8487.90		公告实施日期	2015 年 1 月 1 日
商品名称	活节带				
英文名称	Articulated bands				
其他名称					
商品描述	通称为电缆"牵引链"。有横撑条，不论是否在导向槽内驱动，用于安装和导向电缆，或工作时短距离移动的机器、机器零件的液体、气体输送线，而非专用于某种机器。				
归类依据	根据归类总规则一及六。				

序号	821	归类决定编号	W2014-272	公告编号	2014 年第 93 号
商品税则号列		8487.90		公告实施日期	2015 年 1 月 1 日
商品名称		滚珠轴承控制缆			
英文名称		Ball bearing control cables			
其他名称					
商品描述		不能确定专用于或主要用于特定的机器、装置或车辆： 1. 同等适用于第八十四章的数种机器； 2. 同等适用于第十六类及第十七类的机器、装置、车辆、飞机或船只等。			
归类依据		根据第十六类类注二（三）。			

序号	822	归类决定编号	W2014-273	公告编号	2014 年第 93 号
商品税则号列		8487.90		公告实施日期	2015 年 1 月 1 日
商品名称		搅拌器或混合器用搅拌附件			
英文名称		Stirring attachments for agitators or mixers			
其他名称					
商品描述		该商品指单独报验的搅拌叶片（翅、耙或有交叉分枝的架等），不论是否装有轴。同等适用于第十六类不同品目的设备。			
归类依据		根据归类总规则一及六。			

序号	823	归类决定编号	W2014-274	公告编号	2014年第93号
商品税则号列		8487.90		公告实施日期	2015年1月1日
商品名称		履带组件			
英文名称		Track link assembly			
其他名称					
商品描述		同等适用于推土机或其他第十六类机器及第十七类车辆。			
归类依据		根据归类总规则一及六。			

序号	824	归类决定编号	W2014-275	公告编号	2014年第93号
商品税则号列		8487.90		公告实施日期	2015年1月1日
商品名称		吸收振动固定件			
英文名称		Vibration absorbing mountings			
其他名称					
商品描述		由钢铁环状支撑件和具有两个夹持橡胶隔膜的金属连锁件方形底座构成。模压进隔膜中央的金属轴套用于通过螺栓固定隔绝振动的机器、设备的支撑部分，而突出于环周围的橡胶垫片则作为过载止点。			
归类依据		根据归类总规则一及六。			

序号	825	归类决定编号	W2016-043	公告编号	2016 年第 79 号
商品税则号列		8502.39		公告实施日期	2017 年 1 月 1 日
商品名称	发电机组				
英文名称	Electric generating set				
其他名称					
商品描述	该机组包括一台蒸汽轮机，一台交流发电机和一个联结装置，同时报验但分开包装。蒸汽轮机喷出高压蒸汽并将其转化为输出功率为 20 万千瓦的旋转运动，发电机通过蒸汽轮机的旋转产生 23 万千伏安的电力输出。该蒸汽轮机和发电机安装在电力设施的地上，两者的转子通过联结装置彼此联结。该蒸汽轮机和发电机协同工作将高压蒸汽的热能转化为电能。				
归类依据	根据归类总规则一及六。				

序号	826	归类决定编号	W2005-381	公告编号	2005 年第 63 号
商品税则号列		8504.40		公告实施日期	2005 年 12 月 23 日
商品名称	不间断电源设备				
英文名称	Uninterruptible power supply apparatus				
其他名称					
商品描述	通过电流转换及整流为一系列电子设备提供稳定交流电。当主电源中断或严重波动时，该设备可保证连续供给达 10 分钟的稳定交流电，每台设备由以下部件构成： 1. 整流器（交流转换为直流）； 2. 电池充电器； 3. 密封免维护铅酸蓄电池； 4. 直流变交流转换器； 5. 静态旁路开关； 6. 抗干扰滤波器； 7. 输入电压/电流、输出电压/电流、电池电压及输出频率的数字显示器。				
归类依据	HSC 委员会指出该装置构成的设备设计为多种不同的用途，根据十六类类注三，该装置的基本组成就是整流器，电池充电器和转换器，用于执行税目 85.04 所列的工作。因此该装置归入税目 85.04。此外，该装置不符合九十章注释六的规定，特别是注释六（二）对 90.32 的范围做了限定，因此在这个特别规定下排除了归入该税目的可能性。基于以上原因，HSC 委员会决定将其归入税目 85.04（子目 8504.40）。根据归类总规则一。				

序号	827	归类决定编号	W2005-382	公告编号	2005 年第 63 号
商品税则号列		8504.40		公告实施日期	2005 年 12 月 23 日
商品名称		频率转换器			
英文名称		Frequency converter			
其他名称					
商品描述		包括：1. 从 AC 到 DC 的整流电路；2. 一个中间电压电路，使从整流器出来的直流电得到滤波和平滑处理，使其变为稳定的直流电；3. 一个转换器，产生各种频率的交流电。该装置用于连接异步发电机，发电机旋转的速度依靠控制该装置发出的频率，从该装置的中间电路产生稳压的直流电，继而产生平稳的三相交流电。在这个设备中，其主电流的频率是可以修改的，以保证发电机旋转速度的变化。			
归类依据		在 85.04 的注释二（三）中提及了频率转换器。虽然变频器有时会被以变压器或整流器的名称提及，从《协调制度》注释的角度出发，85.04 的调整器和 9032 的自动调节器是不同的。根据这些特征，HSC 委员会一致同意将该商品（标准模块）作为静止式变流器归入子目 8504.40。 根据归类总规则一和六。			

序号	828	归类决定编号	W2010-023	公告编号	2010 年第 75 号
商品税则号列		8504.40		公告实施日期	2010 年 12 月 3 日
商品名称		功率模块			
英文名称		Power module			
其他名称		Smart Power Module (SPM™), FSAM10SM60A (without thermistor or resistors)			
商品描述		包含 6 个晶体管、6 个二极管、4 块集成电路以及 3 个电阻和其他无源元件（包括一个热敏电阻）。上述元件经分别制造后装配在铜引线框架上，通过金属引线连接，由塑料树脂封装。该模块以通断电流的方式为三相电机供电。典型的应用包括用于洗衣机和空调机等消费电器。			
归类依据		根据归类总规则一及六。			

序号	829	归类决定编号	W2010-024	公告编号	2010年第75号
商品税则号列		8504.40		公告实施日期	2010年12月3日
商品名称		功率模块			
英文名称		Power module			
其他名称		Smart Power Module（SPM™），FSAM10SM60A			
商品描述		包含6个晶体管、6个二极管和4块集成电路，以及其他无源元件（不含电阻和热敏电阻）。上述元件经分别制造后装配在铜引线框架上，通过金属引线连接，由塑料树脂封装。该模块以通断电流的方式为三相电机供电。典型的应用包括用于洗衣机和空调机等消费电器。			
归类依据		根据归类总规则一及六。			

序号	830	归类决定编号	W2010-025	公告编号	2010年第75号
商品税则号列		8504.40		公告实施日期	2010年12月3日
商品名称		功率模块			
英文名称		Power module			
其他名称		Fairchild Power Switch（FPS™），FSDL0165RN			
商品描述		包含一个金属氧化物半导体场效应管和一个控制且保护场效应管的单片集成电路。上述元件经分别制造后垂直或水平放置在铜引线框架上，通过金属引线连接，由塑料树脂封装。该模块应用于开关电源的正激变换电路中，用以切换原边到次边的电流。典型的应用包括用于电池充电器及适配器、移动电话、个人数字助理（PDAs）、带有固态非易失存储设备的装置（如MP3播放器）、显示器、自动数据处理设备等。			
归类依据		根据归类总规则一及六。			

序号	831	归类决定编号	W2010-026	公告编号	2010年第75号
商品税则号列		8504.40		公告实施日期	2010年12月3日
商品名称		功率模块			
英文名称		Power module			
其他名称		Low Dropout Linear Regulator, KA278R12C			
商品描述		包含一个金属氧化物半导体场效应管和一个控制且保护场效应管的单片集成电路，上述部件经分别制造后平放在铜引线框架上，通过金属引线连接，由塑料树脂封装。该模块作为一个线性调节器，以相关输入电压为基准，保持和调节输出电压。典型的应用包括用于电池充电器及适配器、移动电话、个人数字助理（PDAs）、带有固态非易失存储器的装置（如MP3播放器）、显示器、自动数据处理设备等。				
归类依据		根据归类总规则一及六。				

序号	832	归类决定编号	W2020-021	公告编号	2020年第108号
商品税则号列		8504.40		公告实施日期	2020年10月1日
商品名称		封装绝缘栅双极晶体管模块			
英文名称		Packaged insulated gate bipolar transistor (IGBT) module			
其他名称					
商品描述		由6个绝缘栅双极晶体管（IGBT）和续流二极管（FWD）并联而成的开关及3个负温度系数热敏电阻（NTC）组成。该模块主要用于混合、电动或燃料动力车辆，将直流电转换为交流电。				
归类依据		根据归类总规则一［十六类类注二（一）］及六。				

序号	833	归类决定编号	W2005-383	公告编号	2005年第63号
商品税则号列		8504.50		公告实施日期	2005年12月23日
商品名称	电感器				
英文名称	Inductances				
其他名称					
商品描述	不是独立线圈而是采用光刻法，在印刷电路上以螺旋形直接印制，是特殊应用。				
归类依据	同意将其作为独立的元件归入子目8504.50，其中电感器作为独立器件明确列出而不论其生产方法。 根据归类总规则一。				

序号	834	归类决定编号	W2014-276	公告编号	2014年第93号
商品税则号列		8505.19		公告实施日期	2015年1月1日
商品名称	磁棒				
英文名称	Magnetic rods				
其他名称					
商品描述	由磁化的钡铁氧体与塑料或橡胶烧结而成，不论是否截成一定长度，用于安装在门或其他装置（如冰箱）上，以保证其关闭。				
归类依据	根据归类总规则一及六。				

序号	835	归类决定编号	W2008-070	公告编号	2008年第47号
商品税则号列		8507.30		公告实施日期	2008年7月3日
商品名称	镍镉充电电池				
英文名称	Nickel cadmium rechargeable accumulator				
其他名称	Nokia				
商品描述	用于某些品牌的手机，由如下部件装配成的电池组：1.3个镍镉电池；2.连接电池的导电条；3.连接电池组到手机电路的印刷电路板；4.由控制电池充电的电阻及电容构成的电路板；5.用于装电池组的电子部件的塑料外包装，并专门设计成为手机外壳的一部分。该电池组仅是手机的电源，无其他功能。				
归类依据	根据归类总规则一及六。				

序号	836	归类决定编号	W2008-071	公告编号	2008年第47号
商品税则号列		8507.50		公告实施日期	2008年7月3日
商品名称	镍氢充电电池				
英文名称	Nickel hydride rechargeable accumulator				
其他名称	MATSUSHITA/PANASONIC GD30				
商品描述	用于某些品牌的手机，由如下部件装配成的电池组：1.3个或6个镍氢电池；2.用于与手机相连的电子连接器；3.防止电池组温度超过最大安全温度的电热调节器；4.可提高电阻的PTC（positive temperature coefficient）电路，用于防止因异常大电流造成短路；5.内部的塑料壳；6.设计成为手机外壳一部分的后部外包装。该电池组仅是手机的电源，无其他功能。				
归类依据	根据归类总规则一及六。				

序号	837	归类决定编号	W2014-277	公告编号	2014年第93号
商品税则号列		8508.11 或 8508.19		公告实施日期	2015年1月1日
商品名称		干湿真空清洁机			
英文名称		Dry and wet vacuum cleaning machine			
其他名称		Rainbow Cleaning System			
商品描述		由电动机及水槽装在带有可调小脚轮的底座上构成。进口时配有几种附件,例如,一套喷头、刷子及操作装饰工具、一个特种软管及喷射液体(如杀虫剂)的喷射器及一个增压喷嘴。该机器底部还有一个高速离心机,如果在水中放入几滴香水,可使香气散布室内或清新空气,水也起到凝集灰尘及其他杂质的过滤作用。			
归类依据		根据归类总规则一(第十六类类注三)。			

序号	838	归类决定编号	W2008-072	公告编号	2008年第47号
商品税则号列		8508.19		公告实施日期	2008年7月3日
商品名称		干湿吸尘器			
英文名称		Dry and wet vacuum cleaner			
其他名称					
商品描述		带独立电动机,装有小脚轮,用于工业和商业(如:旅馆、餐厅、商店、办公室、工厂、车间等)。其技术指标:发动机最大功率1 500瓦;电源230伏、50赫兹;吸气量3 600升/分钟;真空压力23 000帕;储罐容量38~50升;重量11~12千克;尺寸445毫米×450毫米×505毫米。该装置进口时带有某些标准的附件,也可安装其他可选附件。该装置用于真空抽吸干物质(灰尘、其他较大的材料如:废纸、木屑、树叶、废玻璃、废矿物渣、泥、废塑料等)和液体。			
归类依据		根据归类总规则一。			

序号	839	归类决定编号	W2005-384	公告编号	2005 年第 63 号
商品税则号列		85.09		公告实施日期	2005 年 12 月 23 日
商品名称	家用加湿器				
英文名称	Domestic humidifiers				
其他名称					
商品描述	重量低于 20 千克。各种类型的蒸发型加湿器通常按照降低进入和离开系统之间空气温度的原理进行工作，即将可感热转化成潜热。所讨论的设备包括一个有微电机驱动的风扇，空气经由一个可蒸发的吸收表面产生水蒸气，由风扇吹出，水是有一个恒定水位的水箱提供的。				
归类依据	HSC 委员会决定讨论的家用加湿器（重量小于 20 千克）应归入税目 85.09。根据归类总规则一。税目 85.09 注释已作了修改，以明确税目 85.09 包括家用加湿器。				

序号	840	归类决定编号	W2018-054	公告编号	2018 年第 159 号
商品税则号列		8509.80		公告实施日期	2018 年 12 月 1 日
商品名称	手持式机器				
英文名称	Handheld machine				
其他名称					
商品描述	手持式机器，由一个小型电动机进行操控，用于对衣物除污渍的预洗。该机械装置将水及洗涤剂涂在污渍上并通过拍打将其去除。尺寸为直径 46 毫米×高 166 毫米，重量为 200 克。				
归类依据	根据归类总规则一［第八十五章注释四（二）］及六。				

序号	841	归类决定编号	W2014-278	公告编号	2014 年第 93 号
商品税则号列		8512.30		公告实施日期	2015 年 1 月 1 日
商品名称	机动车用信号器					
英文名称	Electrical apparatus of a kind used in a motor vehicle					
其他名称	Whistler 1120					
商品描述	用于警告司机附近有速度探测装置（雷达枪或激光枪）启动的机动车用电气装置。当探测到速度探测装置发出的微波时，该装置发出视觉和声音信号。报验该套装置由雷达/激光探测器、挡风板、电源线、保险丝及零件、印刷材料及操作手册构成。					
归类依据	根据归类总规则一及六。					

序号	842	归类决定编号	W2020-040	公告编号	2020 年第 108 号
商品税则号列		8512.90		公告实施日期	2020 年 10 月 1 日
商品名称	挡风玻璃雨刮片					
英文名称	windscreen（windshield）wiper blades					
其他名称						
商品描述	由合成或天然橡胶、金属支架和预装的通用适配器组成，用于机动车挡风玻璃的电动雨刮器上。					
归类依据	根据归类总规则一［第十六类类注二（二）］及六。					

序号	843	归类决定编号	W2008-073	公告编号	2008年第47号
商品税则号列		8513.10		公告实施日期	2008年7月3日
商品名称		便携灯			
英文名称		Portable lamp			
其他名称		Tracer Atom			
商品描述		用于安装在猎枪望远镜瞄准具上，包括一个内装卤素灯、反射镜的圆筒及一个将灯与望远镜瞄准具连接起来的夹持装置，一条电缆连接到安装在枪托部位的控制盒，控制盒包含有开关和蓄电池。			
归类依据		根据归类总规则一及六。			

序号	844	归类决定编号	W2005-388	公告编号	2005年第63号
商品税则号列		8514.20		公告实施日期	2005年12月23日
商品名称		工业用微波炉			
英文名称		Industrial microwave ovens			
其他名称					
商品描述		同商品名称。			
归类依据		微波炉是专门以非传导方式加热的电器，HSC委员会一致决定将其归入子目8514.20。 根据归类总规则一。税目85.19和85.14以及子目8514.20和8514.40的条文已在2002年版的《协调制度》中进行了修订。			

序号	845	归类决定编号	W2005-389	公告编号	2005 年第 63 号
商品税则号列		8514.20		公告实施日期	2005 年 12 月 23 日
商品名称		商用微波炉			
英文名称		Microwave oven of commercial use			
其他名称					
商品描述		用于饭店或类似机构（重约 27 千克，功率 1 700 瓦，内部尺寸为 32.5 厘米×30 厘米×16 厘米。设计为运用干热法或蒸热法加热或烹制食物）。			
归类依据		虽然 HSC 委员会认为该商用微波炉不能作为家庭用途或工业用途而归入税目 84.19，经讨论认为有两种归类的可能：税目 85.14（工业用）或 85.16（家用）。就此而言，HSC 委员会同意"工业用"的含义包括像服务行业（如酒店业）这样的工业，所以讨论的微波炉应归入子目 8514.20。 根据归类总规则一。为体现这一决定，已修改了税目 84.19 的注释条文。			

序号	846	归类决定编号	W2005-390	公告编号	2005 年第 63 号
商品税则号列		8516.10		公告实施日期	2005 年 12 月 23 日
商品名称		浸入式加热器			
英文名称		Immersion heaters			
其他名称					
商品描述		通过浸入的方式加热液体、半流体物质和气体。			
归类依据		HSC 委员会决定该浸入式加热器用于以浸入的方式加热液体、半流体物质和气体。现行税目 85.16 和子目 8516.10 的条文包括上述浸入式加热器。			

序号	847	归类决定编号	W2014-279	公告编号	2014 年第 93 号
商品税则号列		8516.10		公告实施日期	2015 年 1 月 1 日
商品名称		液体加热恒温装置			
英文名称		Apparatus for heating liquids and maintaining them at constant temperature			
其他名称					
商品描述		该商品由具有温控器的浸入式电加热器及电动机驱动的搅拌器构成。			
归类依据		根据归类总规则一及六。			

序号	848	归类决定编号	W2014-371	公告编号	2014 年第 93 号
商品税则号列		8516.29		公告实施日期	2015 年 1 月 1 日
商品名称		组合式气—电供暖设备			
英文名称		Combined gas-electric space heating appliance			
其他名称					
商品描述		由三个燃气加热板和一个电加热管组成。			
归类依据		根据归类总规则一及六。			

序号	849	归类决定编号	W2005-391	公告编号	2005年第63号
商品税则号列		8516.60		公告实施日期	2005年12月23日
商品名称		家用炊具			
英文名称		Domestic cooker			
其他名称					
商品描述		由四个带电子点火装置的气体燃烧器，一个气体对流加热炉，以及一个不锈钢电子烤架组成。不锈钢电子烤架能进行有限的烹饪，它是通过炉上部电阻加热丝实现烧烤的功能。			
归类依据		HSC委员会指出税目73.21的条文仅包括非电气的设备，尽管所讨论的炊具不是通过其中的电器进行工作的，根据归类总规则一也不在73.21的范围内。此外，税目73.21的注释指出该税目排除电器加热方式的设备。因此，HSC委员会决定将其归入税目85.16（子目8516.60）。 根据归类总规则一。			

序号	850	归类决定编号	W2008-074	公告编号	2008年第47号
商品税则号列		8516.60		公告实施日期	2008年7月3日
商品名称		家用面包机			
英文名称		Electric household type machine for making bread			
其他名称		Chromex® Prestige, RBM3015ASL-4-10-SS			
商品描述		该设备尺寸约为36厘米×22厘米×27厘米，重量约5.9千克。其由一个整体机箱和一个可抽出的容器（面包盘）构成，面包团的原料可在面包盘中被搅拌和烘焙。面包盘有一个带动揉面叶片（揉面叶片易拆卸）的转轴，当面包盘放入机器中，转轴便与一个电动马达相连。容器周边的电热器用于将原料加热到适当温度以制面包团，并在升温或烘焙面包时保持面包团在一个恰当的温度上。该设备有一套自动程序控制揉面和烘焙或仅控制揉面（可在机器上端的控制板上进行设定）。后种情况时，做好的面包团可取出在其他设备上烘焙。			
归类依据		根据归类总规则一、三（三）及六。			

序号	851	归类决定编号	W2014-280	公告编号	2014 年第 93 号
商品税则号列		8516.79		公告实施日期	2015 年 1 月 1 日
商品名称	不锈钢餐炉				
英文名称	Stainless steel chafing dish				
其他名称					
商品描述	上翻盖，底部带有一个可挪动的带有恒温控制器的加热部件，加热部件拧到位，贴紧盛水的盘子，以保证热量的传导，食物托盘带有一个上翻盖，不同型号的直径不同，约有 50 厘米或 70 厘米两种。在食物托盘的下面是盛有热水的盘来使食物持续保温。该装置长 66 厘米，宽 48 厘米，高 40 厘米，可以盛 14 升水。通过水浴方式保持食物的温度，用于加热食物托盘的热水是用电力保持恒温的，并用于提供自助餐的场合（如酒店）。				
归类依据	根据归类总规则一及六。				

序号	852	归类决定编号	W2014-281	公告编号	2014 年第 93 号
商品税则号列		8516.79		公告实施日期	2015 年 1 月 1 日
商品名称	家庭桑拿设备				
英文名称	Home sauna apparatus				
其他名称					
商品描述	该商品由作为托架的上釉钢铁板制红外辐射器及圆柱状小室构成。小室则由木或塑料板条制或者仿皮革制幕帘、小地毯、仿皮革制的顶部及装入木制护套的温度计四部分构成。上述各部件组装起来可供在家中洗热澡用。				
归类依据	根据归类总规则一及六。				

序号	853	归类决定编号	W2014-282	公告编号	2014年第93号
商品税则号列		8516.80		公告实施日期	2015年1月1日
商品名称		加热表面			
英文名称		Heating surfaces			
其他名称					
商品描述		该设备由用玻璃纤维或玻璃或石棉粗纱固定于玻璃纤维织物作电绝缘的加热线绕电阻构成，并装有电导线。			
归类依据		根据归类总规则一及六。			

序号	854	归类决定编号	W2005-405	公告编号	2005年第63号
商品税则号列		85.17		公告实施日期	2005年12月23日
商品名称		蜂窝电话			
英文名称		Cellular telephones			
其他名称					
商品描述		又称移动电话，还可包括车载设备。			
归类依据		HSC委员会决定将蜂窝电话按无线发送设备归类。 根据归类总规则一。为了明确归类，税目85.17和85.25的注释已进行了修改。			

序号	855	归类决定编号	W2008-075	公告编号	2008年第47号
商品税则号列		8517.11		公告实施日期	2008年7月3日
商品名称	捆绑零售基站单元				
英文名称	Base unit retail bundle				
其他名称	Gigaset® 4170/75 ISDN Base Station Gigaset® DECT 4 000 Comfort Handset				
商品描述	包括：1. 一个基站单元；2. 一个无绳手机可与基站单元无线连接；3. 一个带有充电器的手机支架。基站单元包括一个集成的ISDN调制解调器，通过电线接入ISDN（综合业务数字网）。基站单元可与多至8个DECT（欧洲数字无绳电讯）手机或兼容DECT输入的设备进行无线通信，并且同时可通过电缆连接到自动数据处理机的USB（通用串行总线）进行通信。基站单元还有2个模拟接口可连接2台模拟设备，如一部有线电话、传真机或电话答录机。				
归类依据	根据归类总规则一及六。				

序号	856	归类决定编号	W2008-076	公告编号	2008年第47号
商品税则号列		8517.62		公告实施日期	2008年7月3日
商品名称	控制适配器				
英文名称	Control and adapter unit				
其他名称	ENW-9500-F Fast Ethernet Adapter				
商品描述	一种未装有外壳的插卡，主要由装有各种电子元件的印刷电路构成，置于自动数据处理（ADP）设备的机壳内。该插卡与中央处理部件的系统总线连接，在局域网上的ADP部件与其他部件间实现数据交换，接收及传送数据。该卡使用CSMA/CD信息标准协议，以调整数据交换，避免局域网内数据碰撞。				
归类依据	根据归类总规则一［第八十四章章注五（四）2］及六。				

序号	857	归类决定编号	W2008-077	公告编号	2008 年第 47 号
商品税则号列		8517.62		公告实施日期	2008 年 7 月 3 日
商品名称		多模光纤中继器			
英文名称		Multimode fibreoptic repeater			
其他名称		LE628A			
商品描述		上述中继器专用于局域网，通过再生和重定时完整数据信号传送局域网数据，有两个标准以太网络端口连接，用于多模光纤连接器。当任何一个中继器端口探测到来自不同部件的信号发生冲突时，中继器产生信号（干扰模式）阻止数据传送。			
归类依据		根据归类总规则一［第八十四章章注五（四）2］及六。			

序号	858	归类决定编号	W2008-078	公告编号	2008 年第 47 号
商品税则号列		8517.62		公告实施日期	2008 年 7 月 3 日
商品名称		单模光纤中继器			
英文名称		Single-mode fibreoptic repeater			
其他名称		LE630A			
商品描述		上述中继器专用于局域网，通过再生和重定时完整数据信号传送局域网数据，有两个标准以太网络端口连接，用于 BNC 连接器及单模光纤连接器。当任何一个中继器端口探测到来自不同部件的信号发生冲突时，中继器产生信号（干扰模式）阻止数据传送。			
归类依据		根据归类总规则一［第八十四章章注五（四）2］及六。			

序号	859	归类决定编号	W2008-079	公告编号	2008年第47号
商品税则号列		8517.62		公告实施日期	2008年7月3日
商品名称	基站单元				
英文名称	Base unit				
其他名称	Gigaset® 4170/75 ISDN Base Station				
商品描述	基站单元包括一个集成的ISDN调制解调器，通过电线接入ISDN（综合业务数字网）。基站单元可与多至8个DECT（欧洲数字无绳电讯）手机或兼容DECT输入的设备进行无线通信，并且同时可通过电缆连接到自动数据处理机的USB（通用串行总线）进行通信。基站单元还有2个模拟接口可连接2台模拟设备，如一部有线电话、传真机或电话答录机。				
归类依据	根据归类总规则一及六。				

序号	860	归类决定编号	W2008-080	公告编号	2008年第47号
商品税则号列		8517.62		公告实施日期	2008年7月3日
商品名称	无线电通信设备（发送器/接收器）				
英文名称	Radio equipment（transmitter/receiver）				
其他名称					
商品描述	由以下三部分模块构成：1.中央单元包括四个无线电信号发送器和四个无线电信号接收器；2.转接系统模块，为任何一个无线电接收器的不足提供补偿；3.无线电发送器/接收器网络管理模块，包括MCF（信息通信功能）接口卡，通过模块配备的背板印刷电路与其他单元连接。在MCF上的集成电路是通过适当的软件激活的。发送器/接收器模块和切换模块分别安装在各自的机架内，机架之间通过电缆互相连接。这套设备用于为数字远程通信网络提供无线通信。数字远程通信网络还有光纤和电缆通信等通信方式。				
归类依据	根据归类总规则一（第十六类类注四）和六。				

序号	861	归类决定编号	W2012-007	公告编号	2012年第24号
商品税则号列		8517.62		公告实施日期	2012年5月18日
商品名称	数字编码器				
英文名称	Digital encoder				
其他名称	DiviCom® Encoder MV12, PoverVu® D9150 Originator™ Encoder				
商品描述	可将信息源的模拟或数字视频、音频或数据信号（如有线电视节目信号）通过压缩和编码技术转换成符合 MPEG-2 标准规定的数字信号。 　　又见 W2012-008、W2012-009、W2012-010、W2012-011 和 W2012-012 号归类决定。				
归类依据	根据归类总规则一及六。				

序号	862	归类决定编号	W2012-008	公告编号	2012年第24号
商品税则号列		8517.62		公告实施日期	2012年5月18日
商品名称	数字多路复用器				
英文名称	Digital multiplexer				
其他名称	MediaNode™ Multiplexer MN20				
商品描述	可以使用多路复接技术，将若干输入 MPEG-2 传输流信号，合并为一路单一的 MPEG-2 传输流，从而提高传输效率。设备能够接收多达 24 路输入的 MPEG-2 传输流信号，并将这些输入传输流信号，在一路符合 DVB-ASI（数字视频广播-异步串行接口）标准的 MPEG-2 传输流信号内进行集成和再现。它可以在同一个经过多路复用的输出信号内，集成多个视频、音频（包括多路音频）和数据信号。 　　又见 W2012-007、W2012-009、W2012-010、W2012-011 和 W2012-012 号归类决定。				
归类依据	根据归类总规则一及六。				

序号	863	归类决定编号	W2012-009	公告编号	2012 年第 24 号
商品税则号列		8517.62		公告实施日期	2012 年 5 月 18 日
商品名称	再复接器					
英文名称	Remultiplexer					
其他名称	Terayon DM 3200 Network CherryPicker®					
商品描述	可以将多达 16 路 ASI（异步串行接口）输入信号合并为一路符合 DVB-ASI（数字视频广播-异步串行接口）标准的传输流输出信号，对进入的传输流的比特率进行重造，并将本地电视节目信号插入数据流内。设备可以将 CBR（固定比特率）码流转换为 VBR（可变比特率）信号，并为动态带宽分配进行实时统计多路复用。系统操作人员可以从进入的传输流中选择所需要的程序，摒弃一个或多个不需要的程序，并对编程项目进行动态切换。 又见 W2012-007、W2012-008、W2012-010、W2012-011 和 W2012-012 号归类决定。					
归类依据	根据归类总规则一及六。					

序号	864	归类决定编号	W2012-010	公告编号	2012 年第 24 号
商品税则号列		8517.62		公告实施日期	2012 年 5 月 18 日
商品名称	调制器					
英文名称	Modulator					
其他名称	DM240 Digital Video Broadcast Modulator					
商品描述	可以将 MPEG-2 传输流信号，转换为标准的无线传输信号（QPSK-正交相移键控、8PSK-8 组相移键控，或 160QAM-160 组正交相移键控）。设备可以提供一路频率捷变 IF（中频）输出，从 50~90 兆赫，100~180 兆赫，或 950~1 750 兆赫，100 赫兹为一级。可以将每秒 1~238MB 的可变数据速率，设置为每秒 1B 一级。 又见 W2012-007、W2012-008、W2012-009、W2012-011 和 W2012-012 号归类决定。					
归类依据	根据归类总规则一及六。					

序号	865	归类决定编号	W2012-011	公告编号	2012 年第 24 号
商品税则号列		8517.62		公告实施日期	2012 年 5 月 18 日
商品名称	调制器				
英文名称	Modulator				
其他名称	DVB3030 Digital Video Broadcast Modulator				
商品描述	可以将 MPEG-2 传输流信号，转换为标准的无线传输信号（QPSK-正交相移键控，或 BPSK-二进制相移键控）。设备可以提供 IF（中频）输出，从 50~90 兆赫，或 100~180 兆赫，100 赫兹为一级。可以将每秒 1~78.75MB 的可变数据速率，设置为每秒 1B 一级。设备符合 ETS（欧洲电信标准）、DVB（数字视频广播）和 MPEG-2 标准。又见 W2012-007、W2012-008、W2012-009、W2012-010 和 W2012-012 号归类决定。				
归类依据	根据归类总规则一及六。				

序号	866	归类决定编号	W2012-012	公告编号	2012 年第 24 号
商品税则号列		8517.62		公告实施日期	2012 年 5 月 18 日
商品名称	调制器				
英文名称	Modulator				
其他名称	MT5600 DVB Terrestrial Modulator				
商品描述	可利用 OFDM（正交频分多路复用）将输入的 MPEG-2 信号流转换为 DVB-T（标准的地面数字视频广播）传输信号。又见 W2012-007、W2012-008、W2012-009、W2012-010 和 W2012-011 号归类决定。				
归类依据	根据归类总规则一及六。				

序号	867	归类决定编号	W2014-283	公告编号	2014 年第 93 号
商品税则号列		8517.62		公告实施日期	2015 年 1 月 1 日
商品名称	通信控制器或路由器（包括网桥）				
英文名称	Communications controllers or routers（including "LAN bridges"）				
其他名称					
商品描述	该商品由一个主处理器、内存储器及多进出端口构成。该装置装于自动数据处理系统网络中两台自动数据处理机之间或局域网内自动数据处理机组或网络连接设备之间。可选择、控制局域网系统体系结构中数据信息的路由，并能够使用不同协议的两台自动数据处理机或自动数据处理机组之间转换、交换或发送数据及信息。这些装置能够辨认网络结构、识别目的地并为数据传送提供恰当的连接。装置上的有些通信连接或端口与自动数据处理机连接，另一些与其他控制器（路由器或网桥）连接，还有些与其他网络设备相连接。通信控制器的一个网格为与所有其他网络和数据处理设备相连接的主干网络提供主干。				
归类依据	根据归类总规则一［第八十四章章注五（四）2］。				

序号	868	归类决定编号	W2014-284	公告编号	2014 年第 93 号
商品税则号列		8517.62		公告实施日期	2015 年 1 月 1 日
商品名称	同步网络结构集群控制器（包括远程控制单元）				
英文名称	Synchronous-Network-Architecture（SNA）cluster controllers（including remote control units）				
其他名称					
商品描述	该商品由在使用 SNA 网络协议的局域网中具有终端集线功能的装置构成。它们管理网络中巨型计算机数据处理设备与多数据处理外围设备（如远程终端、打印机或盘驱动器）的交互操作。				
归类依据	根据归类总规则一［第八十四章章注五（四）2］。				

序号	869	归类决定编号	W2014-285	公告编号	2014 年第 93 号
商品税则号列		8517.62		公告实施日期	2015 年 1 月 1 日
商品名称	多站访问单元				
英文名称	Multistation access units				
其他名称					
商品描述	为局域网用无源集线器，称之为"无源"是因为其不用直接连接电源。用于对高至 8 个指令环局域网工作站或自动数据处理设备提供集线度，因此星型物理配置用来组成电子环状。多站访问单元间可互联，以增加携有任何一种令牌环的工作站，最高至 260 台设备。对连接于令牌环中的所有机器，集线器的作用是（实施数据）物理的分程传递，同时当出现某一台机器或部件未能延续数据流到其他机器上时，它也能检测到。				
归类依据	根据归类总规则一［第八十四章章注五（四）2］。				

序号	870	归类决定编号	W2014-286	公告编号	2014 年第 93 号
商品税则号列		8517.62		公告实施日期	2015 年 1 月 1 日
商品名称	光纤转换器				
英文名称	Optical fibre converters				
其他名称					
商品描述	将铜线缆上有限距离的令牌环网络或其他局域网的数字信号转变为光数字信号。例如，当光缆用于令牌环局域网络，为延伸至校园需用光纤转换器；或用于为减弱干扰，用光缆替换铜缆的地方。				
归类依据	根据归类总规则一［第八十四章章注五（四）2］。				

序号	871	归类决定编号	W2014-287	公告编号	2014 年第 93 号
商品税则号列		8517.62		公告实施日期	2015 年 1 月 1 日
商品名称	语音处理系统				
英文名称	Voice Processing system				
其他名称	MVX				
商品描述	该商品由一个带有硬盘及软盘驱动器的中央处理部件（DOS 操作）、一个键盘、一个带有内置电话检测板的监视器（CRT）、软件及一个调制解调器构成。用于增强对来自用户交换机（PBX）电话的处理，能够将来话送到办公室的不同分机，使来话者处于等待状态，通知召开 HSC 委员会会议，通知用户已收到信息，通知来话者在其前面等待的人数，这一处理程序不用调制解调器。电话检测板用于识别模拟信号并转换为数字格式，调制解调器仅用于远程拨入诊断。软件分别归入品目 85.24。				
归类依据	根据归类总规则一。				

序号	872	归类决定编号	W2014-288	公告编号	2014 年第 93 号
商品税则号列		8517.62		公告实施日期	2015 年 1 月 1 日
商品名称	ADP 机与电话线连接装置				
英文名称	Apparatus for linking an automatic data processing machine to a telephone line				
其他名称	Pace 56 voice				
商品描述	可将自动数据处理设备数字信号转变为模拟信号，也可将模拟信号转为数字信号，故通过电话线实现 ADP 机与 ADP 机的通信。该装置与扫描仪及打印机相组合能使 ADP 机发送及接收传真，还装有一个麦克风和扬声器，并能用作免提电话。				
归类依据	根据归类总规则一及六。				

序号	873	归类决定编号	W2014-289	公告编号	2014年第93号
商品税则号列		8517.62		公告实施日期	2015年1月1日
商品名称		ADP机与电话线连接装置			
英文名称		Apparatus for linking an automatic data processing machine to a telephone line			
其他名称		Ultralink terminal adapter			
商品描述		可将自动数据处理设备的数字信号转变为另一通过综合业务数字网（ISDN）传输的数字信号，反之亦然，故通过ISDN电话系统实现ADP机与ADP机的通信。该装置还装有两个模拟端口，用于连接电话机、传真机或调制解调器。			
归类依据		根据归类总规则一及六。			

序号	874	归类决定编号	W2014-290	公告编号	2014年第93号
商品税则号列		8517.62		公告实施日期	2015年1月1日
商品名称		ADP插卡			
英文名称		Card designed to be inserted into an automatic data processing machine			
其他名称		Gold card global			
商品描述		可将自动数据处理设备数字信号转变为模拟信号，也可将模拟信号转为数字信号，故通过电话线实现ADP机与ADP机的通信。该设备还可使ADP机发送及接收传真或电子邮件，甚至通过移动电话实现上述功能。			
归类依据		根据归类总规则一及六。			

序号	875	归类决定编号	W2014-372	公告编号	2014 年第 93 号
商品税则号列		8517.62		公告实施日期	2015 年 1 月 1 日
商品名称	无线耳机				
英文名称	Wireless headset				
其他名称					
商品描述	配有交流充电器和两个不同尺寸的可挂在耳朵上的钩，耳机尺寸：长 41.5 毫米，宽 18.9 毫米，高 25.9 毫米。重量为 8 克。耳机包括挂耳式听筒和装在同一外壳内的麦克风，无线收发器，一块聚合物锂充电电池，一个电源接口，一个 LED 指示灯，一些控制按钮。无线收发器采用一种开放的无线技术标准和数据传输增强技术，使耳机可以与固定或移动设备进行通信，如移动蜂窝电话。指示灯指示发送接收情况及充电状态，电源接口设计为 B 型 5 针插口，可连接充电器进行充电，连接自动数据处理设备的 USB 接口及车载充电器。如配备其配套的发送和接收设备，控制按钮可用于耳机的开关、语音拨号、应答和结束来电、拒绝来电、通话保持、呼叫等待、重拨最后拨出的号码。该商品连同一本快速入门手册作为一套商品放入包装盒，用于零售。				
归类依据	根据归类总规则一（第十六类类注三）、三（二）及六。				

序号	876	归类决定编号	W2014-291	公告编号	2014 年第 93 号
商品税则号列		8517.69		公告实施日期	2015 年 1 月 1 日
商品名称	寻呼警报装置				
英文名称	Paging alert devices				
其他名称					
商品描述	该商品用于在接收到预置无线信号时，发出音响或视觉信号。信号只能传给特定的接收机以启动其音响信号（或视觉信号），这些装置很简单且不能传递信息。				
归类依据	根据归类总规则一及六。				

序号	877	归类决定编号	W2014-292	公告编号	2014 年第 93 号
商品税则号列		8517.69		公告实施日期	2015 年 1 月 1 日
商品名称		寻呼警报装置			
英文名称		Paging alert devices			
其他名称					
商品描述		该商品用于在接收到预置无线信号时,发出音响及视觉信号。可以接收电话号码或短语信息。			
归类依据		根据归类总规则一及六。			

序号	878	归类决定编号	W2012-013	公告编号	2012 年第 24 号
商品税则号列		8518.10		公告实施日期	2012 年 5 月 18 日
商品名称		无线麦克风套件			
英文名称		Wireless microphone set			
其他名称		Yugo UB-212			
商品描述		由两个可传输 UHF 频段的无线麦克风和 UHF 双通道无线接收器组成。接收器包括独立的电平控制装置,可分别控制任意一个相应麦克风的输出电平。接收器配有三个用于连接其他音频或视频设备的输出接口,其中两个是用于传送从每个麦克风接收的未混合信号,第三个是用于传送两个麦克风接收信号合成的一个信号。包装内还包括一根用于连接接收器和其他音频或视频设备(如放大器)的音频线,两个供装在麦克风上的电池和两个安装在接收器上的天线。上述组件均装在一个可重复使用的带衬垫的箱子内,并隔开放置以在运输中得到保护。			
归类依据		根据归类总规则一(第十六类类注四)及六。			

序号	879	归类决定编号	W2016-047	公告编号	2016年第79号
商品税则号列		8518.22		公告实施日期	2017年1月1日
商品名称	音响设备				
英文名称	Appatatus for musical instruments				
其他名称					
商品描述	音响设备是由一个单独的机壳内装有一个AB级放大管、两个预放大管、两个放大管和两个扬声器组成的。可以接收多种来源的电子信号，如：电吉他、电子键盘/电子琴、MP3播放器。它能够放大电子信号后并将其推送至扬声器播放。能通过加强或减弱某些频率（低音、中音、高音）来修饰音调，还可以在电子信号中增加电子音效。				
归类依据	根据归类总规则一（第十六类注释三）及六。				

序号	880	归类决定编号	W2005-396	公告编号	2005年第63号
商品税则号列		8518.30		公告实施日期	2005年12月23日
商品名称	胎儿的监听成套装置				
英文名称	Prenatal listening kit				
其他名称					
商品描述	包括一个麦克风（胎儿的监听器），耳机，一个声音控制开关，一个带有LED指示灯的开关按钮以及一个电池盒。该装置可在出生几个月前听到婴儿的声音。它可以将打嗝声，踢、蹬声及胎儿的心跳声放大。婴儿最初的声音可以被录制并珍藏下来，母亲的声音也可被录制下来以便日后用来安抚新生的婴儿。				
归类依据	监听器（麦克风）、耳机（扬声器）为认定该商品提供了可能，由于它们是组合在一起的，是一个话筒/扬声器组合机，HSC委员会决定将这套装置按照耳塞机及话筒/扬声器组合机归入子目8518.30。 根据归类总规则一。为体现该决定，已修改了税目85.18的注释，并且在2002年版《协调制度》中已修改了税目85.18和子目8518.30的条文。				

序号	881	归类决定编号	W2005-397	公告编号	2005 年第 63 号
商品税则号列		8518.50		公告实施日期	2005 年 12 月 23 日
商品名称		免提无线电话装置			
英文名称		Hands-free radiotelephony devices			
其他名称					
商品描述		1. 数字免提适配器（是蜂窝移动电话的补充）。该商品是一套组件，包括扬声器、麦克风、可更换的电池、连接电缆、安装支架和螺栓。 2. 数字免提适配器。该商品是一套组件，包括三个扬声器、麦克风、带有电线的电器装置、适配器、天线、充电器/天线、充电器/支撑、支架和电缆。			
归类依据		所讨论的商品包括一个内置的放大器，HSC 委员会认为应归入子目 8518.50 而不归入 8518.30。 根据归类总规则一。			

序号	882	归类决定编号	W2014-293	公告编号	2014 年第 93 号
商品税则号列		8518.50		公告实施日期	2015 年 1 月 1 日
商品名称		训练聋人讲话的设备			
英文名称		Speech training apparatus for deaf persons			
其他名称		Elekon Speech trainer, Model Mark II			
商品描述		该商品主要包括：1. 两个麦克风（一个由指导人员使用，另一个由学生使用）；2. 音频放大器；3. 一副耳机，每个耳机可分别控制，以补偿左、右耳听力的不同。			
归类依据		根据归类总规则一及六。			

序号	883	归类决定编号	W2008-081	公告编号	2008年第47号
商品税则号列		8519.81		公告实施日期	2008年7月3日
商品名称	光盘型MP3机				
英文名称	Apparatus consisting of a CD-ROM drive with an MP3				
其他名称	Xeenon Mp Shuttle				
商品描述	该设备包括一个光驱，配有MP3解码器，能读MP3格式的文件，还配有线控器和连接线，并可安装在汽车上，与汽车音响相连。				
归类依据	根据归类总规则一及六。				

序号	884	归类决定编号	W2008-082	公告编号	2008年第47号
商品税则号列		8519.81		公告实施日期	2008年7月3日
商品名称	MP3机				
英文名称	Portable, battery operated apparatus				
其他名称	Diamond Rio 500				
商品描述	该MP3机是一种便携式，由电池供电的电子产品，内置闪存卡，微处理器芯片和一些电子部件（包括音频放大器、液晶屏和控制键），其中，微处理器用来处理MP3格式文件。MP3机配有一个接立体耳机的端口和一个接电脑下载MP3文件的USB端口（或并行端口），还可装有闪存卡插槽。其存储容量一般在32MB至64MB。				
归类依据	根据归类总规则一及六。				

序号	885	归类决定编号	W2008-083	公告编号	2008 年第 47 号
商品税则号列		8519.81		公告实施日期	2008 年 7 月 3 日
商品名称		音乐录放机			
英文名称		Apparatus			
其他名称		Audio ReQuest ARQ1			
商品描述		该设备包括以下部件：CD 驱动器、微处理器、闪存（或硬盘）、液晶屏、控制键、输入模拟音频信号的端口、麦克风端口、输出音频 s-video and composite video 端口、上载或下载 MP3 文件的并行端口和 USB 端口、连接网络（或互联网）的网口。与电视相连后，该设备提供一图形用户界面，用户可进行播放列表编辑或导航。该设备固化的程序可读取 MP3 和其他音频压缩格式文件，并能记录类似的音频信号或声音。			
归类依据		根据归类总规则一（第十六类类注三）及六。			

序号	886	归类决定编号	W2014-294	公告编号	2014 年第 93 号
商品税则号列		8519.81		公告实施日期	2015 年 1 月 1 日
商品名称		MP3 机			
英文名称		Portable，battery operated apparatus			
其他名称					
商品描述		该 MP3 机是一种便携式、由电池供电的电子产品，内置闪存卡、微处理器芯片和一些电子部件（包括音频放大器、液晶屏和控制键）。其中，微处理器用来处理 MP3 格式文件。MP3 机配有一个接立体耳机的端口和一个接电脑下载 MP3 文件的 USB 端口（或并行端口），还可装有闪存卡插槽。其存储容量一般在 32~64MB。该商品可带有电子记事本或者电话本的软件。			
归类依据		根据归类总规则一及六。			

序号	887	归类决定编号	W2014-295	公告编号	2014 年第 93 号
商品税则号列		8519.81		公告实施日期	2015 年 1 月 1 日
商品名称	便携装置（电池供电）MP3 机					
英文名称	Portable，battery operated apparatus					
其他名称						
商品描述	该商品包括一个外壳，装有硬盘、微处理器（集成电路芯片）、电子系统（含有音频放大器、麦克风、液晶屏、控制键）。微处理器是为 MP3 软件处理程序之用。该装置带有立体声耳机接口，还可以与自动数据处理设备连接，进行上传和下载 MP3 或其他文件（通过并行接口或 USB 接口）。内存容量是 40KB。该商品可带有电子记事本或电话本的软件。					
归类依据	根据归类总规则一及六。					

序号	888	归类决定编号	W2014-296	公告编号	2014 年第 93 号
商品税则号列		8519.81		公告实施日期	2015 年 1 月 1 日
商品名称	组合装置					
英文名称	Apparatus					
其他名称						
商品描述	该商品带有一个 CD 驱动器、一个微处理器、一个闪存或一个硬盘、一个液晶屏、一些控制按钮和音频输出连接器（连接耳机、扩音器或一个立体声系统）。该装置支持多种格式（CD-DA2、MP3 等），可读取标准的 CD、CD-R、CD-RW。可通过红外遥控该装置的控制等各种功能。					
归类依据	根据归类总规则一及六。					

序号	889	归类决定编号	W2020-022	公告编号	2020年第108号
商品税则号列		8519.81		公告实施日期	2020年10月1日
商品名称		声音重放设备和书的套装			
英文名称		Set of a sound reproducing apparatus and books			
其他名称					
商品描述		由包装在同一纸板箱中供零售的4个部分组成：两本纸质印刷书（一本可读书和一本可玩书），不含任何电子元器件；一个塑料制书形电子便签簿，适合已选用书的尺寸和外形。该便签簿装有扬声器、显示坐标的触摸感应电子薄膜、印刷电路组件、声音包用插口和电池；声音包，容量达128MB的存储装置，存储了书的音频内容。该声音包通过插口插入书形电子便签簿；笔形指针，用于定位和指示书的具体点。该产品用于辅助儿童阅读。			
归类依据		根据归类总规则一、三（二）及六。			

序号	890	归类决定编号	W2008-084	公告编号	2008年第47号
商品税则号列		8521.90		公告实施日期	2008年7月3日
商品名称		DVD播放机			
英文名称		DVD player			
其他名称		Yamakawa DVD 715 Player			
商品描述		DVD播放机外形尺寸为434毫米×95毫米×290毫米，内置MP3解码器。			
归类依据		根据归类总规则一及六。			

序号	891	归类决定编号	W2014-297	公告编号	2014 年第 93 号
商品税则号列		8521.90		公告实施日期	2015 年 1 月 1 日
商品名称	独立的 DVD 播放机					
英文名称	Standalone DVD player					
其他名称						
商品描述	设计用于电视接收机和视频监视器的视频复制（包括声音和图像）。					
归类依据	根据归类总规则一及六。					

序号	892	归类决定编号	W2005-399	公告编号	2005 年第 63 号
商品税则号列		8522.90		公告实施日期	2005 年 12 月 23 日
商品名称	机械组件					
英文名称	Mechanical assembly					
其他名称						
商品描述	该组件用于图像的录制和重放设备，包括一个主要装有下述零件的底盘： 1. 磁鼓组件，包括装有图像头的上部转子、固定的下部磁鼓及电动机。磁鼓可在磁带上写、读图像信号； 2. 声音磁头，可在磁带上写、读声音信号； 3. 抹磁头，可在录制的同时抹去以前录下的信号； 4. 主导轴，可保持磁带的固定运行速度。 作为相应设备零件归类。					
归类依据	HSC 委员会指出，该商品是视频录放机的一个组成部分，仅具有视频录放机的部分功能，不能认为具备完整品的基本特征或已是完整品。因此，将其归入税目 85.21 是不恰当的。HSC 委员会认为该商品构成了设备的一部分，不是归类总规则二（二）所指具有完整品特征的不完整品。因此，应将其作为"税目 85.19 至 85.21 所列设备的零部件"归入子目 8522.90。 根据归类总规则一。					

序号	893	归类决定编号	W2014-298	公告编号	2014 年第 93 号
商品税则号列		85.23		公告实施日期	2015 年 1 月 1 日
商品名称	光盘				
英文名称	Optical discs				
其他名称					
商品描述	存有游戏软件,仅用于品目 95.04 的游戏机。				
归类依据	根据归类总规则一及六。				

序号	894	归类决定编号	W2008-085	公告编号	2008 年第 47 号
商品税则号列		8523.51		公告实施日期	2008 年 7 月 3 日
商品名称	固态非易失数据存储装置				
英文名称	Solid-state, non-volatile data storage device				
其他名称	SanDisk-PC Card				
商品描述	一般称为闪存卡,尺寸为 85 毫米×54 毫米×4 毫米,容量为 192MB,内置一块印刷电路板,电路板上有:1. 一个 FLASH E^2 PROM 快速存储器(集成电路);2. 一个微控制器(集成电路);3. 一些电容和电阻;4. 一个连接槽。当插入到特定设备后,可存储或读出数据,这些特定设备如导航和全球定位系统、数据采集终端、便携式扫描仪、医用监控设备、音频记录设备、手机和数码相机。利用适配器可与电脑进行数据交换。电源由所连设备提供,不需要电池。				
归类依据	根据归类总规则一及六。				

序号	895	归类决定编号	W2008-086	公告编号	2008 年第 47 号
商品税则号列		8523.51		公告实施日期	2008 年 7 月 3 日
商品名称	固态非易失数据存储装置				
英文名称	Solid-state, non-volatile data storage device				
其他名称	SanDisk-CompactFlash				
商品描述	一般称为闪存卡，尺寸为 43 毫米×36 毫米×4 毫米，容量为 192MB，内置一块印刷电路板（PCB），电路板上有一个 FLASH E^2 PROM 快速存储器和一个控制器，均为集成电路，还有一些带有铜制管脚的无源元件，如电容和电阻。各种组件通过表面镶嵌技术（surface mount technology）固定在印刷电路板上，并用塑料将上端和下端封上。印刷电路板不是利用薄膜或厚膜技术生产的。闪存卡插入到特定设备后，可存储或读出数据，这些特定设备是导航和全球定位系统、数据采集终端、便携式扫描仪、医用监控设备、音频记录设备、手机和数码相机。利用适配器可与电脑进行数据交换。电源由所连设备提供，不需要电池。				
归类依据	根据归类总规则一及六。				

序号	896	归类决定编号	W2008-087	公告编号	2008 年第 47 号
商品税则号列		8523.51		公告实施日期	2008 年 7 月 3 日
商品名称	固态非易变数据存储装置				
英文名称	Solid-state, non-volatile data storage device				
其他名称	SanDisk-SmartMedia				
商品描述	一般称为闪存卡，尺寸为 45 毫米×37 毫米×2 毫米，容量为 64MB，内置一块印刷电路板，电路板上有两块 FLASH E^2 PROM 快速存储器（集成电路）。集成电路通过环氧树脂固定在印刷电路板上，随后被黏合在一块塑料框上。印刷电路板不是利用薄膜或厚膜技术生产的。闪存卡插入到特定设备后，可存储或读出数据，这些特定设备是导航和全球定位系统、数据采集终端、便携式扫描仪、医用监控设备、音频记录设备、手机和数码相机。利用适配器可与电脑进行数据交换。电源由所连设备提供，不需要电池。				
归类依据	根据归类总规则一及六。				

序号	897	归类决定编号	W2014-373	公告编号	2014年第93号
商品税则号列		8523.51		公告实施日期	2015年1月1日
商品名称		迷你SD卡（数字安全卡）			
英文名称		"Mini" SD（Secure Digital）card			
其他名称					
商品描述		俗称闪存卡。包括一个非导电基板（无论是否有印刷电路板），带有一些可以与主机接口连接的铜导电迹线和一个焊盘。其上装有一个闪存集成电路（闪速电可擦除可编程只读存储器）、一个微处理器集成电路和一些无源元件。尺寸为21.5毫米×20毫米×1.4毫米。当SD卡插入特定设备（例如，打印机、移动电话、录像设备、数码相机、数据采集终端、视频游戏机和自动数据处理设备），便可以从卡中存取数据，卡的电能由与卡连接的应用设备提供。			
归类依据		根据归类总规则一［第八十五章章注四（一）］及六。			

序号	898	归类决定编号	W2014-374	公告编号	2014年第93号
商品税则号列		8523.51		公告实施日期	2015年1月1日
商品名称		微SD卡			
英文名称		"Micro" SD（Secure Digital）card			
其他名称					
商品描述		俗称闪存卡。包括一个非导电基板（无论是否有印刷电路板），带有一些可以与主机接口连接的铜导电迹线和一个焊盘。其上装有一个闪存集成电路（闪速电可擦除可编程只读存储器）、一个微处理器集成电路和一些无源元件。尺寸为15毫米×11毫米×1毫米。当SD卡插入一个特定设备（例如，打印机、移动电话、录像设备、数码相机、数据采集终端、视频游戏机和自动数据处理设备），便可以从卡中存取数据，卡的电能由与卡连接的应用设备提供。			
归类依据		根据归类总规则一［第八十五章章注四（一）］及六。			

序号	899	归类决定编号	W2005-401	公告编号	2005年第63号
商品税则号列		85.24		公告实施日期	2005年12月23日
商品名称		只读光盘存储器（特殊软件）			
英文名称		CD_ROM（special software）			
其他名称					
商品描述		与一台原子吸收分光仪一同报验。			
归类依据		HSC委员会一致同意将其分别归类，该商品根据八十五章章注六归入税目85.24。			

序号	900	归类决定编号	W2014-300	公告编号	2014年第93号
商品税则号列		8526.91		公告实施日期	2015年1月1日
商品名称		距离测量设备			
英文名称		Distance Measuring Equipment（DME）			
其他名称					
商品描述		设计作为飞机无线电航空系统的一部分，可使飞机在航行中通过无线电而不是光学或光电方法测量其与地面标志塔的距离。			
归类依据		根据归类总规则一及六。			

序号	901	归类决定编号	W2008-089	公告编号	2008年第47号
商品税则号列		8527.13		公告实施日期	2008年7月3日
商品名称		MP3机			
英文名称		Portable, battery operated apparatus			
其他名称		Synos Etto Digital MP3 Player			
商品描述		该MP3机是一种便携式、由电池供电的电子产品，内置两块集成电路，一块为快速存储器，一块为微处理器，还有一些电子部件，包括音频放大器、液晶屏、传声器、调台旋钮、控制键。微处理器用于处理MP3格式声音文件。该机带有一个耳机和线控接口，一个与计算机相连进行上传和下载MP3等文件的并行接口或USB接口。其存储容量通常为32~64MB。			
归类依据		根据归类总规则一及六。			

序号	902	归类决定编号	W2005-410	公告编号	2005年第63号
商品税则号列		8527.19		公告实施日期	2005年12月23日
商品名称		多用途便携式装置			
英文名称		Multi-purpose portable apparatus			
其他名称					
商品描述		在同一机壳内装有下列部件： 1. 一个AM/FM收音机；两个荧光灯； 2. 一个探照灯； 3. 一个红色信号灯； 4. 一个琥珀色闪光灯； 5. 一个音响警铃； 6. 一个在电池需充电时发出语言警告的集成电路； 7. 内置可充电电池，带有AC 220伏和DC 12伏充电器。 该装置装有手柄和肩带。			
归类依据		由于存在很多类似组合机器，拥有两种或以上的功能，建议依据其基本情形一事一议归类。由于该商品的收音机执行了主要功能，HSC委员会决定将其归入税目85.27（子目8527.19）。根据十六类类注三。			

序号	903	归类决定编号	W2020-023	公告编号	2020 年第 108 号
商品税则号列		8528.52		公告实施日期	2020 年 10 月 1 日
商品名称	彩色监视器				
英文名称	Colour monitor				
其他名称					
商品描述	包含一个 27 英寸（68.58 厘米）平板显示屏。可通过 1 个 VGA 接口或 2 个 HMDI 接口直接与自动数据处理（ADP）机器连接。该监视器设计用于 ADP 机器，不带频道选择器、视频调谐器或扬声器。规格： ——长宽比：16∶9 ——像素尺寸：0.311 毫米 ——响应时间：8 毫秒（灰色到灰色） ——亮度：250cd/m^2 ——对比度：1 000∶1 静态；5 000 000∶1 动态 ——视角：1 780 水平方向；1 780 垂直方向 ——输入视频信号：1 个 VGA；2 个 HMDI（带高带宽数字内容保护支持） ——分辨率：1 920×1 080				
归类依据	根据归类总规则一及六。				

序号	904	归类决定编号	W2020-024	公告编号	2020年第108号
商品税则号列		8528.52		公告实施日期	2020年10月1日
商品名称		彩色监视器			
英文名称		Colour monitor			
其他名称					
商品描述		包含一个32英寸（81.28厘米）平板显示屏。可通过2个HMDI、3个USB2.0或1个DP 1.2接口直接与自动数据处理（ADP）机器连接。该监视器设计用于ADP机器，不带频道选择器、视频调谐器或扬声器。规格： ——长宽比：16∶9 ——像素尺寸：0.276毫米 ——响应时间：7毫秒（灰色到灰色） ——亮度：300 cd/m^2 ——对比度：3 000∶1 静态；10 000 000∶1 动态 ——视角：1 780 水平方向；1 780 垂直方向 ——输入视频信号：2个HMDI（带高带宽数字内容保护支持）；1个Display Port 1.2（带高带宽数字内容保护支持）； ——分辨率：2 560×1 440（60赫兹）				
归类依据		根据归类总规则一及六。			

序号	905	归类决定编号	W2014-301	公告编号	2014年第93号
商品税则号列		8528.71		公告实施日期	2015年1月1日
商品名称	卫星电视接收系统				
英文名称	Satellite television reception system				
其他名称					
商品描述	其包括：1. 抛物面天线反射碟；2. 反射碟的旋转控制器；3. 喇叭馈电器；4. 极化器（可根据波形是竖直或是水平来旋转喇叭馈电器）；5. 低噪声降频转换器；6. 接收器；7. 红外遥控器。以上元件作为全套卫星广播接收系统一起报验。				
归类依据	根据归类总规则一（第十六类类注四）。				

序号	906	归类决定编号	W2014-302	公告编号	2014年第93号
商品税则号列		8528.71		公告实施日期	2015年1月1日
商品名称	卫星电视广播接收器				
英文名称	Receiver of satellite television broadcasts				
其他名称					
商品描述	可从低噪声降频转换器接收放大降频后的信号，选择其中一种信号（频道）供显示用，故其作用如频道选择器或高频头。它还装有一个接收变换频道或旋转天线及极化器遥控信号的接收器。				
归类依据	根据归类总规则一及六。				

序号	907	归类决定编号	W2014-303	公告编号	2014 年第 93 号
商品税则号列		8528.71		公告实施日期	2015 年 1 月 1 日
商品名称	电缆接收卫星广播图像多媒体终端				
英文名称	Terminal for receiving satellite broadcast video signals by cable				
其他名称	Mediamaster DVB 9500 C				
商品描述	该商品通过电缆接收卫星广播图像信号,并将其传送到电视接收机或图像录制装置上。它装有一个调制解调器和接口,可有以下功能:1. 通过调制解调器接发传真和电子邮件或上互联网;2. 通过 RS232 端口与打印机相连并打印收到的传真;3. 向自动数据处理设备下载广播数据,或通过小型计算机接口使该设备与 CD-ROM 相连。该终端与一个红外遥控设备同时进口。				
归类依据	根据归类总规则一(第十六类类注四)。				

序号	908	归类决定编号	W2005-419	公告编号	2005 年第 63 号
商品税则号列		8529.10		公告实施日期	2005 年 12 月 23 日
商品名称	抛物面天线反射器				
英文名称	Parabolic aerial reflector dish				
其他名称					
商品描述	用于接收卫星电视。				
归类依据	HSC 委员会一致同意将其作为"天线和天线反射器"归入子目 8529.10。根据归类总规则一。				

序号	909	归类决定编号	W2005-420	公告编号	2005年第63号
商品税则号列		8529.10		公告实施日期	2005年12月23日
商品名称		反射碟控制旋转器			
英文名称		Control rotator for a reflector dish			
其他名称					
商品描述		与抛物面天线共用构成卫星电视接收器。			
归类依据		HSC委员会一致同意将其作为"天线和天线反射器"归入子目8529.10。根据归类总规则一。			

序号	910	归类决定编号	W2005-421	公告编号	2005年第63号
商品税则号列		8529.10		公告实施日期	2005年12月23日
商品名称		抛物面天线			
英文名称		Parabolic aerial（parabolic antenna）			
其他名称					
商品描述		用于接收卫星电视广播，由反射碟、反射碟控制旋转器、喇叭馈电器（波导）和低噪声降频转换器并配有极化器构成。			
归类依据		HSC委员会一致同意将其作为"天线和天线反射器"归入子目8529.10。根据归类总规则一。			

序号	911	归类决定编号	W2005-422	公告编号	2005 年第 63 号
商品税则号列		8529.10		公告实施日期	2005 年 12 月 23 日
商品名称	极化器				
英文名称	Polarizer				
其他名称					
商品描述	该装置是设计接入低噪声降频转换器的,以使与转换器连接的馈电器能根据波形是垂直或是水平而作相应的转动。				
归类依据	HSC 委员会一致同意将其作为"天线和天线反射器"归入子目 8529.10。 根据归类总规则一。				

序号	912	归类决定编号	W2005-423	公告编号	2005 年第 63 号
商品税则号列		8529.10		公告实施日期	2005 年 12 月 23 日
商品名称	喇叭形馈电器(波导)				
英文名称	Feed horn (wave guide)				
其他名称					
商品描述	铝制,带有管状空间由于传导经卫星转发的电磁波到低噪声降频转换器。其上装有三个螺栓用于支撑抛物面反射碟。				
归类依据	根据 HSC 委员会展示的样品,HSC 委员会决定将其作为"天线及天线反射器"归入子目 8529.10。 根据归类总规则一。				

序号	913	归类决定编号	W2005-424	公告编号	2005年第63号
商品税则号列		8532.24		公告实施日期	2005年12月23日
商品名称		单片陶瓷电容			
英文名称		Monolithic ceramic capacitors			
其他名称					
商品描述		这些多层陶瓷电容器包括电极，插入纸的陶瓷电介质和外部接线端。其电容值是由数学公式得出的，其一，电极的面积，电介质的层数，电极之间的距离（这三项是在生产过程中决定的），其二，介电常数是由陶瓷材料决定的。贵金属电极是由丝网印刷的。			
归类依据		HSC委员会指出，讨论的商品虽然是经由印刷过程生产出来的但不是八十五章章注四和税目85.34所述的印刷电路。HSC委员会决定该商品应归入税目85.32（子目8532.24），该税目明确列出了单独的器件，无论其生产方式如何根据归类总规则一。为了明确归类，1996年版《协调制度》的八十五章章注四（第二段）已作了修改。			

序号	914	归类决定编号	W2005-425	公告编号	2005年第63号
商品税则号列		85.33		公告实施日期	2005年12月23日
商品名称		片式电阻、柱状或MELF电阻器			
英文名称		Rectangular chip resistors and cylindrical or MELF			
其他名称					
商品描述		这些元件被称为"表面封装器件"的新型无铅元件，是利用新技术在印刷电路板上直接装配的。			
归类依据		HSC委员会指出，讨论的商品虽然是经由印刷过程生产出来的，但不是八十五章章注四和税目85.34所述的印刷电路。HSC委员会决定该商品应归入税目85.33（子目8533.21或8533.29），该税目明确列出了单独的器件，无论其生产方式如何。根据归类总规则一。为了明确归类，1996年版《协调制度》的八十五章章注四（第二段）已作了修改。			

序号	915	归类决定编号	W2008-091	公告编号	2008年第47号
商品税则号列		8533.29		公告实施日期	2008年7月3日
商品名称	聚合的正温系数热敏电阻电路保护器				
英文名称	Polymeric Positive Temperature Coefficient（PTC）Thermistor Circuit Protectors				
其他名称	PolySwitch®				
商品描述	这类装置含有传导性聚合物成分，当装置的温度上升时该成分使装置的电阻提高。正温系数效应将电流限定在某一点上，只允许微小电流通过以保护诸如固态集成电路（硅衬底）等敏感电子器件。热敏电阻限制电流但不终止电路循环。当温度低于设定的触发值，该装置的电阻恢复到初始状态。这类装置主要有两大用途。可以成组配置用于过电流保护或者作为温度传感器防止系统温度超过设定温度而损坏敏感电子器件。这类装置有时被称为"可重置保险丝"，就技术角度而言其不是保险丝而是非线性热敏电阻。				
归类依据	根据归类总规则三（一）及六。				

序号	916	归类决定编号	W2008-092	公告编号	2008年第47号
商品税则号列		8535.90		公告实施日期	2008年7月3日
商品名称	与电缆或连接线焊接的接地棒				
英文名称	Grounding rods welded to cables and connection wires				
其他名称					
商品描述	由涂铜碳钢接地棒、接头、青铜连接器和特殊的光缆/电线（材质为裸铜或涂铜的铁）组成。这些组件的设计电压为1000伏以上，用于保护（接地）高压线、变电站、通信线、建筑物、街灯、避雷器、各类天线等。				
归类依据	根据归类总规则一及六。				

序号	917	归类决定编号	W2014-304	公告编号	2014年第93号
商品税则号列		8535.90 或 8536.90		公告实施日期	2015年1月1日
商品名称		电源轨道装置			
英文名称		Power rail installation			
其他名称		Gluma-Stromband			
商品描述		该商品可以向在使用中需要移动的机器、工具等提供电力。其包括：1. 若干钢铁型材元件的开放下沿形成轨道，用于安装下述第4点的滑动触点，每一元件包含有数量不等的装于绝缘体的导电铜棒；2. 连接盒将上述元件端部相连，在特定情况下，使用绝缘接合点将电路之间分开；3. 一个或一个以上装置将整条轨道与电力网连接；4. 滑动接点通过连接电缆向机器或工具等供电。			
归类依据		根据归类总规则一及六。			

序号	918	归类决定编号	W2014-305	公告编号	2014年第93号
商品税则号列		8535.90 或 8536.90		公告实施日期	2015年1月1日
商品名称		电导线管用预制件			
英文名称		Prefabricated elements for electrical conduits			
其他名称					
商品描述		该商品包含数量不等的不论是否以绝缘材料包覆的导体棒，纵向以绝缘体固定，在载体上或适当形状的护套中按一定间隔开，有用于连接的开口。			
归类依据		根据归类总规则一及六。			

序号	919	归类决定编号	W2005-426	公告编号	2005 年第 63 号
商品税则号列		8536.50		公告实施日期	2005 年 12 月 23 日
商品名称	交换设备				
英文名称	Switching devices				
其他名称					
商品描述	金属或塑料的机壳，尺寸为 63.5 毫米或 82.55 毫米×152.4 毫米×158.75 毫米，重约 635 克或 726 克。后面装有插座，前面有旋转开关及 house 印刷电路。使两个以上的互相兼容的自动数据处理设备连接起来，可实现这些设备间的不同组合，如将两个终端连接到一个调制解调器上；两个或更多的中央处理单元连接到一台打印机，或将多台打印机连接到一个终端。印刷电路为 0.001 安的低电流设计。				
归类依据	HSC 委员会认为通过商品描述可清楚地知道它是 change-over 交换设备，如调整一个或更多电路的连接或连接从一个电路变换到另外一个电路。HSC 委员会还同意税目 85.36 包含该商品，与税目 84.73 相比应优先考虑归入 85.36。根据归类总规则一。				

序号	920	归类决定编号	W2010-027	公告编号	2010 年第 75 号
商品税则号列		8536.69		公告实施日期	2010 年 12 月 3 日
商品名称	电源分配单元				
英文名称	Power Distribution Unit				
其他名称	APC Power Distribution Unit（Model AP9568）				
商品描述	由装在金属盒内的 1 个电源输入插头和 15 个交流电插座组成。该单元专为各类箱式机架组件供电（例如，网络路由器，测试设备，控制设备），并根据用户的具体需求提供将其安装在箱内的托架和螺丝钉。				
归类依据	根据归类总规则一及六。				

序号	921	归类决定编号	W2005-427	公告编号	2005年第63号
商品税则号列		8536.90		公告实施日期	2005年12月23日
商品名称		印刷电路卡（80毫米×110毫米×7毫米）构成的通信电缆连接标准装置			
英文名称		Modular apparatus consisting of a printed circuit			
其他名称					
商品描述		印刷电路卡由附于塑料支架的印刷电路构成，一个电阻及5个接头装在电路卡7个印刷连接元件上，卡的一边还有4个焊接于印刷电路的插座。其中一个插座上装有发光二极管，其他3个插座是插口连接。这3个插座分别标有M（Monitor），O（Output）及I（Input）。如果与另一电路连接，标记M的插座及电阻使发光二极管发光。			
归类依据		该装置的功能是连接或交叉连接电话网络元件。HSC委员会按照下面顺序讨论该议题：1. 确认商品描述；2. 税目85.17相对85.36，HSC委员会指出税目85.37的电控装置和电力分配装置更为复杂，其功能远比这些简单连接复杂。因此，税目85.17不合适并应将该装置归入税目85.36。HSC委员会还指出，税目85.17注释的排他条款（7）特别将电话设备的交换部件从税目85.17排除而应归入税目85.36（明确指出），电和电信号之间没有做区别。根据归类总规则一和六。			

序号	922	归类决定编号	W2016-048	公告编号	2016年第79号
商品税则号列		8536.90		公告实施日期	2017年1月1日
商品名称		接插板（50端口语音）			
英文名称		Patch panel (50-ports voice)			
其他名称					
商品描述		用于在IP协议通信网络或语音通信网络（电话呼叫）中简化线缆结构。这是一个无源连接装置，不具有放大、再生、改变信号的功能。具有50个RJ45接口，每一个接口可以连接一个工作站。该接插板允许每个用户与交换机、集线器或者路由器连接，以便与网络相连。			
归类依据		根据归类总规则一及六。			

序号	923	归类决定编号	W2014-376	公告编号	2014 年第 93 号
商品税则号列		8537.10		公告实施日期	2015 年 1 月 1 日
商品名称	两个多位置电气开关装置的组件					
英文名称	An assembly of two multi-positional electrical swiching devices					
其他名称						
商品描述	该组件由两个多位置电气开关装配在一个安装支架的两侧构成，用于安装在机动车的转向柱上。其中一个电气开关装置用于控制车辆外部照明，另外一个电气开关装置用于控制风挡冲洗器和雨刮器。该商品通过其电子触点连接到机动车上的电气系统。					
归类依据	根据归类总规则一及六。					

序号	924	归类决定编号	W2020-066	公告编号	2020 年第 108 号
商品税则号列		8538.10		公告实施日期	2020 年 10 月 1 日
商品名称	以未组装模组形式报验的配电柜					
英文名称	Cabinet, for power distribution, presented in the form of unassembled modular components					
其他名称						
商品描述	以未组装模组形式报验的配电柜，由下列组件组成：1. 框架和外壳组件为框架、面板、侧板、底座、支架和支撑结构；2. 母线系统安装组件为连接端子和夹子；3. 断路器总成安装组件为模块门、安装板、隔板和连接件。所有组件已预钻孔，设计通过螺钉连接组装成电器设备（开关装置、控制装置及相关的断路器、母线等）所用的建筑室内配电柜。该装置不包含任何电子或通信设备。					
归类依据	根据归类总规则一［第十六类注释二（二）］、二（一）及六。					

序号	925	归类决定编号	W2020-067	公告编号	2020 年第 108 号
商品税则号列		8538.10		公告实施日期	2020 年 10 月 1 日
商品名称	以未组装模组形式报验的配电柜				
英文名称	Cabinet, for power distribution, presented in the form of unassembled modular components				
其他名称					
商品描述	以未组装模组形式报验的配电柜，由下列组件组成：1. 框架和外壳组件为框架、框架连接套件、面板、侧板、底座、一个盖板、一个门线支架和一个标签；2. 母线系统组件为非绝缘的竖式母线槽、夹子、加强材料和支架。所有组件已预钻孔，设计通过螺钉连接组装成电器设备（开关装置、控制装置及相关的断路器、母线等）所用的建筑室内配电柜。该装置不包含任何电子或通信设备。				
归类依据	根据归类总规则一［第十六类注释二（二）］、二（一）及六。				

序号	926	归类决定编号	W2020-068	公告编号	2020 年第 108 号
商品税则号列		8538.10		公告实施日期	2020 年 10 月 1 日
商品名称	以未组装模组形式报验的配电柜				
英文名称	Cabinet, for power distribution, presented in the form of unassembled modular components				
其他名称					
商品描述	以未组装模组形式报验的配电柜，由下列组件组成：1. 框架和外壳组件为框架、侧板、底座、支撑结构、盖板、一个门和一个标签；2. 母线系统安装组件为连接端子；3. 断路器总成安装组件为盖板和紧固件包。所有组件采用预制钻孔设计，设计通过螺钉连接组装成电器设备（开关装置、控制装置及相关的断路器、母线等）所用的建筑室内配电柜。该装置不包含任何电子或通信设备。				
归类依据	根据归类总规则一［第十六类注释二（二）］、二（一）及六。				

序号	927	归类决定编号	W2014-306	公告编号	2014年第93号
商品税则号列		8538.90		公告实施日期	2015年1月1日
商品名称		管状接触管脚			
英文名称		Tubular contact pins			
其他名称					
商品描述		以贱金属制成,用于铆接到荧光灯管的连接部分。			
归类依据		根据归类总规则一及六。			

序号	928	归类决定编号	W2014-307	公告编号	2014年第93号
商品税则号列		8540.89		公告实施日期	2015年1月1日
商品名称		热阴极强力电子式正离子源			
英文名称		Hot cathode intense electronic positive ion source			
其他名称					
商品描述		用于粒子加速器、质谱仪及类似设备。			
归类依据		根据归类总规则一及六。			

序号	929	归类决定编号	W2018-057	公告编号	2018 年第 159 号
商品税则号列		8541.29		公告实施日期	2018 年 12 月 1 日
商品名称	IGBT 模块				
英文名称	Insulated Gate Bipolar Transistor (IGBT) module				
其他名称					
商品描述	IGBT 模块，尺寸：62 毫米×106 毫米×36 毫米，由一个 IGBT、一个二极管和若干电极组成，二极管与 IGBT 反并联，在 IGBT 关断时保护 IGBT 不被反向电流损坏。这些组件通过铝导线互相连接，封装在塑料壳中。 该产品具有电流放大、振荡、变频、开关功能。在大功率应用中调节电流和电压，能够处理大电流输入输出。额定电压 1 200 伏，额定电流 400 安。应用于多个方面，如照明、加热、电机控制、电风扇、电泵控制等。				
归类依据	根据归类总规则一及六。				

序号	930	归类决定编号	W2020-025	公告编号	2020 年第 108 号
商品税则号列		8541.43		公告实施日期	2020 年 10 月 1 日
商品名称	薄膜太阳能电池模组				
英文名称	Thin-film solar module				
其他名称					
商品描述	尺寸为长 1 409 毫米、宽 1 009 毫米、厚 46 毫米，模组前部由阳极电镀处理的铝合金框架与低铁非钢化玻璃构成，含有 630 个太阳能电池单元。这些电池单元分为 14 组，每组由 45 个太阳能电池单元串联而成。14 组电池组并联连接，并装有正负极端子。模组后部为接线盒（尺寸为长 74 毫米、宽 74 毫米、厚 18 毫米），盒内装有一个旁路二极管起保护作用。有两根 900 毫米长、装有太阳能电池连接器的电缆（双重绝缘，可防护紫外线、水分、臭氧和隔热）与接线盒内电池组接线端子连接。				
归类依据	根据归类总规则一（第八十五章章注二）及六。				

序号	931	归类决定编号	W2022-028	公告编号	2022 年第 78 号
商品税则号列		8543.40		公告实施日期	2022 年 9 月 1 日
商品名称	电子香烟					
英文名称	Electronic cigarette					
其他名称						
商品描述	电子香烟，使用电池工作的一种装置，外形呈圆管状，类似卷烟，长约 150 毫米，直径约 11 毫米。当使用者从该装置中吸气，气流传感器探测到气流，启动一个雾化器，加热并使烟弹内的液体蒸发，使用者吸入该装置产生的雾气。成套装配用于零售，配有电源线、充电器和 5 支备用的烟弹。					
归类依据	根据归类总规则一、三（二）及六。					

序号	932	归类决定编号	W2014-308	公告编号	2014 年第 93 号
商品税则号列		8543.70		公告实施日期	2015 年 1 月 1 日
商品名称	电发光装置					
英文名称	Eletroluminescent devices					
其他名称						
商品描述	该商品通常为带状、片状或板状。其主要包括：1. 电发光晶体物质夹于两层导电材料（通常为硫化锌）之间，其中一层是透明的（塑料或特殊玻璃）；2. 导电引线；3. 两层薄片（通常为塑料）将整个装置密封、保护起来。在交流电的激发下，该装置整个表面变为发光体，具有很多应用，如背景光、装饰或信号光等。					
归类依据	根据归类总规则一及六。					

序号	933	归类决定编号	W2014-309	公告编号	2014 年第 93 号
商品税则号列		8543.70		公告实施日期	2015 年 1 月 1 日
商品名称	低噪音降频转换器				
英文名称	Low-noise-block（LNB）down converter				
其他名称					
商品描述	设计安装于卫星广播接收系统的天线（碟）上，用于放大微弱信号，并将其非常高的频率转换为 VHF 及 UHF 波段。				
归类依据	根据归类总规则一及六。				

序号	934	归类决定编号	W2014-310	公告编号	2014 年第 93 号
商品税则号列		8543.70		公告实施日期	2015 年 1 月 1 日
商品名称	遥控器				
英文名称	Remote control				
其他名称					
商品描述	用频率为 3 000 千兆赫（无线电频率的上限）的红外线从一定距离控制卫星电视接收器，以转换频道或改变天线（碟）及极化器转动。				
归类依据	根据归类总规则一及六。				

序号	935	归类决定编号	W2020-069	公告编号	2020年第108号
商品税则号列		8543.70		公告实施日期	2020年10月1日
商品名称		超辐射发光二极管模块			
英文名称		Superluminescent diode module（SLED）			
其他名称					
商品描述		超辐射发光二极管模块，由一个超辐射发光二极管、一个热电冷却器和一个热敏电阻组成，永久性地安装在一个14引脚的蝶形外壳中，该外壳配有一个带有FC/APC连接器的光纤引线。超辐射发光二极管的发射光谱范围为800~1700纳米，中心波长范围为1530~1570纳米。该商品应用范围包括但不限于医学诊断中的光源（光学相干断层扫描）、光纤传感器或光纤陀螺仪。			
归类依据		根据归类总规则一及六。			

序号	936	归类决定编号	W2014-311	公告编号	2014年第93号
商品税则号列		8544.42		公告实施日期	2015年1月1日
商品名称		99件装路边急救套装			
英文名称		99 piece Emergency Roadside Kit			
其他名称					
商品描述		该商品的组成有：一根10英尺的电池的搭接电缆，一本事故指南，一个应急保温毯，一个暖水袋，2根发光棒，2个软管夹，吸管，塑料手套，印有"情况紧急请报警"的纸质警示旗，多功能刀具，手电筒，2个D号的电池，斗篷，一卷散热器修复带，6个插片式保险丝，27个尼龙扎线带，可燃的轮胎密封胶/急救箱，所有物件装入一个软质加固的塑料拉链手提袋里，袋子外面用花体字印有"路边急救套装"/黄色三角形紧急标志。其套装用于存放车内。			
归类依据		根据归类总规则三（三）及六。			

序号	937	归类决定编号	W2014-312	公告编号	2014 年第 93 号
商品税则号列		第十七类		公告实施日期	2015 年 1 月 1 日
商品名称		滚珠轴承控制缆			
英文名称		Ball bearing control cables			
其他名称					
商品描述		1. 可确认为专用于或主要用于第十七类的特定车辆。按相应车辆零附件归类。 2. 同等适用于第十七类数种车辆、飞机、船舶等。应用第十七类类注 3。			
归类依据		根据归类总规则一及六。			

序号	938	归类决定编号	W2018-059	公告编号	2018 年第 159 号
商品税则号列		8603.10		公告实施日期	2018 年 12 月 1 日
商品名称		三节未挂接的铁路客车车厢			
英文名称		Three uncoupled railway coaches			
其他名称					
商品描述		三节未挂接的铁路客车车厢，由两节电动"M 车厢"和一节拖车"T 车厢"组成，每节车厢长 22.6 米、宽 2.9 米、高 3.8 米。挂接后，这三节客车车厢也被称为动车组（EMU），用作城市轨道交通的分布式牵引系统。 由 T 车厢上部的受电弓供电，通过主变压器传输到 M 车厢的变流器。该变流器将交流电转换成直流电，再传输到逆变器，从而将直流电变成三相交流电，用以驱动电机。			
归类依据		根据归类总规则一、二（一）及六。			

序号	939	归类决定编号	W2018-060	公告编号	2018 年第 159 号
商品税则号列		8609.00		公告实施日期	2018 年 12 月 1 日
商品名称	管束集装箱				
英文名称	Tube bundle container				
其他名称					
商品描述	管束集装箱，由多个用于运输压缩天然气（CNG）的圆筒组成。每个圆筒都配有一个单独的阀门和压力表，用于输出和输入气体。圆筒没有焊接或永久结合，而是装在与容器尺寸相同的外部金属框架内，一般为 6 米或 12 米（20 英尺或 40 英尺）。该产品框架上有孔，使其能固定到公路拖车或其他运输工具上。				
归类依据	根据归类总规则一。				

序号	940	归类决定编号	W2018-061	公告编号	2018年第159号
商品税则号列		8701.10		公告实施日期	2018年12月1日
商品名称	自驱动手扶行驶装置（手扶拖拉机）				
英文名称	Self-powered, pedestrian controlled, propelling units				
其他名称					
商品描述	自驱动手扶行驶装置（手扶拖拉机），配有驱动轴、内燃机［单缸、四冲程、风冷式，最大功率4.8（6.5）千瓦（马力）/3 600转/分或4.4（6.0）千瓦（马力）/3 600转/分钟］、燃油箱（6.5升或3.5升）和手把式转向机构。报验时，这类装置为拆散件，连同两个带轮胎的车轮、4-4刀片（2+2）及旱地圆盘犁片，装在同一个箱子里。 这类装置可更换不同机具（例如，起犁器、犁、挖沟铲等，这些机具不与上述装置同时报验），也可以用于短距离运输或作为固定的动力机器使用。 与上述装置一同报验的4-4刀片（2+2）及旱地圆盘犁片应单独归类。 又见归类意见8432.29/1。				
归类依据	根据归类总规则一（第八十七章注释二）、二（一）及六。				

序号	941	归类决定编号	W2005-435	公告编号	2005年第63号
商品税则号列		8701.20 和其他		公告实施日期	2005年12月23日
商品名称		牵引车			
英文名称		Tractor of "Tractor" vehicle coupled to a semi-trail			
其他名称					
商品描述		牵引车和一个半挂车，通过一个半拖车接轮联结，一同报检。			
归类依据		HSC委员会决定，牵引车和半挂车应分别归类。牵引车归入子目8701.20。根据归类总规则一。			

序号	942	归类决定编号	W2005-436	公告编号	2005年第63号
商品税则号列		8701.30		公告实施日期	2005年12月23日
商品名称		扫雪用的履带式交通工具			
英文名称		Track-type vehicle			
其他名称					
商品描述		履带装有10个充气轮，2个驱动轮和一副橡胶履带。			
归类依据		HSC委员会决定，这种车根据八十七章注释二归入子目8701.30。根据归类总规则一。			

序号	943	归类决定编号	W2014-313	公告编号	2014年第93号
商品税则号列		8701.30		公告实施日期	2015年1月1日
商品名称	摩托雪车及雪橇				
英文名称	Snow-scooters and snow-sledges, motorised				
其他名称	Ockelbo Trioman				
商品描述	履带式，装有一个司机驾座，主要用于牵引另一车辆或装置。				
归类依据	根据归类总规则一及六。				

序号	944	归类决定编号	W2014-314	公告编号	2014年第93号
商品税则号列		8701.30		公告实施日期	2015年1月1日
商品名称	"基础"牵引车				
英文名称	Basic tractors				
其他名称	Caterpillar D4, D6, D7, D8 and D9 Hanomag K320 International Harvester BTD 6, 8 and 20 and TD6, 9 and 15 Motormule M70				
商品描述	履带式，具有某些自推进机座的典型特征，但适于装配品目84.28、84.30或84.32所述各种工作配件或用作第八十七章章注二所指的牵引车、拖拉机。				
归类依据	根据归类总规则一及六。				

序号	945	归类决定编号	W2005-439	公告编号	2005 年第 63 号
商品税则号列		87.02		公告实施日期	2005 年 12 月 23 日
商品名称	厢型客货机动车				
英文名称	Van type motor vehicle				
其他名称					
商品描述	单壳体车身,有底盘车身构架及一个封闭式空间,供运送人及货物。由气缸容量为 2 380cc 的压燃发动机或 1 994cc 的点燃发动机驱动,只有带窗侧面板、有一个单侧滑门、一个带窗的上提后门,车前排座后有 3 个或 4 个长椅,有的可折起让行人通过。该车可乘坐包括司机在内 12 人或 15 人,在乘客区后面有一个小空间供装货用。该车常称为"minibus"且内部座椅及壁板等装饰完好。				
归类依据	HSC 委员会根据该车辆的原有规格(完好的内饰、侧面的车窗、固定点、车的设计等),以及能载 12 人或 15 人(包括司机)的特征确定归类。HSC 委员会一致决定归入税目 87.02(子目 8702.10 和 8702.20)。 根据归类总规则一。				

序号	946	归类决定编号	W2005-440	公告编号	2005 年第 63 号
商品税则号列		8702.10		公告实施日期	2005 年 12 月 23 日
商品名称	10 座或 12 座机动车				
英文名称	Ten-seat or twelve-seat motor vehicles				
其他名称					
商品描述	装有气缸容量为 2 299cc 或 2 874cc 的压燃发动机,有带窗侧面板,4 个门,一个带窗的上提后门,两个前排座椅供 3 个人乘坐并装有安全带。前排座椅后有一个供 3 个人乘坐的长座椅也装有安全带,在车后部区域的侧面板上装有两个长 93 厘米的可折叠长椅,该区域既可载人也可载货。每个折叠椅可坐 3 个人,座椅上包覆的织物及装饰与前两排座椅相同,并装配有 3 个安全带。该机动车设计供乘 10 人或 12 人(包括驾驶员)。				
归类依据	该问题是确定此类机动车是否为包括驾驶员在内的 10 人或更多人设计的。根据文件提供的资料,HSC 委员会同意,这种车辆是为包括驾驶员在内 10 人或 12 人设计的。但根据照片来看,很难说车辆后部的座位可以为 3 个人提供舒适的空间。但在现有的法律条文中,没有"舒适"的标准,所以归入子目 8702.10。 根据归类总规则一。				

序号	947	归类决定编号	W2005-441	公告编号	2005年第63号
商品税则号列		8702.10		公告实施日期	2005年12月23日
商品名称	10座位机动车				
英文名称	Ten-seat motor vehicles				
其他名称					
商品描述	装有1 944cc压燃发动机，4个门，有窗户，还有一个可掀起的后门（有窗户）。前排有2个座位，可坐3人，在这排座位后面有一个可坐3人的椅子。在车厢的后面，有两个78厘米长的折叠椅固定在车厢两侧。每个椅子可坐2人。为了装货物和乘坐其他人设计，后面的椅子和前面的椅子为同种织物面料，同样式样。全部座椅配有安全带和固定安全带的固定点。 车辆可乘坐10人（包括驾驶员）。				
归类依据	HSC委员会第二十四次会议明确以下归类：1. 在税目87.02和87.03的条目中，所指的"人"包括，成人和儿童；2. 就机动车的归类来设定"人"的定义或"成人的正常标准"是不合理的；3. 归入税目87.02、87.03或87.04的机动车辆应在"一事一议"的基础上确定归类。因此，机动车座椅的尺寸与归类无关。考虑到该车辆的设计意图与HSC委员会第五次会议已作出的10座位的越野机动车（归入税目87.02，除了很少的差别）类似。此外，根据提供的信息，机动车的座椅安装的很安全和舒适。所以，根据上述原因，HSC委员会决定将该机动车作为包括驾驶员在内的运载10人的车辆归入税目87.02。（由于是柴油机的所以归入子目8702.10。） 根据归类总规则一和六。				

序号	948	归类决定编号	W2005-438	公告编号	2005年第63号
商品税则号列		87.02或87.03		公告实施日期	2005年12月23日
商品名称	越野机动车				
英文名称	Off-the-road vehicles				
其他名称					
商品描述	共装有容纳9人的座位（2个在前，7个在后。靠后的4座位为边椅，每边椅上供2人坐，3人座位横排在中间）。在前排两个座位之间有一个安装必需附件的空间（有固定用的铆接点），供加座和安全带。在一些车上，这个空间用来安装一个带盖塑料盒子供装旅行用品；在另一些车上，这个空间是空着的。				
归类依据	税目87.02包括所有设计为10人或10人以上，包括驾驶员的机动车。考虑到该车辆的整体设计，HSC委员会决定：装有10个座位的车归入税目87.02；同样车型，装有9个座位，在前排两个座位之间装有储物盒，且有为附属设备预留的铆接点的，归入税目87.03；同样车型，装有9个座位，在前排两个座位之间有为装盒子或座位的空间，有预留的铆接点的，归入税目87.03；同样车型，没有装座位，但有装10个座位的铆接点的，归入税目87.02。 根据归类总规则一。				

序号	949	归类决定编号	W2005-442	公告编号	2005 年第 63 号
商品税则号列		87.03		公告实施日期	2005 年 12 月 23 日
商品名称	不完整的机动车				
英文名称	Damaged motor vehicles				
其他名称					
商品描述	有机动车身和发动机，车身有明显的损坏，装有 6 马力或 950cc 发动机，缺少 3 个门、轮胎、水箱、前大灯和内部设施（座椅）。				
归类依据	由于该机动车具有完整车辆的基本特征，根据归类总规则二（一）的规定，即使缺少门、车身面板、轮胎，HSC 委员会一致同意归入税目 87.03。 根据归类总规则二（一）。				

序号	950	归类决定编号	W2005-443	公告编号	2005 年第 63 号
商品税则号列		87.03		公告实施日期	2005 年 12 月 23 日
商品名称	不完整的机动车				
英文名称	Damaged motor vehicles				
其他名称					
商品描述	没有发动机、门或座椅。该车装有轮胎、仪表板、方向盘、脚踏板、水箱、油箱、手刹和全部内部装置，但没有 4 个门、座椅和发动机。缺少的部分由其他的进口商单独进口。				
归类依据	由于该机动车具有完整车辆的基本特征，根据归类总规则二（一）的规定，即使缺少门、车身面板、轮胎，HSC 委员会一致同意归入税目 87.03。 根据归类总规则二（一）。				

序号	951	归类决定编号	W2005-444	公告编号	2005 年第 63 号
商品税则号列		87.03		公告实施日期	2005 年 12 月 23 日
商品名称		不完整的机动车			
英文名称		Damaged motor vehicles			
其他名称					
商品描述		旧机动车被切割成两部分进口。前部分装有发动机、仪表板、方向盘、车顶、前桥和两个轮胎。后部分装有行李箱、乘客座椅和后桥。			
归类依据		由于该机动车具有完整车辆的基本特征,根据归类总规则二(一)的规定,即使缺少门、车身面板、轮胎,HSC 委员会一致同意归入税目 87.03。 根据归类总规则二(一)。			

序号	952	归类决定编号	W2005-445	公告编号	2005 年第 63 号
商品税则号列		87.03		公告实施日期	2005 年 12 月 23 日
商品名称		不完整的机动车			
英文名称		Damaged motor vehicles			
其他名称					
商品描述		机动车的部件和零件。下列零件装在一个集装箱内,包括两辆未组装的机动车零件:两个未组装的车身、两个发动机、两个离合器组件及每部车的四个轮子,但未组装上;每辆车的四个门,但未组装上。			
归类依据		由于该机动车具有完整车辆的基本特征,根据归类总规则二(一)的规定,即使缺少门、车身面板、轮胎,HSC 委员会一致同意归入税目 87.03。 根据归类总规则二(一)。			

序号	953	归类决定编号	W2005-446	公告编号	2005 年第 63 号
商品税则号列		87.03		公告实施日期	2005 年 12 月 23 日
商品名称	厢型机动车				
英文名称	Van type motor vehicle				
其他名称					
商品描述	金属车身，框架结构，有一个单独的运输人和货物的被包围的空间。这种机动车有窗户，两个前门，在一边或两边和后面有滑动车门。在车的前部有 3 个座位，在这后面有一个为 3 个人坐的长椅。在长椅的后面有放置货物的空间。				
归类依据	HSC 委员会决定根据该车辆的完整的内部装饰，窗户，铆接点和车辆设计等规格情况确定归类。HSC 委员会一致决定将其归入税目 87.03。 根据归类总规则一。				

序号	954	归类决定编号	W2005-450	公告编号	2005 年第 63 号
商品税则号列		87.03		公告实施日期	2005 年 12 月 23 日
商品名称	厢型机动车				
英文名称	Van type motor vehicle				
其他名称					
商品描述	金属车身，框架车身结构，有一个单独的运输人和货物的被包围的空间。这种机动车有两个前排座椅，在座椅后面，有一个可供 3 人坐的长椅。在长椅的后面有一个小的放置货物的空间。				
归类依据	HSC 委员会决定根据该类机动车的完整的内部装饰，窗户，铆接点和车辆设计情况确定归类。HSC 委员会一致决定将该车归入税目 87.03（子目 8703.22 和 8703.32）。 根据归类总规则一。				

序号	955	归类决定编号	W2005-451	公告编号	2005年第63号
商品税则号列		87.03		公告实施日期	2005年12月23日
商品名称	厢型机动车				
英文名称	Van type motor vehicle				
其他名称					
商品描述	金属车身，框架结构，有一个单独的运输人和货物的封闭空间。这种机动车有一个供3人坐的长椅在前排座位后。这个长椅是特殊设计，可以安装在平板上，并能拆卸下来，还有一个防护栏在驾驶/乘客空间和载物空间之间。				
归类依据	HSC委员会决定根据该类机动车的完整的内部装饰、窗户、铆接点和车辆设计情况确定归类。HSC委员会一致决定将该车归入税目87.03（子目8703.22和8703.32）。 根据归类总规则一。				

序号	956	归类决定编号	W2005-447	公告编号	2005年第63号
商品税则号列		8703.10		公告实施日期	2005年12月23日
商品名称	三个或四个轮子的车				
英文名称	Three or four-wheeled vehicles				
其他名称					
商品描述	这类车以电池作为动力（稳定电压150瓦，最大电压1 700瓦）。一个平板连接车的前、后部，小轮直径290毫米，在后部有一个可调节和折叠的座椅和一个带扶手钢柱。这个钢柱可以向前移动，在钢柱上装有一个有点火开关的控制面板，上安有四速按钮和可以控制车辆加速、制动、倒车的操纵杆。发动机是用钥匙起动，在选好适当的速度后，推动操纵杆，车辆就会加速，当松开操纵杆时，就会自动制动。当反方向推动操纵杆时，车辆就会反向行驶。这个车辆还可以装一些手动控制装置，为那些残疾人士和左手习惯的人使用。该车可以在人行道和一些公共场所，如购物、钓鱼和打高尔夫等使用。 三轮车辆宽650毫米、长1 170毫米，总重44千克（不含电池）。最大承载100千克，装有一个150瓦的马达。两个四轮的车辆宽650毫米，长分别是1 260毫米和1 290毫米，重分别为54千克、60千克（不含电池）它们最大承载127千克，装有两个电动马达（每个150瓦）。				
归类依据	税目87.13包括残疾人用车和类似车辆。这些车辆通常由一个轻型发动机作为动力。然而，需要特别指出的是，该税目排他条款（一）中所述，"本税目不包括经过简单改装供残疾人使用的车辆。"通过文件的商品描述和图解，讨论的机动单脚滑行车通常是为载人们购物、钓鱼、打高尔夫等设计的，可以供一些残疾人使用。这些设计特点和机械结构与税目87.03的注释相同。因此，此类机动车与子目8703.10的高尔夫球车类似，应归入税目87.03。此外，税目87.03的条文包括除税目87.02外的机动车辆，所以HSC委员会决定将机动单脚滑行车归入税目87.03（子目8703.10）。 根据归类总规则一和六。				

序号	957	归类决定编号	W2005-448	公告编号	2005 年第 63 号
商品税则号列		8703.21		公告实施日期	2005 年 12 月 23 日
商品名称	四轮（两驱）全路面车辆					
英文名称	Four-wheeled（two wheel-driven）All Terrain Vehicle					
其他名称						
商品描述	两轮驱动，具有管状独梁式车架，装有摩托车型鞍座、转向把手、非公路行驶的低压轮胎。通过小汽车型转向系统（阿克曼原理）转动两个前轮实现转向，该车装有倒车、链传动后轴自动变速装置，前后轮制动采用鼓型制动装置。由一个气缸容量为 124cc 的 4 冲程单缸发动机提供动力，未装货架及拖车连接件。					
归类依据	由于阿克曼操纵原理不用于摩托车。所以 HSC 委员会决定将该车归入到税目 87.03。 根据归类总规则一。					

序号	958	归类决定编号	W2005-449	公告编号	2005 年第 63 号
商品税则号列		8703.21		公告实施日期	2005 年 12 月 23 日
商品名称	四轮驱动全路面汽车					
英文名称	Four-wheel-driven All Terrain Vehicle（"ATV"）					
其他名称						
商品描述	四轮驱动，具有管状独梁式车架，装有摩托车型鞍座、转向把手、非公路行驶的低压轮胎。通过小汽车型转向系统（阿克曼原理）转动两个前轮实现转向，该车有五挡变速和一个倒车、链传动后轴自动变速装置，前轮为双鼓型制动装置，后轮为单鼓型制动装置。由一个气缸容量为 386cc 的 4 冲程单缸发动机提供动力，发动机动力通过车轴传递到前轮和后轮，该车装有载货架（总载重量 120 千克，不包括驾驶员）和拖车钩，牵引重量 410 千克（自重 273 千克）。					
归类依据	由于阿克曼操纵原理不用于摩托车。所以 HSC 委员会决定将该车归入到税目 87.03。 根据归类总规则一。					

序号	959	归类决定编号	W2005-452	公告编号	2005 年第 63 号
商品税则号列		8703.23		公告实施日期	2005 年 12 月 23 日
商品名称	公路或非公路机动车				
英文名称	On-road or off-road motor vehicle				
其他名称					
商品描述	与地面最小间距为 22 厘米，配有气缸容量为 2 960cc 点燃式往复内燃活塞发动机，有两个门及一个后门，两个前座椅及可折叠后座。包括司机可载 5 人，乘客仓后部设有载货空间。内部装饰与其他载客车类似。车两侧各有 3 个窗户，后部有 1 个窗户。				
归类依据	HSC 委员会研究了多功能机动车的归类和标准，包括车门的数量，以区分多功能机动车与皮卡。HSC 委员会被要求确认两门的多功能机动车作为载人的机动车辆归入税目 87.03。两门机动车有一个后门，两个前排座和后排座，包括驾驶员在内，可载 5 人，在后部有一个载货空间。内部装饰与其他载客车类似。车两侧各有 3 个窗户。HSC 委员会决定将其归入税目 87.03。 　　根据归类总规则一。				

序号	960	归类决定编号	W2005-453	公告编号	2005 年第 63 号
商品税则号列		8703.23		公告实施日期	2005 年 12 月 23 日
商品名称	两轮驱动机动车				
英文名称	Two-wheel-driven motor vehicle				
其他名称					
商品描述	装有气缸容量为 1 800cc 的点燃式活塞内燃发动机。有两个门，前排有两座椅，乘客区后排有一不可折叠的长座椅可供 3 人坐（所谓双排座驾驶室）。车内装饰完好（如有套座位，装饰内壁板），车后部为开放式，供装运货物，与乘客区分开有下拉式后挡板。总载重量（包括乘客、驾驶员、货物）为 495 千克，载货量估计约为 145 千克，车的总重量为 1 566 千克。				
归类依据	鉴于该汽车的内饰、设计和重量标准，显示其主要设计为运输乘客，因此，HSC 委员会决定将该车归入税目 87.03（子目 8703.23）。 　　根据归类总规则一。				

序号	961	归类决定编号	W2014-378	公告编号	2014 年第 93 号
商品税则号列		8703.23		公告实施日期	2015 年 1 月 1 日
商品名称	同时报验的未组装的机动车零部件				
英文名称	Motor vehicle components, presented together and unassembled				
其他名称					
商品描述	同时申报，未组装。包括组装完整的四轮汽车的所有组件，带有火花点火内燃往复式活塞发动机，气缸容量为 2 792 毫升。所有组件组装成一台完整的汽车后，进行以下操作：车辆识别号码的固定，制动系统的充放空气，转向助力系统（动力转向）、冷却和空调系统充电，前大灯校准，车轮几何调节（校准）和刹车调节。				
归类依据	根据归类总规则一、二（一）及六。				

序号	962	归类决定编号	W2005-454	公告编号	2005 年第 63 号
商品税则号列		8703.32		公告实施日期	2005 年 12 月 23 日
商品名称	厢型客货机动车				
英文名称	Van type motor vehicle				
其他名称					
商品描述	单壳体车身，有底盘车身构架及一个封闭式空间，供运送人及货物。由气缸容量为 2 299cc 的压燃发动机驱动，乘客区（双用途区）为带窗侧面板，货物区为不带窗侧面板，有一个单侧滑门、一个带窗的上提后门，车前排座后有一个不能折叠长椅，该排长椅后有一装载空间，装载空间与乘客区通过活动隔离板分隔（下部为金属板，上部为格栅）。载货区及后部乘客区（双用途区）地面铺设了一块胶合板，乘客区（双用途区）的地板上有安装座椅的固定点，载货区没有座椅固定点。货物及人（不包括司机）的总载重量为 945 千克，车内座椅及壁板等装饰完好。				
归类依据	HSC 委员会根据该类汽车的配置，包括精良的内饰、侧板的窗户、定位点和汽车的设计等审议了该车的归类。HSC 委员会一致决定将该车归入税目 87.03（子目 8703.32）。 根据归类总规则一。				

序号	963	归类决定编号	W2005-455	公告编号	2005年第63号
商品税则号列		8703.32		公告实施日期	2005年12月23日
商品名称	厢型客货机动车				
英文名称	Van type motor vehicle				
其他名称					
商品描述	单壳体车身,有底盘车身构架及一个封闭式空间,供运送人及货物。由气缸容量为2 270cc的压燃发动机驱动,只有带窗侧面板,单侧或双侧有滑门、一个带窗的上提后门,车前排座后有一个可供三人坐的折叠长椅,该排长椅后有一装载空间,装载空间与司机乘客区通过格栅固定于侧板上分隔。载货区没有安装附加座椅的固定点。不折叠座椅时总载重量(无人)为1 000千克,折叠座椅时为1 250千克,车内座椅及壁板等装饰完好。				
归类依据	HSC委员会根据该类汽车的配置,包括精良的内饰、侧板的窗户、定位点和汽车的设计等审议了该车的归类。HSC委员会一致决定将该车归入税目87.03(子目8703.32)。 根据归类总规则一。				

序号	964	归类决定编号	W2005-456	公告编号	2005年第63号
商品税则号列		8703.33		公告实施日期	2005年12月23日
商品名称	公路或非公路机动车				
英文名称	On-road or off-road motor vehicle				
其他名称					
商品描述	装有气缸容量为2 874cc的压燃发动机,双门,后门有窗,两个可折前座椅。前座椅后部区间内有安装后座椅的固定点以及规定的安全带、烟灰缸及扶手。后板为窗式PVC板。该车总重量为2 410千克,载重量500千克,净重1 780千克。				
归类依据	HSC委员会根据该类汽车的配置,包括精良的内饰、侧板的窗户、定位点和汽车的设计等审议了该车的归类。HSC委员会一致决定将该车归入税目87.03(子目8703.32)。 根据归类总规则一。				

序号	965	归类决定编号	W2016-049	公告编号	2016年第79号
商品税则号列		8703.33		公告实施日期	2017年1月1日
商品名称		由货车改造的房车			
英文名称		Vehicle for the transport of goods permanently converted into a "motor-home" to provide accommodation for persons			
其他名称					
商品描述		该商品是在货车基础上经改造，长久性地变成了供人食宿的房车。底盘上安装有一个单开门的车厢，内部包括： 　一个安装双人床的卧室； 　安装有多种电器的小厨房； 　安装有花洒、洗手盆、坐便器； 　安装有三人沙发、桌子和橱柜等的起居室。 　车辆净重10 250千克，毛重11 990千克。装配一台5 861毫升排气量的压燃式活塞内燃发动机。			
归类依据		根据归类总规则一及六。			

序号	966	归类决定编号	W2005-457	公告编号	2005年第63号
商品税则号列		87.04		公告实施日期	2005年12月23日
商品名称		厢式运输车			
英文名称		Van type motor vehicle			
其他名称					
商品描述		单壳体车身、底盘和车身一体化结构及运输人员和物品的单一封闭空间。前座后没有长凳及安装长凳的定位点。			
归类依据		HSC委员会根据该类汽车的配置，包括精良的内饰、侧板的窗户、定位点和汽车的设计等审议了该车的归类。根据载货和载客量之间的关系归类。HSC委员会一致决定将该车归入税目87.04。 根据归类总规则一。			

序号	967	归类决定编号	W2005-460	公告编号	2005年第63号
商品税则号列		87.04		公告实施日期	2005年12月23日
商品名称		厢式运输车			
英文名称		Van type motor vehicle			
其他名称					
商品描述		单壳体车身、底盘和车身一体化结构及运输人员和物品的单一封闭空间。这种所谓"后板厢式运输车"后窗户被覆盖，即没有窗户。司机/乘客空间和载物空间有防护护栏。			
归类依据		HSC委员会根据该类汽车的配置，包括精良的内饰、侧板的窗户、定位点和汽车的设计等审议了该车的归类。因此HSC委员会一致决定将该车归入税目87.04（子目8704.21和8704.31）。 根据归类总规则一。			

序号	968	归类决定编号	W2005-458	公告编号	2005 年第 63 号
商品税则号列		8704.21		公告实施日期	2005 年 12 月 23 日
商品名称	皮卡吉普车					
英文名称	Pick-up jeeps					
其他名称						
商品描述	两轮或四轮驱动汽车，一个单一开放式驾驶室和与驾驶室分离的开放式装卸平台。驾驶室拥有司机和一个乘客座位。					
归类依据	HSC 委员会第四十五次会议决定，该委员会认为正如商品描述的报关状态，该车用于运输货物应归入税目 87.04。目录委员会当时将有类似装卸平台的双排座皮卡车和目前进行审议的皮卡车的归类进行审定。排座数量不一致的情况没有计入考察因素。该委员会决定该车应作为双重用途车辆归入《海关合作理事会商品分类目录》的 87.02，并作为运输货物的车辆归入《协调制度》的 87.04。该委员会进一步决定该归类同样适用于单排座皮卡车辆，因为它们显而易见是用来运输货物的。除此之外，委员会还同意鉴于该车辆的驾驶室和装卸平台配置，其无须增加其他设施或进行其他改造就可以运输货物，不能视为八十七章注释三（原注释四）所指的装有驾驶室的机动车辆的底盘。 根据归类总规则一。					

序号	969	归类决定编号	W2005-459	公告编号	2005 年第 63 号
商品税则号列		8704.21		公告实施日期	2005 年 12 月 23 日
商品名称	四轮驱动机动车					
英文名称	Four-wheel-driven motor vehicle					
其他名称						
商品描述	装有气缸容量为 2 779cc 的压燃式活塞内燃发动机。结构为两厢和一个载货平台，分别安装在独立的底盘上，总载重量（包括乘客、驾驶员、货物）为 625 千克，载货量估计约为 350 千克。有四个门，前排有两座，后排为不可折叠的长座椅，供 3 人坐，内部装饰完好（如有套座位，装饰内壁板）。装载平台有下拉式后挡板，并装有覆盖帆布的金属框架和可拆卸的塑料长凳。					
归类依据	根据该车的设计、内饰和重量标准（即乘客重量和货物重量之间的关系），HSC 委员会决定将该车归入税目 87.04（子目 8704.21）。 根据归类总规则一。					

序号	970	归类决定编号	W2014-379	公告编号	2014 年第 93 号
商品税则号列		8704.21		公告实施日期	2015 年 1 月 1 日
商品名称		三轮汽车			
英文名称		Three-wheeled vehicle			
其他名称					
商品描述		三轮汽车带有一体式封闭饮料运输箱和驾驶室。该三轮车由四冲程单缸压燃式发动机驱动，气缸容量395毫升。装载量500千克。使用车把操纵前轮。该车有一个差速器、一个带有倒挡齿轮的四速变速箱、一根传动轴和鼓式制动器。前轮悬挂由减震器和螺旋弹簧构成，后轮悬架由两个伸缩减震器辅助的弹簧片构成。			
归类依据		根据归类总规则一及六。			

序号	971	归类决定编号	W2012-014	公告编号	2012 年第 24 号
商品税则号列		8704.23		公告实施日期	2012 年 5 月 18 日
商品名称		自动倾卸翻斗卡车			
英文名称		Tipping lorry（truck）			
其他名称		TATA NOVUS 6×4 TIPPER K5DEF			
商品描述		配有一个六缸压燃内燃机，气缸容量11 051毫升。车长7 775毫米、宽2 555毫米、高3 060毫米。全车总重量33.5吨。车的结构包括驾驶室和安装在刚性梯形卡车底盘上的自卸货箱。自卸货箱由焊接的轧制钢材组成，前部没有覆盖到驾驶室，仅覆盖到驾驶室的背面；整个或部分底板并未上斜超出后面的部分；有一个后挡板；驾驶室的宽度与车辆宽度相同；前后悬挂包含半圆形片簧，前桥带减震器；前后刹车系统是双回路气制动系统；最大时速是97千米；轮胎型号315/80R22.5；整备质量是11.17吨，计算出的皮重/载重量为1∶2（11.17吨∶22.23吨）自动倾卸翻斗卡车用于运输和倾倒挖掘物料或其他材料。			
归类依据		根据归类总规则一及六。			

序号	972	归类决定编号	W2005-461	公告编号	2005 年第 63 号
商品税则号列		8704.31		公告实施日期	2005 年 12 月 23 日
商品名称	两轮驱动机动车					
英文名称	Two-wheel-driven motor vehicle					
其他名称						
商品描述	装有气缸容量为 2 254cc 的点燃式活塞内燃发动机。有四个门，前排有两座，乘客区后排有一不可折叠的长座椅，供 3 人坐（所谓双排座驾驶室）。整个车的结构包括分开的两部分：一部分供驾驶员和乘客用，另一部分供载货用。载货区为开放式，有下拉式后挡板，以便于装卸货物。车的总载重量（包括乘客、驾驶员、货物）1 140 千克，车的总重量 2 450 千克。					
归类依据	根据该车的设计、内饰和重量标准（即乘客重量和货物重量之间的关系），HSC 委员会决定将该车归入税目 87.04。 根据归类总规则一。					

序号	973	归类决定编号	W2005-462	公告编号	2005 年第 63 号
商品税则号列		8704.31		公告实施日期	2005 年 12 月 23 日
商品名称	四轮驱动机动车					
英文名称	Four-wheel-driven motor vehicle					
其他名称						
商品描述	装有气缸容量为 2 254cc 的点燃式活塞内燃发动机。有四个门，前排有两座，乘客区后排有一不可折叠的长座椅，供 3 人坐（所谓双排座驾驶室）。整个车的结构包括分开的两部分：一部分供驾驶员和乘客用，另一部分供载货用。载货区为开放式，有下拉式后挡板，以便于装卸货物。车的总载重量（包括乘客、驾驶员、货物）950 千克，车的总重量 2 450 千克。					
归类依据	根据该车的设计、内饰和重量标准（即乘客重量和货物重量之间的关系），HSC 委员会决定将该车归入税目 87.04。 根据归类总规则一。					

序号	974	归类决定编号	W2010-028	公告编号	2010 年第 75 号
商品税则号列		8704.31		公告实施日期	2010 年 12 月 3 日
商品名称	多用途四轮机动车				
英文名称	Multipurpose four-wheeled utility motor vehicle				
其他名称	Jacobsen Model 1110 Hauler				
商品描述	主要由一个前排座椅和一个敞开的后部载货区组成。由汽油发动机驱动,最大时速 21 千米,载重量为 545 千克(包括司机、乘客、附件和货物)。该车长 2.8 米,宽 1.26 米,转弯直径为 6.7 米。该车适用于包括草地养护在内的多种工作领域。 又见归类决定编号 W2010-029。				
归类依据	根据归类总规则一及六。				

序号	975	归类决定编号	W2014-380	公告编号	2014 年第 93 号
商品税则号列		8704.31		公告实施日期	2015 年 1 月 1 日
商品名称	三轮汽车				
英文名称	Three-wheeled vehicle				
其他名称					
商品描述	三轮汽车后部有开放的车斗,由四冲程、单缸点燃式发动机驱动,气缸容量为 175 毫升。车长 2 900 毫米、宽 1 050 毫米、高 1 250 毫米。货物区空间(长×宽×高)为 1 250 毫米×1 000 毫米×280 毫米。该车净重 260 千克,最大载重量 230 千克。使用车把操纵前轮。该车有一个差速器、一个带有倒挡齿轮的四速变速箱、一根传动轴和鼓式制动器。通过车把和塔板操纵刹车。前轮有油缸悬挂,后轮有弹簧片悬挂。				
归类依据	根据归类总规则一及六。				

序号	976	归类决定编号	W2014-381	公告编号	2014 年第 93 号
商品税则号列		8704.31		公告实施日期	2015 年 1 月 1 日
商品名称	三轮汽车				
英文名称	Three-wheeled vehicle				
其他名称					
商品描述	三轮汽车设计和装配有驾驶室与开放式车斗，由四冲程、单缸（容量为249毫升）点火式发动机驱动。车长 3 380 毫米、宽 1 435 毫米、高 1 545 毫米。货物区空间（长×宽×高）为 1 530 毫米×1 412 毫米×300 毫米。用方向盘操纵，该车有一个差速器、一个带有倒车齿轮的四速变速箱和一个电起动器。				
归类依据	根据归类总规则一及六。				

序号	977	归类决定编号	W2010-029	公告编号	2010 年第 75 号
商品税则号列		8704.90		公告实施日期	2010 年 12 月 3 日
商品名称	多用途四轮机动车				
英文名称	Multipurpose four-wheeled utility motor vehicle				
其他名称	Jacobsen Model 1100 Hauler				
商品描述	主要由一个前排座椅和一个敞开的后部载货区组成。由电动机驱动，最大时速21千米，载重量450千克（包括司机、乘客、附件和货物）。该车长2.8米，宽1.26米，转弯直径为6.7米。该车适用于包括草地养护在内的多种工作领域。 又见归类决定编号 W2010-028。				
归类依据	根据归类总规则一及六。				

序号	978	归类决定编号	W2016-050	公告编号	2016 年第 79 号
商品税则号列		8705.90		公告实施日期	2017 年 1 月 1 日
商品名称	机动车辆				
英文名称	Motor Vehicle				
其他名称					
商品描述	该机动车是建在一个安装有纵向的实心铁轨和横向跨接的 4 个铁制管状部件的车架上。车辆带有两个驱动轴，每个轴上安有两个充气轮胎，车上还装有伸缩式转向架和差速器。该车配备柴油发动机。发动机的动力通过万向轴液压传动至两个驱动轴及 3 个刹车系统。 该车辆由驾驶室、电焊头、发电机组成。驾驶室与控制室在一起，电焊头与双臂吊杆连接在一起安装在一个转台上，转台专为铁轨焊接操作而设计。 该车辆在铁轨上行驶最大时速为 47 千米，在公路上行驶最大时速为 32 千米。				
归类依据	根据归类总规则一［第十七类注释四（一）］及六。				

序号	979	归类决定编号	W2022-029	公告编号	2022 年第 78 号
商品税则号列		8708.22		公告实施日期	2022 年 9 月 1 日
商品名称	经涂层的汽车加热玻璃				
英文名称	Coated heating automotive glass				
其他名称					
商品描述	经涂层的汽车加热玻璃，已制成一定尺寸，适合用作机动车辆的挡风玻璃，由玻璃和几片带有电气连接件的 50~250 纳米厚金属薄膜夹层层压而成。与汽车的动力系统相连时，薄膜作为一个加热电阻，加热玻璃的表面，进而除掉霜雪。				
归类依据	根据归类总规则一及六。				

序号	980	归类决定编号	W2022-030	公告编号	2022 年第 78 号
商品税则号列		8708.22		公告实施日期	2022 年 9 月 1 日
商品名称	经印刷的汽车加热玻璃				
英文名称	Print heating automotive glass				
其他名称					
商品描述	经印刷的汽车加热玻璃，已制成一定尺寸，适合用作机动车辆的挡风玻璃。银浆通过丝网印刷技术印刷在玻璃上，经高温烧结形成加热回路，构成加热电阻功能。电气连接件焊接在银浆上。该商品将与汽车的动力系统相连。当动力开启时，玻璃表面被加热，进而除掉霜雪。				
归类依据	根据归类总规则一及六。				

序号	981	归类决定编号	W2005-463	公告编号	2005 年第 63 号
商品税则号列		8708.29		公告实施日期	2005 年 12 月 23 日
商品名称	引擎盖开启缆及燃料帽覆盖缆				
英文名称	Bonnet opener cable and fuel cap cover cable				
其他名称					
商品描述	包括柔性外壳及可移动内缆。外壳由外覆塑料的螺旋钢丝管制成，报验时已截成一定长度并设计用于机动车。引擎盖开启缆一端是用于连接引擎盖释放装置，另一端则固定于操纵内缆开启引擎盖的手柄。燃料帽覆盖缆与上述缆十分相似，装有固定端部的金属或塑料的固定件。两种缆均设计作为机动车身的构成零件。				
归类依据	根据相应的注释规定，这些线缆应归入税目 87.08。该税目包括适用税目 87.01 至 87.05 的汽车的部件和配件，但这些部件和配件必须满足下列两个条件：1. 其唯一或主要的用途必须明显可确定为适用于以上提及的车；2. 必须包括在第十七类注释所包括的配件中（见相应的总注释）。HSC 委员会指出尽管税目 73.12 的线缆可以根据需要的长度进行剪裁以及在末端增加配件，但目前讨论的线缆在长度和粗细方面进行了专门的改造，使其专用于机动车。因此，HSC 委员会决定这些线缆可以被确认为第十七类注释三所规定的第十七类的车辆用零配件。 根据第十五类注释一（七）。				

序号	982	归类决定编号	W2005-464	公告编号	2005 年第 63 号
商品税则号列		8708.30		公告实施日期	2005 年 12 月 23 日
商品名称	手制动缆				
英文名称	Hand-brake cable				
其他名称					
商品描述	具有归类意见 8708.29/1 所述缆的相似结构，包括柔性外壳及可移动内缆。外壳由外覆塑料的螺旋钢丝管制成，其一端装有成形的帽盖及伸缩软管，另一端则仅装成形帽盖。柔性管内的移动缆是由几股钢丝绞捻而成，两端装有止点。手制动缆报验时已截成一定长度，设计用于连接机动车刹车系统的驻车制动器及释放机构。				
归类依据	根据相应的注释规定，这些线缆应归入税目 87.08。该税目包括适用税目 87.01 至 87.05 的汽车的部件和配件，但这些部件和配件必须满足下列两个条件：1. 其唯一或主要的用途必须明显可确定为适用于以上提及的车；2. 必须包括在第十七类注释所包括的配件中（见相应的总注释）。HSC 委员会指出尽管税目 73.12 的线缆可以根据需要的长度进行剪裁以及在末端增加配件，但目前讨论的线缆在长度和粗细方面进行专门的改造，使其专用于机动车。因此，HSC 委员会决定这些线缆可以被确认为第十七类注释三所规定的第十七类的车辆用零配件。 根据第十五类注释一（七）。				

序号	983	归类决定编号	W2020-071	公告编号	2020年第108号
商品税则号列		8708.50		公告实施日期	2020年10月1日
商品名称	内圈旋转型法兰锥形滚子轮毂轴承单元				
英文名称	Flanged tapered roller bearing hub unit for inner ring rotating type				
其他名称					
商品描述	内圈旋转型法兰锥形滚子轮毂轴承单元，也称作"第二代锥形滚子轮毂轴承单元"，由两排滚子组成，结构包括：1. 两个钢制内圈（内径为54毫米）；2. 一个钢制法兰外圈（外径96毫米，法兰直径159毫米）；3. 40个钢制滚子（20个×2排）；4. 两个塑料制定位圈；5. 两个橡胶制密封圈。法兰外圈带孔，以便用螺栓连接到机动车车身上。该商品通过法兰外圈安装在机动车车身上，当其用于驱动轮时，其内圈与轮毂和驱动轴装配。其功能是支撑车身重量，使传动轴旋转平稳，使摩擦大幅减少。该商品既可用于驱动轮，也可用于非驱动轮。				
归类依据	根据归类总规则一（第十七类注释三）及六。				

序号	984	归类决定编号	W2020-072	公告编号	2020 年第 108 号
商品税则号列		8708.50		公告实施日期	2020 年 10 月 1 日
商品名称	外圈旋转型轮毂轴承单元				
英文名称	Bearing hub unit for outer ring rotating type				
其他名称					
商品描述	外圈旋转型轮毂轴承单元（直径 137 毫米×宽度 68 毫米），又称"第二代外圈旋转型轮毂轴承单元"，结构包括：1. 两个内圈；2. 一个外圈；3. 钢铁滚珠；4. 定位圈；5. 橡胶密封圈。外圈与法兰成为一体，有 5 个用于安装机动车辆车轮的螺栓孔。车轮围绕装配在轮毂轴承上的轴旋转。其功能是支撑车身重量，连接车轮，使车轮平稳旋转。该商品用于非驱动轮。				
归类依据	根据归类总规则一（第十七类注释三）及六。				

序号	985	归类决定编号	W2020-073	公告编号	2020 年第 108 号
商品税则号列		8708.50		公告实施日期	2020 年 10 月 1 日
商品名称	法兰锥形滚子轮毂轴承的外圈制成品				
英文名称	Finished outer ring for a Flanged Tapered Roller Bearing Hub Unit				
其他名称					
商品描述	法兰锥形滚子轮毂轴承的外圈制成品（外径 96 毫米，法兰直径 159 毫米）。该商品带有安装螺栓孔，以便在组装成法兰锥形滚子轮毂轴承单元后，能够连接到机动车车身上。				
归类依据	根据归类总规则一（第十七类注释三）及六。				

序号	986	归类决定编号	W2020-074	公告编号	2020 年第 108 号
商品税则号列		8708.50		公告实施日期	2020 年 10 月 1 日
商品名称	锻造的法兰锥形滚子轮毂轴承的外圈未制成品				
英文名称	Forged, unfinished, outer ring for a Flanged Tapered Roller Bearing Hub Unit				
其他名称					
商品描述	锻造的法兰锥形滚子轮毂轴承的外圈未制成品（外径 96 毫米，法兰直径 159 毫米）。外圈已经具有成品法兰的形状和尺寸，但需经过车削、热处理和研磨加工才能成为外圈制成品。该商品既没有用于滚动元件滚动的双排滚道，也尚未为安装螺栓在法兰上打孔。				
归类依据	根据归类总规则一［十七类注释三、十五类注释一（六）］、二（一）及六。				

序号	987	归类决定编号	W2005-465	公告编号	2005 年第 63 号
商品税则号列		8708.93		公告实施日期	2005 年 12 月 23 日
商品名称	离合器缆				
英文名称	Cluch cable				
其他名称					
商品描述	除端部外，具有归类意见 8708.29/1 所述缆的相似结构。其一端固定有一个棒，另一端则有一止点。报验时已截成一定长度，且设计用于连接机动车离合踏板及离合器。				
归类依据	HSC 委员会认为这类线缆应归入税目 87.08。根据 87.08 税目注释的规定："本税目包括税目 87.01 至 87.05 所列机动车辆的零件和附件，但必须同时符合两个条件：1. 它们必须可确定为专用于或主要用于上述车辆；2. 它们不得列入第十七类注释规定不包括的货品范围（参见相应的总注释）。"会议还指出，尽管税目 73.12 的缆、索可以截成一定长度，对接头做一些装配等处理，但所讨论的缆、索在长度和粗细上只适于装在特定的机动车辆。所以，HSC 委员会同意根据十七类类注三的规定确定这类缆、索专用于十七类机动车辆应归入子目 8708.93。 根据十五类类注一（七）。				

序号	988	归类决定编号	W2005-466	公告编号	2005 年第 63 号
商品税则号列		8708.99		公告实施日期	2005 年 12 月 23 日
商品名称	旧机动车辆的前部				
英文名称	Front section of a used motor vehicle				
其他名称					
商品描述	截自非特定型号的车辆,包括有发动机、齿轮箱、引擎罩、两个前门、前座、仪表盘、挡风玻璃及部分底盘。				
归类依据	由于无法确定该货品是否为完整的机动车辆,所以,HSC 委员会决定将其作为机动车辆的部件归入税目 87.08（子目 8708.99）。 根据归类总规则一。				

序号	989	归类决定编号	W2014-316	公告编号	2014 年第 93 号
商品税则号列		8708.99		公告实施日期	2015 年 1 月 1 日
商品名称	履带组件				
英文名称	Track link assembly				
其他名称					
商品描述	安装履带片后可确认为专用于或主要用于品目 87.01 至 87.05 车辆的履带。				
归类依据	根据归类总规则一及六。				

序号	990	归类决定编号	W2014-317	公告编号	2014 年第 93 号
商品税则号列		8708.99		公告实施日期	2015 年 1 月 1 日
商品名称	加速器缆				
英文名称	Accelerator cable				
其他名称					
商品描述	该商品具有归类意见 8708.29-1 所述缆的相似结构，报验时截成一定长度，设计用于机动车辆。该缆用来连接车辆加速器踏板及发动机燃料控制系统。				
归类依据	根据第十五类类注一（七）。				

序号	991	归类决定编号	W2016-051	公告编号	2016 年第 79 号
商品税则号列		8708.99		公告实施日期	2017 年 1 月 1 日
商品名称	车顶行李箱				
英文名称	Roof cargo box				
其他名称					
商品描述	该商品尺寸：226 厘米（长）×55 厘米（宽）×37 厘米（高）；重约 12 千克；容积 290 升，载重 50 千克。用于在旅途中保存个人物品，如滑雪装备、露营装备、行李等。设计安装在汽车行李支架上（行李箱自带安装配件）。行李箱由塑料模制的流线型顶壳和一个底壳构成，上下外壳在一侧连接。箱子配有一体化安全锁。				
归类依据	根据归类总规则一及六。				

序号	992	归类决定编号	W2016-052	公告编号	2016 年第 79 号
商品税则号列		8708.99		公告实施日期	2017 年 1 月 1 日
商品名称	可折叠车顶行李箱				
英文名称	Foldable roof cargo box				
其他名称					
商品描述	该商品尺寸：110 厘米（长）×80 厘米（宽）×40 厘米（高）；重约 7 千克；容积 280 升，载重 50 千克。用于在旅途中保存个人物品，如露营装备、行李等。设计安装在汽车行李支架上（行李箱自带安装配件）。它由塑料模制箱子底和带有接缝的防水织物做的外表面组成。配有挂锁，和围绕箱子底近一圈的拉链。该行李箱可以折叠后捆扎好收入袋子中存储（行李箱自带捆扎带）。				
归类依据	根据归类总规则一及六。				

序号	993	归类决定编号	W2014-318	公告编号	2014 年第 93 号
商品税则号列		8710.00		公告实施日期	2015 年 1 月 1 日
商品名称	履带组件				
英文名称	Track link assembly				
其他名称					
商品描述	安装履带片后可确认为专门或主要用于品目 87.10 装甲战斗车辆的履带。				
归类依据	根据归类总规则一。				

序号	994	归类决定编号	W2014-382	公告编号	2014 年第 93 号
商品税则号列		8711.20		公告实施日期	2015 年 1 月 1 日
商品名称	同时申报的未组装的摩托车零部件					
英文名称	Motorcycle components, presented together and unassembled					
其他名称						
商品描述	同时申报，未组装。属于同一型号的摩托车，由以下部分组成：一个仪表盘；一个带有火花点火内燃往复式活塞发动机，气缸容量为 124.1 毫升；一个车身；一个油箱；一个线束；一个车座；一个转向手柄管；一个前大灯；一个前挡泥板；一个前叉顶梁；一组起动马达；两个前叉管，右和左；两个后排坐垫；一个排烟消音器（消声器）。					
归类依据	根据归类总规则一、二（一）及六。					

序号	995	归类决定编号	W2008-094	公告编号	2008 年第 47 号
商品税则号列		8711.60		公告实施日期	2008 年 7 月 3 日
商品名称	两轮电动运输工具					
英文名称	A two-wheel, electrically-powered transportation					
其他名称	SegwayTM Human Transporter					
商品描述	专为单人设计，用于在低速区域活动，如人行道、小路和自行车道。通过技术设计保障驾驶者直立在车上时系统内的陀螺传感器和随附的多种微处理器正常工作保持车与驾驶者在两个独立的、并排（非前后排列）的轮子上的平衡。它有一个包括5个固态硅陀螺仪的传感器系统，一个包括有十个随附的微处理器的控制系统，一个包括有 2 台最大输出功率为两匹的无刷伺服电机的电驱动系统。由 2 块可充电电池供电。					
归类依据	根据归类总规则一及六。					

序号	996	归类决定编号	W2018-062	公告编号	2018年第159号
商品税则号列		8711.60		公告实施日期	2018年12月1日
商品名称	两轮电动平衡车				
英文名称	Two-wheeled, self-balancing, electrically-powered transportation device				
其他名称					
商品描述	两轮电动平衡车，专为承载单人而设计，适用于低速区域如人行道、小路和自行车道，最大时速10千米，每次充电最大行驶距离15~20千米。该装置通过内置的陀螺仪和加速度传感器，运用动平衡原理控制前进、后退、转弯和停止，其控制通过操作者身体姿态变化实现。				
归类依据	根据归类总规则一及六。				

序号	997	归类决定编号	W2014-319	公告编号	2014年第93号
商品税则号列		8712.00		公告实施日期	2015年1月1日
商品名称	脚踏式踏板车				
英文名称	Pedal-driven bicycle-like scooters				
其他名称					
商品描述	该商品供儿童、年轻人及成年人乘骑，有自行车式可调节转向柱及车把、可充气轮子、车架及手闸。装有一个与链轮系统连接的脚踏板。				
归类依据	根据归类总规则一。				

序号	998	归类决定编号	W2018-063	公告编号	2018 年第 159 号
商品税则号列		8712.00		公告实施日期	2018 年 12 月 1 日
商品名称	自行车组件一同报验但未装配				
英文名称	Bicycle components, presented together and unassembled				
其他名称					
商品描述	自行车组件，一同报验但未装配，适用于相同型号的自行车，未包含能组装成完整自行车的全部必要零件，包括以下组件：车架；前叉；手把；刹车把；把立（连接前叉和手把）；把套；完整的曲柄组；变速系统；制动机构及制动器；中轴（BB）零件；鞍座；座管；链轮。				
归类依据	根据归类总规则一及二（一）。				

序号	999	归类决定编号	W2018-064	公告编号	2018 年第 159 号
商品税则号列		8712.00		公告实施日期	2018 年 12 月 1 日
商品名称	自行车组件一同报验但未装配				
英文名称	Bicycle components, presented together and unassembled				
其他名称					
商品描述	自行车组件，一同报验但未装配，适用于相同型号的自行车，未包含能组装成完整自行车的全部必要零件，包括以下组件：车架；前叉；手把；把立（连接前叉和手把）；制动和变速杆及线缆；制动器；曲柄臂；曲柄组；链环；链环螺栓；前变速装置；座管夹。				
归类依据	根据归类总规则一及二（一）。				

序号	1000	归类决定编号	W2018-065	公告编号	2018 年第 159 号
商品税则号列		8712.00		公告实施日期	2018 年 12 月 1 日
商品名称	自行车组件一同报验但未装配				
英文名称	Bicycle components, presented together and unassembled				
其他名称					
商品描述	自行车组件，一同报验但未装配，适用于相同型号的自行车，未包含能组装成完整自行车的全部必要零件，包括以下组件：车架；前叉；手把；把立（连接前叉和手把）；制动把手及线缆。				
归类依据	根据归类总规则一及二（一）。				

序号	1001	归类决定编号	W2016-053	公告编号	2016 年第 79 号
商品税则号列		8714.10		公告实施日期	2017 年 1 月 1 日
商品名称	铝制散热器				
英文名称	Aluminium radiator				
其他名称					
商品描述	用于摩托车，尺寸为 359 毫米×181 毫米。该散热器能够将摩托车发动机中的冷却液带有的多余热量与空气进行热交换以实现为冷却液降温的目的。冷却液降温后流回发动机。 　　又见 8431.49/2。				
归类依据	根据归类总规则一及六。				

序号	1002	归类决定编号	W2005-467	公告编号	2005 年第 63 号
商品税则号列		8716.39 和其他		公告实施日期	2005 年 12 月 23 日
商品名称		牵引车和半挂车的组合车辆			
英文名称					
其他名称					
商品描述		牵引车和轮式半挂车，同时报关。			
归类依据		HSC 委员会决定牵引车和半挂车要分别归类。半挂车归入子目 8716.39。根据归类总规则一。			

序号	1003	归类决定编号	W2005-468	公告编号	2005 年第 63 号
商品税则号列		8716.80		公告实施日期	2005 年 12 月 23 日
商品名称		两轮高尔夫球手推车			
英文名称		Golf carts			
其他名称					
商品描述		由贱金属制成，装有两个轮子、一个手把，可以拉行或推行，并装有附件（例如，记分卡托架、香烟盒、半透明防雨盖），用于运载高尔夫球袋及其他高尔夫用具。			
归类依据		由于高尔夫球车是非机动车且不是用来打高尔夫球，只是用来运高尔夫球设备，所以 HSC 委员会一致决定更适于归入子目 8716.80 而不归入税目 95.06。根据归类总规则一。			

序号	1004	归类决定编号	W2014-320	公告编号	2014 年第 93 号
商品税则号列		8716.80		公告实施日期	2015 年 1 月 1 日
商品名称	脚蹬雪橇				
英文名称	Kicksled				
其他名称					
商品描述	该商品由乘骑者用脚直接蹬压雪地加以驱动，也能用手推动。				
归类依据	根据归类总规则一及六。				

序号	1005	归类决定编号	W2014-321	公告编号	2014 年第 93 号
商品税则号列		8716.80		公告实施日期	2015 年 1 月 1 日
商品名称	三轮踏板车				
英文名称	Three-wheeled scooter trolleys				
其他名称					
商品描述	该商品用于运送货物，带有不可调节的转向杆，小实心轮子（两个前轮及一个后轮），两个前轮上有一个平台用于装货，有一个脚闸用以制动后轮。				
归类依据	根据归类总规则一及六。				

序号	1006	归类决定编号	W2014-322	公告编号	2014年第93号
商品税则号列		8716.90		公告实施日期	2015年1月1日
商品名称	公路拖车用反射器				
英文名称	Reflectors for road trailers				
其他名称					
商品描述	该商品包括一个三角形红色塑料板,为改进反射性能,其表面制成小金字塔形浮雕,板安装于框架内,并备有固定位置用的螺栓。				
归类依据	根据归类总规则一及六。				

序号	1007	归类决定编号	W2022-031	公告编号	2022年第78号
商品税则号列		8802.20		公告实施日期	2022年9月1日
商品名称	超轻型机动水上飞机				
英文名称	Ultralight motorized (ULM) hydroplane				
其他名称					
商品描述	超轻型机动水上飞机,气动摆锤式,配有一体式马达、机翼、螺旋桨和半刚性船体,使该飞机可从水面(如海面、湖面等)起飞或降落。本产品的技术规格:双气缸两冲程发动机,纵向双座驾驶舱,空载重量216千克,最大重量406千克,失速速度48千米/小时,巡航速度70千米/小时,最高速度80千米/小时,翼展11.15米,机翼面积19.6平方米。				
归类依据	根据归类总规则一及六。				

序号	1008	归类决定编号	W2005-469	公告编号	2005年第63号
商品税则号列		88.04		公告实施日期	2005年12月23日
商品名称		滑翔伞			
英文名称		Paragleders			
其他名称					
商品描述		主要设计用于从山、悬崖到陆地的着陆。结构包括控制驾驶的伞翼、降落伞背带和为驾驶员准备的座椅。			
归类依据		HSC委员会指出滑翔伞是一种可以操作驾驶的降落伞，除其伞盖的结构与可驾驶降落伞不同外，其各部件（伞的形状、降落伞背带、驾驶员座）实际上与可驾驶降落伞一样。HSC委员会决定把滑翔伞归入税目88.04。 根据归类总规则一。此外，为明确滑翔伞的归类，1996年版《协调制度》对税目88.04的注释条文及其注释已作修改。			

序号	1009	归类决定编号	W2020-065	公告编号	2020年第108号
商品税则号列		8806.22		公告实施日期	2020年10月1日
商品名称		集成在四旋翼遥控无人机上的数码相机			
英文名称		Digital camera integrated on to a remote-controlled four-rotor helicopter			
其他名称					
商品描述		集成在四旋翼遥控无人机上的数码相机，也称为"无人机"或"四旋翼无人机"（对角线尺寸35厘米；重量1388克），与一个带有14厘米（5.5英寸）内置显示器和Wi-Fi连接功能的遥控器，一个电池和一个充电器，电线以及其他配件装在同一个盒中，以零售包装的形式报验。数码相机配备2.54厘米（1英寸）20兆像素CMOS传感器，能够以每秒14帧拍摄静态照片及录制每秒60帧的4K视频。该商品安装有GPS和GLONASS模块，用于稳定地悬停并飞回起飞点。它还具有用于避开障碍物的计算机视觉系统，以及用于自动识别物体的主动跟踪功能。最大飞行高度为500米但被限制为120米以下，充电后的飞行时间约为30分钟。			
归类依据		根据归类总规则一及六。			

序号	1010	归类决定编号	W2005-470	公告编号	2005年第63号
商品税则号列		8905.20		公告实施日期	2005年12月23日
商品名称		起重钻探平台			
英文名称		Jack-up drilling platform			
其他名称					
商品描述		能在深海76米处工作,通过3根管状立柱置于海底的压载水舱上,工作时液压升降装置使平台浮出海面。当该平台要迁移到其他地方时,压载舱中的水被部分抽掉,使水舱浮起,然后钻探平台与压载舱一起被拖到下一个工作点。			
归类依据		由于子目8905.20的条文中列名:包括浮动或潜水式钻探或生产平台。所以HSC委员会一致决定将该起重钻探平台归入子目8905.20。 根据归类总规则一。			

序号	1011	归类决定编号	W2018-066	公告编号	2018年第159号
商品税则号列		8907.90		公告实施日期	2018年12月1日
商品名称		浮动结构体			
英文名称		Floating structure			
其他名称					
商品描述		浮动结构体,由六个连接在一起的塑料立方体组成,其浮力可达408千克(68千克×6),浮动表面达1.0米(宽)×1.5米(长)。每个立方体由高密度聚乙烯(HDPE)制成,规格:长48厘米、宽48厘米、高36厘米,重5.2千克,并填充发泡聚苯乙烯。立方体安装有压力调节阀和湿度控制阀,并配有环状突出以便于将它们连接在一起。 六个立方体子组件是一个基本的浮动结构体,但通常与其他结构体一起使用以形成更大的浮动结构体,例如浮动码头、浮动人行道、浮动工作平台、游艇船坞等。			
归类依据		根据归类总规则一及六。			

序号	1012	归类决定编号	W2018-067	公告编号	2018 年第 159 号
商品税则号列		8907.90		公告实施日期	2018 年 12 月 1 日
商品名称	浮动结构体				
英文名称	Floating structure				
其他名称					
商品描述	浮动结构体，由 134 个子组件组成的浮动结构体，每个子组件由六个由高密度聚乙烯（HDPE）、并填充有发泡聚苯乙烯的立方体组成。子组件组装在一起形成较大的预定浮动结构体，如浮动码头、浮动人行道、浮动工作平台、游艇船坞等。				
归类依据	根据归类总规则一、二（一）及六。				

序号	1013	归类决定编号	W2016-054	公告编号	2016 年第 79 号
商品税则号列		9006.30		公告实施日期	2017 年 1 月 1 日
商品名称	照相机				
英文名称	Photographic camera				
其他名称					
商品描述	该商品单独报验，装配在检查患者用 X 射线设备的内部。其主要由三部分组成：一个带有 X 射线荧光屏的显像管，一个物镜组件，以及一个带状胶片驱动装置。患者身体的 X 射线图像在荧光屏上显示并记录在胶片上。 1. 带状胶片驱动装置 2. 物镜组件 3. 带有 X 射线荧光屏的显像管				
归类依据	根据归类总规则一（第九十章注释三）及六。				

序号	1014	归类决定编号	W2005-471	公告编号	2005年第63号
商品税则号列		9006.59		公告实施日期	2005年12月23日
商品名称		影像定位器			
英文名称		Imagesetter			
其他名称					
商品描述		工作原理是，用可见红色激光束及光栅影像处理平台将数字数据转换到四种（蓝绿、深红、黄及黑色）感光胶片或其他感光媒体上（包括聚酯印版）成为潜像。该装置中，激光束在感光片表面（筒基定位器）上逐点逐线水平移动。激光器根据外部自动数据处理设备提供的"光栅"数据开启及关闭，由此获得的影像可以是文字、图片、图画等，用于胶版印刷制版。最大影像格式为754毫米×635毫米，分辨率范围从1 200~3 600dpi。			
归类依据		HSC委员会决定该影像定位器的功能是在光线的作用下在光敏材料（照相软片）上记录可视图像，因此，应归入税目90.06。 根据归类总规则一及六。			

序号	1015	归类决定编号	W2005-472	公告编号	2005年第63号
商品税则号列		9006.59		公告实施日期	2005年12月23日
商品名称		激光感光绘图仪			
英文名称		Laser photoplotter			
其他名称					
商品描述		用激光束将数字格式在感光胶片上产生潜像（例如，用于复制数字原图的彩色透明片）。为复制图像，先选择原色（蓝绿、深红、黄色），由一台外部主自动数据处理设备或光栅图像处理器将每种颜色分别转为光栅数据。转为"光栅数据"后，每种单色数据被分解为无数个像素，有规则地逐行排列并通过激光束在感光胶片上曝光。不包括光栅图像处理器。			
归类依据		尽管该设备可与ADP机连接使用，但HSC委员会认为它有除了数据处理以外的专项功能，故根据八十四章注释五（五）将其排除在税目84.71之外。此外，根据照相原理，该设备的功能是利用光线的作用（一束激光）在光敏介质上重现影像，为税目90.06所包含的功能。HSC委员会文件还说明，相同原理工作的仪器还有电子分色机，曾由之前的委员会审议过，并归入《海关合作理事会商品分类目录》的90.17（《协调制度》的90.06）。因此HSC委员会决定根据十六类注释一（十二）将其归入子目9006.10。 根据归类总规则一。			

序号	1016	归类决定编号	W2005-473	公告编号	2005 年第 63 号
商品税则号列		9006.59		公告实施日期	2005 年 12 月 23 日
商品名称	激光感光绘图仪					
英文名称	Laser photoplotter					
其他名称						
商品描述	用激光束将数字格式在感光胶片上产生潜在"印刷电路版"图像（其用于生产印刷电路版）。为复制图像，由一台自动数据处理设备或光栅图像处理器将图像转为光栅数据。转为"光栅数据"后，数据被分解为无数个像素，有规则地逐行排列并通过激光束在感光胶片上曝光。产品由一个键盘、一个屏幕（阴极射线管）、一个光栅图像处理器及一个图像复制器构成。					
归类依据	尽管该设备可与 ADP 机连接使用，但 HSC 委员会认为它有除了数据处理以外的专项功能，根据八十四章注释五（五）将其排除在税目 84.71 之外。此外，根据照相原理，该设备的功能是利用光线的作用（一束激光）在光敏介质上重现影像，为税目 90.06 所包含的功能。HSC 委员会文件还说明，相同原理工作的仪器还有电子分色机，曾由之前的委员会审议过，并归入《海关合作理事会商品分类目录》的 90.17（《协调制度》的 90.06）。因此 HSC 委员会决定根据十六类注释一（十二）将其归入子目 9006.59。 根据归类总规则一。					

序号	1017	归类决定编号	W2005-478	公告编号	2005 年第 63 号
商品税则号列		9010.50		公告实施日期	2005 年 12 月 23 日
商品名称	已曝光胶片或其他媒体的自动显影机					
英文名称	Automatic developer of exposed film or other media					
其他名称						
商品描述	该设备是显影机，它使已曝光的胶片或其他光敏媒体上的潜像显影、定影、冲洗、干燥。由此获得的制品用于胶版印刷制版。它与影像定位器结合使用。					
归类依据	由于该设备是已曝光胶片或其他媒体的显影机，HSC 委员会一致同意将其归入税目 90.10（照相暗室用装置和设备），子目 9010.50。 根据归类总规则一。					

序号	1018	归类决定编号	W2014-323	公告编号	2014 年第 93 号
商品税则号列		9011.80		公告实施日期	2015 年 1 月 1 日
商品名称		复式光学显微镜（特殊用途显微镜除外）			
英文名称		Compound optical microscopes（other than special-purpose microscopes）			
其他名称					
商品描述		该商品具有下述两个特征： 1. 目镜直径（镜筒外径）：不小于 16 毫米； 2. 镜筒长度（目镜安装位置与物镜安装位置的面间距离）：不小于 110 毫米。			
归类依据		根据归类总规则一及六。			

序号	1019	归类决定编号	W2005-479	公告编号	2005 年第 63 号
商品税则号列		9013.20		公告实施日期	2005 年 12 月 23 日
商品名称		激光示位器			
英文名称		Laser pointer			
其他名称					
商品描述		激光示位器，为便携式，制成手枪或笔等形状，通过自身能源进行工作。其铜壳体内装有激光二极管及微电子元件，装有开关，靠电池启动，装置上可装带钥匙环、钩的贱金属链。激光示位器能够发射出波长 660~680 纳米的一束红色可见相干光束，并将其投射到远处物体上显示出明亮的红点。通常用于教学及演示以引起听众的注意。			
归类依据		税目 85.31、85.41、85.43 和 90.33 根据下列原因排除：85.13，虽然可以认为是一种便携式灯，但 85.13 的便携式灯要用 85.39 的灯泡制成，显然，不合此例；85.31：虽然该激光示位器可以产生相干的连续光，但也不能认为是电气音响和视觉信号装置；85.41，该注释中写明本税目的全部产品都应是零部件，由于该激光示位器不是一个激光二极管，所以不能按激光二极管归类；85.43，只有不能归入其他税目的货品，才能归入此税目；90.33，本税目的货品是零件和部件，所以不能归入本税目。最后，根据该激光示位器的特殊功能和税目 90.13 的注释，归入子目 9013.20。 根据归类总规则一和六。			

序号	1020	归类决定编号	W2014-324	公告编号	2014 年第 93 号
商品税则号列		9017.10		公告实施日期	2015 年 1 月 1 日
商品名称	工业制图仪器的控制系统					
英文名称	System for the contol of industrial drafting instr					
其他名称						
商品描述	该计算机支持的设计系统（CADsystem）包括下述部件：1. 一个自动数据处理机（"图表处理器"）；2. 一个带有电子笔及便笺簿的交互设计控制台，在其支持下，图纸草绘可在图像荧光屏上进行，而且可在向"图表处理器"输入信息的同时在荧光屏上显示；3. 带有远程显示的键盘可以向"图表处理器"输入命令，命令可在图像屏上显示；4. 一个数字转换器/绘图器可接受自"图表处理器"信号的控制并且在纸上绘制图像；该单元还可以用于读图，在将图输入"图表处理器"后得到相应数据；5. 一个远程书写器，用于向"图表处理器"输出命令或从其接收信息。					
归类依据	根据归类总规则一及六。					

序号	1021	归类决定编号	W2014-325	公告编号	2014 年第 93 号
商品税则号列		9018.32		公告实施日期	2015 年 1 月 1 日
商品名称	外科用针坯料					
英文名称	Blanks for surgical needles					
其他名称						
商品描述	由 44 毫米长圆形截面不锈钢管制成，外径 1.3 毫米，内径 0.9 毫米，其一端与长度方向成直角切割，另一端则切成锐角，然后磨削成两个平面，相交成锐利端点。					
归类依据	根据归类总规则一及六。					

序号	1022	归类决定编号	W2008-095	公告编号	2008年第47号
商品税则号列		9018.39		公告实施日期	2008年7月3日
商品名称	收集和运输血液的抽空管（带有化学添加物）				
英文名称	Evacuated tubes for the collection and transport of blood, containing chemical additives				
其他名称	"Vacuette" with chemical additives				
商品描述	塑料制，预留能抽取一定量血液的空间。该管用于在短时间内收集、运输、保藏和存储血液以进行临床专门的血清、血浆或全血的检验。这类抽空管主要适用于由同一制造商生产的放血针和固定件。抽空管内部已经消毒并按照抽取的容积配有预定剂量的添加物。抽空管配有彩色编码的安全管帽，管帽内带有彩色编码的内置环。对血样而言，添加物既可以是惰性物质也可以是活性物质。化学惰性添加物（凝结催化剂、分离凝胶和聚苯乙烯珠粒）具有机械作用。化学添加物可作为抗凝血药剂［乙二胺四乙酸（EDTA），肝素（铵、锂、钠），柠檬酸钠，钾或草酸铵］或抗糖分解剂（氟化钠和碘乙酸锂）。				
归类依据	根据归类总规则一及六。				

序号	1023	归类决定编号	W2008-096	公告编号	2008年第47号
商品税则号列		9018.39		公告实施日期	2008年7月3日
商品名称	收集和运输血液的抽空管（无化学添加物）				
英文名称	Evacuated tubes for the collection and transport of blood, not containing chemical additives				
其他名称	"Vacuette" without any chemical additives				
商品描述	塑料制，预留能抽取一定量血液的空间。该管用于在短时间内收集、运输、保藏和存储血液以进行临床专门的血清、血浆或全血的检验。这类抽空管主要适用于由同一制造商生产的放血针和固定件。抽空管内部已经消毒没有任何化学添加物。这种抽空管配有专用的彩色编码安全管帽。				
归类依据	根据归类总规则一及六。				

序号	1024	归类决定编号	W2010-030	公告编号	2010年第75号
商品税则号列		9018.90		公告实施日期	2010年12月3日
商品名称	一次性毯				
英文名称	Single Use Blanket				
其他名称	CareQuilt™ Warming Blanket				
商品描述	由双层无纺布制成，一面有塑料涂层，层叠后在边缘处高温热封。其一端开口并装配一个喷嘴，借助加热设备可由此充入温暖的空气。用于预防和治疗住院病人体温降低。				
归类依据	根据归类总规则一［第九十章章注二（二）］及六。				

序号	1025	归类决定编号	W2014-383	公告编号	2014年第93号	
商品税则号列		9018.90		公告实施日期	2015年1月1日	
商品名称	全身低温治疗仓
英文名称	Total body cryotherapy chamber
其他名称	

商品描述

全身低温治疗仓用来治疗皮肤疾病、关节炎或风湿病，其包含以下独立的基本部件，这些部件同时报验且未组装：1. 低温治疗仓包括一个预治疗室（-60℃）和一个治疗室（约-110℃），两者通过一扇门连接。治疗仓由绝缘元件制成，其外部尺寸为2 400毫米（宽）×4 200毫米（长）×2 550毫米（高）。预治疗室的内部尺寸为1 600毫米（宽）×2 250毫米（高）×1 760毫米（直径），治疗室内部尺寸为2 100毫米（宽）×2 250毫米（高）×1 700毫米（直径）。预治疗室和治疗室的地面配备有特殊防水毯，装有入口门、窗户、照明设备、扩音器、紧急信号开关、带有蒸发器的压力平衡元件。蒸发器有3个能使空气循环的嵌入式风扇，并集成了除霜加热装置。治疗室还配备有一个沿着3个侧面的内部扶手杆、一个麦克风和一个视频监控系统。2. 制冷机安装在封闭的机壳里，是一个三级串联气冷式系统。制冷机和蒸发器位于低温仓外的一空间里。该机可以使室内温度降至-110℃。制冷机的外形尺寸为1 600毫米（宽）×1 700毫米（高）×800毫米（直径）。3. 配电柜采用电开关系统，该系统是为了能够将全身低温治疗仓作为一个整体来进行操作。配电柜和上述制冷机摆放在同一个机体里。它的尺寸为1 000毫米（宽）×2 000毫米（高）×500毫米（直径）。4. 控制台包含一个带有纳米级服务器的自动数据处理设备、一个15英寸（38.1厘米）的TFT触摸屏、一个对讲机、两个扩音器、一个麦克风、一个CD播放器和一个紧急停止开关。所有这些组件集成在同一机壳内。通过触屏，操作员可以控制所有的功能、调节和机值。控制台尺寸为600毫米（宽）×980毫米（高）×400毫米（直径），并与低温仓分开。5. 冷凝器由带有十字交叉双肋板的换热器和带有三相电动机的通风机构成。冷凝器放置在低温仓所在的大楼外面，用于低温仓内降温。上述部件通过铜管和电缆相连接，冷却剂通过铜管循环。

归类依据

根据归类总规则一（第九十章章注三和第十六类类注四）及六。

序号	1026	归类决定编号	W2005-480	公告编号	2005年第63号
商品税则号列		9019.10		公告实施日期	2005年12月23日
商品名称		"AQUASPA"水流按摩装置			
英文名称		"AQUASPA" hydromassage			
其他名称					
商品描述		包括： 1. 一个装有多个可调节喷嘴的聚丙烯塑料制浴缸； 2. 一个可产生旋涡效果的水流按摩装置，包括：一个液泵用于产生压力，喷射水或空气与水的混合物；一个涡轮机或鼓风机，用以在一定压力下喷射空气；上述喷射的方向和强度是可以调整的，以便对部分身体或全身进行按摩； 3. 一个电子控制箱； 4. 一个电热水加热系统； 5. 一个过滤器用来过滤水并除去泡沫； 6. 一个电照明系统； 7. 一个防止触电的安全装置； 8. 一个管道系统。			
归类依据		HSC委员会认为该设备的功能符合九十章注释三的注解，应作为按摩设备归入子目9019.10，由于其含有多个设计部件，综合了洗浴和水流按摩功能的设备出售。此外，这个设备有一个很明显的功能，（水流按摩功能）这个功能不同于该设备其他部件的功能，所以仍应归入九十章。根据九十章注释三。			

序号	1027	归类决定编号	W2014-326	公告编号	2014年第93号
商品税则号列		9019.20		公告实施日期	2015年1月1日
商品名称		悬浮颗粒手持喷射器			
英文名称		Aerosol-type hand-spray			
其他名称		Atomiseur A			
商品描述		该商品由牙科医生或病人自己用来喷洗牙齿或牙床。喷射作用是由具有螺纹接口可更换储气容器中的压力气体（如二氧化碳）产生的。所使用医药物质的作用及冲洗黏膜产生的按摩效果可清洁口腔并治疗特定疾病（例如，牙周病）。			
归类依据		根据归类总规则一及六。			

序号	1028	归类决定编号	W2012-015	公告编号	2012年第24号
商品税则号列		9021.10		公告实施日期	2012年5月18日
商品名称		称为"rollator"的助行器			
英文名称		Orthopaedic walking aid known as a "rollator"			
其他名称		助行车			
商品描述		能够帮助行走不便的人，通过推着它为行走提供支持。助行器包括带四个轮子的管状铝合金架（两个前轮可旋转）、扶手和手闸。助行器的高度可以调节，并装配了一个座椅（在扶手之间）和一个放置个人物品的铁丝筐。座椅可供使用者在需要的时候短暂的休息。助行器采用可折叠设计，在搬运或储存时可折叠。			
归类依据		根据归类总规则一（第九十章章注六）及六。			

序号	1029	归类决定编号	W2018-068	公告编号	2018年第159号
商品税则号列		9021.10		公告实施日期	2018年12月1日
商品名称		外伤手术用螺丝			
英文名称		Screw designed for use in the field of trauma surgery			
其他名称					
商品描述		外伤手术用螺丝，由超硬彩色钛合金制成，长约12毫米。由3毫米恒定外径的全螺纹螺杆和一个螺头组成。螺杆具有不对称的螺纹。螺头也带螺纹，使用螺丝刀可将其拧入起固定作用的加压板。该产品符合植入螺钉的ISO/TC 150标准，采用无菌包装，标有识别码，可以在生产、分销和使用全过程中进行追踪。			
归类依据		根据归类总规则一及六。			

序号	1030	归类决定编号	W2018-069	公告编号	2018 年第 159 号
商品税则号列		9021.10		公告实施日期	2018 年 12 月 1 日
商品名称	外伤手术用螺丝				
英文名称	Screw designed for use in the field of trauma surgery				
其他名称					
商品描述	外伤手术用螺丝，脊柱后稳定系统的组成部分，由超硬钛合金制成，长 20～45 毫米。由恒定外径 4 毫米的全螺纹螺杆和含芯径变化过渡区的双芯螺纹组成。该产品具有自攻轮廓和钝头螺纹尖端，多轴（可移动）带内螺纹 U 形头，提供绕轴 25 度角的灵活度以进行调节，并有一个专用的锁定帽用于将杆（单独报验）固定在螺丝头内。该产品符合植入螺钉的 ISO/TC 150 标准，标有识别码，可以在生产、分销和使用全过程中进行追踪。				
归类依据	根据归类总规则一及六。				

序号	1031	归类决定编号	W2020-090	公告编号	2020 年第 108 号
商品税则号列		9022.90		公告实施日期	2020 年 10 月 1 日
商品名称	薄膜晶体管和光电二极管（TFT-PD）阵列面板				
英文名称	Thin-film transistor and photodiode (TFT-PD) array panel				
其他名称					
商品描述	薄膜晶体管和光电二极管（TFT-PD）阵列面板，由包含数百万个像素点的玻璃基板组成，尺寸为长 40 厘米、宽 30 厘米。每个像素点由一个薄膜晶体管和一个光电二极管组成。通过沉积和蚀刻工艺在玻璃基板上形成电路。该面板接收由闪烁体转化 X 射线而来的可见光，并将其转换为电信号。该商品用于医疗及工业的数字 X 射线探测器。				
归类依据	根据归类总规则一［第九十章章注二（二）］及六。				

序号	1032	归类决定编号	W2014-327	公告编号	2014年第93号
商品税则号列		9027.30		公告实施日期	2015年1月1日
商品名称	原子吸收光谱仪				
英文名称	Atomic absorption spectrometer				
其他名称	Varian Spectr AA series "110", "220" et "880"				
商品描述	该商品由一台分析仪器外接自动数据处理控制设备构成,通过原子吸收作用测量各种物质的光谱。分析仪器用波长范围185~900纳米的紫外可见光照射,仪器与ADP机及一个CD-ROM(专用软件)同时进口,其用于控制仪器及处理分析数据。分析仪器须与ADP机连用,根据ADP机提供的指令进行操作,如测试式样、样品式样等;分析结果传输给ADP机,由其转为光谱仪数据进一步使用(例如,用于定量分析)。				
归类依据	根据归类总规则一(第十六类类注四及第九十章章注三)。				

序号	1033	归类决定编号	W2014-328	公告编号	2014年第93号
商品税则号列		9027.30		公告实施日期	2015年1月1日
商品名称	原子吸收光谱仪				
英文名称	Atomic absorption spectrometer				
其他名称	Varian Spectr AA series "50/55"				
商品描述	该商品由一台独立的、装有内置LCD显示器的键盘控制部件的分析仪器构成,通过原子吸收作用测量各种物质的光谱。分析仪器用波长范围185纳米至900纳米的紫外可见光照射。分析仪器与ADP机及一个CD-ROM(专用软件)以系统形式同时进口,可使分析系统功能升级。仪器可单独执行分析,与ADP机连接只是为使其操作控制及结果处理升级,由独立的、键盘控制部件到自动数据处理设备控制的自动多元素分析系统。自动数据处理设备及软件一并归入子目8471.49。				
归类依据	根据归类总规则一[第十六类类注一(十二)及第八十四章章注五(五)]。				

序号	1034	归类决定编号	W2020-044	公告编号	2020 年第 108 号
商品税则号列		9027.89		公告实施日期	2020 年 10 月 1 日
商品名称		基于实时聚合酶链式反应（PCR）技术的全自动分子诊断系统			
英文名称		Fully automated, real-time Polymerase Chain Reaction (PCR) -based molecular diagnostic system			
其他名称					
商品描述		基于实时聚合酶链式反应（PCR）技术的全自动分子诊断系统。完全集成化系统使临床实验室能够在更广泛的领域，包括肿瘤学、传染病和基因检测方面开展应用。处理步骤包括：1. 液化；2. 细胞裂解；3. DNA/RNA 提取；4. 数据分析和报告。			
归类依据		根据归类总规则一及六。			

序号	1035	归类决定编号	W2020-045	公告编号	2020 年第 108 号
商品税则号列		9027.89		公告实施日期	2020 年 10 月 1 日
商品名称		自动定量血液分析仪和白细胞差异计数器			
英文名称		Quantitative automated hematology analyser and leukocyte differential counter			
其他名称					
商品描述		自动定量血液分析仪和白细胞差异计数器，用于临床实验室的体外诊断（IVD）。该装置使用以下两种独立的测量方法：阻抗法测定 WBC（白细胞或白血球）、RBC（红细胞或红血球）和 PLT（血小板）数据；比色法测定 HGB（血红蛋白浓度）。			
归类依据		根据归类总规则一及六。			

序号	1036	归类决定编号	W2014-329	公告编号	2014 年第 93 号
商品税则号列		9027.90		公告实施日期	2015 年 1 月 1 日
商品名称	正离子加速聚焦管					
英文名称	Tubes for accelerating and/or focusing positive ions					
其他名称						
商品描述	该商品可确认为质谱分析仪或质谱仪的零件。					
归类依据	根据归类总规则一及六。					

序号	1037	归类决定编号	W2014-330	公告编号	2014 年第 93 号
商品税则号列		9029.20		公告实施日期	2015 年 1 月 1 日
商品名称	用于频闪观测检查点火时间的闪光装置（点火时间灯）					
英文名称	Flash apparatus for stroboscopic cheking of igniti					
其他名称						
商品描述	该商品用于内燃机点火时间的检测，包括有：1. 一个继电器，用于6~12伏电压自动调整；2. 一个变压器，用于将电压升至闪光管所要求的450伏电压；3. 一个同步振荡器；4. 贮存电能电容器。当与被检测发动机的一个火花塞供电电路相连接时，可产生与之同步的闪光。					
归类依据	根据归类总规则一及六。					

序号	1038	归类决定编号	W2020-075	公告编号	2020年第108号
商品税则号列		9029.90		公告实施日期	2020年10月1日
商品名称	车辆仪表板的主板				
英文名称	Main board（PCB）for vehicle instrument panel				
其他名称					
商品描述	车辆仪表板的主板（PCB），包括大约440个有源元件和无源元件。该商品进口后将与其他组件如面板、液晶显示屏（LCD）、扬声器、指针和各种塑料结构部件等一同组装成完整的仪表板。使用时，仪表板成品可以通过独立的电控制单元（ECU）接收安装在车轮上的霍尔传感器数据显示车辆的速度、每分钟转数（RPM）和行驶里程。同时也通过其他传感器接收到的数据显示车辆状态信息，如冷却液温度、剩余燃油量和车门提示等。				
归类依据	根据归类总规则一［第十七类注释二、第九十章注释二（二）］及六。				

序号	1039	归类决定编号	W2014-384	公告编号	2014 年第 93 号
商品税则号列		9030.40		公告实施日期	2015 年 1 月 1 日
商品名称	网络分析仪				
英文名称	Network analyzer				
其他名称					
商品描述	分析网络使用多重协议如以太网、异步传输模式（ATM）、互联网协议第 6 版（IPv6）、语音互联网协议（VoIP）、高速下行分组接入（HSDPA）、通用移动通信系统（UMTS）、码分多址（CDMA）等的运行状态，模拟现有网络通信量及故障条件以分析设计阶段的效果并检测故障条件。其可提供网络上每个信息包的分析，向信息包添加时间戳数据，滤掉无用的信息包，把信息包逐位分解检测，然后向用户提供关于信息包或信息包顺序的信息，例如，信息包抖动、延时，丢弃或丢失的信息包，以及位或数据错误。分析仪包括一个采集存储器（512MB）及一个热插拔线路接口模块。该分析仪可以与自动数据处理设备进行连接。				
归类依据	根据归类总规则一及六。				

序号	1040	归类决定编号	W2014-385	公告编号	2014 年第 93 号
商品税则号列		9030.40		公告实施日期	2015 年 1 月 1 日
商品名称	网络分析仪				
英文名称	Network analyzer				
其他名称					
商品描述	分析网络使用多重协议如以太网、异步传输模式（ATM）、互联网协议第 6 版（IPv6）、语音互联网协议（VoIP）、高速下行分组接入（HSDPA）、通用移动通信系统（UMTS）、码分多址（CDMA）等的运行状态，模拟现有网络通信量及故障条件以分析设计阶段的效果并检测故障条件。其可提供网络上每个信息包的分析，向信息包添加时间戳数据，滤掉无用的信息包，把信息包逐位分解检测，然后向用户提供关于信息包或信息包顺序的信息，例如，信息包抖动、延时，丢弃或丢失的信息包，以及位或数据错误。该分析仪包括一台自动数据处理一体机、一个采集存储器（容量达 512MB）、一个可移动硬盘（容量达 120GB）和一个热插拔线路接口模块（LIM）。该分析仪可以与自动数据处理设备进行连接。				
归类依据	根据归类总规则一及六。				

序号	1041	归类决定编号	W2005-483	公告编号	2005年第63号
商品税则号列		90.31		公告实施日期	2005年12月23日
商品名称	几种光学设备和器具					
英文名称	Various optical instruments					
其他名称						
商品描述	1. "三维激光数字仪"：设计安装在手动或伺服坐标测量机器和计算机数控机器上，可以提供在三个坐标上对物体表面的空间测量，检查给定的公差是否满足，并在显示屏上显示被测物体的数字化图像； 2. "表面裂痕检查系统"：这个仪器有一个拍照单元、一个光源和一个信号处理单元，用来检查薄膜和平板材料上的裂痕； 3. "激光微像分析系统"：这个仪器有一个由紫外 HE-CD 激光束和一个高精度的干涉计组成的激光图像边缘检查分析系统，用来测量线宽的尺度和一层一层的记录半导体晶片的数据； 4. "光盘裂痕检查系统"：这个系统包括一个发射灯、一个反射灯、一个反射型的 CCD 照相机、一个发射型的 CCD 照相机，用来检查光盘的裂痕。					
归类依据	在1991年，根据现行条文，HSC 委员会决定从宽解释 9031.40 子目条文中"光学的"一词，将其归入子目 9031.40。 根据归类总规则一。 注：1996年版《协调制度》中，子目 9031.40 被拆为两个新子目 9031.41 和 9031.49。					

序号	1042	归类决定编号	W2014-331	公告编号	2014年第93号
商品税则号列		9032.89		公告实施日期	2015年1月1日
商品名称	（造纸过程）控制及监视系统					
英文名称	System for controlling and monitoring paper					
其他名称	Measurex 2001					
商品描述	该商品一般包括以下部件：1. 一个带有传感器的扫描装置，包括有一个或多个传感器及一个微处理器，传感器的功能是检测产品并监视生产过程；2. 一个由微处理器构成的程序支持站，可形成传感器与系统其他部分之间的连接；3. 一个属品目 84.71 的总计算机单元，通过测量值与设定值的比较起到控制器的作用，并可将相应电信号传至执行装置，以控制纸张的技术指标（如厚度、含水量等）；4. 一个由微处理器、图像显示器及键盘构成的操纵站；5. 一个有由微处理器构成的打印/标绘器。					
归类依据	根据归类总规则一（第九十章章注三）。					

序号	1043	归类决定编号	W2014-332	公告编号	2014年第93号
商品税则号列		9033.00		公告实施日期	2015年1月1日
商品名称		滚珠轴承控制缆			
英文名称		Ball bearing control cables			
其他名称					
商品描述		不能确认专用于或主要用于特定机器、设备或车辆；同等适用于第九十章的数种仪器、设备。			
归类依据		根据归类总规则一。			

序号	1044	归类决定编号	W2005-484	公告编号	2005年第63号
商品税则号列		9401.20		公告实施日期	2005年12月23日
商品名称		安装在木板上的长椅			
英文名称		Bench fixed to a board			
其他名称					
商品描述		长椅安装（非永久性的）在"皮卡"车的平台上。			
归类依据		由于长椅是安装在木板上，随后将放置在车的平台上，并非永久性地安装在平台上，HSC委员会决定将木板和长椅归入税目94.01（子目9401.20）。根据归类总规则一。			

序号	1045	归类决定编号	W2014-386	公告编号	2014 年第 93 号
商品税则号列		9401.61		公告实施日期	2015 年 1 月 1 日
商品名称		座椅			
英文名称		Seat			
其他名称					
商品描述		座椅带有木质框架和拉丝铝合金扶手，铺上软垫并用塑料外皮包覆，装有一个音响系统、一个侧面控制面板和输入/输出插孔。这些装置适用于视频游戏控制器或机器、电视或卫星接收器，以及 DVD、音乐 CD、MP3 或视频磁带播放机。			
归类依据		根据归类总规则一及六。			

序号	1046	归类决定编号	W2008-097	公告编号	2008 年第 47 号
商品税则号列		9401.80		公告实施日期	2008 年 7 月 3 日
商品名称		汽车安全座椅			
英文名称		Car safety seats			
其他名称		DiscoveryTM Infant Car Seat			
商品描述		在机动车或其他类型的交通工具上使用，用于携带婴幼儿和初学走路的孩子。座椅可以移动，通过安全带和系带固定在机动车的座椅上。			
归类依据		根据归类总规则一及六。			

序号	1047	归类决定编号	W2018-070	公告编号	2018年第159号
商品税则号列		9401.99		公告实施日期	2018年12月1日
商品名称		汽车座椅包面			
英文名称		Covers for seats of motor vehicles			
其他名称					
商品描述		汽车座椅包面,由皮革、纺织品或塑料材料所制部件组成,配有多个用于将其固定并贴合到汽车座椅本体的元件和切口。该产品是特定机动车辆座椅的永久性覆盖物,装配完成后不可随意拆卸。			
归类依据		根据归类总规则一及六。			

序号	1048	归类决定编号	W2014-333	公告编号	2014年第93号
商品税则号列		9403.10		公告实施日期	2015年1月1日
商品名称		金属档案柜			
英文名称		Metal filing cabinets			
其他名称					
商品描述		落地式,装有一套按钮,用以控制内装的机电装置,该装置可使选中的"盘"承装要查阅的文件到达所希望的台面。			
归类依据		根据归类总规则一及六。			

序号	1049	归类决定编号	W2014-334	公告编号	2014 年第 93 号
商品税则号列		9403.20		公告实施日期	2015 年 1 月 1 日
商品名称	薄钢板制商店或超级市场等用的展示单元				
英文名称	Display units for stores, supermarkets, etc., of sheet steel				
其他名称					
商品描述	该商品包括一个底座（通常装有保持水平的螺旋地脚），一个背板（靠墙单元）或中心支柱（独立式的单元，每一边装有一组搁板），以及数目不等的可调节支架的或其他展示附件（吊架、料箱等），用于放置地面上。				
归类依据	根据归类总规则一及六。				

序号	1050	归类决定编号	W2016-057	公告编号	2016 年第 79 号
商品税则号列		9403.20		公告实施日期	2017 年 1 月 1 日
商品名称	钢制机柜				
英文名称	Steel cabinet				
其他名称					
商品描述	该商品为壁挂式，尺寸：（高×宽×深）605 毫米×600 毫米×600 毫米，具体规格如下： 可锁玻璃前门； 开放式背板（背面固定在墙上）； 两根穿孔杆拧紧于侧壁上，以固定放置于机柜内部的设备； 顶部和底部穿孔，便于空气流通； 底部为线缆连接预留了专门空间； 未与该机柜一起报验的接插板后续将安装于机柜内部。但为了运输方便，并未与机柜装配在一起。此外，该机柜的技术特性也允许其他网络硬件、供电和配电设备的安装。				
归类依据	根据归类总规则一［第九十四章注释二（一）］及六。				

序号	1051	归类决定编号	W2008-098	公告编号	2008年第47号
商品税则号列		9403.60		公告实施日期	2008年7月3日
商品名称	一套餐桌椅				
英文名称	SET				
其他名称	Kobe 3-piece Dinette Set				
商品描述	包括一张正方形实心硬木餐桌（76厘米×76厘米）和两个配套的带有格子织物坐垫的木椅子。未组装的桌椅装在同一个包装箱内，用于零售。				
归类依据	根据归类总规则一、二（一）、三（三）和六。				

序号	1052	归类决定编号	W2018-072	公告编号	2018年第159号
商品税则号列		9403.60		公告实施日期	2018年12月1日
商品名称	A型画架				
英文名称	A-frame easel				
其他名称					
商品描述	A型画架，三条腿支撑，两条腿在前，一条腿在后，设计为放置在地板上使用。桅杆可伸长，最大高度为2.28米（最小高度为1.67米），并可放置高度达1.27米的帆布、绘画或黑板等物品。				
归类依据	根据归类总规则一（第九十四章章注二）及六。				

序号	1053	归类决定编号	W2008-099	公告编号	2008 年第 47 号
商品税则号列		9403.70		公告实施日期	2008 年 7 月 3 日
商品名称		婴儿学步车			
英文名称		Baby walker			
其他名称					
商品描述		由塑料及可折叠钢管结构架构成，底部装有八个轮脚，学步车依靠轮脚移动，车上有一个织物做的座椅，上面有两个能使婴儿腿穿过的洞，车架上还有一个固定有玩具的桌面。婴儿学步车供婴儿能安全地学会走路。			
归类依据		根据归类总规则一及六。			

序号	1054	归类决定编号	W2022-032	公告编号	2022 年第 78 号
商品税则号列		9403.99		公告实施日期	2022 年 9 月 1 日
商品名称		带滑动装置的抽屉侧板			
英文名称		Drawer sides fitted with runners			
其他名称					
商品描述		带滑动装置的抽屉侧板，设计用于装配滑动抽屉。每块侧板均由双层金属型材及带有凹槽和缺口的底座结合而成。凹槽和缺口的设计用于容纳抽屉的滑轨、前板、后板和底板。该侧板报验时带有滑轨和将抽屉固定在家具上的固定件及夹子。该产品已制成特定尺寸，并与其他部件一起构成家具的抽屉；例如，用于各种橱柜、书桌、梳妆台或其他带抽屉的桌子。			
归类依据		根据归类总规则一及六。			

序号	1055	归类决定编号	W2005-485	公告编号	2005 年第 63 号
商品税则号列		94.05		公告实施日期	2005 年 12 月 23 日
商品名称		安全或应急灯			
英文名称		Safety or emergency light			
其他名称					
商品描述		便携式，装配有当断电时启动电池的电路，电池可提供 45 分钟供电。产品被设计成长期接在供电电路上，只有当供电电路停止供电时，才能通过自带电池使灯泡发亮。			
归类依据		由于该产品被设计成接在供电电路上为电池充电，并在供电电路停止供电时能通过自带电池使灯泡发亮的灯，因此该产品不同于税目 85.13 所述的使用时握在手中或随身携带的电灯。由于这些灯具有双重的功能，而且其主要功能不能确定，HSC 委员会同意将其归入税目 94.05。			

序号	1056	归类决定编号	W2005-486	公告编号	2005 年第 63 号
商品税则号列		94.05		公告实施日期	2005 年 12 月 23 日
商品名称		佛教用品			
英文名称		Buddhist altar fittings (butsugu)			
其他名称					
商品描述		灯笼和烛台（Toro 和 Shokudai）。			
归类依据		HSC 委员会指出，第十五类的类注一（十）的排他条款明确该类不包括第九十四章的物品，因此也就不归入第八十三章。由于灯具和照明装置在税目 94.05 有具体列名，HSC 委员会一致决定将该产品归入税目 94.05。 根据归类总规则一。			

序号	1057	归类决定编号	W2005-487	公告编号	2005年第63号
商品税则号列		9405.99		公告实施日期	2005年12月23日
商品名称		照明用乳白散射体			
英文名称		Alabaster lighting diffusers			
其他名称					
商品描述		有不同的尺寸和形状，通常与金属配件组合，作为灯或照明用具（如顶灯、吊灯、墙上台灯、枝形吊灯或壁灯）的零件。			
归类依据		该产品由一种雪花石膏加工而成，由于该产品过于普通，不能作为第七十一章的宝石或半宝石归类。HSC委员会一致决定将其作为灯或照明装置的零件归入子目9405.99。 根据归类总规则一。为体现归类决定，税目94.05的注释已修改。			

序号	1058	归类决定编号	W2020-026	公告编号	2020年第108号
商品税则号列		95.03		公告实施日期	2020年10月1日
商品名称		塑料玩具及彩泥套装			
英文名称		Set of toys of plastics and modelling paste			
其他名称					
商品描述		包括三罐不同颜色彩泥及下列塑料制品：带耳朵的头部、电钻、镊子、牙医工具、镜子或牙箍滚筒、牙刷、牙齿模型。			
归类依据		根据归类总规则一及三（二）。			

序号	1059	归类决定编号	W2020-027	公告编号	2020年第108号
商品税则号列		95.03		公告实施日期	2020年10月1日
商品名称		塑料玩具及彩泥套装			
英文名称		Set of toys of plastics and modelling paste			
其他名称					
商品描述		包括五罐不同颜色彩泥及下列塑料制品：4个用于制造圆形、正方形、星形和心形饼干的模具，一个有纹理的擀面杖和一个挤出工具。			
归类依据		根据归类总规则一及三（二）。			

序号	1060	归类决定编号	W2008-100	公告编号	2008年第47号
商品税则号列		9503.00		公告实施日期	2008年7月3日
商品名称		两轮蹬地踏板车			
英文名称		Two-wheeled foot propelled scooters			
其他名称					
商品描述		供儿童使用踏板车，由站立平台、不可调节转向杆及实心小轮子构成。			
归类依据		根据归类总规则一。			

序号	1061	归类决定编号	W2008-101	公告编号	2008年第47号
商品税则号列		9503.00		公告实施日期	2008年7月3日
商品名称		两轮蹬地踏板车			
英文名称		Two-wheeled foot propelled scooters			
其他名称		"Razor"			
商品描述		供儿童、年轻人及成年人使用两轮踏板车,由站立平台、可调节高度转向杆、实心前后小轮子及可制动后轮的脚闸构成。			
归类依据		根据归类总规则一。			

序号	1062	归类决定编号	W2008-102	公告编号	2008年第47号
商品税则号列		9503.00		公告实施日期	2008年7月3日
商品名称		玩具帐篷			
英文名称		Play tent			
其他名称		POP "n" FUN Pop Up Play Camp			
商品描述		高度0.95米,底基宽1.15米,深1.25米,供儿童室内或室外使用。它包括一个尼龙织物罩盖,一个塑料管框架及一个用于户外固定帐篷的金属杆。			
归类依据		根据归类总规则一。			

序号	1063	归类决定编号	W2008-103	公告编号	2008 年第 47 号
商品税则号列		9503.00		公告实施日期	2008 年 7 月 3 日
商品名称	内装两个玩具戒指和密封包装糖果的蛋形塑料物品				
英文名称	Plastic article in the shape of an egg containing				
其他名称					
商品描述	该物品约 55 毫米高，直径 40 毫米。其由两个可分离、边缘可紧密扣合的半球组成，两个半球组合成一个蛋形容器，其中装有两个供装饰用的塑料戒指和一包密封在塑料袋中的小粒糖果。糖果分别归入品目 17.04（子目 1704.90）。				
归类依据	根据归类总规则一。				

序号	1064	归类决定编号	W2008-104	公告编号	2008 年第 47 号
商品税则号列		9503.00		公告实施日期	2008 年 7 月 3 日
商品名称	装有糖果的手柄玩具风扇				
英文名称	Toy fan with a container extension holding candy				
其他名称					
商品描述	这种玩具是由一个直径 70 毫米的塑料玩具风扇组成。风扇作为盖子，扣合到透明的硬塑料制手柄（长 190 毫米，直径 7 毫米）上，手柄内装小粒糖果。另一种玩具是由 3 个直径 70 毫米的塑料玩具风扇组成，一个风扇装配在另一个风扇上。3 个风扇作为盖子扣合到透明的硬塑料制成的手柄（长 145 毫米，直径 10 毫米）上，手柄内装小粒糖果。糖果分别归入品目 17.04（子目 1704.90）。				
归类依据	根据归类总规则一。				

序号	1065	归类决定编号	W2014-336	公告编号	2014 年第 93 号
商品税则号列		9503.00		公告实施日期	2015 年 1 月 1 日
商品名称		袖珍车			
英文名称		Mini-Vehicles			
其他名称		JUMICAR（junior Mini Car）			
商品描述		该种车具有管型车架，装有一到两个高密度聚乙烯车座，该种车通过四冲程往复式活塞内燃发动机及无级变速传动装置推动。车上装有后轴制动装置或液压盘制动装置，并装有后轮链式驱动装置（一个或两个后轮）。车的最大有效负载为 200 千克，最高速度约 20 千米/小时。这类车设计用于儿童及年轻人在娱乐的同时学习交通规则并获得驾驶技能，用于专门进行道路交通训练的监管地点。车的尺寸及重量如下：吉普车运动车赛车长（厘米）190 205 210，宽（厘米）109 100 112，重（千克）935 555。			
归类依据		根据归类总规则一。			

序号	1066	归类决定编号	W2014-337	公告编号	2014 年第 93 号
商品税则号列		9503.00		公告实施日期	2015 年 1 月 1 日
商品名称		复式光学显微镜（特殊用途的显微镜除外）			
英文名称		Compound optical microscopes（other than special-purpose microscopes）			
其他名称					
商品描述		具有下述两个特征的除外：1. 目镜直径（镜筒外径）为不少于 16 毫米；2. 镜筒长度（目镜安装位置与物镜安装位置的面间距离）为不少于 110 毫米。			
归类依据		根据归类总规则一。			

序号	1067	归类决定编号	W2018-073	公告编号	2018年第159号
商品税则号列		9503.00		公告实施日期	2018年12月1日
商品名称		玩具风扇			
英文名称		Toy fan			
其他名称					
商品描述		玩具风扇,一个圆柱形容器上固定该糖果品牌的形象玩偶,容器中有一包净重20克的巧克力糖果,用于零售。风扇位于容器顶部,由一节AA电池(附带)供电的电动马达使之转动。			
归类依据		根据归类总规则一(第九十五章章注四)及六。			

序号	1068	归类决定编号	W2022-033	公告编号	2022年第78号
商品税则号列		9503.00		公告实施日期	2022年9月1日
商品名称		聚氨酯抗压球			
英文名称		Polyurethane anti-stress ball			
其他名称					
商品描述		聚氨酯抗压球,可用手反复挤压以缓解压力。该产品可增加血液循环,使人放松。			
归类依据		根据归类总规则一。			

序号	1069	归类决定编号	W2018-074	公告编号	2018 年第 159 号
商品税则号列		9504.50		公告实施日期	2018 年 12 月 1 日
商品名称	视频游戏机控制用虚拟现实套装					
英文名称	Virtual reality set for a video game console					
其他名称						
商品描述	视频游戏机控制用虚拟现实套装，盒装零售包装，包括一个头戴式显示器（头戴式虚拟现实装置）、一个处理单元、一副带耳塞的立体声头戴耳机、若干连接线（HDMI、USB 和虚拟现实装置）、一个电源适配器和一根电源线。类似于护目镜的头戴式虚拟现实装置包含传感器、视频显示模块（其可以显示两个并排的图像）和两个放大镜头，使得用户可看到视频显示模块的屏幕的立体视图。处理器单元用于同步头戴式虚拟现实装置和视频游戏控制器，将视频信号从控制器传送到该装置，并将检测到的信号从该装置传送到控制器。					
归类依据	根据归类总规则一（第九十五章章注三）、三（二）及六。					

序号	1070	归类决定编号	W2008-106	公告编号	2008 年第 47 号
商品税则号列		9504.90		公告实施日期	2008 年 7 月 3 日
商品名称	双面印刷的圆形银色金属币					
英文名称	Circular-shaped silver coloured metal discs printed on both sides					
其他名称	TAZOS					
商品描述	币的一面是虚拟人物的图案，另一面是商标。此外，每一个币有一个数字，数字指示该金属币在可供收集的若干金属币中的序列位置。尽管可供收集的金属币主要是作为促销商品的噱头以刺激特定品牌的销售，但其主要是用于游戏。					
归类依据	根据归类总规则一及六。					

序号	1071	归类决定编号	W2020-028	公告编号	2020 年第 108 号
商品税则号列		9506.29		公告实施日期	2020 年 10 月 1 日
商品名称		桨板冲浪板（SUP）			
英文名称		Stand Up Paddleboard（SUP）			
其他名称					
商品描述		以中密度发泡聚苯乙烯（EPS）为芯材，有木质加固层和玻璃层的立桨冲浪板。

1. 玻璃；2. 玻璃；3. 强化木；4. 玻璃；5. 玻璃；6. 中密度聚苯乙烯芯材；7. 玻璃；8. 玻璃；9. 玻璃 | | | |
| 归类依据 | | 根据归类总规则一及六。 | | | |

序号	1072	归类决定编号	W2008-107	公告编号	2008 年第 47 号
商品税则号列		9506.70		公告实施日期	2008 年 7 月 3 日
商品名称		滚轮鞋			
英文名称		Roller shoes			
其他名称					
商品描述		滚轮鞋有可盖住脚踝的皮革鞋面和橡胶外底，在鞋底部特殊的孔中安装了两个不可拆卸的伸缩轮，当轮子从鞋底拉出后该鞋可用作旱冰鞋。			
归类依据		根据归类总规则一及六。			

序号	1073	归类决定编号	W2018-077	公告编号	2018 年第 159 号
商品税则号列		9506.91		公告实施日期	2018 年 12 月 1 日
商品名称	连体软拉手塑料跳球				
英文名称	Jump ball with a soft one-piece handle, of plastics				
其他名称					
商品描述	连体软拉手塑料跳球，报验时有三种规格：直径 45 厘米、55 厘米或 66 厘米，使用者的最大建议重量分别为 45 千克、70 千克和 90 千克。跳球充气膨胀后，旨在锻炼使用者的协调力和平衡力。				
归类依据	根据归类总规则一、三（三）及六。				

序号	1074	归类决定编号	W2018-078	公告编号	2018 年第 159 号
商品税则号列		9506.91		公告实施日期	2018 年 12 月 1 日
商品名称	跳绳				
英文名称	Skipping rope				
其他名称					
商品描述	跳绳，由实心的 5 毫米粗 PVC 线组成，约 3 米长，可在任何地面（混凝土、人行道、木地板等）上使用，其带有两个塑料手柄，与芯线成 90 度角。该跳绳用于体育锻炼。				
归类依据	根据归类总规则一及六。				

序号	1075	归类决定编号	W2012-016	公告编号	2012年第24号
商品税则号列		9506.99		公告实施日期	2012年5月18日
商品名称		冰球裤			
英文名称		Ice hockey pants			
其他名称		Nike Bauer Supreme 10			
商品描述		专为在冰球运动中保护身体不受伤害而设计,由内衬的几片塑料材质的保护装置装于一个纺织材质的外套内组成。			
归类依据		根据归类总规则一及六。			

序号	1076	归类决定编号	W2005-499	公告编号	2005年第63号
商品税则号列		96.02		公告实施日期	2005年12月23日
商品名称		镀银梨形蜡制品			
英文名称		Article of wax, plate with silver in the shape of a			
其他名称					
商品描述		制造方法:模制出蜡形后,在整个表面喷涂黄铜粉,然后以电镀方法用银层(平均厚度0.184毫米)将产品包覆。铜合金薄层(0.01毫米)仅作为电镀银的导电层。			
归类依据		HSC委员会指出虽然该物品整个表面覆盖了银,但其仍是镀银的模制蜡制品。第七十一章的注释六明确规定"贵金属"不包括表面镀以贵金属的非金属。如上所述,HSC委员会一致同意将其归入税目96.02。 根据归类总规则一。			

序号	1077	归类决定编号	W2014-339	公告编号	2014 年第 93 号
商品税则号列		9603.90		公告实施日期	2015 年 1 月 1 日
商品名称	梭子用绒束				
英文名称	Tufts for shuttles				
其他名称					
商品描述	该商品由长度12~24毫米的人造棕毛，经一端胶粘形成绒头束而构成。用于某些纺织纤维（例如，黄麻）织机，作为梭衬使用，其功能是控制织造过程中纱线的退绕。				
归类依据	根据归类总规则一及六。				

序号	1078	归类决定编号	W2005-500	公告编号	2005 年第 63 号
商品税则号列		96.05		公告实施日期	2005 年 12 月 23 日
商品名称	成套卫生用品				
英文名称	Toilet set				
其他名称					
商品描述	由航空公司分发给航线上乘客的成套卫生用品。一个纺织材料制作的长方包，尺寸为12厘米×12厘米×8厘米，内装下列物品： ——一个牙刷和一管牙膏； ——一个卡纸指甲锉； ——一条纤维素絮胎制手帕； ——"Christian Dior"美容产品： 不含酒精的护肤液（14毫升）； 一个护肤面霜（5毫升）； 一个卸妆液（14毫升）； ——一个唇膏； ——一个温泉水喷雾。				
归类依据	HSC委员会决定所有组成这套用品的物品均是用于个人卫生，而且该套用品制成了供个人卫生用的旅行包装，应归入税目96.05。 根据归类总规则一。				

序号	1079	归类决定编号	W2005-501	公告编号	2005 年第 63 号
商品税则号列		96.05		公告实施日期	2005 年 12 月 23 日
商品名称	成套卫生用品				
英文名称	Toilet set				
其他名称					
商品描述	由航空公司分发给航线上乘客的成套卫生用品。一个纺织材料制作的长方包，尺寸为 20 厘米×12 厘米×5 厘米，内装下列物品： 1 个一次性剃须刀和一小罐剃须膏； 1 支牙刷和一小管牙膏； 1 条带香味的手帕； 1 双针织短袜； 1 个防光线的纺织物眼罩； 1 副耳塞。				
归类依据	HSC 委员会代表认为组成这套用品的所有物品均是用于个人卫生，而且该套用品制成了供个人卫生用的旅行包装，应归入税目 96.05。另外，考虑到该套物品中的纺织物品，例如短袜、手帕，一些委员认为，不同物品应分别归类。HSC 委员会最后决定将该产品归入税目 96.05。根据归类总规则一。				

序号	1080	归类决定编号	W2014-340	公告编号	2014 年第 93 号
商品税则号列		9611.00		公告实施日期	2015 年 1 月 1 日
商品名称	手动贴标签装置				
英文名称	Hand-operated labeling appliance				
其他名称					
商品描述	薄钢板外壳内装有一个带有浸渍墨水填料的打印装置，一卷单面涂有黏合剂的宽 2 厘米的纸带，一个将标签分割的切割器及一个操作手柄；通过操作上述手柄可同时将纸带打印、切割，以及将打印好的部分粘贴到要加贴标签的商品上。				
归类依据	根据归类总规则一。				

序号	1081	归类决定编号	W2014-341	公告编号	2014 年第 93 号
商品税则号列		9611.00		公告实施日期	2015 年 1 月 1 日
商品名称	手工操作的压浮雕装置				
英文名称	Hand-operated embossing appliances				
其他名称					
商品描述	该商品由金属或塑料制成，带有钳式运动机构，用于在标签或牌子上压制浮雕，包括：1. 一个空白的金属或塑料条、带的储存盒；2. 一个通过操纵杆操作的压浮雕装置，并包括一个承载字母、数字及符号的圆盘；3. 一个钢刀片，用于切下已印制的条或带。				
归类依据	根据归类总规则一。				

序号	1082	归类决定编号	W2018-079	公告编号	2018 年第 159 号
商品税则号列		9620.00		公告实施日期	2018 年 12 月 1 日
商品名称	钢铁制无线自拍杆				
英文名称	Wireless "selfie-stick" made of steel				
其他名称					
商品描述	钢铁制无线自拍杆，带一个手柄，其一端为电源开关及充电接口，另一端为安装座，智能手机可以用一个可调节的固定支架安装在它上面。它可以通过开放的无线技术标准（例如蓝牙）与智能手机的操作系统配对。按下自拍杆上的按钮即可自拍照片。为了拍摄更广角的照片，自拍杆可以从 25 厘米延伸到 102 厘米，头部可以旋转。它也可以用于数码相机。				
归类依据	根据归类总规则一及三（二）。				

序号	1083	归类决定编号	W2005-003	公告编号	2005 年第 63 号
商品税则号列		分别归类		公告实施日期	2005 年 12 月 23 日
商品名称	闭路电视系统				
英文名称	Closed circuit video surveillance system				
其他名称					
商品描述	包括由数个电视摄像机及彩色视频监视器通过同轴电缆与控制器、开关及音频台/接收机连接构成的组合装置（系统）。[闭路由一个或多个监视台控制，有时个人计算机（用于存储数据）及（或）视频录像机（用于录制图像）也可与系统连接，还可连有其他附件，如麦克风、扬声器、音响报警器等。]				
归类依据	由于不构成单一功能，又不能视为成套货品，故不能根据第十六类注释四或归类总规则三（二）将各部件按视频监视器归入税目 85.28。因此，HSC 委员会将各部件分别归入适当税目。HSC 委员会第二十五次会议通过了对第十六类总注释[第七部分（功能机组），排他条款]的修改。				

序号	1084	归类决定编号	W2005-004	公告编号	2005 年第 63 号
商品税则号列		分别归类		公告实施日期	2005 年 12 月 23 日
商品名称	多种装置构成的系统				
英文名称	System comprising several types of apparatus				
其他名称					
商品描述	不同种类的设备之间用电缆连接，教师可通过相互作用的通信系统控制许多学生的工作。该设备分为两大部分：一个教师工作平台（个人电脑）、用于与集成扬声器相连接的塔台、可与各个教室对话的控制单元、头戴耳机及一至三个盒式录音机；一个学生工作平台（包括盒式录音机、带麦克风的头戴耳机及遥控器）。本系统还包括录于 Windows 95 或 NT4.0 磁盘上的相应软件。该系统可与打印机、电脑、指令机、视频设备一起使用，也可单独用作语言实验室。				
归类依据	主要问题是要决定该语言实验室是否符合第十六类注释四功能机组的定义。HSC 委员会决定，构成该实验室的各个部件组合后没有明显具有一种第八十四章或第八十五章某个税目所列功能，因此应分别归类。				

序号	1085	归类决定编号	W2005-005	公告编号	2005年第63号
商品税则号列		分别归类		公告实施日期	2005年12月23日
商品名称	供空中乘客使用的成套卫生清洁用品				
英文名称	Toilet set distributed by airlines to passengers				
其他名称					
商品描述	供乘客在飞机上或到达目的地未取到行李时使用。尺寸为25厘米×16厘米×12厘米的矩形织物袋内装有下列个人卫生用品： 1瓶液体肥皂（40毫升）； 1瓶身体润肤霜（40毫升）； 1瓶科隆香水皂（40毫升）； 1把一次性剃须刀及一小瓶剃须膏； 1个牙刷及牙膏； 1个擦鞋器； 1个针线包； 3个纸板制指甲锉； 1把发梳； 1块纸巾； 1个衣刷； 1个鞋拔； 1双无底针织拖鞋； 1个卫生手套； 1套针织男女通用睡衣裤（含50%聚酯及50%腈纶的短袖T恤衫及短裤）。				
归类依据	睡衣裤、拖鞋等纺织产品不属个人卫生用品故不适于税目96.05。此外，套件的各件物品并非互补，不能构成归类总规则三（二）所指的成套货品。因此，HSC委员会决定应根据归类总规则一将各件物品归入各自相应税目。为反映这一决定，已在税目96.05注释插入一条新排他条款。				

序号	1086	归类决定编号	W2005-291	公告编号	2005 年第 63 号
商品税则号列		分别归类		公告实施日期	2005 年 12 月 23 日
商品名称	由两件服装构成的成套物品				
英文名称					
其他名称					
商品描述	由下列服装构成的成套物品： 1. 一件夹克上衣（A "jacket-like" garment）。 用于人体上半身穿着。有衣领，短袖，胸前有一个口袋，腰下有两个口袋。该服装除袖子外由三片面料构成，前部全开襟，右边搭左边纽扣闭合。另附有一根带子。 2. 一条裙子（A skirt）。 后面以五个纽扣闭合，用与上部服装相同的机织物制成，一块刺绣哔叽织物缝入裙子下部并悬垂在裙底部约 6 厘米。				
归类依据	HSC 委员会认为，这两件服装不是"便服套装"，因为悬垂在裙底部约 6 厘米的刺绣哔叽织物赋予裙子与上衣不同的织物结构，不能看作为装饰。根据归类总规则一，上衣归入 6204.31 至 6204.39，裙子归入 6204.51 至 6204.59。				

序号	1087	归类决定编号	W2014-342	公告编号	2014 年第 93 号
商品税则号列		分别归类		公告实施日期	2015 年 1 月 1 日
商品名称	餐厅桌椅				
英文名称	Dining room tables and chairs				
其他名称					
商品描述	成套进口：7 件套餐厅桌椅（木质桌子和 6 把相匹配的椅子），成套出售。（桌子的尺寸为 36 英尺×60 英尺，由木质层压板制成，颜色为樱桃色；椅子由黑色亚光管状金属架焊接制成，通过螺丝安装上与桌面配套的椅面；整套桌椅装在 4 个箱子里运输。）				
归类依据	根据归类总规则一及六。				

序号	1088	归类决定编号	W2014-343	公告编号	2014 年第 93 号
商品税则号列		分别归类		公告实施日期	2015 年 1 月 1 日
商品名称	基座（与无线手机组成电话）				
英文名称	Base unit（intended to be used with a cordless handset as a telephone）				
其他名称					
商品描述	基座（被用于与无线手机组成电话）编入一个完整的调制解调器和增强型数字无绳通信协议（DECT），基座（packing with 342）有自己的独立包装，并与分开包装的手机和充电器同时报验。				
归类依据	根据归类总规则一和六。				

序号	1089	归类决定编号	W2014-344	公告编号	2014 年第 93 号
商品税则号列		分别归类		公告实施日期	2015 年 1 月 1 日
商品名称	类似帐篷的隧道（未组装）				
英文名称	Tent-like tunnels（unassembled）				
其他名称					
商品描述	其主体结构是钢结构，聚乙烯布通过捆绑覆盖在钢结构上。一些类型的商品用作温室。				
归类依据	每个组件按照其构成材料分别归类。				

序号	1090	归类决定编号	W2005-001	公告编号	2005 年第 63 号
商品税则号列		其他		公告实施日期	2005 年 12 月 23 日
商品名称	顺势疗法制剂				
英文名称	Homeopathic preparations				
其他名称					
商品描述	同商品名称。				
归类依据	由于缺乏顺势疗法制剂的定义，HSC 委员会同意这类制剂应根据具体情况一事一议确定归类，并决定不为这类产品加列税目。				

序号	1091	归类决定编号	W2005-002	公告编号	2005 年第 63 号
商品税则号列		其他		公告实施日期	2005 年 12 月 23 日
商品名称	装框的画及相片				
英文名称	Framed pictures and photographs				
其他名称					
商品描述	同商品名称。				
归类依据	HSC 委员会决定，装框物品为组合物，在缺少类似九十七章注释五法律注释的情况下，应根据归类总规则三（二）或三（三）归类。				

序号	1092	归类决定编号	W2005-006	公告编号	2005年第63号
商品税则号列		其他		公告实施日期	2005年12月23日
商品名称	宠物玩具				
英文名称	Toys for pets				
其他名称					
商品描述	1. 一个带哨的塑料"狗玩具"，形如红白色猪排骨。2. 一个带有猫薄荷（具有吸引猫的气味）的纺织物"猫玩具"，形如深蓝色老鼠，装有铃铛。				
归类依据	HSC委员会决定这些物品不考虑为税目95.03所指的玩具，应根据其构成材料归类。2002年版《协调制度》中已插入九十五章新注释四以明确这一决定。				

归类决定
第三部分（J字头）

序号	1	归类决定编号	J2006-0001	公告编号	2007年第70号
商品税则号列		05.07		公告实施日期	2007年12月5日
商品名称	猛犸象牙				
英文名称					
其他名称					
商品描述	进口状态为长牙状，未经过加工，表层呈现褐色，横切断面为牙黄色且为多层，外层受石化作用明显，呈现粗糙龟裂感，内层质地细腻润滑，微呈蜡状光泽，有瓷感。进口后用于雕刻，进口后加工工艺：将猛犸象牙剖去表层，利用内层材料作为雕刻材料。				
归类决定	猛犸象牙是一种兽牙，进口时并未完全石化，还具备象牙特质，且进口后主要用于象牙雕刻，符合《税则注释》关于品目05.07对兽牙的解释： "本品目包括未经加工或虽经简单整理但未切割成形（即除锉磨、刮削、洗净、除去多余部分、整蚀、劈开、非成形切割、粗刨、拉直及平整工序外，未经进一步加工）的下列产品： 一、兽牙： 本《协调制度》所称'兽牙'，是指下列骨质物体：（一）象、河马、海象、一角鲸或野猪的长牙；（二）犀角；（三）任何陆上或海上动物的牙齿。" 归类技术委员会决定该商品应归入《税则》税目05.07。				

序号	2	归类决定编号	J2008-0002	公告编号	2008年第36号
商品税则号列		09.10		公告实施日期	2008年5月20日
商品名称	欧当归香料				
英文名称	Lovage				
其他名称	独活草				
商品描述	欧当归香料属伞形科草本植物，原产于南欧。其茎和叶可制茶，用作蔬菜及食品（尤其是肉类）调味料，根茎可用作祛风药，种子常被用作糖果和利口酒的调味品。有类似芹菜的香甜味，从其开花顶枝提取的香精油可用作香料和调味料。				
归类决定	归类技术委员会决定，欧当归香料为添加到食品中增加食品口感和香味的调味料，根据归类总规则一，应归入《税则》税目09.10项下。				

序号	3	归类决定编号	J2018-0003	公告编号	2018年第183号
商品税则号列			1106.3000	公告实施日期	2019年1月1日
商品名称		扁桃仁粉			
英文名称					
其他名称					
商品描述		该商品是将扁桃仁去壳后打成"粉状"。经测量,该扁桃仁粉的粒度大小约0.1~1毫米。			
归类决定		该商品是将扁桃仁去壳后打成"粉状",粒度大小约0.1~1毫米。根据归类总规则一及六,该商品应归入税则号列1106.3000。			

序号	4	归类决定编号	J2010-0001	公告编号	2010 年第 87 号
商品税则号列			1211.9039	公告实施日期	2010 年 12 月 28 日
商品名称		罗汉果			
英文名称					
其他名称					
商品描述		该商品为干燥、完整没有破裂的罗汉果,主要供人冲泡或煮水饮用。加工工艺:原料→筛选分级→剔除破果响果→二次烘干→检测→定型包装→成品入库。			
归类决定		经干燥的罗汉果的主要特征体现在其药用价值上,符合税目 12.11 的条文规定,应作为"主要用作药料的植物"归类。根据归类总规则一,该商品应归入税则号列 1211.9039。			

序号	5	归类决定编号	J2013-0004	公告编号	2014 年第 2 号
商品税则号列			1212.9999	公告实施日期	2014 年 1 月 15 日
商品名称		发酵虫草菌粉			
英文名称					
其他名称					
商品描述		该商品是以马铃薯、蔗糖、豆粕等为培养基,以蝙蝠蛾拟青霉(从新鲜的冬虫夏草中分离得到)为菌种进行发酵培养后,分离出的菌丝体经干燥粉碎制得。"发酵虫草菌粉"具有增强机体免疫功能的作用,为一般营养保健品原料及食品添加剂原料。			
归类决定		根据归类总规则一及六,该商品应归入税则号列 1212.9999。			

序号	6	归类决定编号	J2018-0004	公告编号	2018 年第 183 号
商品税则号列			1302.1990	公告实施日期	2019 年 1 月 1 日
商品名称		辣椒红色素半成品			
英文名称					
其他名称					
商品描述		该商品外观为深红色黏稠液体，成分含量和指标：色价申报为 E30-70，实际货物为 E32-E48，辣椒素含量为 4.5%~5.0%、油脂约 85%、糖类及磷脂类 6% 等。该类商品生产工艺为辣椒干去籽→磨粉造粒→正己烷和丙酮混合溶剂提取、浓缩。主要用途为用于继续深加工，分离富含辣椒红色素或辣椒素的产品。				
归类决定		该商品生产工艺未超出《税则》品目 13.02 允许的范围。根据归类总规则一及六，该商品应归入税则号列 1302.1990。				

序号	7	归类决定编号	J2006-0003	公告编号	2007 年第 70 号
商品税则号列			15.04	公告实施日期	2007 年 12 月 5 日
商品名称		鱼油			
英文名称					
其他名称					
商品描述		鱼油以海洋鱼类为主要原料，含有丰富的 OMEGA-3 不饱和脂肪酸，其中主要成分为 DHA 和 EPA。主要原料为鱼油、维生素 E（抗氧剂）。每粒含 150 毫克 EPA、100 毫克 DHA、1 毫克维生素 E、甘油、明胶等（胶囊）。				
归类决定		胶囊仅起包装作用，不影响商品归类。作为抗氧剂的维生素 E 不影响商品的归类。归类技术委员会决定该商品应归入《税则》税目 15.04。				

序号	8	归类决定编号	J2022-0001	公告编号	2022年第78号
商品税则号列		1602.9090		公告实施日期	2022年9月1日
商品名称		冻煮蚕蛹			
英文名称					
其他名称					
商品描述		该商品为冻煮蚕蛹，-18℃贮存，保质期半年。加工工艺：原材料100%蚕蛹经检验→筛洗→挑选→蒸煮杀菌→冷却→速冻等。常温下自然解冻，调味后即可食用。			
归类决定		该商品为一种供人食用的昆虫产品，加工工艺超出了《税则》第四章注释六的规定。根据归类总规则一及六，该商品应归入税则号列1602.9090。			

序号	9	归类决定编号	J2022-0002	公告编号	2022年第78号
商品税则号列		1602.9090		公告实施日期	2022年9月1日
商品名称		冻煮稻蝗			
英文名称					
其他名称					
商品描述		该商品色泽为深红色，规格2.5~4.5厘米。加工工艺：鲜活稻蝗经筛选、过滤、蒸煮至全熟，冷却后分级挑选，经清洗、控水、金属探测、称重装袋，最后速冻（-25℃）装箱。该商品为半成品，经进一步加工后加入调料即可食用。			
归类决定		该商品为一种供人食用的昆虫产品，加工工艺超出了《税则》第四章注释六的规定。根据归类总规则一及六，该商品应归入税则号列1602.9090。			

序号	10	归类决定编号	J2008-0003	公告编号	2008 年第 36 号
商品税则号列		16.05		公告实施日期	2008 年 5 月 20 日
商品名称	干海参				
英文名称					
其他名称					
商品描述	海参从捕捞到最后加工成成品干海参，其制作工艺有两种： 1. 捕捞→剖肚→过水→饱和盐水浸渍→滚盐→盐湿海参→烘干→盐干海参； 2. 捕捞→剖肚→过水→草木灰揉→烘干→淡干海参。 其中，"过水"工艺是将海参在开水中煮 10~15 分钟不等，否则海参接触空气会化掉，不易保存。				
归类决定	根据《税则注释》关于品目 03.07 的排除条款"本品目不包括用非本品目所列方法制作或保藏的软体动物及其他水生无脊椎动物（例如，用水煮过或用醋腌制的软体动物）（品目 16.05）"，该商品应归入《税则》税目 16.05 项下。				

序号	11	归类决定编号	J2010-0002	公告编号	2010 年第 87 号
商品税则号列		1806.90		公告实施日期	2010 年 12 月 28 日
商品名称	特殊形状巧克力				
英文名称					
其他名称					
商品描述	该类商品为特殊形状的巧克力，通常为零售盒装，主要有以下几种：一是动植物造型，如海螺、扇贝、海马、鱼、虾蟹、花、叶子等形状；二是水滴、钻石、马蹄、贝壳、心形、五角星、浮雕造型等形状；三是立体几何造型，如球体、元宝形、圆锥形等形状。				
归类决定	"特殊形状巧克力"为一口就可含食的巧克力，不属于"块状或条状"巧克力，根据归类总规则一，该类商品应归入税则子目 1806.90。				

序号	12	归类决定编号	J2017-0001	公告编号	2017 年第 46 号
商品税则号列		2007.1000		公告实施日期	2017 年 10 月 1 日
商品名称		有机苹果香蕉梨混合果泥			
英文名称					
其他名称					
商品描述		该商品制作工艺为苹果、香蕉、梨等鲜果经分拣碎浆过滤后制成果酱，果酱经杀菌加热后无菌罐装冷藏保存。生产时果酱经高速搅拌器搅拌，再通过 90℃～100℃ 高温烹煮灭菌处理后封装成 120 克小包装，后续再经杀菌、冷却、干燥后装箱。其间未添加任何食品添加剂，主要成分为 60% 有机苹果泥，20% 有机香蕉泥，10% 有机梨泥，10% 有机桃泥；适用于 6 个月以上婴儿及幼儿。			
归类决定		该商品属于"均化食品"，根据归类总规则一及六，应归入税则号列 2007.1000。			

序号	13	归类决定编号	J2006-0004	公告编号	2007 年第 70 号
商品税则号列		第二十一章或第二十九章		公告实施日期	2007 年 12 月 5 日
商品名称		味精			
英文名称					
其他名称					
商品描述		味精的种类主要有： 1. 根据消费习惯制成的谷氨酸钠与食盐的混合物，这在我国某些地区生产较多； 2. 生产高纯度、高透明度、大粒度的结晶味精，其纯度、透明度、重金属含量等理化指标和卫生指标已达到我国关于谷氨酸钠的国家标准 GB/T 8967—2007 的要求，这在国外和国内许多生产厂家已大量采用； 3. 由谷氨酸单钠再配以一定量的增效剂（如 5'-肌苷酸钠、5'-鸟苷酸钠等）制成强力味精或特鲜味精。			
归类决定		归类技术委员会决定，对于完全符合国家标准的"谷氨酸钠"，如果没有人为地加入"杂质"，应归入《税则》第二十九章；如果是混合的产品，则归入《税则》第二十一章。			

序号	14	归类决定编号	J2006-0005	公告编号	2007年第70号
商品税则号列		21.06		公告实施日期	2007年12月5日
商品名称	酒花产品				
英文名称					
其他名称					
商品描述	啤酒花（以下简称酒花）用于啤酒工业，利用其苦味、香味、防腐力和澄清麦汁的能力使啤酒别具风味。随着酒花加工业的不断发展，其加工方法及产品日新月异。酒花产品有以下几种： 1. 稳定型颗粒酒花。 普通颗粒酒花的 α-酸的 2 价盐（特别是镁盐）比游离 α-酸的化学稳定性强，如果将颗粒酒花中的 α-酸转化为其镁盐，则品种的不稳定性可大大减少。制造工艺：整酒花→粉碎→粉碎酒花→磁性分离，筛分→干燥器→6%水分的酒花粉→添加 1%食品级的 Mg(OH)$_2$ 匀质→压粒机压制成颗粒。其与普通颗粒酒花的制造的不同之处仅仅在于匀质时添加了 Mg(OH)$_2$。 2. 预异构化颗粒酒花。 预异构化颗粒酒花是将 α-酸预先异构化，再制成颗粒，即将上述添加 Mg(OH)$_2$ 的稳定型颗粒酒花，在不超过 80℃的条件下，绝氧加热，可将 α-酸镁盐转化为异 α-酸镁盐。加工工艺：整酒花→粉碎→筛分→混合，添加 1%食品级的 Mg(OH)$_2$→压粒→绝氧加热→冷却→包装。 3. 皂土颗粒酒花。 皂土颗粒酒花是将普通颗粒酒花与 20%的皂土混合，匀质后压成颗粒，使酒花树脂具有较大的表面积，可加速酒花苦味物质溶于麦汁中，并使 α-酸的异构化进程加速。				
归类决定	归类技术委员会决定将稳定型颗粒酒花、预异构化颗粒酒花和皂土颗粒酒花归入《税则》税目 21.06 项下。				

序号	15	归类决定编号	J2009-0001	公告编号	2009年第83号
商品税则号列		2106.9090		公告实施日期	2009年12月23日
商品名称		豆腐乳			
英文名称					
其他名称		南乳、猫乳			
商品描述		该商品的制作工艺可分为两个步骤： 1. 从大豆加工制成豆腐：大豆→磨浆→滤渣→煮沸→点卤→挤干→豆腐； 2. 从豆腐加工成腐乳：豆腐→接种毛霉→加盐腌制→加卤汤→密封腌制→腐乳。			
归类决定		在制作腐乳的过程中，先将大豆的粗纤维过滤，制成凝聚的豆类蛋白质，而后又通过毛霉的作用将大豆蛋白的肽键水解，使得大豆的基本特征发生根本变化。根据归类总规则一，归类技术委员会决定将该商品归入税则号列2106.9090。			

序号	16	归类决定编号	J2006-0006	公告编号	2007年第70号
商品税则号列		22.08		公告实施日期	2007年12月5日
商品名称		酒味冰激凌			
英文名称		Freaky Ice RUM&COLA			
其他名称					
商品描述		酒味冰激凌（Freaky Ice RUM&COLA）由水、朗姆酒、调味料、食用色素（焦糖色）、防腐剂、咖啡因等组成，其中酒精浓度为4.8%。 包装为塑料软包装（25厘米×5厘米），50毫升/支，常温下为液态（此状态下保存期为1年），在-18℃为固态，运输时可选择液态或固态。最佳食用状态为：-18℃下冷冻7小时后食用，限成年人使用。			
归类决定		归类技术委员会决定将固态和液态的此类商品均归入《税则》税目22.08。			

序号	17	归类决定编号	J2006-0007	公告编号	2007年第70号
商品税则号列		23.08		公告实施日期	2007年12月5日
商品名称		橡籽仁			
英文名称					
其他名称					
商品描述		橡籽仁，含有70%的淀粉，加工工序：橡籽果→晾晒→机械筛选分类→机械脱壳→烘干→整理筛选→包装；出口后生产淀粉工序为原料浸泡→清洗去石→磨浆→浆渣分离→高速脱水→淀粉成品。提取的淀粉用于生产粉丝、饼干、凉面、凉粉等，属无公害、无污染的绿色保健食品。			
归类决定		根据《税则注释》，植物产品如果可作为动物饲料，而且在其他品目中又没有具体列名，则应归入品目23.08。归类技术委员会决定该商品应归入《税则》税目23.08项下。			

序号	18	归类决定编号	J2016-0002	公告编号	2016年第11号
商品税则号列		2501.0019		公告实施日期	2016年3月1日
商品名称		矿盐盐砖			
英文名称					
其他名称					
商品描述		各种规格的盐砖经切割矿盐制得，没有经过打磨和抛光加工。利用盐石的特性，盐砖可作为装饰建材使用，可做隔断墙，铺设墙面，铺设地面。加热盐砖可使其产生负离子、气溶胶盐。人在有盐砖的房子里，通过加热盐砖，人可以呼吸盐的微尘。			
归类决定		该商品的加工工艺未超出《税则》第二十五章允许的加工范围。根据归类总规则一及六，该商品归入税则号列2501.0019。			

序号	19	归类决定编号	J2016-0004	公告编号	2016年第11号
商品税则号列		2501.0019		公告实施日期	2016年3月1日
商品名称		矿盐舔砖			
英文名称					
其他名称					
商品描述		矿盐的氯化钠含量95%以上，另含有微量元素，动物通过舔食补充盐分。该商品经穿孔（贯穿）工艺加工。动物的舔食盐块有很多种类，一种是适合牧场放养动物用的，牧场主在草原的几个地方插上棍子，将这个盐块套在上面，牲畜围过来舔食；另一种是将矿物盐块吊到房顶上，利用孔插上固定木棒绑上绳子吊在房梁上，供牲畜舔食。			
归类决定		该商品的加工工艺未超出《税则》第二十五章允许的加工范围。根据归类总规则一及六，该商品归入税则号列2501.0019。			

序号	20	归类决定编号	J2006-0008	公告编号	2007年第70号
商品税则号列		25.30		公告实施日期	2007年12月5日
商品名称		锆刚玉碎料			
英文名称					
其他名称					
商品描述		该商品为玻璃窑烧制过程中内衬生成的块碎料，进口后经粉碎添加氧化锆后重新熔炉烧制耐火砖。根据海关化验鉴定结果，该商品为锆刚玉和氧化硅的混合物。			
归类决定		该商品属碎砖块状，是玻璃窑烧制过程中由内衬生成的碎料。根据归类总规则一，该商品应归入《税则》税目25.30。			

序号	21	归类决定编号	J2016-0006	公告编号	2016 年第 11 号
商品税则号列		2620.3000		公告实施日期	2016 年 3 月 1 日
商品名称	铅砷冰铜				
英文名称					
其他名称					
商品描述	干燥黑色细颗粒，如粗沙粒，手感较重，无磁性。经化验，其主要成分：Cu 57.2%、Pb 17.4%、Au 5.42 克/吨、Ag 4 541 克/吨，含水 1.07%。 加工工艺：铅精矿熔炼产生粗铅，将粗铅加热到一定温度然后缓缓降温使铜析出，粗铅中的铜与砷、锑易生成不溶于铅的化合物，形成铜浮渣。因为铜浮渣中仍含有大量的金属铅，并富集较高的铜以及贵金属，为了继续回收铜、铅及贵金属，冶炼厂会进一步处理铜浮渣。采用电炉熔炼炉料（铜浮渣加苏打，加入苏打的目的是改善炉料的性质，降低熔点和密度），得到冰铜、炉渣和烟尘。产出的冰铜为块状，为了方便销售及售后入炉使用，将块状冰铜简单破碎成颗粒状。				
归类决定	根据归类总规则一及六，该商品应按铜矿渣归入税则号列 2620.3000。				

序号	22	归类决定编号	J2009-0002	公告编号	2009 年第 83 号
商品税则号列		2620.9990		公告实施日期	2009 年 12 月 23 日
商品名称	棕刚玉渣				
英文名称					
其他名称					
商品描述	该商品为不规则块状固体，成分为"铁75%、硅10%、钛3%、铝小于1%"，是"含有铁、硅和少量铝、钛等元素"的混合物。在冶炼棕刚玉的过程中，为提高 Al_2O_3 的主含量，同时降低其他杂质（TiO_2、CaO、SiO_2 等）的含量，在其冶炼所用原料（铝矾土，无烟煤）中加入少量铁屑作为还原剂，经过电弧炉内高温冶炼将杂质还原沉淀到冶炼炉的最底部而生成的残渣，并很容易与棕刚玉产品分离开来。该商品主要用于高速公路铺路及初级磨削等低级使用。				
归类决定	归类技术委员会决定，该商品并非专门生产的产品，而是生产过程中产生的废渣，虽然成分符合《税则》中铁合金的含量标准，但其成分不稳定的特点使其不能实现铁合金作为定剂量的催化剂的用途，并且主要用于高速公路铺路及初级磨削等。根据归类总规则一，该商品归入税则号列 2620.9990。				

序号	23	归类决定编号	J2006-0009	公告编号	2007 年第 70 号
商品税则号列		2711.1400		公告实施日期	2007 年 12 月 5 日
商品名称		混合烃类气			
英文名称					
其他名称					
商品描述		混合液化烃类气的主要成分：丁烷 8.4%、丁烯 43.43%、丁二烯 43.05%、戊烷 1.52%、乙炔 1.76%。该商品一般被称为混合碳四，是轻柴油裂解后产生的副产品。 混合烃类气的主要用途为运用二甲基甲酰胺通过精馏方式分离出其中的 1,3-丁二烯以进一步加工，其余组分则成为以丁烷、丁烯为主的石油液化气，即日常所用的工业、民用石油液化气。			
归类决定		该商品属于混合物，根据归类总规则三（二），按构成混合物基本特征的组分商品进行归类。该混合烃类气因其中的丁烯、丁二烯同属于税则号列 2711.1400 的列名商品，其含量合计共占混合物的 80% 以上，可视其为构成该混合烃类气基本特征的组分商品，因此，该商品应归入税则号列 2711.1400。			

序号	24	归类决定编号	J2006-0010	公告编号	2007 年第 70 号
商品税则号列		第三十章		公告实施日期	2007 年 12 月 5 日
商品名称		饲料添加剂"球净"			
英文名称					
其他名称					
商品描述		"球净（NECOXINE）"由两种成分尼卡巴嗪和乙氧酰胺苯甲酯（Ethopabate）配制而成，是防治鸡球虫病的产品。尼卡巴嗪是一种广谱抗球虫剂，可以保护盲肠及小肠免遭球虫侵害，以避免由此引起的死亡。乙氧酰胺苯甲酯是一种对氨基苯甲酯（PABA）拮抗剂，与 NICARBAZINE 配合使用，可以加强抗球虫的活性作用。 使用方法：每吨饲料添加浓度为 25% 的"球净"0.5 千克（换算为 125 毫克/千克）。肉鸡从第一天开始喂食至出售；蛋鸡从第一天开始喂食到产蛋前两周。			
归类决定		归类技术委员会决定该商品应归入《税则》第三十章。			

序号	25	归类决定编号	J2018-0005	公告编号	2018 年第 183 号
商品税则号列		3004.3900		公告实施日期	2019 年 1 月 1 日
商品名称	诺和力				
英文名称					
其他名称	利拉鲁肽注射液				
商品描述	该商品活性成分为利拉鲁肽，属于通过基因重组技术，利用酵母生产的人胰高糖素样肽-1（GLP-1）类似物。其他成分为二水合磷酸氢二钠、丙二醇、盐酸和/或氢氧化钠（仅作为 pH 调节剂）、苯酚和注射用水。 药理作用：利拉鲁肽的主要作用是通过与 GLP-1 受体结合后刺激胰腺 β 细胞内的 G 蛋白 Gs，耦合至腺苷酸环化酶生成环磷腺苷（cAMP），cAMP 能进一步激活下游的信号传导系统，最主要的为蛋白激酶 A（PKA）和 cAMP 调节的鸟嘌呤核苷酸交换因子（GEF，又称为 Epac）。当葡萄糖浓度升高时，利拉鲁肽可以增加细胞内环磷腺苷（cAMP），使胰岛 β 细胞内钙离子（Ca^{2+}）浓度增加，增加其下游的一系列的细胞内信号传递，从而诱导胰岛素的释放，使细胞内更多的胰岛素进入到血液中。其次，当钙离子浓度升高时，也可促进钙调蛋白磷酸酶（PP2B）使活化 T 细胞核因子（nuclear factor of activated T ceUs，NFAT）与胰岛素的启动子结合，从而诱导胰岛素分泌。				
归类决定	该商品中的利拉鲁肽属于激素类似物，根据归类总规则一及六，该商品应归入税则号列 3004.3900。				

序号	26	归类决定编号	J2015-0006	公告编号	2015年第13号
商品税则号列		3004.9090		公告实施日期	2015年4月23日
商品名称		拜复乐			
英文名称					
其他名称					
商品描述		拜复乐又名盐酸莫西沙星氯化钠注射液，品牌为Bayer；规格为250毫升/瓶。该商品用于成人上呼吸道和下呼吸道感染，皮肤和软组织感染，每瓶含莫西沙星0.4克、氯化钠2.0克。盐酸莫西沙星的分子式为$C_{21}H_{24}FN_3O_4 \cdot HCl$；化学名称为1-环丙基-7-｛(S,S)-2,8-重氮-二环【4.3.0】壬-8-基｝-6-氟-8-甲氧-1,4-二氢-4-氧-3-喹啉羧酸盐酸盐。 盐酸莫西沙星结构式			
归类决定		根据归类总规则一及六，该商品应归入税则号列3004.9090。			

序号	27	归类决定编号	J2013-0010	公告编号	2014年第2号
商品税则号列		3102.1000		公告实施日期	2014年1月15日
商品名称		车用尿素溶液			
英文名称					
其他名称					
商品描述		该商品由去离子水和尿素混合搅拌制得,用作处理汽车尾气的催化还原剂。 成分:30%~40%尿素和60%~70%去离子水。 工作原理:将该商品注入选择性催化转换器(SCR)系统,尿素与灼热的尾气接触转化为氨,氨与尾气中的氮氧化物反应成氮气及水,从而降低氮氧化物及黑烟颗粒的排放。			
归类决定		根据归类总规则一及六,该商品应归入税则号列3102.1000。			

序号	28	归类决定编号	J2006-0011	公告编号	2007年第70号
商品税则号列		3214.9000		公告实施日期	2007年12月5日
商品名称		纤维装饰墙衣			
英文名称					
其他名称					
商品描述		该商品的主要成分:回收纸浆40%、棉纤维40%、聚酯纤维15%、其他(人造纤维及粉末状水溶性胶)5%。 海关化验鉴定结果:成分为木纤维、纸浆、纤维素衍生物等,以纤维类物质为主,无机物占3.54%。纤维装饰墙衣用于室内墙面装饰,原始为干絮状,使用时加清水搅拌成纸浆状后用辊刷涂于室内墙面即可。			
归类决定		根据《税则注释》对品目32.14的相关解释,归类技术委员会决定将纤维装饰墙衣按墙面涂料制剂归入税则号列3214.9000。			

序号	29	归类决定编号	J2008-0004	公告编号	2008年第36号
商品税则号列		32.15		公告实施日期	2008年5月20日
商品名称	紫外光固型阻焊油墨				
英文名称					
其他名称					
商品描述	该油墨涂布在已形成铜导线的印刷电路板上,以免在电路板上焊接各种器件时使导线损坏。其作用: 1. 防焊,防止波焊时造成的短路,并节省焊锡的用量; 2. 护板,防止线路被湿气、各种电解质及外来的机械力所伤害; 3. 绝缘,紫外光固型阻焊油墨的主要成分为光敏树脂、光引发剂、活性稀释剂着色剂等。在一定波长范围的紫外光照射下,其光敏树脂能迅速发生交联反应而固化形成保护层。 其应用特点:只印刷在将需要保护线路的部分,需要露出铜导线的部分不印,基材在曝光后无须清洗。 其工艺流程:将需要保护线路的部分直接通过丝网印刷印在基材上→UV照射→固化得到绝缘层。				
归类决定	归类技术委员会决定将紫外光固型阻焊油墨归入《税则》税目32.15项下。				

序号	30	归类决定编号	J2017-0003	公告编号	2017年第46号
商品税则号列		3215.9020		公告实施日期	2017年10月1日
商品名称	带浮标墨盒				
英文名称					
其他名称					
商品描述	带浮标墨盒的外壳是塑料材质，已装有水性墨水，用于服装数码打印机。墨盒带有浮标，浮标随墨水使用量减少后会发生移动，配合打印机主体上的浮标位置感应器达到监测墨水使用状态的作用。				
归类决定	根据归类总规则三（二），该商品应按照墨水归入税则号列3215.9020。				

序号	31	归类决定编号	J2006-0012	公告编号	2007年第70号
商品税则号列		第三十三章		公告实施日期	2007年12月5日
商品名称	眼线液原料					
英文名称						
其他名称						
商品描述	该眼线液原料为25千克/桶，主要是由丁烯甘醇、油酸、色料等基本成分配制而成的。该原料进厂后，工厂按一定比例加水搅拌，分装成零售包装的眼线液出售。				
归类决定	归类技术委员会决定该商品应归入《税则》第三十三章。				

序号	32	归类决定编号	J2006-0013	公告编号	2007年第70号
商品税则号列		3302.9000		公告实施日期	2007年12月5日
商品名称	3-庚烯-2-酮（申报品名）					
英文名称						
其他名称						
商品描述	该商品是含有芳樟醇、乙酸乙酯、香茅醇等紫罗兰香型的香料，以3-庚烯-2-酮作为溶剂的混合物，是由亚马孙一带的水果为原料，经碱性缩合反应后蒸馏制得，其中3-庚烯-2-酮的含量为88%。该商品用于生产洗发香波和沐浴露用香精。				
归类决定	该商品中芳香物质构成了商品的基本成分，归类技术委员会决定将该商品归入税则号列3302.9000。				

序号	33	归类决定编号	J2022-0003	公告编号	2022 年第 78 号
商品税则号列		3801.9090		公告实施日期	2022 年 9 月 1 日
商品名称	人造石墨为基本成分的产品				
英文名称					
其他名称					
商品描述	该商品为灰黑色粉末，主要成分：人造石墨 75%~77%、环氧树脂 9%~11%、聚酯 9%~11%、二硫化钨 2%~4%。该产品是用于生产碳刷的原料，进口后通过模制的方式利用其中塑料的黏合性制得成品碳刷。				
归类决定	根据《税则注释》关于品目 38.01 的描述，人造石墨不包括该类人造石墨粉。根据归类总规则一及六，该商品应归入税则号列 3801.9090。				

序号	34	归类决定编号	J2006-0014	公告编号	2007 年第 70 号
商品税则号列		38.15		公告实施日期	2007 年 12 月 5 日
商品名称	三元催化剂				
英文名称					
其他名称					
商品描述	该商品为陶瓷制蜂窝状多孔的圆柱体，涂有铂铑钯催化剂成分，外观直径和长度尺寸可有多种，因使用的场合而定。该商品用以处理废气，防止对空气污染，如用于汽车尾气处理装置（用不锈钢将其包裹，并加入防震橡胶垫、石棉网等即成为三元催化器）、喷漆生产线等工业领域。				
归类决定	归类技术委员会决定该商品应归入《税则》税目 38.15。				

序号	35	归类决定编号	J2006-0015	公告编号	2007 年第 70 号
商品税则号列		38.15		公告实施日期	2007 年 12 月 5 日
商品名称	有机催化剂（固定化细胞催化剂）				
英文名称					
其他名称					
商品描述	微生物有机催化剂（固定化细胞催化剂）NB-99，其主要成分为 3.5%的聚丙烯酰胺、4.5%的微生物（固定化细胞）和 92%的水。该催化剂依靠 4.5%微生物（固定化细胞）进行催化，催化机理主要是依靠微生物（固定化细胞）分泌的酶进行催化，用于生产丙烯酰胺絮凝剂。目前，生产丙烯酰胺的方法有两种：一种是以铜作催化剂的传统生产方法，生产温度较高（110℃～130℃），生产压力也较大（6 千克/平方厘米），且铜催化剂对环境也造成污染；另一种是以微生物（固定化细胞）为催化剂的先进生产方法，其生产温度与压力为常温常压，排出物无毒，废的微生物有机催化剂（固定化细胞）通过焚烧处理，对环境不会产生污染，且聚合生产产品质量极高，投资低，对设备维修量少。				
归类决定	归类技术委员会决定将有机催化剂（固定化细胞催化剂）归入《税则》税目 38.15 项下。				

序号	36	归类决定编号	J2006-0016	公告编号	2007 年第 70 号
商品税则号列		3823.7000		公告实施日期	2007 年 12 月 5 日
商品名称	正丙醇				
英文名称					
其他名称					
商品描述	正丙醇（工业级 67%～70%），含有正丙醇（68.3%）、3-己醇和 2-甲基-1-丙醇，属混合醇。				
归类决定	归类技术委员会决定将该商品归入税则号列 3823.7000。				

序号	37	归类决定编号	J2006-0017	公告编号	2007年第70号
商品税则号列		38.24		公告实施日期	2007年12月5日
商品名称		电阻浆料、有机导电材料			
英文名称					
其他名称					
商品描述		有机导电材料是一种应用广泛的电子材料。这种材料的主要制法是在环氧树脂、硅树脂、酚醛树脂、合成橡胶等聚合物中添加银、钯、镍、碳黑等导电性填充料。这种材料的导电性，除了取决于导电性填充料的特性、形状、浓度函数之外，还随填充料之间的接触电阻而大幅度变化。有机导电材料常见的类型有导电涂料和导电黏合剂（也称导电胶）。现有以下四种商品： 1. 膜导体浆料（6179A PALLADIUM SILVER CONDUCTOR）配方：有机成分占15%，主要为邻苯二甲酸二丁酯和乙基纤维素，固体成分占85%，其中银粉、钯粉和玻璃分别占85%、10%和5%。 2. 铜导电涂料（CONDUCTIVE COATING B3740）配方：银粉15%~20%、乙醇40%~50%、铜粉10%~15%、异丙醇小于5%。 3. 电阻浆料（RESISTOR PASTE）配方：钌粉6%、银粉10%、铅42%、氧化铝42%、其他有机成分（稀释剂等）小于5%。 4. 导电膜（CONDUCTIVE FILM）配方：环氧树脂55%、丙烯酸树脂20%、咪唑20%、镍粉2%、金粉1%、其他2%。			
归类决定		归类技术委员会决定该类商品应归入《税则》税目38.24。			

序号	38	归类决定编号	J2010-0003	公告编号	2010年第87号
商品税则号列		38.24		公告实施日期	2010年12月28日
商品名称		膏状导热胶			
英文名称					
其他名称					
商品描述		该商品为膏状（瓶装），由硅树脂和氮化硼（或氧化铝）混合制成。使用方法及作用：将其填充在个人电脑、电子组件或电子元器件等电子产品的缝隙，利用该商品良好的导热性能，可以有效地散发电子产品工作时产生的热量，防止电子产品因发热受到损害。			
归类决定		根据归类总规则一，将该商品归入《税则》税目38.24项下。			

序号	39	归类决定编号	J2022-0004	公告编号	2022年第78号
商品税则号列		3824.9999		公告实施日期	2022年9月1日
商品名称	铁氧体材料				
英文名称					
其他名称					
商品描述	铁氧体材料以铁红（三氧化二铁）为基本成分，含量在60%~75%，按照一定的配比加入氧化镁、氧化锌、氧化锰等材料，混合均匀后，先经焙烧，然后粉碎，再加入黏合剂后，用喷雾干燥工艺制得。其主要有两种：一种是镁锌铁氧体，另一种是锰锌铁氧体。它们的构成组分类似，主要区别是镁锌铁氧体中的氧化镁含量较氧化锰高，锰锌铁氧体中的氧化锰含量较氧化镁高。例如某进口铁氧体材料（有时称为冲压粉末、软磁粉末等），外观是规则球状细粉末，大小约20~300微米；其组分含量为三氧化二铁61%，氧化镁19%，氧化锌12%，氧化锰7%，属于镁锌铁氧体。铁氧体材料用于制造电视机或显示器的偏转磁芯等，加工方法为铁氧体粉末加入千分之八的硬脂酸锌（作为压制过程中的润滑剂，在400℃时挥发），经混合、压制成型、烧结（温度在1 280℃）等工序，成为成品。				
归类决定	该商品属于原料性质的商品，不能归入《税则》税目85.05。该商品的成分是按特定比例组成的，且有明确的用途，不符合第二十八章章注一的规定，也不能归入第二十八章。根据归类总规则一及六，该商品应归入税则号列3824.9999。				

序号	40	归类决定编号	J2022-0005	公告编号	2022年第78号
商品税则号列		3824.9999		公告实施日期	2022年9月1日
商品名称	导热胶片				
英文名称					
其他名称					
商品描述	导热胶片为硅树脂、氮化硼（或氧化铝）、玻璃纤维三种物质的混合物。硅树脂含量为20%~30%，氮化硼或氧化铝的含量为65%~75%，玻璃纤维（起增强作用）含量约为5%。使用方法：将其裁切成小块，粘贴在电子产品或电子元器件表面。利用该商品良好的导热性能，可以将电子产品工作时产生的热量有效地散发出来，从而防止电子产品因发热而受到损害。				
归类决定	该商品是具有导热、散热功能的化工品，根据归类总规则一及六，应归入税则号列3824.9999。				

序号	41	归类决定编号	J2012-0002	公告编号	2012 年第 60 号
商品税则号列			3825.6900	公告实施日期	2013 年 1 月 1 日
商品名称		蓝宝石衬底晶片（镀膜）			
英文名称					
其他名称					
商品描述		该商品为对蓝宝石衬底表面外延氮化镓的生产中的不良品经初步剥离氮化镓膜后的产品。其经过紫外激光剥离法对镀膜晶片（不良品）的氮化镓膜进行初步剥离。由于剥离不彻底需返回蓝宝石晶片厂重新加工。该商品进口后进行以下加工：强酸加热腐蚀残余氮化镓→抛光→清洗→检验→包装，经加工后该商品可再做衬底使用。			
归类决定		根据归类总规则一及六，该商品作为工业废品归入税则号列 3825.6900。			

序号	42	归类决定编号	J2006-0019	公告编号	2007 年第 70 号
商品税则号列			第三十九章	公告实施日期	2007 年 12 月 5 日
商品名称		石塑纸			
英文名称					
其他名称					
商品描述		该商品的主要成分为聚乙烯树脂和改性碳酸钙，其中改性碳酸钙含量为 67.7%。该商品成片或卷状，可用于代替木浆纸类的各种用途，不怕水浸，不霉变，不怕虫蛀，可以像普通纸一样纵、横向撕裂。作彩色喷墨纸时，图像清晰、鲜明，吸墨性好，几乎无墨迹渗痕。该商品可用于代替木浆纸类的各种用途，用于制造彩色喷墨相纸、名片纸、复印纸等。因其不含木浆，因此也没有木浆纸制造过程中所产生的废水，是木浆纸类的环保型替代品。			
归类决定		归类技术委员会认为，聚乙烯树脂部分构成了该商品的主要特性，该商品应归入《税则》第三十九章。			

序号	43	归类决定编号	J2006-0020	公告编号	2007年第70号
商品税则号列		第三十九章		公告实施日期	2007年12月5日
商品名称		黄原胶			
英文名称		Xanthan gum			
其他名称					
商品描述		黄原胶（Xanthan gum）又名汉生胶、黄杆菌胶。它是一种生物合成化学改性的大分子有机物。黄原胶依用途不同分为高、中、低黏度产品，按纯度分为工业级、食品级等，广泛应用于石油、化工、造纸、陶瓷、印染、食品等行业，作为乳化剂、悬浮剂和增稠剂等，特别是石油开采中，能有效地提高石油的出油率。 1. 黄原胶的生产工艺。 黄原胶是以甘蓝黑腐病黄单孢菌（Xanthomonas campestris）为产生菌，以碳水化合物如淀粉、蔗糖为主要原料，经特定的生物发酵并经乙醇提纯、干燥、粉碎而成。工艺流程如下：原料混合→发酵合成→化学改性→沉淀分离→干燥→粉碎→筛分→包装→成品。 2. 黄原胶的性状。 从外观看，黄原胶是一种浅黄色或类白色的自由流动的粉末，无异样味，可溶于水，不溶于大多数有机溶剂。水溶液对温度、pH值、电解质浓度的变化不敏感，故对冷、热、氧化剂、酸、碱及各种酶都很稳定。在低剪切速度下，即使浓度很低也具有高黏度，如1%黄原胶水溶液的黏度相当于同样浓度明胶的100倍。本品水溶液具有高假塑性，即静置时呈现高黏度，随剪切速率增加黏度降低；剪切停止，立即恢复原有黏度。 3. 化学结构。 从内在的分子结构看，该商品是由D-葡萄糖、D-甘露糖、D-葡萄糖醛酸、丙酮酸和乙酸组成的"五糖重复单位"，以β-1、4糖苷键聚合而成的高分子多糖聚合物，分子侧链上的羟基使其易形成钠、钾和钙等金属盐。分子间可形成双螺旋结构。				
归类决定		归类技术委员会决定该商品应归入《税则》第三十九章。			

序号	44	归类决定编号	J2017-0004	公告编号	2017年第46号
商品税则号列		第三十九章		公告实施日期	2017年10月1日
商品名称	塑木复合材料商品				
英文名称					
其他名称					
商品描述	塑木复合材料，行业称作WPC，是由热塑性塑料（如聚乙烯PE、聚丙烯PP、聚氯乙烯PVC等）与木质或其他物质纤维材料（包括木粉、稻壳、竹粉、秸秆等）和助剂复合而成的材料。此类商品热塑性塑料和木粉等纤维材料质量比重不一，热塑性塑料质量含量从30%~80%、木粉含量从10%~70%变化不等。根据其加工工艺，将原料混合后，通过螺杆挤压成粒子，再经过挤出、注射或者压制成型等加工方法制成板材。其中，塑料是基体（连续相），木质纤维和无机填料是分散相，主要起到填充增强作用。				
归类决定	根据归类总规则一，若塑木制品的塑料是热塑性塑料，其加工工艺符合塑料制品加工工艺，且木粉在产品中是作为填充料，即分散相存在的，则这类塑木产品可按照塑料制品归入第三十九章。				

序号	45	归类决定编号	J2006-0056	公告编号	2007年第70号
商品税则号列		第三十九章、第七十章和73.08		公告实施日期	2007年12月5日
商品名称		隔热保温复合材料			
英文名称					
其他名称					
商品描述		1. 菱风板。 菱风板由三层构成,中间层为厚约21毫米的聚异氰脲酸酯泡沫塑料,具有隔热的作用;两面均为厚约80微米的铝箔,表层的铝箔具有美观、洁净、密封的作用。 2. 玻璃纤维棉(有铝箔衬背的)。 玻璃纤维棉板是用于中央空调末端产品出风口静压箱的表面,起保温和防结露的作用。它由3层材料复合而成,中间层为玻璃棉,厚4毫米;表面层为经铝箔涂覆的玻璃纤维布,其中铝箔涂覆层厚10微米,主要起防止玻璃纤维受潮的作用;背面为黑色无纺织物,厚0.05毫米,起固定支撑作用。 3. 金属复合岩棉防火壁板。 该产品用于制造室内隔断或内墙贴面,起耐火隔热作用。它是金属板材与岩棉的复合材料,表层为PVC镀锌板,中间层为M型材岩棉,底层为镀锌板,采用胶水黏合。			
归类决定		归类技术委员会决定将菱风板按起隔热、保温作用的泡沫塑料归类;将玻璃纤维棉按中间材料玻璃纤维棉归类;将金属复合岩棉防火壁板按钢铁结构体归入《税则》税目73.08项下。			

序号	46	归类决定编号	J2006-0021	公告编号	2007年第70号
商品税则号列		39.20		公告实施日期	2007年12月5日
商品名称		热敏打印纸套装			
英文名称		Color printing pack			
其他名称					
商品描述		该热敏打印纸套装由色带1个、3R打印纸200张组成,共装一盒,为零售成套商品,用于热升华打印机。打印纸为聚丙烯、碳酸钙组成的复合塑胶纸。色带(Print cartridge)由塑料支架和三原色塑料薄膜组成,为一次性使用,即200张打印纸用完之后色带不能再用。			
归类决定		该商品中纸和色带是配套使用的,应按成套商品一同归类。根据归类总规则三(二),纸构成了该套商品的主要特征,归类技术委员会决定该商品按照其基材归入《税则》税目39.20。			

序号	47	归类决定编号	J2006-0022	公告编号	2007年第70号
商品税则号列		39.20		公告实施日期	2007年12月5日
商品名称	热敏性胶片				
英文名称					
其他名称					
商品描述	该热敏性胶片以PET（聚对苯二甲酸乙二酯）作为片基，在其上覆盖一层银盐及一层保护膜，其与感光材料不同，此种银盐对光线不敏感，只对高温敏感，受热后变黑，将胶片置于与电脑连接的热敏打印机中，经打印输出后的图像，可达到与感光胶片冲洗后的底片同样的视觉效果。				
归类决定	归类技术委员会决定该商品按照其基材归入《税则》税目39.20项下。				

序号	48	归类决定编号	J2009-0003	公告编号	2009年第83号
商品税则号列		39.20		公告实施日期	2009年12月23日
商品名称	磁带布				
英文名称					
其他名称					
商品描述	该商品是成品磁带在分切之前的状态。其生产工艺：先用磁性三氧化二铁粉（即磁粉）、黏合剂、助剂、溶剂等制成磁浆，然后涂布于聚酯薄膜（PET）上，经干燥、压光后，固体物质附着在薄膜上即成磁带布。磁带布经分切后，再装入固定形状的磁带盘体，即成为成品磁带。用于生产60分钟录音带的聚酯薄膜卷材的规格一般为长5 200米、宽33厘米、厚11微米或11.5微米，用于生产90分钟录音磁带的聚酯薄膜一般长7 500米、宽33厘米、厚7微米。				
归类决定	归类技术委员会认为，根据《税则注释》对品目85.23项下商品的解释"本品目不包括准备制成但尚未制成声音或其他信息记录媒体的物品；这些物品应归入其各自的品目内（例如，归入第三十九章……）"，磁带布作为生产磁带过程中的中间产品，不应归入《税则》税目85.23项下，会议决定将该商品归入税目39.20项下。				

序号	49	归类决定编号 J2011-0016	公告编号	2012年第3号
商品税则号列		39.20	公告实施日期	2012年2月1日
商品名称	聚甲基丙烯酸甲酯板（PMMA）			
英文名称				
其他名称	导光板			

商品描述：

该商品形状为长方形，尺寸为1 340毫米（长）×990毫米（宽）×4毫米（厚）。其加工工艺：将甲基丙烯酸甲酯（MMA）原料聚合成颗粒状的聚甲基丙烯酸甲酯（PMMA）粒子（分子链长），再将聚甲基丙烯酸甲酯（PMMA）粒子融化，挤出成型，加工成聚甲基丙烯酸甲酯（PMMA）板。该聚甲基丙烯酸甲酯板（PMMA）进口后在国内经过切割、边沿毛边抛光（使侧装LED光线更容易进入）、丝网制作和印刷光点后，作为液晶电视背光模组的零件，起到将模组侧面的LED灯光通过全反射，引导为平面发光，并均匀分散的作用。

实际进口状态（图中所示为多层叠放在一起）

归类决定：

该商品进口状态为未裁切的板状聚甲基丙烯酸甲酯（PMMA）材料，虽然已具有对各种光线吸收比较平均、光透过性高等特点，但还需经过切割等加工才可使用，应按照原材料归类。根据归类总规则一，将该商品归入税目39.20项下。

序号	50	归类决定编号	J2017-0005	公告编号	2017 年第 46 号
商品税则号列		3920.6200		公告实施日期	2017 年 10 月 1 日
商品名称	涂覆导电材料的聚对苯二甲酸乙二酯（PET）膜				
英文名称					
其他名称					
商品描述	涂覆导电材料的聚对苯二甲酸乙二酯（PET）膜是棕色半透明薄膜状产品，以 PET 薄膜为基材，上面涂布一层混合铜粉、银粉和树脂胶的导电材料。其中，PET 占质量的 30%，树脂胶占 51.1%，铜粉占 16.7%，银粉占 2.2%。该商品利用导电胶膜层用于柔性电路板的黏接，主要用于手机的相机模组、LCD 模组等部件。				
归类决定	根据归类总规则一及六，该商品应归入税则号列 3920.6200。				

序号	51	归类决定编号	J2009-0004	公告编号	2009 年第 83 号
商品税则号列		3920.9100		公告实施日期	2009 年 12 月 23 日
商品名称	聚乙烯醇缩丁醛制胶片				
英文名称					
其他名称					
商品描述	该商品为蓝色带聚乙烯醇缩丁醛制胶片，是由聚乙烯缩丁醛树脂经增塑剂塑化挤压成型的一种高分子材料，外观为半透明薄膜，厚度分别为 0.66 毫米、0.81 毫米、0.91 毫米、0.97 毫米、1.27 毫米，无杂质，表面平整，有一定的粗糙度和良好的柔软性，对无机玻璃有很好的黏合力，具有透明、耐热、耐寒耐湿、机械强度高等特性，是当前制造夹层、安全玻璃用的最佳黏合材料。				
归类决定	归类技术委员会决定，该商品外观为半透明薄膜，质地柔软，用作黏合材料，根据归类总规则一，应作为塑料薄膜归入税则号列 3920.9100。				

序号	52	归类决定编号	J2016-0014	公告编号	2016 年第 11 号
商品税则号列		3921.1290		公告实施日期	2016 年 2 月 22 日
商品名称	垫子				
英文名称					
其他名称					

商品描述

材质为发泡聚氯乙烯（PVC）。垫子厚度为 4.5 毫米，矩形，规格尺寸包括以下几种：60 厘米×183 厘米、120 厘米×170 厘米、160 厘米×200 厘米、180 厘米×200 厘米、240 厘米×240 厘米。

用途：尺寸为 60 厘米×183 厘米的垫子一般作为瑜伽垫使用，其他尺寸的垫子除用于瑜伽外也可供儿童早教锻炼爬行使用。

归类决定

该类"垫子"不属于体育用品。其仅经裁切成矩形，并没有经过包边等加工，不属于制品，应按照其材质归类。根据归类总规则一及六，将其归入税则号列 3921.1290。

序号	53	归类决定编号	J2010-0004	公告编号	2010年第87号
商品税则号列		3923.9000		公告实施日期	2010年12月28日
商品名称	塑料杯				
英文名称					
其他名称					
商品描述	该商品为塑料制杯状容器，主要成分：聚丙烯（87%）、乙烯-乙烯醇共聚物（7%）、黏合剂（6%）。其有大、中、小三种规格，容量分别为14盎司、8盎司和4盎司，主要用于果冻或水果杯产品的包装。				
归类决定	该塑料杯类商品不具有税则子目3923.30"坛、瓶及类似品"所述的应具有小口、细颈的特征。根据归类总规则一，该商品应归入税则号列3923.9000。				

序号	54	归类决定编号	J2009-0005	公告编号	2009年第83号
商品税则号列		39.26		公告实施日期	2009年12月23日
商品名称	一次性使用喂食袋				
英文名称					
其他名称					
商品描述	该商品专供不能通过口腔饮食的患者输送营养液用，由带攀袋口、袋体、液流导管、调节阀、滴斗、硅胶管、磁铁、二通、内塞接头、接头护帽组成。其中，喂食袋的袋体及液流导管采用无毒软聚氯乙烯塑料制造。调节阀能有效地调节液体流速。滴斗为观察窗，可根据滴斗内滴管液滴速度控制给患者的进食量。内塞接头为多台阶形式接头，可与多种形式的连接件配合连接。使用时无法直接插入人体内，需与已插入人体内的喂食管连接，方能使用。				
归类决定	归类技术委员会决定，该商品并不具有《税则注释》关于品目90.18所描述的"专门用于疾病的预防、诊断、医治或手术治疗等"的功能，根据归类总规则一，应按塑料制品归入税目39.26项下。				

序号	55	归类决定编号	J2008-0006	公告编号	2008年第36号
商品税则号列		3926.9090		公告实施日期	2008年5月20日
商品名称	自动闭门器外壳				
英文名称					
其他名称					
商品描述	该商品为弹簧式自动闭门器的外壳部分，材质为塑料。弹簧式自动闭门器的其他部分材质为贱金属。				
归类决定	根据《税则》第八十三章章注一，与第八十三章贱金属制品一同归类的零件必须是贱金属制，第八十三章贱金属制品的塑料制零配件应按照本身材质确定归类。由于该商品属专用于自动闭门器的零件，其材质为塑料，故应按塑料制品归入税则号列3926.9090。				

序号	56	归类决定编号	J2015-0016	公告编号	2015年第13号
商品税则号列		3926.9090		公告实施日期	2015年4月23日
商品名称	墨袋				
英文名称					
其他名称					
商品描述	墨袋由打印机的连接头（下图中的"喷头"）和镀铝塑料膜袋焊接而成，直接在彩色打印机中使用，针对打印机制成特定规格，有380毫升、1 000毫升、2 000毫升、3 000毫升几种，可以装入红、黄、蓝、黑等颜色的墨水。其特点是可以装的墨水量比较多，打印时间比较长，可以连续打印。报验时袋中未装墨水。				
归类决定	该商品不具备打印机的零件特征，应按构成材质归类，根据归类总规则一及六，应归入税则号列3926.9090。				

序号	57	归类决定编号	J2015-0023	公告编号	2015年第13号
商品税则号列		3926.9090		公告实施日期	2015年4月23日
商品名称		塑料脚轮			
英文名称					
其他名称					
商品描述		塑料脚轮由轮子本体、轮子架托、连接杆以及轮轴四部分组成。轮子本体以及轮子架托由聚丙烯塑料制成；轮子外接其他物体的连接杆及轮轴是铁质金属材料。金属制连接杆起连接其他物体的作用，金属轮轴起连接轮子与轮子架座的作用。脚轮宽4.8厘米，高6.4厘米，侧宽3.6厘米，轮子直径3.9厘米。产品有两个类型，区别在于轮子连接杆与外接物的连接方式，一种是卡口连接，一种是螺母连接。该商品具有通用性。			
归类决定		该商品不符合《税则》第八十三章章注二对"脚轮"的定义，应按照材质归类，根据归类总规则一，应归入税则号列3926.9090。			

序号	58	归类决定编号	J2018-0006	公告编号	2018年第183号
商品税则号列		3926.9090		公告实施日期	2019年1月1日
商品名称		塑料密封堵			
英文名称					
其他名称					
商品描述		该商品为黑色塑料件（TPE热塑性弹性体），外形类似螺栓，不带螺纹，用于封堵车身上的闲置安装孔（工艺孔）。该型号商品安装位置为汽车后备厢底板。功能主要是美观，其次是密封作用，可遮挡部分灰尘，但起不到防水作用。			
归类决定		该商品不具备零件特征，根据归类总规则一及六，该商品应按照其他塑料制品归入税则号列3926.9090。			

序号	59	归类决定编号	J2006-0024	公告编号	2007 年第 70 号
商品税则号列		4005.1000		公告实施日期	2007 年 12 月 5 日
商品名称	三元乙丙橡胶				
英文名称					
其他名称	ElastoFloTM				
商品描述	三元乙丙橡胶（EPDM）具有 3 个特点：气相法聚合，颗粒状，可自由流动。 1. 采用气相聚合技术。在气相流化床反应器中，乙烯、丙烯和亚乙基降冰片烯三种单体聚合生成三元乙丙橡胶，生成的颗粒粒径为 0.6~0.8 毫米。而传统的生产方法为溶液聚合法和悬浮聚合法，通常为块状。 2. 颗粒橡胶对包装运输、生产过程中物料储罐贮、管道输送等先进工艺来说是一个必要的条件。橡胶加工业中先进的螺杆挤出连续喂料混炼技术尤其需要能自由流动的颗粒状商品。颗粒状橡胶还有利于混炼分散均匀，能缩短混炼时间。为了防止聚合体成品粒子互相粘连，采用碳黑作防粘助剂，因为碳黑是橡胶工业应用最为普遍的补强剂，适用范围广。 3. 碳黑作为防粘剂紧附于纯胶粒子的表面，使产品颗粒互不粘连，呈自由流动状态，完全适用于管道输送、自动称量。碳黑作为防粘剂，在使商品不黏结并能自由流动的前提下将用量控制在最低限度。门尼黏度较高和门尼黏度中等的规格碳黑用量约 14%~16%，少量门尼黏度较低的规格碳黑用量约 20%~23%。				
归类决定	归类技术委员会决定根据归类总规则一和六，将该商品归入税则号列 4005.1000。				

序号	60	归类决定编号	J2011-0002	公告编号	2011 年第 13 号
商品税则号列		40.16		公告实施日期	2011 年 3 月 10 日
商品名称	蓄能器用带接头皮囊				
英文名称					
其他名称					
商品描述	该商品用于皮囊式蓄能器。皮囊材质为耐油橡胶，包括丁腈橡胶、氟橡胶、丁基橡胶等，接头材质为钢制。皮囊与接头之间通过专门的加工工艺使之连接。				
归类决定	该商品属于硫化橡胶制品，根据归类总规则一将其归入税目 40.16 项下。				

序号	61	归类决定编号	J2018-0007	公告编号	2018年第183号
商品税则号列		4016.9310		公告实施日期	2019年1月1日
商品名称		活塞			
英文名称		rubber plunger			
其他名称					
商品描述		该商品材质为硫化橡胶，用于"诺和笔"，起到堵塞瓶口防止药液流出的作用。使用过程：玻璃管、瓶塞等进行消毒→堵上底部瓶塞→灌装胰岛素注射液→盖上瓶帽→成品出厂。该活塞在针头插入灌装胰岛素药液瓶帽并抽取瓶内药液时，仍起着密封的作用，并随着药液减少产生的负压带动向前移动，在药品使用中起到了助推和排净作用，保证密封的药液在任何状态下都不会有渗漏。			
归类决定		该商品适用的"诺和笔"属于品目90.18项下商品，该"活塞"符合《本国子目注释》关于"机器及仪器用垫片、垫圈及其他密封垫"的解释，根据归类总规则一及六，该商品应归入税则号列4016.9310。			

序号	62	归类决定编号	J2010-0005	公告编号	2010年第87号
商品税则号列		4016.9390		公告实施日期	2010年12月28日
商品名称		链轨用硫化橡胶制密封圈			
英文名称					
其他名称					
商品描述		该密封圈为硫化橡胶制，连接在挖掘机履带链轨部件销轴、销套之间，起到密封轴套间润滑脂的作用，且密封圈还可防止异物进入轴套间缝隙增加摩擦损耗，延长履带使用寿命。			
归类决定		当密封垫应用于第八十四章、第八十五章和第九十章的商品时，才可被认定为"机器及仪器用零件"。该硫化橡胶制密封圈用于挖掘机履带链轨部件销轴、销套之间，直接应用的对象为链轨，而链轨是第七十三章的商品，因此链轨用硫化橡胶制密封圈不应作为"机器及仪器用零件"。根据归类总规则一，该商品应归入税则号列4016.9390。			

序号	63	归类决定编号	J2013-0001	公告编号	2014年第2号
商品税则号列		41.07		公告实施日期	2014年1月15日
商品名称		中光或哑光牛二层皮			
英文名称		Semi-shine or mat finishing splits of bovine animals			
其他名称					
商品描述		该商品是在牛二层皮表面涂漆或覆盖上一层厚度不超过0.15毫米的塑料薄膜加工而成的。该商品根据用途需要，可再经压花、哑光等表面处理。商品最终表现出来的光泽度为中光或哑光，没有镜面效果。			
归类决定		税目41.14项下的产品并非以涂漆或覆盖塑料膜为决定因素，而是由其是否具有"漆皮"的表面光亮宛如镜面的特征决定的。根据该商品的特征及归类总规则一，该商品应归入税目41.07项下。			

序号	64	归类决定编号	J2018-0008	公告编号	2018年第183号
商品税则号列		4202.9200		公告实施日期	2019年1月1日
商品名称		纺织材料制筷子包、小手袋及牙签包			
英文名称					
其他名称					
商品描述		该商品由100%涤机织面料制成，用于装筷子、牙签、收纳杂物，可放入背包内随身携带，可重复使用。规格型号：筷子包19.5厘米×3厘米、小手袋10.5厘米×9.5厘米、牙签包6厘米×4.5厘米。			
归类决定		该三种商品类似于容器，可重复使用。根据归类总规则一及六，该商品应归入税则号列4202.9200。			

序号	65	归类决定编号	J2006-0025	公告编号	2007年第70号
商品税则号列		44.05		公告实施日期	2007年12月5日
商品名称	塑木粒				
英文名称					
其他名称					

商品描述

该塑木粒为"绿可"牌，是一种由40%的塑料和60%的木屑粉混合黏聚而成的木粒，呈棕黄色圆木豆颗粒状。进口后需将其调色→干燥→挤出机挤出→模具成型→冷却原型→切割→包装，用于加工成种门框、窗框、踢脚线及装饰线条等塑木制品。

归类决定

塑木技术是将塑料、林木两类差别较大的不同材料混合在一起，加工成塑木制品。塑木配方一般由塑料、木粉和各种助剂所组成，其比例视加工设备不同而变化，同时也因产品的用途、要求不同而异。塑木原料中的塑料大多采用回收再生的废旧塑料，其种类一般以聚烯烃（聚乙烯、聚丙烯）和聚氯乙烯为主；木质纤维大多利用废旧木粉、碎木、渣木和其他木质纤维。

归类技术委员会决定该商品归入《税则》税目44.05项下。

序号	66	归类决定编号	J2009-0006	公告编号	2009 年第 83 号
商品税则号列		44.08		公告实施日期	2009 年 12 月 23 日
商品名称	重组装饰材				
英文名称					
其他名称					
商品描述	该商品是以普通树种木材，特别是杨木等人工培育速生木材为主要原料，根据仿真原理，采用单板调色、层积、模压胶合成型等技术制造而成的一种新型木质装饰材料，其具有天然珍贵树种木材的质感、花纹、颜色等特性或其他艺术图案的效果。该商品是一种高技术和高附加值产品，可用于家具、地板、结构材和装饰贴面人造板、室内装饰装修、体育器材和工艺品生产等。生产流程：旋切→染色→烘干→修补→三维立体模拟排列组合→涂胶、叠放，冷压成型→冲锯、去毛边，封端皮→制成重组装饰木方→刨切成重组装饰单板。				
归类决定	归类技术委员会决定，由于该商品是多层木板经电脑三维立体模拟染色后排列组合、层叠，再纵向切片，符合《税则》税目 44.08 的加工要求，根据归类总规则一，归入税目 44.08 项下。				

序号	67	归类决定编号	J2006-0026	公告编号	2007 年第 70 号
商品税则号列		44.09		公告实施日期	2007 年 12 月 5 日
商品名称	装饰角线				
英文名称					
其他名称					
商品描述	该商品为木材制，长条形，横截面为三角形、半圆形等，厚 1~2 厘米，宽 5~10 厘米不等，表面刻或压有各种各样的花纹、图案，用于室内天花板或其四周装饰。该商品作为家庭、酒店、办公室室内装修用材料。				
归类决定	《税则》税目 44.09 允许商品的表面有"重复的雕像"，所以该木制装饰角线的加工程度未超出税目 44.09 的商品范围，该商品应归入《税则》税目 44.09 项下。				

序号	68	归类决定编号	J2013-0009	公告编号	2014年第2号
商品税则号列		4412.1019		公告实施日期	2014年1月15日
商品名称	竹展平地板				
英文名称					
其他名称					
商品描述	该商品规格为970（1 210）毫米×58（83、97、125）毫米×15（18）毫米，由圆竹经剖分、软化、展平等工序直接加工而成整块竹板，将3块整块竹板经面与面黏接压制后在端与边开榫槽制成长条启口地板，用于铺设地板用。				
归类决定	根据归类总规则一及六，该商品应按照胶合板归入税则号列4412.1019。				

序号	69	归类决定编号	J2010-0006	公告编号	2010年第87号
商品税则号列		44.21		公告实施日期	2010年12月28日
商品名称	樟松指接拼板				
英文名称					
其他名称	樟松指接拼板、樟松指接板、樟松指接集成材				
商品描述	此类商品的加工工艺为樟子松板经刨光后截成等宽的板条，板条两端铣成齿形涂胶后指接，纵向加压成指接条，再刨光后侧面涂胶冷压横拼成板，砂光后制成樟松指接拼板。规格尺寸为长、宽不等，厚度超过6毫米，常见的规格尺寸例如950毫米×24毫米×18毫米。用途为用于建材、家具饰板。				
归类决定	长边黏合的木板不属于"端部的黏合"，而属于"边的黏合"，经长边拼接的木材超出了"端部接合"的范围，根据归类总规则一，该类商品应归入《税则》税目44.21项下。				

序号	70	归类决定编号	J2022-0006	公告编号	2022 年第 78 号
商品税则号列		4421.9990		公告实施日期	2022 年 9 月 1 日
商品名称	木神牌				
英文名称					
其他名称					
商品描述	该木神牌，无框，规格大约为 1 厘米×10 厘米×20 厘米，涂有红色漆，由液压机将金字压印在红色木板上。其主要用于挂在墙上或放在神台上。				
归类决定	该商品为未列名的木制品。根据归类总规则一及六，该商品应归入税则号列 4421.9990。				

序号	71	归类决定编号	J2018-0009	公告编号	2018 年第 183 号
商品税则号列		第四十八章		公告实施日期	2019 年 1 月 1 日
商品名称	装饰用纸（覆膜）				
英文名称					
其他名称					
商品描述	该商品采用进口涂布高岭土纸张制造，表面再覆盖一张塑料膜，以起到保护印刷图案，延长装饰使用时间的作用。表面图案根据买方要求进行设计，应用于家具、墙面、门窗等家居环境以及礼品赠送时的外观装饰，或作为聚会现场烘托气氛的装饰纸。				
归类决定	该商品表面图案为重复印刷图案，根据归类总规则一及六，该商品应归入《税则》第四十八章。				

序号	72	归类决定编号	J2006-0028	公告编号	2007年第70号
商品税则号列		第四十八章		公告实施日期	2007年12月5日
商品名称		纤维素化学浆			
英文名称					
其他名称					
商品描述		该批货物，包括40%的成包片状材料，40%的窄条，宽度7~8厘米，均背附纤维素絮纸层，20%的宽幅材料，尺寸规格不一，宽幅83~133厘米不等，系采用气流成网工艺生产而得的材料。其中，另包括2卷化纤无纺布，宽约120厘米。上述均系仓底余料或质量未达标的残次废料，进口后用于粉碎成绒毛浆，制成各种保鲜或防潮材料的中间填充层。			
归类决定		归类技术委员会决定，由纸浆经"气流成网"工艺形成的产品应为纸，而不是纸浆或纸浆制品。			

序号	73	归类决定编号	J2018-0010	公告编号	2018年第183号
商品税则号列		4810.9900		公告实施日期	2019年1月1日
商品名称		装饰用纸（未覆膜）			
英文名称					
其他名称					
商品描述		该商品采用进口涂布高岭土纸张制造，一般根据用途需要的尺寸分切成小卷后经复卷、包装等工序制作而成，宽度130厘米以内，长度100米以内，成品纸张克重在40~120克之间。表面图案根据买方要求进行设计，应用于家具、墙面、门窗等家居环境以及礼品赠送时的外观装饰，或作为聚会现场烘托气氛的装饰纸。			
归类决定		该商品表面图案为重复印刷图案，根据归类总规则一及六，该商品应归入税则号列4810.9900。			

序号	74	归类决定编号	J2006-0029	公告编号	2007年第70号
商品税则号列		48.11		公告实施日期	2007年12月5日
商品名称	已感光相纸				
英文名称					
其他名称					
商品描述	已感光相纸为正品照相纸在生产、储存过程中因工作失误自然曝光,已不能做原用途使用的纸张。样品外观:纸张正面为浅蓝色,颜色均匀,无冲洗过的迹象,每平方米重150~250克,宽度60.25英寸;纸张背面为白色,印有"FUJIFILM、Fuji Color Crytral Archive Paper"字样。经出入境检验检疫局化验鉴定,化验结果为已感光相纸,正反面均涂覆塑料薄膜,单面涂布感光材料。进口后主要用于工业上淋膜成型纸或收集用于工业包装用纸。				
归类决定	归类技术委员会决定该商品归入《税则》税目48.11项下。				

序号	75	归类决定编号	J2009-0007	公告编号	2009年第83号
商品税则号列		4820.4000		公告实施日期	2009年12月23日
商品名称	空白海运提单				
英文名称					
其他名称					
商品描述	该商品为多联式纸质空白海运提单,印有表格及标注等多项内容,包括无碳复写纸制和非复写纸制两种。				
归类决定	该商品符合《税则注释》对子目4820.40涉及商品的解释,即"多联商业表格纸,为多栏项的成套表格,表格印于自印复写纸上,或表格页间夹有复写纸。这些表格用于填制多张副本,可以是连续的或不连续的。这类表格印有内容并需要按其要求填写有关情况",归类技术委员会决定将该商品归入税则号列4820.4000。				

序号	76	归类决定编号	J2006-0030	公告编号	2007年第70号
商品税则号列		49.11		公告实施日期	2007年12月5日
商品名称		神州行储值卡（未印密码）			
英文名称		Printing plastic slice			
其他名称					
商品描述		该卡为"印刷塑胶片"（Printing plastic slice），规格为86毫米×54毫米×1毫米，材料为PVC，模制成型。两面印有"神州行""中国移动通信"以及神州行储值卡使用注意事项等文字和图案。该卡进口之后，印上用户密码等号码，由通信公司电脑开通，用户方可使用。			
归类决定		归类技术委员会认为，第四十九章的商品可以是印有文字等信息的非纸介质。该卡虽然没有印刷密码，但根据背面印制的使用说明已能确认其用途和使用方法。所以，根据第三十九章和第四十九章的《税则注释》总注释的有关规定，可以认为其所印文字和图画是该卡的主要用途。会议决定将该商品归入《税则》税目49.11。			

序号	77	归类决定编号	J2006-0031	公告编号	2007年第70号
商品税则号列		49.11		公告实施日期	2007年12月5日
商品名称		动感装饰画			
英文名称					
其他名称					
商品描述		该动感装饰画的结构及工作原理：在该装置的画框玻璃上附有一幅普通印刷薄膜画，在画框内放置电动机、荧光灯等电器元件，电动机与一个轴承相连接，在轴承上贴有一张带孔的塑料纸。当电机转动时，光线从孔中照射在画纸上或被塑料纸无孔处阻隔，以此造成光线变化并达到使人在视觉上产生某些动画的效果。部分动感装饰画还可以配有音响。			
归类决定		归类技术委员会决定该商品归入《税则》税目49.11项下。			

序号	78	归类决定编号	J2006-0032	公告编号	2007年第70号
商品税则号列			4911.1010	公告实施日期	2007年12月5日
商品名称		说明书			
英文名称					
其他名称					
商品描述		说明书用于介绍商品的性能、用途、功能等,有的单独进口,有的随机进口。说明书有以下几种: 1. 只有图片及简单文字说明的单页印刷品; 2. 只有图画,没有文字说明的单页印刷品; 3. 装订成册,既有图画又有文字说明,而且每页都有编号的说明书。			
归类决定		归类技术委员会认为,该类说明书用于介绍商品的性能或随机说明商品的用途、功能等,不同于《税则》税目49.01的印刷品。并且,此类说明书只能起宣传广告和商品介绍之用,不是用于出售,所以,根据税目49.01和49.11的条文及注释,不应归入税目49.01。会议决定将说明书归入税目49.11,并将其按无商业价值的印刷品归入税则号列4911.1010。			

序号	79	归类决定编号	J2015-0017	公告编号	2015年第13号
商品税则号列		第五十五章		公告实施日期	2015年4月23日
商品名称		桶线DIY套件			
英文名称					
其他名称					

商品描述	该商品为套件，由2卷腈纶毛线（腈纶含量100%，每根约1米）、1小袋装饰用塑料珠、1片聚乙烯塑料网格片和3卷纯棉棉线组成。制作时参照随附的制作说明，用腈纶毛线在塑料网格片上绣出图案，并用棉线将绣好图案并裁剪好的塑料网格片缝制成立体的家用餐巾纸盒。
归类决定	该商品属于"零售的成套货品"，构成其主要特征的部件（物品）是腈纶毛线，根据归类总规则三（二），该商品应归入第五十五章。

序号	80	归类决定编号	J2015-0018	公告编号	2015年第13号
商品税则号列		第五十五章或第六十章		公告实施日期	2015年4月23日
商品名称		预氧纤维布			
英文名称					
其他名称					
商品描述		预氧纤维布的具体生产工艺：聚丙烯腈短纤纱线绕在线轴上，挂在烘箱内，从127℃开始加热，经过烘箱加温至230℃，在此环境中进行预氧化5个小时，然后织成防火纤维布。货物检测显示含碳量为63.7%。货物的主要用途为保温、隔热、防火。			
归类决定		该商品不具有碳纤维布特征，也不属于"专门技术用途的纺织产品及制品"，应按聚丙烯腈短纤纺织物归类，根据织造方式，归入《税则》第五十五或六十章项下。			

序号	81	归类决定编号	J2018-0011	公告编号	2018年第183号
商品税则号列		5503.2000		公告实施日期	2019年1月1日
商品名称	聚乙烯-聚酯短纤维				
英文名称					
其他名称					
商品描述	该商品为皮芯结构，其皮层为聚乙烯（PE），芯层为聚对苯二甲酸乙二酯（PET），聚合物均为直链状结构。产品成分为PE与PET的重量占比为PE占37%，PET占63%。长度为38毫米/51毫米/64毫米。该商品经过复合纺丝工艺制得，PET和PE按重量比63：37的比例，分别经不同的PE管道和PET管道输送到复合喷丝板，经纺丝、冷却，制成PET在内、PE在外"皮芯"形态的胚丝。再经过纺丝油剂处理（增加滑爽性、亲水性、拒水性等）后进入后道牵伸工序，使其具有一定的卷曲形态，方便后道工序梳理加工，而后进入烘箱干燥定型，最终按定长切断打包成固定的包装重量。 主要用于制作热风无纺布。热风无纺布主要用于生产婴儿尿不湿、妇女卫生用品等。				
归类决定	该商品根据归类总规则三（二）应归入税则号列5503.2000。				

序号	82	归类决定编号	J2017-0006	公告编号	2017 年第 46 号
商品税则号列		63.07		公告实施日期	2017 年 10 月 1 日
商品名称		微波炉加热暖包			
英文名称					
其他名称					
商品描述		该商品为毛绒织物填充制品。其外部为卡通动物形象的毛绒织物；内部填充经过消毒等处理的石榴籽、葡萄籽等植物种子。使用方法为将该商品放入微波炉加热后，放置于身体各部位，利用植物种子的缓慢散热进行取暖。此外，内部填充物又分为可拆卸式和不可拆卸式两种。			
归类决定		该商品具有纺织制品特征，根据归类总规则三（二），该商品应归入税目 63.07。			

序号	83	归类决定编号	J2022-0007	公告编号	2022 年第 78 号
商品税则号列		6307.9090		公告实施日期	2022 年 9 月 1 日
商品名称		针织手指套			
英文名称					
其他名称					
商品描述		该商品是由尼龙纺织纱线针织制成，仅包裹手指，手掌、手背外露，起防护作用。			
归类决定		该商品由于只保护了手指，未对手的其他部位进行保护，不属于《税则》税目 61.16 的分指手套、连指手套及露指手套的范围，也不属于税目 61.17 所列衣着附件的范围。根据归类总规则一及六，该商品作为其他纺织制品应归入税则号列 6307.9090。			

序号	84	归类决定编号	J2022-0008	公告编号	2022年第78号
商品税则号列		6307.9090		公告实施日期	2022年9月1日
商品名称	护腰带				
英文名称					
其他名称					
商品描述	护腰带外层为纺织面料，内部填充小麦，面料外缝制橡筋带、塑料搭扣等，适用于捆绑在人体腰部。此商品使用前放入微波炉中加热1~2分钟，利用产品的温热来缓解慢性疼痛；或置入冰箱，取出后用于冷敷，缓解疼痛或炎症。				
归类决定	护腰带是已制成特定形状的纺织材料制腰带，其主要特征是纺织材料制成品，根据归类总规则三（二）及六，应归入税则号列6307.9090。				

序号	85	归类决定编号	J2010-0007	公告编号	2010年第87号
商品税则号列		6506		公告实施日期	2010年12月28日
商品名称	带呼吸装置和热像仪的消防员头盔				
英文名称					
其他名称					
商品描述	该商品是一个完整的头盔系统,具有呼吸保护、头部保护、热成像等功能,并且可提供无线电通信。它只能与经过核准的自给式呼吸装置(按需供气阀)配合使用,内置热成像摄像机、带麦克风的耳机、无线电天线。头盔系统的主要组成及各部分的主要特性: 1. 盔壳为整体模制外壳,玻璃纤维/凯夫拉尔薄板制成,表层为1级阻燃胶衣树脂,内部粘有层状不锈钢材料;2. 面罩为:(1)面罩采用柔软的氯丁橡胶制成;(2)大角度面盔常采用聚碳酸酯制成;(3)口鼻呼吸面罩带有吸气阀;(4)语音传输装置;(5)正压呼气阀;(6)歧管装置;(7)组合式按需供气阀连接器系统;3. 头箍为采用舒适的填充料用于保护颈部;4. 通信装置为配有带麦克风的耳机、装在头盔上的对讲机开关和扬声器、无线电天线;5. 护颈为360度防火护颈;6. 热成像摄像机(成像系统和LCD屏幕观察系统)为:(1)成像系统为摄像带微辐射热传感器、160×120焦平面阵列f/1.0锗摄像头、稳定的30赫兹图像刷新率、模拟NTSC视频输出;(2)观察系统为双LCD(180 000像素)和光学棱镜;(3)电池组;(4)充电器;7. 帽灯。				
归类决定	该头盔上附属的物品或装置未改变"头盔"的基本特征。根据归类总规则一,将该商品归入《税则》税目65.06项下,具体税则号列需根据头盔的材质确定。				

序号	86	归类决定编号	J2006-0033	公告编号	2007 年第 70 号
商品税则号列		68.08		公告实施日期	2007 年 12 月 5 日
商品名称	防火板				
英文名称					
其他名称					
商品描述	该防火板是以氧化镁、氯化镁和水三元体系，经配制和改性剂改性而成的、性能稳定的镁质胶凝材料，以玻纤布为增强材料，以轻质材料（锯末）为填料复合而成的复合阻燃平板，规格为 2 440 毫米×1 220 毫米×6 毫米；密度为 0.94 克/立方厘米。它主要用于房屋内层板（装饰材料）。 生产工艺流程：氧化镁、氯化镁、轻质材料、胶水经反应和玻纤布（防火型）、无纺布（防火型）经流水线压成定型、加温、脱模、保养、水处理制成成品防火板。其中材料的黏合未使用有机胶和矿物胶，是靠层压而成。				
归类决定	归类技术委员会决定该防火板应归入《税则》税目 68.08 项下。				

序号	87	归类决定编号	J2010-0008	公告编号	2010 年第 87 号
商品税则号列		68.10		公告实施日期	2010 年 12 月 28 日
商品名称	仿重石				
英文名称					
其他名称					
商品描述	仿重石是在空容器中填充水泥和沙制成的。空容器是用高密度聚乙烯与色母料搅拌后投入吹塑机中，根据模具吹塑成型。仿重石的规格根据重量划分为 1#、2.5#、3.5#、4.5#、6#、9#、12#、15#、20#等，号码代表千克数。 用途：用来压大棚、缸等，作用类似于石头，但比较美观、干净。				
归类决定	"仿重石"的规格、功能和用途均由"仿重石"内部的混凝土体现，即混凝土构成了该商品的基本特征，应根据归类总规则三（二）将该商品归入《税则》税目 68.10 项下。				

序号	88	归类决定编号	J2006-0034	公告编号	2007年第70号
商品税则号列		68.15		公告实施日期	2007年12月5日
商品名称	膨润土止水带				
英文名称					
其他名称					
商品描述	该商品呈条卷状，中间层为膨润土，含丙烯酸树脂经黏合成型，两边包覆网状织物起固定作用，一边外层贴有塑料粘贴层，使用时贴于钢筋钢板接缝处，利用膨润土遇水膨胀的特点，防止施工接缝处混凝土内的钢筋腐蚀及渗水。				
归类决定	归类技术委员会决定该商品应按矿产品的制品归入《税则》税目68.15项下。				

序号	89	归类决定编号	J2006-0035	公告编号	2007年第70号
商品税则号列		68.15		公告实施日期	2007年12月5日
商品名称	膨润土填充防水材料				
英文名称					
其他名称					
商品描述	该商品呈条卷状，中间层为膨润土。根据海关化验鉴定结果，该商品含丙烯酸树脂经黏合成型，两边包覆网状织物起固定作用，一边外层贴有塑料粘贴层，使用时贴于钢筋钢板接缝处，利用膨润土遇水膨胀的特点，防止施工接缝处混凝土内的钢筋腐蚀及渗水。				
归类决定	该商品属于矿产品的制品，归类技术委员会决定将该商品归入《税则》税目68.15项下。				

序号	90	归类决定编号	J2016-0003	公告编号	2016年第11号
商品税则号列		6815.9990		公告实施日期	2016年3月1日
商品名称		挖孔的矿盐产品			
英文名称					
其他名称					
商品描述		矿盐经过底面切平及挖孔（未贯穿）工艺加工。底面切平是为了摆放方便，中间挖孔是为了在孔里放上灯加热盐，让盐产生更多的气溶胶盐和负离子。			
归类决定		该商品的加工工艺使其具有特定用途，超出矿物原料的范围。根据归类总规则一及六，该商品应归入税则号列6815.9990。			

序号	91	归类决定编号	J2009-0009	公告编号	2009年第83号
商品税则号列		6910.1000		公告实施日期	2009年12月23日
商品名称		柜式组合盥洗面盆			
英文名称					
其他名称					
商品描述		该商品是由瓷制面盆与防水密度板制柜体组合在一起构成的，可以直接放在卫生间内，连接上下水管道后即可使用。			
归类决定		归类技术委员会决定，该商品的主要功能是用于盥洗，其柜门起到包裹管道的美观作用，不是主要功能。根据归类总规则一，将其归入税则号列6910.1000。			

序号	92	归类决定编号	J2006-0036	公告编号	2007年第70号
商品税则号列		6914.9000		公告实施日期	2007年12月5日
商品名称	陶粒支撑剂（石油填充砂、压裂支撑剂）				
英文名称					
其他名称					
商品描述	该商品型号为CARBOLITE和CARBOPROP，根据其强度不同，应用于不同的条件下。两种型号的商品的主要成分为硅铝酸盐，但其中氧化铝的含量不同。CARBOLITE的成分为（按重量百分比）：氧化铝48%~53%、二氧化硅44%~48%、二氧化钛1.5%~2.5%、三氧化二铁0.7%~1.1%、其他0.6%~1.2%。此型号的商品是以高岭土为原料，采用"湿法"工艺生产，先将未经煅烧的矿石放入一种水砂浆中，加入化学制剂使其分散，然后在流化床中进行喷雾生产小团粒。CARBOPROP的成分为（按重量百分比）：氧化铝70%~76%、二氧化硅11%~15%、二氧化钛3.2%~4.5%、三氧化二铁8.9%~10.5%、其他1%~2%。产品是以铝土矿为原料，采用"干法"工艺生产的，先将煅烧矿石研磨成干粉，然后将干粉与水和粘合剂混合，经高速剪切后生成小团粒。上述两种商品的最后一道工艺都是在温度接近1 650℃的旋转炉中烧结成小团粒，生成尺寸严格受控制的自粘式微晶颗粒，使陶粒支撑剂拥有令人满意的强度和抗化学腐蚀性，用于油田公司压裂作业。在压裂过程中，将陶粒支撑剂泵到井下并挤进油气层中已形成的裂缝内，形成高渗透率填充通道，油气可以通过这些高渗透率通道轻松地流入井内。				
归类决定	归类技术委员会决定将该商品归入税则号列6914.9000。				

序号	93	归类决定编号	J2018-0012	公告编号	2018 年第 183 号
商品税则号列		7006.0000		公告实施日期	2019 年 1 月 1 日
商品名称		液晶玻璃基板			
英文名称					
其他名称					
商品描述		该商品规格：400~500 毫米、550~650 毫米、1 150~1 280 毫米、1 150~1 360 毫米、1 420~1 560 毫米，由溢流法工艺制造。原板玻璃进口后，经边缘精密切割（采用 NEG 新技术，在刀刃上增加了精细微齿槽和增大了齿形刀轮外径，具有能够在精密切割的同时，对玻璃边缘进行"倒角"的边缘处理工艺，从而取代了常规切割技术+边缘研磨的加工工艺）、中折机折断、表面覆膜、暗房抽检、制品检查、捆包等工序，出口后可直接应用于下游企业生产线上进行进一步加工生产，如打孔开槽、特殊形状加工等，最终产品用于生产各类液晶显示屏。			
归类决定		该商品的溢流法制造工艺类似于铸制、轧制玻璃，且其加工工艺超出品目 70.03 允许的范围，根据归类总规则一及六，该商品应归入税则号列 7006.0000。			

序号	94	归类决定编号	J2010-0009	公告编号	2010 年第 87 号
商品税则号列		70.09		公告实施日期	2010 年 12 月 28 日
商品名称		木制镜框（含镜）			
英文名称					
其他名称					
商品描述		该商品由木制框架与镜子构成，框架涂漆，主要与其他木制家具（梳妆台）配套使用。			
归类决定		该商品符合《税则》税目 70.09 的条文"玻璃镜，不论是否镶框"的描述，根据归类总规则一，应归入税目 70.09 项下。			

序号	95	归类决定编号	J2011-0018	公告编号	2012年第3号
商品税则号列		7019.1900		公告实施日期	2012年2月1日
商品名称		玻璃纤维纱			
英文名称					
其他名称					
商品描述		该商品为成卷的玻璃纤维纱线，纱线的直径为0.28毫米。其由连续的玻璃纤维（无固定长度）制作而成，捻度为每米40转，支数为33支。加工工艺：将玻璃球清洗之后烘干，放入坩埚，经过1 300℃的高温熔化拉丝，再通过捻丝机加捻成纱线，最后经过涂层设备包覆一层聚氯乙烯（PVC）（其中添加了起增强耐热性、韧性和延展性的其他化学成分）。该商品含35%的玻璃纤维纱和65%的聚氯乙烯（PVC）。			
归类决定		该商品的玻璃纤维构成其主要特征，应根据归类总规则三和六，将其归入税则号列7019.1900。			

序号	96	归类决定编号	J2008-0008	公告编号	2008年第36号
商品税则号列		71.01		公告实施日期	2008年5月20日
商品名称		珍珠粉			
英文名称					
其他名称					
商品描述		天然珍珠磨制成粉，散装，无任何添加剂，可内服，也可以添加在化妆品中，起到美容、保健的作用。			
归类决定		归类技术委员会决定，参照《税则》第七十一章钻石的列目及《税则注释》品目71.02的排他条款中将钻石粉尘排除，而在品目71.05专门列出粉末，说明"加工"的含义如不作特殊说明，应包括粉末。根据归类总规则一，将散装珍珠粉归入税目71.01项下。 同时，归类技术委员会决定，其他用途的珍珠粉如已制成特定商品应按具体列名归类，如已经配定剂量，具有药用特征的，应归入《税则》第三十章。			

序号	97	归类决定编号	J2008-0009	公告编号	2008年第36号
商品税则号列		第七十二章		公告实施日期	2008年5月20日
商品名称		未裁切复合材料密封垫			
英文名称					
其他名称					
商品描述		\u3000\u3000"未裁切复合材料密封垫"为"三明治"结构，外层是厚度为0.2毫米的带冲孔的镀锌钢板，中间夹层由芳纶纤维、玻璃纤维、陶瓷纤维、碳纤维等无机填充物和耐高温的人造橡胶混合滚压而成。其中，芳纶纤维含量5%~6%、玻璃纤维含量17%、陶瓷纤维含量19%、碳纤维含量21%、无机填充物含量8%、硫化橡胶含量30%。其制造过程：镀锌钢板先冲孔，然后在两层钢板中间放入耐高温的非金属混合层滚压而成。该产品进口时成卷状，进口后根据具体应用的需要再裁切成相应的形状。				
归类决定		\u3000\u3000根据"未裁切复合材料密封垫"的构成及状态，该商品应按材料进行归类，根据归类总规则三（二），归入第七十二章相应税目。 \u3000\u3000又见W2005-315号归类决定对类似复合材料的归类意见。				

序号	98	归类决定编号	J2011-0019	公告编号	2012年第3号
商品税则号列		第七十二章或第七十三章		公告实施日期	2012年2月1日
商品名称		切断型钢纤维			
英文名称					
其他名称					
商品描述		\u3000\u3000该商品外观为粉碎型纤维状，用于制造刹车片。生产工艺流程：原料→机械剥壳除氧化皮→机械拉丝→机械刀具切削→机械切断→深加工→钢纤维，该产品呈不规则形状，长度在1~8毫米之间，其截面呈三角形，边长在0.1~0.8毫米之间。				
归类决定		\u3000\u3000该类产品应根据《税则》第十五类、第七十二章章注关于粉末、颗粒的规定按照过筛率进行归类。				

序号	99	归类决定编号	J2010-0011	公告编号	2010年第87号
商品税则号列		72.17		公告实施日期	2010年12月28日
商品名称	包裹纸的成卷捆扎铁丝					
英文名称						
其他名称						
商品描述	该商品是用于农业捆扎的扎带,由纸张内侧涂塑后与铁丝嵌合而成。成卷,长度10米,使用时可按需剪断;宽度4毫米、5毫米、6毫米。具体指标如下:表面纸张规格为60克/平方米,约占50%;中间铁丝为褪火低铅铁丝,丝径为0.40毫米,约占37%;涂塑层规格为12克/平方米,约占10%;胶合剂,约占3%。				
归类决定	该产品为成卷的铁丝,使用时可按需剪断,根据《税则注释》品目72.17项下的"用纺织品之类的物料包覆的钢铁丝,如果其中钢铁丝是起主要作用,而其他物料仅仅起包覆作用的,也应归入本品目"的规定,该产品应作为"铁丝"归类。根据归类总规则一,将其归入《税则》税目72.17项下。				

序号	100	归类决定编号	J2010-0013	公告编号	2010年第87号
商品税则号列		73.08		公告实施日期	2010年12月28日
商品名称	游泳池甲板				
英文名称					
其他名称					
商品描述	该商品上有护栏隔栅,下有基架。材质为钢铁,环形,通过焊接而成。将游泳池放置上面,固定后即可使用。				
归类决定	该商品出口时的申报状态为钢结构体。根据归类总规则一,该商品应归入《税则》税目73.08项下。				

序号	101	归类决定编号	J2016-0019	公告编号	2016 年第 11 号
商品税则号列		7308.9000		公告实施日期	2016 年 3 月 1 日
商品名称	仓储货架				
英文名称					
其他名称					
商品描述	仓储货架的主要规格型号为长 2 500 毫米×宽 1 000 毫米×高 3 000 毫米，主要材质是铁制。货架的四个脚有固定螺栓，货架有便于安装定位的定位销和安全销，以及安装螺栓。货架经过选材、切割、成型、打磨、焊接、抛光、喷塑或者喷漆、喷上光剂、安装调试、装箱一系列工艺制作完成。该产品主要用于大型物流仓库的储存堆放货物用。				
归类决定	"仓储货架"应作为钢铁结构体归类。根据归类总规则一及六，该商品归入税则号列 7308.9000。				

序号	102	归类决定编号	J2009-0010	公告编号	2009年第83号
商品税则号列		7315.1200		公告实施日期	2009年12月23日
商品名称	链轨				
英文名称					
其他名称	挖掘机履带节组装品				
商品描述	该商品是由一个左链片、一个右链片、一个衬套、一个销子组装而成的，为具有一定长度的、呈卷状报验的钢铁制销合铰接链条，未安装履带板，相邻的两个链轨节可以中间的销轴、销套为轴旋转一定的角度。该商品进口后需使用螺栓与另外的履带板进行组装，方可成为挖掘机用履带。链轨节通过传动来移动履带板，从而使挖掘机移动。				
归类决定	归类技术委员会决定，该商品属成卷的销合铰接链条，其"履带节"和"销轴、销套"分别为铰接链的"侧距环"和"滚子、转向轴"。《税则注释》规定品目73.15"包括铸铁链、锻钢或锻铁链，不论其规格、制造方法及实际用途如何"，而品目84.31注释第六项中指出"单独报验的链条应归入第十五类"。根据归类总规则一和六，将该商品按铰接链条归入税则号列7315.1200。				

序号	103	归类决定编号	J2016-0010	公告编号	2016年第11号
商品税则号列		7318.1900		公告实施日期	2016年3月1日
商品名称	螺纹拖钩固定连接件				
英文名称					
其他名称					
商品描述	该固定连接件材质为钢铁制，一端车削有外螺纹，另一端攻有内螺纹。规格尺寸：长70毫米，外螺纹外径33毫米，内螺纹内径22毫米。该固定连接件进口后无须进一步加工，可直接拧在保险杠横梁上使用。当车辆抛锚不能行驶时，拖钩可拧在连接件上，以便牵引抛锚的车辆。（电镀前／电镀后）				
归类决定	税目73.18的条文并未说明螺纹制品仅用于紧固，应包括其他用途的螺纹制品。根据归类总规则一及六，该商品应归入税则号列7318.1900。				

序号	104	归类决定编号	J2016-0011	公告编号	2016 年第 11 号
商品税则号列		7318.1900		公告实施日期	2016 年 3 月 1 日
商品名称		胶头螺钉			
英文名称					
其他名称					
商品描述		该螺钉由钢铁制螺钉和硬质橡胶底座构成，螺钉部分为螺纹长 50 毫米，直径 12 毫米；橡胶底座部分为直径 36 毫米，高 12 毫米。其安装于洗衣机底座上，用于调节洗衣机的平稳性。			
归类决定		税目 73.18 的条文并未说明螺纹制品仅用于紧固，应包括其他用途的螺纹制品。根据归类总规则一及六，该商品应归入税则号列 7318.1900。			

序号	105	归类决定编号	J2009-0011	公告编号	2009 年第 83 号
商品税则号列		73.26		公告实施日期	2009 年 12 月 23 日
商品名称		电焊护面罩			
英文名称					
其他名称					
商品描述		该商品由涂漆薄钢板经弯曲、铆接制成，中间镶有可透视的玻璃或其他材料。手持，用于电焊操作时保护眼睛、面部。			
归类决定		归类技术委员会决定，由于该防护面罩的基本特征是由遮护脸部的材料决定，根据归类总规则一，该商品应归入税目 73.26 项下。			

序号	106	归类决定编号	J2009-0012	公告编号	2009年第83号
商品税则号列		73.26		公告实施日期	2009年12月23日
商品名称	钢铁制棺材				
英文名称					
其他名称					
商品描述	该商品主要由四部分组成：1.壳体，由钢板、不锈钢板等材料冲压成型经过焊接组装成形；2.外部漆，采用汽车用高级金属漆经过底漆、找平、中涂、面漆、清漆、红外烘烤等加工工序完成；3.内部装饰，由顶盖装饰、侧面装饰及床等部分组成，根据客户的不同要求使用天鹅绒、绉纱、春亚纺等面料加工制作，由总装工进行安装完成；4.外部装饰，包括把手、合金扣件、塑料装饰件等部分组成。塑料件是由ABS工程塑料经过加工、镀膜之后，根据型号不同由总装工人进行安装。				
归类决定	归类技术委员会决定，该商品是在钢铁壳体的基础上经外部涂漆及内外装饰制成，钢铁壳体为该商品的基本特征，根据归类总规则一，应按《税则》未列名的钢铁制品归入税目73.26项下。				

序号	107	归类决定编号	J2010-0012	公告编号	2010年第87号
商品税则号列		73.26		公告实施日期	2010年12月28日
商品名称	包裹纸的成捆定长捆扎铁丝				
英文名称					
其他名称					
商品描述	该商品是用于农业捆扎的扎带，由纸张内侧涂塑后与铁丝嵌合而成。成捆定长，直接使用。长度为10厘米、12~30厘米；宽度为4毫米、5毫米、6毫米。 具体指标如下：表面纸张规格为60克/平方米，约占50%；中间铁丝为褪火低铅铁丝，丝径为0.40毫米，约占37%；涂塑层规格为12克/平方米，约占10%；胶合剂，约占3%。				
归类决定	该产品为固定长度的铁丝，符合《税则注释》中品目73.26"铁丝制品"的特征，应按照铁丝制品归类。根据归类总规则一，将其归入税目73.26项下。				

序号	108	归类决定编号	J2018-0013	公告编号	2018年第183号
商品税则号列		7326.2090		公告实施日期	2019年1月1日
商品名称	直条型截断丝				
英文名称					
其他名称	商业名称为"捆扎丝",又称"建筑绑丝""建筑断丝"等				
商品描述	该商品材质为Q195非合金钢,成分:碳(C)0.06%、锰(Mn)0.4%、硫(S)0.019%、硅(Si)0.09%,其余为铁。规格为长度250~750毫米,丝径φ0.7~φ1.6毫米。形状分为直条形、U形、V形、八字形等,表面处理分为镀锌、镀铜、防锈油涂层等。生产工艺:由直径为6.5毫米的热轧盘条,经过多次冷拉拔,退火(改善金属性能)后加工至直径为0.7~1.6毫米,再经酸洗(去除氧化皮)、镀锌、镀铜、涂防锈油等处理后成盘卷状铁丝。再由盘卷状进行调直、切断工艺加工成直条型,或再折弯为U形、V形或八字形等客户指定形态,方便使用。 直条型截断丝用途广泛,如在建筑行业中用于钢筋捆扎或用于花园围栏的捆绑固定。				
归类决定	该商品为铁丝的加工产品,固定等长,用于绑扎,用途确定,符合《税则注释》关于品目73.26的解释。根据归类总规则一及六,该商品应归入税则号列7326.2090。				

序号	109	归类决定编号	J2013-0007	公告编号	2014年第2号
商品税则号列		7326.9011		公告实施日期	2014年1月15日
商品名称	铁铬铝纤维（纱线）				
英文名称					
其他名称					
商品描述	该商品为合金钢纱线，出口状态为绕于卷轴的规格为3.5公支的双股纱线，成分：铁73.315%、铬20.6%、铝5.61%、碳0.03%、硅0.2%、锰0.17%、铜0.05%、氮0.02%、硫0.005%。其加工工艺：铁铬铝线材经集束拉拔，经多次拉拔后成为超细纤维，呈毛条状，单根纤维直径可达17微米，芯数4 000~10 000芯。生产厂家再经纺纱工艺将纤维条制成粗纱，进一步精纺成细纱，然后加捻并股制成规格为3.5公支的双股纱线，即为出口状态的合金钢纱线。该纱线可进行机织或针织制成成匹的织物，织物可用于制耐高温传送带、高温气体过滤袋、屏蔽帐篷等。				
归类决定	该纱线所用的纤维材质为纯金属，应按材质属性和用途进行归类，根据归类总规则一及六，归入税则号列7326.9011。				

序号	110	归类决定编号	J2017-0008	公告编号	2017年第46号
商品税则号列		7326.9019		公告实施日期	2017年10月1日
商品名称	库板				
英文名称					
其他名称					

商品描述

库板外观为长方体板材，长8 050毫米，宽1 160毫米。主要结构为芯材、基板、五金连接件。芯材为100毫米厚的硬质聚氨酯泡沫塑料，主要作用是对冷库进行保温隔热；芯材两面以0.5毫米厚的彩钢板或不锈钢板作为基板，主要作用是覆盖保型并保护聚氨酯发泡板；芯材连接边分别制有凸槽和凹槽形状，凸槽边（芯材层）镶嵌有金属锁钩及锁紧钩，凹槽边（芯材层）镶嵌有金属锁盒及锁盒固定杆，起板间连接固定作用。该库板专门用于低温冷藏库的冷库库体（用作冷库的墙体及库顶），还需要配合门式钢架结构（冷库承重钢结构）一并使用。

归类决定

该商品为长方体复合板材，镶有五金连接件，用于冷库的墙体及库顶，其报验状态尚不具备活动房屋的基本特征，且构成基本特征的材质无法确定，根据归类总规则三（三）及六，应按照工业用钢铁制品归入税则号列7326.9019。

序号	111	归类决定编号	J2017-0009	公告编号	2017 年第 46 号
商品税则号列		7326.9019		公告实施日期	2017 年 10 月 1 日
商品名称	射孔器				
英文名称					
其他名称					
商品描述	射孔器，由外部的两端有螺纹的盲孔管和激光切割成型的内管组成。盲孔管主要是保证射孔前射孔弹不受油井复杂环境的影响，并在射孔后保持外形稳定，内管主要是放置射孔弹。 该商品主要用于石油天然气钻探完井环节的射孔作业，内管装填射孔弹药，使用时射孔器总成里的射孔弹引爆后，弹药穿破管壁，通过形成的巨大冲击波，通过盲孔喷射出去，对井壁周围的岩石产生巨大的喷射冲击，进而压裂粉碎周围的岩石，把富含油气的岩层压出很多裂缝，使油气可以从粉碎压裂的岩石中流入已经钻通的油井通道里面，进而被抽取出来。				
归类决定	该商品应按工业用其他钢铁制品归类。根据归类总规则一及六，该商品应归入税则号列 7326.9019。				

序号	112	归类决定编号	J2022-0009	公告编号	2022年第78号
商品税则号列		7419.8091		公告实施日期	2022年9月1日
商品名称	易熔塞				
英文名称					
其他名称					

商品描述

该易熔塞为塞状，外部为铜合金，中间有一条锥柱形的可熔合金（锡合金），使用时安装在压缩机组的储液罐上。当储液罐内部的液态制冷剂压力升高，导致内部温度升高达到一定温度时，易熔塞中的可熔合金自然熔化，其内部贯通，将储液罐内部的高压液态制冷剂通过易熔塞进行释放，起到安全保护的作用。主要成分为铜合金91%，可熔合金（锡合金）9%。制造工艺：原材料检查→黄铜加工→部件清洗→可熔合金充填→清洗助焊剂→端面处理→气密检查→标识涂装→尺寸、外观检查→出厂检查。

易熔塞外观　　易熔塞剖分图

易熔塞熔通图　　装配示意

归类决定

根据归类总规则一及六，该商品应归入税则号列7419.8091。

序号	113	归类决定编号	J2022-0010	公告编号	2022 年第 78 号
商品税则号列		7419.8091		公告实施日期	2022 年 9 月 1 日
商品名称		抛光铜盘			
英文名称					
其他名称					
商品描述		该抛光铜盘也称树脂铜盘，其主要材质：铜（70%~80%）、树脂（20%~30%）和不锈钢（低于1%）。该产品用于蓝宝石外延片背面抛光加工。在加工外延片时，把未加工的芯片放置在铜盘表面，铜盘放置在抛光机上不断旋转，适时滴入金刚石抛光液进行抛光加工直至生产出合格的芯片。金刚石抛光液和抛光铜盘均对蓝宝石外延片起研磨作用。			
归类决定		根据归类总规则三（二）及六，该商品按照材质应归入税则号列 7419.8091。			

序号	114	归类决定编号	J2011-0020	公告编号	2012 年第 3 号
商品税则号列		75.02		公告实施日期	2012 年 2 月 1 日
商品名称		镍圆饼			
英文名称					
其他名称					
商品描述		该商品底部平滑，表面外围凸起，内部凹下（外形如纽扣），直径约25毫米，厚约6.5毫米。有含硫镍圆饼和不含硫镍圆饼两种商品。镍圆饼以粗镍为阳极，通过电解工艺生产制得。在电沉积制备镍圆饼时，在不锈钢阴极表面用一种专用保护膜涂覆，留出一些圆形区域不涂，这些圆形部位暴露在电解液中，就在这些暴露部位的不锈钢上电沉积获得小纽扣状的镍沉积材料。沉积的时间、圆形区域的直径和圆形区域之间的距离大小决定产品的最终形状。电沉积结束后，将阴极从溶液中取出，用机械方法敲击不锈钢就分离得到镍饼。再将其洗净抛光，便可包装销售。			
归类决定		该商品未经过锻轧，根据归类总规则一，应归入《税则》税目 75.02。			

序号	115	归类决定编号	J2011-0021	公告编号	2012年第3号
商品税则号列		75.08		公告实施日期	2012年2月1日
商品名称	镍圆片（Chips™）				
英文名称					
其他名称					
商品描述	镍圆片（Chips™）采用羰基气体精炼法生产。羰基法精炼的工艺流程分为两个步骤：1. 在大型的羰基化炉或反应器中用含有杂质的金属镍生产出大量羰基镍；2. 羰基镍在一个半连续的工艺中分解，在该工艺中镍团粒经由一个充满了羰基镍的分解器中加热并反复循环。每一个镍团粒最初均为一小粒镍，羰基镍每在分解器中循环一次，就有一层纯的金属镍沉积在镍团粒表面。羰基法生产得到的高纯镍团粒（镍珠）经过尺寸筛选后通过轧辊轧平成镍圆片，产品呈上下表面光滑的不规则圆饼状。				
归类决定	该镍圆片经过轧辊轧制应属于已锻轧镍。根据归类总规则一，该商品应归入税目75.08项下。				

序号	116	归类决定编号	J2006-0037	公告编号	2007年第70号
商品税则号列		76.07		公告实施日期	2007年12月5日
商品名称	铝塑复合板				
英文名称					
其他名称					
商品描述	该商品由两层平轧铝箔与中间夹层塑料板粘合而成，表层铝箔厚分别为0.2毫米和0.1毫米，中间塑料层厚2.7毫米。施工时粘贴墙上，用于墙面装饰。				
归类决定	归类技术委员会认为，该商品主要用于装修，故表层的铝箔能体现商品的使用价值，应视其为商品的主要特征，塑料部分仅起支撑作用，而在确定表层材料的主要特征时，不应以双层材料厚度之和决定其具体归类的子目，应按单面表层铝箔的厚度归入《税则》税目76.07。				

序号	117	归类决定编号	J2009-0013	公告编号	2009年第83号
商品税则号列		7608.1000		公告实施日期	2009年12月23日
商品名称	浇铸铝管				
英文名称					
其他名称					
商品描述	该商品外观为铝制带孔圆柱体，外径×内径×长度的规格分别为254毫米×80毫米×1 000毫米、203毫米×50毫米×1 500毫米、280毫米×90毫米×1 200毫米等，铝含量约为99.8%。产品具有空心较小、管壁非常厚的特征。生产工艺：由液体纯铝水浇筑到铝管制造机铝水前包，通过冷凝水凝固后，在牵引机的连续带动下加工成铝管。				
归类决定	归类技术委员会决定，如果该商品符合《税则》第七十六章章注五对"管子"的定义及行业中各种一般铝制管材的标准，可以按铝管归入税则号列7608.1000。				

序号	118	归类决定编号	J2013-0005	公告编号	2014年第2号
商品税则号列		7610.9000		公告实施日期	2014年1月15日
商品名称	遮阳棚				
英文名称					
其他名称					
商品描述	该产品主要由铝框架、聚碳酸酯（PC）顶板和围布3个部分组成。铝框架包括铝三角柱、铝围梁、铝顶骨，起支撑固定作用；顶上覆6毫米的厚聚碳酸酯（PC）板，起遮阳作用；四周装黑色防火纱帘和围布，纱帘材质为尼龙，围布材质为涤纶，亦起到遮阳作用。用途：供人户外休闲用。				
归类决定	根据归类总规则三（二）及六，该商品应归入税则号列7610.9000。				

序号	119	归类决定编号	J2016-0012	公告编号	2016年第11号
商品税则号列		8001.2021		公告实施日期	2016年3月1日
商品名称	无铅焊锡条				
英文名称					
其他名称					

商品描述

银白色条状，重约1千克/条。

主要成分：锡99.48%、铜0.5%、锡磷合金0.01%、抗氧化助焊剂0.01%，原材料纯锡中含有少量的金属杂质，包括铁、铋、锌、铝、银等。其中，抗氧化助焊剂成分包含氯化镧、氯化铈、氯化铵、氟化铵等。

生产工艺：1. 熔锡，将检验合格的锡锭称重配料后投入熔锡炉中熔化；2. 合成，按产品技术要求比例添加铜、磷、铟、镍等材料进入熔锡炉熔化、搅拌，充分合成；3. 改性，添加抗氧化助焊剂，搅拌，使抗氧化助焊剂与熔锡炉内焊锡充分混合；4. 浇铸，混合完毕后浇铸成型，冷却。

归类决定

"无铅焊锡条"不符合税目83.11的条文规定，不应归入税目83.11。根据归类总规则一及六，应归入税则号列8001.2021。

序号	120	归类决定编号	J2015-0008	公告编号	2015 年第 13 号
商品税则号列		8202.3990		公告实施日期	2015 年 4 月 23 日
商品名称	圆锯片用金刚石刀头				
英文名称					
其他名称					
商品描述	圆锯片用金刚石刀头（图 1）是由人造金刚石及各种金属粉通过冷压成型、热压烧结等工艺制程。其主要成分：人造金刚石粉末（约 10%）、铁粉（60%~70%）、铜粉（8%~15%）、锡粉（7%~10%）、其他金属粉末（3%~5%）。 其生产工艺：原材料粉末混合并充分搅拌，通过自动冷压机压制成各种规格的小片，小片经过重新装模后进行热压烧结。烧结过程表现为粉末颗粒之间发生黏结，刀头体积收缩，密度提高，强度增加，从而由粉末颗粒的聚集体（冷压毛坯）变为晶粒的聚结体（刀头），使刀头获得所需的物理、力学性能即强度、硬度、耐磨性和对金刚石的把持力等。热压烧结后经喷砂处理并对焊接面进行磨弧处理。 该商品焊接在锯片上（图 2）用于切割石材，刀头消耗完后可焊接新的刀头。 图 1　金刚石刀头　　图 2　金刚石刀头焊接在锯片基体上					
归类决定	该商品用作圆锯片的工作部件，根据归类总规则一及六，圆锯片用金刚石刀头应归入税则号列 8202.3990。				

序号	121	归类决定编号	J2012-0003	公告编号	2012年第60号
商品税则号列		82.09		公告实施日期	2013年3月1日
商品名称	硬质合金棒料				
英文名称					
其他名称					
商品描述	该商品为棒状材料，主要用于制造硬质合金刀片、刀杆、钻头等工具。成分组成为碳化钨、钴及添加剂，主要成分碳化钨的含量一般在90%以上。如某种型号的产品成分含量为碳化钨93%、钴6%、添加剂1%。其生产工艺流程：硬质合金粉（碳化钨、钴、其他添加剂）→成型→烧结→性能检查→无芯磨加工→外观、尺寸检查→包装入库。				
归类决定	该类商品应属于未装配的工具用金属陶瓷板、杆、刀头及类似品，根据归类总规则一，该商品应归入税目82.09。				

序号	122	归类决定编号	J2015-0024	公告编号	2015 年第 13 号
商品税则号列		82.09		公告实施日期	2015 年 4 月 23 日
商品名称	工业复合片				
英文名称					
其他名称					
商品描述	该商品为圆柱体，高度 8 毫米，直径 13.4 毫米，由两种物质组合而成，上层为较薄的黑色光亮的人造金刚石层，密度为 3.47~3.5 克/立方厘米，下层为银白色光亮的较厚的碳化钨层，密度为 16 克/立方厘米。每个复合片按重量计是由 6.6% 的人造金刚石和 93.4% 的碳化钨组成。该工业复合片进口后将焊接在钻头齿穴里（人造金刚石层朝外，碳化钨层与钻头本体焊接），之后用于石油或天然气钻探机械上钻探地层。其中，碳化钨层为碳化钨和金属钨的烧结物。				
归类决定	根据归类总规则一及六，该商品应归入税目 82.09 项下。				

序号	123	归类决定编号	J2011-0022	公告编号	2012 年第 3 号
商品税则号列		83.06		公告实施日期	2012 年 2 月 1 日
商品名称	飞龙挂饰				
英文名称					
其他名称	工艺刀剑				
商品描述	该商品为飞龙形状的挂饰，全长 7.6 厘米，刀片部分长 2.5 厘米，带金属挂链，整体产品为锌铝材质，锌铝刀片位于龙的尾部，飞龙的前中部位为刀鞘，可插入拔出，刀片未开刃，刀背无齿，无血槽。				
归类决定	综合该商品特征，将其认定为装饰品，并根据归类总规则一，将其归入税目 83.06。				

序号	124	归类决定编号	J2011-0023	公告编号	2012 年第 3 号
商品税则号列		83.06		公告实施日期	2012 年 2 月 1 日
商品名称		锌铝蝎子			
英文名称					
其他名称		工艺刀剑			
商品描述		该商品为蝎子形状，配有展示托板，蝎子和托板之间有挂钩相连固定。托板的材质为锌铝合金。蝎子的整体材质为锌铝合金，蝎子八只腿的末端部分为钢材制。蝎子的刀刃为蝎子八只腿的末端部分，蝎子全长 12.7 厘米，刀刃的长度 1.2 厘米，未开刃，刀背为波浪形状，无锯齿，无血槽。其用作摆饰品。			
归类决定		根据该商品的特征将其认定为装饰品，并根据归类总规则一，将其归入税目 83.06。			

序号	125	归类决定编号	J2018-0014	公告编号	2018 年第 183 号
商品税则号列		8309.9000		公告实施日期	2019 年 1 月 1 日
商品名称		铝塑组合盖			
英文名称					
其他名称					
商品描述		该商品全称为抗生素瓶用铝塑组合盖。规格为 20.3 毫米×7.3 毫米，由塑料件和铝件组成，塑料件成分是聚丙烯，重量 0.52 克/个，铝件成分是铝合金，重量 0.4 克/个。该商品是由聚丙烯原料上色并注塑成型后，与冲压好的铝件铆合而成。用于抗生素制剂生产流程的轧盖环节，使用时，医务人员用手抠掉抗生素瓶口的塑料盖，露出瓶内胶塞，然后就可进行注射使用。			
归类决定		该商品的塑料部分符合品目 83.09 关于其他配件的描述，根据归类总规则一及六，该商品应归入税则号列 8309.9000。			

序号	126	归类决定编号	J2006-0038	公告编号	2007年第70号
商品税则号列		第八十四章		公告实施日期	2007年12月5日
商品名称		微型计算机主板			
英文名称					
其他名称					
商品描述		该主板主要由集成电路、各种插槽插座和一块多层电路板组成。在主板的众多集成电路中，最重要的是由PCMC芯片、LBX芯片、SIO芯片组成的芯片组，芯片组负责管理计算机的系统总线、CPU与周边设备的数据传输、内存和缓存、控制中断等。			
归类决定		不带CPU主板的功能仅为连接功能，不具有ADP功能，所以应归入《税则》税目84.73；对于带CPU的主板，如果带有内存，即使没有外壳，也符合《税则》第八十四章章注五的描述，应归入子目8471.50。			

序号	127	归类决定编号	J2016-0016	公告编号	2016年第11号
商品税则号列		8411.8100	公告实施日期	2016年3月1日
商品名称	飞机辅助动力装置			
英文名称	APU			
其他名称	APU辅助动力装置、飞机发动机辅助动力装置			
商品描述	飞机辅助动力装置（以下简称APU）实为一台涡轮发动机（燃气轮机），其内部结构包括齿轮箱、进气腔体、压气机、燃烧室和涡轮等部件。 APU的作用是独立地在地面或空中向飞机提供电源和压缩空气。飞机发动机启动、飞机空调、照明及控制系统均需要稳定的电源供应。飞机在地面且主发动机不工作时，可以使用APU提供的电力和压缩空气引气，用于启动主发动机，保证客舱和驾驶舱内的仪表、灯光照明和空调系统的正常工作。在飞机起飞、降落及正常飞行中，也可以使用APU提供电源和气源，减少发动机使用功率，增加安全裕度及用于发动机空中启动，飞机电、气源系统备份。 APU的专门设计用途和功率大小（通常在70千瓦），不能为飞机的飞行提供推力或升力。 APU的工作原理是通过燃烧飞机燃油产生动力，驱动压气机及齿轮箱工作。涡轮转动带动中间的传动轴，通过齿轮箱驱动交流发电机，向飞机电网输送115伏的三相电流。			
归类决定	根据归类总规则一及六，应将上述商品按涡轮轴航空发动机归入税则号列8411.8100。			

序号	128	归类决定编号	J2009-0014	公告编号	2009年第83号
商品税则号列		8412.2100		公告实施日期	2009年12月23日
商品名称	破碎锤主体				
英文名称					
其他名称					
商品描述	该商品是一种将液压能转变为机械冲击能的破碎机具，它主要以挖掘机、装载机等液压机械为承载设备，被广泛应用于城建、采矿、冶炼、交通、水电等工程施工。破碎锤的结构，主要包括阀门、氮气室、油缸、活塞下部主体、钎杆等部分。其工作时通过阀门系统接受挖掘机液压动力，推动活塞向破碎器尾部运动，同时压缩氮气室中的氮气，积蓄能量。当活塞运动到尾部规定位置时，阀门调整液压方向，推动活塞反向运动，同时氮气膨胀一同推动活塞向下运动，撞击钎杆，实现破碎功能。				
归类决定	归类技术委员会决定，该商品采用液压缸原理，根据归类总规则一，应归入税则号列8412.2100。				

序号	129	归类决定编号	J2011-0003	公告编号		2011年第13号
商品税则号列			8412.8000	公告实施日期		2011年3月10日
商品名称		断路器用电动弹簧操作器				
英文名称						
其他名称						
商品描述		断路器用电动弹簧操作器是用于为断路器分合闸提供动力的机构，由合闸弹簧、开断弹簧、电机（700瓦，直流）、电磁阀等构成。工作原理：电机带动蜗杆转动，通过弹簧杆压缩弹簧，给弹簧储存能量。当断路器需要合闸时，合闸指令发出，电磁阀带电，将压缩弹簧的卡钩打开，弹簧能量释放，断路器实现合闸。合闸弹簧的力量较大，能量释放的同时，可以给开断弹簧储存能量；断路器需要分闸时，分闸指令发出，电磁阀带电，将压缩弹簧的卡钩顶开，弹簧能量释放，断路器实现分闸操作。弹簧能量释放后通过电机给弹簧储存能量，以准备以后的操作。				
归类决定		该商品为弹簧动力装置，利用弹簧的弹性向外输出动力，符合《税则》税目84.12及其子目条文的描述，根据归类总规则一及六，应将其按其他动力装置归入税则号列8412.8000。				

序号	130	归类决定编号	J2011-0004	公告编号	2011年第13号
商品税则号列		84.14		公告实施日期	2011年3月10日
商品名称	带风扇的铝合金窗				
英文名称					
其他名称					
商品描述	该商品主体是铝合金窗，尺寸为105厘米×65.7厘米×7.5厘米，共四层，中间有空隙，朝外的一层有1/3的面积为太阳能电池板，其余2/3的面积为涂黑玻璃，其余3层为铝材。向内的一层可以接通风管。中间安装一台小型轴流式风扇（功率9瓦），电力来自太阳能电池板，室外空气通过中间空隙四周的通风孔进行流通，进入空隙的空气由于黑色玻璃的吸热作用而加热，风扇将新鲜的热风吹入室内。该商品主要用于度假屋，起到长时间通风作用和有限的保温作用。				
归类决定	该商品安装好后不能起到透光作用，只能依靠风扇通风，应以风扇作为主要特征归类。根据归类总规则三（二）将其归入《税则》税目84.14项下。				

序号	131	归类决定编号	J2006-0039	公告编号	2007年第70号
商品税则号列		84.15		公告实施日期	2007年12月5日
商品名称	机动车辆上供人使用的空调器				
英文名称					
其他名称	Coleman 8373 顶置式一体化空调				
商品描述	该顶置式一体化空调器由美国 AIRXCEL 公司生产，功率2匹，电源115伏/60赫兹、240伏/50赫兹，感应温度16℃~29℃，尺寸为115厘米（长）×70厘米（宽）×35厘米（高），用于野外作业、生活的各种房车，活动房屋，工程及指挥车等。				
归类决定	该空调是房车上的空调，到一地即接驳当地市电驱动，不具备机动车用空调的特征，应视其具体结构归入《税则》税目84.15中8415.2000以外的税则号列。				

序号	132	归类决定编号	J2008-0011	公告编号	2008年第36号
商品税则号列		84.19		公告实施日期	2008年5月20日
商品名称	热风枪				
英文名称					
其他名称					
商品描述	热风枪用于对塑料产品（如塑料板、塑料管等）进行热熔、热焊、热缩等操作。产品主要由发热芯、电机、温控开关、开关、电缆线、外壳、前护套等部分组成，通过将送入的冷风加热至450℃或600℃的高温风送出使用，从而达到工作用途。产品参数为230伏、50赫兹、2 000瓦。两档风温设置为微风档450℃、强风档600℃。				
归类决定	该商品是利用温度变化处理材料的机器，根据归类总规则一，将其按具体列名归入税目84.19项下。				

序号	133	归类决定编号	J2008-0010	公告编号	2008年第36号
商品税则号列		84.19		公告实施日期	2008年5月20日
商品名称	地暖用太阳能热水器				
英文名称					
其他名称					
商品描述	太阳能热水器由热交换器、集热器、介质交换管、热导介质闭合循环系统管体、阀门、连接件、热导介质（油）及自动辅助控制装置等组成。其用于地暖设备中水的加热，工作时介质在集热器中受太阳光照升温，后通过热交换器将热能交换给待加热的水，利用水的温度升高实现地暖。				
归类决定	该商品虽然直接被太阳加热的媒介是油，但其最终是通过热交换器加热水，且符合《税则注释》关于"贮备式热水器"的定义，故应按热水器归类。归类技术委员会决定将该商品按非电热贮备式热水器归入《税则》税目84.19项下。				

序号	134	归类决定编号	J2006-0040	公告编号	2007年第70号
商品税则号列		8421.9910		公告实施日期	2007年12月5日
商品名称	玻璃钢制过滤罐				
英文名称					
其他名称					
商品描述	该商品为一种家用水处理产品（舒尔家用中央水处理自动控制调节系统，简称"舒尔家用中央水调"）上所用的容器部分，单独进口。外观特征为上端带内螺纹口的瓶状容器，尺寸为8英寸×18英寸，用于盛放离子交换树脂。				
归类决定	该商品为达到水过滤交换的目的而对其在大小、形状、耐压、交换时间等方面的原始设计，使该商品具有专用性，应按照水处理装置的零件归入税则号列8421.9910。				

序号	135	归类决定编号	J2016-0001	公告编号	2016 年第 11 号
商品税则号列		8421.9910		公告实施日期	2016 年 3 月 1 日
商品名称		空气净化器用过滤网			
英文名称					
其他名称					
商品描述		由两层铝制网板（冲压成型）夹杂乱的铝箔细条组成的 3 层复合结构，用边框封边，边框上有品牌标志。该商品所有部分的材质均为铝合金。该商品用于净化器，作为第一道（初级）空气过滤，可直接安装使用。			
归类决定		"空气净化器用过滤网"应按净化器零件归类。根据归类总规则一及六，该商品归入税则号列 8421.9910。			

序号	136	归类决定编号	J2011-0005	公告编号	2011 年第 13 号
商品税则号列		8422.4000		公告实施日期	2011 年 3 月 10 日
商品名称		芯片测试编带机			
英文名称					
其他名称					
商品描述		芯片测试编带机通过对芯片外观、电气特性等参数进行测试，将合格产品和不合格产品进行分检，将不合格元器件排出，将合格产品编入编带，并对其进行塑封。			
归类决定		该商品通过检测、分拣和编带包装三道工序对半导体芯片进行包装，其主要功能是包装，符合《税则》税目 84.22 的子目条文的描述，根据归类总规则一及六，应将其按包装设备归入税则号列 8422.4000。			

序号	137	归类决定编号	J2011-0024	公告编号	2012年第3号
商品税则号列		8424.8999		公告实施日期	2012年2月1日
商品名称	除氧器喷嘴				
英文名称					
其他名称	盘式恒速喷嘴				
商品描述	除氧器喷嘴也称为盘式恒速喷嘴，可与各类型除氧器（包括化学除氧器、真空除氧器及热力除氧器等）配合使用。 作用：一是将进入除氧器的含氧量较高的待除氧水进行雾化恒速喷出，以避免对除氧器产生直接冲击；二是将待除氧水的表面积迅速、大幅地增加，有利于促进化学反应、气压变化或温度变化，更好地达到除氧效果。 工作原理：除氧器喷嘴的进水通道为6层或9层弹性的盘状区域，每层弹性区域出口处呈齿状的分离雾化结构。水进入喷嘴后进入类似于机械喷嘴分离槽或狭缝的多层弹性盘状区域，再经这些弹性盘状区域末端的齿状分离雾化结构（喷嘴出水口）分离成雾状水滴进入除氧器，避免对除氧器产生冲击。				
归类决定	该商品应作为液体喷射装置归类，并根据归类总规则一，将其归入税则号列8424.8999。				

序号	138	归类决定编号	J2009-0015	公告编号	2009年第83号
商品税则号列		84.30 或 84.31		公告实施日期	2009年12月23日
商品名称		抽油机			
英文名称		Oil extractor/oil sucking/oil pumping unit			
其他名称		磕头机			
商品描述		该商品是一种开采石油的机械设备，通过加压的办法使石油输出。基本工作原理：电动机（额外配置）通过皮带将动力传递给减速器输入轴；减速器通过齿轮辐的机械运动将动力传递到减速器的输出轴上；减速器带动曲柄转动；曲柄带动四连杆机构（驴头、游梁、横梁、连杆）作上下摆动；四连杆机构带动悬绳器作上下往复的直线运动，从而实现采油目的。			
归类决定		归类技术委员会根据抽油机构成的不同情况分别讨论研究确定归类，决定将抽油机整机归入《税则》税目84.30项下，将不带动力源的抽油机归入《税则》税目84.31项下。			

序号	139	归类决定编号	J2006-0041	公告编号	2007年第70号
商品税则号列		84.43		公告实施日期	2007年12月5日
商品名称		油热转印机（TJ-502）			
英文名称					
其他名称					
商品描述		该商品主要由电热滚筒、耐高温毛毯、毛毯小滚筒、紧布天相、匹布平衡杆构成。该商品是纸印花转印布机，采用油热滚筒方式，工作时通过马达的无级变速将转盘调整至所需速度，空气压缩机补充气压，内发热管加热油液，油液又使滚筒加热，当温度达到要求时，将印花纸上的花纹通过热转印方式压印到布匹上，机器通过控制温度来调节所印花纹颜色的深浅，耐高温毛毯的作用是使电热滚筒能很好地与印花纸及布匹相结合，最后摇布架摆动印好的布匹，加速退热晾干。			
归类决定		根据《税则注释》对品目84.43所包含机器的列举，该品目主要是按照商品的功能用途列举的。考虑到油热转印机是主要用于印刷行业的机器，因此应将其归入《税则》税目84.43项下。			

序号	140	归类决定编号	J2010-0014	公告编号	2010 年第 87 号
商品税则号列		8443.3211		公告实施日期	2010 年 12 月 28 日
商品名称		行式针式打印机			
英文名称					
其他名称					
商品描述		该商品由打印锤机构、走纸机构、色带进给机构和控制器单元组成。采用逐行、逐页的顺序打印,打印基本单元为行,打印锤有 6 组针头,每组 10 根针,每根针之间的距离很短,60 根针排成一排后,通过梭头带着它们敲击。行式打印机的打印控制由电子线路完成,每行打印前,计算机将该行信息全部输送到接收数据缓冲区,打印时,传输数据以一个点行一个点行传输到打印头控制器。该打印机最大打印幅宽为 345 毫米,分辨率 180DPI,打印速度 345 行/分钟。				
归类决定		根据归类总规则一,该商品应归入税则号列 8443.3211。			

序号	141	归类决定编号	J2006-0042	公告编号	2007 年第 70 号
商品税则号列		84.71		公告实施日期	2007 年 12 月 5 日
商品名称		带专用接口卡的微机			
英文名称					
其他名称					
商品描述		数据采集和过程控制等某一部分功能都是用计算机完成的,它们用光纤、专用电缆,甚至用 Internet 与整个系统相连接。这些专门功能的设备的硬件采用微机平台加上专用功能接口卡,而专用接口卡也采用微机常用的 ISA、PCI、AGP 等接口,也有的将微机主板的芯片输出数据接口改为接口卡专用的接口,软件则多采用 Windows NT 基础上的专用软件。				
归类决定		接口卡只是微机的配件,用于扩充而不是改变微机的功能,所以带专用接口卡的微机仍应按微机归入《税则》税目 84.71 项下。			

序号	142	归类决定编号	J2008-0012	公告编号	2008年第36号
商品税则号列		84.71		公告实施日期	2008年5月20日
商品名称	袖珍硬盘				
英文名称					
其他名称					
商品描述	该商品用于MP3、MP4等产品中，由盘片、磁头堆、磁阻浮动块、弹性臂、磁盘旋转电动机、线路模板等组成。该产品的优点是制造成本低，存储量大；缺点是存储反应速度慢，防磁化、防静电、防撞击性差。该类商品的成品状态有两种：一种外观为硬盘状，以软性线路为接口；另一种外观为存储卡状，与CF卡的接口和外观相同。				
归类决定	该商品带有驱动电路，是驱动器的一种，归类技术委员会决定将该商品按硬盘驱动器归入《税则》税目84.71项下。				

序号	143	归类决定编号	J2009-0016	公告编号	2009年第83号
商品税则号列		8471.8000		公告实施日期	2009年12月23日
商品名称	笔记本电脑机壳组件				
英文名称					
其他名称					
商品描述	该商品为笔记本电脑的半成品，由下列零件组成：1.一套笔记本用液晶显示屏（含液晶屏、驱动电路等）；2.一个主板（集成散热器、散热风扇、显卡、网卡、调制解调器、接口等）；3.一套笔记本电脑外壳（含上、下外壳，面板，触摸式鼠标等）；4.一个锂充电电池；5.其他零件为数据线缆、螺钉等紧固件。产品占整机的比例约60%，经组装处理器、硬盘、内存、光驱、键盘等，即成为一台完整的笔记本电脑。				
归类决定	根据《税则》第八十四章章注五（三），该商品符合"专用于或主要用于自动数据处理系统；可以直接或通过一个或几个其他部件同中央处理器相连接；以及能够以本系统所使用的方式（代码或信号）接受或传递数据"的描述，可视为自动数据处理系统的其他部件，归入税则号列8471.8000。				

序号	144	归类决定编号	J2008-0013	公告编号	2008 年第 36 号
商品税则号列		84.79		公告实施日期	2008 年 5 月 20 日
商品名称	个人坠落制动器				
英文名称					
其他名称					
商品描述	该商品由尼龙制带子、滑轮、制动器等组成，装于直径 9 厘米的带钩环的钢铁制圆形铁盒中，无动力装置。工作原理：该个人坠落限制器内装有一定长度的尼龙制带子，作业时可随意拉尼龙制带子使用，当坠落时，该个人坠落限制器可根据速度的变化停止坠落。该商品主要应用在工人进行高空作业时，防止造成严重的人身伤害。				
归类决定	该商品的结构超出了《税则》税目 63.07 的商品范围，起作用的是机械装置（制动器），因此归类技术委员会决定将该商品按其他税目未列名的具有独立功能的设备归入《税则》税目 84.79 项下。				

序号	145	归类决定编号	J2009-0017	公告编号	2009 年第 83 号
商品税则号列		84.79		公告实施日期	2009 年 12 月 23 日
商品名称	加硬机				
英文名称					
其他名称					
商品描述	该商品设计用于在镀膜生产的清洁工艺中，自动将传送带清洁架中的树脂镜片进行清洗、渗透、脱水、干燥、加硬镀膜（浸泡于药水中）、冷却、固化后供操作人员检查。树脂镜片再次清洗工艺中，有旋转和超声波两种清洗方式。设备尺寸为长 22.8 米×宽 2.1 米×高 2.6 米，设备安装于同一个框架内。整个操作流程：5%~7%氢氧化钾溶液→反渗透水喷淋清洁→洗涤剂清洗→反渗透水溢流清洁→去离子水溢流清洁→热去离子水慢拉脱水→烘干→干燥→药水镀膜→烘干→冷却→加硬镀膜→预固化→冷却和卸架。				
归类决定	会议认为，该商品对树脂镜片增加硬度主要由镀膜工序实现，其他工序均为前期准备和后期处理，由于镀膜工艺未对树脂镜片进行机械加工，该商品不属于对塑料材料的加工机器，应按未列名机器归入《税则》税目 84.79 项下。				

序号	146	归类决定编号	J2012-0005	公告编号	2012年第60号
商品税则号列		8479.8999		公告实施日期	2013年1月1日
商品名称		除铁机			
英文名称					
其他名称					
商品描述		该设备结构：由两台喂料装置、一台除铁装置和一台控制柜组成。 工作原理：物料通过带磁力的筛网时，在物料中所含金属异物被吸附在筛网表面，物料纯度提升。 工作流程：预处理设备处理后的原料由加料口倒入，经带磁性的筛网后，成品料经成品下料口出料，部分含铁杂质的废料从另一个下料口出料，通过分离铁杂质，提高成品料纯度。			
归类决定		该商品通过带磁力的筛网分离铁杂质，根据归类总规则一及六，该商品应归入税则号列8479.8999。			

序号	147	归类决定编号	J2017-0010	公告编号	2017 年第 46 号
商品税则号列		8479.8999		公告实施日期	2017 年 10 月 1 日
商品名称	剪切式大型碎纸机				
英文名称					
其他名称					
商品描述	剪切式大型碎纸机，品牌为英明仕 INTIMUS POWER；型号为 VZM18.00；产地为德国。其主要用于办公文件的大量销毁工作，将文件粉碎成符合保密标准的碎纸。该碎纸机主机重约 2 318 千克，其碎纸能力在 500~2 000 千克/小时。 该碎纸机碎纸工作原理：在纸张等文件进入碎纸机后，强大的驱动电机带动两组刀轴旋转，刀轴上的刀具（圆盘状）转动，利用刀具旋转产生的剪切力达到破碎文件的目的。 该剪切式碎纸机配备两套不同的尺度刀片，采用双轴刀片切割，根据碎纸幅面和厚度的不同进行一级剪切和二级剪切。由两组不同尺度的刀片与梳片的交替，通过刀片上的凹槽完成纸张抓取，采用几何螺旋状交替所产生的剪切力来实现切割，可直接将文件切割成 6 毫米×50 毫米及 11.8 毫米×55 毫米的形状，没有混合、搅拌、轧碎、研磨、筛选等工序，一次切割达到切割效果后直接落料，适用于扁平文件的粉碎。 图 1　一级剪切刀具　　　　图 2　二级剪切刀具					
归类决定	该商品不属于"轧碎"机器，根据归类总规则一及六，该商品归入税则号列 8479.8999。				

序号	148	归类决定编号	J2011-0006	公告编号	2011 年第 13 号
商品税则号列		85.01		公告实施日期	2011 年 3 月 10 日
商品名称	电动操作机构				
英文名称					
其他名称					
商品描述	该电动操作机构是高压开关的专用组成部分，除外壳外主要由传动机构（电机、蜗杆、输出轴、驱动杆、手动摇柄等组成）、控制机构（继电器、凸轮开关、接插件等）和其他一些辅助机构组成。工作原理：电动操作机构的控制回路接到外部传送的分合信号后接通电机，由电机带动传动机构进行分合闸操作。在失电情况下，可以手动操作。				
归类决定	该商品符合《税则注释》品目 85.01 注释条文的描述，根据归类总规则一，将其归入税目 85.01 项下。				

序号	149	归类决定编号	J2006-0043	公告编号	2007 年第 70 号
商品税则号列		85.04		公告实施日期	2007 年 12 月 5 日
商品名称	半导体模块				
英文名称					
其他名称					
商品描述	A、B 两种半导体整流模块，A 模块的内部结构由两个二极管构成；B 模块的内部结构由七个二极管和一个绝缘栅双极型晶体管（IGBT）构成。				
归类决定	《税则》税目 85.41 的商品应仅限于无其他税目列名功能的半导体器件；半导体器件组合后若已构成《税则》列名功能的商品，应按所列功能归类。上述 A、B 两种半导体整流模块应按其所具有的整流功能归入《税则》税目 85.04。				

序号	150	归类决定编号	J2018-0015	公告编号	2018 年第 183 号
商品税则号列		8505.9090		公告实施日期	2019 年 1 月 1 日
商品名称		阀门配件（线圈）			
英文名称					
其他名称					
商品描述		该商品由固定座（插头）、绕线管、铜线、塑钢外壳（其中绕线管内圈装配带法兰的铁管）等组成，不带阀门部件；用途为用于油压阀油路切换功能；工作原理：线圈通电后，产生磁场，磁场带动磁管中的铁管产生推力，推动本体体内的主轴，进行油路切换。			
归类决定		该商品按照电磁铁归类，根据归类总规则一［第十六类类注二（一）］及六，该商品应归入税则号列 8505.9090。			

序号	151	归类决定编号	J2015-0021	公告编号	2015 年第 13 号
商品税则号列		8507.1000 或 8507.2000		公告实施日期	2015 年 4 月 23 日
商品名称		带备用电源的 LED 工作灯			
英文名称					
其他名称					
商品描述		该商品由铅酸蓄电池、LED 灯头、直流变流器和多种直流电输出连接装置组成，并配有充电器、搭电线两种附件。尺寸为 250 厘米×170 厘米×295 厘米，重量为 5.5 千克，设有可供汽车启动电源或对其他电源充电的输出端，还设有 USB 接口及 12 伏直流电输出端。			
归类决定		根据归类总规则一及六，该商品应归入税则号列 8507.1000 或 8507.2000。			

序号	152	归类决定编号	J2017-0011	公告编号	2017年第46号
商品税则号列		8507.2000		公告实施日期	2017年10月1日
商品名称		铅晶蓄电池			
英文名称					
其他名称					
商品描述		铅晶蓄电池是基于传统铅酸蓄电池的创新产品，由铅板、晶状电解质、外壳等组成。其中，晶状电解质是以硅酸盐、硫酸盐、酒石酸及其盐等为基料，加入氢氧化锂、硫酸钴、香兰素、丙三醇等多种成分配制成电解液，取代传统铅酸蓄电池中的硫酸溶液，加注后经72小时3次循环充放电，铅晶电解液转化为晶体状态。			
归类决定		该商品属于《税则》所述"铅酸蓄电池"的范围，根据归类总规则一及六，应归入税则号列8507.2000。			

序号	153	归类决定编号	J2011-0007	公告编号	2011年第13号
商品税则号列		8509.8090		公告实施日期	2011年3月10日
商品名称		电动睫毛刷			
英文名称					
其他名称					
商品描述		该商品为电动睫毛刷，已装有电池，但尚未安装马达，在塑料盖顶部装有准备连接马达的接触点，进口后装上马达可使睫毛刷自动转动。			
归类决定		该商品缺少马达，是电动睫毛刷的不完整品，其已具备电动睫毛刷完整品的基本特征，根据归类总规则二，应按其他家用电动器具归入税则号列8509.8090。			

序号	154	归类决定编号	J2011-0025	公告编号	2012年第3号
商品税则号列		8514.1090		公告实施日期	2012年2月1日
商品名称	小型高低温温度冲击试验箱				
英文名称					
其他名称					
商品描述	该商品将内部空间分为高温箱和低温箱两部分，外观类似双门冰箱。试验箱分别利用电热丝加热和压缩机制冷，温度由程序进行控制，高温变化范围60℃~200℃，低温变化范围-65℃~0℃。不具备检测功能，也不能通过配置相应的选购件使其具备检测功能。选购件主要有温度的记录装置、通信装置、辅助冷却装置等。主要用途：为产品提供温度变化环境，以便测试产品在瞬间经高温、低温的连续温度变化环境下所能承受的程度，及其在急速变化的温差条件下热胀冷缩引起的化学变化和物理伤害。				
归类决定	该商品应按多功能机器归类，在确定其主要功能时，因其加热和制冷功能同样具体，根据归类总规则三（三）和（六），将其归入税则号列8514.1090。				

序号	155	归类决定编号	J2008-0019	公告编号	2008年第36号
商品税则号列		8517.6233 和 8528.5910		公告实施日期	2008年5月20日
商品名称		网真1000型视频会议系统			
英文名称					
其他名称					

商品描述

网真1000型视频会议系统（思科牌）是一套完整的视频会议设备，由一台等离子显示屏、一台编解码器、一台摄像头、一台扬声器或控制器、一台独立外置的麦克风等多个设备与相关的安装框架组合而成，所有设备均通过缆线连接在一起。该商品利用IP技术，实现了实时网络电视会议，通过一块65英寸的等离子显示屏虚拟出真实的会议环境。

图示标注：背景照明工具；高质量视频的摄像头；65英寸的等离子显示屏（不含视频调谐芯）；系统内置编码器；宽频立体声音箱；回音消除装置的麦克风；CP-7970G的IP电话机；桌子不进口

归类决定

该商品并不完全组装在同一机壳内，不符合《税则》第十六类类注三关于组合机器的定义，且通过缆线连接后并无第八十四章或第八十五章某一章节列名的功能，也不符合第十六类类注四关于功能机组的定义，故应分别归类。其中，60英寸等离子显示屏，带HDMI接口，应按彩色视频监视器归入税则号列8528.5910；其他部件构成有线数字式IP电话信号转换设备的功能，一并归入税则号列8517.6233。

序号	156	归类决定编号	J2008-0020	公告编号	2008 年第 36 号
商品税则号列		8517.6233 和 8528.5910		公告实施日期	2008 年 5 月 20 日
商品名称		网真 3000 型视频会议系统			
英文名称					
其他名称					
商品描述		网真 3000 型视频会议系统（思科牌）是一套完整的视频会议设备，由 3 台等离子显示屏、3 台编解码器、3 台摄像头、3 台扬声器或控制器、3 台独立外置的麦克风、专门设计的木制会议桌等多个设备与相关的安装框架组合而成，所有设备均通过缆线连接在一起。该商品利用 IP 技术，实现了实时网络电视会议，通过 3 块 65 英寸的等离子显示屏与会议桌相配合，虚拟出真实的会议环境。			
归类决定		该商品并不完全组装在同一机壳内，不符合《税则》第十六类类注三关于组合机器的定义，且通过缆线连接后并无第八十四章或第八十五章某一章节列名的功能，也不符合第十六类类注四关于功能机组的定义，故应分别归类。其中，60 英寸等离子显示屏，带 HDMI 接口，应按彩色视频监视器归入税则号列 8528.5910；木制会议桌应按办公室用木家具归入税则号列 9403.3000；其他部件构成有线数字式 IP 电话信号转换设备的功能，一并归入税则号列 8517.6233。			

序号	157	归类决定编号	J2015-0013	公告编号	2015 年第 13 号
商品税则号列		8517.6299		公告实施日期	2015 年 4 月 23 日
商品名称	蓝牙腕带				
英文名称					
其他名称					
商品描述	该商品由主电路板、蓝牙射频芯片、电池、指示灯、外壳、硅胶表带、铝扣等组成，外部特征像一条腕带。主要功能：1. 通过其内置的低功耗蓝牙射频芯片，产品可与手机通过蓝牙无线连接，进行数据传输；2. 该产品与手机的距离超出设定值时，会发出警告，以此实现防盗、防丢失的功能；3. 通过该产品控制手机歌曲播放、暂停、曲目切换；4. 该产品内置重力加速度传感器，能检测人体的运动状态等活动数据，内部的处理器具有专用的计步器算法，可以将运动状态转换成步数，而且将步数通过蓝牙传到手机，手机的应用软件对接收到的人体活动数据处理分析后，得到用户的运动记录和睡眠监测等信息；5. 该产品内置振动电机和指示灯，具有提醒功能，当手机有来电、短信、闹钟等事件发生时，手机将事件信号通过蓝牙传递到蓝牙腕带，蓝牙腕带以指示灯和振动提示用户。综上所述，该产品具有数据传输、防盗、音乐控制、计步和提醒等功能，与手机结合使用。					
归类决定	该商品具有多种功能，根据归类总规则一及六，按通信设备归入税则号列 8517.6299。				

序号	158	归类决定编号	J2015-0015	公告编号	2015年第13号
商品税则号列		8517.6299		公告实施日期	2015年4月23日
商品名称		苹果手表			
英文名称		Apple Watch			
其他名称					
商品描述		Apple Watch产品设计为戴于用户手腕的设备，该设备可直接与用户的iPhone手机进行通信。该商品为iPhone手机的拓展设备。用户可以直接通过Apple Watch的硬件操作该设备而访问iPhone的诸多应用，实现iPhone手机的功能拓展： 1. 处理器；2. 触摸显示屏；3. 数码表冠为通过扭转数码表冠，灵活而准确地进行屏幕缩放以及滚动，表冠同时可以作为按钮来使用；4. 内置扬声器及麦克风；5. 线性致动器为用来生成触觉反馈；6. 心率传感器为可协助估算活动强度，从而提升对整体卡路里消耗状况的跟测水平；7. GPS：以实现定位及距离测量；8. 加速感应器为可以全天追踪身体活动情况，计算运动步数，协助测算卡路里消耗；9. 充电装置；10. 操作系统。 当用户购买Apple Watch设备时，客户通过初始化设置，该设备会与用户的iPhone立即连接以实现该产品的主要功能，包括： 1. 接听或拒绝来电；2. 通过触碰或听写进行信息收发；3. 收发、编辑邮件；4. 录制语音留言；5. 访问存储于iPhone中的媒体（包括图片、音乐及影像）；6. 实现基于全球定位系统（GPS）程序的功能；7. 对用户的iPhone进行设置；8. 屏幕涂鸦并即时与其他Apple Watch用户分享；9. 通过线性致动器与朋友（其他人）感应交流（如传送心跳）；10. 通过测量心率，感应用户身体活动情况，测定卡路里，并设定运动目标，并通过与iPhone协同查看用户活动记录并查看活动进展；11. 内置Siri实现语音控制该设备；12. 通过内置APP实现日历、Passbook（登机牌、门票、会员卡、优惠券管理软件）、编辑iTune资料库，遥控iPhone摄像头、秒表、计时、闹钟、股市、天气等功能；13. 通过开发者开发的第三方应用程序可进一步实现其他创新性的功能。				
归类决定		该商品具有多种功能，根据归类总规则一及六，按通信设备归入税则号列8517.6299。				

序号	159	归类决定编号	J2017-0012	公告编号	2017 年第 46 号
商品税则号列		8517.6299		公告实施日期	2017 年 10 月 1 日
商品名称		智能复合腕表			
英文名称					
其他名称					

商品描述

智能复合腕表（Hybrid Smart Watch）是一种具有传统腕表外观、智能腕表功能的腕表。

1. 结构：有主表盘和子表盘。内部是一个微电子控制装置（无机械表芯和石英表芯），由纽扣电池提供电源。

2. 功能：通过蓝牙连接手机，可在腕表上实现时间显示、来电提醒，并由腕表来控制手机播放音乐和拍照。在手机上显示人体健康指数（运动、睡眠时间和质量），以及对上述数据进行管理。

3. 使用方式及功能细节：

（1）首先用手机下载应用程序，然后运用蓝牙技术将该腕表与用户的手机"配对"。"配对"成功后在手机上进行各项信息设置（如时间、用户身高、体重、睡眠时间、运动目标等）。

（2）该腕表有主表盘和子表盘，内有指针，通过表冠部位的控制按钮，可查看指针显示的日期、星期几、不同时区的时间、闹铃时间等。

（3）通过表冠部位的控制按钮的操作，可以控制手机拍照和音乐播放。

（4）佩戴腕表后，用户的运动行为将会同步到手机，用户可以从手机上查看到用户运动的步数、距离、热量消耗等运动信息。

（5）佩戴腕表后，用户的睡眠行为将会同步到手机。

（6）接到来电、短信、电子邮件等消息时，该腕表将发出蜂鸣声提示，同时指针将移动位置指向用户事先设置的位置，使其可以通过一瞥手腕即了解到是何人（最多可以设置 6 个人）何种信息（电话、短信还是邮件）。

归类决定

根据归类总规则一及六，该商品应归入税则号列 8517.6299。

序号	160	归类决定编号	J2022-0011	公告编号	2022 年第 78 号
商品税则号列		8517.7930		公告实施日期	2022 年 9 月 1 日
商品名称	手机用显示屏盖				
英文名称					
其他名称					

商品描述

该商品为专用于手机的显示屏盖,四周有黑框,中间为无色透明的矩形塑料板,是手机屏幕的最外层,表面光线均匀、柔和,有防静电、降低表面光线反射的作用。其生产工艺:1. 蒸镀(也称真空镀膜)。在真空环境下通过加热 TiO_2 和 SiO_2 等氧化物材料在塑料板材上进行镀膜。根据蒸镀膜厚度的不同,光的反射性能存在差异,不同的反射性能可以产生不同的颜色(阳光下手机用显示屏盖的各种颜色),增加成品的美观程度。2. 印刷。使用丝网印刷的方式在蒸镀以后的塑料板材上面印制各种手机用显示屏盖的形状。用一定比例调制的印刷油墨和固化剂的混合物进行印刷,然后用紫外线对印刷物进行照射,在很短的时间内固化成三维的网状高分子聚合物,形成硬化膜,通过形成化学键实现化学干燥。3. 成型切割。由数控成型机械按事先编制好的程序,对印刷好的板材自动切割,产生不同规格的手机用显示屏盖(主透镜)。4. 检验。对切割完成的手机显示屏盖(主透镜)进行检验,合格品将包装入库。

归类决定

根据归类总规则一及六,该商品应按手机专用零件归入税则号列 8517.7930。

序号	161	归类决定编号	J2016-0015	公告编号	2016 年第 11 号
商品税则号列		8518.2900		公告实施日期	2016 年 2 月 22 日
商品名称		扬声器			
英文名称					
其他名称					
商品描述		扬声器主要由耐冲击注塑外壳、音源输入和转换单元、载波调制单元、超声载波发射单元、薄膜式换能器单元组成。外接声频进入扬声器后，经过 A/D 转换、ALU 算法器、动态载波调制等过程，由 PVDF 薄膜将超声载波向前方发射。其主要用于机场驱鸟、警用、救灾等。			
归类决定		根据归类总规则一及六，该商品应归入税则号列 8518.2900。			

序号	162	归类决定编号	J2008-0014	公告编号	2008 年第 36 号
商品税则号列		85.21		公告实施日期	2008 年 5 月 20 日
商品名称		Sony A800 MP4			
英文名称					
其他名称					
商品描述		该商品体积纤巧，重 53 克，带 2 英寸彩色液晶屏，该产品在使用前先将附带的 Sonic Stage 软件安装到电脑中，通过软件的信号转换，将音乐、照片、视频从计算机导入至本播放器，并随时随地进行欣赏。其中，音频处理是通过电脑安装的 Sonic Stage 软件把音频文件转化为可接受的 AAC 的信号经过 USB 线存储在机内，由耳机输出。视频播放及显示是通过电脑安装的 Image Converter 软件把视频文件转化为可接受的 MPEG-4 和 AVC 的信号经过 USB 线在机内存储和播放，并通过显示屏输出。存取管理是通过内置的 2G 或 4G 闪速存储器存储音频/视频文件，经过内置的同一处理器释放音频/视频功能。电源管理是通过 USB 线对机内锂电池充电。该商品可以录制/重放 MP3 音频文件和录制/重放 MP4 视频文件，同时由于带屏幕，也可以视频显示 MP4 格式的视频图像。			
归类决定		归类技术委员会决定将该 MP4 归入《税则》税目 85.21 项下。			

序号	163	归类决定编号	J2006-0045	公告编号	2007 年第 70 号
商品税则号列		8523.51		公告实施日期	2007 年 12 月 5 日
商品名称	闪存卡				
英文名称					
其他名称					
商品描述	闪存卡，又称快闪存储卡，是使用快可擦编程只读存储器芯片存储数据的存储产品，广泛应用于数码相机、掌上电脑、MP3、数字家电中，实现数据存储与交换功能。				
归类决定	归类技术委员会决定，该商品应归入税则号列 8523.51。				

序号	164	归类决定编号	J2011-0008	公告编号	2011 年第 13 号
商品税则号列		8523.52		公告实施日期	2011 年 3 月 10 日
商品名称	电子标签				
英文名称					
其他名称					
商品描述	电子标签（RFID）又称为射频识别标签。利用射频信号通过空间耦合（交变磁场或电磁场）实现无接触信息传递并通过所传递的信息达到识别目的。电子标签系统主要由三部分组成。1. 标签，由耦合元件及芯片组成，每个标签具有唯一的电子编码，附着在物体上标识目标对象；2. 读写器，读取或写入标签信息的设备，可设计为手持式或固定式；3. 天线，在标签和读写器间传递射频信号。基本工作原理：电子标签进入磁场后，接收解读器发出的射频信号，凭借感应电流所获得的能量发送出存储在芯片中的相关信息，或者主动发送某一频率的信号，解读器读取信息并解码后，送至中央信息系统进行有关数据处理。				
归类决定	该商品符合《税则》第八十五章章注四（二）关于"智能卡"的定义，根据归类总规则一及六，应将其按智能卡归入税则号列 8523.52。				

序号	165	归类决定编号	J2022-0012	公告编号	2022年第78号
商品税则号列		8525.8923		公告实施日期	2022年9月1日
商品名称	数码相机套件				
英文名称					
其他名称					
商品描述	EOS M 数码相机套件包括以下零部件：1. EOS M 机身；2. 两个数码相机镜头 EF-M 18-55mmf/3.5-5.6 IS STM 和 EF-M 22mmf/2 STM；3. 闪光灯 SPEEDLITE 90EX；4. EOS 数码解决方案光盘；5. 软件使用说明书光盘；6. 相机说明书光盘；7. 电池充电器 LC-E12C（含电源线）；8. 锂电池 LP-E12；9. USB 接口连接线；10. 相机背带 EM-100DB。该型号相机是一种无反光镜结构的微型可换镜头数码相机。				
归类决定	该数码相机套件所有零部件装于盒内，虽然含有两个不同镜头，但其包装形式适于将完整的相机套件直接销售给用户而无须重新包装，根据归类总规则三（二）及六，应将其按零售的成套物品归入税则号列 8525.8923。				

序号	166	归类决定编号	J2009-0019	公告编号	2009 年第 83 号
商品税则号列		85.26		公告实施日期	2009 年 12 月 23 日
商品名称	车载 GPS 导航仪				
英文名称					
其他名称					
商品描述	该商品至少具备 GPS 导航、DVD 视频播放和地图/视频显示这三种基本功能，一体式进口，基本结构包括导航仪主机、天线、DVD 播放器和液晶显示器（6.5 英寸）。代表型号为 SSANGYONG、Continental RNS510RNS-510，通常进口后供安装于丰田、现代、双龙等中档品牌车系的高端车型上。此类设备通常装在车辆前面板上，除了可以通过内存卡携带的地图信息独立实现 GPS 导航功能外，还可以实现 DVD 视频显示、CD 声频播放及收音机功能。				
归类决定	归类技术委员会决定将该商品归入《税则》税目 85.26 项下。				

序号	167	归类决定编号	J2006-0046	公告编号	2007 年第 70 号
商品税则号列		85.28		公告实施日期	2007 年 12 月 5 日
商品名称		DLP 背投影显示器			
英文名称					
其他名称					
商品描述		DLP 背投影显示器是利用 DLP（Digital Light Processing 的缩写，中文含义为数字光处理技术）技术工作的彩色背投影显示设备。其信号输入格式为 RGBHV（红、绿、蓝、行、场分量信号）信号、DVI（数字视频接口）数字信号。在其内部可留有一个插槽，通过插接信号处理板卡来达到与其他模拟信号等信号源连接的目的。单台 DLP 背投影显示器的结构主要由投影箱体和投影机芯组成。投影机芯又由电路盒与光学装置组成。其中电路盒完成将外部输入信号转换成光学装置可以识别的电信号；光学装置通过接收到的电信号控制光学部件（如 DMD 芯片）的运动来实现图像投影功能。数个此种 DLP 背投影显示器可拼接组成一个较大型的显示屏幕。				
归类决定		归类技术委员会决定，该商品应按监视器归入《税则》税目 85.28 项下。			

序号	168	归类决定编号	J2006-0047	公告编号	2007 年第 70 号
商品税则号列		85.28		公告实施日期	2007 年 12 月 5 日
商品名称		机顶盒			
英文名称					
其他名称					
商品描述		数字电视机顶盒的主要功能就是将接收下来的数字电视信号转换为模拟电视信号，使用户不用更换电视机就能收看数字电视节目，但无上网功能。根据传输媒体的不同，数字电视机顶盒又分为数字卫星机顶盒（DVB-S）、地面数字电视机顶盒（DVB-T）和有线电视数字机顶盒（DVB-C）三种。				
归类决定		该商品的主要功能为接收电视信号，应将其归入《税则》税目 85.28 项下。			

序号	169	归类决定编号	J2009-0021	公告编号	2009年第83号
商品税则号列		8528.5910		公告实施日期	2009年12月23日
商品名称	巴可显示系统OV-815				
英文名称					
其他名称					
商品描述	该商品由屏幕模块、照射模块、DLP投影模块组成。显示墙屏幕尺寸80英寸，可无缝拼接，带机座、机架、外壳、DVI连接线、灯泡等，主要用于石油工业领域的监控、图像采集、现场作业等服务。该商品与一台Transform A数字显示控制器及配套软件一同报验进口，数字显示控制器类似于普通工业控制器，用于多屏幕数字图像拼接及集成各种数据信号源，将多路计算机信号通过控制器进行组合及缩放处理后送到大屏幕显示器。				
归类决定	该商品虽与自动数据处理设备连接使用，但却从事数据处理以外的专门功能，根据归类总规则一及第八十四章章注五（五）的规定，归类技术委员会决定将其按所从事具体功能的装置归入税则号列8528.5910。				

序号	170	归类决定编号	J2016-0017	公告编号	2016年第11号
商品税则号列		8529.9049		公告实施日期	2016年3月1日
商品名称	自动对焦机构				
英文名称					
其他名称					
商品描述	自动对焦机构主要是由一组线圈、两组弹簧、一组磁性材料（产生一个单极向的开放磁场）等组成。该自动对焦机构专用于智能手机摄像模组。作为微型化相机模块中的零件之一，自动对焦机构进口后将镜头固定于其中，对焦机构下方可安装影像传感器，自动对焦机构的功能为调整影像传感器与镜头之间的对焦位置，以达到影像清晰的效果。 工作原理：当镜头要进行对焦时，单走向的直流线圈会受到驱动IC（外置）以线性方式提供电流，此时，直流线圈因为通电时产生的微弱磁场会与外围的磁场产生互斥，这个力量只能够克服上下的弹簧力量与镜头重量，利用微弱的互斥与弹簧的相互制约平衡，协助镜头停留在需要停留的位置。				
归类决定	该商品的设计和结构超出了电动机的范畴，根据归类总规则一及六，应归入税则号列8529.9049。				

序号	171	归类决定编号	J2006-0048	公告编号	2007 年第 70 号
商品税则号列		85.36		公告实施日期	2007 年 12 月 5 日
商品名称		CPU 插座、数据线用接口等			
英文名称					
其他名称					
商品描述		该商品分两大类：1. 用于传输数字信号，如 CPU 插座、电脑数据线用插头插座；2. 用于低压设备内部的电路连接件，其形状、使用场合比较特殊。			
归类决定		CPU 插座、数据线用接口等商品仍属于"电气连接件"，应归入《税则》税目 85.36 项下。			

序号	172	归类决定编号	J2008-0015	公告编号	2008 年第 36 号
商品税则号列		8536.5000		公告实施日期	2008 年 5 月 20 日
商品名称		开关熔断器组			
英文名称					
其他名称					
商品描述		该商品的品牌为 ABB，型号分 OESA（可提供额定电流为 250~800 安）系列、OS 系列（可提供额定电流为 32~400 安）。开关熔断器组一般作为工厂低压开关柜（不超过 1 000 伏）中的主开关，具有接通、分断正常负载与过载电流和短路电流的保护功能。开关熔断器组进口时未装有熔断体，配用相应的熔断体获得选择保护的要求。			
归类决定		归类技术委员会决定将该商品归入税则号列 8536.5000。			

序号	173	归类决定编号	J2009-0022	公告编号	2009 年第 83 号
商品税则号列		8536.5000		公告实施日期	2009 年 12 月 23 日
商品名称	接近开关				
英文名称					
其他名称					
商品描述	该商品由位移感测器构成,利用位移感测器对接近物体"感知"的敏感特性达到控制开关通断的目的。主要类型有涡流式接近开关(电感式接近开关)、电容式接近开关、霍尔接近开关、光电式接近开关(光电开关)、热释电式接近开关及其他形式。该商品主要应用于航空、航天技术、工业生产、测量、控制技术中及安全防盗方面。				
归类决定	归类技术委员会决定,根据归类总规则一,将该商品归入税则号列 8536.5000。				

序号	174	归类决定编号	J2017-0014	公告编号	2017 年第 46 号
商品税则号列		8537.1090		公告实施日期	2017 年 10 月 1 日
商品名称	中控台控制屏				
英文名称					
其他名称					
商品描述	结构:外部主要由触摸屏、机身外壳、散热片等组成;机壳内有中央处理部件、FPGA 现场可编程门阵列、Parrot 模块、网关、数字信号处理器、以太网交换模块等部件;操作系统为 Linux 系统;外观类似于一个大尺寸的 PAD,但又固定安装于车上。 该中控屏的中央区域是主显示区,按功能分为媒体、能量、网络、摄像头、电话、导航等。在屏幕下方的固定区域显示空调的控制面板、座椅加热控制、车辆灯光控制、悬挂系统控制等。其可控制:1. 媒体栏,主要控制音乐的播放,可以通过蓝牙连接手机,播放手机中的音乐,也可以收听收音机或者网络歌曲;2. 能量栏,主要显示行驶中的耗电情况;3. 网络栏,可以通过内置上网卡,通过 4G 网络或者 Wi-Fi 连接网络,浏览网页;4. 摄像头控制栏,摄像头可以随时打开,查看车辆后面的情况;5. 电话控制栏;6. 导航控制栏;7. 空调的控制面板;8. 座椅加热控制;9. 车辆灯光控制;10. 悬挂系统控制。				
归类决定	该商品是非数控控制面板,根据归类总规则一及六,归入税则号列 8537.1090。				

序号	175	归类决定编号	J2022-0013	公告编号	2022年第78号
商品税则号列		8539.5210		公告实施日期	2022年9月1日
商品名称	LED 灯				
英文名称					
其他名称					
商品描述	该商品由外壳（金属和玻璃）、LED 发光模块、散射片（块）、镇流器（变流装置）、电气连接装置（罗纹口、接插口）、散热片构成。外观同白炽灯泡或日光灯管相同。可以在尺寸相同、接口一致的条件下直接安装在现有的灯具或照明装置上。利用 LED 的发光原理产生光亮，通过散射片（块）将光洒向四周或某一特定方向。				
归类决定	该商品属于 LED 灯泡，根据归类总规则一及六，应归入税则号列 8539.5210。				

序号	176	归类决定编号	J2010-0015	公告编号	2010年第87号
商品税则号列		85.41		公告实施日期	2010年12月28日
商品名称	LED 单芯片发光器件				
英文名称					
其他名称					
商品描述	该商品是单颗发光二极管的芯片，直接以荧光材料和胶体或玻璃的一次光学成型于其上。进口后需搭配使用特制驱动电路板才能发光，作为光源使用。				
归类决定	根据归类总规则一，该商品应归入《税则》税目 85.41 项下。				

序号	177	归类决定编号	J2010-0016	公告编号	2010 年第 87 号
商品税则号列		85.41		公告实施日期	2010 年 12 月 28 日
商品名称	LED 多芯片发光器件				
英文名称					
其他名称					
商品描述	该商品是将 6 颗发光二极管的芯片或 3 颗不同颜色（红、绿、蓝）的发光二极管的芯片在具有电路设计的硅片上以半导体工艺进行布线集成封装。该硅片上进行布线设计完成集成后再予以荧光材料和胶体或玻璃的一次光学成型于其上，具有高效节能和最低热阻的特点。进口后需搭配使用特制驱动电路板才能发光，作为光源使用。				
归类决定	该商品完全使用半导体工艺制作和封装，除 LED 芯片外不含其他半导体器件，根据归类总规则一，该商品应归入《税则》税目 85.41 项下。				

序号	178	归类决定编号	J2011-0009	公告编号	2011年第13号
商品税则号列		85.41		公告实施日期	2011年3月10日
商品名称		太阳能模块铝合金框条			
英文名称					
其他名称					
商品描述		该商品材质为铝合金制。尺寸：1 650毫米×35毫米×50毫米；990毫米×35毫米×50毫米。 加工工艺：挤出成型→机械锯切（锯切成一定长度及端部裁切成坡度）→侧面冲孔加工→表面经阳极处理（可抗腐蚀）。端部裁切成一定角度是为了便于长短框对接；侧面中孔为接地孔，两边孔为排水孔。经过加工的铝合金框条（见图1），在进口后可不经任何加工即可进行组装太阳能模组用铝框（见图2）。 图1 图2			
归类决定		将该商品按太阳能模块零件归入《税则》税目85.41项下。			

序号	179	归类决定编号	J2013-0002	公告编号	2014 年第 2 号
商品税则号列		8541.4010		公告实施日期	2014 年 1 月 15 日
商品名称	图形化蓝宝石衬底外延片				
英文名称					
其他名称					
商品描述	该商品主要用于制备氮化镓基发光二极管。其主要由图形化 PSS 处理蓝宝石衬底（即以蚀刻的方式，在蓝宝石基板上制作出微米级或纳米级的凹凸图案）、缓冲层、N 型氮化镓层、量子阱发光层、P 型氮化镓层构成。缓冲层为高纯氮化镓，量子阱发光层一般为多个周期重复的氮化镓铟/氮化镓层。各层均由化学气相沉积法生长而成，其内部及表面均无电路。用于制作纯蓝、纯绿色发光二极管芯片。该商品在外延 N 型氮化镓层、P 型氮化镓层时已含 N 型、P 型物质，形成独立导电区。 生产工艺：衬底→缓冲层生长→N 型氮化镓层生长→多量子阱发光层生长→P 型氮化镓层生长→退火→检测→外延片。 商品进口后加工成发光二极管芯片的主要加工工艺：刻蚀→蒸发→光刻→磨抛→划片裂片→翻转→目检分选→包装。				
归类决定	该商品已经通过化学气相沉积法生长了各个层，并形成了独立的导电区，用于制发光二极管，属于发光二极管的未制成品，根据归类总规则二（一），归入税则号列 8541.4010。				

序号	180	归类决定编号	J2013-0003	公告编号	2014 年第 2 号
商品税则号列		8541.4010		公告实施日期	2014 年 1 月 15 日
商品名称	红外外延片				
英文名称					
其他名称					
商品描述	该商品用于红外 LED 芯片制造，用在监控设备及遥控器。红外外延片有三层，分别为砷化镓衬底层、砷化镓 P 层和砷化镓 N 层（后两层为外延层），各层分别为衬底层、发光层和发光层。该商品在外延砷化镓 P 层和砷化镓 N 层时已含 N 型、P 型物质，形成独立导电区。 商品进口前的加工工艺：砷化镓单晶棒成长→切割→检验→边缘磨碎→刻蚀清洗→液相外延生长→检验→边缘处理→反面检验→总厚度测试→外观测试→包装出货。 商品进口后加工成发光二极管芯片的加工工艺：抛光→蒸发→光刻→合金→划片→腐蚀→翻转→选片→测试→打印→包装。				
归类决定	该商品已经通过化学气相沉积法生长了各个层，并形成了独立的导电区，用于制发光二极管，属于发光二极管的未制成品，根据归类总规则二（一），归入税则号列 8541.4010。				

序号	181	归类决定编号	J2017-0015	公告编号	2017年第46号
商品税则号列		8541.6000		公告实施日期	2017年10月1日
商品名称	压电陶瓷片				
英文名称					
其他名称	超声波换能片、超声波传感片				

商品描述

压电陶瓷片，为制成特定形状的压电陶瓷晶体薄片，属于多晶体压电材料。厚度0.2毫米左右，表面镀有银电极层。主要成分为锆钛酸铅95%、银电极5%。该商品主要应用于超声波传感装置，通过压电效应原理接受电信号产生震动发出超声波，反之，压电陶瓷片接收超声波就会产生电荷变成电信号。

该商品用于生产超声波传感器探头，其完整生产工艺为配料制备、成型烧结、切割研磨、电极装配、极化、检测调试等。

归类决定

该商品属于已装配压电陶瓷片，根据归类总规则一及六，应归入税则号列8541.6000。

序号	182	归类决定编号	J2006-0049	公告编号	2007年第70号
商品税则号列		8542.9000		公告实施日期	2007年12月5日
商品名称		半导体塑封引线框架			
英文名称					
其他名称		引线框架、导线架、铜垫片			
商品描述		该半导体塑封引线框架由薄铜片冲制而成，具有一定形状，专用于生产集成电路。其中间部分用来承载芯片，封装后露出的插脚与外界线路连接。该半导体塑封引线框架起到连接外界电路与集成块内芯片的作用。			
归类决定		归类技术委员会决定，半导体塑封引线框架按集成电路零件归入税则号列8542.9000。			

序号	183	归类决定编号	J2011-0010	公告编号	2011年第13号
商品税则号列		8543.7099		公告实施日期	2011年3月10日
商品名称		翰林牌电子阅读器			
英文名称					
其他名称		电子书			
商品描述		该电子阅读器由电子纸显示屏、CPU处理器、SDRAM内存储器、内置FLASH存储器、按键、外壳等部件构成，并且带有耳机插孔（用于插入耳机听音乐或播放书籍内容）、USB接口、SD卡插槽。该电子阅读器由可充电的锂电池供电。翰林牌电子阅读器包括V2、V3、V5、V6、V8等型号的产品。V3和V5型电子阅读器只能通过按键输入内容，通过一块电子纸显示屏显示内容；V2、V6和V8型电子阅读器除带有电子纸显示屏外，还带有一块小的触摸屏，触摸屏既可显示内容，又可供用户利用触屏笔输入信息。该电子阅读器内部安装有嵌入式操作系统（如Linux系统等）。该电子阅读器的体积小、重量轻，便于携带和使用。电子阅读器的功能包括以下几种：1.电子书籍的存储、管理、查找、搜索功能；2.电子书籍阅读及图片浏览功能；3.音乐播放、书籍文字内容播放、阅读有声读物功能；4.编辑功能；5.英汉词典、计算器、日历、万年历等功能。			
归类决定		该商品兼具显示、音频播放等功能，其中利用电子纸显示屏进行电子书籍和图片的显示为其主要功能，将其按照《税则》未列名的具有独立功能的机器归入税则号列8543.7099。			

序号	184	归类决定编号	J2016-0009	公告编号	2016 年第 11 号
商品税则号列		8543.7099		公告实施日期	2016 年 3 月 1 日
商品名称	Pepper 情感机器人				
英文名称					
其他名称					
商品描述	Pepper 机器人，重 28 千克，高 121 厘米，其头部、胸部、手、腿部含有多个传感器，活动部件由 20 个电机提供动力，胸前有一个具有触摸功能的显示屏，可与外界进行信息交流。该 Pepper 机器人可识别人的行为和面孔，推断出人的情感变化，并且通过记忆"学习"身体语言和情绪表达。拥有惯性导航仪装置，保持移动平稳，通过超声波传感器探测障碍物。通过语音识别系统识别人类的语音、语调以及特定表现人类强烈感情的词语。然后情感引擎将上述一系列面部表情、语音语调和特定词语量化处理，通过量化评分最终做出对人类积极或者消极情绪的判断，并用表情、动作、语音与人类交流、反馈，甚至能够跳舞、开玩笑。用途：Pepper 机器人可在商场、商店、展会等作为普通雇员等与人交流。				
归类决定	"Pepper 情感机器人"应按其他品目未列名的具有独立功能的电气设备及装置归入税则号列 8543.7099。				

序号	185	归类决定编号	J2013-0011	公告编号	2014年第2号
商品税则号列		8543.9090		公告实施日期	2014年1月15日
商品名称	电子烟雾化器					
英文名称						
其他名称						
商品描述	该商品由吸嘴盖、电热丝、PE棉（吸附有烟液，其中烟液的主要成分：蒸馏水、尼古丁、香料、柠檬酸、甘油等）、硅胶柱、电极金属件、雾化器钢管和外螺纹铜件等组成，使用时需与锂电池组件（未同时进出口）组成完整的电子烟。锂电池组主要由锂电池、单向咪头（电子烟电池组单元的一个元件，是一种气动感应电路开关，起到导通控制电路板工作的作用）、电极金属件、控制板、LED灯组成。当使用者抽吸时，通过单向咪头输出启动信号，与之相连接的控制电路板工作，空气由螺纹连接装置的间隙进入雾化工作室，带动烟液通过发热丝在雾化工作室里面加热雾化，雾化后的小微滴悬浮在气流中形成烟雾，经过滤嘴吸出，同时LED发光，最终达到模拟抽烟的效果。零售包装，5支/盒。					
归类决定	根据归类总规则一及六，将该商品按照电子烟的专用零件归入税则号列8543.9090。					

序号	186	归类决定编号	J2018-0016	公告编号	2018 年第 183 号
商品税则号列		8544.4911		公告实施日期	2019 年 1 月 1 日
商品名称	铜制绕线组				
英文名称					
其他名称					
商品描述	该商品进口报验状态为盘卷状,无接头,额定电压 12 伏,电阻为每米 0.178hm/m,铜合金制,外部为绝缘护套,内部为 50~52 根绝缘漆包线绞合而成,每根漆包线直径为 0.05 毫米。进口后用于制造汽车座椅加热垫,作加热电阻丝使用。使用时根据实际需要进行裁剪,并装配上插头形成座椅加热电阻器。				
归类决定	该商品属于其他电导体,根据归类总规则一及六,该商品归入税则号列 8544.4911。				

序号	187	归类决定编号	J2008-0016	公告编号	2008 年第 36 号
商品税则号列		85.48		公告实施日期	2008 年 5 月 20 日
商品名称	电磁干扰滤波器				
英文名称					
其他名称	EMI(Electric Magnetic Interference)滤波器				
商品描述	电磁干扰滤波器常用于电源与电网之间,以消除电网带来的干扰信号对设备的干扰,同时也消除设备中产生的各种信号进入电网去干扰其他设备。				
归类决定	该商品是一种零件,可用于《税则》第八十四章、第八十五章多个税目项下的商品,具有通用性,故归类技术委员会决定将其按未列名的电气零件归入《税则》税目 85.48 项下。				

序号	188	归类决定编号	J2008-0017	公告编号	2008年第36号
商品税则号列		86.09		公告实施日期	2008年5月20日
商品名称	特种集装箱				
英文名称					
其他名称					
商品描述	该商品是由耐高压大口径钢管及汇流排组成，再由框架将其固定到一起，使其成为一个整体，无法拆除，用来储存、运输大量的高压气体，每根束管可以独立控制，也可通过汇流排串联使用。使用时直接与工厂的供气管道相连。产品制成标准集装箱尺寸，其框架结构与普通集装箱相同，每个集装箱上都有箱号，用作国际运输装载工具。				
归类决定	该商品带有适合集装箱卡车、轮船运输的特殊结构，还标有标准箱号，应视为集装箱，归类技术委员会决定将其归入《税则》税目86.09项下。				

序号	189	归类决定编号	J2013-0008	公告编号	2014年第2号
商品税则号列		8707.9090		公告实施日期	2014年1月15日
商品名称	消防车车身				
英文名称					
其他名称					
商品描述	该商品的外形尺寸为5 588毫米×2 438毫米×2 900毫米，带有泡沫罐、水罐、水泡沫两用炮、工具箱、水管、消防梯、水泵及滤水器、水枪、泡沫枪等装置，作为消防车的上装使用。与完整的消防车相比，缺少驾驶室、底盘等车辆部分。				
归类决定	根据归类总规则一及六，该商品应作为特种车辆车身归入税则号列8707.9090。				

序号	190	归类决定编号	J2018-0017	公告编号	2018 年第 183 号
商品税则号列		8708.2990		公告实施日期	2019 年 1 月 1 日
商品名称		行李箱盖开关和倒车摄像头			
英文名称					
其他名称					
商品描述		该商品由塑料外壳、电路板、摄像头组件等构成,安装在汽车行李箱盖。功能用途: 功能一:按下后,发出信号给控制器,用于开启汽车行李箱盖; 功能二:作为倒车摄像头,采集车辆后方影像并传回多媒体屏幕。两个功能无主次之分。			
归类决定		该商品属于车身零件,根据归类总规则一及六,该商品应归入税则号列 8708.2990。			

序号	191	归类决定编号	J2011-0026	公告编号	2012 年第 3 号
商品税则号列		8708.9929		公告实施日期	2012 年 2 月 1 日
商品名称		大客车用轮边			
英文名称					
其他名称					
商品描述		大客车用轮边由刹车盘、制动蹄片组、垫片、轮毂组成。用途:安装在 30 座以上客车底部前桥大梁两端,起到行驶制动、安装轮胎等功能。			
归类决定		根据归类总规则一,将其归入税则号列 8708.9929。			

序号	192	归类决定编号	J2011-0011	公告编号	2011 年第 13 号
商品税则号列		87.16		公告实施日期	2011 年 3 月 10 日
商品名称	脚轮				
英文名称					
其他名称					
商品描述	脚轮,直径 125 毫米,轮宽 30 毫米。该脚轮可旋转,为双列轴承的旋转头。轮架材质为聚酰胺,轮心材质为聚丙烯,胎面材质为热塑橡胶,所有金属零部件都由不锈钢制成。其主要用于手推车上,也可用于医疗器械等,具有一定的通用性。				
归类决定	该商品明显具有通用性,其结构主要用于移动其他物品,可归入《税则》税目 87.16 项下。				

序号	193	归类决定编号	J2018-0018	公告编号	2018年第183号
商品税则号列		9013.2000		公告实施日期	2019年1月1日
商品名称	激光二极管				
英文名称	LASER DIODE BANK				
其他名称					
商品描述	该商品主要用于投影机的光源部分，按照厂家自行产品设计焊接在投影机电路板上。整体构成为由8个激光二极管固定于金属框体上，不含驱动电路板，不带电路，8个二极管为独立个体；单个二极管封装工艺为由激光芯片加金属框体组成，由吸罩条封装，单个半导体组成，该激光芯片具有提高电光转换效率性能。金属框为铜合金材料制成，尺寸为长6厘米×宽2.2厘米×高1.8厘米，专用于投影机光源部分的零件。工作原理：激光二极管施加电流后将电能转成可见光线，电子的移动可发出蓝色连贯激光（发光原理与普通发光二极管相同，只是激光二极管发出的光子是同方向的，同相位的）。用途及功能为主要用于投影机的光源部分的零件，按照厂家自行产品设计，该零件需焊接在投影机电路板上使用，投影机端提供电源，将供电线路焊接到基板上，在该状态下，把投影机的供电线路与激光二极管阵列后面的基板进行焊接。可以使得投影机色域更广，色彩更亮丽；真正保持长期高画质，更高的光通量、寿命长。				
归类决定	该商品符合品目90.13关于"激光器"的描述，根据归类总规则一及六，该商品应归入税则号列9013.2000。				

序号	194	归类决定编号	J2016-0013	公告编号	2016年第11号
商品税则号列		9015.8000		公告实施日期	2016年2月22日
商品名称	风力发电专用测风设备				
英文名称					
其他名称					
商品描述	风力发电专用测风设备，用于风资源测量和风机功率曲线验证。该设备包括风能数据记录仪、风向标、风速计、雨量计、温度传感器、相对湿度计、压力传感器及日照辐射计。该设备可测量为风速、风向、温度、大气压力、湿度、雨量、日照等。风力发电专用测风设备进口后，下载专用软件，读取并分析风能数据记录仪所采集的基础数据，可处理原始测风数据、生成测风塔测风数据库、基础测风数据报表（包括：风玫瑰图、频率分布柱图、小时平均图、小时平均表、摘要报告等）。				
归类决定	该商品应视为组合机器，按其主要功能确定税号。根据归类总规则一，应归入税则号列9015.8000。				

序号	195	归类决定编号	J2010-0020	公告编号	2010年第87号
商品税则号列		90.18		公告实施日期	2010年12月28日
商品名称	弹簧栓塞				
英文名称					
其他名称					
商品描述	该商品由不锈钢丝和人造纤维（尼龙66）组成，产品不需电源，无菌包装，属于放射介入类一次性使用耗材。用途：用于血管内的栓塞治疗。 使用方法：通过内径范围为0.018~0.035英寸的导管将该商品输送到病变位置，对血管进行机械性堵塞，阻止血液养分、水及其他营养对血管肿瘤的供给，被堵塞的血管肿瘤逐渐萎缩直至消失，患者的疾病也因此被治愈。				
归类决定	该商品用于治疗，可以在一定程度上消除病变。根据归类总规则一，将该商品归入《税则》税目90.18项下。				

序号	196	归类决定编号	J2011-0012	公告编号	2011年第13号
商品税则号列		9019.1010		公告实施日期	2011年3月10日
商品名称	带振动器的健慰器				
英文名称					
其他名称					
商品描述	健慰器分为"女用健慰器"和"男用健慰器"两大类产品。其中，女用健慰器包括外套、刺激头、振动器、动作齿轮箱、电池盒、振动频率调节器等部件。男用健慰器包括外套、振动器、振动频率调节器、电池盒等部件。上述产品的外套均采用医用级PVC、热可塑性弹性体（SBS）高分子材料制成，达到对人体无刺激、无毒害标准。				
归类决定	该带振动器的健慰器归入税则号列9019.1010。				

序号	197	归类决定编号	J2011-0027	公告编号	2012 年第 3 号
商品税则号列		9026.2010		公告实施日期	2012 年 2 月 1 日
商品名称	压力感应器				
英文名称					
其他名称	压力传感器				
商品描述	该商品用于塑料熔体压力测量。其工作原理：在对塑料进行机械加工的过程中，塑料熔体的压力直接作用于传感器头部的不锈钢膜片上，使膜片产生与塑料熔体压力成正比的微位移，使其内部金属电阻应变片的阻值发生相应变化，其外围处理电路将感应到的相关信号转换为标准信号并输出到控制系统，从而控制塑料熔体的压力。				
归类决定	根据归类总规则一，将该商品归入税则号列 9026.2010。				

序号	198	**归类决定编号**	J2022-0014	**公告编号**	2022年第78号
商品税则号列		9027.8990		**公告实施日期**	2022年9月1日
商品名称	流变仪				
英文名称					
其他名称					
商品描述	该商品的品牌为GRACE，型号为M7500，是针对钻井高温高压环境下泥浆的流变性能进行测试的装置。其可以模拟钻井下的高温高压环境，对泥浆的流变性能进行分析，以判断泥浆性能是否满足井下的实际需要。可测量各种流动速度下泥浆黏度和剪切应力的变化数值，从而调整泥浆的流变性能。 该流变仪有触摸式液晶显示屏，可显示温度、压力、剪切应力、剪切速率、转速和黏度数值。其一般可采取以下测量方法： 1. 在设定温度下，将流变仪转速固定在某一低转速连续运行，直到泥浆黏度开始剧烈变化或变化率突变为止，通过这种方法可以确定泥浆及其处理剂在该温度下流变性维持稳定的时间。 2. 在设定转速下，连续慢速升温，观察泥浆黏度的变化情况，直到泥浆黏度开始剧烈变化为止，通过这种方法可以大致确定泥浆的抗温能力。				
归类决定	根据归类总规则一及六，该商品应作为理化分析仪器归入税则号列9027.8990。				

序号	199	归类决定编号	J2008-0018	公告编号	2008年第36号
商品税则号列		92.07		公告实施日期	2008年5月20日
商品名称	乐器合成器				
英文名称					
其他名称	乐器合成器,外形似电子琴,带有数据接口,可以连接电脑,配合相应软件进行创作、编辑、记录音乐,也可以单独连接功放进行演奏。				
商品描述	电子乐器合成器是带拓展功能的乐器,应归入《税则》税目92.07项下。				
归类决定					

序号	200	归类决定编号	J2006-0051	公告编号	2007年第70号
商品税则号列		92.09		公告实施日期	2007年12月5日
商品名称	镀锡钢琴丝				
英文名称	Tinned piano wire				
其他名称					
商品描述	该镀锡钢琴丝的外观为成卷的银白色钢丝,用途为制作乐器用弦,是制作钢琴琴弦的芯线。				
归类决定	归类技术委员会决定该商品应归入《税则》税目92.09。				

序号	201	归类决定编号	J2022-0015	公告编号	2022年第78号
商品税则号列		9307.0090		公告实施日期	2022年9月1日
商品名称		工艺日本刀			
英文名称					
其他名称					
商品描述		该商品由锌合金压铸而成，由于装配各种不同装具，其品种、规格、种类众多，大体分为以下三类：1. 日本刀大刀，全长103厘米，其中刀柄长26厘米，刀鞘长77厘米，刀身长74厘米；2. 日本刀小刀，全长70厘米，其中刀柄长18厘米，刀鞘长52厘米，刀身长46.5厘米；3. 日本刀短刀，全长32厘米，其中刀柄长10厘米，刀鞘长22厘米，刀身长19.5厘米。 刀身的生产工艺：1. 开模；2. 将锌合金熔化后使用压铸机注入模具成型；3. 电镀抛光；4. 磨制假刀纹；5. 与其他零部件一起装配为成品。该商品配上刀架可用于装饰，可供喜爱者收藏，也可作为演出道具或运动器材。			
归类决定		根据归类总规则一及六，该商品应归入税则号列9307.0090。			

序号	202	归类决定编号	J2022-0016	公告编号	2022年第78号
商品税则号列		9307.0090		公告实施日期	2022年9月1日
商品名称		弓形刀			
英文名称					
其他名称					
商品描述		该商品由刀体和展示托架组成。展示托架为塑料材质，可拆卸。刀体全长25.4厘米，刀片部分长13厘米，手柄为锌铝材质，刀片为铝材质，仿电影道具产品刀片形状，未开刃，无血槽，用作摆饰品。			
归类决定		根据归类总规则一及六，该商品应归入税则号列9307.0090。			

序号	203	归类决定编号	J2010-0022	公告编号	2010年第87号
商品税则号列		9401.20		公告实施日期	2010年12月28日
商品名称	汽车座椅骨架				
英文名称					
其他名称					
商品描述	汽车座椅骨架为钢铁制，由底部骨架（又称座盆）和靠背骨架及部分滑轨组成，不带头枕和海绵软垫。				
归类决定	该商品具有汽车座椅的基本形状且已安装了轨道，只能作为汽车的座椅使用，根据归类总规则一，该商品应归入税则子目9401.20。				

序号	204	归类决定编号	J2018-0019	公告编号	2018年第183号
商品税则号列		9402.1010		公告实施日期	2019年1月1日
商品名称	液压提升机				
英文名称					
其他名称					
商品描述	该商品由中心轴、横轴、泵罩、脚踏杆、铁筒、活塞、弹簧、阀门、钢珠等构成。工作原理：以油为介质，通过在密封容器内两个不同大小油压缸内的传递，将脚踏杆外力变成油的压力，推动中心轴上下运动，从而实现理发椅升降。直接安装于理发椅底部，通过踩踏脚踏杆起到调节理发椅高度的作用，属理发椅专用零件。				
归类决定	该商品应按照理发椅专用零件，根据归类总规则一及六，该商品归入税则号列9402.1010。				

序号	205	归类决定编号	J2016-0020	公告编号	2016 年第 11 号
商品税则号列		9403.2000		公告实施日期	2016 年 3 月 1 日
商品名称	货架				
英文名称					
其他名称					
商品描述	材质为钢铁制，主要用于商场、超市展示和存放货物，主要规格为长 1 000 毫米×宽 500 毫米×高 2 100 毫米，可以根据客户要求进行定制。加工工艺为对铁板、铁管、铁线进行剪、折弯、冲压、焊接，并对表面进行静电喷涂处理。为方便出口时运输包装及节省运输成本，产品可以自由组装很多小的部件，所有的结合处都有相关的接口卡件，单独不能使用。主要结构件分为立柱、支撑脚、背板、支架、层板等。				
归类决定	该商品超出钢铁结构体的范围，符合《税则注释》94.03 所述商店用家具的特征。根据归类总规则一及六，将该商品归入税则号列 9403.2000。				

序号	206	归类决定编号	J2015-0012	公告编号	2015 年第 13 号
商品税则号列		9403.6099		公告实施日期	2015 年 4 月 23 日
商品名称	浴室柜				
英文名称					
其他名称					
商品描述	该浴室柜由木制密度板底柜与陶瓷制台盆组合而成,其中底柜通过隔板或抽屉等分割成多个空间,用于储物及美化整体浴室空间,可在浴室、阳台等地摆放,做储物柜使用兼具盥洗功能。				
归类决定	根据归类总规则三(二)及六,该商品应归入税则号列 9403.6099。				

序号	207	归类决定编号	J2006-0052	公告编号	2007 年第 70 号
商品税则号列		94.04		公告实施日期	2007 年 12 月 5 日
商品名称	绗缝被				
英文名称					
其他名称					
商品描述	该绗缝被由胎料和外表的纺织物两部分组成,胎料由散纤构成,为了使被褥外层纺织物与胎料之间固定,使被褥厚薄均匀,将外层纺织物与胎料以并排直线或装饰图案式地缝合起来。				
归类决定	根据归类总规则一,该商品应归入《税则》税目 94.04。				

序号	208	归类决定编号	J2009-0025	公告编号	2009年第83号
商品税则号列		94.05		公告实施日期	2009年12月23日
商品名称	展架				
英文名称					
其他名称					
商品描述	该商品一般放置在商店内展示手机、照相机、化妆品等小商品,安装有灯箱,可同时展示品牌等。该商品同时具有货架展示和广告灯箱的作用。				
归类决定	归类技术委员会决定,该商品的灯箱起主要作用,应归入《税则》税目94.05项下。				

序号	209	归类决定编号	J2011-0013	公告编号	2011年第13号
商品税则号列		94.05		公告实施日期	2011年3月10日
商品名称	管道式日光照明系统			
英文名称	290 Day lighting system			
其他名称				
商品描述	该商品由采光罩、反射片、导光通管、漫射器、防水帽紧固密封件等部件组成。管道式日光照明系统主要是利用光线的物理透射及折射原理,采用高透光率及高反射率材料组合而成的综合系统,主要由三部分组成:1. 采光部分——采用透明亚克力材料注塑成型的采光罩,能够传导空气中的直射光及散射光进入导光管内;2. 传输部分——利用光线物理折射的特性,通过内附高反射材料的铝制导光管,将光线传导至需要照明的位置;3. 漫射部分——采用高透光率的聚碳酸酯(PC)或亚克力材料制成的漫射器,可以把光线均匀地漫射到需要照明的房间。采光罩(安装于屋外)采光通过导光通管(安装于屋内)将阳光传输到漫射器,通过漫射器漫射到室内实现照明。			
归类决定	该商品属于利用自然光的照明装置,根据归类总规则一,将其按其他照明装置归入《税则》税目94.05项下。			

序号	210	归类决定编号	J2011-0014	公告编号	2011年第13号
商品税则号列		94.05		公告实施日期	2011年3月10日
商品名称	电子蜡烛灯				
英文名称					
其他名称					
商品描述	该商品采用干电池作为电源，其结构为顶部为蜡烛火焰形状的LED灯泡，其下方为白色蜡烛形状的主体结构，采用聚丙烯（PP）塑料壳体，控制开关和干电池装在壳体内，壳体底部使用蜡封闭。开关方式为向下按压LED灯泡则控制开关导通，LED灯泡发出模拟蜡烛火焰的闪烁式灯光，再次按压LED灯泡则控制开关关断，灯光熄灭。用途为手持或安放在烛台上代替蜡烛使用。				
归类决定	该商品符合《税则》税目94.05条文的描述，根据归类总规则一，将其按其他照明装置归入税目94.05项下。				

序号	211	归类决定编号	J2022-0017	公告编号	2022 年第 78 号
商品税则号列		9405.4990		公告实施日期	2022 年 9 月 1 日
商品名称	汽车环境风洞阳光模拟系统				
英文名称					
其他名称					
商品描述	该设备主要组成：28 套灯头（每套包含 1 个灯泡、1 个反光罩、1 个安装支架、1 个驱动器）、1 套移动翻转架（带升降、移动、翻转以及对应灯头的 28 个云和隧道模拟系统）、1 个控制柜（包含 28 套交流稳压电子电源和 PLC 控制系统，控制电脑和软件）、3 个配电柜、3 套 Kipp & Zonen SMP11 光度计、1 套自动标定系统（包含额外 4 个光度计和 1 个标定架）、1 套备件包（包含 28 个灯泡、2 个驱动器、1 个 EPS）。该系统主要起到模拟整车在实际环境运行中的日照条件，提供满足标准要求的不同角度、不同强度的日照模拟，目的是客观、真实地开展整车环境适应性能的研究。阳光模拟系统可以和其他设备一起模拟车辆运行条件，来进行车辆冷却系统、空调系统的性能测试；也可以配合振动台、环境仓进行内外饰老化试验；但对于环境风洞只用于前者的性能测试。 工作原理：阳光模拟系统的灯头设计出发点是为了模拟自然光的光谱，不同于普通灯具的照明，其灯泡发光原理是通过汞和金属的卤化物混合气体高压放电。通过灯泡和紫外滤镜的配合，得到符合 CIE-85 Table4/DIN75220 标准的光谱分布（接近自然光）。阳光模拟系统可以通过灯头的发光逼真地模拟自然阳光，通过功率调节、反光罩和灯头组布置控制光照均匀性及模拟多云和隧道环境。灯头分布在不同组中，各组配备有不同的移动和倾斜机构以实现不同的照射角。可实现被试车辆四面不同照射角度的照射，此外，照射可根据不同尺寸的车辆进行匹配。日光模拟系统可以通过光度计进行闭环控制调整辐射强度。先设一个参考辐射强度，系统会调整到目标数据。日光模拟系统也可以手动调整辐照，调整过程中的辐射强度通过传感器读出。				
归类决定	该商品的主要功能仍为照明，根据归类总规则一及六，按照其他照明装置应归入税则号列 9405.4990。				

序号	212	归类决定编号	J2015-0011	公告编号	2015年第13号
商品税则号列		9405.9100		公告实施日期	2015年4月23日
商品名称		灯具配珠			
英文名称					
其他名称					
商品描述		该商品为灯具用玻璃配珠，成分含量：二氧化硅56.30%、氧化铅31.10%、氧化钠2.35%、氧化钾8.75%、杂质1.50%。经切割、钻孔成特定形状，专用于作为灯具配饰。			
归类决定		该商品专用于作为灯具配饰，具有灯具零件的特征，根据归类总规则一及六，应按灯具零件归入税则号列9405.9100。			

序号	213	归类决定编号	J2018-0021	公告编号	2018年第183号
商品税则号列		9406.9000		公告实施日期	2019年1月1日
商品名称		篷房			
英文名称					
其他名称					
商品描述		该商品名称为篷房，规格为15米×25米和15米×40米。是由高强度铝合金为主体框架，配以玻璃墙、玻璃门、布墙以及遮光、防水、阻燃的双面PVC涂层聚酯纤维布为篷顶组成的临时或半永久性的建筑。用于大型户外活动，展览等。			
归类决定		该商品具备房屋特征，符合"活动房屋"的定义，根据归类总规则一及六，该商品应归入税则号列9406.9000。			

序号	214	归类决定编号	J2022-0018	公告编号	2022 年第 78 号
商品税则号列		9406.9000		公告实施日期	2022 年 9 月 1 日
商品名称	玻璃淋浴房				
英文名称					
其他名称					
商品描述	该淋浴房是由亚克力顶盖、亚克力缸体、亚克力墙体、带铝制框架的钢化玻璃固定门及移动门组成，形成一个封闭的空间，内部安装有背部足部按摩器、花洒、插座、喇叭、顶灯、控制面板等，满足休闲洗浴用。				
归类决定	该商品具备了活动房屋的基本特征，根据归类总规则一及六，应归入税则号列 9406.9000。				

序号	215	归类决定编号	J2022-0019	公告编号	2022 年第 78 号
商品税则号列		9406.9000		公告实施日期	2022 年 9 月 1 日
商品名称	玻璃淋浴房				
英文名称					
其他名称					
商品描述	该淋浴房由亚克力底盘、不锈钢中立柱、上下铝制导轨、钢化玻璃固定门及移动门组成，形成一个四周封闭的空间，内部安装花洒、置物架、花洒挂架。				
归类决定	该商品具备了活动房屋的基本特征，根据归类总规则一及六，应归入税则号列 9406.9000。				

序号	216	归类决定编号	J2022-0020	公告编号	2022年第78号
商品税则号列		9406.9000		公告实施日期	2022年9月1日
商品名称		玻璃淋浴房			
英文名称					
其他名称					
商品描述		该淋浴房由底座、带铝合金框架的钢化玻璃门（包括固定门和移动门）组成，不带任何淋浴装置，需安装于两面成直角的墙体上，与之成为四周封闭的空间，用于家庭淋浴。			
归类决定		该商品具备了活动房屋的基本特征，根据归类总规则一及六，应归入税则号列9406.9000。			

序号	217	归类决定编号	J2006-0054	公告编号	2007年第70号
商品税则号列		95.03		公告实施日期	2007年12月5日
商品名称		腰袋礼品套装			
英文名称					
其他名称					
商品描述		该腰袋礼品套装是尺寸为20.0厘米（长）×5.0厘米（宽）×13.0厘米（高）的化纤腰袋，内装填色小册子、彩色自粘贴纸、填字游戏纸、蜡笔、铅笔削、扑克牌、塑料小玩具各一件，腰袋及所装物品均印有航空公司广告宣传字样。			
归类决定		归类技术委员会决定该商品应归入《税则》税目95.03。			

序号	218	归类决定编号	J2011-0015	公告编号	2011年第13号
商品税则号列		95.03		公告实施日期	2011年3月10日
商品名称	挖掘机模型				
英文名称					
其他名称					
商品描述	该挖掘机模型，金属材质，体积很小，重约0.5千克，是按照一定的比例，对照大型挖掘机的外观形态缩制而成的一种高仿真挖掘机模型，用于对外宣传和展示。				
归类决定	该商品按玩具归类，根据归类总规则一，将其归入《税则》税目95.03项下。				

序号	219	归类决定编号	J2006-0053	公告编号	2007年第70号
商品税则号列		95.03		公告实施日期	2007年12月5日
商品名称	腰袋礼品套装				
英文名称					
其他名称					
商品描述	该腰袋礼品套装是尺寸为23.0厘米（长）×6.3厘米（宽）×13.0厘米（高）的化纤腰袋，内装填色小册子、彩色自粘贴纸、铅笔、铅笔削、扑克牌、塑料小玩具各一件，腰袋及所装物品均印有航空公司广告宣传字样。				
归类决定	会议决定该商品应归入《税则》税目95.03。				

序号	220	归类决定编号	J2022-0021	公告编号	2022年第78号
商品税则号列		9503.0089		公告实施日期	2022年9月1日
商品名称	小园丁——无土栽培系列				
英文名称					
其他名称					
商品描述	"小园丁——无土栽培系列"是由花种子、营养液、种植钵、种植盆、岩棉、盆盖和实践活动指导手册等组成的成套包装物品。其使用方法是：根据实践活动指导手册的指引，将种子种植在种植钵内，定时定量供应营养液，使花种子正常生长发育。				
归类决定	该商品具备了玩具的基本特征，根据归类总规则一，该商品应归入税则号列9503.0089。				

序号	221	归类决定编号	J2015-0022	公告编号	2015年第13号
商品税则号列		9503.0089		公告实施日期	2015年4月23日
商品名称	扭扭棒				
英文名称					
其他名称	毛根				
商品描述	该商品每根长度约300毫米，有多种颜色，封装在零售包装塑料袋内。"扭扭棒/毛根"是用铁丝将涤纶线扭绞并经拉毛固定、切割等工序制成，产品的毛纤维长度约5毫米。 这种扭扭棒/毛根可用于折成各种形状（比如弯折成一朵花、一只小鸟等）。				
归类决定	根据该商品的基本特征，并依据归类总规则一及六，该商品应归入税则号列9503.0089。				

序号	222	归类决定编号	J2017-0020	公告编号	2017 年第 46 号
商品税则号列		9503.0089		公告实施日期	2017 年 10 月 1 日
商品名称	荧光类商品				
英文名称					
其他名称					
商品描述	荧光类商品内有玻璃管及两种化学液体。玻璃管内的发光液，以草酸酯为主；玻璃管外的氧化液，以邻苯二甲酸二甲酯为主。使用时用手折弯荧光管，内部玻璃管破裂，发光液和氧化液混合后发生化学反应产生荧光。				
归类决定	根据归类总规则一及六，商品描述图示两种商品应按玩具归入税则号列 9503.0089。				

序号	223	归类决定编号	J2018-0022	公告编号	2018年第183号
商品税则号列		9504.5011		公告实施日期	2019年1月1日
商品名称	摄像头				
英文名称					
其他名称					

商品描述

该商品为PlayStation® Camera摄像头（型号CUH-ZEY2）配合PlayStation® 4游戏机使用，其主要作用是接收用户的语音指令信息和手势肢体指令信息，并发送给PlayStation® 4游戏机。商品构造包括：两个1 280×800分辨率镜头、1/4英寸CMOS图像传感器、Bridge Chip芯片、音频组件、数据传输线缆与接口、重力传感组件、外壳与支撑架。

用户在使用该商品时，首先需要将商品自带的连接线缆插入到PlayStation® 4游戏机主机上的AUX接口中，开启状态的PlayStation® 4游戏机会自动识别该商品。

在用户使用该商品进行动作感知操作时，需要同时使用DualShock® 4无线控制器、PlayStation® Move动态控制器或其他PlayStation® 4游戏机专用的游戏控制器，这些控制器会发出特定颜色的亮光，该商品通过镜头接收这些亮光，并由CMOS成像器件将光转化为数字信号，发送给商品内部的Bridge Chip芯片。

Bridge Chip芯片会结合两个镜头的数据进行整合以便后续进行控制器亮光运动的空间三维空间位置判断，并将整合后的数据通过线缆与PlayStation® 4游戏机的AUX接口传输给游戏机，最终起到游戏控制的功能。

归类决定

该商品属于游戏机附件，根据归类总规则一（第95章章注三、第十六类类注一（十五））及六，该商品应归入税则号列9504.5011。

序号	224	归类决定编号	J2017-0021	公告编号	2017年第46号
商品税则号列		9608.1000		公告实施日期	2017年10月1日
商品名称		中性笔			
英文名称					
其他名称					
商品描述		中性笔是指书写介质的黏度介于水性墨水和油性墨之间的笔。中性笔由笔芯和笔杆组成。笔芯由球珠、球座体、油管和浮塞构成。球珠由不锈钢或钨—钴合金制成，安装在有碗口的金属球座球体内，两者紧密相包，留有一定的间隙，以利于球珠滚动和通墨。			
归类决定		中性笔属于税则号列9608.1000所列"圆珠笔"，根据归类总规则一及六，中性笔应归入税则号列9608.1000。			

序号	225	归类决定编号	J2006-0057	公告编号	2007年第70号
商品税则号列		视进口状态归类		公告实施日期	2007年12月5日
商品名称		废旧汽车			
英文名称					
其他名称					
商品描述		中国海关经常在海上查获非法运输的废旧汽车，这类汽车大多是国外的事故车，然后割顶或拦腰切割，装入集装箱走私到国内。外形较好的用于拼装整车，其他主要用于拆解能用的零部件供给汽车修理厂。			
归类决定		归类技术委员会一致认为，应按照以下原则确定归类：如果构成整机（车）特征，应按照整车进行归类，否则应按照零部件进行归类。如果进口时状态已符合"废钢铁"的有关规定，呈压缩件状，则按照废钢铁进行归类。			

序号	226	归类决定编号	J2009-0026	公告编号	2009 年第 83 号
商品税则号列		分别归类		公告实施日期	2009 年 12 月 23 日
商品名称	三维动画运动捕捉系统（不带计算机的分析测量仪器）				
英文名称					
其他名称					
商品描述	该商品的进口形式为"前端采集设备+专用软件"，由 8~10 个 EAGLE 数字摄像机、100Mbps 网线连接、1~2 个 EAGLE Hub 交换机、一套动态跟踪球、摄像机三脚支撑架、动态校准附件、运动分析软件包（Eva 数据采集分析管理、MoCap Solver 数据模型集成、Director Sequencer 数据采集分析编辑、RT-Anim-Plug-ins 3D 三维软件插件）、软件保护锁、软件教材及手册组成，进口时不带有计算机。该商品可以精确地捕捉到复杂的运动轨迹，其实时功能可让客户在对象运动的同时，立即看到运动捕捉的结果或效果。				
归类决定	归类技术委员会决定，采集系统和专用软件尚不能构成功能机组，应当分别归类。				

序号	227	归类决定编号	J2010-0023	公告编号	2010 年第 87 号
商品税则号列		按材质归类		公告实施日期	2010 年 12 月 28 日
商品名称	自动旋转门				
英文名称					
其他名称					
商品描述	该商品被广泛应用于机场、医院、银行、酒店等公共场所，是具有宽大门区的旋转门，可保证一般大件物品，如购物车、行李车、担架、轮椅等的通行。它提供单双向和直线通行，具有很高的通行能力。外观为直径 3 600 毫米，门翼高度 2 600 毫米，华盖高度 400 毫米，弧形壁使用夹胶安全玻璃，门翼由铝型材、马鬃挡风条和钢化玻璃构成，表面材质为钛黑镜面不锈钢。内置组装有控制面板、SRB（弧壁安全防夹胶条，安全橡胶缓冲器可以有效预防旋转门翼和固定的弧壁之间夹住用户）、HBS（水平防夹感应器）、EBS（非接触防夹感应器）及 SRT（门翼安全防撞胶条）安全装置、消防系统；配有天花灯。				
归类决定	自动旋转门的各部分可组成一个整体，应一并按"门"的材质归入相应税目项下。				

序号	228	归类决定编号	J2013-0006	公告编号	2014 年第 2 号
商品税则号列		按手机、平板电脑的零件归类		公告实施日期	2014 年 1 月 15 日
商品名称		手机、电脑用平板玻璃			
英文名称					
其他名称					

商品描述

该类商品为矩形的面板，其厚、薄度均匀，面板四周棱边光滑无毛刺，未经过光学加工，也未装配其他光学元器件；面板有留置的"按键孔"，供安装按键或留置出摄像头孔位置；面板经过丝网印刷、镀膜，在面板四周边框内油印化学油墨，形成边框。该产品可供直接装配使用，是手机、平板电脑用的玻璃保护面板（屏幕），起保护手机、平板电脑液晶屏的作用。

主要生产工艺流程：切割→清洗→边框棱边抛光去毛刺并研磨光滑→清洗→化学强化（起加强玻璃面板硬度作用）→清洗→丝网油墨印刷→清洗→真空镀膜→检验→成品包装出货。

归类决定

按照一事一议原则，根据归类总规则一，该类商品应分别按照手机或平板电脑的零件归类。

附录

附录一

归类决定相关公告列表

序号	公告编号	发布日期	生效日期
1	2006年第69号	2006年11月22日	同发布日期
2	2007年第70号	2007年12月5日	同发布日期
3	2007年第71号	2007年12月5日	同发布日期
4	2008年第36号	2008年5月20日	同发布日期
5	2008年第76号	2008年10月28日	同发布日期
6	2008年第83号	2008年11月24日	同发布日期
7	2009年第5号	2009年1月20日	同发布日期
8	2009年第32号	2009年6月12日	同发布日期
9	2009年第57号	2009年8月31日	同发布日期
10	2009年第83号	2009年12月23日	同发布日期
11	2010年第2号	2010年1月6日	同发布日期
12	2010年第3号	2010年1月7日	同发布日期
13	2010年第15号	2010年2月28日	同发布日期
14	2010年第87号	2010年12月28日	同发布日期
15	2011年第13号	2011年3月4日	2011年3月10日
16	2011年第26号	2011年4月25日	2011年5月1日
17	2011年第31号	2011年5月16日	2011年5月20日
18	2011年第86号	2011年12月31日	2012年1月5日
19	2012年第3号	2012年1月16日	2012年2月1日
20	2012年第30号	2012年6月18日	同发布日期
21	2012年第31号	2012年6月25日	同发布日期
22	2012年第32号	2012年6月25日	同发布日期
23	2012年第60号	2012年12月10日	2013年1月1日
24	2013年第26号	2013年5月17日	2013年6月1日
25	2014年第2号	2014年1月2日	2014年1月15日
26	2014年第46号	2014年6月25日	同发布日期

序号	公告编号	发布日期	生效日期
27	2014 年第 93 号	2014 年 12 月 22 日	2015 年 1 月 1 日
28	2015 年第 13 号	2015 年 4 月 23 日	同发布日期
29	2015 年第 31 号	2015 年 6 月 25 日	2015 年 7 月 1 日
30	2015 年第 49 号	2015 年 10 月 19 日	同发布日期
31	2016 年第 11 号	2016 年 2 月 22 日	2016 年 3 月 1 日
32	2016 年第 22 号	2016 年 3 月 29 日	2016 年 5 月 1 日
33	2016 年第 38 号	2016 年 6 月 23 日	2016 年 7 月 1 日
34	2016 年第 59 号	2016 年 10 月 20 日	2016 年 11 月 1 日
35	2017 年第 17 号	2017 年 4 月 13 日	2017 年 5 月 1 日
36	2017 年第 46 号	2017 年 9 月 30 日	2017 年 10 月 1 日
37	2018 年第 159 号	2018 年 11 月 2 日	2018 年 12 月 1 日
38	2018 年第 183 号	2018 年 12 月 6 日	2019 年 1 月 1 日
39	2020 年第 108 号	2020 年 9 月 15 日	2020 年 10 月 1 日
40	2022 年第 78 号	2022 年 8 月 17 日	2022 年 9 月 1 日

附录二

商品名称索引
(按汉语拼音排序[①])

商品名称	商品税则号列	页码
A		
ADP 插卡	8517.62	1358
ADP 机与电话线连接装置	8517.62	1357
ADP 机与电话线连接装置	8517.62	1358
ADSL 调制解调器	8517.6234	640
Agilent 8614xb 通信光谱仪	9031.8010	850
Alpha 凝胶成像分析系统	9027.5000	825
APR 版	37.05	159
"AQUASPA"水流按摩装置	9019.10	1440
A 型画架	9403.60	1453
α-(N-甲基-N-苄基)-氨基-3-羟基苯乙酮盐酸盐	2922.5090	98
α 绒促卵泡素	2934.99	1057
阿格列汀	2933.59	1054
阿螺旋霉素	2941.90	1070
阿斯巴甜、天(门)冬氨酰苯丙氨酸甲酯	29.24	1049
艾地骨化醇	2936.29	1063
艾克拿斯	3507.9090	155
艾丽美	2930.9090	100
爱贝芙	3304.9900	138
"爱尔康"酵素洗净发泡锭	3307.9000	140
安全带预紧装置	8708.2990	770
安全或应急灯	94.05	1455
安婴儿 A+无糖婴儿配方奶粉	2106.9090	43
安装在木板上的长椅	9401.20	1449
氨基葡萄糖硫酸盐	2932.9990	104
按摩气囊、气泵、气阀	分别归类	895
按摩浴缸	9019.1010	810
凹凸棒	2508.4000	65
凹印机印刷色组	8443.1700	521

[①] "按汉语拼音排序"是指按照商品名称中的首个汉字的拼音排序,如首个汉字读音相同,按第二个汉字拼音排序,以此类推。

商品名称	商品税则号列	页码
奥迪车发送单元用钥匙座	8301.7000	397
奥迪特462型中央对讲系统	分别归类	896
奥沙利铂注射剂	3004.9090	120
B		
"Beedies"印度的线扎手卷小烟卷	2402.20	1025
Biryani(印度速冻米饭)	1904.90	967
B/M型超声波扫描仪	9018.12	801
BP润滑油(工业用液压油、导热油、导轨油)	2710.1991/2710.1999	82
八角形钢灯柱	7308.90	1251
巴巴苏棕榈果仁沉渣油	1522.0000	25
巴可显示系统OV-815	8528.5910	1588
拔顶原油	27.10	1035
白板纸	4810.9200	270
白肋烟	2401.2090	62
白色号簿纸	4801.0010	261
白色颗粒	3901.40	1127
白色碳酸氢钠粉末	3004.90	1077
白色微晶纤维素粉末	3912.90	1132
白砂糖预混粉	1702.9012	28
白砂糖预混粉	1701.9990	28
百安明饲料添加剂	2309.9090	61
百草枯原液(40%)	3808.9319	165
摆锤冲击仪	9024.8000	817
拜复乐	3004.9090	1491
斑马纸	8534.0090	678
半导体薄片上喷镀金属的模块系统	8486.20	1331
半导体晶片测试仪	9031.8090	861
半导体模块	85.04	1573
半导体塑封引线框架	8542.9000	1597
半导体制冷器	8419.8990	456
半自动售货机	8419.81	1276
包覆氧化铝的铝晶粒构成的非烧结粉	7603.10	1258
包裹巧克力的华夫产品	1905.32	968
包裹纸的成卷捆扎铁丝	72.17	1539
包裹纸的成捆定长捆扎铁丝	73.26	1544
包含可可馅料的产品	1806.90	956
包装检测机	8422.3030和8479.8999	472
包装胶囊/片剂的设备	8422.40	1281
饱和无环烃单独异构体	2901.10	1042

商品名称	商品税则号列	页码
饱和无环烃单独异构体	第二十七章	1031
饱和无环烃异构体的混合物	2901.10	1042
饱和无环烃异构体的混合物	第二十七章	1032
保护渣	3824.9999	194
保护罩	3926.90	1157
保护罩	3926.20	1151
保护罩	3926.20	1151
保龄球道计分系统悬挂荧幕	9504.9090	873
保险柜	8303.00	1263
保险柜	8303.00	1262
贝蒂喜DHA饮料	1517.9090	22
背光模组	8529.9020	670
背投影彩电	8528.7291	669
背投影彩电用单色投影管	8540.1200	696
被称为"椰奶"的制品	2106.90	1001
焙烤食品用添加剂	2106.90	1002
焙烤食品用添加剂	2106.90	1002
焙烤制品(华夫饼)	1905.32	969
奔驰2295毫升医疗救护车	8705.9040	757
奔驰2295毫升医疗救护车	第八十七章	727
奔驰机动医疗车	8705.9040	754
奔驰机动医疗车	87.03	731
"奔驰"牌7.49吨厢式货车	8704.2230	739
奔驰起重车	8705.1091	743
奔驰现场勘查车	87.02	729
奔驰消防指挥车	第八十四章或第八十七章	399
奔富特瓶白酒加度葡萄酒	2208.9090	52
泵	8424.89	1283
泵芯	8413.9100	415
荸荠、马蹄的可食块茎	07.14	931
笔记本电脑机壳组件	8471.8000	1569
必能宝牌邮资机底座	8470.9000	545
闭路电视系统	分别归类	1469
避雷针核心部件(非放射原理)	8543.7099	712
避水通	第二十五章	63
编带	5808.10	1197
编带	5808.10	1197
编带机	8422.4000	473
扁桃仁粉	1106.3000	1478

商品名称	商品税则号列	页码
苄基甲苯和苯基苯乙烷混合物	2707.9990	80
变频器模块	8504.4099	620
变速箱(ZF 8S180)	8708.4020	771
变速箱	8708.4040	771
变速箱	8483.4090	603
便携灯	8513.10	1343
便携式VCD播放机	8521.9011	655
便携式工具箱	4202.99	1167
便携式工具箱	4202.99	1166
便携式公文包	4202.12	1164
便携式固定工作台	7326.90	1256
便携式空气冷却器	8479.60	1317
便携式塑料公文包	4202.12	1163
便携式野餐冷藏袋	4202.92	1166
便携装置(电池供电)MP3机	8519.81	1365
标签	4911.99	1188
标签打印机	84.43	1295
标索吸油剂	3802.1090	162
标准混凝土粒料	3824.9999	193
标准铅玻璃管	7002.39	1239
表面波滤波器	8541.6000	699
表面活性制剂	3402.90	1104
表面加热装置	8419.89	1276
别针(徽章别针)	7117.19	1245
冰板式现调机	8419.8990	445
冰柜专用网篮	8418.9999	436
冰盒	3824.9999	185
冰球裤	9506.99	1465
冰糖燕窝	2106.9090	48
冰铜	7401.0000	378
冰箱式水质采样仪	8413.1900	409
丙夫劳门	2933.9900	107
丙烯酸共聚树脂原料	3824.9999	197
波纹管	8708.99	776
玻璃钢滑水盆、钢结构架	9506.2900	874
玻璃钢制过滤罐	8421.9910	1564
玻璃钢制过滤罐	8421.9910	470
玻璃淋浴房	9406.9000	1619
玻璃淋浴房	9406.9000	1618

商品名称	商品税则号列	页码
玻璃淋浴房	9406.9000	1618
玻璃沙(200目)	7018.2000	323
玻璃蚀刻机设备	8479.8999	586
玻璃纤维散装丝及玻璃纤维零段布	7019.1200 和 7019.5900	324
玻璃纤维纱	7019.1900	1537
菠萝干	2008.20	972
播种用种子	1209.91	937
铂铑合金漏板	8475.9000	565
薄层板	3822.1900	175
薄钢板制商店或超级市场等用的展示单元	9403.20	1452
薄荷调味汁	2103.90	980
薄荷毛素油	33.02	137
薄膜晶体管和光电二极管(TFT-PD)阵列面板	9022.90	1442
薄膜开关(申报商品名)	8538.9000	695
薄膜太阳能电池模组	8541.43	1387
薄膜蒸发器	8419.8990	459
薄木板(牛皮纸饰面板)	44.08	1169
薄质针织女式服装	6114.20	1211
曝光反转机	9010.5029	791
卜透凡诺	2933.49	1053
补充饲料	2309.90	1022
不含防腐剂的无菌氯化钠水溶液	3307.90	1099
不含肥皂的有机表面活性剂制品,但有时称为"液体肥皂"	3401.30	1101
不含乳脂的乳脂代用品	2106.90	995
不间断电源设备	8504.40	1334
不溶性硫磺	3824.9999	182
不完整的机动车	87.03	1398
不完整的机动车	87.03	1399
不完整的机动车	87.03	1399
不完整的机动车	87.03	1398
不锈钢板	第七十二章	332
不锈钢半制成品	72.19	351
不锈钢餐炉	8516.79	1347
不锈钢滑轨	7222.4000	355
不锈钢碾磨粉	7202.4900	334
不锈钢丝	7223.0000	355
不锈钢纤维	7326.9090	377
不锈钢圆棒	7218.9900	350
不孕籽	5201.0000	279

商品名称	商品税则号列	页码
C		
C2 低温分离装置	8419.6090	442
CCD 检测系统	9011.8000	794
CD-188 复制机	8471.9000	551
CD 播放机	8519.8121	655
CD 换片机	8529.9060	671
Chow Ju Fan(中国速冻米饭)	1904.90	966
CNC PBC 成型机	8465.9200	541
CO_2 气体保护焊丝(XH-506)	7229.2000	362
CPU 插座、数据线用接口等	85.36	1590
CT 机、核磁机体模	9031.8090	851
彩弹球裤(长裤)	6211.33	1217
彩轮	8529.9081	673
彩膜	7020.0011	326
彩票	49.11	1186
彩色防爆钢带	8540.9110	697
彩色监视器	8528.52	1374
彩色监视器	8528.52	1373
彩色液晶投影机投射镜头	9002.1190	784
彩印烫金烟标	4819.2000	274
餐厅桌椅	分别归类	1471
残疾人爬楼车	87.13	780
仓储货架	7308.9000	1540
槽钢	7216.3100	346
槽楔	8503.0020	614
草本植物"茶"	2106.90	992
草本植物浸泡剂	21.06	983
测井车	8705.9080	762
测井绞车	8705.9080	759
测井仪器用外壳	3917.2900	218
测试针床	9030.9000	837
层流柜橱	8414.60 或 8414.80	1268
层绕机	8479.8190	573
层压板	4410.11	1169
层压产品	7506.10	1258
层压带	5911.10	1201
层压带	5910.00	1200
层压钢产品	7210.70	1249
层压铝产品	76.06	1259

商品名称	商品税则号列	页码
柴油地下铲运机	8429.3090	501
柴油机气缸注油器	8409.9910	403
掺入石油的无水酒精	27.10	1035
产犊后24小时内采集的牛初乳	0404.90	924
长度可伸缩的铁氧体	6815.99	1235
长方形镀锌钢制房顶瓦	7308.90	1250
长袖服	6202.40	1213
场面监视雷达系统	8526.1090	663
场致发射显示管的封装机	8475.1000	563
超辐射发光二极管模块	8543.70	1390
超净工作台	8414.8090	420
超轻型机动水上飞机	8802.20	1429
车顶行李箱	8708.99	1421
车辆及测试设备	分别归类	887
车辆仪表板的主板	9029.90	1446
车辆用拖绳	56.09	1196
车用尿素溶液	3102.1000	1492
车载GPS导航仪	85.26	1586
车载多功能播放机机芯	8522.9031	659
车载空气压缩机	8414.8049	418
车载免提通话装置散件	8543.7099	708
衬垫	6812.9990	311
称为"rollator"的助行器	9021.10	1441
成卷纸巾	4818.90	1181
成品垫片	4016.93	1162
成套食品	1902.20	963
成套卫生用品	96.05	1467
成套卫生用品	96.05	1466
呈微黄色面团状的乳脂混合物	2106.90	993
乘龙LZ3260M型自卸车	8704.2300	741
程序控温仪	8418.5000	430
澄清透明液体	3814.00	1118
充电器	8504.4099	620
冲版机	9010.5022	789
冲击夯LT600	8467.8900	544
冲压模型	8441.9090	520
宠物食用的玉米棒	1104.2300	14
宠物玩具	其他	1474
抽油机	84.30或84.31	1567

商品名称	商品税则号列	页码
初级硫酸铜	2833.2500	85
除草剂的中间产物	3808.93	1114
除铁机	8479.8999	1571
除氧器喷嘴	8424.8999	1566
厨房视听系统	85.27 或 85.28	666
触变注射成型用镁合金粒	8104.3000	393
传动带或输送带	3921.90 或 3926.90	1140
传动链	7315.1190	370
传真纸	4811.90	1179
床用板条	44.12	254
吹面风道总成、小进风风门、风门拔杆、风门连杆、循环风门总成、中央风门总成、除霜风门总成	8415.9090	422
纯棉印花机织物	52.08 或 52.09	1189
纯棉针织男式夹克	6101.2000	293
唇膏制剂	3304.10	1090
瓷片(电阻片)	8533.4000	677
瓷制陶瓷刀	6911.1021	315
磁棒	8505.19	1338
磁带布	39.20	1504
磁盘阵列	8471.7090	550
磁体下脚料	2620.9990	76
磁芯置入机	8479.8999	582
磁性滚轴	8443.9990	525
刺绣机织物制围巾	6214.10 至 6214.90	1219
刺绣品	5810.91 至 5810.99	1198
粗调味粉	2106.9090	49
粗硅油	3825.9000	202
粗合成气煤气化生产线	8405.1000	401
粗纤维检测系统	分别归类	904
粗制碳酸镍	2620.9990	75
粗制棕榈油酸	3824.99	1123
存储功能卡	8523.5110	660
14寸、15寸彩色显示管零部件	分别归类	880
D		
DC 300 数码摄像测量仪	分别归类	885
DCS 控冷控轧机关键件	84.24	475
DLP 背投影显示器	85.28	1587
DVB-T 模块	8528.7180	669
DVD-ROM 驱动器	8471.7030	550

商品名称	商品税则号列	页码
DVD-R 染料	3204.1990	126
DVD 播放机	8521.90	1366
DVD 换碟机,和汽车用 CD 播放机兼有收音功能连用	8522.9039	659
搭载调试器（附 PCI 接口卡）	8543.7099	711
达必佳	3004.3900	115
达英-35	3006.6010	121
打印机电源板	8504.4014	617
打印机喷墨壳	3926.9090	230
打印头连接线	8544.4919	718
打印样张	4911.1010	277
大豆浓缩蛋白(饲料添加剂)	2106.1000	40
大客车用轮边	8708.9929	1602
大理石荒料	2515.1200	66
大理石与瓷砖复合板	6802.9190	306
大楼伸缩缝填充系统	3925.9000	228
大米蛋白粉	3504.0090	152
大排量空气压缩机(旧)	分别归类	898
大容量油井服务液运输罐车	8704.2240	740
大型转播集联制作系统	分别归类	886
大宇 ISTANA 面包车	87.02	729
带备用电源的 LED 工作灯	8507.1000 或 8507.2000	1574
带电线的塑料插头	85.44	716
带风扇的铝合金窗	84.14	1562
带浮标墨盒	3215.9020	1494
带钢测宽仪	9031.4990	844
带呼吸装置和热像仪的消防员头盔	65.06	1530
带滑动装置的抽屉侧板	9403.99	1454
带环的夹子	3926.90	1152
带接头电线(12 伏)	8544.3020	716
带空调的室外机柜	8418.69	1274
3600/3645 带宽管理系统	8517.6239	642
带帽套头衫	61.10	298
带全部或部分骨头的风干火腿	0210.19	921
带热反射涂层汽车玻璃	7007.21	1240
带手柄的可撕式胶粘滚筒	9603.9090	876
带条形码阅读器的微型机	8471.9000	553
带芯片的墨盒	8443.9990	525
带有刻度的已消毒排尿袋	3926.90	1155
带有松脆土豆条的三明治	1602.50	943

商品名称	商品税则号列	页码
带遮阳棚的落地式吊床	9403.2000	868
带遮阳棚的落地式吊床	9403.2000	868
带振动器的健慰器	9019.1010	1605
带专用接口卡的微机	84.71	1568
丹枫琼浆	2106.9090	45
单层布料电脑裁床	8451.5000	530
单点系泊系统用系泊链	分别归类	909
单独印刷的有文字图画的纸页	4911.10 或 4911.91 或 4911.99	1187
单轨系统	8428.3	495
单冷型压缩式分体空调机室外制冷单元	8415.90	1270
单列直插式存储模块(SIMMs)	84.73 或按照机器的零件归类或 85.48	1314
单面涂布灰底白板纸及白底白板纸	4810.9200	269
单模光纤中继器	8517.62	1350
单片陶瓷电容	8532.24	1379
单色投影管	8540.1200	696
单筒望远镜	9013.1000	795
单烯或多烯无环烃的单独异构体	第二十七章	1032
单烯或多烯无环烃的单独异构体	2901.23 至 2901.29	1043
单烯或多烯无环烃立体异构体的混合物	2901.23 至 2901.29	1043
单烯或多烯无环烃立体异构体混合物	第二十七章	1033
单烯或多烯无环烃其他异构体的混合物	2901.23 至 2901.29	1044
单烯或多烯无环烃异构体(立体异构体除外)的混合物	第二十七章	1033
单轴纵切数控自动车床	8458.1100	533
单组分湿法聚氨基甲酸乙酯树脂	3208.90	1084
胆固醇酯酶试剂	3507.9090	157
蛋白纯化仪	8479.8999	590
氮肥	3102.40	1079
挡风玻璃雨刮片	8512.90	1342
4-4 刀片(2+2)及旱地圆盘犁片(土壤耕作机具)	8432.29	1290
导电玻璃	7020.0011	325
导电玻璃	7020.0011	324
导电胶膜	3824.9999	187
导电介质(用于微电路的化合物)	3824.9999	186
导热胶片	3824.9999	1499
导事件相关电位系统	9018.1990	803
导通检查台	9030.9000	837
倒车辅助系统	8512.2090	627
道路铣刨机	8479.1090	567
稻草	2308.0000	54

商品名称	商品税则号列	页码
德芙珍藏榛仁夹心巧克力	1806.3100	31
灯具配珠	9405.9100	1617
登机桥	8479.71	1318
低分子量加合物的混合物	3809.91	1116
低品位银矿粉	2616.1000	70
低熔焊料玻璃粉(低玻粉)	3207.4000	128
低温甲醇洗及精馏装置内件	分别归类	912
低温培养箱	8419.8990	455
低温消毒机	8419.20	1275
低压控制器	8537.2090	692
低噪音降频转换器	8543.70	1389
滴灌管线	8424.9090	483
滴灌设备	8424.8100	476
滴头(滴灌设备用)	8424.9090	483
迪拉克燃油添加剂	2710.1919	81
涤纶布婚纱	6204.4300	300
涤纶长丝(定向聚酯纱线)	5402.3310	281
底盘平台模型	8706.0090	764
地板革(带电阻丝)	8516.8000	637
地板铣形及包装生产线	分别归类	880
地表植被光谱仪	9031.4990	848
地虫磷	2930.90	1051
地暖用太阳能热水器	84.19	1564
地下管线视频探测仪	9031.8090	855
地震勘探车	8704.2230	739
地震排列车	87.04	736
点烟器	9613.8000	878
电穿孔仪	8543.7099	705
电磁半龙门起重机	8426.1930	485
电磁干扰滤波器	85.48	1600
电导磁体铁金属	8504.9090	622
电导线管用预制件	8535.90 或 8536.90	1381
电动操作机构	85.01	1573
电动齿轮多重密封(计量)泵	8413.1900	411
电动睫毛刷	8509.8090	1575
电动执行器	85.01	609
电镀废水处理系统改良设备	分别归类	893
电镀锌板	7210.3000	341
电发光装置	8543.70	1388

商品名称	商品税则号列	页码
电感器	8504.50	1338
电焊护面罩	73.26	1543
电话用户簿	4901.99	1184
电机用槽绝缘	3920.6200	224
电极单元	8507.2000	625
电解水机	8543.3000	702
电解水机	8421.2110	467
电解质水溶液	2202.99	1010
电缆穿线器	8205.5900	395
电缆固定件	3926.90	1153
电缆接收卫星广播图像多媒体终端	8528.71	1376
电力变压器	8504.2312	614
电炉	8514.1090	628
电路板	9018.1291	801
电路板	8529.908	672
电路板刻制机	8459.6990	537
电脑电视视频转换器	8543.7099	703
电脑记忆鞋楦模扫描机	9031.8090	852
电脑马桶座	8516.7990	634
电脑主机板CKD件	8473.3090	556
电热膜	8545.9000	720
电热膜	8516.8000	636
电梯关键件	8428.1010	493
电梯轿厢操纵盘	8537.1090	689
电梯门保护装置	8537.1090	686
电梯配重块	7325.1010	373
电梯用装有机械装置的自动钢铁滑门	7308.30	1249
电围栏系统	9031.8090	856
电线剥皮机	8479.8999	591
电线束	第八十五章和8544.2000	608
电压序列控制系统	8537.2090	693
电源分配单元	8536.69	1382
电源轨道装置	8535.90或8536.90	1381
电源控制卡	8537.1090	689
电子白板	8471.60	1307
电子白板	8543.7099	707
电子标签	8523.52	1584
电子超声内窥镜	9018.1291	802
电子加速踏板模组	8708.99	775

商品名称	商品税则号列	页码
电子蜡烛灯	94.05	1615
电子香烟	8543.40	1388
电子烟雾化器	8543.9090	1599
电子眼膜	8543.7099	714
电阻浆料、有机导电材料	38.24	1498
垫子	3921.1290	1507
淀粉相关的产品	3906.90	1129
淀粉相关的产品	3505.10	1106
吊扇机头	85.01	608
吊坠(片、球等)	7116.20	1245
丁腈橡胶手套生产线用手模座、链条及手模	69.09 和 73.15 和 8477.9000	314
顶枪	8454.9010	531
顶置分体空调机	8415.10	1269
定量滴管	4014.90	1161
定量检测试剂盒	3822.1900	175
动感装饰画	49.11	1523
动力站	84.13	407
动态斜面式船用收油机	8479.8999	578
动物鉴定标识系统	8423.8290	474
动物饲料用制剂	3003.20	1072
动物用面包粉	2309.90	1022
冻干墨鱼(乌贼属)(*Sepia officinalis*)	0307.99	923
冻鸡翅块	0207.1421	3
冻鳗鱼骨	0506.9090	7
冻鲨鱼鳍	0303.9200	3
冻熟带头虾	03.06	4
冻熟黄桃	0811.9090	10
冻鱼及冻软体动物	第十六章	25
冻煮蚕蛹	1602.9090	1481
冻煮稻蝗	1602.9090	1481
豆腐乳	2106.9090	1485
独立的 DVD 播放机	8521.90	1367
15~45 度钢丝帘布裁断生产线	8477.8000	566
镀金前处理机	8479.8999	589
镀铝纸	4811.5991	270
镀膜玻璃	7005.1000	319
镀锡板	7212.1000	343
镀锡钢琴丝	92.09	1608
镀锌钢结构管件	7306.3090	364

商品名称	商品税则号列	页码
镀锌钢制移动垃圾桶	7323.99	1255
镀锌管	7307.9900	367
镀锌楼承钢板	7216.9100	347
镀银空心玻璃微球	7115.9010	330
镀银梨形蜡制品	96.02	1465
端子插入机	8479.8190	571
断路器用电动弹簧操作器	8412.8000	1561
煅烧铝矾土	6914.9000	318
锻造车削圆钢	7228.4000	358
锻造的法兰锥形滚子轮毂轴承的外圈未制成品	8708.50	1419
锻造毛坯	72.07	339
锻制小球	7326.1910	374
堆肥存储设施	分别归类	896
堆码起重机	8427.1010	487
对苯二甲酸次级品	3825.9000	204
对苯二甲酸等外品水池料	3825.6100	199
对刀仪	9031.4990	850
对话式自动数据处理器	9029.1090	830
35吨半挂车用液压升降鹅颈	8716.9000	782
多层定宽热压机	8439.2000	518
多功能车用应急电源	8507.1000	624
多功能管理机	分别归类	883
多功能救护车	8705.9040	756
多功能矿用运输机	8429.5100	502
多功能设备	8465.91	1301
多聚糖	3913.90	1133
多联体冷暖变频式空调室外机	8415.9090	424
多磷酸钠(磷酸盐)	3824.9999	179
多模光纤中继器	8517.62	1350
多乙烯多胺 E-100	3824.9999	176
多用途便携式装置	8527.19	1372
多用途四轮机动车	8704.90	1413
多用途四轮机动车	8704.31	1412
多站访问单元	8517.62	1356
多种装置构成的系统	分别归类	1469

E

商品名称	商品税则号列	页码
ELEMATIC 阿克太克墙板生产设备	8474.8090	562
ELITE 510型IC卡/磁卡双功能终端机	8470.5090	545
恩诺沙星	2933.59	1054

商品名称	商品税则号列	页码
(1)儿童背带包;(2)婴儿背带	6307.90	1225
耳鼻喉检查台	分别归类	917
二醋酸纤维丝束	5502.1010	283
二氟苯祖隆、N-(4-氯苯氨基羰基)-2,6-二氟苯甲酰胺	2924.29	1050
二甲脲水溶液	2924.19	1049
2,4-二氯-5-氟苯乙酮	2914.7900	92
二羟甲基脲水溶液	3809.91	1115
二氧化硅	2621.9000	78
二氧化锂钴	2841.90	1040
二氧化碳酒花浸膏	3301.2999	137
二硬脂基二甲基氯化铵	3402.9000	145
F		
FFX成型机	84.55	531
Fischer-Tropsch合成产生的副产品溶剂	3814.00	1117
F-θ扫描镜	9002.9090	785
F值测定仪	9025.8000	820
发电机断路器及附件	分别归类	879
发电机零件(转子、定子等)	第八十五章	606
发电机组	8502.39	1334
发电机组用发动机	8408.2010	402
发动机零件	8407.3410	402
发动机皮带轮	8483.50	1330
发动机下线检测设备	9031.8090	856
发光二极管	8541.4010	698
发光二极体	8512.2090	626
发酵虫草菌粉	1212.9999	1479
阀门控制器	9032.2000	863
阀门配件(线圈)	8505.9090	1574
阀门执行机构	85.01	610
法兰轴承旋转弯曲共振实验机	8479.8999	588
法兰锥形滚子轮毂轴承的外圈制成品	8708.50	1418
法兰锥形滚子轴承内圈制成品	8482.99	1328
法式尖头围栏板	4421.9990	258
番木瓜干	2008.99	975
番茄酱生产加工设备(生产线)及零件	8438.6000	515
反光板用三角形标志板	3926.90	1156
反射碟控制旋转器	8529.10	1377
返驰变压器	8504.3190	616
方糖	1701.91	945

商品名称	商品税则号列	页码
防尘罩、球垫	3926.9090 和 4016.9990	236
防腐液	3306.90	1098
防灰雾剂(4-甲基-硫代苯磺酸钾盐)	2930.9090	101
防火板	68.08	1531
防火板	6808.0000	309
防火涂料	3210.0000	134
防水涂料	3210.0000	133
仿真枪	9304.0000	865
仿重石	68.10	1531
纺纱皮圈	4008.2100	244
纺织材料的白色机织物	39.21	1137
纺织材料的白色机织物	39.21	1137
纺织材料鞋面橡胶制外底的鞋	6405.20	1229
纺织材料制筷子包、小手袋及牙签包	4202.9200	1514
纺织工业用上浆剂	3809.9100	167
纺织纱线	5402.61 至 5402.69 或 5403.41 至 5403.49	1191
纺织物与塑料制成的层压产品	3921.90	1139
纺织印花糊料	3809.9100	167
纺织印花整理剂	32.09	132
纺织助剂(抗皱剂)	3402.9000	148
纺织助剂(DAKOLUB 牌)	3403.9100	149
纺织装饰品	6307.90	1224
放电管	8536.3000	680
飞机发动机测试台	9031.2000	841
飞机辅助动力装置	8411.8100	1559
飞机空调车	8705.9060	758
飞龙挂饰	83.06	1556
飞针检测机	9030.3390	831
非电热不锈钢保温容器	7323.93	1254
非电热家用烤肉架	7321.19	1253
非端部接合的白橡木厚板材	分别归类	914
非格司亭	2934.99	1058
非合金镀铬铁板	7212.5000	344
非合金锻造圆钢	7214.1000	344
非合金钢热轧钢板	7208.52	1248
非晶合金带材	7226.9199	357
非乳奶油	2106.90	1006
非织造布	5603.12 或 5603.13	1193
非装饰用烟灰缸	6911.90	1237

商品名称	商品税则号列	页码
非自粘的扁条	3926.90	1152
肥料(经化学处理的鸡粪)	3101.0090	122
肥料用鱼骨粉	2301.2090	53
废变压器芯	72.26	356
废磁铁	8505.1190	622
废覆铜板边角料	7404.0000	379
废钢材边料(切头或切尾料)	72.04	335
废钢船	8905.9090	782
废钢轨	7302.1000	362
废旧汽车	视进口状态归类	1624
废前支架总成	7204.4900	335
废热锅炉	8402.1900	399
废丝	5505.1000	285
废丝	5505.1000	284
废物收集桶	3924.90	1148
废纸 3 号	4707.1000	261
废纸 10 号	4901.9900	275
痱子粉	33.04	1089
痱子粉	33.04	1090
痱子粉	30.04	1073
分割鸡肉	0210.99	922
分配器	8428.90	1287
分散控制系统(DCS)	8471.4991	546
分散于水的脱水粉化天然沥青	2714.90	1037
分条机机器零件	8441.8090	520
芬拿斯	3507.9090	155
粉末状有机硅母粒	3910.0000	213
粉状甘蔗糖汁	17.01	944
粉状食品添加剂	2106.90	994
粉状制剂	2309.90	1023
粉状制剂	2936.23	1061
粉状制剂	2936.28	1062
粉状制剂	2936.28	1062
粉状制剂	2936.29	1063
粉状制剂	2106.90	1006
丰年虫卵	0511.9190	8
风干火腿	0210.11	921
风力发电专用测风设备	9015.8000	1604
风扇	8414.5191	417

商品名称	商品税则号列	页码
封闭模制曲柄轴锻件	8483.10	1329
封闭式填埋气燃烧站	8417.8090	426
封装绝缘栅双极晶体管模块	8504.40	1337
蜂窝电话	85.17	1348
佛教用火柴罐	8306.29	1265
佛教用品	94.05	1455
佛教用品:花瓶	83.06	1264
佛教用品:铃	83.06	1263
佛教用香台及香炉	8306.29	1264
呋喃酚	2932.9910	103
伏特牌封闭货车(E-350)	87.03	730
服务器升级设备	分别归类	907
氟保护剂、牙本质保护剂	3306.9090	139
氟硅酸	3825.9000	201
浮动结构体	8907.90	1432
浮动结构体	8907.90	1431
福特 F-150 猛禽	8703.2419	734
福特运钞车	8704.3100	742
负载均衡交换机	8517.6239	644
复方磺胺甲噁唑	3004.90	1077
复合橱柜台面	6810.1910	310
复合磁铁	8505.1900	623
复合调味香料	2103.90	982
复合肥	3105.5900	122
复合 PVC 面料	3921.1290	226
复合乳化稳定剂	2106.90	1000
复合式纺丝用工艺系统	8419.8990	447
复合糖	2106.9062	41
复合橡胶	4005.1000	243
复活节彩蛋	4823.70	1182
复式光学显微镜(特殊用途的显微镜除外)	9503.00	1460
复式光学显微镜(特殊用途显微镜除外)	9011.80	1435
腹腔镜系统	9018.9030	809
覆膜砂	3816.0020	172
覆铜板模压成型机	8479.8999	580
G		
γ-氧化铝小球	3824.9999	193
改良杏干	2008.50	973
改性丙烯酸酯与丙烯酰胺的共聚物	3906.90	1129

商品名称	商品税则号列	页码
改性醇酸树脂溶液	3208.10	1083
改性粗MDI	3909.5000	210
改性聚丙烯	3902.1000	206
改性阳离子马铃薯淀粉	3505.10	1109
改装手术车	8705.9040	757
干茶花	0902.20	934
干法均质机	8479.8200	575
干粉状酒精	2106.90	1004
干海参	16.05	1482
干膜前处理机	8479.8190	572
干牛蒡根	12.11	938
干湿吸尘器	8508.19	1340
干湿真空清洁机	8508.11 或 8508.19	1340
干式套管电容芯子整卷机	8479.8999	579
干熄焦设备	8419.8990	451
干玉米酒糟配合饲料	2303.3000	53
干芋	2008.9990	36
干燥机系统	8419.3990	438
干燥聚合渗透装置	分别归类	916
干燥器	8419.3390	437
干燥器系统	8419.3990	437
干燥脱皮花生	1202.42	936
干制蛤蚧	0510.0090	8
甘油脂肪酸酯	3402.9000	145
甘油酯	2905.49	1045
甘蔗糖	17.01	945
肝素帽	9018.3900	805
坩埚	73.25	373
柑橘纤维	2106.9090	46
感光显像材料	第三十七章	158
感应开关	8536.5000	682
钢板件	8419.90	1278
钢结构件	7216.9100	348
钢金属雕花聚氨酯泡沫复合板(B级)	7308.9000	368
钢缆绳	7312.10	1252
钢铝复合接触轨道及连接附件	7610.9000	389
钢面塑料合金板	7210.9000	342
钢砂	7205.1000	336
钢丝保护层	7326.2010	375

商品名称	商品税则号列	页码
钢铁锭	7207.1100	339
钢铁结构体	7216.9100	347
钢铁制棺材	73.26	1544
钢铁制管接头	7307.9900	365
钢铁制托盘	7326.9090	378
钢铁制无线自拍杆	9620.00	1468
钢制机柜	9403.20	1452
港口乘客桥(乘客舷梯)	8479.79	1318
高比例五氧化二矾产品	2825.30	1038
高空曲臂云梯车	8705.3010	745
高品级钛铁矿	26.14	1030
高强力烧氨火嘴及配件	8416.2019 和 90.27	425
高清演播室摄像机和高清便携摄像机	85.25	661
高热量饮品(巧克力味)	2202.99	1009
高柔性曲轴深孔钻床	8459.2100	535
高斯薄片	3824.9999	188
高速包装机组	8422.4000	473
高速数控优选机	8465.9100	540
高温陶瓷板	8516.9090	638
高压清洗机(冷、热水)	8424.3000	475
高压升降平台	8427.1090	488
高智能麦克风(带视频输出)	8518.1000	649
羔羊皮残次	4302.1990	251
膏状导热胶	38.24	1498
锆刚玉碎料	25.30	1487
锆英砂(D019号样品)	2530.9099	67
格利凡诺(三苄糖醚)	29.40	1067
隔离式安全栅	8536.3000	680
隔膜网气动泵	8413.5010	414
隔热保温复合材料	第三十九章、第七十章和73.08	1503
隔热材料	4823.90	1183
隔湿材料	4811.10	1177
个人化设备	8471.9000	552
个人计算机	8471.49	1305
个人坠落制动器	84.79	1570
各种物品的组合	3926.10	1150
铬的硫酸盐(铬盐)	3202.9000	124
铬添加剂	3824.9999	189
给船加油移动机械装置	8479.89	1321

商品名称	商品税则号列	页码
3-庚烯-2-酮（申报品名）	3302.9000	1495
工程维修车、水质监测车	分别归类	881
工件车	8427.10	1286
工业二-(2-氯乙基)缩甲醛	3824.9999	196
工业复合片	82.09	1556
工业用地毯废丝	5505.1000	284
工业用微波炉	8514.20	1343
工业制图仪器的控制系统	9017.10	1436
工艺日本刀	9307.0090	1609
弓形刀	9307.0090	1609
公路或非公路机动车	8703.33	1406
公路或非公路机动车	8703.23	1404
公路拖车用反射器	8716.90	1429
功率模块	8504.40	1337
功率模块	8504.40	1336
功率模块	8504.40	1336
功率模块	8504.40	1335
供空中乘客使用的成套卫生清洁用品	分别归类	1470
供人食用的片剂	2102.20	979
供重型自卸车使用E4子午线轮胎	4011.2000	245
共聚树脂的乙醇溶液	3208.20	1084
狗食（咀嚼物）	2309.1090	56
谷氨酰胺转氨酶	3507.9090	156
谷朊粉	1109.0000	15
谷物粉添加剂	2106.90	997
骨炭	2621.9000	77
骨移植替代品	3004.90	1076
骨移植替代品	3004.20	1073
钴富集物	2605.0000	69
固态非易变数据存储装置	8523.51	1369
固态非易失数据存储装置	8523.51	1369
固态非易失数据存储装置	8523.51	1368
固态高频焊接机组	8514.4000	631
固体燃料粉	2713.9000	84
刮条	8708.2990	769
管道式日光照明系统	94.05	1614
管束集装箱	8609.00	1392
管线数据采集及监控系统	分别归类	905
管状编带	5607.50	1195

商品名称	商品税则号列	页码
管状编带	5607.49 或 5607.50	1195
管状带盖容器	3923.90	1144
管状机织物	5407.20	1191
管状接触管脚	8538.90	1386
罐装盐水红毛丹	0812.9000	11
光盘	85.23	1368
光盘归档系统	8471.90	1311
光盘型 MP3 机	8519.81	1363
光纤倒像器	9013.8090	796
光纤复合架空地线光缆	8544.7000	720
光纤交换机	8517.6229	640
光纤转换器	8517.62	1356
光学元件	7020.0019	327
光学元件玻璃毛坯	7001.0000	318
光子美容仪	8543.7099	703
硅胶猫砂	3824.9999	198
硅镁铁	7202.2900	333
硅油	3208.9090	130
硅质热补泥	3816.0020	172
柜式组合盥洗面盆	6910.1000	1534
滚动滑轨	84.66	542
滚轮鞋	9506.70	1463
滚轮组件	8483.5000	604
滚筒	7409.2100	381
滚涂机	8420.1000	463
滚针和保持架组件	8482.40	1327
滚针和保持架组件	8482.40	1327
滚珠或滚子轴承的旋转环	8483.40	1329
滚珠轴承控制缆	9033.00	1449
滚珠轴承控制缆	8487.90	1332
滚珠轴承控制缆	第十七类	1391
果冻	1704.9000	30
果蔬刮皮器	8205.51	1261
果蔬刮皮器	8205.51	1261
过滤材料	5911.90	1202
H		
HDI 三聚体	3911.9000	214
HFC 网络光节点设备	8517.6221	639
HYPERCOM 牌网络控制器	8517.6239	643

商品名称	商品税则号列	页码
海豹鞭	3001.9090	111
海胆酮	3203.00	1080
海绵铁粉	7205.2900	337
海运装料臂	8428.90	1288
含低芥子酸菜籽油的制品	1517.90	942
含蜂蜜的芝麻糖	1704.90	951
含贵金属的铅矿	2616.1000	71
含精油的香味剂样本集锦	3307.90	1100
含酒精饮料	2208.90	1015
含5%聚二甲基硅氧烷的产品	34.03	1105
含锂蒙脱石黏土的混合物	3824.9999	195
含铝灰色粉末	7602.0000	385
含色素的合成蜡制剂	3215.11 或 3215.19	1087
含双环戊二烯的混合物	3824.9999	190
含天然黏土的混合物	3824.9999	196
含铜宫内节育器	9018.9091	809
含维生素 E 制剂	2936.28	1061
含维生素 A 制剂	2936.21	1060
含新癸酸钴的混合物	3824.9999	192
含一个或多个养殖珍珠非供人食用的牡蛎	7101.21	1242
含有次氯酸钠的液体形态制品	3402.50	1104
含有次氯酸钠的液体形态制品	34.02	1103
含有胆碱氯化物的粉状制品	2309.90	1021
含有调味品(姜)的未发酵混合果汁	2009.90	977
含有几种植物浸出液的制品	2208.90	1014
含有抗生素的预混料	23.09	1020
含有可可粉的牛奶配制品	19.01	958
含有氯化钾的改性食盐[氯化钠与氯化钾及少量碳酸镁(抗结块剂)的混合物]	2106.90	992
含有少量草本植物和大蒜的黄油	0405.90	926
含有添加成分的精选植物油、醋、油醋混合物组合套件	2209.00	1017
含有维生素 E 及乳脂的月见草油	1517.90	942
含有90%再酯化甘油三酯的产品	1516.10	940
焊管轧压设备	8462.21 或 8462.29	1301
翰林牌电子阅读器	8543.7099	1597
绗缝被	94.04	1612
5~7号燃料油	2710.1922	82
合成硅铝酸钠	2842.10	1041
合成硅铝酸钠	2842.10	1041
合成硅铝酸钠	2842.10	1040

商品名称	商品税则号列	页码
合成塔内件	8419.8990	448
合成纤维制滤网布	5911.4000	291
合成橡胶	40.02	237
合成脂	3403.9100	149
合成钻石	7105.10	1243
合金钢丝	7217.9000	350
河砂	2505.9000	64
核通模拟定位机	9022.1400	814
黑(彩)墨盒(内装墨水)	32.15	135
黑胶	3214.1010	134
黑桑叶	2106.90	1005
黑桑叶	2106.90	1005
黑色油墨	3215.1100	135
恒温热台	8419.8990	453
恒温试管架	8419.8990	452
烘干炉(不包括外壳)	8419.3990	439
红茶	0902.30	934
红茶香料 B-4327-01	2101.2000	37
红埋嘎地板条、水红花地板条	4409.2910	254
红牛能量饮料	2202.1000	52
红曲米提取物	2106.9090	51
红外外延片	8541.4010	1595
红外线测温仪	9025.1910	819
红外线车辆分离扫描系统	8543.7099	706
后桥左前弹性连接件	87.08	765
糊精	3505.1000 和 3912.3100	152
护堤用水泥浆垫	54.07	283
护肤用天然矿泉水	3304.99	1092
护腰带	6307.9090	1529
护罩	6307.90	1225
花环	0604.90	929
花园石头(木化石)	2506.2000/6815.9990	64
华夫饼	1704.90	947
滑稽贴、窗贴等类似品	4911.99	1187
滑石粉	3802.9000	162
滑石(皂石)制的盒子	6802.99	1231
滑翔伞	88.04	1430
化成电源	8504.4019	618
化纤刺绣台布	6304.9310	302

商品名称	商品税则号列	页码
化学法生产的陶瓷氧化锆纤维	6903.90	1236
化学法生产的陶瓷氧化纤维	6903.20	1235
化学品	3824.99	1122
还原铁筛落物	2619.0000	72
还原型辅酶试剂	2934.9990	108
环保工程土	3824.9999	184
环保型铜金粉	3206.4990	127
环境检测车	8705.9030	753
环境检测车	8705.9030	752
环摄全景扫描照相机	9006.5990	787
环氧树脂	2917.2090 和 3907.3000	94
缓冲垫	3926.9090	230
黄原胶	第三十九章	1501
黄樟油	3301.2999	136
辉力	3004.9090	120
回流焊炉	8514.1090	629
回路电源	8504.4014	617
回收混合油	1518.0000	24
回旋加速器	8543.1000	700
回用双酚 A	3825.9000	203
回用双酚 A	2907.2300	91
回转工作台	8466.9390	543
回转减速机	8431.4999	510
回转支撑	8483.3000	601
会发声的动物书	4903.00	1186
绘图板/数字化仪	8471.60	1306
混合集成电路(录波器用)	9030.9000	838
混合金刚石粉末	3824.9999	190
混合器	8438.80	1293
混合烃类气	2711.1400	1489
混合物	3824.99	1122
混合烟草	2401.20	1024
混合油脂	1517.90	941
混合脂肪钠	3401.2000	142
混合脂肪酸酯	3404.9000	151
混甲酚	2707.9910	79
混炼胶	4002.8000	238
混凝土布料杆	8479.1090	567
混凝土搅拌车	8705.4000	747

商品名称	商品税则号列	页码
混凝土搅拌器零件	8474.3100	560
活检针	9018.3900	805
活节带	8487.90	1331
活塞	4016.9310	1513
活套扫描仪	9031.4990	842
火腿罐头	1602.41 至 1602.49	943
货架	9403.2000	1611
I		
IAI 滑台（动力装置）	8428.9090	500
IGBT 模块	8541.29	1387
IC 测试座	8536.9090	684
IC 厌氧反应器	8419.8990	454
J		
机舱水雾喷淋系统	8424.8999	479
机场货运站用的监控系统	第八十五章和 8537.1011	607
机场跑道路面维护车、升降平台车	8427.2090	489
机场行李输送系统	8428.3300	496
机车油管用锻钢连接环首	7307.9900	366
机床机身	84.57 或 84.59	532
机顶盒	85.28	1587
机顶盒	8517.6239	645
机动车辆	8705.90	1414
机动车辆上供人使用的空调器	84.15	1563
机动车配件（防滑板）	7616.9990	391
机动车刹车系统皮碗	4016.93	1162
机动车用信号器	8512.30	1342
机动环境监测车	8705.9030	752
机动环境监测车	第八十七章	725
机动环境监测车	分别归类	882
机械执行器	85.01	610
机械组件	8522.90	1367
机织垫子	5702.50 至 5702.99	1196
机织物刺绣布料	5810.91 至 5810.99	1198
机织物制服装面料	6307.90	1223
机织物制服装面料	6307.90	1222
机制砂	25.05	63
肌氨酸氧化酶试剂	3507.9090	157
肌肉嫩度分析仪	9031.8090	862
鸡蛋盒	3923.10	1142

商品名称	商品税则号列	页码
"基础"牵引车	8701.30	1395
基尔特克1002蒸馏仪	8419.4090	439
基于实时聚合酶链式反应(PCR)技术的全自动分子诊断系统	9027.89	1444
基站单元	8517.62	1351
基座簧片	8541.9000	700
基座(与无线手机组成电话)	分别归类	1472
激光二极管	9013.2000	1604
激光二极管(货主申报名称)	9013.2000	796
激光感光绘图仪	9006.59	1434
激光感光绘图仪	9006.59	1433
激光示位器	9013.20	1435
激光自动引导无人搬运AGV小车	8427.1090	487
吉姆西赛威小型客车	87.02	730
极化器	8529.10	1378
即时食品	2106.90	998
即饮含酒精饮料	2208.90	1015
集成在四旋翼遥控无人机上的数码相机	8806.22	1430
集散控制系统用数据采集接口设备	8471.50	547
集中供暖用电热水锅炉	8403.10	1267
集装箱挂衣杆	7326.9090	377
集装箱正面吊	8426.41	1285
集装箱正面吊	8426.4190	486
几种光学设备和器具	90.31	1448
己内酰胺封闭的双-异氰酸酯	2933.7900	106
己内酰胺回收晶体	3825.9000	201
己内酰胺及其低聚物的混合体	3825.9000	200
挤压成型的塑料网	3926.90	1156
计算机机箱	8473.3090	555
计算机网络设备	分别归类	883
计算机用内存卡(条)	8473.30	554
季铵化三乙醇胺二酯	3402.9000	147
加工乳酪	0406.30	928
加工中心用主机通用床体	8457.1020	532
加热表面	8516.80	1348
加热电缆	8516.8000	638
加热电阻器	8516.8000	635
加热套	8419.89	1277
加入有机溶剂的聚乙烯蜡	3824.9999	183
加湿器	8424.8100	476

商品名称	商品税则号列	页码
加速器缆	8708.99	1421
加酸黏土制品	3802.90	1111
加甜物质或香料的矿物水(天然或人造的)	2202.10	1008
加硬机	84.79	1570
加油机用油枪	84.81	593
加油装置	8479.89	1321
家禽饲养设备用输送螺旋	7320.2090	370
家庭桑拿设备	8516.79	1347
家用炊具	8516.60	1346
家用加湿器	85.09	1341
家用炉灶带烤箱	8516.6090	633
家用面包机	8516.60	1346
甲氯芬酯、2-二甲胺基乙基对氯苯氧基乙酸酯	2922.19	1047
甲醛萘磺酸钠	3911.9000	213
甲鱼受精卵	0511.9920	9
驾驶室音响、空调开关	8537.1090	687
驾驶员气囊模块、乘员气囊模块	8708.9500	773
监控摄像头组件	8525.8011	662
监视器资料通信测试机	8471.8000	551
剪切式大型碎纸机	8479.8999	1572
减肥食品	2106.90	996
减速器(旧)	8483.4090	602
减震气囊	4016.9500	246
碱炉压力件	8402.9000	400
99件装路边急救套装	8544.42	1390
建木屋用梁柱、墙体等	9406.1000	870
建筑用防水膨润土纺织毯	6815.9990	312
剑杆织机(含多臂装置)	8446.3020	527
剑麻纤维垫	5305.00	1190
健美纤体贴	3824.9999	181
姜黄素	3203.0019	125
姜黄种苗	0910.3000	12
浆糊	32.14	1085
桨板冲浪板(SUP)	9506.29	1463
交换设备	8536.50	1382
交流斩波器	8504.4099	619
交直流稳压电源	8504.4015	618
浇铸铝管	7608.1000	1552
胶基	2106.9090	51

商品名称	商品税则号列	页码
胶基混合物	4005.99	1160
胶黏反射板	3919.10 或 3919.90	1135
胶头螺钉	7318.1900	1543
胶芯	8504.90	621
胶印制版生产线	分别归类	902
胶原蛋白肽	2106.9090	49
角鲨烯软胶囊	3004.5000	116
绞龙送料系统	8436.2900	512
脚蹬雪橇	8716.80	1428
脚轮	87.16	1603
脚踏式踏板车	8712.00	1424
搅拌器的搅拌附件	第十六类	1266
搅拌器或混合器用搅拌附件	8487.90	1332
教学用书	4903.00	1185
教学用书	4903.00	1185
酵素三号	3507.9090	154
接插板(50端口语音)	8536.90	1383
接触器(申报品名)	8536.4900	681
接触式测厚仪	9031.8090	858
接触网	分别归类	894
接地棒	7326.90	1257
接近开关	8536.5000	1591
接头毛坯	7307.9900	366
接头箱	7412.2090	382
节日灯	94.05	869
结兰胶	3913.9000	216
戒烟口香糖	2404.91	1026
金币	7114.19	1244
金不换熏香油	3307.4900	139
金蝠退热宝	3824.9999	177
金刚石绳锯	8202.9910	393
金枪鱼延绳钓装置	8436.8000	513
金色火球	7013.9900	321
金线	7108.1300	330
金脂肪100(饲料添加剂)	1518.0000	23
金属档案柜	9403.10	1451
金属化聚酯薄膜	39.20	221
金属钻子	8207.3000	396
劲浪香口珠——超凉薄荷味	1704.1000	29

商品名称	商品税则号列	页码
浸泡在酒中的水果	2008.99	974
浸泡在酒中的水果	2008.60	973
浸入式加热器	8516.10	1344
浸水助剂	3402.9000	144
经过搅打的奶油	1901.90	962
经过漂烫的绿唇贻贝(Perna canaliculus)	0307.32	923
经化学改性的马铃薯淀粉	3505.10	1108
经化学改性的玉米淀粉	3505.10	1108
经化学改性的玉米淀粉	3505.10	1107
经加热处理的大豆	1201.90	936
经涂层的汽车加热玻璃	8708.22	1414
经印刷的汽车加热玻璃	8708.22	1415
经预煮的碾碎干小麦	11.03 或 11.04	935
精密绝缘成型包层机	8477.2090	566
精磨漂白亚硫酸盐纤维素浆	4704.21 或 4704.29	1174
精制牛油脂	1502.1000	20
井下矿藏探测器	9015.8000	800
静电夹(ESC)	8466.20	1302
静电喷粉机	8424.8999	478
静脉输液配制过滤净化装置	分别归类	882
镜筒解像力检测仪	9031.4990	843
镜头组自动点胶机	8479.8999	584
酒花产品	21.06	1484
酒精水溶液	2208.90	1014
酒味冰激凌	22.08	1485
旧割顶小轿车	87.03	732
旧机动车辆的前部	8708.99	1420
旧轮胎式起重机	8426.4110	486
旧数控车挤压车床	8458.1100	534
旧数控雕刻机	8479.8999	591
旧铜管	7411.21	382
旧橡胶板	4004.0000	241
旧自动清洗机	8424.8999	480
局部镀金微异型触点	7108.1300	329
矩形层压木板	4412.94 或 4412.99	1171
矩形硬化酪蛋白片	3920.99	1136
矩形熨烫台	8451.90	1300
距离测量设备	8526.91	1371
聚氨酯发泡胶(填充泡沫)	3214.10	1086

商品名称	商品税则号列	页码
聚氨酯抗压球	9503.00	1461
聚氨酯预聚物	3909.5000	209
聚氨酯制管(硬质管)	3926.9090	234
聚苯乙烯-乙烯/丁烯-苯乙烯橡胶	4002.9911	240
聚苯乙烯制的容器	3923.10	1141
聚丙烯酰胺	3906.9010	207
聚谷氨酸紫杉醇	3908.90	1130
聚合的正温系数热敏电阻电路保护器	8533.29	1380
聚合氯化铝	3824.9999	187
聚甲基丙烯酸甲酯板(PMMA)	39.20	1505
聚甲基丙烯酸甲酯晶坯	3926.9090	236
聚氯乙烯粉状混料	3904.2100	207
聚氯乙烯管状型材	3916.20	1133
聚葡萄糖	3911.9000	214
聚碳酸酯板	3920.6100	223
聚碳酸酯透明圆片	3926.9090	232
聚烷基苯	3817.0000	173
聚溴化苯乙烯	3903.9000	206
聚乙烯醇缩丁醛制胶片	3920.9100	1506
聚乙烯-聚酯短纤维	5503.2000	1527
聚乙烯碳黑母	3206.4990	127
聚酯变形纱线	5402.3310	282
聚酯短纤无纺布	5603.9390	289
聚酯防静电桶状滤料坯料	56.03	287
聚酯高强力纱	5402.20	1190
聚酯圆片滤膜(非泡沫,聚乙烯)	3926.9090	235
绝缘介质(用于微电路板的化合物)	32.08	128
绝缘陶瓷管	8547.1000	722
绝缘镶板	6808.00	1233
绝缘纸	48.05	266
掘锚一体机	8430.3110	504
菌场自动化生产设备	分别归类	892
K		
卡扣	7616.9990	390
卡门培尔乳酪套装产品	0406.90	928
3D卡片	3919.9090	221
咖啡	0901.2 或 2101.1200	11
咖啡机	8419.8100	443
咖啡添加品	2101.30	979

商品名称	商品税则号列	页码
开关熔断器组	8536.5000	1590
勘探用折射仪	9015.8000	798
莰烯	3824.9999	198
糠醛残渣油	2713.9000	84
抗坏血酸2-葡糖苷	2940.0090	110
抗寄生虫洗剂	3808.91	1113
抗寄生虫洗剂	3808.91	1112
抗菌剂	3808.92	1113
抗牙斑制剂	3306.90	1098
抗氧剂BHT	2907.1990	91
烤漆机	8419.8990	447
烤肉架	4402.9000	252
烤紫菜	2008.99	976
颗粒状制剂	2106.90	1007
咳嗽糖浆	2106.90	996
可控硅	8504.4091	619
可控气氛热处理炉用氢气保护管	8514.9090	632
可燃气体泄漏检测仪	8531.1000	676
可溶的咖啡(又称"速溶咖啡")	2101.11	978
可视门铃系统	8517.6990	647
可司替康	2939.79	1067
可替换滤油芯	8421.99	1281
可吸入含烟草产品	2404.11	1026
可移动式焊接设备	85.15	632
可折叠车顶行李箱	8708.99	1422
可注射皮内凝胶	3304.99	1092
克洛本诺塞德	29.40	1068
刻痕钢丝	7326.2010	375
刻兔	3004.9090	121
空白海运提单	4820.4000	1522
空调监控盘	8537.1090	685
空调室外机	8415.9010	421
空调蒸发器及鼓风机总成	8415.9090	422
空管控制系统	8526.1090	664
空气调节器	8415.9090	423
空气分离装置	8419.6090	441
空气接头平台	8445.9090	526
空气净化过滤器	7019.90	1241
空气净化器用过滤网	8421.9910	1565

商品名称	商品税则号列	页码
空气增湿器	8479.6000	570
空心铝管	7608.1000	388
空心微球	7115.90	1244
孔板流量计零件	9026.9000	822
控制程序降温系统	8418.5000	429
控制模块	8537.1090	687
控制适配器	8517.62	1349
口服液稳定剂	2106.9090	47
苦酸橙	0805.50	933
库板	7326.9019	1547
块状或条状的产品	3401.11	1101
块状或条状的产品	3401.11	1100
快速红外成像系统	分别归类	902
快速煮沸及冷却过滤饮用水系统	8421.21	1279
矿盐舔砖	2501.0019	1487
矿盐盐砖	2501.0019	1486
矿渣	2620.4000	74
葵花籽油	1512.1100	21
昆诺阿藜(藜麦)	1008.50	935
捆绑零售基站单元	8517.11	1349
扩散纸	3824.9999	189
L		
LED单芯片发光器件	85.41	1592
LED多芯片发光器件	85.41	1593
LED灯	8539.5210	1592
LVS9500条码质量检测系统	9031.4990	845
L-丙交酯	2932.2090	102
L-缬氨酸	3824.9999	197
L-孟基乙醛酸酯	2918.3000	96
L-苏氨酸	2922.5090	99
垃圾桶	3926.90	1159
拉杆箱	4202.1290	249
拉罗他赛/拉欧紫杉醇	2932.99	1052
喇叭形馈电器(波导)	8529.10	1378
辣椒红浸膏	3203.0019	125
辣椒红色素半成品	1302.1990	1480
来电显示器	8517.6990	647
莱卡智能型生物显微镜(型号 DM 3000B)	9011.2000	793
栏杆、机箱自动栏杆机散件,自动栏杆机控制单元	8608.0090	723

商品名称	商品税则号列	页码
蓝宝石衬底晶片(镀膜)	3825.6900	1500
蓝牙腕带	8517.6299	1579
雷达测速仪检定装置	8543.2090	701
雷达天线罩	8529.1010	670
雷米普利中间体	2924.1990	100
镭射印箔标签(芙蓉王)	4908.9000	276
类似带风帽的防寒短上衣的服装	6202.40	1214
类似坚果的可食菱属(Trapa natans)水果	08.02	932
类似帐篷的隧道(未组装)	分别归类	1472
冷拔无缝钢管	7306.9000	365
冷藏专用柜及其设备	8418.5000	429
冷冻的甜玉米笋	0710.40	930
冷冻的玉米笋(甜玉米笋除外)	0710.80	930
冷冻机、加湿机、风机、湿度调节计	8418.6190	432
冷冻浓缩橙汁	21.06	984
冷冻薯条	2004.1000	33
冷冻鲜乳酪饼	1905.90	969
冷风机	8418.9910	435
冷拉弹簧钢丝	7217.1000	349
冷凝管(制冷设备用零件)	7306.301	363
冷暖两用型可逆压缩式分体空调机室外制冷单元	8415.90	1271
冷却粉	3824.9999	183
冷却器	8418.61 或 8418.69	1273
冷却站	8428.39	497
冷阴极灯管量测系统	9030.3390	833
冷轧不锈钢方块板	7220.9000	353
冷轧合金钢带	7226.9990	358
冷轧镍合金卷板	7226.9200	357
离合器分泵	8412.2100	404
离合器缆	8708.93	1419
离析支链淀粉	39.13	1132
离心干燥机	84.21	466
离心榨汁机	8435.10	1291
离型剂(FREKOTE 牌)	3208.9090	130
离型纸	4811.5999	271
离子发生器	8543.7099	711
离子水活化剂	3824.9999	185
李干	0813.20	933
立式车床用弧形齿盘	8466.9390	543

商品名称	商品税则号列	页码
立体显微镜	9018.5000	807
立芝雪针剂	3004.9090	119
沥青混合料多功能试验系统	9024.8000	819
沥青搅拌料转运机	8428.3990	498
粒子像分析仪	9031.4990	848
连杆瓦、曲轴瓦	8483.9000	604
连接环	7326.90	1257
连体软拉手塑料跳球	9506.91	1464
联合收割机用鼓壳	8433.90	1290
联合压缩机组(含蒸汽透平机一台)	8414.8090	419
链轨	7315.1200	1541
链轨用硫化橡胶制密封圈	4016.9390	1513
凉亭	分别归类	909
两个多位置电气开关装置的组件	8537.10	1384
两股红纱线	5509.32	1192
两件服装构成的套件	6104.62 和 6110.20	1203
两轮蹬地踏板车	9503.00	1458
两轮蹬地踏板车	9503.00	1457
两轮电动平衡车	8711.60	1424
两轮电动运输工具	8711.60	1423
两轮高尔夫球手推车	8716.80	1427
两轮驱动机动车	8704.31	1411
两轮驱动机动车	8703.23	1404
两性玉米淀粉	3505.10	1106
两种维生素衍生物的混合物	2936.90	1064
两种无机氧化物的混合物	3824.99	1125
两种重氮盐的混合物	3809.91	1116
邻甲苯二胺	3825.9000	203
临时保藏的牛蒡根	07.11	931
临时凉亭	6306.22	1221
淋复质量监控装置	9031.4990	847
淋浴套件	3924.90	1149
凌特2295cc机动医疗车	分别归类	900
菱镁矿和滑石混合矿物	2519.1000	67
零件组合测量支架(柔性夹具)	7616.9910	390
零售包装的纯净凡士林	3304.99	1091
流变仪	9027.8990	1607
流量计	9026.1000	820
硫化橡胶药用胶塞	4016.9990	247

商品名称	商品税则号列	页码
硫酸钙地板	6809.9000	309
硫酸钙骨颗粒	3004.9090	118
六功能校验炉	8419.8990	452
龙骨	分别归类	910
芦荟纯饮剂	2202.99	1009
芦荟片剂	2106.90	993
路面铣刨机	8479.1090	568
路用纤维	3824.9999	178
滤波片	90.01	784
滤袋(除尘装置用)	5911.9000	292
滤光膜	3920.6200	224
露宝康(饲料级)	3808.9400	166
旅行用机票、火车票、汽车票等	4911.99	1188
铝电解专用出铝车	8427.2090	492
铝矾土粉	2606.0000	70
铝工业用锰添加剂	3824.9999	191
铝合金门拉手	7604.2990	387
铝合金散热管	7604.2100	386
铝合金型材	7604.2990	386
铝合金制阳极导杆	8543.9090	715
铝轮毂专用全自动氦气气密试验机	9031.8090	859
铝塑复合板	76.07	1551
铝塑复合材料	3921.9090	227
铝塑组合盖	8309.9000	1557
铝土矿浓密机	8474.1000	558
铝制带孔圆柱状体	7601.1090	384
铝制罐盖	8309.90	1266
铝制轮轴放线架	8425.4210	485
铝制门窗框	分别归类	915
铝制品	7601.2000	385
铝制散热器	8714.10	1426
铝制散热器	8431.49	1289
履带连接部件	8431.49	1289
履带式堆肥翻拌机	8436.8000	512
履带组件	8708.99	1420
履带组件	8710.00	1422
履带组件	8487.90	1333
氯化钾压实造粒设备	8479.8200	574
氯化镁脱水系统	8419.8990	457

商品名称	商品税则号列	页码
氯化氢氧化反应器	8479.8999	588
氯醛糖	29.40	1068
轮胎充气阀	8481.80	1325
轮胎动平衡实验机	9031.1000	840
轮胎式运梁车	8427.2090	489
轮胎压路机	8429.4019	501
"罗盖特"牌谷朊粉(食用级)	1109.0000	15
罗汉果	1211.9039	1479
罗技鼠标	8471.6072	549
螺杆总成	8414.9090	420
螺纹锁固剂	3506.10	1109
螺纹拖钩固定连接件	7318.1900	1542
裸燕麦粒	1104.2200	14
洛那立生	2937.29	1065
洛索洛芬钠	2918.3000	95
落地式吊床	9403.2000	867
落棉	5202.9900	280
M		
M-5246 银色铜	7406.2010	380
MCU 开发测试工具	8471.9000	553
MDS 水平拉制仪	8475.2919	564
MODUCARE 保健食品原料	2106.9090	44
MMD500 型强力分级机	8474.2010	559
MP3 机	8519.81	1363
MP3 机	8519.81	1364
MP3 机	8527.13	1372
MT(S60)绝缘接头(套装)	8608.0090	724
麻棉衫	6110.9090	299
马尼拉麻	5305.0020	280
马萨拉葡萄酒饮料	2205.10 或 2205.90	1011
马赛克	6802.9190	306
玛瑙矿	7103.1000	328
吗替麦考酚酯	2941.9090	110
麦络西坎	2934.10	1056
麦芽威士忌酒和粮食威士忌酒	2208.30	1013
猫砂产品	38.24	1121
毛血管采血管	9018.3900	804
锚杆及托盘	7308.4000	368
没有插图的小册子	4901.99	1184

商品名称	商品税则号列	页码
玫瑰果果汁	2106.90	1004
梅赛德斯—奔驰2686毫升小货车	分别归类	887
煤气储气密封装置	5911.9000	292
美罗培南双环母核	2933.7900	107
镁基脱硫设备	8424.8999	477
镁碳砖	6815.91	1234
猛犸象牙	05.07	1477
锰锌粉末	3824.9999	188
迷你SD卡(数字安全卡)	8523.51	1370
米达茶碱	2939.59	1066
7000米单滚筒液压测井车	8705.9080	763
米格列醇	2933.3990	105
密封吊索	7312.1000	369
密封接线柱	85.35或85.36	678
密码处理器	8471.80	1309
棉短绒纸浆	4706.1000	259
棉花棒	5601.2100	285
棉面料制行李袋	4202.9200	250
棉织物制夹层枕套	6304.92	1220
棉制男童牛仔夹克	6203.3200	299
棉制女式长袍	6108.9100和6208.9100	296
棉制针织女式上衣	6110.2000	298
棉制针织女童上衣	6104.3200和6110.2000	294
棉籽壳	2308.0000	55
免提无线电话装置	8518.50	1362
面包房用添加剂	2106.90	997
苗圃	分别归类	918
灭火器的装配药	3813.0010	170
民用航空飞机维修资料	4901.9900	275
模具	8479.9090	592
模块化数据中心	8473.3010	555
摩托车的曲轴传动机构	84.83	598
摩托车排放测试系统	9027.1000	822
摩托车头盔架	9403.8990	869
摩托雪车及雪橇	8701.30	1395
磨床动平衡仪	8466.3000	542
磨石、抛光石的废碎料	2530.90	1029
磨削机器	8465.99	1302
魔术记事板	4820.90	1182

商品名称	商品税则号列	页码
魔术贴	6307.9090	303
魔芋冻粉	12.12	938
魔芋精粉	1212.9999	16
墨袋	3926.9090	1510
某些物质或材料,制成确定形式以适用于特定用途而非一般用途	38.22	1119
某些物质或材料,制成确定形态以适用于特定用途而非一般用途	38.24	1121
某种东方菜肴用调味品	2103.90	981
木地板	4418.7900	256
木工用热熔胶粒	3506.9190	154
木浆	4707.1000	260
木浆纸	4805.9190	268
木门框板	44.18	255
木神牌	4421.9990	1520
木手柄	44.21	1174
木手柄	44.17	1172
木薯根废料	2308.00	1019
木纤维板(MDF,中密度纤维板)	4411.12	1170
木制脚踏板	4418.7900	256
木制镜框(含镜)	70.09	1536
木质粉	3912.9000	215
木质盖屋板	44.07	253
木质手杖	6602.0000	305
钼精矿	2620.9990	76
钼精矿焙烧炉	8417.1000	425
钼矿砂	2620.9990	75
N		
Nasi Nua(印度尼西亚速冻米饭)	1904.90	966
N,N'-二亚硝基五亚甲基四胺	2933.6990	106
N-甲基氨基乙磺酸钠盐	2921.19	1046
那福塔洛佛	2929.90	1050
那莫西瑞	2922.19	1048
纳米银粉末	2843.1000	89
纳米银液体	2843.1000	88
耐火球	3816.0020	171
耐火砖及耐火材料	8417.8090	427
耐温陶瓷板	7006.0000	320
耐压测试仪	9030.3390	832

商品名称	商品税则号列	页码
男式长袖针织衫	6110.30	1209
男式内衣、女式内衣	6107.9100 和 6108.9100	295
男式尼龙/PVC 雨衣套装	6211.2090	301
男针织无领 T 恤	6109.1000	297
南瓜子(西葫芦 南瓜属)	1212.99	939
脑蛋白水解物注射液(针剂)	3004.9090	119
脑电系统	9018.1990	803
内面胶押出机	8420.1000	464
内圈旋转型法兰锥形滚子轮毂轴承单元	8708.50	1417
内装两个玩具戒指和密封包装糖果的蛋形塑料物品	9503.00	1459
尼龙 6,6	3908.1011	209
尼龙布(含硅树脂涂层)	5903.9090	291
泥状填料	5911.9000	293
黏聚成块的盐	2501.00	1027
黏土类金标准样	3822.9000	176
黏土砖	6902.2000	312
捻线机	8479.4000	569
酿酒机器	8438.8000	516
鸟粪(圆粒肥)	3105.9090	123
镍废碎料	2620.9990	74
镍镉充电电池	8507.30	1339
镍氢充电电池	8507.50	1339
镍圆饼	75.02	1550
镍圆片(Chips™)	75.08	1551
柠檬酸糟	2308.0000	55
凝析油	2709.0000	80
牛蒡籽	12.11	937
牛二层手套革	41.07	249
牛奶矿物粉	0404.1000	7
牛皮挂面纸	4805.2500	267
牛皮纸	4804.1900	265
牛皮纸	4804.5100	266
牛皮纸	48.04	263
牛正面手套革	41.07	248
扭扭棒	9503.0089	1621
农菌	3002.4990	112
农牧动力搬运车(W-16G 型)	8709.1990	778
农药果品套袋	38.08	163
农业温室用遮阳材料	7607.1900	387

商品名称	商品税则号列	页码
农友牌变型拖拉机	87.04	737
农友牌变型拖拉机	87.04	736
浓缩蛋白质(从小麦中提取)	2106.1000	40
浓缩防冻液	3820.00	1118
浓缩乳清蛋白	0404.1000	5
女士薄质针织服装	6212.10	1217
女士薄质针织无带服装	6114.30	1212
女式长裤	6104.63	1204
女式长袖T恤	6109.90	1207
女式短袖针织衫	6114.30	1212
女式短袖针织衫	6110.30	1209
女式裤子(纱丽)	6204.62	1215
女式棉制印花套装	6208.2100	300
女式棉制针织背心、T恤	6108.9100	296
女式棉制针织粉红套装	6104.6200和6109.1000	294
女式棉制针织紫色套装	6104.6200和6109.1000	295
女式束腰外衣(克米兹)	6206.30	1215
女式无领无袖针织衫	6109.90	1206
女式针织长袖套头衫	6110.30	1210
女式针织短袖T恤衫	6109.10	1206
女鞋	6404.19	1229
女鞋	6404.19	1228
暖风机	8708.2990	767

O

商品名称	商品税则号列	页码
诺和力	3004.3900	1490
欧当归香料	09.10	1477

P

商品名称	商品税则号列	页码
PCR仪	8419.8990	450
Pepper情感机器人	8543.7099	1598
pH值调整剂	2106.9090	50
PU人造革	56.03	289
PU水性处理剂	3909.5000	212
PVC涤纶雨衣	3926.2090	229
PVC地板(CENIT)	3918.1090	219
PVC棕榈地毯	5705.0090	290
帕拉丁多功能乘用车(汽油四驱欧四型2400cc)	8703.2352	733
排气管托架	8708.9999	777
派立明滴眼液	3004.9010	116
抛光机内衬板	第七十二章	333

商品名称	商品税则号列	页码
抛光铜盘	7419.8091	1550
抛绳器	8479.8999	578
抛物面天线	8529.10	1377
抛物面天线反射器	8529.10	1376
刨切层压木获得的薄板	44.08	1168
炮体	8424.8999	481
泡沫聚氨酯板	3921.1390	226
泡沫聚乙烯塑料板	3926.9090	231
泡泡粒	3926.9090	234
泡铜	7402.0000	379
培米诺近	2934.99	1059
配辣椒的炖肉制品	1602.50	944
配制品	2106.90	988
配制品	2106.90	988
配制品	2106.90	989
配制品	2106.90	989
配制品	2106.90	990
配制品	2106.90	990
配制品	2106.90	1003
配制品	1902.30	964
配制品	2106.10	985
配制品	2106.90	986
配制品	2106.90	986
配制品	2106.90	987
配制品	2106.90	987
配制品	1902.20	963
配制品	1901.90	961
配制炸药	3602.00	1110
配制炸药	3602.00	1110
喷金粉	7108.1100	329
喷淋管	8424.9090	484
喷码机	8443.3221	523
喷漆隔间	8421.39	1280
喷泉	8424.89	1284
喷砂机	8424.30	1282
喷射机	8479.1090	569
喷射装置,由装有带喷嘴压力按钮(喷射盖)的阀门构成	8424.89	1283
喷头	9616.1000	878
喷雾干燥机	8419.3990	438

商品名称	商品税则号列	页码
硼酸三甲酯和甲醇的混合物	3810.9000	170
篷房	9406.9000	1617
膨润土填充防水材料	68.15	1532
膨润土止水带	68.15	1532
膨胀石墨	3824.9999	191
皮带轮	8483.9000	605
皮肤施药制品	3004.90	1075
皮肤施药制品	3004.39	1074
皮革柔软助剂	3824.9999	180
皮革柔软助剂	3809.9300	168
皮革填充剂 RR	3809.9300	168
皮革涂饰助剂	3909.5000	212
皮革用涂饰剂	3809.9300	169
皮革用植物鞣料	3201.9090	123
皮革助剂	3906.9090	208
皮革助剂	3809.9300	169
皮划艇和桨板冲浪(SUP)两用桨	3926.90	1158
皮卡吉普车	8704.21	1409
啤酒冰晶机	8418.6190	431
啤酒花提取液	21.06 和 3301.2990	136
片剂	2106.90	1003
片式电阻、柱状或 MELF 电阻器	85.33	1379
漂珠	2621.9000	77
拼花地板	4418.79	1173
频率转换器	8504.40	1335
品客薯片	1905.9000	32
乒乓发球机	9506.4090	875
平板电脑	8471.30	1305
平板电脑	8471.30	1304
平板桌面扫描仪	8471.90	1311
平底筒仓	8479.89	1323
平衡轴轴套	8483.3000	600
平纹经纱起绒带	5911.10	1201
平纹棉织物	5208.51	1189
苹果干馅料	2008.99	975
苹果手表	8517.6299	1580
苹果 Ipod Touch 手持设备	8471.3010	546
苹果套袋	3808.9210	164
瓶装柔顺剂	3809.91	1114

商品名称	商品税则号列	页码
破碎锤主体	8412.2100	1560
破损塑料编织袋	6310.1000	304
破籽棉	5201.0000	279
铺地板	44.12	1170
铺路用现代花岗岩石制品	6801.0000	305
葡萄酒及其他饮料用色料	3203.00	1080
普拉睾酮	2937.29	1064
普利康(饲料添加剂)	2309.9090	60
普鲁兰多糖	3913.9000	217

Q

商品名称	商品税则号列	页码
气保焊丝	72.29	361
气垫传送装置	8428.9090	500
气动调节阀	8481.80	1326
气动剪	8467.19	1303
气动升降桅杆	8428.9090	499
气缸体活塞孔精整加工机床	8460.4010	538
气流分级机	8474.1000	559
气门芯	84.81	594
气门嘴	8481.3000	595
气体检漏仪	9027.5000/9027.8019	827
气体绝缘金属封闭母线	8544.6090	719
气压棒	8479.8999	577
气液分配盘	8419.9090	461
汽车安全气囊气袋	8708.9500	774
汽车安全座椅	9401.80	1450
汽车后视镜零件(左、右罩,固定板基等)	8708.2990	769
汽车环境风洞阳光模拟系统	9405.4990	1616
汽车加强板(钣金件)	8708.99	776
汽车烤漆房	8419.8990	458
汽车空调脱水进风装置及冷凝器	8415.9090	423
汽车空调压缩机支架	8708.99	774
汽车门锁遥控器	8526.9200	664
汽车内装用贴布	8708.2990	768
汽车起重机	8705.1092	744
汽车锁	分别归类	901
汽车天窗用装饰胶条	8708.2990	768
汽车遥控接收器用电路板	8529.9090	674
汽车音响零件(面板、旋钮)	8529.9060	672
汽车用石油液化气供气装置	87.08	764

商品名称	商品税则号列	页码
汽车遮阳板	7607.1900	388
汽车支架	分别归类	899
汽车自动离合器	8708.9390	772
汽车座椅包面	9401.99	1451
汽车座椅骨架	9401.20	1610
汽轮机零部件(300MW)	分别归类	900
汽油发动机润滑油	3403.9900	150
起重机(旧)	8704.2	738
起重钻探平台	8905.20	1431
500千伏交直流两用交联聚乙烯绝缘电缆立式生产线	分别归类	908
110千伏开关柜继电保护装置	8536	679
牵引车和半挂车的组合车辆	8716.39和其他	1427
牵引车	8701.20和其他	1394
牵引车捆绑器	6307.9090	303
牵引车支撑器	8302.3000	398
铅晶蓄电池	8507.2000	1575
铅砷冰铜	2620.3000	1488
前阿德福韦	2934.99	1057
前挡侧压条(半成品)	3926.9090	233
前框	8708.2990	767
前纵梁总成(左、右)	8708.9991	777
浅黄色颗粒,主要含乙烯-乙烯醇共聚物(以重量计约40%)及作为填料的预胶化淀粉(以重量计约45%)	3905.91	1128
强力痔根断	3004.9059	117
抢险救援车	分别归类	890
12-羟基硬脂酸	3823.19	1120
12-羟基硬脂酸	2918.19	1046
橇装计量系统	9028.2090	829
桥梁伸缩装置	7308.1000	367
巧克力糖食	1806.90	958
巧克力糖食(带糖衣的牛奶巧克力)	1806.90	957
巧克力条	1806.31	953
巧克力条	1806.31	953
巧克力条	1806.31	952
切菜机	8438.60	1293
切菜机	8438.60	1292
切断尼龙纱线	5601.30	1193
切断型钢纤维	第七十二章或第七十三章	1538
亲肤表层	3824.9999	182
禽畜混合玉米饲料	1103.1300	13

商品名称	商品税则号列	页码
青蒿素	2932.2090	103
轻型拖鞋	6405.90	1230
轻型鞋	6402.99	1227
轻质碳酸钙	3824.9999	179
氢化及经组织改良处理的加州希蒙得木种子油	3404.90	1105
清洁机	8424.30	1282
清晰的(透明的)溶液	32.08	1083
清洗菜籽的残渣	2308.00	1019
清雪用盐沙散布机	8479.10	1316
氰酸盐	3909.5000	210
氰铜盐	3824.9999	192
球团铁矿	2601.1200	68
曲轴箱盖	84.83	599
驱动机构	8412.2100	404
躯干紧身服	61.14	1211
躯干紧身服	61.14	1210
躯干紧身服	61.08	1205
躯干紧身服	61.08	1205
全废铜FRHC火法精炼高导电合金铜杆生产线	分别归类	914
全路面汽车起重机	8705.1023	743
全路面起重车TG-500E	8705.1022	742
全棉墙饰	6304.9290	302
全身低温治疗仓	9018.90	1439
全站仪	9015.8000	799
全自动打端子机	8479.8190	571
全自动锭剂摆药机	8422.3030	471
全自动金属板材柔性加工生产线	分别归类	888
全自动晶形检测仪	9011.2000	792
全自动曝光机	9010.5022	790
全自动清洗消毒柜	8419.2000	436
全自动生化分析仪	9027.5000	826
全自动饲料配置机	8436.1000	511
全自动条形码制作粘贴采血管分配准备系统	8422.3090	472
全自动细菌鉴定及药敏分析仪	9027.5000	825
全自动异物侦检机	9031.4990	849
R		
R250AF混凝土空心砌块生产线	8474.8090	561
R73车轮圆钢	7224.9090	356
Risotto(意大利速冻米饭)	1904.90	967

商品名称	商品税则号列	页码
RM200A 全自动吸烟机	9027.1000	823
燃气红外线辐射采暖设备成套散件	7322.9000	372
燃气蒸汽联合循环发电机组	8502.3900	613
燃烧法沥青含量测试仪	84.23 或 90.16	474
燃油干燥器(申报品名)	8419.8990	449
燃油热交换器	8419.5000	440
热电偶组	8418.69	1273
热风枪	84.19	1563
热交换器用连接支撑管板	8419.9090	461
热流道	8419.8990	455
热敏标签打印机	8443.3214	522
热敏打印纸套装	39.20	1503
热敏陶瓷电阻	8533.4000	677
热敏铜螺丝	9032.1000	863
热敏性胶片	39.20	1504
热膨胀矿物材料垫	6806.90	1232
热熔胶喷涂主机	8424.8999	479
热塑丁苯橡胶 SEPTON 4033	4002.9911	239
热阴极强力电子式正离子源	8540.89	1386
热轧方钢	7214.9900	345
热轧钢板	7211.1900	343
热轧合金钢钢条	7228.6000	361
热轧平板	72.08	340
热转移色带	9612.1000	877
人参胶囊	2106.90	999
人参酒	2205.10	1011
人参糖片	1704.90	950
人机界面	8537.1090	686
人体脂肪测量仪	9031.8090	862
人造板材	3920.5100	222
人造大理石	3920.51	1136
人造石墨块	3801.1000	161
人造石墨为基本成分的产品	3801.9090	1496
人造石头	3824.9999	178
人字形胎面的充气橡胶轮胎	4011.2000	245
日本丝绸纸	4811.90	1180
日产风度 1998 毫升小轿车(成套散件)	87.03	732
日达仙	3004.3900	114
日立牌绳索断层分析用扫描电镜	9012.1000	795

商品名称	商品税则号列	页码
日立水冷柜机机身	8415.82	421
绒毛装饰物	9503.0021	870
绒头纱线	5606.00	1194
绒头纱线	5606.00	1194
溶解实验单元	8419.89	1277
溶血洗净液	38.22	1119
溶液抽取注射器	7017.9000	322
柔水通	3402.9000	146
柔性板材制版系统	9010.5022	789
柔性增强格网	3926.90	1153
鞣剂 SC-120	3202.1000	124
铷泡	9013.9010	797
乳钙	0404.1000	6
乳化剂(淀粉络合剂)	2106.90	1001
乳品加工设备	分别归类	888
乳清蛋白	0404.1000	5
乳清粉	0404.1000	6
乳糖醇	29.40	1069
乳糖基纳他霉素	3808.9290	164
锐钛型二氧化钛	3206.11	1081
瑞典葛丽素无腥味鱼肝油糖粒、瑞典葛丽素紫玫果提取物糖粒(富含维生素 C)	1704.9000	30
润喉止咳糖	1704.90	947
润滑剂	3403.9900	150
润滑制品	39.04	1128
润滑制品	39.04	1127
润滑中心	8479.89	1319

S

商品名称	商品税则号列	页码
S45C 锻件毛坯——转向节毛坯	8708.94	773
SDH 分析仪	9030.4090	835
Sony A800 MP4	85.21	1583
SISMA 快速单双扣织链机	8463.3000	538
SW10 纤维素	3912.9000	215
赛鲁迪复合机	8420.1000	462
三层薄片	3921.90	1139
三丁基铝	2931.9000	101
3,5,7-三氟金刚烷甲酸($C_{11}H_{13}O_2F_3$)	2916.2090	93
三个或四个轮子的车	8703.10	1402
三合一速溶咖啡	2101.1200	37

商品名称	商品税则号列	页码
三甲基醇三聚氰胺水溶液	3809.91	1115
三甲基醇三聚氰胺水溶液	2933.69	1055
三尖杉宁碱	2939.7990	109
三节未挂接的铁路客车车厢	8603.10	1391
三金属片	7220.9000	354
三棵针初提物	1302.1990	17
三菱11945毫升混凝土搅拌车	8705.4000	748
三轮电动游戏车	8711.9010 和 8716.4000	779
三轮汽车	8704.31	1412
三轮汽车	8704.31	1413
三轮汽车	8704.21	1410
三轮踏板车	8716.80	1428
三七总皂甙	2938.9090	109
三羟基乙酸的混合物	3823.19	1120
三(三甲基硅烷)硼酸酯	2931.9000	102
三维动画运动捕捉系统(不带计算机的分析测量仪器)	分别归类	1625
三维坐标控制仪	8471.6072	548
三星手机电池下盖	8507.9090	625
三乙烯二胺	2933.5990	105
三元催化剂	38.15	1496
三元乙丙橡胶	4005.1000	1512
散粒状白色粉末	2530.90	1030
散粒状白色粉末	2833.11	1039
散热风扇	8414.5990	417
散热片(铜制)	84.73	554
散热器(微机用)	8473.3090	557
散装货物储运软袋	63.05	1221
扫街车线	7215.9000	345
扫描测量水泥窑体温度用红外线扫描仪	9031.4990	849
扫雪车用铲	8430.2000	504
扫雪用的履带式交通工具	8701.30	1394
沙发套	63.04	301
沙滩车	8703.1011	733
鲨鱼软骨粉	0305.1000	4
晒版机	9010.5022	790
山林超高压多功能消防车	8705.3090	747
杉木栏杆	44.07	253
闪存卡	8523.51	1584
商品名称	商品税则号列	页码

商品名称	商品税则号列	页码
商品名称 ………………………………	商品税则号列 ………………………	页码
商品硼葡萄糖酸钙 ………………………	3003.90 或 3004.90 ……………	1072
商用冷冻柜 ………………………………	分别归类 ……………………………	891
商用燃气炉 RSB-7PRD …………………	7321.1100 …………………………	371
商用燃气炉 RSB-4PRD …………………	7321.1100 …………………………	371
商用微波炉 ………………………………	8514.20 ……………………………	1344
烧结矾土 …………………………………	6914.9000 …………………………	317
烧嘴 ………………………………………	8416.2011 …………………………	424
少子寿命测试仪 …………………………	9031.8090 …………………………	860
蛇毒 ………………………………………	3001.9090 …………………………	112
舍曲林 ……………………………………	2921.49 ……………………………	1047
设计家首饰 ………………………………	71.13 或 71.17 ……………………	1243
设计图纸 …………………………………	4911.9100 …………………………	278
射孔器 ……………………………………	7326.9019 …………………………	1548
射频/微波信号发生器 ……………………	8543.2090 …………………………	702
摄像头 ……………………………………	9504.5011 …………………………	1623
摄像头 ……………………………………	85.25 ………………………………	660
伸缩臂式加料机 …………………………	8427.2090 …………………………	490
身体成分分析仪 …………………………	9031.8090 …………………………	857
深孔加工机 ………………………………	8459.2900 …………………………	536
深盘输送机 ………………………………	8428.3920 …………………………	497
神经外科手术床 …………………………	9022.1400 …………………………	812
神奇眼镜 …………………………………	8528.5910 …………………………	668
神州行储值卡(未印密码) ………………	49.11 ………………………………	1523
肾脏透析器 ………………………………	8421.2990 …………………………	468
甚高频共用系统 …………………………	8517.6299 …………………………	646
渗铝钢板 …………………………………	7210.6900 …………………………	341
生产型黑白高速数字打印设备 …………	8443.3229 …………………………	524
生化分析仪所带电脑 ……………………	第九十章 ……………………………	783
生理的、无菌的海水微分散溶液 ………	3307.90 ……………………………	1099
生物显微镜系统 …………………………	9011.2000 …………………………	793
声表面滤波器 ……………………………	8541.6000 …………………………	699
声发射系统 ………………………………	9031.8090 …………………………	853
声卡 ………………………………………	8471.80 ……………………………	1310
声学多普勒流速剖面仪 …………………	9015.8000 …………………………	800
声学多普勒流速剖面仪 …………………	9015.8000 …………………………	799
声音重放设备和书的套装 ………………	8519.81 ……………………………	1366
湿石粉 ……………………………………	2833.2990 …………………………	86
湿式洗涤站/沾湿台 ………………………	84.86 ………………………………	1330

商品名称	商品税则号列	页码
石膏旋流站	8421.1990	466
石蜡纸及纸板	4811.60	1178
石蜡纸条	4811.60	1179
石墨油	2710.12 或 2710.19	1036
石塑纸	第三十九章	1500
石英	2506.10	1028
石英反应管及支架	7020.00	1242
石英管内管、外管	7011.9090	321
石英(D377号样品)	71.03	328
石油测井车	8705.9080	760
石油测井车	8705.9080	761
石油测井车	8705.9080	762
石油测井车	8705.9080	763
石油测井车	87.04	735
石油压裂车	8705.9080	761
石油压裂车	8705.9080	760
石油钻机顶部驱动设备	8431.4310	509
实木隔音采暖地板	4412.3300	255
食盒	3923.10	1142
食品的着色制品	3203.00	1079
食品派分设备:冰激凌机	8418.61	1272
食品派分设备:冷饮机	8418.61	1272
食品添加剂	2106.90	999
示波管	8540.6090	697
视频卡	8471.80	1309
视频游戏机控制用虚拟现实套装	9504.50	1462
释放钩	73.26	374
收放机	8527.9100	665
收集和运输血液的抽空管(带有化学添加物)	9018.39	1437
收集和运输血液的抽空管(无化学添加物)	9018.39	1437
手柄(不带机头和夹具)	8501.3100	612
手柄(带机头和夹具)	9018.4990	806
手持电动(电池供电)缝纫机	8452.10	1300
手持式机器	8509.80	1341
手持式机器	8479.89	1322
手动点胶机	8479.8999	585
手动贴标签装置	9611.00	1467
手扶振动平板夯散件	8430.6100	508
手工操作的压浮雕装置	9611.00	1468

商品名称	商品税则号列	页码
手工绘制微型铜饰品	8306.29	1265
手机、电脑用平板玻璃	按手机、平板电脑的零件归类	1626
手机耳机半成品(音频控制器)	8518.1000	651
手机闪光灯(组件)	9006.6100	788
手机摄像头	8529.9042	671
手机天线贴片半制成品	3920.6100	223
手机用显示屏盖	8517.7930	1582
手模	6909.1	313
手术后用鞋	6402.99	1227
手术室机械吊臂	9402.9000	866
手提包	4202.21	1164
手提式剪枝器	8467.89	1303
手制动缆	8708.30	1416
瘦身车	8712.0090	779
输变电线路绝缘瓷套管	8546.2010	721
输变电线路用长竿状绝缘瓷件	8546.2090	722
输砂车	8704.1090	737
输送带带料	7314.49	1253
输送屏蔽电泵	84.13	406
输液泵	9018.3900	804
输液器滤板	8421.2990	468
蔬菜加工机器	8438.60	1292
薯条储柜、汉堡储柜、隧道式保温柜	8418.9100 或 8419.8100	434
数据存储装置	8471.70	1308
数控镗床零件	84.59	535
数控装置	8537.1019	685
数控装置	8537.1019	684
数粒仪	9029.1090	831
数码相机套件	8525.8923	1585
数码相框	8543.7099	710
数模转换器	8543.7099	708
数纸机	9029.1090	830
数字编码器	8517.62	1352
数字电视复用器	8517.6239	644
数字电影放映机	9007.2010	788
数字多路复用器	8517.62	1352
数字广播接收机	8527.9900	666
数字监控机	8521.9090	657
数字喷墨打印机	8443.32	1295

商品名称	商品税则号列	页码
数字式电机保护单元	8537.1090	692
数字视频处理器机芯	8543.7099	704
数字显微镜	9011.8000	794
数字音频处理器	8518.4000	654
数字语音信息综合处理机和WINSET适配器	8517.6239	641
双波浪带滚带机	8515.1900	633
双工位六角型胎圈缠绕系统	分别归类	889
双滚筒采煤机	8430.3900	505
双列直插式存储模块(DIMMs)	84.73 或按照机器的零件归类或 85.48	1314
双螺杆	84.77	565
双面胶带	3919.9090	220
双面涂层聚酯织物	3921.1210	225
双面研磨抛光系统	8464.2090	539
双面印刷的圆形银色金属币	9504.90	1462
双烯醇酮醋酸酯	2937.2900	108
双向拉伸聚丙烯膜	3920.20	1135
双组分纤维	5601.3000	286
水表接头	7412.2090	383
水处理组合机	8421.21	1278
水罐车	8704.2300	741
水果片	2008.97	974
水龙头出水口	8481.9090	598
水陆两用车	87.03	731
水泥混凝土搅拌站	8474.3100	560
水泥漆	3214.90	1086
水泥添加剂	3402.9000	148
水凝水泥	2523.90	1028
水平安定面配平作动筒	85.01	611
水平式层流"洁净台"	8414.80	1269
水溶性乙烯醋酸乙烯酯共聚物	39.01 或 39.05	205
水上交通安全管理系统	8530.8000	675
水松原纸	4813.9000	273
水松原纸	4802.5400	262
水性不黏涂料	3209.9020	133
水性清洁剂	3402.9000	144
70.20税目注释第三项所列物品	7020.00	1241
顺势疗法制剂	其他	1473
说明书	4911.1010	1524
说明书	4911.1010	278

商品名称	商品税则号列	页码
司莫紫杉醇	2934.99	1058
思科网真网络电话系统	分别归类	915
斯太尔卡车	87.04	734
四轮(两驱)全路面车辆	8703.21	1403
四轮驱动机动车	8704.31	1411
四轮驱动机动车	8704.21	1409
四轮驱动全路面汽车	8703.21	1403
四氢酒花浸膏	21.06	39
伺服卡、I/O卡	分别归类	898
饲料级混合油渣	1518.0000	22
饲料搅拌车	8716.3990	780
饲料生产设备	8438.8000	517
饲料添加剂	2309.90	1020
饲料添加剂(硫酸抗敌素)	2309.9010	58
饲料添加剂(普利康)	2309.9090	59
饲料添加剂"球净"	第三十章	1489
饲料添加剂效美素-100	2309.9010	57
饲料用活性小麦谷肮粉	2309.9090	59
饲用甜糟粉	2309.9090	62
松脆开胃食品	1905.90	970
速冻盘装菜"Tortiglioni"	1902.30	964
速冻盘装蔬菜"Wienerpfanne"	2004.90	971
速冻土豆块	2004.1000	34
速度计导线	8483.1090	600
速冷机	8418.6190	430
塑磁材料	3824.9999	194
塑料杯	3923.9000	1508
塑料冲水件	3926.9090	232
塑料储运桶	3923.9000	228
塑料BB弹	9306.3090	865
塑料脚轮	3926.9090	1511
塑料密封堵	3926.9090	1511
塑料内饰顶及附件	8708.2990	766
塑料瓶泵	8413.2000	412
塑料瓶坯	3923.30	1143
塑料容器	3924.90	1148
塑料水瓶	3924.90	1147
塑料水瓶	3924.90	1147
塑料玩具及彩泥套装	95.03	1457

商品名称	商品税则号列	页码
塑料玩具及彩泥套装	95.03	1456
塑料物品	3924.90	1146
塑料鞋	6402.99	1228
塑料制厨房洗涤槽	3922.10	1140
塑料制多孔管	3917.21	1134
塑料制奶嘴和护指套	3924.90	1146
塑料制人造指甲	3926.90	1158
塑料制旋钮	3926.90	1157
塑料制隐形眼镜盒	4202.3200	250
塑料轴承用玻璃滚珠	7020.0019	327
塑料装饰品——摩托车	9503.0089	871
塑木复合材料商品	第三十九章	1502
塑木粒	44.05	1515
酸甜调味汁	2103.90	980
碎的干椰子	0801.11	932
碎硅片	3825.6900	200
隧道掘进机	8429.5900	503
隧道自推进封水注浆设备	8479.1090	568
梭子用绒束	9603.90	1466
T		
TERBERG YT200牵引车	8709.1910	778
TSI立体粒子图像测速仪	9031.4990	846
TMP与TDI加成物	3909.5000	211
塔拉粉	1404.9010	18
塔盘(氮洗塔零件)	8419.9090	460
胎儿的监听成套装置	8518.30	1361
胎教装置	8518.3000	653
胎面	4012.90	1161
台车	8606.9900	723
台下机械控制系统(整套进口)	8537.1090	691
抬头显示器(HUD)用汽车玻璃	7007.21	1239
太阳能模块铝合金框条	85.41	1594
太阳墙板	7322.9000	372
钛合金高尔夫球头精铸毛坯	9506.3900	874
钛酸丁酯	29.05	1044
钛铁矿	2614.00	1031
钛钨靶材	8101.9400	392
泰国原料糯米	1006.3090	13
泰农-40饲料添加剂	2309.9010	57

商品名称	商品税则号列	页码
摊铺机零件	40.09 和 8479.9090	244
檀香熏香油	3307.4900	140
弹簧栓塞	90.18	1605
坦螺旋霉素	2941.90	1070
坦皮克纤维	1404.9090	18
探头	9022.9090	816
碳棒	8545.9000	721
碳酸钙(营养食品原料)	2106.9090	46
碳酸稀土	2846.9048	90
汤玛斯牌马铃薯全粉生产线及备件	分别归类	911
糖食	1704.90	948
糖食	1704.90	946
糖食	1806.31 或 1806.32	954
糖食(糖果)	1704.90	949
糖食(糖果)	1704.90	950
糖食(糖果)	1704.90	949
糖食(糖果)	1704.90	948
陶瓷杯子和杯碟	6912.00	1237
陶瓷插件	69.09	1236
陶瓷基片	6914.1000	316
陶粒支撑剂(石油填充砂、压裂支撑剂)	6914.9000	1535
陶制容器	6913.90	1238
特殊形状巧克力	1806.90	1482
特种集装箱	86.09	1601
特种通信车	8705.9010	750
特种通信车	8705.9010	749
特种通信车	8705.9010	748
锑二(磺基邻苯二酚钠)	2908.99	1045
提升卷扬装置	8425.31	1285
替勃龙	2937.29	1065
天然硼砂	2840.1900	87
天然气硫分析仪	9027.5000	826
天然气浓缩液	27.09	1034
添加糖的浓缩乳	0402.99	924
甜玉米粉	2005.80	971
甜玉米微波爆米花	2008.9990	35
填充花生和腰果碎块的产品	1806.90	956
条形码扫描仪	8471.9000	552
条形码阅读机	8471.90	1310

商品名称	商品税则号列	页码
调色剂筒,装有或未装有调色剂	8443.99	1297
调色剂筒,装有或未装有调色剂	8443.99	1296
调味滑子菇罐头	2001.9090	33
调味紫菜	2008.99	976
调制器	8517.62	1354
调制器	8517.62	1354
调制器	8517.62	1353
跳绳	9506.91	1464
贴片电容,圆柱电容	8532.2410 或 8532.2110	676
贴衣型怀炉	3824.9999	177
铁铬铝纤维(纱线)	7326.9011	1546
铁构件	7216.9900	349
铁基粉末 EMS253-N	7205.2100	336
铁矿砂(未烧结)	2601.2000	69
铁矿石取制样设备	分别归类	881
铁立柱	7216.9100	348
铁镍软磁合金卷板	7506.2000	384
铁杉板材	4418.9900	257
铁屑	2619.0000	71
铁氧体材料	3824.9999	1499
铁氧体永磁模具	8480.6000	592
铁制格栅	7308.90	1252
通过不同的蔬菜油相互酯化获得的可食用混合物	15.17	941
通过蒸馏葡萄酒制得的被称为"皮斯科白兰地酒(pisco)"和"辛加尼酒(singani)"的烈性酒	2208.20	1012
通信控制器或路由器(包括网桥)	8517.62	1355
通用牌电冰箱	8418.1020	428
同步控制操纵装置	8537.1090	690
同步网络结构集群控制器(包括远程控制单元)	8517.62	1355
同时报验的未组装的机动车零部件	8703.23	1405
同时申报的未组装的摩托车零部件	8711.20	1423
桐木板方	4403.1200	252
铜的氧化物及氢氧化物	2620.3000	73
铜镀铁复合粉	7205.2900	338
铜杆	7408.1100	380
铜手镯	7117.19	1246
铜制蹲式便器	7418.2000	383
铜制绕线组	8544.4911	1600
桶线 DIY 套件	第五十五章	1525
透镜组件	9002.1990	785

商品名称	商品税则号列	页码
透明质酸钠	3913.9000	216
透平膨胀机	8418.69	433
图形化蓝宝石衬底外延片	8541.4010	1595
涂布辊、超级压光辊	8420.9900	465
涂布牛皮纸	48.10	268
涂布台	8439.3000	519
涂布有机热敏材料的纸	4811.90	1181
涂覆导电材料的聚对苯二甲酸乙二酯(PET)膜	3920.6200	1506
涂料用抗菌剂	3808.9400	166
涂铝纺织物	5907.00	1200
涂铝纺织物	5907.00	1199
涂抹乳酪	0406.30	927
涂饰剂EG	3402.9000	146
土工复合物	5602.1000	287
托盘	3923.90	1145
托盘	3923.90	1145
拖式激光铲运机	8430.6920	508
脱臭培养基	3821.0000	173
脱色白土	2508.4000	65
脱氧剂	3824.9999	184
脱脂大豆粉	23.04	1018
脱脂大豆粉蛋白浓缩物	2106.10	984
脱脂豆渣粉	2304.0090	54
脱脂椰子粉	2306.50	1018
U		
UMTS频段的三阶互调测试系统	9030.4090	835
U型钉手钳	8205.59	1262
U型夹	7308.9000	369
U型铁丝	7326.2090	376
V		
VCD读码器	8522.9031	658
VCD机用托盘机架连读码器	8522.9031	658
VIOTH电液转换器	8481.2010	594
Vista KVL-SUA/OV切换器	8543.7099	704
W		
WEB缓存器CISCO CE560	8471.5040	548
WT3000高精度功率分析仪	9030.8490	836
挖掘机履带	8431.4999	510
挖掘机模型	95.03	1620

商品名称	商品税则号列	页码
挖掘机行走装置	8431.4999	509
挖孔的矿盐产品	6815.9990	1533
瓦楞屋顶板	4811.10	1178
瓦楞原纸	4805.1900	267
瓦楞纸	4813.2000	273
外出小包装湿纸巾	3307.9000	141
外裹巧克力产品	1806.90	955
外科用针坯料	9018.32	1436
外圈旋转型轮毂轴承单元	8708.50	1418
外伤手术用螺丝	9021.10	1442
外伤手术用螺丝	9021.10	1441
完整性测试仪	9031.8090	854
玩具风扇	9503.00	1461
玩具帐篷	9503.00	1458
烷烃溶剂	2710.1999	83
万向轴装配机床	8479.8999	576
网络分析仪	9030.40	1447
网络分析仪	9030.40	1447
网络建设与维护分析仪	9030.4090	834
网络流量监测器	9031.8090	853
网真3000型视频会议系统	8517.6233 和 8528.5910	1578
网真1000型视频会议系统	8517.6233 和 8528.5910	1577
旺味	2103.9090	38
危重监护医疗车	8705.9040	756
威而福牌硫化橡筋带	4007.0000	243
威力牌机动放射线8100毫升检查车	8705.9020	751
微波导管	8544.4919	717
微波功率计和微波功率探头	9030.3900	834
微波流量计	9031.8090	852
微波炉加热暖包	63.07	1528
微波消减系统	8514.2000	630
微处理器	8473.30	1313
微硅粉	2811.22	1038
微机网络语音器	8518.3000	654
微机用内置式只读盒式存储器	8473.30	1313
微晶石蜡(石油蜡)	2712.90	1037
微晶纤维素	2106.9090	43
微SD卡	8523.51	1370
微孔板复制器	8205.5900	394

商品名称	商品税则号列	页码
微喷带	3917.3200	218
微生物培养介质	1702.90	946
微型计算机主板	第八十四章	1558
微藻 DHA 粉剂	2106.9090	48
韦利莫根	2934.99	1059
围巾	6214.90	1219
维库溴铵肌松药	3004.9090	118
维生素预混剂	2106.9090	50
维生素制剂	2106.90	995
卫星电视广播接收器	8528.71	1375
卫星电视接收系统	8528.71	1375
卫星路由接收机	8517.6239	646
未焙烤比萨饼	1901.20	960
未焙烤的冷冻面团	1901.20	960
未裁切复合材料密封垫	第七十二章	1538
未烤制的比萨饼	1901.20	961
未硫化复合橡胶	4004.0000	241
未硫化绿轮胎	4004.0000	242
未漂白牛皮卡纸	4804.1100	264
未曝光感光铜箔制的平板	3701.30 或 3701.99	1111
未涂布的纸及纸板	48.02	1175
未涂布的纸及纸板	48.02	1175
未涂布装饰原纸	4811.9000	272
未涂布装饰原纸	4811.9000	272
未装磁带的录像、录音带盒	3923.40	1144
未装压力按钮的阀门	8481.80	1324
味精	第二十一章或第二十九章	1483
味优	2103.9090	39
稳定剂	2106.90	1000
沃尔沃 12100cc 电视转播车	第八十七章	728
卧式冷冻箱	8418.30	1271
乌尼莫克沙漠专用车	8704.2	738
钨切头	8101.9990	392
屋顶板	6807.90	1233
屋顶板	6807.90	1232
无尘纸	4803.0000 或 48.18	262
无衬基双面粘胶带	35.06	153
无纺布圆帽	6505.0099	304
无纺织物制席垫	5911.40	1202

商品名称	商品税则号列	页码
无键盘的打字设备	8472.90	1312
无接头电线	8544.4919	717
无酒精饮料(肠痛水)	2202.99	1010
无领无袖针织衫	6106.20	1204
无铅焊锡条	8001.2021	1553
无水多西他赛	2932.9990	104
无线 PC-TV 伴侣	8543.7099	712
无线充电发射板	8543.7099	715
无线电通信设备(发送器/接收器)	8517.62	1351
无线耳机	8517.62	1359
2.4GHz 无线 AV 发送 & 接收模块	分别归类	903
无线麦克风套件	8518.10	1360
无线麦克风系统	8518.1000	650
无线指纹锁	8301.4000	396
无转子流变仪	9024.8000	818
五菱 V1 观光车	分别归类	917
舞台车	8716.4000	781
雾化硅油	3403.9900	151
X		
X 光机配件	9022.9090	816
X 射线管用石墨基靶盘	9022.9090	817
X 射线应用设备配件	9022.1400	812
X 线	4016.9990 和 5606.0000	248
西地那非	29.35	1060
"西格那"消防车 LF8/6	8705.3010	745
吸收振动固定件	8487.90	1333
矽钢片	7210.9000	342
稀土大磁致伸缩材料	分别归类	884
稀土永磁体	7202.9911	334
锡管	8001.1000	391
洗地龙头	8424.8999	482
洗剂	3304.99	1091
洗衣机刹车带	6813.8900	311
洗衣机用加热管	8450.90	528
洗衣球	6912.00	1238
仙亮 402F 水果涂层剂	3808.92	163
纤维素化学浆	第四十八章	1521
纤维增强树脂复合棒	3916.9090	217
纤维装饰墙衣	3214.9000	1492

商品名称	商品税则号列	页码
纤维状纤维素机械浆	4706.2000	260
鲜牛蒡根	07.06	929
咸味松脆小吃	1905.90	970
显示管用玻壳	7011.2090	320
现代花岗岩石制品	6802.9390	307
现代花岗岩石制品	6802.9390	307
现代消防车底盘(带驾驶室)	8704	735
现代油画(非完全手工制)	49.11	277
线路板组件	8536.3000	679
相互层叠的平行聚酯长丝纱线织物	5903.10	1199
香波	3305.10	1093
香波	3305.10	1093
香蕉泥	2008.9990	36
香料制品	3302.10	1088
厢式运输车	87.04	1408
厢式运输车	87.04	1408
厢型机动车	87.03	1401
厢型机动车	87.03	1400
厢型机动车	87.03	1400
厢型客货机动车	8703.32	1406
厢型客货机动车	8703.32	1405
厢型客货机动车	87.02	1396
镶板	6809.19	1234
镶框玻璃装饰镜	70.13	1240
橡胶促进剂	2922.5090	99
橡胶带	4005.10 或 4005.91	1159
橡胶地板保护垫	4004.0000	242
橡胶软化油	2710.1999	83
橡胶塞(铝电解电容器配件)	4016.9310	246
橡胶下脚料	40.01	237
橡胶靴底	64.01	1226
橡木片	4401.2200	251
橡籽仁	23.08	1486
消防车车身	8707.9090	1601
消防车底盘	8705.3090	746
消防车底盘	8705.3090	746
消光粉	3824.9999	186
消音器	6806.9000	308
硝酸氨基乙基酯	2922.19	1048

商品名称	商品税则号列	页码
小花环	6702.90	1231
小轿车车厢装饰板(塑料制)	8708.2990	765
小球藻(活)	3002.4990	113
小型多用途工具	8203.20	1260
小型高低温温度冲击试验箱	8514.1090	1576
小园丁——无土栽培系列	9503.0089	1621
鞋材黏合前处理剂	3208.2010	129
卸板机	分别归类	913
蟹排	1605.1000	27
心血管介入治疗诊断仪	9022.1400	813
芯棒	7228.4000	359
芯片测试编带机	8422.4000	1565
欣乐即溶饮品	2106.9090	41
锌矿砂(粉)	26.20	72
锌铝蝎子	83.06	1557
新奇康乳(康壮)舔块	2309.9090	60
新鲜奶酪	0406.10	927
信号机成套散件	8530.8000	675
160/168信息服务交换机	8517.6219	639
行李箱盖开关和倒车摄像头	8708.2990	1602
行式针式打印机	8443.3211	1568
行输出变压器,行推动变压器	8504.3190	615
2200型面筋数量和质量测定系统	分别归类	893
醒力一号全天然植物酶	3507.9090	156
胸腺刺激素	3001.20	1071
修理车	8716.8000	781
修正带(双轴式)	3824.99	1126
袖珍车	9503.00	1460
袖珍硬盘	84.71	1569
绣花机针	8452.3000	530
溴阿佐姆	3911.90	1131
溴西泮	2933.39	1052
需用牛奶冲调的饮料粉	2106.90	998
絮凝剂制备添加系统	分别归类	897
蓄冰设备	8419.8990	446
蓄能器用带接头皮囊	40.16	1512
嗅觉检测器	9027.8990	828
玄米绿茶	2101.2000	38
悬浮颗粒手持喷射器	9019.20	1440

商品名称	商品税则号列	页码
旋挖钻机 R416	8430.5090	507
旋转式真空蒸发器	8419.40	1275
旋转压实仪	8474.8090	562
选择性涂敷设备	8424.8999	478
学乐先	8543.7099	709
学生课本	49.01	1183
雪地靴	6402.91 或 6403.91 及 6404.19	1226
雪佛兰 5967 毫升机动医疗车	第八十七章	727
雪佛兰 5967 毫升机动医疗车	第八十七章	726
雪佛兰 5700 毫升医疗车	8705.9040	755
雪佛兰机动医疗车	8705.9040	758
雪佛兰医疗车	8705.9040	753
血粉	3002.12	1071
血糖测试电极片	9027.9000	828
血氧模拟仪	8543.2090	701
血液辐照仪	9022.2100	815
血液过滤装置	8421.29	1279
熏蒸消毒室	8479.89	1319
寻呼警报装置	8517.69	1360
寻呼警报装置	8517.69	1359
训练聋人讲话的设备	8518.50	1362

Y

商品名称	商品税则号列	页码
YEPP 数码音频播放器	8527.1300	665
压电陶瓷片	8541.6000	1596
压力感应器	9026.2010	1606
压力罐喷头	8424.8910 或 8424.8999	477
压力开关	8536.5000	682
压力校准仪	9032.8100	864
压裂车	8705.9080	759
压裂车	8704.2300	740
压裂车底盘驱动桥用差速器和盆角齿	8708.5075	772
压缩机托架	8708.99	775
压缩空气控制的汽笛	8479.89	1320
压缩式分体空调室内机	8415.90	1270
压纹用铁垫板	第七十二章	331
压雪机 PB100	8701.3000	728
牙科技师专用台	分别归类	901
牙科氧化锆块	3824.99	1124
牙科氧化锆块	3824.99	1124

商品名称	商品税则号列	页码
牙科椅驱动总成	9402.1090	866
亚克力构件(维生系统配套用)	3920.5100	222
烟草混合物	2401.20	1024
烟草在线红外水分仪	9027.5000	824
烟囱式木炭点燃器	7321.89	1254
烟弹	2404.11	1025
研磨垫	3926.9010	229
研磨料	6805.3000	308
眼动仪	9019.1090	810
眼线液原料	第三十三章	1495
燕麦粒	10.04	12
燕窝	2106.9090	42
扬声器	8518.2900	653
扬声器	8518.2900	1583
扬声器	8518.2100	652
阳极碎	3801.1000	161
阳离子型有机表面活性剂	3402.9000	147
阳离子玉米淀粉	3505.10	1107
杨桐、枔木编结品	0604.2090	9
氧化铝素坯(瓷制)	6903.2000	313
氧化铈(副牌)	3825.9000	204
氧化铜	2620.3000	73
氧化锌脱硫剂	3815.9000	171
氧气发生器	8421.9910	470
腰包	4202.91	1165
腰部支撑带	6212.90	1218
腰袋礼品套装	95.03	1620
腰袋礼品套装	95.03	1619
腰果坚果壳液聚合物	3911.90	1130
遥控器	8543.70	1389
药剂	3004.90	1075
药品	3004.90	1076
药性洗发液	3305.10	1094
药用喷雾治疗器零件	9019.2000	811
椰壳纤维	5305.0092	281
椰子水(椰子汁)	2009.89	977
椰棕垫	56.03	288
冶金焦、人造石墨、石油焦	2704.0010/3801.1000/2713.12	78
叶蜡石	2530.9099	68

商品名称	商品税则号列	页码
液氮罐	7611.0000	389
液化石油气置换机组	84.81	593
液化天然气生产线	第八十四章	398
液晶玻璃基板	7006.0000	1536
液晶快门眼镜	8543.7099	714
液晶片组件(含镜头)	8529.9090	674
液晶显示板组件	9026.9000	821
液晶显示器	8528.5212	668
22″液晶显示器	8528.5212	667
液晶显示器(含 DP 接口)	8528.5212	667
液晶显示器组件	分别归类	906
液态糖浆混合物	3824.99	1123
液体肥皂	3401.30	1102
液体加热恒温装置	8516.10	1345
液体药剂	3004.50	1074
液位计	9026.1000	821
液位检测机	9022.1990	815
液相色谱柱后衍生系统	8419.8990	458
液芯光导管	9013.8090	797
液压泵	8413.3030	413
液压操作机构	8412.2100	403
液压短周期压贴生产线	8465.9400	541
液压马达驱动系统	8412.2990	405
液压提升机	9402.1010	1610
液压推瘤机	8479.8190	572
液压往复式排液泵	8413.50	414
液压抓斗	8429.5212	503
液状混合物	2710.19	1036
液状乳酪制品	2106.90	991
一本相册	3926.90	1154
一本相册	3926.90	1154
一层用高岭土涂布的布里斯托尔三层纸板	4810.29	1177
一层用高岭土涂布的布里斯托尔双层纸板	4810.29	1176
一次成像胶片	37.02	159
一次性的塑料容器	27.10	1034
一次性复写纸涂布机	8439.30	1294
一次性铝箔容器	7615.10	1259
一次性使用喂食袋	39.26	1509
一次性手脚取暖包	3824.99	1125

商品名称	商品税则号列	页码
一次性塑料制化妆品容器	3923.10	1143
一次性毯	9018.90	1438
一次性透析器	8421.29	1280
一级品挂面	1902.1900	32
一级热轧不锈钢卷板	7219.1329	352
一束花	6702.90	1230
一套餐桌椅	9403.60	1453
一体化冷却装置	8419.8990	453
一体化污泥抽取机	8413.1900	410
一种白色乳液	3401.30	1102
一种包含精选的香料、种子、香草、水果、盐和调料的组合物	2103.90	981
一种被称为"低脂黄油"的制品	2106.90	985
一种透明棕色啫喱	3401.30	1103
一种"运动服"	62.11	1216
一种"运动服"	62.11	1216
伊米帕锰	2933.39	1053
伊普塞匹隆	2934.20	1056
医疗车	8705.9040	754
医疗用X光检查车(旧)	8705.9020	751
医用X光片冲洗显影液、定影液	3707.9010	160
医用胶囊内镜图像诊断系统	9018.9030	808
医用凝胶制剂	3006.70	1078
医用凝胶制剂,由丙二醇、羟乙基纤维素、对氧基安息香酸酯及水构成	3006.70	1078
医用摄像系统	8525.8011	662
医用塑料胶片	第三十七章	158
依那普利氢化物	2922.4999	98
仪表板	8708.2990	766
移动式高空作业平台(吉尼牌)	8427.9000	493
移动式升降平台车	8427.2090	490
移动塑料垃圾箱	3924.90	1150
移动钻井机	8705.2000	744
移液器	8413.1900	408
乙丙非共轭二烯橡胶	4016.9990	247
2-乙基己酸	2915.9000	92
乙基氯化物	2920.9000	96
乙基麻黄碱、伊塔菲汀	2939.49	1066
乙醛次硫酸钠	2831.10	1039
乙酸酒花油	3302.1010	138
已感光相纸	48.11	1522

商品名称	商品税则号列	页码
已曝光胶片或其他媒体的自动显影机	9010.50	1434
以酒精溶液中的芳香物质为基本成分的制品	3302.90	1089
以咖啡精为基本成分的制品	2101.12	978
以巧克力为基料的食品	1806.32	954
以巧克力为基料的组合产品	1806.90	957
以未组装模组形式报验的配电柜	8538.10	1385
以未组装模组形式报验的配电柜	8538.10	1385
以未组装模组形式报验的配电柜	8538.10	1384
异丙基苯基对苯二胺	2921.5190	97
异丁烯-异戊二烯橡胶	4002.3190	238
异氰酸酯 3032	3824.9999	181
异氰酸酯	3909.5000	211
异型钢材	7216.3290	346
易熔塞	7419.8091	1549
阴极射线显像管	8540.1200	695
音乐录放机	8519.81	1364
3D 音乐系统	8521.9019	656
音频 CD 生产系统	8477.10	1315
音响设备	8518.22	1361
银币	7118.10	1247
银金属精细分散剂构成的制剂	3207.30	1082
银石色粉体漆	3907.3000	208
引擎盖开启缆及燃料帽覆盖缆	8708.29	1415
饮料冲剂	2106.90	991
饮料基料	33.02	1087
饮料基料	33.02	1088
饮料基料	22.08	1012
饮料基料："可乐复合物"	21.06	983
饮水乳头、侧翼鞍座	39.17 和 8481.8090	219
印壳	9611.0000	877
印楝素原粉	1302.1920	16
印刷电路卡(80毫米×110毫米×7毫米)构成的通信电缆连接标准装置	8536.90	1383
印刷铝板显影水	3707.9090	160
印刷平行电路板	8538.9000	694
应急车载移动交换通信车	8705.9010	749
应急移动通信车	8705.9010	750
应用静脉补铁药物	2940.00	1069
55 英尺房船	8905.9090	783
婴儿保暖台	9402.9000	867

商品名称	商品税则号列	页码
婴儿学步车	9403.70	1454
婴儿用湿纸巾	3401.1990	141
婴幼儿二段配方奶粉	1901.10	959
荧光类商品	9503.0089	1622
荧光体	2846.9019	90
营养米粒	2106.9090	42
影像定位器	9006.59	1433
硬币	7118.10	1246
硬币识别找零器	9504.3090	872
硬盘支架、软驱支架	8473.3090	557
硬脂酸钠	3401.2000	142
硬质合金棒料	82.09	1555
永磁励磁装置	85.01	609
用大量密胺树脂浸渍的纸板	3921.90	1138
用奶酪填充的红、绿辣椒段	2005.99	972
用土覆盖土豆或其他蔬菜堆的机器	8436.80	1291
用油漆、着色剂或清漆处理的木	第四十四章	1168
用于标签打印机上的色带盒	8443.99	1296
用于动物饲养的制品	2309.90	1021
用于结算卡或信用卡支付的终端	8470.50	1304
用于金属罐密封的制剂	3214.10	1085
用于喷墨设备的陶瓷墨水	3207.10	1082
用于频闪观测检查点火时间的闪光装置(点火时间灯)	9029.20	1445
用于清扫工厂的自推进机器	8479.89	1320
用于书写及其他用途的涂布纸及纸板	48.10	1176
用于专业熨烫操作的熨烫机	8451.30	1298
优乐沛凝胶	3004.5000	115
由货车改造的房车	8703.33	1407
由胶合板构成的板条	44.12	1171
由聚乙烯扁条组成的织物	3921.90	1138
由两件服装构成的成套物品	62.03	1214
由两件服装构成的成套物品	分别归类	1471
由腰果坚果壳液聚合物构成的摩擦颗粒	3911.90	1131
油包水型可涂抹乳脂混合物	0405.20	926
油包水型可涂抹乳脂混合物	0405.20	925
油包水型可涂抹乳脂混合物	0405.20	925
油皮处理剂、橡胶处理剂、硬化剂	3208.2010 和 3208.9010	129
油热转印机(TJ-502)	84.43	1567
油位恒定控制阀	8481.80	1325

商品名称	商品税则号列	页码
油雾发生器	8424.8999	481
油性不粘涂料	3208.9090	131
油压阀(换向阀)	8481.2010	595
油渣	1518.0000	24
游乐场游戏组件	9506.9990	876
游泳池甲板	73.08	1539
游泳池用泵和过滤装置	8413 和 8421	1268
游泳衣用乳罩	6212.90	1218
有衬基双面粘胶带	35.06	153
有机催化剂(固定化细胞催化剂)	38.15	1497
有机肥	3824.9999	195
有机磷肥	2510.2010	66
有机苹果香蕉梨混合果泥	2007.1000	1483
有机溶剂	3814.00	1117
有刻度的已消毒排尿计	3926.90	1155
幼儿配方奶粉	1901.10	959
鱼油	15.04	1480
渔夫之宝柠檬薄荷糖(不含糖分)	2106.9090	44
渔夫之宝特强味薄荷糖	1704.9000	29
与电缆或连接线焊接的接地棒	8535.90	1380
雨刷开关	8536.5000	683
语音处理系统	8517.62	1357
玉米高蛋白饲料	2309.9010	58
玉米联合收割机	8433.5100	511
玉米油粉	2106.9090	47
浴室柜	9403.6099	1612
预加工食品	1904.90	968
预氧纤维布	第五十五章或第六十章	1526
预应力混凝土用钢棒	7326.2090	376
预制建筑物构件	7308.90	1251
预制直埋保温管	73.04	363
预煮熟的碾碎干小麦	1904.30	965
园林砍刀	8201.40	1260
原板玻璃	70.03	319
原地清洁地毯的机器	8451.80	1299
原地清洁地毯的机器	8451.80	1299
原甲酸三乙酯	2915.9000	93
原料喷嘴	8424.8999	482
原始频率标准仪器	9105.9190	864

商品名称	商品税则号列	页码
原油罐二次密封	8484.2000	606
原子吸收光谱仪	9027.30	1443
原子吸收光谱仪	9027.30	1443
圆棒弹簧钢	7228.5000	360
圆红酵母素	3203.00	1081
圆锯片用金刚石刀头	8202.3990	1554
圆领无袖服装	6110.20	1207
圆盘振荡流变仪	9024.8000	818
圆鳍鱼鱼卵	0305.20	922
圆筒钢板仓	分别归类	889
圆形薄华夫饼	1806.90	955
圆形、六边形或八边形扁盘	7208.90	1248
远程数据单元	8471.5040	547
远红外线保健装置	8516.7990	635
月见草油胶囊	1515.9090	21
乐器合成器	92.07	1608
钥匙环	7326.90	1256
钥匙环	73.26	1255
钥匙扣	第十五类	1247
越野机动车	8702 或 8703	1397
运动步枪/手枪报靶系统	9506.9990	875
运动垫	3918.9090	220
运动肺功能测试仪	9031.8090	860
运动心电测试系统	9018.1990	802
运动饮料	22.02	1007
运动饮料	2106.90	994
熨烫机	8451.3000 或 8477.8000	529
Z		
杂酚油	2706.0000	79
杂环化合物(紫杉醇含量约0.46%)	3825.9000	202
载带	3923.9000	227
载货液压电梯	8428.1090	494
载体	第七十二章	332
再复接器	8517.62	1353
再生异丙醇、再生二氯甲烷	3825.4100 和 3825.4900	199
凿地机	8430.5090	507
"Müsli"早餐谷物食品	1904.20	965
(造纸过程)控制及监视系统	9032.89	1448
造纸用竹渣	1404.9090	19

商品名称	商品税则号列	页码
泽它	30.03 或 30.04	111
增稠剂	1302.3911	17
增光膜	3920.6200	225
增量轴套型编码器	8543.7099	713
粘聚成块的盐	2501.00	1027
粘在胸部上的无纺织物制品	6307.90	1223
展架	94.05	1613
展示盒	3923.10	1141
掌上电脑用触笔	8473.3090	558
樟松指接拼板	44.21	1519
沼气发电机组	8502.2000	613
沼气锅炉	8403.10	400
照明用乳白散射体	9405.99	1456
照排机(申报品名)	分别归类	897
照相机	9006.30	1432
照相排字机	8442.30	1294
遮阳棚	7610.9000	1552
折叠路标	6307.90	1224
针刺毯过滤料坯料	5602.1000	286
针位检出器	9031.4990	847
针织马甲	6110.20	1208
针织女式浴袍	6108.9200	297
针织手指套	6307.9090	1528
针织头带	6117.80	1213
针织足球守门员运动衫	6110.30	1208
珍珠粉	71.01	1537
珍珠末	3004.9059	117
真空泵	8414.1000	416
真空泡(灭弧室)	8538.9000	694
真空手套箱	8421.3990	469
振动缓冲座	4016.99	1163
振镜	9002.9090	786
振料盘	8428.3990	498
振子	8479.8999	581
震动马达	84.79	1315
蒸发式空气冷却器	8479.60	1317
蒸发式空气冷却器	8479.60	1316
蒸馏酒"Cachaca"	2208.40	1013
蒸汽电熨斗及半自动蒸汽发生器	8451.30	1298

商品名称	商品税则号列	页码
蒸汽清洁机	8516.7990	634
整车排放试验低温仓系统	分别归类	890
整张灰熊毛皮制成的地毯	4303.90	1167
正丙醇	3823.7000	1497
正离子加速聚焦管	9027.90	1445
正磷酸氢钙(饲料级)	2835.2510	86
支架(输送机零件)	8302.2000	397
织机用脚踏滚轮	8482.10	1326
织机用经轴	8448.49	1297
织物制服装面料	6307.90	1222
脂肪酸钠(混合)皇冠8000	3401.2000	143
直接数字成像系统	9022.1400	814
直冷式奶缸	84.18	428
直立电气焊行走部件	8428.9090	499
直条型截断丝	7326.2090	1545
直线加速器	90.22	811
直线运动用十字滚子链	8482.50	1328
直型及U型不锈钢管	7306.4000	364
植绒转印纸	4811.9000	271
植物工艺花	0604.9090	10
植物营养液	3824.99	1126
植物脂肪粉	1518.0000	23
植脂淡奶	1901.9000	31
植脂粉	2106.9090	45
止咳喉片	1704.90	951
止咳片	1704.90	952
只读光盘存储器(特殊软件)	85.24	1371
只读光盘驱动器	8471.70	1307
纸板	4811.90	1180
纸币识别器	9031.4990	845
纸机传送带用布	第三十九章或5910.0000	205
"纸浆胶料VS70",一种纸浆的施胶剂	3806.90	1112
纸纤不织布	4818.9000	274
指纹采集仪	8471.6090	549
制垫片用材料	4008.21	1160
制动刹车片	8708.3010	770
制动物饲料用产品	2309.90	1023
制革助剂	3808.9400	165
制剂	3306.10	1095

商品名称	商品税则号列	页码
制剂	3306.10	1094
制品("蟹味粉")	2103.90	982
制香烟滤嘴的丝束棒	5601.22	1192
制造LCD模组用的自动贴胶机(TAB压合机)	8479.89	1324
制作保藏凤尾虾、虾仁、去头虾	16.05	26
制作保藏罗非鱼片	1604.1920	26
制作保藏虾仁	16.05	27
治安用防暴特种车	第八十七章	726
智能复合腕表	8517.6299	1581
智能化血浆速冻系统	8418.6990	433
智能马桶	6910.1000	315
智能毛囊采集系统(主机)	8479.8999	587
中草药芯片	3822.1900	174
中光或哑光牛二层皮	41.07	1514
中空纤维膜组件	8421.9990	471
中控台控制屏	8537.1090	1591
中式弧面尖头围栏板	4421.9990	258
中式尖头围栏柱	4421.9990	259
中温黑体炉	8514.1090	630
中性笔	9608.1000	1624
中性酒精基料	2208.90	1017
中性酒精基料	2208.90	1016
中性酒精基料	2208.90	1016
中央管理电话机、门铃、黑白视频监视器(申报品名)	8517.6990	648
仲丁威	2922.4999	97
重质类矿物油	2710.1919	81
重竹地板	4418.9100	257
重组装饰材	44.08	1516
轴承听诊器	8205.5900	394
诸如柠檬水、橘子水、可乐的饮料	2202.10	1008
猪屠宰生产线	8438.5000	514
竹展平地板	4412.1019	1518
主干异步传输(ATM)交换机	8517.6239	641
主机板(无CPU)	8473.3090	556
煮大豆干	2008.1999	34
住宅用钢铁制安全门	7308.30	1250
铸焊机	8468.8000	544

商品名称	商品税则号列	页码
铸铁制模具毛坯	8207.3000	395
专为特定型号手机设计的塑料制外壳	4202.32	1165
专用于自动数据处理设备的 DVD 驱动器	8471.70	1308
砖或混凝土的碎块	25.30	1029
转轮除湿机	8509.8090	626
转向机器人	8479.8999	583
转印薄膜	4908.9000	276
装货运输用的托盘箱	8609.0090	724
装甲防爆车	第八十七章	725
装框的画及相片	其他	1473
装饰角线	44.09	1517
装饰用纸(覆膜)	第四十八章	1520
装饰用纸(未覆膜)	4810.9900	1521
装有隔膜的金属密封膨胀盒	8479.89	1322
装有集成电路的智能卡(用于录波器)	9030.9000	839
装有砂纸的打磨工具	4417.00	1172
装有糖果的手柄玩具风扇	9503.00	1459
装于冰箱门上的垫片	8418.99	1274
装于第十六类一种设备的门上的垫片	第十六类	1267
壮健极品	2309.9090	61
锥底筒仓	8479.89	1323
桌面画架	4420.90	1173
桌球台用台布	58.01 或 60.01	290
紫杉醇	2932.99	1051
紫水晶原石	7116.2000	331
紫外光固型阻焊油墨	32.15	1493
紫外光验钞笔	8513.1090	627
紫外线干燥机	8543.7099	709
自动闭门器外壳	3926.9090	1510
自动变速箱油压调整阀门体用内片阀体、中片阀体、外片阀体	8481.9010	596
自动变速箱油压调整阀门体用转换阀	8481.9010	597
自动采样系统	分别归类	899
自动称料混料系统	分别归类	916
自动定量血液分析仪和白细胞差异计数器	9027.89	1444
自动对焦机构	8529.9049	1589
自动给茶机	8419.8100	444

商品名称	商品税则号列	页码
自动气瓶打标机	8479.8190	573
自动倾卸翻斗卡车	8704.23	1410
自动数据处理设备	8471.49	1306
自动数据处理设备部件	8517.6239	645
自动涂层生产线	8424.89	1284
自动旋转门	按材质归类	1625
自动找零机	8472.90	1312
自动转换开关	8536.5000	681
自驱动手扶行驶装置(手扶拖拉机)	8701.10	1393
自热水式柴气炉	8405.1000	401
自推动集装箱堆垛机	8427.20	1287
自推进起重车	8426.41	1286
自推进装卸机	8429.51	1288
自行车组件一同报验但未装配	8712.00	1426
自行车组件一同报验但未装配	8712.00	1425
自行车组件一同报验但未装配	8712.00	1425
370t自行式液压平板车	8427.2090	491
自粘的扁条	3919.10	1134
自粘性塑料挂钩	3926.9090	235
自走式车载钻机	8430.4119	506
综合蔬果干	2008.9700	35
棕刚玉渣	2620.9990	1488
棕榈仁油	15.13	940
棕榈仁油二乙醇酰胺	3402.4200	143
棕榈石	6810.9990	310
棕榈硬脂	1511.9020	20
棕榈油	15.11	939
棕纤维	1404.9090	19
阻抗分析仪	9030.8990	836
阻燃型改性树脂粒	3824.9999	180
组合开关	8537.1090	688
组合开关电流互感器线圈	8504.5000	621
组合式气—电供暖设备	8516.29	1345
组合装置	8519.81	1365
组织细胞分离器	8479.8200	574
组织芯片	3822.1900	174

商品名称	商品税则号列	页码
最终轴等摩托车配件	84.83	599
左匹克隆	2933.79	1055
作为乳酪替代品消费的配制品	1901.90	962
作为"牙线"报验的纱线	3306.20	1097
作为"牙线"报验的纱线	3306.20	1096
作为"牙线"报验的纱线	3306.20	1096
作为"牙线"报验的纱线	3306.20	1097
作为"牙线"报验的纱线	3306.20	1095
坐标测量仪	9031.8020	851
10座或12座机动车	8702.10	1396
10座位机动车	8702.10	1397
座椅	9401.61	1450
座椅保护套	6304.91	1220

附录三

归类决定编号索引

归类决定 第一部分（Z 字头）

归类决定编号	商品名称	商品税则号列	页码
2006 年第 69 号			
Z2006-0001	冻鸡翅块	0207.1421	3
Z2006-0005	浓缩乳清蛋白	0404.1000	5
Z2006-0006	乳清蛋白	0404.1000	5
Z2006-0007	乳清粉	0404.1000	6
Z2006-0008	乳钙	0404.1000	6
Z2006-0009	牛奶矿物粉	0404.1000	7
Z2006-0010	冻鳗鱼骨	0506.9090	7
Z2006-0011	干制蛤蚧	0510.0090	8
Z2006-0014	冻熟黄桃	0811.9090	10
Z2006-0015	罐装盐水红毛丹	0812.9000	11
Z2006-0016	咖啡	0901.2 或 2101.1200	11
Z2006-0018	燕麦粒	10.04	12
Z2006-0019	谷朊粉	1109.0000	15
Z2006-0020	"罗盖特"牌谷朊粉（食用级）	1109.0000	15
Z2006-0021	印楝素原粉	1302.1920	16
Z2006-0023	坦皮克纤维	1404.9090	18
Z2006-0027	棕榈硬脂	1511.9020	20
Z2006-0030	饲料级混合油渣	1518.0000	22
Z2006-0031	金脂肪100（饲料添加剂）	1518.0000	23
Z2006-0032	植物脂肪粉	1518.0000	23
Z2006-0033	制作保藏凤尾虾、虾仁、去头虾	16.05	26
Z2006-0034	劲浪香口珠——超凉薄荷味	1704.1000	29
Z2006-0035	渔夫之宝特强味薄荷糖	1704.9000	29
Z2006-0036	瑞典葛丽素无腥味鱼肝油糖粒、瑞典葛丽素紫玫果提取物糖粒（富含维生素C）	1704.9000	30
Z2006-0038	植脂淡奶	1901.9000	31
Z2006-0039	品客薯片	1905.9000	32
Z2006-0040	冷冻薯条	2004.1000	33
Z2006-0041	速冻土豆块	2004.1000	34

归类决定编号	商品名称	商品税则号列	页码
Z2006-0042	煮大豆干	2008.1999	34
Z2006-0043	甜玉米微波爆米花	2008.9990	35
Z2006-0045	干芋	2008.9990	36
Z2006-0046	红茶香料 B-4327-01	2101.2000	37
Z2006-0047	四氢酒花浸膏	21.06	39
Z2006-0048	大豆浓缩蛋白(饲料添加剂)	2106.1000	40
Z2006-0049	浓缩蛋白质(从小麦中提取)	2106.1000	40
Z2006-0064	脱脂豆渣粉	2304.0090	54
Z2006-0065	稻草	2308.0000	54
Z2006-0067	饲料添加剂效美素-100	2309.9010	57
Z2006-0068	泰农-40饲料添加剂	2309.9010	57
Z2006-0069	饲料添加剂(硫酸抗敌素)	2309.9010	58
Z2006-0071	饲料用活性小麦谷朊粉	2309.9090	59
Z2006-0072	饲料添加剂(普利康)	2309.9090	59
Z2006-0073	新奇康乳(康壮)舔块	2309.9090	60
Z2006-0074	普利康(饲料添加剂)	2309.9090	60
Z2006-0075	避水通	第二十五章	63
Z2006-0076	河砂	2505.9000	64
Z2006-0077	凹凸棒	2508.4000	65
Z2006-0078	有机磷肥	2510.2010	66
Z2006-0079	锆英砂(D019号样品)	2530.9099	67
Z2006-0080	叶蜡石	2530.9099	68
Z2006-0081	球团铁矿	2601.1200	68
Z2006-0082	铁矿砂(未烧结)	2601.2000	69
Z2006-0083	钴富集物	2605.0000	69
Z2006-0085	铁屑	2619.0000	71
Z2006-0086	还原铁筛落物	2619.0000	72
Z2006-0087	铜的氧化物及氢氧化物	2620.3000	73
Z2006-0088	氧化铜	2620.3000	73
Z2006-0089	矿渣	2620.4000	74
Z2006-0090	镍废碎料	2620.9990	74
Z2006-0091	粗制碳酸镍	2620.9990	75
Z2006-0092	钼矿砂	2620.9990	75
Z2006-0093	钼精矿	2620.9990	76
Z2006-0094	骨炭	2621.9000	77
Z2006-0095	冶金焦、人造石墨、石油焦	2704.0010/3801.1000/2713.12	78
Z2006-0097	凝析油	2709.0000	80
Z2006-0101	重质类矿物油	2710.1919	81
Z2006-0102	迪拉克燃油添加剂	2710.1919	81

归类决定编号	商品名称	商品税则号列	页码
Z2006-0103	BP润滑油(工业用液压油、导热油、导轨油)	2710.1991/2710.1999	82
Z2006-0104	烷烃溶剂	2710.1999	83
Z2006-0105	固体燃料粉	2713.9000	84
Z2006-0106	糠醛残渣油	2713.9000	84
Z2006-0107	初级硫酸铜	2833.2500	85
Z2006-0108	湿石粉	2833.2990	86
Z2006-0109	天然硼砂	2840.1900	87
Z2006-0110	纳米银液体	2843.1000	88
Z2006-0111	纳米银粉末	2843.1000	89
Z2006-0112	碳酸稀土	2846.9048	90
Z2006-0117	抗氧剂BHT	2907.1990	91
Z2006-0118	2-乙基己酸	2915.9000	92
Z2006-0119	洛索洛芬钠	2918.3000	95
Z2006-0120	仲丁威	2922.4999	97
Z2006-0121	艾丽美	2930.9090	100
Z2006-0123	呋喃酚	2932.9910	103
Z2006-0124	氨基葡萄糖硫酸盐	2932.9990	104
Z2006-0125	N,N'-二亚硝基五亚甲基四胺	2933.6990	106
Z2006-0126	丙夫劳门	2933.9900	107
Z2006-0128	双烯醇酮醋酸酯	2937.2900	108
Z2006-0139	泽它	30.03或30.04	111
Z2006-0140	日达仙	3004.3900	114
Z2006-0141	优乐沛凝胶	3004.5000	115
Z2006-0146	维库溴铵肌松药	3004.9090	118
Z2006-0147	硫酸钙骨颗粒	3004.9090	118
Z2006-0148	立芷雪针剂	3004.9090	119
Z2006-0149	达英-35	3006.6010	121
Z2006-0150	肥料(经化学处理的鸡粪)	3101.0090	122
Z2006-0152	皮革用植物鞣料	3201.9090	123
Z2006-0153	鞣剂SC-120	3202.1000	124
Z2006-0154	铬的硫酸盐(铬盐)	3202.9000	124
Z2006-0155	辣椒红浸膏	3203.0019	125
Z2006-0156	DVD-R染料	3204.1990	126
Z2006-0159	低熔焊料玻璃粉(低玻粉)	3207.4000	128
Z2006-0160	绝缘介质(用于微电路板的化合物)	32.08	128
Z2006-0161	油皮处理剂、橡胶处理剂、硬化剂	3208.2010和3208.9010	129
Z2006-0162	硅油	3208.9090	130
Z2006-0163	离型剂(FREKOTE牌)	3208.9090	130
Z2006-0164	纺织印花整理剂	32.09	132

归类决定编号	商品名称	商品税则号列	页码
Z2006-0165	防水涂料	3210.0000	133
Z2006-0166	防火涂料	3210.0000	134
Z2006-0168	黑(彩)墨盒(内装墨水)	32.15	135
Z2006-0169	黑色油墨	3215.1100	135
Z2006-0171	啤酒花提取液	21.06 和 3301.2990	136
Z2006-0172	薄荷毛素油	33.02	137
Z2006-0173	乙酸酒花油	3302.1010	138
Z2006-0176	"爱尔康"酵素洗净发泡锭	3307.9000	140
Z2006-0177	硬脂酸钠	3401.2000	142
Z2006-0180	浸水助剂	3402.9000	144
Z2006-0181	水性清洁剂	3402.9000	144
Z2006-0182	二硬脂基二甲基氯化铵	3402.9000	145
Z2006-0183	甘油脂肪酸酯	3402.9000	145
Z2006-0184	涂饰剂 EG	3402.9000	146
Z2006-0185	柔水通	3402.9000	146
Z2006-0186	阳离子型有机表面活性剂	3402.9000	147
Z2006-0187	合成脂	3403.9100	149
Z2006-0188	纺织助剂(DAKOLUB 牌)	3403.9100	149
Z2006-0189	混合脂肪酸酯	3404.9000	151
Z2006-0191	酵素三号	3507.9090	154
Z2006-0192	芬拿斯	3507.9090	155
Z2006-0193	艾克拿斯	3507.9090	155
Z2006-0194	醒力一号全天然植物酶	3507.9090	156
Z2006-0195	医用塑料胶片	第三十七章	158
Z2006-0196	一次成像胶片	37.02	159
Z2006-0198	APR 版	37.05	159
Z2006-0199	医用 X 光片冲洗显影液、定影液	3707.9010	160
Z2006-0200	印刷铝板显影水	3707.9090	160
Z2006-0203	农药果品套袋	38.08	163
Z2006-0204	纺织印花糊料	3809.9100	167
Z2006-0205	纺织工业用上浆剂	3809.9100	167
Z2006-0206	皮革填充剂 RR	3809.9300	168
Z2006-0209	聚烷基苯	3817.0000	173
Z2006-0240	再生异丙醇、再生二氯甲烷	3825.4100 和 3825.4900	199
Z2006-0241	己内酰胺及其低聚物的混合体	3825.9000	200
Z2006-0242	氟硅酸	3825.9000	201
Z2006-0243	己内酰胺回收晶体	3825.9000	201
Z2006-0244	杂环化合物(紫杉醇含量约0.46%)	3825.9000	202
Z2006-0245	粗硅油	3825.9000	202

归类决定编号	商品名称	商品税则号列	页码
Z2006-0246	回用双酚 A	3825.9000	203
Z2006-0247	纸机传送带用布	第三十九章或 5910.0000	205
Z2006-0248	水溶性乙烯醋酸乙烯酯共聚物	39.01 或 39.05	205
Z2006-0251	聚溴化苯乙烯	3903.9000	206
Z2006-0252	聚氯乙烯粉状混料	3904.2100	207
Z2006-0254	聚丙烯酰胺	3906.9010	207
Z2006-0255	尼龙 6,6	3908.1011	209
Z2006-0256	聚氨酯预聚物	3909.5000	209
Z2006-0257	氰酸盐	3909.5000	210
Z2006-0258	改性粗 MDI	3909.5000	210
Z2006-0259	异氰酸酯	3909.5000	211
Z2006-0260	粉末状有机硅母粒	3910.0000	213
Z2006-0261	甲醛萘磺酸钠	3911.9000	213
Z2006-0262	聚葡萄糖	3911.9000	214
Z2006-0263	木质粉	3912.9000	215
Z2006-0264	SW10 纤维素	3912.9000	215
Z2006-0265	结兰胶	3913.9000	216
Z2006-0266	微喷带	3917.3200	218
Z2006-0267	金属化聚酯薄膜	39.20	221
Z2006-0268	亚克力构件(维生系统配套用)	3920.5100	222
Z2006-0269	聚碳酸酯板	3920.6100	223
Z2006-0270	电机用槽绝缘	3920.6200	224
Z2006-0271	双面涂层聚酯织物	3921.1210	225
Z2006-0272	复合 PVC 面料	3921.1290	226
Z2006-0273	铝塑复合材料	3921.9090	227
Z2006-0274	载带	3923.9000	227
Z2006-0275	大楼伸缩缝填充系统	3925.9000	228
Z2006-0277	研磨垫	3926.9010	229
Z2006-0278	打印机喷墨壳	3926.9090	230
Z2006-0279	缓冲垫	3926.9090	230
Z2006-0280	泡沫聚乙烯塑料板	3926.9090	231
Z2006-0281	塑料冲水件	3926.9090	232
Z2006-0282	防尘罩、球垫	3926.9090 和 4016.9990	236
Z2006-0283	聚碳酸酯透明圆片	3926.9090	232
Z2006-0284	前挡侧压条(半成品)	3926.9090	233
Z2006-0285	泡泡粒	3926.9090	234
Z2006-0286	异丁烯-异戊二烯橡胶	4002.3190	238
Z2006-0287	混炼胶	4002.8000	238
Z2006-0288	旧橡胶板	4004.0000	241

归类决定编号	商品名称	商品税则号列	页码
Z2006-0289	复合橡胶	4005.1000	243
Z2006-0290	威而福牌硫化橡筋带	4007.0000	243
Z2006-0291	供重型自卸车使用E4子午线轮胎	4011.2000	245
Z2006-0292	人字形胎面的充气橡胶轮胎	4011.2000	245
Z2006-0295	乙丙非共轭二烯橡胶	4016.9990	247
Z2006-0296	牛正面手套革	41.07	248
Z2006-0297	牛二层手套革	41.07	249
Z2006-0298	羔羊皮残次	4302.1990	251
Z2006-0301	杉木栏杆	44.07	253
Z2006-0302	木制盖屋板	44.07	253
Z2006-0316	纤维状纤维素机械浆	4706.2000	260
Z2006-0317	木浆	4707.1000	260
Z2006-0318	水松原纸	4802.5400	262
Z2006-0319	无尘纸	4803.0000 或 48.18	262
Z2006-0320	牛皮纸	48.04	263
Z2006-0321	未漂白牛皮卡纸	4804.1100	264
Z2006-0322	牛皮纸	4804.1900	265
Z2006-0323	牛皮纸	4804.5100	266
Z2006-0324	绝缘纸	48.05	266
Z2006-0325	牛皮挂面纸	4805.2500	267
Z2006-0326	木浆纸	4805.9190	268
Z2006-0327	涂布牛皮纸	48.10	268
Z2006-0328	单面涂布灰底白板纸及白底白板纸	4810.9200	269
Z2006-0329	白板纸	4810.9200	270
Z2006-0337	植绒转印纸	4811.9000	271
Z2006-0338	未涂布装饰原纸	4811.9000	272
Z2006-0339	未涂布装饰原纸	4811.9000	272
Z2006-0340	瓦楞纸	4813.2000	273
Z2006-0341	水松原纸	4813.9000	273
Z2006-0344	纸纤不织布	4818.9000	274
Z2006-0345	镭射印箔标签(芙蓉王)	4908.9000	276
Z2006-0346	打印样张	4911.1010	277
Z2006-0347	设计图纸	4911.9100	278
Z2006-0350	不孕籽	5201.0000	279
Z2006-0351	涤纶长丝(定向聚酯纱线)	5402.3310	281
Z2006-0352	聚酯变形纱线	5402.3310	282
Z2006-0354	护堤用水泥浆垫	54.07	283
Z2006-0357	工业用地毯废丝	5505.1000	284
Z2006-0358	废丝	5505.1000	284

归类决定编号	商品名称	商品税则号列	页码
Z2006-0359	废丝	5505.1000	285
Z2006-0360	双组分纤维	5601.3000	286
Z2006-0361	针刺毯过滤料坯料	5602.1000	286
Z2006-0362	土工复合物	5602.1000	287
Z2006-0363	聚酯防静电桶状滤料坯料	56.03	287
Z2006-0364	椰棕垫	56.03	288
Z2006-0365	聚酯短纤无纺布	5603.9390	289
Z2006-0366	X线	4016.9990 和 5606.0000	248
Z2006-0368	PVC棕榄地毯	5705.0090	290
Z2006-0369	桌球台用台布	58.01 或 60.01	290
Z2006-0370	尼龙布(含硅树脂涂层)	5903.9090	291
Z2006-0371	煤气储气密封装置	5911.9000	292
Z2006-0372	纯棉针织男式夹克	6101.2000	293
Z2006-0373	男式内衣、女式内衣	6107.9100 和 6108.9100	295
Z2006-0374	棉制女式长袍	6108.9100 和 6208.9100	296
Z2006-0375	针织女式浴袍	6108.9200	297
Z2006-0376	男针织无领T恤	6109.1000	297
Z2006-0377	女式棉制针织粉红套装	6104.6200 和 6109.1000	294
Z2006-0378	女式棉制针织紫色套装	6104.6200 和 6109.1000	295
Z2006-0379	带帽套头衫	61.10	298
Z2006-0380	棉制针织女童上衣	6104.3200 和 6110.2000	294
Z2006-0381	麻棉衫	6110.9090	299
Z2006-0382	涤纶布婚纱	6204.4300	300
Z2006-0383	女式棉制印花套装	6208.2100	300
Z2006-0384	沙发套	63.04	301
Z2006-0385	全棉墙饰	6304.9290	302
Z2006-0387	破损塑料编织袋	6310.1000	304
Z2006-0388	消音器	6806.9000	308
Z2006-0389	防火板	6808.0000	309
Z2006-0390	棕榈石	6810.9990	310
Z2006-0393	黏土砖	6902.2000	312
Z2006-0394	氧化铝素坯(瓷制)	6903.2000	313
Z2006-0396	手模	6909.1	313
Z2006-0398	陶瓷基片	6914.1000	316
Z2006-0399	烧结矾土	6914.9000	317
Z2006-0400	耐温陶瓷板	7006.0000	320
Z2006-0401	显示管用玻壳	7011.2090	320
Z2006-0402	石英管内管、外管	7011.9090	321
Z2006-0403	金色火球	7013.9900	321

归类决定编号	商品名称	商品税则号列	页码
Z2006-0404	溶液抽取注射器	7017.9000	322
Z2006-0405	玻璃沙(200目)	7018.2000	323
Z2006-0406	玻璃纤维散装丝及玻璃纤维零段布	7019.1200和7019.5900	324
Z2006-0411	导电玻璃	7020.0011	324
Z2006-0412	导电玻璃	7020.0011	325
Z2006-0413	彩膜	7020.0011	326
Z2006-0414	塑料轴承用玻璃滚珠	7020.0019	327
Z2006-0416	光学元件	7020.0019	327
Z2006-0417	石英(D377号样品)	71.03	328
Z2006-0419	喷金粉	7108.1100	329
Z2006-0420	局部镀金微异型触点	7108.1300	329
Z2006-0421	金线	7108.1300	330
Z2006-0422	紫水晶原石	7116.2000	331
Z2006-0423	压纹用铁垫板	第七十二章	331
Z2006-0424	不锈钢板	第七十二章	332
Z2006-0425	载体	第七十二章	332
Z2006-0426	抛光机内衬板	第七十二章	333
Z2006-0428	不锈钢碾磨粉	7202.4900	334
Z2006-0434	废钢材边料(切头或切尾料)	72.04	335
Z2006-0435	钢砂	7205.1000	336
Z2006-0437	铁基粉末EMS253-N	7205.2100	336
Z2006-0438	锻造毛坯	72.07	339
Z2006-0440	钢铁锭	7207.1100	339
Z2006-0441	热轧平板	72.08	340
Z2006-0442	电镀锌板	7210.3000	341
Z2006-0444	矽钢片	7210.9000	342
Z2006-0445	钢面塑料合金板	7210.9000	342
Z2006-0446	热轧钢板	7211.1900	343
Z2006-0447	镀锡板	7212.1000	343
Z2006-0448	非合金镀铬铁板	7212.5000	344
Z2006-0449	合金钢丝	7217.9000	350
Z2006-0450	不锈钢半制成品	72.19	351
Z2006-0452	冷轧不锈钢方块板	7220.9000	353
Z2006-0453	不锈钢滑轨	7222.4000	355
Z2006-0454	废变压器芯	72.26	356
Z2006-0455	冷轧镍合金卷板	7226.9200	357
Z2006-0457	圆棒弹簧钢	7228.5000	360
Z2006-0458	CO_2气体保护焊丝(XH-506)	7229.2000	362
Z2006-0459	废钢轨	7302.1000	362

归类决定编号	商品名称	商品税则号列	页码
Z2006-0460	预制直埋保温管	73.04	363
Z2006-0461	钢铁制管接头	7307.9900	365
Z2006-0462	桥梁伸缩装置	7308.1000	367
Z2006-0463	锚杆及托盘	7308.4000	368
Z2006-0465	密封吊索	7312.1000	369
Z2006-0467	太阳墙板	7322.9000	372
Z2006-0468	释放钩	73.26	374
Z2006-0469	锻制小球	7326.1910	374
Z2006-0470	钢丝保护层	7326.2010	375
Z2006-0471	U型铁丝	7326.2090	376
Z2006-0473	不锈钢纤维	7326.9090	377
Z2006-0475	废覆铜板边角料	7404.0000	379
Z2006-0476	铜杆	7408.1100	380
Z2006-0477	滚筒	7409.2100	381
Z2006-0478	旧铜管	7411.21	382
Z2006-0479	接头箱	7412.2090	382
Z2006-0480	铜制蹲式便器	7418.2000	383
Z2006-0483	铁镍软磁合金卷板	7506.2000	384
Z2006-0484	含铝灰色粉末	7602.0000	385
Z2006-0486	农业温室用遮阳材料	7607.1900	387
Z2006-0487	汽车遮阳板	7607.1900	388
Z2006-0488	钢铝复合接触轨道及连接附件	7610.9000	389
Z2006-0490	零件组合测量支架(柔性夹具)	7616.9910	390
Z2006-0491	卡扣	7616.9990	390
Z2006-0492	锡管	8001.1000	391
Z2006-0493	钛钨靶材	8101.9400	392
Z2006-0497	无线指纹锁	8301.4000	396
Z2006-0498	牵引车支撑器	8302.3000	398
Z2006-0499	碱炉压力件	8402.9000	400
Z2006-0502	发动机零件	8407.3410	402
Z2006-0503	发电机组用发动机	8408.2010	402
Z2006-0506	液压操作机构	8412.2100	403
Z2006-0508	液压马达驱动系统	8412.2990	405
Z2006-0509	输送屏蔽电泵	84.13	406
Z2006-0510	动力站	84.13	407
Z2006-0511	移液器	8413.1900	408
Z2006-0512	塑料瓶泵	8413.2000	412
Z2006-0513	液压往复式排液泵	8413.50	414
Z2006-0514	隔膜网气动泵	8413.5010	414

归类决定编号	商品名称	商品税则号列	页码
Z2006-0516	泵芯	8413.9100	415
Z2006-0519	螺杆总成	8414.9090	420
Z2006-0520	日立水冷柜机机身	8415.82	421
Z2006-0522	空调室外机	8415.9010	421
Z2006-0523	吹面风道总成、小进风风门、风门拔杆、风门连杆、循环风门总成、中央风门总成、除霜风门总成	8415.9090	422
Z2006-0524	高强力烧氨火嘴及配件	8416.2019 和 9027	425
Z2006-0525	封闭式填埋气燃烧站	8417.8090	426
Z2006-0526	耐火砖及耐火材料	8417.8090	427
Z2006-0527	直冷式奶缸	84.18	428
Z2006-0528	冷藏专用柜及其设备	8418.5000	429
Z2006-0529	控制程序降温系统	8418.5000	429
Z2006-0530	程序控温仪	8418.5000	430
Z2006-0533	速冷机	8418.6190	430
Z2006-0534	啤酒冰晶机	8418.6190	431
Z2006-0535	冷冻机、加湿机、风机、湿度调节计	8418.6190	432
Z2006-0536	透平膨胀机	8418.69	433
Z2006-0537	薯条储柜、汉堡储柜、隧道式保温柜	8418.9100 或 8419.8100	434
Z2006-0538	干燥器系统	8419.3990	437
Z2006-0540	基尔特克1002蒸馏仪	8419.4090	439
Z2006-0541	燃油热交换器	8419.5000	440
Z2006-0542	咖啡机	8419.8100	443
Z2006-0543	冰板式现调机	8419.8990	445
Z2006-0544	蓄冰设备	8419.8990	446
Z2006-0545	复合式纺丝用工艺系统	8419.8990	447
Z2006-0546	烤漆机	8419.8990	447
Z2006-0547	塔盘(氮洗塔零件)	8419.9090	460
Z2006-0548	离心干燥机	84.21	466
Z2006-0551	石膏旋流站	8421.1990	466
Z2006-0552	电解水机	8421.2110	467
Z2006-0556	肾脏透析器	8421.2990	468
Z2006-0557	输液器滤板	8421.2990	468
Z2006-0558	真空手套箱	8421.3990	469
Z2006-0559	玻璃钢制过滤罐	8421.9910	470
Z2006-0560	氧气发生器	8421.9910	470
Z2006-0561	全自动条形码制作粘贴采血管分配准备系统	8422.3090	472
Z2006-0562	高速包装机组	8422.4000	473
Z2006-0563	编带机	8422.4000	473
Z2006-0564	燃烧法沥青含量测试仪	84.23 或 90.16	474
Z2006-0565	DCS控冷控轧机关键件	84.24	475

归类决定编号	商品名称	商品税则号列	页码
Z2006-0566	滴灌设备	8424.8100	476
Z2006-0567	加湿器	8424.8100	476
Z2006-0569	镁基脱硫设备	8424.8999	477
Z2006-0570	静电喷粉机	8424.8999	478
Z2006-0571	选择性涂敷设备	8424.8999	478
Z2006-0572	机舱水雾喷淋系统	8424.8999	479
Z2006-0574	滴灌管线	8424.9090	483
Z2006-0575	滴头(滴灌设备用)	8424.9090	483
Z2006-0576	旧轮胎式起重机	8426.4110	486
Z2006-0577	集装箱正面吊	8426.4190	486
Z2006-0578	堆码起重机	8427.1010	487
Z2006-0579	激光自动引导无人搬运AGV小车	8427.1090	487
Z2006-0580	轮胎式运梁车	8427.2090	489
Z2006-0581	机场跑道路面维护车、升降平台车	8427.2090	489
Z2006-0582	伸缩臂式加料机	8427.2090	490
Z2006-0583	移动式升降平台车	8427.2090	490
Z2006-0584	移动式高空作业平台(吉尼牌)	8427.9000	493
Z2006-0585	电梯关键件	8428.1010	493
Z2006-0586	载货液压电梯	8428.1090	494
Z2006-0587	单轨系统	8428.3	495
Z2006-0588	机场行李输送系统	8428.3300	496
Z2006-0589	冷却站	8428.39	497
Z2006-0590	深盘输送机	8428.3920	497
Z2006-0594	轮胎压路机	8429.4019	501
Z2006-0595	液压抓斗	8429.5212	503
Z2006-0596	隧道掘进机	8429.5900	503
Z2006-0598	凿地机	8430.5090	507
Z2006-0599	旋挖钻机 R416	8430.5090	507
Z2006-0600	手扶振动平板夯散件	8430.6100	508
Z2006-0601	石油钻机顶部驱动设备	8431.4310	509
Z2006-0603	玉米联合收割机	8433.5100	511
Z2006-0604	全自动饲料配置机	8436.1000	511
Z2006-0605	履带式堆肥翻拌机	8436.8000	512
Z2006-0606	番茄酱生产加工设备(生产线)及零件	8438.6000	515
Z2006-0607	涂布台	8439.3000	519
Z2006-0610	剑杆织机(含多臂装置)	8446.3020	527
Z2006-0611	单层布料电脑裁床	8451.5000	530
Z2006-0612	绣花机针	8452.3000	530
Z2006-0614	机床机身	84.57 或 84.59	532

归类决定编号	商品名称	商品税则号列	页码
Z2006-0615	单轴纵切数控自动车床	8458.1100	533
Z2006-0616	数控镗床零件	84.59	535
Z2006-0617	深孔加工机	8459.2900	536
Z2006-0618	电路板刻制机	8459.6990	537
Z2006-0620	气缸体活塞孔精整加工机床	8460.4010	538
Z2006-0623	SISMA 快速单双扣织链机	8463.3000	538
Z2006-0624	高速数控优选机	8465.9100	540
Z2006-0625	液压短周期压贴生产线	8465.9400	541
Z2006-0629	ELITE 510 型 IC 卡/磁卡双功能终端机	8470.5090	545
Z2006-0630	必能宝牌邮资机底座	8470.9000	545
Z2006-0632	分散控制系统(DCS)	8471.4991	546
Z2006-0633	集散控制系统用数据采集接口设备	8471.50	547
Z2006-0634	远程数据单元	8471.5040	547
Z2006-0635	WEB 缓存器 CISCO CE560	8471.5040	548
Z2006-0636	三维坐标控制仪	8471.6072	548
Z2006-0637	罗技鼠标	8471.6072	549
Z2006-0639	指纹采集仪	8471.6090	549
Z2006-0640	DVD-ROM 驱动器	8471.7030	550
Z2006-0641	磁盘阵列	8471.7090	550
Z2006-0646	CD-188 复制机	8471.9000	551
Z2006-0647	个人化设备	8471.9000	552
Z2006-0648	计算机用内存卡(条)	8473.30	554
Z2006-0649	计算机机箱	8473.3090	555
Z2006-0650	电脑主机板 CKD 件	8473.3090	556
Z2006-0651	主机板(无 CPU)	8473.3090	556
Z2006-0652	铝土矿浓密机	8474.1000	558
Z2006-0653	水泥混凝土搅拌站	8474.3100	560
Z2006-0654	混凝土搅拌器零件	8474.3100	560
Z2006-0655	R250AF 混凝土空心砌块生产线	8474.8090	561
Z2006-0656	场致发射显示管的封装机	8475.1000	563
Z2006-0657	双螺杆	84.77	565
Z2006-0658	熨烫机	8451.3000 或 8477.8000	529
Z2006-0659	15~45 度钢丝帘布裁断生产线	8477.8000	566
Z2006-0660	丁腈橡胶手套生产线用手模座、链条及手模	69.09 和 73.15 和 8477.9000	314
Z2006-0661	道路铣刨机	8479.1090	567
Z2006-0662	混凝土布料杆	8479.1090	567
Z2006-0663	隧道自推进封水注浆设备	8479.1090	568
Z2006-0664	路面铣刨机	8479.1090	568
Z2006-0665	喷射机	8479.1090	569

归类决定编号	商品名称	商品税则号列	页码
Z2006-0666	空气增湿器	8479.6000	570
Z2006-0667	组织细胞分离器	8479.8200	574
Z2006-0677	包装检测机	8422.3030 和 8479.8999	472
Z2006-0684	模具	8479.9090	592
Z2006-0699	摊铺机零件	40.09 和 8479.9090	244
Z2006-0703	液化石油气置换机组	84.81	593
Z2006-0704	加油机用油枪	84.81	593
Z2006-0705	气门芯	84.81	594
Z2006-0709	摩托车的曲轴传动机构	84.83	598
Z2006-0710	最终轴等摩托车配件	84.83	599
Z2006-0711	曲轴箱盖	84.83	599
Z2006-0712	速度计导线	8483.1090	600
Z2006-0713	减速器(旧)	8483.4090	602
Z2006-0714	变速箱	8483.4090	603
Z2006-0715	连杆瓦、曲轴瓦	8483.9000	604
Z2006-0718	发电机零件(转子、定子等)	第八十五章	606
Z2006-0719	吊扇机头	85.01	608
Z2006-0720	电动执行器	85.01	609
Z2006-0721	永磁励磁装置	85.01	609
Z2006-0722	阀门执行机构	85.01	610
Z2006-0723	电力变压器	8504.2312	614
Z2006-0725	交直流稳压电源	8504.4015	618
Z2006-0726	化成电源	8504.4019	618
Z2006-0727	组合开关电流互感器线圈	8504.5000	621
Z2006-0728	电导磁体铁金属	8504.9090	622
Z2006-0729	废磁铁	8505.1190	622
Z2006-0731	复合磁铁	8505.1900	623
Z2006-0732	电极单元	8507.2000	625
Z2006-0734	发光二极体	8512.2090	626
Z2006-0735	紫外光验钞笔	8513.1090	627
Z2006-0736	电炉	8514.1090	628
Z2006-0737	可控气氛热处理炉用氢气保护管	8514.9090	632
Z2006-0738	可移动式焊接设备	85.15	632
Z2006-0739	双波浪带滚带机	8515.1900	633
Z2006-0741	家用炉灶带烤箱	8516.6090	633
Z2006-0742	电脑马桶座	8516.7990	634
Z2006-0743	蒸汽清洁机	8516.7990	634
Z2006-0744	加热电阻器	8516.8000	635
Z2006-0745	电热膜	8516.8000	636

归类决定编号	商品名称	商品税则号列	页码
Z2006-0746	高温陶瓷板	8516.9090	638
Z2006-0747	高智能麦克风(带视频输出)	8518.1000	649
Z2006-0748	扬声器	8518.2100	652
Z2006-0749	胎教装置	8518.3000	653
Z2006-0750	微机网络语音器	8518.3000	654
Z2006-0751	数字音频处理器	8518.4000	654
Z2006-0752	便携式VCD播放机	8521.9011	655
Z2006-0753	摄像头	85.25	660
Z2006-0754	高清演播室摄像机和高清便携摄像机	85.25	661
Z2006-0755	场面监视雷达系统	8526.1090	663
Z2006-0756	空管控制系统	8526.1090	664
Z2006-0757	厨房视听系统	85.27或85.28	666
Z2006-0758	YEPP数码音频播放器	8527.1300	665
Z2006-0760	雷达天线罩	8529.1010	670
Z2006-0769	CD换片机	8529.9060	671
Z2006-0770	电路板	8529.908	672
Z2006-0771	彩轮	8529.9081	673
Z2006-0773	液晶片组件(含镜头)	8529.9090	674
Z2006-0774	信号机成套散件	8530.8000	675
Z2006-0775	水上交通安全管理系统	8530.8000	675
Z2006-0777	贴片电容,圆柱电容	8532.2410或8532.2110	676
Z2006-0779	斑马纸	8534.0090	678
Z2006-0780	密封接线柱	85.35或85.36	678
Z2006-0781	110千伏开关柜继电保护装置	85.36	679
Z2006-0782	线路板组件	8536.3000	679
Z2006-0784	自动转换开关	8536.5000	681
Z2006-0789	机场货运站用的监控系统	第八十五章和8537.1011	607
Z2006-0790	空调监控盘	8537.1090	685
Z2006-0791	电梯门保护装置	8537.1090	686
Z2006-0792	人机界面	8537.1090	686
Z2006-0793	控制模块	8537.1090	687
Z2006-0794	驾驶室音响、空调开关	8537.1090	687
Z2006-0795	组合开关	8537.1090	688
Z2006-0796	发电机断路器及附件	分别归类	879
Z2006-0797	真空泡(灭弧室)	8538.9000	694
Z2006-0798	印刷平行电路板	8538.9000	694
Z2006-0799	阴极射线显像管	8540.1200	695
Z2006-0800	单色投影管	8540.1200	696
Z2006-0801	背投影彩电用单色投影管	8540.1200	696

归类决定编号	商品名称	商品税则号列	页码
Z2006-0802	示波管	8540.6090	697
Z2006-0803	声表面滤波器	8541.6000	699
Z2006-0804	表面波滤波器	8541.6000	699
Z2006-0805	基座簧片	8541.9000	700
Z2006-0806	电解水机	8543.3000	702
Z2006-0807	电线束	第八十五章和8544.2000	608
Z2006-0808	光纤复合架空地线光缆	8544.7000	720
Z2006-0809	电热膜	8545.9000	720
Z2006-0810	绝缘陶瓷管	8547.1000	722
Z2006-0812	栏杆、机箱自动栏杆机散件，自动栏杆机控制单元	8608.0090	723
Z2006-0813	MT(S60)绝缘接头(套装)	8608.0090	724
Z2006-0814	机动环境监测车	第八十七章	725
Z2006-0815	奔驰消防指挥车	第八十四章或第八十七章	399
Z2006-0816	装甲防爆车	第八十七章	725
Z2006-0817	治安用防暴特种车	第八十七章	726
Z2006-0818	雪佛兰5967毫升机动医疗车	第八十七章	726
Z2006-0819	雪佛兰5967毫升机动医疗车	第八十七章	727
Z2006-0820	奔驰2295毫升医疗救护车	第八十七章	727
Z2006-0821	沃尔沃12100cc电视转播车	第八十七章	728
Z2006-0826	大宇ISTANA面包车	87.02	729
Z2006-0828	奔驰现场勘查车	87.02	729
Z2006-0832	伏特牌封闭货车(E-350)	87.03	730
Z2006-0834	奔驰机动医疗车	87.03	731
Z2006-0835	水陆两用车	87.03	731
Z2006-0836	旧割顶小轿车	87.03	732
Z2006-0837	日产风度1998毫升小轿车(成套散件)	87.03	732
Z2006-0845	斯太尔卡车	87.04	734
Z2006-0846	现代消防车底盘(带驾驶室)	87.04	735
Z2006-0847	石油测井车	87.04	735
Z2006-0848	地震排列车	87.04	736
Z2006-0849	输砂车	8704.1090	737
Z2006-0850	乌尼莫克沙漠专用车	8704.2	738
Z2006-0851	起重机(旧)	8704.2	738
Z2006-0852	"奔驰"牌7.49吨厢式货车	8704.2230	739
Z2006-0853	地震勘探车	8704.2230	739
Z2006-0854	压裂车	8704.2300	740
Z2006-0855	水罐车	8704.2300	741
Z2006-0856	福特运钞车	8704.3100	742
Z2006-0857	全路面起重车TG-500E	8705.1022	742

归类决定编号	商品名称	商品税则号列	页码
Z2006-0858	全路面汽车起重机	8705.1023	743
Z2006-0859	奔驰起重车	8705.1091	743
Z2006-0860	汽车起重机	8705.1092	744
Z2006-0861	移动钻井机	8705.2000	744
Z2006-0862	高空曲臂云梯车	8705.3010	745
Z2006-0863	"西格那"消防车 LF8/6	8705.3010	745
Z2006-0864	消防车底盘	8705.3090	746
Z2006-0865	消防车底盘	8705.3090	746
Z2006-0866	山林超高压多功能消防车	8705.3090	747
Z2006-0867	混凝土搅拌车	8705.4000	747
Z2006-0868	三菱11945毫升混凝土搅拌车	8705.4000	748
Z2006-0869	特种通信车	8705.9010	748
Z2006-0870	特种通信车	8705.9010	749
Z2006-0871	医疗用X光检查车(旧)	8705.9020	751
Z2006-0872	威力牌机动放射线8100毫升检查车	8705.9020	751
Z2006-0873	机动环境监测车	8705.9030	752
Z2006-0874	环境检测车	8705.9030	752
Z2006-0875	雪佛兰医疗车	8705.9040	753
Z2006-0876	医疗车	8705.9040	754
Z2006-0877	奔驰机动医疗车	8705.9040	754
Z2006-0878	雪佛兰5700毫升医疗车	8705.9040	755
Z2006-0879	危重监护医疗车	8705.9040	756
Z2006-0880	多功能救护车	8705.9040	756
Z2006-0881	奔驰2295毫升医疗救护车	8705.9040	757
Z2006-0882	改装手术车	8705.9040	757
Z2006-0883	飞机空调车	8705.9060	758
Z2006-0884	测井绞车	8705.9080	759
Z2006-0885	压裂车	8705.9080	759
Z2006-0887	石油压裂车	8705.9080	760
Z2006-0888	石油测井车	8705.9080	760
Z2006-0889	石油压裂车	8705.9080	761
Z2006-0890	石油测井车	8705.9080	761
Z2006-0891	测井车	8705.9080	762
Z2006-0892	石油测井车	8705.9080	762
Z2006-0893	7000米单滚筒液压测井车	8705.9080	763
Z2006-0985	汽车用石油液化气供气装置	87.08	764
Z2006-0986	后桥左前弹性连接件	87.08	765
Z2006-0987	小轿车车厢装饰板(塑料制)	8708.2990	765
Z2006-0988	塑料内饰顶及附件	8708.2990	766

归类决定编号	商品名称	商品税则号列	页码
Z2006-0989	仪表板	8708.2990	766
Z2006-0990	暖风机	8708.2990	767
Z2006-0991	前框	8708.2990	767
Z2006-0992	汽车天窗用装饰胶条	8708.2990	768
Z2006-0993	汽车内装用贴布	8708.2990	768
Z2006-0994	汽车后视镜零件(左、右罩,固定板基等)	8708.2990	769
Z2006-0995	刮条	8708.2990	769
Z2006-0996	安全带预紧装置	8708.2990	770
Z2006-0997	变速箱(ZF 8S180)	8708.4020	771
Z2006-1000	汽车自动离合器	8708.9390	772
Z2006-1001	TERBERG YT200 牵引车	8709.1910	778
Z2006-1002	农牧动力搬运车(W-16G 型)	8709.1990	778
Z2006-1004	三轮电动游戏车	8711.9010 和 8716.4000	779
Z2006-1006	瘦身车	8712.0090	779
Z2006-1007	残疾人爬楼车	87.13	780
Z2006-1011	饲料搅拌车	8716.3990	780
Z2006-1012	舞台车	8716.4000	781
Z2006-1013	35 吨半挂车用液压升降鹅颈	8716.9000	782
Z2006-1014	生化分析仪所带电脑	第九十章	783
Z2006-1015	滤波片	90.01	784
Z2006-1020	F-θ 扫描镜	9002.9090	785
Z2006-1022	柔性板材制版系统	9010.5022	789
Z2006-1023	冲版机	9010.5022	789
Z2006-1024	晒版机	9010.5022	790
Z2006-1025	曝光反转机	9010.5029	791
Z2006-1026	全自动晶形检测仪	9011.2000	792
Z2006-1027	生物显微镜系统	9011.2000	793
Z2006-1028	数字显微镜	9011.8000	794
Z2006-1029	单筒望远镜	9013.1000	795
Z2006-1034	勘探用折射仪	9015.8000	798
Z2006-1035	全站仪	9015.8000	799
Z2006-1036	声学多普勒流速剖面仪	9015.8000	799
Z2006-1037	B/M 型超声波扫描仪	9018.12	801
Z2006-1038	电路板	9018.1291	801
Z2006-1039	运动心电测试系统	9018.1990	802
Z2006-1042	输液泵	9018.3900	804
Z2006-1043	毛血管采血管	9018.3900	804
Z2006-1044	肝素帽	9018.3900	805
Z2006-1048	直线加速器	90.22	811

归类决定编号	商品名称	商品税则号列	页码
Z2006-1049	X射线应用设备配件	9022.1400	812
Z2006-1050	神经外科手术床	9022.1400	812
Z2006-1051	心血管介入治疗诊断仪	9022.1400	813
Z2006-1052	直接数字成像系统	9022.1400	814
Z2006-1053	血液辐照仪	9022.2100	815
Z2006-1056	摆锤冲击仪	9024.8000	817
Z2006-1058	液晶显示板组件	9026.9000	821
Z2006-1061	摩托车排放测试系统	9027.1000	822
Z2006-1063	烟草在线红外水分仪	9027.5000	824
Z2006-1064	气体检漏仪	9027.5000/9027.8019	827
Z2006-1071	橇装计量系统	9028.2090	829
Z2006-1072	数纸机	9029.1090	830
Z2006-1074	网络建设与维护分析仪	9030.4090	834
Z2006-1076	测试针床	9030.9000	837
Z2006-1077	导通检查台	9030.9000	837
Z2006-1078	混合集成电路(录波器用)	9030.9000	838
Z2006-1079	装有集成电路的智能卡(用于录波器)	9030.9000	839
Z2006-1086	坐标测量仪	9031.8020	851
Z2006-1087	CT机、核磁机体模	9031.8090	851
Z2006-1088	电脑记忆鞋楦模扫描机	9031.8090	852
Z2006-1090	微波流量计	9031.8090	852
Z2006-1091	热敏铜螺丝	9032.1000	863
Z2006-1092	阀门控制器	9032.2000	863
Z2006-1103	手术室机械吊臂	9402.9000	866
Z2006-1114	玻璃钢滑水盆、钢结构架	9506.2900	874
Z2006-1115	钛合金高尔夫球头精铸毛坯	9506.3900	874
Z2006-1116	乒乓发球机	9506.4090	875
Z2006-1120	印壳	9611.0000	877
Z2006-1121	热转移色带	9612.1000	877
Z2006-1122	点烟器	9613.8000	878
Z2006-1125	14寸、15寸彩色显示管零部件	分别归类	880
Z2006-1127	地板铣形及包装生产线	分别归类	880
Z2006-1128	铁矿石取制样设备	分别归类	881
Z2006-1129	工程维修车、水质监测车	分别归类	881
Z2006-1133	机动环境监测车	分别归类	882
Z2006-1134	静脉输液配制过滤净化装置	分别归类	882
Z2006-1135	多功能管理机	分别归类	883
Z2006-1136	计算机网络设备	分别归类	883
Z2006-1137	稀土大磁致伸缩材料	分别归类	884

归类决定编号	商品名称	商品税则号列	页码
Z2006-1138	DC 300 数码摄像测量仪	分别归类	885
Z2006-1139	大型转播集联制作系统	分别归类	886
Z2006-1140	车辆及测试设备	分别归类	887
Z2006-1141	梅赛德斯—奔驰 2686 毫升小货车	分别归类	887
Z2006-1142	全自动金属板材柔性加工生产线	分别归类	888
Z2006-1143	乳品加工设备	分别归类	888
Z2006-1144	双工位六角型胎圈缠绕系统	分别归类	889
Z2006-1145	圆筒钢板仓	分别归类	889
Z2006-1146	整车排放试验低温仓系统	分别归类	890
Z2006-1147	抢险救援车	分别归类	890
Z2006-1149	商用冷冻柜	分别归类	891
Z2006-1150	菌场自动化生产设备	分别归类	892
Z2006-1151	2200 型面筋数量和质量测定系统	分别归类	893
Z2006-1152	电镀废水处理系统改良设备	分别归类	893
Z2006-1155	接触网	分别归类	894
Z2006-1159	按摩气囊、气泵、气阀	分别归类	895
Z2006-1160	堆肥存储设施	分别归类	896
2006 年第 69 号海关总署公告 2014 年第 46 号（2014 年 6 月 25 日发布）对此商品归类决定作了修订。			
Z2006-0084	铝矾土粉	2606.0000	70
2006 年第 69 号海关总署公告 2014 年第 46 号（2014 年 6 月 25 日发布）对此商品归类决定作了修订。			
Z2006-1113	保龄球道计分系统悬挂荧幕	9504.9090	873
2007 年第 70 号			
Z2006-1163	裸燕麦粒	1104.2200	14
Z2006-1164	魔芋精粉	1212.9999	16
Z2006-1165	三棵针初提物	1302.1990	17
Z2006-1167	油渣	1518.0000	24
Z2006-1168	回收混合油	1518.0000	24
Z2006-1169	制作保藏罗非鱼片	1604.1920	26
Z2006-1170	制作保藏虾仁	16.05	27
Z2006-1171	蟹排	1605.1000	27
Z2006-1172	果冻	1704.9000	30
Z2006-1173	德芙珍藏榛仁夹心巧克力	1806.3100	31
Z2006-1175	香蕉泥	2008.9990	36
Z2006-1176	玄米绿茶	2101.2000	38
Z2006-1177	旺味	2103.9090	38
Z2006-1178	味优	2103.9090	39

归类决定编号	商品名称	商品税则号列	页码
Z2006-1188	肥料用鱼骨粉	2301.2090	53
Z2006-1189	壮健极品	2309.9090	61
Z2006-1190	白肋烟	2401.2090	62
Z2006-1191	菱镁矿和滑石混合矿物	2519.1000	67
Z2006-1193	磁体下脚料	2620.9990	76
Z2006-1194	漂珠	2621.9000	77
Z2006-1195	混甲酚	2707.9910	79
Z2006-1196	回用双酚A	2907.2300	91
Z2006-1197	己内酰胺封闭的双-异氰酸酯	2933.7900	106
Z2006-1199	海豹鞭	3001.9090	111
Z2006-1201	强力痔根断	3004.9059	117
Z2006-1202	珍珠末	3004.9059	117
Z2006-1205	鞋材黏合前处理剂	3208.2010	129
Z2006-1206	油性不黏涂料	3208.9090	131
Z2006-1207	水性不粘涂料	3209.9020	133
Z2006-1208	二氧化碳酒花浸膏	3301.2999	137
Z2006-1209	金不换熏香油	3307.4900	139
Z2006-1210	檀香熏香油	3307.4900	140
Z2006-1211	婴儿用湿纸巾	3401.1990	141
Z2006-1212	混合脂肪钠	3401.2000	142
Z2006-1213	脂肪酸钠(混合)皇冠8000	3401.2000	143
Z2006-1214	季铵化三乙醇胺二酯	3402.9000	147
Z2006-1215	纺织助剂(抗皱剂)	3402.9000	148
Z2006-1216	润滑剂	3403.9900	150
Z2006-1217	有衬基双面粘胶带	35.06	153
Z2006-1218	无衬基双面粘胶带	35.06	153
Z2006-1219	谷氨酰胺转氨酶	3507.9090	156
Z2006-1220	感光显像材料	第三十七章	158
Z2006-1223	阳极碎	3801.1000	161
Z2006-1224	滑石粉	3802.9000	162
Z2006-1225	制革助剂	3808.9400	165
Z2006-1226	仙亮402F水果涂层剂	3808.92	163
Z2006-1227	苹果套袋	3808.9210	164
Z2006-1228	露宝康(饲料级)	3808.9400	166
Z2006-1229	涂料用抗菌剂	3808.9400	166
Z2006-1230	皮革柔软助剂	3809.9300	168
Z2006-1231	皮革助剂	3809.9300	169
Z2006-1232	灭火器的装配药	3813.0010	170
Z2006-1233	氧化锌脱硫剂	3815.9000	171

归类决定编号	商品名称	商品税则号列	页码
Z2006-1235	脱臭培养基	3821.0000	173
Z2006-1253	TMP 与 TDI 加成物	3909.5000	211
Z2006-1254	HDI 三聚体	3911.9000	214
Z2006-1255	PVC 地板(CENIT)	3918.1090	219
Z2006-1256	人造板材	3920.5100	222
Z2006-1257	塑料储运桶	3923.9000	228
Z2006-1258	橡胶下脚料	40.01	237
Z2006-1261	硫化橡胶药用胶塞	4016.9990	247
Z2006-1262	塑料制隐形眼镜盒	4202.3200	250
Z2006-1264	木门框板	44.18	255
Z2006-1268	破籽棉	5201.0000	279
Z2006-1269	落棉	5202.9900	280
Z2006-1270	马尼拉麻	5305.0020	280
Z2006-1271	椰壳纤维	5305.0092	281
Z2006-1272	合成纤维制滤网布	5911.4000	291
Z2006-1273	滤袋(除尘装置用)	5911.9000	292
Z2006-1274	棉制针织女式上衣	6110.2000	298
Z2006-1275	棉制男童牛仔夹克	6203.3200	299
Z2006-1276	男式尼龙/PVC 雨衣套装	6211.2090	301
Z2006-1277	化纤刺绣台布	6304.9310	302
Z2006-1279	大理石与瓷砖复合板	6802.9190	306
Z2006-1280	现代花岗岩石制品	6802.9390	307
Z2006-1281	研磨料	6805.3000	308
Z2006-1289	海绵铁粉	7205.2900	337
Z2006-1290	渗铝钢板	7210.6900	341
Z2006-1291	三金属片	7220.9000	354
Z2006-1292	机车油管用锻钢连接环首	7307.9900	366
Z2006-1293	钢金属雕花聚氨酯泡沫复合板(B 级)	7308.9000	368
Z2006-1295	家禽饲养设备用输送螺旋	7320.2090	370
Z2006-1296	燃气红外线辐射采暖设备成套散件	7322.9000	372
Z2006-1297	坩埚	73.25	373
Z2006-1301	M-5246 银色铜	7406.2010	380
Z2006-1305	液氮罐	7611.0000	389
Z2006-1306	触变注射成型用镁合金粒	8104.3000	393
Z2006-1307	金刚石绳锯	8202.9910	393
Z2006-1308	铸铁制模具毛坯	8207.3000	395
Z2006-1309	金属钻子	8207.3000	396
Z2006-1310	废热锅炉	8402.1900	399
Z2006-1311	沼气锅炉	8403.10	400

归类决定编号	商品名称	商品税则号列	页码
Z2006-1312	冰箱式水质采样仪	8413.1900	409
Z2006-1313	液压泵	8413.3030	413
Z2006-1316	风扇	8414.5191	417
Z2006-1317	散热风扇	8414.5990	417
Z2006-1320	联合压缩机组(含蒸汽透平机一台)	8414.8090	419
Z2006-1321	空调蒸发器及鼓风机总成	8415.9090	422
Z2006-1322	汽车空调脱水进风装置及冷凝器	8415.9090	423
Z2006-1324	干燥机系统	8419.3990	438
Z2006-1325	自动给茶机	8419.8100	444
Z2006-1326	合成塔内件	8419.8990	448
Z2006-1327	燃油干燥器(申报品名)	8419.8990	449
Z2006-1328	PCR仪	8419.8990	450
Z2006-1329	干熄焦设备	8419.8990	451
Z2006-1331	涂布辊、超级压光辊	8420.9900	465
Z2006-1333	中空纤维膜组件	8421.9990	471
Z2006-1334	动物鉴定标识系统	8423.8290	474
Z2006-1335	高压清洗机(冷、热水)	8424.3000	475
Z2006-1336	压力罐喷头	8424.8910 或 8424.8999	477
Z2006-1337	热熔胶喷涂主机	8424.8999	479
Z2006-1338	喷淋管	8424.9090	484
Z2006-1339	气动升降桅杆	8428.9090	499
Z2006-1340	直立电气焊行走部件	8428.9090	499
Z2006-1343	双滚筒采煤机	8430.3900	505
Z2006-1344	拖式激光铲运机	8430.6920	508
Z2006-1347	绞龙送料系统	8436.2900	512
Z2006-1348	酿酒机器	8438.8000	516
Z2006-1349	带芯片的墨盒	8443.9990	525
Z2006-1351	顶枪	8454.9010	531
Z2006-1352	加工中心用主机通用床体	8457.1020	532
Z2006-1354	冲击夯 LT600	8467.8900	544
Z2006-1356	条形码扫描仪	8471.9000	552
Z2006-1357	MCU开发测试工具	8471.9000	553
Z2006-1358	散热片(铜制)	84.73	554
Z2006-1359	散热器(微机用)	8473.3090	557
Z2006-1360	铂铑合金漏板	8475.9000	565
Z2006-1373	气门嘴	8481.3000	595
Z2006-1374	饮水乳头、侧翼鞍座	39.17 和 8481.8090	219
Z2006-1375	机械执行器	85.01	610
Z2006-1377	交流斩波器	8504.4099	619

归类决定编号	商品名称	商品税则号列	页码
Z2006-1378	充电器	8504.4099	620
Z2006-1379	胶芯	8504.90	621
Z2006-1380	三星手机电池下盖	8507.9090	625
Z2006-1381	倒车辅助系统	8512.2090	627
Z2006-1382	回流焊炉	8514.1090	629
Z2006-1383	微波消减系统	8514.2000	630
Z2006-1384	固态高频焊接机组	8514.4000	631
Z2006-1385	160/168信息服务交换机	8517.6219	639
Z2006-1386	HFC网络光节点设备	8517.6221	639
Z2006-1387	光纤交换机	8517.6229	640
Z2006-1388	ADSL调制解调器	8517.6234	640
Z2006-1389	主干异步传输(ATM)交换机	8517.6239	641
Z2006-1390	数字语音信息综合处理机和WINSET适配器	8517.6239	641
Z2006-1391	3600/3645带宽管理系统	8517.6239	642
Z2006-1392	HYPERCOM牌网络控制器	8517.6239	643
Z2006-1393	数字电视复用器	8517.6239	644
Z2006-1394	负载均衡交换机	8517.6239	644
Z2006-1395	来电显示器	8517.6990	647
Z2006-1396	可视门铃系统	8517.6990	647
Z2006-1397	中央管理电话机、门铃、黑白视频监视器(申报品名)	8517.6990	648
Z2006-1399	扬声器	8518.2900	653
Z2006-1400	CD播放机	8519.8121	655
Z2006-1401	3D音乐系统	8521.9019	656
Z2006-1402	数字监控机	8521.9090	657
Z2006-1403	VCD机用托盘机架连读码器	8522.9031	658
Z2006-1404	VCD读码器	8522.9031	658
Z2006-1407	存储功能卡	8523.5110	660
Z2006-1408	监控摄像头组件	8525.8011	662
Z2006-1409	医用摄像系统	8525.8011	662
Z2006-1412	收放机	8527.9100	665
Z2006-1413	数字广播接收机	8527.9900	666
Z2006-1416	背投影彩电	8528.7291	669
Z2006-1417	手机摄像头	8529.9042	671
Z2006-1418	汽车音响零件(面板、旋钮)	8529.9060	672
Z2006-1419	热敏陶瓷电阻	8533.4000	677
Z2006-1421	放电管	8536.3000	680
Z2006-1422	接触器(申报品名)	8536.4900	681
Z2006-1423	感应开关	8536.5000	682
Z2006-1424	电梯轿厢操纵盘	8537.1090	689

归类决定编号	商品名称	商品税则号列	页码
Z2006-1425	电源控制卡	8537.1090	689
Z2006-1426	同步控制操纵装置	8537.1090	690
Z2006-1427	台下机械控制系统(整套进口)	8537.1090	691
Z2006-1428	数字式电机保护单元	8537.1090	692
Z2006-1431	雷达测速仪检定装置	8543.2090	701
Z2006-1432	电脑电视视频转换器	8543.7099	703
Z2006-1433	光子美容仪	8543.7099	703
Z2006-1434	Vista KVL-SUA/OV 切换器	8543.7099	704
Z2006-1436	数字视频处理器机芯	8543.7099	704
Z2006-1437	电穿孔仪	8543.7099	705
Z2006-1438	红外线车辆分离扫描系统	8543.7099	706
Z2006-1439	电子白板	8543.7099	707
Z2006-1440	车载免提通话装置散件	8543.7099	708
Z2006-1441	数模转换器	8543.7099	708
Z2006-1443	紫外线干燥机	8543.7099	709
Z2006-1444	学乐先	8543.7099	709
Z2006-1445	带电线的塑料插头	85.44	716
Z2006-1446	带接头电线(12伏)	8544.3020	716
Z2006-1447	微波导管	8544.4919	717
Z2006-1448	无接头电线	8544.4919	717
Z2006-1449	打印头连接线	8544.4919	718
Z2006-1450	气体绝缘金属封闭母线	8544.6090	719
Z2006-1451	输变电线路用长竿状绝缘瓷件	8546.2090	722
Z2006-1453	压雪机 PB100	8701.3000	728
Z2006-1454	沙滩车	8703.1011	733
Z2006-1455	大容量油井服务液运输罐车	8704.2240	740
Z2006-1456	应急车载移动交换通信车	8705.9010	749
Z2006-1457	应急移动通信车	8705.9010	750
Z2006-1458	特种通信车	8705.9010	750
Z2006-1459	环境检测车	8705.9030	753
Z2006-1460	雪佛兰机动医疗车	8705.9040	758
Z2006-1461	石油测井车	8705.9080	763
Z2006-1503	底盘平台模型	8706.0090	764
Z2006-1504	制动刹车片	8708.3010	770
Z2006-1505	变速箱	8708.4040	771
Z2006-1506	S45C 锻件毛坯——转向节毛坯	8708.94	773
Z2006-1507	驾驶员气囊模块、乘员气囊模块	8708.9500	773
Z2006-1508	汽车安全气囊气袋	8708.9500	774
Z2006-1509	汽车空调压缩机支架	8708.99	774

归类决定编号	商品名称	商品税则号列	页码
Z2006-1510	电子加速踏板模组	8708.99	775
Z2006-1511	压缩机托架	8708.99	775
Z2006-1512	汽车加强板(钣金件)	8708.99	776
Z2006-1513	波纹管	8708.99	776
Z2006-1514	前纵梁总成(左、右)	8708.9991	777
Z2006-1515	排气管托架	8708.9999	777
Z2006-1516	修理车	8716.8000	781
Z2006-1517	废钢船	8905.9090	782
Z2006-1518	55英尺房船	8905.9090	783
Z2006-1522	彩色液晶投影机投射镜头	9002.1190	784
Z2006-1524	环摄全景扫描照相机	9006.5990	787
Z2006-1525	光纤倒像器	9013.8090	796
Z2006-1526	铷泡	9013.9010	797
Z2006-1527	声学多普勒流速剖面仪	9015.8000	800
Z2006-1529	医用胶囊内镜图像诊断系统	9018.9030	808
Z2006-1531	按摩浴缸	9019.1010	810
Z2006-1532	药用喷雾治疗器零件	9019.2000	811
Z2006-1533	X光机配件	9022.9090	816
Z2006-1535	F值测定仪	9025.8000	820
Z2006-1536	流量计	9026.1000	820
Z2006-1537	液位计	9026.1000	821
Z2006-1540	孔板流量计零件	9026.9000	822
Z2006-1541	全自动细菌鉴定及药敏分析仪	9027.5000	825
Z2006-1542	Alpha凝胶成像分析系统	9027.5000	825
Z2006-1547	对话式自动数据处理器	9029.1090	830
Z2006-1548	数粒仪	9029.1090	831
Z2006-1549	飞针检测机	9030.3390	831
Z2006-1550	耐压测试仪	9030.3390	832
Z2006-1551	微波功率计和微波功率探头	9030.3900	834
Z2006-1552	SDH分析仪	9030.4090	835
Z2006-1555	阻抗分析仪	9030.8990	836
Z2006-1557	活套扫描仪	9031.4990	842
Z2006-1558	镜筒解像力检测仪	9031.4990	843
Z2006-1559	带钢测宽仪	9031.4990	844
Z2006-1560	纸币识别器	9031.4990	845
Z2006-1561	LVS9500条码质量检测系统	9031.4990	845
Z2006-1562	Agilent 8614xb通信光谱仪	9031.8010	850
Z2006-1563	网络流量监测器	9031.8090	853
Z2006-1564	声发射系统	9031.8090	853

归类决定编号	商品名称	商品税则号列	页码
Z2006-1565	完整性测试仪	9031.8090	854
Z2006-1566	地下管线视频探测仪	9031.8090	855
Z2006-1567	发动机下线检测设备	9031.8090	856
Z2006-1568	电围栏系统	9031.8090	856
Z2006-1576	牙科椅驱动总成	9402.1090	866
Z2006-1577	节日灯	94.05	869
Z2006-1578	塑料装饰品——摩托车	9503.0089	871
Z2006-1579	花园石头(木化石)	2506.2000/6815.9990	64
Z2006-1580	环氧树脂	2917.2090 和 3907.3000	94
Z2006-1581	糊精	3505.1000 和 3912.3100	152
Z2006-1584	奥迪特462型中央对讲系统	分别归类	896
Z2006-1585	照排机(申报品名)	分别归类	897
Z2006-1586	絮凝剂制备添加系统	分别归类	897
Z2006-1588	伺服卡、I/O卡	分别归类	898
Z2006-1589	大排量空气压缩机(旧)	分别归类	898
Z2006-1590	汽车支架	分别归类	899
Z2006-1592	自动采样系统	分别归类	899
Z2006-1593	汽轮机零部件(300MW)	分别归类	900
Z2006-1594	凌特2295cc机动医疗车	分别归类	900

2007年第71号

归类决定编号	商品名称	商品税则号列	页码
Z2006-1415	神奇眼镜	8528.5910	668
Z2007-0001	鲨鱼软骨粉	0305.1000	4
Z2007-0002	丰年虫卵	0511.9190	8
Z2007-0003	姜黄种苗	0910.3000	12
Z2007-0004	葵花籽油	1512.1100	21
Z2007-0005	冻鱼及冻软体动物	第十六章	25
Z2007-0008	脱色白土	2508.4000	65
Z2007-0009	大理石荒料	2515.1200	66
Z2007-0010	锌矿砂(粉)	26.20	72
Z2007-0013	吗替麦考酚酯	2941.9090	110
Z2007-0014	木工用热熔胶粒	3506.9190	154
Z2007-0019	对苯二甲酸等外品水池料	3825.6100	199
Z2007-0020	邻甲苯二胺	3825.9000	203
Z2007-0021	皮革助剂	3906.9090	208
Z2007-0022	手机天线贴片半制成品	3920.6100	223
Z2007-0023	未硫化复合橡胶	4004.0000	241
Z2007-0024	未硫化绿轮胎	4004.0000	242
Z2007-0026	红埋嘎地板条、水红花地板条	4409.2910	254
Z2007-0028	废纸3号	4707.1000	261

归类决定编号	商品名称	商品税则号列	页码
Z2007-0030	瓦楞原纸	4805.1900	267
Z2007-0031	说明书	4911.1010	278
Z2007-0033	镀膜玻璃	7005.1000	319
Z2007-0035	热轧方钢	7214.9900	345
Z2007-0036	冷轧合金钢带	7226.9990	358
Z2007-0037	冰铜	7401.0000	378
Z2007-0038	泡铜	7402.0000	379
Z2007-0039	钨切头	8101.9990	392
Z2007-0040	轴承听诊器	8205.5900	394
Z2007-0041	奥迪车发送单元用钥匙座	8301.7000	397
Z2007-0042	液化天然气生产线	第八十四章	398
Z2007-0044	超净工作台	8414.8090	420
Z2007-0045	空气调节器	8415.9090	423
Z2007-0046	通用牌电冰箱	8418.1020	428
Z2007-0047	恒温试管架	8419.8990	452
Z2007-0048	六功能校验炉	8419.8990	452
Z2007-0049	恒温热台	8419.8990	453
Z2007-0050	全自动锭剂摆药机	8422.3030	471
Z2007-0051	猪屠宰生产线	8438.5000	514
Z2007-0052	饲料生产设备	8438.8000	517
Z2007-0053	分条机机器零件	8441.8090	520
Z2007-0054	冲压模型	8441.9090	520
Z2007-0055	生产型黑白高速数字打印设备	8443.3229	524
Z2007-0056	磁性滚轴	8443.9990	525
Z2007-0057	CNC PBC 成型机	8465.9200	541
Z2007-0058	滚动滑轨	84.66	542
Z2007-0061	监视器资料通信测试机	8471.8000	551
Z2007-0062	MMD500 型强力分级机	8474.2010	559
Z2007-0063	端子插入机	8479.8190	571
Z2007-0069	铁氧体永磁模具	8480.6000	592
Z2007-0071	沼气发电机组	8502.2000	613
Z2007-0072	中温黑体炉	8514.1090	630
Z2007-0073	自动数据处理设备部件	8517.6239	645
Z2007-0077	汽车遥控接收器用电路板	8529.9090	674
Z2007-0079	压力开关	8536.5000	682
Z2007-0081	低压控制器	8537.2090	692
Z2007-0083	血氧模拟仪	8543.2090	701
Z2007-0085	数码相框	8543.7099	710
Z2007-0086	台车	8606.9900	723

归类决定编号	商品名称	商品税则号列	页码
Z2007-0087	农友牌变型拖拉机	87.04	736
Z2007-0088	农友牌变型拖拉机	87.04	737
Z2007-0089	乘龙 LZ3260M 型自卸车	8704.2300	741
Z2007-0091	振镜	9002.9090	786
Z2007-0092	莱卡智能型生物显微镜(型号 DM 3000B)	9011.2000	793
Z2007-0093	CCD 检测系统	9011.8000	794
Z2007-0094	井下矿藏探测器	9015.8000	800
Z2007-0095	电子超声内窥镜	9018.1291	802
Z2007-0096	导事件相关电位系统	9018.1990	803
Z2007-0097	腹腔镜系统	9018.9030	809
Z2007-0098	核通模拟定位机	9022.1400	814
Z2007-0099	无转子流变仪	9024.8000	818
Z2007-0100	圆盘振荡流变仪	9024.8000	818
Z2007-0101	全自动生化分析仪	9027.5000	826
Z2007-0104	TSI 立体粒子图像测速仪	9031.4990	846
Z2007-0105	压力校准仪	9032.8100	864
Z2007-0109	牙科技师专用台	分别归类	901
Z2007-0110	汽车锁	分别归类	901
Z2007-0111	快速红外成像系统	分别归类	902
Z2007-0112	胶印制版生产线	分别归类	902
2008 年第 76 号			
Z2008-0001	冻熟带头虾	03.06	4
Z2008-0004	三合一速溶咖啡	2101.1200	37
Z2008-0006	欣乐即溶饮品	2106.9090	41
Z2008-0007	燕窝	2106.9090	42
Z2008-0009	玉米高蛋白饲料	2309.9010	58
Z2008-0011	机制砂	25.05	63
Z2008-0012	低品位银矿粉	2616.1000	70
Z2008-0013	无水多西他赛	2932.9990	104
Z2008-0017	汽油发动机润滑油	3403.9900	150
Z2008-0022	透明质酸钠	3913.9000	216
Z2008-0023	普鲁兰多糖	3913.9000	217
Z2008-0024	聚氨酯制管(硬质管)	3926.9090	234
Z2008-0025	自粘性塑料挂钩	3926.9090	235
Z2008-0027	热塑丁苯橡胶 SEPTON 4033	4002.9911	239
Z2008-0029	床用板条	44.12	254
Z2008-0032	废纸 10 号	4901.9900	275
Z2008-0033	女式棉制针织背心、T恤	6108.9100	296
Z2008-0034	洗衣机刹车带	6813.8900	311

归类决定编号	商品名称	商品税则号列	页码
Z2008-0035	煅烧铝矾土	6914.9000	318
Z2008-0036	原板玻璃	70.03	319
Z2008-0039	冷拉弹簧钢丝	7217.1000	349
Z2008-0040	一级热轧不锈钢卷板	7219.1329	352
Z2008-0041	锻造车削圆钢	7228.4000	358
Z2008-0042	芯棒	7228.4000	359
Z2008-0043	接头毛坯	7307.9900	366
Z2008-0044	传动链	7315.1190	370
Z2008-0045	商用燃气炉 RSB-4PRD	7321.1100	371
Z2008-0046	商用燃气炉 RSB-7PRD	7321.1100	371
Z2008-0048	微孔板复制器	8205.5900	394
Z2008-0050	自热水式柴气炉	8405.1000	401
Z2008-0052	真空泵	8414.1000	416
Z2008-0053	智能化血浆速冻系统	8418.6990	433
Z2008-0054	冰柜专用网篮	8418.9999	436
Z2008-0055	一体化冷却装置	8419.8990	453
Z2008-0056	IC厌氧反应器	8419.8990	454
Z2008-0057	赛鲁迪复合机	8420.1000	462
Z2008-0058	柴油地下铲运机	8429.3090	501
Z2008-0059	多功能矿用运输机	8429.5100	502
Z2008-0062	凹印机印刷色组	8443.1700	521
Z2008-0063	洗衣机用加热管	8450.90	528
Z2008-0070	硬盘支架、软驱支架	8473.3090	557
Z2008-0071	捻线机	8479.4000	569
Z2008-0072	全自动打端子机	8479.8190	571
Z2008-0078	行输出变压器,行推动变压器	8504.3190	615
Z2008-0079	回路电源	8504.4014	617
Z2008-0080	打印机电源板	8504.4014	617
Z2008-0081	可控硅	8504.4091	619
Z2008-0083	转轮除湿机	8509.8090	626
Z2008-0084	机顶盒	8517.6239	645
Z2008-0085	无线麦克风系统	8518.1000	650
Z2008-0086	汽车门锁遥控器	8526.9200	664
Z2008-0087	瓷片(电阻片)	8533.4000	677
Z2008-0089	回旋加速器	8543.1000	700
Z2008-0090	射频/微波信号发生器	8543.2090	702
Z2008-0091	搭载调试器(附PCI接口卡)	8543.7099	711
Z2008-0092	离子发生器	8543.7099	711
Z2008-0093	无线PC-TV伴侣	8543.7099	712

归类决定编号	商品名称	商品税则号列	页码
Z2008-0094	避雷针核心部件(非放射原理)	8543.7099	712
Z2008-0098	针位检出器	9031.4990	847
Z2008-0103	仿真枪	9304.0000	865
Z2008-0104	塑料 BB 弹	9306.3090	865
Z2008-0107	2.4GHz 无线 AV 发送 & 接收模块	分别归类	903
Z2008-0109	粗纤维检测系统	分别归类	904
Z2008-0112	管线数据采集及监控系统	分别归类	905
Z2008-0113	液晶显示器组件	分别归类	906
Z2008-0114	服务器升级设备	分别归类	907
2008 年第 83 号			
Z2008-0116	调味滑子菇罐头	2001.9090	33
Z2008-0118	狗食(咀嚼物)	2309.1090	56
Z2008-0119	百安明饲料添加剂	2309.9090	61
Z2008-0120	5~7 号燃料油	2710.1922	82
Z2008-0123	蛇毒	3001.9090	112
Z2008-0124	派立明滴眼液	3004.9010	116
Z2008-0125	脑蛋白水解物注射液(针剂)	3004.9090	119
Z2008-0126	水泥添加剂	3402.9000	148
Z2008-0133	对苯二甲酸次级品	3825.9000	204
Z2008-0134	PU 水性处理剂	3909.5000	212
Z2008-0135	测井仪器用外壳	3917.2900	218
Z2008-0136	双面胶带	3919.9090	220
Z2008-0139	烤肉架	4402.9000	252
Z2008-0141	民用航空飞机维修资料	4901.9900	275
Z2008-0142	泥状填料	5911.9000	293
Z2008-0145	非合金锻造圆钢	7214.1000	344
Z2008-0146	钢铁结构体	7216.9100	347
Z2008-0147	铁构件	7216.9900	349
Z2008-0151	镀锌管	7307.9900	367
Z2008-0152	铝制带孔圆柱状体	7601.1090	384
Z2008-0153	机动车配件(防滑板)	7616.9990	391
Z2008-0154	柴油机气缸注油器	8409.9910	403
Z2008-0155	离合器分泵	8412.2100	404
Z2008-0156	多联体冷暖变频式空调室外机	8415.9090	424
Z2008-0157	冷风机	8418.9910	435
Z2008-0158	喷雾干燥机	8419.3990	438
Z2008-0159	空气分离装置	8419.6090	441
Z2008-0160	热流道	8419.8990	455
Z2008-0161	低温培养箱	8419.8990	455

归类决定编号	商品名称	商品税则号列	页码
Z2008-0162	半导体制冷器	8419.8990	456
Z2008-0163	热交换器用连接支撑管板	8419.9090	461
Z2008-0164	滚涂机	8420.1000	463
Z2008-0165	旧自动清洗机	8424.8999	480
Z2008-0166	炮体	8424.8999	481
Z2008-0167	铝制轮轴放线架	8425.4210	485
Z2008-0168	高压升降平台	8427.1090	488
Z2008-0169	370t自行式液压平板车	8427.2090	491
Z2008-0170	沥青搅拌料转运机	8428.3990	498
Z2008-0171	IAI滑台(动力装置)	8428.9090	500
Z2008-0172	自走式车载钻机	8430.4119	506
Z2008-0173	旧数控车挤压车床	8458.1100	534
Z2008-0177	双面研磨抛光系统	8464.2090	539
Z2008-0178	磨床动平衡仪	8466.3000	542
Z2008-0181	液压推瘤机	8479.8190	572
Z2008-0182	干膜前处理机	8479.8190	572
Z2008-0185	平衡轴轴套	8483.3000	600
Z2008-0186	回转支撑	8483.3000	601
Z2008-0187	原油罐二次密封	8484.2000	606
Z2008-0188	返驰变压器	8504.3190	616
Z2008-0189	变频器模块	8504.4099	620
Z2008-0190	远红外线保健装置	8516.7990	635
Z2008-0192	手机耳机半成品(音频控制器)	8518.1000	651
Z2008-0193	DVD换碟机,和汽车用CD播放机兼有收音功能连用	8522.9039	659
Z2008-0196	隔离式安全栅	8536.3000	680
Z2008-0197	增量轴套型编码器	8543.7099	713
Z2008-0198	压裂车底盘驱动桥用差速器和盆角齿	8708.5075	772
Z2008-0201	全自动曝光机	9010.5022	790
Z2008-0202	液芯光导管	9013.8090	797
Z2008-0204	活检针	9018.3900	805
Z2008-0206	眼动仪	9019.1090	810
Z2008-0208	WT3000高精度功率分析仪	9030.8490	836
Z2008-0209	淋复质量监控装置	9031.4990	847
Z2008-0210	粒子像分析仪	9031.4990	848
Z2008-0211	身体成分分析仪	9031.8090	857
Z2008-0215	绒毛装饰物	9503.0021	870
Z2008-0216	500千伏交直流两用交联聚乙烯绝缘电缆立式生产线	分别归类	908
Z2008-0217	凉亭	分别归类	909

归类决定编号	商品名称	商品税则号列	页码
2009 年第 5 号			
Z2009-0001	一级品挂面	1902.1900	32
Z2009-0002	二氧化硅	2621.9000	78
Z2009-0003	杂酚油	2706.0000	79
Z2009-0005	橡胶软化油	2710.1999	83
Z2009-0006	L-孟基乙醛酸酯	2918.3000	96
Z2009-0009	大米蛋白粉	3504.0090	152
Z2009-0017	碎硅片	3825.6900	200
Z2009-0018	皮革涂饰助剂	3909.5000	212
Z2009-0019	滤光膜	3920.6200	224
Z2009-0020	聚酯圆片滤膜(非泡沫,聚乙烯)	3926.9090	235
Z2009-0021	纺纱皮圈	4008.2100	244
Z2009-0022	橡胶塞(铝电解电容器配件)	4016.9310	246
Z2009-0028	棉花棒	5601.2100	285
Z2009-0029	马赛克	6802.9190	306
Z2009-0031	硫酸钙地板	6809.9000	309
Z2009-0032	智能马桶	6910.1000	315
Z2009-0033	硅镁铁	7202.2900	333
Z2009-0034	废前支架总成	7204.4900	335
Z2009-0035	铜镀铁复合粉	7205.2900	338
Z2009-0036	镀锌楼承钢板	7216.9100	347
Z2009-0037	钢结构件	7216.9100	348
Z2009-0038	不锈钢丝	7223.0000	355
Z2009-0039	冷凝管(制冷设备用零件)	7306.301	363
Z2009-0040	镀锌钢结构管件	7306.3090	364
Z2009-0041	直型及 U 型不锈钢管	7306.4000	364
Z2009-0042	U 型夹	7308.9000	369
Z2009-0043	空心铝管	7608.1000	388
Z2009-0044	刻痕钢丝	7326.2010	375
Z2009-0046	电缆穿线器	8205.5900	395
Z2009-0047	粗合成气煤气化生产线	8405.1000	401
Z2009-0048	烧嘴	8416.2011	424
Z2009-0050	油雾发生器	8424.8999	481
Z2009-0051	洗地龙头	8424.8999	482
Z2009-0052	带条形码阅读器的微型机	8471.9000	553
Z2009-0053	模块化数据中心	8473.3010	555
Z2009-0054	气流分级机	8474.1000	559
Z2009-0055	旋转压实仪	8474.8090	562
Z2009-0056	万向轴装配机床	8479.8999	576

归类决定编号	商品名称	商品税则号列	页码
Z2009-0057	水平安定面配平作动筒	85.01	611
Z2009-0058	燃气蒸汽联合循环发电机组	8502.3900	613
Z2009-0060	甚高频共用系统	8517.6299	646
Z2009-0061	DVB-T 模块	8528.7180	669
Z2009-0062	可燃气体泄漏检测仪	8531.1000	676
Z2009-0063	电压序列控制系统	8537.2090	693
Z2009-0064	发光二极管	8541.4010	698
Z2009-0065	铝合金制阳极导杆	8543.9090	715
Z2009-0066	装货运输用的托盘箱	8609.0090	724
Z2009-0067	透镜组件	9002.1990	785
Z2009-0069	日立牌绳索断层分析用扫描电镜	9012.1000	795
Z2009-0070	立体显微镜	9018.5000	807
Z2009-0071	沥青混合料多功能试验系统	9024.8000	819
Z2009-0073	天然气硫分析仪	9027.5000	826
Z2009-0074	UMTS 频段的三阶互调测试系统	9030.4090	835
Z2009-0075	地表植被光谱仪	9031.4990	848
Z2009-0076	接触式测厚仪	9031.8090	858
Z2009-0077	铝轮毂专用全自动氦气气密试验机	9031.8090	859
Z2009-0078	少子寿命测试仪	9031.8090	860
Z2009-0079	运动肺功能测试仪	9031.8090	860
Z2009-0082	单点系泊系统用系泊链	分别归类	909
Z2009-0083	龙骨	分别归类	910
Z2009-0086	汤玛斯牌马铃薯全粉生产线及备件	分别归类	911
Z2009-0087	低温甲醇洗及精馏装置内件	分别归类	912

2009 年第 32 号

归类决定编号	商品名称	商品税则号列	页码
Z2009-0088	宠物食用的玉米棒	1104.2300	14
Z2009-0089	巴巴苏棕榈果仁沉渣油	1522.0000	25
Z2009-0090	营养米粒	2106.9090	42
Z2009-0091	柠檬酸糟	2308.0000	55
Z2009-0092	正磷酸氢钙(饲料级)	2835.2510	86
Z2009-0094	奥沙利铂注射剂	3004.9090	120
Z2009-0095	辉力	3004.9090	120
Z2009-0098	雾化硅油	3403.9900	151
Z2009-0101	氧化铈(副牌)	3825.9000	204
Z2009-0102	3D 卡片	3919.9090	221
Z2009-0103	增光膜	3920.6200	225
Z2009-0104	橡胶地板保护垫	4004.0000	242
Z2009-0106	棉短绒纸浆	4706.1000	259
Z2009-0107	转印薄膜	4908.9000	276

归类决定编号	商品名称	商品税则号列	页码
Z2009-0108	木质手杖	6602.0000	305
Z2009-0109	光学元件玻璃毛坯	7001.0000	318
Z2009-0111	铁立柱	7216.9100	348
Z2009-0112	不锈钢圆棒	7218.9900	350
Z2009-0113	气保焊丝	72.29	361
Z2009-0114	冷拔无缝钢管	7306.9000	365
Z2009-0115	电梯配重块	7325.1010	373
Z2009-0116	集装箱挂衣杆	7326.9090	377
Z2009-0117	铝制品	7601.2000	385
Z2009-0118	铝合金散热管	7604.2100	386
Z2009-0119	铝合金型材	7604.2990	386
Z2009-0120	支架(输送机零件)	8302.2000	397
Z2009-0121	一体化污泥抽取机	8413.1900	410
Z2009-0122	钼精矿焙烧炉	8417.1000	425
Z2009-0123	烘干炉(不包括外壳)	8419.3990	439
Z2009-0124	C2低温分离装置	8419.6090	442
Z2009-0125	气液分配盘	8419.9090	461
Z2009-0126	电磁半龙门起重机	8426.1930	485
Z2009-0127	卸板机	分别归类	913
Z2009-0128	多层定宽热压机	8439.2000	518
Z2009-0129	全废铜FRHC火法精炼高导电合金铜杆生产线	分别归类	914
Z2009-0131	气压棒	8479.8999	577
Z2009-0132	水龙头出水口	8481.9090	598
Z2009-0135	卫星路由接收机	8517.6239	646
Z2009-0136	车载多功能播放机机芯	8522.9031	659
Z2009-0138	彩色防爆钢带	8540.9110	697
Z2009-0139	输变电线路绝缘瓷套管	8546.2010	721
Z2009-0140	帕拉丁多功能乘用车(汽油四驱欧四型2400cc)	8703.2352	733
Z2009-0142	激光二极管(货主申报名称)	9013.2000	796
Z2009-0143	探头	9022.9090	816
Z2009-0144	红外线测温仪	9025.1910	819
2009年第57号			
Z2009-0147	胶基	2106.9090	51
Z2009-0149	三乙烯二胺	2933.5990	105
Z2009-0151	PU人造革	56.03	289
Z2009-0153	玛瑙矿	7103.1000	328
Z2009-0154	扫街车线	7215.9000	345
Z2009-0155	槽钢	7216.3100	346
Z2009-0156	异型钢材	7216.3290	346

归类决定编号	商品名称	商品税则号列	页码
Z2009-0157	R73车轮圆钢	7224.9090	356
Z2009-0160	钢铁制托盘	7326.9090	378
Z2009-0161	铝合金门拉手	7604.2990	387
Z2009-0163	原料喷嘴	8424.8999	482
Z2009-0165	空气接头平台	8445.9090	526
Z2009-0166	ELEMATIC阿克太克墙板生产设备	8474.8090	562
Z2009-0167	精密绝缘成型包层机	8477.2090	566
Z2009-0168	氯化钾压实造粒设备	8479.8200	574
Z2009-0169	抛绳器	8479.8999	578
Z2009-0171	电线剥皮机	8479.8999	591
Z2009-0172	加热电缆	8516.8000	638
Z2009-0176	手机闪光灯(组件)	9006.6100	788
Z2009-0177	脑电系统	9018.1990	803
Z2009-0178	X射线管用石墨基靶盘	9022.9090	817
Z2009-0181	婴儿保暖台	9402.9000	867
Z2009-0182	喷头	9616.1000	878
Z2009-0183	非端部接合的白橡木厚板材	分别归类	914
Z2009-0184	铝制门窗框	分别归类	915

2010年第15号

归类决定编号	商品名称	商品税则号列	页码
Z2010-0002	塔拉粉	1404.9010	18
Z2010-0004	月见草油胶囊	1515.9090	21
Z2010-0005	微晶纤维素	2106.9090	43
Z2010-0006	苄基甲苯和苯基苯乙烷混合物	2707.9990	80
Z2010-0007	荧光体	2846.9019	90
Z2010-0008	原甲酸三乙酯	2915.9000	93
Z2010-0010	达必佳	3004.3900	115
Z2010-0011	刻免	3004.9090	121
Z2010-0012	黑胶	3214.1010	134
Z2010-0013	人造石墨块	3801.1000	161
Z2010-0014	皮革用涂饰剂	3809.9300	169
Z2010-0015	纤维增强树脂复合棒	3916.9090	217
Z2010-0016	运动垫	3918.9090	220
Z2010-0017	聚甲基丙烯酸甲酯晶坯	3926.9090	236
Z2010-0018	橡木片	4401.2200	251
Z2010-0020	彩印烫金烟标	4819.2000	274
Z2010-0022	热轧合金钢钢条	7228.6000	361
Z2010-0023	水表接头	7412.2090	383
Z2010-0024	驱动机构	8412.2100	404

归类决定编号	商品名称	商品税则号列	页码
Z2010-0025	电动齿轮多重密封(计量)泵	8413.1900	411
Z2010-0026	全自动清洗消毒柜	8419.2000	436
Z2010-0027	氯化镁脱水系统	8419.8990	457
Z2010-0028	液相色谱柱后衍生系统	8419.8990	458
Z2010-0029	汽车烤漆房	8419.8990	458
Z2010-0031	铝电解专用出铝车	8427.2090	492
Z2010-0032	振料盘	8428.3990	498
Z2010-0033	扫雪车用铲	8430.2000	504
Z2010-0036	金枪鱼延绳钓装置	8436.8000	513
Z2010-0037	喷码机	8443.3221	523
Z2010-0038	FFX 成型机	84.55	531
Z2010-0039	高柔性曲轴深孔钻床	8459.2100	535
Z2010-0041	掌上电脑用触笔	8473.3090	558
Z2010-0042	MDS 水平拉制仪	8475.2919	564
Z2010-0044	层绕机	8479.8190	573
Z2010-0045	自动气瓶打标机	8479.8190	573
Z2010-0046	干法均质机	8479.8200	575
Z2010-0047	旧数控雕刻机	8479.8999	591
Z2010-0048	动态斜面式船用收油机	8479.8999	578
Z2010-0049	干式套管电容芯子整卷机	8479.8999	579
Z2010-0052	皮带轮	8483.9000	605
Z2010-0053	槽楔	8503.0020	614
Z2010-0056	雨刷开关	8536.5000	683
Z2010-0058	电子眼膜	8543.7099	714
Z2010-0059	碳棒	8545.9000	721
Z2010-0060	数字电影放映机	9007.2010	788
Z2010-0062	RM200A 全自动吸烟机	9027.1000	823
Z2010-0064	冷阴极灯管量测系统	9030.3390	833
Z2010-0065	轮胎动平衡实验机	9031.1000	840
Z2010-0066	飞机发动机测试台	9031.2000	841
Z2010-0067	扫描测量水泥窑体温度用红外线扫描仪	9031.4990	849
Z2010-0068	全自动异物侦检机	9031.4990	849
Z2010-0069	肌肉嫩度分析仪	9031.8090	862
Z2010-0070	人体脂肪测量仪	9031.8090	862
Z2010-0071	思科网真网络电话系统	分别归类	915
Z2010-0072	自动称料混料系统	分别归类	916
2011 年第 26 号			
Z2011-0001	多功能车用应急电源	8507.1000	624

归类决定编号	商品名称	商品税则号列	页码
Z2011-0005	吉姆西赛威小型客车	87.02	730

2013 年第 26 号

归类决定编号	商品名称	商品税则号列	页码
Z2013-0001	泰国原料糯米	1006.3090	13
Z2013-0003	安婴儿 A+无糖婴儿配方奶粉	2106.9090	43
Z2013-0006	棉籽壳	2308.0000	55
Z2013-0010	3,5,7-三氟金刚烷甲酸（C11H13O2F3）	2916.2090	93
Z2013-0011	异丙基苯基对苯二胺	2921.5190	97
Z2013-0012	依那普利氢化物	2922.4999	98
Z2013-0013	α-(N-甲基-N-苄基)-氨基-3-羟基苯乙酮盐酸盐	2922.5090	98
Z2013-0014	L-苏氨酸	2922.5090	99
Z2013-0015	雷米普利中间体	2924.1990	100
Z2013-0016	防灰雾剂(4-甲基-硫代苯磺酸钾盐)	2930.9090	101
Z2013-0018	L-丙交酯	2932.2090	102
Z2013-0019	青蒿素	2932.2090	103
Z2013-0020	米格列醇	2933.3990	105
Z2013-0021	美罗培南双环母核	2933.7900	107
Z2013-0022	还原型辅酶试剂	2934.9990	108
Z2013-0023	角鲨烯软胶囊	3004.5000	116
Z2013-0024	复合肥	3105.5900	122
Z2013-0025	姜黄素	3203.0019	125
Z2013-0028	爱贝芙	3304.9900	138
Z2013-0029	外出小包装湿纸巾	3307.9000	141
Z2013-0030	胆固醇酯酶试剂	3507.9090	157
Z2013-0031	肌氨酸氧化酶试剂	3507.9090	157
Z2013-0032	乳糖基纳他霉素	3808.9290	164
Z2013-0033	硼酸三甲酯和甲醇的混合物	3810.9000	170
Z2013-0035	改性聚丙烯	3902.1000	206
Z2013-0036	银石色粉体漆	3907.3000	208
Z2013-0037	泡沫聚氨酯板	3921.1390	226
Z2013-0038	拉杆箱	4202.1290	249
Z2013-0039	棉面料制行李袋	4202.9200	250
Z2013-0040	现代油画（非完全手工制）	49.11	277
Z2013-0042	铺路用现代花岗岩石制品	6801.0000	305
Z2013-0043	现代花岗岩石制品	6802.9390	307
Z2013-0044	复合橱柜台面	6810.1910	310
Z2013-0045	建筑用防水膨润土纺织毯	6815.9990	312
Z2013-0047	内面胶押出机	8420.1000	464
Z2013-0049	覆铜板模压成型机	8479.8999	580

归类决定编号	商品名称	商品税则号列	页码
Z2013-0050	振子	8479.8999	581
Z2013-0051	薄膜开关(申报商品名)	8538.9000	695
Z2013-0052	液晶快门眼镜	8543.7099	714
Z2013-0053	对刀仪	9031.4990	850
Z2013-0054	带手柄的可撕式胶粘滚筒	9603.9090	876
2014 年第 2 号			
Z2013-0055	铸焊机	8468.8000	544
2014 年第 46 号			
Z2014-0003	减震气囊	4016.9500	246
Z2014-0004	VIOTH 电液转换器	8481.2010	594
Z2014-0005	IC 测试座	8536.9090	684
Z2014-0007	血糖测试电极片	9027.9000	828
2015 年第 31 号			
Z2015-0001	磁芯置入机	8479.8999	582
Z2015-0002	转向机器人	8479.8999	583
Z2015-0003	自动变速箱油压调整阀门体用内片阀体、中片阀体、外片阀体	8481.9010	596
Z2015-0004	自动变速箱油压调整阀门体用转换阀	8481.9010	597
Z2015-0005	手柄(不带机头和夹具)	8501.3100	612
Z2015-0006	地板革(带电阻丝)	8516.8000	637
Z2015-0007	干燥聚合渗透装置	分别归类	916
Z2015-0008	手柄(带机头和夹具)	9018.4990	806
Z2015-0009	液位检测机	9022.1990	815
2015 年第 49 号			
Z2015-0014	镀银空心玻璃微球	7115.9010	330
Z2015-0015	镜头组自动点胶机	8479.8999	584
Z2015-0016	手动点胶机	8479.8999	585
Z2015-0017	玻璃蚀刻机设备	8479.8999	586
Z2015-0018	智能毛囊采集系统(主机)	8479.8999	587
Z2015-0019	氯化氢氧化反应器	8479.8999	588
2016 年第 11 号			
Z2016-001	法兰轴承旋转弯曲共振实验机	8479.8999	588
Z2016-002	镀金前处理机	8479.8999	589
Z2016-003	无线充电发射板	8543.7099	715
Z2016-004	落地式吊床	9403.2000	867
Z2016-005	带遮阳棚的落地式吊床	9403.2000	868
Z2016-006	带遮阳棚的落地式吊床	9403.2000	868
Z2016-007	硬币识别找零器	9504.3090	872

归类决定编号	商品名称	商品税则号列	页码
2016 年第 22 号			
Z2016-008	红牛能量饮料	2202.1000	52
Z2016-009	蛋白纯化仪	8479.8999	590
2016 年第 38 号			
Z2016-010	非晶合金带材	7226.9199	357
Z2016-011	薄膜蒸发器	8419.8990	459
2016 年第 59 号			
Z2016-012	聚苯乙烯-乙烯/丁烯-苯乙烯橡胶	4002.9911	240
Z2016-016	预应力混凝土用钢棒	7326.2090	376
2017 年第 17 号			
Z2017-001	五菱 V1 观光车	分别归类	917
Z2017-002	热敏标签打印机	8443.3214	522
2017 年第 42 号			
Z2017-003	莰烯	3824.9999	198
2017 年第 46 号			
Z2017-004	福特 F-150 猛禽	8703.2419	734
2018 年第 183 号			
Z2018-001	半导体晶片测试仪	9031.8090	861
Z2018-002	滚轮组件	8483.5000	604
Z2018-003	含铜宫内节育器	9018.9091	809
Z2018-004	耳鼻喉检查台	分别归类	917
Z2018-005	合成橡胶	40.02	237
2020 年第 108 号			
Z2020-001	含贵金属的铅矿	2616.1000	71
Z2020-002	数控装置	8537.1019	684
Z2020-003	数控装置	8537.1019	685
Z2020-004	油压阀(换向阀)	8481.2010	595
2022 年第 78 号			
Z2022-0001	冻鲨鱼鳍	0303.9200	3
Z2022-0002	甲鱼受精卵	0511.9920	9
Z2022-0003	杨桐、柃木编结品	0604.2090	9
Z2022-0004	植物工艺花	0604.9090	10
Z2022-0005	禽畜混合玉米饲料	1103.1300	13
Z2022-0006	增稠剂	1302.3911	17
Z2022-0007	造纸用竹渣	1404.9090	19
Z2022-0008	棕纤维	1404.9090	19

归类决定编号	商品名称	商品税则号列	页码
Z2022-0009	精制牛油脂	1502.1000	20
Z2022-0010	贝蒂喜 DHA 饮料	1517.9090	22
Z2022-0011	白砂糖预混粉	1701.9990	28
Z2022-0012	白砂糖预混粉	1702.9012	28
Z2022-0013	综合蔬果干	2008.9700	35
Z2022-0014	复合糖	2106.9062	41
Z2022-0015	MODUCARE 保健食品原料	2106.9090	44
Z2022-0016	渔夫之宝柠檬薄荷糖(不含糖分)	2106.9090	44
Z2022-0017	丹枫琼浆	2106.9090	45
Z2022-0018	植脂粉	2106.9090	45
Z2022-0019	碳酸钙(营养食品原料)	2106.9090	46
Z2022-0020	柑橘纤维	2106.9090	46
Z2022-0021	玉米油粉	2106.9090	47
Z2022-0022	口服液稳定剂	2106.9090	47
Z2022-0023	冰糖燕窝	2106.9090	48
Z2022-0024	微藻 DHA 粉剂	2106.9090	48
Z2022-0025	粗调味粉	2106.9090	49
Z2022-0026	胶原蛋白肽	2106.9090	49
Z2022-0027	pH 值调整剂	2106.9090	50
Z2022-0028	维生素预混剂	2106.9090	50
Z2022-0029	红曲米提取物	2106.9090	51
Z2022-0030	奔富特瓶白酒加度葡萄酒	2208.9090	52
Z2022-0031	干玉米酒糟配合饲料	2303.3000	53
Z2022-0032	饲用甜糕粉	2309.9090	62
Z2022-0033	2,4-二氯-5-氟苯乙酮	2914.7900	92
Z2022-0034	乙基氯化物	2920.9000	96
Z2022-0035	橡胶促进剂	2922.5090	99
Z2022-0036	三丁基铝	2931.9000	101
Z2022-0037	三(三甲基硅烷)硼酸酯	2931.9000	102
Z2022-0038	三七总皂甙	2938.9090	109
Z2022-0039	三尖杉宁碱	2939.7990	109
Z2022-0040	抗坏血酸 2-葡糖苷	2940.0090	110
Z2022-0041	农菌	3002.4990	112
Z2022-0042	小球藻(活)	3002.4990	113
Z2022-0043	鸟粪(圆粒肥)	3105.9090	123
Z2022-0044	环保型铜金粉	3206.4990	127
Z2022-0045	聚乙烯碳黑母	3206.4990	127
Z2022-0046	黄樟油	3301.2999	136
Z2022-0047	氟保护剂、牙本质保护剂	3306.9090	139

归类决定编号	商品名称	商品税则号列	页码
Z2022-0048	棕榈仁油二乙醇酰胺	3402.4200	143
Z2022-0049	标索吸油剂	3802.1090	162
Z2022-0050	百草枯原液(40%)	3808.9319	165
Z2022-0051	耐火球	3816.0020	171
Z2022-0052	硅质热补泥	3816.0020	172
Z2022-0053	覆膜砂	3816.0020	172
Z2022-0054	中草药芯片	3822.1900	174
Z2022-0055	组织芯片	3822.1900	174
Z2022-0056	薄层板	3822.1900	175
Z2022-0057	定量检测试剂盒	3822.1900	175
Z2022-0058	黏土类金标准样	3822.9000	176
Z2022-0059	多乙烯多胺 E-100	3824.9999	176
Z2022-0060	贴衣型怀炉	3824.9999	177
Z2022-0061	金蝠退热宝	3824.9999	177
Z2022-0062	人造石头	3824.9999	178
Z2022-0063	路用纤维	3824.9999	178
Z2022-0064	多磷酸钠(磷酸盐)	3824.9999	179
Z2022-0065	轻质碳酸钙	3824.9999	179
Z2022-0066	皮革柔软助剂	3824.9999	180
Z2022-0067	阻燃型改性树脂粒	3824.9999	180
Z2022-0068	异氰酸酯 3032	3824.9999	181
Z2022-0069	健美纤体贴	3824.9999	181
Z2022-0070	不溶性硫磺	3824.9999	182
Z2022-0071	亲肤表层	3824.9999	182
Z2022-0072	冷却粉	3824.9999	183
Z2022-0073	加入有机溶剂的聚乙烯蜡	3824.9999	183
Z2022-0074	环保工程土	3824.9999	184
Z2022-0075	脱氧剂	3824.9999	184
Z2022-0076	冰盒	3824.9999	185
Z2022-0077	离子水活化剂	3824.9999	185
Z2022-0078	导电介质(用于微电路的化合物)	3824.9999	186
Z2022-0079	消光粉	3824.9999	186
Z2022-0080	导电胶膜	3824.9999	187
Z2022-0081	聚合氯化铝	3824.9999	187
Z2022-0082	锰锌粉末	3824.9999	188
Z2022-0083	高斯薄片	3824.9999	188
Z2022-0084	扩散纸	3824.9999	189
Z2022-0085	铬添加剂	3824.9999	189
Z2022-0086	混合金刚石粉末	3824.9999	190

归类决定编号	商品名称	商品税则号列	页码
Z2022-0087	含双环戊二烯的混合物	3824.9999	190
Z2022-0088	铝工业用锰添加剂	3824.9999	191
Z2022-0089	膨胀石墨	3824.9999	191
Z2022-0090	氰铜盐	3824.9999	192
Z2022-0091	含新癸酸钴的混合物	3824.9999	192
Z2022-0092	标准混凝土粒料	3824.9999	193
Z2022-0093	γ-氧化铝小球	3824.9999	193
Z2022-0094	塑磁材料	3824.9999	194
Z2022-0095	保护渣	3824.9999	194
Z2022-0096	含锂蒙脱石黏土的混合物	3824.9999	195
Z2022-0097	有机肥	3824.9999	195
Z2022-0098	含天然黏土的混合物	3824.9999	196
Z2022-0099	工业二-(2-氯乙基)缩甲醛	3824.9999	196
Z2022-0100	丙烯酸共聚树脂原料	3824.9999	197
Z2022-0101	L-缬氨酸	3824.9999	197
Z2022-0102	硅胶猫砂	3824.9999	198
Z2022-0103	PVC涤纶雨衣	3926.2090	229
Z2022-0104	桐木板方	4403.1200	252
Z2022-0105	实木隔音采暖地板	4412.3300	255
Z2022-0106	木制脚踏板	4418.7900	256
Z2022-0107	木地板	4418.7900	256
Z2022-0108	重竹地板	4418.9100	257
Z2022-0109	铁杉板材	4418.9900	257
Z2022-0110	中式弧面尖头围栏板	4421.9990	258
Z2022-0111	法式尖头围栏板	4421.9990	258
Z2022-0112	中式尖头围栏柱	4421.9990	259
Z2022-0113	白色号簿纸	4801.0010	261
Z2022-0114	镀铝纸	4811.5991	270
Z2022-0115	离型纸	4811.5999	271
Z2022-0116	二醋酸纤维丝束	5502.1010	283
Z2022-0117	牵引车捆绑器	6307.9090	303
Z2022-0118	魔术贴	6307.9090	303
Z2022-0119	无纺布圆帽	6505.0099	304
Z2022-0120	衬垫	6812.9990	311
Z2022-0121	瓷制陶瓷刀	6911.1021	315
Z2022-0122	稀土永磁体	7202.9911	334
Z2022-0123	车载空气压缩机	8414.8049	418
Z2022-0124	干燥器	8419.3390	437
Z2022-0125	气垫传送装置	8428.9090	500

归类决定编号	商品名称	商品税则号列	页码
Z2022-0126	掘锚一体机	8430.3110	504
Z2022-0127	挖掘机行走装置	8431.4999	509
Z2022-0128	挖掘机履带	8431.4999	510
Z2022-0129	回转减速机	8431.4999	510
Z2022-0130	回转工作台	8466.9390	543
Z2022-0131	立式车床用弧形齿盘	8466.9390	543
Z2022-0132	苹果Ipod Touch手持设备	8471.3010	546
Z2022-0133	22"液晶显示器	8528.5212	667
Z2022-0134	液晶显示器（含DP接口）	8528.5212	667
Z2022-0135	液晶显示器	8528.5212	668
Z2022-0136	背光模组	8529.9020	670
Z2022-0137	嗅觉检测器	9027.8990	828
Z2022-0138	原始频率标准仪器	9105.9190	864
Z2022-0139	建木屋用梁柱、墙体等	9406.1000	870
Z2022-0140	运动步枪/手枪报靶系统	9506.9990	875
Z2022-0141	游乐场游戏组件	9506.9990	876
Z2022-0142	摩托车头盔架	9403.8990	869
Z2022-0143	苗圃	分别归类	918

归类决定 第二部分（W字头）

归类决定编号	商品名称	商品税则号列	页码
2005年第63号			
W2005-001	顺势疗法制剂	其他	1473
W2005-002	装框的画及相片	其他	1473
W2005-003	闭路电视系统	分别归类	1469
W2005-004	多种装置构成的系统	分别归类	1469
W2005-005	供空中乘客使用的成套卫生清洁用品	分别归类	1470
W2005-006	宠物玩具	其他	1474
W2005-007	油包水型可涂抹乳脂混合物	0405.20	925
W2005-008	油包水型可涂抹乳脂混合物	0405.20	925
W2005-009	油包水型可涂抹乳脂混合物	0405.20	926
W2005-010	含有少量草本植物和大蒜的黄油	0405.90	926
W2005-011	涂抹乳酪	0406.30	927
W2005-012	加工乳酪	0406.30	928
W2005-013	卡门培尔乳酪套装产品	0406.90	928
W2005-014	鲜牛蒡根	07.06	929
W2005-015	临时保藏的牛蒡根	07.11	931

归类决定编号	商品名称	商品税则号列	页码
W2005-016	荸荠、马蹄的可食块茎	07.14	931
W2005-017	碎的干椰子	0801.11	932
W2005-018	类似坚果的可食菱属(Trapa natans)水果	08.02	932
W2005-019	苦酸橙	0805.50	933
W2005-020	李干	0813.20	933
W2005-021	经预煮的碾碎干小麦	11.03 或 11.04	935
W2005-022	牛蒡籽	12.11	937
W2005-023	干牛蒡根	12.11	938
W2005-024	魔芋冻粉	12.12	938
W2005-025	棕榈油	15.11	939
W2005-026	棕榈仁油	15.13	940
W2005-030	粉状甘蔗糖汁	17.01	944
W2005-031	糖食	1704.90	946
W2005-032	润喉止咳糖	1704.90	947
W2005-033	华夫饼	1704.90	947
W2005-034	糖食	1704.90	948
W2005-035	糖食(糖果)	1704.90	948
W2005-036	糖食(糖果)	1704.90	949
W2005-037	糖食(糖果)	1704.90	949
W2005-038	糖食(糖果)	1704.90	950
W2005-039	巧克力条	1806.31	952
W2005-040	巧克力条	1806.31	953
W2005-041	巧克力条	1806.31	953
W2005-042	外裹巧克力产品	1806.90	955
W2005-043	圆形薄华夫饼	1806.90	955
W2005-044	填充花生和腰果碎块的产品	1806.90	956
W2005-045	包含可可馅料的产品	1806.90	956
W2005-046	以巧克力为基料的组合产品	1806.90	957
W2005-047	含有可可粉的牛奶配制品	19.01	958
W2005-048	未焙烤的冷冻面团	1901.20	960
W2005-049	未焙烤比萨饼	1901.20	960
W2005-050	配制品	1901.90	961
W2005-051	速冻盘装菜"Tortiglioni"	1902.30	964
W2005-052	"Müsli"早餐谷物食品	1904.20	965
W2005-053	Nasi Nua(印度尼西亚速冻米饭)	1904.90	966
W2005-054	Chow Ju Fan(中国速冻米饭)	1904.90	966
W2005-055	Risotto(意大利速冻米饭)	1904.90	967
W2005-056	Biryani(印度速冻米饭)	1904.90	967
W2005-057	预煮熟的碾碎干小麦	1904.30	965

归类决定编号	商品名称	商品税则号列	页码
W2005-058	包裹巧克力的华夫产品	1905.32	968
W2005-059	冷冻鲜乳酪饼	1905.90	969
W2005-060	咸味松脆小吃	1905.90	970
W2005-061	松脆开胃食品	1905.90	970
W2005-062	速冻盘装蔬菜"Wienerpfanne"	2004.90	971
W2005-063	菠萝干	2008.20	972
W2005-064	浸泡在酒中的水果	2008.60	973
W2005-065	水果片	2008.97	974
W2005-066	浸泡在酒中的水果	2008.99	974
W2005-067	苹果干馅料	2008.99	975
W2005-068	番木瓜干	2008.99	975
W2005-069	以咖啡精为基本成分的制品	2101.12	978
W2005-070	薄荷调味汁	2103.90	980
W2005-071	酸甜调味汁	2103.90	980
W2005-072	草本植物浸泡剂	21.06	983
W2005-073	饮料基料:"可乐复合物"	21.06	983
W2005-074	冷冻浓缩橙汁	21.06	984
W2005-075	脱脂大豆粉蛋白浓缩物	2106.10	984
W2005-076	一种被称为"低脂黄油"的制品	2106.90	985
W2005-077	配制品	2106.90	986
W2005-078	配制品	2106.90	986
W2005-079	配制品	2106.90	987
W2005-080	配制品	2106.90	987
W2005-081	配制品	2106.90	988
W2005-082	配制品	2106.90	988
W2005-083	配制品	2106.90	989
W2005-084	配制品	2106.90	989
W2005-085	配制品	2106.90	990
W2005-086	配制品	2106.90	990
W2005-087	液状乳酪制品	2106.90	991
W2005-088	饮料冲剂	2106.90	991
W2005-089	含有氯化钾的改性食盐[氯化钠与氯化钾及少量碳酸镁(抗结块剂)的混合物]	2106.90	992
W2005-090	草本植物"茶"	2106.90	992
W2005-091	呈微黄色面团状的乳脂混合物	2106.90	993
W2005-092	芦荟片剂	2106.90	993
W2005-093	粉状食品添加剂	2106.90	994
W2005-094	运动饮料	2106.90	994
W2005-095	加甜物质或香料的矿物水(天然或人造的)	2202.10	1008
W2005-096	诸如柠檬水、橘子水、可乐的饮料	2202.10	1008

归类决定编号	商品名称	商品税则号列	页码
W2005-106	运动饮料	22.02	1007
W2005-107	饮料基料	22.08	1012
W2005-108	麦芽威士忌酒和粮食威士忌酒	2208.30	1013
W2005-109	酒精水溶液	2208.90	1014
W2005-110	含有几种植物浸出液的制品	2208.90	1014
W2005-111	即饮含酒精饮料	2208.90	1015
W2005-112	脱脂大豆粉	23.04	1018
W2005-113	含有抗生素的预混料	23.09	1020
W2005-114	饲料添加剂	2309.90	1020
W2005-115	含有胆碱氯化物的粉状制品	2309.90	1021
W2005-116	用于动物饲养的制品	2309.90	1021
W2005-117	混合烟草	2401.20	1024
W2005-118	"Beedies"印度的线扎手卷小烟卷	2402.20	1025
W2005-120	石英	2506.10	1028
W2005-121	砖或混凝土的碎块	25.30	1029
W2005-122	高品级钛铁矿	26.14	1030
W2005-123	天然气浓缩液	27.09	1034
W2005-124	一次性的塑料容器	27.10	1034
W2005-125	拔顶原油	27.10	1035
W2005-126	分散于水的脱水粉化天然沥青	2714.90	1037
W2005-127	合成硅铝酸钠	2842.10	1040
W2005-128	钛酸丁酯	29.05	1044
W2005-129	甘油酯	2905.49	1045
W2005-130	12-羟基硬脂酸	2918.19	1046
W2005-131	甲氯芬酯、2-二甲胺基乙基对氯苯氧基乙酸酯	2922.19	1047
W2005-132	那莫西瑞	2922.19	1048
W2005-133	硝酸氨基乙基酯	2922.19	1048
W2005-134	阿斯巴甜、天(门)冬氨酰苯丙氨酸甲酯	29.24	1049
W2005-135	二氟苯祖隆、N-(4-氯苯氨基羰基)-2,6-二氟苯甲酰胺	2924.29	1050
W2005-136	那福塔洛佛	2929.90	1050
W2005-138	卜透凡诺	2933.49	1053
W2005-139	麦络西坎	2934.10	1056
W2005-140	伊普塞匹隆	2934.20	1056
W2005-141	含维生素A制剂	2936.21	1060
W2005-142	含维生素E制剂	2936.28	1061
W2005-145	乙基麻黄碱、伊塔菲汀	2939.49	1066
W2005-146	格利凡诺(三苄糖醚)	29.40	1067
W2005-147	氯醛糖	29.40	1068
W2005-148	克洛本诺塞德	29.40	1068

归类决定编号	商品名称	商品税则号列	页码
W2005-149	乳糖醇	29.40	1069
W2005-154	痱子粉	30.04	1073
W2005-155	皮肤施药制品	3004.39	1074
W2005-156	液体药剂	3004.50	1074
W2005-157	皮肤施药制品	3004.90	1075
W2005-160	氮肥	3102.40	1079
W2005-161	清晰的(透明的)溶液	32.08	1083
W2005-162	浆糊	32.14	1085
W2005-163	用于金属罐密封的制剂	3214.10	1085
W2005-164	饮料基料	33.02	1087
W2005-165	饮料基料	33.02	1088
W2005-166	痱子粉	33.04	1089
W2005-167	痱子粉	33.04	1090
W2005-168	洗剂	3304.99	1091
W2005-171	零售包装的纯净凡士林	3304.99	1091
W2005-172	香波	3305.10	1093
W2005-173	香波	3305.10	1093
W2005-174	作为"牙线"报验的纱线	3306.20	1095
W2005-175	作为"牙线"报验的纱线	3306.20	1096
W2005-176	作为"牙线"报验的纱线	3306.20	1096
W2005-177	作为"牙线"报验的纱线	3306.20	1097
W2005-178	作为"牙线"报验的纱线	3306.20	1097
W2005-179	防腐液	3306.90	1098
W2005-180	抗牙斑制剂	3306.90	1098
W2005-181	块状或条状的产品	3401.11	1100
W2005-182	块状或条状的产品	3401.11	1101
W2005-184	含有次氯酸钠的液体形态制品	34.02	1103
W2005-185	不含肥皂的有机表面活性剂制品,但有时称为"液体肥皂"	3401.30	1101
W2005-186	含5%聚二甲基硅氧烷的产品	34.03	1105
W2005-187	淀粉相关的产品	3505.10	1106
W2005-188	"纸浆胶料VS70",一种纸浆的施胶剂	3806.90	1112
W2005-191	浓缩防冻液	3820.00	1118
W2005-194	某些物质或材料,制成确定形式以适用于特定用途而非一般用途	38.22	1119
W2005-195	12-羟基硬脂酸	3823.19	1120
W2005-196	猫砂产品	38.24	1121
W2005-197	某些物质或材料,制成确定形态以适用于特定用途而非一般用途	38.24	1121
W2005-201	合成硅铝酸钠	2842.10	1041

归类决定编号	商品名称	商品税则号列	页码
W2005-204	医用凝胶制剂,由丙二醇、羟乙基纤维素、对氧基安息香酸酯及水构成	3006.70	1078
W2005-211	润滑制品	39.04	1127
W2005-212	润滑制品	39.04	1128
W2005-213	浅黄色颗粒,主要含乙烯-乙烯醇共聚物(以重量计约40%)及作为填料的预胶化淀粉(以重量计约45%)	3905.91	1128
W2005-214	淀粉相关的产品	3906.90	1129
W2005-217	腰果坚果壳液聚合物	3911.90	1130
W2005-218	由腰果坚果壳液聚合物构成的摩擦颗粒	3911.90	1131
W2005-219	离析支链淀粉	39.13	1132
W2005-220	自粘的扁条	3919.10	1134
W2005-221	纺织材料的白色机织物	39.21	1137
W2005-222	纺织材料的白色机织物	39.21	1137
W2005-223	由聚乙烯扁条组成的织物	3921.90	1138
W2005-224	塑料制厨房洗涤槽	3922.10	1140
W2005-225	塑料瓶坯	3923.30	1143
W2005-226	未装磁带的录像、录音带盒	3923.40	1144
W2005-227	塑料物品	3924.90	1146
W2005-228	带环的夹子	3926.90	1152
W2005-229	非自粘的扁条	3926.90	1152
W2005-230	制垫片用材料	4008.21	1160
W2005-231	胎面	4012.90	1161
W2005-232	成品垫片	4016.93	1162
W2005-234	便携式野餐冷藏袋	4202.92	1166
W2005-235	便携式工具箱	4202.99	1166
W2005-236	便携式工具箱	4202.99	1167
W2005-237	用油漆、着色剂或清漆处理的木	第四十四章	1168
W2005-241	铺地板	44.12	1170
W2005-243	刨切层压木获得的薄板	44.08	1168
W2005-245	木手柄	44.17	1172
W2005-247	木手柄	44.21	1174
W2005-248	未涂布的纸及纸板	48.02	1175
W2005-249	未涂布的纸及纸板	48.02	1175
W2005-251	用于书写及其他用途的涂布纸及纸板	48.10	1176
W2005-252	一层用高岭土涂布的布里斯托尔双层纸板	4810.29	1176
W2005-253	一层用高岭土涂布的布里斯托尔三层纸板	4810.29	1177
W2005-256	传真纸	4811.90	1179
W2005-257	成卷纸巾	4818.90	1181
W2005-259	学生课本	49.01	1183
W2005-260	电话用户簿	4901.99	1184

归类决定编号	商品名称	商品税则号列	页码
W2005-262	教学用书	4903.00	1185
W2005-263	教学用书	4903.00	1185
W2005-264	会发声的动物书	4903.00	1186
W2005-265	彩票	49.11	1186
W2005-266	滑稽贴、窗贴等类似品	4911.99	1187
W2005-267	旅行用机票、火车票、汽车票等	4911.99	1188
W2005-268	标签	4911.99	1188
W2005-269	平纹棉织物	5208.51	1189
W2005-270	切断尼龙纱线	5601.30	1193
W2005-271	绒头纱线	5606.00	1194
W2005-272	绒头纱线	5606.00	1194
W2005-273	管状编带	5607.49 或 5607.50	1195
W2005-274	车辆用拖绳	56.09	1196
W2005-275	编带	5808.10	1197
W2005-276	编带	5808.10	1197
W2005-277	机织物刺绣布料	5810.91 至 5810.99	1198
W2005-278	涂铝纺织物	5907.00	1199
W2005-279	平纹经纱起绒带	5911.10	1201
W2005-280	无纺织物制席垫	5911.40	1202
W2005-281	两件服装构成的套件	6104.62 和 6110.20	1203
W2005-282	躯干紧身服	61.08	1205
W2005-283	躯干紧身服	61.08	1205
W2005-284	圆领无袖服装	6110.20	1207
W2005-285	躯干紧身服	61.14	1210
W2005-286	躯干紧身服	61.14	1211
W2005-287	薄质针织女式服装	6114.20	1211
W2005-288	女士薄质针织无带服装	6114.30	1212
W2005-289	针织头带	6117.80	1213
W2005-290	由两件服装构成的成套物品	62.03	1214
W2005-291	由两件服装构成的成套物品	分别归类	1471
W2005-292	一种"运动服"	62.11	1216
W2005-293	一种"运动服"	62.11	1216
W2005-294	女士薄质针织服装	6212.10	1217
W2005-295	腰部支撑带	6212.90	1218
W2005-296	刺绣机织物制围巾	6214.10 至 6214.90	1219
W2005-297	座椅保护套	6304.91	1220
W2005-298	散装货物储运软袋	63.05	1221
W2005-299	机织物制服装面料	6307.90	1222
W2005-300	织物制服装面料	6307.90	1222

归类决定编号	商品名称	商品税则号列	页码
W2005-301	机织物制服装面料	6307.90	1223
W2005-302	粘在胸部上的无纺织物制品	6307.90	1223
W2005-303	橡胶靴底	64.01	1226
W2005-304	雪地靴	6402.91 或 6403.91 及 6404.19	1226
W2005-305	手术后用鞋	6402.99	1227
W2005-307	陶瓷插件	69.09	1236
W2005-308	镶框玻璃装饰镜	70.13	1240
W2005-309	70.20税目注释第三项所列物品	7020.00	1241
W2005-310	设计家首饰	71.13 或 71.17	1243
W2005-311	别针(徽章别针)	7117.19	1245
W2005-312	硬币	7118.10	1246
W2005-313	钥匙扣	第十五类	1247
W2005-314	圆形、六边形或八边形扁盘	7208.90	1248
W2005-315	层压钢产品	7210.70	1249
W2005-316	长方形镀锌钢制房顶瓦	7308.90	1250
W2005-318	非电热不锈钢保温容器	7323.93	1254
W2005-319	钥匙环	73.26	1255
W2005-320	便携式固定工作台	7326.90	1256
W2005-321	钥匙环	7326.90	1256
W2005-322	层压产品	7506.10	1258
W2005-323	层压铝产品	76.06	1259
W2005-325	小型多用途工具	8203.20	1260
W2005-326	佛教用品:铃	83.06	1263
W2005-327	佛教用品:花瓶	83.06	1264
W2005-328	佛教用香台及香炉	8306.29	1264
W2005-329	佛教用火柴罐	8306.29	1265
W2005-330	铝制罐盖	8309.90	1266
W2005-331	集中供暖用电热水锅炉	8403.10	1267
W2005-332	游泳池用泵和过滤装置	84.13 和 84.21	1268
W2005-335	食品派分设备:冰激凌机	8418.61	1272
W2005-336	食品派分设备:冷饮机	8418.61	1272
W2005-337	水处理组合机	8421.21	1278
W2005-339	血液过滤装置	8421.29	1279
W2005-340	喷射装置,由装有带喷嘴压力按钮(喷射盖)的阀门构成	8424.89	1283
W2005-341	泵	8424.89	1283
W2005-342	自动涂层生产线	8424.89	1284
W2005-343	工件车	8427.10	1286
W2005-345	自推进装卸机	8429.51	1288
W2005-346	标签打印机	84.43	1295

归类决定编号	商品名称	商品税则号列	页码
W2005-347	数字喷墨打印机	8443.32	1295
W2005-348	织机用经轴	8448.49	1297
W2005-349	原地清洁地毯的机器	8451.80	1299
W2005-350	原地清洁地毯的机器	8451.80	1299
W2005-351	手持电动(电池供电)缝纫机	8452.10	1300
W2005-352	焊管轧压设备	8462.21 或 8462.29	1301
W2005-353	多功能设备	8465.91	1301
W2005-354	手提式剪枝器	8467.89	1303
W2005-355	无键盘的打字设备	8472.90	1312
W2005-356	用于结算卡或信用卡支付的终端	8470.50	1304
W2005-357	个人计算机	8471.49	1305
W2005-358	自动数据处理设备	8471.49	1306
W2005-360	绘图板/数字化仪	8471.60	1306
W2005-361	只读光盘驱动器	8471.70	1307
W2005-362	数据存储装置	8471.70	1308
W2005-363	密码处理器	8471.80	1309
W2005-371	条形码阅读机	8471.90	1310
W2005-372	光盘归档系统	8471.90	1311
W2005-373	平板桌面扫描仪	8471.90	1311
W2005-374	微处理器	8473.30	1313
W2005-375	蒸发式空气冷却器	8479.60	1316
W2005-376	震动马达	84.79	1315
W2005-378	未装压力按钮的阀门	8481.80	1324
W2005-379	轮胎充气阀	8481.80	1325
W2005-380	封闭模制曲柄轴锻件	8483.10	1329
W2005-381	不间断电源设备	8504.40	1334
W2005-382	频率转换器	8504.40	1335
W2005-383	电感器	8504.50	1338
W2005-384	家用加湿器	85.09	1341
W2005-388	工业用微波炉	8514.20	1343
W2005-389	商用微波炉	8514.20	1344
W2005-390	浸入式加热器	8516.10	1344
W2005-391	家用炊具	8516.60	1346
W2005-396	胎儿的监听成套装置	8518.30	1361
W2005-397	免提无线电话装置	8518.50	1362
W2005-399	机械组件	8522.90	1367
W2005-401	只读光盘存储器(特殊软件)	85.24	1371
W2005-405	蜂窝电话	85.17	1348
W2005-410	多用途便携式装置	8527.19	1372

归类决定编号	商品名称	商品税则号列	页码
W2005-419	抛物面天线反射器	8529.10	1376
W2005-420	反射碟控制旋转器	8529.10	1377
W2005-421	抛物面天线	8529.10	1377
W2005-422	极化器	8529.10	1378
W2005-423	喇叭形馈电器(波导)	8529.10	1378
W2005-424	单片陶瓷电容	8532.24	1379
W2005-425	片式电阻、柱状或MELF电阻器	85.33	1379
W2005-426	交换设备	8536.50	1382
W2005-427	印刷电路卡(80毫米×110毫米×7毫米)构成的通信电缆连接标准装置	8536.90	1383
W2005-435	牵引车	8701.20和其他	1394
W2005-436	扫雪用的履带式交通工具	8701.30	1394
W2005-438	越野机动车	87.02或87.03	1397
W2005-439	厢型客货机动车	87.02	1396
W2005-440	10座或12座机动车	8702.10	1396
W2005-441	10座位机动车	8702.10	1397
W2005-442	不完整的机动车	87.03	1398
W2005-443	不完整的机动车	87.03	1398
W2005-444	不完整的机动车	87.03	1399
W2005-445	不完整的机动车	87.03	1399
W2005-446	厢型机动车	87.03	1400
W2005-447	三个或四个轮子的车	8703.10	1402
W2005-448	四轮(两驱)全路面车辆	8703.21	1403
W2005-449	四轮驱动全路面汽车	8703.21	1403
W2005-450	厢型机动车	87.03	1400
W2005-451	厢型机动车	87.03	1401
W2005-452	公路或非公路机动车	8703.23	1404
W2005-453	两轮驱动机动车	8703.23	1404
W2005-454	厢型客货机动车	8703.32	1405
W2005-455	厢型客货机动车	8703.32	1406
W2005-456	公路或非公路机动车	8703.33	1406
W2005-457	厢式运输车	87.04	1408
W2005-458	皮卡吉普车	8704.21	1409
W2005-459	四轮驱动机动车	8704.21	1409
W2005-460	厢式运输车	87.04	1408
W2005-461	两轮驱动机动车	8704.31	1411
W2005-462	四轮驱动机动车	8704.31	1411
W2005-463	引擎盖开启缆及燃料帽覆盖缆	8708.29	1415
W2005-464	手制动缆	8708.30	1416
W2005-465	离合器缆	8708.93	1419

归类决定编号	商品名称	商品税则号列	页码
W2005-466	旧机动车辆的前部	8708.99	1420
W2005-467	牵引车和半挂车的组合车辆	8716.39和其他	1427
W2005-468	两轮高尔夫球手推车	8716.80	1427
W2005-469	滑翔伞	88.04	1430
W2005-470	起重钻探平台	8905.20	1431
W2005-471	影像定位器	9006.59	1433
W2005-472	激光感光绘图仪	9006.59	1433
W2005-473	激光感光绘图仪	9006.59	1434
W2005-478	已曝光胶片或其他媒体的自动显影机	9010.50	1434
W2005-479	激光示位器	9013.20	1435
W2005-480	"AQUASPA"水流按摩装置	9019.10	1440
W2005-483	几种光学设备和器具	90.31	1448
W2005-484	安装在木板上的长椅	9401.20	1449
W2005-485	安全或应急灯	94.05	1455
W2005-486	佛教用品	94.05	1455
W2005-487	照明用乳白散射体	9405.99	1456
W2005-499	镀银梨形蜡制品	96.02	1465
W2005-500	成套卫生用品	96.05	1466
W2005-501	成套卫生用品	96.05	1467

2008年第47号

归类决定编号	商品名称	商品税则号列	页码
W2008-002	添加糖的浓缩乳	0402.99	924
W2008-003	红茶	0902.30	934
W2008-004	混合油脂	1517.90	941
W2008-005	带有松脆土豆条的三明治	1602.50	943
W2008-006	方糖	1701.91	945
W2008-007	未烤制的比萨饼	1901.20	961
W2008-008	经过搅打的奶油	1901.90	962
W2008-009	焙烤制品(华夫饼)	1905.32	969
W2008-010	供人食用的片剂	2102.20	979
W2008-011	维生素制剂	2106.90	995
W2008-012	不含乳脂的乳脂代用品	2106.90	995
W2008-013	咳嗽糖浆	2106.90	996
W2008-014	烟草混合物	2401.20	1024
W2008-017	前阿德福韦	2934.99	1057
W2008-018	骨移植替代品	3004.20	1073
W2008-019	食品的着色制品	3203.00	1079
W2008-020	锐钛型二氧化钛	3206.11	1081
W2008-021	单组分湿法聚氨基甲酸乙酯树脂	3208.90	1084
W2008-022	香料制品	3302.10	1088

归类决定编号	商品名称	商品税则号列	页码
W2008-023	两性玉米淀粉	3505.10	1106
W2008-024	阳离子玉米淀粉	3505.10	1107
W2008-025	加酸黏土制品	3802.90	1111
W2008-026	Fischer-Tropsch合成产生的副产品溶剂	3814.00	1117
W2008-033	电缆固定件	3926.90	1153
W2008-034	柔性增强格网	3926.90	1153
W2008-035	一本相册	3926.90	1154
W2008-036	一本相册	3926.90	1154
W2008-037	带有刻度的已消毒排尿袋	3926.90	1155
W2008-038	有刻度的已消毒排尿计	3926.90	1155
W2008-039	振动缓冲座	4016.99	1163
W2008-040	手提包	4202.21	1164
W2008-041	腰包	4202.91	1165
W2008-047	拼花地板	4418.79	1173
W2008-049	棉织物制夹层枕套	6304.92	1220
W2008-050	女鞋	6404.19	1228
W2008-051	女鞋	6404.19	1229
W2008-052	纺织材料鞋面橡胶制外底的鞋	6405.20	1229
W2008-053	热膨胀矿物材料垫	6806.90	1232
W2008-054	陶制容器	6913.90	1238
W2008-055	电梯用装有机械装置的自动钢铁滑门	7308.30	1249
W2008-056	非电热家用烤肉架	7321.19	1253
W2008-057	接地棒	7326.90	1257
W2008-058	一次性铝箔容器	7615.10	1259
W2008-059	U型钉手钳	8205.59	1262
W2008-060	压缩式分体空调室内机	8415.90	1270
W2008-062	集装箱正面吊	8426.41	1285
W2008-063	自推动集装箱堆垛机	8427.20	1287
W2008-064	用于标签打印机上的色带盒	8443.99	1296
W2008-066	视频卡	8471.80	1309
W2008-067	声卡	8471.80	1310
W2008-068	音频CD生产系统	8477.10	1315
W2008-069	清雪用盐沙散布机	8479.10	1316
W2008-070	镍镉充电电池	8507.30	1339
W2008-071	镍氢充电电池	8507.50	1339
W2008-072	干湿吸尘器	8508.19	1340
W2008-073	便携灯	8513.10	1343
W2008-074	家用面包机	8516.60	1346
W2008-075	捆绑零售基站单元	8517.11	1349

归类决定编号	商品名称	商品税则号列	页码
W2008-076	控制适配器	8517.62	1349
W2008-077	多模光纤中继器	8517.62	1350
W2008-078	单模光纤中继器	8517.62	1350
W2008-079	基站单元	8517.62	1351
W2008-080	无线电通信设备(发送器/接收器)	8517.62	1351
W2008-081	光盘型MP3机	8519.81	1363
W2008-082	MP3机	8519.81	1363
W2008-083	音乐录放机	8519.81	1364
W2008-084	DVD播放机	8521.90	1366
W2008-085	固态非易失数据存储装置	8523.51	1368
W2008-086	固态非易失数据存储装置	8523.51	1369
W2008-087	固态非易变数据存储装置	8523.51	1369
W2008-089	MP3机	8527.13	1372
W2008-091	聚合的正温系数热敏电阻电路保护器	8533.29	1380
W2008-092	与电缆或连接线焊接的接地棒	8535.90	1380
W2008-094	两轮电动运输工具	8711.60	1423
W2008-095	收集和运输血液的抽空管(带有化学添加物)	9018.39	1437
W2008-096	收集和运输血液的抽空管(无化学添加物)	9018.39	1437
W2008-097	汽车安全座椅	9401.80	1450
W2008-098	一套餐桌椅	9403.60	1453
W2008-099	婴儿学步车	9403.70	1454
W2008-100	两轮蹬地踏板车	9503.00	1457
W2008-101	两轮蹬地踏板车	9503.00	1458
W2008-102	玩具帐篷	9503.00	1458
W2008-103	内装两个玩具戒指和密封包装糖果的蛋形塑料物品	9503.00	1459
W2008-104	装有糖果的手柄玩具风扇	9503.00	1459
W2008-106	双面印刷的圆形银色金属币	9504.90	1462
W2008-107	滚轮鞋	9506.70	1463
2008年第75号			
W2008-108	一种包含精选的香料、种子、香草、水果、盐和调料的组合物	2103.90	981
W2008-110	含有添加成分的精选植物油、醋、油醋混合物组合套件	2209.00	1017
W2008-111	不含防腐剂的无菌氯化钠水溶液	3307.90	1099
W2008-112	生理的、无菌的海水微分散溶液	3307.90	1099
W2008-113	非织造布	5603.12 或 5603.13	1193
2010年第75号			
W2010-001	分割鸡肉	0210.99	922
W2010-002	干茶花	0902.20	934

归类决定编号	商品名称	商品税则号列	页码
W2010-003	南瓜子(西葫芦 南瓜属)	1212.99	939
W2010-004	含低芥子酸菜籽油的制品	1517.90	942
W2010-005	配制品	2106.10	985
W2010-006	含酒精饮料	2208.90	1015
W2010-009	聚氨酯发泡胶(填充泡沫)	3214.10	1086
W2010-010	氢化及经组织改良处理的加州希蒙得木种子油	3404.90	1105
W2010-011	螺纹锁固剂	3506.10	1109
W2010-014	管状带盖容器	3923.90	1144
W2010-015	定量滴管	4014.90	1161
W2010-016	机动车刹车系统皮碗	4016.93	1162
W2010-017	针织足球守门员运动衫	6110.30	1208
W2010-018	彩弹球裤(长裤)	6211.33	1217
W2010-019	单冷型压缩式分体空调机室外制冷单元	8415.90	1270
W2010-020	冷暖两用型可逆压缩式分体空调机室外制冷单元	8415.90	1271
W2010-021	用于专业熨烫操作的熨烫机	8451.30	1298
W2010-022	矩形熨烫台	8451.90	1300
W2010-023	功率模块	8504.40	1335
W2010-024	功率模块	8504.40	1336
W2010-025	功率模块	8504.40	1336
W2010-026	功率模块	8504.40	1337
W2010-027	电源分配单元	8536.69	1382
W2010-028	多用途四轮机动车	8704.31	1412
W2010-029	多用途四轮机动车	8704.90	1413
W2010-030	一次性毯	9018.90	1438
2012 年第 24 号			
W2012-001	婴幼儿二段配方奶粉	1901.10	959
W2012-002	幼儿配方奶粉	1901.10	959
W2012-003	液状混合物	2710.19	1036
W2012-004	含精油的香味剂样本集锦	3307.90	1100
W2012-005	瓶装柔顺剂	3809.91	1114
W2012-006	八角形钢灯柱	7308.90	1251
W2012-007	数字编码器	8517.62	1352
W2012-008	数字多路复用器	8517.62	1352
W2012-009	再复接器	8517.62	1353
W2012-010	调制器	8517.62	1353
W2012-011	调制器	8517.62	1354
W2012-012	调制器	8517.62	1354
W2012-013	无线麦克风套件	8518.10	1360
W2012-014	自动倾卸翻斗卡车	8704.23	1410

归类决定编号	商品名称	商品税则号列	页码
W2012-015	称为"rollator"的助行器	9021.10	1441
W2012-016	冰球裤	9506.99	1465

2014 年第 93 号

归类决定编号	商品名称	商品税则号列	页码
W2014-001	风干火腿	0210.11	921
W2014-002	带全部或部分骨头的风干火腿	0210.19	921
W2014-003	花环	0604.90	929
W2014-004	经加热处理的大豆	1201.90	936
W2014-005	通过不同的蔬菜油相互酯化获得的可食用混合物	15.17	941
W2014-006	含有维生素 E 及乳脂的月见草油	1517.90	942
W2014-007	火腿罐头	1602.41 至 1602.49	943
W2014-008	甘蔗糖	17.01	945
W2014-009	微生物培养介质	1702.90	946
W2014-010	人参糖片	1704.90	950
W2014-011	糖食	1806.31 或 1806.32	954
W2014-012	改良杏干	2008.50	973
W2014-013	咖啡添加品	2101.30	979
W2014-014	某种东方菜肴用调味品	2103.90	981
W2014-015	复合调味香料	2103.90	982
W2014-016	减肥食品	2106.90	996
W2014-017	谷物粉添加剂	2106.90	997
W2014-018	面包房用添加剂	2106.90	997
W2014-019	需用牛奶冲调的饮料粉	2106.90	998
W2014-020	即时食品	2106.90	998
W2014-021	食品添加剂	2106.90	999
W2014-022	人参胶囊	2106.90	999
W2014-023	复合乳化稳定剂	2106.90	1000
W2014-024	稳定剂	2106.90	1000
W2014-025	乳化剂(淀粉络合剂)	2106.90	1001
W2014-027	被称为"椰奶"的制品	2106.90	1001
W2014-030	马萨拉葡萄酒饮料	2205.10 或 2205.90	1011
W2014-031	人参酒	2205.10	1011
W2014-032	通过蒸馏葡萄酒制得的被称为"皮斯科白兰地酒(pisco)"和"辛加尼酒(singani)"的烈性酒	2208.20	1012
W2014-033	蒸馏酒"Cachaca"	2208.40	1013
W2014-034	木薯根废料	2308.00	1019
W2014-035	清洗菜籽的残渣	2308.00	1019
W2014-036	动物用面包粉	2309.90	1022
W2014-037	补充饲料	2309.90	1022
W2014-038	制动物饲料用产品	2309.90	1023

归类决定编号	商品名称	商品税则号列	页码
W2014-039	黏聚成块的盐	2501.00	1027
W2014-040	磨石、抛光石的废碎料	2530.90	1029
W2014-041	饱和无环烃单独异构体	第二十七章	1031
W2014-042	饱和无环烃异构体的混合物	第二十七章	1032
W2014-043	单烯或多烯无环烃的单独异构体	第二十七章	1032
W2014-044	单烯或多烯无环烃异构体(立体异构体除外)的混合物	第二十七章	1033
W2014-045	单烯或多烯无环烃立体异构体混合物	第二十七章	1033
W2014-046	掺入石油的无水酒精	27.10	1035
W2014-047	石墨油	2710.12 或 2710.19	1036
W2014-048	微晶石蜡(石油蜡)	2712.90	1037
W2014-049	高比例五氧化二矾产品	2825.30	1038
W2014-050	乙醛次硫酸钠	2831.10	1039
W2014-051	合成硅铝酸钠	2842.10	1041
W2014-052	饱和无环烃单独异构体	2901.10	1042
W2014-053	饱和无环烃异构体的混合物	2901.10	1042
W2014-054	单烯或多烯无环烃的单独异构体	2901.23 至 2901.29	1043
W2014-055	单烯或多烯无环烃立体异构体的混合物	2901.23 至 2901.29	1043
W2014-056	单烯或多烯无环烃其他异构体的混合物	2901.23 至 2901.29	1044
W2014-057	锑二(磺基邻苯二酚钠)	2908.99	1045
W2014-058	N-甲基氨基乙磺酸钠盐	2921.19	1046
W2014-059	舍曲林	2921.49	1047
W2014-060	二甲脲水溶液	2924.19	1049
W2014-061	地虫磷	2930.90	1051
W2014-063	紫杉醇	2932.99	1051
W2014-064	拉罗他赛/拉欧紫杉醇	2932.99	1052
W2014-065	溴西泮	2933.39	1052
W2014-066	伊米帕锰	2933.39	1053
W2014-067	恩诺沙星	2933.59	1054
W2014-068	阿格列汀	2933.59	1054
W2014-069	三甲基醇三聚氰胺水溶液	2933.69	1055
W2014-070	左匹克隆	2933.79	1055
W2014-071	α绒促卵泡素	2934.99	1057
W2014-072	非格司亭	2934.99	1058
W2014-073	司莫紫杉醇	2934.99	1058
W2014-074	培米诺近	2934.99	1059
W2014-075	韦利莫根	2934.99	1059
W2014-076	西地那非	29.35	1060
W2014-077	艾地骨化醇	2936.29	1063
W2014-078	两种维生素衍生物的混合物	2936.90	1064

归类决定编号	商品名称	商品税则号列	页码
W2014-079	普拉睾酮	2937.29	1064
W2014-080	替勃龙	2937.29	1065
W2014-081	洛那立生	2937.29	1065
W2014-082	米达茶碱	2939.59	1066
W2014-085	可司替康	2939.79	1067
W2014-086	应用静脉补铁药物	2940.00	1069
W2014-087	坦螺旋霉素	2941.90	1070
W2014-088	阿螺旋霉素	2941.90	1070
W2014-089	胸腺刺激素	3001.20	1071
W2014-099	商品硼葡萄糖酸钙	3003.90 或 3004.90	1072
W2014-100	医用凝胶制剂	3006.70	1078
W2014-101	葡萄酒及其他饮料用色料	3203.00	1080
W2014-102	海胆酮	3203.00	1080
W2014-103	圆红酵母素	3203.00	1081
W2014-105	银金属精细分散剂构成的制剂	3207.30	1082
W2014-106	水泥漆	3214.90	1086
W2014-107	含色素的合成蜡制剂	3215.11 或 3215.19	1087
W2014-108	唇膏制剂	3304.10	1090
W2014-109	可注射皮内凝胶	3304.99	1092
W2014-110	护肤用天然矿泉水	3304.99	1092
W2014-111	药性洗发液	3305.10	1094
W2014-112	制剂	3306.10	1094
W2014-113	制剂	3306.10	1095
W2014-114	液体肥皂	3401.30	1102
W2014-118	表面活性制剂	3402.90	1104
W2014-119	经化学改性的玉米淀粉	3505.10	1107
W2014-120	经化学改性的马铃薯淀粉	3505.10	1108
W2014-121	经化学改性的玉米淀粉	3505.10	1108
W2014-122	改性阳离子马铃薯淀粉	3505.10	1109
W2014-123	未曝光感光铜箔制的平板	3701.30 或 3701.99	1111
W2014-126	抗菌剂	3808.92	1113
W2014-127	二羟甲基脲水溶液	3809.91	1115
W2014-128	三甲基醇三聚氰胺水溶液	3809.91	1115
W2014-129	低分子量加合物的混合物	3809.91	1116
W2014-130	两种重氮盐的混合物	3809.91	1116
W2014-131	三羟基乙酸的混合物	3823.19	1120
W2014-132	混合物	3824.99	1122
W2014-136	改性丙烯酸酯与丙烯酰胺的共聚物	3906.90	1129
W2014-137	聚谷氨酸紫杉醇	3908.90	1130

归类决定编号	商品名称	商品税则号列	页码
W2014-138	溴阿佐姆	3911.90	1131
W2014-139	白色微晶纤维素粉末	3912.90	1132
W2014-140	聚氯乙烯管状型材	3916.20	1133
W2014-141	胶黏反射板	3919.10 或 3919.90	1135
W2014-142	双向拉伸聚丙烯膜	3920.20	1135
W2014-143	人造大理石	3920.51	1136
W2014-144	矩形硬化酪蛋白片	3920.99	1136
W2014-145	传动带或输送带	3921.90 或 3926.90	1140
W2014-146	用大量密胺树脂浸渍的纸板	3921.90	1138
W2014-147	聚苯乙烯制的容器	3923.10	1141
W2014-148	塑料制奶嘴和护指套	3924.90	1146
W2014-149	各种物品的组合	3926.10	1150
W2014-150	保护罩	3926.20	1151
W2014-151	保护罩	3926.20	1151
W2014-152	挤压成型的塑料网	3926.90	1156
W2014-153	反光板用三角形标志板	3926.90	1156
W2014-154	塑料制旋钮	3926.90	1157
W2014-155	保护罩	3926.90	1157
W2014-156	橡胶带	4005.10 或 4005.91	1159
W2014-157	胶基混合物	4005.99	1160
W2014-158	薄木板(牛皮纸饰面板)	44.08	1169
W2014-159	由胶合板构成的板条	44.12	1171
W2014-160	矩形层压木板	4412.94 或 4412.99	1171
W2014-161	装有砂纸的打磨工具	4417.00	1172
W2014-163	精磨漂白亚硫酸盐纤维素浆	4704.21 或 4704.29	1174
W2014-164	隔湿材料	4811.10	1177
W2014-165	瓦楞屋顶板	4811.10	1178
W2014-166	石蜡纸及纸板	4811.60	1178
W2014-167	石蜡纸条	4811.60	1179
W2014-168	日本丝绸纸	4811.90	1180
W2014-169	纸板	4811.90	1180
W2014-170	涂布有机热敏材料的纸	4811.90	1181
W2014-171	魔术记事板	4820.90	1182
W2014-172	复活节彩蛋	4823.70	1182
W2014-173	隔热材料	4823.90	1183
W2014-174	没有插图的小册子	4901.99	1184
W2014-175	单独印刷的有文字图画的纸页	4911.10 或 4911.91 或 4911.99	1187
W2014-176	纯棉印花机织物	52.08 或 52.09	1189
W2014-177	剑麻纤维垫	5305.00	1190

归类决定编号	商品名称	商品税则号列	页码
W2014-178	纺织纱线	5402.61 至 5402.69 或 5403.41 至 5403.49	1191
W2014-179	两股红纱线	5509.32	1192
W2014-180	制香烟滤嘴的丝束棒	5601.22	1192
W2014-181	管状编带	5607.50	1195
W2014-182	机织垫子	5702.50 至 5702.99	1196
W2014-183	刺绣品	5810.91 至 5810.99	1198
W2014-184	相互层叠的平行聚酯长丝纱线织物	5903.10	1199
W2014-185	层压带	5910.00	1200
W2014-186	层压带	5911.10	1201
W2014-187	过滤材料	5911.90	1202
W2014-188	游泳衣用乳罩	6212.90	1218
W2014-189	折叠路标	6307.90	1224
W2014-190	纺织装饰品	6307.90	1224
W2014-191	护罩	6307.90	1225
W2014-192	轻型鞋	6402.99	1227
W2014-193	轻型拖鞋	6405.90	1230
W2014-194	一束花	6702.90	1230
W2014-195	小花环	6702.90	1231
W2014-196	屋顶板	6807.90	1232
W2014-197	屋顶板	6807.90	1233
W2014-198	绝缘镶板	6808.00	1233
W2014-199	镶板	6809.19	1234
W2014-200	长度可伸缩的铁氧体	6815.99	1235
W2014-201	化学法生产的陶瓷氧化纤维	6903.20	1235
W2014-202	化学法生产的陶瓷氧化锆纤维	6903.90	1236
W2014-203	非装饰用烟灰缸	6911.90	1237
W2014-204	标准铅玻璃管	7002.39	1239
W2014-205	空气净化过滤器	7019.90	1241
W2014-206	石英反应管及支架	7020.00	1242
W2014-207	含一个或多个养殖珍珠非供人食用的牡蛎	7101.21	1242
W2014-208	合成钻石	7105.10	1243
W2014-209	金币	7114.19	1244
W2014-210	吊坠(片、球等)	7116.20	1245
W2014-211	铜手镯	7117.19	1246
W2014-212	银币	7118.10	1247
W2014-213	预制建筑物构件	7308.90	1251
W2014-214	铁制格栅	7308.90	1252
W2014-215	输送带带料	7314.49	1253
W2014-216	包覆氧化铝的铝晶粒构成的非烧结粉	7603.10	1258

归类决定编号	商品名称	商品税则号列	页码
W2014-217	园林砍刀	8201.40	1260
W2014-218	手工绘制微型铜饰品	8306.29	1265
W2014-219	搅拌器的搅拌附件	第十六类	1266
W2014-220	装于第十六类一种设备的门上的垫片	第十六类	1267
W2014-221	层流柜橱	8414.60 或 8414.80	1268
W2014-222	卧式冷冻箱	8418.30	1271
W2014-223	冷却器	8418.61 或 8418.69	1273
W2014-224	热电偶组	8418.69	1273
W2014-225	装于冰箱门上的垫片	8418.99	1274
W2014-226	旋转式真空蒸发器	8419.40	1275
W2014-227	半自动售货机	8419.81	1276
W2014-228	表面加热装置	8419.89	1276
W2014-229	加热套	8419.89	1277
W2014-230	钢板件	8419.90	1278
W2014-231	一次性透析器	8421.29	1280
W2014-232	喷漆隔间	8421.39	1280
W2014-233	可替换滤油芯	8421.99	1281
W2014-234	包装胶囊/片剂的设备	8422.40	1281
W2014-235	喷砂机	8424.30	1282
W2014-236	清洁机	8424.30	1282
W2014-237	喷泉	8424.89	1284
W2014-238	提升卷扬装置	8425.31	1285
W2014-239	分配器	8428.90	1287
W2014-240	海运装料臂	8428.90	1288
W2014-241	履带连接部件	8431.49	1289
W2014-242	用土覆盖土豆或其他蔬菜堆的机器	8436.80	1291
W2014-243	一次性复写纸涂布机	8439.30	1294
W2014-244	照相排字机	8442.30	1294
W2014-245	调色剂筒,装有或未装有调色剂	8443.99	1296
W2014-246	调色剂筒,装有或未装有调色剂	8443.99	1297
W2014-247	磨削机器	8465.99	1302
W2014-248	静电夹(ESC)	8466.20	1302
W2014-249	专用于自动数据处理设备的DVD驱动器	8471.70	1308
W2014-250	自动找零机	8472.90	1312
W2014-251	单列直插式存储模块(SIMMs)	84.73 或按照机器的零件归类或 85.48	1314
W2014-252	双列直插式存储模块(DIMMs)	84.73 或按照机器的零件归类或 85.48	1314
W2014-253	微机用内置式只读盒式存储器	8473.30	1313
W2014-254	便携式空气冷却器	8479.60	1317

归类决定编号	商品名称	商品税则号列	页码
W2014-255	登机桥	8479.71	1318
W2014-256	润滑中心	8479.89	1319
W2014-257	熏蒸消毒室	8479.89	1319
W2014-258	用于清扫工厂的自推进机器	8479.89	1320
W2014-259	压缩空气控制的汽笛	8479.89	1320
W2014-260	加油装置	8479.89	1321
W2014-261	给船加油移动机械装置	8479.89	1321
W2014-262	装有隔膜的金属密封膨胀盒	8479.89	1322
W2014-263	港口乘客桥(乘客舷梯)	8479.79	1318
W2014-264	油位恒定控制阀	8481.80	1325
W2014-265	气动调节阀	8481.80	1326
W2014-266	织机用脚踏滚轮	8482.10	1326
W2014-267	直线运动用十字滚子链	8482.50	1328
W2014-268	滚珠或滚子轴承的旋转环	8483.40	1329
W2014-269	湿式洗涤站/沾湿台	84.86	1330
W2014-270	半导体薄片上喷镀金属的模块系统	8486.20	1331
W2014-271	活节带	8487.90	1331
W2014-272	滚珠轴承控制缆	8487.90	1332
W2014-273	搅拌器或混合器用搅拌附件	8487.90	1332
W2014-274	履带组件	8487.90	1333
W2014-275	吸收振动固定件	8487.90	1333
W2014-276	磁棒	8505.19	1338
W2014-277	干湿真空清洁机	8508.11 或 8508.19	1340
W2014-278	机动车用信号器	8512.30	1342
W2014-279	液体加热恒温装置	8516.10	1345
W2014-280	不锈钢餐炉	8516.79	1347
W2014-281	家庭桑拿设备	8516.79	1347
W2014-282	加热表面	8516.80	1348
W2014-283	通信控制器或路由器(包括网桥)	8517.62	1355
W2014-284	同步网络结构集群控制器(包括远程控制单元)	8517.62	1355
W2014-285	多站访问单元	8517.62	1356
W2014-286	光纤转换器	8517.62	1356
W2014-287	语音处理系统	8517.62	1357
W2014-288	ADP机与电话线连接装置	8517.62	1357
W2014-289	ADP机与电话线连接装置	8517.62	1358
W2014-290	ADP插卡	8517.62	1358
W2014-291	寻呼警报装置	8517.69	1359
W2014-292	寻呼警报装置	8517.69	1360
W2014-293	训练聋人讲话的设备	8518.50	1362

归类决定编号	商品名称	商品税则号列	页码
W2014-294	MP3机	8519.81	1364
W2014-295	便携装置(电池供电)MP3机	8519.81	1365
W2014-296	组合装置	8519.81	1365
W2014-297	独立的DVD播放机	8521.90	1367
W2014-298	光盘	85.23	1368
W2014-300	距离测量设备	8526.91	1371
W2014-301	卫星电视接收系统	8528.71	1375
W2014-302	卫星电视广播接收器	8528.71	1375
W2014-303	电缆接收卫星广播图像多媒体终端	8528.71	1376
W2014-304	电源轨道装置	8535.90或8536.90	1381
W2014-305	电导线管用预制件	8535.90或8536.90	1381
W2014-306	管状接触管脚	8538.90	1386
W2014-307	热阴极强力电子式正离子源	8540.89	1386
W2014-308	电发光装置	8543.70	1388
W2014-309	低噪音降频转换器	8543.70	1389
W2014-310	遥控器	8543.70	1389
W2014-311	99件装路边急救套装	8544.42	1390
W2014-312	滚珠轴承控制缆	第十七类	1391
W2014-313	摩托雪车及雪橇	8701.30	1395
W2014-314	"基础"牵引车	8701.30	1395
W2014-316	履带组件	8708.99	1420
W2014-317	加速器缆	8708.99	1421
W2014-318	履带组件	8710.00	1422
W2014-319	脚踏式踏板车	8712.00	1424
W2014-320	脚蹬雪橇	8716.80	1428
W2014-321	三轮踏板车	8716.80	1428
W2014-322	公路拖车用反射器	8716.90	1429
W2014-323	复式光学显微镜(特殊用途显微镜除外)	9011.80	1435
W2014-324	工业制图仪器的控制系统	9017.10	1436
W2014-325	外科用针坯料	9018.32	1436
W2014-326	悬浮颗粒手持喷射器	9019.20	1440
W2014-327	原子吸收光谱仪	9027.30	1443
W2014-328	原子吸收光谱仪	9027.30	1443
W2014-329	正离子加速聚焦管	9027.90	1445
W2014-330	用于频闪观测检查点火时间的闪光装置(点火时间灯)	9029.20	1445
W2014-331	(造纸过程)控制及监视系统	9032.89	1448
W2014-332	滚珠轴承控制缆	9033.00	1449
W2014-333	金属档案柜	9403.10	1451
W2014-334	薄钢板制商店或超级市场等用的展示单元	9403.20	1452

归类决定编号	商品名称	商品税则号列	页码
W2014-336	袖珍车	9503.00	1460
W2014-337	复式光学显微镜(特殊用途的显微镜除外)	9503.00	1460
W2014-339	梭子用绒束	9603.90	1466
W2014-340	手动贴标签装置	9611.00	1467
W2014-341	手工操作的压浮雕装置	9611.00	1468
W2014-342	餐厅桌椅	分别归类	1471
W2014-343	基座(与无线手机组成电话)	分别归类	1472
W2014-344	类似帐篷的隧道(未组装)	分别归类	1472
W2014-345	含蜂蜜的芝麻糖	1704.90	951
W2014-346	配制品	1902.20	963
W2014-347	成套食品	1902.20	963
W2014-348	焙烤食品用添加剂	2106.90	1002
W2014-349	焙烤食品用添加剂	2106.90	1002
W2014-350	配制品	2106.90	1003
W2014-351	中性酒精基料	2208.90	1016
W2014-352	中性酒精基料	2208.90	1016
W2014-353	中性酒精基料	2208.90	1017
W2014-354	二氧化锂钴	2841.90	1040
W2014-355	药剂	3004.90	1075
W2014-356	抗寄生虫洗剂	3808.91	1112
W2014-357	抗寄生虫洗剂	3808.91	1113
W2014-360	层压板	4410.11	1169
W2014-362	滑石(皂石)制的盒子	6802.99	1231
W2014-363	住宅用钢铁制安全门	7308.30	1250
W2014-364	顶置分体空调机	8415.10	1269
W2014-365	溶解实验单元	8419.89	1277
W2014-366	离心榨汁机	8435.10	1291
W2014-367	蔬菜加工机器	8438.60	1292
W2014-368	混合器	8438.80	1293
W2014-369	平板电脑	8471.30	1304
W2014-370	平板电脑	8471.30	1305
W2014-371	组合式气—电供暖设备	8516.29	1345
W2014-372	无线耳机	8517.62	1359
W2014-373	迷你SD卡(数字安全卡)	8523.51	1370
W2014-374	微SD卡	8523.51	1370
W2014-376	两个多位置电气开关装置的组件	8537.10	1384
W2014-378	同时报验的未组装的机动车零部件	8703.23	1405
W2014-379	三轮汽车	8704.21	1410

归类决定编号	商品名称	商品税则号列	页码
W2014-380	三轮汽车	8704.31	1412
W2014-381	三轮汽车	8704.31	1413
W2014-382	同时申报的未组装的摩托车零部件	8711.20	1423
W2014-383	全身低温治疗仓	9018.90	1439
W2014-384	网络分析仪	9030.40	1447
W2014-385	网络分析仪	9030.40	1447
W2014-386	座椅	9401.61	1450
2016年第79号			
W2016-001	圆鳍鱼鱼卵	0305.20	922
W2016-002	作为乳酪替代品消费的配制品	1901.90	962
W2016-003	配制品	1902.30	964
W2016-004	甜玉米粉	2005.80	971
W2016-005	含有调味品(姜)的未发酵混合果汁	2009.90	977
W2016-006	可溶的咖啡(又称"速溶咖啡")	2101.11	978
W2016-007	片剂	2106.90	1003
W2016-008	药品	3004.90	1076
W2016-009	化学品	3824.99	1122
W2016-010	多聚糖	3913.90	1133
W2016-011	展示盒	3923.10	1141
W2016-012	食盒	3923.10	1142
W2016-013	鸡蛋盒	3923.10	1142
W2016-014	托盘	3923.90	1145
W2016-015	托盘	3923.90	1145
W2016-016	塑料水瓶	3924.90	1147
W2016-017	塑料水瓶	3924.90	1147
W2016-018	塑料容器	3924.90	1148
W2016-019	整张灰熊毛皮制成的地毯	4303.90	1167
W2016-020	聚酯高强力纱	5402.20	1190
W2016-021	无领无袖针织衫	6106.20	1204
W2016-022	女式无领无袖针织衫	6109.90	1206
W2016-023	针织马甲	6110.20	1208
W2016-024	女式短袖针织衫	6110.30	1209
W2016-025	男式长袖针织衫	6110.30	1209
W2016-026	女式短袖针织衫	6114.30	1212
W2016-027	长袖服	6202.40	1213
W2016-028	类似带风帽的防寒短上衣的服装	6202.40	1214
W2016-029	女式裤子(纱丽)	6204.62	1215

归类决定编号	商品名称	商品税则号列	页码
W2016-030	女式束腰外衣(克米兹)	6206.30	1215
W2016-031	围巾	6214.90	1219
W2016-032	陶瓷杯子和杯碟	6912.00	1237
W2016-034	空心微球	7115.90	1244
W2016-035	烟囱式木炭点燃器	7321.89	1254
W2016-036	连接环	7326.90	1257
W2016-037	果蔬刮皮器	8205.51	1261
W2016-038	果蔬刮皮器	8205.51	1261
W2016-039	自推进起重车	8426.41	1286
W2016-040	铝制散热器	8431.49	1289
W2016-041	联合收割机用鼓壳	8433.90	1290
W2016-042	气动剪	8467.19	1303
W2016-043	发电机组	8502.39	1334
W2016-047	音响设备	8518.22	1361
W2016-048	接插板(50端口语音)	8536.90	1383
W2016-049	由货车改造的房车	8703.33	1407
W2016-050	机动车辆	8705.90	1414
W2016-051	车顶行李箱	8708.99	1421
W2016-052	可折叠车顶行李箱	8708.99	1422
W2016-053	铝制散热器	8714.10	1426
W2016-054	照相机	9006.30	1432
W2016-057	钢制机柜	9403.20	1452

2018年第159号

归类决定编号	商品名称	商品税则号列	页码
W2018-001	冻干墨鱼(乌贼属)(*Sepia officinalis*)	0307.99	923
W2018-002	新鲜奶酪	0406.10	927
W2018-003	播种用种子	1209.91	937
W2018-005	配辣椒的炖肉制品	1602.50	944
W2018-006	止咳喉片	1704.90	951
W2018-007	巧克力糖食(带糖衣的牛奶巧克力)	1806.90	957
W2018-008	巧克力糖食	1806.90	958
W2018-009	用奶酪填充的红、绿辣椒段	2005.99	972
W2018-010	椰子水(椰子汁)	2009.89	977
W2018-011	玫瑰果果汁	2106.90	1004
W2018-012	干粉状酒精	2106.90	1004
W2018-013	黑桑叶	2106.90	1005
W2018-014	黑桑叶	2106.90	1005
W2018-015	非乳奶油	2106.90	1006

归类决定编号	商品名称	商品税则号列	页码
W2018-016	散粒状白色粉末	2530.90	1030
W2018-017	钛铁矿	2614.00	1031
W2018-018	散粒状白色粉末	2833.11	1039
W2018-022	骨移植替代品(W2018-22)	3004.90	1076
W2018-023	用于喷墨设备的陶瓷墨水	3207.10	1082
W2018-024	改性醇酸树脂溶液	3208.10	1083
W2018-025	以酒精溶液中的芳香物质为基本成分的制品	3302.90	1089
W2018-026	配制炸药	3602.00	1110
W2018-027	配制炸药	3602.00	1110
W2018-028	除草剂的中间产物	3808.93	1114
W2018-029	有机溶剂	3814.00	1117
W2018-031	液态糖浆混合物	3824.99	1123
W2018-032	白色颗粒	3901.40	1127
W2018-033	塑料制多孔管	3917.21	1134
W2018-034	废物收集桶	3924.90	1148
W2018-035	塑料制人造指甲	3926.90	1158
W2018-036	桌面画架	4420.90	1173
W2018-037	淋浴套件	3924.90	1149
W2018-038	管状机织物	5407.20	1191
W2018-039	女式长裤	6104.63	1204
W2018-040	女式针织短袖T恤衫	6109.10	1206
W2018-041	女式长袖T恤	6109.90	1207
W2018-042	女式针织长袖套头衫	6110.30	1210
W2018-043	(1)儿童背带包;(2)婴儿背带	6307.90	1225
W2018-044	洗衣球	6912.00	1238
W2018-045	保险柜	8303.00	1262
W2018-046	保险柜	8303.00	1263
W2018-047	带空调的室外机柜	8418.69	1274
W2018-048	4-4刀片(2+2)及旱地圆盘犁片(土壤耕作机具)	8432.29	1290
W2018-049	手持式机器	8479.89	1322
W2018-050	平底筒仓	8479.89	1323
W2018-051	锥底筒仓	8479.89	1323
W2018-052	滚针和保持架组件	8482.40	1327
W2018-053	滚针和保持架组件	8482.40	1327
W2018-054	手持式机器	8509.80	1341
W2018-057	IGBT模块	8541.29	1387
W2018-059	三节未挂接的铁路客车车厢	8603.10	1391
W2018-060	管束集装箱	8609.00	1392
W2018-061	自驱动手扶行驶装置(手扶拖拉机)	8701.10	1393

归类决定编号	商品名称	商品税则号列	页码
W2018-062	两轮电动平衡车	8711.60	1424
W2018-063	自行车组件一同报验但未装配	8712.00	1425
W2018-064	自行车组件一同报验但未装配	8712.00	1425
W2018-065	自行车组件一同报验但未装配	8712.00	1426
W2018-066	浮动结构体	8907.90	1431
W2018-067	浮动结构体	8907.90	1432
W2018-068	外伤手术用螺丝	9021.10	1441
W2018-069	外伤手术用螺丝	9021.10	1442
W2018-070	汽车座椅包面	9401.99	1451
W2018-072	A型画架	9403.60	1453
W2018-073	玩具风扇	9503.00	1461
W2018-074	视频游戏机控制用虚拟现实套装	9504.50	1462
W2018-077	连体软拉手塑料跳球	9506.91	1464
W2018-078	跳绳	9506.91	1464
W2018-079	钢铁制无线自拍杆	9620.00	1468

2020 年第 108 号

归类决定编号	商品名称	商品税则号列	页码
W2020-001	经过漂烫的绿唇贻贝(Perna canaliculus)	0307.32	923
W2020-002	昆诺阿藜(藜麦)	1008.50	935
W2020-004	预加工食品	1904.90	968
W2020-005	烤紫菜	2008.99	976
W2020-006	调味紫菜	2008.99	976
W2020-007	制品("蟹味粉")	2103.90	982
W2020-009	微硅粉	2811.22	1038
W2020-011	一种白色乳液	3401.30	1102
W2020-012	一种透明棕色啫喱	3401.30	1103
W2020-013	皮划艇和桨板冲浪(SUP)两用桨	3926.90	1158
W2020-014	专为特定型号手机设计的塑料制外壳	4202.32	1165
W2020-015	塑料鞋	6402.99	1228
W2020-016	水平式层流"洁净台"	8414.80	1269
W2020-017	切菜机	8438.60	1292
W2020-018	切菜机	8438.60	1293
W2020-019	电子白板	8471.60	1307
W2020-020	法兰锥形滚子轴承内圈制成品	8482.99	1328
W2020-021	封装绝缘栅双极晶体管模块	8504.40	1337
W2020-022	声音重放设备和书的套装	8519.81	1366
W2020-023	彩色监视器	8528.52	1373
W2020-024	彩色监视器	8528.52	1374
W2020-025	薄膜太阳能电池模组	8541.43	1387
W2020-026	塑料玩具及彩泥套装	95.03	1456

归类决定编号	商品名称	商品税则号列	页码
W2020-027	塑料玩具及彩泥套装	95.03	1457
W2020-028	桨板冲浪板(SUP)	9506.29	1463
W2020-029	产犊后24小时内采集的牛初乳	0404.90	924
W2020-030	白色碳酸氢钠粉末	3004.90	1077
W2020-031	粗制棕榈油酸	3824.99	1123
W2020-032	一次性塑料制化妆品容器	3923.10	1143
W2020-033	便携式塑料公文包	4202.12	1163
W2020-034	便携式公文包	4202.12	1164
W2020-035	临时凉亭	6306.22	1221
W2020-036	抬头显示器(HUD)用汽车玻璃	7007.21	1239
W2020-037	带热反射涂层汽车玻璃	7007.21	1240
W2020-038	蒸汽电熨斗及半自动蒸汽发生器	8451.30	1298
W2020-039	制造LCD模组用的自动贴胶机(TAB压合机)	8479.89	1324
W2020-040	挡风玻璃雨刮片	8512.90	1342
W2020-044	基于实时聚合酶链式反应(PCR)技术的全自动分子诊断系统	9027.89	1444
W2020-045	自动定量血液分析仪和白细胞差异计数器	9027.89	1444
W2020-050	干燥脱皮花生	1202.42	936
W2020-051	止咳片	1704.90	952
W2020-052	水凝水泥	2523.90	1028
W2020-053	复方磺胺甲噁唑	3004.90	1077
W2020-054	共聚树脂的乙醇溶液	3208.20	1084
W2020-055	澄清透明液体	3814.00	1118
W2020-056	牙科氧化锆块	3824.99	1124
W2020-057	牙科氧化锆块	3824.99	1124
W2020-058	纺织物与塑料制成的层压产品	3921.90	1139
W2020-059	木纤维板(MDF,中密度纤维板)	4411.12	1170
W2020-061	蒸发式空气冷却器	8479.60	1317
W2020-062	发动机皮带轮	8483.50	1330
W2020-065	集成在四旋翼遥控无人机上的数码相机	8806.22	1430
W2020-066	以未组装模组形式报验的配电柜	8538.10	1384
W2020-067	以未组装模组形式报验的配电柜	8538.10	1385
W2020-068	以未组装模组形式报验的配电柜	8538.10	1385
W2020-069	超辐射发光二极管模块	8543.70	1390
W2020-071	内圈旋转型法兰锥形滚子轮毂轴承单元	8708.50	1417
W2020-072	外圈旋转型轮毂轴承单元	8708.50	1418
W2020-073	法兰锥形滚子轮毂轴承的外圈制成品	8708.50	1418
W2020-074	锻造的法兰锥形滚子轮毂轴承的外圈未制成品	8708.50	1419
W2020-075	车辆仪表板的主板	9029.90	1446
W2020-079	粉状制剂	2106.90	1006

归类决定编号	商品名称	商品税则号列	页码
W2020-080	粉状制剂	2309.90	1023
W2020-081	粉状制剂	2936.23	1061
W2020-082	粉状制剂	2936.28	1062
W2020-083	粉状制剂	2936.28	1062
W2020-084	粉状制剂	2936.29	1063
W2020-085	动物饲料用制剂	3003.20	1072
W2020-086	溶血洗净液	38.22	1119
W2020-087	三层薄片	3921.90	1139
W2020-088	移动塑料垃圾箱	3924.90	1150
W2020-089	镀锌钢制移动垃圾桶	7323.99	1255
W2020-090	薄膜晶体管和光电二极管(TFT-PD)阵列面板	9022.90	1442
2022年第78号			
W2022-001	冷冻的甜玉米笋	0710.40	930
W2022-002	冷冻的玉米笋(甜玉米笋除外)	0710.80	930
W2022-003	含有90%再酯化甘油三酯的产品	1516.10	940
W2022-004	以巧克力为基料的食品	1806.32	954
W2022-005	颗粒状制剂	2106.90	1007
W2022-006	高热量饮品(巧克力味)	2202.99	1009
W2022-007	芦荟纯饮剂	2202.99	1009
W2022-008	电解质水溶液	2202.99	1010
W2022-009	无酒精饮料(肠痛水)	2202.99	1010
W2022-010	脱脂椰子粉	2306.50	1018
W2022-011	烟弹	2404.11	1025
W2022-012	可吸入含烟草产品	2404.11	1026
W2022-013	戒烟口香糖	2404.91	1026
W2022-014	黏聚成块的盐	2501.00	1027
W2022-015	血份	3002.12	1071
W2022-016	含有次氯酸钠的液体形态制品	3402.50	1104
W2022-017	一次性手脚取暖包	3824.99	1125
W2022-018	两种无机氧化物的混合物	3824.99	1125
W2022-019	修正带(双轴式)	3824.99	1126
W2022-020	植物营养液	3824.99	1126
W2022-021	垃圾桶	3926.90	1159
W2022-022	涂铝纺织物	5907.00	1200
W2022-023	镁碳砖	6815.91	1234
W2022-024	非合金钢热轧钢板	7208.52	1248
W2022-025	钢缆绳	7312.10	1252
W2022-026	低温消毒机	8419.20	1275
W2022-027	快速煮沸及冷却过滤饮用水系统	8421.21	1279

归类决定编号	商品名称	商品税则号列	页码
W2022-028	电子香烟	8543.40	1388
W2022-029	经涂层的汽车加热玻璃	8708.22	1414
W2022-030	经印刷的汽车加热玻璃	8708.22	1415
W2022-031	超轻型机动水上飞机	8802.20	1429
W2022-032	带滑动装置的抽屉侧板	9403.99	1454
W2022-033	聚氨酯抗压球	9503.00	1461

归类决定　第三部分（J字头）

归类决定编号	商品名称	商品税则号列	页码
2007年第70号			
J2006-0001	猛犸象牙	05.07	1477
J2006-0003	鱼油	15.04	1480
J2006-0004	味精	第二十一章或第二十九章	1483
J2006-0005	酒花产品	21.06	1484
J2006-0006	酒味冰激凌	22.08	1485
J2006-0007	橡籽仁	23.08	1486
J2006-0008	锆刚玉碎料	25.30	1487
J2006-0009	混合烃类气	2711.1400	1489
J2006-0010	饲料添加剂"球净"	第三十章	1489
J2006-0011	纤维装饰墙衣	3214.9000	1492
J2006-0012	眼线液原料	第三十三章	1495
J2006-0013	3-庚烯-2-酮（申报品名）	3302.9000	1495
J2006-0014	三元催化剂	38.15	1496
J2006-0015	有机催化剂（固定化细胞催化剂）	38.15	1497
J2006-0016	正丙醇	3823.7000	1497
J2006-0017	电阻浆料、有机导电材料	38.24	1498
J2006-0019	石塑纸	第三十九章	1500
J2006-0020	黄原胶	第三十九章	1501
J2006-0021	热敏打印纸套装	39.20	1503
J2006-0022	热敏性胶片	39.20	1504
J2006-0024	三元乙丙橡胶	4005.1000	1512
J2006-0025	塑木粒	44.05	1515
J2006-0026	装饰角线	44.09	1517
J2006-0028	纤维素化学浆	第四十八章	1521
J2006-0029	已感光相纸	48.11	1522
J2006-0030	神州行储值卡（未印密码）	49.11	1523
J2006-0031	动感装饰画	49.11	1523

归类决定编号	商品名称	商品税则号列	页码
J2006-0032	说明书	4911.1010	1524
J2006-0033	防火板	68.08	1531
J2006-0034	膨润土止水带	68.15	1532
J2006-0035	膨润土填充防水材料	68.15	1532
J2006-0036	陶粒支撑剂(石油填充砂、压裂支撑剂)	6914.9000	1535
J2006-0037	铝塑复合板	76.07	1551
J2006-0038	微型计算机主板	第八十四章	1558
J2006-0039	机动车辆上供人使用的空调器	84.15	1563
J2006-0040	玻璃钢制过滤罐	8421.9910	1564
J2006-0041	油热转印机(TJ-502)	84.43	1567
J2006-0042	带专用接口卡的微机	84.71	1568
J2006-0043	半导体模块	85.04	1573
J2006-0045	闪存卡	8523.51	1584
J2006-0046	DLP 背投影显示器	85.28	1587
J2006-0047	机顶盒	85.28	1587
J2006-0048	CPU 插座、数据线用接口等	85.36	1590
J2006-0049	半导体塑封引线框架	8542.9000	1597
J2006-0051	镀锡钢琴丝	92.09	1608
J2006-0052	绗缝被	94.04	1612
J2006-0053	腰袋礼品套装	95.03	1620
J2006-0054	腰袋礼品套装	95.03	1619
J2006-0056	隔热保温复合材料	第三十九章、第七十章和73.08	1503
J2006-0057	废旧汽车	视进口状态归类	1624

2008 年第 36 号

归类决定编号	商品名称	商品税则号列	页码
J2008-0002	欧当归香料	09.10	1477
J2008-0003	干海参	16.05	1482
J2008-0004	紫外光固型阻焊油墨	32.15	1493
J2008-0006	自动闭门器外壳	3926.9090	1510
J2008-0008	珍珠粉	71.01	1537
J2008-0009	未裁切复合材料密封垫	第七十二章	1538
J2008-0010	地暖用太阳能热水器	84.19	1564
J2008-0011	热风枪	84.19	1563
J2008-0012	袖珍硬盘	84.71	1569
J2008-0013	个人坠落制动器	84.79	1570
J2008-0014	Sony A800 MP4	85.21	1583
J2008-0015	开关熔断器组	8536.5000	1590
J2008-0016	电磁干扰滤波器	85.48	1600
J2008-0017	特种集装箱	86.09	1601
J2008-0018	乐器合成器	92.07	1608

归类决定编号	商品名称	商品税则号列	页码
J2008-0019	网真1000型视频会议系统	8517.6233 和 8528.5910	1577
J2008-0020	网真3000型视频会议系统	8517.6233 和 8528.5910	1578

2009 年第 83 号

归类决定编号	商品名称	商品税则号列	页码
J2009-0001	豆腐乳	2106.9090	1485
J2009-0002	棕刚玉渣	2620.9990	1488
J2009-0003	磁带布	39.20	1504
J2009-0004	聚乙烯醇缩丁醛制胶片	3920.9100	1506
J2009-0005	一次性使用喂食袋	39.26	1509
J2009-0006	重组装饰材	44.08	1516
J2009-0007	空白海运提单	4820.4000	1522
J2009-0009	柜式组合盥洗面盆	6910.1000	1534
J2009-0010	链轨	7315.1200	1541
J2009-0011	电焊护面罩	73.26	1543
J2009-0012	钢铁制棺材	73.26	1544
J2009-0013	浇铸铝管	7608.1000	1552
J2009-0014	破碎锤主体	8412.2100	1560
J2009-0015	抽油机	84.30 或 84.31	1567
J2009-0016	笔记本电脑机壳组件	8471.8000	1569
J2009-0017	加硬机	84.79	1570
J2009-0019	车载GPS导航仪	85.26	1586
J2009-0021	巴可显示系统OV-815	8528.5910	1588
J2009-0022	接近开关	8536.5000	1591
J2009-0025	展架	94.05	1613
J2009-0026	三维动画运动捕捉系统(不带计算机的分析测量仪器)	分别归类	1625

2010 年第 87 号

归类决定编号	商品名称	商品税则号列	页码
J2010-0001	罗汉果	1211.9039	1479
J2010-0002	特殊形状巧克力	1806.90	1482
J2010-0003	膏状导热胶	38.24	1498
J2010-0004	塑料杯	3923.9000	1508
J2010-0005	链轨用硫化橡胶制密封圈	4016.9390	1513
J2010-0006	樟松指接拼板	44.21	1519
J2010-0007	带呼吸装置和热像仪的消防员头盔	6506	1530
J2010-0008	仿重石	68.10	1531
J2010-0009	木制镜框(含镜)	70.09	1536
J2010-0011	包裹纸的成卷捆扎铁丝	72.17	1539
J2010-0012	包裹纸的成捆定长捆扎铁丝	73.26	1544
J2010-0013	游泳池甲板	73.08	1539
J2010-0014	行式针式打印机	8443.3211	1568

归类决定编号	商品名称	商品税则号列	页码
J2010-0015	LED单芯片发光器件	85.41	1592
J2010-0016	LED多芯片发光器件	85.41	1593
J2010-0020	弹簧栓塞	90.18	1605
J2010-0022	汽车座椅骨架	9401.20	1610
J2010-0023	自动旋转门	按材质归类	1625
2011年第13号			
J2011-0002	蓄能器用带接头皮囊	40.16	1512
J2011-0003	断路器用电动弹簧操作器	8412.8000	1561
J2011-0004	带风扇的铝合金窗	84.14	1562
J2011-0005	芯片测试编带机	8422.4000	1565
J2011-0006	电动操作机构	85.01	1573
J2011-0007	电动睫毛刷	8509.8090	1575
J2011-0008	电子标签	8523.52	1584
J2011-0009	太阳能模块铝合金框条	85.41	1594
J2011-0010	翰林牌电子阅读器	8543.7099	1597
J2011-0011	脚轮	87.16	1603
J2011-0012	带振动器的健慰器	9019.1010	1605
J2011-0013	管道式日光照明系统	94.05	1614
J2011-0014	电子蜡烛灯	94.05	1615
J2011-0015	挖掘机模型	95.03	1620
2012年第3号			
J2011-0016	聚甲基丙烯酸甲酯板(PMMA)	39.20	1505
J2011-0018	玻璃纤维纱	7019.1900	1537
J2011-0019	切断型钢纤维	第七十二章或第七十三章	1538
J2011-0020	镍圆饼	75.02	1550
J2011-0021	镍圆片(Chips™)	75.08	1551
J2011-0022	飞龙挂饰	83.06	1556
J2011-0023	锌铝蝎子	83.06	1557
J2011-0024	除氧器喷嘴	8424.8999	1566
J2011-0025	小型高低温温度冲击试验箱	8514.1090	1576
J2011-0026	大客车用轮边	8708.9929	1602
J2011-0027	压力感应器	9026.2010	1606
2012年第60号			
J2012-0002	蓝宝石衬底晶片(镀膜)	3825.6900	1500
J2012-0003	硬质合金棒料	82.09	1555
J2012-0005	除铁机	8479.8999	1571
2014年第2号			
J2013-0001	中光或哑光牛二层皮	41.07	1514

归类决定编号	商品名称	商品税则号列	页码
J2013-0002	图形化蓝宝石衬底外延片	8541.4010	1595
J2013-0003	红外外延片	8541.4010	1595
J2013-0004	发酵虫草菌粉	1212.9999	1479
J2013-0005	遮阳棚	7610.9000	1552
J2013-0006	手机、电脑用平板玻璃	按手机、平板电脑的零件归类	1626
J2013-0007	铁铬铝纤维(纱线)	7326.9011	1546
J2013-0008	消防车车身	8707.9090	1601
J2013-0009	竹展平地板	4412.1019	1518
J2013-0010	车用尿素溶液	3102.1000	1492
J2013-0011	电子烟雾化器	8543.9090	1599
2015年第13号			
J2015-0006	拜复乐	3004.9090	1491
J2015-0008	圆锯片用金刚石刀头	8202.3990	1554
J2015-0011	灯具配珠	9405.9100	1617
J2015-0012	浴室柜	9403.6099	1612
J2015-0013	蓝牙腕带	8517.6299	1579
J2015-0015	苹果手表	8517.6299	1580
J2015-0016	墨袋	3926.9090	1510
J2015-0017	桶线DIY套件	第五十五章	1525
J2015-0018	预氧纤维布	第五十五章或第六十章	1526
J2015-0021	带备用电源的LED工作灯	8507.1000或8507.2000	1574
J2015-0022	扭扭棒	9503.0089	1621
J2015-0023	塑料脚轮	3926.9090	1511
J2015-0024	工业复合片	82.09	1556
2016年第11号			
J2016-0001	空气净化器用过滤网	8421.9910	1565
J2016-0002	矿盐盐砖	2501.0019	1486
J2016-0003	挖孔的矿盐产品	6815.9990	1533
J2016-0004	矿盐舔砖	2501.0019	1487
J2016-0006	铅砷冰铜	2620.3000	1488
J2016-0009	Pepper情感机器人	8543.7099	1598
J2016-0010	螺纹拖钩固定连接件	7318.1900	1542
J2016-0011	胶头螺钉	7318.1900	1543
J2016-0012	无铅焊锡条	8001.2021	1553
J2016-0013	风力发电专用测风设备	9015.8000	1604
J2016-0014	垫子	3921.1290	1507
J2016-0015	扬声器	8518.2900	1583
J2016-0016	飞机辅助动力装置	8411.8100	1559

归类决定编号	商品名称	商品税则号列	页码
J2016-0017	自动对焦机构	8529.9049	1589
J2016-0019	仓储货架	7308.9000	1540
J2016-0020	货架	9403.2000	1611

2017 年第 46 号

归类决定编号	商品名称	商品税则号列	页码
J2017-0001	有机苹果香蕉梨混合果泥	2007.1000	1483
J2017-0003	带浮标墨盒	3215.9020	1494
J2017-0004	塑木复合材料商品	第三十九章	1502
J2017-0005	涂覆导电材料的聚对苯二甲酸乙二酯(PET)膜	3920.6200	1506
J2017-0006	微波炉加热暖包	63.07	1528
J2017-0008	库板	7326.9019	1547
J2017-0009	射孔器	7326.9019	1548
J2017-0010	剪切式大型碎纸机	8479.8999	1572
J2017-0011	铅晶蓄电池	8507.2000	1575
J2017-0012	智能复合腕表	8517.6299	1581
J2017-0014	中控台控制屏	8537.1090	1591
J2017-0015	压电陶瓷片	8541.6000	1596
J2017-0020	荧光类商品	9503.0089	1622
J2017-0021	中性笔	9608.1000	1624

2018 年第 183 号

归类决定编号	商品名称	商品税则号列	页码
J2018-0003	扁桃仁粉	1106.3000	1478
J2018-0004	辣椒红色素半成品	1302.1990	1480
J2018-0005	诺和力	3004.3900	1490
J2018-0006	塑料密封堵	3926.9090	1511
J2018-0007	活塞	4016.9310	1513
J2018-0008	纺织材料制筷子包、小手袋及牙签包	4202.9200	1514
J2018-0009	装饰用纸(覆膜)	第四十八章	1520
J2018-0010	装饰用纸(未覆膜)	4810.9900	1521
J2018-0011	聚乙烯-聚酯短纤维	5503.2000	1527
J2018-0012	液晶玻璃基板	7006.0000	1536
J2018-0013	直条型截断丝	7326.2090	1545
J2018-0014	铝塑组合盖	8309.9000	1557
J2018-0015	阀门配件(线圈)	8505.9090	1574
J2018-0016	铜制绕线组	8544.4911	1600
J2018-0017	行李箱盖开关和倒车摄像头	8708.2990	1602
J2018-0018	激光二极管	9013.2000	1604
J2018-0019	液压提升机	9402.1010	1610
J2018-0021	篷房	9406.9000	1617
J2018-0022	摄像头	9504.5011	1623

归类决定编号	商品名称	商品税则号列	页码
2022 年第 78 号			
J2022-0001	冻煮蚕蛹	1602.9090	1481
J2022-0002	冻煮稻蝗	1602.9090	1481
J2022-0003	人造石墨为基本成分的产品	3801.9090	1496
J2022-0004	铁氧体材料	3824.9999	1499
J2022-0005	导热胶片	3824.9999	1499
J2022-0006	木神牌	4421.9990	1520
J2022-0007	针织手指套	6307.9090	1528
J2022-0008	护腰带	6307.9090	1529
J2022-0009	易熔塞	7419.8091	1549
J2022-0010	抛光铜盘	7419.8091	1550
J2022-0011	手机用显示屏盖	8517.7930	1582
J2022-0012	数码相机套件	8525.8923	1585
J2022-0013	LED 灯	8539.5210	1592
J2022-0014	流变仪	9027.8990	1607
J2022-0015	工艺日本刀	9307.0090	1609
J2022-0016	弓形刀	9307.0090	1609
J2022-0017	汽车环境风洞阳光模拟系统	9405.4990	1616
J2022-0018	玻璃淋浴房	9406.9000	1618
J2022-0019	玻璃淋浴房	9406.9000	1618
J2022-0020	玻璃淋浴房	9406.9000	1619
J2022-0021	小园丁——无土栽培系列	9503.0089	1621